MAROC

Directeur	David Brabis
Direction éditoriale	Nadia Bosquès
Responsable éditoriale	Catherine Brett
Édition	Clarisse Deniau
Rédaction	Ilan Klipper, Fabien Spillmann
Documentation	Eugenia Gallese, Claudine Chauffour, Jean-Pierre Rossignol
Cartographie	Véronique Aissani, Thierry Lemasson, Fabienne Renard, Olivier Guinet, Patrick Matyja, Michèle Cana, Alain Baldet, DzMap Algérie
Iconographie	Stéphanie Quillon, Caroline Gibert
Préparation de copie	Pascal Grougon, Jacqueline Pavageau, Danièle Jazeron, Anne Duquénoy, Annabelle Lebarbé, Françoise Wilhem
Relecture	Juliette Dablanc
Maquette intérieure	Agence Rampazzo
Création couverture	Laurent Muller
Pré-presse/fabrication	Didier Hée, Jean-Paul Josset, Frédéric Sardin, Renaud Leblanc, Sandrine Combeau, Cécile Lisiecki
Marketing	Ana Gonzalez, Flora Libercier
Ventes	Gilles Maucout (France), Charles Van de Perre (Belgique), Fernando Rubiato (Espagne, Portugal), Philippe Orain (Italie), Jack Haugh (Canada), Stéphane Coiffet (Grand Export)
Communication	Gonzague de Jarnac
Régie pub et partenariats	michelin-cartesetguides-btob@fr.michelin.com *Le contenu des pages de publicité insérées dans ce guide n'engage que la responsabilité des annonceurs.*
Pour nous contacter	Michelin Cartes et Guides Le Guide Vert 46, avenue de Breteuil 75324 Paris Cedex 07 ✆ 01 45 66 12 34 – Fax : 01 45 66 13 75 LeGuideVert@fr.michelin.com www.ViaMichelin.fr
	Parution 2007

Note au lecteur

L'équipe éditoriale a apporté le plus grand soin à la rédaction de ce guide et à sa vérification. Toutefois, les informations pratiques (prix, adresses, conditions de visite, numéros de téléphone, sites et adresses Internet…) doivent être considérées comme des indications du fait de l'évolution constante des données. Il n'est pas totalement exclu que certaines d'entre elles ne soient plus, à la date de parution du guide, tout à fait exactes ou exhaustives. Elles ne sauraient de ce fait engager notre responsabilité.

Le Guide Vert,

la culture en mouvement

Vous avez envie de bouger pendant vos vacances, le week-end ou simplement quelques heures pour changer d'air ? Le Guide Vert vous apporte des idées, des conseils et une connaissance récente, indispensable, de votre destination.

Tout d'abord, **sachez que tout change**. Toutes les informations pratiques du voyage évoluent rapidement : nouveaux hôtels et restaurants, nouveaux tarifs, nouveaux horaires d'ouverture... Le patrimoine aussi est en perpétuelle évolution, qu'il soit artistique, industriel ou artisanal... Des initiatives surgissent partout pour rénover, améliorer, surprendre, instruire, divertir. Même les lieux les plus connus innovent : nouveaux aménagements, nouvelles acquisitions ou animations, nouvelles découvertes enrichissent les circuits de visite.

Le Guide Vert **recense** et **présente ces changements** ; il réévalue en permanence le niveau d'intérêt de chaque site afin de bien mesurer ce qui aujourd'hui vaut le voyage (distingué par ses fameuses 3 étoiles), mérite un détour (2 étoiles), est intéressant (1 étoile). Actualisation, sélection et appréciation sur le terrain sont les maîtres mots de la collection, afin que Le Guide Vert soit à chaque édition le reflet de la réalité touristique du moment.

Créé dès l'origine pour **faciliter et enrichir vos déplacements**, Le Guide Vert s'adresse encore aujourd'hui à tous ceux qui aiment connaître et comprendre ce qui fait l'identité d'une région. Simple, clair et facile à utiliser, il est aussi idéal pour voyager en famille. Le symbole 👪 signale tout ce qui est intéressant pour les enfants : zoos, parcs d'attractions, musées insolites, mais également animations pédagogiques pour découvrir les grands sites.

Ce guide vit pour vous et par vous. N'hésitez pas à nous faire part de vos remarques, suggestions ou découvertes ; elles viendront enrichir la prochaine édition de ce guide.

L'ÉQUIPE DU GUIDE VERT MICHELIN
LeGuideVert@fr.michelin.com

ORGANISER SON VOYAGE

QUAND ET OÙ PARTIR ?

À FAIRE AVANT DE PARTIR

MAROC PRATIQUE

À FAIRE ET À VOIR

POUR PROLONGER LE VOYAGE

COMPRENDRE LE MAROC

NATURE ET PAYSAGES

HISTOIRE

ART ET CULTURE

ARTS ET TRADITIONS POPULAIRES

LE MAROC AUJOURD'HUI

VILLES ET SITES

À l'intérieur du premier rabat de couverture, la carte générale intitulée « **Les plus beaux sites** » donne :

- une **vision synthétique** de tous les lieux traités ;
- les principaux **sites étoilés** visibles en un coup d'œil ;
- les **circuits de découverte**, dessinés en vert, aux environs des destinations principales.

DÉCOUVRIR LE MAROC

LA CÔTE MÉDITERRANÉENNE ET LE RIF

RABAT ET LA CÔTE ATLANTIQUE NORD

FÈS ET LE MOYEN ATLAS

MARRAKECH ET LE HAUT ATLAS

OUARZAZATE ET LES VALLÉES DU SUD

AGADIR ET L'ANTI-ATLAS

LE GRAND SUD

Dans la partie « **Découvrir le Maroc** » :
- les **destinations principales** sont regoupées par région et classées par ordre alphabétique au sein de chaque région ;
- les **destinations moins importantes** leur sont rattachées sous les rubriques « Aux alentours » ou « Circuits de découverte » ;
- les **informations pratiques** sont présentées dans un encadré vert dans chaque chapitre.

L'**index** permet de retrouver rapidement la description de chaque lieu.

Au marché.

X. Richer / HOA QUI

ORGANISER SON VOYAGE

QUAND ET OÙ PARTIR

Le Maroc au fil des saisons

En règle générale, toutes les périodes ont leur charme, suivant les régions visitées et votre type d'activité préféré, tant il est vrai que le Maroc est le « pays des quatre saisons ».

CLIMAT

Plus d'un voyageur a vérifié à ses dépens que « le Maroc est un pays froid où le soleil est chaud ». La plus grande partie du pays, montagneuse ou continentale, présente des écarts très marqués entre l'hiver et l'été, entre le jour et la nuit. Les températures ne sont modérées que sur la côte atlantique.

Au total, le printemps et l'automne étant brefs, l'année se partage en deux périodes principales. En mai, les hautes pressions d'air tropical s'installent sur le Maroc, assurant un temps chaud et sec; mais la chaleur devient suffocante lorsque souffle le *chergui*, vent d'est qui s'assèche et se réchauffe encore en descendant des montagnes.

En octobre-novembre surviennent les dépressions atlantiques, génératrices de temps instable et frais : c'est la saison des pluies, qui dure jusqu'en avril.

LES ATOUTS DE CHAQUE SAISON

Au printemps, plus particulièrement en mai, la campagne marocaine revêt son plus bel aspect. Les paysages sont étonnamment verdoyants; les vastes étendues découvertes du Maroc central, les maquis de la région méditerranéenne, les forêts du Moyen Atlas sont alors égayés d'innombrables fleurs; la température est douce, le ciel limpide; les hautes cimes conservent encore leur parure neigeuse. Les pistes et les cols redeviennent praticables.

L'été, surtout quand souffle le *chergui*, n'est agréable que le long des côtes et sur les hauteurs de l'Atlas. Dans le reste du pays, on ne peut guère circuler que tôt le matin ou en fin d'après-midi. Pourtant, cette saison a ses partisans : les amoureux de la canicule; tous ceux aussi qui veulent connaître les plaines brûlées de l'Afrique sous le soleil ardent.

En automne, septembre et octobre – malgré quelques averses – offrent également beaucoup d'attraits. Cette courte période représente, pour l'ensemble du pays, la délicieuse prolongation d'un été dont les rigueurs se sont adoucies.

L'hiver est la grande saison du Sud marocain. L'air sec permet de supporter sans gêne des nuits souvent glaciales et, dans la journée, un soleil éclatant réchauffe rapidement l'atmosphère.

La région de Marrakech attire de nombreux touristes. Il neige suffisamment dans le Haut Atlas et dans le Moyen Atlas pour assurer le succès des champs de ski de l'Oukaïmeden et du Mischliffen… et pourtant, on se baigne à Agadir.

Nos propositions de séjours

Le plus souvent (si l'on excepte bien évidemment les séjours en club), votre découverte du Maroc se fera soit à partir d'une ville d'importance autour de laquelle vous rayonnerez, soit lors d'un circuit.

CIRCUITS DE 3 À 4 JOURS

Kasbahs et oasis aux alentours de Ouarzazate

Un bref séjour à Ouarzazate est surtout l'occasion d'excursions : une journée (ou deux) peuvent être consacrées à la **vallée du Drâa**, au moins jusqu'à **Zagora**. Une visite au ksar d'**Aït-Benhaddou**, tout proche, s'impose. Enfin, vous suivrez la **route des kasbahs**, jusqu'à Tinerhir, et pourrez explorer les vallées adjacentes : la **vallée des Roses** à El-Kelaâ-M'Gouna,

B. Pérousse / MICHELIN

Dans la vallée du Drâa.

les **gorges du Dadès** à partir de Boumalne, les **gorges du Todra**, au départ de Tinerhir.

À la découverte des plages de l'Atlantique

Que ce soit depuis Casa ou depuis Rabat, il serait dommage de ne pas profiter de votre séjour pour explorer la côte atlantique. Celle qui sépare les deux capitales est ponctuée de stations balnéaires comme **Skhirat** ou **Témara**. Au sud de Casa, il faut voir la cité portugaise d'**El-Jadida** (une grosse heure en train suffit) et, pourquoi pas, pousser jusqu'à **Oualidia**, histoire de déguster quelques huîtres, et **Safi,** où l'on parcourera la colline des potiers. Au nord de Rabat, vous visiterez la médina de **Salé** puis, plus au nord, le musée **Dar Belghazi**, avant d'aller vous rafraîchir à la **plage des Nations** ou d'entreprendre un petit circuit dans la **forêt de la Maâmora**.

Autour d'Essaouira

Depuis Essaouira, vous découvrirez la côte atlantique, poussant au nord jusqu'à **Safi**, célèbre pour ses poteries, au sud jusqu'à **Agadir,** par une route des plus agréables au long de laquelle vous découvrirez nombre de plages peu fréquentées. Enfin, **Marrakech** n'est qu'à deux heures de route et il est très possible d'y faire une excursion d'une journée.

La péninsule tingitane

La visite de Tanger peut s'accompagner d'excursions dans les villes voisines : **Tetouan**, dont la médina a été inscrite par l'Unesco au Patrimoine de l'humanité, **Chefchaouèn** et ses murs si blancs qu'ils en deviennent bleus, ou **Asilah**, la cité des arts, d'un blanc éclatant, posée sur la mer. Ce séjour sera aussi l'occasion de baignades, tant dans l'Atlantique, du cap Spartel au cap Malabata, que dans la Méditerranée, le long du « croissant rifain », que ponctuent les stations de **Smir-Restinga**, **Cabo Negro** et **Martil**.

Autour de Meknès

La découverte de la cité de Moulay-Ismaïl peut s'accompagner d'une excursion dans deux cités historiques toutes proches : la ville sainte de **Moulay Idriss** et la cité romaine de **Volubilis**. Bien entendu, vous ne manquerez pas d'aller explorer **Fès,** toute proche. Plus au sud, dans les environs d'**Azrou**, vous pourrez découvrir les paysages montagnards

P Veysseyre / MICHELIN

Ballet de mouettes dans le port d'Essaouira.

du **Moyen Atlas** : la forêt de Cèdres, Ifrane, son causse et ses lacs, et le Mischliffen.

SÉJOURS D'UNE SEMAINE

Autour de Marrakech

Certes, la découverte de la médina, avec ses palais, ses musées et ses souks, ainsi que les flâneries nocturnes sur la place Jemaa el Fna vous dépayseront assez pour que vous n'éprouviez pas le besoin de vous éloigner de la « ville rouge ». Néanmoins, il est agréable (et reposant !) de s'abstraire un peu du tumulte incessant de la cité pour partir à la découverte des alentours : la fraîcheur de la **vallée de l'Ourika** et des hauteurs de l'**Oukaïmeden**, les spectaculaires **cascades d'Ouzoud** sont à portée de la main. Une excursion d'une journée dans la belle ville côtière fortifiée d'**Essaouira** est tout à fait envisageable… même si vous regretterez aussitôt de ne pas consacrer plus de temps à la découverte de la cité des Gnaoua. En revanche, si vous souhaitez approcher le désert et découvrir les kasbahs, passez au moins une nuit à **Ouarzazate** : de là, vous pourrez rayonner dans l'immense oasis qu'est la **vallée du Drâa** jusqu'à Zagora, ainsi que dans la **vallée du Dadès,** parsemée de superbes kasbahs de pisé, entre Skoura et Tinerhir. Et bien sûr, vous ne manquerez pas de découvrir au soleil levant le ksar d'**Âït-Benhaddou**.

Mer, montagnes et désert autour de Taroudant

Placée au cœur de la fertile plaine du Haouz, Taroudant offre de nombreuses possibilités d'excursions réalisables en une journée. Une envie de mer ? **Agadir** n'est guère qu'à 80 km. Le

Haut Atlas ? Il vous suffit d'emprunter la route du **Tizi-n-Test** pour vous retrouver au pied du *jbel* **Toubkal** et à la station de ski de l'**Oukaïmeden**, centre de nombreuses randonnées. Par cette même route, **Marrakech** est à portée de voiture et, pour peu que vous y passiez une nuit, vous pourrez avoir une première approche de la capitale du Sud. Vers le sud, la région de **Tafraoute** vous offre de superbes paysages de montagne aux étranges formations rocheuses. Du côté de l'est, une route excellente conduit à **Taliouine**, avec ses kasbahs et sa coopérative de safran. Et si vous désirez aborder le désert, pourquoi ne pas pousser au-delà de Tioute et d'Igherm, à travers de splendides paysages, jusqu'à **Tata,** posée dans sa palmeraie ?

Autour de Fès

La visite de la capitale lettrée du Maroc, de sa superbe médina et de ses nombreux monuments peut s'accompagner de la découverte de la capitale du grand sultan Moulay Ismaïl, **Meknès**, excursion réalisable en une journée. Mais, tout proche, le **Moyen Atlas** vous offre nombre de possibilités d'excursions : le **massif du Kandar**, la **haute vallée du Sebou**, **Azrou** et la **forêt de Cèdres**, **Ifrane** et ses lacs sont quelques-unes des possibilités… à moins que vous ne préfériez faire une journée de remise en forme aux thermes de **Moulay-Yâkoub**. Enfin, à l'est, la cité fortifiée de **Taza** commande la belle région montagneuse du **Tazzeka**, célèbre pour son **gouffre du Friouato,** exploré en 1934 par Norbert Casteret.

Autour d'Agadir

Si vous désirez agrémenter votre séjour balnéaire à Agadir de quelques balades, vous n'aurez que l'embarras du choix. Vers le nord, la côte jusqu'à Essaouira, accidentée voire déchiquetée, du **cap Rhir** au **cap Sim**, est superbe, et ne pas consacrer au moins une journée à la découverte d'**Essaouira** serait impardonnable ! À l'intérieur des terres, vous pourrez explorer le pays des **Ida Outanane** et vous poser près des cascades d'Imouzzèr. Côté est, une balade dans les souks de **Taroudant** ne vous prendra qu'une demi-journée. Vous pourrez poursuivre en vous rendant à **Tioute**, et pourquoi pas, si vous êtes plus ambitieux, à **Tafraoute** via Igherm. Au sud, **Tiznit** avec ses murailles crénelées, toutes neuves ou presque, précède une agréable côte, d'**Aglou-Plage** à **Sidi Ifni**, d'où vous pourrez envisager de rejoindre **Guelmim** pour y assister au souk aux chameaux et, pourquoi pas, poursuivre par la piste jusqu'à Plage Blanche… À moins que vous ne préfériez vous enfoncer vers le Grand Sud et rejoindre **Tan-Tan**…

Nos propositions d'itinéraires

LES CITÉS IMPÉRIALES

1 *Circuit de 1 200 km env. au départ de Rabat – Étapes conseillées : Rabat – Meknès – Fès – Beni-Mellal – Marrakech – Casablanca.*

Des plus classiques, ce circuit vous permettra de parcourir les cités du Maroc les plus riches en monuments et de voyager dans l'histoire du pays en vous familiarisant avec les différentes dynasties. Vous commencerez par **Rabat**, la capitale sereine du royaume chérifien, flânerez dans la kasbah des Oudaïas, visiterez le complexe de la tour Hassan, avec son superbe minaret laissé par les Mérinides, et le mausolée de Mohammed V, avant de découvrir le site romantique du Chellah, témoin à la fois du passé romain de la ville et de la grandeur Mérinide. Gagnant **Meknès** par l'autoroute, vous visiterez la cité où le sultan bâtisseur, Moulay Ismaïl, avait choisi de fonder sa capitale : les écuries, les greniers, les remparts cyclopéens, le tombeau du souverain, la porte Bab Mansour, tout rappelle la grandeur de ce souverain alaouite qui traitait d'égal à égal avec Louis XIV. Toute proche, **Fès**, la capitale lettrée du royaume, saura vous étonner avec sa superbe médina hérissée de minarets, classée par l'Unesco, ses

R. Mattès / MICHELIN

Détail d'une porte du palais royal à Fès.

Sefrou, dans le Moyen Atlas.

médersas finement ciselées, ses souks animés et pittoresques (comme celui des tanneurs), ses traditions artisanales, ses *fondouks*, ses palais insoupçonnés, dont certains abritent aujourd'hui des restaurants. Traversant le **Moyen Atlas** et ses paysages de montagne, vous découvrirez **Sefrou**, **Ifrane, Azrou** et la **forêt de Cèdres**, avant d'atteindre **Beni-Mellal**, son oliveraie et ses oranges réputées les meilleures du Maroc. Mais bientôt, la palmeraie annoncera **Marrakech**, la capitale du Sud fondée par les Almoravides, qui y ont laissé la fameuse *koubba*, embellie par les Almohades (la Koutoubia), puis par le sultan saâdien Ahmed le Doré (tombeaux saâdiens, palais El Badii), et enfin par les Alaouites (médersa Ben Youssef). La médina aux murs rouges, les jardins, les remparts ceinturés de palmiers, l'Atlas enneigé en toile de fond et l'animation prodigieuse de la place Jemaa el Fna, vous laisseront des souvenirs inoubliables, avant votre remontée vers **Casablanca**, dominée par la grande mosquée Hassan II. De là, vous rentrerez sur Rabat en suivant la côte, à moins que vous ne repartiez de Casa.

LE NORD, ENTRE RIF ET MÉDITERRANÉE

2 *Circuit de 1 400 km env. au départ de Tanger – Étapes conseillées : Tanger – Tetouan – Chefchaouèn – Al Hoceima – Fès – Meknès – Asilah.*
Chacun fantasme à propos de **Tanger** : pour les uns, c'est la ville du « statut », nid d'espions à la réputation sulfureuse ; pour d'autres, une cité littéraire où planent les ombres de Joseph Kessel, Paul Bowles, Tennessee Williams, Jean Genet et bien d'autres ; pour bien des jeunes Marocains, c'est le mirador d'où les côtes espagnoles apparaissent comme une tentation permanente. Rêves contradictoires qui précéderont une découverte (agrémentée de baignades) de la corniche rifaine, qui vous conduira à **Ceuta**, une des dernières enclaves espagnoles, et au croissant rifain. Vous voici dans un Maroc qui a conservé (jusque dans la langue) une forte empreinte andalouse : **Tetouan**, la « nouvelle Grenade », et sa belle médina blanche précédera **Chefchaouèn**, cité d'une blancheur éclatante où vous croiserez paysannes et montagnardes portant le costume rifain. La route des crêtes vous conduira à travers le Rif à la baie d' **Al Hoceima**, autre occasion de piquer une tête dans les eaux bleues de la Méditerranée. De là, vous pourrez aller déguster quelques tapas dans la ville espagnole de **Melilla** et poursuivre sur **Oujda**, point de départ d'excursions dans les monts des Beni-Snassen. Obliquant vers l'intérieur des terres, vous découvrirez les remparts ocre de **Taza** avant de consacrer quelque temps aux cités impériales de **Fès** et de **Meknès**. **Moulay Idriss**, ville du fondateur de la première dynastie marocaine, et sa voisine **Volubilis**, cité romaine sereinement posée dans la plaine, précéderont la découverte de **Ouazzane**, la ville deux fois sainte posée sur les marches du Rif. Gagnant la côte atlantique, vous découvrirez **Larache,** au centre de lieux hantés par l'histoire (Lixus) ou la légende (le jardin des Hespérides). **Asilah**, la blanche cité des arts, précédera le retour à Tanger, que vous effectuerez en longeant la côte, découvrant au passage le cap Spartel et les grottes d'Hercule.

DES COLONNES D'HERCULE AU JARDIN DES HESPÉRIDES

3 *Circuit de 600 km env. au départ de Tanger – Étapes conseillées : Tanger – Tetouan – Chefchaouèn – Asilah.*
Plus court que le précédent, ce circuit tout imprégné d'histoire vous permettra de découvrir la région située au sud du détroit de Gibraltar, terre d'échanges entre civilisations. **Tanger** en est l'exemple type : cité cosmopolite dominant la mer à 14 km des côtes andalouses, et qui a conservé de l'époque du « statut » son aura sulfureuse, c'est aussi la ville où le sultan Mohammed V prononça un discours fameux qui allait conduire le Maroc à l'indépendance. Portugaise, puis espagnole, **Ceuta** est l'un des derniers vestiges de

ce Maroc espagnol de la première partie du 20e s. Mais **Tetouan**, bien qu'indubitablement marocaine, est tout autant espagnole ou, plus exactement, andalouse, en ce sens qu'avec sa belle médina, elle témoigne de la civilisation raffinée d'Al Andalous, celle qui connut son apogée à Grenade, que nombre d'habitants, musulmans ou juifs, abandonnèrent après la Reconquête de 1492 pour s'établir de l'autre côté du détroit.
La **côte du pays Rhomara** par Bou Ahmed et El Djebba vous permettra de découvrir de superbes paysages, là où la montagne plonge directement dans la mer. **Chefchaouèn**, cité andalouse aux murs bleus, ne pourra que vous séduire : le petit dédale de sa médina est une splendeur. Retour à Tanger via **Larache** et **Asilah**.

CÔTE ATLANTIQUE

4 *Circuit de 1 180 km env. au départ de Rabat – Étapes conseillées : Casablanca – Oualidia – Essaouira – Agadir – Taroudant – Marrakech.*
Après la découverte de **Rabat**, vous longerez les plages de Temara, Skhirat et Mohammedia, avant de découvrir la cité dynamique de **Casablanca**, avec son immense mosquée Hassan II posée sur l'Océan. Suivant la corniche, vous découvrirez les remparts d'**Azemmour** puis **El-Jadida**, l'ancienne Mazagan, qui, si elle n'est pas encore redevenue la « Deauville marocaine », a conservé une belle citerne portugaise enfermée dans des remparts. Si vous aimez les huîtres, vous ne manquerez pas d'en déguster une douzaine en bordure de la lagune de **Oualidia**, sur la belle route côtière qui descend vers la cité des potiers, **Safi**. De là, vous rejoindrez **Essaouira** et ses remparts, où vous succomberez sans nul doute au charme de la ville, avant d'explorer, au sud, une côte qui – pour combien de temps encore ? – a conservé son aspect sauvage : cette terre d'arganiers (visitez les coopératives féminines de Tidzi et de Tamanar) et de pêcheurs (Tafadna, Imsouane) est particulièrement appréciée des surfeurs, qui aiment à se retrouver sur les spots de **Sidi Kaouki**, aux abords d'un marabout dominant l'Océan.
Le **cap Rhir** et sa côte déchiquetée contre laquelle viennent battre les rouleaux de l'Océan précèdent la station balnéaire de Taghazoute, et **Agadir**, que l'on ne présente plus. La découverte de la grande station balnéaire sera l'occasion d'une dernière baignade avant de quitter la côte pour découvrir la cité fortifiée de **Taroudant** et ses souks et de vous enfoncer en pays berbère en gravissant le **Tizi-n-Test** : la route est difficile, certes, mais les paysages sont superbes, la **mosquée de Tinmel**, berceau des Almohades, mérite un arrêt, tandis qu'Asni et Ouirgane sont le point de départ de randonnées sur les pentes du **Toubkal**, point culminant du Maroc. Quelques jours à **Marrakech** s'imposent : nul doute que la médina de la « ville rouge », ses palais et ses musées, l'animation de la place Jemaa el Fna constitueront un des temps forts de ce circuit que vous achèverez en rentrant à Casablanca par Settat.

GORGES, CIRQUES ET CASCADES AUTOUR DU HAUT ATLAS

5 *Circuit de 1 250 km env. au départ de Marrakech – Étapes conseillées : Ouarzazate – Tinerhir – Erfoud – Errachidia – Midelt – Beni-Mellal.*
Quittant **Marrakech**, vous gravirez le **Tizi-n-Tichka**, plus haut col routier du Maroc, qui vous révélera des paysages d'une austère grandeur, plus riants dans l'ascension que dans la descente, où vous trouverez le paysage désertique, ponctué d'oasis, qui sera la dominante de ce circuit.
La *kasbah* de **Telouèt** et le ksar d'**Âït-Benhaddou**, inscrit par l'Unesco sur la liste du patrimoine mondial de l'humanité, vous familiariseront avec l'architecture de terre caractéristique du pays berbère.
À **Ouarzazate**, la *kasbah* de Taourirt est un autre superbe exemple de ces constructions qui jalonnent la route jusqu'à Tinerhir, le long de la **vallée du Dadès**, que l'on a appelée à juste titre

Ruiz Treal / MICHELIN

Aux alentours de Midelt.

« vallée des mille *kasbahs* ». Plus ou moins ruinées, plus ou moins altières, nombre d'entre elles ont encore belle allure, de **Skoura** à **Boumalne**, en passant par **El-Kelaâ-M'Gouna**, au **pays des roses** : au passage, explorez les superbes **gorges du Dadès** jusqu'à Imdiazèn, ou celles du **Todra**, au-dessus de la belle palmeraie de **Tinerhir**. De cette cité, fameuse pour ses bijoux berbères, vous rejoindrez **Erfoud** et Rissani, berceau de la dynastie alaouite, et peut-être en profiterez-vous pour passer une nuit en bivouac, ou dans une « auberge des sables » posées le long de l'**erg Chebbi**, le plus grand champ de dunes du Sahara marocain. Remontant par Errachidia et la vallée du Ziz, vous atteindrez **Midelt**, point de départ de randonnées vers le **cirque de Jaffar**, avant d'obliquer vers l'ouest et de traverser le **Moyen Atlas** afin de rejoindre la grande route de Fès à Marrakech au sud de Khénifra. De là, vous regagnerez la capitale du Sud par le chemin des écoliers, découvrant au passage le lac de **Bin el-Ouidane**, les **cascades d'Ouzoud** et, après Demnate, le **lac des Âït-Adel**.

UNE ENVIE DE MER

6 *Circuit de 750 km env. au départ de Marrakech – Étapes conseillées : Essaouira – Agadir – Taroudant.*
Après quelques jours dans la chaleur et le brouhaha de **Marrakech**, nul doute que l'envie de piquer une tête dans l'Océan ne devienne impérieuse ! Il suffit de trois heures d'une route sans difficultés pour atteindre **Essaouira**, l'ancienne Mogador, dont la belle medina bleue et blanche enserrée de remparts est posée aux abords d'une belle plage battue par l'Océan. Vous prendrez plaisir dans cette cité pleine de charme et de mystères, à flâner dans les ruelles, à pousser la porte des galeries de peinture ou à regarder les artisans polir la loupe de thuya. Mais pourquoi ne pas explorer la côte plus au sud ? Dans une steppe à arganiers, ces arbres que les chèvres aiment à escalader pour se repaître de ses feuilles, les dunes du **cap Sim**, le **marabout de Sidi Kaouki**, paradis des surfeurs, la plage du **cap Tafelney**, avec ses barques bleues échouées sur la plage, la **pointe d'Imsouane** et son minuscule port de pêche vous séduiront par leur côté préservé. Ce n'est certes pas le cas d'**Agadir**, mais la plage et la baie sont si belles qu'on aurait mauvaise grâce à ne pas s'y poser le temps d'un bain rafraîchissant, avant de regagner l'intérieur des terres. Bientôt apparaîtront devant vous les belles murailles de pisé de **Taroudant**, cette petite sœur de Marrakech, dont vous explorerez les souks avec plaisir avant de regagner la ville rouge par la route, escarpée mais si belle, du **Tizi-n-Test**, qui vous fera passer au pied du **massif du Toubkal** : une occasion de se dégourdir les jambes avant d'aller déguster des brochettes sur un étal de la place Jemaa el Fna.

P. Veysseyre / MICHELIN

Le cap Tafelney.

DE KASBAHS EN OASIS

7 *Circuit de 975 km env. au départ de Ouarzazate – Étapes conseillées : Zagora – Nekob – Erfoud – Tinerhir – Boumalne.*
Quittant **Ouarzazate** au sud-est, vous traverserez un paysage montagneux et caillouteux d'où toute idée de végétation semble abolie jusqu'à la petite cité de Agdz, au pied du **jbel Sarho**. C'est là que vous rejoindrez la **vallée du Drâa**, cette immense oasis balafrant le désert : à l'ombre de magnifiques palmiers, les ksour succèdent aux ksour parmi des champs cultivés que bordent des murettes de terre sèche et qu'abreuvent un entrelacs de canaux d'irrigation.
Vous ne vous lasserez pas du spectacle sans cesse renouvelé : femmes, parfois revêtues de superbes robes noires incrustées de pierres, se rendant au puits, vieillards à califourchon sur des bourricots qui avançant en dodelinant de la tête, agriculteurs travaillant la terre, enfants postés sur le bord de la route afin de vous vendre des dattes. Sans doute en profiterez-vous, à partir de **Zagora** ou de **Mhamid**, pour organiser une nuit de bivouac en plein désert, faire

Circuits de découverte

1 Les cités Impériales : 1200 km au départ de Rabat.

2 Le Nord, entre Rif et Méditerranée : 1400 km au départ de Tanger.

3 Des colonnes d'Hercule au Jardin des Hespérides : 600 km au départ de Tanger.

4 Côte Atlantique : 1200 km au départ de Rabat.

5 Gorges, cirques et cascades autour du Haut-Atlas : 1250 km au départ de Marrakech.

6 Une envie de mer : 750 km au départ de Marrakech.

7 De kasbahs en oasis : 1000 km au départ de Ouarzazate.

8 Le Sud hors des sentiers battus : 850 km au départ d'Agadir.

9 Côtes sauvages et cirques montagneux au Sud d'Agadir : 700 km au départ d'Agadir.

une balade à dos de dromadaire ou tout simplement prendre un bain de sable. Ne manquez pas en tout cas de vous arrêter à **Tamegroute** pour découvrir la bibliothèque coranique, les ateliers des potiers et les étranges ruelles souterraines, ainsi qu'à **Ouled Driss**, où vous pourrez visiter une maison traditionnelle vieille de plusieurs siècles. Revenant sur vos pas, vous traverserez le Drâa à Tansikht et vous enfoncerez dans un paysage désertique, au pied du *jbel* Sarho.

Après un arrêt à **Nekob**, qui s'enorgueillit de ses nombreuses *kasbahs*, vous atteindrez le **Tafilalt**, région fameuse pour avoir été le berceau de la dynastie alaouite et pour les dunes de sable blond de l'**erg Chebbi**. Une nuit à **Merzouga** (ou à Erfoud) précèdera le retour vers **Tinerhir**, fameuse pour sa belle palmeraie et les impressionnantes **gorges du Todra**. De là, vous rentrerez à Ouarzazate par la **vallée du Dadès**, appelée aussi la « route des mille *kasbahs* ».

LE SUD HORS DES SENTIERS BATTUS

8 *4 à 5 jours. Circuit de 860 km au départ d'Agadir – Étapes conseillées : Tafraoute – Tata – Taliouine – Taroudant.*

Au pays des Ameln.

Quelques jours passés au bord des piscines d'**Agadir** ne peuvent que stimuler un désir d'authenticité que la nouvelle médina de Coco Polizzi ne saurait suffire à satisfaire. Par chance, il vous suffit de sortir de la grande métropole touristique et de prendre la route de **Tafraoute** pour vous trouver aussitôt plongé dans un autre monde. Dans la cité de l'amandier, vous pourrez vous attarder dans la **vallée des Ameln** (ne manquez pas de visiter la maison traditionnelle d'Oumesnat), contempler de magnifiques paysages de rochers (peints ou non) et, pourquoi pas, explorer les **gorges d'Âït-Mansour**, aussi étroites qu'étranges, jusqu'à leur inattendue palmeraie. Reprenant la route, vous rejoindrez Igherm dans un paysage presque entièrement minéral avant de vous glisser de palmeraie en palmeraie, entre les versants aux couleurs chaudes de l'Anti-Atlas jusqu'à **Tata**, bourgade perdue aux confins du désert. Plus loin, **Tissint**, avec sa cascade où barbotent les enfants du village, est la capitale des herboristes du Maroc. Depuis **Foum Zguid**, cité caravanière qu'on ne pouvait rallier il y a peu qu'à bord d'un 4x4, un défilé vous conduira à **Tazenakht,** dont les tapis réputés, teints à l'aide de safran, sont suspendus à la devanture des échoppes. Le safran ? Parlons-en justement, puisque c'est à **Taliouine** qu'est recueillie la précieuse denrée commercialisée à la coopérative. Mais Taliouine, avec ses *kasbahs*, est aussi un point de départ de randonnées appréciés dans la montagne. La route vous conduit ensuite à travers une steppe à arganiers vers la région prospère de **Taroudant**, cité cernée de beau remparts enserrant une médina où il fait bon flâner parmi des souks animés et qui ont conservé une part de leur authenticité. Ce sera l'occasion de quelques emplettes et, pourquoi pas, de vous exercer à l'art subtil du marchandage avant de retrouver la piscine de votre hôtel.

CÔTES SAUVAGES ET CIRQUES MONTAGNEUX AU SUD D'AGADIR

9 *Circuit de 690 km au départ d'Agadir – Étapes conseillées : Tiznit – Sidi Ifni – Tafraoute – Taroudant.*

Après quelques journées passées au bord de la piscine, vous quitterez la grande cité balnéaire du Sud marocain en direction de **Tiznit** : les remparts comme les souks de cette ville connue pour ses bijoutiers sauront retenir votre attention, avant que vous n'alliez retrouver l'Océan au petit village d'**Aglou-Plage**, connu pour ses pêcheurs troglodytes. Suivant la côte par la nouvelle route, vous apercevrez de belles plages (**Mirleft**, **Sidi-Mohammed-ou-Abdallah**), que la houle et un fort courant rendent hélas assez dangereuses pour la baignade, chose qui ne semble pas intimider le moins du monde la jeunesse locale, avant d'arriver à **Sidi Ifni**. Toute blanche, dominant la mer depuis sa falaise, cette ancienne cité espagnole ne manque pas d'un charme empreint d'une certaine nostalgie, un peu comparable à celui qui émane des stations passées de mode. Une très belle route traversant la montagne (ne manquez pas de vous arrêter à **Mesti**

C. Brett / MICHELIN

Plage au sud d'Agadir.

pour visiter la coopérative féminine de production d'huile d'argane) vous conduira à **Guelmim**, célèbre pour son souk aux chameaux. De là, vous remonterez à Tiznit par Bouizarkane, et entreprendrez l'ascension du **col du Kerdous** pour découvrir les somptueux paysages de la **région de Tafraoute**. Pour être austères et désertiques, ceux que vous allez parcourir en direction d'**Igherm**, à peine animés par la présence de maigres troupeaux, sont tout aussi magnifiques. De là, vous remonterez par **Tioute** (la vue de la *kasbah* sur la chaîne enneigée de l'Atlas est très belle !) avant d'explorer les souks de **Taroudant** et de prendre le chemin du retour.

Nos idées de week-end

Voici quelques propositions pour découvrir l'essentiel des grandes villes le temps d'une courte escapade.

FÈS

Le **Festival de musique sacrée** au printemps est une belle occasion pour un long week-end, mais Fès est alors une destination fort courue. Vous pouvez aussi décider d'une escapade fassie à une autre période pour découvrir la ville au naturel. Débutez votre séjour par une plongée dans l'ambiance de la **médina** (inutile de venir à l'aube, les magasins n'ouvrant pas leurs portes avant 9h30-10h). Regardez, sentez, goûtez… Cette immersion au cœur de la vie marocaine vous prendra bien une demi-journée. Des parcours thématiques fléchés vous guideront dans vos pérégrinations. Ne manquez pas cependant lors de votre balade de vous arrêter à la **médersa Bou Inania** et au **complexe Neijarine**, avec son fondouk et son musée des Arts et Métiers du bois. Déjeunez du côté du palais Dar Batha, dans le quartier de la **bab Bou Jeloub**. Un des cafés maures du quartier vous accueillira ensuite pour un thé à la menthe. L'après-midi, arpentez l'avenue ombragée Hassan-II dans la **ville nouvelle** et faites un arrêt à l'**ensemble artisanal.** En fin de journée, montez (en taxi) sur la colline des **tombeaux mérinides** pour profiter de la lumière déclinant sur la ville. Cette excursion peut aussi être agréable au petit matin pour voir s'éveiller la médina. Pour le dîner, vous aurez eu soin de réserver dans un des magnifiques palais qui accueillent désormais des restaurants. Le dimanche matin sera consacré à une autre promenade de plusieurs heures dans la médina ; elle est si dense que vous pouvez tout à fait choisir un autre parcours sans passer par les mêmes lieux. Puis découvrez le **mellah**. Si vous disposez d'un jour de plus et d'une voiture, rendez-vous à **Meknès**, autre cité impériale, et à la cité antique de **Volubilis**, ou prévoyez une excursion dans le **parc d'Ifrane** et la **forêt de Cèdres**.

Happy hour

C'est du promontoire du Borj Sud, dès les premières heures de la journée, soleil dans le dos, qu'il faut découvrir Fès la mystérieuse et tenter d'en prendre la mesure, en repérant parmi l'inextricable lacis de ses ruelles et de ses terrasses blanches les nombreux minarets pointant vers le ciel, au-dessus des tuiles vernissées des cours qui les entourent.

TANGER

Votre première journée à Tanger débutera par un café dans un petit établissement maure de l'emblématique **place du Grand-Socco.** Ne manquez pas de faire ensuite un saut dans les **jardins de la**

Mendoubia, avant de vous aventurer dans la **médina** sur les pas de Paul Bowles, Jean Genet et Mohammed Choukri. Au gré des ruelles, rejoignez la place de la Kasbah, où se trouve le **musée Dar el-Makhzen**. De là, on a un très beau point de vue sur le détroit de Gibraltar, et par beau temps, on aperçoit les côtes espagnoles. Vous déjeunerez près du Grand-Socco ou dans la médina. Passez l'après-midi à la plage ou faites une promenade sur les **boulevards Pasteur et Mohammed V**, artères très commerçantes qui donnent sur la place de France. Le dimanche, louez une voiture et rejoignez **Asilah,** petite ville dotée d'une charmante médina, et le **cap Spartel**. Si vous préférez demeurer à Tanger, profitez-en pour vous promener sur le **port** et pour découvrir le **musée d'Art contemporain**.

RABAT

Réservez de préférence un hôtel situé sur les boulevards Hassan-II ou Mohammed-V, car vous y serez au cœur même de la ville et profiterez ainsi au mieux de vos quelques jours à Rabat. Le samedi matin sera consacré à une promenade dans la **kasbah des Oudaïas** puis dans la **médina**. Déjeunez dans la médina

J. Malburet / MICHELIN

La kasbah des Oudaïas à Rabat.

ou sur les grands boulevards ; vous pouvez ensuite remonter l'avenue Mohammed-V jusqu'au palais royal, c'est une très agréable promenade. Consacrez quelque temps à la découverte du **Musée archéologique**, qui rassemble de très belles pièces recueillies à Lixus, Volubilis, Banasa… Revenez par l'avenue Allal-ben-Abdallah et sillonnez la ville nouvelle. Le soir, offrez-vous un des bons restaurants de la ville. Le lendemain matin, ne manquez pas d'aller visiter la romantique **nécropole du Chellah**. Pour la suite de votre périple – le **mausolée de Mohammed V** et la **tour Hassan II** –, il vous faudra un taxi. L'après-midi, accordez-vous une pause à la plage ou prenez un grand taxi pour aller vous promener dans la médina de **Salé**.

CASABLANCA

Nous vous conseillons de choisir une chambre sur le boulevard de la Corniche, où les nuits sont plus calmes que dans le centre-ville. Le samedi matin, allez prendre un brunch en terrasse au restaurant Chez Paul, une ravissante villa Art déco, puis, pour avoir une idée de l'ambiance d'une **médina,** passez quelques heures à parcourir les ruelles de la vieille ville. L'après-midi, pourquoi ne feriez-vous pas un brin de lèche-vitrine sur la grande **rue piétonne du Prince-Moulay-Abdallah,** aux boutiques luxueuses et aux glaciers tentateurs. Elle vous mènera à la **place Mohammed-V** et au **parc de la Ligue arabe**, véritable poumon vert de la ville, où il fait bon se ressourcer au calme. Prenez un verre à la **Villa des Arts**. Le soir, vous pourriez aller dîner dans le quartier du boulevard Mohammed-V. Le dimanche, ne manquez d'aller visiter la **mosquée Hassan II**. En reprenant le bd de la Corniche, vous accéderez au phare El Hank, au pied duquel vous trouverez un choix de petits restaurants de poissons où déjeuner. Déjeuner suivi d'un après-midi de farniente sur une **plage du boulevard de la Corniche**. Vers 18h et jusqu'à 21h environ, les Casaouis ont coutume de se promener sur le très populaire **boulevard de l'Océan-Atlantique** ; ne dérogez pas à cette pratique avant de reprendre le chemin du retour !

MARRAKECH

Une balade sur l'immense **place Jemaa El Fna** vous donnera une première impression de l'effervescence qui caractérise la « capitale du Sud ». Vous franchirez ensuite l'une des portes qui permet d'accéder à la **médina**. N'ayez pas peur de vous perdre dans ce labyrinthe de ruelles couvertes de roseaux où se croisent passants, scooters, carrioles tirées par des ânes et enfants qui jouent au foot. Vous longerez des souks célèbres, comme celui des teinturiers ou encore celui des forgerons. Le lendemain, une visite aux splendides **tombeaux saâdiens** ou au **palais de la Bahia** s'impose. Après avoir déjeuné dans le quartier moderne du Guéliz, pourquoi ne pas vous promener paisiblement dans le **jardin Majorelle**, avant de découvrir le **musée des Arts marocains**. Le soir, après un dîner aux chandelles dans l'un des restaurants élégants de la médina, vous pourrez prolonger la soirée dans un club lounge du Guéliz.

AGADIR

Vous trouverez à Agadir pas moins de 7 km de sable fin pour flâner au bord de l'eau. Vous consacrerez probablement l'essentiel de votre première journée à essayer le jet ski, la planche à voile ou toute autre activité nautique. Si, en fin de journée, vous ressentez encore le besoin d'une petite baignade, sachez que presque tous les hôtels disposent d'une piscine. Le lendemain, vous aurez peut-être envie de vous éloigner de toute cette activité touristique. Les amateurs de vieux ports et de souks animés partiront à la découverte d'**Essaouira**. Ceux qui recherchent le calme préfèreront une escapade vers le sud, le long des plages désertes qui s'étendent jusqu'à Sidi Ifni.

Petit-déjeuner

Pour profiter au maximum d'un court séjour, il est toujours très agréable de prendre son petit-déjeuner en ville. Vous êtes ainsi immergé dans l'ambiance locale dès le petit matin, alors que les autres visiteurs sont encore à l'hôtel.

OUARZAZATE

Une journée suffira à peine pour visiter les célèbres **studios de cinéma** ou encore la **kasbah de Taourirt,** qui est l'une des plus belles du Maroc. C'est à Ouarzazate qu'ont été tourné les films *Ali Baba et les quarante voleurs* ou encore *Kundun,* de Martin Scorcese. Vous pourrez dîner en terrasse tout en contemplant les enceintes illuminées des sites historiques voisins. Le lendemain, les amoureux de vieux ksour se rendront inévitablement à **Aït-Benhaddou,** pour sillonner les ruelles d'une des plus belles fortifications du pays.
Ceux qui préfèrent la nature et les paysages somptueux descendront quelques kilomètres vers le sud, pour admirer les palmeraies qui longent la **vallée du Drâa.**

Escapade à la frontière espagnole

Si vous venez du Maroc, sachez que les formalités douanières peuvent être assez longues : nombre de Marocains profitent en effet du statut de port franc de **Ceuta** ou **Melilla** pour y effectuer leurs emplettes et faire le plein d'essence à un tarif des plus intéressants et l'affluence est grande.
Formalités – Il faut se procurer au premier guichet une fiche d'émigration (une par personne – ce document est gratuit contrairement à ce que certains tenteront de vous faire croire) que vous remettrez, après l'avoir complétée, au contrôle de police marocain avec votre passeport. Rejoignez ensuite la frontière espagnole. Vous devrez en outre remplir une fiche pour la voiture.
Pour pénétrer sur le territoire espagnol, une carte d'identité suffira pour les ressortissants de l'Union européenne. Passeport en cours de validité et visa d'entrée en Espagne pour les ressortissants des pays qui n'en sont pas exemptés.
Mêmes formalités au retour pour pénétrer au Maroc… et toujours autant d'attente.
Titres de circulation – N'oubliez ni votre carte grise ni votre permis de conduire et présentez la carte internationale d'assurance automobile dite « carte verte ».
À savoir – Notez bien que les taxis comme les autobus marocains et les voitures de location ne peuvent entrer en territoire espagnol.
Seules solutions dans le cas de Ceuta : laisser le véhicule sur le parking avant le poste frontière – avec le risque toujours possible de retrouver sa voiture bloquée en cas d'affluence excessive – ou dans un garage gardé à Fnideq (Castillejos), et prendre ensuite un taxi jusqu'à la frontière. Côté espagnol, des bus assurent la navette entre la frontière et le centre-ville.

À FAIRE AVANT DE PARTIR

Où s'informer ?

OFFICES DE TOURISME

France – 161 r. St-Honoré - 75001 Paris - ✆ 01 42 60 63 50/47 24 - www.tourisme-marocain.com - lun.-vend. 9h-18h, sam. 10h-13h. Brochures et renseignements pratiques sur le pays.

Belgique – Av. Louise 402 - 1050 Bruxelles - ✆ (02) 646 63 20/85 40 - tourisme.maroc@skynet.be lun.-vend. 9h30-17h -

Suisse – Achifflande 5- 8001 Zurich - 9h-17h30 - ✆ (411) 252 77 52 - info@marokko.ch.

Canada – Place Montréal Trust - 1800 rue Mc Gill College - suite 2450 - Montréal - ✆ (514) 842 81 11/12.

ORGANISMES OFFICIELS

France – Ambassade du Maroc - 5 r. Le Tasse - 75016 Paris - ✆ 01 45 20 69 35 - fax 01 45 20 22 58 - info@amb-maroc.fr.
Consulat – 12 r. de la Saïda - 75015 Paris - ✆ 01 56 56 72 00 - fax 01 45 33 21 09.

Belgique – Ambassade du Maroc : bd Saint-Michel 29 - 1040 Bruxelles - ✆ (02) 736 11 00.
Consulat – Av. Van-Volxem 20 - 1190 Bruxelles - ✆ (02) 346 19 66/16 73.

Suisse – Ambassade du Maroc : Helvetiastrasse 42 - 3005 Berne - ✆ (031) 351 03 62/63 - sifamaberne@bluewin.ch ; Chemin François Lehmann 18 - Grand Saconnex - Genève - ✆ (022) 791 81 81 - mission.maroc@tieitu.int.
Consulat : Rue du Grand-Chêne 7-9 - 1002 Lausanne - ✆ (021) 329 07 43.

Canada – Ambassade du Maroc : 38 Range Road K1N 8J4 - Ottawa - ✆ (613) 236 73 91 à 93 - sifamaot@bellnet.ca.
Consulat : 1010 Sherbrooke Ouest - suite 1510 - Montréal - Québec - H3A2R7 - ✆ (514) 288 87 50/69 51 - consumam@videotron.ca - www.consulatdumaroc.ca

CENTRES CULTURELS

France – Institut du monde arabe : 1 r. des Fossés-Saint-Bernard - 75005 Paris - ✆ 01 40 51 38 38/11 (serveur vocal) - tlj sf lun. 10h-18h - www.imarabe.org

AGENCES DE VOYAGE

Organiser un voyage individuel au Maroc n'est pas toujours des plus aisés, surtout lorsqu'il s'agit d'un premier voyage dans ce pays, où il faut savoir que les trajets sont parfois bien plus longs que ne le laissent augurer les distances kilométriques. Par ailleurs, il n'est pas toujours aisé d'entrer en contact avec les hôtels et il arrive que certains de ceux-ci « oublient » les réservations des clients individuels lorsqu'un groupe se présente.
C'est pourquoi de nombreuses agences et organismes se proposent de vous prêter assistance et de vous aider à organiser votre voyage selon différentes formules, tant en fonction de vos pôles d'intérêt, que sur un plan purement pratique, vous libérant ainsi des soucis matériels.

Sites Internet utiles

TOURISME ET TRANSPORTS

- www.tourisme-marocain.com (office du tourisme du Maroc)
- www.travel-in-morocco.com
- www.tourism-in-morocco.com (listes d'hôtels, restaurants et autres sélections)
- www.riads.fr (sélection de riads à Marrakech, Essaouira et Fès)
- www.oncf.ma (Office national des chemins de fer du Maroc : trains, horaires, tarifs)

ACTUALITÉS ET INFORMATIONS

- www.lopinion.ma
- www.lematin.ma
- www.liberation.press.ma
- www.maroc-hebdo.press.ma
- www.mincom.gov.ma (ministère de la Communication du Maroc)

AMBASSADE DE FRANCE AU MAROC

www.ambafrance-ma.org (renseignements pratiques, revue de presse, actualités culturelles, activités des consulats, liens vers des sites spécialisés).

Formules club et voyages à la carte

Dans la plupart des agences de voyages, vous trouverez des « formules club », qu'elles soient organisées par **FRAM** (avec ses hôtels Framissima), **Accor** (Coralia) ou **Jet Tours** (clubs Eldorador), sans oublier le **Club Méditerranée**. Vous pourrez, par leur intermédiaire, obtenir des vols à des tarifs intéressants, le plus souvent en vol spécial, et effectuer vos réservations dans des hôtels vous proposant, outre une piscine et de nombreuses animations, sportives ou autres, des possibilités d'excursions aux alentours.
Une autre formule consiste à planifier un voyage à la carte avec mise à votre disposition d'un véhicule avec ou sans chauffeur.

Agences généralistes

Donatello – 20 r. de la Paix - 75008 Paris - ✆ 01 44 58 30 60 - www.donatello.fr. Séjours à Marrakech et Essaouira, circuit libre en voiture dans le Sud marocain.

Fram – ✆ 0 826 463 727 - www.fram.fr. Séjours en hôtel ou en club, et nombreux circuits dans le Sud marocain.

Go Voyages – ✆ 0 892 230 200 - www.govoyages.fr. Séjours en hôtel ou en club, et circuits dans le Sud marocain.

Jet Tours – ✆ 0 825 30 20 10 - www.jettours.com. Séjours à Marrakech, circuits en voiture et randonnée.

Look Voyages – ✆ 0 892 788 778 - www.look-voyages.fr. Séjour en hôtel ou au club Lookéa de Marrakech, situé dans la palmeraie. Circuit dans le Sud marocain.

Nouvelles Frontières – ✆0 825 000 747 - www.nouvelles-frontières.fr Circuits de 8 à 15 jours à la découverte des villes impériales et dans le Sud. Nouvelles Frontières propose également pour Marrakech des vols à des tarifs attractifs ainsi que des séjours « vol + hôtel » en demi-pension.

Spécialistes du Maroc

Comptoir du Maroc – 344 r. St-Jacques - 75005 Paris - ✆ 01 53 10 21 50 - fax 01 53 10 21 61 - 3615 Comptoirs - maroc@comptoir.fr - www.comptoir.fr. Les différents comptoirs consacrés chacun à un continent ou à un pays (chacun dispose de sa propre brochure) vous suggèrent des circuits organisés sur mesure selon vos centres d'intérêt, le temps dont vous disposez et votre budget, comprenant location de voiture, transferts et hébergement en hôtels de différentes catégories, et, si vous le désirez, réservation de vos billets d'avion sur les lignes régulières de la RAM (ce qui permet, par exemple, une arrivée sur Casablanca et retour de Marrakech).

Safar Tours – En France : 21 bd des Batignolles - 75008 Paris - ✆ 01 44 70 62 62. En Belgique : bd Adolphe Max 112-114 - 1000 Bruxelles - www.safartours.fr. Propose des voyages à la carte et des vols charters à destination de plusieurs villes marocaines *(voir rubrique « charters » p. 26).*

Voyageurs au Maroc – 55 r. Ste-Anne - 75002 Paris - ✆ 0 892 237 373 - www.vdm.com. Autres agences à Lyon, Marseille, Toulouse, Rennes, Nice, Lille, Nantes et Grenoble. Circuits accompagnés et voyages sur mesure.

Voyages culturels

Arts et Vie – 251 r. de Vaugirard - 75015 Paris - ✆ 01 40 43 20 21 - www.artsvie.asso.fr. Agences à Grenoble, Lyon, Marseille et Nice. Séjour de 7 jours à Marrakech et circuits de 8 à 15 jours dans l'Atlas ou le Grand Sud.

Clio Voyages – 27 r. du Hameau, 75015 Paris - ✆ 0 826 101 082, de l'étranger (331) 53 68 48 43 - www.clio.fr. Une référence dans le domaine des voyages culturels thématiques.

Intermèdes – 60 r. de la Boétie - 75008 Paris - ✆ 01 45 61 90 90 - www.intermedes.fr. Une dizaine de circuits thématiques avec conférencier, partout au Maroc.

Sindbad Voyages – 50 r. Servan - 75011 Paris - ✆ 01 43 38 19 94 - www.sindbad-voyages.com. Programmes culturels thématiques. Voyage à la carte. Randonnée au sud de l'Atlas, dans le *jbel* Sargho.

Organisateurs de randonnées

Club Aventure – 18 r. Séguier - 75006 Paris - ✆ 0 826 882 080 - clubaventure.fr - Contact à Marseille : « Le Néreïs » - av. André-Roussin - Saumaty-Séon - 13016 Marseille - ✆ 04 96 15 10 20 - fax 04 96 15 10 59. Au programme, randonnées pédestres de 8 à 15 jours dans le massif du Siroua, dans le Haut Atlas central et dans le massif du Toubkal.

Tamera, Voyages d'aventures – 26 r. du Bœuf - 69005 Lyon - ✆ 04 78 37 88 88 - fax 04 78 92 99 70 - tamera@tamera.fr - www.tamera.fr. Propose des randonnées chamelières, pédestres ou en 4x4, ainsi que des raids à ski. Le nombre de participants à ces différentes expéditions, qui durent généralement 8 jours (15 jours pour certains treks en été), varie de 4 à 14 personnes. Départs de Paris et Lyon.

La Balaguère – Rte d'Argelès-Gazost, BP 3 - 65403 Arrens-Marsous - ✆ (n° Indigo) 0 820 022 021 - fax 05 62 97 43 01 - www.balaguere.com. Randonnées dans la vallée du Drâa, à la rencontre du désert, dont certaines s'adressent à un public entre deux âges et privilégient le logement chez l'habitant plutôt que le bivouac. Séjours de marche dans le désert et en montagne.

Comptoir des Voyages – 344 r. Saint-Jacques - 75005 Paris - ✆ 0 892 237 737 (n° indigo à 0,34 €/mn) - www.comptoir.fr. **Comptoir du Maroc** et **Comptoir des Déserts** vous proposent différents circuits de découverte, qu'il s'agisse de méharées ou de randonnées pédestres avec assistance muletière. L'organisme dispose en outre de campements nomades de charme dans le sud du pays. L'intérieur est aménagé avec goût et tout confort.

Explorator – 16 r. de la Banque - 75002 Paris - ✆ 01 53 45 85 85 - www.explo.com. Circuits en groupe ou en individuel dans le Sud marocain et trekking dans l'Atlas ; randonnées en famille dans l'Atlas et sur la côte Atlantique.

Allibert montagnes et déserts du monde – 37 bd Beaumarchais - 75003 Paris - ✆ 0 825 090 190/(02) 526 92 90 (Belgique)/(022) 849 85 51 (Suisse) - www.allibert-trekking.com. Agences à Chamonix, Chapareillan, Toulouse et Bruxelles. Un grand spécialiste des randonnées pédestres.

Terres d'aventure – 6 r. St-Victor - 75005 Paris - ✆ 0 825 847 800 - www.terdav.com. Nombreuses randonnées pédestres, de 8 à 22 jours.

Argane – 204 r. du Château-des-Rentiers - 75013 Paris - ✆ 01 53 82 01 01 - fax 01 53 82 07 44. Cet organisme propose des voyages à la carte et sur mesure, permettant de partir en randonnée au Maroc, en famille ou entre amis (possibilités de voyage à partir de 2 personnes).

Escapad'Évasion – 31 av. de la Libération - 72000 Le Mans - ✆ 02 43 72 53 04 - fax 02 43 24 07 90.

Hommes et Montagnes – 10 bd Gambetta - 38000 Grenoble - ✆ 04 38 86 69 19 - fax 04 76 19 07 11 - www.hommes-et-montagnes.fr. Randonnées dans tout le pays, essentiellement désert et montagnes.

La randonnée avec un mulet, une autre manière de découvrir le Maroc.

Nomade Aventure – 40 r. de la Montagne-Ste-Geneviève - 75005 Paris - ✆ 01 46 33 71 71 - fax 01 43 54 76 12 - www.nomade-aventure.com. Contact à Marseille : 43 r. Peyrolières - ✆ 05 61 55 49 22. Randonnées pédestres dans la vallée de l'Ourika, le massif du Toubkal, etc. Personnel d'accueil compétent, connaissant bien le pays et n'hésitant pas à donner de précieux conseils pratiques. Sur place, guide local bien formé et équipe d'accompagnement (muletiers, cuisinier) efficace et serviable. Également randonnées muletière et chamelière dans l'Atlas.

Nouvelles Frontières – ✆ 0 825 000 747 - infos@nouvelles-frontieres.fr - www.nouvelles-frontieres.fr. Organise des « circuits aventure » : trekking d'octobre à mai dans le *jbel* Sarhro, d'avril à septembre dans le massif du Toubkal, randonnée pédestre de l'Atlas à l'Atlantique, randonnées chamelières dans la vallée du Drâa et, bien sûr, découvertes du désert et du Haut Atlas en 4x4.

Terres d'Aventure – 0 825 847 800 - 6 r. St-Victor - 75005 Paris ; autres agences partout en France - infos@terdav.com - www.terdav.com. Randonnées pédestres dans tout le pays.

UCPA – 62 r. de la Glacière - 75013 Paris - ✆ 0 825 820 830 - www.ucpa.com. Randonnées pédestres dans le Haut Atlas (Toubkal, M'Goun, vallée des Aït Bouguemez), raids VTT dans le Grand Sud, périple à cheval en pays berbère. Plus d'une vingtaine de propositions de randonnées que vous pourrez découvrir sur des fiches programme très détaillées.

Visages – Pl. Portail - 05600 Guillestre - ✆ 04 92 45 18 05 - fax 04 92 45 19 73.

Atalante – 36-37 quai Arloing - 69009 Lyon - ✆ 04 72 53 24 80 - 5 r. du Sommerard - 75005 Paris - ✆ 01 55 42 81 00 - www.atalante.fr. Une trentaine de circuits, de 8 à 22 jours, avec randonnées pédestres, muletières ou chamelières, certaines spécialement conçues pour les familles, mais aussi ski de randonnée en février-mars dans le Haut Atlas avec, en point d'orgue, l'ascension du Toubkal (4 167 m).

La Burle – Espace Gerbier - 07510 Ste-Eulalie - ✆ 04 75 38 82 44 - fax 04 75 38 82 38 - www.laburle.com. Randonnée à pied dans le Sud marocain et au nord de Marrakech.

Tourisme solidaire

Croq'Nature – 9 r. du Mar.-Foch - 65200 Bagnères-de-Bigorre - ✆ 05 62 97 01 00 - www.croqnature.com. Randonnées et séjours à la rencontre des peuples de l'Atlas. L'association participe à des projets à usage collectif (puits, dispensaires, écoles) sur les lieux de randonnées. Nuits dans le bivouac au décor digne des *Milles et Une Nuits* à l'oasis d'Ouled Driss.

Vision du Monde – 3 rte de Chambéry - 38300 Bourgoin-Jallieu - ✆/fax 04 74 43 91 82 - www.visiondumonde.org. Plusieurs voyages solidaires au Maroc, qui supposent un respect des populations locales, de leurs traditions et de l'environnement. Vous pourrez choisir entre les montagnes de l'Atlas, les villages berbères, le désert ou les vallées.

Formalités

Les formalités administratives et douanières risquant d'être modifiées dans leurs détails, nous conseillons à nos lecteurs de se renseigner peu de temps avant le départ.

Actuellement, les pièces exigées et les formalités sont les suivantes :

DOCUMENTS IMPORTANTS

Pour les voyageurs individuels, passeport en cours de validité (c'est-à-dire datant de moins de 5 ans – ou de 10 ans pour les plus récents), donnant le droit de séjourner durant une période inférieure à 90 jours.

Les enfants de moins de 15 ans peuvent figurer sur le passeport de la personne les accompagnant ; s'ils voyagent seuls, ils doivent posséder un document douanier individuel et une autorisation de sortie des parents délivrée par le commissariat de police.

Si vous voyagez avec un organisme de tourisme et séjournez en club, une carte nationale d'identité en cours de validité est suffisante.

ASSURANCES SANTÉ

Information

L'information concernant les risques sanitaires (vaccinations obligatoires et recommandées, risque de paludisme et règles d'hygiène – alimentaire notamment), quelle que soit la destination, fait partie intégrante de la préparation du voyage.
Si pour le Maroc aucune vaccination n'est normalement exigée, il est prudent d'être prémuni contre la typhoïde, le tétanos et la poliomyélite.

« Ton corps a des droits sur toi »

Comme le dit cet hadith, l'islam considère que la santé est le meilleur des bienfaits après le don de la foi, prohibant la nuisance à soi-même et à autrui.

En tout état de cause, avant de vous aventurer sur les pistes, nous vous conseillons vivement de consulter le site www.sante-voyages.com, ou de vous adresser aux pharmaciens ou à l'**Institut Pasteur** (centre de médecine des voyages, conseils aux voyageurs) - 211 r. de Vaugirard - 75015

Paris - ✆ 0 890 710 811 (serveur vocal) - www.pasteur.fr. - lun.-merc. et vend. 9h-16h30, jeu. 10h-16h30, sam. 9h-11h30. Vaccinations sur rendez-vous.

Air France fournit également toutes les informations provenant des publications officielles concernant les formalités de santé. Renseignements au Centre de vaccination des Invalides - 2 r. Robert-Esnault-Pelterie - 75007 Paris - ✆ 01 43 17 22 14 - www.airfrance.com.

Information au Maroc

Sur place, toute information peut être obtenue, ainsi que des sérums, à l'**Institut Pasteur du Maroc** - pl. Louis Pasteur - Casablanca - ✆ 022 43 44 50 ou 022 43 44 68 - www.pasteur.ma lun.-vend. 8h-18h, sam. 9h-12h.

Un centre également à Tanger, rue Kortobi, Plateau Marchane.

Services d'assistance

Pensez à vous assurer avant de partir. Si vous passez par un voyagiste, l'assurance assistance-rapatriement est en général incluse dans le prix du voyage. Si vous organisez seul votre voyage, contractez une assurance auprès d'un organisme spécialisé ou renseignez-vous auprès de votre banque : de nombreuses cartes incluent dans leur contrat une assurance voyage.

Ava – 24 r. Pierre-Sémard - 75009 Paris - ✆ 01 53 20 44 20 - www.ava.fr - lun.-vend. 9h-18h.

AVI International – 28 r. Mogador - 75009 Paris - ✆ 01 44 63 51 00 - www.avi-international.com - lun.-vend. 9h-17h.

Europ Assistance – 1 promenade de la Bonnette - 92230 Gennevilliers - ✆ 01 41 85 94 85 - www.europ-assistance.com - lun.-sam. 8h30-19h.

Mondial Assistance – 2 r. Fragonard - 75807 Paris Cedex 17 - ✆ 01 40 25 52 25 - fax 01 40 25 52 09 - www.mondial-assistance.fr ; agence au 67 bd Bessières - 75017 Paris.

À prendre avec soi

Il est utile de prévoir dans ses bagages une **trousse à pharmacie**, à constituer avec le conseil de son médecin traitant. Ne doivent pas être oubliés : un antalgique, un anti-diarrhéique, un antihistaminique en cas d'allergie, un désinfectant cutané, une crème antiprurigineuse et une crème solaire (même l'hiver), un purificateur d'eau et tout autre produit paramédical que l'on a l'habitude d'utiliser.

DOUANE

Les bureaux de douane sont ouverts 24h/24. Les principales restrictions douanières à l'entrée et à la sortie sont : 2 l de vin ou 1 l d'alcool fort, 200 cigarettes (soit une cartouche) ou 50 cigares ou 250 g de tabac. Parmi les articles qui doivent être déclarés figure le matériel vidéo ou de photographie (s'il est volumineux). Pensez à emporter les factures de vos appareils ; on pourrait vous les demander.

Sécurité dans les avions

Selon les nouvelles règles adoptées par la Commission européenne pour tous les vols au départ de l'Europe :
- Les dimensions des bagages en cabine ne peuvent excéder 56 x 45 x 25 cm.
- Aux points de contrôle, les passagers doivent obligatoirement retirer manteaux et vestes et retirer des bagages de cabine ordinateurs portables et appareils électriques de grande taille.
- Les récipients de plus de 100 millilitres sont interdits en cabine pour tous les vols au départ de l'Europe. Les récipients de moins de 100 millilitres doivent être rassemblés dans un sac plastique transparent de moins d'un litre (exceptions prévues pour les médicaments et les aliments pour bébés).
- Les boissons et parfums achetés en duty free peuvent quant à eux être pris en cabine, mais sont acheminés jusqu'à l'avion dans des sacs scellés.

Se rendre au Maroc

PAR AVION

Les **aéroports internationaux** sont ceux de Tanger, Fès, Oujda, Rabat, Casablanca, Marrakech, Agadir et Ouarzazate. En 2003 a été inauguré l'aéroport international de Nador dans le Rif, pour promouvoir le tourisme dans cette région. **Informations** sur les aéroports disponibles sur le site de l'Office national des aéroports, www.onda.org.ma.

À titre d'exemple, le vol Paris-Marrakech dure en moyenne 3h sans escale. Le coût du billet varie selon la période du séjour (de 250€ en basse saison à 400 € en haute saison).

Si vous comptez partir à Pâques ou en été, réservez au moins 2 mois à l'avance. On a généralement droit à 20 kg de bagages sur les vols réguliers et 15 kg sur les charters.

Réservations en ligne

Vous obtiendrez les meilleurs prix en passant par les centrales de réservation sur Internet. Certaines proposent des occasions de dernière minute, d'autres des vols bradés ou encore des packages avion + hôtels. Le site www.voyager-moinscher.fr fonctionne comme un moteur de recherche, faisant jouer les différents prestataires.

Airportail – www.airportail.com
Anyway – ✆ 0 892 302 301 - www.anyway.com
Bourse des vols – ✆ 01 42 61 66 61 - www.bourse-des-vols.com
Ebookers – ✆ 0 892 893 892 ou 01 76 61 46 33 - www.ebookers.fr ; agence à Paris : 28 r. Pierre-Lescot - 75001 Paris - ✆ 01 45 08 44 88.
Last Minute – ✆ 0 899 785 000 - www.lastminute.com
Opodo – ✆ 0 892 230 682 - www.opodo.fr
Ryanair – www.ryanair.com/site/fr

Compagnies régulières

Royal Air Maroc et Air France se partagent la majorité des liaisons directes entre Paris et le Maroc. En haute saison et pendant les vacances scolaires, des vols charters sont ajoutés.

Royal Air Maroc (RAM) – www.royalairmaroc.com.
En France : 38 av. de l'Opéra - 75002 Paris - ✆ 0 820 821 821 ; agences à Bordeaux, Lyon, Marseille, Nice, Toulouse et Strasbourg. Dessert toutes les grandes villes marocaines au départ de Paris-Orly ou CDG.
En Belgique : 46-48 pl. de Brouckère - 1000 Bruxelles - ✆ (02) 219 30 30.
En Suisse : aéroport de Zurich - office 2-205 - terminal 2 - Departure Level - ✆ (041) 438 16 56 76 - resa@royalairmaroc.ch ; rue Chantepoulet 4 - Genève - ✆ (022) 731 77 53 à 55.
Au Canada : 75 Sherbrooke Ouest - Montréal - ✆ 800 361 75 08.

Air France – ✆ 0 820 820 820 - www.airfrance.fr.
À Paris : 49 av. de l'Opéra - 4 pl. Edmond-Rostand - Esplanade des Invalides (2 r. Esnault Pelterie) - 2 pl. de la Porte-Maillot. Au départ de Paris, liaisons pour Casablanca, Rabat, Agadir et Marrakech.

Atlas Blue – ✆ 0 820 887 887 (France)/(02) 420 70 70 (Belgique) - www.atlas-blue.com. Cette filiale de Royal Air Maroc assure des vols à des prix très compétitifs entre Marrakech, Fès, Tanger, Oujda ou Nador et différentes villes européennes (Bruxelles, Genève…). Réservation uniquement sur Internet et par téléphone.

Corsair – ✆ 0 820 042 042 ou 36 60 Corsair - www.corsair.fr. Liaisons avec Fès, Marrakech et Agadir.

Aigle Azur – ✆ 810 797 997 - www.aigle-azur.fr. Une agence à Paris : 7 bd St-Martin - 75003 Paris - ✆ 01 53 01 85 90 - lun.-sam. 9h-12h30, 13h30-18h. Vols réguliers au départ de Paris pour Marrakech, Oujda, Agadir et Casablanca.

Charters

Safar Tours – www.safartours.fr.
En France : 21 bd des Batignolles - 75008 Paris - ✆ 01 44 70 62 62. En Belgique : bd Adolphe Max 112-114 - 1000 Bruxelles. Charters au départ de Paris-Roissy pour plusieurs villes marocaines, dont Marrakech, Ouarzazate et Essaouira. Vols au départ de Montpellier pour Casablanca et de St-Étienne pour Fès. Tarifs très compétitifs.

Look Voyages – 12 r. Truillot - 94204 Ivry-sur-Seine - ✆ 0 892 788 778 - www.look-voyages.fr. Nombreuses agences en France. Charters pour Marrakech.

Nouvelles Frontières – ✆ 0 825 000 747 - www.nouvelles-frontieres.fr. Charters pour Marrakech et Ouarzazate.

EN TRAIN (PLUS BATEAU)

Vous pouvez vous rendre à Tanger et Casablanca de Paris, via Hendaye et Madrid. Renseignements à Paris au bureau de tourisme de la gare d'Austerlitz ou au ✆ 0 892 353 535, ou encore sur le site Internet de la compagnie marocaine des chemins de fer www.oncf.org.ma.
Outre le ou les billets de train, vous pourrez retirer un coupon maritime permettant la traversée du détroit de Gibraltar sur les compagnies Comanav, Limadet ou Trasmediterránea.

EN AUTOCAR

Si vous souhaitez limiter un tant soit peu votre budget transport pour en profiter davantage sur place, la compagnie **Eurolines** assure des liaisons régulières par autocar vers toutes les grandes villes du Maroc.

Principales lignes à partir de Paris :
Paris-Tours-Rabat (38h30)-Casablanca (40h)-Marrakech (48h30)-Agadir (52h30)-Tiznit (55h).
Paris-Nador (38h30)-Oujda (40h30)-Taourirt (42h)-Taza (43h30).
Paris-Tanger (32h30)-Meknès (39h)-Fès (40h)-Oujda (45h)-Nador (49h).
Paris-Tanger (30h30)-Meknès (37h)-Fès (38h)-Azrou (39h30)- Errachidia (42h30)-Tinerhir (45h)-Ouarzazate (47h).
Départs également de Rennes (par Nantes, Bordeaux, Bayonne) ; d'Agen (par Montauban, Toulouse, Tarbes, Pau et Bayonne) ; de Bordeaux ; de Dunkerque (par Lille, Valenciennes, Reims et Troyes) ; de Forbach (par Metz, Nancy, Dijon et Lyon) ; de Strasbourg (par Mulhouse, Belfort, Besançon, Dijon et Lyon) ; de Clermont-Ferrand (par St-Étienne, Avignon, Nîmes et Montpellier) ; de Nice (par Hyères, Toulon, Marseille, Avignon, Nîmes, Montpellier et Perpignan) pour Rabat, Casablanca et Marrakech d'une part, Tanger, Meknès, Fès et Nador d'autre part.
Les départs du samedi s'effectuent sur des cars Eurolines, climatisés et dotés de sièges inclinables ; les autres jours, les liaisons peuvent être assurées par des cars de la compagnie marocaine C.T.M. À savoir : pour le Maroc, Eurolines ne propose pas de formules car + hébergement.

Renseignements et réservations :
- à Paris : gare routière internationale de Paris-Gallieni (6h-23h30) - 28 av. du Gén.-de-Gaulle - 93170 Bagnolet - ✆ 0 892 695 252 (numéro national de réservation, 0,34 €/mn) - www.eurolines.fr.

Agences :
- en région parisienne : Paris-Saint-Jacques - 55 r. St-Jacques - 75005 - ✆ 01 43 54 11 99 ; Paris-Clichy : 75 bis bd de Clichy - 75009 - ✆ 01 44 63 00 66 ; Versailles : 4 av. de Sceaux - 78000 Versailles - ✆ 01 39 02 03 73 ; terminal autocar Jules-Verne - 1 rd-pt de la Défense - 92 400 Courbevoie - ✆ 01 49 03 40 60.
- à Lyon : gare routière, centre d'échanges de Perrache - 69002 Lyon - ✆ 04 72 56 95 30.
- à Bordeaux : 32 r. Charles-Domercq - 33800 Bordeaux - ✆ 05 56 92 50 42.
- à Avignon : gare routière - bd St-Roch - 84000 Avignon - ✆ 04 90 85 27 60.
- à Casablanca : 23 r. Léon-l'Africain - ✆ 022 43 82 82 ou place de la gare ONCF.
- à Fès : bd Mohammed V - ✆ 035 62 20 41 ; place de la gare ONCF.
- à Marrakech : Agence Guéliz - 12 bd Zerktouni ; place de la gare ONCF - avenue Hassan II - ✆ 024 44 71 20.

Le passage au Maroc se fait par « car-ferries ».

EN VOITURE (VOITURE PLUS BATEAU)

Pour gagner le Maroc à bord de votre véhicule, il vous faut rallier en France le port de Sète, ou en Espagne, l'Andalousie.

Cartes et guides

Au départ de Paris, il faut compter environ quatre jours pour gagner le Maroc.
Pour la traversée de l'Espagne, utilisez la carte Michelin n° **734** ou **794** au 1/1 000 000, ou bien les cartes n^os^ **571, 574, 575, 576, 577** et **578** au 1/400 000, le Guide Vert Espagne – qui propose des itinéraires de voyage rapides, mais intéressants – ainsi que le Guide Rouge Michelin España Portugal de l'année (sélection d'hôtels, restaurants, plans de villes).

Minitel

En composant sur votre minitel le **3615 Michelin**, vous pourrez obtenir des informations précieuses pour vous rendre, de Paris ou de n'importe quelle autre ville de France ou d'Europe, à votre port d'embarquement, qu'il soit en France ou en Espagne : distances, montant des péages à acquitter, itinéraires conseillés prenant en compte le temps et le kilométrage, liste des cartes Michelin à utiliser.

Si vous disposez d'un fax, ces mêmes informations peuvent vous être communiquées en tapant **3617 Michelin**.

Internet

Si vous préférez surfer sur le net avant de battre la campagne et fendre les flots, vous pourrez obtenir des « feuilles de route » personnalisées, des adresses d'hôtels et de restaurants et des informations pratiques et touristiques en consultant **www.ViaMichelin.fr.**

Quelques exemples d'itinéraires

– Pour vous rendre de Paris à Sète, vous effectuerez 791 km dont 774 km sur autoroute, soit 7h47 de route (sans compter les arrêts) ; cartes Michelin n°s 721 et 339 Local.

– De Bruxelles à Algésiras, 2 252 km dont 1 888 km sur autoroute, soit 22h41 de route (sans tenir compte des arrêts nécessaires) ; cartes Michelin n°s 714 et 721.

– De Genève à Sète, 458 km dont 380 km sur autoroute, soit 4h43 (aux péages français il faut ajouter la vignette suisse pour les autoroutes) ; cartes Michelin n°s 729, 721 et 339 Local.

Pour chacun de ces exemples le Minitel comme le site Internet vous indiquent l'itinéraire détaillé à emprunter.

PAR BATEAU

Plusieurs compagnies permettent la traversée – avec passage des voitures – entre la France ou l'Espagne et le Maroc. Les traversées Algésiras-Ceuta et Algésiras-Tanger sont assurées (l'attente est pratiquement nulle, même en saison) ; pour les autres, il est nécessaire de réserver plusieurs mois à l'avance, du moins si vous partez en haute saison.

Au départ de France (Sète)

Sète-Tanger

Plusieurs liaisons hebdomadaires sont effectuées pendant toute l'année par la **Compagnie marocaine de navigation** (Comanav).
Renseignements à Paris : 11 r. de Rome - 75008 Paris - ✆ 01 45 22 27 52.
Durée de la traversée : 36h.
Renseignements également auprès de la **SNCM Ferryterranée** : ✆ 32 60 (8h30-20h).
- **à Paris** : 12 r. Godot-de-Mauroy - 75009 Paris - ✆ 01 49 24 24 24 ;
- **à Marseille** : 61 bd des Dames - ✆ 04 91 56 35 78 ;
- **à Sète** : 4 quai d'Alger - BP 81 - 34202 Sète - ✆ 04 67 46 68 00 ;
- **à Bruxelles** : 52 r. de la Montagne - 1000 Bruxelles - ✆ (02) 54 90 888 ;

Au Maroc, réservations auprès de la Comanav :

P. Plantier / MICHELIN

Embarquement à Sète pour Tanger.

- **à Tanger** : 43 av. Abou Allal-el-Maâri - ✆ 039 94 40 22/05 04 ;
- **à Casablanca** : 43 av. des FAR - ✆ 022 30 24 12 - fax 022 30 07 90, reservation@comanav.co.ma ;

En plus de la ligne Tanger/Sète/Tanger, la Compagnie marocaine de navigation dessert également (de juillet à septembre) la ligne passagers Nador/Sète/Nador (36h également).

Au départ d'Italie (Gênes)

La Comanav dessert une ligne Gênes/Tanger/Gênes (48h à bord du fleuron de la compagnie, le car-ferry *Marrakech*).

Au départ d'Espagne

Algésiras-Tanger

Liaison quotidienne de mi-juin à mi-octobre. Durée 2h30.
Renseignements à Paris auprès de **Voyages Wasteels Méditerranée** - 146 bd de Ménilmontant - 75020 Paris - ✆ 01 43 58 79 54 ; à Tanger, **Comarit Ferry** - 7 r. du Mexique - ✆ 039 93 97 00 ou 039 94 74 02.

Tarifa-Tanger

La compagnie **FRS** (Ferrys Rápidos del Sur) assure une rotation quotidienne entre le petit port andalou de Tarifa et Tanger (fermé en août). Départs de Tarifa à 11h30. Départ de Tanger à 18h30. Durée de la traversée : 35mn.
Renseignements et réservations à FRS - Estación Marítima de Tarifa - ✆ (34) 956 68 18 30/43 35 - fax (34) 956 68 48 35 - www.frs.es, info@frs.es.
À Tanger, gare maritime - ✆ 039 94 26 12 - fax 039 94 26 17 - www.frs.ma.

Espagne-Maroc
La compagnie **Trasmediterránea** effectue toute l'année de nombreuses liaisons entre l'Espagne et le Maroc :
Algésiras-Tanger (liaisons quotidiennes, durée 2h30). Compter 57 € A/R et 80 € par voiture.

Points de vente en Espagne

Des points de vente situés sur les **aires d'autoroute** en Espagne vous permettent d'acquérir votre billet de bateau pour Ceuta, Tanger et Melilla. C'est le cas à Oiartzun (sur l'autoroute A 8 entre Saint-Jean-de-Luz et San Sebastián) ; à Briviesca, sur l'A 1 (entre Vitoria-Gasteiz et Burgos) ; à Valdepeñas sur l'A 4 (à 211 km au sud de Madrid) ; à la Junquera sur l'A 7 (immédiatement après la frontière du Perthus) ; à Crevillente, également sur l'A 7, entre Alicante et Murcia ; et, enfin, sur la N 340, entre Málaga et Algésiras, au km 146,2.

Málaga-Melilla (les lundis, mercredis, vendredis, durée 7h30). Compter 100 € AR en ferry rapide.
Almería-Melilla (plusieurs liaisons hebdomadaires, durée 6h30). Compter 60 € sur ferry classique (une nuit).
Renseignements à Paris :
IBERRAIL-France - 57 r. de la Chaussée-d'Antin (9e) - ✆ 01 40 82 63 63.
En Espagne, s'adresser à l'agence **Trasmediterránea** : à Algésiras - Recinto del Puerto, s/n - ✆ 956 58 34 00 - fax 956 58 34 44 ; à Almería - Estación Marítima - ✆ 950 23 61 55 - fax 950 26 37 14 ; à Málaga - Estación Marítima - ✆ 95 206 12 06 - fax 95 206 12 21 ; à Ceuta - Muelle Cañonero Dato 6 - ✆ 956 52 22 38 ; à Melilla - General Marina 1 - ✆ 95 269 09 02.
À Tanger, s'adresser à l'agence **Intercona Voyages** - 52 av. des FAR - ✆ 039 93 22 18 ; 31 av. de la Résistance - ✆ 039 94 11 01.

Quant à la **Comanav**, elle dessert les lignes **Algésiras-Tanger** (2h30) et **Almería-Nador** (6h).

Décalage horaire

La vie est réglée sur l'heure GMT, ce qui signifie que lorsqu'il est 12h en France il n'est que 11h au Maroc.
En période d'heure d'été française, le décalage est de 2h.

Argent

MONNAIE

Devises et taux de change

Le **dirham (DH)** est l'unité monétaire officielle ; il est divisé en 100 francs marocains, ou centimes. Les dirhams ne peuvent être ni importés, ni exportés ; les devises doivent donc être changées au Maroc : à l'arrivée à l'aéroport ou à la gare maritime, dans les banques des grandes villes marocaines, et dans certains hôtels.
10 DH équivalent grosso modo à 1 €.
Il arrive parfois – de plus en plus rarement – que certains prix soient donnés en rials (dont le nom vient de « réal », ancienne monnaie espagnole). Le **rial**, unité de compte populaire comme le sou français d'autrefois, est en effet encore utilisé dans certains endroits, dans les souks ou chez les petits commerçants. Un dirham vaut 100 centimes ou 20 rials. Si un prix vous est donné en rials, il vous faut donc diviser par 20 pour obtenir la somme en dirhams.

H. Belmenouar / MICHELIN

– **En entrant au Maroc** : on est tenu de déclarer les devises, chèques de voyage, etc., lorsque ceux-ci dépassent une valeur de 15 000 DH.

– **À la sortie du pays** : les dirhams non dépensés peuvent être reconvertis sans problèmes en devises étrangères (en € essentiellement), dans les bureaux de change des aéroports en particulier. Conservez toutefois à tout hasard vos bordereaux de change et facturettes de retrait.

Distributeurs et cartes de crédit

Les titulaires d'une carte de crédit internationale (Visa, Eurocard, Mastercard…) trouveront des distributeurs automatiques devant les

agences bancaires dans le centre de la plupart des grandes villes.
Si la plupart des grands hôtels et restaurants et des boutiques des villes touristiques acceptent en principe les cartes de crédit, on ne compte plus les machines qui tombent inopinément en panne… Prévoir que les paiements s'effectuent donc partout le plus souvent en espèces.

Horaires des banques

8h-11h30 et 14h-16h (fermé sam.).

Chèques de voyage

Très pratiques, ils sont acceptés dans la plupart des banques et grands hôtels, ainsi que dans certaines agences de voyage. Les grandes banques ne prennent pas, en général, de commission.

BUDGET

Les petits hôtels proposent des chambres correctes et très sommairement meublées avec douche sur le palier pour 100-150 DH (10-15 €). Dans nombre d'établissements plus haut de gamme, avec un service de qualité, le prix d'une chambre double s'élève à environ 300-400 DH (30-40 €). Il faut compter un minimum de 600 DH (60 €) à deux pour dormir dans un *riad*. Quant aux palaces, ils affichent des tarifs supérieurs à 1 500 DH (150 €). En matière de restauration, vous trouverez un peu partout des gargotes proposant tajines et couscous très bon marché : entre 35 et 50 DH (3,5 à 5 €). Dans les restaurants plus soignés, comptez entre 90 et 150 DH (9 et 15 €). Et dans les établissements plus chics, la note s'élèvera à 300 DH (30 €) environ, jusqu'à 700 DH (70 €) dans les restaurants de luxe.

Bon à savoir

Durant la basse saison, les hôtels consentent des rabais parfois très intéressants. C'est le cas en particulier en novembre-décembre, avant les fêtes de fin d'année, ou en été (à l'exception bien entendu des côtes), notamment durant le mois d'août.

Mais, revers de la médaille, certains établissements peuvent être fermés ou n'assurer qu'un service réduit à sa plus simple expression.

Il faut également savoir que durant le mois sacré du **ramadan** (mobile par rapport au calendrier grégorien), les habitudes de vie comportent quelques bouleversements.

Calculez votre budget quotidien

Le prix est évalué par personne, sur la base d'un séjour pour deux, en haute saison.
Mini-budget, avec hébergement en camping ou auberge de jeunesse, restauration sur le pouce, et transports en commun : **10 €** soit **100 DH.**
Petit budget, avec hébergement dans un hôtel modeste, repas dans de petites gargotes et transports en commun : **15 €** soit **150 DH.**
Budget moyen, avec hébergement dans un hôtel confortable, de bons repas au restaurant, et déplacements en voiture de location : **60 €** soit **600 DH.**
Budget « petite folie », avec hébergement dans un beau *riad*, repas dans de bons restaurants et déplacements en voiture de location : **120 €** soit **1 200 DH.**

Qu'emporter ?

N'oubliez pas d'emporter de bonnes lunettes de soleil à verres filtrants et un chapeau (si vous ne pouvez vous résoudre au port du chèche) ; de faire provision de carnets ou de crayons, qui feront la joie des enfants, mais que nous vous conseillons de remettre plutôt à l'instituteur ; d'emporter une bouteille Thermos pour avoir de l'eau fraîche en réserve, si vous prévoyez d'effectuer de longs trajets dans le Grand Sud, et … des comprimés d'aspirine, qui semblent être particulièrement appréciés par les habitants des douars, ainsi que du collyre pour soigner éventuellement quelques enfants au cours de vos randonnées en montagne. Il est également prudent de se munir d'une trousse à pharmacie contenant, notamment, un sérum contre les morsures de scorpions et de serpents.

MAROC PRATIQUE

Adresses utiles

OÙ S'INFORMER ?

Offices de tourisme

Au **Maroc**, l'Office national marocain du tourisme est installé à **Rabat** : rue Oued-Fès, Agdal - ✆ 037 77 51 71.
Pour organiser son voyage, rassembler la documentation nécessaire et vérifier certaines informations, vous pourrez vous adresser en premier lieu aux **délégations de l'Office national marocain du tourisme (ONMT)**.
Outre les adresses indiquées ci-dessous, sachez que dans la plupart des villes marocaines il existe une délégation du ministère du Tourisme (ONMT) ou un bureau de syndicat d'initiative, parfois les deux ; ils sont désignés sur les plans de ce guide par la lettre 1 et leurs adresses sont données dans les carnets pratiques des villes concernées.
Dans les petites villes, s'adresser aux autorités locales (pacha, caïd).

En cas de problème

En cas de difficultés, contacter dans un premier temps le consulat ou l'ambassade de votre pays.
Vous pourrez également solliciter les services de police qui sont globalement attentifs au bien-être des touristes.

En cas d'urgence

– Gendarmerie royale (pour toutes les interventions sur la route) : 177.
– SOS Autoroute : 037 37 37 37 (mais encore récemment, il n'y avait guère de téléphones en bordure des autoroutes !).

Se déplacer au Maroc

EN AVION

Le noyau du réseau aérien est Casablanca. La réservation peut se faire auprès des agences de voyage ou directement auprès des compagnies représentées dans les aéroports. Vous pouvez retirer vos billets une heure avant le départ.

Office national des aéroports – ✆ 022 53 90 40/91 40/99 16 - www.onda.org.ma

Aéroport international Mohammed V de Casablanca – Call center ✆ 022 43 58 58 - 7j/7, 7h-22h. Renseignements sur les arrivées et les départs.

Royal Air Maroc Casablanca – ✆ 022 48 97 02/31 41 41 - Call center ✆ 0 900 0 0800.

Air France Casablanca – ✆ 022 43 18 18.

Regional Airlines – Centrale de réservation : ✆ 022 53 87 85 - fax 022 53 93 99. Cette compagnie assure des vols intérieurs entre

QUELQUES DISTANCES	Agadir	Casablanca	Essaouira	Fès	Marrakech	Ouarzazate	Rabat	Safi	Tanger	Taroudant
Agadir		518	172	796	273	377	614	320	898	85
Casablanca	518		351	201	241	439	99	256	370	467
Essaouira	172	351		642	171	370	444	147	721	268
Fès	796	201	642		485	661	198	547	303	727
Marrakech	273	241	171	485		198	334	157	611	225
Ouarzazate	377	439	370	661	198		496	313	809	297
Rabat	614	99	444	198	334	496		349	247	546
Safi	320	256	147	547	157	313	349		626	377
Tanger	898	370	721	303	611	809	247	626		827
Taroudant	85	467	268	727	225	297	546	377	827	

Casablanca et les aéroports d'Agadir, de Tanger, d'Oujda et de Laâyoune.

Royal Air Maroc effectue des **vols intérieurs** de Casablanca vers les principales villes du pays, assurant la correspondance avec les lignes internationales. Aéroports desservis : Agadir, Al Hoceima, Dakhla, Errachidia, Essaouira, Fès, Laâyoune, Marrakech, Ouarzazate, Oujda, Rabat, Tanger, Tetouan.

EN TRAIN

Le réseau **ONCF** (Office national des chemins de fer) de voies ferrées n'est pas très dense, mais s'avère relativement ponctuel et permet de relier (avec ou sans correspondances) un certain nombre de grandes villes marocaines, telles que Tanger, Casablanca, Rabat, El-Jadida, Marrakech, Fès, Meknès et Oujda. Le train « al Bidaoui » assure également la connexion entre l'aéroport international Mohammed V et les villes de Casablanca et Rabat.
Compter 7h de train entre Fès et Marrakech, 5h entre Tanger et Fès, 5h entre Marrakech et Casa, un peu plus d'1h entre Casa-Voyageurs et Rabat-Ville.
La plupart des trains sont climatisés, et certains disposent de couchettes et de voitures-lits. Trouver une place assise n'est pas toujours des plus facile. Vous pouvez opter pour la 1re classe, 40 % plus chère que la 2de, mais, avec un peu de chance, vous pourrez vous allonger.
En outre, l'ONCF assure des liaisons par autocar rapide entre Tanger et Tetouan, Marrakech et Dakhla (via Essaouira, Agadir et Laâyoune), Taourirt et Nador.
Renseignements et horaires : ONCF – ✆ 090 20 30 40 - www.oncf.ma.

EN AUTOCAR

Les liaisons sont le plus souvent assurées par la compagnie **CTM**, qui possède des bureaux dans la plupart des localités. Les départs (plusieurs chaque jour dans les grandes villes) s'effectuent des gares routières, où vous devrez retenir votre billet au moins 24h à l'avance et vous présenter au moins une bonne demi-heure avant le départ. Les bagages enregistrés sont soumis à une taxe.

La plupart des autocars sont climatisés. Certains longs trajets s'effectuent de nuit.

CTM – km 13,5 Autoroute Casablanca-Rabat - ✆ 022 75 36 77/78/58/59 - fax 022 76 54 28 – www.ctm.co.ma
D'autres compagnies desservent le Sud marocain : la **SATAS** (✆ 022 40 29 08) et **Supratours,** qui assure certaines correspondances ferroviaires dans des cars très confortables.
D'une façon générale, évitez les autres compagnies : leurs cars sont le plus souvent bondés, le confort y est aléatoire, les horaires élastiques et le matériel roulant, pour le moins vieillot, est réputé causer nombre d'accidents.

EN GRAND TAXI

C'est certainement la façon la plus conviviale de se déplacer au Maroc ! Les grands taxis sont généralement des Mercedes de couleur beige (ou bleu ciel) et peuvent contenir de six à huit passagers. Vous les trouverez aux abords des gares routières et des aéroports, et pourrez y réserver votre place. Un conseil : toujours fixer le prix à l'avance…
Sachez qu'ils ne partent que lorsqu'ils sont complets et que le prix de la course est partagé (en principe) à parts égales entre les passagers… à moins que vous ne preniez à votre compte le prix du trajet des voyageurs absents, ce qui n'empêchera pas le chauffeur de compléter son chargement durant le voyage.
Certains de vos compagnons descendront en route… Le chauffeur se mettra alors en quête d'un nouveau candidat au voyage.
Ce moyen de transport comporte son lot d'émotions, d'autant que les chauffeurs de grands taxis, plus encore que les autres conducteurs marocains, n'ont pour le code de la route qu'un respect des plus relatifs… Tout finit (en général) bien, mais nul doute qu'un trajet effectué dans ces conditions vous laissera un souvenir inoubliable !

B. Pérousse / MICHELIN

B. Pérousse / MICHELIN

Grand taxi sur une route du Moyen Atlas.

EN PETIT TAXI

Un moyen très commode pour circuler en ville. On les repère à leur couleur, (par exemple beige à Marrakech, bleu à Essaouira, etc.). Le chauffeur est tenu de mettre son compteur en marche (ce dernier doit afficher 1,40 DH au départ, 2,10 DH la nuit). S'il refuse de le faire, ou vous assure qu'il ne marche pas, changez simplement de taxi ou fixez le prix à l'avance (entre 5 et 20 DH en général). Le prix minimum d'une course est de 5 DH. Les prix affichés au compteur sont majorés de 50 % à partir de 20h. Les petits taxis prennent 3 personnes au maximum et effectuent un trajet inférieur à 40 km.

EN VOITURE

Location de véhicule

Elle se pratique beaucoup au Maroc. Pour louer une voiture, vous devez être âgé d'au moins 21 ans, posséder votre permis depuis plus d'un an et laisser une caution ou une empreinte de carte bleue. Il faut compter de 30 à 60 € par jour pour un véhicule de catégorie A (Fiat Uno ou Palio) et de 100 à 200 € par jour pour un 4×4, assurance comprise et kilométrage illimité. Sachez que durant la haute saison, il peut être très difficile, voire impossible, de trouver sur place une voiture de location à la dernière minute. Mieux vaut réserver ! Les compagnies suivantes, les plus importantes, ont des succursales dans les principales villes du Maroc :

Avis – 54 r. Marcel-Dassault - 92100 Boulogne-Billancourt - ✆ 0 820 05 05 05 (réservation internationale) ; 19 av. de l'Armée Royale - Casablanca - ✆ 022 31 24 24 - fax 022 31 11 35 - www.avis.co.ma. Compter 400 € pour une location d'une semaine en catégorie A (assurance tous risques).

Budget – En France : ✆ 0 825 00 35 64 ; au Maroc : 7 av. des F.A.R - Casablanca - ✆ 022 31 31 24.

Europcar Interrent – En France, centrale de réservation : ✆ 0825 352 352 (n° Indigo) - www.europcar.fr ; au Maroc : Complexe des Habous - av. des F.A.R - Casablanca - ✆ 022 31 37 37. 280 € pour une semaine en catégorie A avec assurance (réservation en ligne).

First Car International – En France, réservations internationales : 116 bis av. des Champs-Élysées - ✆ 01 42 89 21 31/22 31 - fax 01 42 89 19 31 ; au Maroc : 38 r. Sidi Belyout, à l'angle de l'avenue des F.A.R - Casablanca - ✆ 022 30 00 04 - fax 022 30 00 20. 225 € la semaine tout compris (catégorie A).

Hertz – En France : centrale de réservation ✆ 01 39 38 38 38 - www.hertz.fr ; au Maroc : 25 r. Jilalj Lel Oraibi - Casablanca - ✆ 022 48 47 10. 400 € pour une semaine tout compris (catégorie A).

Rent a Car – Réservation internationale à Paris : ✆ 0 892 694 695 ; centrale de réservation au Maroc : ✆ 022 31 87 88.

Thrifty Car Rental – Centrale de réservation au Maroc : ✆ 022 26 55 09 - fax 022 29 43 57 - www.thrifty-maroc.ma.

Notez que la coutume locale veut que les véhicules soient livrés (et rendus) le réservoir à moitié plein.

Air France et Royal Air Maroc consentent des forfaits « avion + auto ».

Si vous décidez de circuler hors des sentiers battus, ce qui bien sûr rend la découverte du pays encore plus attrayante, mieux vaut vous faire accompagner par un chauffeur-guide, notamment en montagne et dans le désert… d'autant que la conduite d'un 4x4 requiert une certaine habitude. De toutes façons, ne vous aventurez pas sur des pistes avec une voiture de location (l'interdiction est généralement stipulée dans les contrats).

En tout état de cause, quel que soit le type de véhicule loué, bien contrôler avant le départ les niveaux d'eau, d'huile et d'essence, ainsi que le matériel nécessaire en cas de crevaison. Il n'est pas inutile non plus de vérifier, si l'on préfère s'adresser à une compagnie locale, le type d'assurance figurant sur les papiers du véhicule. Certains loueurs ont en effet contracté une assurance dite *touristique* qui, malgré l'homophonie, n'a rien à voir avec une assurance *tous risques*.

Code de la route

Le code de la route est le même qu'en France, à l'exception cependant des ronds-points, où la priorité est toujours à droite. Hors quelques panneaux spécifiques, le Maroc a adopté la signalisation internationale ; celle-ci est faite en arabe et en français. Les pénalités sanctionnant les infractions peuvent être très lourdes.

La vitesse est limitée à 120 km/h sur les autoroutes, 110 km/h sur les routes et entre 20 et 60 km/h dans les bourgs et agglomérations. Le port de la ceinture de sécurité est obligatoire même si cela n'est pas toujours respecté. Les radars sont de plus en plus fréquents.

Circulation

Quelques conseils sur la route

- ne pas hésiter à klaxonner pour prévenir les populations, les chèvres, les ânes, etc., de votre passage ;
- éviter de rouler de nuit ;
- respecter les 40 km/h à l'entrée des villages ;
- d'une manière générale, ne pas rouler trop vite, car la largeur des routes asphaltées ne permet pas toujours à deux véhicules de se croiser sans que l'un des deux ait à rouler sur le bas-côté non stabilisé. Par prudence, ne pas hésiter, lorsqu'on emprunte ce type de route, à replier le rétroviseur extérieur !
- faites également attention aux projections de gravillons et autres cailloux lors des croisements : vous apercevrez nombre de pare-brises en mille morceaux sur le bord des routes…
- méfiez-vous des charrettes, des cyclistes (que ne signale aucun éclairage), des piétons, et surtout des enfants qui jouent sur la voie.

Tout ces conseils sont valables partout, mais surtout aux abords des souks de campagne et des zones urbaines (en particulier à la tombée de la nuit et le soir). Enfin, les pierres blanchies à la chaux que l'on voit parfois au bord des routes servent à délimiter un terrain ou, plus souvent, à signaler un danger : bordure de route affaissée, pont étroit, surplomb d'un ravin, etc.

Gare aux animaux !

N'oubliez pas que si les Marocains marchent généralement sur les bas-côtés de la route, leurs animaux se montrent souvent moins respectueux du code de la route, et qu'ils rechignent parfois à se ranger (les moutons, spécialistes de la chose, aiment à se caler en troupeau au milieu de la route en bêlant d'un air apeuré) !

C. Brett / MICHELIN

En ville – Prendre garde aux piétons qui marchent souvent sur la chaussée, aux cyclistes et aux charrettes qui prennent toutes sortes de libertés avec les stops et les feux rouges, et, même s'il existe des terre-pleins au milieu des avenues, aux automobilistes et aux deux-roues qui les empruntent à contresens.

Les pistes – Régulièrement entretenues, elles constituent des voies de circulation fort acceptable, pendant la saison sèche. En période de pluie (de novembre à fin avril, avec un léger répit en janvier-février), d'enneigement ou de fonte des neiges, ou simplement lorsque le sol est un peu détrempé à la suite d'une averse, les terrains glissants, les éboulis rendus plus nombreux par l'absence de végétation et les oueds en crue peuvent créer des difficultés insurmontables. Une règle d'or, avant d'entreprendre ce genre de parcours : toujours se renseigner localement sur l'état des pistes et ne jamais s'y engager par temps douteux.

Les passages à gué forment souvent des cassis et doivent être abordés lentement ; n'hésitez pas à descendre de voiture pour sonder l'état du sol et la hauteur de l'eau ; lorsque la profondeur du gué est douteuse, le demi-tour est le meilleur parti à prendre.

Les longues étapes sur pistes posent aussi le problème, très important, du ravitaillement en vivres, en eau potable et en essence ; ne comptez, dans ce cas, que sur votre propre prévoyance.

La poussière est un élément dont il faut tenir compte ; seules des housses en plastique préserveront effets et objets, même placés « bien à l'abri » à l'intérieur des bagages.

Soyez attentif aux indications détaillées que nous donnons pour certains itinéraires car, sur les pistes, l'absence de signalisation est quasi totale. Enfin, calculez largement le temps nécessaire aux excursions, et partez suffisamment tôt le matin pour pouvoir faire une pause au moment de la forte chaleur, et pour être rentré à la tombée du jour.
Sur les routes comme sur les pistes, il est fortement déconseillé de rouler de nuit ; même sur les grands axes, des pierres (et des trous) peuvent constituer un obstacle visible au dernier moment, et extrêmement dangereux.

Réseau routier

État des routes : (037) 71 17 17.
Les axes routiers sont répartis en routes nationales (R.N.), routes régionales (R.R.) et routes provinciales (R.P.). Toutefois, sur le terrain, bien rares sont les signalisations prenant en compte cette numérotation, hors toutefois les bornes kilométriques placées sur les bas côtés de certaines routes.
Assez dense dans le nord, et satisfaisant dans l'ensemble (bien que plein de surprises), le réseau permet – par l'abondance des longues lignes droites – des vitesses relativement élevées. Restez toutefois vigilant, même lorsque vous avez la priorité. Les autoroutes (Casablanca-Rabat-Tanger et Rabat-Meknès-Fès) sont dotées de péages. Dans le sud du pays, il n'existe que des routes à une voie, la plupart étant goudronnées. Signalons qu'une nouvelle route goudronnée permet de faire la liaison entre le Tizi-N-Test et le Tizi-N-Tichka sans passer par Marrakech. Sachez également que la route qui permet d'accéder à Imlil depuis Asni, celle qui rallie les plages blanches depuis Guelmim, ainsi que les routes des gorges du Dadès et du Todra sont dorénavant goudronnées.

Stationnement

Il n'existe guère de parkings aménagés – et vous ne trouverez pas (sauf à Casablanca et à Rabat) d'horodateurs. En revanche, un peu partout dans les villes, des employés, revêtus le plus souvent d'une blouse bleue et munis d'un badge, jouent ce rôle moyennant une obole de quelques dirhams à remettre lorsque vous reprendrez votre véhicule. Ils se chargent de surveiller votre véhicule (chose bien utile la nuit), voire de

P. Plantier / MICHELIN

nettoyer votre pare-brise (contre rétribution bien entendu). Dans les villages, il serait bien rare qu'un gamin ne se trouve pas à point nommé pour vous proposer de surveiller votre voiture.
D'une façon générale, respectez les interdictions de stationner, qu'elles soient matérialisées par un panneau ou par des bandes de peinture rouges et blanches apposées sur la bordure du trottoir : récupérer sa voiture à la fourrière est au Maroc
une expérience certes inoubliable mais particulièrement éprouvante !

Contrôles

Que ce soit en rase campagne ou à l'entrée des agglomérations, les contrôles de la gendarmerie royale sont assez fréquents. Veillez à conserver les papiers du véhicule et vos documents d'identité à portée de la main. Si, d'une façon générale, les gendarmes sont assez débonnaires envers les touristes, pensez lors d'un contrôle à vous arrêter à hauteur du panneau « stop », parfois doublé d'une herse, annonçant le contrôle, et à y attendre que le fonctionnaire – parfois placé à une bonne centaine de mètres – vous fasse signe d'avancer.

Contraventions

Les contrevenants au stationnement interdit ont toutes les chances de ne pas retrouver leur voiture et de finir leur journée dans un commissariat.
Pour une place à stationnement payant, ne pas omettre de mettre de l'argent dans le parcmètre, sous peine de retouver sa voiture dotée d'un sabot. En général, un gardien se trouve à côté des parcmètres. Moyennant une obole, il ajoutera des pièces pour vous en votre absence.
En cas d'excès de vitesse, il vous sera demandé 400 DH. Exigez le justificatif de paiement.

Pénalités en cas d'accident

Les procès se compliquent lorsque la voiture est à immatriculation étrangère ou de location. Prévenez votre ambassade.

Assistance automobile

En cas de besoin, vous pourrez joindre la gendarmerie royale au 177. Par ailleurs, n'hésitez pas à attirer l'attention des automobilistes marocains qui vous aideront volontiers à rejoindre la station essence ou le dépanneur le plus proche. Pensez à prendre beaucoup d'eau dans votre véhicule si vous devez effectuer de longs trajets.

Carburants

L'essence est relativement chère au Maroc. Un litre de sans plomb coûte environs 10,5 DH.
Vous trouverez sans problème les principaux types de carburants dans les stations-service marocaines.
Celles-ci sont nombreuses aux abords des grandes villes. Dans les campagnes, en particulier dans le sud, vous pourrez parfois parcourir de longues distances avant d'en rencontrer une : veillez donc à faire le plein dès que vous le pouvez.

Titres de circulation

Véhicules de tourisme – Pour un séjour de six mois, tous les permis sont valables. Toutefois, le permis international ou le permis français à trois volets est nécessaire si on passe par l'Espagne. La voiture doit porter la plaque réglementaire de nationalité.

Caravanes – Le carnet de passage en douane n'est plus exigé ; mais l'inventaire (en double exemplaire) des objets de valeur est à faire viser à l'entrée.

Assurance accidents

La carte internationale d'assurance automobile (« carte verte ») est valable à condition qu'elle porte la mention « Maroc » (s'assurer que la compagnie par laquelle elle a été établie a un correspondant dans ce pays).
Une assurance au tiers, contractée à la frontière (bureau de la douane), peut remplacer ce document ; prix variable selon la durée du séjour.

Réparations

Pour faire effectuer une réparation importante, ou se procurer des pièces de rechange, vous pouvez vous informer auprès des succursales, des concessionnaires ou des agents de grandes marques d'automobiles, que vous trouverez dans la plupart des grandes villes.

Vos pneus

Assurez-vous, avant d'entreprendre votre voyage, que vos pneus sont en parfait état. Le passage de deux pneus de rechange est autorisé, à titre d'importation temporaire. Avec des pneus Michelin **Energy 3**, vous roulerez dans d'excellentes conditions, même sur piste. Il est conseillé : de surgonfler d'environ 300 g pour les trajets sur sols caillouteux ; de réduire la pression de gonflage pour les parcours en terrain très sablonneux, à vitesse réduite (ne pas oublier de ramener ensuite les pneus – une fois refroidis – à leur pression normale). Si vous disposez d'un véhicule 4x4, vous vous équiperez de pneus **Michelin 4x4 Synchrone** si vous effectuez des parcours à dominante routière. Ces pneus seront aussi utilisables sur la neige de l'Oukaïmeden, à moins que vous ne disposiez de pneus **Michelin Latitude Alpin 4x4**, spécialistes des routes enneigées. Le **BFGoodrich Macadam T/A** vous procurera un grand plaisir de conduite pour une utilisation également à dominante routière. Si vous souhaitez faire du tout-terrain (à la fois de la route et de la piste), choisissez le pneu **Michelin 4x4 A/T** à flancs renforcés ou le pneu **BFGoodrich All-Terrain T/A KO**, qui offre une forte motricité sur les terrains les plus difficiles. Enfin, si vous voulez vraiment des pneus taillés pour le hors-route, les pneus **Michelin 4x4 O/R** *(off road)* ou les pneus **BFGoodrich Mud Terrain T/A KM,** particulièrement robustes, sont les pneus qu'il vous faut.

À toutes fins utiles, gonfler (les pneus) se dit « nafakh » en arabe…

Carte routière

La carte routière Michelin n° 742 au 1/1 000 000 comporte des agrandissements au 1/600 000 des régions suivantes : Casablanca-Rabat ; le Rif-Meknès-Fès ; le Moyen Atlas ; les environs de Marrakech.

EN BATEAU À MOTEUR

Se munir des pièces exigées en France pour la catégorie de l'embarcation ; se procurer un carnet de passage en douane.
Dès le débarquement, demander un permis d'escale délivré par le commissariat du port (validité : 72h).

Se loger

NOS CATÉGORIES DE PRIX

Dans les carnets pratiques de certaines localités, nous indiquons les noms de restaurants, d'hôtels, voire de campings. Les renseignements concernant ces établissements sont donnés sous toutes réserves, car susceptibles de changements rapides, dans un sens comme dans l'autre.
En ce qui concerne les **hôtels**, et sauf autre précision, les prix que nous indiquons sont ceux qui nous ont été communiqués par les établissements pour une chambre double en haute saison. Ils sont susceptibles d'aménagements, parfois conséquents, aux périodes où la fréquentation touristique est moindre. Lorsque le prix du petit-déjeuner n'est pas compris dans celui de la chambre, il est indiqué à la suite du symbole ☕.
Nous avons aussi sélectionné quelques campings et auberges de jeunesse.
Ces établissements sont classés par catégories de prix selon l'échelle de prix indiquée dans le tableau ci-dessous.

LES DIFFÉRENTS TYPES D'HÉBERGEMENT

Hôtels

Le Maroc possède plus de 550 hôtels classés de 1 à 5 étoiles. D'une façon générale, on peut considérer que le bon confort commence à la catégorie 3 étoiles B, le luxe à la catégorie 4 étoiles A. À côté des établissements de grand luxe, dans lesquels air conditionné, salon marocain, piscine, jardins plantés d'espèces rares, bars justifient un coût de séjour élevé, apparaissent actuellement nombre d'hôtels récents, confortables mais moins coûteux.
Si le choix est assez large dans le nord, dans les grandes villes et le long des côtes, le nombre de chambres reste limité dans le sud qui, en outre, est une zone très fréquentée par les groupes organisés. Dans cette région, plus qu'ailleurs encore, il est vivement recommandé de réserver le plus longtemps possible à l'avance.
Les **délégations du ministère du Tourisme marocain** distribuent une liste des hôtels, indiquant la catégorie, le nombre de chambres, le confort, l'équipement, les prix des établissements classés (à moins de ne pouvoir faire autrement, évitez les hôtels non classés).
Il faut cependant savoir que le parc hôtelier est en pleine restructuration. Nombre d'hôtels, gérés jusqu'à ces dernières années par l'État, ont été vendus à des groupes privés, souvent étrangers. Certains (de plus en plus rares), quasiment à l'abandon, ont toutefois conservé une classification officielle qui n'est plus en rapport avec les prestations proposées. La plupart sont en train de retrouver leur lustre d'antan.
Il convient donc de ne pas se fier aveuglément à une classification en cours de révision : sachez que des établissements récents, de catégorie parfois plus modeste, peuvent offrir un rapport qualité/prix nettement

Bon à savoir

De nombreux établissement (hôtels et restaurants) refusent la carte bleue. On paie donc le plus souvent en espèces.

NOS CATÉGORIES DE PRIX

	Se restaurer (prix d'un repas complet sans la boisson)	**Se loger** (prix de la chambre double avec petit-déjeuner)
⛁	jusqu'à 100 DH	jusqu'à 200 DH
⛁⛁	de 100 à 250 DH	de 200 à 500 DH
⛁⛁⛁	de 250 à 500 DH	de 500 à 1 000 DH
⛁⛁⛁⛁	plus de 500 DH	plus de 1 000 DH

La Kasbah Tamadot, près d'Asni : pour les amateurs de grand luxe...

supérieur avec, très souvent, un meilleur accueil et un plus grand confort, en particulier au niveau de l'équipement sanitaire, domaine dans lequel un effort important a été réalisé. Sachez également que nombre d'hôtels de construction récente vieillissent très vite, faute d'entretien. Les touristes voyageant individuellement et organisant seuls leurs haltes auront donc tout intérêt à se renseigner auprès des offices de tourisme (tout en sachant que les infos données sont rudimentaires), afin d'éviter, autant que faire se peut, les mauvaises surprises.

Il faut savoir également que certaines adresses, en particulier dans le sud, indiquées en raison de leur charme ou de leur commodité, doivent être considérées avant tout comme des haltes de dépannage, et ne sauraient en tout cas offrir les conditions de confort auxquelles le visiteur occidental est accoutumé. On ne découvre pas le désert ou la montagne sans une certaine dose de fatalisme et d'humour, et le goût de l'aventure doit s'accompagner d'une certaine indifférence pour des éléments de confort que l'on trouve habituellement dans les villes touristiques.

D'autre part, il est bon de savoir que certaines régions isolées ne sont toujours pas raccordées au réseau d'électricité (si s'éclairer à la bougie ne nuit en rien au charme d'une escapade, boire de l'eau tiède en pleine chaleur est parfois horriblement décevant !) et surtout que, du fait de la sécheresse persistante, des villes, même importantes, peuvent souffrir d'une pénurie d'eau entraînant quelques désagréments au niveau des sanitaires ; nos lecteurs sauront le comprendre et surtout ne pas gaspiller l'eau, ce bien des plus précieux.

Riads et chambres d'hôte

Le terme *riad,* qui désigne à l'origine les patios de style andalou autour desquels s'ordonnent les demeures traditionnelles, s'est étendu à celles-ci. Les *riads* connaissent depuis quelques années une fortune inattendue, qui a commencé à **Marrakech** lorsque des demeures de la médina, restaurées et aménagées, ont été transformées en maisons d'hôte, le plus souvent par des propriétaires européens. Cette formule, qui a l'avantage de permettre la restauration et la révélation au public de palais insoupçonnés, entraîne en conséquence l'éviction de la population locale vers des cités de banlieue (avec le risque de vider la médina de sa substance).

Son succès est tel qu'à Marrakech on ne les compte plus, et que les autorités touristiques marocaines s'en émeuvent et tâchent de maîtriser le phénomène, en tentant de lui imposer certaines règles de professionnalisme, ainsi qu'un respect de l'architecture traditionnelle. Selon les sources, on compterait entre 200 et 800 *riads*, plus ou moins déclarés, dans la médina de Marrakech, et l'affaire est assez fructueuse pour que des agences immobilières se soient spécialisées dans la recherche de *riads* à restaurer. Certains d'entre eux se révèlent être de véritables palais disposés autour de vastes jardins, absolument insoupçonnables pour le passant.

Le phénomène a désormais gagné Essaouira où les *riads* se mettent également à proliférer dans des

Chaînes hôtelières et centrales de réservation

Plusieurs groupes internationaux disposent d'établissements tout à fait corrects au Maroc. Une formule rapide pour ceux qui n'ont pas le temps d'organiser leur voyage.

Hôtels Méridien – Réservation internationale : ✆ 0 800 325 35 353 (numéro gratuit). La chaîne est présente au Maroc avec le « Royal Mansour » à Casablanca, le « Berbère Palace » à Ouarzazate, le « Tour Hassan » à Rabat, l'« Hôtel des Mérinides » à Fès, et le « Méridien N'Fiss » à Marrakech, pour lesquels il est possible d'effectuer une réservation depuis Paris.

Hôtels du groupe Accor (Sofitel, Mercure, Ibis Moussafir) – Centrale de réservation en France : ✆ 0 825 800 000 (nº Indigo)- www.accorhotels.com.

Taxes de séjour

Différentes taxes de séjour de quelques dirhams sont perçues par les hôtels et autres lieux d'hébergement. Selon les cas, ces taxes sont comprises ou non dans le prix de la chambre.
Pour les riads et selon leur catégorie, cette taxe devrait s'élever en 2007 à 8 ou 11DH/pers./jour.

demeures abandonnées par leurs habitants d'origine. Plus hauts que les *riads* marrakchi, et très souvent plus humides, ceux d'Essaouira disposent de terrasses d'où l'on aperçoit parfois la mer. À Fès également, bien des maisons de la médina sont restaurées et ouvertes aux touristes selon ce principe, et l'on commence à voir apparaître des *riads* à Meknès et à Rabat.
Au-delà de l'aspect parfois un peu déplaisant de cette « colonisation » des médinas au détriment de ses habitants, reste que le séjour dans un *riad*, certes toujours onéreux (à des degrés divers), présente pour le voyageur plus d'un intérêt : celui de séjourner dans une demeure de charme, et celui de vivre au quotidien dans ces quartiers populaires où l'on touche au plus près la réalité urbaine du Maroc. Reste enfin la sauvegarde de ces maisons, que l'initiative privée, fût-elle motivée par l'esprit de lucre, sauve d'une dégradation irrémédiable.
Dans un *riad*, on peut louer une chambre, une suite, voire toute la maison, solution qui, si l'on voyage avec un groupe d'amis, peut se révéler (relativement) économique. Si les propriétaires privilégiaient jusqu'à une date récente les locations à la semaine, ils semblent être revenus à une appréciation plus juste des choses et des possibilités financières des voyageurs, et désormais les *riads* se louent à la nuit.

Clubs et villages de vacances

Le Club Méditerranée possède plusieurs villages au Maroc, dont celui de Marrakech, situé au cœur de la médina, près de la place Jemaa el Fna, celui de Ouarzazate, privilégiant la randonnée, et ceux de la côte rifaine (Marina Smir, Cabo Negro, Al-Hoceima), sans oublier bien sûr Agadir où plusieurs autres clubs, comme le Club Salam ou Les Dunes d'Or, ont aussi élu domicile.

Les adresses de ces clubs sont les suivantes :

Club Méditerranée
En France – 24 av. de l'Opéra - 75001 Paris ; 90 av. des Champs-Élysées - 75008 Paris - ✆ 01 53 75 01 77 ; Agences à Bordeaux, Lille, Lyon, Marseille - renseignements et réservations : ✆ 0 810 810 810 - www.clubmed.com.
En Belgique – 59 av. Louise - Bruxelles - ✆ (2) 535 25 11.
En Suisse – 28 quai Général-Guisan - ✆ 22 310 11 44.
Au Maroc – À Agadir : ✆ 028 84 23 44 ; à Marrakech : ✆ 024 44 40 16 .
Les villages de Smir (région de Tanger) – ✆ 039 66 92 00 - fax 039 97 73 58 – et de Yasmina (Cabo Negro) – ✆ 039 97 80 95 - fax 039 97 81 99 - ne sont ouverts qu'en période estivale (de mi-mai à fin sept. ou déb. oct., suivant les cas).
Certains d'entre eux acceptent les voyageurs de passage, en fonction des places disponibles.

Club Salam – Bd Mohammed V - BP 345 - Agadir - ✆ 028 84 08 40 - fax 028 84 08 21.

Clubs Framissima (FRAM) – Les Dunes d'or - quartier balnéaire - Agadir - ✆ 028 82 99 00.
Renseignements à Paris : 4 r. Perrault - 75001 - ✆ 01 42 86 55 55 - fax 01 42 86 56 88. Comptez environ 620€ par personne en demi-pension pour une semaine tout compris en club à Agadir.

Clubs Eldorador de Jet Tour – À Agadir et à Marrakech. Renseignements dans les agences Jet Tours et sur le site www.jettours.com.

Clubs Coralia du groupe Accor – À Agadir (Coralia La Kasbah et Coralia Les Almohades) et à Marrakech (Palmariva Coralia).

Campings

La réglementation concernant le camping est très souple au Maroc. Il est toutefois vivement recommandé de s'installer sur un terrain aménagé et gardé. Certains ne sont ouverts qu'une partie de l'année. Aucune carte d'adhérent n'est demandée. La Délégation nationale du ministère du Tourisme marocain, à Paris, et les bureaux de tourisme, au Maroc, fournissent des précisions sur les différents terrains.
Il reste néanmoins que ce type d'hébergement est loin d'être véritablement passé dans les mœurs du pays et qu'une certaine prudence

Pour les bonnes petites adresses,
suivez le guide.
MICHELIN
France
HOTELS & RESTAURANTS
MICHELIN
Italia
ALBERGHI RISTORANTI

Avis aux campeurs

Campeurs, n'oubliez pas votre petite laine : les variations de température entre le jour et la nuit au Maroc peuvent être spectaculaires : oct.-mars : entre 10 et 28 ; déc.-fév. : entre 5 et 22 ; avr.-mai : entre 12 et 37°C !

s'impose. En effet, si certains campings municipaux voire internationaux (à Meknès et à Fès, en particulier) sont bien équipés et disposent de l'espace suffisant, ils ne sont pas toujours bien entretenus, notamment au niveau des sanitaires. Par ailleurs, en dehors de la période de haute saison (juil.-août), la plupart sont laissés à l'abandon.

Bivouacs

Pour les amateurs de couleur locale et « d'exotisme », dormir sous une tente berbère, environné de nombreux tapis et coussins, ou à la belle étoile dans le désert peut laisser un souvenir inoubliable.
Nombre d'organismes et d'agences, que ce soit en France ou au Maroc, proposent ce genre de prestation, soit dans le cadre d'une randonnée pédestre dans l'Atlas, soit dans celui d'une balade à dos de chameau ou à bord d'un véhicule 4x4 dans le désert. Songez toutefois que pour qu'une expérience de cette nature soit véritablement magique, en particulier dans le désert, une certaine solitude, difficilement compatible avec le tourisme de masse, n'est pas de trop : les villages de tentes et autres « auberges des sables » qui prolifèrent, notamment près des dunes de sable de l'erg Chebbi à Merzouga, en sont un triste exemple.
Notez enfin les « camps de charme » organisés par Comptoir du Maroc (344 r. St-Jacques - 75005 Paris - ✆ 01 53 10 21 90). Logés dans une grande tente caïdale équipée d'un grand lit, de tables et chaises pour les repas, d'une salle d'eau, vous disposerez d'un guide, d'un serveur et d'un cuisinier et pourrez explorer le désert en véhicule tout-terrain… ou tout simplement méditer en contemplant le désert, depuis le seuil de votre tente.

P. Plantier / MICHELIN

Bivouac dans le désert.

Auberges de jeunesse

Il en existe à Asni, Azrou, Casablanca, Chefchaouèn, Fès, Ifrane, Laâyoune, Marrakech, Meknès, Oujda, Rabat et Tanger. Elles sont ouvertes aux jeunes affiliés à l'Association internationale des auberges de jeunesse.
Renseignements auprès de la **Fédération royale marocaine des auberges de jeunes** – Parc de la Ligue Arabe - BP N° 15998 - Casa Principale - ✆ 022 47 09 52 - fax 022 22 76 77 - www.frmaj.org.ma.

Se restaurer

Dans les carnets pratiques situés à la fin de chaque ville ou site, nous indiquons une sélection d'établissements classés par ordre de prix *(voir tableau des catégories de prix p. 38)*. Pour les grandes villes, vous trouverez un large choix de restaurants, de spécialités marocaines ou européennes. Pour les plus petites localités, nous signalons quelques possibilités locales de restauration, sachant qu'il s'agit rarement de relais gastronomiques et le plus souvent de haltes bienvenues pour couper une « petite faim ».

Grandes villes touristiques

Dans la plupart des **grandes villes touristiques**, vous aurez le choix entre plusieurs types de restauration.
Les restaurants de spécialités marocaines sont établis de préférence dans les médinas, la plupart du temps dans d'anciens palais ruisselant de stucs et de dorures, et proposent des menus touristiques ou gastronomiques, aussi délicieux que pantagruéliques, ainsi qu'une animation musicale. Pastilla, impressionnant assortiment de salades aux saveurs aussi subtiles que raffinées, tajines qui, dans le sud surtout, mêlent accents épicés et sucrés, couscous, pâtisseries et fruits se succèdent tandis que, devant vous, un musicien égrène des notes de style andalou sur son luth, avant de céder la place à un Gnaoua et, parfois, à une danseuse du ventre. Bref, un

festin digne des *Mille et Une Nuits*, présenté dans un cadre fastueux! Notez que nombre de ces restaurants fonctionnent pour l'essentiel avec des groupes. Quelques-uns, plus rares, disposent d'une carte. Dans la plupart des cas, il est prudent (voire obligatoire) de réserver.
D'autre part, les restaurants de cuisine européenne, installés en général dans les quartiers modernes de la ville, peuvent constituer une reposante alternative aux tajines et aux couscous des restaurants marocains. Pour l'essentiel, ils servent une cuisine « internationale » à dominante française (ou, de plus en plus souvent, italienne) et proposent une carte de vins. Quelques adresses, à Marrakech ou à Casablanca en particulier, sont réellement remarquables.
La plupart des grands hôtels disposent d'un ou plusieurs restaurants, chose bien commode car il arrive que l'on soit fatigué après une journée d'exploration et que l'on n'ait guère envie de sortir à nouveau : généralement, ils proposent un restaurant de spécialités marocaines, parfois installé sous une tente nomade, ainsi qu'un restaurant international, souvent constitué d'un buffet. Sauf exceptions notables, ils ont pour point commun une affligeante banalité.
Vous pouvez également prendre un repas léger, mais savoureux, constitué de brochettes ou d'une simple salade, voire d'une soupe, dans des établissements plus modestes, parfois ambulants, comme les stands de la place Jemaa el Fna à Marrakech.
Ajoutons que dans les **villes proches du littoral**, tout naturellement, le poisson est roi : grillé, en croûte de sel ou en tajine, il est le plus souvent délicieux, qu'il soit servi dans un véritable restaurant ou dans une guinguette posée aux abords de la plage ou du port.

Hors des grandes villes

Dans les agglomérations de moindre importance et dans le sud en particulier, la seule possibilité de restauration se limite souvent au menu ou à la carte de l'hôtel local, qui propose, soit une cuisine qualifiée d'« internationale », soit des spécialités marocaines.
La plupart du temps, vous devrez vous contenter d'une « salade marocaine », bien agréable et largement suffisante, en particulier lorsqu'il fait très chaud, constituée pour l'essentiel de

J. Malburet / MICHELIN

Tajine d'agneau aux pruneaux.

tomates et de concombres auxquels viennent se mêler d'autres ingrédients selon la saison et la région. Force est de reconnaître que ces salades n'évoquent que de très loin les assortiments qui vous seront servis dans les restaurants gastronomiques de Fès ou de Marrakech et qui, par leur variété, leurs subtils alliages de saveurs où le sucré et le salé se rehaussent mutuellement, pourraient constituer à elles seules un repas complet. Les plus affamés pourront poursuivre leur repas avec un tajine plus ou moins riche, le plus souvent un grand classique, comme l'inévitable tajine de poulet au citron. Ces agapes se terminent généralement par des fruits : pastèques gorgées d'eau, melons d'eau à la chair d'un vert tendre, salades d'oranges parfumées à la cannelle constituent un régal on ne peut plus désaltérant.
Notez toutefois que d'une façon générale, sur la route, il est assez rare de trouver un restaurant isolé ou même dans un village. Il convient donc, si vous souhaitez un véritable repas, d'organiser votre itinéraire en conséquence.
Lorsqu'on part en **excursion** pour la journée, il faudra souvent se contenter de fruits, de pain et d'amandes grillées que l'on trouve partout, ou bien, si le souk du village possède boucheries et cafés, l'usage veut que l'on achète un morceau de viande et que l'on se fasse préparer des **brochettes**. Grillées sur un feu de charbon de bois, assaisonnées de poivre, de cumin, de coriandre, de piment et d'oignons hachés – et accompagnées d'une salade –, elles peuvent constituer un repas savoureux.
Enfin, dans les **villages berbères**, on se voit souvent offrir, après le thé, des pommes de terre colorées au safran, entourant quelques morceaux

Précautions à prendre

En été, buvez abondamment, mais par petites quantités, pour éviter tout risque de déshydratation. Ne consommez que de l'eau minérale ou bouillie. Pour éviter les risques de « tourista », ne consommez pas de glaçons, de crudités ou de fruits non pelés, de viandes saignantes ou encore de produits congelés.

de viande de mouton disposés au centre du tajine. Pour peu que la viande servie soit assez cuite, c'est là un superbe repas après une longue randonnée.
Les fruits – pastèques, melons, jus d'orange fraîchement pressées – sont particulièrement appréciables lorsque règne la canicule.

Santé

URGENCES

- Police secours : ✆19
- Pompiers, ambulance : ✆15
- Police touristique : ✆ 044 38 46 01
- Accidents de la route : ✆177

PHARMACIE

Dans toutes les villes, vous trouverez des pharmacies très bien fournies. Les noms des médicaments étant parfois différents, pensez à vérifier sur l'enveloppe le nom des molécules que vous cherchez.

MÉDECINS ET HÔPITAUX

L'infrastructure médicale des villes marocaines s'est considérablement développée. L'un des meilleurs hôpitaux du pays est celui d'Avicenne à Rabat. À Marrakech, optez de préférence pour la Polyclinique du Sud - 2 r. Yougoslavie - ✆ 024 44 76 19 ou 024 44 79 99 (urgences 24h/24). En cas d'hospitalisation grave, préférez le rapatriement.

Achats

HORAIRES

Voir p. 47

POINTURES ET TAILLES

Dans les grands magasins des villes modernes les tailles sont les mêmes qu'en Europe. Dans les souks et les petites boutiques, mieux vaut essayer avant d'acheter, quelle que soit l'indication sur l'étiquette !

MARCHANDAGE

Ce n'est pas parce que l'on se trouve dans un pays arabe qu'il faut systématiquement tout marchander. Si le marchandage est fortement recommandé dans les souks, même nécessaire, il peut être malvenu dans les boutiques affichant des prix fixes. Attention également à ne pas sous-évaluer le travail des Marocains par un marchandage à outrance ; renseignez-vous auparavant sur la valeur des choses. En basse saison, il est généralement possible de discuter le prix des chambres.

FAIRE EXPÉDIER SES ACHATS

La plupart des colis inférieurs à 20 kg peuvent être expédiés par la poste. Les expéditions par voie terrestre coûtent beaucoup moins cher que par voie aérienne, mais sont très lentes. Par exemple, l'envoi d'un colis de 10 kg vers la France vous coûtera 100 DH environ, contre 300 DH par avion. Vous trouverez dans la majorité des postes un service rapide qui assure un délai inférieur à 24h. Comptez 143 DH pour un colis de moins de 1 kg.

Maroc pratique de A à Z

ALCOOL

Bien que l'alcool soit prohibé par l'islam, le Maroc est producteur de vin et de bière. Pour les restaurants, la licence est plus ou moins difficile à obtenir selon les endroits. Dans les villes touristiques, de nombreux restaurants servent du vin. En revanche, dans les régions rurales, il vous faudra le plus souvent vous contenter d'un verre de thé.

ARGENT

Si vous voyagez en dehors des grandes villes, vous aurez souvent du mal à payer en carte bleue. La plupart des paiements s'effectuent en effet en liquide. Assurez-vous avant de partir, auprès de votre banque, que vous disposez d'une autorisation de retrait suffisante pour faire face à d'éventuels imprévus.

BAIGNADE

Nombreuses et variées, les plages possèdent encore le rare privilège de pouvoir offrir une relative solitude.

Le **littoral méditerranéen**, rocheux, est découpé de très belles baies et de séduisantes calanques ; celles-ci sont isolées les unes des autres en raison d'un relief très morcelé, et séparées de l'arrière-pays par le Rif, qui se termine le plus souvent en falaises à pic sur la mer. La mise en valeur de cette côte du nord se limite pour l'instant à quelques secteurs bien localisés. Al Hoceima, qui allie au charme de ses anses rocheuses l'agrément de ses plages de sable et d'une mer limpide, est devenue en quelques années une station réputée, mais elle ne s'anime qu'en été.

Plus à l'ouest, sur la partie de côte – beaucoup moins tourmentée – comprise entre Tetouan et le détroit de Gibraltar s'égrènent, le long d'immenses plages de sable doucement incurvées, des ensembles balnéaires récents *(voir, à Tetouan, le Croissant rifain)*. Tanger reste l'une des grandes stations climatiques et balnéaires du Maroc.

Les **rivages de l'Atlantique** présentent – dans le nord du pays – une suite à peu près ininterrompue de plages de sable, plates et rectilignes, et de petites stations ou installations balnéaires, pour la plupart satellites de Rabat et de Casablanca. La « barre » se fait fortement sentir sur une grande partie de cette côte, au point d'être dangereuse par endroits. De nombreuses et luxueuses piscines pallient cet inconvénient.

De création plus ancienne que les grands ensembles de la côte méditerranéenne ou d'Agadir, El-Jadida – avec sa belle plage de sable bien abritée – propose la pratique de tous les sports de l'eau, et des possibilités de distractions.

Essaouira est un agréable centre balnéaire. La plage est belle, mais très ventée. Elle est le lieu de prédilection des surfeurs plus que des baigneurs.

En allant vers le sud, la côte – à l'approche d'Agadir – est le paradis des amateurs de petites criques. Agadir, où l'on se baigne toute l'année, soutient brillamment sa réputation. Au-delà, ce sont les longues plages du Grand Sud, à peu près privées de végétation et peu fréquentées.

Les hôtels confortables ont généralement leur propre **piscine**, et les établissements de luxe en possèdent de fort belles.

ÉLECTRICITÉ

Le courant électrique est partout à 220 V.

Il y a quelques années, certaines régions (es gorges du Dadès ou le village d'Aït-Benhaddou) n'étaient pas reliées à l'électricité. Aujourd'hui, à l'exception des dunes de sable de Mhamid et quelques gîtes de montagne, tous les sites touristiques du Maroc disposent de l'électricité. En revanche, beaucoup de chambres d'hôtels ne disposent que d'une seule prise.

ENFANTS

Ils ont des yeux noirs et profonds, sur le visage un sourire toujours prêt à naître. Ils sont partout : près de la moitié de la population a moins de 25 ans. Guides d'occasion, interprètes, intermédiaires débrouillards, porteurs de petits colis, organisés ou opérant seuls, ils font montre de bonne volonté et de gentillesse. Dans l'espoir d'un pourcentage sur un achat, pour un **fabor** (pourboire) de quelques pièces, ils proposent leurs services avec une volubilité et une persévérance qui viennent souvent à bout des volontés les plus tenaces. Une fois agréés, ils vous prennent en charge, vous révèlent ce que leur ville a de curieux, vous parlent de leur école et de leurs projets. Les fillettes font dans la rue des apparitions furtives et gardent, dans les villes, une réserve de bon ton. Les petites paysannes et les jeunes montagnardes se dérident, quant à elles, aux premiers sourires.

E. Souty / MICHELIN

Toutefois, il faut savoir se montrer ferme, car force est de reconnaître que les enfants ont été souvent frappés eux aussi par la « maladie du dirham ». Arrêtant sa voiture en rase campagne, dans un lieu que tout laisse supposer désert, le

Quelques règles à respecter

Le Maroc est un pays musulman et assez prude. Les voyageuses éviteront donc, en dépit de la chaleur, d'arborer des tenues trop légères, qui pourraient être jugées provocantes et semer la révolution dans les souks. Dans le même ordre d'idée, sur les plages, les tenues minimalistes sont à déconseiller… et le monokini sera réservé à la piscine de votre hôtel.
Lorsque l'on est invité chez des Marocains, il est d'usage de se déchausser avant d'entrer dans la salle principale.
Il serait bien étonnant que vous ne soyez pas conviés à prendre un thé à la menthe. Sachez d'une part que cela ne se refuse pas, d'autre part que la coutume veut que l'on vous en serve trois verres.
Évitez d'aborder avec vos interlocuteurs certains sujets, tels que l'islam, la politique intérieure du royaume, la monarchie et le Sahara occidental. De même, vous pourriez les embarrasser en relevant certains aspects de la vie quotidienne qui peuvent paraître choquants à des Occidentaux, comme la condition féminine : les choses sont ainsi depuis des temps immémoriaux, un point c'est tout.

voyageur se verra bientôt submergé par une nuée de gamins jaillis, semble-t-il, de nulle part, et qui lui réclameront avec une insistance devenant rapidement assez agressive, qui un bonbon, qui un crayon, qui un dirham, qui une rétribution pour la photo. Ils s'agripperont aux portières de la voiture et il sera dès lors fort délicat de démarrer sans risquer un accident. Il est très important alors de conserver son calme et de montrer sa détermination à repartir sans céder à des sollicitations qui, à force, peuvent devenir exaspérantes.

EAU POTABLE

Dans certaines villes, comme Marrakech, l'eau du robinet est potable, mais il est plus prudent de s'en tenir à l'eau en bouteille et d'éviter les glaçons en dehors des établissements touristiques. Nous vous suggérons de goûter l'eau minérale Sidi Ali ou l'eau gazeuse Oulmès.

GAZELLES ET GAZOUS

Que les belles voyageuses ne s'offusquent pas de se voir parfois appelées « gazelles » dans la rue. Ce ne peut être qu'un surnom amical, voire un compliment si l'on en croit le Larousse, qui écrit au sujet de cet animal : « Les poètes et les savants ont célébré à l'envi ses formes élégantes, sa taille légère, ses allures gracieuses, ses membres délicats, la vivacité et la douceur de son regard, l'innocence de ses mœurs. » Quant aux compagnons des « gazelles » en question, ils se voient en toute logique gratifiés du titre de « gazous ».

HANDICAP

Malheureusement, fort peu d'aménagements existent pour les personnes à mobilité réduite ; à l'exception de rares hôtels, ce type d'infrastructure est inexistant.

HORAIRES

La semaine de travail des Marocains est identique à celle des Occidentaux, avec une pause plus longue en milieu de journée le vendredi, jour saint de l'islam (prière collective). Les entreprises, administrations et magasins se trouvant **hors de la médina** ferment le samedi et le dimanche. Durant le ramadan, les bureaux ouvrent de 9h à 16h.

Les bureaux sont fermés le samedi et le dimanche et les jours de grandes fêtes religieuses.

Administrations

8h30-12h ; 14h-18h30 - fermé vend. entre 12h et 15h.

Banques

En semaine 8h15-11h30, 14h15-16h (en hiver) ; 8h-11h30, 15h-17h (en été). Le vendredi, les banques reprennent à partir de 15h. 9h30-14h sans interruption durant le ramadan.

Commerces

Les magasins ouvrent de 9h à 12h et de 14h30 (ou 15h) à 19h (ou 20h). Ils ferment le dimanche, parfois le samedi ou le lundi. Les boutiques de la médina sont souvent fermées le vendredi entre 14h30 et 15h et les jours de fête, mais restent ouvertes le dimanche.

Postes

Elles sont ouvertes du lundi au vendredi sans interruption de 8h30 à 18h30.

Restaurants

Les jours de fermeture sont variables ; mais les restaurants ferment souvent le dimanche ou le lundi.

INTERNET

Le développement d'Internet est tel qu'aujourd'hui de nombreux établissements possèdent leur site et presque toutes les villes du Maroc disposent de cybercafés. Vous paierez environ 10 DH pour une heure de connexion. Les heures d'ouverture sont très variables. Certains suivent les horaires de bureaux, mais la plupart restent ouverts tard le soir. Les connexions à haut débit se sont généralisées, ainsi que les webcam et les graveurs de CD, bien utiles pour vider les cartes-mémoires des appareils photos numériques.

JOURNAUX

Vous trouverez dans la plupart des grandes villes touristiques la presse quotidienne européenne, le plus souvent datée de la veille.
La presse marocaine possède des éditions en français (et parfois en espagnol). Les principaux titres sont *Le Matin du Sahara* (réputé proche du Palais), *Libération* et *L'Opinion*.
Citons aussi l'hebdomadaire *Tel Quel* (www.telquel-online.com) et *Exit*, un mensuel consacré à la vie culturelle.

JOURS FÉRIÉS

Sont fériés les jours de grandes fêtes religieuses ainsi que les :
11 janvier – célébration du manifeste de l'Indépendance ;
1er mai ;
23 mai – fête nationale ;
14 août – réunification Oued Eddahab
30 juillet – fête du Trône, célébrant l'anniversaire de l'avènement du roi Mohammed VI ;
20 août – fête de la Révolution du roi et du peuple, commémorant l'anniversaire du départ de Mohammed V en exil en 1953 ;
6 novembre – anniversaire de la Marche verte ;
18 novembre – commémoration du retour de Mohammed V (1955), fête de l'Indépendance.

PHOTOGRAPHIE

Les Marocains ne se prêtent guère à la pose ; vous devrez parfois gratifier leur bonne volonté. Soyez discret et, en face d'un refus ou d'une réticence, n'insistez jamais, même s'il vous en coûte de ne pouvoir « immortaliser » un regard ou un costume des plus colorés.
Attention à la poussière (ou au sable), qui oblige à protéger l'objectif. Il est prudent d'avoir un film ou un rouleau de pellicule d'avance, en sachant que la luminosité est ici extraordinaire.
En milieu de journée, le soleil, créant comme un couvercle blanc qui masque les hauteurs du ciel, « efface » tout. Par contre, il est des fins d'après-midi à ne pas manquer, lorsque la lumière offre une palette infinie de couleurs. Les soleils couchants sont alors un enchantement, que l'on soit au bord de la mer, en ville – où une certaine douceur se faufile dans tous les recoins –, ou à la montagne, lorsque le soleil ourle les crêtes d'un ruban d'or étincelant.

POSTE

Vous trouverez des timbres dans les grands kiosques à journaux, ainsi que dans nombre de boutiques vendant des cartes postales et, bien entendu, à la poste. Sachez toutefois que dans les grandes villes, les postes sont souvent prises d'assaut et que la file d'attente aux guichets obéit à des règles mystérieuses. Les postes principales des grandes villes sont ouvertes à l'heure du déjeuner, où l'affluence est moindre.
Le courrier du Maroc parvient généralement à ses destinataires européens en quelques jours, du moins s'il est posté dans une boîte aux lettres (jaune) d'une grande ville.
Les personnes titulaires d'un compte-chèques postal peuvent retirer des espèces au Maroc, aux distributeurs automatiques porteurs du logo VISA, s'ils possèdent une carte bleue, et du logo Eurocard-Mastercard s'ils possèdent une carte Adesio ; il peuvent en outre se procurer, avant leur départ, des chèques de voyage auprès des principaux bureaux de poste.

POURBOIRES

Au café, le service (de 10 à 15 %) n'est pas compris dans le prix des consommations. En revanche, il est inclus dans les notes d'hôtels. Il apparaît, accompagné d'une taxe de 19 %, sur les notes de restaurants.
Mais la pratique des petits pourboires stimule, comme partout, les bonnes volontés (femme de chambre, concierge, bagagiste…). La personne qui s'occupe du vestiaire, l'ouvreuse attendent une légère rétribution (2 DH).

Pour les courses urbaines en « petits taxis », si les compteurs sont désormais mis en route assez systématiquement par le chauffeur (vérifiez toutefois et n'hésitez pas à le lui rappeler en cas « d'oubli »), il est d'usage d'arrondir le prix de la course de quelques dirhams.
Vous pourrez donner de 10 à 15 % de gratification, en plus du tarif officiel, au guide agréé qui se sera montré particulièrement zélé. Enfin, les gardiens de parking improvisés ne doivent pas vous réclamer plus de 3 DH pour la nuit ou la demi-journée. En tout état de cause, prévoir d'avoir toujours sur soi une petite provision de pièces de 1 ou 2 DH (qui n'est pas toujours des plus facile à constituer !), notamment lorsque l'on circule en ville et que l'on est appelé à s'arrêter souvent, car ce gardiennage improvisé (mais au demeurant bien organisé) est devenu une institution fort commode.

RAMADAN

Durant le mois sacré du **ramadan**, les habitudes de vie connaissent quelques petits bouleversements qu'il est bon de connaître si l'on se trouve au Maroc pendant cette période, notamment en ce qui concerne les horaires : les ministères, administrations publiques, comme les postes, sont ouverts de 9h à 15h ; les banques de 9h30 à 14h ; les pharmacies de 10h à 17h, le samedi de 10h à 14h. Pour les pharmacies de garde, du lundi au dimanche de 10h à 22h. Cela est valable pour des grandes villes comme Casablanca ou Rabat ; à l'intérieur du pays, mieux vaut prendre ses précautions. Les horaires des trains et des autocars ainsi que les horaires de visite des monuments et des musées peuvent être modifiés.
Par ailleurs, toute l'activité commerciale du jour étant reportée au soir, beaucoup de commerces, du prêt-à-porter aux bouchers et marchands de fruits, ouvrent leurs portes après la rupture du jeûne et jusque tard dans la nuit.

RESPECT DE L'ENVIRONNEMENT

Rappelez-vous que l'eau est au Maroc une denrée particulièrement précieuse : ne la gaspillez donc pas !

Par ailleurs, en cas d'excursions et de pique-nique, évitez de laisser vos déchets sur place : trop de paysages marocains sont parsemés de vestiges de sacs de plastique noir non biodégradables pour que vous en rajoutiez !

I. Klipper / MICHELIN

L'eau : un bien très précieux (puits dans la région de Mahmid).

TABAC

Les villes ne manquent pas de tabacs, où toutes les marques internationales sont proposées ; les boutiques des hôtels classés en vendent également. Vous pouvez acheter des cigarettes à l'unité auprès des marchands installés dans la rue.

TÉLÉPHONE

Numérotation

Au Maroc, chaque numéro est composé de 9 chiffres, dont les deux premiers correspondent à l'indicatif d'une des quatre zones téléphoniques du pays :
– **02** : zone de **Casablanca/Settat** (Azemmour, Azilal, Beni-Mellal, El-Jadida, Jorf-Lasfar, Kasba-Tadla, Mohammedia, Ksiba, Sidi Bouzid, etc.)
– **03** : zone de **Rabat/Tanger** (Al Hoceima, Arbaoua, Asilah, Bouznika, Chefchaouèn, Fnideq, Khemisset, Larache, Martil, M'diq, Moulay Bousselham, Ouazzane, Rabat-Salé, Skhirat, Souk el Arba, Témara, Tetouan).
– **24, 25 ou 28** : zone de **Marrakech/Laâyoune** (Agadir, Aït Melloul, Aït Ourir, Amizmiz, Boujdour, Dakhla, Demnate, El Kelaa-Mgouna, Essaouira, Guelmim, Inezgane, Laâyoune, Marrakech, Ouarzazate, Oukaïmeden, Safi, Sidi Ifni, Smara, Tafraoute, Tan-Tan, Tarfaya, Taroudant, Tata, Tinerhir, Tiznit, Zagora).
– **5 ou 36** : zone de **Fès/Oujda** (Ahfir, Berkane, Boulemane, Erfoud, Errachidia, Fès, Figuig, Guercif, Ifrane, Imouzzèr, Jerada, Khenifra, Nador, Oujda, Meknès, Rissani, Saïdia, Sefrou, Taounate, Taza, Zaïo).

Tarifs téléphoniques

Pour les appels nationaux : la communication locale à partir d'un téléphone public revient à 1,5 DH/12mn. Les tarifs sont réduits de 40 % du lundi au vendredi de 20h30 à 0h, le samedi de 12h30 à 0h, ainsi que les dimanches et jours fériés. Une réduction de 50 % est accordée de 0h à 7h, et de 10 % entre 12h30 et 14h.
Pour appeler l'international du Maroc : 14 DH/mn pour la plupart des pays européens. Une réduction de 40 % est appliquée du lundi au vendredi de 0h à 7h, le samedi toute la journée sauf entre 7h et 12h30, ainsi que les dimanches et jours fériés. En semaine, vous bénéficiez d'une réduction de 20 % si vous téléphonez entre 22h et 0h.

L'indicatif **06** est réservé aux postes mobiles et GSM.

Appeler

Pour les **communications à l'intérieur du Maroc**, qu'elles soient locales ou nationales, composer le numéro à neuf chiffres de votre correspondant.

Pour appeler de France au Maroc, composer le 00 + **212** + le numéro du correspondant sans le zéro initial.

Pour les villes de Ceuta et Melilla, qui font partie du territoire espagnol, composer, le 00 + **34** + 956 (Ceuta) ou 952 (Melilla) + le numéro à 6 chiffres du correspondant.

Pour appeler du Maroc en France, composer le 00 + 33 (Maroc/Belgique : 00 32, Maroc/Suisse : 00 41) + le numéro de votre correspondant (sans le 0 initial).

Renseignements

Vous pourrez obtenir le numéro de téléphone d'un abonné marocain en composant, depuis la France, le ✆ 32 12. Sur place, il suffit de composer le ✆ **160**. Renseignements internationaux : ✆120

Cabines et téléboutiques

Il existe un peu partout au Maroc, même dans les ruelles tortueuses des médinas et dans les villages les plus reculés, des **téléboutiques** d'où l'on peut téléphoner et, parfois, faire des photocopies et envoyer des fax (toutefois l'indication « photocopie, fax » qui figure sur la plupart des enseignes n'augure en rien de la réalité de ce service).
L'usage des cartes téléphone (de 50 ou 100 unités) tend à se répandre dans les cabines téléphoniques des grandes villes… mais attention : certaines cabines appartiennent à des opérateurs autres que Maroc-Télécom (AVE, Africaphone…), et pour obtenir une communication, il faut se procurer la carte adéquate qui n'est valable nulle part ailleurs !

P. Plantier / MICHELIN

Téléboutique.

Téléphone portable

Si vous apportez votre téléphone portable, vous aurez la possibilité d'y introduire une puce « Jawal », qui vous donnera accès au réseau marocain. Vous disposerez alors d'un numéro local et vous pourrez recharger votre crédit grâce à des cartes prépayées de 20, 50, 100 et 200 DH. Les cartes et puces sont en vente dans la plupart des téléboutiques. Une formule très intéressante si vous devez téléphoner souvent au Maroc.

Une carte pour se simplifier la vie

Il s'agit de la **carte France Télécom**, qui vous permet de téléphoner, de France comme du Maroc (ou d'ailleurs), tant depuis une cabine que depuis un téléphone particulier, les communications étant débitées sur votre facture téléphonique. Le mode d'emploi est très simple, du moins pour ceux qui ont de la mémoire : il suffit de composer le numéro d'accès au service, le numéro de votre carte, votre code confidentiel et, enfin, le numéro du correspondant. Renseignements au ✆ 0 800 202 202 (n°Vert).

TÉLÉVISION

Il existe deux chaînes gouvernementales : **TVM** et **2 m**. La première, généraliste, émet autant de programmes en arabe qu'en français. La seconde diffuse des films dans les deux langues. La chaîne francophone par satellite TV5 propose des programmes français, belges, suisses et canadiens. L'extension des paraboles en ville ainsi que dans certaines campagnes est impressionnante. On en voit même sur certains toits des bidonvilles ! Celles-ci offrent l'accès à des dizaines de chaînes étrangères, dont TF1, France 2, Euro-news…

Concernant la radio, les stations locales émettent en arabe et en français. Avec un bon appareil, vous pourrez capter Europe 1, France Culture…

TOILETTES

Les toilettes sont propres et bien tenues dans la plupart des hébergements touristiques. En revanche, la propreté laisse nettement à désirer dans les petits restaurants ou bars. Quant aux toilettes publiques, c'est toute une aventure…

VISITES

Il est conseillé, lorsqu'on visite une ville marocaine, de pénétrer au plus tôt dans la médina. À l'exception de Marrakech, où une partie de la visite peut se faire en voiture (circulation difficile cependant), les médinas se parcourent à pied.

Vrais et faux guides

Les sollicitations pressantes, voire le harcèlement dont les touristes faisaient l'objet à l'entrée des médinas de la part d'une nuée de guides, grands, petits, vrais ou faux, sont en nette régression (en particulier à Marrakech et à Fès). Cela résulte de l'action répressive menée par les « brigades du tourisme », composées de policiers en civil, qui ont été mises en place lorsque les autorités ont pris conscience de ce véritable fléau. Ces pratiques, parfois exaspérantes, n'ont toutefois pas tout à fait disparu, en particulier aux portes d'accès des médinas, devant certains hôtels, voire sur les rocades d'entrée dans la ville de la part de « guides » motorisés qui n'hésitent pas à aborder les automobilistes pour proposer leurs services. Il faut savoir que si l'on refuse avec fermeté, la plupart des importuns n'insisteront pas outre mesure. Une fois à l'intérieur des médinas, ces sollicitations cessent totalement. En revanche, le phénomène tend à se développer aux abords des sites naturels (cascades d'Ouzoud, vallée de l'Ourika, etc.).

Si l'on souhaite s'y faire accompagner, il convient de faire appel aux services d'un **guide officiel**, mandaté par le Syndicat d'initiative ou la Délégation du tourisme (avec plaque et licence, et toujours revêtu d'une djellaba), en ayant soin de lui imposer l'ordre de visite que nous conseillons.

Pour un guide officiel, les tarifs fixés par les Délégations du tourisme sont les suivants :
Guides nationaux : en ville, 125 DH (demi-journée) ou 250 DH plus frais de repas (journée) ; dans le ressort d'une province, compter 300 DH par jour (plus logement et repas) ; pour un circuit dans tout le pays, 350 DH par jour (plus logement et repas).
Guides locaux : 120 DH (demi-journée) ou 150 DH (journée), en ville ; 200 DH (plus les repas) pour une excursion hors de la ville.
Guides de montagne : 150 DH et 200 DH.

Mosquées

L'entrée des mosquées est rigoureusement interdite aux non-musulmans (à l'exception de la mosquée Hassan II, à Casablanca, qui fait l'objet de visites guidées, et de la mosquée de Tinmel, en cours de restauration). Il est possible, en revanche, de pénétrer dans les *médersas*, écoles coraniques édifiées selon les mêmes règles architecturales.

Musées et monuments

Pendant le ramadan, les horaires de visite des monuments et musées peuvent être modifiés. Le tarif d'entrée officiel peut s'accompagner d'une rétribution au gardien qui vous ouvrira les portes de certaines salles.

Dans le cas de certains monuments, en particulier dans les campagnes, aucun tarif officiel n'est fixé : il va de soi que le gardien attend une obole. Quant aux heures d'ouverture, elles dépendent de ses disponibilités.

P. Plantier / MICHELIN

La mosquée de Tinmel.

À FAIRE ET À VOIR

Les activités et loisirs de A à Z

Club Alpin Français – À Casablanca - 50 bd Sidi Abderrahman (ex-bd de Grande Ceinture) - quartier Beauséjour - ✆ 022 98 75 19 - fax 022 98 89 73 ; à Rabat - BP 44 37 - ✆ 037 67 33 54 - www.cafmaroc.co.ma.

Fédération royale marocaine de ski et montagne – Pl. de la Ligue Arabe - BP 15899 Casablanca - ✆ 022 47 49 79 - lun.-vend. 9h-15h.

Renseignements météorologiques – Direction régionale centrale - ✆ 022 90 42 44 ; centre de Marrakech - ✆ 024 43 04 09 ; centre de Ouarzazate - ✆ 024 88 23 20 ; centre de Rabat - ✆ 037 72 78 62 ; centre de Casablanca (service national) - ✆ 022 33 92 42 ; centre de Tetouan - ✆ 039 97 14 22.

Renseignements touristiques –
- Massifs du Haut Atlas Central (M'goun, Sahrho et Sirwa) : s'adresser à la Délégation provinciale du tourisme - av. Hassan II - Azilal - ✆ 023 45 87 22 - fax 023 45 83 34, pour le versant nord ; av. Mohammed V à Ouarzazate - ✆ 024 88 24 85/8850 80, pour le versant sud.
- Massif du Toubkal : s'adresser à la Délégation provinciale du tourisme - av. Mohammed V à Marrakech - ✆ 024 43 61 31 - fax 024 43 60 57. Le Club alpin français de Casablanca (✆ 022 98 75 19), gère 5 refuges dans ce massif.
- Massifs du Moyen Atlas : s'adresser à la Délégation provinciale d'Ifrane - ✆ 035 56 68 21.

AÉROTOURISME

Plusieurs circuits aériens pour deux à cinq personnes sont proposés au départ de Marrakech, à bord d'un Cessna 207 :

Le Maroc vu du ciel

Pour survoler les environs de Marrakech ou les vallées de l'Atlas en ULM, contacter **ULM Marrakech** - route de Tahanaout KM 22 - Moulay Brahim - ✆ 071 66 13 50 (Christophe) ou 062 83 86 24 (Marc) - www.ulm-maroc.com. Vol à partir de 750 DH.

- Excursions d'une journée vers Ouarzazate (45mn de vol) : 6 900 DH ; vers Taroudant (1h) : 9 450 DH ; vers Zagora (1h25) : 12 950 DH (forfaits aller/retour dans la journée pour un à cinq passagers).
- Découverte de la région de Tata : 1h30 de vol suivie d'une randonnée en 4x4 dans la palmeraie (horloge à eau, cascades, gravures rupestres). De 1 à 5 personnes, 23 300 DH.

Quelques exemples de temps de vol :
- Marrakech-Fès : 2h – Marrakech-Rabat : 1h25
- Marrakech - Laâyoune : 3h10
- Marrakech-Tan-Tan : 2h20
- Marrakech-Ouarzazate : 45mn
- Marrakech-Tanger : 2h25

Renseignements et réservations : **Maintaero** – Résidence N'Fiss, Imm. 15, appt 4 - av. Allal-el-Fassi - Marrakech - ✆ 024 43 72 92 ou 061 44 16 43 - fax 024 43 73 68 - www.maintaero.com. Possibilités d'hébergement dans la maison d'hôte Darinfiane à Tata (6 chambres dans un douar restauré) - ✆ 028 80 24 08 - www.darinfiane.com. Compter 900 DH en demi-pension.

CHASSE

Avant toute chose, il convient de signaler que tout chasseur touriste étranger doit passer obligatoirement par une société agréée et chasser dans des territoires amodiés.

Formalités

Les touristes désirant chasser au Maroc ont deux possibilités : ils peuvent s'adresser à une agence de voyages qui se chargera d'organiser leur séjour, ou bien contacter directement, au Maroc, la société de chasse de leur choix. La demande doit être faite au moins deux mois à l'avance et accompagnée de divers documents : photocopie du permis national de chasse et de la première page du passeport, 4 photos d'identité, marque, numéro et calibre de l'arme importée. Une fois les réservations faites, un délai de l'ordre de trois semaines est nécessaire pour permettre d'établir en temps et en heure les documents nécessaires à l'obtention du permis de chasse. L'importation des armes à canon rayé, ainsi que des cartouches, est strictement interdite. Il faut être en possession d'une licence d'importation temporaire des fusils et du permis de

chasse touristique marocain. Aucun particulier étranger ne peut obtenir directement les documents pour chasser ; la demande doit être adressée impérativement à un organisme reconnu officiellement par les autorités marocaines, qui délivrent une licence de tourisme et des autorisations du ministère du Tourisme pour accompagner les chasseurs étrangers sur les zones de chasse. Une assurance couvrant la responsabilité civile du chasseur est souscrite au Maroc lors de l'établissement du permis de chasse. La validité des documents est d'un mois, renouvelable mois par mois (maximum un an). La demande à adresser aux organismes doit comporter toutes les références du passeport, des armes, et être accompagnée de quatre photos d'identité et de la copie du permis de chasse français en cours de validité.
Il existe une vingtaine de sociétés agréées spécialisées dans la chasse touristique au Maroc qui pourront vous fournir tout renseignement concernant les formalités, l'équipement, la réglementation, le gibier, etc., et se charger de l'obtention de la licence d'importation temporaire des fusils ainsi que de l'établissement du permis de chasse. Parmi elles, citons **Sochatour**, principal organisateur de chasse touristique au Maroc - 71 av. de l'Armée Royale - Casablanca - ✆ 022 31 47 19/20 - sochatour@casanet.net.ma. Vous pourrez également contacter la **Fédération marocaine de chasse** - à l'angle de l'av. Mohammed V et de la rue Alkhalil - Rabat - ✆ 037 70 78 35.
Si on gagne le Maroc par l'Espagne, un passavant descriptif de l'arme doit être fourni.

Pour les chiens, il est demandé un certificat de bonne santé de moins de 10 jours établi par un vétérinaire, et un certificat de vaccination antirabique datant de plus de six mois.

Les régions les plus giboyeuses sont celles d'Essaouira, extrêmement boisées, où se rencontrent le lièvre, le perdreau, le sanglier ; celle d'Agadir (tourterelles), et le Sous en général (perdreaux) ; celle de Safi (cailles) ; les environs d'Asni ; plus au nord, les forêts de la région de Tarmilate (lièvres, perdreaux, grives) ; le secteur d'Azrou (lièvres, perdreaux, cailles, grives, sangliers), d'Imouzzèr-du-Kandar, de Sefrou (sangliers) ; les environs de Ketama (sangliers), et tout le Rif. La forêt de la Mamora abrite une réserve royale de chasse.

R. Corbel / MICHELIN

Tourterelle des bois (Streptopelia turtur).

Une réserve de chasse ayant pour centre **Arbaoua** et couvrant 120 000 ha entre Larache, Ksar-el-Kebir et Moulay-Bousselham a été aménagée à l'intention des touristes étrangers, exclusivement. Les chasses y sont organisées. Le domaine d'Arbaoua, qui comprend des forêts et des zones de plaines marécageuses, renferme une grande variété de gibier : sangliers, lièvres, lapins, perdreaux, cailles ; gibier d'eau et de migration (canards, bécasses, bécassines).
Autres lieux de chasse : **Benslimane**, territoire de 5 000 ha à proximité de Casablanca où abondent perdrix et faisans ; plaines côtières des alentours d'Agadir (caille migratrice) et vallée du Sous aux alentours de Taroudant (tourterelle) ; réserve de **Kabila**, entre Tetouan et Ceuta, sur une superficie de 30 000 ha en bordure de la Méditerranée (perdrix rouges, sangliers, canards, bécassines) ; maquis des environs de Marrakech (perdreaux, sangliers).
La saison de la chasse débute le premier dimanche d'octobre et finit le 25 février pour les bécassines, les canards, les grives et les sangliers ; elle ferme le 30 décembre pour les perdrix, le 31 janvier pour les faisans et le 24 février pour les cailles. La chasse à la tourterelle est ouverte de juin à août (à titre indicatif, elle était ouverte en 2002 du 14 juin au 12 août, avec 4 jours autorisés : vendredi, samedi, dimanche et lundi.)
Dans la plaine des Doukkala (autour d'El-Jadida), la **chasse au vol**, mode de chasse très ancien qui consiste à capturer le gibier avec des rapaces spécialement dressés à cet effet, continue d'être pratiquée. Quelques fauconniers de la tribu des **Chorfa Kwassems** dressent faucons pèlerins et faucons laniers – connus pour leurs incursions dans les *douars* à la recherche de poules

isolées – à la capture des outardes et des perdrix. La partie de chasse se fait à pied ou à dos de mulet, selon les lieux et la nature du terrain, et sous certaines conditions atmosphériques. Outre les sorties de chasse périodiques, les fauconniers Kwassems participent à des démonstrations publiques lors du *moussem* de Moulay Abdallah Amghar, ou lors de sorties à caractère officiel organisées en l'honneur de personnalités intéressées par la fauconnerie.

DÉCOUVERTE CULTURELLE

Clio Voyages – 27 r. du Hameau - 75015 Paris - ☎ 0 826 10 10 82, depuis l'étranger (331) 53 68 48 43 - www.clio.fr. Cet organisme propose aux amateurs d'art et d'histoire trois circuits (Villes impériales, 8 jours ; Grand circuit culturel, 13 jours ; Le Sud marocain, pays des Berbères, 9 jours) effectués à dates fixes sous l'égide d'un guide conférencier. Les deux premiers sont réalisés en car, le troisième à bord de véhicules tout-terrain. Compter entre 1 190 et 2 360 €.

P. Veysseyre / MICHELIN

Mosaïque de Volubilis.

Axée principalement sur l'histoire, cette forme de découverte de la civilisation marocaine fait également la part belle aux paysages naturels et au mode de vie des populations.

Ces circuits sont organisés pour une vingtaine de personnes au maximum. Notez qu'au cas où le nombre d'inscrits serait insuffisant, ils peuvent être reportés, annulés ou maintenus moyennant supplément. Voyages sur vols réguliers d'Air France ou de Royal Air Maroc.

Si l'accueil est sympathique, les informations reposent surtout sur les brochures, très détaillées.

DÉCOUVERTE NATURALISTE

Le Maroc, de par son appartenance au continent africain et ses milieux arides, possède une faune tout à fait exceptionnelle. De l'embouchure de l'oued Massa aux sables de Mhamid, située aux portes du Sahara, en passant par les steppes côtières de la région de Oualidia, les alpages et les zones rupestres du Siroua, sans oublier les salines de Sebkha Zima et les rives de l'oued Imassine, les occasions de découvertes ornithologiques et des différents milieux naturels sont nombreuses : colonie d'ibis chauves (sans doute unique au Maroc) et flamants roses au bord de l'oued Massa, guêpiers verts et roux de Perse et d'Europe glissant dans le ciel de Mhamid avec des cris bizarres ou courvites isabelle rasant les sables de près, gazelles de Cuvier dans les arganeraies près de Taliouine en allant vers le Siroua, vipères de la plaine du Sous, cigognes qui nichent au sommet des *kasbahs* comme à Chellah, aux portes de Rabat, etc.

Pour avoir de plus amples renseignements concernant le matériel d'observation à emporter ou pour se procurer les jumelles adéquates, s'adresser à la Ligue pour la protection des oiseaux - La Corderie Royale - BP 263, 17305 Rochefort-sur-Mer - ☎ 05 46 82 12 34 - fax 05 46 83 95 86 - www.lpo.fr.

Et pour les plus jeunes…

UCPA – 62 r. de la Glacière - 75013 Paris - ☎ 0 825 820 830 - www.ucpa.com. Il propose pour les jeunes diverses formules :

surf : environ 4h par jour sur 2 spots de tous niveaux (8 ou 15 jours).

- raid pédestre dans le massif du Toubkal accompagné par des mulets de bât (16-17 ans). 5 à 7h de marche quotidienne, nuits en bivouac. Outre l'ascension du Toubkal, découverte de la vallée de l'Ourika, des gorges de l'Asif n'Oufra… et des souks de Marrakech (15 jours).
- Tamri Marocco : kayak, surf, body-bord, balades à pied, initiation aux percussions, danses et découverte de la capoeira (8 ou 15 jours.)
- des sommets de l'Atlas aux plages de l'Atlantique : multi-activités découvertes (randonnée, surf, catamaran) et visite d'Essaouira et Marrakech (15 jours).
- chevauchée marocaine : itinéraire équestre sur la côte atlantique et visite d'Essaouira et Marrakech (15 jours).

GOLF

La pratique de ce sport, considéré comme l'un des vecteurs essentiels dans la promotion touristique, se développe au Maroc, grâce aux terrains situés près des grands centres touristiques :

Agadir – Royal Golf Club d'Agadir. Situé sur la route d'Aït Melloul et donnant sur la mer, ce golf d'une longueur de 5 080 m comporte 9 trous. ✆ 028 24 85 51. Également le Dunes Golf Club, avec trois parcours de 9 trous chacun : ✆ 028 83 46 90.

Ben Slimane – Entre Casablanca et Rabat, à 24 km au sud-est de Mohammedia. Royal Golf El Menzah. Parcours de 3 100 m, 27 trous. ✆ 023 29 72 25, fax 023 29 78 15.

Cabo Negro – Royal Golf Club, 18 trous sur un parcours de 6 485 m. ✆ 039 97 81 47, fax 039 97 83 05.

Casablanca – Royal Golf d'Anfa. Parcours de 2 710 m, 9 trous. ✆ 022 36 10 26, fax 022 36 53 55.

El-Jadida – D'une superficie de 120 ha, le Royal Golf d'El-Jadida, situé entre Azemmour et El-Jadida, comporte 18 trous sur un parcours de 6 274 m de long. ✆ 023 35 22 51.

Fès – Royal Golf Club, sur la route d'Imouzzèr. ✆ 035 66 52 10, parcours de 3 168 m (9 trous). Extension à 18 trous en cours.

Marrakech – La ville dispose de trois golfs. Le Royal Golf Club, à 6 km sur la route de Ouarzazate, offre un parcours de 18 trous (✆ 024 40 47 05, fax 024 40 00 84). Le Golf de la Palmeraie, situé à l'entrée nord de la ville, près du luxueux Palmeraie Golf Palace : son parcours, long de 6 214 m, comporte 18 trous ; chaque trou comporte de nombreux *tees*, permettant de varier la longueur du parcours et de le rendre accessible aux joueurs de tous niveaux (✆ 024 30 10 10) ; c'est le troisième golf créé par Robert Trent Jones au Maroc. Enfin, l'Amelkis Golf Club, avec ses 18 trous sur un parcours de 6 657 m, est considéré par les spécialistes comme le parcours le plus technique des trois (✆ 024 40 44 14).

Meknès – Golf Royal, 9 trous, longueur du parcours 2 700 m. ✆ 035 53 07 53.

Mohammedia – Royal Golf de Mohammedia. Le plus important golf marocain en terme de nombre d'adhérents. D'une longueur de 5 917 m, il comporte 18 trous. ✆ 023 32 46 56, fax 023 32 11 02.

Ouarzazate – Golf Royal, 18 trous. Sur une superficie de 30 ha, ce golf propose un parcours de 3 150 m, 1 *putting green*, 35 postes de *practice*. ✆ 024 88 26 53.

Rabat – Royal Golf de Dar Es Salam. Tracé à travers une forêt de chênes-lièges et d'eucalyptus, ce golf, où se dispute le trophée Hassan II, propose 3 parcours de 45 trous au total (18-18-9). ✆ 037 75 58 64/65, fax 037 75 76 71.

Settat – Golf Club universitaire, route de Casablanca. 9 trous sur 3 215 m (devrait être prochainement étendu à 27 trous). ✆ 023 40 21 31.

Tanger – Royal Golf Country Club. Premier golf construit au Maroc, en 1917, sur un terrain offert en 1904 par le sultan Moulay Abdelaziz au corps diplomatique. Parcours de 18 trous sur 6 200 m. ✆ 039 94 44 84, fax 039 94 54 50.

Il est à noter par ailleurs que certains grands hôtels proposent dans leurs prestations des forfaits golf. C'est le cas notamment du Royal Mansour à Casablanca, avec des forfaits d'une journée, d'un week-end ou d'une semaine, associant plusieurs golfs du royaume ; de la chaîne Méridien (La Tour Hassan de Rabat, Royal Mansour de Casa, Berbère Palace de Ouarzazate, Les Mérinides de Fès) ; du Hyatt Regency à Rabat et du Palmeraie Golf Palace de Marrakech.

En ce qui concerne Marrakech, plusieurs tour-opérateurs proposent des forfaits golf incluant le séjour (8 jours/7nuits) dans un hôtel de bonne catégorie, voire luxueux dans le cas du Palmeraie Golf Palace, le transport aérien et cinq green fees, répartis ou non entre les trois parcours de Marrakech. Contacter Nouvelles Frontières (✆ 0 825 000 825), Greens du Monde (✆ 04 94 55 97 77, www.greensdumonde.com), ou Tee off Travel (✆ 04 99 52 22 00, www.teetravel.com). Plusieurs projets de golfs, notamment à Ain-Harrouda, Bouskoura, Dar Bouazza et Bouznika, sont à l'étude dans le but de porter à vingt le nombre de terrains dans un proche avenir.

Parmi les grands tournois ayant lieu chaque année, on peut citer le **Trophée Hassan II**, événement majeur de la saison golfique internationale, et l'**Open du Maroc**.

Pour toute information supplémentaire, contacter la **Fédération royale marocaine de golf** – route du Zaher - Rabat - ✆ 037 75 56 36/59 60.

HAMMAM

Les palais et maisons traditionnelles sont tous équipés d'un hammam, élément indissociable de la civilisation marocaine, directement hérité de la tradition romaine antique. Vous pourrez effectuer quelques séances dans les hammams que mettent à votre disposition un certain nombre d'hôtels et de *riads*.
Rien ne vaut cependant, pour plonger au cœur de la vie marocaine, la fréquentation des hammams publics, que vous trouverez au cœur de la plupart des villes. Ceux-ci disposent soit d'une partie réservée aux hommes et d'une autre réservée aux femmes, soit d'horaires aménagés en alternance *(voir aussi p. 90)*.

PÊCHE

La **pêche en eau douce** est réglementée, et les périodes durant lesquelles elle est autorisée diffèrent selon les espèces. Elle est surtout pratiquée dans les oueds et les lacs du Moyen Atlas (environs d'Azrou, Ifrane, Imouzzèr-du-Kandar, Khenifra, plan d'eau de Bin-el-Ouidane et autres retenues).
Les oueds du Haut Atlas, dans l'arrière-pays de Marrakech, sont également poissonneux. Les truites « fario » peuplent les oueds et les truites « arc-en-ciel » les plans d'eau « à salmonidés ». Les petits lacs du Moyen Atlas renferment des brochets qui sont parmi les plus gros du monde (certains atteignent 20 kg) ; ces lacs « à brochets » sont surtout des lacs naturels. Dans les grandes retenues de barrages, comme le lac des Aït-Aadel, à l'est de Marrakech, le black-bass, le barbeau et le sandre prédominent, et la pêche peut s'y pratiquer toute l'année.
Les lacs sont fréquemment bordés de bancs d'herbes qui rendent difficile la pêche depuis la rive ; une embarcation légère, auto portable, est souvent nécessaire.
Pour tous renseignements sur la réglementation de la pêche et pour l'obtention des permis, s'adresser à la Direction des eaux et forêts et de la conservation des sols à Rabat - ✆ 036 68 34 50 ; au Service des eaux et forêts de chaque ville ; ou bien encore à **Sochatour** - 71 av. des F.A.R. - Casablanca - ✆ 022 31 47 19/02 62/02 72 - fax 022 31 46 99 - sochatour@casanet.net.ma.

E. Beracassat / MICHELIN

La **pêche en mer** est particulièrement féconde et ne nécessite pas de permis ; en Méditerranée, au large de Nador, d'Al Hoceima, de la pointe des Pêcheurs et du Cabo Negro ; dans l'Atlantique, vers Agadir, Tan-Tan et la côte saharienne (Laâyoune, Boujdour et Dakhla). On y trouve le loup, la dorade, la raie, l'ombrine, le chien de mer, le sar, le grondin, le saint-pierre, le congre, le maquereau, la sardine…
À noter que la zone de Dakhla est le haut lieu de la courbine, avec des spécimens pouvant atteindre plus de 50 kg.
De mai à août, le thon rouge est capturé au nord de Casablanca, à Mohammedia notamment. Dans la région de Tanger, on utilise une madrague pour sa capture. À Tanger même, on pêche une variété d'espadon qui fréquente le détroit de Gibraltar. Enfin, entre Agadir et Rabat, la côte est riche en homards et langoustes.
Renseignements auprès de l'**Office national des pêches**, 15 r. du Lieutenant Mohammed Mahroud - BP 21 - Casablanca - ✆ 022 24 05 51.
On pourra également s'adresser à la **Fédération nationale de pêche** - port de pêche, bureau 21 - Casablanca - ✆ 022 45 25 29.

RAIDS EN 4 X 4

Pour accéder aux espaces les plus reculés, où se cachent des paysages grandioses et préservés, il vous faudra emprunter des véhicules adéquats. Les 4x4 sont parfois indispensables, par exemple pour rallier les dunes de sable de Chigaga, au sud de Mahmid, ou encore pour longer le désert de l'erg Chebbi.
Jpg Aventures - BP n° 157 - 45900 Zagora - ✆ 061 13 83 27 - www.jpg-aventures.com. Randonnées au Maroc, mais aussi en Mauritanie ou au Sénégal, sur des périodes courtes ou longues, selon les envies.

RANDONNÉE À DOS DE CHAMEAU

Même une courte balade d'initiation à dos de chameau est une expérience à tenter, ne serait-ce que pour goûter à la surprise que réserve le départ, à la démarche particulière de l'animal, à son allure languissante, qui peut soudain se transformer en course, et à sa hauteur, qui vous fait osciller à près de 2 m de hauteur, touchant les branches des arbres (lorsqu'il y en a). Les vraies randonnées qui se font dans le Sud du pays, et notamment au départ de Ouarzazate et Zagora, peuvent durer plusieurs jours, avec bivouac et repas sous la tente. En hiver (il peut faire très froid), l'hébergement se fait sous sa propre tente individuelle ou sous une grande tente nomade pouvant abriter jusqu'à vingt personnes (si l'on sait avant de partir que l'on a l'intention d'effectuer ce genre de randonnée, prévoir un sac de couchage). En été, la nuit se passe à la belle étoile. Les repas sont parfois pris chez les nomades ou sinon préparés par les chameliers.

D. Hée / MICHELIN

Vaisseaux du désert en attente de clients.

Il est vivement conseillé d'emporter des comprimés pour désinfecter l'eau (ou ne boire que de l'eau en bouteille, décapsulée devant soi ou par soi-même), et de se munir de bonnes chaussures de marche (il faut en effet prévoir de marcher car, dans ce type de randonnée, on alterne souvent marche et montée d'un dromadaire ; d'autre part, les premiers jours à dos de chameau sont parfois fatigants lorsque l'on n'a pas encore l'aisance de Lawrence d'Arabie !).
Enfin, l'usage d'un **chèche** (turban) – bien plus pratique qu'un chapeau, qui s'envole, parce qu'il protège à la fois de la chaleur et de la poussière – est hautement recommandé. Un proverbe sahraoui dit d'ailleurs à ce propos : « Dans le désert, un chèche vaut 20 litres d'eau. »

RANDONNÉE ÉQUESTRE

REHA (Randonnées équestres du Haut Atlas), dont la centrale de réservation se trouve à la sortie d'Agadir (✆ 028 84 75 49 - fax 028 84 43 07, reha@wanadoo.net.ma), propose plusieurs formules de randonnées ou de raids équestres. Citons le raid équestre en pays berbère (Agadir-Imouzzèr) d'une durée de 6 à 8 jours, « magie du Sahara », randonnée de 8 jours à partir de Zagora et Mhamid, ou « la chevauchée berbère » (10 à 15 jours) entre Agadir et Essaouira. Ces randonnées, effectuées sur des chevaux de race barbe, s'adressent aux personnes ayant une bonne maîtrise équestre, sachant se tenir aux trois allures (pas, trot et galop), et prêtes à prendre soin de leur monture durant tout le séjour. Nuits en bivouac ou sous tente caïdale. Transferts aux aéroports assurés. Compter entre 800 et 1 100 € suivant la formule choisie. Vous pourrez contacter cet organisme directement ou passer par l'intermédiaire de **Rando Cheval** - Chemin du Vernea - 38 440 Moidieu-Detourbe - ✆ 04 37 02 20 00 - www.randocheval.com. Sachez en outre que REHA organise dans son ranch des stages d'équitation de 6 à 8 jours, s'adressant aux débutants, qui apprendront ainsi, outre la monte, à s'occuper de leur cheval, préalable nécessaire à toute randonnée équestre.
Domaine équeste Aïn Amyer – Km 2,5 rte d'Imouzzèr à Fès - ✆ 035 60 51 16 - a_msefer@yahoo.fr - fax 035 60 64 21 - www.cti-fes.com/randocheval.html. Randonnées à travers tout le Maroc.

RANDONNÉE PÉDESTRE

Le Maroc est un pays qui se prête à de très nombreuses randonnées, notamment dans la chaîne de l'Atlas. De superbes liaisons à pied peuvent être effectuées au printemps et en été en plaine comme en montagne, en suivant des sentiers muletiers ou des pistes (malheureusement rarement balisés bien que cette forme de tourisme soit en plein essor), à travers les superbes cédraies et forêts de chênes verts du Moyen Atlas, ou sur les hauts plateaux et les crêtes du Haut Atlas, en empruntant les

B. Pérousse / MICHELIN

Randonnée dans la région de Tafraoute.

canyons du Mgoun. *Un topo guide sur les* **Randonnées pédestres dans le massif du Mgoun** *a été édité conjointement par Édisud, La Calade, France, et les éditions Belvisi, à Casablanca.*

Si certaines randonnées sont faciles, d'autres nécessitent un bon entraînement physique. D'une manière générale, il est donc conseillé, avant tout, de connaître ses limites, de ne pas faire d'étapes trop longues, de se renseigner sur les possibilités d'hébergement et d'être bien équipé : chaussures de randonnée légères, à semelles crantées et maintenant bien les chevilles, lunettes d'altitude, chapeau, gourde d'un litre, collyre et crème solaire protectrice, rouleau d'Elastoplast large pour protéger les pieds des ampoules sont indispensables. Quelques lingettes vous permettront de vous rafraîchir un tant soit peu lorsque vous n'aurez pas la possibilité de vous doucher. Pour la journée, emportez un sac à dos confortable, sans armatures, pas trop petit, mais pas trop grand non plus (bannissez le superflu !) et, toujours prévoyants, munissez-vous de deux gourdes ! Songez également que les amplitudes thermiques peuvent être très importantes et ne vous fiez pas à la chaleur matinale qui règne dans les vallées : à 3 000 m d'altitude, vous pourriez regretter le duvet qui vous attend en bas ! Pour peu que vous jouiez le jeu et acceptiez un certain inconfort, vous aurez parfois la possibilité d'être reçus chez l'habitant – occasion de rencontrer les villageois et d'apprécier leur hospitalité légendaire – ou de vous arrêter dans des gîtes, souvent rudimentaires. La nourriture que dispensent les montagnards est saine, mais ne respecte pas toujours les règles élémentaires d'hygiène (vous veillerez à désinfecter l'eau, même l'eau de source, avec une pastille d'Imopur ou d'Hydroclonazone, avant de la consommer) et surprend parfois : prendre pour le petit-déjeuner du pain, cuit dans des jarres ou à même la terre et, au demeurant, très bon, et le tremper dans de l'huile d'olive ou du beurre rance, le tout arrosé d'un café qui semble poivré laisse quelques souvenirs !

Mais ce qui marque le plus, ce dont on se souviendra surtout, c'est de l'immensité et du silence. La répétition de gestes lents, l'absence d'horaires, la vie réglée sur le soleil et l'environnement, la découverte de la nature font que l'on regrette déjà le moment où la randonnée arrivera à son terme, tant la remontée vers la « civilisation » et son lot de bruits est parfois difficile dans les premiers temps.

Enfin, si la randonnée a suscité des vocations de guide parmi la population locale, méfiez-vous néanmoins des guides « officieux » et veillez à bien vous mettre d'accord sur les prix avant le départ. Cela étant, il est possible dans bon nombre de villages de louer les services d'un muletier-cuisinier.

L'Office national marocain du tourisme édite un guide de renseignements pratiques, *La grande traversée des Atlas marocains*, qui fournit de nombreuses adresses utiles et informations sur l'accès aux différents massifs, sur l'hébergement et sur les guides et accompagnateurs de chaque province.

Pour les grandes randonnées de plusieurs jours telles que la grande traversée de l'Atlas, la traversée nord-sud du Haut Atlas oriental, l'ascension du Toubkal ou bien encore la traversée du *jbel* Sarho, l'Atlas d'Essaouira à Agadir ou les villages et volcans du Siroua – pour n'en citer que quelques-unes –, il vaut mieux s'adresser à des agences de voyages spécialisées qui se chargent, soit au Maroc, soit au départ de France, de l'organisation de ces randonnées.

En France, nombreuses sont les agences qui se chargent de toute l'organisation du voyage au Maroc et de la randonnée proprement dite (*voir chapitre « Agences de voyage » p. 21*).

Tourisme rural

Pour avoir des informations sur le tourisme rural au Maroc, des conseils pratiques, des idées de randonnées… voir le site des Pays d'accueil touristique (PAT) : www.tourisme.gov.ma/rural/index_fr.asp.

Sur place

La plupart des agences au Maroc sont domiciliées à Marrakech. Parmi elles, **Atlas Sahara Trek** - 6 bis r. Houdhoud - quartier Majorelle (à côté des jardins) - ✆ 024 31 39 03 - fax 024 31 39 05. Propose non seulement des randonnées pédestres, mais aussi des randonnées à skis, à dos de chameau, en eau vive ou en VTT.

Vous pourrez également contacter l'**Association nationale des guides accompagnateurs en montagne du Maroc** (ANGAMM) - Marrakech - ✆ 068 56 18 23 - angamm45@hotmail.com ; ou le **Club alpin français** (CAF) - 50 bd Sidi Abderrahmane - quartier Beauséjour - Casablanca - ✆ 022 98 75 19 - fax 022 98 89 73 - activ@cafmaroc.co.ma - www.cafmaroc.co.ma.

Voir aussi les carnets pratiques de Ifrane et Azrou *(p. 279 et 314)* pour des randonnées dans le Moyen Atlas, et ceux de Chefchaouèn et Tetouan pour des randonnées dans le Rif *(p. 160 et 183)*.

SPORTS D'HIVER

Pays de hautes et moyennes montagnes, le Maroc s'ouvre peu à peu aux sports d'hiver. On peut skier de fin novembre à fin mars dans le Moyen Atlas, jusqu'à fin avril dans le Haut Atlas. Plusieurs stations équipées existent déjà : l'**Oukaïmeden**, dans le Haut Atlas, station de sports d'hiver facilement accessible depuis Marrakech, qui dispose d'un télésiège, d'une école de ski et de six remonte-pentes. Il est possible de se restaurer (café au sommet du télésiège, géré par le Club alpin) ou de séjourner au pied des pistes, à l'hôtel Kenzi Louka, comme dans les modestes auberges du village : à l'hôtel de l'Angour (Chez Juju), un peu plus bas à l'hôtel Ramuntcho ou encore à l'auberge Le Maquis, au bord de l'Ourika.

Dans le Moyen Atlas, royaume du ski nordique et des randonnées, le **Mischliffen-jbel Hebri** dispose, quant à lui, de trois remontées mécaniques. Le domaine skiable du **Bou Iblane,** au sud de Taza, bien qu'embryonnaire au niveau équipement et plus ou moins accessible par pistes, est doté de plusieurs refuges, à partir desquels on peut rayonner à travers une magnifique forêt de cèdres.

Ses différents sommets offrent aux amateurs de raids à skis de belles descentes aux dénivelées variées.

Les stations d'altitude et les points de départ des randonnées s'atteignent en camion ou en voiture particulière, de préférence en 4x4 si l'itinéraire emprunte des pistes non revêtues. Pour les randonnées en montagne et les itinéraires d'escalade, il est fortement conseillé de s'adjoindre les services d'un accompagnateur breveté.

SPORTS NAUTIQUES

La **chasse sous-marine** est très fructueuse au large des côtes marocaines. Nous n'indiquons toutefois que les endroits où elle est le plus pratiquée : Al Hoceima, Casablanca, Ceuta, M'diq, Melilla, Smir-Restinga.

La côte rifaine, restée longtemps ignorée, est particulièrement riche en poissons ; le mérou y domine.

Les eaux de l'Atlantique présentent, au Maroc, la particularité de renfermer à la fois des espèces vivant en milieu froid et d'autres spécifiques des mers tropicales ; on y trouve l'ombrine, la perche de mer, le congre, le mulet, la raie ; le maigre, qui se pêche surtout au large de Rabat, reste la plus grosse prise.

Un permis, délivré après contrôle médical, et une assurance spéciale (responsabilité civile) sont exigés. S'adresser au Groupe d'études et de recherches sous-marines - Jetée Moulay Youssef - port de Casablanca - ✆ 022 27 48 96. À Rabat - ✆ 037 77 85 53.

La **voile** est très pratiquée. Les villes de Cabo Negro, Casablanca, Ceuta, El-Jadida, Essaouira, M'diq, Melilla, Mohammedia, Smir-Restinga et Tanger disposent d'un club de voile affilié à une fédération.

Pour tous renseignements, contactez la Fédération royale marocaine de voile - BP 332 - Immeuble des Fédérations - 51 av. Ibn Yassine - Bellevue, Agdal, Rabat - ✆ 037 67 09 56 ; ou le Yacht-Club du Maroc - port de pêche - Mohammedia - ✆ 023 32 79 19.

Les amateurs (confirmés) de **planche à voile** se retrouvent autour des *spots* de la côte atlantique battue par les vents. Renseignements à la Fédération royale marocaine de surf - www.fedesurfmaroc.com. L'**UCPA** (✆ 0 825 820 830) organise des séjours centrés autour de ces activités, tant à Agadir qu'à Essaouira (avec logement à l'hôtel) ainsi que dans la petite station d'Imsouane, plus abritée de la houle.

Surf

Toute l'année, les amateurs de glisse se retrouvent sur les déferlantes de la côte atlantique. La plage d'Essaouira est l'une des plus réputées pour ses vagues. Très ventée, elle attire également les véliplanchistes.

Le **motonautisme** (sur des engins à turbine de type jet ou scooter) se développe peu à peu. Il se pratique le long des côtes ou sur les plans d'eau qu'offrent les lacs. Ceux de Bin-El-Ouidane et de Lalla Takerkoust, à 25 km de Marrakech, sont parfois le lieu de rendez-vous pour des shows nautiques.

THALASSOTHÉRAPIE

La thalassothérapie commence à se développer au Maroc, tant dans les eaux de l'Atlantique (Casablanca, Essaouira, Agadir) que dans celles de la Méditerranée (entre Tetouan et Ceuta). Parmi les principaux centres :

Le Lido - sur la corniche de Casablanca - ✆ 022 39 13 13. Dépendant de l'hôtel Riad Salam, il est le pionnier du genre, puisque c'est le premier établissement de thalassothérapie ouvert sur le continent africain. Compter environ 400 € pour une semaine de soins complets.

Thalassa International (groupe Accor) – ✆ 0 825 00 77 77. Centres de thalassothérapie intégrés aux hôtels Sofitel à Essaouira et Marina Smir (près de Tetouan).

Spa Daniel Jouvance – Tanger - dans l'hôtel Rif & Spa - www.hotelsatlas.com et www.espacemer *(voir p. 272)*.

THERMALISME

Thermes de Moulay Yaâcoub – Près de Fès. Cures (rhumatologie, ORL, dermatologie, gynécologie) et séances de détente et de remise en forme. Non loin, les **eaux de Sidi-Harazem** (la piscine des thermes a été aménagée par l'architecte Jean-François Zevaco) sont réputées pour les traitements des affections du foie et des reins.

VOL EN MONTGOLFIÈRE

Effectuer un vol en montgolfière permet bien des découvertes et laisse le souvenir de sensations inégalées : partir en 4×4 au petit matin vers le lieu de décollage, voir le soleil se lever sur un petit village en rase campagne et rencontrer ses habitants ; partager avec eux le premier café du matin, apprécier leur gentillesse, leur simplicité, leur naïve curiosité ; assister aux préparatifs de l'envol : la nacelle, que l'on équipe de ses brûleurs et de ses bouteilles de gaz, l'immense voile (35 m), que l'on gonfle de torrents d'air froid et que l'on réchauffe ensuite à l'aide des brûleurs, la pesée (mise en équilibre entre le poids de la montgolfière et sa force aérostatique), etc., avant de grimper dans la nacelle. S'élever doucement dans les airs, sans même s'être rendu compte que l'on a décollé, et se trouver confronté à l'espace immense. Seul le bruit des brûleurs empêche de se détacher complètement de la réalité. Moments magiques d'authenticité qui font vivre l'instant et aimer la vie – survoler le désert à basse altitude est aussi fascinant que le découvrir par la piste, à dos de chameau ou en Land Rover, mais le plaisir qu'on en tire n'est pas le même.

A. Abou-Ghazala / MICHELIN

Survol d'un village en montgolfière.

Ces vols se situent, généralement, dans la région de Marrakech et dans le Grand Sud marocain, alternant 4×4 et montgolfière.
Renseignements : **Ciel d'Afrique** - BP 7333 - Sidi Abbad - Marrakech - ✆ 024 43 28 43 ou 061 13 70 51 - www.cieldafrique.info. Comptez 2 050 DH/pers. pour un vol d'une heure.
À noter que la force qui fait s'élever une montgolfière est créée par la différence de densité entre l'air chaud et l'air froid. Plus l'air ambiant est chaud, plus il faut chauffer à l'intérieur du ballon. Il est donc pratiquement impossible de voler du 15 juin au 15 septembre.

Voyage pour tous

EN FAMILLE

Au Maroc, les enfants sont rois. Ne soyez pas surpris si un inconnu leur parle, leur caresse les cheveux ou leur fait un cadeau. La majorité des hôtels pratiquent des tarifs réduits. Quelques établissements proposent des activités pour les plus jeunes et des gardes de nuit. L'un des sites les plus appréciés des familles est la petite station balnéaire de Oualidia, avec sa plage de sable fin et sa grande lagune protégée des vagues, qui offre aux bambins une mer d'huile rassurante. La plage de Sidi-Bouzid (3 km au sud d'El-Jadida) est également adaptée à la baignade des enfants.

Pensez à faire boire vos enfants très régulièrement et à les protéger du soleil et de la chaleur.

FEMME SEULE

Les hommes marocains ont tendance à penser que les femmes occidentales sont des « proies » faciles, enclines aux idylles de vacances. Si vous voulez anéantir toute tentative de séduction,

SITES OU ACTIVITÉS À FAIRE EN FAMILLE

Ville ou site	Nature	Musée	Loisirs
Agadir	La Vallée des oiseaux		Petit train touristique
Casablanca et la côte atlantique			Activités balnéaires
Essaouira			Un tour en bateau
Fès			Visite de la médina
Guelmin			Souk aux chameaux
Région du Kandar et Sebou	Découverte de la faune et la flore		Randonnées
Kenitra		Vestiges romains de Thamusida	
Larache		Site archéologique de Lixus	
Marrakech	Jardin Majorelle		Survol en montgolfière ; spectacles folkloriques
Meknès			Activités équestres
Merzouga et l'erg Chebbi			Tour de dromadaire dans les dunes
Moussay-Bousselham	Croisière à la découverte des oiseaux migrateurs		
Ouarzazate			Studios de cinéma
L'Oukaïmeden			Randonnées et ski
Cascades d'Ouzoud			Descente au pied des cascades
Rabat et Salé		Sites historiques	
Sefrou et Ifrane			Randonnées dans la forêt de Cèdres
Taroudant			Une promenade à dos d'âne
Tazza	Parc national du Tazzeka		
Tetouan et la côte rifaine			Activités balnéaires
Volubilis		Vestiges romains	

dites-leur que vous êtes mariée et mère de trois enfants ! Sachez aussi qu'une invitation chez un célibataire, même lorsqu'elle s'annonce purement amicale, risque de s'achever par un petit « dérapage ».
En ville, une femme qui marche seule a toutes les chances d'être suivie par des automobilistes ou des motards. N'ayez crainte : cette situation, certes désagréable, n'est pas dangereuse. Convaincus que vous êtes une femme « libérée », ces messieurs ne font que tenter leur chance. Si vous restez silencieuse et ne détournez pas votre regard, ils feront rapidement demi-tour.

Que rapporter ?

La liste serait bien sûr trop longue tant la gamme des objets à rapporter est impressionnante : vêtements, tapis, objets de cuivre rouge ou jaune, articles de cuir, objets d'argent ciselé, armes de collection, etc. ; tout dépend des goûts et du budget de chacun.
Pour connaître la ou les spécialités artisanales de chaque région, reportez-vous au chapitre Arts et traditions populaires, p. 126.
Les tapis, les objets en cuir et les poteries font cependant partie des souvenirs communément rapportés.
Pour ceux qui n'aiment pas marchander dans les souks, mais qui souhaitent néanmoins payer un prix raisonnable et quasi « officiel » pour ce qu'ils achètent, il existe dans la plupart des villes un **ensemble artisanal** ou une **coopérative artisanale** des plus intéressante.

À leur entrée en France, les œuvres d'art ainsi que l'ensemble des objets d'artisanat d'une certaine valeur sont **soumis à des taxes**, de 5,5 % pour la première catégorie, de 19,6 % pour la seconde. Aussi, il est recommandé, dans la mesure du possible, si l'on achète un objet, une peinture ou une sculpture, de **se faire délivrer une facture**.

TAPIS

Quelques prix à titre indicatif (au Maroc, les prix sont libres)

Tapis de Rabat

(dimensions moyennes de l'ordre de 3 m x 2 m)
– qualité supérieure : 450 à 650 DH au m^2.
– qualité extra-supérieure : 900 à 1 400 DH (trame simple)/2 000 DH (trame double) au m^2.

Tapis du Haouz et de Mrirt

(décoration libre et asymétrique, dimensions moyennes 2,50 m x 1,40 m)
– qualité courante : 350 à 500 DH au m^2.
– qualité supérieure : 800 à 100 DH au m^2.

Tapis du Moyen Atlas

(entièrement en laine et d'une grande diversité ; 2 m x 1,50 m)
– qualité moyenne : 150 à 250 DH au m^2.
– qualité supérieure : 300 à 450 DH au m^2.

Tapis du Haut Atlas

(entièrement en laine, dimensions moyennes 3 m x 2 m)
– qualité courante : 350 à 500 DH au m^2.
– qualité supérieure : 1 500 à 2 000 DH au m^2.

Tapis Médiouna (environs de Casablanca)

(dimensions moyennes 2,10 m x 1,70 m)
– qualité moyenne : 300 à 400 DH au m^2
– qualité supérieure : 450 à 650 DH au m^2
– qualité extra-supérieure : 900 à 1 400 DH au m^2.

Passage des tapis – Aucun droit de douane n'est à acquitter en sortant du Maroc ; en revanche, lors du passage aux douanes françaises, une taxe est à payer en fonction du montant de l'achat. C'est la raison pour laquelle, lorsqu'on achète un tapis, il est utile d'avoir une facture.
L'importation, en France, des tapis de laine à points noués n'est pas contingentée. Ceux-ci bénéficient de la franchise des droits de douane à condition d'être estampillés et accompagnés du certificat de circulation EUR 1 qui tient lieu de certificat d'origine. Celui-ci est délivré par la Direction de l'artisanat et ses délégations provinciales, implantées à travers le royaume. Toutefois, à leur entrée en France, les tapis sont passibles de 19,60 % de TVA. Les coopératives artisanales et les commerçants se chargent le plus souvent eux-mêmes de l'expédition.

CÉRAMIQUE

Un conseil : si l'on achète une poterie fonctionnelle non vernissée (notamment un tajine), en pensant l'utiliser ultérieurement pour cuisiner quelque plat aux réminiscences marocaines, bien veiller à l'enduire d'huile et à la frotter avec de l'ail ou un demi oignon avant son premier contact avec le feu.

Un choix difficile !

VÊTEMENTS ET AUTRES TISSAGES

Parmi les costumes que les touristes aiment rapporter dans leurs bagages, la **djellaba**, habit d'extérieur de la majorité des citadins, aux coloris les plus variés, et surtout la **gandoura** et le **caftan**, que l'on porte à l'intérieur, sont les plus prisés. Coupé dans des tissus soyeux (velours, soieries, brocarts), et souvent richement brodé de fil d'or, d'argent ou de soie, le caftan constitue une tenue d'intérieur bien agréable à porter chez soi-même sous d'autres latitudes !

Les **couvertures** en laine et coton, à rayures noires ou de couleurs vives comme celles tissées à Tetouan, ou à dessins comme celles de Marrakech, et les *handiras* que les femmes berbères portent sur les épaules peuvent, suivant leurs dimensions et leurs motifs, être utilisées comme couvre-lits, ou pour les *hanbels*, tissages ruraux très serrés dont la trame forme des dessins variant selon les tribus et les régions, comme tentures ou tapis de sol. Les **nattes** de jonc (coupé vert et séché au soleil) tissées à Salé et dans les régions du Rif et du Sous, ou les nattes en palmier nain décorées de brins de laine, que l'on trouve aux environs de Fès, sont également du plus bel effet décoratif.

CORNES DE GAZELLE ET AUTRES FRIANDISES

Parmi les friandises marocaines les plus renommées, il ne faut pas manquer de goûter, si l'on est amateur de sucreries, aux fameuses **cornes de gazelle** *(Kaab el Ghzal)*, faites de pâte d'amandes parfumée à la fleur d'oranger, aux **briouates**, petits chaussons fourrés de miel et d'amandes, et aux **dattes** fourrées d'amandes grillées et de sucre, et parfumées à la fleur d'oranger. Si vous prévoyez de rapporter une certaine quantité de ces friandises, délicieuses à déguster en famille ou entre amis pendant une projection de diapos, mieux vaut les commander à l'avance et vous renseigner auprès des autochtones sur l'adresse de la meilleure pâtisserie de la ville (pour Casablanca et Marrakech, nous suggérons quelques adresses).

D. Pazery / Michelin

MICHELIN
Idées de promenades à Paris
LE Guide Vert
LES THÉMATIQUES

Événements

JANVIER

Marathon international – Marrakech.

Festival de musique andalouse – Fès.

FÉVRIER

Salon de l'édition et du livre – Casablanca.

Salon international du livre – Tanger. En février-mars.

MARS

Rallye du Maroc « Classic » – Ce rallye d'une semaine, organisé depuis 1993 et partant de Casablanca, est réservé aux voitures de collection des années 1950 à 1978. L'itinéraire, long de 2 000 km environ, est tracé de manière à faire découvrir aux concurrents, à bord de leurs véhicules défendant des marques légendaires, les plus beaux paysages et sites du Maroc. Ce rallye s'accompagne d'actions sociales au profit du monde rural.

Raid Évasion Maroc – Raid ULM d'environ 1 500 km autour de l'Atlas marocain, dont la première édition a eu lieu du 14 au 22 mars 1999, dans la tradition du Trans-Sahara Air Marathon qui se déroulait jusqu'ici en avril.

Festival Mawâzine. Rythmes du monde – Rabat.

Festival du cinéma méditerranéen – Tetouan. En mars-avril.

Moussem culturel féminin – Asilah En mars ou avril.

Rallye Aïcha des Gazelles – Raid hors pistes réservé à la gent féminine. Les concurrentes doivent parcourir près de 2 500 km hors pistes en 8 jours, en 4x4, moto ou quad, avec carte et boussole, sans GPS et sans road-book. www.maienga.com et www.tropheeaichadesgazelles.com

Moussem

Pèlerinage des fidèles sur le tombeau d'un saint homme ou remerciement à Dieu pour la récolte de l'année, citadin ou rural, le *moussem* s'accompagne de souks improvisés, de danses, de jeux, de fantasias. On en a récemment recensé plus de 650 chaque année. Pour connaître les dates exactes de ces manifestations et obtenir la liste des autres fêtes de l'année, se renseigner dans les bureaux officiels de tourisme ou auprès des autorités locales.

AVRIL

Festival des arts culinaires – Fès.

Festival international de théâtre jeune public – Taza.

Marathon des Sables – marathon hors du commun, à l'assaut des sables du Sud marocain (provinces de Ouarzazate et Errachidia). 220 km de course dans ce désert si envoûtant, avec ses dunes balayées par les vents, ses pistes de terre craquelées, ses oueds asséchés et ses nuits en bivouac. Les concurrents portent eux-mêmes leur nourriture et leur duvet (les organisateurs fournissant seulement l'eau), et doivent savoir gérer cette autosuffisance alimentaire, afin de n'avoir à porter que le nécessaire… mais aussi de ne pas risquer de se trouver pris de court ! Les participants, issus de tous les horizons, ont des motivations multiples : compétition et performance, amour de la nature, défense d'une noble cause, désir d'échapper au quotidien et de se dépasser.

Festival du rire – Agadir.

Printemps musical des Alizés – Essaouira

PRINTEMPS

Moussem des Regraga – Essaouira.

Festival des Alizées – Essaouira.

MAI

Festival international de la bande-dessinée – Tetouan.

Festival international de luth – Tetouan.

Tanjazz – Tanger.

Festival international du cheval – Meknès.

Fête des Roses – El-Kelaâ-M'Gouna.

JUIN

Festival des musiques sacrées du monde – Fès.

L'Boulevard des jeunes musiciens. Festival des musiques urbaines – Casablanca.

Fête des Cerises – Sefrou.

Festival de la culture gnaoua – Essaouira.

Procession des Cires à Salé.

Fête de la Musique andalouse – Chefchaouèn. En juin ou juillet.

Jazz au Chellah – Rabat.

JUILLET

Festival national de théâtre – Meknès.

Festival de Casablanca – Casablanca.

Festival Alegria Achamalia – Chefchaouèn.

Fête de la Mer – Al Hoceima.

Festival culturel et touristique – Al Hoceima.

Rencontre du cinéma Sud-Sud – Asilah.

Festival Transes-Atlantic – Safi et El-Jadida.

Festival international – Rabat.

Les Nuits de la Méditerranée. Festival International de musique – Tanger.

Rencontre estivale cinématographiquedu court métrage marocain – Azrou.

Festival des lacs de Dayèt Âaoua – près d'Ifrane

Festival international de Volubilis – Volubilis

Timitar – Agadir.

Moussem ; grande foire aux chameaux – Guedra. Guelmim.

Festival national des arts populaires – Marrakech.

AOÛT

Festival des arts populaires – Saïdia.

Festival de Safi – Safi.

Moussem de Moulay-Idriss – Moulay-Idriss. À partir du dernier jeudi d'août.

Moussem de Moulay Abdallah Amghar – près d'El-Jadida.

Moussem culturel – Asilah.

SEPTEMBRE

Festival du court-métrage – Tanger.

Festival international du film – Marrakech.

Célèbre moussem des Fiancés – la coutume veut que les jeunes gens et les jeunes filles de la tribu des Aït Hadiddou s'y choisissent pour époux. Costumes caractéristiques ; danses – Imilchil, Haut-Atlas.

Moussem de Moulay Driss El Azhar – groupes folkloriques. Fès.

OCTOBRE

Fête des Dattes – Erfoud.

Les Andalousies – Essaouira.

Fête des dattes – Erfoud.

À L'ÉPOQUE DU MOULOUD

Moussem de Sidi Aïssa – grand rassemblement de la confrérie des Aïssaouas ; processions, illuminations des monuments. Meknès.

Procession des Cires (Veille du Mouloud) – Salé.

Moussem de Sidi Abdallah (6e jour du Mouloud) – Salé.

NOVEMBRE

Rencontres photographiques – El-Jadida. En novembre ou décembre.

Raid de l'Amitié – Pour ce rallye, il s'agit de parcourir (en voiture, en 4x4, à moto ou en quad) plus de 4 500 km à travers dunes, montagnes, vallées verdoyantes, oueds où alternent sables mous et passages de gués, autant de paysages superbes entre Casablanca et Laâyoune. Avant tout, le but est d'aller à la rencontre d'un peuple et d'une marque de solidarité (distribution de matériel médical, de stylos et de cahiers, de vêtements). Renseignements à l'AIO (Amitiés internationales organisation) - 20 r. Thiers - 60800 Crépy-en-Valois - ✆ 03 44 59 10 41 - fax 03 44 59 05 76 - www.aiofrance.com.

DÉCEMBRE

Festival du Grand Désert – Zagora et dunes de Mhamid.

POUR PROLONGER LE VOYAGE

Nos conseils de lecture

REVUES

Médina – Revue bimestrielle. Au Maroc : Groupe LILAS - 9 r. des Chardonnerets - Oasis, Casablanca - ✆ 022 98 78 37 - medina@marocnet.net.ma. En France : Distriabonnements - ✆ 061 72 76 27 - distrimedias@distrimedias.com. Reportages abondamment illustrés concernant des villes et des régions marocaines, des hôtels de charme et des créateurs (artistes, artisans, designers) travaillant au Maroc.

À noter également les articles de la revue **Maroc Europe** (distribuée par L'Harmattan), qui sont autant de dialogues entre personnalités marocaines et européennes cherchant à promouvoir les liens qui existent entre le Maroc et l'Europe ; la **Revue Noire** permet d'en savoir plus sur la musique, les arts plastiques, la danse, la littérature du continent africain ; **Qantara**, magazine culturel publié par l'Institut du monde arabe à Paris, propose des articles fort intéressants qui constituent des repères historiques ou esthétiques, voire des invitations au voyage.

GÉNÉRALITÉS-HISTOIRE

Mahomet, la parole d'Allah, par Anne-Marie Delcambe, éd. Gallimard,; coll. Découvertes.

Maroc Saharien, du Tafilalet au Rio de Oro, par Attilio Gaudio, éd. Dessain et Tolra.

Maroc, du Sahara à la mer, par Mary Cross, éd. Abbeville Press.

Maroc, Les Cités Impériales, par Samuel Pickens, éd. ACR.

Maroc Millénaire, par H.J. Hugot et M. Bruggmann, éd. La Bibliothèque des Arts.

Fès médiévale, Collectif Autrement.

Marrakech, Seuils, Lectures, numéro spécial de la revue trimestrielle publiée par le département Horizons Maghrébins, université de Toulouse Le Mirail, n°s 23/24-1994.

Tanger, Au miroir d'elle-même, numéro spécial de la revue Horizons Maghrébins, UTM Toulouse, n°s 31/32-1996.

Énigmes du Maroc, par Jean Mazel, éd. Robert Laffont.

Histoire des Alaouites, par Benoist-Méchin, éd. Perrin.

Juifs d'Andalousie et du Maghreb, par Haïm Zafrani, éd. Maisonneuve et Larose.

Histoire du Maroc, des origines à nos jours, par Bernard Lugan, éd. Perrin.

Le Maroc de Lyautey à Mohammed V - le double visage du Protectorat, par Daniel Rivet, éd. Denoël.

Maroc, régions, pays, territoires, éd. Maisonneuve et Larose, coll. Monde méditerranéen.

Tanger et autres Marocs, par Daniel Rondeau, éd. Gallimard, coll. Folio, n° 3342.

Le Maghreb des femmes : les défis du XXIe siècle, par Ghita El Khayat, éd. Eddif.

ARCHITECTURE, BEAUX-ARTS

La Mosquée Hassan II, éd. Daniel Briand.

Itinéraires marocains, par Maurice Arama, éd. du Jaguar.

Delacroix et le Maroc, par Guy Dumur, éd. Herscher.

Le Maroc de Delacroix, par Maurice Arama, éd. du Jaguar.

Jacques Majorelle, par Félix Marcilhac, éd. ACR.

Tanger, porte entre deux mondes, par Georges Bourquet, éd. ACR/coll. Les Thèmes de l'art.

Fès, cité de l'art et du savoir, par Mohammed Sijelmassi, éd. ACR.

Fès, par Tahar Ben Jelloun et Bruno Barbey, Imprimerie nationale.

Les Couleurs du Maroc, par Lisl et Landt Dennis, éd. Flammarion.

Fulgurances Gharbaoui, par Yasmina Filal, Fondation ONA.

La Peinture naïve au Maroc, par Abdeslam Boutaleb, éd. du Jaguar.

L'Art de l'Islam, langage et signification, par Titus Burckhardt, éd. Sindbad.

Kacimi, Peintures & Écrits, Revue Noire.

Civilisation marocaine, par Abdelkébir Khatibi et Mohammed Sijelmassi, éd. Actes Sud/Sindbad.

Arabesque – Art décoratif au Maroc, par Jean-Marc Castéra, éd. ACR.

Zillig, l'Art de la céramique marocaine, par John Hedgecoe et Salma Samar Dam Luji, Garnet Publishing Ltd/Éd. française pour le monde arabe.

L'Art calligraphique de l'Islam, par Abdelkébir Khatibi et Mohammed Sijelmassi, éd. Gallimard.

Regards sur la peinture contemporaine au Maroc, par A. Flands, éd. Al Madariss, Casablanca.

Tableaux du Haut Atlas marocain, par Marie-Pascale Rauzier, photographies de Cécile Tréal et Jean Ruiz, éd. Arthaud.

Le Maroc andalou : à la découverte d'un art de vivre, ouvrage collectif, coéd.Eddif/Édisud, coll. Musée sans frontière.

Médinas du Maroc, par Steven Ware, photos Cécile Tréal et J.-M. Ruiz, éd. Arthaud.

LITTÉRATURE

Dictionnaire des écrivains marocains, de Salim Jay, Eddif.

Un Hiver berbère et Sous les toits de terre – Haut Atlas, par Karin Huet et Titouan Lamazou.

Le Mariage berbère, par Simone Jacquemard.

Ahouach ; Quatre saisons chez les Berbères, par Isabelle Idali-Demeyre.

Au Grand Socco, par Joseph Kessel.

Dar Baroud, par Louis Gardel.

Les Voix de Marrakech, par Elias Canetti.

Les Mouches de Tanger (Tangier buzzless flies), par John Hopkins.

La Rivière aux grenades, par Michel Jobert.

Désert ; Le Poisson d'or, par J.M.G. Le Clézio.

L'éternité à Taroudant, par Pierre Le Coz.

La Mise en scène ; Truquage en amont ; Our ou Vingt ans après ; Marrakch-Médine, par Claude Ollier.

Réveillon à Tanger ; Mémoires d'un nomade ; Un thé au Sahara ; La Maison de l'araignée ; Journal tangérois 1987-1989, par Paul Bowles.

La Nuit sacrée ; Jour de silence à Tanger ; L'Écrivain public ; L'Enfant de sable ; Haut Atlas : l'exil de pierre ; La Nuit de l'erreur ; L'Ange aveugle ; Partir, par Tahar Ben Jelloun

Le Pain nu ; Le Temps des erreurs, par Mohamed Choukri.

La Mère du printemps (Oum er-Bia) ; *Le Passé simple ; L'Homme du Livre*, par Driss Chraïbi.

Aïlen ou la nuit du récit ; Parcours immobile, par Edmond el Maleh.

Lumières du Maroc, par Ahmed Sefrioui.

Les Enfants des rues étroites ; Le Soleil des Obscurs, par Abdelhak Serhane.

La Mémoire tatouée, par Abdelkébir Khatibi.

Le Chemin des ordalies ; Le Juge de l'ombre ; Le Fond de la jarre, par Abdellatif Laâbi.

Le Sommeil de l'esclave ; Les Funérailles du lait ; Cannibales, par Mahi Binebine.

Le Jeu de l'oubli (*Louâbatou annissiane*), par Mohamed Berrada.

Les Dents du topographe ; Méfiez-vous des parachutistes, par Fouad Laroui.

P. Plantier / MICHELIN

Devanture de bouquiniste.

Fracture du désir, par Rajae Benchemsi.

Cérémonie, par Yasmine Chamine-Kettani.

Grâce à Jean de Lafontaine, par Mohamed Nedali.

Rêves de Femmes, par Fatéma Mernisssi.

Ma Boîte noire, par Driss Ksikes.

Les Visages de l'air ; Les Lèvres de l'eau ; La Peau de la terre, par Alberto Ruy Sanchez.

Le jardin des retours, par Pierre Silvain.

POÉSIE

Les Chants de la Tassaout, de Mririda N'Aït Attik (poèmes traduits du dialecte tachelhaït par René Euloge), éd. Belvisi/Edisud.

Le Chant d'Adapa, de Khireddine Mourad (lauréat du prix littéraire de l'Agence de coopération culturelle et technique pour ce recueil de poésies), éd. Hatier.

Au cœur des ténèbres (Aguns'N Tillas), par Mahjoubi Aherdan.

Rivières profondes (Isaffen Ghbanin), poésies du Moyen Atlas traduites par Michael Peyron, éd. Wallada.

Le Soleil se meurt ; *Le Spleen de Casablanca*, par Abdellatif Laâbi, éd. La Différence.

Chants anciens des femmes de Fès, par Mohammed El Fasi, éd. Seghers.

Agadir ; *Résurrection des fleurs sauvages* ; *Ce Maroc !*, par Mohamed Khaïr-Eddine, éd. du Seuil.

GASTRONOMIE

La Cuisine traditionnelle marocaine, par M. El Glaoui, éd. J.-P. Taillandier/ Vilo.

La Nouvelle Cuisine marocaine, par F. Benkirane, éd. J.-P. Taillandier/ Vilo.

Les Secrets des cuisines en terre marocaine, par Z. Guinaudeau-Franc, éd. J.-P. Taillandier.

La Cuisine marocaine de Rabat, par Hayat Dinia, Association Ribat al Fath.

Les Saveurs et les gestes, cuisines et traditions du Maroc, par Fatéma Hal, éd. Stock.

TRADITIONS POPULAIRES

Musiques du Maroc, par Ahmed Aydoun, éd. Eddif.

La Musique arabo-andalouse, par Christian Poché, éd. Actes Sud/Cité de la musique.

Proverbes et dictons du Maroc, par Leila Messaoudi, éd. Belvisi.

Les Proverbes marocains, par Bouchta El Attar, éd. Najah.

Noces berbères, les cérémonies du mariage au Maroc, par Émile Laoust, éd. Edisud/La Boîte à documents.

Ahouach, quatre saisons chez les Berbères, par Isabelle Idali-Demeyere, éd. L'Aube, Carnets de voyage.

La Pharmacopée marocaine traditionnelle, médecine arabe ancienne et savoir populaire, par Jamal Bellakhdar, éd.Ibis Press.

Enfin, parmi les nombreux livres à conseiller pour mieux comprendre le monde arabe et connaître de l'intérieur cette civilisation, les ouvrages de Jacques Berque et ceux des éditions Sindbad (la plus importante maison d'édition du monde occidental consacrée à la culture arabo-musulmane) sont infiniment précieux.

POUR LES PLUS JEUNES

Le Labyrinthe de Marrakech, par Alain Serres et Noëlle Prinz, éd. Syros Alternatives, coll. l'Aventure dans la ville.

Le Conteur de l'Atlas, par Claude Clément et Jean-Noël Béguelin, éd. Albin Michel Jeunesse.

Contes du Maroc, éd. Gründ, coll. Légendes et contes.

Le Conteur de Marrakech, par Tony Barton, éd. Castor Poche Flammarion.

L'Oasis, une halte dans le désert, éd. Hatier/Alif, éd. de la Méditerranée.

Mahomet et l'Islam du VIIe au XVe s., éd. Hachette, coll. Histoire Juniors.

Histoire du Maroc en bandes dessinées (3 volumes), par Haj Mohamed Maâzouzi.

Rachid, de Tahar Ben Jelloun et Baudouin, éd. Seuil/Jeunesse.

Le Tourbillon des génies : au Maroc avec les Gnawa, par Bertrand Hell, éd. Flammarion.

Filmographie

Les superbes paysages du Sud marocain et certaines villes comme Casablanca, Essaouira, Fès, Marrakech ou Tanger ont servi de cadre au tournage de nombreux films étrangers, dont certains, dus à des réalisateurs prestigieux, ne sont plus guère visibles aujourd'hui qu'en ciné-club. Cette abondante production, où le pire côtoie le meilleur, contraint à une brève sélection :

L'ancien Maroc espagnol a servi de cadre à *La Bandera* (1935) de Julien Duvivier.

La réputation à la fois sulfureuse et littéraire de **Tanger** ne pouvait qu'inspirer les cinéastes, qui vinrent nombreux y planter leurs caméras. Citons *Tanger* (1946) de George Wagner ; *La Môme vert-de-gris* (1953) de Bernard Borderie ; *Hécate* (1982) de Daniel Schmid ; *Un Thé au Sahara* (1990) de Bernardo Bertolucci ; *Le Festin nu* (1992) de David Cronenberg, d'après le roman de William Burroughs ; *La Nuit sacrée* (1992) de Nicolas Klotz ; *Fantômes de Tanger* (1997) d'Edgardo Cozarinsky ; *Le Café de la plage* (2000) de Benoît Graffin, tourné au cap Spartel, près de Tanger, et inspiré du récit de Mohammed M'rabet retranscrit par Paul Bowles ; *Lejos (2001)* d'André Téchiné.

Casablanca a vu se tourner nombre de films censés se dérouler ailleurs, **parmi** lesquels *Soleil* (1997) de Roger Hanin, *Spy Game (2001)* de Tony Scott. Ironie du destin, *Casablanca*, le film mythique de Michael Curtiz, lui, n'a pas été tourné dans la ville !

La plage proche de **Mohammedia** a hébergé quant à elle les équipes de tournage de *Queimada* (1970) de Gilo Pontecorvo, et de *Mille et une nuits* (1989) de Philippe de Broca.
Plus au sud, sur la **côte atlantique**, la citerne portugaise d'**El-Jadida** a servi de décor à *Othello* (1949-1952) d'Orson Welles *et à Harem* (1985) d'Arthur Joffé. Welles avait bien entendu tourné une partie d'Othello à **Essaouira**, où Claude Lelouch a réalisé certaines séquences de *And now... ladies & gentlemen* (2002). **Agadir** (si l'on excepte *Les Bronzés*, tourné dans l'enceinte du Club Méditerranée), n'a guère inspiré que Jacques Feyder.

C'est à **Marrakech** qu'ont été tournés en partie ou en totalité *Le Grand Jeu* (1934) de Jacques Feyder **;** *L'Homme qui en savait trop* (1956) d'Alfred Hitchcock ; *Cent mille dollars au soleil* (1963) de Henri Verneuil ; *Marie-Chantal contre docteur Kha* (1965) de Claude Chabrol *; Marrakech Express* (1998) de Gillies MacKinnon, d'après le roman d'Esther Freud.

Non loin, **Taroudant** semble être le domaine de la fantaisie puisqu'y ont été réalisés *Ali Baba et les quarante voleurs* (1954), de Jacques Becker, et *Tartarin de Tarascon* (1962) de Francis Blanche.

Plus au sud, **Tata** a accueilli la réalisation de *Noces de Sables* (1947) d'André Zwoboda, texte écrit et dit par Jean Cocteau.

La région de **Ouarzazate** se taille bien entendu la part du lion avec (entre autres) *Morocco* (1931) de Joseph von Sternberg ; *Ali Baba et les quarante voleurs* (1954) de Jacques Becker*;* *Lawrence d'Arabie* (1962) de David Lean, tourné à **Aït-Benhaddou** et dans la **vallée du Drâa** ; *Sodome et Gomorrhe* (1963) de Robert Aldrich et Sergio Leone*; Œdipe Roi (1967), de Pier Paolo Pasolini ; Jésus-Christ de Nazareth* (1973) de Franco Zeffirelli (certaines scènes ont été réalisées dans les gorges du **Dadès**) ; John Huston a tourné *L'Homme qui voulut être roi* (1975) dans la vallée du **Dadès** ; plus tard, Roger Young a réalisé *Joseph*, puis *Moïse* (1995), téléfilms italo-américains (*Joseph* remporta l'Oscar Emmy du meilleur film de télévision de l'année) ; Enfin, plus récemment, il convient de citer *À la poursuite du diamant vert* (1984) de Robert Zemeckis (kasbah de **Taourirt**)*; Harem* (1985) d'Arthur Joffé **(Tiffoultoute)** ; *Un Thé au Sahara* (1990) de Bernardo Bertolucci (vallée du **Drâa**).

Le Sahara a servi de cadre somptueux à *La Septième Porte* (1947) d'André Swoboda (tourné dans le **Tafilalt**) ; *Manon* (1948) de H.-G. Clouzot (à **Erfoud**) ; *Oasis* (1954) d'Yves Allégret ; *Lawrence d'Arabie* (1962) de David Lean (à **Merzouga**) ; *La Poudre d'escampette* (1971) de Philippe de Broca (**Erfoud**) ; *Fort Saganne* (1984) d'Alain Corneau et *Saint-Exupéry, la dernière escale* (1994) de Robert Enrico (à **Tarfaya**).

Enfin, **Fès**, plus secrète sans doute, n'a guère inspiré que *LesCinq gentlemen maudits* (1932) de Julien Duvivier, *La Nuit sacrée* (1993) de Nicolas Klotz, d'après les romans *L'Enfant de sable* et *La Nuit sacrée* de Tahar Ben Jelloun et, pour partie, *And now... ladies & gentlemen* (2002) de Claude Lelouch.

Idées CD

Dans la collection Musicales de l'Institut du monde arabe (IMA), distribution Blue Silver :

Hommage à Abdelkrim Raïs, musique arabo-andalouse marocaine.

Le Malhûn de Meknès, El Hadj Houcine Toulali et l'ensemble de Meknès.

Nass El Ghiwane, CD Blue Silver 071-2.

Le meilleur de Jil Jilala, CD Blue Silver.

Les Rythmes du Maroc, CD Artmundo distribué par Blue Silver 3 AM 853.

Musiques du Maroc : de Tanger au Sahara, compilation réunie par Alain Weber, 2 CD chez Virgin 847 793 2.

Apocalypse across the sky, maîtres musiciens de Jajouka, CD Axiom distribué par Island.

Moyen Atlas : musiques sacrées et profanes, Ocora-Harmonia Mundi.

Andalusian Music from Morocco, ensemble de Fès, sous la direction de Abdelkrim Raïs, enregistré en 1977 à Bâle, 2 CD Deutsche Harmonia Mundi.

Morocco, crossroad of time, livre-CD de la collection canadienne Ellipsis Arts (morceaux choisis des enregistrements réalisés par l'écrivain Paul Bowles, chants des confréries Jilala, danses de la *guedra*, etc.).

Nass el Ghiwane, transe musicale du Maroc, CD Ounassar/Night & Day.

Master musicians of Jajouka, musiques de cérémonies des montagnes du Rif, CD Point Music/Universal.

À signaler également les **B'net Houariyat**, chanteuses originaires du Sud marocain dont le groupe formé à Marrakech s'est déjà produit en France, et la chanteuse **Sapho,** qui, en reprenant des chansons d'Oum Kalthoum et des cheikât marocaines, a su familiariser les oreilles occidentales avec certaines mélopées traditionnelles arabes.

Pour retrouver le Maroc en France

CENTRE CULTUREL

L'Institut du monde arabe (IMA) à Paris sert de cadre, depuis sa création, à de nombreux colloques, festivals et expositions sur les différents pays du monde arabe. La bibliothèque, écho lointain des grandes bibliothèques qui, du Caire à Cordoue, rayonnèrent dès le 10e s. sur le monde arabe, rassemble sur plusieurs niveaux l'essentiel de ce qui se publie aujourd'hui à son propos. L'IMA, qui publie plusieurs revues culturelles, dont Qantara, s'intéresse à l'édition, à travers la collection « Lettres arabes » publiée aux éditions J.-C. Lattès, et organise avec les éditions Sindbad le Salon euro-arabe du livre. Pour Les Musicales, l'Institut élabore une programmation régulière, au rythme de quatre concerts par mois en moyenne, et édite une collection de CD consacrée aux meilleurs concerts organisés dans l'auditorium. www.imarabe.org.

RESTAURANTS

Mansouria – 11 r. Faidherbe - 75011 Paris - ✆ 01 43 71 00 16 - fermé 14-20 août, lun. midi, mar. midi et dim. Un voyage au Maroc le temps d'une soirée ! Vous pourrez savourer des plats fins et parfumés dans un décor mauresque.

L'Oriental – 76 r. des Martyrs - 75009 Paris - ✆ 01 42 64 39 80 - fermé 22 juil.-23 août, dim. et lundi. Vous serez chaleureusement accueilli dans ce restaurant marocain, richement décoré, où l'on sert une cuisine de qualité.

L'Atlas – 12 bd St-Germain - 75005 Paris - ✆ 01 46 33 86 98 - www.atlas-restaurant.fr - ouvert tous les jours

Le Mansouria, à Paris.

sauf le lundi. Compter 20 € pour un plat. Possibilité de service traiteur. Un restaurant incontournable où l'on sert une cuisine typiquement marocaine dans un cadre soigné. Les couscous et tagines sont tout simplement succulents.

L'Homme bleu – 55 bis r. Jean-Pierre-Timbaud - 75011 Paris - ✆ 01 48 07 05 63. Un restaurant très fréquenté où l'on prépare une cuisine berbère raffinée à base de pastillas, salades, couscous et tagines. Accueil chaleureux et ambiance conviviale.

La Table de Fès – 5 r. Ste-Beuve - 75006 Paris - ✆ 01 45 48 07 22 - fermé 24 juil.-27 août, 25 déc.-1er janv. et dim. Un restaurant élégant à la décoration typiquement marocaine où l'on sert une cuisine authentique du pays. Les couscous sont particulièrement réussis.

BOUTIQUES

La Maison du Maroc – 1 bd Jourdan - 75014 Paris (dans la Cité universitaire) ✆ 01 53 80 63 63. Grand centre comprenant une cafétéria bon marché, un café décoré à l'oriental, un hammam *(réservé aux étudiants)* et une boutique d'artisanat marocain.

La Maison de l'artisanat marocain – 161 r. St-Honoré 75001 Paris (dans l'office de tourisme) - ✆ 01 49 26 02 76. Un centre d'exposition spécialisé dans l'artisanat marocain.

Galerie Thanakra – 170 bis rue de Grenelle - 75007 Paris - ✆ 01 40 62 98 88. Un magazin spécialisé dans les tapis et les textiles de l'Atlas.

Avicenne – 25 r. Jussieu - 75005 Paris - ✆ 01 40 46 04 07. Une librairie spécialisée dans la littérature marocaine.

Aït-Arbi, dans la vallée du Dadès.

B. Morandi / MICHELIN

COMPRENDRE LE MAROC

NATURE ET PAYSAGES

Des montagnes du Rif, du Moyen Atlas ou du Haut Atlas aux plaines du Haouz, du Saïs ou du Rharb, sans oublier la *meseta* et les terres arides du Sud et de l'Oriental, le Maroc offre une très grande variété de paysages à la beauté éblouissante. À cette richesse de la géographie s'ajoutent celles de la flore et de la faune, qui font de plus en plus l'objet de mesures de protection. Mais que peut-on face à la sécheresse, qui représente une menace permanente pour le pays et fait de la gestion des ressources en eau un enjeu majeur ?

S. Ollivier / MICHELIN

Les remparts de Marrakech avec le Haut Atlas enneigé pour écrin.

Une palette de paysages

Vastes étendues arides ponctuées d'oasis luxuriantes, massifs escarpés et ravinés entaillés de vallées étroites, plateaux couverts d'un inextricable maquis de chênes verts, plaines irriguées riches en cultures : c'est toute une palette de paysages, parfois inattendus, souvent somptueux, que vous propose le Maroc.

LA MESETA

Le nom de *meseta* désigne la région centrale, largement ouverte sur l'Atlantique, comprise entre le bassin du Sebou, les Atlas et l'Océan.

De riches plaines côtières

Une série de plaines côtières, étroites (entre Rabat et Mohammedia, vers Essaouira) ou plus épanouies (plaines de la **Chaouïa** dans l'arrière-pays de Casablanca, des **Doukkala** autour d'El-Jadida, des **Abda** au sud de Safi) constitue la partie la plus basse de la meseta.

Ces plaines sont parmi les plus riches et les plus peuplées du Maroc. Les gros marchés agricoles abondent à l'intérieur. Les ports sont souvent des villes industrielles, des centres économiques ou politiques (Casablanca, Safi, Mohammedia, Rabat). La côte, fréquemment rocheuse, offre cependant, dans certains secteurs, de belles plages, comme celles d'El-Jadida, Oualidia, Essaouira, ainsi qu'entre Rabat et Casablanca.

Des plateaux

Passé l'escarpement qui domine les plaines atlantiques, le socle primaire affleure sur de grandes surfaces. Le **Plateau central**, très accidenté, doit à son altitude et à ses terrains souvent imperméables une humidité favorable à la forêt (thuya, chêne vert, chêne-liège) et aux pâturages, dans les parties les plus élevées ; ailleurs, l'agriculture progresse et les tribus naguère nomades de Zemmours et de Zaërs se sédentarisent. Plus au sud, le **plateau des Phosphates** et le **Ganntour** sont faits de couches calcaires superposées dont les plus récentes renferment les phosphates de Khouribga et de Youssoufia. Les terrains primaires apparaissent à nouveau dans le massif des **Rehamna** et dans celui des **Jbilet** : c'est un pays sec, vivant de l'élevage des chèvres et de maigres récoltes d'orge.

Vallées et bassins

Les oueds descendus de l'Atlas ont ouvert, à la naissance des plateaux, des vallées alluviales et des bassins.
Mise en valeur grâce aux barrages construits sur l'Oum er-Rbia et ses affluents, la **plaine du Tadla** représente le tiers de la production marocaine de betterave sucrière et une part importante de la production laitière, des cultures maraîchères et des agrumes.
La vaste **plaine du Haouz** n'autorise qu'une agriculture rudimentaire en dehors des zones irriguées par les eaux descendues du Haut Atlas. Les eaux sont distribuées par un réseau de *seguias* et de *rhettaras*. Au centre, Marrakech ajoute à ses fonctions administratives, commerciales et artisanales son attrait touristique.

LE BASSIN DU SEBOU

Entre la *meseta* et le Rif s'allonge une zone de plaines et de collines formant le bassin du Sebou, région vitale par sa fertilité, sa population, son importance comme voie de passage et son rôle historique.

Trouée de Taza et collines prérifaines

À l'est, entre le Rif et le Moyen Atlas, la plaine se réduit à un couloir qui assura de tout temps les communications avec le bassin de la Moulouya et l'Algérie. Dans un encadrement de versants partiellement boisés, les terrasses alluviales portent jardins et vergers. La ville de Taza commande le passage. À l'ouest de Taza, les collines prérifaines s'avancent jusqu'à proximité de Fès (*jbel* Zalagh) et de Meknès (*jbel* Zerhoun). C'est un pays céréalier où l'arboriculture est aussi une activité importante (oliviers).

Autour de Fès et Meknès : la plaine du Saïs

Ancien lac tertiaire, cette plaine centrale est couverte de sols généralement riches. Les grandes exploitations y disposent de moyens mécaniques modernes permettant de bons rendements de céréales. Le vignoble tient une place considérable, surtout aux environs de Meknès, grande ville commerçante en voie d'industrialisation. Fès, vieille capitale religieuse et intellectuelle, reste un centre d'artisanat, une ville de négoce, et devient une ville industrielle. D'autres cités comme Sefrou ou Moulay-Idriss animent la région.

La plaine du Rharb

Au nord de la forêt de la Mamora, connue pour ses chênes-lièges et ses eucalyptus, le Rharb – « pays de l'Ouest » – s'étend largement vers l'Atlantique, de l'embouchure du Sebou à celle du Loukos. La terre assainie et mise en valeur en fait une région agricole de première importance. Les céréales, la vigne, la betterave à sucre, les cultures maraîchères, le riz et le coton accompagnent les agrumes, dont l'exploitation a pris un essor spectaculaire. On y a trouvé du pétrole, raffiné à Sidi-Kacem. Nombreux sont les gros marchés et les petites villes, dont la principale est Kénitra, port fluvial sur le Sebou.

ENSEMBLES MONTAGNEUX

Le Rif

Prolongement géologique de la chaîne Bétique au sud de la Méditerranée, le Rif est une chaîne arquée, tendue sur 250 km du détroit de Gibraltar au cap des Trois-Fourches, étroite aux extrémités, plus épaisse dans sa partie centrale. L'altitude – 2 448 m au *jbel* Tidiquin – en fait un obstacle à la circulation, surtout du côté méditerranéen ,où elle prend l'allure d'une muraille plongeant dans la mer formant une côte rocheuse magnifique mais souvent peu accessible. Au contraire, ses versants ouest et sud s'inclinent vers le bassin du Sebou.
Nourrissant une population assez dense, le Rif est parsemé de hameaux et de gros villages. Surtout dans l'ouest et le centre, les maisons sont de pierre avec un toit à double pente, de chaume ou de tuiles. L'élevage est traditionnellement associé aux champs et à la culture de l'olivier.
Parmi les marchés intérieurs, Ouazzane et Chefchaouèn sont les plus importants. Les villes côtières aux environs de Tetouan et d'Al Hoceima voient se développer leur aménagement touristique. Tanger, industrielle, reste un port de voyageurs actif.

Le Moyen Atlas

Avec le Haut Atlas, il forme un bastion difficile à franchir, traversant le Maroc en écharpe du sud-ouest au nord-est. Les deux chaînes des Atlas s'articulent autour du bassin de la haute Moulouya, à l'ouest de Midelt.
On a souvent comparé le Moyen Atlas au Jura qui, comme lui, présente une zone tabulaire adossée à une zone plissée. Côté atlantique, la zone tabulaire s'étend jusqu'aux plateaux de la *meseta* et aux collines prérifaines : elle est faite surtout d'assises de calcaire, mais des cassures ont

Le col du Tizi -n-Tichka dans le Haut Atlas.

provoqué de larges épanchements volcaniques, comme dans la région d'Azrou et d'Ifrane. La zone plissée domine assez brusquement le Maroc oriental, et son altitude, toujours importante, dépasse 3 000 m dans le *jbel* bou Iblane et le *jbel* bou Naceur. Pays humide et forestier, le Moyen Atlas a reçu un peuplement de Berbères, principalement des éleveurs, dont certains, comme les **Beni Mguild**, pratiquent encore le semi-nomadisme.

Le Haut Atlas

Plus puissant encore, il s'allonge sur 700 km de l'Atlantique aux confins orientaux du pays. Visible depuis Marrakech, le massif occidental, avec ses vallées profondes et ses hauts sommets, dont le **Toubkal** (4 167 m), a une allure plus alpine que le Haut Atlas Central. Ce dernier, plus imposant, fait de hauts plateaux et de crêtes arrondies, est entaillé de gorges et de canyons vertigineux; c'est le Haut Atlas de la région d'Azilal et de Demnate; il culmine au **M'Goun** (4 071 m). Le massif oriental du Haut Atlas, celui de Midelt et d'Imilchil, culmine au *jbel* **Ayachi** (3 737 m). Un Parc national à mouflons y a été créé, cerné par les villages d'Agoudim, Amouguer, Imilchil et Outerbate.
L'activité pastorale, importante dans la partie orientale de la chaîne, contraste avec l'agriculture qui – à l'ouest du Tizi-n-Tichka – exploite la moindre parcelle de terrain utilisable.

L'Anti-Atlas

Au sud et parallèle au Haut Atlas, l'Anti-Atlas s'élève à plus de 2 500 m (Aklim). Il est doublé au sud par l'arête vive du *jbel* **Bani**, et prolongé à l'est par le **Sarhro** (2 712 m) et l'**Ougnat**, qui s'incline vers le Tafilalt. Les versants tournés vers l'ouest reçoivent suffisamment de pluie pour entretenir l'arganeraie et permettre la culture aux paysans chleuhs; on y rencontre même des vallées humides et des bassins privilégiés comme la cuvette de Tafraout. Le versant méridional est une steppe d'armoise et de thym interrompue par des oasis au débouché de la montagne âpre et pelée.

LES TERRES ARIDES

Au-delà de l'écran montagneux formé par les Atlas et le Rif, le pays est de plus en plus aride, ne facilitant pas l'installation des hommes.

Autour d'Oujda, le Maroc oriental

Dans l'est, les **hauts plateaux** forment un grand domaine de plus de 1 000 m d'altitude, continuation des plateaux sud-oranais. Le climat est déjà saharien et la sécheresse règne sur ces mornes étendues parcourues, de Figuig à Moulouya, par les éleveurs de chèvres, de moutons et de chameaux. Le **bassin de la Moulouya** s'allonge du sud-ouest au nord-est, au pied du Moyen Atlas et à l'est du Rif. On n'y rencontre guère qu'une steppe à alfas, en dehors des oasis (Missour, Guercif, Taourirt) auxquelles le fleuve et ses affluents donnent vie. Au nord, la **frange méditerranéenne** comporte de petites plaines isolées comme celles des Triffa, au nord de Berkane, et du Gareb, au sud de Nador. L'irrigation et la construction de barrages y ont permis de riches cultures : céréales, vigne, primeurs, coton, entre autres.
La ville d'**Oujda** commande toute la région, tirant parti de l'activité agricole et des ressources minières.

Paysage du Sud marocain.

Le Sud marocain

Il est délimité par la grande ligne de fractures qui court **d'Agadir à Figuig** et que longe la dépression « sudatlasique ». Ce long couloir, qui se creuse entre le Haut Atlas et l'Anti-Atlas, est interrompu par le massif volcanique du **Siroua**, qui isole le Sous du reste du corridor.

Le **Sous** forme une cuvette largement ouverte sur l'Atlantique, soumise à un climat saharien atténué par la proximité de la mer; il présente l'apparence semi-désertique d'une steppe à arganiers, où la vie se réfugie le long de l'oued. L'irrigation y a permis le développement de l'arboriculture et la production de primeurs entre Taroudant et Agadir. À l'est du massif du Siroua, les pays du Dadès, du Todra, du Ferkla, du Rheris, du Ziz, du Guir sont autant de relais par où se poursuit la dépression. Tous ces oueds alimentent de belles oasis d'Ouarzazate à Boudenib.

Plus au sud, ce ne sont plus qu'immensités désertes. La plus grande partie est formée de *hamadas*, ces plateaux secs, nus, rocailleux et balayés par les vents qui sont parfois découpés en buttes plates appelées *gour* (pluriel de *gara*) ; ils peuvent aussi parfois être des ergs, des champs de dunes dont les dimensions restent ici cependant modestes. Les oueds, par évaporation et infiltration, ont perdu leur eau et ne coulent qu'après d'aléatoires pluies d'orage. Les oasis se font rares, mais la **haute vallée du Drâa**, d'Agdz à Zagora et à Mhamid, et la **vallée du Ziz**, d'Errachidia au Tafilalt, nourrissent une succession de palmeraies. Là commence le domaine des grands nomades chameliers.

Le Sahara

La **vallée du Drâa** est généralement considérée comme la limite entre le Sud marocain et le Sahara marocain proprement dit, aux immenses *hamadas*, couvertes de bancs de silice. Les *hamadas* du Guir, à l'est, et du Drâa, au sud, sont à peine échancrées de rares dépressions, les *dayas*, ou accidentées de quelques pointements bas, les *adrars*; à leur surface nue de reg rocheux s'allongent des alignements de dunes. Les *hamadas* de Zemmour et de Tiris, plus au sud, sont presque circonscrites de dunes; à l'ouest de cette dernière, au sud du pays, l'*adrar* Souttouf est un massif important dont les sommets atteignent 500 m d'altitude; il joue le rôle de château d'eau et porte des pâturages.

La désolation du paysage est quelque peu atténuée par le voisinage de l'**Atlantique**, qui entretient des brouillards souvent persistants et des rosées assez abondantes, si bien qu'en bordure du littoral, les oueds, même à sec, sont moins exceptionnels.

La côte elle-même, constituée de Tarfaya à Nouâdhibou, sur plus de 1 100 km, de falaises et de dunes de sable, est inhospitalière et très dangereuse : les rouleaux de mer y déferlent sur plusieurs kilomètres de largeur. Des établissements que Portugais, Espagnols, Hollandais, Français et Anglais, attirés par le mirage de l'or de Tombouctou, ont créés depuis le 15e s., il ne reste rien. Dakhla et Laâyoune leur ont succédé; cette dernière vit de l'élevage et des salines, des pêcheries favorisées par la présence au large du courant des Canaries, et de l'exportation du phosphate de Boukrâa dans le Zemmour.

Magot ou macaque de barbarie (Macaca sylvana)

Gazelle dorcas (Gazella dorcas)

Rollier d'Europe (Coracias garrulus)

Fennec (Fennecus zerda)

Héron garde-bœuf (Bulbulcus ibis)

Cigogne blanche (Ciconia ciconia)

R.Corbel/MICHELIN

Faune et flore

Le Maroc possédait jadis une faune très riche, comme en témoignent les gravures rupestres et les récits antiques, qui décrivent des savanes peuplées d'éléphants, de rhinocéros, d'hippopotames et de crocodiles. La sécheresse, l'augmentation de la population, l'extension des cultures ont eu raison de nombre de ces animaux… Quant à la végétation naturelle, elle se compose de plus de 4000 espèces, pour la plupart méditerranéennes.

Réserves naturelles et sites protégés

Preuves de la volonté des autorités de préserver la nature, plusieurs espaces protégés (parcs nationaux, parcs naturels, réserves biologiques ou botaniques) existent au Maroc. Ces efforts sont soutenus par les Nations unies. Voici les grands parcs nationaux :
- Toubkal (au sud de Marrakech)
- Haut Atlas oriental
- Bas Drâa
- Iriqui
- Ifrane
- Al Hoceima
- Talassemtane (Chefchaouèn)
- Tazzeka (au sud-ouest de Taza)
- Sous Massa (au sud d'Agadir)

UNE FAUNE À PROTÉGER

Des refuges de montagne

Les animaux sauvages demeurent cependant assez nombreux dans les forêts montagnardes. Des massifs de l'Atlas et du Rif aux grandes plaines cultivées, les **sangliers** abondent. Les **cerfs de Barbarie**, disparus au début du siècle, ont été réintroduits dans les cédraies de la région d'Azrou, où vivent également les **magots** (ou macaques de Barbarie), seuls singes d'Afrique du Nord, qui s'activent dans les clairières ou les gorges sauvages. Leurs prédatrices, en revanche, les panthères, ont été décimées et ont pratiquement disparu. Volontiers noctambules, les **genettes** et les **porcs-épics** se montrent rarement. Vous aurez plus de chances d'apercevoir des **écureuils de Barbarie** ainsi que nombre d'oiseaux, dont les effectifs augmentent en hiver avec l'arrivée des migrateurs européens. Les multiples **passereaux** sont relayés en haute montagne par quelques rapaces : **circaètes jean-le-blanc** amateurs de reptiles, **gypaètes barbus**, **aigles bottés** et **aigles royaux**. Les **mouflons à manchettes**, remarquables grimpeurs, partagent avec eux les plus hauts sommets.

Un désert très vivant

Les animaux des steppes et du désert ont su s'adapter à des conditions de vie extrême, mais leurs effectifs diminuent dramatiquement à cause de la chasse. Dans les régions les plus peuplées, évoluent, outre les **dromadaires** domestiqués, bon nombre de **chacals dorés**, redoutés tant des troupeaux que des villageois. Quelques rares **hyènes rayées** fréquentent les mêmes milieux, ainsi que les **hérissons du désert**, qui paient un lourd tribut au trafic automobile, et les petites **gerbilles** assidues auprès des réserves de céréales.

Aux portes du Sahara, les **gazelles de Cuvier** fréquentent en petit nombre quelques zones montagneuses. Leurs cousines, les **gazelles dorcas**, préfèrent, quant à elles, galoper sur les dunes. Les **fennecs** s'aperçoivent fréquemment la nuit, chassant dans le désert, et, tandis que les petites **gerboises** s'enfuient par bonds prodigieux, les **chats de Marguerite** (ou chats des sables) guettent les serpents dans le Tafilalt. Ceux-ci, nombreux, peuvent être venimeux, comme la **vipère à cornes** ou le **naja**. Nombreux aussi sont les **lézards** : **varans du désert**, **tarentes** et **geckos** aux doigts-ventouses, ou encore **agames** à queue épineuse comme le **lézard fouette-queue**, friand de criquets ; mais il est pourchassé par de fins gastronomes qui apprécient sa chair ou, plus tristement, pour être vendu aux touristes. Notez une curiosité, le **scinque**, à qui son habileté à se mouvoir au sein des dunes a valu le surnom de « poisson des sables ». Le désert est aussi le domaine des moins sympathiques **scorpions**, qui sortent la nuit de leurs cachettes. Parmi les oiseaux, **traques**, **courvites** et **perdrix gambras** ont adopté des tenues de camouflage, de même que les **outardes houbaras**, menacées d'extinction. Aux heures fraîches, les **gangas** se rassemblent en grand nombre autour des points d'eau. Quant aux **faucons laniers**, ils font depuis longtemps la fierté des fauconniers de la province des Doukkala.

Le nord et le littoral : au paradis des oiseaux

Les plaines septentrionales et les régions côtières hébergent des **renards roux**, des **mangoustes ichneumon**, fréquentes au crépuscule, et les rois du camouflage, les **caméléons**, utiles dans

Figuier de Barbarie
(Opuntia ficus-indica)

Laurier-rose
(Nerium oleander)

Cèdre de l'Atlas
(Cedrus atlantica)

Bougainvillée
(Bougainvillea)

Arganier
(Sideroxylon argania)

Palmier-dattier commun
(Phœnix dactylifera)

R.Corbel/MICHELIN

L'arbre aux chèvres

L'**arganier** est certainement l'arbre le plus original du Maroc. Cette « relique » de l'ère tertiaire, qui occupe une partie du sud-ouest du pays, fait une timide apparition dans les parages de l'oued Tensift; à l'est et au sud d'Essaouira, il couvre de grandes surfaces; on le voit partout dans le Sous; dans l'Anti-Atlas, il est présent jusqu'aux confins du désert.
C'est un arbre de dimensions comparables à celles de l'olivier; son tronc multiple est court et tourmenté, sa couronne dense est ronde, son feuillage épineux. Il a su se rendre tellement indispensable qu'il est parfois cultivé. Son bois servait autrefois à fabriquer des tablettes à écrire, lorsque la pâte à papier n'existait pas et que l'encre elle-même était faite d'un mélange d'eau et de cendre de laine.
Aujourd'hui, l'arganier fournit du bois d'œuvre et de chauffage, mais il constitue surtout un « pâturage suspendu ». Son fruit, l'argan, une baie verte de la taille d'une grosse olive, est apprécié par les bestiaux qui, délicats, en rejettent les noyaux : une aubaine pour l'homme, qui en tire une huile couramment consommée, que ce soit pour la cuisine ou pour les soins du corps. Quant à son feuillage, c'est un régal pour les petites chèvres noires, qui n'hésitent pas à grimper aux plus hautes branches pour brouter les jeunes pousses.

les jardins, où ils attrapent les insectes. Les **tortues grecques** parcourent la garrigue, tandis que les **tortues d'eau** préfèrent les lacs et les rivières; malgré une loi internationale censée assurer leur protection, le commerce d'animaux de compagnie en réduit sérieusement l'effectif.
Les plaines cultivées accueillent surtout de multiples oiseaux, à commencer par les bandes de **hérons garde-bœufs**, qui curent le dos du bétail. Nombreuses aussi, bien que menacées par l'assèchement des marais, les **cigognes blanches** séjournent au Maroc de décembre à août, dans d'énormes nids juchés sur les murs et les minarets. Ces esthètes semblent avoir une prédilection pour les sites enchanteurs comme les ruines de Volubilis, le cadre romantique du Chellah, près de Rabat, ou les minarets de Marrakech !
Mais c'est surtout dans les marais, les estuaires et les lagunes, le long des côtes, que se rassemblent les oiseaux. Les réserves de Merja Zerga (près de Moulay-Bousselham) et des îles d'Essaouira, le Parc national de Sous Massa, ont animés en hiver lorsqu'arrivent les migrateurs par centaines de milliers. Au côté des **canards, bécassines, flamants roses, ibis falcinelles, hérons, cormorans, pélicans, balbuzards pêcheurs, mouettes** et **goélands**, deux oiseaux font la renommée, l'un des îles d'Essaouira, le **faucon d'Éléonore**, qui niche sur les falaises, l'autre du Sous Massa, l'**ibis chauve,** aujourd'hui menacé de disparition dans le monde entier.

Le palmier, arbre providentiel

Outre leur rôle de rempart contre l'avancée du désert, les palmiers sont appréciés pour leurs dattes, aliment hautement énergétique : riche en potassium, en fer, en vitamines B1 et PP, il ne lui manque, pour être un aliment complet, que la vitamine C, ce que la population compense en le consommant accompagné de petit-lait. Parmi les variétés les plus réputées : Mejhoul, Boufegous, Bousserdoune, Bouslikhene et autres Khalts.

DE FORÊTS EN OASIS

Entre la sécheresse et la chaleur estivale et, en hiver, le froid (dans les montagnes, du moins), qui limitent sérieusement les périodes de croissance, la flore naturelle a bien du mérite à se développer ! Dans ces conditions, seules survivront les espèces les mieux adaptées à la sécheresse grâce à une forte densité de racines, à des épines ou de petites feuilles vernissées qui limitent l'évaporation. Partout, cependant, le couvert végétal d'origine est en régression, en raison du déboisement, naturel ou dû à l'activité humaine.

Le matorral gagne du terrain

Des plaines et plateaux du littoral atlantique aux contreforts du Moyen Atlas s'étendaient jadis des forêts claires de chênes verts ou de chênes-lièges. De nos jours, la plus importante est celle de la Mamora, à l'est de Rabat, qui associe de magnifiques futaies de **chênes-lièges** et de **poiriers sauvages**, menacées cependant par un pâturage intensif.
Ailleurs, la forêt a cédé la place au matorral : paysages de maquis où **lentisques** et **genévriers rouges**

côtoient **arbousiers, myrtes, bruyères, genêts, thuyas de Barbarie**, quelques **chênes-lièges, oliviers sauvages** et **pins d'Alep**, ou bien de garrigue, où les buissons s'associent à des plantes aromatiques (**thym, romarin, lavande**), des **graminées éphémères**, des **cytises** et de rares **chênes verts**. À un stade de dégradation encore plus avancé, on trouvera d'immenses landes à cistes et palmiers nains (*doums*), ou encore des pelouses herbacées, totalement desséchées l'été mais fleuries au printemps et en automne par des **asphodèle**s, des scilles ou des **colchiques**.

Une montagne à trois étages

Dans le Rif central et l'Atlas, des précipitations importantes (plus de 500 mm), principalement sur les versants nord et ouest exposés aux vents humides, permettent le développement d'un dense couvert forestier à étagement altitudinal.

Au niveau de la basse montagne, on rencontre des futaies de **chênes** et de **pins maritimes**. Entre 1 500 et 2 300 m d'altitude, elles cèdent peu à peu la place à de belles forêts de **sapins du Maroc**, comme autour de Chefchaouèn, ou de **cèdres de l'Atlas**. Celles-ci se répartissent entre le Haut Atlas au sud de Midelt, le mont Tidiquin dans le Rif, et surtout le Moyen Atlas, à l'est d'Azrou, où, sur 75 000 ha, se déploie la plus vaste cédraie du Maroc. Sous les frondaisons odorantes des cèdres et des sapins poussent des arbres plus modestes (**érables, frênes, ifs, sorbiers, houx**) et de nombreuses fleurs, dont les **pivoines sauvages**, qui, en avril, couvrent le sol d'un tapis rouge éclatant.

À partir de 2 300 m d'altitude, dans le Moyen et surtout le Haut Atlas, commence le royaume de la haute montagne, enneigée une bonne partie de l'année et où le froid et le vent limitent la pousse des arbres : c'est le domaine de la steppe, piquetée de **genévriers thurifères**.

Plus haut, les conditions de vie toujours plus rigoureuses ne laissent subsister que des **xérophytes épineux**, petites plantes isolées sous forme de touffes « en coussinets », et de rares pelouses herbacées qui se parent de fleurs saisonnières vivement colorées (**saxifrages** et **chrysanthèmes**).

Steppes et savanes du sud

À l'est de l'oued Moulouya, sur les hautes plaines et plateaux, le climat aride (moins de 300 mm de précipitation) ne favorise guère la végétation ! C'est le royaume de la steppe à **armoises** et à **alfas**. Sur les hauteurs, de nombreux **jujubiers** forment une brousse épineuse, tandis que dans les lits des oueds et des *daias*, une savane à **pistachiers-térébinthes** et à **bétoums** est le dernier vestige de la forêt originelle.

Dans les régions arides du sud-ouest, de l'oued Tensift à l'Anti-Atlas, l'atmosphère, humidifiée par les brumes maritimespermet l'apparition de plantes originales : **caroubiers, figuiers de Barbarie, séneçons, euphorbes cactoïdes** parsèment la savane jusqu'aux confins du désert, partageant l'espace avec d'immenses forêts d'**arganiers**, arbres endémiques au Maroc, indispensables aux hommes comme aux animaux.

À l'extrême sud, au-delà du Haut et de l'Anti-Atlas, les régions présahariennes (moins de 150 mm de précipitations) n'abritent plus qu'une steppe buissonnante, agrémentée de rares **gommiers** et autres **acacias**.

Enfin, on ne saurait ignorer les **palmiers-dattiers**. Ces arbres poussent en grand nombre, notamment dans la plaine du Tafilalt et la vallée du Drâa. Dans les oasis, où leurs tiges sont utilisées notamment pour confectionner les plafonds des maisons, ils parviennent à créer un microclimat favorable aux cultures traditionnelles. Ces magnifiques palmeraies sont, hélas, aujourd'hui en partie décimées par une affection parasitaire (le *bayoud*, dû à un champignon).

Le bois de cèdre

Le bois de cèdre des forêts de l'Atlas est le bois le plus couramment employé dans la fabrication de meubles et d'éléments divers, tels que les linteaux de portes et de fenêtres, ou de mobilier liturgique, comme les minbars, chaires à prêcher magnifiquement sculptées et colorées. Les nombreux artisans spécialisés dans le travail du bois, lequel relève bien souvent d'un art à part entière, lui associent parfois d'autres matériaux comme la nacre ou l'ivoire, utilisés en incrustation, mais aussi la peinture, essentiellement d'origine végétale, qui vient orner de couleurs vives armoires, coffres, encadrements de miroirs. De l'odeur entêtante du bois de cèdre qui accompagne les promeneurs dans leur visite des souks ou des ateliers d'artisans, il reste une subtile fragrance que l'on a plaisir à retrouver plus tard, chez soi, comme parfum d'ambiance.

Les villes et les vallées, havres de verdure

Tout comme les oasis, les gorges et les vallées abritent, un peu partout dans le pays, une végétation luxuriante avec, aux côtés des plantations d'arbres fruitiers, des **saules** et des **peupliers**, de superbes massifs de **tamaris** et **lauriers-roses**. À l'est de Ouarzazate, les vallées du Dadès et du M'Goun recèlent, parmi les oueds et les séguias, de nombreux **rosiers de Damas,** cultivés pour la fabrication de l'eau de rose.
Les villes, enfin, concentrent une multitude d'espèces végétales, souvent importées (**eucalyptus, jacarandas** à Marrakech, **araucarias** à Essaouira) et qui, comme les **bougainvillées** rose vif qui courent sur les murs, se parent souvent de fleurs multicolores.

Paysages urbains

L'islam a multiplié les créations urbaines, qui favorisaient le développement du commerce et l'épanouissement de la vie spirituelle et intellectuelle. De nos jours, la plupart des villes du Maroc comptent deux parties distinctes : la médina et le quartier moderne.

LA MÉDINA

Points de repère

Une **médina** se serre autour de ses mosquées, ou de ses *médersas*, du marché, du hammam, des fontaines. Elle se cloisonne en quartiers selon la fortune, l'activité, l'origine de ses habitants; c'est ainsi que l'on trouve dans les villes une zone commerçante, les souks – eux-mêmes compartimentés par métiers –, et le *mellah*, ancien quartier juif.
La visite d'une médina offre un spectacle étonnant. Devant soi, un enchevêtrement de venelles étroites, tortueuses, voûtées, tour à tour désertes ou animées, dans lesquelles on hésite parfois à s'engager de peur de s'y perdre; des places que sillonnent en agitant leur clochette les porteurs d'eau, où le conteur public voisine avec l'arracheur de dents, et où le sol constitue souvent le plus rudimentaire des étals.
Dans les médinas, les maisons sont adossées les unes aux autres et leurs terrasses communiquent en un seul espace, recouvrant même parfois les ruelles. Parties intégrantes de la vie des femmes et des enfants, à la fois protégées et ouvertes sur la ville, ces terrasses imbriquées sont des lieux animés où bon nombre de gestes quotidiens s'accomplissent. Elles sont notamment utilisées comme cuisines lorsque certaines nourritures nécessitent un feu de bois, ou qu'il s'agit de préparer le mouton de l'*Aïd* après l'avoir égorgé.

Les souks

Emplis à toute heure du jour d'un flot de piétons, dans lequel – au cri répété de « *balek* » (attention !) – portefaix, âniers, cyclistes se fraient un passage, les souks constituent la grande attraction des villes marocaines. Le long des ruelles souvent couvertes de claies qui tamisent le soleil, des boutiques uniformes se succèdent : échoppes closes par un simple volet, exiguës, encombrées de marchandises, et où l'acheteur ne pénètre pas. À l'intérieur, accroupi sur un tapis ou une peau de mouton, l'artisan se livre à son métier.
À chaque spécialité correspond une rue, un quartier. Il y a le souk aux tapis; le souk des potiers, celui des forgerons, celui des teinturiers, tendu d'écheveaux bariolés; celui des menuisiers qui sent bon le citronnier, le thuya et le cèdre; celui du cuir, celui des babouchiers; celui de la viande, des épices, des olives entassées dans des jarres ventrues; celui des herbes, embaumant la menthe fraîche, qui servira à préparer le thé; le souk au henné où, à côté des fioles contenant les ingrédients destinés à la confection domestique de produits de maquillage, sont vendues les feuilles sèches qui, pilées, fournissent une poudre avec laquelle femmes et fillettes se teignent les cheveux et l'intérieur des mains.
Dans ce déballage hétéroclite, il est parfois malaisé de distinguer le meilleur du pire. On pourra en tout cas difficilement se soustraire à la loi du marchandage,

B. Pérousse / MICHELIN

La médina de Fès.

Kissaria et fondouks

La **kissaria**, domaine des étoffes, des vêtements, de la passementerie, était originellement une halle fermée où l'on vendait les marchandises importées, en particulier les tissus.
Les **fondouks**, inspirés des caravansérails orientaux qui assuraient l'hébergement des voyageurs et de leur monture, servent aujourd'hui d'entrepôts et abritent quelques artisans.

qui est ici un rite et qui, manié avec art et délicatesse, vous attirera la considération de votre interlocuteur. Il se fait parfois devant un thé à la menthe obligeamment offert.

LA VILLE MODERNE

Le 20e s. a donné naissance à un type de villes, élevées à l'écart des médinas, où, le long de larges avenues à angle droit, les bâtiments officiels, souvent de style néo-mauresque, alternent avec des maisons de commerce, des banques. Par-derrière, au milieu des jardins, s'élèvent les villas. Certaines sont d'incontestables réussites, comme celles situées dans le quartier du Guéliz à Marrakech, dans les villes modernes de Fès et surtout de Rabat, conçue par l'architecte et urbaniste français **Henri Prost**. Quant à Casablanca, c'est devenu un véritable conservatoire des écoles architecturales du 20e s. !
Cependant, dans ces villes, qui continuent à subir de profondes transformations, des conditions nouvelles d'existence, liées tant à l'urbanisme qu'aux activités modernes, ont tendance à se substituer aux modes de vie traditionnels.

LA MAISON

Palais ou modeste logis, la maison ne révèle à l'extérieur qu'un mur percé de minuscules fenêtres grillagées ou une « façade » dont la largeur ne dépasse parfois guère la largeur de la ruelle qui la dessert. La disposition intérieure s'organise autour d'une cour intérieure (ou, pour les demeures plus modestes, d'une pièce centrale dans laquelle est aménagé un puits de lumière), autour de laquelle sont disposées les pièces d'habitation. Dans les riches demeures, une belle porte de bois s'ouvre sur un long couloir sombre, précédé d'une entrée en chicane et conduisant au salon de réception. Celui-ci s'ouvre sur un jardin (*riad*) à la végétation luxuriante, ou bien sur un patio, carrelé de céramiques vernissées, au centre duquel trône une fontaine.

Habitat rural

L'habitation du paysan et du montagnard est généralement humble et exiguë. Si l'on excepte – dans le sud – les *kasbahs*, les parties fortifiées des *ksour* et les hautes maisons décorées de Tafraoute et de la vallée des Ameln, elle est presque toujours très basse. On y retrouve souvent le plan carré avec cour centrale. Construite avec des matériaux pris sur place, elle se fond dans le paysage.

HABITATIONS À TOIT INCLINÉ

En chaume, en jonc ou en écorces, parfois en tuiles, le toit icliné se rencontre surtout dans le nord.
Dans les régions atlantiques, on trouve fréquemment, sur les terres riches, des maisons bâties en pierre.

C. Brett / MICHELIN

Tentes berbères.

Village du Haut Atlas.

La *noual*a est une hutte conique ou rectangulaire de roseaux ou de branchages entrecroisés formant une double paroi comblée de torchis ; elle est couverte de chaume ; à l'intérieur, une seule pièce au sol de terre battue revêtu d'une natte. Les *noualas* se groupent à l'abri d'une haie de jujubiers (buissons épineux), afin d'éviter que la basse-cour ne se disperse dans la campagne.

La maison rifaine, en pierres grossières, est souvent fermée sur une cour où sont parquées les bêtes ; en haute montagne, elle est rectangulaire, étroite, couverte d'un toit de planches et de chaume, abritée par des branchages du côté le plus exposé aux intempéries.

HABITATIONS À TOIT PLAT

Elles couvrent à peu près tout le reste du pays. Dans le Maroc central et sur les versants nord du Haut Atlas, on trouve de pauvres maisons en pierre, couvertes de terre battue, qui semblent à demi enfouies dans le sol.

Les villages **chleuhs**, bâtis en terrasses, strient les flancs montagneux ; leurs maisons à étage (le rez-de-chaussée est réservé aux animaux, la pièce la plus élevée est celle où l'on reçoit) sont surmontées d'une galerie ouverte où sèchent les récoltes.

On rencontre dans la région de Bin-el-Ouidane (Moyen Atlas) des fermes fortifiées qui annoncent les *irherms* du sud. Du versant sud du Haut Atlas aux confins sahariens se succèdent les *ksour* et les *kasbahs*.

LA TENTE OU KHAÏMA

Seule habitation des véritables nomades, « hommes bleus » de l'extrême sud et pasteurs du Maroc oriental, elle double chez les semi-nomades une maison très rudimentaire.

Deux poteaux portent une perche transversale sur laquelle est disposée une pièce d'étoffe brune ou noire, aux longues bandes tissées le plus souvent avec des poils de chèvre ou de chameau. La tente est tendue par des piquets ; le vide laissé entre le sol et le tissu, pour éviter que celui-ci ne s'abîme, est comblé par des broussailles.

À signaler enfin, les *tazotas*, type d'architecture unique au Maroc et propre à la région des Doukkala. Constituées de pierres assemblées sans mortier, de façon circulaire, ces constructions autrefois utilisées comme habitations servent aujourd'hui au stockage de la paille. On en voit sur la route d'El-Jadida à Settat, ou bien encore le long de la bretelle reliant Azemmour à Jorf-Lasfar.

L'habitat rural est rarement dispersé. Groupées en cercle, les maisons ou les tentes forment des *douars*.

L'enjeu de l'eau

Riche en eaux, le Maroc est cependant soumis à des sécheresses parfois dramatiques. Souvent bénéfique, parfois destructrice, l'eau est l'objet de toutes les attentions : séguias et *rhettaras* hier, barrages aujourd'hui contribuent à l'irrigation des terres, tandis que dans les villes, les fontaines des médinas, les bassins des mosquées et *médersas*, les jets d'eaux des jardins la rendent omniprésente.

Le roi de la pluie

On raconte qu'un roi nommé Anzar était tombé sous le charme d'une jeune fille d'une grande beauté qui aimait à se baigner nue dans une rivière. Las, la belle refusait de céder aux avances du monarque qui, pour parvenir à ses fins, décida de tarir la rivière.

Telle est sans doute l'origine de ce personnage, l'*Anzar*, poupée de roseaux revêtue d'étoffe noire, qui, dans le Haut Atlas, est lancée dans la rivière en même temps que *Tislit n unzar* (« la fiancée de la pluie »), dont les bras et la tête sont représentés par des *taghounja*, cuillères en bois destinées à recevoir l'eau, lors de cérémonies de rogations de l'eau organisées par les villageois lorsque la sécheresse commence à faire sentir par trop durement ses effets.

Lessive au bord de l'oued dans la vallée du Todra.

« GOUVERNER, C'EST PLEUVOIR ! »

La sécheresse menaçante

« Gouverner, c'est pleuvoir ! » : cette boutade de Lyautey pourrait être reprise par les gouvernants d'aujourd'hui alors que le Maroc est confronté depuis plusieurs années à une sécheresse persistante. Elle met en exergue un des principaux obstacles au développement du pays. Les lacs de barrage presque asséchés, les cultures abandonnées faute d'irrigation ont pour conséquence un exode rural qui vient grossir les bidonvilles des alentours de Casablanca et le nombre de candidats à l'émigration.

Certes, en principe, une bonne partie du Maroc reçoit annuellement les 400 mm de pluies qui permettent la culture permanente. Les pluies d'automne (pointe en novembre) et de printemps (pointe en mars) sont même abondantes sur le relief. Mais, au-delà de l'écran montagneux, elles sont faibles (Oujda ne reçoit que 342 mm par an, la vallée du Drâa moins de 100). Et surtout, les précipitations au Maroc souffrent d'une grande irrégularité d'une année à l'autre.

Des oueds instables

Des trois pays du Maghreb, le Maroc est le plus riche en eaux ; mais le régime de ses oueds est typiquement méditerranéen, avec un écoulement irrégulier, des crues brutales et des étiages d'été très prononcés.

Sur le versant méditerranéen, seule la **Moulouya**, longue de 520 km, fait figure de fleuve. Les autres oueds ne sont que de courts torrents dont l'action érosive est redoutable.

Les oueds du versant saharien se perdent pour la plupart dans le désert. Ainsi en va-t-il du **Guir**, du **Ziz** et du **Rhéris**, qui alimentent cependant de belles oasis de **Ouarzazate** à **Boudenib**. Le **Drâa** n'atteint l'Océan qu'exceptionnellement. Plus au sud se rencontrent des oueds temporaires (qui ne coulent qu'après d'aléatoires pluies d'orage), et des marécages salés.

Alimenté par les eaux des montagnes environnantes, l'oued **Fès,** qui traverse la ville du même nom avant de suivre son cours dans la plaine du Saïs, fut un élément déterminant dans le choix du site de la ville au 9e s.

Les cours d'eau du versant atlantique sont mieux alimentés. L'**Oum er-Rbia**, le plus long et le plus abondant des fleuves marocains, se jette dans l'Atlantique à Azemmour ; on ne lui connaît pas moins de quarante sources dans le Moyen Atlas. Le **Sebou**, qui draine un bassin considérable entre le Rif et l'Atlas, termine son cours par de larges méandres.

Enfin, de nombreux petits lacs permanents se rencontrent au nord de l'Atlas sous le nom d'*aguelmame* ou de *dayèt*.

Les lauriers-roses

Au printemps et au début de l'été, dans les paysages les plus désolés, les plus minéraux, les lauriers-roses jaillissent au fond des vallées des oueds asséchés; dans les montagnes, ils dévalent les pentes, tels des cascades, illuminant de rose les versants : bien qu'absente, l'eau s'y rappelle au bon souvenir de tous en donnant naissance à cette floraison exubérante…

Les Chemins de l'eau

« ...C'est une terre où les soifs sont fréquentes
Un pays où le ciel est sans promesse d'orage
Et les rares nuages ne s'étirent que pour offrir
Les plus beaux leurres aux lits de rocailles
Et les rares pluies n'apportent que les crues
Qui emportent les allaises fertiles au plus loin de nous
Où nous sommes à chaque heure oublieux de l'aride d'hier
Combusiers ivres d'une insouciante dépense
Et l'eau coule, coule et sait-on assez que c'est l'eau ?... »
Khireddine Mourad in *Horizons Maghrébins* (UTM, Toulouse), n°s 23/24-1994.

APPRIVOISER L'EAU

Drainant vers les oasis l'eau des sources et des nappes phréatiques, les **rhettaras** sont des canaux souterrains dont le parcours est jalonné, tous les 10 m environ, de puits, qui permettent leur aération et leur entretien. En aval, des bassins d'accumulation donnent naissance à tout un réseau de **séguias** (rigoles à ciel ouvert) qui distribuent l'eau vers les champs et les jardins.

Cet ingénieux système fut créé au 11e s. par un Arabe d'Orient, **Abdellah Ibn Youness**, à qui Youssef ben Tachfine avait fait appel pour alimenter en eau le site de Marrakech où il avait établi son camp.

Si ce système d'irrigation reste d'un intérêt primordial, surtout dans le Haouz, l'urbanisation croissante et la diversification des techniques entraînent l'abandon progressif de ces ouvrages, au grand dam des historiens, pour qui cette « science hydraulique » vieille de neuf siècles fait partie du patrimoine national.

De nos jours, un système de puits collectifs permet à de plus en plus de villageois de disposer d'eau potable, tandis que l'État s'efforce d'étendre les surfaces irriguées et d'atténuer les effets dévastateurs des inondations en construisant de nombreux barrages.

UNE RESSOURCE CAPRICIEUSE

Comme la plupart des pays méditerranéens, le Maroc souffre souvent de la sécheresse (c'est le cas depuis 1999), qui fait sentir ses effets tant sur le plan de l'approvisionnement en eau des villes et des villages que sur le plan de l'agriculture... La pluie que l'on attend désespérément, l'eau qui purifie et abreuve tous les rites de la vie quotidienne, alimentant fontaines et jardins magnifiques et donnant encore plus de gaieté à ces *riads* où s'ordonnent des plantes luxuriantes... Génie bienfaisant lorsqu'elle fait sortir de terre des oasis paradisiaques et tourner les meules des moulins à blé, l'eau peut être aussi, lors de graves intempéries entraînant la crue des oueds et les inondations, source de pertes humaines et de dégâts matériels importants, comme ce fut le cas notamment en janvier 1996. Les fortes précipitations enregistrées alors atteignirent dans certaines régions des hauteurs jamais égalées depuis 20 ans, avec pour conséquences *douars* isolés ou évacués, cultures inondées, arbres déracinés, ponts emportés, routes impraticables, réseaux ferroviaire et routier interrompus, habitations détruites, médinas boueuses, etc. L'eau, si rare et si précieuse par ailleurs, devient un fléau alors même que ces pluies diluviennes revivifient et ont par la suite des répercussions positives sur la campagne, la constitution de réserves, sur l'amélioration du couvert végétal, contribuant ainsi à une meilleure qualité de la vie.

L'EAU OMNIPRÉSENTE

Présente dans la cour des mosquées comme dans celle des *médersas* (les vasques ou fontaines à ablutions permettent aux fidèles de dire la prière en état de pureté, la propreté corporelle

M. Gurfinkel / MICHELIN

Fontaine Neijarine à Fès.

reflétant celle de l'âme), l'eau joue un rôle essentiel dans la vie quotidienne des cités marocaines.

Fontaines marocaines

Dans les villes, et plus particulièrement les médinas, elles sont partout. Monumentales ou minuscules, somptueusement décorées d'arcs à stalactites et de zelliges, revêtues de mosaïques où domine parfois le bleu, parfois le vert, coiffées d'un auvent de tuiles vernissées, ornées de colonnes et d'arcs outrepassés, en plein cintre ou brisés, récemment restaurées ou tristement décrépites, situées sur des places, au détour des rues, au fond des souks, à la porte des mosquées, elles sont innombrables (la médina de Fès, à elle seule, en compte plus de soixante !), identiques, dirait-on, et pourtant toujours différentes.
Points d'eau, les fontaines sont aussi, et surtout, des points de rencontre.

Les riads

Lors de votre découverte du Maroc, vous visiterez certains palais, aménagés en musées qui vous permettront de découvrir de superbes *riads*, ces jardins intérieurs à la végétation exubérante : c'est le cas à Marrakech (palais de la Bahia), Meknès (musée Dar Jamaï), Rabat (jardin de la kasbah des Oudaïas) ou Fès (Dar Batha, Dar Al Mokri, palais Jamaï).
Ici, l'eau est partout : jaillissant de vasques en un ruissellement cristallin, courant le long de rigoles, étale dans des bassins. Nourricière des superbes arbres (palmiers, orangers, citronniers...), arbustes (lauriers-roses, bougainvillées) et fleurs, élément de décoration de l'espace domestique où intérieur et extérieur s'interpénètrent, elle fait entendre discrètement mais de façon continue son chant, qu,i se mêlant à celui des oiseaux, compose une délicate sonate, indissociable de l'art de vivre marocain.

Le hammam

Les lieux de rencontre sont les cafés, fréquentés essentiellement par les hommes, les terrasses des maisons, domaine des femmes, la mosquée et le **hammam** (bain), réservé aux hommes ou aux femmes, selon les heures. Comme dans les thermes antiques auxquels il s'apparente, on y peut discuter une affaire ou deviser des événements du quartier.
Aller au hammam est un plaisir auquel il serait dommage de ne pas goûter, car ces quelques heures passées loin du bruit et de la poussière, dans la semi-pénombre et la chaleur humide des lieux, permettent non seulement de se relaxer et de faire peau neuve sous les mains expertes d'un masseur (ou d'une masseuse), mais aussi d'appréhender l'un des rites importants de la vie quotidienne au Maroc.
C'est pourquoi, si la plupart des grands hôtels disposent d'installations souvent luxueuses et sophistiquées, les visiteurs en quête d'authenticité s'aventureront dans les bains publics. Ils ne présentent aucun luxe particulier ni aucun confort. Ils sont constitués d'une enfilade de pièces assez vastes que l'on traverse successivement : salle de déshabillage ou de repos située près de l'entrée, salle froide ou *El Barrani*, salle tiède ou *El Ousti*, et enfin *El Dakli*. Dans cette salle sombre, à température élevée, on s'installe sur une natte, sur un siège carrelé ou à même le sol, avec auprès de soi (les femmes, du moins) le nécessaire à toilette et plusieurs seaux, que l'on a pris soin de remplir au préalable à la fontaine.

Le palais de la Bahia à Marrakech.

HISTOIRE

« L'île du Couchant » (Jzirat el Maghreb) : c'est ainsi que les géographes arabes désignaient les hautes terres constituant l'Afrique du Nord. Tout au bout de cette « île », entourée par la Méditerranée, l'Atlantique et par cette immense mer de sable qu'est le Sahara, se trouvait le Maghreb el Aqsa, l'Extrême-Occident : le Maroc. Mais ce n'est pas aux Arabes que le Maroc doit son nom européen. Si grand était le prestige de Marrakech au temps des Saâdiens que les Européens donnèrent au pays le nom de « royaume de Marrakech », devenu par déformation : « royaume de Maroc ».

akg-images

« Le caïd, chef marocain », par Delacroix, 1837 (musée des Beaux-Arts de Nantes, 98 x 126 cm)

Avant les conquêtes arabes

Le Maroc n'a pas toujours été une terre d'Islam et ses premiers habitants furent les Berbères. Mais bien avant les invasions arabes qui commencèrent au 7e s. apr. J.-C., ce pays avait déjà eu à subir des influences extérieures.

LA PRÉHISTOIRE

Au paléolithique moyen (début il y a environ 150 000 ans), le Sahara constitue une vaste savane fréquentée par les grands fauves, les éléphants, les hippopotames. Les hommes circulent alors facilement de l'Atlas au Niger, se livrant à la cueillette et à la chasse.

Au 3e millénaire av. J.-C., un assèchement progressif fait du Sahara un désert, isolant le Maroc, et incitant ses habitants à se tourner vers la mer et les civilisations plus avancées de la Méditerranée.

Les premiers habitants connus sont des **Berbères**.

Gravures rupestres dans l'Anti-Atlas et la région de l'Oukaïmeden ; cromlech de M'Soura près d'Asilah.

L'HÉRITAGE PHÉNICIEN

Vers 1100 av. J.-C., les Phéniciens, navigateurs et commerçants entreprenants, créent des comptoirs au Maroc, notamment Lixus, près de Larache.

Puis, au 5e s., Carthage prend leur relève. Elle fonde à son tour des comptoirs sur les côtes et s'établit à Rusaddir (Melilla), Tingis (Tanger), Zilis (Asilah), Lixus… Tout le pays compris entre l'Aurès (massif montagneux de l'Algérie orientale) et l'embouchure du Drâa s'imprègne de l'influence carthaginoise : on l'appelle **Maurétanie**.

Cependant, en dépit du rôle qu'ils y ont joué, il reste peu de traces du passage des Phéniciens et des Carthaginois au Maroc.

Après la chute de Carthage en 146 av. J.-C., la Maurétanie entre en contact avec la civilisation romaine.

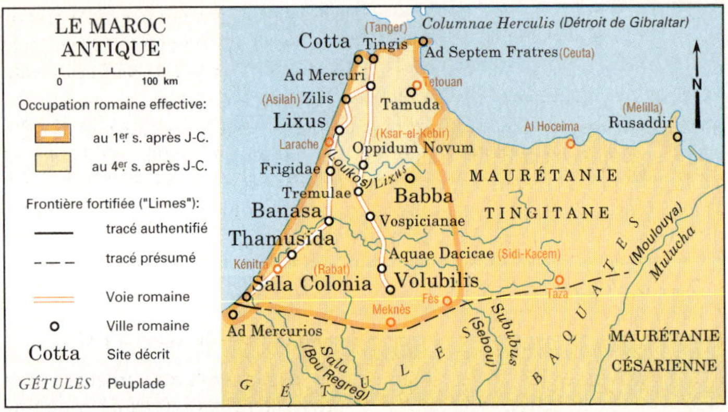

LE SIÈCLE DE JUBA II (25 AV. J.-C. – 24 APR. J.-C.)

Au Maroc, l'attraction de Rome devint décisive lorsque l'empereur Auguste fit de la Maurétanie un protectorat confié à **Juba II.** Fils du roi Juba de Numidie – adversaire malheureux de Jules César – et d'une princesse maurétanienne, le jeune Berbère avait connu à Rome une captivité dorée : élevé par la propre sœur d'Auguste, on lui fit épouser Cléopâtre Séléné, fille de la grande Cléopâtre.
Curieux personnage que ce souverain lettré qui présida, près de cinquante ans, aux destinées de la Maurétanie. Parlant couramment le latin, le grec et le punique, il se piquait de sciences, et les auteurs anciens ont lu ses énormes compilations. Grand voyageur, il parcourut l'Atlas et le Sud marocain, organisa une expédition aux îles Fortunées (Canaries). Il développa l'industrie de la pourpre sur le site de l'actuelle Essaouira. Constructeur et grand amateur d'art, il embellit et enrichit de ses collections non seulement sa capitale orientale, Cæsarea (actuellement Cherchell, en Algérie), mais aussi Volubilis et les autres cités de la Maurétanie occidentale.

Site archéologique de Volubilis; musées de Rabat, Tetouan et Tanger pour la statuaire.

LA MAURÉTANIE TINGITANE

Limites de la pénétration romaine

Fils de Juba II, Ptolémée (24-40 apr. J.-C.) marcha sur les traces de son père. Mal lui en prit : la prospérité de son pays et sa propre opulence suscitèrent la convoitise de Caligula, qui le fit assassiner à Lyon. Il fallut près de quatre ans aux légions romaines pour venir à bout de la révolte animée par un affranchi du roi défunt et vite transformée en résistance de toutes les tribus. En **l'an 42**, l'empereur Claude partagea l'ancien royaume en deux provinces : la **Maurétanie Césarienne** et la **Maurétanie Tingitane**, à qui échoit tout le territoire à l'ouest de la Moulouya. La pénétration romaine n'y fut jamais bien profonde. La province, dont la capitale est fixée à Tingis (Tanger), est gouvernée par un procurateur résidant à Volubilis. Rome adopte le principe de l'occupation restreinte confortée par des alliances avec les tribus locales.

Essor urbain

Des villes se développent, d'autres se créent; la plupart ont acquis le droit de s'administrer elles-mêmes et calquent leurs institutions sur celles de Rome. Les dieux latins rejoignent le panthéon des divinités berbères, puniques, grecques, tandis que s'affirme le culte de l'empereur. Le **christianisme** n'apparaîtra qu'au 3e s., et surtout dans les villes.

Juba II.

Les Berbères

Ils peuplèrent initialement tout le nord de l'Afrique (Algérie, Tunisie, Libye et Maroc actuels), l'archipel des Canaries, et l'Afrique noire sahélienne. De ce vaste royaume sont issus les **Chleuhs**, Berbères du Maroc, les **Kabyles**, Berbères de l'Atlas algérien ou Kabylie, et les **Touareg**, Berbères nomades du désert saharien, dont l'aire de migration couvre l'Algérie, le Niger et le Mali.

Les cités s'urbanisent à la romaine avec chacune son capitole, son forum, sa basilique, ses thermes, son arc de triomphe. La bourgeoisie connaît une certaine opulence, dont témoignent monuments et habitations. On exporte de l'huile, du blé, des produits de la pêche, l'ivoire, le bois de thuya, et aussi des bêtes sauvages pour les amphithéâtres d'Italie. En échange, on importe objets de luxe et œuvres d'art.
À la chute de l'Empire romain d'Occident, les villes maintiennent dans le pays langue, mœurs et croyances latines. C'est alors Byzance qui tente de contrôler les côtes méditerranéennes du Maroc, jusqu'à la conquête arabe.

Sites archéologiques de Lixus et Volubilis, musées de Rabat, Tetouan et Tanger.

L'islamisation

622 marque le début de l'ère musulmane avec l'Hégire, c'est-à-dire la retraite de Mohammed à Médine. Attirés par la réputation de richesse de l'Afrique du Nord, les Arabes franchissent l'isthme de Suez peu après la mort de Mohammed.

LA CONQUÊTE ARABE

En 670, la fondation de Kairouan leur assure une solide position. Dès 681, une chevauchée de **Sidi Oqba** au Maghreb-Extrême l'aurait amené jusqu'aux rivages de l'Atlantique : succès qui provoque un soulèvement général des Berbères.
La résistance s'était cristallisée autour de la **Kahina**, princesse de l'Aurès, personnage plus ou moins légendaire qui passait pour détenir un pouvoir surnaturel. Elle tint tête pendant cinq ans aux guerriers arabes ; finalement vaincue, elle se tua (702). De nombreux Berbères s'étaient déjà ralliés aux conquérants et avaient embrassé la religion musulmane.
Le Maroc, passé sous la souveraineté des califes de Damas puis de Bagdad, est administré par des gouverneurs locaux. L'**arabe** remplace le latin comme langue officielle. Le christianisme, mal enraciné dans les masses berbères, décline, tandis que les fils de chefs berbères sont éduqués dans l'islam.
Dès 710-713, les Arabes s'implantent en Espagne, entraînant avec eux des troupes berbères. L'un des chefs berbères, **Tarik**, donnera son nom à *jbel* Tarik (Gibraltar). Mais en 732, ils sont vaincus à Poitiers par Charles Martel et refluent en Espagne.

LE ROYAUME IDRISSIDE

Les vexations des gouverneurs arabes provoquent, au milieu du 8e s., une nouvelle révolte des Berbères. Dès lors, le Maghreb échappe à l'autorité de Bagdad et se fractionne en royaumes indépendants.
L'un de ceux-ci fut fondé à Fès en 789 par le chérif **Idriss Ier**, contemporain de Charlemagne. Modeste principauté, élargie par son fils **Idriss II** jusqu'à couvrir tout le Maroc du nord et de l'est, le royaume idrisside a constitué la première tentative d'unification du Maroc de l'ère musulmane. Il a contribué à la diffusion de l'islam dans le pays. Disloqué aux 9e et 10e s., il laisse la place à des principautés vivant dans l'orbite des musulmans d'Espagne.

Quartiers des Andalous et des Kairouanais à Fès.

Les grandes dynasties berbères

Après plusieurs décennies d'anarchie et de troubles, le Maroc, jusque-là divisé en petits royaumes rivaux, va connaître des périodes de relative unité, d'abord sous l'égide des Almoravides, puis des Almohades et des Mérinides.

LES ALMORAVIDES (1062-1147)

Youssef ben Tachfine

Au 11e s., une tribu berbère venue du Sahara occidental jette ses guerriers voilés sur le Maroc. Ils apportent avec eux une foi musulmane fraîchement rénovée par un long séjour en ribat, sorte de couvent militaire : ce sont les Almoravides (Al-Morabitoun : les gens du Ribat). Après s'être emparés de Sijilmassa (voir à Tafilalt), clé du commerce caravanier, ils débouchent dans le Sous en 1056.
Quelques années plus tard, le commandement unique est aux mains de **Youssef ben Tachfine**, qui fonde une dynastie

et crée sa propre capitale, **Marrakech** (1062). De proche en proche, l'invasion gagne Fès et les rives de la Méditerranée ; puis, poussant à l'est, les Almoravides se rendent maîtres en quelques années de la moitié du Maghreb.

Youssef ben Tachfine a pu rassembler, le premier, toutes les terres marocaines : « dans l'ordre politique, ce Saharien est vraiment le fondateur et le père du Maroc ». Au même moment, l'Espagne musulmane, divisée et de plus en plus menacée par la pression chrétienne, appelait à l'aide les Almoravides, qui en profitèrent pour annexer les principautés espagnoles.

Andalousie musulmane

Dans ce vaste empire ibéro-marocain, l'impulsion politique et militaire venait d'Afrique ; mais les valeurs culturelles et les modes étaient andalouses. Les princes almoravides encouragèrent un art directement inspiré de l'Espagne musulmane, et en matière religieuse, le puritanisme des fondateurs de la dynastie ne résista pas longtemps aux conceptions et aux mœurs moins rigides de la péninsule ibérique.

Cette Andalousie musulmane, qui fut le centre d'un bouillonnement culturel où juifs, chrétiens et musulmans vivaient dans une grande tolérance, dura jusqu'en 1492, date à laquelle les Arabes et les Juifs furent chassés d'Espagne, après la prise par les Rois Catholiques de Grenade, capitale d'un royaume fondé par les Almoravides, remplacés par les Almohades, et dernier bastion de l'islam en Europe.

Cette période inspira une architecture monumentale, mais aussi un art de vivre raffiné, né à l'Occident de l'Islam, et qui rayonna fortement au Maroc. De l'héritage andalou, outre l'architecture et les riads – jardins andalous à la végétation luxuriante –, le Maroc, et Fès en particulier, ont conservé vivante une grande tradition musicale, celle des noubas andalouses, qui chantent tout à la fois les beautés de la nature, l'amour courtois ou l'embrasement spirituel, suivant en cela l'exemple des poètes et des musiciens juifs et arabes qui collaborèrent dans une parfaite complémentarité à l'époque de l'âge d'or andalou.

Mosquée Karaouiyne à Fès et Koubba Ba'Adiyn à Marrakech.

Al-Andalus, un grand moment de civilisation

L'expression al-Andalus, qui donnera naissance par la suite au mot Andalousie, désigne à la fois une partie de la péninsule ibérique et la période pendant laquelle cette région fut sous domination islamique.

El Legado Andalusí

Une fondation, sise à Grenade, « El Legado Andalusí » ou Héritage andalou a, parmi d'autres activités telles qu'expositions ou publications sur l'héritage d'Al-Andalus en Espagne, défini une série de routes et d'itinéraires culturels recouvrant le sud de la péninsule ibérique et l'Afrique du Nord. C'est au Maroc le cas de l'itinéraire culturel des Almoravides et des Almohades, qui conduit de Marrakech à Tetouan dans les lieux où se développèrent et s'épanouirent ces dynasties. Il permet de mieux appréhender les liens historiques et culturels qui, à travers un long passé commun, rapprochent l'Espagne et le Maroc.

El Legado Andalusí: Corral del Carbón - c/ Mariana Pineda s/n - 18009 Granada - (00 34) 958 22 59 95 - fax (00 34) 958 22 86 44 - www.legadoandalusi.es.

LES ALMOHADES

Ibn Toumert et Abd el-Moumen

C'est une réforme religieuse qui marque l'origine du soulèvement des Berbères dans le Haut Atlas : la prédication d'**Ibn Toumert** et, entre 1140 et 1160, l'action militaire d'**Abd el-Moumen** (*voir Route du Tizi-n-Test dans la partie « Découvrir le Maroc »*) aboutirent à l'instauration de la nouvelle dynastie des Almohades. Mais c'est aussi la revanche d'une population sédentaire sur les Almoravides, restés des nomades sahariens.

Maître du Maroc, Abd el-Moumen porta la guerre sainte en Espagne et intervint dans le Maghreb tout entier : trente ans d'action ininterrompue lui valurent de régner sur tous les Berbères, et de la Castille à Tripoli.

Cet empire ibéro-maghrébin fut défendu à la pointe de l'épée par ses deux successeurs : **Youssef**, puis **Yacoub el-Mansour** (1184-1199). Mais loin de briller seulement par l'éclat des armes, le règne des trois premiers souverains almohades constitua un des sommets de l'histoire du Maroc. La prospérité économique et la tranquillité intérieure étaient assurées ; les courants d'échanges se multiplièrent tant à l'intérieur qu'avec l'Afrique noire ou les ports espagnols, italiens, français.

La médersa Bou Inania à Fès.

Grandeur des Almohades

La civilisation citadine, imprégnée elle aussi d'influences andalouses, s'épanouit. Les princes se firent mécènes des chroniqueurs, géographes, médecins, et des philosophes (Averroès, Maimonide). Constructeurs acharnés, ils ont laissé de nombreux témoignages d'un art en pleine maturité : à Marrakech (la Koutoubia), à Tinmel, à Rabat (tour Hassan), à Séville (Giralda)…

Le temps de cette grandeur ne dépassa guère le 12e s. Les Almohades devaient, à la bataille de Las Navas de Tolosa (1212), perdre la partie en Espagne. Dès lors, leur empire africain mal commandé et miné de l'intérieur commença de se désagréger, l'autorité réelle passant aux gouverneurs de provinces.

Mosquée de Tinmel ; celles de la Kasbah et de la Koutoubia, avec son minaret, à Marrakech ; celle de Hassan – inachevée – à Rabat ; porte des Oudaïas et Bab er Rouah à Rabat ; Bab Aguenaou à Marrakech.

LES MÉRINIDES (1269-1465)

Venus des steppes orientales, les Beni Merin furent bientôt assez puissants pour installer à Fès – où ils avaient fondé en 1248 le nouveau quartier de Fès-Jdid – leur dynastie, les Mérinides, tandis qu'à la chute de Marrakech (1269) périssait le dernier souverain almohade.

Cependant, les nouveaux maîtres du Maroc ne parvinrent pas à soumettre de façon permanente la totalité du pays. Certes, **Abou el Hassan** reconstitua en 1347 un empire berbère, de l'Atlantique à Gabès ; mais ce fut un édifice fragile que son fils **Abou Inan** dut reconquérir… avant de le perdre à nouveau. Après la mort de ce dernier (1358) commença un lent déclin pour la dynastie : les grandes familles se partagèrent le pouvoir, des tribus se rendirent indépendantes, tandis que les Portugais prenaient pied à Ceuta.

La dynastie a pourtant connu un réel prestige aux 13e et 14e s. Les sultans mérinides sont surtout célèbres pour le faste avec lequel ils ont repris la tradition du mécénat, dont les arts et les lettres ont largement profité. C'est l'époque d'**Ibn Battuta** (*voir à Tanger*) et surtout d'**Ibn Khaldoun** : cet homme politique et diplomate est l'auteur d'une œuvre historique qui dépasse le cadre de la chronique en cherchant à assigner « aux événements politiques leurs causes et leurs origines ».

Médersas à Fès et à Salé ; nécropole de Chellah à Rabat.

Les empires chérifiens

Au 15e s. s'ouvre une nouvelle période d'anarchie intérieure sous l'effet notamment des confréries religieuses qui s'élèvent en véritables seigneuries. La chute du royaume musulman de Grenade (1492) ruine les derniers espoirs d'un empire ibéro-marocain. Portugais et Espagnols s'installent sur les côtes marocaines, tandis que les Turcs, maîtres d'Alger, sont un danger pour le Maroc. C'est autour de personnages de souche arabe et descendants du Prophète – Saâdiens puis Alaouites – qu'un renouveau et l'unité du Maroc s'opèrent.

La bataille des Trois Rois

Le 4 août 1578, l'armée marocaine commandée par **Moulay Abdelmalek Es-Saâdi**, oncle du roi **Moulay Mohammed** à qui il avait pris le pouvoir, livrait bataille sur la rive gauche de l'oued Makhazen à l'armée portugaise commandée par le jeune roi du Portugal, **Sébastien Ier**. Ce dernier, sous prétexte d'aider Moulay Mohammed à retrouver son trône, cherchait surtout à reconquérir les villes autrefois investies par les Portugais (Agadir, Mogador, Safi, Azemmour, etc.), qui n'avaient conservé que trois places fortes au Maroc, Mazagan (l'actuelle El-Jadida), Tanger et Ceuta. Le destin voulut que les trois souverains périssent dans la bataille, d'où le nom de « bataille des Trois Rois » sous lequel elle est passée à la postérité.

Cette bataille, l'une des plus meurtrières de l'histoire militaire du 16e s., eut pour conséquence, pour le Maroc, l'avènement du frère d'Abdelmalek, **Abou el Abbas Ahmed**, qui monta sur le trône le soir même du combat, se voyant octroyer en cette occasion le surnom d'**Ahmed el-Mansour**, c'est-à-dire le Victorieux.

Au Portugal, le roi Sébastien n'ayant pas de successeur, elle entraîna l'annexion du pays par l'Espagne de Philippe II et la naissance d'un mythe vivace, le « **sébastianisme** », selon lequel le jeune roi reviendrait un jour retrouver son trône…

L'AVENTURE SAÂDIENNE (1554-1659)

Guerre sainte contre le Portugal

Nouveaux candidats au pouvoir, les **chorfa** (pluriel de *chérif*) **saâdiens** ont su capter à leur profit l'exaspération du sentiment religieux et un début de conscience nationale résultant des ingérences étrangères et de l'anarchie intérieure. Originaires du Drâa, ils rallièrent les populations des oasis marocaines et du Sous pour lutter contre l'envahisseur portugais. Cette guerre sainte fut couronnée par la prise d'Agadir, permettant à **Mohammed ech Cheikh** de s'imposer bientôt comme sultan du pays tout entier (Fès fut occupée définitivement en 1554). La guerre prit fin en 1578 avec la « **bataille des Trois Rois** », qui mettait un terme aux ambitions portugaises au Maroc et allait voir l'avènement d'Ahmed el-Mansour.

Ahmed el-Mansour

Contemporain d'Henri IV, **Ahmed el-Mansour** (1578-1603), le plus connu des princes saâdiens, est aussi appelé « Ahmed le Doré » à cause de l'or qu'il fit affluer. Son règne est marqué par une prospérité liée aux échanges avec l'Europe et l'Afrique noire. En 1590, une audacieuse campagne sur les rives du Niger établit pour quelques décennies la souveraineté marocaine sur Gao et Tombouctou ; du même coup, un énorme butin, des esclaves noirs, des tributs payés en or par le Soudan vinrent enrichir le Maroc. Profitant des largesses de la dynastie, un art remarquable s'est développé sous les Saâdiens.

Médersa Ben Youssef ; palais d'El Badii ; tombeaux saâdiens à Marrakech.

LES ALAOUITES (DEPUIS 1659)

Succès en trois phases

L'anarchie marqua la fin de la période saâdienne, favorisant l'avènement des Alaouites, qui règnent encore aujourd'hui sur le Maroc. Le succès durable de cette dynastie fut assuré en trois phases : préparation au Tafilalt par **Moulay Ali-Chérif**, au début du 17e s. ; instauration par **Moulay Rachid** qui, à partir de Taza, sa capitale provisoire,

Un prétendant éconduit

Moulay Ismaïl souhaitait voir se multiplier les échanges commerciaux entre le Maroc et la France (comme avec l'Angleterre) ; il avait, de plus, beaucoup d'admiration pour la gloire et la puissance de Louis XIV, son contemporain. À plusieurs reprises, il envoya auprès de lui des ambassadeurs chargés de cadeaux : lions, tigres, autruches, etc. En retour, il reçut des montres, des armes précieuses, des étoffes brochées d'or.

En 1699, l'une de ses ambassades obtint à la cour de Versailles un vif succès. Son chef, comme on lui demandait pourquoi dans son pays on épousait plusieurs femmes, répondit : « C'est afin de trouver réunies en plusieurs les qualités que chaque Française possède à elle seule. » Revenu à Meknès, l'envoyé fit part au sultan de l'émerveillement que lui avait causé la princesse de Conti, fille de Louis XIV et de Louise de Lavallière. Aussitôt, Moulay Ismaïl demanda la main de la princesse. Mais le Roi-Soleil fit la sourde oreille.

LA DYNASTIE ALAOUITE

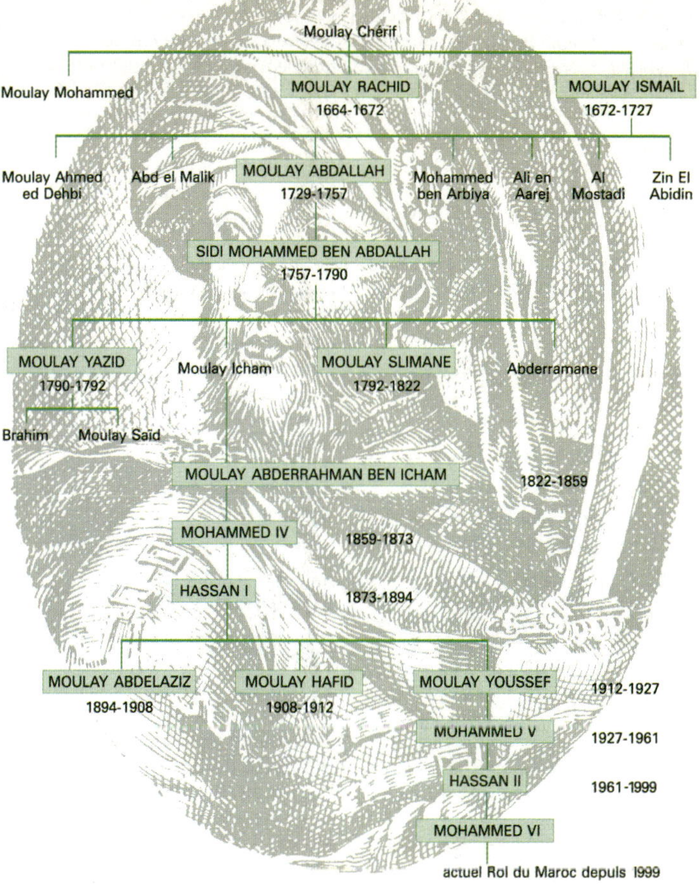

contrôla peu à peu tout le pays et établit la capitale à Fès (1666), consolidation par le fameux **Moulay Ismaïl** (1672-1727), le plus célèbre des sultans marocains. Appuyé sur une solide armée, ce dernier tint tête aux Turcs d'Alger, chassa les Anglais de Tanger, les Espagnols de Larache et d'Asilah. Il assura l'ordre et la prospérité à son pays : des garnisons permanentes occupèrent un dense réseau de kasbahs, construites par ses soins aux portes des grandes villes, aux points de passage importants et au contact des tribus les plus turbulentes.

Des sultans énergiques

Après son règne, long de 55 ans, le Maroc a bénéficié de quelques autres sultans énergiques, comme **Mohammed ben Abdallah** (1757-1790), qui fit reconstruire Mogador (Essaouira), développa la marine, chassa les Portugais d'El-Jadida. Sous son règne, Marrakech retrouva son rang de capitale.

C'est à Mohammed ben Abdallah que le Maroc doit ses relations longtemps privilégiées avec les États-Unis d'Amérique : le sultan fut en effet le premier chef d'État étranger à reconnaître la jeune République.

Au siècle suivant, **Moulay Abderrahmane** (1822-1859) – peint par Delacroix – est connu pour sa politique courageuse mais un peu brouillonne, et son échec devant Bugeaud, près de la frontière algérienne, à la bataille de l'Isly (1844). Plus tard, **Moulay Hassan** (1873-1894) conduisit le pays avec sagesse, mais dut souvent faire campagne dans son propre royaume.

Un pouvoir en crise

Cependant se manifestaient les symptômes d'une crise sans précédent dans un pays paralysé par le retard économique et les difficultés intérieures que l'action des puissances européennes n'allait bientôt faire qu'aggraver. Des pouvoirs féodaux locaux (les Glaoua, les Goundafa...) apparurent. Ces potentats, jouant souvent un double jeu, contribuèrent à l'affaiblissement du sultanat, déjà en proie à des querelles de succession.

Meknès.

Sous le protectorat (1912-1956)

Miné de l'intérieur, le Maroc devient peu à peu le champ clos des rivalités européennes. Cette situation va aboutir, en 1912, à l'établissement d'un double protectorat sur le pays.

ENTRE LA FRANCE ET L'ESPAGNE

Conférence d'Algésiras (1906)

En 1902, l'Italie reconnaissait le Maroc comme zone d'influence française, en échange de la Tripolitaine (actuelle Libye) ; en 1904, l'Angleterre abandonnait ses prétentions pour peu qu'on lui laisse les mains libres en Égypte. L'Espagne, enfin, reconnaissait l'hégémonie française en échange de deux zones qu'elle considérait comme historiquement siennes : la côte méditerranéenne au nord, autour des présides de Ceuta et Melilla ; et, sur l'Atlantique, un territoire situé au sud d'Agadir.

Ces arrangements eurent le don d'irriter l'empereur d'Allemagne Guillaume II. En reconnaissant à Tanger, en 1905, le principe de la souveraineté du sultan, il déclencha une crise qui finit par déboucher sur la conférence d'Algésiras, dont l'acte final reconnaissait entre autres à la France et à l'Espagne des droits particuliers au Maroc.

Le traité de Fès (1912)

Mais ces deux pays sont décidés à avancer leur pions plus avant à la moindre occasion. Un incident survenu à Marrakech sert de prétexte à une intervention militaire française avec la prise d'Oujda (1907) puis la conquête du Maroc oriental (1908). Une révolte à Casablanca entraîne le débarquement d'une force hispano-française qui occupe progressivement Casablanca et la Chaouïa. Survient alors une révolte à Fès en avril 1911. Elle est suivie par l'occupation des troupes françaises. Les Espagnols s'emparent de Larache, Asilah et Ksar-el-Kébir. Autant d'entorses aux engagements signés ,qui conduisent l'Allemagne à envoyer en 1911 au large d'Agadir la cannonière *Panther*. La guerre entre la France et l'Allemagne n'a jamais été aussi proche depuis 1870. Un accord est trouvé avec l'abandon par les Allemands de leurs prétentions. Le 30 mars 1912, le traité de Fès consacre le protectorat français ; une convention annexe institue en novembre le protectorat espagnol, tout en maintenant le principe de l'unité du pays sous la souveraineté théorique du sultan.

« PACIFICATION » ET COLONISATION

Lyautey, premier résident général

Principal artisan de la présence française au Maroc, le **futur maréchal Lyautey** (1854-1934) devient le premier **résident général au Maroc**. Fort de l'expérience sanglante de Fès, il transfert la capitale à Rabat. Il entreprend la pacification du pays en s'appuyant sur les divisions locales entre caïds, les interventions militaires (le « Maroc utile » fut soumis en 1914, le Moyen Atlas en 1920, le Rif, le Tafilalt et le Sarhro en 1934) et le développement économique. Quant aux Espagnols, ils doivent faire face à la révolte du Rif menée par Abd el-Krim et subir le désastre d'Anoual (1918), avant de réduire la résistance avec l'aide des Français en 1926. Mais Lyautey en est la « première victime » puisqu'il quitte son poste en 1925.

Frères d'armes

Rappelé avec force dans le film *Indigènes* de Rachid Bouchareb, en sélection officielle au festival de Cannes 2006, le rôle des troupes issues d'Afrique du Nord (Algérie, Maroc, Tunisie) dans la Libération de la France lors de la Seconde Guerre mondiale a été décisif. Pour le seul Maroc et pour les deux guerres mondiales, ce sacrifice a représenté l'engagement de 130 000 soldats marocains aux côtés des troupes françaises : 40 000 tirailleurs et spahis essentiellement en 1914-1918, dont un quart furent tués, blessés ou fait prisonniers ; 90 000 entre 1943 et 1945, dont de nombreux goumiers (troupes supplétives marocaines).

Ana ! Frères d'armes marocains durant les deux guerres mondiales, ouvrage de plus de 300 photographies, réalisé par des élèves des classes de 3e du lycée français Lyautey, à Casablanca, avec une équipe d'enseignants, a été publié en 2006 au Maroc pour leur rendre hommage.

Relève de la garde devant le mausolée Mohammed V, à Rabat.

Colonialisme contre nationalisme

La période du protectorat vit, certes, la réalisation de progrès économiques : création d'infrastructures routières et ferroviaires, édifications de villes selon un urbanisme européen, construction de barrages pour la production d'électricité et l'irrigation, fondation de cliniques, d'hôpitaux, creusement du port de Casablanca, prospection et exploitation des richesses minières, essor de l'agriculture grâce à l'introduction de méthodes permettant d'élever les rendements.

Mais la logique de cet essor demeurait coloniale, et le sentiment national, d'abord perceptible dans le *bled*, gagnait peu à peu la bourgeoisie, dont les enfants, formés dans les écoles françaises, contestaient les méthodes de la Résidence et acheminèrent le pays vers l'indépendance, revendiquée dès 1943 par le **parti de l'Istiqlal**.

Vers l'Indépendance

Au mois de juin de la même année, **Mohammed V** amorce, par une entrevue secrète avec le président Roosevelt, une diplomatie qui le rapproche des partis nationalistes. Dès le début de la Seconde Guerre mondiale, il avait invité son peuple à apporter tout son appui aux Alliés ; aussi, après le débarquement américain près de Casablanca (1942), de nombreux Marocains servirent-ils en Tunisie puis en Europe.

Après la guerre, Mohammed V réclame au gouvernement français l'abolition du protectorat et revendique ouvertement l'indépendance dans un discours fameux prononcé à Tanger (1947).

En 1953, un complot animé par **le Glaoui**, pacha de Marrakech, aboutit à la déposition du sultan, à son remplacement par **Mohammed ben Arafa** et à son exil à Madagascar. Mais l'agitation gagne bientôt tout le pays, et Mohammed V retrouve son trône dès 1955.

Immeubles Art nouveau et Art déco à Casablanca.

Le Maroc indépendant

Parvenu à l'Indépendance sous le règne de Mohammed V, c'est sous celui de son fils, Hassan II, sur le trône dès 1961, que le Maroc moderne s'est édifié, non sans zones d'ombre.

MOHAMMED V (1927-1961)

Le 2 mars 1956, la convention proclamant l'indépendance du Maroc est signée. Le 7 avril, l'Espagne met fin à son protectorat dans le nord et, le 29 octobre, le statut international de Tanger est à son tour abrogé.

Outre son rôle sur la scène internationale, Mohammed V (1909-1961) a incarné, en 34 ans de règne, l'éveil de son pays à la souveraineté nationale. En évitant les obstacles, qui eussent compromis le franchissement des étapes décisives dans la voie du progrès, tels que l'exode des Européens ou l'ajournement de la reconnaissance des droits civiques aux Marocains, il a assuré l'avenir. Par son autorité, il a rendu le prestige à la monarchie (il prit en 1957 le titre de roi), et préservé l'unité territoriale du pays. Dans le domaine des institutions, c'est lui qui lança le processus visant à doter le royaume d'une Constitution. Mais celle-ci – la première d'une longue série – ne fut adoptée qu'après sa mort, avec le référendum du 7 décembre 1962.

HASSAN II (1961-1999)

Le seul exemple de la Constitution, dont l'élaboration suscita des tensions entre le jeune roi et les forces politiques, souligne bien les enjeux et les difficultés qui l'attendirent lors de sa montée sur le trône, le 3 mars 1961. À peine âgé de 32 ans, **Hassan II** prit la tête d'un royaume où tout était à construire ou presque. Les défis et les attentes furent immenses. En 1963, un complot contre la personne du roi fut, semble-t-il, déjoué. Bien instrumentalisé par le pouvoir, cet épisode permit de démanteler une partie de la gauche. En fuite, l'un de ses dirigeants les plus emblématiques, **Mehdi Ben Barka,** fut condamné par contumace. Commença alors pour lui un exil qui devait s'achever tragiquement et mystérieusement à Paris en 1965, devant la brasserie Lipp, avec son enlèvement et sa disparition. Ce qui n'alla pas sans créer un refroidissement entre la France gaullienne et le jeune royaume. Toujours en 1963, ce fut « la guerre des sables » avec l'Algérie voisine, nouvellement indépendante, à propos des frontières entre les deux pays. Un cessez-le-feu permit de stabiliser la frontière orientale du Maroc pour dix ans.

À ces menaces extérieures et intérieures s'ajouta une période de difficultés économiques et sociales sans précédent. Des émeutes éclatèrent à Casablanca en mars 1965. Elles furent à l'origine de l'instauration de l'état d'exception, qui prit fin avec la ratification d'une nouvelle constitution en 1972. Mais entre temps, deux coups d'État survinrent, en 1971 et 1972. Tous les deux impliquèrent une partie de l'armée. L'initiative du second revint au **général Oufkir**, l'un des plus proches collaborateurs d'Hassan II. La vengeance du roi n'en fut que plus cruelle : le général félon « suicidé » et sa famille (son épouse et ses six enfants) emprisonnée sans procès pendant plus de 19 ans. Le sort des autres comploteurs ne fut guère plus enviable. Nombre d'entre eux croupirent pendant des années dans le bagne de Tazmamart. En dépit de la répression, le régime resta fragile.

La Marche verte

En 1975, la « Marche Verte » consacra la reconquête par le Maroc de ses « provinces du Sud », autrement dit le **Sahara occidental**, jusque-là sous domination espagnole. 350 000 marcheurs, encadrés par l'armée marocaine, reprirent possession pacifiquement de ce territoire. Un accord sur le sort du Sahara occidental fut conclu entre l'Espagne, le Maroc et la Mauritanie. Au grand dam de l'Algérie et de son allié, le **Front Polisario**, qui revendiquent l'indépendance du Sahara.

Ce fut le début d'un conflit dont le réglement sous l'égide des Nations Unies n'a pas encore trouvé son terme. Pour Hassan II, la Marche verte présenta un double intérêt politique : elle lui permit de rassembler le pays, y compris une partie des forces politiques qui lui étaient hostiles, autour d'un consensus patriotique et d'occuper l'armée, moins tentée dès lors de le renverser à nouveau.

Réformes économiques et alternance politique

Mais cette guerre a un coût qui brisa net le semblant de croissance économique

Ruiz Treal / HOA QUI

Cérémonie d'allégeance lors de la Fête du Trône.

dues aux **phosphates**, dont le Maroc est le premier exportateur mondial. Et ce d'autant plus qu'au même moment, les prix du phosphate s'effondrèrent et qu'au début des années 1980, le pays connut une vague de sécheresse. Des émeutes éclatèrent en 1981, encore une fois à Casablanca. Une vague de répression s'ensuivit. Le pays très endetté s'engagea à partir de 1983 dans une politique économique d'ajustement structurel inspirée par le FMI. L'année suivante, de nouvelles émeutes enflammèrent des grandes villes du pays. Mais elles ne remirent pas en cause en profondeur les nouveaux choix économiques.

À partir de 1992, Hassan II entama une timide libéralisation du régime avec l'adoption l'année suivante d'une nouvelle Constitution, la quatrième du royaume. Pour la première fois y figurait le concept de « droits de l'homme ». En 1996, une nouvelle réforme constitutionnelle permit de débloquer la situation politique avec l'opposition. Les élections de 1997 traduisirent ce nouveau climat politique. En 1998, **Abderrahmane el Youssoufi**, l'un des principaux opposants au roi depuis les années 1960, est nommé à la tête du gouvernement. Hassan II, affaibli par la maladie, disparaît le 23 juillet 1999.

Grande mosquée Hassan II à Casablanca…

MOHAMMED VI (DEPUIS 1999)

La montée sur le trône de **Mohammed VI** fut accueillie avec beaucoup d'espoir. Le « roi des pauvres » sembla d'emblée en phase avec les aspirations du pays. Il prit plusieurs initiatives, dans les premiers mois de son règne, qui traduisirent bien cette nouvelle donne : création d'une commission en charge d'indemniser les anciens prisonniers politiques, retour des exilés, voyage dans le Rif, ignoré par son père, révocation du ministre de l'Intérieur, Driss Basri, symbole à lui seul de la politique de répression. Le roi engagea également une série de réformes dont l'une des plus emblématiques fut celle de la **moudawana** (code de la famille), adoptée en 2004. Son mariage avec Lalla Salma en 2002 marqua également une rupture avec le règne précédent puisqu'il intervint bien après l'accession au trône et, fait encore plus exceptionnel, il fut rendu public.

Mais le roi dut faire face à ses premières difficultés. La situation économique et sociale restait tendue. Le 16 mai 2003, le pays est frappé par une série d'attentats à Casablanca liés à l'islam politique radical. Des interrogations se font jour sur la nature réelle de la transition en cours. Les élections législatives de 2007 devraient apporter un début de réponse.

Les grandes dates

Vers 1100 av. J.-C. – Premiers comptoirs phéniciens au Maroc, notamment Lixus, près de Larache.
42 – Partage du royaume de Mauritanie en deux provinces : la Maurétanie Césarienne et la Maurétanie Tingitane.
789 – Fondation à Fès du royaume des Idrissides.
1062 – Youssef ben Tachfine fonde la dynastie des Almoravides et crée sa propre capitale, Marrakech.
1269 – Chute de Marrakech et mort du dernier souverain almohade
1578 – La « Bataille des Trois Rois » met un point final aux ambitions portugaises au Maroc. Avènement d'Ahmed el-Mansour.
1590 – Ahmed el-Mansour étend la souveraineté marocaine à Goa et Tombouctou.
1666 – Moulay Rachid établit la capitale des Alaouites à Fès.
1844 – Défaite de Moulay Abderrahmane devant Bugeaud lors de la bataille d'Isly.
1912 – Début des protectorats français et espagnol au Maroc. Maréchal Lyautey, premier résident général.
1943 – Création du parti de l'Istiqlal.
1956 – Quelques mois après le retour d'exil de Mohammed V, le Maroc accède à l'indépendance.
1961 – Hassan II monte sur la trône après la disparition brutale de son père.
1971-1972 – Échec coup sur coup de deux tentatives d'assassinat d'Hassan II par des éléments de l'armée.
1975 – Marche verte. Le Maroc affirme ses droits sur l'ex-Sahara espagnol. Début du conflit avec le Front Polisario, qui revendique l'indépendance de cette région.
1999 – À la mort d'Hassan II, son fils, Mohammed VI, devient le 18e souverain alaouite. En 2003, ce dernier donne naissance à un fils (Hassan III).

ART ET CULTURE

De sa très longue et riche histoire, le Maroc a su en conserver l'empreinte à travers ses arts et sa culture : des gravures rupestres du néolithique aux ruines gréco-romaines, sans oublier l'art hispano-mauresque, dont les plus belles expressions sont à admirer dans les « cités impériales », Rabat, Meknès, Fès et Marrakech. Le Maroc a été et reste une source d'inspiration pour de très nombreux artistes locaux et étrangers. Il est aujourd'hui un vivier de création artistique très vivante et éclectique, que ce soit en littérature, en peinture ou en cinéma.

B. Pérousse / MICHELIN

À la médersa Ben Youssef, à Marrakech.

Les arts préislamiques

Lorsqu'on pense à l'art marocain, les ciselures raffinées de l'art hispano-mauresque viennent aussitôt à l'esprit. Pour autant, il serait injuste de négliger les autres formes d'art présentes au Maroc, qu'elles soient autochtones (comme l'art préhistorique ou l'art berbère), ou héritées de la civilisation gréco-romaine.

MÉGALITHES ET GRAVURES RUPESTRES

Les plus anciennes manifestations artistiques connues au Maroc remontent à la fin du néolithique (environ 3 000 ans av. J.-C.).

L'ensemble mégalithique le plus célèbre est le cromlech de M'Soura *(voir à Asilah)*. Des gravures rupestres jalonnent certains parcours ancestraux de transhumance ou les grands itinéraires sahariens : Haut Atlas (l'Oukaïmeden, *jbel* Yagour ou *jbel* Rat), Anti-Atlas (région de Tafraoute, Foum Lahcen, Assa), Tafilalt, région de Figuig.

LE MAROC ROMAIN

Les ruines de villes et les œuvres d'art romaines, retrouvées depuis la fin du 19e s., ont permis de dégager les traits essentiels du « Maroc antique ». Ces villes sont le plus souvent construites en terrain plat, sur le plan en damier caractéristique des cités romaines ; mais plusieurs se sont développées sur des agglomérations déjà existantes : le terrain est alors plus accidenté, les rues plus étroites, le plan irrégulier, comme à Lixus ou dans certains quartiers de Volubilis.

Leurs édifices publics témoignent d'une vie urbaine semblable à celle que pratiquait Rome : forum, capitole, basiliques, temples, thermes, théâtre, acropole, arc de triomphe…

Des trois ordres architecturaux utilisés par les Romains, c'est le corinthien qui connut ici la plus grande faveur. L'ornementation est abondante, la décoration florale des chapiteaux fouillée ; mais, effet d'une technique rudimentaire, une certaine rigidité affecte le modelé.

Les mosaïques exécutées sur place sont d'une facture simple, de couleurs sobres ; leurs motifs géométriques s'apparentent aux décors berbères. D'autres, reproduisant des scènes mythologiques, arrivaient sans doute – déjà composées – de Rome.

D'admirables bronzes, pour la plupart de tradition hellénistique (statuettes, bustes, statues) sont des œuvres d'artistes grecs ou égyptiens, introduites en Maurétanie Tingitane par de riches collectionneurs, parmi lesquels le souverain Juba II. Le petit éphèbe, le cavalier, le chien, l'éphèbe couronné de lierre, la tête d'Éros, le buste de Juba, visibles au musée archéologique de Rabat, comptent parmi les plus beaux.

Cette civilisation gréco-romaine d'Afrique a marqué de façon durable le plan des maisons : ainsi, les demeures à patio des villes ou les constructions fortifiées de l'Atlas et des oasis présentent toujours à l'extérieur des murs aveugles et s'ordonnent autour d'une cour sur laquelle s'ouvrent les pièces.

L'ART BERBÈRE

Une double tradition caractérise les arts marocains : l'art berbère, rural, aux procédés simples et à l'application domestique, se distingue séculairement de l'art hispano-mauresque, citadin, auquel on doit les magnifiques monuments des villes.

Depuis des millénaires, l'art berbère s'est conservé avec une étonnante immuabilité ; aucune des civilisations importées au Maghreb – pas même la civilisation musulmane – n'a réussi à l'influencer. Il est demeuré un art primitif. Les Berbères ont édifié dans l'Atlas et dans les palmeraies du sud leurs curieuses architectures répondant à la nécessité de se loger, d'abriter les récoltes, de se défendre.

Constructions fortifiées

L'**irherm**, encore appelé *tirhremt* ou *agadir*, est un grenier collectif, souvent fortifié, que l'on rencontre dans le Haut Atlas, l'Anti-Atlas (région de Taroudant, de Tafraoute) et le Sous.

Les **kasbahs**, demeures seigneuriales construites en terre battue recouverte de pisé, et à l'ombre desquelles se serre le village, hérissent les vallées du Ziz, du Todra et du Dadès. Celles de Skoura, d'El-Kelâa-M'Gouna, de Taourirt et de Tiffoultoute sont parmi les plus célèbres.

Les **ksour**, villages fortifiés dont l'exemple le plus connu est Aït-Benhaddou, peuplent les vallées du Todra, du Moyen Drâa, du Ziz.

Caractéristiques communes

En dépit de leur nature différente, ces constructions sont des ouvrages fortifiés de conception assez semblable : même austérité architecturale, même unité dans la décoration, même rudesse du matériau, même plan quadrangulaire ; tours d'angles carrées s'amenuisant vers le haut et dominant un bâtiment couvert en terrasse, murs épais et – jusqu'à une hauteur élevée – absolument nus, fenêtres perchées et étroites, absence quasi totale d'arcs et de voûtes.

Le **décor berbère**, rigide et sévère, est rigoureusement abstrait : rien, dans ses combinaisons de lignes géométriques, ne rappelle la nature ; la représentation de toute vie, même végétale, est exclue.

Les **motifs en creux** qui égratignent les murs en une sorte de frise ceignant le haut de l'édifice ou encadrant les ouvertures présentent dans le détail une grande variété ; toutefois, tributaire d'une technique rudimentaire, ce décor reste sobre ; l'utilisation d'un nombre très limité de thèmes, où la ligne courbe entre rarement, lui confère un caractère d'uniformité et accroît l'impression de force qui se dégage de l'architecture.

Mais la friabilité du **pisé**, employé dans la partie inférieure de la bâtisse, et de la **brique crue**, dans les parties hautes, donne à ces constructions une grande fragilité. L'impression de puissance qui s'en dégage est illusoire, et nombre de *kasbahs*, qui connurent il y a moins de cinquante ans leur temps de splendeur, sont aujourd'hui en grande partie ruinées.

L'art hispano-mauresque

Avec l'islam naquit en Syrie et en Perse un art issu des traditions artistiques des pays convertis, qui puisa ses éléments dans les civilisations très anciennes de la Méditerranée orientale, toute imprégnée d'hellénisme, et de l'Asie occidentale, où s'était épanoui l'art iranien. Cependant, ce n'est pas de l'Orient que le Maroc allait s'inspirer, mais d'un art musulman original venu d'Andalousie.

Un siècle après l'Hégire, la religion musulmane couvrait un territoire qui s'étendait des frontières de la Chine à l'Afrique du Nord et à Poitiers, et l'art islamique avait affirmé sa personnalité. Pourtant, il fallut trois siècles, occupés par la résistance des Berbères à la domination religieuse des Arabes, pour que la civilisation apportée par ces derniers s'étendît vraiment à l'ensemble du Maghreb.

Alors que le Maghreb de l'est fut influencé par la civilisation orientale, c'est d'Espagne que le Maroc reçut ses nouvelles formules esthétiques.
Dès le 9e s. en effet, les musulmans établis en Andalousie avaient créé un art islamique d'Occident, distinct de celui des musulmans d'Orient et qui trouvait son expression dans la mosquée de Cordoue, rivale de celle de Kairouan. C'est à lui que le Maroc doit ses monuments les plus admirables.
Cet art, dit « hispano-mauresque », s'est développé dans l'ouest du Maghreb aux 10e et 11e s.; il s'est épanoui au nord et au sud du détroit de Gibraltar jusqu'au terme de la reconquête de l'Espagne par les Rois Catholiques (fin du 15e s.). Puis, il s'est perpétué au Maroc, replié sur ses traditions. C'est un art urbain : rares en effet sont les monuments qui, comme la mosquée de Tinmel, s'élèvent à l'écart des cités.
Les grandes villes dont les dynasties régnantes firent successivement leur capitale reçurent des embellissements et virent surgir plus d'un chef-d'œuvre. Ces **« cités impériales »** sont au nombre de quatre : Fès, Marrakech, Rabat et Meknès. Le nom d'aucune école, d'aucun architecte, d'aucun maître d'œuvre ne se rattache à de telles créations. Il s'agit d'un art collectif, qui reçut ses impulsions de la volonté d'austérité ou de l'humeur fastueuse de souverains plus ou moins dilettantes.

L'ARCHITECTURE

Simplicité de l'architecture

L'uniformité et la simplicité des formes architecturales révèlent l'intérêt secondaire que leur accordaient les bâtisseurs.
Contrairement aux cathédrales gothiques ou à certaines mosquées orientales, les monuments marocains ne sont jamais le résultat de savantes combinaisons ou de prouesses techniques. Extérieurement, les lignes sont nettes, les volumes simples. La voûte est pratiquement absente de cette architecture. La coupole, largement répandue en Orient, est au Maroc d'un usage des plus restreints ; employée dans les mosquées où elle marque les principaux organes de l'édifice (nef médiane, mur du fond ou niche indiquant la direction de La Mecque), elle se réduit souvent à un dôme que masque un toit pyramidal.
L'allure générale des monuments n'est jamais très élancée. Qu'il s'agisse des minarets qui dominent les édifices religieux ou des portes percées dans les remparts des villes, toujours se dégage de la construction une impression de grande force, presque massive, et d'équilibre.
À l'emploi de la pierre de taille succéda très tôt, sous l'influence de l'Orient, celui de la brique, puis, au 12e s., celui d'une sorte de béton. La pauvreté des matériaux se cache souvent sous un enduit.

Éléments caractéristiques

Parmi les éléments qui caractérisent l'architecture du Maghreb, l'**arc outrepassé**, apport oriental, est le plus représentatif. D'un tracé supérieur au demi-cercle, il peut être en plein cintre ou brisé. Son intrados (surface concave) s'orne souvent de **stalactites**.

Des **lambrequins** découpent parfois la ligne de l'arc en une succession de petits décrochements.

Les **arcs polylobés** auréolent nombre d'arcatures, s'entrecroisent sur les faces des minarets en un très heureux motif de décoration.

Tous ces arcs reposent sur des **colonnes** graciles. Ils surmontent les fenêtres, pour la plupart géminées, encadrent les portes, se déploient le long des galeries, dont l'architecture hispano-mauresque fait un ample usage.

Les **chapiteaux**, d'abord inspirés du corinthien (caractérisé par l'utilisation de la feuille d'acanthe) et du composite (ordre architectural de création romaine puisant ses éléments à la fois dans l'ionique et le corinthien), révèlent, à partir du 11e s., un goût marqué pour les reliefs

MICHELIN

Différents types d'arcs, de gauche à droite : plein cintre outrepassé ; brisé outrepassé ; à stalactites ; à lambrequins ; polylobé.

Les toits vernissés de la mosquée Karaouyne, à Fès.

peu contrastés, qui s'affirme jusqu'au 14e s., sous les Mérinides. Les *médersas* de Fès en possèdent de très beaux. Un parallélépipède largement débordant et décoré de palmes se superpose à un élément cylindrique prolongeant la colonne, orné d'un galon sinueux s'évasant dans la partie supérieure.

Un **auvent monumental**, reposant sur des consoles, abrite les portes principales des édifices religieux et des palais. Il est en bois de cèdre sculpté et recouvert de tuiles vernissées. La **console**, élément typique de l'architecture du Maroc, entre également dans la composition des **corniches**, qui constituent l'une des plus belles parures des cours de *médersas* (celle de Marrakech en est un très bel exemple).

Les mosquées

C'est le monument type de l'art islamique. Les grandes villes en possèdent un nombre considérable. Fès compterait environ 230 sanctuaires, plus ou moins importants.

Les mosquées hispano-mauresques ont pour ancêtres (et, souvent, modèle) la grande mosquée de Cordoue et celle de Kairouan, édifiées aux 8e et 9e s.

L'aspect extérieur des mosquées marocaines est modeste ; seuls leur minaret et leur grande porte d'entrée – souvent très ornée – les signalent à l'attention. Elles sont couvertes d'un simple toit de tuiles.

Une mosquée comprend une cour ou *sahan*, au centre de laquelle se trouve une pièce d'eau ou une vasque destinée aux ablutions rituelles ; une salle de prière divisée en plusieurs nefs longe la cour sur tout un côté. Dans le mur du fond est creusé le *mihrab*, niche parfois admirablement décorée indiquant la direction de La Mecque ou *qibla*, vers laquelle se tournent les fidèles pour prier ; on peut voir celui de la mosquée de Tinmel, avec son arc en plein cintre outrepassé s'inscrivant dans un encadrement rectangulaire et surmonté de trois fenêtres formant frise.

Le **minaret** est aux édifices religieux musulmans ce que le clocher est aux églises. Ceux du Maroc sont pour la plupart bâtis sur plan carré. D'allure massive (leur hauteur représente généralement quatre fois leur largeur), ils se terminent par une plate-forme ceinturée de créneaux en dents de scie et portant un lanternon. De là, cinq fois dans la journée, le *muezzin* appelle les croyants à la prière.

Accès limité aux non-musulmans

À l'exception de la mosquée Hassan II de Casablanca et de la mosquée de Tinmel, l'accès des mosquées est, au Maroc, interdit aux non-musulmans.

Avec les grands minarets almohades des 12e et 13e s. – Giralda de Séville, tour Hassan de Rabat, Koutoubia de Marrakech –, le minaret hispano-mauresque prend sa forme définitive. Sur les faces de ces tours se développe en plusieurs registres une très belle décoration essentiellement composée de baies géminées, d'arcs de tous types, d'arcatures aveugles souvent entrecroisées, de réseaux d'entrelacs.

Les médersas

Les *médersas*, sortes d'universités religieuses d'origine iranienne, sont apparues en Occident au 13e s. La

Des écoles théologiques

Les *médersas* ont joué un rôle important dans l'ancien Maroc. Essentiellement urbains, ces édifices avaient pour fonction de loger les étudiants étrangers à la ville, de leur assurer un isolement propice au travail et d'entretenir leur piété. La *médersa* était le complément naturel d'une grande mosquée voisine où les étudiants allaient écouter les leçons dispensées par les maîtres. L'enseignement, fondé surtout sur la théologie, le droit et la rhétorique, répandait les doctrines approuvées par l'État et par l'islam; il préparait aux fonctions politiques, judiciaires et religieuses.
Toujours due à la munificence d'un souverain, une *médersa* était une fondation pieuse entretenue par les revenus des *habous* (biens du culte) et la générosité des particuliers. Bâtie autour d'une cour centrale, elle comportait une salle de prière faisant parfois office de mosquée de quartier (dans ce cas elle était dotée d'un minaret); souven,t une ou plusieurs salles de travail ainsi qu'une salle d'ablutions occupaient une partie du rez-de-chaussée; de petites chambres ouvraient sur le patio ou des courettes annexes. Une maigre ration alimentaire était allouée aux étudiants qui, pour le reste, vivaient aux dépens de leur famille ou du profit de quelques travaux.

plupart d'entre elles peuvent être visitées. Leur plan s'inspire de celui des mosquées.
Créations d'un art raffiné qui utilise toutes les ressources de la décoration, elles firent la gloire du 14e s. hispano-mauresque. Les plus belles d'entre elles se trouvent à Fès. Salé et Meknès en possèdent également de charmantes. La *médersa* Ben Youssef de Marrakech, fondée au 16e s. par les Saâdiens et bâtie sur le modèle classique fourni par ses aînées, fut la plus grande école coranique du Maghreb. Aujourd'hui restaurée dans toute sa splendeur, elle constitue un des points forts de la visite de la ville.

Les koubbas

Dans tout le Maghreb, on rencontre des mausolées appelés familièrement **marabouts** ou *koubbas*, du nom de la coupole qui les surmonte. À l'intérieur sont ensevelis de grands personnages ou de pieux musulmans morts en odeur de sainteté. Petites constructions cubiques aux murs lisses blanchis à la chaux, elles émaillent les paysages marocains.
Dans les villes, les mausolées, d'une architecture plus recherchée, sont couverts d'un toit de tuiles à quatre pans et parfois dotés d'une cour à galeries; la chambre funéraire peut prendre les proportions d'une salle à multiples colonnes, somptueusement décorée, comme les tombeaux saâdiens à Marrakech.

Portes et remparts

Les villes marocaines sont généralement entourées d'enceintes fortifiées, construites en pisé, coupées de loin en loin par des tours et parcourues par un chemin de ronde que protège un mur crénelé. Le 12e s. vit s'élever, sous les sultans almohades, l'immense enceinte de Rabat; sous les Mérinides furent édifiées au 13e s. celle de Fès-Jdid, au 14e s. celle de Chellah.

Plus intéressantes par leur valeur esthétique que pour leurs qualités défensives, des **portes monumentales** s'ouvrent dans ces remparts. Elles sont en pierre taillée, et généralement encadrées de bastions couronnés de merlons. Au 13e s., l'entrée se complique de chicanes. La baie livrant passage est un arc outrepassé, en plein cintre ou brisé, à claveaux rayonnants. Un ou plusieurs arcs polylobés surmontent cette ouverture qu'enserre un encadrement rectangulaire où se déploie une décoration florale sculptée; une frise d'arcatures entrecroisées ou à décor épigraphique complète la décoration qui, aux 17e et 18e s., use largement – comme on peut le voir à Meknès – de la faïence de couleur.

Palais et riads

Les demeures privées disposent leurs pièces en carré autour d'un patio occupé par un jardin *(riad)* entouré de galeries.
Le plus ancien **palais** qui soit parvenu jusqu'à nous – encore n'en reste-il que des ruines – est le Badii de Marrakech, construit à la fin du 16e s.
La ville impériale de Marrakech et la Meknès de Moulay Ismaïl donnent une idée de ce que furent ces palais édifiés un peu à l'extérieur des villes, aux dimensions de véritables cités : nombreux bâtiments d'habitation, cours d'apparat ou *méchouars*, corps administratifs, écuries, entrepôts, casernes, entre lesquels s'étendent de vastes espaces *(aguedals)* enrichis de pavillons et de pièces d'eau, et plantés de vergers.
Plusieurs palais plus récents ont été convertis en édifices publics ou en musées; celui de la Bahia, à Marrakech, est l'un des plus intéressants.

LA DÉCORATION

L'abondance de la décoration dissimule souvent la pauvreté du matériau. Le décor, d'abord présent surtout à l'extérieur des édifices, a fini par envahir les surfaces intérieures. Son évolution est due pour l'essentiel à l'apparition du stuc et à l'abandon de la mosaïque traditionnelle au profit de la céramique au 12e s. et à l'importance prise par la terre émaillée et le bois sculpté au 14e s. Il allie la souple exubérance de l'art arabe à la netteté rigide des lignes berbères. La sculpture hispano-mauresque ignore la ronde-bosse ; la décoration des monuments, généralement méplate, est riche en couleurs ; le goût des artistes andalous ou maghrébins pour la polychromie et la dorure n'a fait que s'affirmer au cours des siècles.

Le trait le plus marquant du décor hispano-mauresque est son caractère abstrait, dicté par la religion, qui interdit toute représentation d'êtres vivants.

En dehors de la décoration monumentale et des arts domestiques, il n'existe aucune œuvre peinte ou sculptée. L'artiste ne puise pas son inspiration dans l'observation du réel ; il joue en virtuose de la combinaison des lignes et de la répétition des motifs, charmant le regard sans le fixer, et favorisant la méditation.

Éléments géométriques

La figure de base est le **polygone**. Au 18e s., octogones, triangles, losanges et étoiles se côtoient et se superposent dans des compositions complexes, ornant les panneaux de bois peint ou les revêtements de **céramique**.

Les **entrelacs**, typiquement arabes, utilisent la ligne droite, les festons et les lobes, en un treillis de baguettes ou de galons s'entrecroisant à l'infini ; leurs réseaux losangés constituent, aux 12e et 13e s., une des plus belles parures des minarets.

L'**arabesque**, figure fondée sur les sinuosités de la ligne, se déploie dans les décors floraux, formant la tige dont elle représente une extrême stylisation.

Les **stalactites**, formées d'une série de petits prismes savamment assemblés et disposés en encorbellement, tapissent les coupoles, les pendentifs, les arcs, les chapiteaux, les linteaux, les consoles.

Éléments floraux

L'art hispano-mauresque utilise avec une extraordinaire profusion les éléments floraux stylisés, dont il tapisse les écoinçons des arcs, les frises, et des panneaux qui finissent par s'étendre aux dimensions mêmes des murs.

La **palme** – motif le plus employé –, née d'une sorte de calice, s'allonge en une feuille recourbée ou se divise en deux lobes.

La **palmette** grecque, qui bien souvent se détache sur les écoinçons des arcs, affecte la forme d'une coquille.

La **pomme de pin** est fréquemment utilisée aux 13e et 14e s.

Ce décor végétal se développe peu à peu en réseaux touffus, se mêle aux compositions géométriques, et comble les vides laissés par le dessin.

Éléments épigraphiques

L'écriture arabe fournit à la décoration musulmane l'un de ses éléments les plus esthétiques et les plus originaux.

M. Gurfinkel / MICHELIN

Détail écriture cursive, à la médersa Bou Inania de Meknès.

L'**écriture coufique** se caractérise par ses hampes verticales, l'épaisseur uniforme de ses lettres, ses angles droits.

D'abord employées exclusivement pour la valeur édifiante du texte, ces inscriptions ont – dès le 11e s. – perdu de leur sobriété originelle ; les caractères s'embellissent d'éléments végétaux (coufique fleuri) ; les hampes se compliquent de nœuds (coufique tressé).

Le **cursif** vient, vers le milieu du 12e s., concurrencer le coufique, qu'il supplante à partir du 16e s., sous les Saâdiens. Il est caractérisé par la souplesse et la finesse de ses lettres, dessinées en pleins et déliés.

Les supports de la décoration

Dès les débuts de l'art hispano-mauresque, la plupart des éléments de la décoration apparaissent dans la **pierre** sculptée des grandes portes. En ce qui concerne la confection des entrelacs qui ornent la plupart des minarets, on tire de la **brique** le meilleur parti.

La **mosaïque de terre émaillée**, importée d'Orient, apporte le chatoiement de sa polychromie dans les minarets almohades. Elle devient, à partir du 14e s., l'un des matériaux essentiels du décor. Ces mosaïques sont exécutées selon deux techniques.

Les **zelliges** sont constitués de petits fragments de céramique de diverses couleurs découpés dans des plaques de ton uni, puis juxtaposés pour former des figures décoratives, et fixés avec du mortier ; on les rencontre surtout dans les compositions géométriques.

La **céramique excisée** ou **champlevée** est plus particulièrement employée dans la décoration épigraphique : sur une plaque sombre, le motif est mis en valeur par grattage, puis masticage de la surface qui l'entoure.

Dans le **stuc**, importé de Mésopotamie, et dont l'art hispano-mauresque a poussé la technique à la perfection, le plâtre est appliqué sur des surfaces hérissées de clous. Encore frais, il est sculpté à la gouge ou au ciseau. À partir du 13e s., la « dentelle » de stuc est présente partout. Les stalactites sont, pour la plupart, sculptées dans le plâtre.

Le **bois** aussi entre dans la confection des stalactites. Le cèdre, imputrescible, sculpté avec raffinement et, à partir du 13e s., rehaussé de peinture, recouvre les parties hautes des murs et contraste avec la blancheur des stucs ; il constitue les corniches, les auvents, les plafonds. Les **moucharabiehs** – grilles placées devant les fenêtres ou servant de clôture, ou encore sortes de balcons à claire-voie entièrement fermés – sont en bois tourné.

L'architecture contemporaine au Maroc entre tradition et modernité

L'époque du protectorat s'est caractérisée par l'introduction au Maroc d'un nouvel urbanisme (sous l'influence notamment de l'architecte **Henri Prost**) et de styles architecturaux oscillant entre les tendances de l'époque (Art nouveau, Art déco) et un style inspiré de la tradition et qualifié de néo-mauresque. Depuis lors, les grandes réalisations architecturales du Maroc ont toujours balancé entre la modernité et un respect des normes architecturales hispano-mauresques.

Parmi les principaux maîtres d'œuvre, il faut citer **Jean-François Zevaco**, disciple de Le Corbusier et de Wright, à qui l'on doit plusieurs édifices administratifs d'Agadir considérés comme particulièrement audacieux à l'époque de leur construction.

Architecte préféré de Hassan II, **Michel Pinseau**, décédé en 1999, est l'auteur de réalisations d'envergure comme la grande mosquée Hassan II et la préfecture de Ben M'Sick à Casablanca, l'université Al Akhawayne à Ifrane, ou l'aéroport Al Massira à Agadir.

Charles Boccara, à qui l'on doit notamment le très bel hôtel Tichka et le théâtre opéra à Marrakech (actuel Théâtre royal), ainsi que plusieurs villas de la cité Amelkis, site enchanteur aménagé à 12 km de la capitale du sud.

Elie Mouyal, créateur de plusieurs résidences privées à Marrakech, s'est inspiré de l'architecture de terre crue des superbes *kasbahs* du sud, architecture traditionnelle utilisant brique artisanale, *tadellakt* et pisé, a été le concepteur d'un ensemble résidentiel dans la station balnéaire de **Oualidia**, et, en compagnie du Catalan **Ricardo Bofill**, du Casablanca Twin Center.

C'est à un architecte d'origine vietnamienne, **Eric Vo Toan**, qu'a été confiée la réalisation du mausolée de Mohammed V à Rabat, de plusieurs mosquées dont celles de Safi, de Tan-Tan et de Sefrou, et du complexe culturel d'El-Jadida.

Enfin, on doit à **Aziz Lazrak** cette architecture du secteur tertiaire qui tend à devenir une sorte de « vitrine » pour les entreprises qu'elle abrite. C'est le cas de certains immeubles de bureaux de Casablanca faits de courbes, de volumes doux et de larges parois vitrées réfléchissant la lumière, qui tous accrochent le regard (sièges de l'ONA, de la Banque commerciale du Maroc et de Wafabank, studios de la 2e chaîne de télévision marocaine).

De l'écriture à la calligraphie

L'écriture arabe est belle. La lire, c'est d'abord la regarder comme une infinité de dessins, notamment lorsqu'elle est utilisée pour décorer les monuments. Les mots, même si l'on n'en comprend pas le sens, donnent l'impression de se rencontrer, de se chevaucher, de s'unir en une composition harmonieuse qui, d'une certaine façon, va au-delà de l'écriture proprement dite, pour devenir un double du dessin.

PLUSIEURS STYLES

Le pouvoir qu'exerce alors son tracé, qui ressemble à une portée musicale, la force rythmique contenue dans un simple trait, la qualité plastique de ses arabesques formées de courbes et de droites enlacées font de l'écriture une véritable **calligraphie**, où les mots sont écrits (initialement à l'aide d'un *calame* fait de roseau) de différentes façons et selon plusieurs styles. Ces styles sont nombreux mais six surtout sont utilisés : *diwani*, *thoulthi*, *roqa*, *farsi*, *naskhi* et *koufi*. Le traitement de l'écriture courante sous ces formes diverses devient alors, comme l'ornementation épigraphique des mosquées, un art véritable.

UNE VOCATION PICTURALE

Le calligraphe, au lieu de tracer les mots en ligne, peut les agencer d'une autre façon et en faire une composition dont les formes ont une vocation picturale faisant appel à l'imagination de celui qui regarde. L'écriture est faite alors autant pour être regardée que pour être lue, et devient un véritable tableau où se révèle la parenté entre le geste du calligraphe et celui du peintre abstrait.

Galerie d'art Frédéric Damgaard, Essaouira

Calligraphie de Tayeb Saddiki.

Ce passage de l'écriture à la calligraphie s'est ainsi poursuivi dans la peinture, où certains artistes marocains contemporains ou certains peintres cubistes, fascinés par cette graphie dansante, se sont emparés des lettres et des mots pour les introduire dans leurs œuvres, sans pour autant nuire à l'autonomie de chacun de ces arts.

TAYEB SADDIKI, PEINTRE-CALLIGRAPHE

Homme de théâtre renommé dans le monde arabe, mais aussi peintre-calligraphe, Tayeb Saddiki s'est ainsi intéressé aux infinies possibilités esthétiques de la lettre arabe, comme en témoignent les envolées de son pinceau, qui explorent l'opposition du vide et du plein, du clair et de l'obscur, permettant à sa peinture d'échapper à la contrainte de la figuration, tout en renouant avec les fondements de l'art pictural (composition, tracé, harmonie) par l'importance accordée au geste.

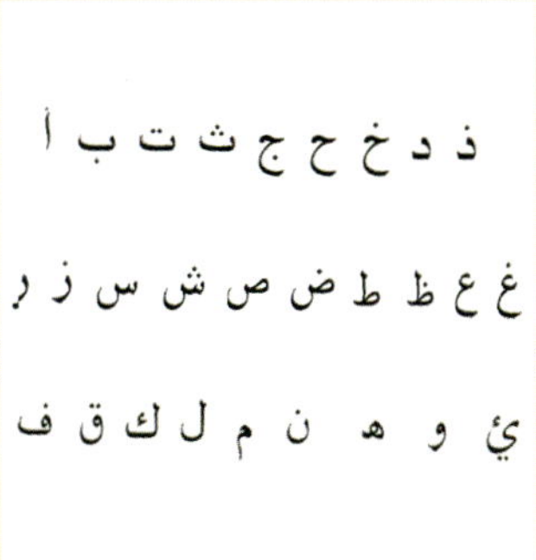

MICHELIN

L'arabe

L'arabe s'écrit de droite à gauche, à l'exception des nombres. Il y a 28 lettres dans l'alphabet, dont trois voyelles (a, i, u) ; les majuscules n'existent pas et la plupart des lettres changent de forme suivant qu'elles sont placées au début, au milieu, à la fin du mot ou sont isolées. Certaines lettres ne se différencient que par des points diacritiques placés au-dessus ou en dessous. D'autres signes diacritiques (figurant des voyelles brèves) permettent de déterminer le sens des mots. Pour lire un livre, on commence par ce qui, dans les ouvrages occidentaux, est la dernière page.

Le Maroc et les peintres

L'art se nourrit depuis toujours d'échanges entre les cultures. Depuis Delacroix, le Maroc, par sa lumière, ses paysages mais aussi sa calligraphie a contribué à enrichir la création européenne. À leur tour, des artistes marocains sont apparus qui, sans renier leur culture et leurs traditions, ont su puiser aux meilleures sources. De cet échange passionnant est né un mouvement artistique vivant, de plus en plus présent, tant à l'intérieur du royaume qu'au-delà de ses frontières.

LA LUMIÈRE INSPIRATRICE

Eugène Delacroix, le précurseur

« Il y a là des tableaux tout faits qui feraient la fortune et la gloire de vingt générations de peintres ! », s'écria **Eugène Delacroix** lorsqu'il découvrit le Maroc en 1832, en compagnie du comte Charles de Mornay, envoyé par Louis-Philippe pour une mission diplomatique qui dura six mois. Les annotations et croquis réalisés sur le vif au cours de son voyage – et réunis dans ses fameux *Carnets* – possèdent une inestimable valeur de témoignage sur la vie marocaine de l'époque. Ébloui par la « précieuse et rare influence du soleil qui donne à toute chose une vie pénétrante », et libéré des contraintes de l'atelier, Delacroix porta une attention aiguë à la lumière du pays et à ses habitants, s'attachant à saisir en de multiples esquisses rehaussées d'aquarelle les détails d'un costume, d'une architecture, d'un décor de mosaïque, d'une scène de la vie quotidienne ou d'une fantasia. Cette découverte intuitive du pays, qui lui fit rencontrer « le sublime vivant qui court les rues » ,lui inspira quelques dizaines de toiles, qui marquèrent l'entrée du Maroc dans la peinture occidentale.

L'orientalisme

Son œuvre, annonçant les mutations que la peinture connaîtra dans la seconde moitié du siècle, contribua en effet à lancer en Europe la vogue de l'**orientalisme**. Dès lors, le voyage au Maroc devint pour plusieurs générations d'artistes le passage obligé, comme l'était autrefois le voyage en Italie, surtout dans les années 1920, lorsque le gouvernement français invita – à l'initiative du maréchal Lyautey – les artistes à s'établir dans le pays.

Parmi ces peintres, évoquons tout d'abord les artistes espagnols qui débarquèrent à Tanger vers 1860 et eurent pour chef de file **Mariano Fortuny y Marsal**. De ses voyages au Maroc en 1862 et 1871, il rapporta des toiles pleines d'une chatoyante virtuosité. Nombreux furent ceux dont l'intérêt pour le style orientaliste naquit du souvenir de Fortuny et des voyages qu'ils firent au Maroc. Ainsi, son ami d'enfance **José Tapiró Baró**, qui s'établira définitivement à Tanger, réalisant des portraits à l'aquarelle d'une grande maîtrise ; **Francisco Lameyer Berenguer** et **Ricardo Madrazo Garreta**, qui rencontrèrent Fortuny au Maroc en 1863 ; José Gallegos Arnosa et José Benlliure Gil, dont les thèmes favoris furent des scènes de la vie ordinaire à Tanger.

Dans le même registre, citons aussi le portraitiste impressionniste américain **John Singer Sargent** et son compatriote **Edwin Weeks** ; les Belges **Jean-François Portaels** et **Théo Van Rysselberghe**, membre de la délégation chargée de saluer le sultan du Maroc Moulay Hassan (dont il fit le portrait) au nom du roi Léopold II ; les Britanniques **Edmund Hunt**, **Frank Brangwyn** et **Arthur Melville**, tout aussi marqués par l'extraordinaire luminosité du pays, et, au détour du siècle, le symboliste **Lucien Lévy-Dhurmer**, qui visita le Maroc en 1901 sous l'influence de Pierre Loti et exécuta des pastels aux tons subtils de bleu et de mauve, s'attachant à rendre une vision poétique des paysages.

Henri Matisse au Maroc

Ayant découvert l'art islamique avec son ami Marquet lors de l'exposition de Munich en 1910, **Matisse** passa deux hivers au Maroc, essentiellement à Tanger, qu'il surnomma « le paradis des peintres », entre 1911 et 1913. La pluie ininterrompue à son arrivée faillit l'inciter à rembarquer aussitôt, et peut-être n'aurions-nous jamais connu le grand Matisse si le temps ne s'était pas levé ! Car la douceur de la lumière, l'exubérance de la nature, l'architecture maghrébine, la variété des couleurs guidèrent sa recherche d'harmonie et furent pour l'artiste, qui se cherchait encore, une révélation. Son style subit une profonde mutation, qui s'affirma dans une vingtaine de toiles parmi les plus importantes de son œuvre (*La Fenêtre à Tanger, Zohra sur la terrasse, La Porte de la Casbah, Le Rifain debout* et le fameux triptyque : *Les acanthes, Les pervenches, La palme*), d'où allait naître le Matisse maître des couleurs et de la lumière que nous connaissons.

Une riche source d'inspiration

Albert Marquet, dans une suite d'aquarelles, sut rendre l'enchevêtrement des ruelles et des impasses des villes marocaines. **Raoul Dufy**, « peintre de l'éphémère », découvrit le Maroc en 1926 au cours d'un voyage qui le mena, en compagnie du couturier Paul Poiret, à Fès, Meknès, Casablanca et Marrakech ; il s'attacha dans des aquarelles où dominent le vert et le bleu tendre à rendre la fraîcheur et la quiétude des intérieurs mauresques richement décorés, et à donner la primauté à la couleur-lumière en jouant de tonalités légères sur lesquelles il dessinait en surimpression *(Intérieur mauresque)*. **Kees Van Dongen**, arrivé à Tanger en 1910, trouva dans l'éclairage violent du soleil les effets qu'il cherchait à créer artificiellement en atelier. **Bernard Boutet de Monvel**, peintre mais aussi décorateur et portraitiste à succès, choisit de donner aux sujets de ses toiles des formes géométriques, adoucies parfois par de tendres coloris. Il fut, avec **Gabriel Rousseau**, membre de la « Kasbah », association des peintres français du Maroc fondée en 1924. **Jean Besancenot**, enfin, qui parcourut le Haut Atlas à dos de mulet (à l'instar de **Jacques Majorelle** et d'**Édouard Edy-Legrand**), pour y saisir, avec talent et minutie, la richesse et la variété des costumes traditionnels des différentes ethnies marocaines. C'est à lui que l'on doit d'ailleurs le superbe ouvrage *Costumes du Maroc*, qui a valeur à la fois d'œuvre d'art et de document ethnographique.

RMN

E. Delacroix, page d'un album de voyage au Maroc, 1832 (détail).

AUTHENTICITÉ ET MODERNITÉ

Mêlant dans leurs œuvres le patrimoine artistique exceptionnel de plusieurs générations d'artisans, zelligeurs, mosaïstes, potiers, *zwwaqa* (peintres sur bois), enlumineurs, et les techniques occidentales de la peinture, souvent apprises à l'étranger, les artistes marocains ont cherché à être modernes sans perdre de leur authenticité. Utilisant des formes et des couleurs dans des constructions complexes entre la figuration et l'abstraction, ils mêlent souvent l'art ancien de la calligraphie – où écrire était presque peindre – à d'autres graphismes décoratifs et créent des œuvres qui parfois dérangent ou proposent au regard plusieurs lectures possibles.

Les pionniers

Parmi les artistes les plus représentatifs de la peinture marocaine contemporaine (certains exposent dans un cadre international), il faut citer tout d'abord les pionniers, **Ahmed Cherkaoui** et **Jilali Gharbaoui**, tous deux aujourd'hui disparus et dont les œuvres ont fait l'objet d'expositions à l'Institut du monde arabe à Paris, respectivement en 1993 et 1996.

Cherkaoui fut l'un des peintres marocains les plus importants. Dans ses compositions aux couleurs vives et dans ses encres sur papier émergèrent les prémices de la modernité, les triangles et les cercles prolongeant, d'une certaine façon, le graphisme des tatouages, des broderies ou des tapis anciens (surtout lorsqu'il utilise de la toile de jute – irrégu-

lièrement découpée et collée – comme support de sa passion du signe).
Gharbaoui, décédé à Paris en 1971 à l'âge de 41 ans, fut le précurseur de la peinture abstraite au Maroc. Ami du poète Michaux, il fut séduit par Mondrian et plus tard par Karel Appel, dont la violence des couleurs le fascina. Sa peinture – où la présence physique de l'artiste s'impose comme une lutte contre la matière – est avant tout recherche de la lumière. Les couleurs qu'il utilise sont celles de la terre marocaine, associées à des blancs entre neige et aube ou des bleus marins, et souvent séparées par des courbes noires qui les exaltent.

Foisonnement de la scène artistique

D'autres peintres marchent sur leurs traces, et parmi eux **Mohamed Melehi**, qui suivit les cours de l'Accademia delle Belli Arti de Rome, aux côtés de Gharbaoui ;
Hassan El-Glaoui, qui participa, entre autres, à l'exposition de la galerie Bab Rouah à Rabat aux côtés de **Mohammed Chebaâ** et **Labied Miloud** ;
Mohammed Kacimi (mort en octobre 2003), peintre et poète originaire de Meknès, dont les tableaux firent l'objet de plusieurs expositions en Europe ;
Bouchaib Habbouli, artiste peintre natif d'Azemmour qui utilisa dans ses premières œuvres le brou de noix, avant de passer à l'encre puis à l'huile ;
Mahjoubi Aherdane, poète autant que peintre et dessinateur ;
Mohammed Serghini, qui depuis les années 1940 jusqu'à sa mort en 1991 ne cessa de contribuer à la promotion des arts plastiques, et dont les œuvres reflètent divers aspects de la quotidienneté marocaine, où l'artiste puisait son inspiration ;
Abdallah Sadouk, d'origine berbère, dont les compositions aux formes géométriques font référence au cubisme ;
Farid Belkahia qui étudia à l'École des beaux-arts de Paris avant d'être directeur pendant plusieurs années de celle de Casablanca. Utilisant divers matériaux (cuivre, peaux teintées au henné, au safran, au sumac), il étudie et travaille des thèmes aussi différents que celui de l'arbre, ou celui de la transe chez les Gnaoua, créant de véritables peintures-sculptures ;
Abdellatif Zine, un autre peintre, s'intéressant au phénomène de la transe, s'efforça, lors d'une exhibition intitulée « Transe Art », de laisser le champ libre à l'inconscient en recourant à des personnes en transe pour véhiculer les couleurs dont il les avait auparavant aspergées et devenir en quelque sorte les pinceaux de sa toile, placée contre un mur (faisant penser d'une certaine manière aux « femmes pinceaux » d'Yves Klein ou aux peintres du mouvement Action Painting).
Parmi les plus jeunes, issus de l'École des beaux-arts de Casablanca, **Mohammed Azouzi**, dans la lignée pictoriale de Cherkaoui mais aussi de Paul Klee, tire son inspiration des paysages de son Tafilalt natal.

Les peintres d'Essaouira

Dans cette évocation de l'art contemporain au Maroc, force est de mentionner également les talentueux peintres autodidactes d'Essaouira, dont le pionnier fut, dans les années 1960, le peintre et sculpteur **Boujemâa Lakhdar**.
Suivant son exemple, d'autres artistes, pour la plupart issus du monde rural et sans aucune formation artistique, se sont mis à peindre leurs rêves et à donner libre cours à leur fantaisie et à leur imaginaire, tels **Ali Maimoune**, **Abdelkader Bentajar**, **Abdellah Oulamine**, **Brahim Mountir**, **Mohamed Tifardine**, **Said Ouarzaz ou Abdelmalek Berhiss.**

Galerie d'art Frédéric Damgaard, Essaouira

« Un couple de rêve », Ali Maimoune.

Créateurs d'un art singulier que l'on qualifie parfois – à tort – d'art naïf, et qui se révèle souvent proche de l'abstraction, ils tirent leur inspiration tant de leurs racines arabes, et surtout berbères, que des traditions locales, où le mysticisme, le surnaturel et tout un répertoire de signes et de symboles cohabitent en une secrète alchimie. À cela s'ajoute le monde de la transe et de la culture *gnaoui*, dont l'influence est particulièrement importante à Essaouira.

Mohammed Tabal *(voir à Essaouira, p. 462)*, figure de proue de cet univers artistique, en est le parfait exemple. Puisant son inspiration dans ses origines africaines et dans les traditions *gnaoua*, celui qu'on appelle le « peintre de l'errance et de la transe », réalise des œuvres fortes, peintures mais aussi sculptures, qui sont loin de laisser indifférent.
Des femmes marocaines s'imposent également sur la scène artistique. Des individualités fortes émergent, parmi elles **Fatima Ettalbi** et **Chaïbia**, artiste autodidacte qui puise ses images dans la vie quotidienne et transmet sa sensibilité à travers la couleur pure et la simplification des formes, dans des œuvres oscillant entre le naïf et l'art brut.

Musées et lieux d'exposition

Faute de disposer de musées de peinture proprement dits, la plupart de ces peintres exposent dans des lieux publics (palais des congrès, hôtels, restaurants, sièges de sociétés privées), cherchant à sensibiliser le public à leur art avant d'affronter le monde rude des galeries professionnelles, encore peu nombreuses en dehors des grandes villes.
Sans que l'on puisse encore parler de rayonnement, il faut néanmoins reconnaître l'importance que revêt peu à peu l'art dans la vie quotidienne des Marocains, grâce à l'ouverture de ces galeries d'art et aux actions d'entreprises mécènes, qui donnent une certaine impulsion à la création.
Par ailleurs, il est à noter qu'un musée national d'art contemporain est actuellement en construction à Rabat et que d'autres projets se font jour.

Conseils de lecture sur les artistes marocains

– *Kacimi, Peintures & Écrits*, éd. Revue Noire.
– *Fulgurances Gharbaoui*, par Yasmina Filali, Fondation ONA.
– *Ahmed Cherkaoui, la passion du signe, peintures et dessins*, coéd. Revue Noire/ Institut du monde arabe, à Paris.
– *L'art contemporain au Maroc*, par Mohamed Sijelmassi, éd. ACR.
– *Regards sur la peinture contemporaine au Maroc*, par A. Flands, éd. Al Madariss, Casablanca.
À lire également, les *Écrits sur l'art, choix de textes, Maroc 1967-1989*, par Toni Maraini, éd. Al Kalam, coll. Zellige.

Galerie d'art Frédéric Damgaard, Essaouira

« Le rouge sang » d'Abdelmalek Berhiss.

Cinéma en majesté

Longtemps simple cadre des fictions imaginées par des artistes étrangers, le Maroc semblait limiter sa créativité au domaine oral, celui des conteurs des rues. Cependant, petit à petit, les Marocains se sont emparés des nouveaux moyens d'expression. Au cinéma, on assiste à l'éclosion d'une nouvelle vague de réalisateurs, dont Nabil Ayouch est le porte-drapeau.

OUARZAZATE, CAPITALE DU SEPTIEME ART

La lumière, la beauté des paysages, le pittoresque de la vie quotidienne et les coûts réduits de production ont attiré depuis longtemps au Maroc nombre de cinéastes du monde entier (et non des moindres), qu'ils aient pris le pays comme cadre de leurs créations ou que celles-ci soient censées se dérouler ailleurs.
La création et le développement des **studios de Ouarzazate** n'ont fait qu'amplifier ce mouvement et un nombre considérable de films, longs ou courts métrages, fictions, documentaires et spots de publicité sont tournés chaque année dans le pays.
Cependant, en dépit de l'existence d'un public que ne rebute pas l'équipement parfois vieillot des salles de cinéma marocain, et qui s'enthousiasme pour les productions indiennes ou égyptiennes, pour des raisons diverses (budgétaires en particulier), l'émergence d'un cinéma national fut longue à se dessiner.

Silence, on tourne !

Le Maroc est depuis longtemps une destination de choix pour les cinéastes du monde entier, qui viennent tourner ici. Loin de s'affaiblir, l'attraction du Maroc, et singulièrement de Ouarzazate, ne cesse de s'accroître. Pour preuve, voici la liste de quelques films récents tournés au Maroc :

– *Tuer n'est pas jouer*, de John Glen ;
– *Babel*, d'Alejandro Gonzalez Inarritu ;
– *Gladiator* et *La chute du faucon noir*, de Ridley Scott ;
– *Alexandre*, d'Oliver Stone ;
– *Astérix et Obélix : mission Cléopâtre*, d'Alain Chabat ;
– *Le boulet*, d'Alain Berberian,
– *Indigènes*, de Rachid Bouchareb…

ÉMERGENCE D'UN CINÉMA NATIONAL

Parmi les films du jeune cinéma marocain, d'inspiration résolument sociale et ethnologique, on peut citer *Les Mille et Une Mains* (1972) et *Noces de sang* (1977), de **Souheil Ben Barka**, devenu directeur général du Centre du cinéma marocain et qui, le premier, fit entrer le cinéma marocain dans l'arène internationale ; *El Chergui ou le silence violent* (1975) et *Chroniques marocaines* (1999), de **Moumen Smihi** ; *Un amour à Casablanca* (1991), d'**Abdelkader Lagtâa** ; *Le Grand Voyage* (1982), *Badis* (1989) et *À la recherche du mari de ma femme* (1993), comédie pleine de bonne humeur de **Mohamed Abderrahman Tazi**, qui connut beaucoup de succès au Maroc avant de représenter le pays au festival international de l'humour à Chamrousse ; *Un Américain à Tanger* (1993), de **Mohamed Ulad-Mohand**, qui obtint le prix de la première œuvre au Festival Images du monde arabe, à Paris, et au Festival du court métrage de Clermont-Ferrand ; *L'enfance volée* (1994), de **Hakim Noury**, film présenté au Festival international du film francophone à Namur et en 1996 au festival d'Amiens ; *Retrouver Oulad Moumen*, d'**Izza Genini,** qui remporta en 1995 le premier prix du documentaire historique du Festival international de Pessac ; *Une porte sur le ciel* (1988) et *Bab Assama Maftouh*, de **Farida Belyazid**, qui représenta le Maroc au Mois du cinéma arabe à Washington en 1996, dans le cadre du Filmfest D.C.

En décembre 1995, à Tanger, au 4e Festival national du film, ont été présentés tous les films marocains de longs et courts métrages réalisés depuis 1991, date du précédent festival (Meknès). Le Grand Prix de ce festival a été décerné à **Jilali Ferhati** pour son film *Chevaux de fortune*. C'est à lui que l'on doit également *La Plage des enfants perdus*, primé dans plusieurs festivals autour de la Méditerranée, et *Tresses*.

Depuis lors, *Mektoub*, du cinéaste **Nabil Ayouch**, que son auteur définit comme un road-movie marocain, fut élu meilleur film marocain de l'année 1997 par l'Association des critiques de cinéma du Maroc. Cette même année, **Fatima Jebli Ouzzani** réalisait *Dans la maison de mon père,* qui, entre documentaire et fiction, traite de la condition des femmes marocaines et a obtenu de nombreuses distinctions dans les festivals internationaux. *Femmes… et femmes* (1999), film militant de **Saâd Chraibi**, rend hommage aux femmes qui tentent de redéfinir leur place dans une société demeurée par trop patriarcale. *Et après*, du Tetouanais **Mohamed Ismaël** (déjà auteur en 1996 de *Aouchtam*), tourné durant l'été 2000 à Fnideq, Chefchaouèn, Tetouan et Marina Smir, évoque les problèmes (émigration, contrebande, kif) du nord du Maroc.

La même année, Nabil Ayouch réalisait *Ali Zaoua, prince de la rue*, un film consacré aux enfants des rues de Casablanca qui obtint le Grand Prix au 6e Festival du film marocain de Marrakech en 2001. Interprétés par Mounïm Kbab, Mustapha Hansali et Hicham Moussoune, trois gamins évoluent dans un monde urbain d'une impitoyable dureté que viennent éclairer la tendresse du regard du réalisateur et l'humanité bourrue du personnage du pêcheur, incarné avec sobriété par Mohammed Majd, que l'on

Affiche du film « Un amour à Casablanca » d'A. Lagtâa (1991).

R. Pérousse / MICHELIN

H. Belmenouar / MICHELIN

Devant un cinéma de la médina de Marrakech.

retrouvera plus tard dans *Le Cheval de vent*. Peu après, Nabil Ayouch plantait sa caméra à Tanger pour y tourner son troisième long métrage, *Une minute de soleil en moins*, retrouvant l'ambiance thriller de son premier film.

En 2002, enfin, est sorti sur les écrans parisiens *Le Cheval de vent* (Grand Prix Hassan II du cinéma 2002) de **Daoud Aoulad Syad**, cinéaste mais aussi photographe, qui réalise ici une sorte de road-movie sur le thème de la quête, d'après un scénario de son ami poète Ahmed Bouanani.

Quant au **Festival international du film de Marrakech**, dont la première édition a été organisée en septembre 2001, par les confrontations et les échanges qu'il permet entre le cinéma national et celui d'autres pays, il vient conforter et amplifier l'ambitieuse politique d'investissement et de subventions du ministère marocain de la culture en faveur du cinéma et de ses créateurs, parmi lesquels il faut également citer **Fatima Benlyazid** (*Ruses de femmes, Une porte sur le ciel*), **Jamal Belmejdioub** (*Yacout*) ou **Faouzi Bensaidi**, auteur de deux courts métrages qui ont fait sensation (*Le Mur* et *Trajets*).

Marock de la discorde

Marock, le premier film de la jeune réalisatrice Laïla Marrakchi, a été l'objet d'un débat passionné voire d'une polémique au moment de sa sortie au Maroc, en mai 2006, un an après sa projection au Festival de Cannes – certains, proches d'un islam politique, n'hésitant pas à réclamer son interdiction au non du respect de leur conviction religieuse.
Ce film raconte l'histoire de jeunes issus de la bourgeoisie casablancaise, « leur quête de liberté » et leur « soif d'interdits » pour reprendre les termes de l'affiche du film. Cette quête et cette soif s'expriment notamment à travers la relation amoureuse entre Youri, le juif, et Ghita, la musulmane, et une distance à l'égard de la religion (prière, ramadan et alcool).

Le Maroc en toutes lettres

Le roman a vu d'emblée apparaître des auteurs importants, qu'ils s'expriment en arabe ou en français, parmi lesquels Mohammed Choukri et Tahar Ben Jelloun sont sûrement les plus connus.

LE REGARD DES AUTRES

Nés au Maroc ou ayant décidé d'y vivre, ou tout simplement d'y effectuer un voyage, bien des écrivains étrangers ont pris le royaume chérifien pour sujet ou pour cadre de certains de leurs romans. L'exemple sans doute le plus connu est celui de l'Américain **Paul Bowles**, devenu au fil des années une véritable institution à Tanger, où nombre d'auteurs de la Beat Generation, tels que William Burroughs, vinrent le rejoindre.
Parmi les écrivains français, on citera **Joseph Kessel**, qui prit également Tanger pour modèle (*Au grand Socco*), Paul Morand, Pierre Loti, et surtout **Claude Ollier** (*La Mise en Scène*).
Enfin, on retiendra l'écrivain espagnol **Juan Goytisolo**, fixé à Marrakech, qu'il évoque en particulier dans deux ouvrages (*Makbara* et *Barzakh*), il a fortement

contribué à la sauvegarde de la place Jemaa el Fna en la faisant inscrire sur la liste du patrimoine oral de l'humanité de l'Unesco.

UNE LITTÉRATURE MAROCAINE

C'est justement cette tradition orale, et les conteurs parfois légendaires de la place Jemaa el Fna et d'ailleurs, qui constituent la première manifestation d'une littérature proprement marocaine. Depuis la nuit des temps, il se transmettent oralement de génération en génération un patrimoine de contes d'une richesse infinie, puisant dans un répertoire sans cesse enrichi, réinterprété et enjolivé, qu'une foule rassemblée en cercle autour d'eux écoute avec ferveur.

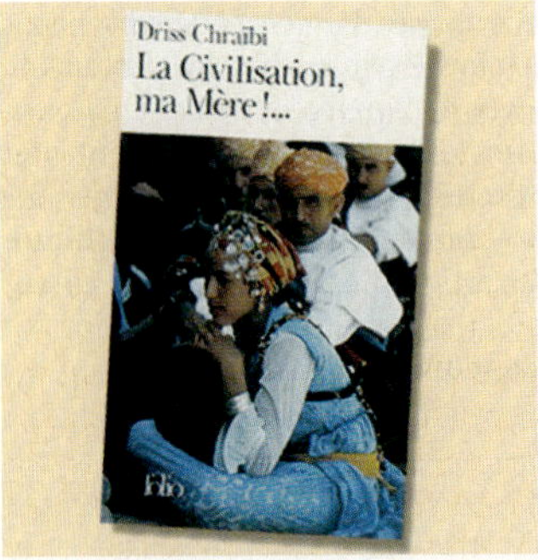

S. Sauvignier / MICHELIN

Couverture du livre « La Civilisation, ma Mère !... » de D. Chraïbi.

Les « pères fondateurs »

Le véritable « père » de la littérature marocaine est **Ahmed Sefrioui,** qui se vit décerner le Grand Prix littéraire du Maroc en 1949 avec un recueil de nouvelles écrites en français, *Le Chapelet d'ambre*, inspirées justement par la tradition du conte.

Cependant, c'est **Driss Chraïbi** (El-Jadida, 1926) qui est considéré comme « le commenceur », avec son premier ouvrage, *Le Passé simple*, livre de révolte contre le père, mais aussi contre les hypocrisies de la société traditionnelle en général. Paru en 1954, ce roman fit grand bruit – voire scandale – lors de sa parution. Au fil de son œuvre, la violence de la dénonciation a laissé peu à peu la place à une sérénité nouvelle. Parmi ses nombreux romans, *Succession ouverte*, la suite de *Passé simple*, raconte le retour au pays du personnage de ce premier ouvrage, Driss Ferdi, quinze ans après. Citons aussi *La Civilisation, ma Mère !...*, livre empreint d'humour et de tendresse, *La Mère du printemps*, *Naissance à l'aube* et *L'Homme du Livre*, consacré au prophète Mohammed et qu'il dédiera à son père, signe de réconciliation et d'apaisement du révolté d'autrefois...

Parmi les pères fondateurs, il faut également citer **Edmond Amran El Maleh**, né en 1917 à Safi dans une famille juive originaire d'Essaouira, auteur d'une œuvre empreinte d'une certaine nostalgie pour le Maroc d'autrefois (encore avivée par des années d'exil). On lira avec intérêt *Le Café bleu*, *Zirek*, évocations, dans un café d'Asilah, des amitiés littéraires de l'écrivain.

Tahar Ben Jelloun

Né à Fès en 1944, **Tahar Ben Jelloun** est sans doute l'un des écrivains marocains les plus connus du grand public. Il a publié plusieurs recueils de poésie, dont *Les amandiers sont morts de leurs blessures*, et de nombreux romans, parmi lesquels *L'Enfant de sable* (1985) et *La Nuit sacrée*, prix Goncourt 1987 (romans dont s'inspira Nicolas Klotz lorsqu'il réalisa son film *La Nuit sacrée* en 1993), *Jour de silence à Tanger* (1990), *Les Yeux baissés* (1991) et *La Soudure fraternelle* (1994), roman qui parle de l'amitié comme d'un état idéal de l'existence, un état apaisant, un lieu nécessaire, avec ses joies mais aussi ses déboires. En 2006, il soulève avec *Partir* la question dramatique de l'immigration clandestine, dans les années 1990, d'une jeunesse marocaine de « diplômés-chômeurs » prête à tout pour passer le détroit de Gibraltar.

Souvent controversé, Tahar Ben Jelloun, par la reconnaissance internationale que son œuvre apporte à la littérature marocaine, a défriché bien des voies que les jeunes auteurs vont pouvoir maintenant explorer.

Une littérature vivante

Parmi ceux-ci, **Mohammed Berrada**, né à Rabat, est connu pour son œuvre critique et pour ses traductions d'auteurs marocains. Dans son livre *Le Jeu de l'oubli* (1987), tandis qu'il raconte l'histoire d'une famille de la médina de Fès, il se fait l'écho des métamorphoses de la société et des désarrois identitaires du Maroc au seuil de la modernité, en même temps qu'il donne naissance à une forme romanesque nouvelle.

Citons également **Khireddine Mourad**, poète *(Le Chant d'Adapa)*, dont le premier roman, *Les Dunes vives*, paru en 1997, restitue l'histoire d'une famille dans les premières années de l'Indépendance.

Mohamed Choukri (1935-2003)

Personnage haut en couleur, l'écrivain tangérois **Mohamed Choukri** fut un ami de **Genet**, de **Tennessee Williams** et de **Paul Bowles**. Il se fit connaître grâce à ce dernier, qui l'incita à publier *Le Pain nu* (écrit en 1952), œuvre autobiographique relatant une jeunesse perdue, passée entre alcool et kif, sur fond de famine, de violence et de sexualité. *Le Pain nu* est la première œuvre d'importance de la littérature contemporaine marocaine écrite en arabe.

Tout à la fois peintre et écrivain, **Mahi Binebine** est l'auteur du *Sommeil de l'esclave* et des *Funérailles du lait*, récit coloré qui brosse le portrait d'une femme simple, Mamaya, qui entreprend un ultime voyage vers le tombeau familial pour donner à son fils aîné disparu (l'Absent) ces funérailles du lait après lesquelles elle pourra quitter ce monde.

Abdelkebir Khatibi, né en 1938 à El-Jadida, également sociologue et dramaturge, mêle dans *La Mémoire tatouée* (1971) des souvenirs d'enfance et d'adolescence, qui s'inscrivent dans les paysages d'Essaouira et de Marrakech.

Enfin, le populaire **Mohammed Zefzaf** s'est spécialisé dans la description pleine de verve, à la fois violente et tendre des bas-fonds peuplés de marginaux de toute sorte *(L'œuf du coq)*.

Signalons également l'apparition de femmes dans le paysage littéraire marocain : **Yasmine Chami-Kettani** évoque dans *Cérémonie* le destin d'une jeune divorcée, Khadija, de retour dans sa famille à l'occasion du mariage de son frère, et qui se trouve confrontée à la nostalgie de l'enfance mais aussi au regard des autres ; **Touria Oulehri** aborde elle aussi un sujet douloureux dans *La Répudiée*, tandis que **Houria Boussejra** *(Le Corps dérobé)* se penche sur la relation mère-fille. **Fatima Mernissi**, enfin, sociologue, étudie avec un humour parfois décapant la société marocaine *(Rêves de femme, Les Aït Débrouille, Êtes-vous vacciné contre le harem ?)*.

Poètes marocains

Outre Khaïr-Eddine, il convient de citer le fassi **Abdellatif Laâbi**, écrivain et philosophe, fondateur en 1962 de la revue *Souffles*, qui a publié un ouvrage sur son enfance dans la médina *(Le Fond de la jarre)*, **Mohammed Loakira** (auteur en 1975 du recueil *Marrakech*), **Mostapha Nissabouri** (né en 1943), animateur de la maison de la poésie de Rabat, en compagnie de **Mohammed Bennis** (*Le Don du vide*, 1993 ; *Vin*, 1999) avec qui il a créé en 1998 le festival international de poésie qui se tient tous les deux ans à Casablanca.

Le grand poète marocain

Né à Tafraoute, dans le Sud marocain, **Mohammed Khaïr-Eddine** (1941-1995) est considéré comme l'un des plus grands poètes marocains francophones. Il publia une vingtaine de recueils et de romans, devenus des classiques, dont *Résurrection des fleurs sauvages*, *Agadir* (1967) – son œuvre maîtresse – *Ce Maroc !* (1975), *Une odeur de mantèque* (1976) et *Légende et vie d'Agoun'chich* (1984), redécouverte de ce Sud tant aimé.

S. Sauvignier / MICHELIN, avec l'aimable autorisation des Éditions du Seuil

ARTS ET TRADITIONS POPULAIRES

Voyager au Maroc, c'est découvrir un pays d'une extrême richesse quant à ses traditions musicales en constant renouvellement, quant à son art culinaire, qui place la cuisine marocaine parmi les meilleures du monde, quant à son artisanat, dont vous aurez tout le loisir d'apprécier la qualité et la variété en vous promenant dans les souks – « pour le plaisir des yeux ! ». Voyager au Maroc, c'est aussi vivre au rythme des très nombreux *moussems*, fantasias, fêtes profanes et sacrées qui ponctuent l'année et soulignent la vitalité des folklores locaux et des sentiments religieux.

P. Peuriot / ONMT

Fête des roses à El Kelaa M'Gouna.

La musique et la danse

La musique marocaine, que nos oreilles d'Occidentaux ont tendance à confondre avec les autres musiques orientales, a son caractère propre. Elle ignore la polyphonie (voix et instruments s'expriment à l'unisson) et le rythme y joue un rôle essentiel. Mais ne devrait-on pas plutôt parler des musiques marocaines, si l'on songe que, de la musique andalouse au *malhoun* en passant par les musiques berbères et gnaoua, une cinquantaine de genres musicaux ont été répertoriés et que nombre d'entre eux se subdivisent en innombrables variantes régionales ?

LA MUSIQUE « ANDALOUSE »

D'origine persane, la musique « andalouse » s'est introduite au Maroc après le 10e s. et s'y est implantée à la faveur de la reconquête de l'Espagne par les chrétiens. Alors que la musique occidentale a ramené à deux (majeur et mineur) le nombre de modes, la musique andalouse en compte encore onze. Elle a retenu plusieurs gammes grégoriennes.

C'est une musique raffinée, réservée à un milieu cultivé, généralement chantée dans un arabe littéraire très pur. Sa forme la plus noble est la *nouba*, constituée d'une succession invariable de morceaux soumis chacun à un rythme donné ; à des moments déterminés correspondent des thèmes précis : la *nouba* célèbre à telle heure l'humanité, à telle autre la nature, le lever du soleil. Codifiée au 17e s. par le maître andalou El Haïk établi à Tetouan, cette musique s'est transmise jusqu'à nous de façon purement orale. Les centres en sont Fès, Rabat, Chefchaouèn et

Quelques maîtres

Parmi les grands maîtres de la musique andalouse et du *malhoun*, citons les Fassi Haj Abdelkrim Raïs et Haj Abdelkrim Guennoun, Jilali Chebabi, poète et chanteur du *malhoun* de Salé, Haj Ahmed Souhoum, Haj Mohamed Bouzoubaâ, ou encore Cheikh Abedllaziz Maghraoui, poète du Tafilalt.

surtout Tetouan, dont le conservatoire, ouvert en 1947, a rassemblé des interprètes prestigieux comme Abdessadel Cheqara ou Mohammed El Berdaï.
Les instruments, pour la plupart à cordes (frottées ou pincées), sont assez limités : violons, altos, luths, *rebab* (la viole médiévale), le plus souvent à deux cordes et dont l'archet est recourbé comme un arc. Le *tar* – très semblable au tambour basque – et le *derbouka* (cylindre renflé et tendu de peau à l'une de ses extrémités), sur lequel on tape des deux mains, sont les seuls instruments de percussion utilisés par les orchestres andalous.

LE MALHOUN

Le *malhoun* ou **griha**, poésie chantée en arabe dialectal (et associée par la suite à la musique andalouse), est une des composantes de l'identité culturelle des vieilles médinas du Maroc. Cette poésie populaire des Bédouins, qui, à l'origine, animait les soirées des chameliers dans le Tafilalt, s'est propagée vers les villes de Fès, Marrakech, Meknès – où une école de *malhoun* fut fondée en 1206 – et Salé. Lorsque les derniers musulmans d'Espagne vinrent au Maroc, s'est établi un échange entre leurs musiciens et les poètes du *malhoun*. Poésie purement marocaine, la *qasida* s'est vu découper en strophes entre lesquelles est venue s'intercaler la musique, alors qu'à l'origine les gens du Sahara rythmaient leur *qasida* uniquement en battant des mains ou en tapant des pieds.
Aujourd'hui, le *malhoun* est toujours enseigné au conservatoire de Meknès et le souci de sa préservation a conduit à créer à Fès un festival. L'un de ses plus grands interprètes, le joueur de luth et chanteur **Houcine Toulali**, originaire de Hay Toulal près de Meknès et dont le premier enregistrement remonte aux années 1950 avec la chanson *Ya Luft Allah el Khafi* – désormais un classique –, s'est fréquemment produit en France.

LA MUSIQUE BERBÈRE

Elle est étroitement liée à la danse. Les instruments sont très simples : flûte de roseau ou *awada* ; *rebab* caractéristique du Sous, à corde unique et à caisse ronde et plate, recouverte de peau et barrée d'un faisceau de cordes ; la populaire *guembri*, minuscule guitare ronde à long manche et ne comportant souvent que deux cordes ;le *bendir*, tambourin dont la peau tendue sur une seule face prend à proximité d'un feu une résonance plus grande, marque le rythme par sa sonorité et par les mouvements que lui imprime le musicien. Tous ces instruments sont utilisés pour chanter et jouer l'*amerg*, chant populaire des tribus berbères.
À côté de la musique des villageois, il existe aussi une musique de professionnels. C'est celle des *raïs*, chanteurs et instrumentistes virtuoses, poètes et compositeurs, qui vont avec leur troupe de village en village, pratiquant l'art ancestral du Sous. Leurs chants sont toujours en *tachelhit* (langue chleuh). Autour du *raïs*, la formation classique du Sous comporte un ou deux joueurs de *rebab*, plusieurs joueurs de *lotar*, et un percussionniste qui marque continuellement les rythmes sur un *naqous*, étrange instrument ressemblant à un moyeu de roue de camion sur lequel on frappe avec des baguettes de fer. À ces musiciens s'ajoutent parfois des chanteuses, les *raïssats*, dont le chant, comme celui des hommes, se tient dans un registre aigu, avec des cris entrecoupés de grands intervalles mélodiques.

Musiques du Maroc

Pour se faire une idée de la diversité du paysage musical marocain, on écoutera avec intérêt un double CD composé de morceaux qui ont été recueillis par le musicologue Alain Weber : *Musiques du Maroc : de Tanger au Sahara*. Rien de tel que cette première approche pour ensuite faire son choix et approfondir tel ou tel genre.

NOUVELLE GÉNÉRATION DE MUSICIENS

Ces dernières décennies, bien des musiciens ont cherché des deux côtés de la Méditerranée à approfondir les clés communes des musiques orientale et occidentale.
Des groupes comme **Nass El Ghiwane** ou **Jil Jilala** ont ouvert la voie à une nouvelle génération de musiciens marocains, se réappropriant une musique ancestrale, habillée de sonorités actuelles. Dans leur répertoire se mêlent des éléments empruntés aussi bien aux musiques religieuses qu'à la chanson populaire profane, au *malhoun* ou aux Gnaoua. Les Jil Jilala chantent en arabe littéraire mais s'accompagnent depuis longtemps d'instruments berbères. Le groupe Nass El Ghiwane, chez qui l'inspiration gnaoui est importante, a subi l'influence du mouvement hippie et du Living Theatre. Il se consacra d'abord à la *halka*, théâtre populaire de rue, avant d'investir, en les revisitant, les traditions

musicales marocaines, berbères ou arabo-andalouses, sous l'influence de son principal musicien, le joueur de luth **Allal**. Tentant d'exprimer les aspirations et la révolte de la jeunesse, le groupe utilise nombre de métaphores dans les paroles de ses chansons, permettant ainsi à chacun de les interpréter selon ses propres sentiments. Signalons également **Samy El Maghriby**, qui donne une interprétation renouvelée du genre andalou, **Najat Atabou**, dite « la lionne de l'Atlas », ou encore le groupe féminin de Marrakech **B'net Houariyat**, qui fit un tabac lors de ses prestations parisiennes de 1999.

Dans le même temps, nombre d'artistes internationaux ont été influencés par la richesse de la musique arabo-méditerranéenne. Certains grands noms du jazz ont trouvé dans le désert, son espace et ses silences matière à inspiration. Il n'est que d'écouter Miles Davis par exemple, dont la musique aux sonorités voilées, embrumées dans le grave, participe de ce silence. Certains, comme Ornette Coleman ou, plus près de nous, Henri Agnel et Marc Loopuyt, ont joué avec des musiciens traditionnels marocains ou, comme Randy Weston, ont poussé plus loin leur quête des racines africaines de la musique noire américaine en mélangeant leur musique à celle des Gnaoua. D'autres, comme Brian Jones en 1968 (et plus tard Mick Jagger), des Rolling Stones, recueillirent à **Jajouka**, petit village du Rif, les sonorités musicales répétitives des *rhaïtas* et des *bendirs* utilisés par les maîtres musiciens du lieu, tandis que Jimi Hendrix et d'autres musiciens séjournaient à Essaouira.

Dans la vague suivante du folk marocain, la culture berbère va également se manifester, avec à la fois des instruments traditionnels et des instruments modernes, mais aussi avec des chansons « Amazigh », en assurant une création continue à partir de la tradition.

Aujourd'hui cependant, force est de reconnaître que l'on entend, dans les villes, et notamment à la radio, surtout des variétés égyptiennes chantant l'amour dans des orchestrations plus ou moins teintées de couleurs orientales.

Petit lexique musical

el âla : musique savante arabo-andalouse
chaâbi : musique populaire répétitive, issue du Moyen-Orient
griha (ou *malhoun*) : poème chanté en arabe dialectal
harba : refrain
qasida : poème du *malhoun*
tarab : émotion musicale proche de l'extase
INSTRUMENTS :
bendir : tambourin de grande taille
derbouka : percussions
guembri : guitare berbère à deux cordes
kanoun : cithare
lira : flûte
oud : luth arabe
raïta : hautbois
rebab : viole
taârija : petit tambourin d'argile
tar : tambourin

LES DANSES TRADITIONNELLES

Exécutées dans les villes par des danseuses professionnelles, les danses sont à la campagne la manifestation d'une authentique tradition, et c'est un spectacle de choix que de pouvoir assister à l'une d'entre elles. C'est une façon privilégiée de rencontrer les villageois, de partager leur joie, et – pour peu que l'on se laisse gagner par le rythme et la musique – d'entrer dans une autre peau. L'âcreté des voix, le fracas des tambourins, la lente mais inexorable accélération du rythme, la somptuosité des costumes, la spontanéité des gens, tout concourt à transmettre aux spectateurs une forte émotion. Leur caractère de réjouissance se double d'une valeur incantatoire ; elles sont pratiquées à l'occasion des *moussems*, des fêtes familiales, marquent une pause dans les besognes quotidiennes, appellent la pluie ou rendent grâce après une bonne récolte.

L'ahouach

Danse collective des femmes et des hommes du pays chleuh, l'*ahouach* appartient au Haut Atlas et à la vallée du Dadès. Elle a lieu de nuit à la lueur de grands feux, souvent dans la cour d'une *kasbah* – parée pour la circonstance de tapis berbères –, et peut durer jusqu'à l'aube. Elle est exécutée par les femmes vêtues de robes chatoyantes et bariolées, qui font tout d'abord cercle autour des hommes rassemblés auprès du feu ; ceux-ci, après avoir donné le *tazerart,* ou thème musical, commandent le rythme et scandent la mélopée à l'aide de leurs *bendirs* ; les danseuses se disposent ensuite sur deux files qui se renvoient les phrases mélodiques.

Dans la région de Ouarzazate, quatre troupes ont acquis une très grande réputation en matière d'*ahouach* : Taourirt, Telouèt, Tiffoultoute et Aït Atta de Tazarine. Des spectacles d'*ahouach* sont

Danse du ventre

On pourra assister, dans nombre de restaurants marocains et dans les complexes touristiques, à des spectacles de **danse orientale**, ou « danse du ventre ». Cette danse millénaire, importée d'Égypte, et dont les gestes et les figures répondent aux complexités de la musique arabo-andalouse ou égyptienne, constitue un jeu de séduction ludique et ritualisé avec le public.

donnés sur commande à la *kasbah* de **Tiffoultoute** et, pour les groupes seulement, à la *kasbah* de **Taourirt**. Mais, bien entendu, ce que ces troupes gagnent en professionnalisme, elles le perdent en spontanéité.

L'ahidous

Propre au Moyen Atlas (tribu des Imazighen, régions d'Oulmès, de Khenifra…), mais aussi au Haut Atlas (tribus des Âït Haddidou, des Âït Bouguemez), l'*ahidous* est une danse chantée à laquelle hommes et femmes participent. Les danseurs disposés en cercle exécutent, avec un léger balancement, des mouvements d'avant en arrière ou de côté. Dans le Moyen Atlas, des femmes sont parées de robes très claires.

La guedra

Dansée dans le Sous et dans l'extrême sud – en particulier par les « femmes bleues » de Guelmim –, la *guedra* est une manifestation qui s'adresse surtout à des initiés ; la principale exécutante, couverte de voiles dont elle se défait peu à peu, accomplit à genoux des mouvements compliqués de la tête, du buste et des mains ; le rythme – d'abord très lent et qui va s'exaltant jusqu'à la frénésie – est donné par un tambour de terre cuite, en forme de marmite *(guedra)*, tendu d'une peau décorée.

RYTHMES ET RITUELS DES GNAOUA

Les Gnaoua, dont l'histoire se perd dans la nuit des temps, seraient d'une part des descendants d'esclaves soudanais venus travailler dans les plantations du Sous, du Haouz de Marrakech et dans les sucreries d'Essaouira, sous le règne du sultan Ahmed El Mansour, et d'autre part des Guinéens qui constituèrent au 17e s. la garde noire de Moulay Ismaïl. Ils descendaient aussi des centaines de Noirs que le sultan Mohammed ben Abdallah fit venir du Soudan (qui à l'époque englobait les actuels Mauritanie, Sénégal, Guinée, Mali et Niger) pour la construction de la ville d'Essaouira.

Ils se produisent surtout à Marrakech, sur la place Jemaa el Fna, et dans les festivals. Utilisant tambours et **crotales**, ou *qarakeb* (sortes de castagnettes en fer, faites d'une tige renflée en forme de coque à chaque extrémité), leur numéro se situe à la limite de l'acrobatie. L'intensité des rythmes, le talent des danseurs, s'expriment dans des sauts et sonnailles exécutés pour attirer les spectateurs.

Il y manque l'une des phases essentielles de la *derdeba* gnaoui : l'état de transe (qu'on appelle le *hal*, quête mystique du divin) et les danses de possession, ces deux éléments constituant la phase finale du rituel, ou *m'louk*. Qui veut connaître ces rituels authentiques que n'ont pas altérés les flux touristiques ou les influences étrangères se doit d'aller à Essaouira, ville des Gnaoua par excellence, où se tient chaque année

H. Belmenouar / MICHELIN

Gnaouas d'Essaouira.

en juin depuis 1998 le Festival de la culture gnaoua, auquel s'associent des musiciens de jazz.
Vêtus de vert et de rouge, les acrobates de la **confrérie de Sidi Ahmed ou Moussa**, originaires de l'Anti-Atlas (région de Tiznit-Tafraoute) exécutent leur numéro place Jemaa el Fna et... dans plusieurs cirques du monde.

Saveurs marocaines

Si les Marocains sont généralement très sobres dans leur nourriture quotidienne, la cuisine marocaine (que d'aucuns considèrent comme l'une des meilleures de monde) est savoureuse et raffinée. L'art culinaire marocain, tel que vous pourrez le découvrir dans les meilleurs restaurants de Fès ou de Marrakech, réside dans l'union subtile de saveurs sucrées et salées et dans l'utilisation d'épices et d'herbes aromatiques variées.

LES METS

Ceux-ci sont à base de légumes, de semoule de couscous, de poulet, de mouton, de fruits (oranges, dattes...), de lait. Près des côtes, le poisson entre également dans bon nombre de préparations culinaires (tajine de poissons, sardines grillées ou présentées en boulettes, accompagnées de sauce tomate, *briouates* aux crevettes, *pastilla* farcie aux fruits de mer, congre aux raisins secs, etc.). Dans le Grand Sud, la nourriture est souvent composée de viande de chameau, de couscous, de lait de chamelle et de thé ; chez les nomades, le lait et les dattes tiennent une place importante.

Festival de Fès

Les olives

Les **olives** (on en trouve de différentes couleurs dans tous les souks, entassées dans des jarres ventrues) sont proposées en maintes occasions. Les vertes, que l'on cueille à l'automne avant maturité et que l'on rince afin d'enlever toute amertume, avant de les mettre en saumure ; les noires, cueillies en pleine maturité, en hiver, confites dans le sel, puis lavées et séchées au soleil, et que l'on conserve dans l'huile pour les servir à l'apéritif, notamment ; les violettes, appelées olives tournantes, tailladées et laissées dans l'eau pendant plusieurs jours, puis confites dans un mélange d'eau et de jus d'orange ou de citron.

La kessra

Pain rond et plat comme une galette fait de blé dur, d'orge ou de seigle, suivant les régions, et souvent pétri à la maison, il est partout présent et constitue l'un des éléments essentiels de la nourriture marocaine. On voit à travers tout le pays, dans les petites villes et les villages, des enfants ou des femmes porter sur la tête ou sous le bras un plateau de bois recouvert d'un linge : ils apportent au four du quartier *(farn)* le pain pétri à la maison, ou rapportent chez eux le pain croustillant et doré tout juste sorti de ce même four.

La harira

C'est une soupe substantielle à base de bouillon de viande auquel on ajoute pois chiches, fèves, lentilles, légumes frais, oignons, œuf, farine, gingembre, coriandre, safran, poivre, beurre... Elle est servie partout et en tout temps, mais surtout pendant le mois du ramadan, où elle sert à rompre le jeûne quotidien. On la sert alors accompagnée de **dattes**, que l'on consomme en grande quantité à cette époque-là. Toute aussi nourrissante, mais plus légère, la **chorba** est la soupe de légumes traditionnelle.

La pastilla

La **B'stila**, souvent appelée **pastilla**, sorte de gâteau mi-salé, mi-sucré, fait d'une savante pâte feuilletée fourrée de pigeon haché, d'œuf, de raisins, d'amandes, d'épices, et saupoudré de sucre et de cannelle, est le fleuron de la cuisine marocaine ; elle demande des heures de préparation et beaucoup d'art, surtout si l'on songe qu'elle peut parfois compter plus d'une vingtaine de feuilles ou couches de pâte fine.

Les salades

Nombreuses et variées, elles tiennent une place importante dans les repas ; l'habitude voulant qu'on en propose plusieurs à la fois, qu'elles soient servies seules en entrées ou pour accompagner un plat. Il en existe de toutes sortes : salade aux poivrons et aux tomates, agrémentée de piments, de persil, d'ail et de coriandre ; salade d'aubergines ou de courgettes frites ; salade de fèves parfumée au gingembre et décorée de lamelles de citron confit ; salade de carottes à l'orange ; salades à base de foie de mouton, etc.

Méchoui

En plat de résistance, c'est le mouton qui est le plus consommé : en brochettes, rôti en **méchoui** ou en ragoût, il est de toutes les réjouissances. Le poulet fait l'objet de maintes préparations : farci de semoule, de miel, d'amandes, de raisins secs ou en ragoût, accommodé avec du citron, des olives, des pruneaux.

Tajine

Les recettes de *touajen* (au singulier **tajine**) de poulet, de mouton, de pigeon, de légumes varient à l'infini. Elles associent dans leurs différentes préparations du miel, du citron, des coings et des pommes, des raisins secs ou des pruneaux, donnant aux mets une saveur aigre-douce. Mijoté dans une daubière en cuivre, le tajine est servi dans un plat rond en terre vernissée surmonté d'un couvercle conique, qui lui a donné son nom.

Couscous

Le **couscous** (qui n'est pas à l'origine un plat marocain, mais l'est devenu) accompagne toutes les solennités de l'année. Les recettes varient d'une famille à l'autre, et l'on offre parfois du lait caillé en guise de boisson. Peu relevé, on l'accompagne d'un bouillon aromatisé ; il est servi au moins une fois par semaine, après la prière collective du vendredi, dans un grand plat en terre cuite, large et peu profond, autour duquel les convives s'assoient. Il existe un précepte arabe qui recommande de laisser le milieu, car la bénédiction du Ciel y descendra…

Une pastilla réussie…

Mettre dans une casserole la viande de pigeon coupée en morceaux, un peu d'huile d'olive, de gros oignons, un soupçon de gingembre en poudre, quelques grammes de safran et laissez cuire 30mn. Après avoir retiré la viande, rajoutez une botte de coriandre hachée, une botte de persil également haché, cannelle et sucre. Laissez réduire et rajoutez 12 œufs battus.

Dans un moule, placer une couche de 3 feuilles de pastilla (« ouarka ») ; disposez dessus les morceaux de pigeon, puis la sauce. Saupoudrez d'amandes émondées, recouvrez le tout avec deux feuilles de ouarka, fermez. Faire cuire 30mn au four, puis démoulez et décorez avec du sucre glace et de la cannelle.

Tanjia marrakchia

Signalons également la **tanjia marrakchia**, surnommé « le plat des célibataires » : ce ragoût composé de morceaux de bœuf ou d'agneau aromatisé avec ail, cumin, safran, citron, ras-el-hanout, sel, etc. est placé dans une jarre (la *tanjia*) que l'on enterre sous les cendres d'un hammam ou du four à pain du quartier : elle doit y cuire au moins quatre heures.

Les pâtisseries

Les pâtisseries – les **griouchs**, **l'amlou**, pâte d'amandes grillées moulues avec

J. Malburet / MICHELIN

Pâtisserie à Casablanca.

de l'huile d'argan et mélangées avec du miel, les **briouates** (gâteaux au miel), sans oublier les **beghrir**, crêpes plus ou moins épaisses arrosées de beurre fondu et de miel, les **ghoriba dial janjlane**, petits fours au sésame et les fameuses **cornes de gazelle,** où domine la pâte d'amandes – parachèvent la réussite de tout bon repas. Les fruits confits sont une spécialité de Marrakech.

LES BOISSONS

Pour ceux qui apprécient de boire du vin lors des repas, il existe un certain nombre de crus tout à fait honorables.

Les mets s'accompagnent du vin gris de **Boulâouane**, d'un **valpierre** (rouge ou blanc), d'un **chaud-soleil** (rouge ou blanc), d'un **sidi-larbi** (rouge), d'un **clairet** (rouge, à servir frais), d'un **cabernet** (ce cépage français a été introduit avec succès au Maroc), d'un **oustalet**, ou d'autres vins locaux comme celui des Beni-Snassen ou ceux de la région de Meknès, tels le **guerrouane** (rouge ou rosé), le **ksar** (rouge, rosé ou blanc – demi-sec et plutôt fruité) ou le **toulal**. Originaire du Siroua, le **rosé médaillon** – quoiqu'un peu lourd – est également un bon vin. Dernier-né de la culture viticole marocaine et première AOC du Maroc, le **coteaux de l'Atlas**produit par les Celliers de Meknès, est un vin rouge puissant, tout comme le **beauvallon**. Ce dernier, très parfumé, existe aussi en blanc et dépasse largement le **sémillant**, présent cependant à la table de maints restaurants. Citons également les crus de la région d'Essaouira, **mogador** et **val d'argan**, plus qu'honorables.

Les amateurs d'eau disposent des eaux minérales d'**Oulmès** (gazeuse) et de **Sidi Harazem**.

Mais la boisson nationale au Maroc est le **thé à la menthe**.

PROVERBES

« Le visiteur est sous la règle du visité. »

« Celui qui a mangé les poulets d'autrui doit engraisser les siens. » (Le savoir-vivre exige d'inviter en retour son hôte et de l'accueillir encore mieux qu'il ne vous a accueilli.)

« Celui qui a mangé sa part doit fermer les yeux. » (« Ne pas avoir les yeux plus gros que le ventre. »)

L'ART DE RECEVOIR

Les diffas

Les grands repas, ou *diffas* comportent toujours le même cérémonial. Les plats sont apportés et gardés chauds dans de grands récipients ronds en vannerie, en cuir clouté, en cuivre, ou en argent, montés sur trois pieds sculptés, et coiffés d'un couvercle conique. Les serveurs passent une aiguière et un bassin de cuivre et versent de l'eau sur les doigts des convives, qui puiseront à tour de rôle dans le plat commun posé sur une table basse. Les Marocains se servent de la « fourchette d'Adam » avec dextérité, n'utilisant que le pouce, l'index et le médius, s'aidant souvent de gros morceaux de croûte ou de mie de pain pour saucer ou prendre viande et légumes dans le plat commun. Les convives se rincent à nouveau les mains avant de déguster le thé à la menthe, conclusion obligatoire de toute *diffa*.

Les règles de savoir-vivre

Lorsque l'on est invité pour un repas, il est de coutume de se déchausser avant de pénétrer dans la pièce principale dont le sol est recouvert de tapis ; de se laver les mains avant et après le repas. Après avoir pris place sur la grande banquette qui entoure la pièce de réception décorée jusqu'à mi-hauteur de zelliges, la tradition veut que l'on accepte, avant le repas, du thé à la menthe accompagné de quelques pâtisseries. Parfois des pétales de roses sont dispersés sur la nappe en signe de bienvenue. De la même façon, les dattes et le lait sont souvent offerts en signe d'accueil ; leur dégustation est paraît-il de règle dans toutes les réceptions officielles. Mais avant toute chose, l'usage veut que l'on prononce « *Bismillah* » (au nom de Dieu) avant de porter la main au plat, et « *Hamdou lillah* » (Dieu soit loué !) à la fin du repas.

Le thé, symbole d'hospitalité

Le **thé à la menthe** (thé vert et menthe fraîche) fait partie intégrante de la vie marocaine, pourtant son usage ne s'est guère généralisé qu'au 19e s. Il est de tous les milieux, de toutes les heures, de toutes les circonstances. On le sert bouillant et déjà sucré avec toutes sortes de biscuits *(dwaz d'atai)* ou de petits pains ronds parfumés à l'anis *(batbout)*. Sa préparation devant les convives selon des rites immuables, est un moment de grâce où l'on fête le plaisir d'être ensemble. Les pains de sucre sont cassés en petits morceaux à l'aide d'un marteau à sucre *(mdaqqa)*. Ensuite, les gestes s'enchaînent : rincer la théière, y verser un peu d'eau bouillante puis la jeter ; mettre le thé et mouiller d'eau, ajouter une poignée de menthe fraîche et quelques morceaux de sucre ; remplir la théière à ras bord, goûter, réchauffer, goûter et sucrer à nouveau. Quand tout est accompli au cœur de la théière, verser en tenant la théière au bec incurvé de plus en plus haut car il faut, comme le disent les Sahraouis, qu'il y ait de la mousse pour faire honneur aux invités. Les doigts très écartés parce que le verre brûle, aspirer alors de petites gorgées. Cette pause peut durer plusieurs heures, le temps d'échanger informations et paroles d'amitié, et parce que l'usage veut que l'on ne parte pas avant d'avoir bu le troisième verre, comme le veut l'adage : « Le premier fort comme la vie, le deuxième sucré comme l'amour, le troisième suave comme la mort. »

Chez les Berbères, la bouilloire de cuivre est posée sur un brasier de terre (*qanoun*), dont le feu est attisé par un soufflet (*rabouz*), qui fait s'éparpiller des nuées d'étincelles alors que, posés à même le sol sur des nattes, tapis et coussins chatoient à la lumière des braises. En ville, la théière, en argent, métal blanc ou cuivre jaune suivant la fortune de chacun, et les verres sont présentés sur un plateau ciselé.

R. Mattès / MICHELIN

Le thé, symbole de la convivialité marocaine.

H. Belmenouar / MICHELIN

Dans un atelier de poterie.

L'artisanat

Métiers, techniques, savoir-faire passant de génération en génération par l'intermédiaire des Maâlems (« celui qui sait » mais aussi « celui qui transmet »), l'artisanat marocain ne cesse de séduire les visiteurs. Potiers, dinandiers, ébénistes, marqueteurs, orfèvres, les artisans marocains sont dépositaires d'un savoir ancestral.

UN TRAVAIL D'ARTISTES

Héritiers de métiers transmis depuis des générations, les **Maâlems** (maîtres artisans) sculptent, moulent, façonnent la matière et la calligraphient, mais font également passer leur savoir auprès de leurs apprentis. Étonnants créateurs d'un art non-figuratif, ils jouent en virtuose de la combinaison des lignes et de la répétition des motifs, et de cet art du tracé naît une myriade de combinaisons où l'artiste peut donner libre cours à son imagination. Témoignage d'un savoir et d'un art toujours vivant, l'artisanat est régi par des corporations (tailleurs de zelliges, tourneurs sur bois, potiers, etc.) qui fonctionnent selon des règles ancestrales, et si les artisans citadins ont réalisé par le passé des chefs-d'œuvre dans les monuments des villes impériales, certains perpétuent encore aujourd'hui une tradition digne de leurs prédécesseurs.

L'artisanat berbère

Purement utilitaire, il a pour objet le mobilier du cultivateur ou du nomade, les quelques ustensiles et outils indispensables à sa vie, les articles composant sa parure, notamment lors d'événements exceptionnels tels que les mariages. Soumis à des codes répondant aux croyances religieuses, il n'utilise, dans la décoration de ses réalisations, que des motifs géométriques répondant à un symbolisme complexe, celui-là même utilisé pour les tatouages, permettant aux experts d'identifier le lieu d'origine, voire la tribu qui a réalisé l'objet. Ce sont les femmes qui tissent les tapis, façonnent et déco-

Ensembles et coopératives artisanaux

Chapeautés par le ministère de l'Artisanat, les **ensembles artisanaux** (il en existe plus de 80, répartis à travers tout le royaume) sont des lieux regroupant les différents secteurs d'activités de l'artisanat, et où les artisans disposent de boutiques dans lesquelles ils exercent leur métier et vendent leurs productions. Propriété de l'État marocain, ces ensembles sont destinés à faciliter les emplettes des visiteurs par le regroupement en un même lieu des différents produits artisanaux de la région. S'ajoute à cela l'intérêt de regarder ces mêmes artisans pratiquer leur métier, tel ce menuisier sculptant un panneau décoratif à l'étonnant entrelacs géométrique, ou ce vieil homme tissant ses couvertures sur un métier à tisser traditionnel, ou bien encore cet artisan céramiste composant avec minutie un puzzle complexe de zelliges.

Les **coopératives artisanales** sont des associations d'artisans exerçant le même métier. Sous contrôle de l'État, elles sont dispensées d'impôts, mesure destinée à encourager les artisans indépendants à se regrouper pour mieux associer leurs efforts. Le produit des ventes est réparti entre eux au prorata des actions qu'ils détiennent.

rent les poteries, laissant aux hommes le travail du bois, la décoration des ustensiles en métaux et l'édification de l'habitat en terre. Intégrés à la vie de la tribu, les artisans ont à faire face aux exigences de la vie pastorale et aux impératifs de la transhumance, qui les empêchent de se regrouper dans des corporations. Malgré tout, on retrouve, dans chaque région, ville ou tribu, la même fierté quant à leur savoir-faire.

Les « arts mobiliers » citadins

Ils font quant à eux largement appel à la décoration florale. Les procédés, plus évolués, permettent un plus grand raffinement. Après s'être nourri, jusqu'au 16e s., d'apports andalous, l'artisanat urbain accuse, depuis, un caractère local très net. Les traditions se sont maintenues dans les arts de la céramique, du métal, du bois et du cuir, mais les tapis, les étoffes, les broderies ont subi une influence orientale. De nos jours, les motifs comme les couleurs des broderies se sont affinés et compliqués à la fois, introduisant toutes sortes de motifs propres à l'artisanat marocain, comme les arabesques, les entrelacs et les motifs floraux. De plus, dans les médinas aujourd'hui, les matières synthétiques font véritablement exploser la couleur.

Un moussem national

Chaque année, fin décembre-début janvier, se tient pendant une quinzaine de jours le **Moussem national de l'artisanat**. Cette grande manifestation nationale a pour but d'encourager les initiatives créatrices et d'aider certaines activités, dont la survie est parfois compromise lorsque la relève ne se fait plus ou que la réalisation du produit, dans la pure tradition, représente un coût trop élevé. Elle est l'occasion, pour toutes les villes du royaume, de présenter les meilleurs produits de leur artisanat, et pour les artisans, d'échanger leur savoir-faire.

Un rôle économique de première importance

L'artisanat joue un rôle économique très important et représente dans le Maroc d'aujourd'hui l'un des principaux secteurs générateurs d'emplois, faisant vivre près d'une famille sur trois en milieu urbain et une famille sur dix en milieu rural. Rien d'étonnant, donc, si le gouvernement chérifien s'efforce, par l'action de la Direction de l'artisanat, à Rabat, de promouvoir les « arts populaires ». Des écoles spécialisées forment les futurs artisans ; des musées font connaître les techniques et les productions de chaque ville ou région.

Dans les villes, les médinas forment des noyaux d'économie traditionnelle. Une foule de petits métiers y perpétue un artisanat qui répond aux besoins quotidiens de la population, attire les touristes, travaille même pour l'exportation.

Nombre de musées marocains sont consacrés à l'artisanat traditionnel. Parmi les principaux : à Marrakech, le musée Dar Si Saïd, mais aussi la fondation Bert Flint installée dans la maison Tiskiwin ; à Fès, le musée Dar Batha et le musée des Arts et Métiers du bois de l'ancien *fondouk* Neijarine ; à Meknès, le musée Dar Jamaï ; enfin, près de Rabat, il ne faut pas manquer les admirables collections du musée Dar Belghazi…

S. Ollivier / MICHELIN

Souk place Rahba Kedima, à Marrakech.

L'ART DU TAPIS

Objet de première utilité sous la tente du nomade, parure de la demeure citadine, le tapis joue un rôle essentiel dans l'habitation marocaine. Il est fait de laine, symbole – comme le soulignent certaines coutumes – de protection et de bonheur.

Le poil de chèvre ou de chameau entre parfois dans la composition des tissages. Exécutés sur des métiers rudimentaires de haute lisse (verticaux), tapis ruraux et tapis citadins sont à points noués. Des teintures chimiques ont remplacé pour les tons de rouge la garance et la cochenille (carmin), pour les jaunes la gaude, pour les bleus l'indigo.

La valeur d'un tapis relève de nombreux critères : région de production, ancienneté, qualité et durée du travail de l'artisan, coloris d'origine végétale faits pour durer des siècles, finesse du dessin. Le format n'a pas toujours de rapport avec le prix.

Le tapis de Rabat

C'est le seul tapis marocain d'origine citadine. Selon la légende, il serait dû à une cigogne qui – de retour d'Orient – aurait laissé choir dans le patio d'une maison de Rabat un fragment de tapis : des femmes l'auraient ramassé et reproduit. En fait, on ignore comment ce type de tapis d'inspiration orientale est apparu au Maroc ; il est, de toute manière, de création beaucoup plus récente que les tapis berbères. Comme ceux de Kairouan, il rappelle certains tapis d'Asie Mineure.

Le « Rabat » se caractérise par son fond uni – rouge ou rose pour le type traditionnel, de couleurs variables (souvent bleue) pour le tapis moderne « genre Rabat » – décoré en son centre d'un motif en forme d'étoile et bordé de bandes, toutes de couleurs différentes, aux dessins géométriques et floraux. Aux deux extrémités du champ central, un motif rappelle l'arc du mihrab figurant sur les anciens tapis de prière. Noué sur chaîne de laine, ou de coton, le tapis de Rabat se présente sous plusieurs qualités, tributaires du nombre de nœuds au mètre carré : 72 900 pour la qualité moyenne, 90 000 pour la supérieure ; plus remarquables encore sont les pièces (entièrement en laine) qui en comptent 160 000.

Petite géographie des tapis berbères

Moyen Atlas – La plus grande variété de tapis berbères se trouve dans le Moyen Atlas, où la tradition du tissage se perpétue, notamment à Azrou. Destinés à protéger, sous la tente, de l'humidité et du froid, tenant lieu de matelas, ils sont pour la plupart grands et très épais. Leur fond est généralement blanc dans le centre du Moyen Atlas, coloré à l'ouest. Se rattachent à la tradition du Moyen Atlas les :

– **Beni Mguild** : à l'intérieur de bandes horizontales ou de quadrillages, motifs et nuances sont très variés.
– **Zaïane** (Tarmilate-Khenifra) : sombres, ornés de grands losanges, ils sont réputés, mais leur tissage est en régression.
– **Zemmour** (Meknès-Rabat) : leur fond est généralement rouge.
– **Zaer** (sud de Rabat) : tissés ou noués, ils sont souvent utilisés comme tapis de selle.
– **Marmoucha** (est de Boumalne) : sur les fonds blancs s'inscrit un décor chargé, dans des tons sombres, bruns ou fauves.
– **Aït-Yakoub** (région de Taza) : fonds rouges, dessins blancs, bleus, orange et noirs.
– **Beni-Ouarraïn** (sud de Taza) : de rares taches noires tranchent seules sur la laine blanche.

Tous ces tapis sont également tissés dans les grandes villes.

Haut Atlas et région d'Ouarzazate – Tissés par des sédentaires, ils ont une vocation plus décorative qu'utilitaire. Plus petits que les précédents, ils sont d'un tissage plus fin ; leur laine est plus courte, leur aspect moins mat. Ils présentent généralement des tons assez vifs : orange, rouge, jaune… Les **Aït-Ouaouzghit** et les **Glaoua** (Tazenakht, Ouarzazate, région de Marrakech) comptent parmi les plus connus. Leur fond est habituellement noir.

Haouz (à l'ouest de Marrakech) – La tradition du tissage des tapis a été introduite dans cette région au 17e s. par des nomades sahariens, les Bou Sbaâ.

Les tapis **Chichaoua** sont célèbres pour leurs fonds aux chaudes colorations allant du rouge foncé au bois de rose. Ils portent souvent un motif en zigzag à chaque extrémité ; d'autres sont unis, ou entièrement ornés de dessins géométriques ; certains d'entre eux, anciens, offrent la particularité d'être parsemés de personnages, d'animaux, d'objets usuels ou bien de signes mystérieux.

Maroc oriental (région de Taourirt-Oujda) – Les **Beni-Bouyahia** et les **Beni-Bou-Zeggou** présentent, sur un vaste champ rouge, des dessins à dominantes vertes et bleues.

Délégation de l'artisanat marocain

Tapis Aït-Ouaouzghit (Haut Atlas).

Les tapis berbères

La confection des tapis ruraux est une activité familiale très ancienne; dans les écoles et les coopératives spécialisées, les traditions du tissage sont scrupuleusement respectées. Les tapis berbères sont de haute laine, à telle enseigne que le dessin disparaît parfois dans l'enchevêtrement des brins et ne devient visible que lorsque le tapis est à demi usé.

Les motifs décoratifs (losanges, rectangles, chevrons) sont souvent disposés par bandes transversales. À l'inverse des tapis citadins, les tapis berbères ne sont que rarement ornés d'un encadrement. Les tons, peu nombreux, sont juxtaposés, jamais fondus.

TENTURES ET ÉTOFFES

Les couvertures et les tentures berbères, tissées sur les mêmes métiers que les tapis, sont faites de laine, parfois de poil de chèvre ou de chameau; elles présentent des figures géométriques (losanges, chevrons, rectangles imbriqués) aux coloris très soutenus, répartis en compartiments à l'intérieur de bandes transversales parallèles, sur des fonds unis. Les femmes des montagnes tissent aussi la rude toile noire dont sont faites les tentes, des tapis de selle, et de lourdes étoffes rayées.

Dans le **Moyen Atlas**, les préférences vont aux tons bruns, ocre, rouges, violets, bleus.

On y trouve les célèbres **hanbel**, qui garnissent – à l'intérieur – le bas de la tente et sont utilisées comme couvertures : longues et étroites, à tissage ras, elles sont formées de bandes de largeurs différentes, pour certaines décorées de motifs dont la polychromie s'inscrit sur un fond noir.

Généralement blanches, les **hendira** – pièces d'étoffe rectangulaires au tissage serré que les montagnardes jettent sur leurs épaules en guise de manteau – sont coupées transversalement par quelques larges raies ornées de motifs de couleur, auxquelles correspondent, sur l'autre face du tissu, des lignes de franges. Dans le **Haut Atlas**, les *hanbel*, tissées sur chaîne en poil de chèvre, présentent des bandes noires, rouges et jaunes avec quelques motifs brodés; on peut les trouver à **Ouarzazate**, ou sur les souks de la vallée du Dades. La *hendira* du Haut Atlas se caractérise par ses rayures blanches et noires, ces dernières rehaussées de pointillés blancs ou de couleurs.

On fabrique aussi des *hanbel* à **Marrakech**; mais les plus connues sont celles de **Salé**, à tissage ras et traversées de bandes rouges à points noués décorées de dessins géométriques bariolés. Les artisans d'**Ouezzane** produisent des tissus pour djellabas. Les couvertures bigarrées de **Boujaâd**, ou **bizarra**, à rayures serrées, sont célèbres pour leurs couleurs très vives. On trouve en **pays zaïane** une couverture blanche rayée de noir et d'écru.

La confection des soieries, à **Fès**, est un peu tombée en désuétude, bien que les femmes portent encore, pour les grandes fêtes principalement, d'épaisses ceintures de soie, à larges rayures ou à motifs polychromes.
Quelques artisans perpétuent la tradition du tissage des brocarts.

LA BRODERIE

Utilisée dans la confection de nappes, de coussins, d'écharpes, de ceintures, de caftans…, la broderie, essentiellement citadine, entre dans le cadre d'un commerce de luxe, dans lequel certaines villes marocaines s'enorgueillissent de points, de motifs, de couleurs qui leur sont propres.

Celle de **Fès**, réputée pour sa finesse, la plupart du temps monochrome, reproduit des motifs « arborescents » aux éléments géométriques.

Celle de **Meknès** s'en distingue par ses vives couleurs et sa disposition en semis qui rappelle par sa polychromie les mosaïques vernissées des monuments.

Dans la broderie de **Rabat**, un simple point plat comble les motifs disposés en bouquets ou en guirlandes.

À **Salé**, points nattés et points de croix s'allient dans des dessins clairs. Azemmour et Tetouan ont aussi un nom dans cet artisanat.

LA CÉRAMIQUE

Que ce soient des tajines au couvercle conique, des poteries berbères aux dessins géométriques rappelant les motifs de leurs tapis, des céramiques vernissées comme celles, polychromes, de Safi, celles de Fès à décor bleu sur fond émaillé blanc, ou encore de Meknès, ornées de palmes et de rinceaux, le choix est infini.

Les poteries berbères

On les a comparées aux poteries égéennes du 3e millénaire av. J.-C. Généralement modelées par les femmes, sans l'aide d'un tour, ces poteries sont polies à la pierre, puis séchées au soleil ; certaines sont décorées au pinceau avant d'être cuites en plein air sur des feux de broussailles ou de branches. Marmites ou pots ventrus, coupes montées sur un pied étroit, cruches, jarres, vases en forme d'amphores, toutes sont galbées avec gaucherie. Le décor (chevrons, losanges, damiers, pointillés, arcades accusant la ligne de renflement) est appliqué sur l'argile claire ou ocre, ou sur un enduit blanc. Les plus belles sont fabriquées chez les **Tsoul** au nord de Taza, dans le **Zerhoun** et dans le **Rif** (Oued-Laou, près de Tetouan).

Les poteries du Haut Atlas (région au sud de Marrakech) se caractérisent par leur couleur ocre ; celles d'**Amizmiz** ont belle allure, avec leur simple feston noir.

Dans le sud (Anti-Atlas, *jbel* Bani), les hommes façonnent l'argile en se servant d'un tour sommaire actionné avec le pied ; les objets sont rarement décorés. Aux environs de Zagora **(Tamegroute)**, on fabrique des poteries vernissées vertes. À **Ouarzazate**, sur la pâte blanchâtre sont exécutés quelques dessins marron.

Les céramiques citadines

Un peu partout, les potiers confectionnent des objets d'usage courant : pots, cruches, écuelles, plats à couscous, tajines (Salé), sans ornements ou tachetés de quelques dessins faits au goudron (Fès, Tetouan). À Fès et à Meknès sont fabriquées les tuiles rondes vernissées, de couleur verte, qui couvrent la plupart des monuments.

Les céramiques citadines sont surtout ornementales. Outre les plaques qui servent à confectionner les zelliges, l'artisanat urbain produit de très belles poteries, qui utilisent dans leur ornementation des motifs floraux d'inspiration orientale.

Plusieurs villes sont réputées pour la fabrication des céramiques vernissées. **Fès** en est le berceau et la capitale. Vases, pots à couvercle, plats ronds, jattes sont de formes simples et peu variées ; leur décor, en croix ou rayonnant, est, en revanche, d'une composition recherchée : motifs végétaux, géométriques et épigraphiques s'y rencontrent ; mais aussi des plumes, et même des bateaux. Fès triomphe avec ses céramiques à décor bleu sur émail blanc. Les céramiques de **Meknès** se reconnaissent aux palmes sur rinceaux et aux feuilles dentelées et nervurées. Les poteries de **Safi**, dues à une récente émigration d'artisans fassi, sont blanches et décorées de bleu ; Safi produit aussi des faïences à reflets métalliques.

Dans le même temps, de jeunes céramistes issus d'écoles des beaux-arts proposent dans certains magasins des grandes villes des poteries résolument modernes, sans rompre pour autant avec la tradition.

LA FERRONNERIE

Le travail du fer n'est pas pratiqué par les Berbères.

Les belles grilles en fer forgé qui tiennent lieu de portes sont l'œuvre d'artisans citadins attachés à la tradition andalouse. Dans le souk des forgerons à **Marrakech** se fabriquent des lustres, des lanternes, des cadres de miroirs, des supports de plateaux, des devants de feu, des ferrures, des grilles…

Tetouan, **Salé**, **Fès**, **Azrou** doivent également être citées. **Meknès** est spécialisée dans la production des objets en fer noirci, damasquiné d'argent.

LA DINANDERIE

Le grand centre en est **Marrakech**.

La technique du cuivre fondu et tourné a été remplacée par celle du coulage.

H. Belmenouar / MICHELIN

Céramiques sur un marché.

La **ciselure**, toujours superficielle, est effectuée au burin. Le **damasquinage**, art délicat venu de Damas, consiste à incruster dans le métal des fils lisses ou torsadés en cuivre, en argent, en or; il est utilisé dans la décoration d'éperons, d'étriers, de gardes de sabres, mais aussi de plateaux magnifiquement décorés d'entrelacs et de palmettes.
Martelé et **repoussé**, le cuivre – à partir du 15e s. – revêt les portes extérieures de larges plaques décorées d'arabesques et d'inscriptions.
Le travail du **maillechort** (alliage de cuivre, de zinc et de nickel, dont l'éclat blanc rappelle celui de l'argent) est une spécialité de **Marrakech** et de **Fès**.
Le plateau rond qui, monté sur pieds ou posé sur un trépied de fer, atteint les dimensions d'une table (tables à thé, à *dittas*), s'accompagne de vases, aiguières, théières, bouilloires, braseros, boîtes à thé ou à sucre, lanternes (au décor ajouré, rehaussé de verres de couleurs), chandeliers, brûle-parfums...

LES BIJOUX

Ils furent longtemps l'œuvre d'artisans juifs, émigrés d'Espagne. Certains colliers, parures de tête ou ceintures, sont faits de minces plaques découpées et assemblées par des chaînettes, ou soudées. De nombreuses pièces sont obtenues par moulage, puis gravées ou ciselées.
Le **filigrane** (fils de métal torsadés, aplatis et enroulés en de fins motifs ajourés) est employé par les bijoutiers d'Essaouira et de Tiznit.
La **nielle** (incrustation d'émail noir), fréquente dans les pièces anciennes, se perpétue sur le versant sud de l'Anti-Atlas.

La technique du **cloisonné**, importée d'Andalousie (motifs en émail ou en pâte de verre de couleur, sertis de minces parois de métal), s'est conservée dans le Sous.

Bijoux citadins

Ils sont généralement en or finement ciselé de motifs, floraux pour la plupart, très légèrement creusés; rehaussés de pierres précieuses souvent en cabochons (émeraudes, diamants, grenats, rubis très clairs dits « de Fès »), ils peuvent atteindre une grande magnificence.
Ceux de **Fès**, d'**Essaouira**, de **Marrakech** et de **Meknès** sont renommés.
Les **fibules** (simples ou formées de deux éléments reliés par une chaîne), les grands pendentifs d'oreilles que l'on accroche dans les cheveux, les ornements frontaux rappelant les ferronnières de la Renaissance, les bijoux « de poitrine » (plaques d'or enchâssées de pierres ou larges colliers en dégradé formés de rosaces assemblées par des boules en or) sont portés seulement dans les grandes fêtes.
Portée en pendentif, la **khamsa**, que l'on appelle aussi « main de Fatma », est très répandue. Figurant une main ouverte (geste magique censé protéger contre le mauvais œil), la *khamsa*, mot qui signifie cinq, comme les cinq doigts de la main, peut être de dimensions variables et présenter diverses décorations. Il en est de fort belles, délicatement ciselées et ornées de racines d'émeraude ou d'un décor en émail cloisonné, ou bien encore agrémentées de motifs en zigzag rappelant les tatouages, ou de petits animaux comme la colombe ou la salamandre.
La **lebba** (collier très ancien fait de longs pendants couvrant la poitrine)

et le **taj** (diadème composé de plaques décorées s'articulant sur des chaînettes ou des charnières, ou bien posées sur un bandeau enrichi de perles) parent l'épousée dans les grands mariages.

Bijoux « berbères »

À la campagne, dans le sud surtout, le goût pour la parure est très vif, et les bijoux berbères ont eux aussi leur somptuosité. Les plus beaux sont en argent, d'autres sont en bronze ; mais, si humble soit le métal, et malgré la profusion des breloques, ils gardent toujours une grande noblesse. Ils sont d'une exceptionnelle pureté de lignes, avec leurs dessins géométriques et parfois quelques motifs floraux. La verroterie et la cire de couleur y remplacent souvent les gemmes et l'émail.

Dans la région de Tafraoute, les parures très colorées des femmes berbères sont composées d'un pendentif central ovoïde en émail cloisonné, appelé *taguemmout*, et de pièces de monnaie *(hassanis)* sur lesquelles sont sertis des cabochons de verre taillé.

La **fibule** fixe le drapé sur l'épaule ou retient le rectangle de tissu servant de manteau ; c'est un triangle massif, ciselé et orné de grenats et de cabochons de verroterie souvent carrés.

Pendants d'oreilles, frontaux, bijoux de tête ou de poitrine envahissent le front, le cou, le buste : triangles ciselés, perles de métal lisse ou filigrané, chaînes, pièces de monnaie anciennes, boules d'ambre ou de corail se mêlent à des bandes de tissu ou à des cordelières de laine.

Le simple collier d'ambre, aux vertus bénéfiques, est porté très couramment.

Dans l'extrême sud, on trouve un type de boucle d'oreille faite d'un immense cercle ; on ne porte plus guère les anneaux de cheville.

Les bracelets, contrastant avec les autres bijoux par leur sévérité, sont larges et épais, décorés de côtes bombées ou garnis de pointes pyramidales ; la *nbala* de l'Anti-Atlas, à charnières, présente des motifs colorés cloisonnés en filigrane.

Cet art du bijou d'argent s'est concentré dans le Sous : **Tiznit**, **Inezgane**. **Taroudant** est connue pour son souk des bijoutiers, où sont vendues de belles pièces anciennes. On trouve à Guelmim des bijoux sahariens, notamment des pendentifs.

LES ARMES

Les artisans de **Tiznit**, **Marrakech**, **Fès** et **Meknès** exercent leur habileté sur la décoration des armes. La plus typique est la **koumiya** (que les Berbères appellent souvent *jénoui*), poignard à lame recourbée que, les jours de fête ou de souk, paysans et montagnards portent en bandoulière par-dessus la djellaba ; son manche et son fourreau en cuivre ou en argent ciselé en font un véritable bijou. Les vieux fusils à pierre – ou **moukkahlas** –, avec leur crosse ouvragée et leur canon parfois bagué de cuivre ou d'argent, apparaissent encore dans les fantasias. Les boîtes à poudre, rondes, triangulaires ou en forme de poire, portent un décor très fouillé.

LE CUIR

Les objets de cuir viennent en tête dans l'exportation des produits de l'artisanat marocain après les tapis. C'est une tradition ancienne qu'exploitent surtout

R. Mattès / MICHELIN

Le quartier des tanneurs à Fès.

Maroquin

Le mot « **maroquin** », par lequel on a désigné à partir du 16e s. le cuir provenant du Maroc (peau de chèvre ou de mouton tannée avec des produits d'origine végétale comme le sumac ou la noix de galle), a donné naissance au terme maroquinerie.

Fès, Marrakech, Rabat, Meknès, Tetouan, Tanger. **Fès**, qui assure à peu près la moitié de la production, fournissait déjà en peaux de chèvres l'Europe du Moyen Âge. Plusieurs villes possèdent encore leur quartier des tanneurs avec son enclos pavé de cuves colorées et nauséabondes creusées dans le sol. Des hommes, jambes nues, pataugent dans ces cuves et brassent des peaux lourdes d'un indescriptible liquide à l'odeur étouffante. Une fois séchées, on utilise ces peaux pour les sacs, les poufs, les reliures ou les babouches. Les babouches, fines mules sans quartier ni talon, jaunes ou blanches pour les hommes, de couleurs variées et brodées de fils de soie, d'or ou d'argent, ou en cuir naturel brodé de motifs multicolores pour les femmes, sont à bout pointu chez les citadins, à bout carré pour les paysans ; dans le Moyen Atlas, et surtout dans les pays zemmour et zaïane, elles s'ornent de rondelles en feutre. La *chekkara*, sacoche à franges, est portée en bandoulière par les hommes de la campagne et fait pendant au poignard. On trouve des selles de chameau à Marrakech, Casablanca, Rabat et Fès ; des soufflets à Fès et à Marrakech. Les poufs, les liseuses, portefeuilles, sacs, coffrets sont surtout destinés à l'exportation. Le cuir peut être repoussé **(Rabat)**, ou encore excisé **(Marrakech)** ; souvent, il s'orne de broderies en soie, ou d'incrustations de lanières de couleurs **(Tetouan)**.
Dans les régions sahariennes, le travail sur cuir a un caractère très particulier et devient parfois le support d'un art véritable. On y applique des techniques aussi diverses que la teinture, l'incision, le découpage et la superposition. Des motifs géométriques sont juxtaposés à des dessins en arabesque, formant un véritable langage visuel.

LE BOIS

Sculpture sur bois

On retrouve un peu partout dans les échoppes et les entrepôts des médinas, l'odeur délicieuse du bois de cèdre utilisé dans les auvents des *médersas* et des mosquées, les portes de maisons – humbles ou majestueuses – les *moucharabiehs*, les *fondouks*, et les magnifiques plafonds peints. Outre le cèdre à l'odeur caractéristique, on travaille le thuya (ou arar), le chêne et – en incrustation – le citronnier, le noyer, l'ébène du Sous, l'acajou (ce dernier est généralement importé du Gabon et de la Côte d'Ivoire). Dans les souks, des tourneurs sur bois font naître en un tournemain des manches de brochettes, des pieds de tables, des flacons à khôl… La sculpture sur bois,

Galerie d'art Frédéric Damgaard, Essaouira

Sculpture en racine de thuya par Abdessamad Sedram.

mise à l'honneur par les Mérinides dans les parements muraux, corniches, consoles, linteaux, plafonds de cèdre, est un art dont la pratique se raréfie. À **Tetouan**, **Salé**, **Essaouira**, **Meknès**, on confectionne toutefois des arcs de portes ou d'alcôves, des lustres de mosquées, et on perpétue la tradition de la stalactite ; on peint de grands panneaux destinés à parer les portes intérieures et les plafonds. Les motifs, généralement floraux, qui ornent les armoires, les étagères, les miroirs et certains coffres, prennent – légèrement soulignés de blanc ou de noir – plus de relief.
À Fès, Meknès et Tetouan, la fabrication de moucharabiehs est encore importante.

Les coffres

Les coffres sont l'une des pièces essentielles du mobilier : coffres de Fès, très sobres, en thuya et aux ferrures ouvragées ; coffres de Meknès – qui ont inspiré ceux de Rabat et de Salé –, très sculptés, sans ferrures, en cèdre prenant une belle patine rose doré ; coffres de Marrakech, au couvercle parfois en dos d'âne, peints dans des tons légers ou tapissés de cuir ; coffres de Tetouan, aux motifs de couleurs vives peints sur fond rouge. À Taza sont réalisés des plateaux de table ainsi que le mobilier pour chambre à coucher, où le bois tourné entre pour une large part.

Marqueterie

Les forêts du Moyen Atlas fournissent aux artisans d'**Azrou** le cèdre, dans la masse duquel ils taillent des animaux, des coupes, des vases. Les incrustations sur bois et la marqueterie d'**Essaouira** sont très connues. Les boîtes, coupes et autres récipients, réalisés en thuya sans incrustations, mais dont le polissage met en valeur la loupe (comme sur les sculptures originales des artistes souiri Mohammed Bouada et Abdessamad Sedram), sont également très prisés.

LA VANNERIE

On tresse le roseau, le jonc, le raphia, l'alfa, le doum ; on tisse sur des métiers horizontaux les nattes de jonc, de doum ou de raphia qui recouvrent le sol sous la tente, dans les maisons et les mosquées. **Salé** est le centre de cet artisanat. Couffins géants, immenses hottes, chapeaux rifains, chapeaux de Khemissèt (portés par les vendeurs d'eau), corbeilles à couvercle conique – ou **tbika** –, dans lesquelles on entrepose les dattes, le pain, les gâteaux, corbeilles rondes et plates que les femmes du sud posent sur leur tête pour transporter le linge, les herbes et les dattes sont parmi les objets les plus originaux.

Le vêtement et la parure

Le vêtement marocain varie selon les régions, en fonction de traditions locales plus que d'un genre de vie ; il n'est tributaire d'aucune mode. Dans les villes modernes, l'habillement « à l'européenne » gagne du terrain ; mais on y porte encore beaucoup les costumes traditionnels.

DJELLABA, TARBOUCHE, GANDOURA ET CAFTAN

Les types de vêtements

Le plus courant est la **djellaba**, adoptée par les femmes comme par les hommes ; c'est un vêtement long, à manches, ample mais droit, un « couvre-tout » ; les hommes le passent sur une chemise de laine ou sur leur costume et en rabattent souvent la capuche sur le **tarbouche**, coiffure tronconique que les Européens ont appelée « fez ». La djellaba, en tissu lourd ou en gabardine légère, est toujours de couleur discrète. La **gandoura** est une sorte de tunique sans manches, généralement blanche. Le **litham**, blanc ou couleur de la djellaba, voile encore fréquemment le bas du visage féminin et ne laisse voir que les yeux ; dans le nord du pays, il se réduit souvent à un simple mouchoir plié en triangle et noué derrière la tête par-dessus la capuche. Moins pratique que la djellaba, le **haïk** – blanc dans le nord, sombre dans le sud – fait d'une longue pièce de tissu savamment drapée dont un pan voile le visage, a tendance à être abandonné, sauf dans la région d'Essaouira, où toutes les femmes en sont drapées. Le **caftan**, qu'une mode a importé en Europe, est la toilette des citadines ; boutonné devant, tout

Femme Aït-Haddidou

Homme bleu

Riffaine

du long, par de petites boules serrées, fendu sur les côtés, il peut être fait – pour les grandes occasions – dans un riche tissu (velours, soie, brocart…) et gansé de doré ou d'argent. Les Marocaines le portent avec une ceinture brodée.

Les paysans et les hommes des montagnes se vêtent d'une tunique claire en laine, serrée par une ceinture. Par-dessus, ils portent la djellaba, chinée ou rayée, écrue ou brune selon la saison et, plus rarement, le **burnous**, sorte de cape très large, au capuchon pointu. Les nomades que l'on rencontre aux confins du désert (plus particulièrement à Guelmim) sont revêtus d'une pièce de cotonnade indigo qui, en déteignant, colore la peau en bleu, d'où leur surnom « d'hommes bleus »; ils portent un turban, bleu ou noir, dont les pans enveloppent le cou et forment un *litham*, qui les protège contre les vents de sable.

B. Régent / Photononstop

Jeune fille du Moyen Atlas parée du « serdal ».

Spécificités régionales

Les drapés noirs des femmes des oasis (Tafilalt, vallée du Drâa) les dissimulent au point de ne laisser entrevoir qu'un œil. Légèrement plus au nord (Ziz, région du Dadès), elles mêlent au noir des rouges, des orange, des jaunes, des violets profonds; le morceau de tissu de couleur vive dont elles ramènent les pans au-dessus de leur tête, et qu'elles maintiennent par un bandeau ceignant le front, fait un peu penser aux anciennes coiffures égyptiennes.

Le costume de certaines tribus du Haut Atlas atteint une rare noblesse : la rigide *hendira* et la coiffe de tissu noir maintenu par des torsades de laine multicolores dessinent la silhouette des femmes Âït Haddidou qui vivent sur les hauts plateaux. Les montagnardes du Moyen Atlas affectionnent les tissus brochés ou les imprimés fleuris et bariolés.

Le costume des femmes du Rif ne ressemble à aucun autre; l'élément principal en est la **fouta**, rectangle de coton à rayures rouges, blanches, bleues, qu'elles s'enroulent autour des hanches ou des épaules; emmitouflées – même au gros de l'été – dans de grandes serviettes éponge sur lesquelles elles posent leur immense chapeau de paille à cordelières et pompons bleus, énormes sous leur *fouta* qui recouvre une épaisseur impressionnante de jupes et de ceintures, les jambes prises dans des guêtres de chiffons ou de cuir brun que maintient un laçage croisé et qui les protègent des herbes coupantes, elles ont, à défaut de grâce, une allure des plus pittoresques.

SE FAIRE BELLES

Les femmes berbères gardent généralement le visage découvert. Les bijoux marquent la condition des femmes. Dans le sud, elles les gardent pour vaquer à leurs occupations; elles les accumulent ou revêtent les plus beaux lors d'une grande occasion.

Le maquillage est très à l'honneur. Pour se colorer le teint, les sourcils, les cheveux, les ongles, les paumes des mains, on utilise le **henné**, auquel on accorde volontiers un pouvoir bénéfique. À cause de sa valeur prophylactique et de la « baraka » dont il est empreint dans la culture populaire, on met ainsi

Tatouages

Tracés le temps d'une fête, d'une célébration, les tatouages de couleur brune brodent et parent le corps des femmes de savants dessins au henné, qui s'effacent avec le temps. Les tatouages de couleur noire, qui marquent un statut social et l'appartenance à un clan ou une tribu, sont, eux, définitifs.

Le henné, poudre colorante utilisée pour la teinture des cheveux, des mains et des pieds, est réputé avoir des vertus bénéfiques, notamment de porte-bonheur, aussi participe-t-il à toutes les cérémonies de réjouissances.

« Si tu désires sort plus brillant, utilise henné et onguents », dit un proverbe marocain.

Haute couture marocaine

Depuis quelques années, la haute couture marocaine prend son essor sous l'égide de créateurs inspirés par le costume traditionnel marocain : citons **Tamy Tazi**, qui travailla pour Yves Saint Laurent, créatrice à Casablanca de caftans brodés, **Souad Chraibi**, **Amina Benmoussa** et **Zhor Raiss**, ou les jeunes stylistes mis en évidence lors de la manifestation « Caftan 2002 » organisée par la revue *Femmes du Maroc* tels que **Nabyl Dahani**, dont les caftans allient tradition et modernité (voire audace) et qui ouvre sa maison de couture dans un riad marrakchi, ou encore **Lahoucine Âït Mahdi,** inspiré quant à lui par les vêtements berbères.

du henné à la mariée, à l'accouchée, au nouveau-né et aux enfants circoncis, mais aussi aux malades et aux animaux, car il guérit, embellit, purifie et écarte les *jnoun* (génies). Le **khôl**, pommade à base d'antimoine, avive l'éclat des yeux. Les femmes berbères se dessinent sur le front et sur le menton des traits noirs ou de fins dessins géométriques, sur les joues de grosses taches rouges ou des pointillés ; elles utilisent pour cela le henné, la suie, le safran, du miel coloré de rouge. Ces motifs sont parfois exécutés en tatouages.

Autrefois signe magique obéissant à une symbolique complexe, le **tatouage** est devenu purement ornemental. À côté du tatouage ethnique de nature autochtone, le tatouage de fantaisie fait partie de l'esthétique ; c'est une forme d'expression dont les nombreux motifs ne respectent aucune règle précise et sont proposés par celui ou celle qui les fait.

Moussems et fantasias

À côté des grandes fêtes religieuses ou civiles qui marquent la vie du pays tout entier, de nombreuses manifestations locales, parfois très courues, mêlent le sacré et le profane.

LES MOUSSEMS

Fêtes religieuses

Ce sont de grands rassemblements populaires autour du tombeau d'un saint personnage, ou marabout. Ils coïncident avec une fête religieuse (le *Mouloud* en particulier) ou avec une fête agricole. Un *moussem* dure généralement trois jours ; on y vient parfois de très loin. Il voit surgir un véritable village de tentes, dont certaines sont de vraies tentes d'apparat, avec leur toit conique de toile claire et leur décoration de figures géométriques noires disposées en frises concentriques.

Le *moussem* est une fête totale, qui tient à la fois du pèlerinage, du spectacle folklorique et de la foire agricole. Les manifestations d'ordre religieux y occupent une place importante ; on récite en commun des prières, les *fqihs* (lettrés) commentent le Coran ; les sacrifices auxquels on procédait autrefois en l'honneur du marabout sont en voie de disparition. Une large part est également faite aux réjouissances : les conteurs publics charment l'auditoire, la musique et la danse s'y donnent libre cours, on festoie sous les tentes. L'activité commerciale est intense.

Parmi les *moussems* les plus connus, on peut citer ceux de Moulay Idriss Al Azhar à Fès, des Regraga à Essaouira, de Sidi

M. Gurfinkel / MICHELIN

Fantasia.

Ahmed ou Moussa, près de Tiznit, de Moulay Abdellah près d'El-Jadida, de Sidi Aïssa à Meknès, ou celui de Moulay-Idriss, sans doute le plus important du pays.

Pour connaître les dates et lieux exacts de ces grands rassemblements, consulter dans le chapitre « Organiser son voyage » la rubrique « Événements », p. 65.

Le moussem des fiancés à Imilchil

Sur le site du plateau d'Agdoud, dans le Haut Atlas, se déroule chaque année le *moussem* d'**Imilchil**, la fête des Fiancés de la tribu des **Aït Hadiddou**.

Ces habitants des villages situés dans la haute vallée de l'Assif Melloul, à près de 2 000 m d'altitude, appartiennent à la grande famille des Sanhaja, semi-nomades qui peuplent les vallées des chaînes montagneuses et les oasis présahariennes du Haut et de l'Anti-Atlas. Ils se divisent en deux groupes : les **Aït Yazza**, habitants d'Imilchil, village ouvert, centre administratif, où les fonctionnaires venus des villes apportent leur mode de vie et de pensée, et les **Aït Brahim**, habitants d'Agoudal, village farouche et conservateur, qui se considèrent comme issus de la branche la plus noble de la tribu.

Les jeunes filles, lors du *moussem*, portent leurs plus beaux habits, leurs plus riches bijoux. Vêtues du *haïk* noir strié de blanc, elles ont les joues maquillées de rouge vermillon, le nez, le front et le menton tatoués de délicats motifs et les yeux soulignés au khôl. La population participe à l'union des jeunes gens, en organisant des festins de viande grillée et de pain cuit au feu de bois, et en dansant jusque tard dans la nuit le fameux *ahîdous*.

La légende d'Isli et de Tislit

La légende rapporte que deux jeunes gens qui voulaient se marier en furent empêchés parce que leurs familles appartenaient respectivement aux Aït Yazza et aux Aït Brahim, entre qui tout mariage était proscrit. Désespérés, les jeunes gens se jetèrent dans chacun des lacs qui portent désormais leur nom : le fiancé Isli, la fiancée Tislit. Depuis la noyade des deux amoureux, les Aït Hadiddou décidèrent d'accorder la totale liberté à leurs enfants quant au choix de leur conjoint, et c'est pourquoi chaque année, à la fin du mois de septembre, jeunes gens et jeunes filles viennent consacrer leur union, en dehors de toute influence familiale, au sanctuaire de Sidi Ahmed El Mgheni.

Le moussem des Aïssaoua

C'est à Meknès, à l'époque du Mouloud, que les Aïssaoua tiennent leur grand moussem. Venus de tous les points du Maroc, et même d'Algérie et de Tunisie, ils se rassemblent dans le cimetière qui entoure la koubba de Sidi Aïssa, et, de là, partent en procession à travers la ville. L'impressionnant rituel de transe des Gharbawa, disciples ruraux de Sidi Aïssa, a été présenté au cirque Zingaro à Aubervilliers au printemps 2000... spectacle rare à Paris puisque la précédente présentation de cet envoûtant cérémonial de possession avait eu lieu... lors de l'Exposition universelle de 1900 !

Fêtes agricoles

Sans être à proprement parler des moussems, les **fêtes agricoles**, réglées sur le calendrier solaire, marquent le déroulement saisonnier de la vie rurale. Parmi celles-ci, **El Ansara**, équivalent de notre fête de la Saint-Jean, d'origine païenne et rurale, mais aujourd'hui célébrée aussi dans les villes, mérite une mention particulière pour ses feux de joie, ses grands repas familiaux et, dans les rues, ses larges aspersions d'eau.

LA FANTASIA

La fantasia, l'un des hauts moments de la fête, a lieu sur une vaste place. C'est la scène classique et spectaculaire des cavaliers lancés à bride abattue, tirant en l'air avec leurs vieux *moukkahlas*, qu'ils brandissent ou font tournoyer au-dessus de leur tête, se succédant par vagues dans un nuage de poudre et de poussière ; les chevaux arborent, ce jour-là, de superbes harnachements dorés ou argentés qui rutilent au soleil.

De ce spectacle attrayant (et éminemment touristique), on ne voit bien souvent que l'écorce brillante : les nombreux cavaliers armés de longs fusils, les chevaux et leur course folle dans la poussière, le bruit et la fumée des coups de fusil. Ce serait ignorer l'adresse des cavaliers, la coordination de leurs gestes lorsqu'ils chargent ensemble dans un enclos traditionnellement réservé à cette « course », tenant leurs fusils à bout de bras. Tout l'art de la fantasia consiste en effet à ce que toutes les détonations se produisent simultanément.

Les grandes dates de la vie religieuse

En plus du mois de ramadan, quelques grandes fêtes jalonnent l'année musulmane.

LE CALENDRIER MUSULMAN

La vie civile est régie au Maroc par le calendrier grégorien, mais la vie religieuse se règle sur le calendrier musulman. Celui-ci a son point de départ le 16 juillet 622. L'année hégirienne, qui est une année lunaire, est plus courte que l'année solaire et progresse sur celle-ci d'une dizaine de jours par an. Ainsi, le mois du ramadan et les grandes fêtes religieuses sont-ils mobiles par rapport à notre calendrier.

Les Arabes font usage d'un calendrier lunaire de 12 mois, sont alternativement de 29 ou 30 jours.

Le premier jour de chaque mois, déterminé par les astronomes, est celui où les centres de la terre, du soleil et de la lune sont alignés dans cet ordre (conjonction lune-soleil), ce qui correspond à la nouvelle lune ; le croissant de la nouvelle lune n'est visible dans le ciel que le lendemain. La valeur moyenne d'une lunaison est de 29,5 jours environ.

Le calendrier solaire compte environ 365,25 jours, l'année de l'hégire est plus courte avec, en moyenne, 354,5 jours. Il en résulte une différence de 10,75 jours.

LE RAMADAN

L'obligation du jeûne

La manifestation la plus spectaculaire de la vie religieuse est le ramadan, ou mois du jeûne *(as-siyam)*, l'un des cinq piliers de l'islam.

Pendant le 9e mois de l'année lunaire musulmane, c'est l'obligation du jeûne pour chaque musulman adulte – responsable et capable de supporter le jeûne –, ce qui exclut les malades, les femmes enceintes et ceux qui effectuent un long voyage. Les personnes dispensées pourront prendre à leur charge le repas d'un pauvre pour chaque jour de rupture du jeûne. On s'abstient de manger, de boire, de fumer et d'avoir des relations sexuelles dès la naissance de l'aube jusqu'au coucher du soleil. Aucune restriction précise n'existe pendant la nuit. Toute la vie du pays se trouve réglée au rythme de ce mois de prière et de dévotion qui est aussi une fête, et, paradoxalement, une période où l'on mange beaucoup.

Rupture du jeûne

Chaque soir en effet, lorsque du haut du minaret le muezzin annonce la rupture du jeûne, on partage lors de veillées familiales et de visites amicales des mets particulièrement nourrissants, comme l'**harira**, soupe épaisse et onctueuse composée de pois chiches, de légumes frais et de feuilles de coriandre et de céleri. Plus tard, un repas plus complet sera servi, avec un plat de viande, des dattes, des fruits secs et des gâteaux au miel comme l'**amlou** (gâteau à base d'amandes, de cannelle et de miel), le tout dans une ambiance chaleureuse.

La Nuit du destin

Le 27e jour du mois de ramadan, les enfants observent leur premier jeûne ; les fillettes sont, pour la circonstance, maquillées et parées de leurs plus beaux vêtements ; la nuit précédente, appelée **« Nuit du destin »** *(Laylat Al Qadr)*, ou « Nuit sublime », on illumine toutes les mosquées. C'est au cours de la Nuit du destin que la première *sourate* du Coran fut révélée au prophète Mohammed.

PRINCIPALES FÊTES RELIGIEUSES

Elles sont, dans la plupart des foyers, célébrées avec beaucoup de ferveur. Toutes donnent lieu à des manifestations traditionnelles.

Le 1er Moharram

C'est le nouvel an musulman (*Moharram* est le nom du 1er mois de l'année hégirienne).

L'Achoura (10 Moharram)

Journée de l'aumône, c'est à la fois une occasion de réjouissances (carnavals, mascarades, bûchers rituels) et – pour certains – une tradition de deuil (en souvenir de l'assassinat de Hussein, petit-fils du Prophète, on se rend dans les cimetières). Les grandes places des villes se couvrent d'étals où sont proposés fruits secs et toutes sortes d'encens, à côté de jouets que l'on offre aux enfants pour qui l'*Achoura* est un jour d'allégresse.

Le Mouloud

Instauré au 6e s. de l'**hégire**, le *Mouloud* commémore la naissance de Mohammed ; c'est donc aussi un peu la fête des enfants. On sert des fruits secs et, dans certaines familles, on déguste la *assida*, bouillie de semoule agrémentée de beurre et de miel. La nuit précédente se passe en festivités ; dans les mosquées illuminées et embaumées d'encens, les fidèles s'adonnent à la lecture solennelle du Coran. Dans certaines villes anciennes comme Salé, une grande procession mène la population jusqu'au marabout du saint patron de la ville, portant de grands cierges de toutes les couleurs et psalmodiant des chants religieux.

Le *Mouloud* est marqué par une grande ferveur populaire ; les confréries Aïssaoua et Hamadcha célèbrent la fête de leurs saints patrons et plusieurs grands *moussems* ont lieu à cette époque, à Meknès et à Salé notamment.

large place. Une prière solennelle est dite. L'aumône fait partie des obligations de la fête.

L'Aïd el Kebir

La « grande fête » commémore le sacrifice d'Abraham (Ibrahim). Chaque famille égorge traditionnellement un mouton, dont la viande est partagée en trois portions : une partie composera bien sûr les repas de la journée et du lendemain ; la deuxième est offerte ; la troisième sert d'aumône pour les pauvres. La peau de l'animal est offerte.

Ruiz Treal/MICHELIN

Rupture du jeûne pendant le ramadan.

La Chabana

C'est la veille du 1er jour de ramadan, qui lui-même correspond à l'apparition de la lune nouvelle. Cette fête tient son nom du mois à la fin duquel elle a lieu (8e mois : *Chaâbane*).
Sept coups de canon saluent la nouvelle lune. Pétards et feux de Bengale animent la soirée jusque tard dans la nuit. Cette nuit, appelée **« Nuit du doute »,** ouvre le mois de jeûne et de prières.

L'Aïd es Seghir

La « petite fête » marque la fin du Ramadan. La veille, les murs sont reblanchis. On reprend les habitudes normales de vie et en particulier, si on le peut, un substantiel petit-déjeuner (soupe à base de semoule parfumée d'anis, accompagnée de gâteaux au miel). Ce jour est l'occasion de réjouissances domestiques, dans lesquelles la nourriture tient une

Pour fêter dignement l'*Aïd*, qui peut être comparée, en importance et en ferveur, au Noël des chrétiens, d'aucuns n'hésitent pas à s'endetter pour l'année, voire à recourir aux services d'un prêteur sur gages, afin de se procurer l'indispensable ovin qu'exige la tradition. C'est ainsi que, les jours qui précèdent l'*Aïd*, tant à la campagne qu'en ville, sur les routes comme dans les rues, on peut voir un peu partout des moutons promis au sacrifice : portés dans des carrioles, dans le coffre entrouvert des voitures, à bout de bras, sur des ânes, par des cyclistes en équilibre instable, voire tenus en laisse dans les ruelles des médinas, jusqu'au domicile familial où ils passeront leurs derniers jours avant que le chef de famille n'accomplisse symboliquement le geste d'Abraham. **L'Aïd el Kebir** marque aussi l'époque du pèlerinage à La Mecque.

LE MAROC AUJOURD'HUI

Les premières décisions de Mohammed VI en matière de droits de l'homme, comme ses préoccupations sociales et l'intérêt qu'il manifeste pour l'enseignement, l'emploi et le droit des femmes, ont soulevé un immense espoir dans le royaume. Si le souverain a manifesté sa volonté de moderniser le pays, de nombreux problèmes persistent, liés à la pauvreté, sans oublier la question du Sahara occidental. En ce début de 21e s., le Maroc s'achemine cependant vers un devenir prometteur, grâce à sa vitalité et à sa stabilité. Dans une société en pleine mutation, où la tendance à l'urbanisation s'est accrue, le pays s'apprête à relever le défi de la croissance.

S. Ollivier / MICHELIN

Système politique et administratif

Le Maroc est une monarchie, un État musulman souverain. Sa langue officielle est l'arabe. La vie politique y connaît un certain renouveau depuis 1999.

LA CONSTITUTION DU ROYAUME

Elle s'appuie sur la souveraineté du peuple déléguée à un roi héréditaire, un régime représentatif, la séparation des pouvoirs, une religion d'État – l'islam – et la tolérance des autres cultes. Le roi est le « Commandeur des croyants » (« Amir Al-Mouminine »). Mohammed VI, en tant que membre de la dynastie alaouite, est un descendant direct du Prophète. Les Alaouites, en effet, descendent de Hassan, fils de Fatima, elle-même fille du prophète Mohammed.

Le roi est aussi le représentant suprême de la nation. Garant de la Constitution, il peut exercer la totalité du pouvoir. Il nomme et révoque les ministres, peut dissoudre le parlement et consulter le peuple par référendum.

Responsables devant le roi, les ministres le sont aussi devant la Chambre des représentants.

La Constitution de septembre 1992 a confirmé le régime marocain de monarchie constitutionnelle démocratique et parlementaire, en conférant au Parlement des pouvoirs accrus et en instituant un Conseil constitutionnel autonome, composé de quatre membres désignés par le roi pour une durée de six ans et de quatre membres désignés pour la même durée par le président de la Chambre des représentants.

En 1996, un référendum a été organisé afin d'entériner la décision d'Hassan II de séparer en deux le Parlement, et de créer une seconde Chambre, ou Chambre des conseillers, destinée à renforcer la représentation régionale.

Depuis l'arrivée sur le trône de Mohammed VI, le débat sur la révision de la Constitution et la nature de l'instution monarchique a pris de l'ampleur au sein des partis politiques et dans la société civile.

RÉGIONS, PROVINCES ET PRÉFECTURES

Le Maroc compte 16 régions économiques : Oued-Eddahab-Lagouira, Chaouia-Ouardigha, Marrakech-Tensift-

Al Haouz, l'Oriental, le Grand Casablanca, Rabat-Salé-Zemmour-Zaër, Doukkala-Abda, Tadla-Azilal, Meknès-Tafilalet, Fès-Boulemane, Taza-Taounate-Al Hoceima, Tanger-Tétouan, Sous-Massa-Draa, Guelmim-Esmara, Gharb-Cherarda-Beni Hsan, Laâyoune-Boujdour-Sakia El Hamra et Tetouan.

Administrativement, le royaume compte 41 provinces et des préfectures, divisées en municipalités, centres autonomes, communes urbaines, cercles et *caïdats* (groupant les communes rurales). Les provinces sont administrées par des gouverneurs, les cercles par des chefs de cercle, les *caïdats* par des caïds, les villes par des adjoints du gouverneur ou des pachas.

L'islam

Islam est le nom donné par les musulmans à leur religion; il signifie « soumission à la volonté de Dieu »; ce dieu, c'est Allah, « et Mohammed est son prophète ». Chez les musulmans, la foi confère au croyant une sorte de primauté sur les non-croyants, et la religion marque assez fortement la vie du pays. Seules, peut-être, quelques très grandes villes échappent partiellement à la règle. La Constitution marocaine proclame l'islam religion de l'État.

LE CULTE MUSULMAN ET LES RITES

Code religieux, civil et social, le **Coran** régit la vie des croyants. Il est enseigné dans les écoles « coraniques »; les musulmans apprennent à le psalmodier dès l'enfance. La **sunna,** ou « tradition », série de récits – parfois légendaires – de la vie de Mohammed précise certains points obscurs du Coran, complète les préceptes contenus dans celui-ci, traite des questions de la vie courante.

La religion musulmane proscrit les boissons alcoolisées, la viande de porc, et celle des animaux non vidés de leur sang (donc le gibier); elle réprouve les jeux de hasard, l'usure et le meurtre. L'islam comporte en outre des exigences, quant à la charité et au caractère méprisable de certains biens, ainsi qu'un code des usages quotidiens concernant notamment la nourriture et la boisson; il est recommandé, par exemple, de manger ou de toucher la nourriture de la main droite (la main gauche étant utilisée pour la toilette intime) et de ne pas boire dans un vase d'or ou d'argent.

La **prière** consiste à réciter les versets du Coran. Elle peut être dite n'importe où, pourvu que l'on soit tourné vers La Mecque. Il est précisé cependant que « la prière en assemblée est supérieure de vingt-cinq degrés à celle faite isolément ».

La mosquée se compose d'une cour intérieure à ciel ouvert et d'une vaste salle de prière, **haram**, divisée en plusieurs travées, où les hommes peuvent venir dialoguer avec Dieu. Cinq fois par jour, du haut du minaret, le **muezzin** (souvent un disque dans les villes) lance son chant monocorde invitant à prier. Cet appel public à la prière, *l'adhan*, rappelle chaque fois au croyant que Dieu est universel (« *Allah akbar* », « Dieu est grand »). Pour les sourds qui ne pourraient percevoir cet appel, un drapeau blanc (ou le soir une lumière) apparaît au même moment au sommet du minaret. La prière solennelle du vendredi comporte un prône; les musulmans s'y rendent nombreux.

Les « cinq piliers »

Le Coran prévoit cinq obligations essentielles. Ce sont : la **shahada**, profession de foi; la **salat**, prière rituelle, qui consiste en la récitation de formules invariables, cinq fois par jour et à des heures déterminées (la première, *As-Sobh*, a lieu au lever du soleil, la dernière, *Al-Ichaâ*, deux heures après le coucher du soleil); le jeûne du ramadan; la **zakat**, l'aumône légale; enfin, le pèlerinage à La Mecque, que tout fidèle qui le peut doit effectuer au moins une fois dans sa vie, et qui lui confère le titre de **hadj**.

L'islam ne connaît ni clergé, ni sacrements. Un fidèle particulièrement savant, l'**imam**, dirige la psalmodie du Coran; les fidèles, debout ou assis sur les talons et prosternés, font face au **mihrab**, niche indiquant la direction de La Mecque; pas de musique ni de chants liturgiques : on n'entend que les murmures des oraisons et la parole scandée des lectures coraniques. La prière doit être dite en état de pureté. Ainsi s'expliquent le geste de se déchausser à l'entrée de la mosquée, la présence d'une vasque ou d'une fontaine à ablutions dans la cour : la propreté corporelle reflète celle de l'âme.

LA LETTRE ET L'ESPRIT

Dans les villes, les conditions actuelles de la vie ne permettent pas toujours d'interrompre toute activité à heures fixes ; néanmoins, les rites sont assez fidèlement respectés.

Dans les campagnes, en revanche, il n'est pas rare de voir, en plein champ, un homme agenouillé sur un tapis, accomplissant les exercices du culte. Le ramadan, malgré les difficultés qu'il entraîne, est toujours scrupuleusement observé. Nombreux sont les pèlerins qui font le voyage de La Mecque, la ville sainte de l'islam.

En revanche, dans les tribus berbères – surtout en montagne –, le culte n'est pas partout pratiqué avec la même rigueur. Des croyances populaires viennent s'adjoindre à la religion ; pour la plupart d'origine préislamique, elles sont condamnées par l'islam, qui interdit, par exemple, la pratique d'offrandes aux génies, ou *jnoun,* qui peuplent des lieux mystérieux.

LE CULTE DES SAINTS

Même si en tant que musulmans les Marocains croient en un seul Dieu, ce monothéisme se trouve mêlé, dans les milieux populaires, d'une vénération particulière pour les saints et les chefs de confréries, dont le pouvoir est parfois confondu avec celui de Dieu. Porteurs de la *baraka* (bénédiction), ceux-ci continuent après leur mort à exercer une influence bénéfique, et leur tombeau, ou **marabout** (ce terme désigne à la fois l'édifice et le personnage), est le but de grands pèlerinages.

Détenteur d'un savoir ancestral, le marabout est considéré par les gens de la campagne comme un médecin et un sage, à qui l'on verse une « wouada », un droit de visite, s'il guérit ou donne satisfaction. Parfois, des communautés religieuses se sont formées autour du marabout. Ces confréries ont pour siège une **zaouïa**, mot qui désigne à la fois un lieu d'enseignement et le sanctuaire où est enterré un marabout. Ces confréries sont encore nombreuses, et certaines ont joué un rôle notable dans l'histoire du pays. Parmi les plus connues on peut citer : les **Aïssaoua**, confrérie religieuse fondée par Sidi Mohammed ben Aïssa, saint patron de Meknès, mort vers 1526, dont on trouve des adeptes non seulement au Maroc, mais aussi en Tunisie et en Syrie ; les **Gnaoua**, dont la *zaouïa* se trouve à Essaouira ; les **Hamadcha**, dont le fondateur, Sidi Ali ben Hamdouch (17e s.), enterré à Zerhoun, fait l'objet, en juillet, d'un *moussem* à Essaouira ; les **Taïbia**, dont la *zaouïa* fut fondée en 1727 à Ouezzane par le chérif idrisside Moulay Abdallah, descendant d'Idriss II ; les **Regraga** enfin, dont les adeptes des treize *zaouïas* accomplissent chaque année au printemps – sous la conduite d'un *moqqadem* (chef spirituel) chevauchant une jument blanche – un *daour* (tournée) des quarante sanctuaires de leurs ancêtres, sur les terres des tribus Chiadma, au nord d'Essaouira.

Les **chorfa** (au singulier **chérif**), descendants de Mohammed, sont considérés comme des « sages » et – puissants ou pauvres – font l'objet d'une vénération particulière. La dynastie alaouite est une dynastie chérifienne.

La cité des saints

Moulay Ismaïl, qui avait choisi Meknès pour capitale, institua à Marrakech (pour se faire pardonner les destructions qu'il y avait commises) un pèlerinage (zyâra) dont les jalons étaient les tombes de sept hommes.

Ces hommes, les sept saints patrons locaux de Marrakech, rapprochés au-delà des siècles par le lieu de leur sépulture (et qui, selon la croyance populaire, ne sont pas morts mais simplement endormis), valurent à la ville d'être appelée « la cité des saints » ou « la Bagdad du Maroc ». Il s'agissait de **Sidi Bel Abbès** (né à Ceuta en 1130), grand patron de la ville, vénéré des marchands, des paysans et des aveugles ; Sidi Youssef, sorte de Job marocain, protecteur des lépreux, enterré dans la *zaouïa* près de Bab Aghmât et dont la coupole date des Saâdiens ; cadi Aayad, le juste ; Mohamed ben Slimane el Djazouli, le grand mystique du 14e s., qui repose dans la *zaouïa* non loin de celle de Sidi Bel Abbès ; Sidi Abd el Aziz, mort en 1508 ; Sidi Abdallah el Ghezouani, l'ascète qui mourut en 1528 après avoir prophétisé la décadence de Fès ; et l'imam Assouheili, vieil érudit ramené d'Espagne par Abou Yacoub Youssef, enterré près de Bab Rob.

Aujourd'hui encore, le pèlerinage qu'effectuent les fidèles, partant du sud-est de la ville pour rejoindre le sud-ouest (la dernière halte étant la tombe d'Assouheili), est l'occasion d'autant de rassemblements autour de ces mausolées, perpétuant ainsi le culte des saints.

R. Mattès / MICHELIN

Les Marocains

Environ 6,5 millions en 1935, 12,5 millions en 1964, les Marocains sont plus de 30 millions aujourd'hui. La pyramide des âges manifeste à l'évidence la jeunesse d'une population, âgée pour moitié de moins de 20 ans.

UNE POPULATION JEUNE

Depuis une quarantaine d'années, le Maroc est engagé dans une transition démographique liée à la baisse conjuguée de la fécondité et de la mortalité. De 7 enfants par femme en 1962, la fécondité est passé à 2,5 en 2004. Dans le même temps, l'espérance de vie est ainsi passée de 47 ans en 1962, à 71 ans en 2004.

En dépit de ces évolutions, la population marocaine se caractérise encore par son extrême jeunesse. Les moins de 15 ans représentent 30 % de la population quand les plus de 59 ans sont 8 %. La jeunesse de cette population n'est pas sans conséquence dans les domaines de l'éducation, de la santé et de l'emploi. Le problème du chômage des jeunes diplômés se pose avec de plus en plus d'acuité.

Si cette jeunesse est un atout indéniable pour un pays engagé dans un programme de modernisation ambitieux, elle est porteuse d'attentes.

DE PLUS EN PLUS CITADINE

Malgré une population urbaine nombreuse et raffinée (Fès, Tetouan...), l'ancien Maroc était rural à plus de 90 %. Aujourd'hui, la population rurale représente moins de 45 % de la population totale du pays, soit une baisse continuelle (57 % en 1982), et 450 000 ruraux quittent chaque année leur village pour aller grossir la population urbaine, le plus souvent dans des conditions précaires qui contribuent à alimenter l'émigration vers l'Europe.

Le développement de l'économie a donné une nouvelle impulsion aux cités anciennes et en a fait naître d'autres. À côté des médinas se sont développés des quartiers industriels, des centres commerciaux, des cités ouvrières. D'après le dernier recensement, 48 villes comptaient plus de 100 000 habitants, l'axe Casablanca-Rabat-Kénitra concentrant 35 % de la population urbaine.

NOMADES OU SÉDENTAIRES

La vie rurale se caractérise par des genres de vie fort variés. Les véritables **nomades**, tirant toutes leurs ressources de l'exploitation de leurs troupeaux et des échanges avec les populations paysannes, ne se rencontrent guère plus que dans l'extrême sud (les « hommes bleus ») et dans les steppes orientales, où certaines tribus nomadisent de Figuig à Aïn Benimathar.

En revanche, les Chleuhs du Haut Atlas occidental et de l'Anti-Atlas sont des **sédentaires**, tout comme les montagnards d'une grande partie du Rif ; il en va de même des habitants des zones irriguées du sud, cultivant de minuscules parcelles autour de leur *ksar*, et des maraîchers des plaines atlantiques.

Entre ces deux extrêmes, il existe un genre de vie mixte, comme le pratique les Beni Mguild du Moyen Atlas.

FEMMES DU MAROC

À la campagne, elles sont partout : « poutres maîtresses de la tente », elles aident à la moisson, transportent la récolte, vont chercher l'herbe et le fourrage, les branchages pour le feu, puisent l'eau, pilent le grain, tissent les tapis, les couvertures, les vêtements, tournent les poteries, s'occupent des enfants et, bien sûr, de la maison. Pour elles, nulle tâche ne semble trop dure. On les rencontre au bord des routes, toujours affairées, ployant sous d'énormes charges. Par leur inlassable travail de fourmi, elles font vivre les villages, tandis que les hommes assis en cercle débattent gravement…

Cependant, la situation des femmes au Maroc, toujours pleine d'ambiguïté, n'est pas aussi archaïque qu'il y paraît : rien, aujourd'hui, n'empêche théoriquement une femme marocaine d'accéder à quelque fonction que ce soit. Certaines, des pionnières, ont courageusement ouvert la voie : elles sont championnes d'athlétisme, artistes, actrices, étudiantes, médecins, universitaires, pilotes de ligne, ingénieurs… et répandent par leur exemple et leur dynamisme l'idée de l'émancipation féminine, surtout perceptible en ville et dans un certain milieu social. (*Voir aussi p. 146 pour en savoir plus sur la réforme du Code de la famille*).

En dépit d'une lente évolution des esprits, il y a le poids des usages et les traditions. Ainsi, peu d'entre elles occupent par exemple des charges électives et l'analphabétisme demeure plus répandu que chez les hommes et, si la polygamie a à peu près disparu, les mariages ne sont encore parfois que des arrangements entre familles.

LES MRE

Si l'émigration marocaine vers l'Europe a été plutôt tardive par rapport à d'autres pays du Sud, la population des Marocains résidant à l'étranger (MRE) est en constante augmentation depuis cinquante ans. Elle a triplé en vingt ans pour atteindre 2,6 millions de personnes au début des années 2000. Elle représente une des premières communautés étrangères dans plusieurs pays d'accueil. Cette population constitue une diaspora active et dynamique qui contribue pleinement à l'économie du Maroc. En effet, l'épargne qu'elle envoie chaque année dans son pays représente l'une des principales sources de richesses du royaume, étant même supérieure au montant des exportations de phosphate et de produits agricoles réunis.

Les grands moments de la vie familiale

Séparée de la vie publique, la vie familiale juxtapose deux mondes vivant de façon cloisonnée : celui des hommes et des grands adolescents d'une part, celui des femmes et des jeunes enfants de l'autre.

Au quotidien, si l'homme est chargé d'affronter le monde extérieur, la femme sort, reçoit, règne sur la maison et possède le droit de vote ; mais, même si une évolution se fait sentir dans les grandes villes, le poids des décisions du chef de famille reste déterminant – sans négliger pour autant un certain matriarcat, perceptible dans la vie domestique.

Cependant, quels que soient les milieux socio culturels, la vie familiale est ponctuée de grands moments, célébrés avec d'autant plus de faste qu'ils permettent d'affirmer l'attachement des Marocains à leurs traditions ancestrales.

LA NAISSANCE

C'est bien sûr un moment des plus importants dans la vie d'une famille. Traditionnellement, la naissance s'accomplit à la maison, dans un grand concours de présences féminines. À peine né, tandis que les youyous retentissent, on appose sur la ligature du cordon ombilical du nouveau-né un baume composé de farine et de henné, avant de le ceindre d'une amulette préparée par un lettré pour chasser le mauvais œil et l'action des esprits maléfiques.

Au septième jour de sa vie, bébé fait, dans les bras de son père, le tour des pièces de la maison pour prendre possession de son territoire, tandis que les femmes jettent du sel afin d'éloigner les démons. On chuchote à l'oreille de l'enfant le nom qui a été choisi pour lui et l'appel à la prière, ainsi est-il admis dans la communauté des croyants. Puis l'on égorge le mouton, avant les agapes, où famille, voisins et amis sont conviés.

LA CIRCONCISION

Il s'agit – en référence au prophète Ibrahim (ou Abraham) – de la confirmation de l'entrée du jeune garçon dans la communauté musulmane.

La circoncision se pratique entre l'âge de deux mois et de sept ans et est effectuée au domicile familial ou en milieu hospitalier.

Des rites, différents selon les régions, accompagnent la cérémonie. Revêtu du costume traditionnel – djellaba, burnous et tarbouche –, l'enfant est conduit par les hommes dans une pièce où officie le barbier – tandis qu'au-dehors retentissent les youyous et les chants recouvrant les cris de douleur de l'impétrant. Celui-ci est alors conduit au lit maternel ,où nombre de friandises viendront lui faire oublier, durant une semaine de convalescence, ses malheurs…

LE MARIAGE

Le mariage est, avec la naissance, l'événement familial célébré de la façon la plus spectaculaire. On se marie jeune ; l'époux apporte une dot, et les conditions du mariage ont le plus souvent été négociées, devant un « clerc testamentaire », entre le futur époux et le père de la jeune fille.

Suivant les régions ou les tribus, les festivités célébrant le mariage diffèrent, mais elles se déroulent toujours sur plusieurs jours, selon un cérémonial compliqué et fastueux.

Des femmes (les *neggafat*), accompagnent la jeune mariée dans ses allées et venues, se rendent avec elle au hammam où elle est lavée et épilée, la fardent, dessinent sur ses mains et ses pieds de savants entrelacs au henné, l'aident à revêtir ses différents costumes, ponctuent de leurs youyous les diverses phases de la fête. On ne se contente pas de présenter les cadeaux faits aux époux, on expose aussi la mariée elle-même, parée comme une divinité, sur une *aânmaria* – chaise à mariée (sorte de palanquin).

L'application de dessins géométriques au henné obéit à de nombreux symboles. Les cheveux de la mariée sont enserrés dans un anneau d'argent, symbole de pureté. La *hennaya* casse ensuite sur sa tête un œuf, symbole de fécondité. Enfin, elle introduit dans la chevelure deux dattes enduites de miel qui symbolisent quant à elles le bonheur.

LA MORT

Pour un bon musulman, la mort ne saurait être triste et il serait malvenu d'exprimer sa douleur de façon trop ostensible. Le défunt enveloppé dans son linceul est conduit au cimetière par les hommes de la famille et du voisinage – les femmes étant exclues de la cérémonie. Là, il est enterré à même la terre, couché sur le côté, le visage tourné vers la *qibla*, la direction de La Mecque. S'ouvre alors une période de deuil qui dure quarante jours.

Les langues

Plusieurs langues sont parlés couramment au Maroc. Elles sont l'héritage de son histoire. Aujourd'hui, toutes, y compris le berbère, semblent avoir droit de cité et connaissent un certain renouveau.

LE BERBÈRE

Le **berbère** s'est maintenu largement, surtout en montagne (à l'exception de la région montagneuse du pays Jebala au nord-ouest du pays, totalement arabophone). Divisé en dialectes locaux dont la prononciation et la syntaxe diffèrent d'une région à l'autre, le berbère (ou **amazigh**) se compose essentiellement du **tamazight**, parler berbère du Haut Atlas central et oriental qu'utilisent les

H. Librahimi

Jeune femme parée pour son mariage.

berbères Sanhadja ; du **tachelhit**, parler berbère des Chleuhs du Haut Atlas occidental et du Sous ; du **tarifit**, parler berbère du Rif.
Édicté en octobre 2001, un *dahir* a créé l'Institut royal de culture amazigh (*www.ircam.ma*) dans le but de sauvegarder et de promouvoir la culture berbère et de permettre l'introduction de la langue dans le système éducatif.

ARABES DIALECTAL ET CLASSIQUE

L'**arabe dialectal** (la **darija**) est surtout l'affaire des villes, des plaines atlantiques, du Rif occidental et des steppes orientales. Mais les Berbères sont souvent bilingues et les parlers arabes gagnent de plus en plus. C'est une langue pleine d'images et de symboles, capable d'exprimer l'imaginaire populaire si riche en légendes et en mythes, et qu'utilisent notamment les conteurs autour desquels on fait cercle sur tous les souks du Maroc.
Longtemps méprisée par l'élite et confinée à son rôle oral parce que considérée comme une langue de la rue et identifiée à l'analphabétisme, la *darija* commence à devenir un support de la création artistique et littéraire. Elle est omniprésente dans la chanson, le théâtre et le cinéma. Une manifestation comme **L'Boulevard des jeunes musiciens à Casablanca**, en est un relais majeur. La darija possède depuis 2006 son prix littéraire : Bladi Bladna. Il existe deux périodiques en darija : *Khbar Bladna* et *Al Amal*. Enfin, la darija s'est emparée des nouvelles technologies avec des millions de messages et de SMS libellés dans ce dialecte, transcrit en graphie latine !
L'**arabe classique**, la langue du Coran – connu jadis des seuls lettrés –, s'installe par le biais de la scolarisation et des moyens modernes de diffusion.
Le **hassainya**, dialecte arabe que parlent les Sahraouis, est constitué d'un fond arabe d'origine classique auquel s'ajoutent des mots empruntés au *tachelhit* du Sous.

FRANÇAIS ET ESPAGNOL

La pratique de l'**espagnol** se limite aux anciennes possessions espagnoles. Quant au **français**, il est compris par une grande partie des Marocains. L'enseignement de ces deux langues est notamment assuré par les réseaux de l'**Institut français** et de l'**Institut Cervantès**, présents à travers tout le pays.

Le Maroc des réformes

Depuis son arrivée sur le trône, Mohammed VI s'est engagé dans un programme ambitieux de réformes et a pris des initiatives audacieuses qui témoignent chacune dans son domaine de sa volonté de moderniser son pays et de tourner la page avec un certain passé.

LE STATUT DES FEMMES ET LE CODE DE LA FAMILLE

Depuis les années 1980 s'était engagée au sein de la société marocaine, notamment sous l'action d'associations de femmes, une réflexion pour réviser le code du statut personnel, très contraignant pour les femmes. Mais il faut attendre 1999 pour que le débat soit relancé au niveau politique avec la proposition gouvernementale d'un « plan d'intégration de la femme au développement ». Cette réforme provoque des manifestations hostiles, notamment à Casablanca le 12 mars 2000. Le projet est retiré. Le roi nomme, l'année suivante, une première commission pour préparer une révision de la *moudawana* (Code de la famille). Mais c'est un nouvel échec. Le 10 octobre 2003, il prononce un discours devant le Parlement pour promouvoir un statut de la famille plus moderne et équitable. Quelques mois plus tard, en février 2004, le nouveau texte entre en vigueur.
Cette réforme particulièrement novatrice

Les onze points qui changent tout

1 - La famille n'est plus placée sous l'unique responsabilité du mari.
2 - Une femme majeure n'a plus besoin d'un tuteur pour se marier.
3 - L'âge du mariage est fixé à 18 ans comme pour l'homme et non plus à 15 ans.
4 - Les règles fixées à la polygamie la rendent presque inapplicable.
5 - Les mariages civils à l'étranger sont reconnus.
6 - Le mari ne peut plus répudier verbalement sa femme. Il doit avoir l'autorisation préalable du tribunal.
7 - Les conditions de divorce sont assouplies.
8 - En cas de divorce, la mère peut obtenir la garde de ses enfants.
9 - L'enfant hors mariage peut être reconnu par son père.
10 - Les enfants peuvent hériter de leur grand-père maternel.
11 - Les époux peuvent établir un contrat avant le mariage pour répartir les biens.

S. Ollivier / MICHELIN

et l'une des plus avancées dans le monde musulman représente une étape déterminante dans le processus de démocratisation marocain. L'application de ce Code de la famille commence à faire sentir ses effets dans la société marocaine mais des efforts d'information et de communication sont nécessaires, comme en témoigne la publication en 2006 d'un guide pour mieux comprendre cette réforme : *La Moudawana autrement*. Enfin, celle-ci a laissé des questions en suspens.

www.justice.gov.ma/MOUDAWANA/Frame.htm

ÉQUITÉ ET RÉCONCILIATION

Le 6 janvier 2006, Mohammed VI est venu clore les travaux de l'**Instance équité et réconciliation** (IER), la commission nationale pour la vérité, l'équité et la réconciliation mise en place deux ans plus tôt. L'IER avait pour mission de faire la lumière notamment sur les « années de plomb » qui ont marqué le règne de Hassan II et terni l'image du Maroc sur le plan international.

L'IER a enquêté sur les violations graves des droits de l'homme, au caractère systématique et/ou massif : disparition forcée, détention arbitraire, torture, violences sexuelles, atteintes au droit à la vie et exil forcé. À cette fin, elle a procédé à des investigations, au recueil de témoignages, à des audiences publiques des victimes, à celles à huis clos des témoins et d'anciens responsables, à l'examen des archives officielles et à la collecte de toutes les informations disponibles. Elle a également instruit et statué sur les demandes de réparation reçues de la part des victimes ou de leurs ayants droits. Sur plus de 16 800 demandes, près de 9 800 ont reçu une réponse positive. L'IER a également préconisé de mener des actions de développement à destination des communautés et des régions touchées plus particulièrement par les atteintes aux droits de l'homme durant cette période : Casablanca, le Rif, la région de Figuig, Tazmamart et Agdz-Zagora en particulier.

Aux termes de ses travaux, l'IER a rendu public son rapport final. Cette initiative, qui n'est pas sans rappeler le processus engagé en Afrique du Sud après la fin de l'apartheid, n'en reste pas moins limitée quant à ses résultats et à leurs implications judiciaires. Elle a néanmoins souligné la volonté de rupture du jeune souverain avec la période précédente.

www.ier.ma

DÉVELOPPEMENT HUMAIN

Lors du même discours, le 6 janvier 2006, où il concluait les travaux de l'IER, le roi présentait les résultats d'une étude sur le développement humain au Maroc, qui en dressait un bilan depuis l'Indépendance et en esquissait les perspectives d'avenir. Ce rapport, intitulé *50 ans de développement humain et perspectives 2025* s'inscrivait dans le cadre de l'Initiative nationale du développement humain (INDH), lancée en mai 2005. Elle devait en inspirer les grandes orientations. L'INDH vise avant tout à lutter contre la pauvreté et l'exclusion en soutenant les activités rémunératices, en améliorant les conditions d'accès aux services et infrastructures de base et en venant en aide aux personnes les plus vulnérables.

D'après le rapport, ce sont plus de 4 millions de personnes qui vivent au Maroc en dessous du seuil de pauvreté, dont 3 millions dans le seul monde rural.

L'INDH doit en priorité s'attacher à répondre aux besoins des populations dans 360 communes rurales et 250 quartiers urbains. Près de 10 milliards de DH sur cinq ans devraient être consacrés à cette initiative. Les premiers grands projets ont été lancés, à l'automne 2005, dans les préfectures de Tetouan, Casablanca, Meknès, Oujda et Guelmim. Ils touchent aux domaines social, économique et culturel.

www.indh.ma

Le Maroc en chantier

Pour qui visite le Maroc depuis le milieu des années 2000, un constat s'impose très vite : celui d'un pays en plein travaux. Aux grands chantiers d'infrastructures s'ajoutent des vastes programmes de développement de l'économie marocaine.

TOURISME VISION 2010

Le Maroc est engagé depuis 2001 dans une nouvelle politique touristique connue sous le nom de « Vision 2010 ». Cette politique fixe des objectifs ambitieux, dont le plus symbolique est d'accueillir 10 millions de touristes en 2010 contre 5,5 en 2005. D'ores et déjà, selon de nombreux observateurs, cet objectif ne devrait pas être atteint avant 2012.

Cette politique touche à différents domaines liés aux infrastructures d'accueil, à la formation, à la desserte aérienne, à la communication et au marketing. Le chantier le plus spectaculaire et visible tient bien évidemment au développement des infrastrutures hôtelières et d'accueil, avec la création de six nouvelles stations balnéaires, les projets d'aménagement des zones touristiques de l'Aguedal (Marrakech) et Ghandouri (Tanger) ou l'élaboration de programmes de développement régionaux touristiques (PDRT), dont les deux premiers ont été signés pour Fès et Casablanca. Dans cette perspective, sont également mis en valeur des produits dits de « niche » tels que la croisière pour les ports de Tanger, Casablanca, Safi et Agadir, les sports de glisse (windsurf et kite surf) à Dakhla, le parachutisme sportif à Beni Mellal ou le surf à Safi, pour ne citer que quelques exemples. Enfin, le tourisme rural, à travers la mise en place des Pays d'accueil touristiques, bénéficie d'un nouveau souffle.

www.tourisme.gov.ma

Six nouvelles stations balnéaires

Dans le cadre de Vision 2010, le **plan Azur** vise à la création de six nouvelles stations touristiques. C'est sans doute la dimension la plus emblématique de la nouvelle politique touristique marocaine. Les sites retenus – tous à l'exception de Plage Blanche ont déjà fait l'objet d'une attribution à des groupes internationaux chargés de leur aménagement – sont les suivants :

- **Saïdia** (Bergane) - *www.fadesa.ma* ;
- **Mogador** (Essaouira) - *www.essaouiramogador.com* ;
- **Mazagan** (El Haouzia, El Jadida) ;
- **Lixus** (Larache) - *www.port-lixus.com* ;
- **Taghazout** (Agadir) ;
- **Plage Blanche** (Guelmim).

GRANDS TRAVAUX D'INFRASTRUCTURES

À peine 15 km séparent le Maroc de l'Europe au niveau du détroit de Gibraltar. Un projet grandiose pour la réalisation d'une liaison fixe (pont ou tunnel) entre le Maroc et l'Espagne est à l'étude. Si elle se réalise, il s'agirait d'un maillon important du réseau Europe-Afrique. En attendant cet hypothétique projet, le chantier du nouveau port de Tanger-Méditerrannée, avec les zones franches et les infrastructures qui lui sont attachées, est, lui, bien engagé.

La rive nord du détroit est déjà reliée au réseau routier européen. Sur la rive sud, l'autoroute Rabat-Tanger est achevée, tandis que Meknès et Fès sont reliées à la capitale depuis 1999. Deux nouveaux projets de liaison autoroutière sont en cours de réalisation dans le nord : la création de l'autoroute reliant Tetouan à Ceuta et un vaste projet routier de 555 km, entre Tanger et Nador, qui permettra de désenclaver le Rif et d'aménager toute la côte méditerranéenne. Le développement de cette infrastructure ne pourra que renforcer l'intérêt du projet de liaison fixe qui entraînerait un trafic de l'ordre de 10 à 13 millions de passagers par an (le détroit de Gibraltar draîne actuellement, de rive à rive, quelque 4 millions de passagers maritimes par an).

ÉCONOMIE

En dépit de certains handicaps, le Maroc dispose, dans le domaine économique, d'incontestables points forts ,qu'il s'agit de faire fructifier. Outre l'**agriculture**, le pays s'appuie sur trois principales sources de devises : les **phosphates** (75 % des

« Vision 2010 » en chiffres

- Accueillir **10 millions de touristes** en 2010, dont 7 millions d'étrangers.
- Porter les capacités hôtelières à **230 000 lits** en 2010.
- Créer **600 000 emplois directs** en une décennie.
- Enregistrer **80 milliards de DH de recettes** en devises pour l'année 2010.

réserves mondiales connues), la **pêche** et les industries liées (conserveries) et enfin le **tourisme,** auquel il convient de joindre l'**artisanat**.

Parvenir à l'autosuffisance énergétique en 2010, tel est l'objectif ambitieux que s'est fixé le Maroc. Pour cela, outre l'encouragement à la prospection d'hydrocarbures, quatre voies sont explorées : la production d'énergie thermique, hydraulique, solaire et éolienne. C'est ainsi que, du côté de Tarfaya, comme sur la corniche rifaine, lieux particulièrement exposés aux vents, vous pourrez découvrir de véritables forêts d'éoliennes.

De par sa situation géographique, à l'extrême nord-ouest du continent africain, le Maroc est un remarquable trait d'union entre l'Afrique, l'Europe et le monde arabe. L'itinéraire du gazoduc Maghreb-Europe, qualifié d'« autoroute internationale du gaz », et dont les premiers tronçons qui traversent l'Algérie, le Maroc, le détroit de Gibraltar et le sud de l'Espagne ont été inaugurés fin 1996, constitue une parfaite illustration de cette position stratégique de transit.

Grâce au programme d'extension et de modernisation de ses aéroports, le pays se donne les moyens d'être une plaque tournante entre l'Europe et l'Afrique. Environ 1 h de vol de Madrid, 2h de Paris et de Londres et 3h de Bruxelles font du Maroc le pays non-européen le plus proche de l'Union européenne. Une libéralisation de l'espace aérien marocain a été opérée en février 2004. Elle s'est traduite, entre autres, par l'ouverture du ciel à de nouvelles compagnies aériennes, la création par la Royal Air Maroc de la première compagnie marocaine *low cost* dédiée au tourisme Atlas blue, et de nouveaux partenariats avec les grands tour-opérateurs.

M. Plassart / HOA QUI

Parc éolien de Koudia al Baida, entre Tanger et Tetouan.

OUVERTURE SUR LE MONDE

Le Maroc entretient des relations privilégiées avec bon nombre de pays. Son économie libérale et ouverte au marché mondial permet une association de plus en plus étroite avec l'Union européenne (actuellement 70 % des échanges commerciaux du Maroc se font avec l'Europe, d'où proviennent aussi plus des trois quarts des investissements extérieurs).

La France demeure son premier partenaire industriel, mais aussi son premier client, puisqu'elle absorbe plus du tiers de ses exportations. La coopération et les échanges qui en sont l'expression au quotidien sont multiformes et touchent tous les secteurs de la vie active. Par ailleurs, le Maroc a signé des accords de libre-échange avec les États-Unis et l'Union européenne.

Trait d'union entre plusieurs civilisations, le Maroc n'a cessé d'accueillir, au cours des dernières décennies, réunions et conférences internationales, qui lui ont conféré un rôle important dans la diplomatie internationale. On peut ainsi citer la première conférence islamique (Rabat, 1969), le premier sommet de l'Organisation de l'unité africaine (OUA), la signature par 121 pays de l'Acte final de l'Uruguay Round, pour la libéralisation du commerce mondial, qui a marqué la création de l'Organisation mondiale du commerce (OMC), le premier sommet des femmes de la Méditerranée et d'Europe (Marrakech, 1994), le sommet économique international sur le Proche-Orient et l'Afrique du Nord (Casablanca, 1994), la conférence mondiale sur l'émission des gaz à effet de serre (Marrakech, 2001), ainsi que la plupart des sommets de la Ligue arabe et les réunions du comité Al Qods, réunissant les gouvernements arabes à la recherche d'une position commune sur le statut de Jérusalem.

Médersa Ben Youssef,
Marrakech

M. Gurfinkel / MICHELIN

DÉCOUVRIR LE MAROC

Le pays Rhomara, une côte sauvage.

LA CÔTE MÉDITERRANÉENNE ET LE RIF

CARTE 2E RABAT DE COUV. D2, E 2 – CARTE MICHELIN 742, PLIS 9-12

Des plages de sable fin à perte de vue et, pour plusieurs d'entre elles, encore pratiquement désertes; des paysages de montagne à couper le souffle, à découvrir en voiture ou à pied; les médinas de Chefchaouèn, la blanche et bleue, et de Tetouan l'Andalouse, qui ont su conserver leur authenticité et où l'on se perd avec délice au milieu d'une foule bigarrée et animée… La côte méditerranéenne et le Rif ne manquent pas d'atouts et d'attraits pour qui veut entrevoir un Maroc originel et différent où l'empreinte espagnole reste encore bien présente dans l'architecture mais aussi certains modes de vie.

Longtemps ignorées par le régime, ces régions font l'objet d'une attention toute nouvelle de la part du roi Mohammed VI, récente implication qui se traduit notamment par un développement économique accéléré autour du tourisme.

- **Se repérer** – Desservie par la rocade méditerrannéenne, en cours de construction, cette région se situe au nord du pays et s'étend jusqu'à la frontière algérienne, fermée depuis plusieurs années.
- **À ne pas manquer** – Les médinas de Tetouan et de Chefchaouèn, les paysages de la côte du pays Rhomara et les plages de sable fin entre Nador et Saïdia.
- **Organiser son temps** – Une semaine permet de se faire une bonne idée de la richesse de cette région si vous décidez de ne pas aller jusqu'à l'Oriental, la région d'Oujda. Mais cette dernière offre aujourd'hui le visage d'un Maroc authentique et varié, encore préservé du tourisme de masse. À elle seule, elle peut être une destination intéressante pour quelques jours.

Al Hoceima★

56 282 HABITANTS
CARTE 2E RABAT DE COUV. E2 – CARTE MICHELIN 742, PLIS 5 ET 11

Coincée au bord de la Méditerranée par les montagnes du Rif, Al Hoceima est longtemps restée à l'écart de la vie marocaine. Au Moyen Âge, il y avait là un petit royaume pratiquement indépendant, l'émirat de Nekor (du nom de l'oued qui avoisine la ville). Au début du 20e s., cette région, peuplée par les Beni Ouriaguel fut le berceau de la puissance éphémère d'Abd el-Krim : le chef de la révolte du Rif avait sa capitale à Ajdir, à 10 km au sud-est d'Al Hoceima. Aujourd'hui, les contraintes géographiques demeurent : port et ville n'ont qu'un rayonnement médiocre, même si l'aménagement touristique de la baie et, à terme, la création de la « rocade méditerranéenne » semblent pouvoir ouvrir de nouveaux horizons.

Se repérer – Al Hoceima se situe à 159 km à l'ouest de Melilla, à 205 km à l'ouest de Chefchaouèn, et à 160 km au nord de Taza.

Se garer – Possibilités de stationnement dans l'artère principale, l'av. Mohammed V et autour de la place de la Marche Verte. Quelques places au niveau de la plage de Quemado.

À ne pas manquer – La baie d'Al Hoceima et la plage de Quemado au pied de la falaise de 75 m de haut où se situe la ville. Accessibles par Ajdir, les plages de Souani et d'Asfiha, face au Peñón de Alhucemas.

Et la terre a tremblé…

Dans la nuit du 23 au 24 février 2004, un séisme a frappé la région d'Al Hoceima. L'épicentre de la secousse, d'une magnitude de 6,4 sur l'échelle ouverte de Richter, a été localisé à Aït-Kamara, commune située à 19 km d'Al Hoceima. Ce séisme a fait plus de 600 victimes et 900 blessés. Quelques jours après, le roi Mohammed VI s'est rendu sur place, « sous la tente » auprès des rescapés, preuve de l'attention nouvelle du pouvoir central pour cette région…

Organiser son temps – Quelques heures pour profiter des plages d'Al Hoceima et de ses alentours.

Avec les enfants – Activités balnéaires.

Pour poursuivre le voyage – Taza (en direction de Fès), Saïdia et Oujda (272 km à l'est), la côte du Pays Rhomara, Chefchaouèn et Tetouan (à l'ouest).

Se promener

La ville et le port

Juchée sur une falaise, la ville est agréable avec sa cascade de maisons qui dégringolent, de terrasse en terrasse, vers la mer. Elle est animée le soir, à la belle saison, aux abords de la place du Rif.

Le port en eau profonde est abrité par de hautes falaises. Une petite flottille y pratique la pêche au lamparo. De la jetée, **vue★** remarquable sur la ville et la baie.

La baie★

Entre la pointe orientale du massif calcaire des Bokkoyas et le bloc volcanique des Beni Bou Idiz, la baie d'Al Hoceima déploie son demi-cercle à peu près parfait. L'un des trois îlots est le **Peñón de Alhucemas**, forteresse espagnole qui, la nuit, ressemble à un grand vaisseau illuminé (on se gardera d'y aborder !). Pour le voir, il faut s'engager sur la route d'Ajdir, qui escalade la montagne en dégageant d'admirables vues sur la mer.

Au carrefour d'Aït Youssef, ou Ali, prendre la direction de Melilla et dépasser Ajdir.

La petite route offre le plus beau **point de vue★** sur la baie, le *peñón* et la petite plaine irriguée où débouche le Nekor.

X. Richer / HOA QUI

Al Hoceima : entre mer et montagne.

Aux alentours

Melilla

Mellila, l'une des deux enclaves espagnoles sur la côte méditerranéenne marocaine, est une cité vivante, mais calme, presque exclusivement européenne, dont le centre, percé de larges artères, présente un aspect cossu. La zone maraîchère et les vergers qui à l'ouest et au sud, entourent l'agglomération, la présence de deux parcs au cœur de celle-ci, les barques de pêche et les voiliers font un peu oublier les installations portuaires.

La **plaza de España**, qui fait face au port, est le centre de la ville moderne.

Bâtie sur une presqu'île rocheuse, ceinte de fortifications construites aux 16e et 17e s., la **vieille ville★**, qui domine le port, constitua, jusqu'au début du 20e s., le cœur de la cité. Un petit **musée municipal** y été aménagé dans le Baluarte de la Concepción : poteries, vases, monnaies et bijoux trouvés dans la région de Melilla évoquent les civilisations phénicienne, carthaginoise et romaine. De la terrasse du musée, on découvre un panorama★ sur la vieille ville, le port, la ville nouvelle et, au nord, sur le cap des Trois Fourches.

Al Hoceima pratique

Informations utiles

Délégation du Tourisme – *av. Tarik Ibn Ziad - ✆ 039 98 11 85/98 - fax 039 98 54 76.*

Saison – Al Hoceima est avant tout une station balnéaire estivale : de fin octobre à début juin, la plupart des hôtels et restaurants sont fermés.

Argent – Distributeurs automatiques sur l'av. Mohammed V, où sont concentrées la plupart des agences bancaires.

Cybercafés – Plusieurs cybercafés en centre ville (6 à 8 DH/h), parmi lesquels :
Al Kods – *Place de la Marche Verte.*
Cybernet Aouragh – *Av. Tarik Ibn Ziad.*
Cyber Club On-Line – *Angle Calle Al Andalous et av. Mohammed V.*

Transports

Gare routière – *Pl. du Rif.* Liaisons quotidiennes pour Fès, Nador, Oujda, Tetouan et Tanger.

AÉROPORTS

Aéroport Al Hoceima - Charif Al Idrissi – *Sur la route de Melilla, entre Ajdir et Imzouren (17 km) - ✆ 039 98 20 63 - fax 039 98 52 04 - www.onda.ma.* Vols surtout en saison de la Royal Air Maroc à destination d'Amsterdam et de Bruxelles.

Aéroport Nador - Al Aroui – *Situé à 25 km de Nador et à 3 km d'Al Aroui - ✆ 036 36 10 77/75 - fax 036 36 10 72 - www.onda.ma.* Aéroport moderne dont le nouvel aérogare a été inauguré en 2003. Vols internationaux réguliers de la Royal Air Maroc de et vers Bruxelles, Amsterdam, Francfort et Düsseldorf. Vols intérieurs sur Casablanca.

Royal Air Maroc – *Aéroport Al Hoceima - Charif Al Idrissi - ✆ 039 98 25 60 - fax 039 98 53 02.*

Royal Air Maroc – *Aéroport Nador - Al Aroui - ✆ 036 36 15 99.*

Train – *En gare de Taza (à 160 km) - www.oncf.ma.* Car à 20h pl. du Rif.

AGENCES DE VOYAGES

Les principales agences de voyages (**Kétama voyages**, **Nikor voyages**, **Redouan voyages** et **Voyages la Méditerranée**) se situent toutes sur l'av. Mohammed V.

PASSAGE DE LA FRONTIÈRE VERS MELILLA

Voir p. 19.

Se loger

EN VILLE

⊖⊖ **Hôtel Mohammed V** – *Place de la Marche Verte (dans le prolongement du bd Mohammed V, en prenant la direction du port à partir de la pl. de la Marche Verte) - ✆ 039 98 22 33 - fax 039 98 33 14 - 37 ch. - 458 DH (juil.-août), 414 DH le reste de l'année - menu touristique 135 DH* - 💳 - 🅿. Hôtel moderne passablement défraîchi repris début 2006 par le groupe Sogatour ,qui devrait le renover. La vue superbe sur la baie et la falaise depuis les balcons des chambres ne compense pas la vétusté et le manque de charme de ces dernières.

Hôtel Al Khouzama – *Au coin des r. Al Mouahedine et Al Andalous (cette dernière perpendiculaire, sur la gauche, de l'av. Mohammed V) - ✆ 039 98 56 69/81 - hotelalkhouzama@hotmail.com - fax 039 98 56 96 - 21 ch. - 333 DH - ☕ 25 DH - pas de restaurant* - 💳. Ce petit hôtel sombre situé dans le centre-ville dispose d'une vingtaine de chambres très simples.

⊖⊖ **Complexe touristique Quemado** – *Suivre « circuit touristique et balnéaire » (accessible à partir de la pl. de la Marche Verte, direction du port et à droite) - ✆ 039 98 33 15 - fax 039 98 33 14 - fermé en dehors des mois de juil.-août - formule club (demi-pension 591 DH)* - ⛱. Bien situé, cet établissement sans grâce donne sur la plage. Il mériterait, comme l'hôtel Mohammed V, une sérieuse remise à niveau.

AUX ALENTOURS

Complexe touristique Chafarina's Beach – *Plage Tala Youssef, à 7 km de la place de la Marche Verte (prendre l'av. Tariq Ibn Ziad, aller tout droit jusqu'à la sortie de la ville puis, en suivant la route, longer les plages et tourner à gauche pour continuer tout droit jusqu'à la plage de Tala Youssef) - ✆ 039 84 16 01/04 - fax 039 84 16 05 - chafarinas.beach@menara.ma - www.complexechafarinasbeach.com - 4 suites royales 1 100 DH et 16 suites normales 600/900 DH suivant la saison - menu touristique 150/200 DH suivant la saison* - - P. Ce nouveau complexe ouvert en 2003, à la décoration tape-à-l'œil, propose des logements confortables et spacieux qui dominent la plage. Il comprend un restaurant panoramique, un piano-bar, une discothèque, une salle de fitness, un jardin d'enfant et une piscine avec terrasse. Sans doute l'offre la plus intéressante dans le secteur. Dommage que cet hôtel soit un peu isolé et mal signalisé.

À MELILLA

Hôtel Rusadir – *Pablo Vallescá, 5 - ✆ 95 268 12 40 - fax 95 267 05 27 - rusadir@gargallo-hotels.com - 87 €* .

Parador de Melilla – *Avenida Cándido Lobera - ✆ 952 68 49 40 - fax 952 68 34 86 - melilla@parador.es - www.parador.es - 43 ch. - 110 € - 12 € - menu 27 €* - P - .

Se restaurer

EN VILLE

Sur le quai du port de pêche, de nombreux petits cafés, **La Terrasse**, **Karim**, **Mimoun** et l'**Escorpio**, servent la pêche du jour (sardines, rougets, crevettes, anchois, servis grillés et accompagnés de la traditionnelle « charmila », mélange de sauce tomate et d'omelette, et de pain d'orge).

Café Bellevue – *Bd Mohammed V - ✆ 039 84 06 07*. Durant les mois d'été, vous pourrez déjeuner ici d'une friture de poissons. Avec, en prime, la terrasse qui domine la baie d'Al Hoceima.

Restaurant du Club Nautique – *À l'entrée du port de plaisance - ✆ 039 98 14 61*. Dispose d'une salle panoramique à l'étage et propose des poissons grillés ou en friture servis simplement mais bien préparés.

À MELILLA

El Mesón La Choza – *Ave. Alférez Guerrero Romero - ✆ 952 68 16 29 - fermé dim. soir, mar. et de mi-juil. à mi-août*. Réputé pour ses viandes, il présente un bon rapport qualité-prix.

Los Salazones – *Conde Alcaudete, 15 - ✆ 952 67 36 52 - fermé lun. et de mi-sept. à déb. oct*. Spécialisé en poissons et fruits de mer.

Granada – *Marqués de Montenar 36 - ✆ 952 67 30 26 - fermé jeu.*

Achats

Ensemble artisanal – *Pl. du Rif, près de la gare routière*. Poteries artisanales provenant du petit village d'Imzouren, objets en palmier nain des tribus Adouz, etc.

Souks – À Al Hoceima *(mar.)* ; souks très animés et colorés à **Imzouren**, à 18 km au sud-est d'Al Hoceima *(sam.)*, et à **Rouadi** *(dim.)* qui rassemblent de très nombreux villageois de toute la région.

Événements

Fête de la mer – *Juil.*

Festival culturel et touristique d'Al Hoceima – *De fin juil. à déb. août*. Manifestation plurielle comprenant à la fois des soirées musicales et folkloriques, des manifestations sportives, des croisières en mer et une foire régionale de l'artisanat.

Chefchaouèn★★

36 856 HABITANTS (LES CHAOUNIS)
CARTE 1ER RABAT DE COUV. D2 – CARTE MICHELIN 742, PLIS 5, 10 ET 28

Si vous venez du sud, vous découvrirez soudain à un détour de la route cette petite ville (dont le nom transcrit aussi en Chaouèn, Chechaouèn, Xauèn, vient d'un mot berbère signifiant « les cornes », surnom donné à la montagne qui la domine) avec ses maisons étagées, blanc et ocre, ses innombrables petites fenêtres encadrées de clair, ses toits de tuiles rondes et rousses, qui en font un lieu apprécié par les peintres. La beauté de son site★ est liée au contraste entre la nudité de la paroi calcaire qui se dresse au-dessus de la ville et la campagne verdoyante qu'irrigue l'oued Laou bordé de lauriers-roses. C'est avant tout un lieu idéal pour se livrer à une flânerie des plus agréables dans les ruelles accidentées de la médina aux murs chaulés d'un blanc éblouissant tirant sur le bleu.

Se repérer – Située légèrement en retrait de la route du Rif, Chefchaouèn se trouve à 64 km au sud de Tetouan et à 121 km au sud-est de Tanger.

Se garer – Petit parking ombragé, mais très vite complet en saison, devant l'hôtel Parador, sur la place Al Makhzen.

À ne pas manquer – La médina de Chefchaouèn pour son charme et son animation. Le Parc national de Talassemtane.

Organiser son temps – Chefchaouèn peut être le lieu idéal pour découvrir pendant quelques jours une région dont les richesses, notamment en milieu rural, commencent à être mises en valeur. Sinon, compter 2 à 3h pour visiter la vieille ville.

Pour poursuivre le voyage – Voir aussi Ouazzane (60 km au sud), la côte du pays Rhomara, Tetouan (64 km au nord), Ceuta (102 km au nord), Tanger (120 km au nord-ouest).

Comprendre

Un bastion de la foi – Conçue comme une place forte, Chefchaouèn, fondée à la fin du 15e s. par le chérif Moulay Ali Ibn Rachid, défendait l'intérieur du pays contre les Portugais et les Espagnols qui avaient pris pied sur la côte. Refuge des musulmans qui quittaient l'Espagne pour fuir la reconquête des Rois Catholiques, elle accueillit, dès l'époque de sa création, de nombreux réfugiés andalous, ce qui lui valut son surnom de « Petite Grenade » ; d'autres musulmans, expulsés d'Andalousie, de Catalogne et de Murcie, vinrent au début du 17e s. grossir cette colonie d'ardents défenseurs de l'islam. Très longtemps, la cité, parsemée de nombreuses mosquées, resta fermée aux Européens. Seul Charles de Foucauld réussit à y pénétrer en 1883, au cours de sa fameuse « Reconnaissance » à travers le Maroc ; encore dut-il se faire passer pour juif et n'y fit-il étape qu'une nuit.

En octobre 1920, les Espagnols faisaient leur entrée à Chefchaouèn, comprise dans leur zone d'influence. Ils en furent provisoirement chassés par le chef du soulèvement rifain, Abd el-Krim, lorsque celui-ci soumit le pays Jebala. En 1956, la ville fut rendue au royaume chérifien.

Se promener

Compter 2h.

Place Al-Makhzen★

C'est à cette place qu'aboutit la charmante av. Hassan II, qui contourne la vieille ville par le sud.

Avec son fond tapissé de minuscules boutiques que surmonte tout un étagement de murs en pierre ocre, ses marches et ses arbrisseaux plantés très droit ou recourbés en arceaux, elle fait penser à quelque décor de théâtre. La sobre masse carrée d'un minaret, auquel

R. Mattès / MICHELIN

Apparition furtive dans le silence de la médina.

des créneaux et un haut lanternon font une fine couronne blanche, équilibre ce paysage bien composé.

Laisser la voiture place Al-Makhzen ; en longeant les arcades peintes au fond de la place, à gauche, on gagne la place Uta-el-Hammam.

Place Uta-el-Hammam★

Allongée, de forme irrégulière, cette place ombragée de platanes, dominée par un imposant décor de montagnes est bordée d'un côté par de minuscules boutiques, de l'autre par la Grande Mosquée (*en cours de rénovation*) – qui possède un remarquable **minaret** octogonal finement décoré – et les vieilles murailles rongées de la *kasbah*.

Dans une ruelle qui dévale vers l'entrée de la place (la rue Al-Andalous), un arc brisé outrepassé s'ouvre sur un **caravansérail** : remarquez la cour carrée entourée d'arcades et les petites cellules du 1er étage.

Kasbah

Entrée place Uta-el-Hammam. Visite accompagnée - tlj sf mar. matin. 10 DH.

À l'intérieur de cette forteresse d'aspect européen, qui a fait l'objet de travaux de restauration, des jardins plantés d'immenses palmiers, de figuiers, de rosiers et de fleurs, constituent au sortir de la place une oasis de tranquillité.

Un petit musée, où sont exposés des chaises à mariées et des instruments de musique andalouse, et une bibliothèque sont installés dans la tour.

Dans le premier jardin, sous une tour à droite, s'ouvre l'entrée des anciennes prisons ; on voit encore, suspendus à une chaîne qui court le long du mur, les colliers que l'on passait au cou des prisonniers.

Médina★★

En sortant de la kasbah, prendre à gauche pour gagner le fond de la place Uta-el-Hammam et, laissant à gauche une ruelle en descente qui contourne la Grande Mosquée, emprunter la rue qui prend naissance dans l'axe de la place et poursuivre l'itinéraire indiqué sur le plan.

Il faut prendre le temps de flâner dans cette médina qui ne ressemble à aucune autre. Sur les murs des maisons d'un ocre soutenu, peints à la chaux jusqu'à hauteur d'homme dans des tons très légers, le blanc, les verts, les bleus et les mauves se marient en un extraordinaire fondu de couleurs qui, de loin, donne à la ville un curieux reflet bleuté. Cet enduit, renouvelé plusieurs fois dans l'année, a pour but d'éloigner les mouches et de servir de protection contre la chaleur et la luminosité.

Les ruelles, souvent en escalier ou coupées de paliers, se rétrécissent, s'élargissent, zigzaguent, formant d'innombrables recoins et impasses (les *derbs*) au gré des maisons, rarement alignées.

De loin en loin surgissent des minarets, carrés et massifs dans la nudité de leur pierre ocre ou grise, ou polygonaux, peints en blanc et délicatement décorés d'entrelacs.

Les réfugiés andalous ont marqué cette ville de leur empreinte. Des arcs polylobés enjambent les ruelles ; des arcades ou même de véritables porches précèdent les portes, souvent cloutées ; des corni-

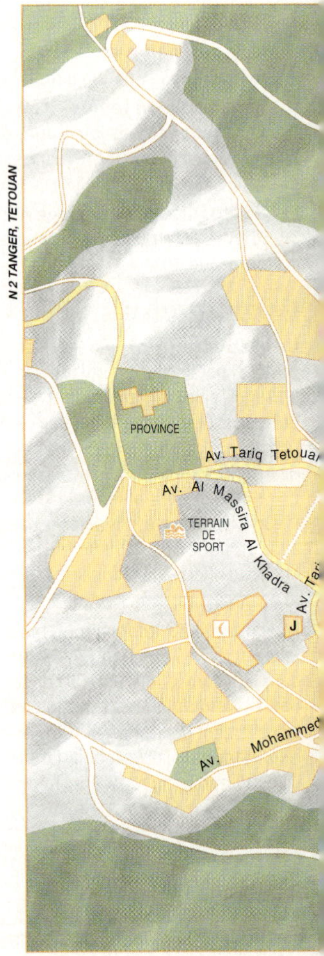

SE LOGER

Auberge Dardara 1
Camping 4
Casa Hassan et Dar Baibou 7
Dar Terrae 10
Hostal Ksar Aladin 13

ches à ressauts soutiennent les auvents. Les fenêtres se parent de grilles en fer forgé peintes. La moindre fontaine est tapissée de zelliges, ou colorée de bleu vif ou de rouge foncé sur lequel se détache une blanche décoration en lambrequins.

Souk★

Il se tient à l'entrée de la ville, lorsqu'on vient de Ouazzane, et connaît une animation toute particulière. Tôt le matin, la ville commence à vivre ; une foule colorée prend possession de la place : paysannes et montagnardes dans leurs costumes rifains, citadines voilées drapées de blanc, hommes et jeunes gens revêtus de la djellaba écrue en été, brune en hiver. Vers 11h, le souk bat son plein.

Aux alentours

Point de vue★

3 km au nord. Sortir de Chefchaouèn par la place Mohammed V et la rue Allal-al-Fassi, puis suivre les panneaux.

- Hôtel Atlas Riad Chaouen 16
- Hôtel Madrid 19
- Hôtel Marrakech 22
- Hôtel Parador 25
- Hôtel Rif 28
- Hôtel Salam 31

SE RESTAURER

- Aladin 1
- Chez Fouad 4
- Hôtel Parador 7
- Restaurant Tissemlal 10

Au terminus de la route en forte montée se dresse l'hôtel **Atlas Riad Chaouen** (ex-Asmaâ) construit au bord de la plate-forme surplombant la ville, et de la terrasse duquel on découvre une large **vue★** sur Chefchaouèn et le pays Jebala.

Ras el Ma

3 km. Sortir de Chefchaouèn par ② du plan, route d'Ouazzane. Environ 400 m après avoir franchi un petit pont, tourner à gauche.

La route d'accès à cette source offre, au fur et à mesure qu'elle s'élève, des **vues** de plus en plus rapprochées sur Chefchaouèn et finit par très légèrement s'enfoncer dans la gorge à l'entrée de laquelle sont construites les dernières maisons de la ville.

Après avoir gravi quelques marches, puis tourné à droite, vous arriverez au pied de la source vauclusienne à laquelle les jardins de Chefchaouèn doivent leur fertilité. À sa résurgence, le torrent dévale en cascade sur d'énormes rochers. Des petits cafés se sont installés dans ce site ombragé.

Une monoculture rémunératrice

Il y a encore quelques années, grâce à a la fertilité de ses terres irriguées par Ras el Ma, Chefchaouèn était un marché agricole qui parvenait à l'autosuffisance alimentaire : chaque citadin possédait son lopin de terre, qu'il cultivait en dehors de son activité principale (le plus souvent artisanale), et même quelques bêtes . Dans leurs maisons, les Chaounis conservaient pour l'hiver dans une **barchla**, sorte de garde-manger placé au-dessus de la porte, céréales, fruits secs, ail, oignon et huile d'olive. Ce n'est plus vrai aujourd'hui, la **culture du kif**, plus rémunératrice, ayant envahi peu à peu toutes les terres cultivables, et Chefchaouèn doit importer d'autres régions du Maroc les produits agricoles qu'elle consomme.

Chefchaouèn pratique

Informations utiles

Poste – *Av. Hassan II.*

Argent – Distributeurs automatiques sur l'av. Hassan II, où vous trouverez des agences de la Banque populaire et de la BMCE.

Cybercafés – Plusieurs cybercafés en centre-ville, près de l'av. Hassan II et de la pl. Al-Makhzen, parmi lesquels :
EchoWeb – *Av. Ibn-Rochd.*
Internet Samir – *Av. Hassan II (en face de l'hôtel Salam).*
Cyber Café – *entre les pl. Al-Makhzen et Uta-el-Hammam.*

Transports

On peut accéder en car à Chefchaouèn depuis Tetouan (un peu plus d'une heure de trajet) et Tanger. Car également en provenance de Fès, Meknès, Ceuta et Nador. Ils vous déposent à environ 20mn à pied du centre-ville.

Se loger

CAMPING

⊖ **Camping** – *Proche de l'hôtel Atlas Riad Chaouen (ex-Asmaâ) et ouv. toute l'année - ✆ 039 98 69 79 - 17 DH/pers. - tente : petite , 10 DH, grande, 20 DH - voiture 10 DH - douches : chaudes, 10 DH ; froides, 3 DH - restaurant ouv. les 3 mois d'été (tajines à 25 DH).* Très ombragé. Bien que propres, les sanitaires sacrifient quelque peu à la mode du minimalisme.

HÔTELS

⊖⊖ **Hôtel Madrid** – *Av. Hassan II - ✆ 039 98 74 96/97 - fax 039 98 74 98 - hotelmadrid@menara.ma - www.moroccanhousehotels.com - 26 ch. - 385 DH - ☕ 38 DH - ⊭ - P.* Légèrement en contrebas de la médina, cet hôtel propose de petites chambres, dont plusieurs avec lit à baldaquin. Les salles de bains sont assez sommaires.

⊖⊖ **Dar Terrae** – *Av. Hassan I (un peu plus haut que la Casa Hassan) - ✆ 070 31 09 31 - darterrae@hotmail.com - 450 DH - suite : 600 DH - ⊭.* Les chambres sont petites mais toutes décorées avec originalité et goût et dotées d'un coin salle de bains. L'ambiance est calme et agréable.

⊖⊖ **Hostal Ksar Aladin** – *R. Ibn Askar - ✆/fax 039 98 90 71 - 7 ch. et 2 suites avec balcon - 450 DH - ⊭.* Ouvert depuis 2005 par les propriétaires du restaurant Aladin. Chaque chambre possède sa propre salle de bains. Vue sur la vallée depuis certaines d'entre elles.

⊖⊖ **Hôtel Parador** – *Pl. Al-Makhzen - ✆ 039 98 61 36/63 24 - fax 039 98 70 33 - parador@iam.net.ma - 35 ch. - 460 DH - ☕ 50 DH - menus 130/150 DH - 🏊 - P.* Une agréable terrasse dominant la vallée et des chambres confortables donnant sur la place. Malgré un côté un peu vieillot, une bonne adresse pour découvrir Chefchaouèn. Souvent complet (bien qu'en cours d'agrandissement en 2006), pensez à réserver !

Hôtel Atlas Riad Chaouen (ex-Asmaâ) – *Rue Sidi Abdelhamid (prendre sur la pl. Mohammed V la r. Allal-el-Fassi et suivre les panneaux) - 039 98 62 65 - fax 039 98 71 58 - www.hotelsatlas.com - 66 ch. - 614 DH - 7 suites : 1 500/1 614 DH - 50 DH - menu touristique : 130 DH -* . Repris par la chaîne Atlas Hospitality, cet hôtel a fait l'objet d'une rénovation complète avant sa réouverture en mai 2006. Très isolé (à moins d'être motorisé), il offre depuis sa terrasse qui domine la médina une **vue★** somptueuse ! Outre la piscine, il propose également un centre de fitness.

Casa Hassan et son annexe Dar Baibou – *22 r. Targui (dans la médina, une rue donnant sur la place Uta-el-Hammam) - 039 89 61 53 - fax 039 98 81 96 - casahassan1987@yahoo.fr ou info@cassahassan.com - www.casahassan.com - 7 ch. dans la Casa Hassan et 14 à Dar Baibou : demi-pension 550/950 DH - menu 75 DH.* Toutes les chambres sont décorées de manière différentes et avec charme. Certaines de la Casa Hassan peuvent être assez bruyantes à l'heure du dîner car elles donnent sur la salle du restaurant. Le petit-déjeuner pris dans l'annexe est des plus copieux, mêlant traditions culinaires marocaine et internationale. Une juste compensation après un repas qui s'avère décevant (notamment le tajine) au regard de la réputation dont jouit cette maison !

Sur l'av. Hassan II, entre la pl. Mohammed V et la pl. Al-Makhzen, plusieurs hôtels au confort plus rudimentaire peuvent dépanner en haute saison :

Hôtel Marrakech – *41 av. Hassan II - 039 98 77 74 - 15 ch. dont 6 avec douche : 180/300 DH -* . Sans luxe mais convenablement tenu avec une terrasse panoramique très agréable.

Hôtel Salam – *39 av. Hassan II - 039 98 62 39 - fax 039 98 62 48 - 10 ch. doubles ou triples : 200 DH avec lavabo - 20 DH - menu 60 DH -* . Le confort est plus rudimentaire (chambres propres mais douches à l'extérieur) ; en revanche, la vue sur la vallée depuis la terrasse est superbe.

Hôtel Rif – *29 av. Hassan II - /fax 039 98 69 82 - hotelrif@caramail.com - ch. avec douche : 220 DH - restaurant en travaux lors de notre passage -* - . Accueil très aimable. Les chambres sont quelconques.

AUX ALENTOURS

Auberge Dardara – *Route nationale 2 (à 12 km de Chefchaouèn) - 061 15 05 03 - contact@dardara.com - fax 039 93 84 29 - www.dardara.com - 10 ch. : 420/690 DH - 2 suites : 750/950 DH - menu 100/120 DH -* - . Chaque chambre a sa décoration spécifique avec un coin douche très minéral. Le cadre est sympathique et bien aménagé. Seules réserves : l'éloignement de Chefchaouèn et la proximité de la route nationale, bruyante.

Se restaurer

Restaurant Tissemlal – *Casa Hassan - menu 75 DH.* Longtemps un incontournable, tant pour l'accueil, charmant,que le cadre, remarquable. Dommage que la cuisine soit un peu décevante.

Quelques petits restaurants sont situés près de la place Uta-el-Hammam : le restaurant **Aladin**, qui vaut surtour pour sa terrasse, ou **Chez Fouad**, rue Targui.

Hôtel Parador – *Pl. Al-Makhzen - 039 98 61 36/63 24 - menu 130/150 DH.* Repas sans surprise et service compassé.

Faire une pause

Choisissez la terrasse des hôtels (**Atlas Riad Chaouen, Parador, Salam**...) pour profiter de la vue. Et, bien sûr, vous ne manquerez pas de prendre un thé à la menthe à la terrasse d'un des nombreux cafés bordant la place Uta-el-Hammam.

Sports et loisirs

Pays d'accueil touristique (PAT) de Chefchaouèn – Expérience pilote lancée en 2003 qui vise à développer et à consolider l'activité touristique en milieu rural pour la région de Chefchaouèn, notamment autour du Parc national de Talassemtane. Dans cette perspective, une maison du PAT devrait voir le jour, pl. Al-Makhzen, au niveau de l'Ensemble artisanal. Plusieurs itinéraires de randonnées sont en cours de création. Aux quatre gîtes ruraux existants (El Kalaa, Azilane, Mechkrella et Achetta) devraient s'en ajouter d'autres (sept sont en projet).

Pour plus d'informations, vous pouvez contacter la **Délégation du tourisme de Tetouan** – *30 av. Mohammed V - BP 62 Tetouan - 039 96 19 15 - fax 039 96 19 14 - dttetouan@menara.ma -* . Ou consulter le **site Internet du ministère du Tourisme** - *www.tourisme.gov.ma/rural/index_fr.asp.*

Association des guides et accompagnateurs en montagne – *Av. El Hafa - 062 11 39 17 - guiderando@yahoo.fr - guide : 250 DH/j pour un groupe de 6 à 12 pers., hors nourriture et logement - gîte : 150 DH/j/pers. - mule : 200 DH/j.* Pour toutes les activités en milieu rural, il est préférable d'avoir recours à un guide. Le président de l'association pourra vous organiser des randonnées de un à plusieurs jours dans la région. Vous pouvez aussi le contacter en vous adressant à l'hôtel Parador ou à la Casa Hassan.

À noter que d'autres hôtels organisent des randonnées comme l'hôtel Rif, l'hôtel Atlas Riad Chaouen ou l'auberge Dardara.

Achats

Souk – *lun. et jeu.*

Ensemble artisanal – *Pl. Al-Majzen (à côté de l'hôtel Parador).* Pour découvrir les productions locales, en particulier les tapis et tissus de laine.

Galerie Ben Amin & Alami – *2 av. Hassan II - Résidence Nihad El Raysouni (en face de l'hôtel Salam) - ✆ 066 37 07 08 - alami_gallerie@hotmail.com.*

Galerie Phan – *R. Targui.* Photographies, peintures et artisanat.

Événements

Festival de la musique andalouse – *En juin ou juil.* Ce festival, qui a plus de vingt ans, réunit des troupes musicales venues de tout le pays.

Festival Alegria Achamalia – *En juil. - www.festivalalegriaachamalia.com.* Ce festival a connu sa troisième édition en juillet 2006. Il met l'accent sur la rencontre des arts musicaux populaires locaux avec les musiques du monde, en associant spectacles vivants, patrimoine, cultures urbaines, arts de la rue…

Ouazzane★

CARTE 2E RABAT DE COUV. D2 – CARTE MICHELIN 742, PLIS 5, 9 ET 27

Ouazzane occupe, au sein d'une contrée verdoyante, un site★ agréable et riant. La ville s'étage sur les pentes boisées du *jbel* Bou-Hellal, face au Rif, qui déploie ses chaînes enneigées de janvier à mars. Dans ce paysage de collines couvertes d'oliviers, de champs de céréales et de vallons peuplés d'arbres fruitiers, on pourrait se croire en quelque endroit du Midi de la France, n'était la forme cubique des maisons et leur éclatante blancheur.

- **Se repérer** – Ouazzane se situe à la limite du Rif et des collines prérifaines, à 60 km au sud-ouest de Chefchaouèn par la route de Meknès et de Fès, très belle avec ses lauriers-roses dans les oueds qu'elle suit ou traverse.
- **Se garer** – Laisser la voiture place de l'Indépendance.
- **À ne pas manquer** – La médina avec ses boutiques de tailleurs, ses ateliers de tisserands et de forgerons.
- **Organiser son temps** – Prenez au moins une 1/2h pour visiter la médina. Mais vous ne resterez pas dormir à Ouazzane compte tenu de l'absence d'offre vraiment satisfaisante.
- **Pour poursuivre le voyage** – Voir aussi Chefchaouèn (60 km au nord), Volubilis et Moulay-Idriss (110 km au sud), Larache (au nord-ouest) et Kénitra (131 km au sud-ouest).

Comprendre

Deux fois sainte – Sainte par ses origines, Ouazzane se développa autour d'une *zaouïa* fondée en 1727 par le chérif idrisside Moulay Abdallah ben Brahim. Cette *zaouïa*, berceau de la confrérie religieuse des **Taïbia**, acquit très vite sur le plan politique une importance qui, durant le 18e et le 19e s., alla croissant. Les *chorfa* d'Ouezzane qui constituèrent tour à tour à l'égard du sultan un élément de soutien et une force d'opposition finirent par étendre leur influence jusque dans le centre et le sud du Maghreb.

Ouazzane fut aussi un but de pèlerinage pour les juifs qui vinrent nombreux implorer Rabbi Amrane, un pieux rabbin faiseur de miracles dont le tombeau se trouve à Azjèn, à 9 km au nord-ouest de la ville.

Ruiz Treal / MICHELIN

Palabres…

Un chérif ouvert à l'étranger

À la fin du 19e s., alors que nombre de sociétés européennes tâchaient d'obtenir des avantages économiques au Maroc (concession de mines, exploitation de terres, etc.), le chérif d'Ouazzane, Si Abdeslam, passant outre la volonté du sultan de pratiquer une politique de repli, favorisa l'implantation d'intérêts français dans le Rif. Si cette affaire lui valut la protection de la France, elle attira sur lui les foudres du souverain, qui le déchut de son autorité.
Ce curieux personnage, descendant du Prophète, qui ne cachait point son penchant pour tout ce qui venait d'Europe, et « dans la bouche duquel le champagne se transformait en lait », finit par épouser une jeune fille de la bonne société anglaise.

Se promener

Suivre l'itinéraire indiqué sur le plan. Compter 30 mn env.

Du centre de cette place triangulaire, très animée les jours de souk, on a une jolie vue sur la ville étagée au flanc du Bou-Hellal. À l'angle de la place et de la rue de la Marche Verte se trouve un complexe artisanal.

Après avoir gravi l'escalier à droite du Grand Hôtel, suivez la rue Abdellah ben Lamlih, en montée et coupée de marches, qui conduit aux **souks,** où vous trouverez nombre de boutiques de tailleurs et d'ateliers de tisserands.

Arrivé place Bir Inzarane, prenez à gauche, pour emprunter la rue Haddadine. Aussitôt après, encore à gauche, la rue de l'Adoul longe la **mosquée Moulay Abdallah Chérif** qui est le rendez-vous des pèlerins.

À droite, en contrebas de la rue, s'alignent les curieuses baraques couvertes de chaume du **souk des Forgerons**.

On débouche dans la rue Nejjarine, sur les marches de laquelle travaillent les menuisiers. Au bas de l'escalier, tournez à gauche dans la rue de la Zaouïa par un passage sous voûte très étroit. Vous longez bientôt la **mosquée S'Ma des Zaouïa** appelée aussi « mosquée verte » en raison de la couleur des faïences de son **minaret★** octogonal à décoration d'entrelacs.

SE LOGER

Hôtel La Poste................................ ①

Motel Rif.. ④

Après la mosquée, la rue de la Zaouïa, coupée d'escaliers, descend vers la place du marché.

Aux alentours

Jbel Bou-Hellal★

3 km, puis 30mn à pied AR. Au sortir de la place de l'Indépendance, prendre à droite en direction de Fès et gagner la ville nouvelle. À l'endroit où la route de Fès (② sur le plan) oblique vers la gauche, continuer tout droit.

50 m après un jardin public s'embranche à droite la route du *jbel* Bou-Hellal. La montée au Bou-Hellal (dont on n'atteindra pas le sommet : 609 m), couvert d'orangers, de figuiers et d'oliviers constitue une très agréable promenade.

Laisser la voiture à l'endroit où la route cesse d'être goudronnée et continuer à pied jusqu'à une plate-forme située à 400 m plus loin dans un virage.

Ruiz Treal / MICHELIN

Oliviers sur les collines environnantes.

On découvre une très belle **vue★** sur Ouazzane – toute blanche avec ses toits en terrasses – et sur les collines des Ghezaoua s'arrondissant en des plans successifs jusqu'à l'horizon, que barrent les montagnes du Rif.

Ouazzane pratique

Informations utiles

Poste – *Pl. de l'Indépendance.*

Argent – Distributeurs automatiques sur la pl. de l'Indépendance, où vous trouverez des agences de la Banque populaire et de l'Attijariwafa Bank.

Cybercafés : **Alphanet** – *Av. Hassan II - 5 DH/h.*

Ouazzane net – *Av. Mohammed V - 5 DH/ h.*

Transports

Depuis la **gare routière**, rue de la Marche Verte (au nord-ouest de la pl. de l'Indépendance), liaisons en car et en grand taxi vers Fès, Meknès, Chefchaouèn, Kénitra et Rabat notamment.

Se loger

⊖ **Hôtel La Poste** – *79 av. Mohammed V (près de la mosquée) - ✆ 037 90 75 30/037 90 99 51 - posthotel79@yahoo.fr - fax 037 90 84 10 - 18 ch. - 120 DH - ☕ 30 DH (sur commande) - ⊭.*

Autour d'un grand patio, des chambres très simples avec salle de bains commune. Mais en l'absence d'une offre alternative en ville…

AUX ALENTOURS

⊖⊖ **Motel Rif** – *Route de Fès (à 4 km de Ouazzane) - ✆/fax 037 90 71 72 - mokhtar@motel-rif.ma - www.motel-rif.ma - camping : 15 DH/pers. et 20 DH/voiture - 15 ch. - 250 DH - 3 suites : 800 DH - ☕ 30 DH - menu 80 DH - ⊭ - 🏊 - P.* Ouvert en 2003, le Motel Rif présente une solution intéressante pour se loger près de Ouazzane. Si l'ensemble n'a pas de charme particulier, il est bien entretenu et propre.

Faire une pause

Prendre un verre à la terrasse du **Restaurant des Négociants**, pl. de l'Indépendance, qui n'a d'un restaurant que le nom et où vous ne pourrez donc pas vous restaurer. Dans la médina, en descendant la rue Nejjarine, vous pouvez vous arrêter à droite au **Café Bellevue** (ne vous laissez pas surprendre par l'absence d'enseigne et la nonchalance de l'accueil), dont la terrasse ombragée de vigne vierge est un endroit très rudimentaire mais d'où vous aurez une vue sur les montagnes du Rif.

Achats

Souk - *Le jeudi.*

Oujda

409 696 HABITANTS
CARTE 1ER RABAT DE COUV. E1 – CARTE MICHELIN 742, PLIS 6 ET 12

À l'extrême est du Maroc, Oujda, capitale de la région de l'Oriental, est une ville importante bâtie dans la plaine des Angad, au sein d'une zone aride, fermée aux influences océaniques par la barrière du Rif et du Moyen Atlas, et à celles de la Méditerranée par les monts des Beni-Snassen.

Se repérer – Oujda est située à 343 km de Fès et à 13 km de la frontière algérienne.

Se garer – N'hésitez pas à stationner bd Mohammed V, très central, pour continuer votre découverte de la ville et de sa médina à pied.

À ne pas manquer – Si Oudja présente en elle-même un intérêt touristique limité – bien que la rénovation envisagée de sa **médina** pourrait lui rendre un certain attrait –, cette ville est un point de départ idéal pour découvrir la région, de la **côté méditerranéenne** aux **monts des Beni-Snassen★★**.

Organiser son temps – Au moins 1/2h pour la visite de la médina. Une journée pour les monts des Beni-Snassen.

Pour poursuivre le voyage – Vous pouvez poursuivre votre voyage en visitant : la kasbah de Taourirt, Taza (en direction de Fès) et Figuig (en allant vers le sud).

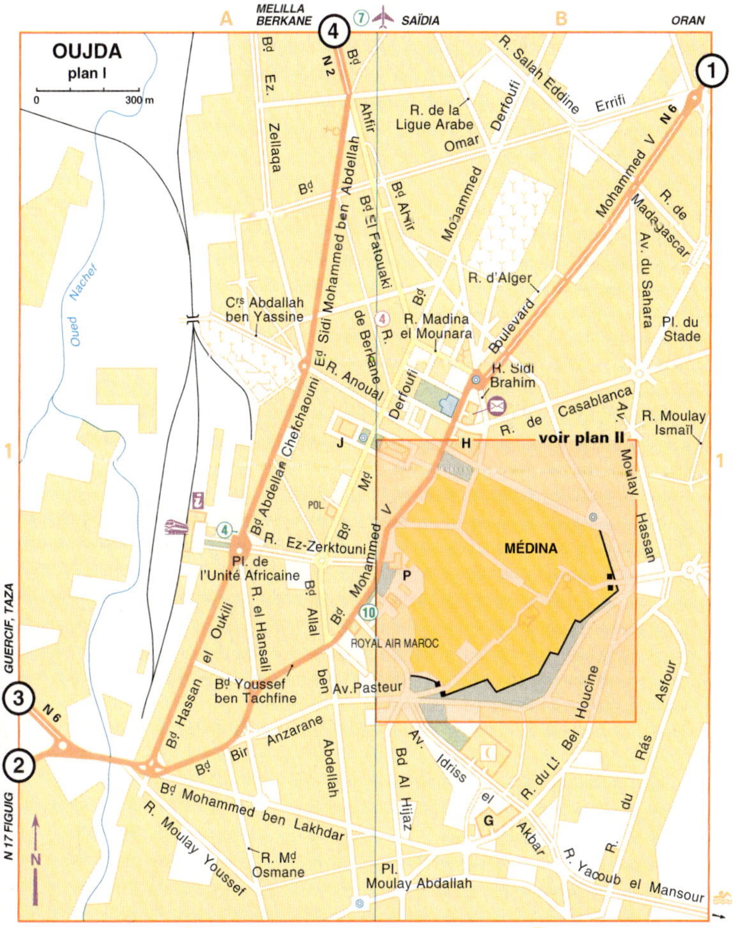

SE LOGER
Hôtel Ibis Moussafir .... ④
Hôtel Isly Golf .... ⑦
Hôtel Oujda .... ⑩

SE RESTAURER
Restaurant Le Dauphin .... ④

Comprendre

Une ville sous la menace – Peu de villes marocaines furent autant disputées qu'Oujda.

Fondée en 994 par des nomades du Maghreb central gagnés à la cause de l'islam et dont l'importance allait croissant dans tout le nord du Maroc, elle fut ensuite ballottée entre les maîtres de ce pays et ceux de l'Algérie.

Un siècle plus tard, ayant fondé Marrakech, d'où il allait partir à la conquête du Maghreb, l'almoravide Youssef ben Tachfine s'empara d'Oujda.

Prise, reprise, ruinée et inlassablement reconstruite, la ville connut des années de prospérité relative et des périodes de complète déchéance. Au cours de ces alternatives heureuses et malheureuses, toujours la crainte d'une contre-attaque et des habituelles représailles fit trembler ses habitants, à tel point qu'elle fut surnommée « *medinat el haïra* », la « cité de la peur ».

Oujda, ville frontière – Oujda n'est qu'à 13 km de la frontière algérienne (actuellement fermée). Cette situation lui valut d'être, en 1844, la première ville marocaine à connaître l'occupation des troupes françaises lancées à la poursuite d'Abd El-Kader, qui s'était réfugié au Maroc, ralliant le sultan à sa cause. Une tentative d'entente pacifique ayant échoué, la France déclara la guerre au Maroc. Oujda fut prise par les Français qui, le 14 août, remportaient sur l'armée chérifienne la **bataille de l'Isly**, à 5 km à l'ouest de la ville.

Oujda n'était encore, au début du 20e s., qu'une cité d'à peine 20 000 habitants. Sa tardive expansion fut essentiellement liée au développement des voies ferrées et à l'exploitation de mines (charbon, plomb, zinc), au sud.

Les Européens, qui s'étaient tout d'abord cantonnés à l'intérieur de la médina, édifièrent autour de celle-ci une autre ville aérée de larges artères. Depuis, Oujda s'est agrandie de quartiers industriels.

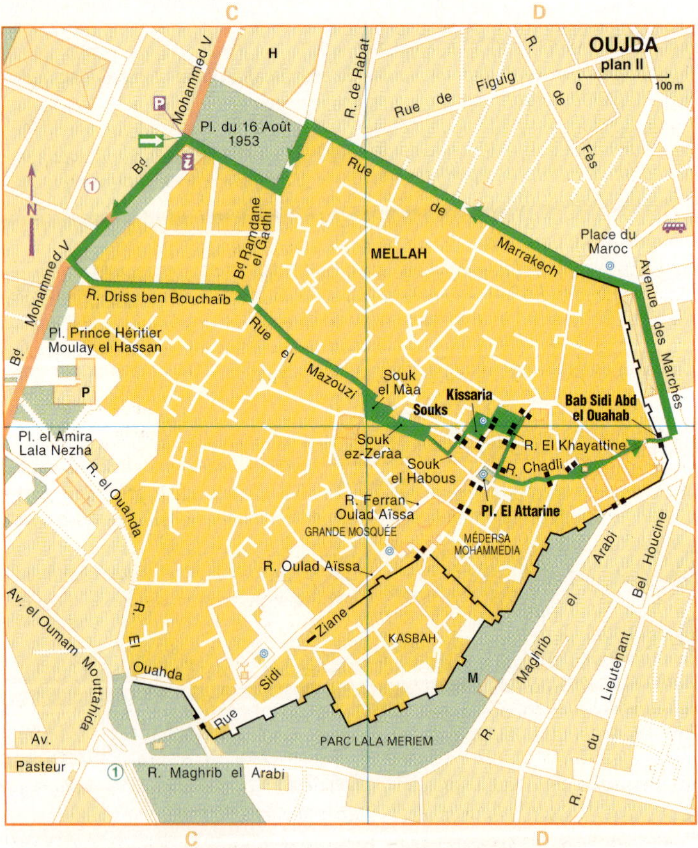

SE LOGER	SE RESTAURER
Hôtel Atlas Orient........................ (1)	Le Comme Chez Soi........................ (1)

Se promener

LA MÉDINA Plan II

30 mn. Partir de la place du 16-Août-1953. Le bd Mohammed V, puis à gauche la rue Driss ben Bonchaïb et enfin la rue El-Mazouzi conduisent aux souks.

Kissaria Plan II D3

Sur une petite place bordée d'arcades sont installées des boutiques de velours, de vêtements traditionnels, d'habits typiquement marocains. Au fond de cette place, à droite, un porche s'ouvre sur une cour : là on verra, parmi les écheveaux de laine multicolores, fonctionner des métiers à tisser.

Au sortir de la kissaria, prendre à droite la rue El-Khayattine.

Place El Attarine Plan II D3

Ombragée de quelques arbres, c'est le carrefour central de la médina.

Arrivé sur la place, tourner immédiatement à gauche.

La rue Chadli traverse le souk el Kenadsa où les boutiques de tissus et de vêtements sont – là encore – nombreuses. On parvient à une vaste place sur laquelle se tient le marché.

Bab Sidi Abd el Ouahab Plan II D3

La célèbre « porte des têtes » permet depuis le 13e s. de franchir la muraille. Sous ses créneaux, le pacha suspendait la tête des criminels et des rebelles suppliciés. Aux abords de cette porte règne une grande animation.

Franchir la muraille.

En tournant à gauche, on atteint la place du Maroc, sur laquelle on prend à gauche la rue de Marrakech pour regagner la place du 16 Août 1953.

Circuit de découverte

LES MONTS DES BENI-SNASSEN★★

Circuit de 170 km, au nord-ouest. Compter une journée (prévoir un pique-nique). Voir schéma page suivante.

Ce circuit, impressionnant par endroits (et à déconseiller aux véhicules de tourisme), ne doit être entrepris que par beau temps et lorsque le sol est très sec. Sortir d'Oujda par la route N 2 (④ sur le plan). Se munir d'une lampe-torche pour la grotte du Chameau.

Les monts des Beni-Snassen constituent le relief principal de la région côtière comprise entre la Moulouya et la frontière algérienne.

Ce massif calcaire sépare deux plaines agricoles : au nord la riche région des Triffa, bien irriguée grâce à l'aménagement de l'oued Moulouya, où l'on cultive les céréales, le coton, les agrumes, la vigne ; au sud la fertile plaine des Angad.

Il doit son nom à une importante tribu de Berbères zénètes, qui vivaient déjà dans ces montagnes lorsque l'islam apparut dans l'ouest du Maghreb.

La population, sédentaire, y est, comme dans le Rif, assez dense, sur le versant nord surtout, où des jardins et des vergers révèlent la présence des sources.

Traversée du massif★

À 24 km d'Oujda **(a)**, *prenez à gauche la route d'Âïn-Sfa, tracée à la limite de la plaine et des premiers contreforts des Beni-Snassen. Les kilométrages indiqués ci-dessous sont comptés à partir de cet embranchement.*

Km 12 **(b)** *– Tournez à droite. La route s'élevant en corniche pénètre rapidement dans le massif. Route non revêtue, défoncée par endroits, côtoyant dans ses débuts des précipices, et ne permettant le passage que d'une seule voiture à la fois : redoublez donc de prudence !*

Un peu avant un petit col **(c)**, vue en arrière et à gauche sur Oujda. Vers les sommets affleurent des bancs calcaires qui, à certains endroits, forment des arêtes déchiquetées par l'érosion. Sur les pentes, des vergers en terrasses, où dominent les amandiers, et, çà et là, des villages et quelques marabouts isolés rappellent que cette zone montagneuse est l'une des plus peuplées du Maroc.

Km 22 **(d)** *– La route se divise en deux branches ; prenez à gauche.*

Après Oulad Jabeur Fouaga *(km 24 –* **e***)*, hameau composé d'une petite mosquée et de quelques maisons basses à toit de terre et de chaume, autour duquel des plantations d'amandiers mettent une note riante, on traverse une zone de forêts rabougries et un paysage chaotique d'éboulis calcaires. Puis la route passe au pied du point culminant du massif, le **Ras Fourhal** (1 532 m), à droite, qui offre des **vues**★ superbes sur toute la chaîne de montagnes.

Km 34 **(f)** *– Maison forestière d'Âïn-Âlmou en retrait de la route dans une boucle très accentuée.*

Aussitôt après, on aborde un tronçon particulièrement difficile où il convient de rouler très lentement, la route de terre – au demeurant bien tracée – étant encombrée de pierres aux arêtes parfois coupantes.

Dans ce secteur, la neige est présente de janvier à mars ; la chasse au lièvre et au sanglier est ouverte d'octobre à février *(interrompue pendant plusieurs années pour permettre de reconstituer le cheptel, la chasse devrait à nouveau être autorisée).*

Le chemin, très étroit, en descente et sans parapet, domine un à-pic.

À cette descente succède un parcours en crête, au cours duquel on change de versant. On domine un nouvel à-pic à gauche.

Km 40 **(g)** *– Bifurcation avec, en son milieu, une petite butte rocheuse : prenez à droite.*

Au fur et à mesure que l'on descend, le paysage s'élargit.

Km 44 **(h)** *– Nouvelle bifurcation formant une sorte de rond-point devant une maisonnette en ruine : prenez à nouveau à droite.*

Dans le lointain, en avant et à droite, s'ouvre la plaine de Berkane.

Malgré la difficulté du trajet, on ne se sent jamais vraiment seul ; de temps à autre, des petits villages en pisé et des cultures en terrasses apparaissent, accrochés à flanc de montagne ; des paysans sur leur âne, des enfants menant des troupeaux de chèvres surgissent au détour d'un chemin.

Km 48 **(i)** *– Tournez à droite, virage en épingle à cheveux.*

On longe des terres cultivées, puis la route descend. Descente difficile sur 6 km, avec de temps à autre, à gauche, quelques maisons en pisé. Traversée d'un oued à sec, puis la route, uniquement revêtue de cailloux, se poursuit, longeant l'oued entre d'énormes rochers.

La falaise du *jbel* Tamejout qui domine la route à droite contraste avec les pentes boisées et moins abruptes du *jbel* Arhil, de l'autre côté de la vallée vers laquelle on descend.

Km 56 – On passe entre les ruines de quelques maisons et des zones cultivées à gauche de l'oued ; on suit le lit de l'oued.

Km 57 – On aperçoit à droite une carrière en exploitation ; à gauche se dresse une petite mosquée marquant l'arrivée sur la route goudronnée (57,7 km), que l'on prend tout d'abord à gauche en direction de Taforalt, pour remonter la vallée du Zegzel.

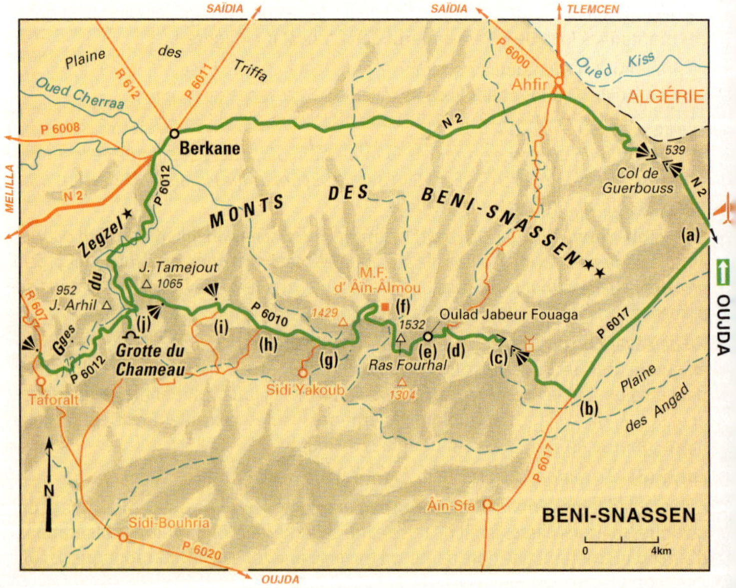

Paysage des Beni-Snassen.

Gorges du Zegzel★

La route que l'on suit jusqu'à son intersection avec la R 607 traverse le torrent en maints endroits.

Le fond de la vallée est planté d'orangers. Les versants, dans la partie moyenne du Zegzel, portent des cultures en terrasses de céréales, d'oliviers, d'arbres fruitiers. Puis la haute vallée se resserre entre des parois boisées ou des falaises creusées de grottes.

À un carrefour important et bien signalé, prenez à droite la route en direction de Berkan.

Presque aussitôt, sur la gauche, on découvre un beau **point de vue★** sur la vallée de la Moulouya, les monts Kebdana, la plaine des Triffa et, par temps clair, la Méditerranée.

Là, rebroussez chemin et reprenez la petite route goudronnée bordée de pins qui longe le Zegzel.

À 7 km à droite, à la bifurcation (Berkane à gauche, Zegzel à droite), suivez Zegzel, sur la route conduisant à la grotte du Chameau et se terminant face à un chaos de rochers. Parking payant pour accéder à la grotte du Chameau (le site est très apprécié pour les pique-niques).

Grotte du Chameau

Il est nécessaire d'avoir une autorisation de la Délégation du tourisme d'Oujda pour visiter ; se munir, si possible, d'une lampe-torche. Sinon s'en tenir à l'entrée de la grotte.

Au flanc de la muraille rocheuse, légèrement au-dessus de l'oued, se trouve l'orifice d'une source vauclusienne. Un sentier en pente très raide donne accès à plusieurs salles ornées de concrétions calcaires.

Reprendre la route à droite, vers Berkane.

On longe toujours le torrent, dont le lit occupé, en période d'étiage, par des cultures offre le spectacle d'un véritable jardin. Les pentes sont également couvertes d'arbres fruitiers et de vignes. À mesure que l'on descend, la vallée s'encaisse entre des parois rougeâtres. Au sortir des gorges, la route débouche dans la plaine industrialisée de **Berkane**, important centre agricole et vinicole dont la cave coopérative est réputée.

La route longe le pied des monts des Beni-Snassen, franchit leur extrémité est au col de Guerbouss (belle **vue**) et descend dans la plaine des Angad pour rejoindre Oujda.

Oujda pratique

Informations utiles

Délégation du tourisme – *Angle bd Mohammed V et pl. du 16-Août - ✆ 036 68 56 31 - fax 036 68 90 89 - dtoujda@menara.ma.*

Bureau de tourisme – *gare ferroviaire.*

Poste – *Bd Mohammed V.*

Argent – Nombreux distributeurs automatiques sur le bd Mohammed V, où se concentrent les grandes agences bancaires.

Institut français de l'Oriental – *3 r. de Berkane - ✆ 036 68 44 04 ou 036 68 49 21 - fax 036 68 53 82 - iforiental@wanadoopro.ma - www.ambafrance-ma.org/institut/oujda/index.cfm.* Expositions, films, concerts, spectacles et conférences.

Transports

Les travaux d'une autoroute reliant les deux cités ont commencé à l'été 2006 et devraient, à terme, permettre à la ville frontalière de rompre un peu plus son relatif isolement du reste du pays).

Aéroport Oujda - Angads – *15 km du centre-ville, sur la route de Nador - ✆ 036 68 32 61 - www.onda.ma.* Vols réguliers pour Fès, Casablanca, Marrakech, Paris et Bruxelles.

Royal Air Maroc – *45 bd Mohammed V, rez-de-chaussée de l'hôtel Oujda - ✆ 036 68 39 09.*

Gare ferroviaire – *Pl. de l'Unité Africaine (extrémité ouest du bd ez-Zerktouni, près de l'oued Nachef) - ✆036 68 31 33 - www.oncf.ma.* Trains pour Casablanca, Rabat, Fès, Meknès, Agadir.

Gare routière – *Au sud de la gare ferroviaire, au-delà de l'oued Nachef.* Cars pour Casablanca, Fès, Taza, Figiug, Nador.

LOCATION DE VOITURE

Avis – *Aéroport - ✆ 036 70 39 22.*

Europcar – *Pl. du 16 Août 1953 - ✆ 036 70 44 16.*

Hertz – *Bd Mohammed V - ✆ 036 68 38 02.*

Se loger

Hôtel Isly Golf – *Bd Ahfir (en direction de l'aéroport) - ✆/fax 036 52 09 06 ou 036 52 46 98 - 32 ch. - 374 DH (réduction à partir de la 2e nuit) - 30 DH - menu : 99 DH -* . Ouvert en 2000, cet hôtel dispose, comme son nom l'indique, d'un terrain de golf (9 trous).

Hôtel Oujda – *Bd Mohammed V - ✆ 036 68 40 93 - fax 036 68 50 64 - 105 ch. - 327 DH - 31 DH -* .

Hôtel Ibis Moussafir – *Bd Abdellah Chefchaouni et pl. de l'Unité Africaine (près de la gare ONCF) - ✆ 036 68 82 02/03 - fax 036 68 82 08 - www.ibishotel.com - 74 ch. - 420 DH - - P.* Établissement propre et confortable, dans la tradition de qualité de cette chaîne hôtelière.

Hôtel Atlas Orient – *Pl. Syrte, av. Idriss Al Akbar - ✆ 036 70 06 06 - atlasorient@menara.ma - fax 036 69 04 04 - www.hotelsatlas.com - 98 ch. - 600 DH - 7 suites : 3 000 DH - 50 DH - menu 120 DH - - P.* Inauguré en juillet 2005, cet hôtel de la chaîne Atlas vient combler un vide et offre des prestations de qualité avec son centre de remise en forme, son night-club, ses restaurants et son bar.

Se restaurer

Restaurant Le Dauphin – *38 r. Berkane - ✆ 036 68 61 45 - 160 DH.* Spécialités de poissons ; cadre un peu froid.

Le Comme Chez Soi – *8 r. de Sijilmassa – ✆ 036 68 60 79 - ouv. midi et soir toute l'année - 160 DH.* Spécialités de poissons : loups, daurades, mérous grillé ou au four ; *tajines* de poisson.

Faire une pause

Plusieurs salons de thé, pâtisseries et glaciers sur le bd Mohammed V.

Sports et loisirs

Association nature et patrimoine (ANAP) – *Bd Mohammed VI - bibliothèque municipale Essaoura, Al Qods - ✆ 036 69 60 21 - nature_patrimoine@yahoo.fr ou anap@menara.ma.* Cette association créée en septembre 2003 par des universitaires a pour objet la protection et la mise en valeur du patrimoine naturel et culturel de la région orientale du Maroc. Dans cette perspective, elle œuvre activement pour l'essor de l'écotourisme et le développement durable.

RANDONNÉE

L'ANAP a publié en 2005 un guide, *Promenades dans l'Oriental marocain* (disponible auprès de l'association) qui propose 11 circuits pédestres à travers la région, de la médina d'Oudja à la palmeraie de Figuig. Elle devrait publier un guide de randonnées, promouvoir la formation de jeunes accompagnateurs spécialisés et encourager la création de gîtes d'accueil. ANAP : ✆ 062 43 42 85.

CHASSE

Tourisme de montagne et chasse (sanglier) dans les monts des Beni-Snassen.

PÊCHE

Pêche sur le lac du barrage Mechrâa Hammadi, à 80 km d'Oujda, vers Nador.

SPORTS NAUTIQUES

Station balnéaire de **Saïdia** *(voir p. 173)*.

Achats

Souk – *Le merc. et le dim.*

Côte du pays Rhomara★★

CARTE 2E RABAT DE COUV. D1 – CARTE MICHELIN 742, PLIS 10 ET 29

De Tetouan à El-Jebha, cette route surplombant la Méditerranée parcourt des paysages★★ superbes où alternent mer et montagne, vert des cèdres et des eucalyptus et ocre de la terre, côte découpée et criques désertes entre les falaises, que de multiples présences viennent animer : un troupeau de moutons qui muse de l'autre côté d'un talus, un ânon chargé de couffins trottinant au côté d'un paysan vêtu de sa djellaba d'épaisse laine brune, des gamins portant de lourds bidons de plastique remplis d'eau…

- **Se repérer** – Parcourue par une route étroite, la côte du pays Rhomara s'étend sur près de 140 km, entre Tetouan et Al Hoceima, au nord de Chefchaouèn.
- **À ne pas manquer** – Les paysages et les reflets turquoise de la Méditerranée par grand soleil !
- **Organiser son temps** – Compte tenu de l'état déplorable par endroit de la route et de son étroitesse entre Tetouan et El-Jebha, prévoir au moins 2h pour cette seule portion. Au moins, vous profiterez des paysages !
- **Pour poursuivre le voyage** – Voir aussi, le long du littoral méditerranéen, Al Hoceima, Saïdia (à l'est), Ceuta, Tetouan et Tanger (à l'ouest).

C. Brett / MICHELIN

Sous le soleil, la côte du pays Rhomara offre des vues superbes sur les eaux turquoise de la Méditerranée.

Circuit de découverte

322 km de Tetouan à Al Hoceima – compter une journée.

Quittez Tetouan par la route d'**Oued Laou**, sur la droite de l'avenue Al Massira al Khadira, avant la route de Martil. La route longe le bord de mer puis court le long des crêtes, serpentant par endroits dans la forêt : les **paysages★★** qu'elle permet de découvrir sont merveilleux.

À environ 40 km au sud-est de Tetouan, au débouché d'une région agricole dûment irriguée par l'oued Laou, le village de pêcheurs d'**Et-Tleta-de-Oued-Laou** étale ses maisons blanches en bord de mer, le long d'une grande plage de sable. Un important souk se tient le mardi, approvisionnant les populations berbères isolées des hautes vallées en grains, bétail, fruits et légumes, articles de ménage et autres objets d'artisanat, telles ces fameuses poteries en terre cuite tournées à la main, sans vernis, et ornées parfois de motifs géométriques peints en brun.

Après le village de Kaa Asras, la route, aux accotements marqués le plus souvent par des pierres peintes en blanc, grimpe à nouveau dans la montagne, offrant de belles échappées sur les longues grèves solitaires en contrebas, avant de redescendre sur **Targha**, village étalé au pied des montagnes et surmonté d'un côté par les restes d'un vieux fort, de l'autre par le marabout d'un saint local vénéré. En chemin, il est fréquent de croiser des paysannes ployant sous le poids de fagots de bois tellement gros que lorsqu'elles marchent ainsi à plusieurs sur le bord de la route, on dirait, vu de loin, que les arbres se déplacent !

Après avoir dépassé Bou-Ahmed, village en retrait de la côte, et traversé l'oued Ouringa, on arrive au village de pêcheurs tout de blanc vêtu d'**El-Jebha** (à 88 km de Oued-Laou).

Redescendez ensuite par la 8500, route étroite et difficile car le revêtement a disparu par endroits et qu'elle est creusée de nids-de-poule (notamment avant d'arriver au croisement pour Bni-Boufrah, qu'on laisse sur la gauche, mais qui réserve des **vues★★** magnifiques sur les sommets montagneux environnants, avant de rejoindre la N 2 après **Ketama**.

Poursuivez sur la route en direction d'Al Hoceima. Un peu avant **Targuist** *(souk le samedi)*, une petite route à gauche mène à **Torres-de-Alcalá**, village de pêcheurs situé à l'embouchure de l'oued Bou Frah, et 3 km plus loin à gauche à la belle crique de **Cala Iris**. De l'autre côté de Torres-de-Alcalá, un semblant de piste côtière *(difficile)* conduit à la baie de Badès où, face à l'îlot espagnol du Peñón de Velez de la Gomera, gît endormi l'ancien port qui durant deux siècles (du 14e au 16e s.) connut une grande importance en tant que débouché principal de Fès.

Côte du pays Rhomara pratique

Informations utiles

LA ROUTE CÔTIÈRE

Pour ce type de circuit où les routes sont étroites et en mauvais état, les hameaux difficiles d'accès et les risques de chutes de pierre fréquents, surtout par temps de pluie, roulez lentement, vous n'en apprécierez que mieux la beauté des paysages. N'hésitez pas à klaxonner et prenez garde aux enfants marchant sur le bas-côté chargés de bidons d'eau, et aux troupeaux de chèvres qui n'ont aucun scrupule à envahir soudainement la chaussée, bref à tous les obstacles imprévisibles que vous pourriez rencontrer.

Faites le **plein d'essence** à Tetouan ou à Mdiq avant de partir (stations-service toutefois à Et-Tleta-de-Oued-Laou et entre Bou-Ahmed et El-Jebha).

Évitez de prendre des photos aux abords d'un poste militaire, si modeste soit-il.

LA ROUTE DES CRÊTES

Déjà difficile en elle-même (nombreux virages, passages délicats), la route du Rif de Chefchaouèn à Al Hoceima devient à peu près impossible lorsqu'un épais brouillard envahit les sommets et les forêts, réduisant la visibilité, quand elle, ne la supprime pas totalement. C'est en outre un lieu privilégié pour le trafic de cannabis : abstenez-vous donc de vous arrêter, notamment à **Ketama**.

Ayant longtemps joui d'une réputation des plus détestables (sollicitations, parfois agressives, pouvant aller jusqu'à l'établissement de barrages visant à vous contraindre à vous arrêter et à vous obliger à un achat forcé... généralement accompagné d'une dénonciation aux autorités), la route entre **Bab-Berret** et **Targuist** semble de nos jours beaucoup plus fréquentable et sûre. Vous ne devriez pas y rencontrer de problèmes. Un minimum de prudence reste cependant de mise.

Faire une pause

Épiceries au village de **Kaa Asras**.

Restauration légère à El-Tleta-de-Oued-Laou : au **restaurant Oued Laou**, dominant la mer, et au **café-restaurant Rosa**, sous une tonnelle.

Saïdia★

CARTE 1ER RABAT DE COUV. E1 – CARTE MICHELIN 742, PLI 12

Située à proximité de la frontière avec l'Algérie, aux confins d'une large zone de cultures, la petite station balnéaire de Saïdia, surnommée « la perle bleue », draine entre mi-juillet et mi-août de nombreux estivants attirés par sa longue plage de sable fin bordée de bosquets d'eucalyptus et de mimosas et descendant en pente douce dans la Méditerranée. La nouvelle station balnéaire Mediterrania-Saïdia, en cours de construction à l'ouest de l'actuelle, devrait lui donner un nouvel essor et en faire l'une des destinations privilégiées de la côte méditerranéenne marocaine.

Se repérer – La station balnéaire de Saïdia est située à 2 km de la frontière algérienne et à 60 km au nord d'Oujda.

À ne pas manquer – La plage de sable fin qui se prolonge à l'ouest sur plus de 12 km, jusqu'à l'embouchure de l'oued Moulouya, Site d'intérêt biologique et écologique, avec quelque 200 espèces d'oiseaux.

Avec les enfants – Toutes les activités liées à la plage.

Pour poursuivre le voyage – Voir aussi Oujda et les Beni-Snassen, Melilla et Al Hoceima.

Le palais du Festival.

Se promener

L'immense plage de Saïdia ne manque pas de charme, hors saison, lorsque seuls les pêcheurs et quelques promeneurs la parcourent. En été, elle est littéralement envahie par des estivants, le plus souvent des Marocains de l'émigration, ainsi que des habitants d'Oujda.

Le **palais du Festival** situé sur le boulevard Mohammed V, en bordure de la plage, et dont le jardin intérieur est décoré de larges fresques évoquant le folklore de l'Oriental marocain réalisées par des artistes locaux, abrite chaque année, en été, le Festival d'arts populaires.

À l'ouest de Saïdia, une route pittoresque longe le bord de mer sur 11 km, avant d'atteindre l'embouchure de l'**oued Moulouya,** environnée de marais, où paissent quelques bovins. Ces zones marécageuses envahies de phragmites, de joncs et de touffes de salicorne, déclarées Site d'intérêt biologique et écologique, sont aussi le foyer d'hivernage de différentes espèces d'oiseaux d'eau, comme les poules sultanes, les canards colverts, les sarcelles marbrées et les oies cendrées.

Saïdia pratique

Informations utiles

Poste – *Angle bd Hassan II et bd Dakhla.*

Argent – Distributeurs automatiques sur le bd Hassan II, où vous trouverez les agences de la Banque populaire et de l'Attijariwafa Bank.

Internet

Chez Paco – *Bd Hassan II.*

Transports

Autocars – Cars quotidiens pour Oujda toute l'année. En été, ils font la navette une dizaine de fois par jour.

Grands taxis – R. *Laâyoune.* Pour Oujda et Nador.

Se loger

L'offre hôtelière à Saïdia va s'accroître dès 2007 avec les premières réalisations de la station balnéaire Mediterrania-Saïdia, actuellement en construction. D'ici 2010 devraient voir le jour appartements et villas résidentiels, villages de vacances et six hôtels de 4 à 5 étoiles…

CAMPINGS

Camping L'Amazone – *Bd Hassan II - 036 62 56 05 - fax 036 62 46 46 - 10 DH/pers. - tente, caravane, camping car : 35 DH.* Les sanitaires sont rudimentaires et l'entretien laisse à désirer, mais ce camping reste ouvert toute l'année.

De nombreux campings sont installés à proximité de la plage. Ils sont généralement bondés en été (et fermés en hiver).

HÔTELS

Hôtel Hanae – *18 r. Zegzel (en face de la gendarmerie royale) - 036 62 41 13 - 26 ch. - 350 DH - 25 DH.* Hôtel ouvert en 2003. Toutes les chambres sont décorées de manière identique. Elles sont froides et propres. Certaines possèdent un balcon. Possibilité de restauration l'été. L'accueil est un peu improvisé.

Hôtel Atlal – *bd Hassan II - 036 62 50 21 - fax 036 62 50 22 - atlalben@menara.ma 47 ch. 415 DH - 37 DH - menu 150 DH - -* . Un hôtel propre mais impersonnel, malgré un accueil sympathique. Il peut s'avérer un peu bruyant en raison du bar qui sert de l'alcool.

Sur le bd Mohammed V, plusieurs hôtels ouverts seulement en saison : **l'hôtel Rimal** *(036 62 41 41),* **l'hôtel Titanic** *(036 62 40 71 - 16 ch. 300/350 DH et 2 mini suites : 400 DH - 25 DH),* **l'hôtel Manhattan** *(036 62 42 43 - 250/350 DH).* Ils offrent tous à peu près le même type de prestations.

Se restaurer

Restaurant de l'Hôtel Atlal – *Bd Hassan II - 036 62 50 21 - menu 150 DH et carte.* Fritures et tajines de poissons.

Le Nîmois – *Place du 20 août - 061 28 46 01.* Ce restaurant-pizzeria ouvert depuis 2004 est tenu par un Français. À la carte, pâtes, pizzas, plats marocains et poissons.

Faire une pause

Vous pourrez prendre un verre dans l'un des nombreux **beach clubs** situés le long de la plage de Saïdia : **Eden Club**, **Kim-Club**, **Kiss Club**, **Samir Playa**, **Sable d'Or**, **La corniche**. Plusieurs d'entre eux proposent en saison une restauration rapide.

Vous pourrez également vous désaltérer à l'une des terrasses qui jalonnent le bd Mohammed V, face à la mer.

Boulangerie Pâtisserie Rimal – *Dans la rue qui fait l'angle avec l'hôtel Atlal.* Grande boulangerie pâtisserie moderne, en retrait par rapport aux bd Mohammed V et Hassan II. Pâtisseries européennes ou marocaines à emporter ou à déguster sur place.

Événements

Festival des arts populaires – *Du 1er au 15 août - www.festivalsaidia.com.*

Taourirt

85 061 HABITANTS
CARTE 1ER RABAT DE COUV. E1 – CARTE MICHELIN 742, PLIS 11-12

Située dans un coude de l'oued Za, à la croisée de plusieurs routes, Taourirt fut – au temps de Sijilmassa – souvent disputée en raison de sa position, au point de changer dix fois de maître en moins de cinquante ans. Les Mérinides s'en emparèrent en 1298 (pour l'abandonner moins d'un siècle plus tard), et la dotèrent d'une *kasbah*, dont on peut voir encore quelques vestiges.

- **Se repérer** – La petite ville de Taourirt est située sur la route de Fès à Oujda, à 50 km de Guercif et 108 km d'Oujda. Au nord, Nador est à 104 km.
- **À ne pas manquer** – Les ruines de l'ancienne *kasbah* des Mérinides à Taourirt et Debdou.
- **Pour poursuivre le voyage** – Voir aussi Taza (115 km), Oujda et les monts des Beni-Snassen (108 km), Saïdia, Melilla et Al Hoceima.

Aux alentours

Source de Gouttitir

Quitter Taourirt vers l'ouest en direction de Guercif et Taza. À 2,5 km de la ville, une piste à droite de la route conduit à la kasbah.

Les ruines de l'**ancienne kasbah** des Mérinides, aujourd'hui entourées de bergeries, dominent une oasis plantée de jardins maraîchers.

Plus loin, après être revenu sur la route de Guercif, une route à droite mène au bout de 2 km à la source thermale de **Gouttitir**, dont les installations, bien que modestes, attirent, en été surtout, les rhumatisants.

Des Mérinides à Charles de Foucauld

Bâtie au pied des hauts plateaux du Rekkam, Debdou, qui connut au 13e s. le passage des Beni Mérines – lesquels construisirent une petite forteresse –, fut gouvernée et défendue au 15e s. par les Beni Ouattas contre les convoitises de Tlemcen. Elle fut aussi, pendant plusieurs siècles, le fief d'une importante communauté juive constituée à l'origine de familles ayant quitté l'Andalousie en 1391 puis, un siècle plus tard, d'autres familles, expulsées d'Espagne et accueillies avec tolérance par les Beni Ouattas.

À la fin de son audacieuse « Reconnaissance au Maroc » en mai 1884, **Charles de Foucauld** se fit passer pour juif, afin de pouvoir séjourner à Debdou . Mais alors qu'il allait prier dans une des douze synagogues que comptait la localité, trahi par l'inobservance d'un rite, il dut écourter son séjour et gagner l'Algérie.

Debdou

60 km. Quitter Taourirt au sud.

Après avoir traversé des paysages désertiques et dépassé, sur la gauche, les ruines de la *kasbah* des Ouled Ounan, la route atteint au bout d'une quarantaine de kilomètres une contrée beaucoup plus verdoyante plantée de chênes rouvres et de thuyas.

Dans cette vallée, véritable oasis tapissée de cultures dont la fraîcheur contraste avec l'aridité des steppes voisines, Debdou *(souk le mercredi)* est une petite ville pittoresque aux ruelles bordées de portes vertes ouvrant sur de minuscules échoppes.

À l'entrée de la bourgade, une petite route forestière grimpe à flanc de montagne entre les chênes verts et les genévriers, réservant des **vues** magnifiques sur la vallée de Debdou. Passant aux abords de la maison forestière d'Aïn-el-Kbira, et de la source de Tafrant qui alimente en eau les habitants de Debdou, cette route débouche, au bout de 11 km, sur la **Gaada de Debdou**, vaste plateau désertique balayé par les vents d'où la vue s'étend sur la plaine de Guercif, le Rif, la plaine de Tafrata et les collines de la région de Taourirt.

Au-delà, la route se poursuit jusqu'à Rchida puis Mahirija, d'où l'on peut prendre à droite la route du retour en direction de Guercif.

Tetouan★★

332 009 HABITANTS.
CARTE 2[E] RABAT DE COUV. D1 – CARTE MICHELIN 742, PLIS 5 ET 10

Toute blanche, s'étirant en arc de cercle autour des dernières pentes du *jbel* Dersa, Tetouan l'Andalouse domine, face à un très beau décor de montagnes, la fertile vallée de l'oued Martil, à l'endroit où celle-ci se resserre entre deux massifs. Certains voient à l'origine du nom de Tetouan le mot berbère « *Tit'ta'ouin* », « les sources », auxquelles la ville doit son cadre de verdure, ses nombreuses fontaines, et ses jardins fleuris.

Se repérer – La médina a subi l'assaut de la ville moderne (*El Ensanche*, ou l'Extension), qui, à l'ouest et au sud-ouest de la cité ancienne, s'ordonne en un quadrillage régulier autour de la place Moulay-el-Mehdi. Le tout est longé au sud par la route de Tanger à Ceuta, qui tient lieu de boulevard périphérique.

Point de vue sur la ville

Accès en voiture par une rue en montée qui s'embranche sur la rue Al Jazaer, à l'ouest de la gendarmerie : d'une esplanade située au nord de l'agglomération, on découvre une belle **vue★** sur la médina, la ville nouvelle, la vallée de l'oued Martil et les montagnes du Rif.

Se garer – Circuler dans Tetouan n'a rien de bien évident et stationner encore moins, surtout à proximité du centre historique. Le parking payant à Bab Tout représente une bonne solution.

À ne pas manquer – La médina, inscrite depuis 1997 sur la liste du patrimoine mondial de l'Unesco. Le musée des Arts et Traditions populaires, qui vaut autant pour ses collections, notamment au premier étage, que pour son cadre.

Organiser son temps – Prévoir au moins 2h pour la visite de la médina. Tetouan est un lieu idéal pour rayonner dans la région. Y séjourner quelques jours peut s'avérer des plus agréables.

Avec les enfants – Les activités balnéaires le long du Croissant rifain.

Pour poursuivre le voyage – Voir aussi Chefchaouèn (64 km), la côte du pays Rhomara, Ceuta (38 km) et Tanger (57 km) ; pour gagner la région de Meknès et de Fès, passez par Ouazzane.

Comprendre

Ancienne capitale des territoires relevant de l'Espagne, Tetouan est restée le centre administratif du Rif occidental. Son activité commerciale devrait connaître une nouvelle expansion grâce aux projets de désenclavement en cours : l'autoroute de 32 km qui la reliera dès 2003 à Fnideq (et, partant, à Ceuta) et la « rocade méditerranéenne », longue de 555 km, voie rapide tracée entre Tanger et Oujda.

Enfin, Tetouan, qui possède deux écoles d'artisanat, un conservatoire de musique, une riche bibliothèque et deux musées, est comme Fès, Rabat et Salé une ville **hadriya**, c'est-à-dire une ville de bourgeoisie à longue tradition urbaine, et un foyer culturel et artistique, grâce notamment à la renommée dont jouit son école des beaux-arts.

La première Tetouan – En 1307, un sultan mérinide entreprit de faire édifier une ville forte sur l'emplacement de l'actuelle Tetouan. D'abord peuplée de soldats, la ville se transforma rapidement en un nid de corsaires rivalisant d'audace avec leurs collègues d'Alger et de Bougie, au point d'irriter les Espagnols ; en 1399, une escadre envoyée par le roi Henri III de Castille détruisit Tetouan de fond en comble, tuant la moitié de la population et emmenant le reste en captivité.

P. Plantier / MICHELIN

Dans la médina.

Quand Tetouan retrouve Grenade

A. Amrani

Composition acrylique sur toile de Ahmed Amrani.

Né à Grenade en 1884, **Mariano Bertuchi** jouissait déjà d'une certaine renommée lorsqu'il s'installa à Ceuta en 1918. Il fut nommé en 1930 directeur de l'École des beaux-arts indigènes de Tetouan, ce qui marqua le début d'une histoire d'amour entre le peintre, fasciné par la vie marocaine, et la vieille cité arabo-andalouse où il devait s'éteindre en 1955. Dans son œuvre, redécouverte lors d'une exposition présentée en Espagne et au Maroc en 2000, Bertuchi s'attacha avec bonheur à rendre, au-delà du folklore, les jeux de lumière et la vie quotidienne à Tetouan. Mais son souvenir demeure vivant dans la cité pour son rôle de conservateur du patrimoine (les collections qu'il réunit forment le fonds du musée ethnographique), comme pour son action à la tête de l'**École des métiers d'arts traditionnels** (où il installa son bureau et son atelier), et de l'**École préparatoire des beaux-arts de Tetouan**, qu'il fonda en 1946. Celle-ci a permis l'éclosion de trois générations de peintres marocains, connus depuis les années 1960 comme les « **peintres de l'école de Tetouan** ». Parmi ces artistes, **Mohammed Serghini** (1923-1991) fut considéré comme le maître de plusieurs générations de peintres tetouanais. Premier étudiant arabe d'une école des beaux-arts espagnole (à Madrid en 1942), il revint à l'école de Tetouan, dont il fut nommé directeur en 1956. D'autres artistes suivront son exemple, tout en choisissant différentes voies et formes d'expression : **Saad Cheffaj**, **Meriem Mezian**, **Mekki Meghara**, **Ahmed Ben Yessef**, **Abdelkrim Ouazzani** ou encore **Ahmed Amrani**,dont les toiles, où figurent de larges signes plastiques, traduisent à la fois l'intensité du geste et la retenue du sentiment exprimé, tout en tendant vers une simplification extrême du message visuel. Il est actuellement question de consacrer aux artistes de l'école tetouanaise un musée qui pourrait être installé dans l'ancienne gare, un étonnant édifice colonial de style néo-mauresque.

Résurrection – Un siècle plus tard, Tetouan renaît de ses cendres. La chute de Grenade qui, en 1492, marque la fin de la reconquête de l'Espagne par les « Rois Catholiques », chasse vers le Maroc des milliers d'émigrés, juifs et musulmans, qui s'installent sur les ruines de l'ancienne cité mérinide. C'est ainsi que, sous le commandement d'un capitaine venu de Grenade, la nouvelle ville s'entoure de remparts, redevient un centre prospère et un repaire de pirates.

Dès lors, sous l'impulsion de ces « Andalous », dont l'afflux vers le Maghreb va se poursuivre jusqu'au 17e s., Tetouan ne va cesser de s'étendre et de s'enrichir.

Avec Moulay Ismaïl, qui préfère à la « course » les échanges commerciaux, elle s'épanouit encore ; le négoce tourné vers l'Occident devient pour un temps l'activité principale de Tetouan, dont le port situé à l'embouchure de l'oued Martil est, vers la fin du 17e s., fort actif.

Le retour des Espagnols – Au 19e s., Tetouan fut l'enjeu de la lutte d'influence que se livraient, en Afrique du Nord, l'Espagne et l'Angleterre. En 1860, les Espagnols enlevèrent la ville ; le sultan dut s'engager à verser à l'Espagne une très lourde indemnité de guerre, Tetouan servant de caution. Les Espagnols espéraient ainsi demeurer à Tetouan fort longtemps. Mais c'était compter sans l'Angleterre, qui consentit un prêt au sultan. La ville redevint donc marocaine, mais cette affaire pesa lourd sur la situation financière du Maroc pendant près d'un quart de siècle. Les Espagnols s'installèrent à nouveau à Tetouan en 1913, après la signature de la Convention de Madrid.

Se promener

LA MÉDINA★★

Visite 2h. Partir de la place Hassan II, située au carrefour de la médina, du mellah et de la ville moderne.

Autour de cette place, au fond de laquelle se dresse le **palais royal** *(ne se visite pas)*, et dans la rue Mohammed V, piétonne, règne toujours en fin de journée une grande animation. C'est l'heure du *paseo*, où, comme en Espagne, toute la ville se

donne rendez-vous sur la place et dans la rue principale, envahissant les terrasses des cafés ou déambulant dans la rue, en dégustant parfois des *churros* (beignets espagnols).

Mellah (quartier Kouds) C2

Prendre dans l'angle est de la place Hassan II, à droite de la porte qui donne accès à la médina, la rue Al-Qods.

Les rues rectilignes de ce quartier (comme la rue du Docteur Pulido) passent, par endroits, sous des arceaux tendus entre de hautes maisons dont les fenêtres s'abritent derrière des grilles en fer forgé.

Revenir à la place Hassan II. Dans l'angle est de la place, une porte s'ouvre sur la rue Ach Ahmed Torrès, qui donne accès à la médina.

La médina de Tetouan a conservé des réminiscences andalouses qui font d'elle la plus hispano-mauresque des villes du Maroc.

De cette influence de l'Espagne, on trouve encore maints témoignages, au hasard des ruelles, notamment dans l'ornementation en fer forgé qui donne un relief à la blancheur lisse des façades, sur les enseignes en espagnol de bon nombre de boutiques, ou bien encore dans les ferrures décorant l'encadrement de certaines portes. Le motif de ces ferrures indiquait autrefois que les propriétaires de ces demeures venaient de Séville (une sorte de main) ou de Grenade (une grenade stylisée). Certaines de ces maisons sont occupées encore aujourd'hui par des descendants de familles espagnoles.

Souk El Hots C2

C'est une délicieuse place à laquelle son exiguïté, ses arbres, son pavement de larges dalles irrégulières, ses étalages de poteries donnent un air bon enfant. Adossée à un ancien *borj*, elle est dominée par une belle tour polygonale surmontée de fins merlons.

Un passage sous voûte s'ouvrant sur la place, à droite, permet de franchir la muraille.

Par une ruelle tortueuse et après plusieurs passages voûtés, on atteint la rue El Sattaïn, à gauche, qui débouche sur la guersa El Kebira.

Guersa El Kebira C2

Cette place est le domaine des marchands de tissus et de vêtements. Dans les minuscules boutiques qui l'entourent s'entassent les pièces d'étoffes et les djellabas.

Au milieu de la place, des femmes rifaines, vêtues de leur costume, sont assises derrière des étalages où on reconnaît les coupons de tissu rayé rouge, blanc et bleu qui constituent la célèbre *fouta*.

Revenir sur ses pas dans la rue El Sattaïn, puis tourner à gauche.

Place de l'Usáa C1

Avec son sol pavé, ses maisons blanches à créneaux, ses portes peintes surmontées d'auvents, sa fontaine ornée de mosaïques et son rosier en treille, elle forme un tableau charmant.

En empruntant le passage sous voûte à l'autre extrémité de la place, et en tournant ensuite à gauche, on parvient à la rue El Jarrazin, quartier des souks.

Souks★★ C1

Ils rivalisent d'intérêt avec ceux de Meknès et de Fès. Le quartier des fabricants de djellabas, celui des artisans du cuir, celui des tanneurs et surtout celui des menuisiers (tout égayé de coffres en bois peint, très colorés et à dominante rouge, spécialité de Tetouan) sont des plus pittoresques.

Fil d'Ariane

Pour mieux vous repérer dans la médina, remarquez les différentes manières dont sont pavées les ruelles : certaines portent en leur centre deux ou trois lignes de pavés indiquant qu'il s'agit de rues secondaires ou principales ; d'autres, plus larges, comportent quatre rangées de pavés, indiquant qu'il s'agit d'une rue principale menant à l'une des sept portes qui permettent de sortir de la médina. Mais ce système ingénieux, imaginé par l'infatigable Bertuchi, a parfois disparu au fil des travaux réalisés depuis lors…

Zaouïa des Derkaoua C1

(Entrée interdite aux non-musulmans.) Arrivé sous la porte Bab M'Kabar, en vous retournant, admirez, dans l'encadrement de son arc outrepassé, le joli tableau formé par la porte sculptée de la *zaouïa* des Derkaoua.

Revenir sur ses pas et, à une fourche, prendre à droite.

Souk el Foki C1

Cette place longue et étroite est bordée de nombreuses boutiques qu'abritent de rudimentaires auvents. C'est aussi la « place au pain » ; en son milieu sont dressés les étals où s'entassent les miches rondes et plates qui y font flotter tout le jour une odeur délicieuse. Assises devant des coupelles et des flacons remplis de poudres colorées, des femmes proposent à la coquetterie des citadines de mystérieux produits de beauté.

Au fond de la place, tourner à gauche pour revenir vers la place Hassan II.

Médina virtuelle

L'Association Tetuan Asmir, créée en 1995, rassemble des Tetouanais passionnés qui multiplient les initiatives dans les domaines culturel, historique, social et sportif. À leur actif, une trentaine de publications sur la cité, l'organisation de colloques et d'expositions et, surtout, l'édition d'un **CD-Rom** (en espagnol) intitulé « Tetuán patrimonio cultural de la humanidad » permettant de visiter la médina… sans bouger de chez soi ! Mais l'association propose également des visites gratuites (et bien réelles !) de la médina à condition de prendre rendez-vous à l'avance. Contact au siège de l'association – *Place du 9 avril (à l'extrémité nord-est de l'av. 10-Mai, au 1er étage du Centre Al mandir du patrimoine - bâtiment blanc sur la droite) - ✆ 039 70 20 25 - fax 039 70 20 05 - info@tetouanasmir.org - www.tetouanasmir.org.*

Bab Remouz C2

Des abords de cette porte, on découvre une belle **vue** sur la vallée de l'oued Martil et son arrière-fond de montagnes. On domine le **jardin Moulay Rachid**, orné, à la mode andalouse, de kiosques et de miroirs d'eau.

Visiter

Musée archéologique★ C2

2 r. Ben H'saïn – ✆ 039 96 73 03 - lun.-merc. et jeu. 8h30-12h30, 14h30-18h30, vend. 8h30-11h30, 14h30-18h30 sf mar., w.-end et j. fériés - 10 DH -3 DH (enf.).

Dans le jardin sont exposés des amphores, des stèles portant des inscriptions phéniciennes, romaines ou islamiques, des mosaïques à motifs géométriques provenant de Lixus, des moulins à huile ou à blé.

Dans le vestibule, deux grandes mosaïques découvertes à Lixus représentent, l'une les Trois Grâces, l'autre Bacchus enfant.

Au rez-de-chaussée (première salle à droite), vitrine contenant des objets d'époque néolithique retrouvés dans la région d'Asilah ; la salle suivante est consacrée à la préhistoire : on remarque une maquette du cromlech de M'Soura *(voir ce nom)*. La salle qui s'ouvre sur le côté gauche du vestibule renferme des mosaïques provenant de Lixus : Vénus et Adonis, et le dieu Mars avec Rhea Silvia (mère de Remus et de Romulus) ; dans les vitrines sont présentés des vases romains en argent ou en verre et des objets servant à la toilette, des aiguilles à coudre, des boutons, des céramiques d'époque islamique.

Au 1er étage sont rassemblés des fragments de céramique de type ibérique, des brûle-parfums d'époque gréco-punique (4e au 1er s. av. J.-C.), une collection de poids romains ; deux vitrines contiennent des bijoux et de nombreuses lampes à huile. Remarquable collection de pièces de monnaie datant en majorité du Bas-Empire ; quelques-unes remontent à l'époque de la République et du Haut-Empire (Claude, Domitien).

La plupart de ces objets proviennent des fouilles de Tamuda ou d'Ad Mercuri *(voir carte du Maroc antique à Larache)*.

École des arts et métiers nationaux D2

Rue Lamfaddal Afaïlal - Bab al Okla - ✆ 039 97 27 21 - tlj sf vend., dim. et j. fériés 8h30-12h, 14h30-17h30 - ateliers fermés vac. d'été -10 DH.

Fondée en 1916, elle occupe depuis 1928 ce bâtiment de style arabo-andalou et accueille aujourd'hui près de 250 élèves répartis en 14 ateliers, bordant le magnifique jardin andalou conçu par Mariano Bertuchi, couvrant différentes disciplines : tapis, broderie, zellige et céramique, mosaïque, gravure sur métaux, dinanderie, ciselure des armes, « broderie » sur cuir, plâtre, etc. Les ateliers de tissage de tentures occupent une place importante. L'une des sections les plus intéressantes est celle où l'on travaille le bois : menuiserie, peinture sur bois selon des dessins géométriques extrêmement compliqués aux couleurs très vives, et surtout sculpture de pièces remarquables, comme les stalactites. L'école participe à des actions de restauration de monuments historiques dans la région de Tanger-Tetouan mais aussi à l'étranger, notamment dans le cadre de coopérations au niveau européen et avec l'Espagne.

Au rez-de-chaussée, dans un salon qui s'ouvre face à la porte d'entrée, sont exposées les plus belles réalisations des élèves.

J. Cortès / Agencia Espanola de Cooperacion internacional

« El Patio », de Mariano Bertuchi, ou « L'École des métiers d'art vue par son directeur ».

Musée des Arts et Traditions populaires★ D2

Accès par **Bab El Okla**, belle porte flanquée d'un bassin à plusieurs pans couronné de merlons.

Tourner aussitôt à gauche dans une rue en escaliers. L'entrée du musée se trouve un peu plus haut à gauche, dans un recoin.

Zankat Skala – 65 Bab al Okla - ✆ 039 97 05 05 - lun.-jeu. (8h30-12h30, 14h30-18h30) et vend. (8h30-11h30, 14h30-18h30)- fermé w.-end et j. fériés - 10 DH - 3 DH (enf.).

Dès le hall, des instruments de musique (castagnettes, tambours, harpe et guitares anciennes) rappellent qu'à Tetouan se perpétue la tradition de la musique « andalouse ». Remarquez des vases de Tetouan, aux beaux tons de vert, de jaune et de bleu, et aussi des poteries de Fès et de Safi (décoration représentant des bateaux).

Autour du jardin court une jolie galerie à arcades sur laquelle s'ouvrent plusieurs salles. Dans la première à droite a été reconstitué un coin de cuisine, avec sa cheminée, ses ustensiles, utilisés dans la confection du couscous ou dans la préparation du thé, et ses grands plats à couscous en poterie vernissée de Tetouan, aux merveilleux tons de vert. Dans une autre salle sont exposés des poignards fabriqués à Tetouan, des fusils de fantasia et des selles de chevaux brodées de fils d'argent et or.

Une partie du musée est consacrée aux costumes et à la vie des montagnards ; on peut voir de beaux sacs en cuir frangé avec des incrustations de cuirs multicolores, d'énormes bijoux en argent, en cuivre, en bronze, et la reconstitution d'une chambre nuptiale.

Au 1er étage, on admire des tissus brodés ; dans un couloir sont exposés de très beaux costumes de mariées (costume andalou à droite en entrant ; au milieu costume de mariée juive). Dans une vaste salle ont été reconstituées les principales pièces d'un riche intérieur tetouanais.

En sortant du musée, prendre au-delà de Bab El Okla la petite rue qui longe les remparts.

Mosquée de Sidi Saïdi D1

Elle abrite le tombeau du patron de Tetouan. Ses portes ouvragées et ses deux coupoles blanches sont dominées par un charmant **minaret★** décoré de faïences émaillées.

Un géographe ceutí

C'est à Ceuta que serait né **Idrîssî** (1099-1166), descendant du fondateur du royaume idrisside, qui, à ses talents de médecin, de botaniste et de pharmacologue, joignit ceux de géographe et de cartographe. Formé à Cordoue, ce voyageur impénitent est appelé à Palerme par le roi Roger II de Sicile, qui lui passe commande d'un atlas (Christophe Colomb, dit-on, n'aurait eu confiance qu'en ses cartes !) et d'un livre de géographie d'une précision presque maniaque, connu comme le *Livre de Roger* et dont de larges extraits ont été réédités chez Flammarion sous le titre de *La Première Géographie de l'Occident*.

Aux alentours

Ceuta ★(Sebta)

Le port de Ceuta, sur la côte africaine, occupe face à Gibraltar une position exceptionnelle, au seuil du détroit. La ville, bâtie dans un site remarquable, étage ses immeubles d'aspect européen sur l'isthme très étroit qui rattache le Monte Hacho au continent.

Cette enclave espagnole est une presqu'île, située à l'extrême nord du Maroc.
On y accède en bateau depuis l'Espagne (Algésiras, au pied du rocher de Gibraltar)… et par la route, en franchissant la frontière à Fnideq/Castillejos et en s'armant de beaucoup de patience *(voir p. 19)**.*

Ruiz Treal / MICHELIN

Ceuta : vue sur la presqu'île.

LE CROISSANT RIFAIN★

Martil

11 km à l'est. C'est la plage traditionnellement fréquentée par les habitants de Tetouan. De la route qui y conduit, on a une bonne **vue** d'ensemble sur la ville (où les chantiers de construction se multiplient) et son site.

Du Cabo Negro à Smir-Restinga

Au nord du Cabo Negro, sur une quinzaine de kilomètres, clubs de vacances, établissements dépendant de grandes chaînes hôtelières et villages touristiques se succèdent de façon presque ininterrompue, offrant l'agrément de leur confort, de leurs installations sportives et de leurs distractions.

La douceur du climat, la beauté des longues plages de sable doré et le souci esthétique qui a présidé à la plupart de ces réalisations font de cette côte l'un des pôles d'attraction du tourisme marocain international.

Le **Cabo Negro** (situé un peu à l'écart de la route Tetouan-Ceuta) a gardé sa beauté sauvage, malgré l'implantation d'ensembles touristiques.

M'diq étage joliment ses bungalows modernes au-dessus d'un petit port de pêche abritant barcasses et chalutiers. Cette petite ville fait l'objet d'un important plan d'aménagement comprenant notamment l'extension du port, la restructuration de l'ancienne agglomération et l'aménagement du front de mer.

Smir et **Restinga** forment désormais une seule station, dotée de plusieurs complexes touristiques et de deux ports de plaisance, **Marinasmir** et **Marinarestinga**.

Tetouan pratique

Informations utiles

Délégation du Tourisme – *30 av. Mohammed V - ✆ 039 96 19 15 - fax 039 96 19 14 - dttetouan@menara.ma -.*

Poste – *Pl. Moulay el Mehdi (place circulaire traversée par l'av. Mohammed V).*

Argent – Distributeurs automatiques notamment sur l'av. Mohammed V, où vous trouverez de nombreuses agences bancaires.

Cybercafés – Plusieurs cybercafés av. Mohammed V et pl. Moulay el Mehdi.

À CEUTA

Notez qu'en territoire marocain, Ceuta figure le plus souvent sur les panneaux sous son nom arabe de Sebta.

Passage de la frontière – Venant du Maroc : poste d'El Taraja. Pour les formalités, *voir p. 19*.

Change – Bureau de change à la frontière d'El Tarajal.

Viceconsejería de Turismo – *Calle Edrissis - edificio Baluarte de los Mallorquines - ✆ 856 200 560 - fax 556 200 565 - turismo@ceuta.es.*

Transports

Aéroport de Tetouan Saniat R'mel – *Rte de Martil (à 5 km de Tetouan) - ✆ 039 97 12 33.* Liaison hebdomadaire avec Casablanca.

Royal Air Maroc – *5 av. Mohammed V - ✆ 039 96 12 60/16 10 - fax 039 70 29 92.*

Gare routière – *Route principale (Meknès-Ceuta).* Nouvelle gare routière ouverte en 2006. Cars pour Tanger, Chefchaouèn et Nador, Meknès et Fès, Casablanca, Al Hoceima et Oujda, Ceuta (en réalité poste frontière de Fnideq).

Grands taxis – Pour Chefchaouèn et Tanger, près de la rotonde Al Hamana, à la sortie de Tetouan en direction de Tanger ; pour Fnideq (Ceuta), av. Hassan II.

Supratours – *18 bd du 10 Mai - ✆ 039 96 75 59.* Agence dont les bus assurent, en principe, les correspondances ferroviaires avec la gare la plus proche, Souk-Tnine-de-Sidi-el-Yamani (entre Larache et Asilah).

Se loger

À TETOUAN

Hôtel El Yacouta – *Rte principale Tetouan-Ceuta à 3 km de la ville et 5 km de Martil - ✆ 039 99 69 78 - fax 039 99 69 73 - yacouta@menara.ma - 35 ch. 400 DH - menu 135 DH.* Hôtel moderne sans charme mais confortable disposant d'un restaurant international et d'une pizzeria-snack.

Hôtel Panorama Vista – *Av. Moulay Abbas - ✆ 039 96 49 70 - fax 039 96 49 69 - www.panoramavista.com - panoramavista@menara.ma -63 ch. 400 DH* - P. Ouvert en 2003, cet hôtel propose des chambres confortables et propres. Il jouit d'une situation exceptionnelle, à deux pas du centre historique. Les chambres ont une vue panoramique sur les *jbel* Ghorghiz et Derssa. Salon de thé au premier étage.

Hôtel Chams – *Av. Abdelkhalak Torres (sur la Route de Martil, à 4 km de Bab El Okla) - ✆ 039 99 09 01 - fax 039 99 09 07 - hchams@iam.net.ma - 72 ch. 646 DH - 4 suites : 1 524 DH - 45 DH - menu touristique 130 DH -* - P. Petit hôtel moderne qui nécessite d'être motorisé en raison de son éloignement du centre. Il devrait faire l'objet d'une rénovation.

À CABO NEGRO

Hôtel Le Petit Mérou – *✆ 039 97 80 65 - fax 039 97 83 12 - 750 DH - 55 DH - menu 150 DH.* Désormais ouvert toute l'année, cet hôtel domine la mer depuis les versants du cap.

Club Méditerranée Yasmina – *Martil par Tetouan - ✆ 039 97 70 95/58 - fax 039 97 70 46 - www.clubmed.fr - de déb. juin à mi-sept. - 309 ch. réparties entre les hôtels Yasmina et Altaïr -* - P. Ce village, construit en terrasses, comprend deux hôtels et propose de nombreuses activités sportives, dont la plongée sous-marine, l'équitation (payante), trois piscines, et pas moins de 12 courts de tennis. Et un Juniors'Club Med.

À MARTIL

Camping Al Boustane – *Corniche de Martil - ✆/fax 039 68 96 22 - 10 DH/pers. - voiture 10 DH - camping car 20 DH -* . Bien ombragé mais situé derrière une barre d'immeubles. Il possède une piscine (juin-sept.) et un restaurant ouvert toute l'année. Les sanitaires mériteraient plus d'entretien.

À M'DIQ

Golden Beach Hôtel – *Rte de Ceuta - ✆ 039 97 50 77 - fax 039 97 50 96 - 87 ch. 854 DH - 55 DH -* .

À SMIR-RESTINGA

Hôtel Sofitel Thalassa Marina Smir – *À Marinasmir, rte de Ceuta - ✆ 039 97 12 34 - fax 039 97 12 35 - H2959@accor.com - 110 ch. 1 400 DH - 9 suites 3 200 DH - 140 DH - menu touristique 250 DH -* - P. Posé sur la plage, il abrite un **institut de thalassothérapie**, et, entre autres, un restaurant diététique.

Club Méditerranée – *M'Diq - mai-sept. - ✆ 039 97 81 53/98 - 335 ch. réparties en deux hôtels et des bungalows -* . Village récemment rénové. Pratique des sports nautiques… Plusieurs formules proposées pour les enfants.

À FNIDEQ

Hôtel Ibis-Moussafir – *Lotissement Hay Bab Sebta, rte de Ceuta - ☏ 039 67 77 77 - fax 039 67 70 77 - H5108@accor.com - 102 ch. : 664 DH -* . La qualité standard des hôtels Ibis dans un lieu stratégique, à proximité de Ceuta.

À CEUTA

Parador La Muralla – *Plaza Ntra. Sra. de África 15 - ☏ 956 51 49 40 - fax 956 51 49 47 - ceuta@parador.es - 43 ch. 110 € - 9,30 € -* . Il est installé pour partie dans les anciens remparts.

Hôtel Tryp Ceuta – *Paseo Alcalde Sánchez Prados, 3 - ☏ 956 51 12 00 - fax 956 51 49 47 - melia.confort. ceuta@solmelia.es -fax 956 51 15 01 - 123 ch. 87,60 €* – .

Se restaurer

Il n'y a guère, pour l'instant, de restaurants tetouanais méritant une mention, hormis peut-être :

Le Birjiss – *36 av. Mohammed V- ☏ 039 71 22 22.* Son principal atout est de fermer tard !

Le Restinga – *21 av. Mohammed V - ☏ 039 96 35 76.*

Et si l'on souhaite dîner dans une ambiance et un cadre marocain, dans la médina, le :

Palace Bouhlal *(48 Jamaa Kabir (en face de la Grande Mosquée ; prendre une rue sur la droite sur la place de l'Usáa) - ☏ 039 99 87 97).*

Sachez que lorsque les Tetouanais veulent dîner dehors, ils vont de préférence à *El Rincón* (autrement dit **M'diq**) où plusieurs établissements leur proposent des grillades de poissons… et du vin. Si par chance vous connaissez un membre du **Yacht-Club** de M'qiq, n'hésitez pas à vous faire inviter : son restaurant (spécialités de poissons) est très apprécié !

À CEUTA

El Oasis – *Sur la route conduisant au Monte Hacho.* Il propose des spécialités marocaines.

Aux alentours du Parque et dans le centre-ville, nombreux établissements où l'on pourra accompagner quelques « tapas » et « raciones » d'un verre de jerez.

La Peña – *Dans le Parque Marítimo - ☏ 956 51 71 59 - fermé lun.* Restaurant de poissons et fruits de mer.

El Siglo – *Paseo de la Marina Española.* Il présente l'avantage non négligeable d'être ouvert le dimanche.

Sports et loisirs

GOLF

Golf Beach Cabo Negro – *☏ 039 97 81 41 - fax 039 97 83 05.* 18 trous. Aménagé par Hawtree & Sons, redessiné par Cabell B. Robinson, il est situé au bord de la Méditerranée dans un environnement sauvage.

ÉQUITATION

Centre équestre La Ferma – *Cabo Negro, N'Diq - ☏ 039 97 80 75/84 81 - fax 039 97 84 82 - la.ferma@hotmail.com - 7 ch. 530/630 DH - 30/40 DH - restaurant à la carte - 1h de cheval : 100/150 DH suivant la saison.* Si l'extérieur n'est pas des plus engageant, La Ferma offre un cadre agréable et rustique avec des chambres bien aménagées et propres. L'accueil est convivial. Le restaurant propose une cuisine marocaine et de poisson dont la spécialité est la paella aux poissons.

TOURISME RURAL

Pays d'accueil touristique (PAT) de Tetouan-Nord – En cours de mise en place, le PAT de Tetouan-Nord vise à favoriser le développement et la promotion du tourisme rural dans une région très riche par ses traditions, son patrimoine, ses paysages et ses ressources végétales. Les initiatives prises pour mettre en valeur ses différentes richesses, en associant les populations locales, s'inscrivent également dans le cadre de la lutte contre la culture du cannabis.

Pour plus d'informations, vous pouvez contacter la **Délégation du tourisme de Tetouan** – *30 av. Mohammed V - ☏ 039 96 19 15 - fax 039 96 19 14 - dttetouan@menara.ma* ou consulter le **site Internet du PAT** – *www.tourisme.gov.ma/rural/index_fr.asp*

Le **circuit de grande randonnée d'El Haouz**, première manifestation concrète de cette politique, se compose de cinq sentiers (de 6 à 8h de marche) qui traversent 20 *douars*, ou hameaux, au nord de Tetouan. Des aménagements et le balisage ont été réalisés et deux gîtes d'étapes sont disponibles dans les *douars* de Dar El Hjar et Bayen. Ce travail est le fruit d'une coopération avec l'ONG italienne Movimondo. Il a donné lieu également à la publication d'une carte, que vous pourrez vous procurer à la **Délégation du tourisme** ou auprès du **Centre de coordination** – *Av. Hassan II, immeuble 70, appart. 13 - ☏ 039 96 44 88 - movimondo@menara.ma.* Ce centre pourra également vous apporter plus d'informations et de renseignements sur les différentes initiatives menées en milieu rural dans la région.

CHASSE

Pour chasser dans la zone de Kabila/Smir, située à 20 km de Tetouan, prendre contact avec l'**agence Sochatour** – *71, av. des F.A.R, Casablanca - ☏ 022 31 47 19/20 - fax 022 31 46 99 -contact@sochatour.com - www.sochatour.com. (Pour plus de renseignements sur les possibilités de chasse au Maroc et sa réglementation,* *voir p. 52.)*

Culture

Maison de la culture de Tetouan – *Quartier scolaire - ☏ 039 96 24 38.* Expositions, concerts, festivals et rencontres.

Institut national des beaux-arts (INBA) – *Av. Mohammed V - ✆ 039 96 15 45 - fax 039 96 42 92 - cultinba @menara.ma - www.minculture.gov.ma/fr/inba.htm.* Cet établissement supérieur de formation dans le domaine des arts plastiques et appliqués, qui dépend du ministère de la Culture, organise depuis 2004 le Festival international de la bande dessinée. L'INBA dispose de l'unique département universitaire dédié à l'enseignement de la bande dessinée en pays arabes et africains.

Institut français du Nord – Site de Tetouan – *13 r. Chakib Arsalane - ✆ 039 96 12 12/039 70 11 25 - fax 039 96 50 18 - institut_tetouan@iftetouan.ma - www.ambafrance-ma.org/institut/tanger-tetouan/index.cfm.* Expositions, films, concerts, spectacles et conférences.

Institut Cervantès – *3 r. Mohammed ben Torres - ✆ 039 96 12 39 - centet@cervantes.es - fax 039 96 61 23 - tetuan.cervantes.es.* Expositions, films, concerts, spectacles et conférences.

Librairie Al Anwar – *17 r. Yacoub El Mansour (dans une galerie) - ✆/fax 039 96 31 19.* Livres en français, en anglais et en espagnol. Service très compétent et chaleureux.

CINÉMAS

Cine-Teatro español – *R. Mohammed ben Torres.* Cet ancien théâtre de 1916, récemment rénové, programme des mélodrames indiens, des comédies moyen-orientales et des superproductions hollywoodiennes.

Avenida – *1 pl. Al Adala (au milieu de l'av. du 10 Mai) - ✆ 039 96 43 66/49 80.* Cette salle rénovée de 1 100 places, datant de 1945, programme des films européens avec l'aide du programme de soutien d'Euromed Audiovisuel.

Achats

Ensemble artisanal – *Entrée av. Hassan II, à côté de la manufacture de tabacs - ✆ 039 99 20 85 - tlj sf w.-end et j. fériés 9h-12h, 15h-18h.*

À CEUTA

Ceuta est un port franc. La vente de produits de consommation détaxés fait de Ceuta un immense centre commercial, d'où l'affluence à la frontière les jours de semaine.

Événements

Festival international de la bande dessinée – *INBA - av.Mohammed V - ✆ 039 96 15 45 - fax 039 96 42 92 - cultinba@menara.ma - www.minculture.gov.ma/BD/acceil.html - en mai.* Sa première édition a eu lieu en 2004. À cette occasion, ateliers spécialisés, multiples expositions thématiques, projections cinématographiques, salons de lecture, rencontres et séances de dédicaces avec les dessinateurs. Pour sa troisième édition, en 2006, a été institué le Prix annuel national consacré aux jeunes créateurs de BD.

Festival international de luth – *Renseignements : ministère de la Culture - Direction des arts - 17 av. Michlifen, Agdal -Rabat ; Maison de la culture de Tetouan - ✆ 037 67 10 05 ou 039 96 24 38 - en mai.* Pour sa 8e édition, en 2006, ce festival dédié à cet instrument à corde a été marqué notamment par la participation d'artistes venus du Japon, des Pays-Bas, de Jordanie, d'Irlande, d'Inde, d'Irak et de Chine.

Festival du cinéma méditerranéen de Tetouan – *✆/fax 039 70 02 10 - en mars-avril.* Fondé en 1985 par l'Association des amis du cinéma de Tetouan, ce festival dédié au cinéma méditerranéen a fêté ses vingt ans en 2005, après deux ans d'interruption. Une fondation a été créée au printemps 2006 afin de pérenniser cette manifestation, qui devrait à partir de 2007, avoir un rythme annuel et s'imposer comme un rendez-vous majeur.

À la mosquée Hassan II de Casablanca.

RABAT ET LA CÔTE ATLANTIQUE NORD

CARTE 2E RABAT DE COUV. D1, C2, B2, B3 – CARTE MICHELIN 742, PLIS 6-9

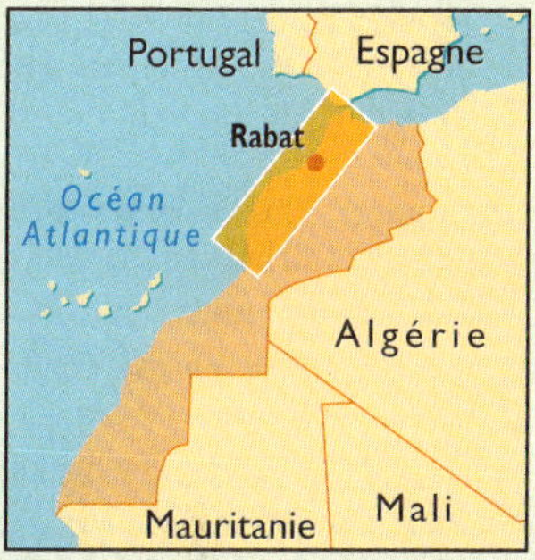

Immersion urbaine au cœur des principales villes du royaume, plaisirs nautiques et balnéaires, voici un programme haut en couleurs pour qui veut découvrir cette frange de terre marocaine qui court le long de l'Atlantique, au nord-ouest du royaume.

Vous ne saurez demeurer insensible aux charmes de Casablanca, Rabat et Tanger, trois villes à la personnalité très distincte, aux ambiances très différentes : la première est la capitale économique du pays, la deuxième sa capitale politique et administrative, la dernière jouit encore de son prestige international passé et retrouve actuellement un nouveau souffle… Et vous auriez tort de négliger Casablanca au profit des deux autres car la ville recèle un patrimoine architectural exceptionnel !

La mer est ici omniprésente. Tout votre séjour sera vivifié par cette proximité avec l'Océan. Vous dégusterez des huîtres à Oualidia, vous observerez les oiseaux sur la lagune de Merja Zega, vous profiterez de la fraîcheur des ruelles de la médina d'Asilah aux remparts frappés par les embruns. Enfin, vous ne résisterez certainement pas aux délices d'un bain de mer, sur l'une ou l'autre des innombrables plages qui émaillent la côte.

Se repérer – Casablanca est la porte d'entrée ou de sortie la plus classique de cette côte atlantique nord qui s'étend au nord jusqu'à Tanger, face à Gibraltar, en passant par Rabat, et au sud jusqu'à Safi.

À ne pas manquer – Casablanca avec ses immeubles Art déco et sa corniche. Rabat pour sa médina et la *kasbah* des Oudaïas. Tanger pour les réminiscences de son passé littéraire et artistique et pour sa vie portuaire. Sans oublier les médinas d'El Jadida et d'Asilah, la lagune de Merja Zerga à Moulay-Bousselham et les plages tout le long de la côte…

Organiser son temps – Inutile de rêver, vous ne pourrez pas en découvrir l'étendue des richesses en une semaine ! Il vous faudra donc faire des choix… forcément déchirants !

Avec les enfants – Toutes les activités liées à la mer et la découverte des oiseaux migrateurs qui peuplent la lagune de Merja Zerga.

Asilah★

29 518 HABITANTS (LES ASILIS)
CARTE 2E RABAT DE COUV. D1 – CARTE MICHELIN 742, PLIS 5 ET 9

Posée sur la mer, une ville d'une blancheur éclatante, ceinte de remparts de couleur ocre, telle est Asilah, cité balnéaire dont rien aujourd'hui ne laisse deviner le passé tumultueux. Le long de la plage jalonnée d'énormes ancres noires et de quelques thoniers, vous aurez peine à imaginer les flottes guerrières qui abordèrent ces rivages, et les navires des marchands génois, pisans, marseillais, catalans ou aragonais qui, au 14e s., venaient mouiller dans ces eaux.

- **Se repérer** – Asilah se trouve à 62 km au sud de Tanger et à 25 km au nord de Larache, à proximité de la sortie de l'autoroute Casablanca-Tanger. Selon que l'on arrive du sud ou du nord, on empruntera pour gagner le centre l'avenue Hassan II, qui rejoint les remparts en face de Bab Homar, ou l'avenue Moulay Hassan ben Mehdi, qui conduit à Bab Kasaba.
- **Se garer** – On circule dans la médina à pied. Possibilités de laisser la voiture aux alentours du port ou à la « porte de la Mer » (Bab el-Bhar).
- **À ne pas manquer** – La médina avec ses peintures murales.
- **Organiser son temps** – Compter 2h pour découvrir le charme, la fraîcheur et la tranquilité des rues de la médina.
- **Avec les enfants** – Une baignade sur la plage d'Asilah.
- **Pour poursuivre le voyage** – Voir aussi Tanger et le cap Spartel (au nord), Larache et les ruines romaines de Lixus (au sud).

Comprendre

Une ville très disputée – Pour évoquer le passé d'Asilah, il faut remonter à l'époque où Zilis, bâtie sur un site punique, comptait, au même titre que Tingis (Tanger), parmi les villes du royaume de Maurétanie. Une trentaine d'années avant notre ère, Octave, le futur empereur Auguste, fit de Zilis une « colonie » romaine.

Avec la conquête arabe la ville, centre d'une principauté idrisside, subit plusieurs assauts des Normands, avant de passer, en 972, aux mains des Omeyyades de Cordoue. Le 24 août 1471, une flotte portugaise de 500 navires porteurs de 30 000 hommes enlève Asilah, qui devient une tête de pont portugaise en terre marocaine. Aux Portugais succèdent les Espagnols, et ce n'est qu'à la fin du 17e s. que le sultan Moulay Ismaïl leur reprend la cité.

Plus dure sera la chute... – Originaire du pays Jebala, **Raissouni** n'est à 10 ans qu'un petit voleur de troupeaux. Après plusieurs années de geôle, il se fait brigand, enlève des journalistes étrangers et ne leur rend la liberté qu'en échange de coquettes rançons, devenant peu à peu un personnage redouté, au point de recevoir du sultan, en 1908, le titre de pacha d'Asilah.

La Première Guerre mondiale est une aubaine pour Raissouni, qui joue sur tous les tableaux. Il gagne la confiance de l'Espagne en se targuant de son influence religieuse (n'est-il pas descendant du Prophète ?) et obtient de son alliée des armes et plusieurs

Faire de la ville une œuvre d'art

Telle était l'ambition de **Mohammed Benaïssa** lorsqu'il fut élu maire d'Asilah, avant d'être ministre de la Culture puis ministre des Affaires étrangères du royaume. La création en 1978, par Mohammed Benaïssa et le peintre Mohammed Melehi, du prestigieux **Moussem culturel international d'Asilah**, organisé par l'Association Al Mouhit, devenue la Fondation du forum d'Asilah, a attiré l'attention sur cette cité qui a vu défiler nombre d'artistes et d'écrivains prestigieux, de **Dizzy Gillespie** à **Keith Jarrett**, de **Myriam Makéba** à **Léo Ferré**, d'**Alberto Moravia** à **Ettore Scola**. Les peintures apposées sur les murs de la médina, qui font de la vieille ville, au mois d'août, une immense pinacothèque éphémère, se sont accompagnées de dallages au sol réalisés par de grands artistes marocains tels que **Mohamed Melehi** et **Farid Belkahia**. La rénovation du palais Raissouni et l'aménagement du Centre Hassan II de rencontres internationales ont permis l'émergence, en outre, d'une école de peinture originale. Asilah compte également la bibliothèque Bandar Bin Sultan, inaugurée en janvier 2006. Cette bibliothèque, baptisée en l'honneur de l'ancien ambassadeur saoudien aux États-Unis, le prince Bandar Bin Sultan, qui avait suggéré ce projet en 1997 au roi Hassan II, dispose, entre autres, de trois salles de conférences, d'un restaurant, et d'un auditorium de 650 places.

millions de *pesetas*. Le pays demeure cependant insoumis. Dans le même temps, il joue l'Allemagne gagnante et traite à Tanger avec ses représentants, qui lui promettent le trône du Maroc. L'aventurier est alors au faîte de sa puissance. « Les Berbères sont mes serviteurs, les Espagnols mes esclaves, les Français mes ennemis, les Allemands mes alliés », déclare-t-il.

Mais la défaite allemande de 1918 entraîne sa déchéance. Lassés, les Espagnols le chassent d'Asilah ; le sultan le renie ; il est une gêne pour Abd el Krim lui-même, qui finit par le faire prisonnier. Misérable et abandonné, il meurt en 1925.

Se promener

Visite : 1h15. Laisser la voiture place Zelaka et suivre l'itinéraire indiqué sur le plan.

Au pied des murailles, on suit jusqu'à Bab Homar l'**avenue Hassan II** ombragée de beaux eucalyptus. Au-delà de la porte, elle se prolonge par la rue Ibn Batouta ,où se tient chaque matin un agréable **marché★**.

La vieille ville et les remparts★

Les remparts qui enserrent la ville ancienne furent construits à la fin du 15e s. par les Portugais.

Bab Homar★ (appelée aussi « porte de la Terre »), percée dans une grosse tour ronde surmontée d'un écusson à demi effacé aux armes des rois du Portugal, permet de les franchir. Au-delà, le silence et la quiétude règnent le long des rues dallées aux maisons blanches dont les soubassements, les fenêtres et les portes sont peints en bleu, jaune et vert.

Au fond de la place Sidi Ali ben Hamdouch, à droite, s'élève la tour carrée El Kamra , contre laquelle s'ouvre la porte de la Mer (Bab el-Bahr). À gauche, dans la rue de la Kasbah, se trouve le **Centre Hassan II des rencontres internationales** – *✆ 039 41 70 65 - fax 039 41 83 94 - tlj sf vend. 8h30-12h30, 15h30-18h30 - gratuit.* Ce centre, installé dans d'anciennes écuries, accueille, notamment pendant le Moussem culturel, conférences, expositions et autres manifestations culturelles auxquelles participent artistes, architectes et plasticiens de tout le bassin méditerranéen. Les peintres dont les œuvres sont exposées tout au long de l'année dans les locaux clairs et spacieux du centre sont tous originaires d'Asilah.

Revenir sur ses pas et traverser la place Ibn Khaldoun.

On atteint presque aussitôt la face nord des remparts qui domine l'Océan.

Un passage sous voûte précède la minuscule placette sur laquelle donne l'entrée du **palais Raissouni** ou **palais de la Culture** – *✆ 039 41 87 29/30 - ouv. uniquement pdt le Moussem culturel en août*. Élevé au début du 20e s., il abrite, lors du Moussem culturel, des ateliers d'art et des rencontres internationales culturelles et artistiques. Pendant ce festival, la médina et la corniche se transforment en un véritable musée en plein air, où des artistes exercent leur créativité en recouvrant les murs des maisons de peintures murales aux couleurs vives et aux motifs variés.

Au-delà de cette place, longeant toujours les remparts, une ruelle mène à la pointe nord-ouest des fortifications, dans l'éblouissement de ses maisons très blanches, dont les murs presque nus sont percés de minuscules fenêtres qu'orne une grille en fer forgé ou que protège un *moucharabieh* surmonté d'un auvent.

Au pied d'une tour crénelée, quelques marches, à droite, permettent d'accéder à un petit bastion d'où l'on découvre une jolie **vue** sur la côte et sur la flottille de pêche au mouillage. Légèrement en contrebas du bastion, face au large, un charmant **cimetière★** est blotti contre la muraille ; devant un marabout, les tombes alignent la fraîche décoration de leurs dalles en céramique multicolore.

Plus loin, femmes et fillettes apportent le matin de grands pains ronds et plats faits à la maison aux fours de boulangers, où ils seront cuits en commun.

P. de Franqueville / MICHELIN

Remparts et cimetière marin.

Aux alentours

Cromlech de M'Soura

25 km. Accès difficile. Quitter Asilah au sud en direction de Larache, puis emprunter au bout de 14 km sur la gauche la route en direction de Tetouan, et enfin, toujours sur la gauche, une petite route goudronnée jusqu'à Souk-Tnine-de-Sidi-el-Yamani. Au-delà de ce hameau, le parcours, de 6 km environ, emprunte des pistes, carrossables par temps sec seulement, et souvent à peine tracées. Il sera prudent de se faire accompagner par un habitant de Souk-Tnine (rétribution), car la signalisation est inexistante, et d'éviter d'entreprendre cette excursion en fin d'après-midi, au risque de devoir rouler sur ces mauvaises pistes à la nuit tombée.

Le cromlech de M'Soura est l'un des rares monuments de ce genre découverts au Maroc. Dans un site dénudé, se détachant sur un arrière-fond de collines, près de 170 menhirs font cercle autour d'un tumulus d'environ 55 m de diamètre, que des fouilles ont largement entamé.

Ces monolithes, pour la plupart dressés, mesurent de 50 cm à 6 m de hauteur ; la circonférence de l'un d'entre eux atteint 5 m.

Si, pour les historiens, il s'agit d'un site funéraire, probablement la tombe d'un personnage de marque qui vécut entre les premières apparitions puniques au Maroc et l'occupation romaine, on a souvent lié à M'Soura le nom du géant Antée, fils de Neptune et de la Terre, qui, selon les Anciens, aurait été enseveli entre Larache et Tanger après qu'Hercule eut réussi à le terrasser.

Asilah pratique

Informations utiles

Banques – Agences Attijariwafa et BMCE avec distributeur automatique sur la pl. Mohammed V, en cours de réaménagement. La Banque populaire et le Crédit agricole y sont également présents.

Poste – *Av. des Nations-Unies.*

INTERNET

Cyber avenir – *Pl. Mohammed V - 6 DH/h.*
Pyr@mid.net – *Av. Hassan II - 8 DH/h.*
Cybercafé de l'hôtel Zelis – *10 av. Mansour Eddahbi - 10 DH/h.*

Transports

Gare ferroviaire – Elle se trouve sur la route de Tanger, à 2 km de la ville. Pour y aller, prendre un petit taxi sur la place Mohammed V. Liaisons quotidiennes pour Tanger au nord, et Rabat au sud.

Gare routière – L'arrêt des autocars se trouve av. du Prince Héritier Sidi-Mohammed, à l'angle du bd de la Marche Verte. Cars de diverses compagnies pour Rabat, Casablanca et Tanger.

Transports en commun – **Unionbus** - *arrêt près de la pl. Mohammed V - ✆ 039 913 910 - 2 lignes - billet 3 DH - 7h-19h.* Réseau de minibus pour se déplacer dans Asilah et à proximité.

Se loger

CAMPING

Asilah dispose de plusieurs terrains de camping, tous situés près de la plage, en bordure de la route de Tanger.

As-Saada – *✆ 039 41 73 17 - 15 DH/pers., 5 DH/enf. - tente 10 DH - voiture 10 DH - caravane 20 DH - électricité 20 DH - douches (eau chaude) 10 DH - 35 bungalows (2/4 pers.) : 100/120/150 DH.* Propre, bien entretenu et ombragé. Dommage que les sanitaires soient moins nets que le reste.

Echrigui – *À 350 m du centre-ville - ✆ 039 41 71 82 – 15 DH/pers., 7 DH/enf. - tente 20/30 DH - voiture 12 DH - douches (eau chaude) 7 DH - bungalows pour 2/3 pers. : 150/200 DH.* À côté du précédent, il est un peu moins bien entretenu.

HÔTELS

Al Khaima – *À l'entrée de la ville sur la route de Tanger - ✆ 039 41 74 28 - fax 039 41 75 66 - alkhaima@menara.ma - 113 ch. - 480 DH - 12 studios : 700 DH - 52 DH - menu 165 DH - - - P.* Agréable jardin, belle piscine, chambres spacieuses et claires, tels sont les atouts de cet hôtel moderne un peu à l'écart du centre cependant.

Hôtel Oued el Makhazine – *10 av. Melilla - ✆ 039 41 70 90 - fax 039 41 75 00 - 378 DH - 35 DH - menu touristique 120 DH - - P.* Hôtel convenable.

Hôtel Zelis – *10 av. Mansour Eddahbi, accès par le front de mer - ✆ 039 91 70 69 - fax 039 41 70 98 - 604 DH -* . Les chambres donnant sur la mer – avec balcon plus ou moins grand – sont agréables.

Patio de la Luna – *12 pl. Zelaka (à proximité du rest. Casa Pepe) - ✆ 039 41 60 74 - hotelpatiodelaluna@yahoo.es - 7 ch. - 550 DH.* La seule adresse de charme à Asilah actuellement. Salle de bains dans toutes les chambres. Des terrasses, vue imprenable sur la médina. Pas de restauration mais vous trouverez tout à côté.

APPARTEMENT

Il est également possible de louer des appartements. Plusieurs résidences le proposent :

Mounia appartements – *14 av. Moulay Hassan Ben Mehdi - ✆ 039 41 78 15 - 6 appart. : 400/750 DH.* Appart. pour 2 à 6 pers., tout équipés, à proximité de la médina et de la plage, dans un petit immeuble moderne.

C. Brett / MICHELIN

Dans la médina.

Se restaurer

Casa Pepe (Oceano) – *Pl. Zelaka - ✆ 039 41 73 95.* Les Espagnols d'Asilah se retrouvent devant une paella ou une zarzuela dans ce vénérable restaurant, une institution locale.

Casa Garcia – *Av. Moulay Hassan Ben Mehdi - ✆ 039 41 64 65.* Les spécialités maison – chaudron de poissons, pâtes aux fruits de mer ou calamars à l'encre – sont à commander.

La Place – *7 av. Moulay Hassan Ben Mehdi - ✆ 039 41 73 26.* Poissons et spécialités marocaines au menu pour ce restaurant sans prétention.

Sevilla – *R. Imam-al Assili - ✆ 039 41 85 05.* Pour une friture ou une grillade.

Faire une pause

Nombreux cafés dont les terrasses sont disposées sous les eucalyptus de l'avenue Hassan II, au pied des remparts de la médina.

Vous pourrez prendre un verre à la terrasse du restaurant **Al Madina**, pl. Abdellah Guenoun (en face de la tour carrée), après avoir déambulé dans les ruelles de la médina.

Achats

Souk – *Le jeudi*. Délogé de l'avenue Hassan II, il se tient désormais à proximité de la route de Tanger.

Événements

Moussem culturel international – *En août - organisé par la Fondation du forum d'Asilah - www.c-assilah.com.*

Colloques, concerts, peintures murales, expositions, ateliers d'artisanat d'art.

Congrès des musiques dans le monde de l'islam – *En août, pendant le Moussem culturel - organisé par la Fondation du forum d'Asilah et la Maison des cultures du monde (Paris) - www.mcm.asso.fr/site02/music-w-islam/congresfr.htm.* Ce congrès, né en 2005, a pour vocation de souligner la vitalité et la diversité des traditions et des pratiques musicales dans le monde de l'islam aujourd'hui.

Rencontre du cinéma Sud-Sud – *En juillet - organisé par la Fondation du forum d'Asilah - www.c-assilah.com/cinema.*

La première s'est déroulée en 2004. Cette manifestation est dotée d'une compétition de longs et courts métrages issus des pays du Sud.

Moussem culturel féminin international – *En mars ou avril - organisé par l'Association marocaine des créatrices contemporaines.* Expositions au Centre Hassan II des rencontres internationales, séminaires, concerts, défilés de mode, lectures de poésie. Le tout pour présenter des œuvres féminines et mettre en valeur la contribution des femmes créatrices aux arts contemporains marocains.

Kasbah de **Boulâouane**★

CARTE 2[E] RABAT DE COUV. B3 – CARTE MICHELIN 742, PLIS 4 ET 20

Le nom de Boulâouane est bien connu pour l'honorable vin gris qu'on tire de ses vignobles, qui ont trouvé leur terre d'élection le long du talus formé par le plateau des Rehamma, au-dessus des plaines atlantiques. Mais la région recèle aussi une kasbah, dont les ruines encore imposantes occupent un site★ remarquable. De quelque route qu'on arrive, on aperçoit de loin cet étrange château fort juché sur un promontoire dominant une boucle de l'Oum er-Rbia.

- **Se repérer** – La *kasbah* de Boulâouane se trouve à 115 km au sud-ouest de Casablanca : prendre la route de Marrakech jusqu'à Settat, où l'on emprunte sur la gauche la route de Safi. Depuis El-Jadida (80 km), prendre la route d'Essaouira-Agadir (par l'intérieur des terres), puis, après 20 km, une route vers la gauche par Had-des-Od-Frej.
- **À ne pas manquer** – En dehors de la *kasbah* en elle-même, les perspectives offertes sur la vallée de l'Oum er-Rbia.
- **Organiser son temps** – Prévoir 1/2h pour la visite des ruines de la *kasbah*.
- **Pour poursuivre le voyage** – Voir aussi Casablanca, El-Jadida et Oualidia, sur la côte atlantique ; Marrakech au sud.

Comprendre

UN CADEAU POUR LE SULTAN

C'était leur bien le plus précieux : Halima, une ravissante jeune fille. Et qu'offrir comme présent au sultan de passage sinon ce que l'on a de mieux ? Ainsi Halima devint-elle la nouvelle favorite de **Moulay Ismaïl**, et ses charmes opérèrent tant et si bien sur le terrible sultan qu'il la mena sur la plus haute tour de la *kasbah*, lui disant : « Je te donne, à tes frères et à toi, toutes les terres que tu peux apercevoir. » Plus tard, lorsqu'elle mourut, il fit fermer le château et, inconsolable, n'y revint plus. Halima a-t-elle vraiment existé ? Cela n'est pas certain. On sait en revanche que la *kasbah* fut bâtie par Moulay Ismaïl autour de 1710. D'aucuns – des jaloux sûrement, fermés à tout romantisme – affirment que c'était afin de tenir le pays en respect et d'assurer la levée de l'impôt dont on entreposait les prestations en nature dans les magasins de la forteresse.

Visiter

Visite env. 30 mn. On atteint la kasbah en voiture par la petite route signalisée qui se détache de la route principale. Gardien sur place. Rétribution souhaitée (montant à négocier).

1 km avant d'arriver, un coude de la route à gauche offre la plus belle **vue★** de la *kasbah*, dont l'enceinte est bien conservée de ce côté.

Laissez la voiture devant la **porte** monumentale, très sobre, surmontée d'une inscription donnant le nom du sultan bâtisseur et la date de construction, 1710.

Ruiz Treal / MICHELIN

La terrasse de la kasbah et le minaret sous le soleil.

Au pied de la tour d'où Halima découvrit son domaine, et dont le sommet s'est hélas effondré ces dernières années, s'étendaient les appartements, dont il reste peu de chose (patio dont les murs ont conservé des fragments de plâtre sculptés). À gauche, le minaret de la mosquée est resté debout. Face à la maison, au pied des remparts, on aperçoit les vestiges des magasins souterrains, ou « hris ».

Une impression de grandeur et de solitude se dégage de ces ruines. Le tour partiel des remparts offre de belles **perspectives★** sur la *kasbah* et les méandres encaissés de l'Oum er-Rbia.

Un ambitieux projet de restauration des bâtiments existants, de recherches archéologiques et de mise en valeur touristique du site, qui dort dans les cartons depuis 1995, pourrait avoir le mérite, s'il se concrétise, de préserver ce qui subsiste du château de la belle Halima.

Casablanca★

3 177 281 HABITANTS
CARTE 2E RABAT DE COUV. C2 – CARTE MICHELIN 742, PLIS 5, 7 ET 20-21

Si la plupart des villes marocaines portent le poids d'un long passé, celle-ci incarne le Maroc moderne et préfigure celui de demain. Cette cité tapageuse, étape indispensable à la connaissance du pays, dont elle est la capitale économique, ne saurait laisser indifférent.

Se repérer – Principal point d'entrée au Maroc des touristes étrangers grâce à son aéroport international, Casablanca est située sur la côte atlantique, à 60 km au sud-ouest de Rabat, à laquelle elle est reliée par l'autoroute. À l'exception de la route côtière qui, depuis Azemmour, conduit à Âïn-Diab et, partant, sur la corniche, toutes les voies d'accès convergent vers le centre de la ville moderne, sur la place des Nations-Unies... ce qui ne va pas sans créer quelques embouteillages, particulièrement inextricables tôt le matin et en fin d'après-midi !

Se garer – Il est tout aussi difficile de se garer dans le centre à certaines heures que d'y circuler ! Vous trouverez de nombreux parkings sur la corniche mais ils sont très vite saturés les week-ends et en soirée.

À ne pas manquer – Casablanca et ses « tours » : le minaret de la mosquée Hassan II, le phare d'El-Hank, le Twin Center. Son patrimoine architectural très riche, qui reste encore largement à découvrir. Sans oublier, pour son ambiance, une promenade à pied le long du boulevard de la Corniche, depuis le Lido, puis sur le boulevard de l'Océan Atlantique, qui lui fait suite...

Organiser son temps – Rester au moins un week-end pour découvrir cette ville souvent négligée par les touristes, qui n'y passent la plupart du temps qu'en coup de vent.

Avec les enfants – Toutes les activités balnéaires sur les plages de la corniche.

Pour poursuivre le voyage – Voir aussi Rabat et Salé (en longeant la côte vers l'est) ; El-Jadida, Oualidia et Safi (à l'ouest).

Comprendre

Que vous l'aimiez ou la détestiez, vous subirez nécessairement son dynamisme et serez étonné par la rapidité de sa croissance. Lieu de brassages ethniques et de créations architecturales, Casablanca présente en effet un mélange de styles et des contrastes à l'américaine, où les gratte-ciel dominent les taudis, où les villas Art déco le disputent aux immeubles contemporains. Sur certaines grandes avenues du centre-ville (boulevards Mohammed V, Lalla-Yacout ou de Paris), des immeubles ou villas des années 1930 et 1950 offrent au regard des façades ouvragées, avec portiques à colonnade et balcons en encorbellement ou supportés par des consoles. Ville arabe, elle a également adapté des éléments de l'architecture islamique aux exigences de la modernité, se tournant même vers une architecture futuriste, comme en témoignent les belles façades vitrées de certains immeubles autour des boulevards Moulay Youssef, Zerktouni, Abdellatif Benkaddour. Au milieu de tout cela, les Mercedes croisent les chariots, les dernières créations de la mode parisienne se mêlent aux babouches, djellabas et gandouras, le tout faisant de cette grande métropole une ville originale qui joue de sa dualité : l'orientale et l'occidentale, la riche et la pauvre, la traditionnelle et la moderne.

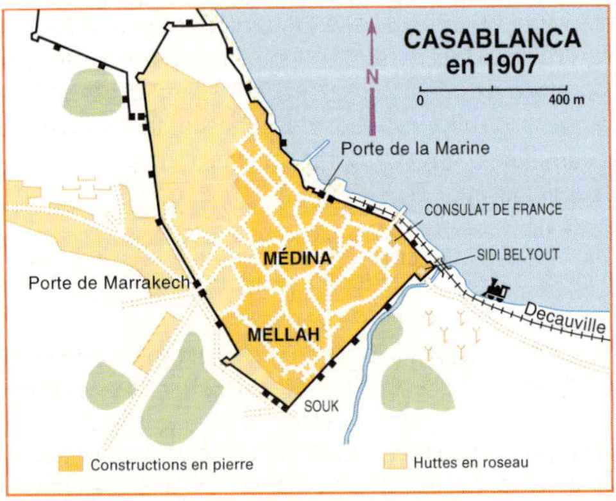

Casablanca, images et mythes

Certains noms ou certaines images sont associés à Casablanca dans l'imagerie collective. Ainsi, Casa fut la fierté de **Lyautey**. Passionné d'urbanisme, sa première préoccupation fut que la ville blanche puisse répondre dignement à la vocation océane du Maroc. Sa ténacité eut raison de tous les obstacles et il réussit à faire de Casablanca le grand port que nous connaissons aujourd'hui.
Ce fut aussi la ville de **Marcel Cerdan**. Né à Sidi-Bel-Abbès d'une famille originaire de la vallée de la Têt, Marcel Cerdan vint se fixer avec les siens à Casablanca dans le quartier Cuba puis dans celui de Maarif, occupé par la colonie italienne. Il y fit ses débuts de boxeur professionnel et y remporta ses premières victoires. Le 21 février 1938, il devint champion de France des poids welters au stade Philip de Casa. Son charisme le rendit tout aussi célèbre que son punch et, dans les rues de Casa, les habitants se sentirent investis par une parcelle de sa gloire. Le 21 septembre 1948, Cerdan est champion du monde : délire à Casa, à la **Brasserie Marcel-Cerdan**, à l'hôtel de ville, où il présente sa ceinture de champion du monde, au vélodrome d'Anfa, où le général Juin le décore de l'ordre du Ouissam Alaouite. Mort dans un accident d'avion, il est accompagné au cimetière Ben M'Sik à Casa, le 10 novembre 1949, par une population en deuil. En 1995, son corps a été rapatrié à Perpignan.
L'aérodrome d'Anfa (aujourd'hui un aéro-club) fut la première escale des lignes Latécoère, devenues l'**Aéropostale**. **Mermoz** est là avec Collenot, Rozès, Guillaumet, Saint-Exupéry et tant d'autres ; Casa est en deuil le 7 décembre 1936, lorsque Mermoz et son équipage disparaissent à bord de *La Croix du Sud* (parmi les monuments visibles à l'aérodrome figure une stèle érigée à leur gloire et à celle des autres pilotes, navigateurs, radios et mécaniciens de la ligne France-Amérique morts pour l'aviation).
La ville évoque enfin *Casablanca*, film réalisé en 1942 par Michael Curtis, avec Humphrey Bogart, Peter Lorre et Ingrid Bergman. L'action est censée se dérouler dans la ville blanche (à défaut d'y avoir été tournée).

TROIS NAISSANCES POUR UNE VILLE

Anfa – Autour de la colline qui a gardé ce nom, il y avait au Moyen Âge une petite cité berbère nommée Anfa. Son port trafiquait avec les Espagnols, les Portugais, les villes italiennes, tout en abritant une flottille de corsaires. C'est de là que devaient venir les malheurs d'Anfa : les Portugais, principales victimes de la course, décidèrent d'en finir. En 1468, ils mettent à sac la ville, la démantèlent et la vident de ses habitants. Pendant trois siècles ses ruines restent désertes.

Dar el Beïda – La ville renaît à la fin du 18e s., sous l'impulsion du sultan Mohammed ben Abdallah. Mais elle a changé de nom : sans doute à cause d'une grande bâtisse servant de repère aux voyageurs, on l'appelle Dar el Beïda – c'est-à-dire « Maison Blanche » pour les Français, « Casa Blanca » pour les Espagnols.

À partir de 1850, la demande européenne de grains et de laines et l'avènement de la navigation à vapeur facilitent l'expansion de Dar el Beïda (ligne Marseille-Casablanca par la Cie Paquet de 1862 à 1983). Profitant de cette conjoncture favorable, la ville compte à la fin du siècle environ 20 000 âmes, et son port dispute à Tanger le premier rang. C'est pourtant bien peu de chose encore en regard du destin qui l'attend.

Casablanca – Sous ce nom, qui prévaut désormais, le port et la ville vont réaliser leur grande mutation du 20e s.
En 1907, le gouvernement chérifien confie à une entreprise française la construction d'un petit port artificiel. À cette époque, celle de « la troisième naissance de Casablanca », des commerçants étrangers (français surtout) affluent à Casablanca et commencent à bâtir en bordure de la médina.
En 1912, Lyautey décide de faire de Casablanca non seulement un grand port mais aussi le centre économique du Maroc. L'architecte **Henri Prost** est chargé d'édifier la ville nouvelle et d'en planifier le développement. Casablanca connaît désormais une croissance à l'américaine. Le grand commerce s'installe et les banques prospèrent, tandis que les industries attirent de très nombreux ruraux. De 60 000 habitants en 1912, la population passe à 263 000 en 1936, 682 000 en 1952 ; elle approche le million en 1960, nombre multiplié par quatre depuis lors !

UNE MÉTROPOLE ÉCONOMIQUE

Quelques chiffres – Casablanca est aujourd'hui la plus grande ville du Maghreb, la quatrième du continent africain. À l'intérieur de son énorme périmètre (113 km^2, plus que Paris intra-muros) vivent, selon les dernières estimations, 4 millions d'habitants, soit plus de 10 % de la population totale du pays – parmi lesquels la plus importante communauté française à l'étranger.

Casa, laboratoire d'architecture

Art nouveau, Art déco, architecture fonctionnaliste « brutaliste » : tous les créateurs semblent avoir donné libre-cours à leur talent à Casa dans la première moitié du 20e s. : au hasard de la découverte de la ville, on apercevra, parfois bien délabrées hélas, des créations étonnantes : l'ancien hôtel Lincoln (Bd Mohammed V), construit en 1917 par **Hubert Bride**, non loin de la façade ondulante de l'immeuble Maret (Delaporte, 1932), l'étonnante coupole de l'immeuble de l'IMCAMA rue d'Agadir (Greslin, 1928), les tourelles de l'immeuble d'El Glaoui, rue Amaroui Brahi, et celles de l'immeuble de la Wafabank au rond-point Hassan II (**Prost** et **Marchisio**, 1922 et 1926), sans oublier les nombreuses villas dues à **Jean-François Zevaco**, comme la villa Sami Suissa (appelée aussi « la Pagode ») sur le boulevard Abdelkrim al Kattabi.

La ville groupe 60 % des entreprises industrielles, où dominent alimentation, métallurgie et textile. Elle consomme 30 % environ de l'énergie électrique du pays, elle compte le tiers des abonnés au téléphone, paie plus de la moitié de l'impôt sur les bénéfices. Siège de presque toutes les banques, elle draine 50 à 60 % des disponibilités monétaires…

Ce gigantisme est lié à l'importance exceptionnelle du port. La ville dispose, en outre, de l'aéroport international Mohammed V, qui réalise 40 % du trafic passagers et plus de 80 % du fret de l'ensemble du royaume.

La vie à Casa – Industrieuse, Casablanca est animée d'une bruyante activité et d'une circulation aussi intense que désordonnée, rythmée par des concerts d'avertisseurs exprimant toute une gamme de sentiments. Cosmopolite, elle draine une foule bigarrée qui vient de tous les lieux et même, pourrait-on dire, de toutes les époques.

Moderne, elle a connu un essor urbanistique important et offre toutes les commodités et tous les attraits d'une grande ville : magasins, espaces verts, grands cafés, hôtels de grandes chaînes internationales, spectacles, centres commerciaux, et un vaste centre international d'affaires, le **Casablanca Twin Center**. Ce complexe « post-moderne » a été construit à la croisée des boulevards Zerktouni et Al Massira. Édifié par le Catalan Ricardo Bofill et le Marocain Élie Mouyal, le centre se compose de tours jumelles de 100 m de haut séparées par un monumental escalier de marbre, et abrite des bureaux, des logements, une galerie commerciale, des cafés et des restaurants ainsi qu'un auditorium.

D'autres immeubles à l'architecture résolument nouvelle, voire futuriste (comme l'immeuble de verre de l'ONA sur l'avenue des F.A.R., celui de la BMCE avenue Hassan II, ou d'autres sur le boulevard Zerktouni ou le boulevard d'Anfa), ont supplanté les villas d'antan ; des centres commerciaux se sont implantés un peu partout, remplaçant les traditionnelles *kissarias*.

Parmi les opérations de grande envergure prévues dans un avenir plus ou moins proche figurent la création et l'aménagement de l'**Avenue Royale**, artère de 60 m de large et d'une longueur de 1 400 m qui devrait relier la mosquée Hassan II au centre de Casablanca. Ce projet devrait s'accompagner de l'aménagement d'immeubles et d'hôtels en front de mer et entraîner le déplacement vers la périphérie de 20 000 familles habitant les 50 ha touchés par le projet. Inutile de préciser que l'affaire soulève quelques contestations.

Enfin, le projet de création d'un tramway, susceptible de désengorger le centre-ville, fait doucement son chemin, tandis que nombre de Casablancais commencent à prendre conscience de la richesse du patrimoine architectural légué par les années 1920-1930.

Piétonne et commerçante, la rue du Prince Moulay Abdallah est le rendez-vous des promeneurs. Sur la route de la corniche se succèdent piscines, terrains de sport, restaurants, guinguettes et boîtes de nuit.

Se promener

CASA EN VOITURE 1 Plan II

Env. 1h30.

Place des Nations-Unies Plan II F4

Ici, sous les murs de la vieille médina, il n'y avait, au début du siècle, qu'un terrain vague où se tenait le souk. C'est très vite devenu le cœur de la cité moderne. Les grandes artères y convergent, groupant aux abords de la place les bazars multicolores (boulevard Houphouët-Boigny), les palaces, banques, agences de voyages (avenue des F.A.R.), les cinémas, brasseries et commerces de luxe (boulevard Mohammed V et rues adjacentes).

La mosquée Hassan II.

Partir par le boulevard Mohammed V, puis prendre à droite la rue Mohammed Smiha, et par la rue de Strasbourg puis la route de Mediouna, gagner le boulevard Victor-Hugo (sud-est du plan).

Après avoir longé le palais du roi, on atteint la nouvelle médina. Par la rue qui descend à gauche de la Mahakma du Pacha, on débouche sur la place de la mosquée Mohammed V, où on laissera la voiture.

Nouvelle médina★ (quartier des Habous) **Plan II H5**

Le développement rapide de Casablanca attira, de tout le pays, des milliers de gens en quête d'un emploi. Ils s'installèrent d'abord près de l'ancienne médina, puis autour de la ville, dans de misérables campements de fortune. Pour résorber ces bidonvilles, on éleva, en 1923, la nouvelle médina communément appelée **quartier des Habous**, où, tout en respectant le style et les habitudes traditionnels, les architectes obéirent aux règles de l'urbanisme moderne.

Les environs immédiats de la place de la Mosquée, et spécialement la partie de la médina située au nord-est de celle-ci, offrent de pittoresques ruelles bordées d'arcades sous lesquelles tiennent boutique marchands d'étoffes et de souvenirs ; on verra le souk aux cuivres, où les artisans façonnent et polissent chaudrons, plateaux, théières et brûle-parfums ; dans une cour, entièrement réservée aux olives, se trouve la fameuse **pâtisserie Bennis**, que rien ne distingue de l'extérieur si ce n'est l'enseigne, mais dont l'intérieur, recouvert de mosaïques, abrite mille et une gourmandises. Pousser jusqu'à la petite place Moulay Youssef, où se dresse la seconde mosquée de la médina.

Un musée pour le judaïsme marocain

Il a été aménagé, à partir de 1998, dans un ancien orphelinat situé dans le quartier de l'Oasis. Ses buts ? Recueillir et montrer au public tous objets de la vie quotidienne, bijoux, objets de culte, vêtements, mobilier, tableaux et photographies, témoignant de la présence juive au Maroc et souvent dispersés. Il s'agit de retracer la vie de cette communauté, partie intégrante de l'histoire et de la culture du Maroc, en particulier dans les lieux de longue tradition urbaine comme Fès ou Tetouan ou les bourgs du Sud comme Ifrane dans l'Anti-Atlas. Si la communauté juive marocaine a aujourd'hui perdu de son importance quantitative, il n'en reste pas moins que son héritage culturel est de plus en plus revendiqué par les Marocains… et que nombre de Juifs originaires du Maroc y reviennent à la recherche de leurs racines familiales. Le musée présente également des travaux d'archivage (photo, vidéo, musique) et de restauration de monuments réalisés par la Fondation du patrimoine culturel judéo-marocain. Trois documents parus récemment vous aideront à vous familiariser avec l'histoire et les traits originaux de la civilisation juive marocaine : deux livres, *Deux mille ans de vie juive au Maroc*, par Haïm Zefrani, aux éditions EDDIF, et *Essais d'histoire & civilisation judéo-marocaines* de Simon Lévy, ainsi qu'un CD-Rom intitulé *Les Juifs du Maroc*, édité par le Département d'histoire de l'université de Québec-Montréal, *cohenyolande@uqam.ca*.

Musée juif marocain de Casablanca – *51 r. Abou Dhabi, Casablanca-Oasis - ✆ 022 99 49 40 - lun.-vend. 9h30-17h - visite guidée sur demande - 30 DH.*

L'ancienne **Mahakma du Pacha**, bel édifice terminé en 1952, abritait autrefois les séances du tribunal ainsi que les réceptions du pacha. C'est aujourd'hui le siège de la préfecture du Méchouar (l'une des huit préfectures du Grand Casablanca). La **décoration★** de ses cours et de ses soixante-quatre salles fait appel à toutes les ressources de l'art marocain : plafonds en bois de cèdre sculpté, sculptures sur plâtre, carreaux de faïence, grilles de fer forgé. Belle vue des étages supérieurs sur le jardin intérieur bordé d'arcades.

Reprendre la voiture et quitter la place par la rue Iman Gastalani. Tourner à gauche dans le boulevard Victor Hugo.

Le **parc Isesco** (ex-parc Murdoch) est un joli jardin bien ombragé.

Arrêter la voiture près du rond-point de l'Europe.

Église N.-D.-de-Lourdes★ Plan II F5

Il est conseillé de ne pas visiter le dimanche en fin de matinée.

Ce haut vaisseau de béton brut a été achevée en 1956 sur les plans de M. Dangleterre. L'intérieur mérite d'être vu pour la coloration des **verrières★**, dues à Gabriel Loire, maître verrier à Chartres, contrastant avec le revêtement de bois du chœur. En effet,

SE LOGER

Hôtel Bellerive.......................... 10
Hôtel Club Val d'Anfa................ 13
Hôtel Riad Salam....................... 16
Hôtel Suisse.............................. 19
Ibis Moussafir............................ 25
L'Oasis...................................... 31
Les Tamaris............................... 34

outre les longues baies qui éclairent latéralement la nef principale, les murs des bas-côtés sont entièrement formés de panneaux de vitrail ; sur fond « tapis marocain » sont illustrés, à gauche, le dogme de l'Immaculée Conception et les apparitions de Lourdes, à droite, les autres apparitions de la Vierge.

Descendre l'avenue Mers Sultan jusqu'au rond-point et prendre à gauche le boulevard A.-Reitzer, traverser l'avenue Hassan II et prendre le boulevard Moulay Youssef.

Parc de la Ligue arabe★ Plan II F4-F5

Vous prendrez plaisir à flâner, à l'écart de l'agitation de la ville, dans cette magnifique promenade aux frais ombrages, plus grand espace vert de Casablanca.

Dans la rue d'Alger, sur la droite, s'élève l'ancienne **cathédrale du Sacré-Cœur**, superbe morceau d'architecture des années 1930, où sont parfois organisées des expositions temporaires d'art contemporain.

Laissez la voiture et prenez le temps de parcourir à pied les rues d'Alger et Pierre Curie (à l'intérieur du parc), ainsi que le boulevard Brahim Roudani qui lui fait suite, où de nombreuses galeries d'art, ainsi que de belles villas Art déco retiennent l'attention.

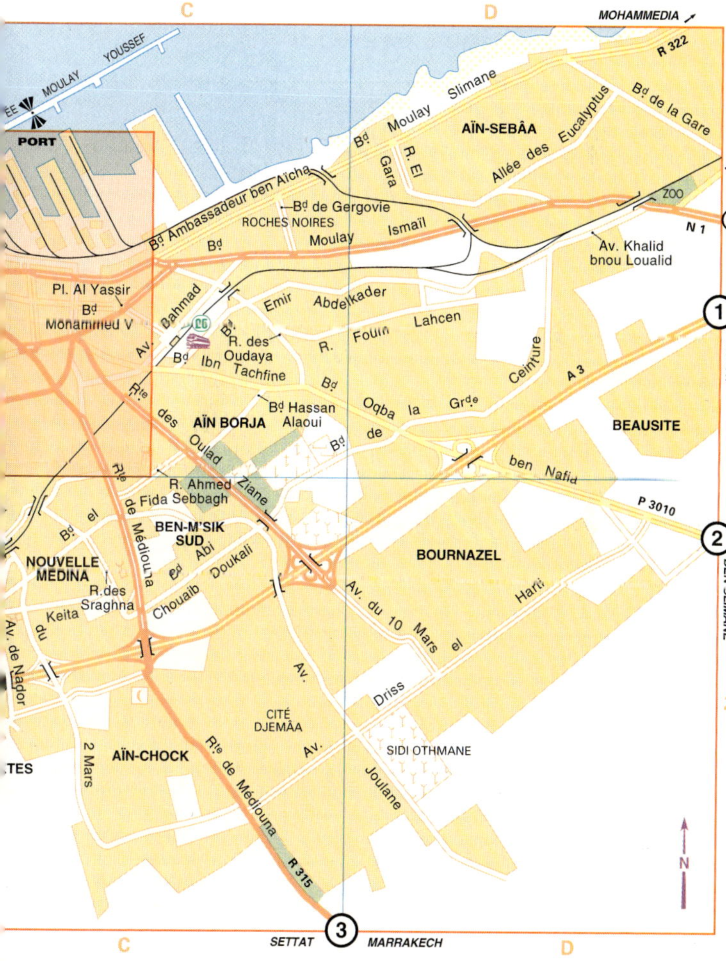

SE RESTAURER

- À ma Bretagne ... 1
- El Cenador ... 10
- L'Aéropostale ... 13
- La Fibule ... 22
- La Mer ... 25
- Le Cabestan ... 31
- Mystic Garden ... 43
- Villa Zevaco. Chez Paul ... 52

SE LOGER

Auberge de jeunesse .... ①	Hôtel Toubkal Best Western.................. ㉒
Golden Tulip Farah Casablanca........................ ④	Hyatt Regency.................................. ㉕
Hôtel Al Mounia.............................. ⑦	Royal Mansour Méridien........................ ㊲

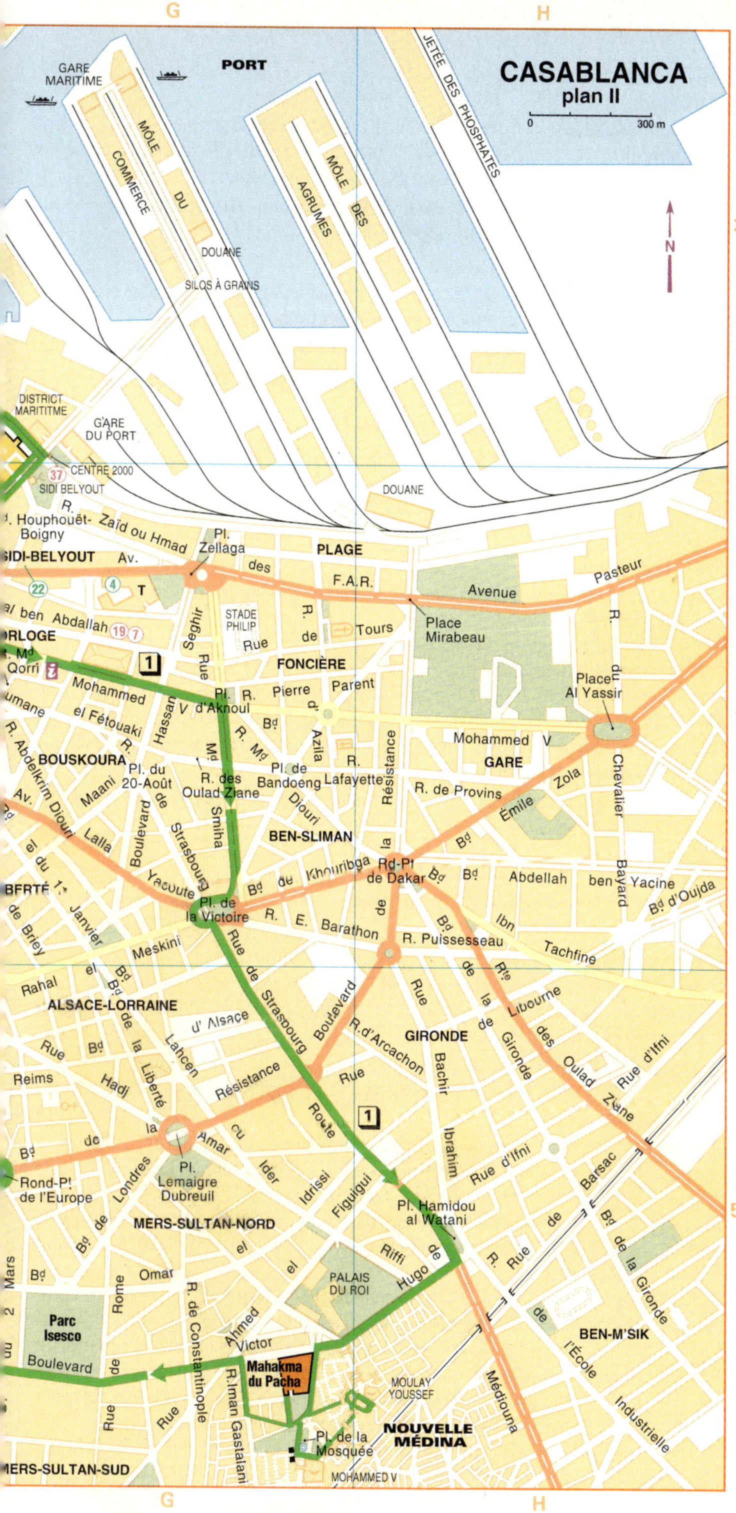

SE RESTAURER

- Al-Mounia 4
- Brasserie La Bavaroise 7
- L'Ostréa 16
- La Bodega 19
- La Sqala. Restaurant et café maure 28
- Le Port de Pêche 34
- Le Rétro 1900 37
- Le Rouget de l'Isle 40
- Rick's Café 46
- Ryad Zitoun 49

Villa des Arts★ Plan II E5

Tlj sf dim. et lun. 11h-19h.

Installée dans une jolie villa des années 1930, presque à l'angle des boulevards Roudani et Zerktouni, la villa des Arts, gérée par la **fondation culturelle de l'ONA**, présente des expositions temporaires d'artistes marocains et étrangers.

Reprendre la voiture. Tourner à droite et rejoindre l'avenue Hassan II, belle artère qui descend vers la place Mohammed V, où l'on garera la voiture.

Place Mohammed V★ Plan II F4

Elle groupe les bâtiments des principaux services administratifs, en un bel ensemble d'architecture musulmane moderne inspirée des traditions nationales.

À l'ouest, une **fontaine** monumentale a été édifiée en 1976 : à certaines heures, on peut y admirer les jeux d'eau lumineux accompagnés de musiques arabe, européenne ou asiatique.

De l'autre côté de l'avenue Hassan II, la partie est de la place est aménagée en un jardin public que bordent le très harmonieux **palais de justice** et la **préfecture**. Entre ces deux bâtiments, la statue du maréchal Lyautey a trouvé refuge derrière les grilles du consulat de France : c'est une œuvre de François Cogné, le sculpteur du *Clemenceau* des Champs-Élysées à Paris.

Préfecture Plan II F4

Il est possible de pénétrer à l'intérieur du bâtiment, mais il est formellement interdit de prendre des photos. ✆ 022 22 41 83.

Cet édifice, qui se signale de loin par sa tour haute de 50 m, abrite la Wilaya du Grand Casablanca. Il fut construit dans les années 1930 et inauguré conjointement par le sultan Mohammed Ben Youssef et le président de la République française Albert Lebrun. À l'intérieur du bâtiment, agrémenté d'un jardin tropical, on peut voir, encadrant le double escalier d'honneur, deux peintures monumentales de Jacques Majorelle *(voir à Marrakech), Le Moussem* et *L'Haouache*.

Reprenez la voiture et continuez de suivre l'avenue Hassan II, qui descend vers le quartier animé de la place des Nations-Unies.

LA CORNICHE★ 2 Plans I et II

15 km - 1h30. Partir en voiture de la place des Nations-Unies en direction du port.

Le boulevard Houphouët-Boigny est bordé par des bazars et la *kissaria* où, l'après-midi, se font des ventes à la criée ; on laisse à droite le marabout de Sidi Belyout, tombeau du saint protecteur de la ville. Au carrefour de l'entrée du port, prendre à gauche le boulevard des Almohades, qui longe les anciens remparts, dont on voit encore un bastion armé de vieux canons.

Mosquée Hassan II★★★ Plan II E3

Ouverte aux non-musulmans - ✆ 022 22 25 63 - visite guidée tlj sf vend. 9h, 10h, 11h et 14h - 120 DH.

Le boulevard Sour Jdid ou le boulevard Sidi Mohammed ben Abdellah, qui longe la corniche, conduisent à la plus grande mosquée du monde après celle de La Mecque *(un passage souterrain permet d'accéder aux parkings).*

Ce chef-d'œuvre architectural, symbole d'un islam ouvert sur le monde et sur la science, selon le vœu de Hassan II, a été construit en partie sur l'eau, à la pointe extrême du Maghreb.

Conçu par l'architecte français **Michel Pinseau** (1924-1999), l'édifice religieux comporte au rez-de-chaussée une salle de prières rectangulaire d'une parfaite symétrie. Soutenue par soixante-dix-huit piliers où le granit, le marbre et l'onyx entremêlent leurs reflets, cette salle coiffée d'une toiture recouverte de tuiles vert émeraude – couleur symbole de la plénitude spirituelle en terre d'islam – est susceptible d'accueillir 20 000 fidèles à l'intérieur, et 80 000 sur l'esplanade qui la prolonge.

Encastré dans l'axe de la façade sud, le minaret, rehaussé d'un *jamour* équipé d'un rayon laser d'une portée de 30 km matérialisant la *qibla* (direction de La Mecque), culmine à 200 m au-dessus de la mer. Outre la mosquée proprement dite, cet ensemble cultuel et culturel, construit selon des normes antisismiques et financé en partie par le peuple marocain dans le cadre d'une souscription nationale, comporte une *médersa*, une bibliothèque, un musée national et d'immenses salles de conférences. L'ensemble, superbement décoré par des artisans venus de tout le Maroc, mérite l'admiration : fresques et zelliges aux motifs géométriques, bois peint et sculpté, stucs aux dessins inextricables, arabesques aux motifs dessinés ou calligraphiés, couleurs lumineuses, tout témoigne du talent et de l'esprit novateur des artistes marocains.

La corniche et ses piscines : Casa, station balnéaire.

Reprendre la voiture.

Continuer à longer l'Océan, laisser à droite le phare et la pointe rocheuse d'**El-Hank** ; la belle plage est bordée de nombreux établissements de bains et de tout un chapelet de piscines.

Âïn-Diab Plan I A1

La station balnéaire d'Âïn-Diab, dont la pointe offre une jolie vue sur l'Océan et la côte, possède une **plage** de sable fin aménagée. Autour d'elle, villas, hôtels, restaurants, cabarets et dancings sont le rendez-vous des Casablancais.

On pourra pousser le long de la côte, à 3 km, jusqu'au marabout très fréquenté de **Sidi-Abd-er-Rahmane**, sanctuaire vénéré, bâti sur un rocher accessible seulement à marée basse.

Anfa Plan I A1-B1

Sur la route du retour, Anfa est un élégant quartier résidentiel construit sur une colline dominant toute la ville. On appréciera les grandes avenues fleuries, les parcs verdoyants et surtout les splendides villas dont la variété illustre l'évolution des conceptions architecturales des années 1930 à nos jours.

Contournant l'hippodrome, on reviendra à la place des Nations-Unies.

L'ANCIENNE MÉDINA ET LE PORT 3 Plan II

Ancienne médina Plan II F3-F4

Partir de la place des Nations-Unies et suivre à pied l'itinéraire indiqué sur le plan.

Offrant un contraste saisissant avec les artères modernes que vous aurez parcourues jusqu'ici, elle vous donnera, si vous ne pouvez visiter les médinas des grandes cités de l'intérieur du Maroc, un aperçu de ce qu'était une ville musulmane dans les siècles passés.

Entrant par la rue Chakib Arsalane, vous parcourrez un labyrinthe de ruelles grouillantes de monde, bordées d'échoppes de commerçants et d'artisans. On passe devant la *jemaa ech Chleuh*. Revenant vers le sud par le boulevard Tahar-el-Alaoui qui longe les vieux remparts, remarquez, à droite, l'amusant alignement des boutiques de barbiers. Puis, franchissant la muraille par la porte de Marrakech, vous prendrez aussitôt à droite la rue Dar el Toubib.

Cette rue s'enfonce dans le **mellah** : bordée de boutiques de bouchers, elle est l'une des plus vivantes et des plus curieuses de cet ancien quartier juif. À son extrémité, suivez la rue des Synagogues puis tournez à gauche dans la rue Jemaa-es-Souk, qui ramènera à la place des Nations-Unies.

Un lieu de rencontre

En janvier 1943, deux mois après le débarquement anglo-américain sur les côtes d'Afrique du Nord, Anfa vit se dérouler la **conférence de Casablanca** – entre le président Roosevelt et Winston Churchill – au cours de laquelle la date du débarquement allié sur les côtes françaises fut fixée au printemps 1944. À cette occasion fut aménagée la difficile rencontre entre les généraux de Gaulle et Giraud. C'est aussi à Anfa que Roosevelt reçut secrètement le sultan Mohammed V pour s'entretenir avec lui de l'avenir du Maroc.

Port★ Plan II G1-H1

Les conditions naturelles n'étaient guère, ici, favorables à la réalisation d'un grand port, et les travaux commencés en 1907 étaient notoirement insuffisants. Tout était à faire lorsque Lyautey débarqua à Casablanca. L'obstination du résident général vint à bout de difficultés qui étaient insurmontables de l'avis des experts (la houle emporta à plusieurs reprises les ouvrages en construction). Dès 1930, avec un trafic de 3 millions de tonnes, le port était connu dans le monde entier, et son tonnage n'a fait que s'amplifier depuis lors. Premier port phosphatier du monde, il est également très actif, à l'exportation, dans le secteur des agrumes et des primeurs, tandis que les principales importations concernent les hydrocarbures, les céréales et les produits sidérurgiques et chimiques. En outre, plus de 50 000 passagers y débarquent ou embarquent chaque année.

Au deuxième rang des ports du Maghreb, il semble appelé à un avenir plus brillant encore, puisqu'on a déjà entrepris de doubler la surface de ses installations, en aménageant notamment un nouveau terminal à conteneurs dans l'avant-port.

Aux alentours

Mohammedia Plan I D1

On a peine à croire qu'au début du 20e s., seule se dressait sur les lieux la *kasbah* délabrée de **Fédala**, vivant de pêche et du commerce des céréales du pays des Zénata. Son port – qui avait eu quelque notoriété au Moyen Âge – végétait au fond d'une rade pourtant remarquable, bien protégée à l'ouest par deux îlots rocheux.

Au temps du protectorat, les îlots furent reliés à la terre ferme par des digues tandis que le développement intensif des cultures maraîchères de l'arrière-pays et l'implantation de plusieurs industries donnaient à la cité un visage tout différent ; bientôt les tentes de plage et les bungalows des Casablancais envahirent le rivage. Ainsi s'amorçait la double vocation industrielle et balnéaire de la ville.

Un port industriel – Au cours de la Seconde Guerre mondiale, le port fut affecté au déchargement des pétroliers au Maroc. Ce fut le point de départ de la destinée pétrolière de Mohammedia confirmée en 1959 par la construction, au sud-ouest de la ville, de la principale raffinerie marocaine, celle de la SAMIR. D'autres industries furent créées ou agrandies ; la ville est le siège d'un groupe textile important, ICOMA.

Les « téléboutiques » de Moulay Ismaïl

Outre leur rôle proprement défensif, les *kasbahs* comme celle de Mohammedia, dont Moulay Ismaïl et ses successeurs firent parsemer à des intervalles réguliers la côte atlantique, avaient un rôle de transmission de l'information : le son du canon tiré de l'une d'entre elles était immédiatement répercuté par la suivante et ainsi de suite… il suffisait ainsi de quelques dizaines de minutes pour qu'un événement survenu à Tanger soit connu à Essaouira.

Mohammedia est devenu le 2e port marocain, le trafic pétrolier constituant 99 % de son activité.

Bien à l'écart des installations industrielles et portuaires, la longue (plus de 3 km) plage de Mohammedia est fort appréciée des habitants des grandes villes voisines. Autour d'elle, digue-promenade, casino, terrain de golf, port de plaisance, hôtels constituent un complexe balnéaire agréable et qui ne cesse de se développer.

En poursuivant sur la route côtière après la belle plage des Sablettes, en forme d'anse, **Tilal** puis, plus au nord, **Bouznika-Plage** offrent l'agrément de leurs plages de sable bordées de villas, d'hôtels et de nombreux campings, aux installations souvent vétustes et à la propreté parfois douteuse (à l'exception, notable, du camping **Les Mimosas**, installé dans un beau parc à Pont-Blondin, plage de Tilal – ✆ *023 32 33 35*).

Casablanca pratique

Informations utiles

NUMÉROS D'URGENCE

SOS Médecins – *✆ 022 82 82 82.* Visite médicale à domicile 24h/24.

SEMU – *✆ 022 90 50 50.* Service médical d'urgence 24h/24.

ADRESSES UTILES

Délégation régionale du tourisme (ONMT) – *55 r. Omar-Slaoui - ✆ 022 27 11 77 ou 022 27 95 33 - fax 022 20 59 29 - tlj sf dim. 9h-12h, 15h-18h30 (sam. 17h).*

Syndicat d'initiative – *98 bd Mohammed V - ✆ 022 22 15 24.*

Conseil régional du tourisme (CRT) – *60 bis av. Hassan II - ✆ 022 20 62 65/66 - fax 022 20 54 05 - crt.casablanca@menara.ma - www.visitcasablanca.ma.* Sur le site Internet du CRT, beaucoup de renseignements pratiques pour préparer votre séjour à Casablanca.

E. Souty / MICHELIN

Un immeuble de style colonial.

Poste principale – *À l'angle du bd de Paris et de l'av. Hassan II.*

Banques – La plupart des agences dispose de distributeurs de billets.

Cybercafés – Nombreux cybercafés dans le centre de Casablanca.

CONSULATS

Belgique – *9 r. Al Farabi - ✆ 022 22 30 49 - fax 022 22 07 22.*

France – *R. du Prince Moulay Abdallah - ✆ 022 48 93 00 - fax 022 48 93 55.*

Espagne – *29 r. d'Alger - ✆ 022 22 07 52 - fax 022 20 54 49.*

Italie – *21 av. Hassan Souktani - ✆ 022 27 75 58 - fax 022 76 74 95.*

Suisse – *43 bd d'Anfa - ✆ 022 20 58 56 - fax 022 20 58 56.*

VISITES GUIDÉES

Casamémoire – *✆ 022 98 49 17.*

Transports

ARRIVÉE PAR AVION

Aéroport Mohammed V – *À 35 km au sud en suivant la direction Settat-Marrakech - ✆ 022 53 91 40/90 40 - call center de l'Office national des aéroports (ONDA) : ✆ 081 000 224 - www.onda.ma.* Air France et/ou la RAM assurent des vols réguliers fréquents depuis Paris, Bordeaux, Lyon, Marseille, Nice, Strasbourg et Toulouse. Vols intérieurs assurés par la RAM vers Marrakech, Agadir, Tanger, Fès, Oujda. Regional Airlines *(à l'aéroport - ✆ 022 53 80 20)* assure des vols intérieurs pour Ouarzazate, Tetouan, Laâyoune, Agadir et Tanger.

Vous trouverez à l'aéroport un bureau de poste, des officines de change (halls d'arrivée et départ), des distributeurs automatiques de billets, situés côté arrivées, et des agences de location de voiture (Avis, Budget, First Car International, Hertz, Thrifty).

COMPAGNIES AÉRIENNES

Air France – *15 av. des F.A.R. - ✆ 022 29 30 30 - réservations ✆ 022 29 40 40 - fax 022 27 79 02.*

Royal Air Maroc – *44 av. des F.A.R. - ✆ 022 31 11 22 - 44 pl. Mohammed V - ✆ 022 20 32 70 - réserv. centrale ✆ 022 31 41 41.*

Regional Airlines – *Av. des F.A.R. (en face du Royal Mansour) - ✆ 022 54 34 17/18.*

Iberia – *17 av. des F.A.R. - ✆ 022 29 40 03.*

REJOINDRE CASA

Navette ferroviaire (train « Al Bidaoui ») – *Accès direct aux quais situés dans le sous-sol de l'aérogare - 30/45mn de trajet entre l'aéroport et les gares de L'Oasis et Casa-Voyageurs, 18 trains/j., 6h50-22h50 - 30 DH/adulte et 15 DH/enf.* Cette navette permet d'atteindre la gare Rabat-Ville en moins de 2h avec changement à Aïn-Sebâa *(55 DH/adulte et 28 DH/enf.).*

Aérobus – *Kiosque Aérobus dans le hall d'arrivée - ✆ 022 54 10 10 - entre l'aéroport et la gare routière CTM de Casablanca (45mn de trajet), desserte des principaux hôtels - 12 bus/j., entre 7h et minuit - 40 DH.*

Grands taxis – *Au minimum 200 DH.*

CIRCULER DANS CASA

Transports en commun – Une dizaine de compagnies d'autobus assurent les transports en ville *(jusqu'à 22h).* **M'dina bus,** celle de la Régie autonome de transports en commun (RATC), couvre les sept préfectures du Grand Casa (dont l'aéroport et Mohammedia). Comptez entre 2 DH et 5 DH selon le trajet parcouru.

En voiture – Sachez que vous rencontrerez des embouteillages parfois inextricables, ponctués d'interminables concerts d'avertisseurs. N'oubliez pas de laisser 2 à 3 DH (10 DH la nuit) aux gardiens de parking, reconnaissables à leur blouse bleue. Certaines rues sont par ailleurs équipées de parcmètres (2 DH).

Petits taxis – *Tarif majoré de 50 % à partir de 20h.*

SORTIR DE CASA

PAR LE TRAIN

Office national des chemins de fer – *Rens. et horaires au ✆ 090 20 30 40 - www. oncf.ma.* Deux gares principales :

Casa-Voyageurs – *Bd Bahmad, au bout du bd Mohammed V.* Principales villes desservies depuis cette gare : Fès *(4h env.)*, via Rabat (Agdal et ville) et Meknès Amir *(à 3h10)*, Marrakech *(3h30 env.)* via Settat, Oujda *(8h à 10h)* via Rabat, Meknès-Amir, Fès et Taza, Tanger *(5h30 à 6h)* via Rabat, Sidi Kacem et Moulay El-Mehdi, El-Jadida *(1h30)*, via Azemmour. Les navettes pour l'aéroport (train « Al Bidaoui ») s'arrêtent dans les gares de Casa-Voyageurs, Nouvelle Medina, Mers Sultan, L'Oasis, Sidi Maarouf et Bouskoura *(4/10 DH - 5h-22h)*.

Casa-Port – *Bd Houphouët-Boigny.* Sans doute la plus commode pour ceux d'entre vous qui logent dans le centre-ville, mais ne dessert que certaines lignes : El-Jadida *(1h30)* via Azemmour, Kénitra par Aïn Sebâa, Mohammedia, Rabat (Agdal et ville) et Salé. 60 TNR Casa-Rabat par jour, départs à intervalle fixe de 30mn, dans les deux sens entre les gares de Casa-Port et Rabat Ville *(6h30-21h30)*.

PAR LA ROUTE

Gare routière CTM – *23 r. Léon l'Africain - ✆ 022 54 10 10 - www.ctm.co.ma.* Bus quotidiens pour Rabat (*1h30*), Tanger (*6h*), Tetouan, Al Hoceima, Fès *(5h)*, Meknès *(4h)*, El-Jadida *(2h)*, Safi *(4h30)*, Essaouira *(7h)*, Marrakech *(4h)*, Ouarzazate *(7h30)* et Agadir.

Gare routière de Ouled Ziane – *Rte des Ouled Ziane - ✆ 022 85 24 43.* Elle est utilisée quant à elle par les autres compagnies : mêmes destinations, mais le confort comme la sécurité sont loin d'être au même niveau.

Grands taxis – Pour Rabat, près de la gare ferroviaire de Casa-Voyageurs ; pour Mohammedia, près de la gare routière CTM.

LOCATION DE VOITURE

Avis – *À l'aéroport : ✆ 022 53 90 01 ; en ville : 19 av. de l'Armée Royale - ✆ 022 45 07 08 - fax 022 31 11 35 - www.avis.ma.*

Budget – *À l'aéroport : ✆ 022 33 91 57 ; en ville : av. des F.A.R. - ✆ 022 31 31 24 - fax 022 31 30 76.*

Europcar – *À l'aéroport : ✆ 022 53 91 61 ; en ville : 44 av. des F.A.R., Tour des Habbous, 6e étage - ✆ 02 31 37 37.*

First Car International – *À l'aéroport : ✆ 022 53 91 97 ; en ville : 157 av. Hassan Seghir - ✆ 022 31 87 88.*

Hertz – *À l'aéroport : ✆ 022 53 91 81 ; en ville : 30 av. des F.A.R. - ✆ 022 48 47 10.*

Thrifty – *À l'aéroport : ✆ 022 53 91 77.*

Se loger

Les plus grandes chaînes hôtelières (Sheraton, Hyatt Regency, Holiday Inn, Salam, Méridien, etc.) sont représentées à Casablanca où l'hébergement est, d'une manière générale, très cher, bien qu'il soit possible de trouver à se loger à des prix convenables… Si vous abordez la cité pour la première fois (et si vous êtes motorisé), vous aurez tout intérêt à chercher un hébergement sur la corniche, où l'accès, comme le stationnement, sont plus aisés que dans le centre-ville.

Dans le cadre de son développement touristique, Casablanca voit son offre hôtelière évoluer d'une année sur l'autre (et cela devrait être le cas au moins jusqu'en 2012) autour de grands projets tels que le Casa City Center, la Marina, la création de complexes golfiques, l'aménagement de la zone d'El Hank…

DANS LA MÉDINA

Auberge de jeunesse – *6 pl. Ahmed el Bidaoui (accessible en prenant devant le port, sur la gauche, le bd des Almohades, puis en franchissant, toujours sur votre gauche, la première porte donnant accès à l'ancienne médina, Bab el Bahr) - ✆ 022 22 05 51 - 60 DH* - P. L'auberge propose des chambres en dortoir, deux chambres pour 3 pers., et quatre chambres doubles.

DANS LE CENTRE-VILLE

Ibis Moussafir – *Bd Bahmad, pl. de la Gare-Casa-Voyageurs - ✆ 022 40 19 84 - fax 022 40 07 99 - h2032-gn@accor.com - www.accorhotels.com -118 ch. - 420 DH -* P. Décoration agréable et bon confort, comme dans tous les hôtels de cette chaîne.

Hôtel Al Mounia – *24 bis bd de Paris (au coin de la r. Sehraoui) - ✆ 022 20 32 11/16 et 022 26 07 27 - fax 022 22 33 14 - al.mounia.hotel@iam.net.ma - www. almouniahotel.ma - 88 ch. : 800 DH - 9 suites : 2 200 DH - 90 DH - menu 180 DH.* Sans doute pas une adresse de charme – d'autant que cet hôtel paraît quelque peu défraîchi – mais très centrale, à proximité de la place Mohammed V et du parc de la Ligue arabe.

Hôtel Toubkal Best Western – *9 r. Sidi Belyout, angle de l'av. des F.A.R. - ✆ 022 31 14 14 - fax 022 31 22 87 - hoteltoubkal.bestw@menara.ma - www.hoteltoubkal.com - 68 ch. - 1 200 DH - 7 suites : 2 200 DH - 80 DH - menu 165/190 DH* - P.

Golden Tulip Farah Casablanca – *160 av. des F.A.R. - ✆ 022 31 12 12 - fax 022 31 65 14 - info@ goldentulipfarahcasablanca.com - www. goldentulipfarahcasablanca.com - 305 ch. - 1 600 DH - 15 suites : 3 100/10 000 DH - 100 DH* - - P. Hôtel de standing très central, rénové en 2003.

Hyatt Regency – *Place des Nations-Unies - ✆ 022 43 12 34 - fax 022 43 13 34 - sales.casablanca@hyattintl.com -*

www.casablanca.regency.hyatt.com - 255 ch. et suites : à partir de 3 000 DH - 🍷 - 🏊 - 🅿. À défaut d'y séjourner, peut-être pourrez-vous prendre un repas au **Café M** et vous y régaler d'un dos de bar au citron confit ou d'une souris d'agneau cuite au miel. Les petits budgets se contenteront d'en rêver…

Royal Mansour Méridien – *27 av. des F.A.R. - ✆ 022 31 30 11 - fax 022 31 25 83 - 182 ch. - 4 600 DH.* Superbe, bien sûr ! De la terrasse, belle vue sur la mosquée Hassan II.

SUR LA CORNICHE

Hôtel Bellerive – *38 bd de la Corniche - ✆ 022 79 75 04/16 - reservations@belleriv.com - fax 022 79 76 39 - 35 ch. - 620 DH -* 🏊 - 🅿. Situé à proximité de l'Hôtel Suisse, ce petit établissement sympathique est proche de l'Océan, sur lequel donnent certaines des chambres, simples mais confortables.

Hôtel Club Val d'Anfa – *Angle bd de l'Océan Atlantique et bd de la Corniche, Aïn-Diab - ✆ 022 79 70 70/71 71 - fax 022 79 72 72/74 80 -réservations@anfahotel.ma - www.anfahotel.ma - 29 ch. - 1 100 DH - 32 suites : 1 500/5 000 DH - ☕ 120 DH -* 🍷 - 🏊. Récemment rénové, cet hôtel propose des chambres agréables avec vue sur l'Océan – évitez celles situées sur le carrefour très bruyant même tard la nuit… Vous pourrez découvrir les spécialités marocaines dans l'un de ses trois restaurants, le **Basmane**, au rythme de la musique andalouse…

Hôtel Suisse – *Angle bd de l'Océan/bd de la Corniche, Aïn-Diab (en face de la gendarmerie) - ✆ 022 39 60 61 - fax 022 36 77 58 - 192 ch. - 1 050 DH ☕ - menu 200 DH -* 🏊 - 🅿. Hôtel confortable, en cours de restauration, même si le hall immense et les couloirs déserts peuvent lui donner, hors saison, un air un peu lugubre. Piscine, discothèque.

Hôtel Riad Salam – *Bd de la Corniche, Aïn Diab - ✆ 022 39 13 13 - fax 022 39 13 45 - contact@groupesalam.com - www.groupesalam.com - 197 ch. - 2 325 DH -* 🏊 - 🅿. Doté d'un centre de thalassothérapie, il ménage des vues magnifiques, tant sur la mer que sur la mosquée Hassan II.

CAMPINGS

L'Oasis – *Av. Omar El Khayam (ancienne rue Jean Mermoz) ou rte d'El-Jadida - ✆ 022 23 42 57 - 15 DH - voiture 10 DH - caravane 15 DH - tente 10 DH - camping-car 25 DH - électricité 10 DH.* Fort bien situé, en centre-ville, et ombragé de ficus, il ne sera cependant tolérable qu'après avoir débranché son cornet acoustique !

Les Tamaris – *Rte d'Azemmour (accessible au bout du bd de la Corniche) - ✆ 022 33 00 60 -* 🏊. En bord de mer, il porte bien son nom.

Se restaurer

DANS LA VILLE MODERNE

La Bodega – *129 r. Allal ben Adellah (derrière le marché central) - ✆ 022 54 18 42 - service.info@resto-pro.com - www.ilove-casablanca.com/rdvbg/index.html - fermé dim - 160 DH.* Un bar à tapas très fréquenté par les jeunes.

J. Malburet / MICHELIN

Tajine de poulet.

Villa Zevaco. Chez Paul – *Angle bd d'Anfa et av. Moulay Rachid - ✆ 022 36 60 00 - paul@paul.ma - www.paul.ma - fermé dim. soir - menus 119-179 DH.* Pour prendre un petit-déjeuner, un brunch ou un repas dans cette belle villa Art déco restaurée et profiter de sa terrasse en jardin. Dommage que le service ne soit pas toujours à la hauteur.

Ryad Zitoun – *31 bd Rachidi, vers la place de la Fraternité - ✆ 022 22 39 27 - fermé sam. midi et dim. midi.* Cuisine marocaine servie dans uns salle au décor agréable ou dans un jardinet. Le couscous au pigeon fait le délice des gourmets.

Brasserie La Bavaroise – *129-131 r. Allal ben Abdellah (derrière le marché central) - ✆ 022 31 17 60 - infos@labavaroise.com - www.labavaroise.com/index2.html - fermé sam. midi et dim. - 228 DH -* 🍷. Un des meilleurs restaurants français de Casa.

Al-Mounia – *95 r. du Prince Moulay Abdallah - ✆ 022 22 26 69 - fax 022 22 08 06 - fermé dim. -* 🍷.
Il mérite d'être mentionné tant pour son cadre typiquement marocain et sa terrasse ombragée, aussi inattendue que bienvenue au cœur de cette cité trépidante, que pour les mets qui y sont servis, brochettes et tajines en particulier. Délicieuse *pastilla* au lait (pour 2 pers.) parfumée à la fleur d'oranger et agrémentée d'amandes pilées, merveille de légèreté !

L'Aéropostale – *6 r. Molière (dans le quartier Gautier, rue perpendiculaire au bd d'Anfa) - ✆ 022 22 36 02 52 - fermé dim. -* 🍷. Le décor qui a donné son nom à ce restaurant évoque les grandes heures de « la ligne »… Cuisine de la mer avec forte inspiration provençale et ambiance jazzy.

Le Rouget de l'Isle – *16 r. Rouget de l'Isle - ✆ 022 29 47 40 - fax 022 20 44 52 - lerougetdelisle@yahoo.fr - www.ilove-casablanca.com/lerougetdelisle/index.html - fermé sam. midi et dim. - 260 DH* - 🍷. Une cuisine française de qualité. Le jardin y est très agréable.

À PROXIMITÉ DE LA MÉDINA

La Sqala. Restaurant et café maure – *Bd des Almohades (en face de la future marina de Casablanca) - ✆ 022 26 09 60 - service.info@resto-pro.com - fax 022 26 20 35 - www.ilove-casablanca.com/rdvbg/lasqala/index.html - 131 DH.* Dans un cadre historique très agréable et récemment restauré, pour prendre un verre ou se restaurer. À chaque jour sa spécialité marocaine et régionale : méchoui de Casablanca le dim., chameau de Goulimine le lun., poisson farci de Safi le mar., *rfissa* de la Chaouia le mer., *pastilla* de Fès le jeu., couscous de la Sqala le vend. et *tanjia* de Marrakech le sam.

Rick's Café – *248 bd Sour Jdid, ancienne médina (à proximité du bd des Almohades) - ✆ 022 27 42 07/08 - fax 022 48 78 84 - Info@rickscafe.ma - www.rickscafe.ma - tlj 12h-15h, 18h30-0h30 - 145 DH* - 🍷 - 🅿. Ouvert en mars 2004, ce restaurant réussit à recréer le cadre et l'ambiance du film mythique *Casablanca*. Vous pourrez y manger une grillade sur la terrasse ou y boire le cocktail maison, « Sour Jdid ». Sans oublier les *jam sessions* le dimanche soir pour les amateurs de jazz.

AUTOUR DU PORT

Le Port de Pêche – *✆ 022 31 85 61.* Situé comme son nom l'indique sur le port, très animé, il a pour spécialités les poissons et les fruits de mer.

L'Ostréa – *Port de pêche - ✆ 022 44 13 90/91 - fax 022 99 23 56 - www.ilove-casablanca.com/ostrea - ostreadirection@menara.ma - service continu le dim. - 615 DH.* Au menu : poissons et fruits de mer. Les huîtres viennent du fameux parc n° 007 de Oualidia.

Le Rétro 1900 – *Bd Moulay Abderrahmane Centre 2000 - ✆ 022 27 60 73 - fax 022 29 47 42 - fermé dim. midi.* Spécialisé en cuisine française.

SUR LA CORNICHE

La Fibule – *Bd de la Corniche (El Hank) - ✆ 022 36 06 41 - fax 022 36 06 14.* Grand restaurant marocain : cuisine traditionnelle de qualité.

Le Cabestan – *Bd de la Corniche (El Hank) - ✆ 022 39 11 90 - fax 022 39 37 55 - www.ilove-casablanca.com/lecabestan/index.html - fermé dim.*

La Mer – *Bd de la Corniche (El Hank) - ✆ 022 36 33 15 - fax 022 94 28 46.* Voisin du précédent, il est fréquenté par les amateurs d'huîtres.

El Cenador – *Rte du phare (El Hank) - ✆ 022 39 57 48 - fax 022 39 70 81 - fermé dim.* Spécialités de la mer et ambiance espagnole.

Mystic Garden – *33 bd de la Corniche (Aïn-Diab) - ✆ 022 79 88 77 - mysticgarden@wanadoo.net.ma - fax 022 79 88 80* - 🍷 - 🅿. Cuisine occidentale dans un cadre « branché » où se retrouve la jeunesse casablancaise.

À ma Bretagne – *Situé juste après le marabout de Sidi Abd-er-Rahmane, sur le bd de l'Océan Atlantique (dans la continuité du bd de la Corniche) - ✆ 022 36 21 12/39 70 70 - fax 022 94 41 55 - contact@amabretagne.com -www.ilove-casablanca.com/amabretagne/index.html - fermé dim.* - 🍷 - 🅿. Une adresse phare tenue par un « Maître cuisinier de France ». Ici tout concourt à faire de votre étape gourmande une réussite, tant la variété et la fraîcheur des plats de poissons proposés que le cadre et la situation face à un superbe jardin dominant l'Océan et subtilement mis en valeur à la nuit tombée par un jeu de lumières. Une des meilleures tables du Maroc.

À MOHAMMÉDIA

Le Vieux Port – *Port de pêche - ✆/fax 023 32 14 31* - 🍷 - 🅿. Spécialité de poissons et fruits de mer.

Restaurant du Port – *1 r. du port - ✆ 023 32 24 66 - fax 023 32 58 96 - service.info@resto-pro.com - www.ilove-casablanca.com/rdvbg/leport/index.html - 220 DH* - 🍷. Sans aucun doute la meilleure adresse de Mohammédia. Pêche du jour à déguster en terrasse ou en salle.

Restaurant du Parc – *Angle bd Zerktouni et r. de Fès - ✆ 023 32 22 11/18 39 - fax 023 32 28 18 - restauparc@yahoo.fr* - 🍷 - 🅿. Cuisine française, poissons et fruits de mer.

Faire une pause

PAUSE GOURMANDE

LP – *215 bd d'Anfa - ✆ 022 94 05 00/11 75 - fax 022 94 05 07.* Pâtisserie, chocolat et confiserie.

Bennis – *Rue Fkih-el-Gabbas, nouvelle médina.* Pour les amateurs de *briouates*,

R. Mattès / MICHELIN

fekkas aux amandes, *ghoribas* au sésame, cornes de gazelle, etc.

Venezia Ice – *1 bd Massira el Khadra, angle rue Daoud Eddahiri Assad Bnou Zerrara, près du Twin Center ; bd de la Corniche, Tahiti beach (en terrasse au-dessus du centre de remise en forme !).* Large choix de glaces crémeuses et très sucrées.

Häagen-Dazs Café – *R. Ali Abderrazzak.*

PRENDRE UN VERRE

Les Tourelles – *Angle r. d'Alger et bd Rachidi - ✆ 022 49 15 75.* Café et salon de thé en terrasse avec une belle vue sur le parc de la Ligue arabe.

Cas Bar Champion – *Hôtel Sheraton - 100 av. des F.A.R.* C'est le dernier lieu à la mode de Casa : dans un décor raffiné que décorent divers objets liés au sport (gants de boxe, raquettes de tennis, photos dédicacées, maillot garanti authentique de Zinedine Zidane, statue grandeur nature de Mike Tyson), vous prendrez un verre, l'œil rivé sur les écrans géants branchés sur Eurosport.

Bar Casablanca du **Hyatt Regency** – *Pl. des Nations-Unies.* Sous l'œil blasé et vaguement ironique de Boggie…

Ajoutons-y nombre de clubs sur le boulevard de la Corniche, liés ou non à des hôtels, comme la discothèque **La Notte** à Aïn-Diab, l'**Armstrong Jazz-Bar** ou encore le **Jimmy's Bar** (dépendant du Riad Salam)…

Quant aux nostalgiques des amours de Piaf et Cerdan, qu'ils sachent que la **Brasserie Marcel Cerdan** existe toujours, au 104 de l'avenue Rahal El Meskini, et qu'elle est tenue par un neveu du mythique boxeur.

Sports et loisirs

ACTIVITÉS SPORTIVES

Club alpin français – *50 bd Sidi Abderrahmane - ✆ 022 98 75 19 - fax 022 98 89 73 - activ@cafmaroc.co.ma - www.cafmaroc.co.ma.* Toutes les activités liées à la montagne. Organisation de sorties. Refuges et chalet gérés par le Club alpin français dans le massif du Toubkal. En outre, le CAF publie une revue, *Montagnes marocaines*.

THALASSOTHÉRAPIE

Le Lido – *Bd de la Corniche (Hôtel Riad Salam) - ✆ 022 39 13 13 - accueil et planning : 8h30-18h30 ; accueil et planning centre esthétique : 9h30-18h30 - fermé dim.* Face à l'océan Atlantique, c'est le premier centre de ce type à avoir ouvert en Afrique. Relié à l'hôtel Riad Salam dont il dépend, il dispense un vaste programme de soins dans un environnement agréable : cures de remise en forme de 6 jours, journées anti-stress de découverte et, bien sûr, restaurant diététique.

Achats

Casablanca compte de très nombreux centres commerciaux :

Casablanca Twin Center – *Angle bd Mohammed Zerktouni et Al Massira al Khadra.*

Espace Porte d'Anfa – *Angle bd d'Anfa et av. Moulay Rachid.*

Alpha 55 – *Av. Mers Sultan - 7j/7, 10h-20h.*

Culture

Institut français de Casablanca. Théâtre 121. Galerie 121 – *121 bd Zerktouni - ✆ 022 77 98 70, info-spectacle 022 77 98 79 - fax 022 77 98 71 - culture@institut-francais-casa.org - www.ambafrance- ma.org/institut/casablanca /index.cfm - fermé lun.* Expositions, films, concerts, spectacles et conférences.

Institut Cervantes Casablanca – *31 r. d'Alger - ✆ 022 26 73 37 - fax 022 26 86 34 - adcas@cervantes.es - www.casablanca.cervantes.es.* Le centre culturel espagnol propose colloques, conférences, projections de films et expositions.

CINEMA

Mégarama – *Bd de la Corniche (au carrefour avec le bd de l'Océan Atlantique et le bd Kennedy) - ✆ 090 10 20 20 - fax 022 79 71 84 - www.megarama.info/casablanca/index.html - tarifs 25/45 DH - séances à 14h15, 17h, 19h45 et 22h30, séances suppl. à 11h le w.-end et 0h45 le sam - P.* Multiplex moderne où ont aussi lieu régulièrement des concerts.

Rialto – *35 r. Mohamed El Qorri - ✆ 022 26 26 32 - tarifs 25/50 DH - séances à 15h, 17h, 19h15 et 22h.*

Rialto (Habous) – *48 av. des F.A.R., tour Habous - ✆ 022 31 48 22 - tarifs 20/25 DH - séances à 14h30, 17h, 19h15 et 22h.* Deux salles.

Lutétia – *19 r. Tata - ✆ 022 27 70 26.*

LIBRAIRIES

Librairie Livre Service – *11 r. Tata (à côté du Lutétia) - ✆ 022 26 20 72 - - fax 022 47 30 89 - lsc@libreservice.ma .*

Librairie Art et Culture – *309 bd Ziraoui (à proximité du lycée Lyautey) - ✆ 065 11 12 16.*

Le Carrefour des Livres – *Angle des r. des Landes et Vignemale (Maârif)- ✆ 022 23 46 65 - fax 022 25 87 81.* C'est une véritable institution au Maroc.

Carrefour des Arts – *R. Essanâani (ancienne r. Daguerre), Bourgogne - ✆ 022 29 43 64 - fax 022 26 05 01.* Librairie spécialisée dans le domaine de l'art, mais aussi galerie de peinture où des expositions thématiques et des conférences-débats sont régulièrement organisées.

GALERIES D'ART

Marsam II galerie d'art – *6 r. Jabal Boujblane, résidence Imilchil, appart. n° 1, rdc (Bourgogne) - ✆ 022 48 46 04.* Créé par le premier éditeur d'art marocain, Marsam, sur le modèle de la galerie d'art déjà existante à Rabat, ce lieu – un appartement-expo – présente des toiles et œuvres graphiques d'artistes marocains contemporains. Rencontres, dédicaces et miniconcerts y sont organisés.

Galerie Bassamat (Najia Charaï) – *2 r. Pierre et Marie Curie (dans le parc de la Ligue arabe) - ✆ 022 20 26 45.* Cette luxueuse galerie est composée de deux niveaux d'exposition.

Espace Actua (Attijariwafa Bank) – *60 r. d'Alger - ✆ 022 88 64 57 - lun.-vend. 9h-12h30, 14h30-19h, sam. 9h30-12h30.* Expositions d'artistes marocains contemporains.

Espace d'art SGMB (Société générale marocaine de banques) – *55 bd Abdelmoumen - ✆ 022 43 86 07 - fax 022 43 86 07- lun.-vend. 9h-11h45, 15h-18h30.* Expositions thématiques.

Galerie Venise Cadre – *25 av. Moulay Rachid - ✆ 022 36 60 76/78 - fax 022 36 60 85 - venise.cadre@menara.ma - lun.-sam. 9h-12h30, 15h-20h - fermée août.* Expositions d'artistes contemporains, marocains et étrangers. Collection de peintres orientalistes au sous-sol.

Événements

FOIRES ET SALONS

Office des foires et expositions de Casablanca (OFEC) – *R. Tiznit, face à la Mosquée Hassan II - ✆ 022 27 32 82/27 16 64/20 06 54 - fax 022 27 49 73/26 49 49 - foire@ofec.co.ma - www.ofec.co.ma.* Pour tous les renseignements sur les salons se déroulant à Casablanca.

Salon international de l'édition et du livre (SIEL) – *En février, co-organisé par le ministère de la Culture et l'OFEC - Commissariat général du SIEL, ministère de la Culture - 17 av. Michlifen - Agdal - Rabat - ✆ 037 67 09 25/11 - fax 037 67 09 14 - www.minculture.gov.ma/fr/siel.htm.* Devenu annuel depuis 2005, le SIEL veut s'imposer comme un rendez-vous majeur de l'édition. En 2006, 58 pays y étaient représentés. L'invité d'honneur n'était autre que le Maghreb, après l'Espagne l'année précédente.

FESTIVALS

Festival de Casablanca – *En juillet - organisé par l'association Forum Casablanca - ✆ 022 22 60 80 - fax 022 47 63 92 - contact@festivaldecasablanca.ma - www.festivaldecasablanca.ma - gratuit.* Créé en 2005, ce festival international veut à la fois se faire le reflet de Casablanca et la célébrer en jouant sur la diversité de ses manifestations (concerts, spectacles de rue, cinéma en plein air et en salle, art urbain), et en se réappropriant différents lieux à travers toute la ville (place des Nations-Unies, corniche El Hank, parc de l'Hermitage, ancienne médina, plage de Sidi Abderrahmane, etc.).

Festival de Casablanca

Une affiche du Festival de Casablanca.

L'Boulevard des jeunes musiciens. Festival des musiques urbaines – *Déb. juin - organisé par l'association Éducation artistique & culturelle (EAC) - ✆ 061 71 14 94/069 43 71 60 - www.boulevard.ma - concerts gratuits et payants - Pass Boulevard de 4 j. en vente à l'Institut français de Casablanca et au stade du Club olympique Casablanca (COC) : 20 DH/pers.* Pour sa 8e édition en 2006, L'Boulevard a pris encore plus d'ampleur : pas moins de 40 groupes locaux et internationaux programmés, en compétition ou non, deux scènes pour les concerts (les stades du COC et du Racing universitaire de Casablanca – *tous les deux situés route d'El-Jadida* –), des projections de films documentaires musicaux, une table ronde sur « la place de la *Darija* dans la création urbaine » et une exposition de photographies. Sans oublier *L'Kounache*, magazine publié à chaque édition (*supplément gratuit livré avec l'hebdomadaire* Tel Quel).

El-Jadida★

150 691 HABITANTS (LES JDIDI)
CARTE 2E RABAT DE COUV. B2 – CARTE MICHELIN 742, PLIS 4 ET 20

Lors de son passage dans l'ancienne Mazagan, le 19 juillet 1913, le maréchal Lyautey n'hésita pas à la qualifier de « Deauville marocaine ». Sans doute faisait-il référence à cette baie hospitalière, bénéficiant d'un climat doux et renommée pour être fort poissonneuse. Si l'assertion du résident général marqua les esprits au point d'être gravée sur une plaque apposée au pied du café L'Étoile de l'Atlantique, dans le parc Mohammed V, force est de reconnaître qu'El-Jadida, devenue aujourd'hui une ville avant tout industrielle, attirera davantage les amateurs d'histoire, curieux de découvrir la cité fortifiée par les Portugais, et les cinéphiles marchant sur les traces d'Orson Welles, que les adeptes des bains de mer, qui préféreront fréquenter la belle plage de Sidi-Bouzid, à 3 km au sud.

Se repérer – El-Jadida est située à 91 km au sud-ouest de Casablanca et à 142 km au nord de Safi par la route côtière. Quant à la capitale du Sud, Marrakech, elle est à 197 km par la route de Sidi-Bennour.

Se garer – Parkings le long de la plage et pl. Sidi Mohammed ben Abdallah.

À ne pas manquer – La ville portugaise classée Patrimoine mondial par l'Unesco. Les plages aux alentours.

Organiser son temps – Quelques heures pour visiter la ville et profiter de la plage ou plusieurs jours en faisant d'El-Jadida le point de départ de balades dans la région.

Avec les enfants – Toutes les activités liées à la mer.

Pour poursuivre le voyage – Voir aussi, sur la côte en direction du Sud, Oualidia, Safi et Essaouira. En direction du nord-est, vous pouvez visiter Casablanca, et à l'intérieur des terres, la *Kasbah* de Boulâouane.

À défaut d'arriver par la mer…

… du bout de la jetée, vous découvrirez une **vue★** remarquable sur la cité telle qu'on pourrait la voir de la mer. La nuit, toute la ville sort de l'ombre sous le feu des projecteurs.

Comprendre

Mazagan la Portugaise – Juchés sur des coques de noix, ils exploraient les océans, repoussant sans cesse les frontières du monde connu : ils, c'étaient les hardis navigateurs portugais passés à l'histoire comme Vasco de Gama, Magellan ou Cabral. D'autres, qui n'eurent pas cette chance, firent naufrage en 1502 sur la côte marocaine, où ils construisirent un fortin. La position ayant été jugée favorable, douze ans plus tard, le roi du Portugal y fit édifier un château fort, autour duquel se développa une petite agglomération qu'on appela Mazagan. En 1542, une ceinture d'épaisses murailles donnait à la cité son aspect actuel et en faisait une citadelle redoutable, où les Portugais, obligés d'évacuer leurs autres bases du Maroc atlantique (Agadir, Azemmour…), avaient concentré tous leurs efforts. De fait, pendant plus de deux siècles encore, ils y résistèrent à tous les assauts. En 1769 toutefois, le sultan Mohammed ben Abdallah devait en venir à bout, mais à quel prix !

El-Jadida, « La Nouvelle » – À la veille d'un assaut dont la conclusion n'était guère douteuse, le général commandant la place reçut l'ordre d'évacuer la ville ; les habitants ne devaient emporter que leurs vêtements : on brûla donc les meubles, on tua les chevaux et on brisa les armes. Tous les bastions furent minés et un homme fut désigné pour rester dans la cité et mettre le feu aux poudres. Dès que les Portugais furent au large, une série d'explosions détruisirent les murailles, faisant de nombreuses victimes parmi les assaillants qui s'étaient empressés d'occuper la citadelle. Bien que rebaptisée El-Jadida (La Nouvelle), la ville resta déserte jusque vers 1820, lorsque le sultan Moulay Abderrahman en releva les ruines. Mais c'est seulement au début du 20e s. qu'El-Jadida (redevenue temporairement Mazagan) sortit de son enceinte et que Marocains et Européens s'établirent en demi-cercle autour de l'ancienne cité portugaise.

Aujourd'hui et demain – Jusqu'à la construction du port de Casablanca, le vieux port d'El-Jadida constitua le mouillage le plus sûr de toute la côte atlantique et joua, grâce à sa rade d'accès facile aux navires européens, un certain rôle dans le commerce international. Étouffé par la croissance de Casablanca, c'est aujourd'hui un petit port de pêche artisanale qui attend sa transformation en port de plaisance. Cependant, si El-Jadida, capitale de la province des Doukkala, jumelée avec les villes de Sète en France et de Sintra au Portugal, est devenue un pôle économique dynamique grâce à la proximité du port de Jorf-Lasfar, qui a facilité l'implantation d'industries légères, et à la richesse agricole des Doukkala, elle mise également toujours sur le tourisme, comme en attestent les diverses initiatives qui, ces derniers mois, se multiplient : la remise en service de la ligne de chemin de fer, le projet de création de la station balnéaire de Haouzia-Plage, la restauration de la cité portugaise et l'organisation de manifestations culturelles témoignent de cette ambition retrouvée. Les fortifications de la ville ont été inscrites en 2004 sur la liste du patrimoine mondial de l'Unesco. Elles constituent un exemple précoce de l'architecture militaire de la Renaissance. Les édifices portugais encore visibles sont la citerne et l'église de l'Assomption, construite dans le style manuélin (gothique tardif).

Se promener

VIEILLE VILLE

Visite : 1h.

Sur la place Sidi Mohammed ben Abdallah se tient en permanence un marché aux cuivres et aux poteries.

Laisser la voiture sur la place et pénétrer dans la cité portugaise par la porte percée dans l'axe de la rue Mohammed al Hachmi Bahbah (ancienne rua da Carreira).

Dominée à gauche par le curieux **minaret** pentagonal de la mosquée principale, l'église de l'Assomption fut le théâtre des grandes cérémonies religieuses de la colonie portugaise.

> **Écrivains jdidi**
>
> El-Jadida est la ville natale des écrivains **Abdelkébir Khatibi**, dont le livre *La Mémoire tatouée* connut un certain succès, et **Driss Chraïbi**, auteur de *La Mère du printemps* et de *Naissance à l'aube*, dont l'enfance à Mazagan se passa dans un quartier où « se trouvaient à la fois une mosquée, une synagogue et une église ».

Tourner à droite dans la rua da Mina qui, par un escalier sous voûte, à droite, donne accès aux remparts.

Remparts★

L'enceinte, édifiée au milieu du 16e s. par un architecte italien au service des Portugais, était flanquée de cinq bastions, qui furent détruits par l'explosion de 1769. Si celui du Gouverneur, qui gardait la porte de la ville, a disparu, ceux du Saint-Esprit, de l'Ange, de St-Sébastien et de St-Antoine ont été reconstruits.

Entre les bastions du Saint-Esprit et de l'Ange, un bassin communiquant avec la mer, seul vestige des fossés profonds qui, jadis, isolaient la cité, baigne le pied des remparts. Du chemin de ronde, **vue** d'ensemble sur le port, la ville moderne et la plage.

Du haut du **bastion de l'Ange**, la **vue★** est belle sur la cité portugaise emboîtée dans ses remparts, qui dominent la mer de leurs savants contours. Nulle froideur dans cette impeccable géométrie tempérée par les tons chauds des murailles battues par les flots et par la fantaisie des volutes baroques du fronton de la chapelle St-Sébastien, qui, à l'extrême droite, se détache sur le ciel.

En continuant de longer les remparts, vous atteindrez la **Porta do Mar**, grand arc en plein cintre, aujourd'hui fermé par une grille, donnant d'un côté sur une placette et de l'autre sur une petite grève découverte à marée basse : c'est par là que les Portugais évacuèrent la ville assiégée.

Quitter le chemin de ronde et emprunter, à gauche, la rampe qui descend sur la petite place.

Malgré les outrages du temps, la cité a gardé son caractère. On y aperçoit encore quelques vieilles demeures portugaises avec leurs pilastres et leurs balcons de ferronneries. Elle est traversée de bout en bout par la rue Mohammed al Hachmi Bahbah que vous emprunterez pour vous rendre à la citerne portugaise *(sur la droite)*.

Citerne portugaise★★

9h-12h, 14h-19h - 10 DH - le billet est également valable pour la visite des remparts.

Cette vaste salle souterraine et voûtée faisait partie du château fort construit en 1514. Elle servit probablement de salle d'armes avant d'être utilisée comme réserve d'eau. Sur un plan carré de 34 m de côté, elle comporte six nefs dont

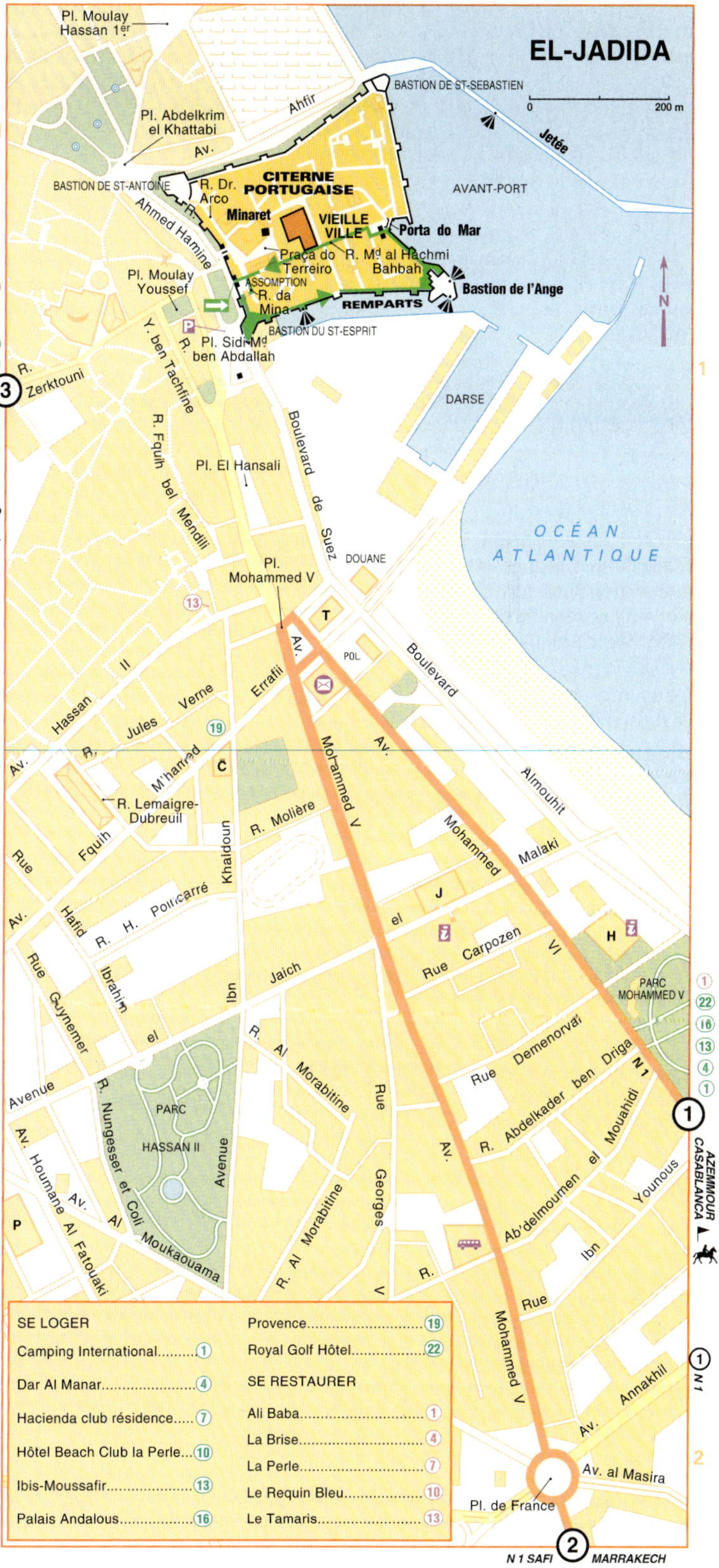
EL-JADIDA
0
200 m
Pl. Moulay Hassan 1er
Pl. Abdelkrim el Khattabi
Av.
Ahfir
BASTION DE ST-SEBASTIEN
Jetée
AVANT-PORT
BASTION DE ST-ANTOINE
R. Dr. Arco
CITERNE PORTUGAISE
Minaret
VIEILLE VILLE
Porta do Mar
Praça do Terreiro
R. Md al Hachmi Bahbah
ASSOMPTION
R. da Mina
REMPARTS
Bastion de l'Ange
BASTION DU ST-ESPRIT
Ahmed Hamine
Pl. Moulay Youssef
Pl. Sidi-Md ben Abdallah
Y. ben Tachfine
R. Zerktouni
R. Fquih bel Mendili
Pl. El Hansali
Boulevard de Suez
DARSE
DOUANE
OCÉAN ATLANTIQUE
N
Pl. Mohammed V
T
POL.
Boulevard Almouhit
Av. Erraffi
Hassan II
Jules Verne
R. M'hamed Fquih
C
R. Lemaigre-Dubreuil
R. Molière
Av. Mohammed V
Av. Mohammed VI
Malaki
Ibn Khaldoun
Rue Hafid
R. H. Poincarré
J
H
Rue Carpozen
el Jaich
PARC MOHAMMED V
Rue Guynemer
Ibrahim
Avenue
R. Al Morabitine
Rue Demenorval
R. Abdelkader ben Driga
N 1
PARC HASSAN II
R. Nungesser et Coli
Avenue
Rue Georges V
el Mouahidi
Younous
AZEMMOUR CASABLANCA
Av. Houmane Al Fatouaki
Av. Al Moukaouama
P
R. Al Morabitine
Ab'delmoumen
Ibn
R.
Rue
Av. Annakhil
N 1
Av. al Masira
Pl. de France
N 1 SAFI
MARRAKECH
1
2
3
SE LOGER
Camping International ... 1
Dar Al Manar ... 4
Hacienda club résidence ... 7
Hôtel Beach Club la Perle ... 10
Ibis-Moussafir ... 13
Palais Andalous ... 16
Provence ... 19
Royal Golf Hôtel ... 22
SE RESTAURER
Ali Baba ... 1
La Brise ... 4
La Perle ... 7
Le Requin Bleu ... 10
Le Tamaris ... 13

P. Saharoff / HOA QUI

La citerne portugaise, salle souterraine d'une forteresse du 16e s.

les voûtes d'arêtes reposent sur 25 colonnes et piliers. La travée centrale est percée d'un large oculus par où se déverse la lumière du jour produisant, par réflexion sur l'eau de la citerne, un surprenant effet de miroir imprégnant le lieu d'une étrange atmosphère, qui séduisit **Orson Welles** au point qu'il y tourna certaines séquences de son film *Othello*. Quelques scènes des films *Le Retour de l'étalon noir*, produit par Francis Ford Coppola, et *Harem*, d'Arthur Joffé, ont été également tournées ici.

Aux alentours

PHARE DE SIDI BOUAFI

Au sud-ouest de la ville, près de la route d'Oualidia (③ du plan).

Haut de 65 m, ce phare a une puissance de 6 000 watts, et porte à 72 km. Du sommet (248 marches), on découvre un vaste **panorama★** sur l'océan, vers le complexe industriel de Jorf-Lasfar (cap Blanc du Nord) et sur la ville.

AZEMMOUR★

À 16 km par la route de Casablanca.

Azemmour sommeille au bord de l'estuaire où la marée contrarie le flot rouge de l'Oum er-Rbia. Peut-être s'agit-il de l'antique Azama, qui connut les Carthaginois puis les Romains. Les Portugais, en tout cas, laissèrent, au 16e s., la trace durable de leur occupation, avec la citadelle qui domine le fleuve au nord de la ville. Ancienne capitale des Doukkala, elle tira quelque profit de la pêche à l'alose, jusqu'à ce que la construction des barrages de l'Oum er-Rbia entraîne le déclin de cette activité. C'est aujourd'hui une ville paisible qui, à l'écart de la route, écoule les céréales, les légumes et les oranges de son arrière-pays.

Vue du port★

Du pont qui franchit l'oued, on découvre les murailles ocre et les blanches maisons d'Azemmour serrées les unes contre les autres en une longue façade qui se mire dans l'eau.

Remparts★

Visite : 30 mn. La ville portugaise ne comprenait que la *kasbah*. Ses remparts sont restés à peu près intacts, flanqués de bastions encore armés de quelques vieux canons. L'enceinte de la médina fut élevée postérieurement par les Marocains.

Après avoir franchi le pont, et longé les remparts de la médina jusqu'à la place du Souk, continuer en voiture pour faire le tour de la *kasbah*. Une petite route goudronnée conduit à l'angle nord-est des remparts, où une plate-forme a été aménagée en parking. De là, on surplombe l'Oum er-Rbia, dont on aperçoit au loin l'embouchure.

Revenant sur vos pas, vous gagnerez les remparts ouest et emprunterez le chemin de ronde, afin de découvrir les maisons de l'ancien *mellah* et de la *kasbah*, blotties à l'intérieur des murs.

Dar el Baroud

Ancienne poudrière dont les ruines sont dominées par une grosse tour qui comporte encore une fenêtre gothique.

Plage

1,7 km. Partant de l'angle nord-ouest de la place du Souk, une route traverse un bois d'eucalyptus et mène, en direction d'El-Jadida, au **centre balnéaire de Haouzia**, où bungalows et cafés bordent une belle plage de sable fin.

Circuit de découverte

D'EL-JADIDA À SAFI PAR LA CÔTE

142 km au sud par la route côtière de Safi.

Sidi-Bouzid

3 km au sud. Cette petite station balnéaire en vogue est constituée de résidences secondaires et d'un club de vacances. Le long d'un agréable front de mer s'étend une plage de sable abritée et surveillée, fort appréciée en été par les vacanciers. Quant à la mer, que refroidissent des courants, elle attire les surfeurs, même en dehors de la période estivale.

Moulay Abdallah Amghar

14 km au sud d'El-Jadida. Dans ce village de pêcheurs, on peut encore apercevoir quelques vestiges de l'ancienne capitale des Doukkala, la ville antique de **Tit**, dont les origines restent controversées : pour les uns, elle serait romaine, pour d'autres, il s'agirait d'une ancienne cité berbère édifiée au 12e s. par les Amghariyin, dont la congrégation religieuse est des plus anciennes. Devant ces fortifications s'étend un terrain bordé de gradins où a lieu chaque annee, à partir du premier vendredi d'août, le **moussem** réputé de Moulay Abdallah.

Jorf-Lasfar

17 km au sud d'El-Jadida. Cet immense port, ouvert au commerce international en 1982, a pour vocation première le transit des phosphates et de leurs dérivés. La mise en place progressive de nouvelles infrastructures (chantier naval, zone industrielle, terminal à conteneurs, raffinerie, centrale thermique, etc.) accroît progressivement les activités du complexe portuaire (dont les tranches 3 et 4 sont en cours d'aménagement), qui joue aujourd'hui un rôle économique de première importance.

Lagune de Sidi Moussa

La route côtière longe par endroits des marais salants (Sidi-Abed). À hauteur du petit hôtel-restaurant La Brise (km 37), s'étend, à droite de la route, la lagune de **Sidi Moussa**, site naturel classé par *daïr* et protégé où chaque année au printemps des centaines d'oiseaux d'espèces différentes viennent nidifier.

Peu avant Oualidia, les amateurs d'huîtres ne manqueront pas de prendre à droite une petite route qui descend vers la lagune : ils pourront s'arrêter au parc ostréicole 007 pour s'adonner à une dégustation des plus agréable.

Oualidia★ *(voir p. 226)*

Tnine Gharbia

Dans Oualidia, prenez à gauche la petite route goudronnée en direction de Tnine Gharbia (écrit phonétiquement « Rharbia » sur les panneaux de signalisation), qui traverse les paysages tantôt désertiques, tantôt boisés du pays Doukkala. Au bout de 20 km, on aperçoit à gauche, à hauteur d'un marabout, les restes de l'ancienne ville de Gharbia (le nom « El Tnine Gharbia » signifie « la seconde Gharbia »), qui comprenait trois portes : la porte de Marrakech à l'est, la porte de Safi au sud et la porte de Oualidia à l'ouest. Cette ville antique aurait été construite par des tribus berbères avant le 7e s.

De Tnine Gharbia on peut rejoindre Safi par l'intérieur *(49 km)*. Toutefois, si l'on dispose de suffisamment de temps, il est plus agréable de rebrousser chemin vers Oualidia, de manière à longer la **côte rocheuse★** jusqu'à Safi.

> **Haouzia-Plage ou le développement touristique maîtrisé**
>
> C'est une véritable ville nouvelle qui devrait naître et se développer d'ici quelques années à Haouzia-Plage sous l'égide du jeune architecte Mohammed Farès, appelé par le gouverneur d'El-Jadida, Mohammed Fassi Fihri : la station, disséminée parmi les eucalyptus, devrait avoir une capacité d'hébergement d'environ 10 000 lits, tout en respectant les dunes et le maquis de l'embouchure de l'Oum er-Rbia.

El-Jadida pratique

Informations utiles

Délégation régionale du tourisme – *R. Nador - av. El Jaich el Malaki (av. des F.A.R.) - ✆ 023 34 47 88.*

Banques – Distributeurs autour de la place Mohammed V et sur l'av. Mohammed VI (ancienne av. Al Jamiaa el Arabia).

Poste centrale – *Pl. Mohammed V.*

Internet – Plusieurs cybercafés sur l'av. Mohammed VI (ancienne av. Al Jamiaa el Arabia).

Transports

Gare ONCF – Ligne Casa-El-Jadida (deux liaisons quotidiennes desservant au passage la gare d'Azemmour).

Gare routière – *Av. Mohammed V et r. Ab'delmoumen el Mouahidi.* Cars pour Azemmour, Casa, Essaouira et Agadir.

Grands taxis – Pour Casablanca, à la gare routière.

Royal Air Maroc – *Angle av. Mohammed VI et av. El Jaich el Malaki - ✆ 023 37 93 00.*

Se loger

L'offre hôtelière à El-Jadida va s'accroître dès 2007 avec les premières réalisations de la station balnéaire Mazagan, actuellement en construction. Cette station s'étendra sur plus de 15 km de côtes, limitée au nord par l'oued Oum er-Rbia et la ville d'Azemmour et au sud par « Mazagan la blanche », la ville d'El-Jadida.

À EL-JADIDA

El-Jadida serait une ville de vacances fort agréable si elle proposait des solutions d'hébergement de qualité…

Camping international – *7 av. des Nations-Unies, à 200 m de la plage - ✆ 023 34 27 55 - 14 DH (-10 ans : 10 DH) - voiture 8,50 DH - tente 20 DH - caravane 18 DH - camping-car 22 DH - taxe 10 DH - eau chaude 5 DH - électricité 16 DH - 27 bungalows/2 pers. 231 DH, 4 pers. 418 DH.* Affluence en juillet-août ; le reste de l'année, les lieux sont tout juste engageants !

Palais Andalous – *Bd Docteur de Lanouy (à côté de l'hôpital Mohammed V) - ✆ 023 34 37 45 - fax 023 35 16 90 - 28 ch. - 370 DH - menu 128 DH.* S'il mérite une visite, ce sera plus pour prendre un verre de thé, afin d'admirer la décoration intérieure de cette ancienne demeure du Pacha Hammou, que pour y séjourner, son équipement sanitaire ayant besoin d'une sérieuse révision.

Provence – *42 av. Fquih M'hamed-Errafii (en face de la chambre de commerce, au coin de l'av. Mohammed V) - ✆ 023 34 23 47 - fax 023 35 21 15 - 16 ch. - 427 DH - 33 DH - menu 110 DH.* Modeste mais sympathique, propre et bien tenu, il a tout de l'hôtel de province.

L'art de la dentelle au Palais Andalou.

J. Malburet / MICHELIN

Ibis-Moussafir – *Place Nour El Kamar, rte de Casablanca (face à la plage) - ✆ 023 37 95 00 - fax 023 37 95 01 - H5708@accor.com - www.ibishotel.com - 103 ch. - 548 DH.*

AUX ALENTOURS

Royal Golf Hôtel – *Rte de Casablanca, km 7 - ✆ 023 37 91 00 - fax 023 35 34 73 - www.sofitel.com - 1 700 DH - 120 DH -* Installé dans la verdure entre Haouzia et El-Jadida, ce complexe touristique, autrefois géré par le Club Méditerranée et aujourd'hui repris par Sofitel, sera un port d'attache particulièrement agréable si vous souhaitez découvrir les principaux sites de la côte atlantique ou si vous êtes d'émérites golfeurs : vous y serez à pied d'œuvre, à deux pas du *green*.

Dar Al Manar – *À proximité du phare Sidi Mesbah (situé à 7 km d'El-Jadida et à 10 km d'Azemmour ; depuis la route d'El-Jadida suivre le chemin du phare Sidi Mesbah) - ✆ 023 35 16 45 - contact@dar-al-manar.com - www.dar-al-manar.com - 5 ch. - 900 DH - repas 120/200 DH - massage ostéopathique 300 DH/h.* Maison d'hôte dans une villa moderne et confortable, aménagée avec style et goût.

À SIDI-BOUZID

Hôtel Beach Club la Perle – *Situé au bord de la plage de Sidi-Bouzid - ✆ 023 34 84 04/80 10 - fax 023 34 83 90 - 62 ch. - 454 DH - 24 bungalows : 1 000 DH.*

Hacienda club résidence – *Situé au bord de la plage de Sidi Bouzid - ✆ 023 34 83 11/84 97 - fax 023 34 83 11. Location d'appart. (2 ch. avec cuisine et salle de bains) : 300/700 DH selon la saison.*

À OUALIDIA

Voir p. 227.

Se restaurer

À EL-JADIDA

Ali Baba – *Sur la route de Casablanca, à la sortie d'El-Jadida (av.*

Mohammed VI, ancienne av. Al Jamiaa el Arabia) - ✆ 023 34 16 22. Le plus réputé des restaurants de la ville.

⊖⊖ **Le Tamaris** – *Av. Hassan II - ✆ 023 34 32 82 - contact@letamaris.net - www.letamaris.net.* Pêche du jour, grillades et spécialités marocaines.

AUX ALENTOURS

Aux environs d'El-Jadida, plusieurs restaurants servent du poisson et des fruits de mer dans un cadre agréable et à des prix modérés : c'est le cas à **Haouzia-Plage** *(11 km en direction de Casablanca)* et à **Oualidia** *(76 km).*

⊖⊖ **La Perle** – *À Sidi -Bouzid (3 km).* Restaurant en bord de mer.

⊖⊖ **Le Requin Bleu** – *Plage de Sidi Bouzid (à 3 km de la ville d'El-Jadida, sur la rte d'Oualidia) - ✆ 023 34 80 67 - fax 023 34 85 41 - contact@requinbleu.com -www. requinbleu.com - ouv. tte l'année midi et soir, sf pdt le mois du ramadan - 125 DH.* Vous pourrez y déguster la pêche du jour dans une salle donnant sur le front de mer par de larges baies vitrées.

⊖⊖ **La Brise** – *À Sidi Moussa (37 km) - ✆ 023 34 69 17.* Restaurant avec vue sur les marais salants de Sidi Abed.

Faire une pause

Vous pourrez prendre un verre à l'une des terrasses des nombreux cafés sur la plage d'El-Jadida.

Café 138 – *Av. Mohammed VI - ✆ 061 24 46 34.*

Archinour – *120 av. Mohammed VI - ✆ 072 71 95 37.*

En soirée

Pour une balade apéritive, suivez le front de mer, ou arrêtez-vous **place El-Hansali**, place piétonne bordée de nombreuses échoppes et cafés.

Sports et loisirs

Royal Golf – *Rte de Casablanca, km 7 - ✆ 023 35 22 51/52.* Golf de 18 trous.

Royal club équestre – *Haras régionaux - El-Jadida - ✆ 023 34 21 27.* Randonnées et balades sur la plage.

Hippodrome Lalla Malika – *Rte de Casablanca - www.pmum.com.* Courses de chevaux.

Tennis Club Hassani – *Parc Hassan II, El-Jadida - ✆ 023 34 27 75 - location du court pour un visiteur non-membre 30 DH/h.*

Achats

Marhaba Centre – *Av. Mohammed VI.* Galerie commerciale.

Souk – *Le dimanche et le mercredi.*

Culture

Théâtre municipal – *Pl. Mohammed V.*

Galerie Chaïbia – *Cité portugaise.* Lieu d'exposition pour les artistes marocains et internationaux. Cette galerie doit son nom à l'artiste peintre marocaine Chaïbia Tallal, originaire de Chtouka (El-Jadida) et disparue en 2004.

Alliance franco-marocaine – *22 av. de la Marche Verte - ✆ 023 34 21 06 - fax 023 35 31 82 - afm.eljadida@iam.net.ma - www. ambafrance-ma.org/institut/afm-eljadida/ index.cfm.* Association créée en 1993 qui est intégrée dans le réseau culturel de l'ambassade de France au Maroc. Conférences, expositions, concerts, projections de films, théâtre…

Événements

Moussem de Moulay Abdallah Amghar – *Rens. : 102 av. Abderrahman Doukkali - El-Jadida - la manifestation a lieu dans la commune de Moulay Abdellah, à 10 km au sud d'El-Jadida - ✆/fax 023 39 27 97 - moussem@gmail.ma - www. moussem-moulay-abdellah.com - déb. août.* Le moussem de Moulay Abdellah Amghar est célébré depuis des centaines d'années par les tribus des Doukkala à la mémoire du saint du meme nom. Pendant une semaine, fantasias, démonstrations de chasse à l'épervier et spectacles folkloriques.

Festival Transes-Atlantic – *Organisé par l'Association Doukkala Abda Festival - Safi - ✆ 024 62 43 74 - transesatlantic@ yahoo.fr - www.transes-atlantic.com - à Safi et à El-Jadida - juil.* Festival qui se veut le point de rencontre entre musiques actuelles occidentales et musiques traditionnelles de la région de Doukkala Abda.Au programme, des groupes et artistes marocains et étrangers.

Rencontres photographiques d'El-Jadida – *Nov. ou déc.* La 7e édition des Rencontres photographiques d'El-Jadida a eu lieu en déc. 2005 dans la ville voisine d'Azemmour. Huit photographes ont pris des clichés de la ville et de ses habitants dans la perspective d'une exposition et d'une publication.

Kénitra

374 041 HABITANTS
CARTE 2E RABAT DE COUV. C2 – CARTE MICHELIN 742, PLIS 5 ET 8

Cette ville – appelée Port-Lyautey de 1932 à 1958 – est une création française ; agréablement agencée, elle témoigne de l'urbanisme pratiqué à cette époque. Elle peut constituer une bonne base de départ pour d'intéressantes promenades dans les environs.

Se repérer – Kénitra est située sur la côte atlantique, à l'embouchure du Sebou, à 40 km au nord de Rabat. Depuis Rabat, deux options pour s'y rendre : l'autoroute, ou la N 1.

À ne pas manquer – Kénitra vaut avant tout par ce qui l'entoure : la plage de Mehdiya, Thamusida, Banasa…

Organiser son temps – Quelques heures pour profiter de la plage de Mehdiya à proximité… avant de poursuivre sa route pour visiter les sites archéologiques voisins.

Avec les enfants – La visite des ruines romaines de Thamusida et Banasa, bien que pour ces dernières il ne soit pas évident d'en apprécier la richesse de prime abord…

Pour poursuivre le voyage – Voir aussi, au nord, Moulay-Bousselham, Larache et Asilah ; au sud, Salé et Rabat.

Ruiz Treal / MICHELIN

Le port de Kénitra, sur le Sebou.

Comprendre

La capitale du Rharb – Cette véritable capitale régionale s'est développée en même temps que le Rharb prenait son essor. Car ce dernier n'a pas toujours été riche et peuplé : « ni village, ni route, ni arbre », notait Pierre Loti, qui traversait, vers 1880, cette contrée alors désolée.

Les choses ont bien changé depuis : l'assainissement des marécages et la régularisation des cours d'eau ont chassé le paludisme et fait de cette plaine alluviale une des grandes régions agricoles du Maroc, spécialisée dans la culture du riz et de la betterave à sucre. Quant à la ville, sa fonction industrielle ne cesse de s'affirmer : conditionnement des produits agricoles (betteraves sucrières, riz), industrie du coton, des papiers et cartons.

Le port – Sur la rive gauche du Sebou, à 17 km de l'Océan, l'accès en fut longtemps précaire et le franchissement de la « barre » était souvent impossible. Pour remédier à cette situation et stabiliser le chenal, deux jetées furent lancées à l'embouchure du fleuve et des dragages entrepris.

Aujourd'hui, le port de Kénitra étend, en bordure de la ville, ses quais et ses entrepôts, son grand silo et son chai, qui reçoit la production de vins du Saïs et du Rharb. C'est par le port de Kenitra que s'exportent, notamment, des céréales, de la pâte à papier et de la cellulose en provenance de Sidi Yahia.

Aux alentours

Mehdiya

7 km à l'ouest. Quitter Kénitra en direction de Mehdiya-Plage. Au bout de 5 km, prendre à gauche une petite route goudronnée qui monte vers la kasbah.

On s'accorde à reconnaître en Mehdiya, à l'embouchure du Sebou, la fondation carthaginoise Thymiatérion. Occupée au 10e s. par une tribu berbère, elle porte alors le nom d'« El Mamora » (la bien peuplée), qui est encore celui de la forêt voisine. Fortifiée par Abd el-Moumen, elle végète jusqu'à ce qu'elle devienne, au 16e s., un repaire de pirates. C'est pour protéger leurs communications que les Espagnols s'en emparent en 1614 – gagnant de vitesse les Hollandais – et élèvent l'enceinte, dont les ruines couronnent aujourd'hui les restes de la *kasbah*.

Les Espagnols sont chassés en 1681 par Moulay Ismaïl, qui donne à la ville son nom actuel et y entreprend de grands travaux. En même temps, la flotte de Mehdiya reprend les mers, et mène pour le compte du sultan une course fructueuse, qui ne cessera qu'au début du 19e s.

Kasbah

Visite : 30 mn Gardien sur place.

Sa robuste **porte★** en pierre de taille est due à Moulay Ismaïl, comme l'indique une inscription qui court sur le bandeau. La baie en fer à cheval est circonscrite par une voussure à festons et surmontée d'une élégante fenêtre géminée ; les petites consoles latérales devaient supporter un auvent. Deux saillants encadrent le corps central, couronnés, comme lui, de petites pyramides. Passé la baie, on traverse un vestibule à ciel ouvert. De là, une allée, passant devant les ruines du souk (à gauche) et longeant la mosquée, mène au palais du gouverneur.

Ce **palais**, très ruiné, laisse encore voir une belle porte sculptée, un hammam voûté, une cour carrée sur laquelle s'ouvrent quatre portes, surmontées chacune d'une petite fenêtre à trois baies, et l'ancienne salle à manger.

Gagnant le **bastion nord-ouest** de la *kasbah*, vous pouvez monter sur la terrasse, où s'alignent d'antiques canons : belle **vue★** sur l'estuaire du Sebou, comme guidé dans l'océan par ses deux jetées, et, de l'autre côté, sur le lac de Sidi Bourhada cerné par la forêt.

Rejoindre la route et prendre à gauche vers Mehdiya-Plage.

Mehdiya-Plage

Une longue et large étendue de sable fin a donné naissance à la petite station de Mehdiya-Plage, qui aligne plusieurs rangées de villas le long des dunes. Divers aménagements et un petit complexe balnéaire y attirent aux beaux jours les habitants de Kénitra ou de Rabat.

Thamusida

17 km au nord-est de Kénitra. De la route de Tanger, à proximité de la borne kilométrique : « Kénitra 14 km, Sidi Allal Tazi 28 km », prendre vers l'ouest une piste médiocre mais praticable par temps sec qui traverse d'abord un petit village berbère. Arrivé à une fourche à 3 dents, prendre la piste à droite. On débouche en vue du Sebou sur une piste perpendiculaire. Prendre à gauche et rouler quelques centaines de mètres jusqu'à une maison ombragée de grands eucalyptus : la contourner et laisser la voiture près du champ de fouilles. Visite : 30 mn.

Ancienne ville maurétanienne abandonnée, Thamusida fut reconstruite autour d'un camp fortifié érigé par les Romains au 2e s. Les fouilles ont mis au jour des **thermes** importants, qu'on verra au passage. Comme Banasa, Thamusida fut un port fluvial et, en bordure du Sebou, l'ancien niveau des **quais** est encore visible. Le camp fortifié est quadrillé de rues se coupant à angle droit, qui desservaient les casernements : on y a dégagé le **praetorium**, ou siège du commandement (nombreuses bases de colonnes et de pilastres, meules à farine). Une enceinte, dont il reste de nombreux vestiges, fermait la ville.

Banasa

55 km au nord-est. Quitter Kénitra au nord-est en direction de Souk-el-Arba-du-Rharb par la route de Tanger, puis prendre à droite la route de Mechra-Bel-Ksiri. Accès par une étroite route goudronnée partant sur la gauche qui s'arrête au niveau du site. Laisser la voiture devant la grille. Visite : 30 mn.

Les ruines de Banasa se situent au milieu de la plaine du Rharb, en bordure de l'oued Sebou. Le niveau le plus ancien des fouilles remonte au 3e s. av. J.-C. C'était donc déjà un établissement maurétanien important lorsque, vers 30 av. J.-C., Octave fit une colonie romaine du port fluvial le plus avancé des Romains en Maurétanie Tingitane. La ville semble avoir atteint son apogée au 3e s. : de nombreux édifices furent reconstruits à cette époque. Les ruines ont fait l'objet d'une mise en valeur par le ministère de la Culture avec la construction d'un bâtiment d'accueil et de sanitaires.

Forum – C'est une vaste place dallée entourée de colonnes. Au fond, à droite, un arc en plein cintre marque l'entrée de la basilique civile. À gauche, sur une haute terrasse, s'élèvent les ruines du temple du **Capitole**. Traversant le forum en direction du *cardo* principal (voie nord-sud), on longe la tribune aux harangues.

Thermes – Les « grands thermes de l'ouest » s'étendent de l'autre côté du *cardo* : on distingue nettement un grand *tepidarium* pavé de marbre blanc, les salles chaudes attenantes, et la piscine également revêtue de marbre blanc.
Le long du *cardo*, au nord du forum, se pressent les ruines des boutiques et demeures bourgeoises. On pourra voir d'autres thermes, de chaque côté de la rue, en tournant à gauche dans l'importante voie transversale qu'on rencontre un peu plus loin.

Circuit de découverte

FORÊT DE LA MAÂMORA★

Circuit de 98 km. Voir p. 241.

Kénitra pratique

Informations utiles

Poste – *Pl. administrative (en face de l'hôtel Mamora).*

Argent – Distributeurs automatiques notamment sur les av. Mohammed Diouri et Mohammed V, où vous trouverez la plupart des agences bancaires.

Gare ferroviaire – *Av. Mohammed Diouri.*

Gare routière – *Av. Mohammed V.*

Internet :

Cyber les ailes du monde – *163 av. Mohammed Diouri - 5 DH/h.*

Dawliz net – *144 av. Mohammed Diouri - 5 DH/h.*

Se loger

⊖⊖⊖ **Hôtel Jacaranda** – *Place administrative - ✆ 037 37 30 30 - fax 037 37 19 26 - hoteljacaranda@menara.ma - www.jacarandahotel.net - 85 ch. - 499 DH* ⊐ *- ⛱ - P*. Cet hôtel moderne qui date de 1986 a fait l'objet d'une rénovation en 2005.

⊖⊖⊖ **Hôtel Mamora** – *Av. Hassan II (sur la même place que l'hôtel Jacaranda auquel il fait face) - ✆ 037 37 13 10 - mamora@yahoo.fr - 502 DH* ⊐ *- suite : 613 DH* ⊐ *- menu 150 DH - ⛱ - P*. Les prestations sont assez proches de celles de l'hôtel Jacaranda. Les chambres s'avèrent quelque peu décevantes côté décoration. À noter une piscine agréable avec maître nageur et sa terrasse ombragée, où vous pouvez prendre un verre.

Se restaurer

⊖⊖ **Al Jawhara** – *Restaurant de l'hôtel Jacaranda*. Carte marocaine et internationale, dans un cadre moderne, sans attrait particulier.

Faire une pause

Vous trouverez de nombreux cafés sur l'av. Mohammed Diouri : **Thamusida Lounge** (*au niveau du 161*), **L'Été indien**, avec sa grande terrasse...; et au carrefour entre cette avenue et l'av. Mohammed V : **Café andalouser**, **Café de France** et **Les Arcades**...

Achats

Ensemble artisanal – *Av. Mohammed V, à proximité de la gare routière.*

Sports et loisirs

Agence Tizi-Randonnées – *46 av. Moulay Abderrahman - ✆ 037 37 53 54 et 037 36 09 81 - fax 037 37 40 09 - tizirando@menara.ma - www.tizirando.co.ma*. Créée en 1990, cette agence propose des randonnées (pédestres, chamelières ou en 4x4) tout au long de l'année et à travers tout le pays, et des voyages thématiques. Le tout avec la volonté de promouvoir un tourisme durable, en étroite collaboration avec l'association SODEV-Maroc (Solidarité et Développement Maroc).

Larache

111 218 HABITANTS
CARTE 2E RABAT DE COUV. D1 – CARTE MICHELIN 742, PLIS 5 ET 9

Au bord d'une terrasse à l'embouchure du Loukos, la ville, de construction relativement récente, domine à l'ouest l'océan, à l'est la basse plaine alluviale dans laquelle le fleuve inscrit ses profonds méandres enserrant, vers l'estuaire, le quadrillage miroitant de vastes marais salants. Au charme de son site★, Larache ajoute celui d'être environnée de lieux que hantent l'histoire et la légende : Lixus, le jardin des Hespérides, la plaine où – entre le Loukos et l'oued Makhazen – se déroula la bataille des Trois Rois.

Se repérer – Larache est à 106 km au nord de Rabat par l'autoroute, et à 87 km au sud de Tanger. La cité est desservie par des bus en provenance de ces deux villes et s'arrêtant à la gare routière de la rue Ibn Khaldoun.

Se garer – La circulation peut devenir très vite très dense dans le centre-ville, autour de la place de la Libération. Les places de stationnement y sont peu nombreuses…

À ne pas manquer – La promenade le long de la corniche… éventuellement jusqu'au cimetière espagnol, pour se recueillir sur la tombe de l'écrivain Jean Genet. Sans oublier la médina pour son ambiance.

Organiser son temps – Quelques heures pour profiter de la ville avant de poursuivre vers Lixus.

Avec les enfants – Les activités balnéaires et la visite du site archéologique de Lixus.

Pour poursuivre le voyage – Voir aussi, vers le nord, Asilah (25 km) et Tanger (87 km) ; vers le sud, Moulay-Bousselham (48 km), Kenitra, Salé et Rabat (150 km).

P. Veysseyre / MICHELIN

Larache et son architecture néomauresque.

Comprendre

Le port ne connut jamais un trafic très important, en raison de la « barre » assez forte en cet endroit de la côte. Il assure toutefois à la ville une certaine activité grâce à la pêche à la madrague, qui alimente plusieurs conserveries de thon, aux importations de bois pour emballages et aux exportations de céréales.

Le fleuve-dragon – Depuis l'exploit d'Hercule, le fleuve-dragon ne cessa de se montrer hostile aux étrangers. Portugais, Espagnols, puis Français en furent successivement les victimes.
À la fin du 15e s., les Portugais remontent le Loukos et entreprennent de construire un fort en amont des ruines de Lixus. Mais les Marocains, arrivant en nombre, leur coupent la retraite, obstruant avec des troncs d'arbres l'embouchure du fleuve. Les Portugais sont décimés, les survivants pourchassés jusqu'à Asilah : c'est la fameuse **bataille des Trois Rois**.

Dernière demeure

L'écrivain **Jean Genet** (1910-1986) est enterré à Larache. L'auteur de *Pompes funèbres*, *Querelle de Brest*, *Journal du voleur*, et de plusieurs pièces de théâtre qui firent scandale, comme *Les Bonnes* et *Les Paravents*, repose en effet dans une tombe solitaire, dans le cimetière espagnol. Ironie (voulue ?) du destin : de la tombe du poète, on a une vue imprenable sur la prison de la ville...

En 1689, la grande armée de Moulay Ismaïl attaque les Espagnols, maîtres de la ville depuis près de 80 ans. Après trois mois de siège au cours desquels une escadre de secours tenta en vain de remonter le Loukos, les assiégés durent capituler.
En 1765, pour mettre fin aux raids des corsaires marocains, une escadre française vint mouiller devant Larache et un détachement de marins fut envoyé dans le port pour détruire les vaisseaux des pirates ; mais, la mer s'étant retirée, leurs chaloupes s'échouèrent sur les sables du fleuve et furent capturées par les Marocains placés en embuscade.

Se promener

Visite : 30 mn.
Les Espagnols, à nouveau installés à Larache de 1911 à 1956, ont édifié auprès de la médina une ville européenne, dans laquelle on pénètre par l'avenue Mohammed V, large et bordée de bougainvillées.
Remarquez à droite, dominant un jardin public, le **château des Cigognes**, édifié au début du 17e s. par le roi Philippe III.

Place de la Libération

Elle est située à la limite de la ville européenne et de la médina. Vaste, légèrement ovale, occupée en son centre par un jardin, elle a des allures de place espagnole, avec ses maisons à arcades qui la bordent côté médina, et, du côté de la ville moderne, ses immeubles du début du siècle au pied desquels cafés et restaurants étalent leurs terrasses.

Médina

Presque aussitôt après avoir franchi Bab el-Khemis, haute porte blanc et ocre qui donne sur la place de la Libération, on débouche sur le **Zoco** (souk) **de la Alcaicería★**. Cette longue place rectangulaire, de chaque côté de laquelle court une galerie à arcades que supportent des piliers peints, est le point le plus animé de la médina.
Au fond du Zoco s'ouvre la **porte de la kasbah** ancienne. Après l'avoir franchie, prenez presque aussitôt à droite une ruelle, que vous suivrez jusqu'au bout. Après un passage sous voûte, à droite d'une mosquée moderne, une porte en brique donne accès à une place en terrasse. De là, on découvre une partie de la ville et la campagne environnante : au premier plan les conserveries de poisson, plus loin les marais salants au-delà desquels s'élève la colline de Lixus, à droite la plaine du Loukos ; à gauche, des fragments de murailles dominés par un minaret ancien.

Revenir place de la Libération.

Esplanade de l'avenue Moulay Ismaïl

De la place de la Libération, deux rues larges et très courtes, percées dans l'axe de l'avenue Mohammed V, conduisent à ce balcon fleuri face à l'Atlantique.

À son extrémité, à droite, la forteresse de Kebitat (« les petites coupoles »), ancienne *kasbah* construite sur une avancée rocheuse, domine l'océan.

Aux alentours

Cromlech de M'Soura *Voir p. 190.*

Lixus★

4 km à l'est de Larache. Visite : 45mn. Laisser la voiture près du carrefour de la N 1 et de la route de la plage de Lixus, et monter à pied par le chemin qui escalade la colline.

Au jardin des filles d'Atlas

Si l'on en croit certains auteurs, c'est près de Larache, dans la vallée du Loukos, que les Anciens situaient le fameux **jardin des Hespérides**, filles d'Atlas et d'Hespéris, la déesse de l'Occident. Là se trouvait l'arbre fantastique chargé de pommes d'or, ces fruits merveilleux dont Hercule réussit à s'emparer après avoir vaincu leur gardien, un terrifiant dragon.
Pour certains esprits, plus rationnels que poètes, les pommes fabuleuses seraient des oranges, et il ne faudrait voir dans le terrible monstre que le Loukos aux multiples méandres.

Dominant la rive droite du Loukos, le site archéologique de Lixus présente des traces d'occupation continue du néolithique – il y a environ 10 000 ans – au début de l'islamisation du pays, à la fin du 7e s. C'est au 12e s. av. J.-C. que se placerait la fondation de la ville, vraisemblablement par les Phéniciens.
Sept siècles plus tard, les Carthaginois exploitent cette position maîtresse de leurs routes maritimes et tiennent sous leur surveillance un riche arrière-pays qui fait rêver les Grecs, le légendaire « jardin des Hespérides ».
Prospère sous les rois maurétaniens, Lixus devient « colonie » romaine lors de l'annexion du royaume. Elle joue un rôle de premier plan en Maurétanie Tingitane jusqu'à la fin du 3e s. de notre ère.

Ruiz Treal / MICHELIN

L'antique Lixus, lieu du jardin des Hespérides ?

Usines de salaisons – Un véritable quartier industriel s'étendait le long de l'actuelle route de Tanger, avoisinant le port sur le Loukos. Il s'agit de la plus importante installation d'usines de salaisons qu'on ait trouvée au Maroc : 10 ateliers et 147 bassins ont été dégagés ; on distingue fort bien les alignements de bassins ; plusieurs passages les reliant ont gardé leurs arcs en plein cintre. Ces conserveries fabriquaient également le **garum**, cette sauce de poisson aromatisée dont les Romains étaient friands.

Théâtre – Emprunter *le chemin qui monte vers la ville haute*. C'est le seul vestige de théâtre romain connu au Maroc. Il s'agit en réalité d'un théâtre-amphithéâtre – compromis architectural dont on trouve plusieurs exemples en Gaule à la même époque (1er s. apr. J.-C.) : gradins en hémicycle autour d'une profonde arène circulaire.

Mosaïque du dieu Océan★ – Au-delà de l'arène, les substructures de la scène ont révélé des thermes plus tardifs : n'y manquez pas la belle mosaïque qui pavait le *tepidarium* (salle tiède). Au centre se détache la tête du dieu marin : visage puissant, yeux grands ouverts à l'iris bleu profond, bouche charnue soulignée par une épaisse moustache, barbe ondoyante comme la chevelure auréolée de pattes de crustacés.

Acropole – Au sommet du plateau, l'acropole avait sa propre enceinte, dont le gros appareil est encore en partie debout. Contre la muraille, à droite, une haute salle a conservé sa voûte en berceau. À gauche on reconnaît les restes de thermes. Le **Grand Temple**, dont l'agencement évoque les sanctuaires de Carthage, fut reconstruit sous Juba II ; chacun des petits côtés s'incurve en

Autres sites du Maroc antique

Banasa – *Carte Michelin n° 742 plis 5, 9 et 27. Voir à Kénitra, p. 219.*

Cotta – *Carte Michelin n° 742 plis 5 et 9. Voir « circuit du cap Spartel » à Tanger, p. 265.*

Sala Colonia – *Voir à Rabat, p. 238.*

Thamusida – *Carte Michelin n° 742 plis 5 et 8-9. Voir à Kénitra, p. 219.*

Volubilis★ – *Carte Michelin n° 742 plis 5, 9 et 27. Voir p. 351.*

hémicycle ; la *cella* (chambre de la statue du dieu) est entourée sur trois côtés d'une grande cour bordée de portiques.

Des abords du grand temple, la **vue★**, remarquable, sur l'estuaire du Loukos avec ses marais salants, la ville et le port de Larache, l'océan, permet de comprendre la valeur stratégique et commerciale du site de Lixus. À 50 m à l'est du grand temple, on aperçoit l'abside d'un oratoire datant sans doute des premiers siècles de l'ère chrétienne. Continuez ensuite de descendre vers l'est pour rejoindre le chemin de l'aller à proximité du théâtre. On jouit d'une **vue** étendue sur les méandres et la plaine alluviale du Loukos avec le Rif au loin.

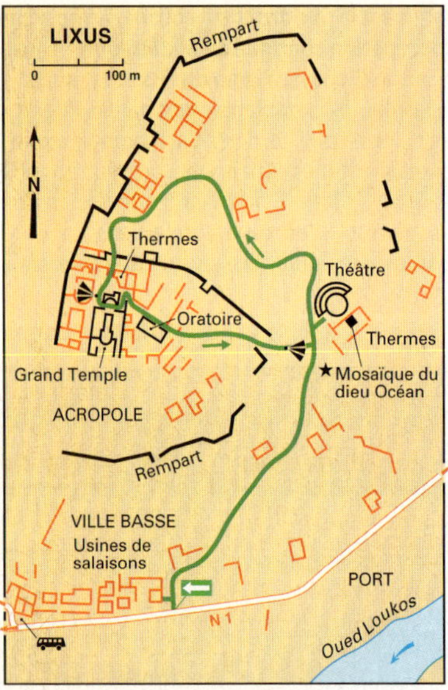

Larache pratique

Informations utiles

Poste – *Av. Mohammed V.*

Argent – Distributeurs automatiques sur l'av. Mohammed V, où sont présentes les agences bancaires.

Gare routière – *R. du Caire.*

Se loger

L'offre d'hébergement à Larache et ses environs devrait être profondément bouleversée dans les années à venir avec la construction de la nouvelle station balnéaire, Port Lixus (*www.port-lixus.com*), sur l'autre rive du fleuve Loukos.

Hôtel España – *6 av. Hassan II - ✆ 039 91 31 95 - fax 039 91 56 28 - hotelespana2@yahoo.fr - 16 ch. - 243 DH.* Hôtel très central puisque plusieurs de ses chambres donnent sur la pl. de la Libération. Elles sont relativement confortables et disposent chacune d'une petite salle de bains.

Hôtel Riad – *88 av. Mohammed ben Abdallah - ✆ 039 91 26 26 - fax 039 91 26 29 - 26 ch. - 314 DH* - - . Une grande maison ancienne rectangulaire au milieu d'un parc où vous trouverez piscine et terrain de tennis... sans oublier quelques paons. Les chambres sont agréables mais mériteraient un léger rafraîchissement. Ne manquez pas de prendre votre petit-déjeuner en terrasse...

La Maison Haute – *6 derb Ben Thami - ✆ 06 53 44 888 - info@lamaisonhaute.com - www.lamaisonhaute.com - 6 ch. - 530 DH - 1 suite : 850 DH.* L'adresse de charme de Larache, située en plein centre de la médina, non loin de la place de la Libération. Très belle vue depuis la terrasse du toit sur la ville et l'Océan.

Se restaurer

Estrella Del Mar – *68 av. Mohammed Zerktouni, à proximité du marché central - ✆ 039 91 22 43 - fax 039 91 10 52.* Un restaurant de poissons et de fruits de mer dans une salle où dominent stucs et zelliges. La cuisine est correcte mais ne vous attendez pas à vivre un grand moment... Et dire que ce restaurant passe pour le plus réputé de la ville ! Mais il est vrai qu'il n'a guère de concurrents digne de ce nom...

Faire une pause

Vous pourrez prendre un verre, une pâtisserie ou une viennoiserie et même vous restaurer rapidement dans l'un des deux cafés qui se font face sur la corniche : le **Balcón Altántico** (✆ *039 91 01 10*) et l'**Al Arabia**. À l'étage, ce dernier propose de nombreuses tables avec une vue panoramique sur l'Océan et la corniche. L'un et l'autre sont très fréquentés à l'heure du « paseo »... Par ailleurs, les terrasses des cafés sur la pl. de la Libération sont également agréables et vivantes...

Moulay-Bousselham

6 010 HABITANTS
CARTE 2[E] RABAT DE COUV. C2 – CARTE MICHELIN 742, PLI 9

Cette petite station balnéaire domine l'extrémité du chenal reliant la lagune de Merja Zerga à l'Océan. Sa belle plage de sable fin, bordée par endroits de récifs sur lesquels des vagues assez fortes viennent se fracasser, ses villas et ses petits cafés-restaurants font de l'endroit un lieu recherché des estivants, mais aussi sous le soleil de décembre. C'est également le sanctuaire vénéré de Moulay Bousselham, « l'homme au burnous », saint patron de la ville enterré ici vers 950 et qui fait l'objet d'un important *moussem* chaque année en été.

Se repérer – La minuscule station est située à mi-chemin entre Tanger et Rabat. Accès par l'autoroute, première sortie au nord de Kénitra (à 72 km), et au sud de Larache (à 38 km ; de Larache, surtout ne pas prendre la route P 4214 car, partiellement défoncée, elle vous fera perdre inutilement beaucoup de temps), puis suivre la route en cul-de-sac sur 10 km. À l'entrée du village, une route sur la gauche descend vers les campings et la lagune sur laquelle veille le marabout.

À ne pas manquer – La réserve ornithologique de Merja Zerga...

Organiser son temps – Comptez au moins 2h pour une balade en barque avec un guide pour découvrir la richesse de cette lagune.

Avec les enfants – La découverte du sanctuaire avec ses flamants roses, spatules, courlis et, plus rare, le hibou du Cap.

Pour poursuivre le voyage – Voir aussi, sur la côte atlantique vers le nord, Larache (48 km) et le site archéologique de Lixus tout proche, Asilah (73 km) et Tanger (135 km) ; au sud, Kénitra, Salé et Rabat, cité impériale et capitale du royaume.

Découvrir

En contrebas du marabout, une petite plage est le point d'embarquement des pêcheurs allant jeter leurs filets dans les eaux poissonneuses de la lagune et des visiteurs désireux d'effectuer une balade en bateau à la rencontre des nombreux oiseaux migrateurs (canards siffleurs, canards souchets et flamants roses) qui y séjournent. *Négociez le prix et veillez à ce qu'il soit fixé avant l'embarquement.*

Aux alentours

Arbaoua

43 km. De Moulay-Bousselham, prendre à gauche au 2e carrefour (20 km) la direction de Lalla-Mimouna et Arbaoua.

Situé au cœur d'une réserve de chasse s'étendant sur 35 000 ha de vallonnements boisés et parsemés d'étangs, ce village est le lieu de rendez-vous, d'octobre à mars, des fines gâchettes.

Moulay-Bousselham pratique

Informations utiles

Poste – *À l'entrée du village sur la route, au niveau du carrefour pour rejoindre le camping Flamants Loisirs.*

Argent – Distributeur automatique à l'agence Crédit agricole, située à l'entrée du village sur la route.

Liaisons par autocar – Tous les jours, toutes les heures, jusqu'à Souk-el-Arba-du-Rharb (44 km) et Ksar-el-Kébir (40 km).

INTERNET

Cyber 2000 – *Près de la plage, au niveau des restaurants et cafés - 8 DH/h.*

Cyber Internet Moulay CIM – *Près de l'hôtel Le Lagon - 8 DH/h.*

Se loger

CAMPINGS

Camping Flamants Loisirs – *À gauche de la route, à l'entrée du village - 037 43 25 39 ou 061 89 22 14 - fax 037 43 21 64 - flamants@menara.ma - www.flamants-loisirs.com - 15 DH/adulte et 10 DH/enf. - emplacement 40 DH - camping-car 70 DH - 10 bungalows (4 à 5 pers.) 240/330 DH -* . Doté de douches et de sanitaires (rudimentaires mais relativement propres), d'un bar et d'un restaurant, d'une boutique d'alimentation, d'une piscine et même d'un magasin d'artisanat. L'ensemble est plus ou moins bien entretenu.

⊖ **Camping caravaning international** – *En bordure du lagon - ✆ 067 42 31 10 et 037 77 72 26 - 13 DH/adulte et 8 DH/enf. - tente 22 DH - électricité 25 DH - voiture 40 DH - camping-car 30 DH - eau chaude 6 DH.* Superbement situé en bordure du lagon, il mériterait d'être entretenu avec beaucoup plus de soin. La propreté des sanitaires laisse à désirer…

HÔTELS

⊖⊖ **La Maison des oiseaux** – *Dans le village de pêcheurs, suivre la direction du camping Flamants Loisirs - ✆/fax 037 43 25 43 et 061 30 10 67 - gentiane.dartigue@caramail.com - 8 ch. - 300 DH/pers. en demi-pension.* Gîte tenu par une Française dans une ambiance conviviale et où la curiosité est toujours en éveil. Avec, au programme, visite en barque de la réserve ornithologique, stage de yoga ou de peinture, classe nature pour les plus jeunes... Réservation conseillée.

⊖⊖ **Hôtel Le Lagon** – *Sur la route après l'embranchement pour rejoindre les campings - ✆ 037 43 26 50 - 30 ch. - 250 DH - ☕ 20 DH - restaurant (ouv. aux non-résidents) : menu 80 DH - 🚫 - 🏊 - P.* Sa terrasse en plein air constitue une halte agréable pour prendre un verre en contemplant les barques multicolores qui se laissent bercer sur les eaux claires de la lagune en contrebas.

⊖⊖⊖ **Hôtel Villanora** – *2 km en dehors du village - ✆ 037 43 20 71 - 6 ch. - 500 DH ☕ - demi-pension 300 DH - 🚫.* Ce petit hôtel est tenu par un couple britannique. Les repas sont pris en commun avec les propriétaires.

Se restaurer

⊖⊖ **Izaguirre** – *En dépassant le Camping caravaning international vers le port de pêche, restaurant situé à l'étage au-dessous du poste de la gendarmerie royale - ✆ 066 04 16 60.* Poissons et fruits de mer.

Nombreux restaurants et cafés à proximité de la plage pour une restauration rapide et sans prétention.

Sports et loisirs

Association Hajra Hamra – *Centre d'accueil presque en face du Camping caravaning international - ✆ 061 92 46 99 - hajra.hamra@caramail.com - fax 037 43 25 53 - 100 DH/h/pers. - location d'une barge pour 5 pers. 150 DH/2h.* Cette association pour l'écotourisme et la protection de la nature regroupe une dizaine de guides qui pourront vous faire visiter la réserve.

Oualidia★

CARTE 2[E] RABAT DE COUV. B3 – CARTE MICHELIN 742, PLIS 4 ET 19

Réputée aujourd'hui pour ses huîtres, sa réserve de chasse (battues de sanglier en mars-avril) et sa station balnéaire au bord de la lagune, cette ville fut fondée par le sultan saâdien El Oualid Ben Zidane Saâdi, qui lui donna son nom.

- **Se repérer** – Située à 66 km au nord de Safi et 59 km au sud d'El-Jadida par la route côtière, Oualidia dispose ses maisons blanches en amphithéâtre autour de la lagune, en contrebas de la route.
- **À ne pas manquer** – La plage de Oualidia… et les huîtres très réputées !
- **Organiser son temps** – Pour une pause gourmande et une baignade ou un séjour de plus longue durée.
- **Avec les enfants** – Toutes les activités liées à la mer.
- **Pour poursuivre le voyage** – Voir aussi El-Jadida (au nord), Safi et Essaouira (au sud).

Découvrir

Pour accéder à la plage, quittez la route principale et prenez à droite une route en descente offrant une belle **vue★** sur la lagune. Plusieurs restaurants et petits hôtels, des villas de style andalou édifiées par l'architecte Elie Mouyal, un camping et une belle plage de sable fin font de l'endroit un lieu de séjour agréable qui connaît une importante fréquentation en été.

Il faut voir en fin d'après-midi les pêcheurs revenir avec leurs prises (pajots, dorades royales, grondins, congres), et, sur la plage, adossés aux barques, les plus anciens d'entre eux deviser tout en ravaudant les filets, alors que les vagues grimpent sur

J. Malburet / MICHELIN

Sur la lagune de Oualidia.

les rochers. Ces hommes pêchent avec leur barque ou, perchés sur les rochers déchiquetés, à l'aide d'une ligne. En se promenant sur ces rochers on aperçoit, de l'autre côté de la lagune, l'ancien palais *(ne se visite pas)* où le roi Mohammed V aimait à fêter ses anniversaires.

Oualidia pratique

Se loger

Les Sables d'Or – *Tente 25 DH - électricité 10 DH - 3,5 DH/adulte et 2 DH/enf. - douche chaude 6 DH - voiture 5 DH.* Les adeptes de la vie au grand air pourront planter leur tente ici. Bondé en été.

L'Araignée gourmande – *Plage de Oualidia - ✆ 023 36 64 47/61 44 - demi-pension 300 DH.* Ce petit hôtel-restaurant dispose de 14 chambres spacieuses, aménagées avec terrasse et dont certaines, particulièrement agréables, donnent sur la mer.

L'Initiale – *Plage de Oualidia - ✆/fax 023 36 62 46 - 450 DH.* Hôtel, restaurant et pub agréable.

Ostréa II – *Sur le parc à huîtres 007, accès par une petite route s'embranchant sur la route côtière à la sortie nord de Oualidia - ✆ 023 36 63 24 - fax 023 36 64 53 - ostreadirection@menara.ma - www.ilove-casablanca.com/ostrea - 5 ch. d'hôtes - 933/1 000 DH.* À proximité du restaurant du même nom, possibilité de se loger…

Se restaurer

Les Roches – *Plage de Oualidia - ✆ 064 72 61 79.* Restaurant de poissons où la clientèle, à la différence de L'Araignée gourmande, se fait parfois rare…

L'Initiale – *Voir coordonnées ci-dessus.* Poisson et fruits de mer à la carte.

L'Araignée gourmande – *Voir coordonnées ci-dessus.* En bordure de la lagune, sur une terrasse couverte et fermée donnant directement sur le sable et la mer, huîtres, plateaux de fruits de mer, homards, langoustes (que l'on peut choisir directement du vivier) et poissons grillés à déguster. Le service est souvent pris en défaut, surtout les jours où un groupe en voyage organisé envahit le restaurant…

Ostréa II – *Voir coordonnées ci-dessus.* Pour un déjeuner en terrasse, au bord de l'eau, dans l'un des parcs les plus réputés. Possibilité également de visiter les parcs à huîtres à bord du bateau *Ostréa* (40 places).

Sports et loisirs

Surfland – *En descendant la route vers la plage, prendre à gauche et suivre fléchage - ✆ 023 36 61 10 - cours de surf 150/170 DH/h.* École de surf pour adultes et enfants…

Tennis Club – *Plage de Oualidia - ✆ 023 36 62 62 et 070 05 24 81 - tennisclubooualidia@wanadoo.fr - tennisoualidia.exolia.net - 3 courts : 50 DH/h - 7 ch. : 250 DH - restaurant à la carte.* Pour les amateurs de tennis…

Oualidia Maroc Aventure – *4 av. Hassan II, direction El-Jadida - ✆ 061 15 77 43 - fax 023 36 63 23 - www.oualidia-maroc-aventure.com - quad 210 DH/h - balade en quad avec accompagnateur 1 100 DH/j - VTT 180 DH/j.* Agence de location de quads et VTT. Elle propose aussi une villa à la location.

Rabat★★★

627 932 HABITANTS (LES R'BATI)
CARTE 2E RABAT DE COUV. C2 – CARTE MICHELIN 742, PLIS 5 ET 8

Moins turbulente que Casablanca, moins prestigieuse que Fès, moins violente que Marrakech, Rabat fait figure de capitale sereine. L'agitation urbaine est ici assourdie, à l'image de ce ciel qui dispense à la ville une lumière quelque peu tamisée par la brume atlantique et lui vaut un climat à l'abri de tout excès. Réussite d'un urbanisme auquel les moyens n'ont pas manqué, Rabat est une ville aérée, coquette, ordonnée avec goût. Ses avenues plantées d'arbres et de fleurs, la profusion de ses jardins publics, la beauté de ses quartiers résidentiels en font un lieu de séjour agréable que rehausse un patrimoine archéologique important.

Se repérer – Posée sur la côte atlantique à l'embouchure du Bou Regreg, à 60 km au nord-est de Casablanca, Rabat se présente comme une ville moderne organisée autour du boulevard Mohammed V, où se concentrent la plupart des immeubles administratifs. Mais c'est à la périphérie de cette cité que se situent les principaux points d'intérêt de la ville : l'ensemble constitué par la tour Hassan et le mausolée de Mohammed V est situé sur un plateau dominant le fleuve ; la médina et la *kasbah* des Oudaïas sont posées aux abords de l'estuaire du fleuve (on y accède par le boulevard Tarik al Marsa). Enfin, l'ensemble du Chellah se trouve hors les murs, à proximité de Bab Zaers.

Se garer – Dans le centre, la plupart des artères sont payantes et le stationnement est limité dans le temps. Attention au sabot ! Des parkings souterrains commencent à faire leur apparition. Ils représentent une bonne solution...

À ne pas manquer – La *kasbah* des Oudaïas et la médina, sans oublier le Chellah.

Organiser son temps – Rabat ne se prête pas à une visite de quelques heures. Y rester un à deux jours est un minimum pour en découvrir les richesses. D'autant plus que la visite de Salé, toute proche, s'impose aussi.

Avec les enfants – Les activités balnéaires et la visite des sites historiques très nombreux que compte Rabat, en insistant peut-être sur le passé « pirate » de Salé...

Pour poursuivre le voyage – Voir aussi Salé, Kénitra, Moulay-Bousselham, Larache et Asilah.

Comprendre

Sala Colonia – C'est au sud-est de l'agglomération actuelle, sur le territoire de Chellah, que l'on trouve les origines de Rabat. Dès le 8e s. av. J.-C. y apparaît un établissement maurétanien, colonisé ensuite par les Phéniciens.
Puis viennent les Romains. Le mot *Chellah* est, en effet, la déformation du latin *Sala*, nom donné alors au Bou Regreg, dont les méandres ont divagué depuis, mais qui baignait à cette époque la ville même de **Sala Colonia**. Le port fluvial, que sa distance de la mer mettait à l'abri de toute surprise, était aussi l'un des postes avancés de l'occupation romaine *(voir Larache)* en Maurétanie Tingitane.

La ville berbère – L'Empire romain disparu, subsiste une petite cité, qui sera peu à peu islamisée puis déclinera, après que son port se fut ensablé.
Au 10e s., les Zénètes dominent une vaste région au nord du Bou Regreg. Maîtres de Chellah, ils édifient Salé et fortifient sur la rive gauche l'éperon rocheux où s'élève aujourd'hui la *kasbah* des Oudaïas : une garnison de moines-soldats y est installée pour tenir en respect les populations hérétiques qui occupent le pays au sud du fleuve. De ce *ribat* (couvent fortifié), le nom de Rabat a gardé le souvenir.
La position gagne encore en importance lorsque les Almohades entreprennent la guerre sainte en Espagne. Le sultan Abd el Moumen fait de la *kasbah* une véritable place forte comportant un palais et une mosquée. L'ambition de son petit-fils, Yacoub el-Mansour, est plus grande encore.

Le grand dessein du sultan – **Yacoub el-Mansour** a-t-il voulu, comme on l'a dit, créer à l'embouchure du Bou Regreg une nouvelle Alexandrie ? Toujours est-il que son règne (1184 - 1199) est marqué par un essor sans précédent de Rabat. Il s'emploie à faire de la ville une vaste et somptueuse capitale, mais tout entière tournée vers la lutte contre l'Infidèle, immense camp où se rassemblent les troupes destinées à l'Espagne.

Les réalisations sont grandioses. Deux longues murailles se coupant à angle aigu courent sur 6 km de l'Atlantique au Bou Regreg, flanquées de cinq portes monumentales. Les travaux reprennent à la *kasbah,* où s'édifie la grande porte des Oudaïas, tandis que, plus au sud, commence à s'élever la colossale mosquée de Hassan, qui doit dépasser en majesté la Giralda de Séville et la Koutoubia de Marrakech. Pour couronner le tout, un nom prestigieux : **Ribat al Fath**, le *ribat* de la victoire. C'est ainsi qu'on appellera la ville après la bataille d'Alarcos (1195) gagnée sur les Castillans par l'armée d'El-Mansour.
Mais le glorieux sultan disparu, les travaux sont abandonnés. L'effondrement des Almohades entraîne le déclin de Rabat. Si la piété des Mérinides redonne vie quelque temps à Chellah, seule la *kasbah* est encore habitée au 16e s. et Rabat s'étiole dans sa grande enceinte vide.

C. Brett/MICHELIN

Fontaine.

Une république de pirates – Le 17e s. voit affluer une population d'un genre nouveau. Il y a de tout parmi ces immigrants, mais la plupart viennent d'Espagne, où les Rois Catholiques leur rendent la vie difficile. Les premiers arrivés se sont solidement installés dans la vieille *kasbah,* dont ils ont relevé les murs. Par milliers, des **Andalous**, les rejoignent, après le décret de Philippe III chassant les derniers Maures d'Espagne (1609). Fortement hispanisés, beaucoup de ceux-ci ont oublié l'arabe et certains sont chrétiens. Au sud de la kasbah, ils construisent une ville nouvelle ; ils la ferment par le « mur des Andalous », muraille ouest-est qui limite encore aujourd'hui la médina.
Entre-temps, des groupes nombreux d'individus peu recommandables sont venus grossir ces flots d'immigrants : pirates mauresques de la côte, chrétiens renégats, forbans de toutes nationalités.
Tout ce monde éprouve quelque difficulté à s'entendre. Mais très vite, une activité commune galvanise les énergies et suscite la richesse : la piraterie. Redoutés de l'Europe sous le nom de « corsaires de Salé », les pirates de Rabat ont pris goût à cette occupation dangereuse mais rémunératrice.
Des Canaries aux côtes de l'Islande, toutes les marines marchandes sont menacées. Vaisseaux et cargaisons sont capturés, marins et passagers vendus comme esclaves ou échangés contre de fortes rançons (Robinson Crusoé aurait été, selon Daniel De Foe, esclave à Salé avant d'échouer sur son île déserte).
La vieille ville de Salé, subjuguée et désormais complice, est une République indépendante qui, de 1621 à 1647, étend son pouvoir sur les deux rives du Bou Regreg, s'enrichit du trafic des pirates, traite d'égal à égal avec les puissances étrangères.

La ville alaouite – L'autorité des Alaouites s'étend cependant sur la ville. Maîtres de Rabat depuis 1666, Moulay Rachid et ses successeurs complètent les fortifications de la *kasbah* et du port, tant pour contenir les turbulences de la cité qu'en prévision d'attaques étrangères. Mais, bientôt, le déclin de la « course » affecte l'expansion de la ville. Et si celle-ci conserve au 19e s. quelque lustre, elle le doit à l'insécurité de la route impériale de Fès à Marrakech, qui obligeait les souverains à faire le détour par Rabat. Aussi vit-on s'élever, à l'angle sud des vieux murs almohades, une résidence, qui est à l'origine de l'actuel palais royal.

En 1912, le sultan Moulay Youssef quitte Fès et transporte à Rabat, avec sa personne, l'administration chérifienne. Du coup, la capitale avortée de Yacoub el-Mansour devient le cerveau du Maroc moderne. **Lyautey** lui imprime sa marque personnelle et surveille l'édification des quartiers neufs. Entre la médina et le palais royal, le vaste espace clos par la muraille almohade trouve enfin son emploi, tandis qu'au-delà, vers l'ouest, les constructions vont bon train. Un Service des plans s'occupe de la distribution et du tracé des voies, de l'emplacement des bâtiments publics dans le respect du paysage. Pour loger les services administratifs, on élève de gracieuses demeures entourées de jardins, construites dans un style où s'unissent souvent les traditions mauresques et les tendances de l'architecture moderne.

Aujourd'hui, Rabat, capitale du pays, est la résidence habituelle du roi, le siège des ambassades et de l'université Mohammed V ; elle connaît une croissance rapide. Certes le port est inactif : l'ensablement de l'estuaire, la proximité de Kénitra et de Casablanca ont découragé toute velléité de développement et livré le plan d'eau du Bou Regreg aux sports nautiques et aux pêcheurs, dont certains effectuent sur leurs barcasses la traversée entre Rabat et Salé. Au bord de l'eau s'improvise un marché aux poissons où l'on peut faire griller sur place ce que l'on vient d'acheter. Mais les activités industrielles ne sont pas négligeables, en particulier dans les domaines alimentaire et textile. L'artisanat est resté vivant (tapis, tissus, ferronnerie). La beauté de la ville et le prestige du passé lui valent une importante fréquentation touristique.

Ribat Al Fath

Ce nom qui fut donné à la ville de Rabat au 12e s. par Yacoub el-Mansour est aujourd'hui celui d'une association qui œuvre pour le développement culturel, social et économique de la capitale, et qui en tant que telle fait souvent parler d'elle. Née en 1986 et reconnue d'utilité publique, elle s'appuie sur de petites associations locales constituées de bénévoles pour organiser bon nombre d'actions s'articulant autour de cinq axes principaux :

– un axe festif (organisation ou participation à diverses manifestations culturelles et artistiques, dont le Festival international du film animalier et de l'environnement, ou le Festival international de musique andalouse, qui est, depuis plusieurs années déjà, l'occasion pour différentes formations musicales des pays méditerranéens de confronter leurs expériences et leur talent) ;

– un axe intellectuel et scientifique (colloques et séminaires internationaux rassemblant historiens, chercheurs et enseignants comme celui qui eut pour thème le 800e anniversaire de la capitale) ;

– un axe sportif (organisation du premier semi-marathon international et des premières Olympiades de Rabat pour jeunes, participation au Raid de l'amitié) ;

– un axe économique et un axe urbanistique et spatial (études sur l'esthétique et l'hygiène de la ville, mise en valeur des monuments, projet de création d'un jardin des Nations et d'un musée des Sports, sauvegarde de la médina).

D'autres associations culturelles similaires existent à travers le royaume, comme les associations **Fès-Saïss** à Fès, **Ismaïlie** à Meknès, **Bou Regreg** à Salé, **Grand Atlas** à Marrakech, **Tetouan Asmir** à Tetouan ou **Al Mouhit** à Asilah.

Se promener

LA MÉDINA★ ET LA KASBAH DES OUDAÏAS★★ 1 Plan II

Promenade à pied : env. 3h. Laisser la voiture av. Hassan II près du marché couvert.

De l'avenue Hassan II à la kasbah des Oudaïas Plan II D3

L'avenue Hassan II longe le « mur des Andalous », élevé au 17e s., qui sépare la médina de la ville nouvelle.

Prendre, à droite du marché couvert, l'av. Mohammed V, qui pénètre dans la médina ; tourner aussitôt à droite.

Vue de la kasbah au-delà de l'oued Bou Regreg.

Rue Souika Plan II D3

Artère principale de la médina bordée de cafés maures et de boutiques d'alimentation, elle est toujours très animée. Elle mène à la Grande Mosquée, dont on aperçoit le minaret au fond à droite de la rue : ce sanctuaire a été reconstruit à la fin du 19e s. Une partie de la rue est couverte de roseaux : c'est le souk es Sebat, où dominent marchands de babouches et maroquiniers.

Tourner à gauche.

La rue des Consuls et ses abords★ Plan II D3

Cette rue, ainsi dénommée parce que les diplomates y résidèrent jusqu'en 1912, constitue le centre du commerce local. Là sont offerts à la curiosité et à la convoitise des passants les tapis de Rabat, les tentures de Salé, les cuivres martelés et ajourés, les cuirs repoussés, les broderies de soie.

Sur la droite (nos 109 et 93) s'ouvrent deux anciens *fondouks* répartis autour de tours carrées où les voyageurs de passage laissaient leurs mules. On remarquera, à droite, l'impasse du Consulat-de-France ; le père du poète André Chénier, représentant du roi de France au Maroc, y vécut de 1768 À 1782, au no 62.

Les boutiques de la rue des Consuls masquent un quartier bien différent. Pour s'en faire une idée, il suffit de passer à gauche, entre les nos 32 et 30, dans une ruelle qui s'amorce sous une maison : à deux pas de l'agitation et du bruit voici le calme et le silence d'une vieille cité bourgeoise. On pourra faire quelques pas dans d'étroites venelles encadrées de hauts murs d'une éblouissante blancheur rehaussée par le bleu outremer de quelque volet et apprécier les portes de pierre taillée ou sculptée de maintes demeures, souvent le seul ornement de la façade : leurs arcs en plein cintre ou surbaissés retombent sur des pilastres, la plupart du temps surmontés d'un faux linteau reposant sur des colonnettes. Un placage de stuc y ajoute une note mauresque, mais l'esprit de la Renaissance apparaît dans ces portes, œuvres de musulmans venus d'Espagne au 17e s.

Revenir à la rue des Consuls.

Celle-ci aboutit à une vaste place où récemment encore se tenait le souk el Ghezel, le marché de la laine ; mais aux beaux temps de la « course », on y vendait aussi des esclaves – et parmi eux nombre de chrétiens.

La kasbah des Oudaïas★★ Plan II D3

Cette citadelle est ainsi appelée parce qu'un contingent de la tribu des Oudaïas y fut installé par les sultans alaouites pour y tenir garnison et surveiller la ville. Mais sa création remonte au 10e s.

Longeant la muraille crénelée, monter jusqu'à la grande porte monumentale.

Porte des Oudaïas★★ Plan II D3

Bâtie à la fin du 12e s. par Yacoub el-Mansour sur le plus haut lieu de Rabat, c'est un bel exemple de l'habileté des architectes almohades à faire d'un ouvrage défensif une authentique œuvre d'art. Massive mais de proportions harmonieuses, entièrement taillée dans une belle pierre rousse, c'est une véritable forteresse comportant une enfilade de trois salles pouvant loger une petite garnison. L'entrée est protégée par deux robustes saillants dont la seule décoration est faite de l'alternance d'assises épaisses et minces de la pierre. Entre eux s'ouvrent deux arcs concentriques en fer à cheval outrepassés et brisés ; le plus grand s'orne de lobes pointus entourés d'entrelacs façonnés en relief profond. Aux écoinçons s'épanouissent deux grandes palmettes. Une inscription en caractères coufiques court le long du bandeau et retombe de part et d'autre des arcs. Une large frise d'arcatures aveugles couronne le tout, prolongée par deux consoles en saillie que supportent des colonnettes. La porte est en chicane pour rendre plus difficiles les assauts.

À l'intérieur, des expositions temporaires sont organisées dans la galerie Bab el Kebir.

Tourner à droite pour pénétrer dans la kasbah.

En jetant un coup d'œil en arrière on appréciera l'autre face de la porte. Sans atteindre la majesté de la première, elle ne manque pas de caractère. L'absence de saillants, inutiles du côté intérieur, donne plus d'espace et de liberté au décor sculpté.

Plate-forme du sémaphore Plan II D3

Continuant droit devant soi, on emprunte la rue Jamaa qui traverse la *kasbah*. Remarquez, à gauche, la plus vieille mosquée de Rabat ; fondée vers 1150 par les Almohades, elle a été reconstruite au 18e s. Franchissant une porte on atteint la plate-forme du sémaphore : belle **vue**★ sur l'embouchure du Bou Regreg et sur le grand cimetière musulman qui s'étale sur le versant de la colline entre la médina et la mer. Sur la place, on aperçoit un **atelier de confection de tapis**.

Franchir la porte des Oudaïas et redescendre vers la place Souk el Ghezel. À gauche, entre deux vieux canons, une porte s'ouvre dans la muraille sur une allée qui mène à la kasbah et, par le jardin, au musée.

Musée des Oudaïas★ Plan II D3

9h-12h, 15h-17h30 - fermé les mardis et les jours de

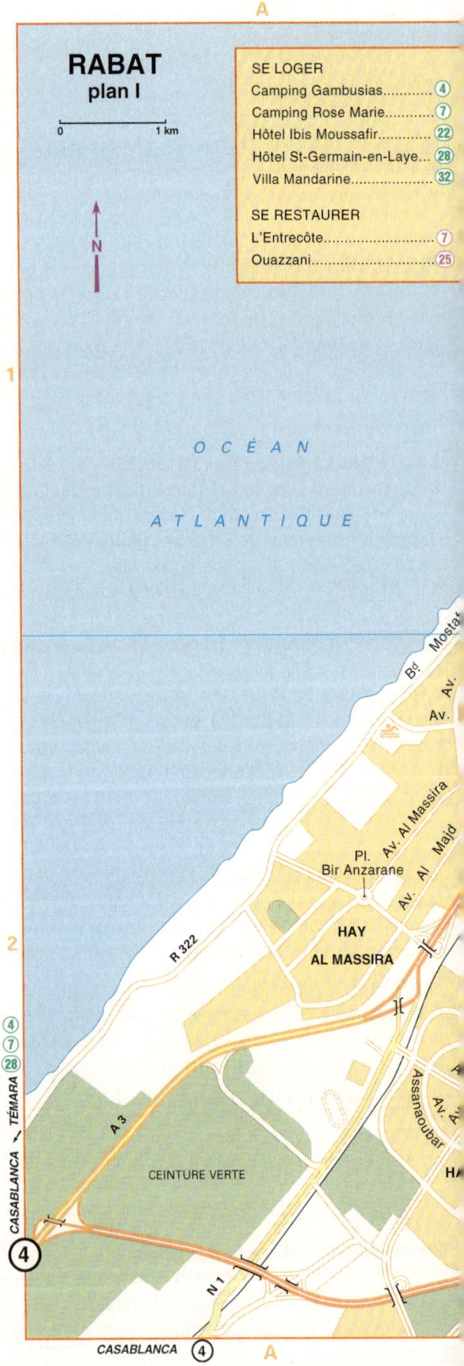

fêtes nationales et religieuses - 10 DH. Pendant le mois du ramadan, les heures d'ouverture peuvent être différentes.

On pénètre d'abord dans un édifice, à cour centrale, dominé par une tour massive de quatre étages. Construit à la fin du 17e s. sous le règne de Moulay Ismaïl, ce palais fut sans doute un pied-à-terre pour le sultan ou la résidence du caïd de la *kasbah*, avant d'être converti en *médersa*. Le vaste patio s'orne d'une vasque de marbre blanc; il est cerné de sobres colonnes, jumelées aux angles, qui supportent les arcs outrepassés de la galerie.

Dans l'ancien oratoire à droite de l'entrée on admire une collection de tapis de différentes régions du Maroc ainsi que du mobilier.

De part et d'autre de la cour, dans des loggias surélevées, est exposée une belle collection de céramiques de Fès, bleue ou polychrome. Dans un réduit d'angle, broderies de Fès, Salé, Meknès. Dans une grande salle, on a reconstitué l'intérieur d'une riche demeure : divans couverts de brocarts (Fès, 19e s.), lits de parade aux lourdes draperies brodées, tapis anciens de Rabat. Une grande baie vitrée garnie de très beaux fers forgés offre une agréable perspective du jardin des Oudaïas. Dans le salon face à la grande salle, bijoux anciens de collection, en or et en argent.

Le jardin des Oudaïas.

C. Brett / MICHELIN

Dans un bâtiment adossé au rempart Moulay Rachid, une salle abrite des instruments de musique traditionnelle citadine et rurale.

Un autre bâtiment tout proche réunit dans une grande salle une intéressante collection consacrée à la vie berbère. On y verra des armes, de somptueux harnachements, des bijoux du sud, ainsi que des mannequins costumés représentant toutes les régions marocaines.

Jardin des Oudaïas★ Plan II D3

Son enceinte fortifiée par Moulay Rachid voyait jadis une grande agitation : gardes, palefreniers, esclaves, gens du caïd ou du sultan s'y affairaient. Mais tout est calme aujourd'hui dans l'agréable jardin andalou qu'on y a aménagé au début du siècle. Baignant au passage une vieille noria, l'eau coule paisiblement parmi les terrasses étagées, plantées de citronniers, de cyprès et de daturas. Les remparts, vieux murs dorés tapissés de volubilis où nichent les cigognes, ont oublié depuis longtemps la ronde des sentinelles.

Dans le mur est du jardin, une porte donne accès à la terrasse du **café maure**, qui domine le Bou Regreg. Vous ne manquerez pas d'y déguster le thé à la menthe, d'autant que la **vue★** sur le fleuve et Salé est très belle, surtout au coucher du soleil.

Sortir sur la place Souk el Ghezel et emprunter la petite porte d'accès à la médina (à la droite du parking).

Un jardin hispano-mauresque

Le jardin des Oudaïas est un des exemples de **riad**, ou jardin clos, que l'on rencontre souvent au Maroc, et qui est conçu suivant le plan classique des jardins de style hispano-mauresque.

Toujours clos de hauts murs (ici, aux Oudaïas, une muraille crénelée, flanquée de tourelles, qui entoure le jardin et le sépare du monde extérieur), le *riad*, dont la composition s'inscrit dans un rectangle plus ou moins régulier, est souvent doté, lorsqu'il ne fait pas partie intégrante d'une demeure, de bâtiments qui se font face à deux de ses extrémités. Ces salles largement ouvertes avec galeries ou ces pavillons en avant-corps sont alors reliés par plusieurs allées rectilignes dallées, plus ou moins larges, se coupant à angle droit, des vasques ou des jets d'eau marquant leurs points de rencontre.

Le jardin constitue cependant le plus souvent le cœur de riches demeures ou de palais autour duquel ces derniers s'articulent, se dotant de loggias, de balustrades en fer forgé ou de fines galeries de bois et d'un kiosque au dôme souvent peint d'arabesques. Il offre au regard une profusion de fleurs et d'arbustes – bananiers, citronniers, daturas, lauriers-roses, orangers – distribués sans plan apparent dans des carrés qu'arrosent des séguias, et mêlant parfois leurs branches aux masses sombres de cyprès qui encadrent une fontaine centrale.

Mais le charme particulier de ce type de jardin – que l'on retrouve notamment à Fès, au palais de Dar Batha, à Meknès, au palais Jamaï, ou à Marrakech, où il agrémente les belles demeures de Dar Si Saïd et du palais de la Bahia – c'est qu'il participe à l'ordonnance architecturale de l'édifice pour lequel il a été conçu et procure au visiteur une forte impression de paix et de fraîcheur.

SE LOGER

Auberge de jeunesse.......... 1
Dar Al Batoul.......... 10
Golden Tulip Farah.......... 13
Helnan Chellah Hôtel.......... 16
Hôtel Balima.......... 19
Hôtel Rabat.......... 25
La Tour Hassan.......... 31
Mercure Shéhérazade.......... 34
Riad Oudaya.......... 37
Riad Kasbah.......... 40
Sofitel Diwan.......... 43

SE RESTAURER

Dar Rbatia.......... 1
Dinarjat.......... 4
L'Éperon.......... 10
La Caravelle.......... 13
Le Goéland.......... 16
Le Grand Comptoir.......... 19
Le Petit Beur.......... 22
Restaurant de la Plage.......... 28
Tajine Wa Tanjia.......... 31

L'histoire d'un saint et de son sanctuaire à travers une légende r'bati…

Moulay el Mekki, dont la mosquée de la rue Sidi Fatah porte le nom, était originaire de la famille des *chorfa* d'Ouezzane. Ayant quitté sa ville natale pour se rendre à Rabat, il arriva à dos de mule à Salé. Mais là, pas de barque pour franchir le Bou Regreg ; Moulay el Mekki invoqua l'aide de Dieu. Sa mule se mit alors à marcher sur l'eau, le menant sur l'autre rive du fleuve, au grand étonnement de l'assistance. Descendant ensuite l'actuelle rue Sidi-Fatah, il s'arrêta devant la demeure d'un riche commerçant atteint d'un mal incurable. Prenant un peu de terre, il l'introduisit dans le nez du malade. Ce dernier éternua aussitôt et se trouva guéri. Reconnaissant, il offrit à son sauveur sa demeure et tous ses biens.
À la mort du saint homme, en 1737, son corps fut inhumé dans l'oratoire qui porta dès lors son nom. Son sanctuaire, situé dans la partie la plus ancienne de l'actuelle mosquée, servit ultérieurement de *zaouïa* et fut agrandi à plusieurs reprises. Le minaret ne fut construit qu'en 1907, date à laquelle le sanctuaire devint une mosquée à prône.

De la kasbah des Oudaïas à l'avenue Hassan II Plan II D3-D4

On suit une ruelle qui rejoint la rue Skaia Bel Mekki. Sur la droite, une élégante fontaine est adossée à **Dar Lemrini**, demeure andalouse construite en 1920 qui accueille aujourd'hui des manifestations culturelles.

Poursuivre la rue et prendre à gauche la rue Sidi Boukerkat, puis à droite la rue That el Hamman.
Parmi les nombreux sanctuaires qui bordent celle-ci, la **mosquée Moulay el Mekki** présente un élégant minaret octogonal orné d'arcs à stalactites au-dessus des fenêtres et une jolie porte surmontée d'un auvent de bois peint.

La rue Sidi Fatah longe, à l'angle de la rue Souika, la mosquée Moulay Sliman (1812) et ramène, par Bab al Bouiba, à l'avenue Hassan II.

DE BAB ER-ROUAH À LA TOUR HASSAN 2 Plan II

Environ 2h15. Partir en voiture de l'avenue Mohammed V. Prendre à gauche, devant la poste, la rue Soekarno, qui franchit la muraille par une porte double. Tourner aussitôt à gauche.

L'avenue Ibn Toumerte longe les remparts ocre bordés de pelouses fleuries et de palmiers.

Parvenu à hauteur de l'avenue An-Nasr, garer la voiture sur la place devant Bab er-Rouah.

Bab er-Rouah★ Plan II D5

Enchâssée dans la muraille almohade, cette porte – son nom signifie « porte des Vents » car elle est fouettée par les vents marins – est contemporaine de celle des Oudaïas. C'est un ouvrage défensif en chicane. Deux énormes saillants donnent quelque rudesse à la façade de pierre, dont la sculpture offre pourtant une aimable composition : deux grands arcs festonnés dessinent les lignes maîtresses ; dans chaque écoinçon une grande palmette s'épanouit dans une végétation d'entrelacs ; une citation ancienne se déroule sur le bandeau, tandis que deux colonnettes d'angle ajoutent une note de fantaisie au monument.
L'intérieur comporte plusieurs salles dont deux à ciel ouvert ; la première est couverte d'une remarquable coupole sur trompes, à cannelures rayonnantes.
La galerie Bab Rouah installée dans ces salles présente régulièrement des expositions d'artistes marocains contemporains. **Mohammed Chebaâ**, **Hassan Glaoui**, **Labied Miloud**, **Mohamed Melehi** et **Farid Belkahia**, entre autres, y exposèrent leurs œuvres à plusieurs reprises. C'est ici que se tint en 1960 la première exposition collective de peintres marocains, annonçant le foisonnement de la création picturale de ces dernières années.

Reprenant la voiture, traversez l'enceinte à gauche de Bab er-Rouah.

Balade botanique

Le vaste **jardin d'essais** quelque peu laissé à l'abandon, et communément appelé « jardin n'dissi », est divisé en deux par l'avenue An Nasr (qui part de Bab er-Rouah). À l'origine, la partie sud était réservée aux essais d'acclimatation des plantes exotiques comme les cactées, la partie nord étant en grande partie plantée d'orangers et de palmiers.

Suivez l'avenue Moulay-Hassan et, 200 m plus loin, franchissez, à droite, la porte qui donne accès au *méchouar*, vaste enclos où se dresse le palais du roi. Contournez le *méchouar*.

Palais du Roi Plan II D5

Visite de l'extérieur seulement.

Sur la droite s'ouvre l'entrée principale du palais, grande porte monumentale de pierre jaune au toit de tuiles vernissées.

L'actuel Dar el Makhzen, édifié en 1864 sur l'emplacement d'un palais de la fin du 18e s., a été considérablement agrandi jusqu'à ces dernières années.

Dans l'enceinte du palais se répartissent des cours et patios andalous autour desquels se trouvent le Cabinet royal, le ministère de la Maison royale et du protocole et les services du Premier ministre.

Traverser l'esplanade dallée.

À gauche s'élève la mosquée Ahl Fas, où le roi se rend parfois en grand cortège, le vendredi de 12h30 à 13h.

Quitter le méchouar par une porte après laquelle on tourne à droite dans l'avenue Yacoub-al-Mansour. Franchir Bab Zaers et suivre la petite route (partant, fort discrètement, du rond-point) qui se dirige vers l'enceinte de Chellah.

Chellah★★ Plan II E5

10 DH, billet combiné avec les ruines antiques de Sala (compter 10 DH pour se rendre en taxi du centre de Rabat à la porte de Chellah.)

Aux portes de la ville, Chellah sommeille dans un isolement quasi rural. « Le site le plus romantique du Maroc » a-t-on dit ; de fait, une forte impression de mystère et de solitude plane sur ses murailles, ses ruines et ses tombes.

Ancienne ville romaine longtemps désertée, Chellah connut un nouveau destin lorsque, au 13e s., les souverains mérinides choisirent ce lieu pour leur dernier repos.

La muraille rougeâtre de pisé, partiellement renforcée de pierre et de brique, comporte des tours aménagées en chambres de tir. Elle fut achevée en 1339 par le sultan Abou el Hassan afin de protéger les tombeaux de ses ancêtres et les fondations pieuses de Chellah.

J. Malburet / MICHELIN

Chellah : un refuge pour les cigognes.

La porte★ – Élégante réussite de l'art mérinide, une belle porte en pierre de taille donne accès à la cité des morts. Sa façade, richement sculptée, est flanquée de deux tours hexagonales : le passage au plan carré des bastions qui les couronnent se fait harmonieusement par des encorbellements garnis de stalactites.

Franchir la porte coudée.

Un sentier coupé d'escaliers descend vers un vallon silencieux où croissent en liberté roseaux et figuiers de Barbarie, micocouliers, oliviers et bananiers : un charme émouvant se dégage de la cité morte, où une végétation vigoureuse envahit les ruines peuplées de cigognes, où des cultes divers se sont succédé à travers les âges, où traînent maintes légendes d'un passé fabuleux. Ne raconte-t-on pas que Chellah fut jadis une cité merveilleuse où l'or et l'argent se trouvaient en telle abondance qu'on allait jusqu'à en faire les chaînes pour tenir en laisse les ânes et les chiens ? Et qu'aujourd'hui des génies gardent encore des trésors enfouis dans la terre ?

La nécropole★ – *Se diriger d'abord à droite, vers les koubbas qu'on aperçoit à flanc de coteau.* Au pied de la dernière (le saint qu'on y vénère est peut-être d'époque pré-islamique) s'étend un bassin de pierre qui servit de fontaine aux ablutions pour les sanctuaires mérinides. La source miraculeuse qui l'alimente fait l'objet d'un culte dont l'origine remonte sans doute à des temps immémoriaux. Elle contient des anguilles sacrées et des tortues ; on dit aussi qu'au fond de la source vit un poisson fabuleux paré d'anneaux d'or.

Revenant sur ses pas, franchir l'enceinte qui ferme la nécropole royale.

On traverse d'abord une petite mosquée en ruine à trois travées (à gauche, une porte montre encore partiellement un revêtement de céramique vernissée).

Au fond à droite, un passage, près d'un minaret tronqué, donne accès à la **chambre funéraire d'Abou el Hassan**. Au pied d'un mur de pierre rose finement ciselée, on peut voir la tombe du sultan, mort en 1351, dernier souverain mérinide enterré ici (ses successeurs se firent inhumer à Fès.).
Tout près, un autre tombeau : celui de son épouse, une chrétienne convertie à l'islam, dont l'épitaphe nous apprend qu'elle répondait au nom charmant de « Soleil du matin » (Chems ed Douha). Connue aussi sous le nom de Lalla Chellah, la **« Dame de Chellah »** fait l'objet d'un véritable culte et règne sur tout l'enclos.

Se diriger vers le minaret qui domine la nécropole.
On atteint une cour, pavée de mosaïque autour d'un bassin rectangulaire avec deux vasques ; elle est encadrée de galeries sur lesquelles s'ouvrent de petites cellules. L'édifice, assez ruiné, est une **zaouïa** ; dans cette maison de prières, des lecteurs du Coran assuraient aux hôtes défunts de la nécropole le bénéfice de perpétuelles oraisons.
La disposition des lieux est assez analogue à celle d'une *médersa*. À droite, on peut voir les restes de l'oratoire avec son mihrab cerné d'un couloir semi-circulaire ; il suffisait jadis d'en faire sept fois le tour pour mériter le titre de *hadj*, normalement réservé aux pèlerins de La Mecque. À gauche s'élève le charmant **minaret** construit par Abou el Hassan, où la pierre, le marbre et la faïence s'allient à la patine des ans pour le plus joli effet ; un nid de cigognes couronne le lanternon décoré de zelliges.

Revenir à l'entrée de la nécropole. Aussitôt après la porte, tourner à droite et longer le mur jusqu'au pied du minaret. À droite s'ouvre l'accès aux ruines romaines.

Ruines de Sala – On remarquera tout d'abord, sur la gauche, une petite fontaine garnie de niches. Le forum auquel on accédait par une rampe s'ouvrait à gauche par un arc de triomphe à trois arches dont on voit encore la base des piles.
À droite de l'arc de triomphe, huit profondes salles voûtées en plein cintre sont d'anciennes boutiques qui soutiennent une terrasse sur laquelle était édifié le temple du Capitole. Au-delà du temple, la voie principale de la ville – le *Decumanus Maximus* – a été dégagée. Elle croise une voie secondaire, pavée de larges dalles, que bordaient une douzaine de boutiques.

Reprendre la voiture, revenir vers Bab Zaers mais tourner à droite dans le boulevard Moussa ibn Nossaïr.

Il longe les remparts almohades et offre une jolie **vue** sur les remparts de terre de Chellah, qui prennent une belle teinte dorée sous la caresse des rayons du soleil. On domine ensuite la vallée du Bou Regreg.

Garer la voiture près des ruines de la mosquée Hassan.

Ruines de la mosquée Hassan et mausolée de Mohammed V

Plan II E3-E4

Un cimetière de colonnes et un minaret inachevé, c'est tout ce qui reste de la plus vaste mosquée d'Occident. Nul monument n'exprime mieux la grandeur de l'empire almohade. Construite par Yacoub el-Mansour vers 1196, ses dimensions inusitées devaient répondre aux besoins d'une troupe nombreuse concentrée en permanence dans le « Ribat el Fath » pour la guerre sainte. Couvrant plus de 2,5 ha, elle comptait 400 colonnes ou piliers délimitant 19 nefs de 21 travées, et 14 portes. Son plan rectangulaire était d'une parfaite symétrie, ce qui est rare dans les sanctuaires marocains, qui ont souvent été l'objet de remaniements successifs.
Mais l'édifice ne fut jamais terminé. Laissé à l'abandon, il tomba peu à peu en ruine tandis que les habitants de la *kasbah* venaient y prélever des matériaux pour leur usage. Le grand tremblement de terre de 1755 lui donna le coup de grâce. (Le beau dallage blanc qui supporte aujourd'hui l'alignement des colonnes a été posé récemment.)

Tour Hassan★★ – Le minaret a mieux résisté à la destruction et au pillage. Sa silhouette puissante peut paraître un peu lourde à qui oublierait qu'il s'agit d'une œuvre inachevée.
Construite en gros appareil de pierres, elle est d'une couleur ocre – sauf le côté nord où le vent marin l'a recouverte d'un dépôt gris argent. Profondément sculptées, ses quatre faces offrent chacune un décor différent où la force et la subtilité trouvent le juste point d'équilibre d'une perfection toute classique. Les fenêtres sont enchâssées dans des arcatures lobées ou à lambrequins, qui s'élèvent jusqu'au magnifique tapis de réseaux losangés couronnant l'édifice.

Traverser à nouveau les ruines de la mosquée jusqu'à l'extrémité opposée au minaret.

Mausolée Mohammed V★ – L'esplanade de la mosquée Hassan est le cadre grandiose choisi pour immortaliser la mémoire de Mohammed V, réalisateur de l'indépendance marocaine. Dans le prolongement du sanctuaire détruit, une nouvelle mosquée prend le relais de l'ancienne. À droite, une élégante colonnade entoure le musée-bibliothèque où seront rassemblés les souvenirs du roi défunt ; à gauche s'élève le **mausolée★** de style traditionnel conçu par l'architecte **Éric Vo Toan**.

La tour Hassan.

Les tombeaux de Mohammed V et de ses deux fils (Hassan II repose du côté opposé à l'entrée, dans le coin gauche) sont placés dans une vaste chambre funéraire que surplombe une galerie courant le long des murs de marbre, richement décorés ; la salle est couverte d'une somptueuse coupole d'acajou et de cèdre revêtue de feuilles d'or. Le concours des meilleurs artisans du Maroc a été requis pour exécuter la décoration de ce mausolée, selon les techniques ancestrales.

Reprendre la voiture et continuer par le boulevard Hassan II jusqu'à l'avenue Mohammed V, que l'on suit jusqu'à son croisement avec l'avenue Moulay Hassan. Se garer à proximité.

Musée archéologique★ Plan II D4

23 r. Al-Brihi. ✆ 037 70 19 19 - tlj sf mar. 9h-12, 14h30-18. 10 DH (-12 ans gratuit).

Créé au début des années 1930, ce musée offre le fruit des fouilles pratiquées sur les principaux sites préhistoriques, pré-islamiques et islamiques du Maroc.

Dans le hall sont présentées les méthodes de recherches archéologiques (prospection, photogrammétrie, restauration, datation…) et une carte des principaux sites du Maroc.

Le rez-de-chaussée, réservé à la préhistoire marocaine, abrite différents objets qui caractérisent les principales civilisations : acheuléen, moustérien, atérien, épipaléolithique, néolithique et protohistoire.

Le premier étage est consacré en partie à l'archéologie islamique. Les fouilles conduites sur les sites de Volubilis, Sijilmassa, Belyounech, Qsar Saghir, Chichaoua… montrent l'importance et la variété des témoins matériels de l'histoire du Maroc musulman : *al Maghrib al Aqsa* (le Maghreb extrême) était un des foyers les plus florissants du monde musulman ; le site de Sala-Chellah – ville maurétanienne et romaine devenue, au 13e s., nécropole royale – révèle le raffinement du décor dans l'art de bâtir ; Chichaoua, célèbre pour son industrie du sucre, qui remonterait au 11e s. et que les Saâdiens développèrent par la mise en place d'une installation hydraulique, se distingue également par le soin apporté au décor de ses demeures ; Belyounech, où l'on a retrouvé les vestiges de la *muniya* (ville de plaisance islamique), nous renseigne sur les rapports ville-campagne à l'époque médiévale (13-15e s.). Des céramiques, mises au jour sur ce site et datées du Bas Moyen Âge mérinide, témoignent par ailleurs des échanges commerciaux avec la péninsule Ibérique.

Sites du Maroc romain

Banasa – *Carte Michelin n° 742 plis 5, 9 et 27. Voir à Kénitra, p. 219*
Cotta – *Carte Michelin n° 742 plis 5 et 9. Voir « circuit du cap Spartel » à Tanger, p. 265.*
Lixus – *Carte Michelin n° 742, pli 9. Voir à Larache p. 222.*
Sala Colonia – *Voir ci-dessus, Chellah.*
Thamusida – *Carte Michelin n° 742 plis 5 et 8-9. Voir à Kénitra, p. 219*
Volubilis★ – *Carte Michelin n° 742 plis 5, 9 et 27. Voir p. 351.*

En prolongement du rez-de-chaussée, un patio présentant des collections lapidaires offre aux visiteurs toute une série de stèles, d'ex-voto et de gravures rupestres.
La salle ovale, terme de la visite et point d'orgue de l'exposition, rassemble une très intéressante collection de **bronzes romains★★** : certaines œuvres se rattachent à la tradition hellénistique (Juba II, le pêcheur…), d'autres n'excluent pas une certaine stylisation dans leur traitement (chien de Volubilis). D'autres pièces provenant de Mogador, Banasa, Lixus, Cotta sont présentées par thèmesn évoquant la vie publique et privée aux époques phénicienne, carthaginoise, maurétanienne et romaine (céramiques peintes, diplômes militaires, statues des dieux locaux, mobilier en bronze…).

M. Gurfinkel / MICHELIN

Le chien de Volubilis (Musée archéologique).

Quartier des ministères et des ambassades★ Plan II E5

De tous les quartiers modernes de Rabat, le plus élégant est l'ancien quartier de la Résidence, où se groupent, dans un véritable parc de verdure et de fleurs, ambassades et ministères.

En revenant vers le centre, on contourne la mosquée As Sounna (18e s.), dont le haut minaret domine la belle perspective de l'avenue Mohammed V, qui pénètre au cœur de la cité : là, entre la gare et le jardin du **Triangle de Vue**, se concentre l'animation de la ville moderne.

Aux alentours

Salé★★

3 km au nord par le pont Moulay Hassan. *Voir p. 252.*

Jardins exotiques de Rabat-Salé

13 km vers le nord (① sur le plan). Entrée très discrète sur la gauche de la route, à hauteur du panneau annonçant : « musées Belghazi à 5 km ». Deux circuits fléchés permettent de parcourir les jardins. L'un, fléché sur fond jaune, au parcours très accidenté, demande 1h30 environ. L'autre, fléché sur fond rouge, n'offre pas de difficultés et demande 1h. 9h-18h -10 DH.

Créés en 1951 par M. François, ingénieur horticole, ces jardins (pas toujours bien fréquentés et qui mériteraient d'être mieux entretenus), avaient pour but d'introduire et d'acclimater au Maroc des espèces exotiques ornementales, et de démontrer que, sur une terre primitivement stérile, il est possible de faire pousser une végétation luxuriante issue des climats les plus divers. Plus de 1 500 espèces ou variétés différentes y sont représentées.
Un dédale de sentiers vous permettra de faire connaissance avec les flores du Congo, du Mexique, du Brésil, de l'Australie, de Madagascar, de Polynésie, du Japon, des Antilles et de la Chine, dans des sites évoquant les paysages de régions du monde.

Musée Dar Belghazi★

17 km sur la route de Kénitra-Bouknadel, à hauteur de la plage des Nations. 8h30-18h - 40 DH/100 DH visite complète avec accès aux réserves - ✆ 037 82 21 78 - fax 037 82 21 79 - www.maghreb.net.ma/belghazi

Créé par **Abdelilah Belghazi**, sculpteur sur bois renommé issu d'une famille de collectionneurs et d'artistes fassi, ce musée privé rassemble quelque 7 500 pièces exceptionnelles d'artisanat marocain, exposées par roulement sur une surface d'environ 5 000 m^2. On ne saurait assez recommander aux visiteurs d'opter pour la visite complète du musée, qui permet d'accéder aux réserves et de découvrir, dans un lieu tenant de la caverne d'Ali Baba, l'ensemble de ces extraordinaires **collections★★**.

Celles-ci couvrent la totalité des arts traditionnels marocains : bois sculpté, avec des coupoles de cèdre provenant de Meknès ou de Fès, des **minbars** ou chaires à prêcher, des **aâmmariates** (chaises de cérémonies nuptiales) et de somptueuses portes ; tapis ; costumes (magnifiques caftans et châles de mariées) ; orfèvrerie avec, entre autres, une remarquable collection de bracelets de chevilles comprenant le bracelet « lune et soleil » en or rouge et jaune serti d'émeraudes et de rubis ; manuscrits enluminés, dont le plus petit Coran du monde, mesurant 27 mm, écrit avec une pointe d'aiguille et inséré dans une loupe ; instruments de mesure ; poteries bleues de Fès et vertes de Meknès ; instruments de musique. La visite s'achève sur la galerie juive marocaine exposant des objets de culte et des bijoux juifs berbères.

Le musée est également un centre culturel qui accueille des universitaires et des chercheurs.

Circuit de découverte

Forêt de la Maâmora★

Circuit de 98 km. Quitter Rabat par ② du plan et suivre la direction Meknès-Fès jusqu'à Sidi Allal Bahraoui, où l'on tournera à gauche en direction de Kénitra. Le retour à Rabat s'effectuera par la route de Kénitra-Salé. On évitera de s'engager en voiture sur les pistes et les tranchées sablonneuses dont la viabilité est très incertaine.

La forêt de la Maâmora, au nord-est de Rabat, représente à elle seule près de la moitié des boisements de chêne-liège du Maroc. Elle couvre 134 000 ha d'un seul tenant, soit plus de cinq fois la superficie de la forêt de Fontainebleau.

Les chênes-lièges, auxquels se mélangent des poiriers sauvages, sont de beaux arbres qui poussent rapidement grâce à l'humidité du climat atlantique. L'espacement des arbres et l'absence presque complète de taillis donnent à la forêt l'allure d'un immense parc, très agréable à parcourir, surtout au printemps quand le sol se couvre, dans les parties humides, de jacinthes, d'iris et de narcisses et que les poiriers sont en fleur.

La forêt est exploitée pour le liège, qui est excellent, et pour le bois. Le liège de reproduction (liège femelle) qui se forme après l'enlèvement de la première couche (liège mâle) atteint en neuf ans l'épaisseur marchande de 25 mm.

D'importants reboisements ont été entrepris depuis la guerre. Dans le nord, en particulier, plusieurs dizaines de milliers d'hectares ont été replantés d'eucalyptus, d'acacias et de pins, au point que si le chêne-liège couvrait autrefois plus de 75 % de la surface totale de la Maâmora, aujourd'hui, dépassé par les espèces exotiques, il n'occupe désormais que 45 % de la forêt. L'eucalyptus alimente l'usine de cellulose et de pâte à papier de **Sidi Yahya du Rharb**, toute proche.

Rabat pratique

Informations utiles

Office national marocain du tourisme (ONMT) – *R. Zallaqa, angle r. Oued Al Makhazine (Agdal)- ✆ 037 67 39 18 - fax 037 67 40 15 -sdg@onmt.org.ma - www.onmt.org.ma.*

Délégation régionale du tourisme – *22 av. d'Alger - ✆ 037 66 06 63 - fax 037 72 59 91.*

M. Gurfinkel / MICHELIN

Poste – *Av. Mohammed V - www.poste.ma. - lun. -vend. 8h-16h30, permanence 16h30-18h, sam. 8h-12h.*

Argent – Vous trouverez sans difficultés des agences bancaires équipées de distributeurs automatiques de billets dans le centre, notamment sur les avenues Mohammed V et Hassan II.

Hôpital – **CHU Ibn Sina (ancien hôpital Avicennes)** - *Quartier Souissi - ✆ 037 67 28 71/72 et urgences ✆ 037 67 44 50.*

Pharmacies – **Pharmacie de nuit. La préfecture** - *Av. Moulay Slimane, à côté de la préfecture (Wilaya) - permanence 20h-8h, sam. 14h-lun. 8h.*

Internet – Nombreux cybercafés dans le centre, à proximité des av. Hassan II et Mohammed V.

AMBASSADES

France – *3 r. Sahnoune - ✆ 037 68 97 00.*

Belgique – *6 av. Mohammed El Fassi (ancienne av. de Marrakech) - ✆ 037 26 80 60.*

Canada – *13 bis r. Jâafar Assadik (Agdal) - ✆ 037 68 74 00.*

Suisse – *Square Berkane - ✆ 037 70 57 48.*

CONSULATS

Canada – *31 r. El-Amzah - ✆ 037 67 23 75/24 31 (répondeur).*

France – *49 av. Allal ben Abdellah - ✆ 037 26 81 81.*

Suisse – *Square Berkane - ✆ 037 70 69 74.*

NUMÉROS D'URGENCE

Police – *✆ 19.*

Pompiers – *✆ 15.*

Gendarmerie – *✆ 177.*

SAMU – *✆ 037 73 73 73.*

Pharmacie de garde – *✆ 037 71 36 26 ou 068 59 51 51.*

Dentistes d'urgence – *✆ 037 70 01 01.*

SOS Médecins – *✆ 037 20 20 20 (24h/24) - consultation à domicile 180 DH et 250 DH nuit et w.-end.*

Transports

AÉRIENS

Aéroport de Rabat-Salé – *12 km au nord de Rabat sur la route de Meknès - ✆ 037 80 80 89/90.* Vols en provenance de Paris assurés par Air France et la RAM. Depuis l'aéroport, prendre un grand taxi pour se rendre au centre-ville (compter 150 DH). Peu de vols intérieurs : il faut emprunter en gare de Rabat Ville ou Rabat Agdal la navette ferroviaire pour l'aéroport Mohammed V de Casablanca. Compter 2h.

Air France – *281 av. Mohammed V - ✆ 037 70 75 80/63 22 (composer le 02 29 40 40 pour obtenir le service central de réservation d'Air France pour tout le Maroc) - lun.-vend. 8h30-12h15, 14h30-18h30 ; sam. 9h-12h15.*

Royal Air Maroc – *Av. Mohammed V ; 9 r. Abou Faris Al Marini - ✆ 037 70 97 00 - réservations ✆ 037 70 97 10 et call center RAM ✆ 0900 0 0800.*

FERROVIAIRES

Gare de Rabat Agdal – *R. Abd Ar Rahman Al Ghafiki - ✆ 037 73 60 60 et call center ✆ 090 20 30 40 - www.oncf.ma.* Les trains desservant Rabat Ville s'arrêtent également dans cette gare. 60 fois par jour, toutes les 30mn, de 6h30 à 21h30, le Train navette rapide (TNR) parcourt les 100 km qui séparent Rabat de Casablanca. Trains également pour Meknès, Fès, Tanger et Marrakech. Liaisons Rabat-Salé en 7mn, toutes les 30mn, avec le *Bou Regreg*, une nouvelle desserte urbaine mise en place en 2006 (10 DH).

Gare de Rabat Ville – *Av. Mohammed V - ✆ 037 70 74 69 ou 037 73 60 60 et call center ✆ 090 20 30 40.* La plupart des trains desservant Rabat Agdal s'arrêtent également ici, à deux pas du centre.

ROUTIERS

Gare routière – *Av. Hassan II, km 5 (Karma) - ✆ 037 79 58 16 et centre d'appel CTM ✆ 022 54 10 10.* Cars de la CTM pour Casablanca, Fès, Tanger, Marrakech.

Grands taxis – Station en face de la gare de Rabat Ville.

Petits taxis – Bleus à Rabat, jaunes à Salé. Tarifs majorés de 50 % après 20h en hiver, 21h en été. Attention : les petits taxis de Rabat ne sont pas autorisés à se rendre à Salé et réciproquement. Vous devrez donc utiliser un grand taxi pour visiter la ville voisine (où l'autobus n° 16).

Fourrière – *✆ 19.*

Rabat parking – *✆ 037 66 14 72/73/74.* Pour faire retirer un sabot dans les zones à stationnement payant…

LOCATION DE VOITURE

Avis – *7 r. Abou Faris El Marini - ✆ 037 76 97 59.*

Budget – *À l'aéroport et av. Mohammed V - ✆ 037 70 57 89.*

Europcar – *25 bis r. Patrice Lumumba - ✆ 037 72 23 28 - reservations@europcar.ma - www.1stmaroc.com/europcar/.*

Hertz – *467 av. Mohammed V - ✆ 037 70 92 27/73 66.*

Se loger

À RABAT

⛁⛁⛁ **Hôtel Balima** – *Av. Mohammed V - ✆ 037 70 86 25 et 037 70 77 55 - fax 037 70 74 50 - 71 ch. - 536 DH ☕ - Restaurant (menu et carte).* Cet hôtel un peu défraîchi a pour lui d'être très central. Une institution…

⛁⛁⛁ **Mercure Shéhérazade** – *21 r. de Tunis (quartier Hassan) - ✆ 037 72 22 26/28 - fax 037 742 45 27 - H2962@accor.com - www.mercure.com - 77 ch. - 566 DH ☕ - P.* Situé non loin du mausolée de Mohammed V, il est confortable mais certains soirs assez bruyant (à cause de la boîte de nuit notamment).

⛁⛁⛁ **Riad Kasbah** – *49 r. Zirara, (kasbah des Oudaïas) - ✆ 037 70 52 47 - reservations@riadrabat.com - www.riadoudaya.com - 6 ch. - 980 DH ☕.* Même propriétaire que le précédent.

⛁⛁⛁ **Dar Al Batoul** – *7 Derb Jirari - ✆/fax 037 72 72 50 - albatoul@menara.ma - www.riadbatoul.com - 8 ch. - 870 DH - 1 suite : 1 400 DH ☕.* Situé à l'entrée de la médina, cette maison d'hôte est installé dans un palais vieux de deux siècles. Depuis la terrasse, la vue sur la *kasbah*, l'embouchure du Bou Regreg, Salé et la tour Hassan est somptueuse.

⛁⛁⛁⛁ **Riad Oudaya** – *46 r. Sidi Fateh (médina ; parking av. El Alou)- ✆ 037 70 23 92 - reservations@riadrabat.com - www.riadoudaya.com - 2 ch. - 1 350 DH ☕ - 2 suites : 1 650 DH ☕ - menu 330 DH pour les non-résidents et 250 DH pour les résidents.* Une maison r'bati toute blanche restaurée et aménagée en maison d'hôtes de charme au cœur de la médina. Le patio est un enchantement.

⛁⛁⛁⛁ **Helnan Chellah Hôtel** – *2 r. d'Ifni - ✆ 037 66 83 00 - fax 037 70 63 54 - chellah@helnan.com - www.helnan.com - 111 ch. - 1 700 DH - 6 suites - ☕ 95 DH.* L'hôtel a été entièrement rénové en 2004. Les chambres offrent un confort standard. Cet établissement dispose, en outre, d'un restaurant panoramique, **Kanoun Grill** *(12h-23h)* et d'un centre de fitness *(8h-22h30)*.

⛁⛁⛁⛁ **Golden Tulip Farah** (ex-Safir et ex-Siaha) – *Pl. Sidi Makhlouf - ✆ 037 23 74 00 - fax 037 72 21 55 - sales-farahrabat@menara.ma - www.farah-hotel.com - 1 900 DH - ☕ 100 DH - taxes : 14 DH par pers./nuit - 🏊 - P.* Situé sur les hauteurs de Rabat et doté d'une terrasse panoramique quasi circulaire, cet hôtel de luxe offre de belles vues à la fois sur Rabat, sur Salé et, au-delà du paisible Bou Regreg, sur l'Océan. Piscine en plein air sur cette même terrasse, restaurant panoramique, piano-bar, sauna, fitness, etc.

⛁⛁⛁⛁ **Sofitel Diwan** – *Pl. de l'Unité Africaine - ✆ 037 26 27 27 - fax 037 26 24 24 -H2820@accor.com - www.sofitel.com - 88 ch. : à partir de 1 850 DH - 6 suites : à partir de 2 400 DH - ☕ 140 DH - taxes : 12 DH /pers./nuit.* Hôtel luxueux comprenant restaurants, brasserie, piano-bar et centre de remise en forme (hammam, massages).

⛁⛁⛁⛁ **Hôtel Rabat** – *21 av. Chellah - ✆ 037 70 00 71 - fax 037 70 00 59 - hotelrabat@menara.ma - www.hotelrabat.com - 1 600 DH - suites : 2 800 DH- ☕120 DH - taxe 32 DH - P.* Hôtel à l'architecture majestueuse et épurée (ouvert en 2006). Le hall est splendide et rappelle un peu un paquebot de luxe. Les chambres sont confortables et bien équipées. Deux restaurants, un pub et coffee shop…

⛁⛁⛁⛁ **La Tour Hassan** – *26 r. Chellah - ✆ 037 23 90 00/62 - fax 037 72 54 08 et 037 73 18 66 - thassan@menara.ma - www.latourhassan.com - 2 800 DH (à moins que vous n'exigiez la suite Grand Vizir, de 130 m², à 12 500 DH la nuit !) - ☕ 170 DH - taxes : 32 DH/pers./nuit - menu 250 DH.* Entièrement rénové, ce superbe hôtel compte parmi les meilleurs de la capitale.

À AGDAL

⛁⛁ **Hôtel Ibis Moussafir** – *32/34 r. Abderrahmane El Ghafiki, pl. de la gare Rabat (Agdal) - ✆ 037 77 49 19/26 - fax 037 77 49 03 - h2036@accor.com - 420 DH ☕.* Cette halte tout à fait convenable, dispose en outre d'un restaurant.

À SOUISSI

⛁⛁⛁⛁ **Hôtel Villa Mandarine** – *19 r. Ouled Bousbaa - ✆ 037 75 20 77 - reservation@villamandarine.com - fax 037 63 23 09 - www.villamandarine.com - 30 ch. : 2 200 DH ☕ - 6 suites : 3 800 DH ☕ - menu 180 DH - 🏊.* Au centre d'une orangeraie, c'est une belle maison ancienne qui a été rénovée avec raffinement et aménagée en hôtel. Patio, piscine, décoration raffinée contribuent au charme du séjour.

À SALÉ

Voir p. 255.

À TEMARA-PLAGE

⛁⛁ **Hôtel Saint-Germain-en-Laye** – *À Temara Plage - ✆ 037 74 42 30 - fax 037 74 48 50 - 25 ch. - 398 DH - ☕ 37 DH.* Cet hôtel ordonne autour d'un patio central ses chambres, qui disposent toutes d'un balcon, d'autant plus agréable que l'hôtel est posé sur la plage. Bar panoramique donnant sur l'Océan, comme le restaurant de poisson, **Le Dauphin**. Quelques problèmes, cependant, y ont été remarqués.

CAMPINGS

Gambusias – *R. Chiahna, rte de Casa.*

Rose Marie – *Jawhara Plage, km 30 rte de Casa - ✆ 037 74 92 51.*

AUBERGE DE JEUNESSE

Auberge de jeunesse – *43 r. Marassa (Bab el Had) - ✆ 037 72 57 69 - 44 DH avec la carte des auberges, 49 DH sinon.* Hébergement en dortoir.

Se restaurer

MÉDINA ET KASBAH DES OUDAÏAS

La Caravelle – *Borj des Oudaïas (contre le flanc gauche de la kasbah des Oudaïas ; accès possible par la terrasse du sémaphore) - ✆ 037 73 88 44.* Restaurant situé face à la mer et disposant d'une terrasse en plein air sur les remparts ; cuisine simple mais cadre extérieur très agréable pour prendre un verre ou déjeuner frugalement.

M. Gurfinkel / MICHELIN

Café sur la terrasse des Oudaïas.

Restaurant de la Plage – *À côté de la kasbah des Oudaïas, près de la plage - ✆ 037 20 29 28 et 037 70 75 86.* Fruits de mer et poisson dans des salles dominant la mer. Bondé le week-end.

Dar Rbatia – *6 r. Ferrane Khachane (Sidi Fateh ; à 300 m des Oudaïas) - ✆ 037 70 13 17 - fax 037 20 36 02 - darrbatiarabat@menara.ma - www.darrbatia.ma.* Cuisine marocaine.

Dinarjat – *6 r. Belgnaoui (parking av. El Alou) - ✆ 037 70 42 39 - fax 037 72 23 42.* Gastronomie marocaine servie dans une ancienne demeure andalouse.

VILLE MODERNE

Le Goéland – *9 r. Moulay Ali Chérif - ✆ 037 76 88 85.* Cadre raffiné, clientèle chic, service cérémonieux.

Le Petit Beur. Dar Tajine – *8 r. Damas - ✆ 037 73 13 22 - fermé dim.* Spécialités de tajines.

Tajine Wa Tanjia – *9 r. Baghdad, derrière la gare de Rabat Ville - ✆ 037 72 97 97 - tajinewatanjia@yahoo.fr.* Cuisine marocaine dans un cadre qui se veut dépaysant mais s'avère un peu trop chargé…

Le Grand Comptoir – *279 av. Mohammed V - ✆ 037 20 15 14 - fax 037 70 73 22 - grandcomptoir@lesenfantsterribles.com - 7h30-1h.* Brasserie de tradition française pour une cuisine de qualité. Le service est parfois un peu hésitant mais cela ne gâche rien…

L'Entrecôte – *74 av. Fal Ould Oumeir (Agdal) - ✆ 037 67 11 08.* Spécialités de viande (excellente) et, comme son nom ne l'indique pas, de poisson.

L'Éperon – *8 av. d'Alger (Al Jazaïr) - ✆ 037 72 59 01/037 70 76 31 - fermé sam. midi et dim.* Service soigné, cadre agréable.

Les hôtels **Tour Hassan** et **Golden Tulip Farah** possèdent des restaurants de cuisine marocaine.

AGDAL

Ouazzani – *Pl. de Bourgogne (Ibn Yassine) - ✆ 037 77 92 97.* Vous reconnaîtrez aux zelliges de sa façade ce sympathique restaurant, le plus souvent pris d'assaut par une clientèle locale.

Faire une pause

SUR LE POUCE

Café Maure – *Kasbah des Oudaïas.* Tout blanc et bleu, dominant la ville et le Bou Regreg, on vient y savourer un thé à la menthe accompagné de quelques cornes de gazelle. Une institution !

Café La Ruche - *15 r. Ghandi - ✆ 037 70 81 56 - fax 037 70 59 95 - cafelaruche@menara.ma - 7h30-20h.* Pour déguster une pâtisserie ou grignoter un sandwich dans une ambiance branchée et bruyante…

Agdal Buffet – *Pl. de la Gare Agdal - ✆ 037 77 74 08.* Grillades, brochettes, crêpes.

La Pause Gourmande (LPG) – *Bd Fal Ould Oumeir, angle r. Oukaimeden (Agdal) - ✆ 037 67 20 67.* Crêpes, sandwichs, pâtisseries.

PÂTISSERIES

Café-Pâtisserie Lina – *45 av. Allal-ben-Abdallah (à côté du consulat de France).*

Pâtisserie Poulhe – *Av. Mohammed V.*

Achats

CENTRE COMMERCIAL

Mega Mall – *Av. Imam Malik, rte des Zaërs, km 4,2 (Souissi) - ✆ 037 75 75 75 - fax 037 75 70 70 - www.megamall.ma - 10h-21h.* 80 enseignes.

R. Sahuquet / ONMT

Le Café Maure.

FLEURS

Marché aux fleurs – *Pl. Moulay Hassan.* L'occasion ou jamais de s'offrir une brassée de roses à des prix défiant toute concurrence.

ARTISANAT

Autour de la rue des Consuls et de la rue Soudika : tapis, tentures, cuivres, babouches… Prix raisonnables.

Ensemble artisanal – *Tarik Al Marsa - tlj sf vend. 9h-12h, 15h-19h - fermé pendant l'Aïd el Kebir.* Plusieurs ateliers d'artisans et un magasin de vente. Un centre de recherche a, par ailleurs, été créé afin de garder la mémoire de ces gestes ancestraux et veiller au respect des traditions ; de nombreuses planches pédagogiques ont ainsi été réalisées afin de transmettre ce savoir.

Sports et loisirs

Fitness Land – *Av. Imam Malek - Km 7,7,- ✆ 037 75 46 46/62 62.* Centre de fitness, piscine couverte, hammam, sauna, hydrothérapie…

PLAGES

Séjourner à Rabat permet de profiter, à la belle saison, des nombreuses plages situées aux environs de la capitale, dans un rayon d'une vingtaine de kilomètres au nord comme au sud. En dehors des mois de juillet et d'août, elles sont pratiquement désertes.

Au sud, en direction de Casablanca, **Tamara-Plage**, les **Sables d'Or**, la plage des **Contrebandiers** et **Skhirat-Plage**.

Au nord, en direction de Kénitra, **Mehdiya-Plage** et la **plage des Nations** sont elles aussi des plages superbes et généralement tranquilles.

Attention cependant aux courants qui rendent la baignade dangereuse.

LOISIRS SPORTIFS

Royal Golf Dar Es Salam – *Av. Imam Malek, rte de Zaërs ,km 9 (Souissi) - ✆ 037 75 58 64/65 - fax 037 75 76 71 - golfdaressalam@menara.ma - www.royalgolfdaressalam.com - fermé lun. - 18 trous rouges, 18 trous bleus, 9 trous vert.*

Yacht Club de Rabat – *Route El Marsa (Tarik Al Marsa) - ✆ 037 72 02 64 - fax 037 20 67 54.*

Club alpin français – *Pl. des Nations-Unies, en face du lycée Descartes - ✆ 037 67 33 64 - permanence le jeu. soir.* Organisation de randonnées…

Patinoire Mega Mall – *Rte des Zaërs, km 4,2 (Souissi) - ✆ 037 75 14 46 - patinoire@megamall.ma - mar., jeu. et vend. 14h-22h, merc. 13h30-minuit, sam. 13h30-23h30 et dim. 13h30-22h - fermé lun. - soirée disco-glace tous les sam. 20h-23h 100 DH/pers. - entrée + location de patins 80 DH/2h/pers. et 60 DH/2h/enf. - entrée visiteur 15 DH (boisson comprise).* Inédit au Maroc, 800 m de glace pour patiner…

Bowling Mega Mall – *Rte des Zaërs, km 4,2 (Souissi) - ✆ 037 63 20 63 - www.megamall.ma - dim.-vend. 12h-0h, sam. 12h-2h - partie 30/100 DH/pers. suivant le jour et l'heure - chaussures 5 DH.*

Culture

THÉÂTRE

Théâtre national Mohammed V – *Av. Al Mansour Eddahbi - ✆ 037 20 83 16 - theatremv@menara.ma - fermé sept.* Théâtre, ballets, soirées de variétés, expositions artistiques, etc. Saison théâtrale en français au mois d'octobre.

CINÉMA

Cinémas **Le Colisée** (*281 av. Mohammed V*) et **Renaissance** (*266 av. Mohammed V*).

Centre cinématographique marocain (CCM). Cinémathèque marocaine – *Av. Al Majd (quartier industriel) - ✆ 037 28 92 00 - fax 037 79 81 05/08 - ccm@menara.ma - www.ccm.ma.* Entre autres services : un musée du cinéma, une vidéothèque et une salle de projection. Le tout avec la volonté de conserver le patrimoine national et international.

Cinéma 7 art – *Av. Allal Ben Abdellah - ✆ 037 73 38 87 - séances 15h et 21h.* Cette salle dépend du CCM. Programmation ambitieuse qui vise à promouvoir la production nationale et le cinéma d'auteur étranger.

Cinémathèque de l'Institut français (salle Gérard Philipe) – *2 r. Al Yanboua - ✆ 037 68 96 67 - fax 037 73 14 82 - cinematheque@ifrabat.ma -tarif : 15 DH (étudiants gratuit).*

INSTITUTS

Institut français de Rabat – *1 r. Abou Inane - ✆ 037 68 96 50 - fax : 037 70 61 43 - direction@ifrabat.ma - www.ambafrance-ma.org/institut/rabat - spectacles 70 DH/pers. (30 DH/étudiants et enfants) - entrée gratuite pour les autres activités.* Expositions, conférences, rencontres, lectures, spectacles…

Institut Cervantès – *5 Zankat Madnine - ✆ 037 70 87 38 - fax 037 70 02 79 - cenrabat@cervantes.org.ma et culturrab@*

cervantes.org.ma - www.rabat.cervantes.es. Expositions, conférences, concerts, débats, films et théâtre.

LIBRAIRIES

Kalila Wa Dimna – *344 av. Mohammed V - ✆ 037 72 31 06 - fax 037 72 24 78.* Des rencontres littéraires y ont lieu assez régulièrement.

Livre Service – *46 av. Allal ben Abdallah - ✆ 037 72 44 95.*

Aux Belles Images – *281 av. Mohammed V - ✆ 037 70 99 58 - fax 037 70 64 76.*

GALERIES D'ART

Galerie Bab Rouah – *1 av. de la Victoire - ✆ 037 70 05 30 - mar.-sam. 10h-18h.* Entièrement restaurée, cette galerie a rouvert ses portes en 2002. Elle accueille de grandes expositions comme « Hommage à Mohamed Kacimi » en 2003.

Galerie Mohamed El Fassi – *1 r. Gandhi - ✆ 037 20 94 94 - mar.-sam. 10h-18h.*

Galerie Bab El Kébir – Les Oudaïas - *✆ 037 72 33 79 - mar.-sam. 10h-18h.* Tout comme la galerie Bab Rouah, elle a rouvert après des travaux de rénovation en 2002.

Ces trois galeries sont gérées par le ministère de la Culture.

Marsam – *6 r. Al Oskofiah - ✆ 037 70 92 57.*

Événements

Festival Mawâzine. Rythmes du Monde – *Renseignements ✆ 037 77 60 63 - www.mawazine.ma - théâtre national Mohammed V, point de vente unique pour les spectacles payants - concerts 40/300 DH - mai.* Danses et musiques dans différents lieux de la ville.

Festival des Mawazines

Festival international de Rabat – *Juil.* Cinéma, musique et chansons, poésie et littérature sont au programme de ce festival, qui a plus de douze ans d'existence.

Jazz au Chellah – *Juin.* Cette manifestation dont la 2e édition a eu lieu en 2006, a pris la suite de Jazz aux Oudaïas, toujours avec la même volonté d'associer cette musique à un site historique de prestige.

Safi★

291 532 HABITANTS (LES SAFIOTES)
CARTE 2E RABAT DE COUV. B3 – CARTE MICHELIN 742, PLIS 4 ET 19

De part et d'autre du ravin creusé dans le plateau gréso-calcaire des Abda par l'oued Châaba, Safi s'étale, en bordure de l'Atlantique, au fond d'une anse encadrée de falaises. Elle offre le triple attrait d'anciens édifices portugais, d'un port très actif et d'une cité vivante.

- **Se repérer** – Ville à la fois résidentielle et industrielle, Safi est posée en bordure de l'Atlantique, à 125 km au nord d'Essaouira et 142 km au sud d'El-Jadida (par la route côtière). Si la cité historique peut aisément se visiter à pied, il n'en va pas de même dès lors que vous vous éloignez dans les quartiers résidentiels, posés sur des collines et sillonnés de larges avenues où il est très facile de s'égarer…
- **À ne pas manquer** – La colline des Potiers.
- **Organiser son temps** – Comptez une journée.
- **Pour poursuivre le voyage** – Voir aussi Essaouira et Agadir (au sud), Oualidia et El-Jadida (au nord).

Comprendre

Une ville ouverte sur l'Europe – On sait peu de chose sur les origines de Safi. Ce comptoir phénicien – selon le géographe Ptolémée – probablement fréquenté plus tard par les Romains apparaît dans les textes arabes sous le nom d'Asfi, à partir du 11e s. ; c'est alors un petit port d'intérêt local qui, au 15e s., s'ouvre au commerce européen. Les Portugais apprécient tellement sa rade naturelle qu'ils s'en emparent en 1508, grâce à une vaste opération combinée – par terre et par mer – montée à partir de Mogador (Essaouira).

Autour de la ville ils élèvent une enceinte et construisent une forteresse au bord de la mer. Mais cette occupation dure peu. Dès 1541, les Portugais, qui viennent de perdre Agadir, évacuent volontairement Safi.
Cela n'interrompt point les échanges avec l'Europe qui, au contraire, s'intensifient. Les Français y ont leur part. Au 17e s., le consul de France a sa résidence à Safi et c'est dans ses murs que le commandeur de Rasilly signe au nom de Louis XIII plusieurs traités de commerce entre la France et l'empire chérifien. Mais au 19e s., c'est le complet déclin.

Safi, cité littéraire

Safi est la ville natale de l'écrivain **Edmond Amran El Maleh** dont l'œuvre littéraire, riche d'un triple héritage culturel franco-judéo-arabe, comprend notamment *Parcours immobile*, *Ailen ou la nuit du récit* et *Jean Genet le captif amoureux et autres essais*.

Le tournant du 20e s. – Le renouveau est venu de la pêche industrielle : la sardine est la spécialité de Safi depuis que le développement de la conserverie a ouvert à ses pêcheurs un énorme marché, concurrencé peu à peu cependant, en ce qui concerne la pêche proprement dite, par le développement de Tan-Tan, autre grand port sardinier des provinces sahariennes. Plus tard, après les minerais du Jbilet, ce sont les phosphates de Youssoufia et Ben Guerir qui ont envahi les quais, entraînant l'extension et la modernisation du port. Cette extension se poursuit actuellement et une vaste zone industrielle, assez peu respectueuse de l'environnement, où pyrites et phosphates sont transformés en acide sulfurique, acide phosphorique et engrais, s'est créée au sud de la ville, en bordure de l'Océan.

La colline des Potiers.

Découvrir

LA CITÉ DES POTIERS

Colline des Potiers Plan II B-C

Compter 1 à 2h. Visite libre ; visite accompagnée : env. 20 DH. En passant sous les arches de Bab Khouas, la blanche silhouette de la Kechla s'impose au regard, ceinturée par le mur de la médina et dominant le vallon du Châabah. Le vieux quartier des potiers s'étend sur le versant opposé : dans les ruelles qui l'escaladent, on peut encore voir de ces **fours** et **ateliers** d'artisans qui ont fait la réputation de la poterie de Safi.
En contrebas, une longue **galerie marchande** expose un échantillonnage complet de la production : poterie traditionnelle bleu et blanc, poterie d'inspiration plus récente qui joue d'harmonies plus sombres et d'éclats métalliques, etc. À l'extrémité de la galerie, on visite l'**école de la coopérative** des artisans de Safi, où on peut suivre les opérations du tournage, de la décoration et de la cuisson des poteries safiotes.

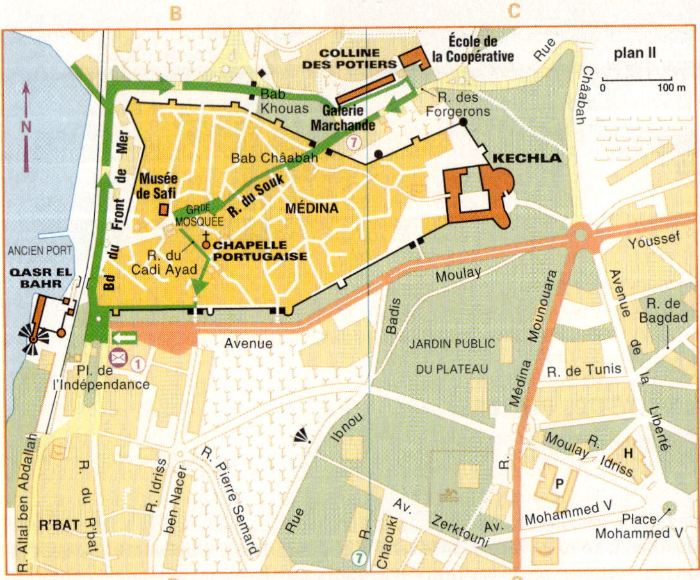

SE LOGER		SE RESTAURER	
Camping	1	Chez Gegene	1
Hôtel Assif	4	Le Refuge	4
Hôtel de l'Atlantide	7	Restaurant du Potier	7

La Kechla et le musée national de la Céramique Plan II C

À l'extrémité est de la médina. Accès depuis la place de l'Indépendance, par l'avenue Moulay Youssef.

Les murs puissants de cette citadelle datent de l'occupation portugaise. Après avoir franchi la porte monumentale, tournez à droite pour gagner, par une rampe, la plate-forme garnie de vieux canons et la grosse tour semi-circulaire : de là, on jouit d'un **panorama★** sur la ville et particulièrement sur la cascade des maisons de la médina, dévalant vers Qasr el Bahr et l'Océan. Ces fortifications abritent le haut palais blanc qui domine toute la ville, construit à partir du 18e s. pour loger le gouverneur et les bureaux du Makhzen.

> **Point de vue**
>
> Après avoir longé les murs de la Kechla, rejoignez la rue Ibnou Badis, qui borde en corniche le quartier du Plateau : le **point de vue du vieux cimetière★** permet d'embrasser un vaste horizon, avec une remarquable vue plongeante sur le Qasr el Bahr qui se détache sur la mer.

Musée national de la Céramique – *Tlj sf mar. 8h30-12h, 14h-18h -10 DH.*
Abrité dans la citadelle, ce musée a pour vocation d'illustrer la place qu'occupe la céramique émaillée et vernissée dans les arts traditionnels marocains, l'ancienneté de sa production mais aussi sa pérennité puisqu'il comporte une section vouée aux créations contemporaines.

On découvrira, dans le bâtiment situé à gauche du patio, la céramique bleue de Safi : divers objets, plats, vases, encriers, etc., montrent l'évolution des techniques et le savoir-faire des artisans safiotes, héritiers des potiers de Fès venus s'installer à Safi au siècle dernier : originalité des formes, utilisation progressive du brun, harmonie des motifs sculptés (voir dans la dernière salle des vases reproduisant les motifs des tapis de l'Atlas), faïences à reflets métalliques caractéristiques de l'œuvre de **Boujmaa El Lamali**. Cet artiste algérien, mort en 1971, créa dans les années 1930 la première école de céramique moderne à Safi et participa à plusieurs expositions internationales dont l'Exposition coloniale de 1931 à Paris.

La céramique de Fès et de Meknès est installée dans l'ancien palais du Sultan noir, à droite du patio : céramique vernissée, plats polychromes aux motifs décoratifs variés de plumes et de palmes.

Se promener

LE CENTRE HISTORIQUE

Compter 1h. Partir de la place de l'Indépendance.

Qasr el Bahr Plan II B

8h30-12h, 14h30-18h30 - 10 DH.

Ce « château de mer » s'élève en bordure de la place, face à l'océan. Construit par les Portugais au 16e s., il fut sans doute, en même temps qu'une forteresse pour défendre le port et la ville, la résidence du gouverneur. Il a été restauré en 1963.

En traversant la grande cour intérieure entourée de casemates, on atteint, par une rampe, la plate-forme où sont alignés de vieux **canons** espagnols et hollandais, notamment deux belles pièces fondues à Rotterdam (*Rotterdamæ* sur l'inscription) en 1619 et deux autres à La Haye *(Hagæ)* en 1621. Du bastion sud-ouest, la **vue★** est remarquable sur l'Océan, le quartier du R'bat et ses sombres falaises, la médina, le port et le cap Safi.

Sous le haut perron qui donne accès à la tour carrée, une ouverture laisse voir l'ancienne prison souterraine de la forteresse. Du sommet de la tour, belle vue sur la médina, délimitée par ses remparts, qui s'élève en pente douce vers la Kechla (citadelle) ; côté nord, immédiatement au pied de la forteresse, on reconnaît le petit port primitif.

Le Port de pêche Plan I A

Le **boulevard du Front de Mer** mène à l'entrée du **port de pêche★**. Safi est l'un des grands ports sardiniers du monde : cette pêche, qui se pratique à partir du mois de mai, alimente une vingtaine d'usines de conserves qui s'alignent dans la partie sud de la ville. L'activité est grande et le spectacle coloré lorsque les bateaux sont à quai et déchargent leur cargaison. Tôt le matin, les arrivages se vendent à la criée dans la grande halle qui borde les quais.

À la suite du port de pêche, au-delà du silo à grains, s'étendent les installations du port de commerce, dont le trafic place Safi au 4e rang du Maroc, après Casablanca, Mohammedia et Jorf-Lasfar.

Vue sur la ville

Par la route de l'Aouinat, rendez-vous au **point de vue de la Biada** : de la partie haute du cimetière musulman qui domine le quartier des potiers, vous découvrirez une vue intéressante sur la ville et le port.

Revenir sur ses pas et tourner à gauche en longeant les remparts.

Colline des potiers *(Voir ci-dessus)*

Au pied de la galerie marchande, entrer dans la médina par Bab Châabah.

Médina Plan II B

Dans la **rue du Souk**, artère principale de la vieille ville, on aura plaisir à se frayer un chemin parmi les étals bariolés.

Musée de Safi Plan II B

9 r. du Pressoir (prendre à gauche en face de la mosquée) - ✆ 024 46 10 29 ou 068 13 78 72 (appelez si le musée est fermé) - 9h-13h, 15h-19h.

Installé sous les arcades en pierre d'un ancien pressoir, ce musée privé d'un grand intérêt est consacré au patrimoine régional. Une dizaine de mises en scène très vivantes font revivre les métiers ou traditions populaires (la poterie, la musique folklorique, la médecine, le mariage safiot, la cérémonie du thé, la fantasia, l'art culinaire, etc.). L'intérêt de la visite tient aussi pour beaucoup à la personnalité de M. Moudden, propriétaire du musée, collectionneur passionné et passionnant très impliqué dans la vie économique et culturelle locale et intarissable sur sa ville.

Juste avant la Grande Mosquée, à gauche, un passage sous voûte introduit dansl'étroite rue du Cadi Ayad ; on l'empruntera pour aller voir, à moins de 100 m à gauche, la **chapelle portugaise**★. Il s'agit, en fait, du chœur de la cathédrale de Safi, construit en 1519.

Ayant servi fort longtemps de bain maure, la chapelle est assez délabrée ; on peut admirer sa voûte sur croisées d'ogives décorée d'un cartouche aux armes du Portugal et de huit médaillons dont les sculptures représentent des emblèmes religieux et des armes seigneuriales.

En sortant, continuer la rue du Cadi Ayad.

Vous terminerez le circuit dans la médina en parcourant de pittoresques ruelles aux nombreuses arcades ; elles amènent aux remparts, qu'on longe intérieurement jusqu'à la tour d'angle sud-ouest par où l'on rejoint la place de l'Indépendance.

Aux alentours

Marabout de Sidi-Bouzid

4 km au nord. Ce marabout est situé sur la falaise, à 120 m d'altitude. De ce point, **vue**★★ d'ensemble sur la ville, le port et les falaises de la côte. Par temps clair, on aperçoit les cimes de l'Atlas.

En poursuivant vers le nord sur la route menant de Safi à Oualidia, vous découvrirez en contrebas de fort belles plages battues par les rouleaux de l'Océan, à **Lalla Fatna**, **Sidi-Bouchta** et au cap **Beddouza**. Il est possible de visiter la grotte Goraani à proximité du cap Beddouza. *(Se renseigner à Safi auprès de la Délégation régionale du tourisme pour en savoir plus sur l'attrait spéléologique de la région.)*

Souira Kédima

30 km au sud. Emprunter la R 301 qui suit le rivage. On se rend compte de l'importance de l'industrie sardinière à Safi : à la sortie de la ville et sur 5 km, la route est bordée de **conserveries**. À 8 km de la ville on longe le très important complexe industriel **Maroc-Chimie et Maroc-Phosphore**. Puis la route serpente en haute corniche accrochée aux escarpements calcaires qui surplombent l'Océan – notamment à Jorf-el-Yhoudi (le cap du Juif) – avant de descendre vers Souira Kédima.

Il y avait là autrefois un *ribat* (couvent fortifié) ; les Portugais y édifièrent une petite forteresse, dont on voit les vestiges sur un promontoire, à droite de la route. Une belle **plage** de sable fin protégée par un cordon de récifs en fait un lieu de promenade agréable, même si l'été, l'engouement des estivants pour ce site balnéaire nuit quelque peu au charme de l'endroit. On aperçoit, au sud, l'estuaire de l'oued Tensift.

Kasbah Hamidouch★

76 km au sud. Prendre la P 2307 puis la R 301 jusqu'à Dar-Tahar-ben-Abbou, où on prendra, à droite, la 6617 puis la 6611. En arrivant à Dar-Caïd-Hadji on voit se dresser à droite les ruines de la *kasbah* Hamidouch, dominant la rive gauche de l'oued Tensift, près de son embouchure. C'est une grande forteresse qui date du sultan Moulay Ismaïl (1672-1727). L'enceinte extérieure, flanquée de bastions et surmontée de merlons, a encore grande allure malgré les ravages du temps. Longue de 150 m sur chacun de ses quatre côtés, elle renferme, outre une mosquée et divers bâtiments en ruine, une autre enceinte de 70 m de côté entourée d'un large fossé.

Safi pratique

Informations utiles

Syndicat d'initiative et de tourisme – *Av. de la Liberté - 8h-12h, 15h-18h30.*

Banques – Secteur de la place de l'Indépendance (distributeurs).

Poste centrale - *À l'angle des av. Zerktouni et Sidi Mohammed Abdallah, près de la place Mohammed V ; bureau pl. de l'Indépendance. Lun.-vend. 8h-16h15.*

INTERNET

Cyber-Café - *Rue R'bat -9h-23h - 8 DH/h.*
Soufiane Cyber Club - *Rue du Souk (à côté de la mosquée) - 9h-23h -10 DH/h.*

TRANSPORTS

Gare ferroviaire – *3 km au sud de la pl. de l'Indépendance. Accès par la r. du R'Bal.* Trains, via Ben Guerir, pour Marrakech, Casablanca et Rabat.

Gare routière – *Av. Kennedy, au sud de la médina.* Cars pour Casablanca, Marrakech, Essaouira et Agadir.

Grands taxis – À la gare routière.

Se loger

⊖ **Camping de Sidi-Bouzid** – *Au nord de la ville - ✆ 024 46 38 16 - Comptez 70 DH pour 2 pers. avec 1 tente et 1 véhicule.* L'un des campings les mieux aménagés du Maroc. Malheureusement, peu pratique pour les personnes non motorisées.

⊖⊖ **Hôtel Assif** – *Av. de la Liberté - ✆ 024 62 23 11 - www.hotel-assif.ma - 62 ch. - ☕ 36 DH - P.* Dans un quartier animé, près de la place Mohammed V, cet hôtel moderne sans charme est assez confortable et bien tenu.

⊖⊖ **Hôtel de l'Atlantide** – *R. Chaouki - ✆ 024 46 21 60/61.* Ce prestigieux hôtel ouvert en 1920 accepte les touristes quand il n'est pas réservé pour un séminaire (notamment été et ramadan). Belle vue sur Safi depuis ce quartier tranquille et verdoyant.

Se restaurer

⊖ **Restaurant du Potier** – *7 souk de Poterie.* Cette adresse pratique dispose d'une très agréable terrasse où déguster une cuisine simple : salades, grillades, tajines.

⊖ **Gegene** – *11 r. de la Marne (à 50 m de la place de l'Indépendance, derrière la poste), ✆ 024 46 33 69 - 🍷 - fermé dim. et ramadan.* Le meilleur rapport qualité-prix de la ville. Le cadre est agréable et la cuisine familiale (spécialités de poisson).

En dehors de la ville, citons :

⊖ **Le Refuge** - *Sidi-Bouzid (à 3,5 km du centre sur la route d'El-Jadida) - ✆ 024 66 80 86 - 🍷 - fermé lun. et pendant le ramadan.* Restaurant de poisson réputé. Il faut y venir à midi : la vue sur la rade de Safi est superbe ; le soir, en revanche, la grande salle est un peu triste.

Achats

Céramiques au pied de la colline des potiers **(galerie marchande)**.

Événements

Festival de Safi – Chaque année en août. Concerts de groupes folkloriques de la région (*aïta*) et fantasias.

Salé★★

823 485 HABITANTS (LES SLAOUI).
2[E] RABAT DE COUV. C2 – CARTE MICHELIN 742 PLIS 5 ET 8

Bien qu'un large pont la relie à la capitale, Salé la blanche, étendue sur la rive droite du Bou Regreg, a gardé jusqu'à nos jours une jalouse individualité, marque d'un long isolement. Elle a – tout au moins à l'intérieur des remparts – conservé la vie repliée des petites villes d'Islam, avec ses souks ombreux et ses corporations d'artisans, ses places ensoleillées où s'agitent les saltimbanques, les rues tranquilles de ses quartiers bourgeois, les nombreux sanctuaires d'une cité traditionnellement pieuse et savante.

- **Se repérer** – Posée à l'embouchure du Bou Regreg, Salé n'est distante de Rabat que de 3 km par le pont Moulay Hassan.
- **Se garer** – Comme à Rabat, le stationnement y est strictement réglementé…
- **À ne pas manquer** – La médina avec sa *médersa*.
- **Organiser son temps** – 2h pour visiter la médina…
- **Pour poursuivre le voyage** – Voir aussi Rabat, Kénitra, Moulay-Bousselham, Larache, Asilah et Tanger.

R. Mattès / MICHELIN

Dans la médina de Salé.

Comprendre

UN ARSENAL DEVENU UNE PLACE COMMERCIALE

En 1260, des Espagnols, venus pour livrer des armes au gouverneur de Salé révolté contre le sultan mérinide, débarquent sur les rives du Bou Regreg, s'emparent de la ville par surprise et se retirent avec un énorme butin.

Pour qu'une telle mésaventure ne se reproduise pas, le sultan, après avoir repris la ville, élève une muraille du côté du Bou Regreg et de la mer. À l'intérieur des remparts, il fait construire un arsenal et creuser un bassin communiquant avec le fleuve par un canal. De hautes portes permettent aux embarcations de franchir l'enceinte. À l'exception de Bab Mrisa, demeurée presque intacte, elles sont aujourd'hui ensablées.

Jusqu'à la fin du 16e s., Salé est une ville fortunée. Les marchands génois, vénitiens, anglais et flamands s'y donnent rendez-vous ; elle est à cette époque l'entrepôt commercial et le port de tout le « royaume de Fès ». Puis définitivement éclipsée par Rabat, la ville se replie sur les activités artisanales, intellectuelles et religieuses qui ont fait sa réputation.

Se promener

Bab Mrisa★ B2

Cette porte monumentale enjambait autrefois le canal. Construite, après l'alerte de 1260, par le premier sultan mérinide, elle manifeste un art encore très proche des portes almohades de Rabat. Flanquée de deux étroites tours, elle développe un arc brisé d'une magnifique ampleur (bien que les remblaiements l'aient privée d'une partie de sa hauteur) et porte un décor sculpté d'inscriptions et d'entrelacs floraux.

Laisser la voiture sur la place Bab Khebaz et continuer à pied par la rue du même nom.

Quartier des souks A1-B1

On longe tout d'abord la *kissaria*. Après un passage sous voûte, on atteint une petite place plantée d'arbres où se tient le **souk el Ghezel**, qui a malheureusement perdu au fil des années son caractère pittoresque.

Sortez de la place par l'autre bout et tournez deux fois à droite : vous traversez le **souk el Merzouk**, où travaillent bijoutiers, vanniers et nattiers. Remarquez à droite, après une fontaine, la belle **porte** du *fondouk* Askour.

Rue de la Grande Mosquée A1

On l'atteint après deux passages sous voûtes. Divers petits métiers s'y exercent : les brodeurs de caftans retiennent l'attention, accroupis dans leurs minuscules échoppes, aidés par des bambins qui dévident la soie avec adresse. De part et d'autre de la rue s'étend le quartier bourgeois, où l'on peut voir, comme à Rabat, de vieilles demeures andalouses et de beaux portails Renaissance.

Un décrochement vers la droite introduit à une charmante petite place en escaliers, au fond de laquelle s'élève la **Grande Mosquée**, d'époque almohade. À gauche, près d'une fontaine du 18e s., se trouve l'entrée de la *médersa*.

Médersa★ A1

Un gardien accompagne lors de la visite -10 DH.

C'est le Mérinide Abou el Hassan qui fit édifier en 1333 cette *médersa,* qui « illustre un moment heureux où l'art hispano-mauresque incline vers la grâce au détriment de la robustesse ». Elle s'ouvre en haut d'un perron par une remarquable **porte★** : tympan de pierre sculptée d'entrelacs et d'inscriptions, auvent de cèdre finement découpé.

La **cour★★**, petite, offre une belle harmonie de couleurs. Aux murs, la blanche exubérance des stucs crée de larges « surfaces animées » où s'accrochent la lumière et les ombres. Le sol est couvert de zelliges, qui épousent également l'arrondi des colonnes. Le cèdre sculpté, d'une richesse remarquable, montre ici ou là des tons patinés – vestiges des couleurs éclatantes qui le couvraient primitivement. Au fond de la cour, la salle de prière est coiffée d'un beau plafond pyramidal de cèdre sculpté et peint.

Ici, les minuscules chambres d'étudiants n'ouvrent pas sur la cour mais sur l'extérieur de l'édifice. De la terrasse, la **vue★** embrasse tout Rabat et Salé.

En sortant de la *médersa*, tournez à gauche pour passer entre elle et la Grande Mosquée. Remarquez à gauche la belle **porte** de la *zaouïa* de Sidi Ahmed el Tijani.

Les chemins de la médersa

Une fois passée l'une des portes percées dans les remparts, un monde différent s'offre à nous. Échoppes improbables, où cardeurs de laine, rémouleurs et potiers s'activent, tandis que sous des enseignes hyperréalistes de dentistes déambule une foule bruyante et affairée. Soudain apparaît une ruelle tortueuse qu'une claie de roseaux plonge dans la pénombre, débouchant sur le souk : brassées de feuilles de menthe à même le sol, épices et poudres aux vertus contradictoires, fruits aux couleurs éclatantes, fours où l'on vient faire cuire le pain pétri à la maison, fontaines où l'on puise de l'eau en devisant…

Puis la rue étroite et sinueuse se poursuit entre de hauts murs blancs ; devant une porte, sagement assises, des étudiantes repassent leur leçon tandis que se perçoit, étouffée, une mélopée lointaine. Salé se fait silencieuse, comme recueillie, à mesure que l'on approche de la *médersa* d'Abou el Hassan qui, toute de grâce et de légèreté, a porté à son apogée l'art des Mérinides.

On a alors l'impression d'être au cœur des choses, de saisir l'essence de cette cité hors du temps, loin de la rumeur du monde et de ses vanités.

Marabout de Sidi Abdallah ben Hassoun A 1

Le saint patron de la ville et de ses bateliers, vénéré ici, passe pour protéger les voyageurs. Par les fenêtres de l'élégant mausolée construit au 19e s., on aperçoit son tombeau autour duquel sont suspendus des lustres de cire multicolore. Ces énormes lanternes sont sorties une fois par an, lors de la **procession des Cires**, et promenées à travers la ville par la corporation des barcassiers, tout chamarrés de soie pour la circonstance. Cette cérémonie a lieu la veille du Mouloud en fin d'après-midi. Le sixième jour du Mouloud, le **moussem de Sidi Abdallah** attire une foule bigarrée : des chanteurs de différentes confréries psalmodient des chants mystiques qui remontent aux premiers temps de l'islam.

SE LOGER

Hôtel Dawliz .... ①

Hôtel Firdaous.................................. ④

Les touristes disposant d'une demi-heure pousseront jusqu'au borj nord-ouest (voir ci-après) ; les autres tourneront à droite dans l'avenue Yacoub Al Mansour.

De l'avenue Yacoub Al Mansour aux souks A 1-B1

Faites une centaine de mètres dans l'avenue puis tournez à droite en direction de la Grande Mosquée. Au bord des rues adjacentes se voient encore de belles portes d'inspiration Renaissance, malheureusement délabrées ; on passe près du **minaret★**, reconstruit au 19e s. dans les formes traditionnelles.

> **Un saint généraliste**
>
> Né en Espagne, où il fit ses premières études, **Sidi ben Achir** se consacra très tôt à la vie contemplative. Après un pèlerinage à La Mecque, il s'installa à Chellah, puis à Salé, où il fit merveille en multipliant les miracles. Ainsi guérissait-il les malades atteints de rhumatismes, de maladies nerveuses et même de folie, faisait marcher les paralytiques et rendait la vue aux aveugles !

La rue Kechachine est occupée par les petits commerces d'alimentation mais elle traverse, comme la rue de la Grande Mosquée, le quartier des demeures bourgeoises, discrètement retirées derrière leurs hauts murs.

Le **souk el Kébir** est une place très animée : on y exposait jadis, pour la vente, les esclaves chrétiens capturés par les pirates. Près de là travaillent les menuisiers et les fabricants de babouches.

Continuer jusqu'à la kissaria et reprendre en sens inverse l'itinéraire de départ pour rejoindre la place Bab Khebaz.

Cimetière musulman A1

Ce vaste cimetière qui sépare la ville de l'Océan offre un curieux spectacle, avec ses innombrables stèles dont certaines sont peintes de couleurs vives.

Marabout de Sidi ben Achir A1

Sous sa blanche coupole repose un saint qui passe pour avoir accompli de nombreux miracles de son vivant (au 14e s.) et jusqu'à nos jours.

Borj nord-ouest – Ce fortin qui date du 18e s. comporte une cour où sont alignés de vieux canons de bronze, anglais et espagnols. Il se termine par un bastion dit « bastion des larmes », édifié sous le règne de Sidi Mohammed Ben Abdallah (à qui l'on doit également les fortifications d'Essaouira). Du bastion, belle **vue★★** panoramique sur l'Océan, l'estuaire du Bou Regreg, les villes de Rabat et Salé.

Salé pratique

Transports

Pour vous rendre à Salé depuis Rabat, prendre un grand taxi (gare ferroviaire de Rabat-Ville), le bus no 16 ou prendre le train *(voir carnet pratique de Rabat, p. 242).*

Située non loin des remparts de la médina, à proximité de la route de Kénitra, la **gare ferroviaire** de Salé est desservie par des trains en provenance (et à destination) de Casa-Voyageurs, Kénitra, Meknès Amir, Fès, Taza, Oujda, Marrakech et, avec changement à Sidi Kacem, Tanger.

Se loger

⊖⊖⊖ **Hôtel Firdaous** – *Plage des Nations, Sidi Bouknadel - ✆ 037 82 21 31/32 - fax 037 82 21 43 - lafloride@menara.ma - 16 ch. - 590 DH* ▭ - 🏊 - 🅿. Cet hôtel propose des chambres ayant toutes vue sur la mer, un bar et un restaurant panoramique, ainsi qu'une piscine en plein air.

⊖⊖⊖ **Hôtel Dawliz** – *Av. du Prince Héritier Sidi Mohammed - Bouregreg - ✆ 037 88 32 77 - fax 037 88 32 79 - ledawliz@iam.net.ma - www.ledawliz.com - 998 DH* ▭ - 🏊 - 🅿. Sur la route de Salé, sur la rive droite du Bou Regreg, cet hôtel fait partie d'un complexe de loisirs. Les chambres, réparties autour de la piscine, disposent toutes d'un balcon et offrent pour la plupart des vues agréables sur Rabat et ses plus fameux monuments.

Achats

Complexe des Potiers – *2 km au SE. Si l'on souhaite se rendre en taxi au Village des arts marocains, compter 15 DH de Salé, 35 DH de Rabat.* Situé à la périphérie de Salé, il réunit une trentaine de potiers et de céramistes qui travaillent l'argile des carrières toutes proches d'Oulja. Les caractéristiques du décor de ces poteries *slaoui* sont la discrétion des teintes posées sur une engobe généralement blanche ou brune, parfois vert d'eau, et la variété des motifs décoratifs.

Tanger★★

707 417 HABITANTS
CARTE 2E RABAT DE COUV. D1 – CARTE MICHELIN 742, PLIS 5 ET 9

Tanger offre à qui la découvre par la voie des airs ou l'aborde par la mer le tableau d'une ville blanche bâtie en amphithéâtre au bord d'une baie admirable. Au centre se pressent, sur les pentes d'un piton rocheux, les maisons blanches et bleutées et les minarets de la vieille ville ; à gauche c'est l'étagement harmonieux et plus lâche de la ville moderne ; à droite, ce sont les hauteurs boisées du quartier résidentiel de « la Montagne ».

Se repérer – Commandant la rive sud du détroit de Gibraltar, Tanger n'est qu'à 14 km de l'Europe… Enveloppant la vieille médina juchée sur un éperon rocheux, la ville moderne a pour axe principal, parallèlement à la mer, le boulevard Pasteur, partant de la place de France, et que poursuit l'avenue Mohammed V.

Se garer – Se garer à Tanger n'a rien de très évident, plus peut-être que dans toute autre ville du pays, en l'absence de parkings au centre. De très nombreux axes sont équipés de parcmètres. Attention aux sabots !

À ne pas manquer – Le Grand Socco, la médina et la *kasbah*…

Organiser son temps – Pour visiter le centre historique de Tanger, il vous faudra compter au moins 3h. La ville s'avère également une destination très agréable pour un week-end ou plusieurs jours.

Avec les enfants – Ils pourront profiter des joies de la plage.

Pour poursuivre le voyage – Voir Ceuta (68 km), Tetouan (57 km), la côte du pays Rhomara et Chefchaouèn (121 km) ; longer vers le sud la côte atlantique pour découvrir les sites antiques de la Maurétanie Tingitane ; voir aussi Asilah (62 km), Larache (87 km), Moulay-Bousselham et Kénitra (193 km).

N. Thibault / HOA QUI

Le vieux Tanger.

Comprendre

La porte du Maroc – À l'entrée de l'un des grands carrefours maritimes du monde, le port de Tanger tire parti de sa position remarquable et demeure le premier port de passagers (plus d'un million par an) du Maroc. Quant à son activité industrielle, elle attend d'être transférée au nouveau port de **Tanger-Atlantique**, en cours d'aménagement sur la route d'Asilah.

Un climat doux (13° en hiver et 23° en été, en moyenne), une vaste plage, une végétation qui rappelle celle de la Côte d'Azur, un équipement hôtelier important en font une station très fréquentée en toutes saisons par des touristes attirés tant par le vieux Tanger, qui semble avoir retenu quelque chose de la légende sulfureuse de la cité, que par la beauté des environs.

Le pays d'Antée – Si la légende attribue à Antée, fils de Poséidon, la fondation de Tanger, l'histoire, en tout cas, nous apprend que Tanger fut fréquentée par les Phéniciens et les Carthaginois avant de tomber sous la dépendance de Rome. Tôt promue au rang de « colonie », Tingis succéda à Volubilis comme capitale de la Maurétanie Tingitane à la fin du 3e s.

Une ville disputée – Conquise par les Arabes au début du 8e s., Tanger servit de tremplin à la conquête de l'Espagne par les troupes du Berbère Tarik. Au cours des siècles suivants, musulmans d'Espagne et d'Afrique se disputent la ville. Prise en 1471 par les Portugais, elle devient anglaise au 17e s. à la suite du mariage de Catherine de Bragance avec Charles II d'Angleterre. Assiégée par Moulay Ismaïl, elle repasse en 1681 aux mains des Marocains.

Un émule de Marco Polo – À Tanger naquit en 1304 l'un des plus grands voyageurs du 14e s. , l'explorateur et géographe Abou Abdallah Mohamed, connu sous le nom de **Ibn Battūta**, le « voyageur de l'Islam ».

L'historiographie doit à ce personnage hors du commun des chroniques et des récits fabuleux de ses voyages qui durèrent près de trente ans et le menèrent au Moyen-Orient, en Asie Mineure, en Chine et en Afrique. Géographe avant l'heure, mais aussi homme de lettres, juriste et poète, il décrivit avec un luxe de détails et une précision surprenante les paysages naturels et les hommes rencontrés par lui, mettant son savoir au service d'une seule et unique idée : voyager, parcourir le monde, découvrir les autres…

Toutes ses aventures – racontées oralement – furent consignées par écrit sous le nom de « **Rihla** » (relation de voyage) et traduites au 19e s. en français par C. Defrémery et B.R. Sanguinetti (*Les Voyages*, éd. Maspéro/La Découverte ; *Voyages et périples choisis*, éd. Gallimard, coll. Connaissance de l'Orient).

Aujourd'hui, dans la médina de Tanger, on peut encore voir son marabout, humble bâtiment blanc dépourvu de coupole, au bout d'une ruelle en escaliers portant son nom *(dans la rue d'Italie, prendre la 2e rue à droite, puis à gauche, après quelques marches, rue Gzenaya)*. Au cours de l'été 2003, la ville natale du géographe célébra le 700e anniversaire de sa naissance par un spectacle, « voyage musical » évoquant les pays explorés par Ibn Battūta.

Une ville internationale – Aux 18e et 19e s., Tanger devient une importante place de négoce. Pénétrer plus avant dans le Maroc est difficile, et c'est là que résident la plupart des commerçants et représentants diplomatiques européens. La ville commence alors à attirer les voyageurs et les artistes. Saint-Saëns y séjourne ; **Delacroix**, vivement impressionné, écrit : « J'arrive maintenant à Tanger. Je viens de parcourir la ville. Je suis dans ce moment comme un homme qui rêve et qui voit des choses qu'il craint de voir lui échapper… » Il y crayonne une partie de ses dessins africains et y conçoit plusieurs tableaux *(La Noce juive, Les Convulsionnaires de Tanger)*.

Au temps du « statut » – En 1923 la ville et ses abords avaient été dotés d'un régime particulier. Amendé plusieurs fois, le statut international de Tanger est resté en vigueur jusqu'en 1956 : un ensemble complexe d'administrateurs internationaux et de délégués marocains assurait la gestion du territoire sous la présidence d'un *mendoub* représentant le sultan.

Il en résultait pour les ressortissants une grande liberté d'action que la franchise du port permettait de mettre largement à profit. D'où la solide réputation de repaire de trafiquants acquise par Tanger à cette époque. On retrouve l'atmosphère de cette période dans le livre de J. Kessel, *Le Grand Socco*.

Deux discours historiques – Deux discours prononcés à Tanger firent quelque bruit sur la scène internationale.

En 1905, débarquant du yacht impérial *Hohenzollern*, Guillaume II fait à Tanger

Une page qui se tourne

Paul Bowles (1910-1999) était devenu au fil du temps un des symboles de Tanger. L'auteur d'*Un thé au Sahara*, musicien et musicologue de formation (les amateurs des musiques marocaines ne manqueront pas de se procurer les enregistrements qu'il réalisa en 1959 en divers points du pays), qui avait découvert Tanger dans les années 1930, était l'un des derniers témoins des années folles de la cité. Sa vie, auréolée d'un halo sulfureux, son œuvre (qui toucha le grand public avec le film réalisé par Bertolucci), ses amitiés (il reçut à Tanger les écrivains de la Beat Generation), le rôle qu'il joua dans la découverte d'écrivains marocains tels que Mohammed Mrabet et, surtout, Mohamed Choukri, le personnage de grabataire plein de sagesse ironique qu'il incarnait à la fin de sa vie, recevant au compte-gouttes ses admirateurs, tout contribuait à cette légende, indissolublement liée au passé mythique de la ville du « statut ».

une entrée fracassante, à la tête d'une brillante escorte. Dans cette ville devenue le champ clos des rivalités européennes, l'empereur d'Allemagne se pose en défenseur de l'Islam. Son discours, destiné à faire échec aux tractations de la France et de l'Espagne au Maroc, remettait en jeu toute la question marocaine et allait provoquer une grave crise internationale.

En 1947, le sultan Mohammed V, en visite officielle à Tanger, reçoit un accueil délirant. Le discours qu'il prononce pose pour la première fois publiquement le problème de l'avenir du Maroc. La situation particulière de Tanger, ville internationale en territoire marocain, donne à ces déclarations une audience mondiale. Le processus qui mènera le pays à l'indépendance est amorcé.

Tanger aujourd'hui – Si l'arrivée sur Tanger, par bateau, a toujours quelque chose de prenant, c'est en vain pourtant que l'on chercherait, dans les ruelles qui dégringolent vers le port ou au Grand Socco, le Tanger canaille de naguère. Les petites pensions où séjournèrent des artistes alors anonymes et fauchés existent toujours pour la plupart, mais leurs façades blanches décrépites donnent l'image d'un passé révolu ; la place du Grand Socco est devenue un vaste parking, les cafés de la médina, et notamment ceux du Petit Socco, ont été, pour certains, transformés en bazars. Si le centre-ville moderne garde des traces d'architecture coloniale, les rues sont bordées d'immeubles récents, préfigurant les nouveaux quartiers édifiés à la périphérie, qui contrastent tant avec la médina.

Pourtant la magie opère encore lorsqu'on retrouve des lieux si souvent décrits : l'hôtel Continental surplombant Dar Baroud et dont le charme est demeuré intact, l'hôtel Villa de France (aujourd'hui laissé à l'abandon), où des artistes comme **Matisse** *(Vue sur la baie de Tanger* et *La Porte de la kasbah)* séjournèrent, l'hôtel Rembrandt où Tennessee Williams vécut en 1948-1949 *(Soudain l'été dernier)*, ou le luxueux hôtel El Minzah, qui a su garder au fil des ans son cachet particulier ; le Café de Paris, où s'attablèrent les écrivains Samuel Beckett, Jean Genet, Truman Capote, William Burroughs - venu à Tanger en 1953, et qui fut rejoint dans les années 1960 par deux autres écrivains de la « Beat Generation », Allen Ginsberg et Jack Kerouac - et bien sûr Mohamed Choukri *(Le Pain nu* et *Le Temps des erreurs)* ; ou encore les azulejos bleu et jaune de l'étonnante façade Art déco du **Gran Teatro Cervantes**, hélas laissé dans un désolant abandon.

Tanger, carrefour des rêves

Si nombre de touristes occidentaux viennent à Tanger en quête d'un passé aujourd'hui révolu, ce rêve qu'ils poursuivent ne fait que côtoyer un autre rêve, bien actuel celui-ci, celui de ces jeunes Marocains contemplant des heures durant les côtes européennes en sirotant un thé à la menthe, en terrasse du Café Hafa ou au premier étage du complexe Dawliz. *Fantômes de Tanger*, film d'Edgardo Cozarinsky, montre comment ces deux rêves, celui d'un passé mythifié et celui d'un futur espéré et idéalisé cohabitent en un même lieu et au même instant, ne faisant que se croiser, sans jamais se rencontrer.

Bravo / HOA QUI

Le mirage espagnol…

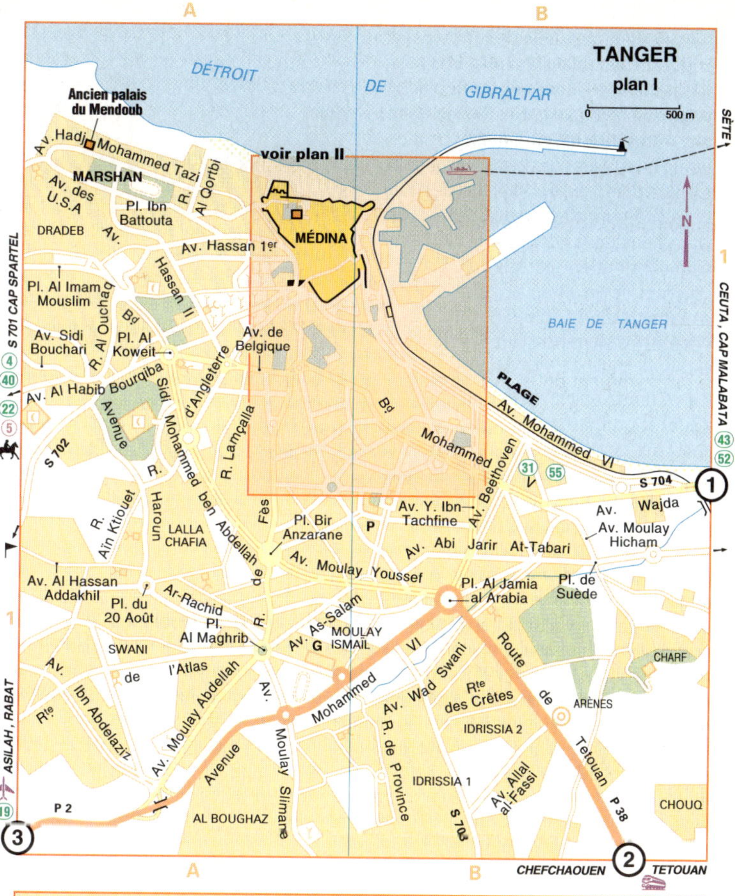

SE LOGER

- Camping Achakar 4
- Hôtel Ahlen 19
- Hôtel Club Le Mirage 22
- Hôtel El Oumnia Puerto 31
- Hôtel Robinson Plage 40
- Hôtel Tarik 43
- Mövenpick 52
- Hamada Les Almonades 55

SE RESTAURER

- Le Mirage 5

Tanger reste cependant une ville très cosmopolite, presque mondaine l'été, avec ses galeries d'art, ses complexes hôteliers en front de mer, ses villas luxueuses cachées dans la verdure du quartier de la Montagne, ses grandes artères, le boulevard Pasteur et la place de France, à l'heure où le monde sort et où l'animation les remplit, ne cessant d'enfler jusqu'à la nuit noire. Et puis il y a la plage de sable fin, longue de plusieurs kilomètres, et la baie, magnifique, qui s'embrume de mauve au soleil couchant et dans laquelle se meuvent de grands paquebots ; il y a les côtes espagnoles si proches et si lointaines à la fois, sur lesquelles se porte bien des regards rêveurs. Il y a enfin, et toujours, la médina, cœur battant de la vieille ville.

Se promener

AU CENTRE DE TANGER Plan II

3h environ. Laisser la voiture place du Grand Socco, rebaptisée « Place du 9 Avril 1947 », en commémoration de la visite historique du roi Mohammed V en 1947.

Grand Socco Plan II C2

Cette grande place aux contours irréguliers a fait l'objet en 2006 d'importants travaux de rénovation. Elle est le cœur de Tanger, où s'agite quotidiennement une population bigarrée issue de la vieille ville, de la campagne ou des nouveaux quartiers. Dans les échoppes autour de la place mais aussi et surtout dans les rues avoisinantes, telles la zankat Salah Eddine el Ayoubi ou la zankat El Oualili, s'entassent les légumes, les fleurs, les volailles que proposent les Rifains, hommes vêtus de lourdes djellabas brunes, femmes habillées de tissu rayé rouge et blanc et d'immenses chapeaux de paille ornés de pompons et de cordelières. Dans l'ancien *fondouk* de la zankat El Oualili se mêlent parfois aux fruits et légumes des produits de contrebande, espagnols pour la plupart, tandis qu'à l'étage, les chambres ont été transformées en ateliers de tisserands.

C. Brett / MICHELIN

Église St Andrew's.

Le « Grand Souk », où se tient, les jeudis et les dimanches, un pittoresque marché particulièrement animé, est dominé par le minaret de la mosquée de Sidi Bou Abib (1917), décoré de faïences multicolores. De la terrasse du café en plein air *(grimper quelques marches à droite du cinéma Rif)*, on embrasse du regard la place dans sa totalité ; à gauche on aperçoit le clocher de l'**église St Andrew's** *(entrée au bas de la rue d'Angleterre, à gauche)*, où John Hopkins, l'auteur des *Mouches de Tanger*, s'est marié en 1977. Située dans un jardin luxuriant, cette église allie curieusement sobriété anglicane et profusion décorative marocaine. *✆ 039 93 47 13 - 9h30-12h30, 14h-18h.*

En sortant du jardin, on aperçoit, à l'angle de la rue d'Angleterre et de la rue de Hollande, le grand hôtel Villa de France où **Matisse** séjourna en 1912.

Non loin, au 42 rue d'Angleterre, l'ancien consulat de Grande-Bretagne abrite un petit **musée d'Art contemporain** permettant de découvrir quelques toiles de peintres marocains d'aujourd'hui, tels que **Ahmed Amrani**. *Tlj sf mar. 8h30-16h30, 10 DH/pers. (3 DH enf.)*

Jardins de la Mendoubia Plan II C2

Entrée près de la Tariq Sidi Bou Arragia.

On les appelle ainsi parce qu'au temps du « statut », le *mendoub* y avait sa résidence. Remarquez, à droite en entrant, un beau spécimen de *ficus elastica*, arbre vieux de huit siècles, dit-on. Au fond du parc, sur une terrasse, à côté de canons de bronze du 18e s., le discours prononcé par Mohammed V le 9 avril 1947 a été gravé sur une stèle commémorative.

Revenir au Grand Socco et tourner à gauche pour franchir Bab Fahs. Suivre la rue d'Italie et la zankat al Kasbah, bordée d'escaliers ; tourner à droite en haut de cette rue, passer sous la porte de la Kasbah et traverser la zankat Sidi Bouabib pour suivre la rue Riad Sultan et, dans son prolongement, le long passage sous voûte qui mène à la place de la Kasbah.

Dans ce passage, à droite, là même où s'effectue la sortie du musée de la Kasbah et de ses jardins, un escalier permet d'accéder au café Le Détroit, dont les grandes baies vitrées offrent de très belles **vues★★** sur le détroit de Gibraltar, les côtes d'Espagne, la baie et la ville de Tanger.

Place de la Kasbah Plan II C2

À gauche de cette place, une plate-forme aménagée offre une **vue★** sur l'Océan et les côtes marocaine et espagnole.

À droite s'élève la blanche façade crénelée de Dar el Makhzen, qui se termine par un charmant pavillon s'ouvrant, à l'étage, par une triple baie à colonnes : c'est le Bit el Mâl, l'ancienne trésorerie.

Au fond de la place, un portique soutenu par des colonnes de marbre blanc ouvre sur l'ancien tribunal du pacha : ce « petit *méchouar* » est aujourd'hui occupé par un antiquaire.

Contournant le Bit el Mâl, on franchit les degrés du **grand méchouar**, long et large couloir à ciel ouvert où jadis les pachas donnaient leurs audiences. Il est dominé par le minaret octogonal de la mosquée de la Kasbah, face à laquelle se trouve l'entrée du Dar el Makhzen.

Dar el Makhzen★★ Plan II C2

Tlj sf mar. 9h-12h, 15h-18h (17h en hiver) ; les horaires peuvent être modifiés pendant le mois du ramadan - 10 DH.

Le palais du sultan fut fondé sous le règne de Moulay Ismaïl, peu après l'évacuation de Tanger par les Anglais (1684), mais il fut considérablement agrandi au milieu du 18e s. et encore à deux reprises au cours du 19e s. Seuls deux sultans y firent de brefs séjours, et le palais fut la résidence des pachas de la ville. Il abrite aujourd'hui le **musée de la Kasbah**, composé de deux sections, l'une ethnographique, l'autre archéologique.

On entre par la porte monumentale du palais qui donne sur la place de la Kasbah.

Bit el Mâl★ – On visite une grande salle (Koubbat Nacr), précédée d'une galerie et couverte d'une coupole en étoile rehaussée d'or ; plusieurs gros coffres de cèdre renforcés de ferrures rappellent l'ancienne destination des lieux.
La façade du charmant pavillon donnant sur la place est décorée d'un fronton crénelé soutenu par une colonnade formant trois arcades en ogive.
À l'intérieur, la salle hypostyle au plafond de cèdre peint, supporté par seize colonnes, est un petit chef-d'œuvre d'élégance et de discrétion ; des *moucharabiehs* protègent la salle de la trop grande lumière.

Musée ethnographique★ – Trois galeries d'exposition ont été aménagées dans le long vestibule d'entrée du grand *méchouar* du palais : bois peint et sculpté, utilisation du bois en architecture au Maroc, tissage des Atlas et tentures.

On gagne ensuite un grand patio de facture composite : le sol est pavé de zelliges, le bassin octogonal est orné d'une belle mosaïque de Tetouan, et les colonnes de marbre blanc, inspirées de l'antique, évoquent le goût italien du 18e s. Huit portes donnent accès aux salles richement décorées qui entourent le patio.

1. – Présentation d'une scène de mariée.
2. – Collection de **céramique★**, l'une des plus belles du Maroc.
3. – Poterie rurale.
4. – Musique, calligraphie, enluminure, reliure.
5. – Salle du Trône – tapis de Rabat et Médioune (près de Casablanca).
6. – Broderie, brocart, passementerie, bijoux citadins et ruraux.
7. – Galerie d'armes ; fantasia.
8. – Salle de dinanderie.

Musée archéologique★ – Il occupe l'ancienne cuisine.
Dans la cour, une belle mosaïque romaine, provenant de Volubilis : **La Navigation de Vénus★**. La déesse est assise à l'arrière d'une galère manœuvrée par les Trois Grâces et des Éros ; un cortège de divinités les accompagne.

Les salles du rez-de-chaussée présentent la préhistoire marocaine, à droite ; dans la salle du fond, moulages des bronzes de Volubilis, dont les originaux sont au musée de Rabat : à gauche, quelques sites de l'Antiquité marocaine.

L'étage est consacré au passé de la région de Tanger. De gauche à droite :

– Époque néolithique : céramique et outillage ; reconstitution grandeur nature du tombeau punique de Mogogha Séguira près de Tanger, dont le mobilier funéraire est exposé dans une vitrine.

– Rites funéraires : sarcophages de plomb, sépulture d'un enfant inhumé dans une jarre, trouvée à Cotta.

– Tanger à l'époque romaine : céramiques et monnaies.

– Évocation de l'ancien Tanger, jusqu'aux périodes d'occupation.

Balade dans la médina

Au-delà du « petit *méchouar* », tournez à droite pour franchir Bab el Assa, appelée aussi « porte de la Bastonnade » en souvenir des corrections que les malfaiteurs y recevaient autrefois (**vue** pittoresque sur la ville et la baie). À gauche de ce qui fut la Fondation Carmen Macein, on

Tanger, ville littéraire

Pour en savoir plus sur cette ville qui a fasciné tant d'écrivains, on lira avec intérêt la revue *Horizons Maghrébins* (UTM, Toulouse), n° 31/32-1996, *Tanger, au miroir d'elle-même*. À lire également la passionnante anthologie réalisée par B. El Kouche *Regarde, voici Tanger* (L'Harmattan/Les Cahiers de Confluence), ainsi que *Tanger et autres Marocs*, de Daniel Rondeau (Folio), évocation nostalgique des fantômes de la ville.

DAR EL MAKHZEN
Grand Méchouar
Pl. de la Kasbah
Bab Haha
Bab er Raha
R. Riad Sultan
R. Sidi Bouabib
Porte de la Kasbah
Bab el Assa
R. Amrah
Pl. de l'Arsenal
R. Jnane al Captan
Sidi Ben Raissoul
R. Maimouni
Bab el Bahah
Borj Bab el Barsa
DOUANE
Av. El Kaa
R. Moulay Rachid
Pl. de la Tannerie
R. de Cadix
Rue de la Kasbah
R. Ibn al Abbar
R. du Dr Cenarro
Av. Hassan 1er
R. Gzennaia
Rue Ben Abdessadak
Pl. Oued Ahardan
Pl. de la Fuente Nueva
R. Derrazines
R. Hadj Md Torres
R. Dar el Baroud
MÉDINA
R. du Bain
R. des chrétiens
R. de la Marine
GRANDE MOSQUÉE
PETIT SOCCO
R. Almanzor
R. d'Italie
Jardins de la Mendoubia
R. des Siaghines
R. Moktar Ahardan
R. de la Tannerie
Bab Fahs
R. Touahine
Pl. du Progrès
R. Skiredj
R. du Four
Fondation Lorin
LÉGATION AMÉRICAINE
R. Sidi Bou Arraqia
GRAND SOCCO
Pl. du 9 Avril 1947
SIDI BOU ABID
Rue Sidi Bou Abid
Rue d'Angleterre
Rue de la Liberté
Rue du Portugal
Avenue d'Espagne
St-Andrew's
R. d'Amérique du Sud
Rue el Oualili
Rue Salah Eddine el Ayoubi
R. Anoual
Musée d'Art contemporain
Rue de Russie
Rue de Hollande
R. Manuel Pena
Place de France
R. Khalid ben Lwalid
Avenue de Belgique
ENSEMBLE ARTISANAL
Av. Mexique
Bd Pasteur
R. El Moutanabi
R. Ahmed Chaouki
R. Ibn al Alhass
Rue du Prince Moulay Abdellah
R. El Jabha el Outonia
SACRÉ-CŒUR
R. Ibn Joubayr
R. Lamçalla
Rue du Fès
Rue S. de Pepys
Rue du Moussa
Rue Omar Ibn
Rue Prince
Noussaïr
Zerqtouni
Boulevard
Rue Allal ben Abdellah
MÇALLA
Rue d'Uruguay
Rue de Fès
Rue Ibn Tofayl
Rue Hassan al Wazzani
Rue Allal ben Abdellah
Rue Héritier
Rue Al Mançour ad Dahbi
Avenue de la Résistance
Avenue de Lafayette
Rue Ibn Toumarte
Place al Madina
Rue Ibn al
R. d'Algésiras
C
D
2
3

TANGER

plan II

0 — 100 m

SE LOGER

- Auberge de jeunesse........................ 1
- Chellah........................ 7
- Dar Nour........................ 10
- Dar Sultan........................ 13
- El Djenina........................ 16
- Hôtel Continental........................ 25
- Hôtel El Minzah........................ 28
- Hôtel Rembrandt........................ 37
- La Tangerina........................ 46
- Le Dawliz........................ 49
- Riad Tanja........................ 58
- Rif & Spa........................ 61
- Tanjah - Flandria........................ 64

SE RESTAURER

- Anna e Paolo........................ 1
- Korsan........................ 4
- La Pagode........................ 7
- Maison communautaire des femmes... 13
- Relais de Paris........................ 16
- Saveur de Poisson........................ 19

« Ici c'est un paradis sur terre, ce paradis est ici, ici ! »

C'est en ces termes – que l'on retrouve gravés sur une plaque apposée à côté de la porte d'entrée de ce qui fut sa demeure – que **Barbara Hutton**, fantasque milliardaire américaine, héritière des magasins Woolworth, vécut son séjour à Tanger.
Amoureuse de la ville, elle s'installa dans la médina, dont on raconte qu'elle fit élargir certaines ruelles, pour permettre à sa Rolls de passer !
Personnage adulé de l'après-guerre, elle organisa des fêtes somptueuses, dignes des *Mille et Une Nuits*, dans un cosmopolitisme où se côtoyaient tout à la fois la liberté d'esprit, l'élégance raffinée et une certaine originalité, dans sa demeure de Sidi Hosni, véritable palais dont on découvre l'extérieur en contrebas de Bab el Assa, près de la rue Sidi Ben Raissoul.

descend des ruelles en escalier, bordées de boutiques d'étoffes, qui conduisent à la rue Sidi-Ben Raissoul. Après la place Oued Ahardan, suivez la rue Hadj Mohammed Torres, où abondent les articles de cuir, puis la rue de la Marine. Au bas de cette rue, à gauche, une terrasse aménagée offre une **vue** intéressante sur le port. (En remontant plus haut à gauche, on arrive, dans Dar el Baroud, au fameux hôtel Continental où séjourna Degas à la fin du siècle dernier.)

La rue de la Marine, très animée, longe la Grande Mosquée, construite par Moulay Ismaïl (des travaux de restauration viennent d'y être engagés), et monte vers le

Petit Socco

Cette minuscule place est, au cœur de la ville ancienne, le rendez-vous des flâneurs mais aussi le centre des affaires. Petits cireurs et camelots de toutes sortes se faufilent parmi les groupes cosmopolites, disparates et bruyants, qui occupent la chaussée et les terrasses des cafés.

Traversez le Petit Socco, montez la rue des Siaghines, spécialisée dans la bijouterie et les articles de souvenir. À gauche, à hauteur d'une fontaine – en retrait par rapport à la rue –, prenez la rue Touahine (où, au n° 44, dans une ancienne synagogue, s'est installée la **Fondation Lorin**, créée par Philippe Lorin, très actif sur la scène culturelle tangéroise, et où sont exposées des œuvres d'art contemporain et des photos anciennes évoquant la ville du « statut ». *(Tlj sf sam. 11h-13h, 15h30-19h30).* Puis prenez la rue Kadi Temsamani pour rejoindre la rue d'Amérique, où se trouve la légation des États-Unis.

(Si l'on poursuit la rue des Siaghines, la rue Semmarines qui la prolonge ramène au Grand Socco.)

Légation américaine★ **Plan II D2**

8 r. d'Amérique (accès également possible par la rue du Portugal, à l'extérieur de la médina. Après quelques mètres, prendre à gauche un escalier menant directement à la rue d'Amérique). ✆ 039 93 53 17 - fax 039 93 59 60 - www.legation.org - tlj sf w.-end 10h-13h, 15h-17h - gratuit.

Tangier American Legation Museum

À l'intérieur de la légation américaine.

Cette charmante demeure abrita pendant plus d'un siècle la mission diplomatique américaine. La légation acquit sa plus grande renommée sous le consulat de Maxwell Blake, qui, arrivé à Tanger en 1910, y séjourna pendant 25 ans en tant que principal représentant des États-Unis d'Amérique. C'est à lui que l'on doit la transformation, dès 1926, de la vieille bâtisse en un ensemble de charme et de bon goût, composé de plusieurs corps de bâtiments situés de part et d'autre de la rue d'Amérique. Aux vastes salons, au corridor de style hispano-mauresque et à la terrasse à balustrade vint s'ajouter quelques années plus tard un pavillon mauresque associant avec bonheur des matériaux typiquement marocains comme le bois sculpté, les zelliges et le fer forgé, aux lignes sobres propres à l'Amérique.

C'est aujourd'hui un musée présentant, dans une atmosphère feutrée, des œuvres d'artistes contemporains – marocains et étrangers – qui ont été inspirés par le Maroc. Parmi tous ces tableaux, on remarquera les aquarelles de James McBey et de sa femme Marguerite, quelques dessins d'Yves Brayer, des peintures de Charles Baskerville, Cecil Beaton et Oskar Kokoschka, et de peintres marocains comme Ahmed Yacoubi, Mohamed Naciri et Mohammed Mrabet. Le plus grand salon est réservé aux gravures et cartes anciennes (certaines datent des 16e et 17e s.) retraçant l'histoire de Tanger et des relations entre le Maroc et les États-Unis.

C'est aussi un lieu de rencontres culturelles et artistiques et un centre culturel doté d'une intéressante bibliothèque.

Plage★ Plan II E3

Une belle plage de sable fin s'étend au pied de la ville et le long de la baie sur 4 km. La température agréable de l'eau permet de s'y baigner à peu près en toute saison.

QUARTIER DU MARSHAN Plan I A1

Ce quartier résidentiel s'étend face à la mer à l'ouest de la médina. Depuis la porte de la Kasbah, on y accède en empruntant la rue Qassem Guennoun (dite aussi rue d'Algésiras), puis tout de suite à droite l'av. Hadj Mohammed Tazi (ex-rue Shakespeare).

Ancien palais du Mendoub Plan I A1

Ce palais fut la propriété de **Malcolm Forbes** (1919-1990). Ce magnat américain de la presse était aussi aéronaute et réalisa la première traversée, de côte à côte, du territoire américain (1973), avant de créer dans son château de Balleroy (Normandie) un musée du ballon. C'était également un collectionneur aux goûts éclectiques, comme en témoignaient ses collections de Harley-Davidson, de peintures orientalistes et surtout celle, remarquable, de miniatures militaires, exposées naguère dans le palais. Hélas, on ne pourra plus contempler depuis la terrasse de celui-ci la vue magnifique sur le détroit de Gibraltar, noyé parfois dans une brume rose, et au fond de laquelle se dessinent, par temps clair, les côtes d'Espagne, l'État marocain ayant acquis le bâtiment pour le transformer en résidence pour les hôtes de marque du royaume.
On s'en consolera en allant prendre un thé à la menthe au **Café Hafa** tout proche : la **vue**★ est tout aussi belle !

Circuits de découverte

CIRCUIT DU CAP SPARTEL★★

38 km en voiture plus 45mn de visite. Cette promenade prendra tout son intérêt si on l'entreprend en fin d'après-midi. Partir de la place de France par la rue de Belgique, et prendre à gauche, sur la place du Koweit, la rue Al Habib Bourguiba (itinéraire jalonné par des plaques indicatrices : « la Montagne, cap Spartel »).

Laissant à gauche la route de l'aéroport, on franchit bientôt l'oued el Ihoud ; la route s'infléchit pour contourner le cimetière catholique, puis s'élève en direction de la Montagne, dégageant de belles **vues** sur Tanger.

La Montagne

Au 17e s., la Montagne était couverte d'une épaisse forêt où les Maures se retranchaient pour organiser leurs opérations de harcèlement contre les Européens maîtres de Tanger. C'est aujourd'hui la banlieue aristocratique de la ville, et ses collines sont couvertes de riches propriétés dans un cadre luxuriant où se mélangent les essences méditerranéennes et océaniques.

Après avoir dessiné vers la gauche un coude très fermé, la route passe devant l'ancienne résidence des sultans Moulay Abdelaziz et Moulay Hafid *(à droite)*, aujourd'hui le palais d'été du roi Mohammed VI. 2 km plus loin, une route se détache à droite, qui mène (à 500 m) au mirador de Perdicaris, d'où l'on jouit d'une **vue**★ étendue sur le détroit de Gibraltar et la côte espagnole, en bordure d'un bois de pins magnifiques.

Reprendre la route du cap Spartel.

Elle offre de jolies vues sur les collines de la région de Tanger et les sommets du Rif. On y croise des paysannes ployant sous d'énormes fagots.

1 km après l'entrée du parc Donabo, prendre à droite. À 500 m, nouvelle fourche : prendre à gauche en direction du relais radio, puis à droite.

On jouit alors, sur quelques centaines de mètres, d'un admirable **panorama**★★ sur le détroit, le cap Malabata et la chaîne du Rif ; par temps clair la vue porte jusqu'aux abords de Ceuta et découvre les côtes d'Espagne du cap Trafalgar à Gibraltar.

C. Brett / MICHELIN

Un balcon sur l'Europe.

Revenir sur ses pas jusqu'à la route du cap Spartel.

Celle-ci descend rapidement vers l'Atlantique – qui ménage, en fin d'après-midi, de beaux effets de contre-jour – et oblique à droite vers le cap Spartel.

Quitter la voiture près du phare sur le rond-point.

Cap Spartel★

Ce promontoire marque l'extrême pointe nord-ouest du continent africain. On a reconnu en lui le cap Ampelusium (cap des vignes) des Anciens. Ses versants escarpés disparaissent sous un épais maquis de cistes et de lentisques qui se couvre de fleurs au mois de mars.

En allant jusqu'au pied du phare, on a une **vue★** étendue qui va du cap tout proche au grand large de l'Atlantique, sillonné de nombreux vaisseaux, et aux côtes espagnoles.

Faire demi-tour. À 300 m, laisser à gauche la route d'arrivée et prendre la direction des grottes d'Hercule.

On suit la côte, très rocheuse avec des récifs, en partie colmatée par des plages de sable fin : ce paysage marin ne manque pas de beauté.

Grottes d'Hercule★

5 DH.

La falaise offre ici de curieuses cavités, avec de nombreuses ramifications, parfois envahies par les eaux. Elles sont en partie naturelles : l'océan a creusé et déchiqueté ces voûtes béantes sur la mer. Mais l'homme est pour quelque chose dans ce travail : depuis longtemps – on a trouvé ici des vestiges d'occupation préhistorique – et jusqu'à une époque toute récente, il a exploité le dur calcaire pour en faire des meules.

Reprendre la voiture et continuer sur la même route.

On aperçoit en contrebas, près du rivage, le quadrillage de pierre d'une cité antique exhumée : ce sont les ruines de Cotta.

Prendre la piste à droite, à 500 m des grottes d'Hercule.

Cotta

De cet ancien comptoir punique, occupé ensuite par les Romains, on distingue les fondations d'un petit temple et de thermes. Une série de cuves profondes et cimentées atteste qu'il y avait ici, comme à Lixus, une « usine » de conserve de poisson et de fabrication de *garum*.

Retourner à la route. 7 km plus loin, prendre à gauche la route qui ramène à Tanger.

LA CORNICHE RIFAINE, DE TANGER À CEUTA★

63 km par la route côtière. Excursion à faire de préférence le matin, la ville de Tanger, éclatante de blancheur sous le soleil, étant alors mieux éclairée.

Cette route, en grande partie refaite dans le cadre de l'aménagement de la « rocade méditerranéenne », relie Tanger à Fnideq en longeant la côte, après avoir contourné la baie de Tanger.

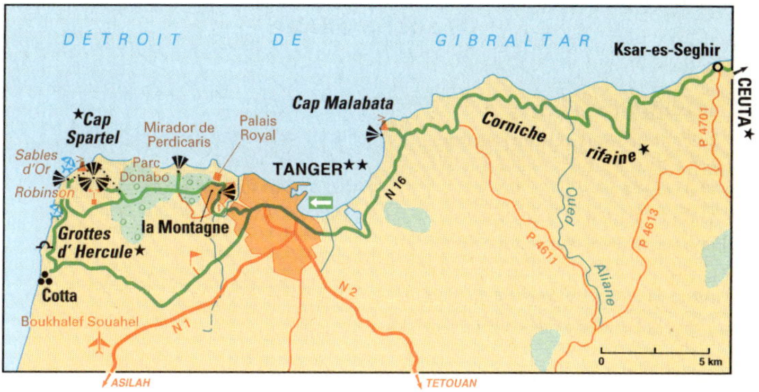

À 6 km environ, près du phare *(entrée interdite)* du **cap Malabata**, là où océan Atlantique et Méditerranée se confondent, une terrasse offre de fort belles **vues★** sur Tanger, la Montagne, le détroit de Gibraltar et les côtes d'Espagne ,qui disparaissent parfois sous une brume de chaleur. Après avoir traversé l'oued Alian, la route grimpe à travers l'arrière-pays composé de collines boisées au bas desquelles fleurissent des lauriers-roses, avant de redescendre vers la côte découpée de criques sablonneuses et parsemée de villas blanches, parfois luxueuses.

À **Ksar-es-Seghir** (appelé autrefois El-Kasr al-Awwal, « le premier château »), petit port de pêche doté d'une plage en pente douce, très appréciée des Tangérois qui s'y pressent le dimanche et y envahissent les restaurants de poisson (**Laachiri** ou **Dakhla**), on peut voir, au bord de l'oued, les restes d'une forteresse, souvenir de l'occupation portugaise au 15e s., et quelques vestiges archéologiques faisant l'objet de fouilles.

Au-delà, la route, plus étroite, se poursuit en longeant la côte, superbe dans ce secteur où le Rif plonge dans la mer. Une forêt d'éoliennes suit la ligne des crêtes jusqu'à ce que l'on découvre **Ceuta**, étalée en contrebas telle une presqu'île.

Sur Tanger, ils ont écrit…

« J'arrive maintenant à Tanger. Je viens de parcourir la ville. Je suis dans ce moment comme un homme qui rêve et qui voit des choses qu'il craint de voir lui échapper… » Eugène Delacroix.

« Des maisons blanches jetées pêle-mêle sur la crête et au flanc d'une colline ; un minaret luisant et carré ; des murailles crénelées, des canons de fer entre les créneaux ; un drapeau rouge, une plage aride, une mer superbe, le tableau est tout fait. » Charles Didier, *Promenade au Maroc*, 1844.

« Bâtie en amphithéâtre et se détachant sur le bleu du ciel et de l'Océan, la ville déroule à la vue ses nombreuses maisons blanches à terrasses plates, ses deux minarets, l'un rose et l'autre vert, ses vieilles murailles crénelées et la citadelle à droite dominant le tout. » Fernand Schickler, *Notes de voyage*, 1860.

« Le voici à deux heures de son Europe (...) ; qu'il se retourne : il peut voir la côte d'Espagne, la nébuleuse grisâtre qu'y mettent les maisons de Tarifa, et Gibraltar dressant son massif signal de rocher. Mais ici ! Autour du steamer qui l'a amené, à peine ancré, évolue déjà l'étrange. » Edmond Picard, *El Moghreb Al Aksa*, 1889.

« Elle est tout près de notre Europe, cette première ville marocaine, posée comme en vedette sur la pointe la plus au nord de l'Afrique… Vue du large, elle semble presque riante, avec ses villas alentour bâties à l'européenne dans des jardins : un peu étrange cependant, avec ses murs d'une neigeuse blancheur, sa haute casbah crénelée, et ses minarets plaqués de vieilles faïences. » Pierre Loti, *Voyages* (*Au Maroc*, 1889).

« Le Petit Socco est la Puerta del Sol de Tanger ; on y discute, on y fume, on y prend le café et surtout on y ment comme sur la fameuse place madrilène. » Pío Baroja, 1903.

« La mer, par la perspective, semblait suspendue au-dessus de la ville. D'un seul regard, on embrassait l'Europe et l'Afrique, l'Atlantique et la Méditerranée, avec, les joignant, pâle dans le crépuscule, le détroit comme un bras nu de femme. » Henry de Montherlant, *Un Noël à Tanger*, 1930.

«(...) cette ville pour moi représentait si bien, si magnifiquement la Trahison que c'est là, me semblait-il, que je ne pourrais qu'aborder. » Jean Genet, *Journal du voleur, 1959.*

« On dit que Tanger pleure celui qui ne la connaît pas, et qu'on la pleure quand on l'a vue. Celui qui en tombe amoureux souffre à en mourir(...)» Mohamed Choukri, *Le Pain nu, 1981.*

Tanger pratique

Informations utiles

Délégation régionale du tourisme – *29 bd Pasteur - ✆ 039 94 80 50/86 69 - fax 039 94 86 56.*

Poste principale – *33 bd Pasteur.*

Service médical d'urgence à domicile – *✆ 039 33 33 00 ou 039 37 37 37 - 24h/24.*

Internet – Vous trouverez de nombreux cybercafés dans le centre-ville, à proximité du bd Pasteur.

CONSULATS

Belgique – *124 av. Mohamed ben Abdellah ✆ 039 32 48 49/47.*

Espagne – *R. Sidi Bouabid - ✆ 039 93 70 00/56 25.*

France – *Pl. de France - ✆ 039 93 20 40.*

SÉCURITÉ

Évitez de vous balader près du port, dans la médina et aux alentours du Grand Socco une fois la nuit tombée…

Transports

AÉRIENS

Aéroport Ibn Batouta – *Rte de Rabat, à 15 km - ✆ 039 39 37 20 ou call center ONDA ✆ 022 43 58 58 - www.onda.ma.* Vols internationaux pour Paris, Madrid, Malaga, Londres, Bruxelles et Amsterdam. Vols intérieurs pour Casablanca et Oujda. Aéroport desservi par les compagnies Royal Air Maroc *(✆ 039 39 95 02/03)*, Iberia *(✆ 039 39 34 33)*, Regional Air Lines *(✆ 039 39 35 36)* et TUI Airlines Belgium.

Air France – *S'adresser à Royal Air Maroc.*

British Airways – 83 r. *de la Liberté - ✆ 039 93 58 77.*

Royal Air Maroc – *1 pl. de France - ✆ 039 93 55 01 - réservations ✆ 039 93 47 22 ou call center ✆ 0900 00800 - fax 039 93 26 81.*

Iberia – *35 bd Pasteur - ✆ 039 93 61 78/79 - lun.-vend. 8h30-12h, 14h30-18h30. Permanence à l'aéroport le sam.*

FERROVIAIRES ET ROUTIERS

Gare ONCF de Tanger-Ville – *Av. Abi Jarir Inbari - ✆ Centre d'appels 090 20 30 40 - www.oncf.ma.* Nouvelle gare ferroviaire inaugurée en 2003. Liaisons quotidiennes pour Oujda, Fès et Meknès, Kénitra, Rabat et Marrakech via Sidi Kacem (changement de train).

Gare routière – *Pl. Al Jamia al Arabia (au carrefour de l'av. Mohammed VI et de la rte de Tetouan) - ✆ 039 94 66 82.* Cars quotidiens pour toutes les grandes villes du Maroc. Ceux de la CTM partent de l'entrée du port (*bd Mohammed VI - ancienne av. d'Espagne - ✆ 039 93 11 72*) et desservent Rabat, Casablanca, Tetouan, Asilah et Larache, Marrakech, Agadir.

Grands taxis – Au niveau de la gare routière. Destinations assurées : Chefchaouèn, Asilah, Tetouan.

MARITIMES

Port – *capitainerie ✆ 039 93 24 00 - www.odep.org.ma.*

Compagnie marocaine de navigation (Comanav) – *43 av Abdou El Alâa El Maari - ✆ 039 93 40 96 - fax 039 93 67 70 - tanger@comanav.co.ma - www.comanav.ma.* Liaisons Tanger-Sète, Tanger-Algésiras.

Limadet – *3 rue Ibnou Rochd - ✆ 039 93 60 98 - fax 039 93 71 73 -m-laghmich@limadet-ferry.ma - www.comanav.ma.* Compagnie rachetée en 2003 par la Comanav.

Trasmediterránea – *www.trasmediterranea.es.* Représentée par Limadet *(voir ci-dessus).*

Compagnie maritime maroco-norvégienne (Comarit) – *Port de Tanger - ✆ 039 94 74 02 - fax 039 94 74 01 - comarit@comarit.ma - www.comarit.com.* Liaisons Tanger-Sète, Tanger-Algésiras.

Intercona – *31 av. de la Résistance - ✆ 039 32 22 53/58/86 - intercona@menara.ma - fax 039 94 38 63.*

FRS – *Gare maritime - ✆ 039 94 26 12 - fax 039 94 26 17 - www.frs.ma.* Liaisons rapides Tanger-Tarifa, Tanger-Algésiras, Tanger-Gibraltar (vend. et dim.).

Euroferrys – *clientes@euroferrys.com - www.euroferrys.com.* Liaisons Tanger-Algésiras.

LOCATION DE VOITURE

Avis – *54 bd Pasteur - ✆ 039 93 46 46/30 31 - fax 039 33 06 24 - avis.tng@menara.ma.*

Budget – 7 *r. du Prince MoulayAbdellah ou aéroport Ibn Batouta - ✆ 039 94 80 60 ou 039 93 79 94.*

Europcar – *87 bd Mohammed V - ✆ 039 94 19 38 - fax 039 34 03 94 - maroc@europcar.ma ; à l'aéroport ✆ 039 39 32 73.*

Hertz – *36 bd Mohammed V - ✆ 039 32 21 65 - fax 039 94 58 30.*

Se loger

Un certain nombre d'hôtels situés sur le bd Mohammed VI (anciennes av. d'Espagne et des F.A.R.) peuvent s'avérer bruyants la nuit du fait de la circulation automobile intense. En conséquence, mieux vaut s'assurer que les chambres donnant sur le front de mer sont suffisamment insonorisées.

DANS LA MÉDINA

⊖⊖ **Hôtel Continental** – *36 r. Dar El Baroud (accès par la r. Moulay Rachid puis aussitôt après le virage en épingle à cheveux par la rampe à droite, fléchage dans la médina) - ✆ 039 93 10 24 ou 039 37 58 51 - fax 039 93 11 43 - hcontinental@iam.net.ma - 400 DH - ☕ 35 DH - menu 120 DH - 🅿.* Ce fut sans doute l'un des hôtels les plus prestigieux de Tanger à la fin du 19e s. Il a été en partie rénové. Outre une terrasse bien connue, il se distingue aussi par une boutique d'artisanat à l'étonnant bric-à-brac. Les chambres qui donnent sur le port et la baie offrent une vue imprenable – l'unes des plus belles peut-être de Tanger – mais peuvent s'avérer très bruyantes en raison précisement de l'activité portuaire et du trafic des poids lourds.

C. Brett / MICHELIN

L'hôtel Continental.

La Tangerina – *19 riad Sultan (Kasbah) - 039 94 77 31 - fax 039 94 77 33 - info@latangerina.com - www.latangerina.com - 10 ch. - 1 000 DH.* Nouvelle maison d'hôte, ouverte en 2006, à la décoration très sobre et raffinée, à dominante de blanc et beige. Certaines chambres offrent une vue sur la mer... et l'Espagne par beau temps. Terrasses aménagées sur le toit. Hammam et massages à la demande. Le tout dans une ambiance très agréable et sereine.

Dar Sultan – *49 r. Touila (Kasbah) - /fax 039 33 60 61 - dar-sultan@menara.ma - www.darsultan.com - 6 ch. - 1 100 DH - dîner sur commande sans alcool pour les hôtes : 150 DH/pers.* Des chambres – chacune porte le nom d'un quartier de Tanger – richement décorées pour vous plonger dans une ambiance orientale. Le tout au cœur de la kasbah.

Dar Nour – *20 r. Gourna, Kasbah - 062 11 27 24 - pgb.tanger@caramail.com - www.darnour.com - www.darnour.blogspot.com - suite Nour : 1 200 DH ; 3 mini-suites : 800 DH ; ch. Hafa : 600 DH - dîner sans alcool sur commande pour les hôtes : 150 DH/pers.* Première maison d'hôte à Tanger. Une décoration très orientale et chaleureuse donne à chacune des suites et chambres sa singularité.

Riad Tanja – *R. du Portugal, escalier américain (à proximité de la légation américaine) - 039 33 35 38 - fax 039 33 30 54 - riadtanja@menara.ma - www.riadtanja.com - 6 ch. - 1 600 DH - menu 300 DH, boissons non comprises.* De riad, cette maison d'hôte n'a que le nom puisqu'il n'existe pas de riad dans la médina de Tanger. Là aussi, il s'agit d'une nouvelle adresse ouverte fin 2005. À noter que le restaurant Tanja est accessible aux non-résidents. Vous pourrez y goûter à la nouvelle cuisine marocaine de Moha, avec vue sur le souk, depuis la terrasse ou de la baie vitrée.

DANS LE CENTRE VILLE

Auberge de jeunesse – *8 r. El Antaki - 039 94 61 27 - 2 dortoirs : 30 DH avec carte, 35 DH sans carte - 15 DH.*

El Djenina – *8 r. El Antaki - 039 94 22 44 - eldjenina@menara.ma - fax 039 94 22 46 - 200 DH.* Hôtel moderne sans prétention, un peu en retrait par rapport au bd Mohammed VI (ancienne av. d'Espagne), avec des chambres confortables qui possèdent chacune une salle de bains.

Tanjah - Flandria – *6 bd Mohammed V (réception r. Ibn-Noussair) - 039 93 32 79 - fax 039 93 43 47 - hotelflandria@hotmail.com - 146 ch. - 659 DH - 52 DH - taxe 8 DH/j. - dîner 165 DH.* Bien situé au centre de la ville, cet hôtel sans charme propose des chambres confortables dont certaines ont fait l'objet de travaux de rénovation. Demandez ces dernières ! Il propose de nombreux services tels que discothèque, piscine, solarium et, bien sûr, restaurants.

Chellah – *47-48 r. Allal Ben Abdellah - 039 32 10 02/03 - fax 039 32 09 98 - ksarchellah@menara.ma - 170 ch. - 618 DH - 52 DH - menu 165 DH.* Hôtel central au style impersonnel qui propose de petites chambres assez standard. À noter que cet établissement dispose d'un *beach club* sur la plage de la baie de Tanger

Hôtel Rembrandt – *À l'angle des bd Pasteur et Mohammed V (à proximité du Tanjah - Flandria) - 039 93 78 70/72 - hotelrembrandt@menara.ma - fax 039 93 04 43 - www.hotel-rembrandt.com - 64 ch. - 730 DH pour celles avec vue sur la mer - 5 suites : 1 200 DH - 60 DH - taxe 7 DH - menu 150 DH.* Là encore, un hôtel sans charme mais central. Partiellement rénové en 2006.

Le Dawliz. Complexe hôtelier et touristique – *42 r. de Hollande - 039 33 33 77/31 51 - fax 039 33 18 23 - info@ledawliz.com - www.ledawliz.com - 34 ch. : 910 DH - 2 suites : 1 520 DH - taxe 10 DH.* L'hôtel, qui domine le centre-ville, a perdu un peu de sa superbe, tout comme le complexe. Les salles de cinéma ont fermé et servent pour les réceptions ou des manifestations comme le Salon international du livre de Tanger en 2006. Restent les boutiques, les bars et les restaurants, tels le Relais de Paris *(voir ci-dessous)*. Chambres confortables avec balcon.

Hôtel Ahlen – *Rte de Rabat, km 5 - 039 31 78 32/23 56 - fax 039 31 36 42/23 39 - hotelahlen@wanadoo.net.ma*

- 850 DH - suites : 2 000 DH - 70 DH - menu 150 DH. Rattrapé par la ville et situé à proximité de plusieurs chantiers de construction d'immeubles, cet hôtel reste néanmoins à l'écart du centre et ne présente guère d'autre intérêt que ses spectacles folkloriques avec fantasia.

Hôtel El Oumnia Puerto – *10 av. Beethoven (à proximité du bd Mohammed VI et de la baie) - 039 94 03 67 - fax 039 94 03 66 - reservas@hotelelou mniapuerto.com - www.hoteleloumniapuerto.com - 90 ch. - 1 440 DH - 7 suites : 2 040/2 640 DH - menu 150 DH -* . Hôtel moderne et confortable qui affiche souvent complet.

Rif & Spa – *152 av. Mohammed VI (ancienne av. des F.A.R.) - 039 34 93 00/49 - riftanger@menara.ma - fax 039 32 19 04 - www.hotelsatlas.com - 127 ch. - 1 470 DH - 100 DH - menu 200 DH -* - P. Fermé pendant plus de dix ans, cet établissement a rouvert en mars 2006 après une rénovation complète par la chaîne Atlas Hospitality. Comme son nom l'indique, il propose au dernier étage un Spa *(voir détails ci-dessous)* et un centre de remise en forme, d'où vous aurez une vue magnifique sur la baie. Les chambres sont confortables. Tous les services d'un hôtel de ce standing sont offerts. Nos regrets : la moquette dans les couloirs qui reprend les motifs de tapis marocains (pourquoi avoir choisi la copie plutôt que l'original ?) et un service parfois hésitant…

Hôtel El Minzah – *85 r. de la Liberté - 039 93 58 85 et numéro Vert 0800 37 44 (au Maroc seulement) - fax 039 93 45 46 - infos@elminzah.com ou reservation@elminzah.com - www.elminzah.com ou www.leroyal.com - 140 ch. : 1 500/1 900 DH selon que la ch. est située côté rue ou côté mer/piscine/patio andalou - 15 suites : 3 000/10 000 DH - taxe 22 DH/jour - demi-pension 300 DH -* - - P. Un hôtel légendaire que fréquentèrent bien des célébrités. Cadre très agréable. Vous pourrez également profiter des services du centre de remise en forme, El Minzah Wellness, situé en surplomb de l'hôtel.

Ramada Les Almohades – *Av. Mohammed VI (ancienne av. des F.A.R.) - 039 94 07 55 et 039 34 15 15 - fax 039 94 63 71 - www.ramadainternational.com - 126 ch. - 1 300 DH - 12 suites : 2 500/3 800 DH - 80 DH - taxe 10 DH - menu 180 DH -* - P. Ancien hôtel Mercure qui a connu des travaux de rénovation en 2006. Choisir une chambre avec vue sur la baie de Tanger, en dépit du trafic sur l'avenue.

Hôtel Intercontinental – *Parc Brooks et bd de Paris - 039 93 60 53/58 et 039 93 01 50/57 - fax 039 93 01 5/79 45 - intercontinental@intercontinental.ma - www.intercontinental-tangier.com - 110 ch. - 1 100 DH - 5 suites : 2 500 DH - 80 DH - taxe 10 DH - menu 200 DH -* - P. Un peu éloigné du centre, il est situé dans l'agréable parc Brooks, à l'ouest de la médina (fléchage devant la Grande Mosquée).

À PROXIMITÉ – AU CAP MALABATA

À 5 km à l'est, à l'embouchure de l'oued Melaleh, cette zone fait depuis quelques années l'objet d'un aménagement touristique, dit « de la **Baie de Tanger** » : au programme, lutte contre la pollution et création d'un complexe touristico-artisanal…

Hôtel Tarik – *Route de Malabata - 039 34 09 49/19 13 - fax 039 34 19 15 - info@hoteltarik-tanger.com - www.hoteltarik-tanger.com - 154 ch. - 414 DH - 30 DH -* - P. Il est posé sur la plage à laquelle les hôtes accèdent directement, et dispose d'un restaurant donnant sur la mer. Pour ceux qui n'ont pas les moyens de s'offrir un séjour au Mövenpick, son prestigieux voisin.

Mövenpick – *Route de Malabata, à 4 km du centre-ville, en bord de mer - 039 32 93 00/50 - fax 039 49 19 09 - hotel.tangier.casino@moevenpick.com - www.moevenpick-hotels.com/hotels/Tangier/ - 219 ch. - 2 800 DH - 21 suites : à partir de 5 500 DH - 160 DH - taxe 22 DH/pers. - buffet 255 DH -* - P. Nouvelle adresse de luxe à proximité de Tanger qui offre une très large gamme de services de qualité : du casino au centre de remise en forme, en passant par les trois restaurants (Paradisier, Layali, au décor très élaboré avec une grande tente pour plafond, et La Mouette). Le tout dans un cadre raffiné et stylé… Une valeur sûre !

AUX GROTTES D'HERCULE

Camping Achakar – *Cap Spartel, plage d'Achakar, à 12 km du centre de Tanger - 063 13 48 45 - tente 20/35 DH - voiture 10 DH - caravane 35 DH - bungalows 400 DH (réduction après une sem. de séjour).* Ombragé, il est situé dans un lieu des plus agréables.

Hôtel Robinson Plage

Hôtel Robinson Plage : la plage à vos pieds.

Hôtel Robinson Plage – *Cap Spartel, rte d'Achakar - 039 33 81 52 - fax 039 33 81 45 - www.robinson-tanger.com - 116 bungalows répartis en*

3 résidences : Atlantique (qui donne directement sur l'Océan), Sahara, Kasbah - 2 pers. : 500/600 DH, 4 pers. : 900/1 100 DH - 30 DH - restaurant à la carte - - P. Situé dans un domaine de 3,5 ha sur la plage (privée et surveillée), entre les Grottes d'Hercule et le cap Spartel, cet hôtel-résidence dispose de très nombreux services : piscine, tennis, restauration, etc.

Hôtel Club Le Mirage – *Aux Grottes d'Hercule - 039 33 33 32/31 - fax 039 33 34 92 - lemirage@lemirage-tanger.com - www.lemirage-tanger.com - 25 bungalows-suites : 1 800/8 000 DH - 98 DH - restaurant à la carte - - P.* Cet hôtel de grand luxe constitué de bungalows-suites dispersés dans un grand jardin ou posés sur la falaise, offre une vue superbe sur le détroit.

Se restaurer

Maison communautaire des femmes. Restaurant associatif – *R. Jules Cot, à proximité de la pl. du 9-Avril (Grand Socco) - /fax 039 94 70 65 - www.darnamaroc.org - tlj. sf le dim.* Créée en 2002, la Maison communautaire des femmes est l'une des nombreuses structures mises en place à travers Tanger par l'association Darna en vue de venir en aide aux plus fragiles, avec toujours un souci pédagogique (Centre communautaire des jeunes, Ferme pédagogique, Centre pour les filles, Théâtre Darna). Le restaurant a vu le jour en 2004. Boutique et ateliers.

Saveur de Poisson – *R. de la Liberté, escalier Waller (dépasser l'hôtel El Minzah, prendre la ruelle en gradins située en contrebas, et descendre quelques marches avant de s'arrêter, à droite, à hauteur de ce petit restaurant) - 039 33 63 26.* Dans ce lieu pittoresque qui tient autant de l'herboristerie et de l'échoppe d'artisanat que du restaurant, le poisson est roi. Tout se veut le plus diététique, le plus naturel et le plus authentique possible, tant dans les plats savoureux proposés que dans le décor, constitué de vanneries, de poteries et d'herbes de toutes sortes, et dans les ustensiles utilisés.

La Pagode – *3 r. Al Boussairi - 039 93 80 86 - tlj. sf lun. 12h-14h, 19h30-23h.* Cuisine asiatique pour un prix très abordable.

Anna e Paolo – *77 av. Prince-Héritier - 039 94 46 17.* Pour les inconditionnels des pâtes et pizzas...

Relais de Paris – *Complexe Dawliz, 42 r. de Hollande - 039 33 18 19.* Cuisine française et terrasse panoramique.

Korsan – L'atmosphère feutrée du restaurant du prestigieux **hôtel El Minzah** *(voir ci-dessus)* conviendra à tous ceux qui souhaitent, pour un temps, s'abstraire du tumulte de la ville. La cuisine, marocaine, y est des plus raffinée.

AUX ALENTOURS

Le Mirage – *Aux grottes d'Hercule, l'un des deux restaurants de l'Hôtel Club Le Mirage - 039 33 34 90 - fermé nov.-fév.* Ne pas manquer d'y déguster un poisson dans sa croûte de gros sel, avec, en prime, une vue superbe sur la mer et une plage immense.

Faire une pause

PÂTISSERIES

L'Italienne – *8 r. Al-Moutanabi - 039 93 19 91 - fax 039 94 97 31 - accueil.italienne@menerar.ma.* Peut-être le meilleur pain de Tanger ! Pâtisseries marocaines et européennes...

Pâtisserie Matisse – *Av. Allal ben Abdellah, près de l'hôtel Chellah - 039 34 00 50.*

PRENDRE UN VERRE

Le Détroit – *Dans l'enceinte de la kasbah, r. Riad Sultan.* Cet ancien restaurant a rouvert en 2006 mais sous la forme d'un salon de thé, dans un cadre rudimentaire et délabré. Le bâtiment est en cours de restauration... L'endroit vaut avant tout pour la vue panoramique exceptionnelle qu'il offre sur le détroit.

Café de Paris – *Pl. de France.* Sa terrasse était autrefois le lieu de rendez-vous privilégié des artistes, hommes de lettres et autres espions ou contrebandiers. C'est, aujourd'hui encore – en dépit de la circulation dense et de la pollution –, un point stratégique d'observation.

Café Fuentès – *Petit Socco.* Une légende ! Le balcon est le point d'observation par excellence de l'animation de la place.

Un verre au **Caïds Bar** ou au **Wine Bar** de l'**hôtel El Minzah** ne se refuse pas ! L'atmosphère feutrée de cet hôtel fameux en fait une oasis de tranquillité où règne un parfum de nostalgie lié au passé prestigieux de l'endroit et à l'impression d'être un peu hors du temps, loin de l'agitation de la ville.

La **terrasse** de l'**hôtel Continental** est l'endroit idéal pour se poser dans la journée, face à la baie, et regarder le mouvement des grands paquebots ancrés dans le port. Mais ne soyez pas

C. Brett / MICHELIN

Rêverie au café Hafa.

pressé car le service y est lent et guère accueillant…

Café Hafa – *Près de l'ancien palais du Mendoub (dans l'avenue Hadj Mohamed Tazi, prendre la ruelle à droite du lycée Khansa).* Dans des jardins en terrasses surplombant la mer, une installation rudimentaire mais une vue superbe sur le détroit et l'Espagne, malheureusement en partie gâchée par le mur construit à proximité !

En soirée

Casino de Tanger – *Au Mövenpick, route de Malabata, baie de Tanger - ✆ 039 32 99 33 - fax 039 32 41 11 - casimomg@iam.net.ma - www.moevenpick-hotels.com - salle des jeux, dim.-jeu. 20h-7h et vend.-sam. 20h-8h - machines à sous lun.-jeu. 15h-5h, vend. 15h-6h, sam. 14h-6h et dim. 14h-5h.* Plus de 200 machines à sous et 30 tables de jeux. Faites vos jeux ! Rien ne va plus !

Dîner spectacle Fantasia – *Organisé par l'hôtel Ahlen, à l'entrée de la ville, route de Rabat (navette assurée avec le centre-ville) - ✆ 039 31 36 26 - fax 039 31 36 42 - 250 DH.* Sous tente caïdale et selon le nombre de demandes.

Sports et loisirs

El Minzah Wellness. World Class Health Academy – *À côté de l'hôtel El Minzah - ✆ 039 94 93 91 – wellnes@elminzah.com - www.elminzah.com - cures 3 500 DH/6 j, 2 400 DH/4 j, 1 300 DH/w.-end - hammam, sauna 100/150 DH par séance - massages : 100/400 DH.*

Spa Daniel Jouvance – *Dernier étage de l'hôtel Rif & Spa - renseignements auprès de l'hôtel (voir coordonnées ci-dessus) - www.hotelsatlas.com et www.espacemer-danieljouvance.com- forfaits de 1/2/3/4 j. (1 cure/j) pour 1 350/2 100/3 190/4 200 DH - soins à la carte 130/550 DH - 9h-21h - ouvert aux résidents et non-résidents de l'hôtel.*

Mövenpick Fitness Center – *Au Mövenpick, route de Malabata, baie de Tanger - renseignements auprès de l'hôtel (voir coordonnées ci-dessus) - www.moevenpick-hotels.com - Journée santé (bain de vapeur, sauna, jacuzzy, etc.) 250 DH - soins à la carte 50/950 DH - massages et soins corporels 100/500 DH - ouvert aux résidents et non-résidents de l'hôtel.*

Royal Golf Club – *À Boubana - ✆ 039 94 44 84 - fax 039 94 54 50 - 18 trous sur un parcours de 6 200 m.* Ce parcours est réputé être un des plus anciens en Afrique puisqu'il a été créé en 1917. Il a été modifié en 1967 par Cotton et Pennink. En 2001, il a connu des travaux de remodelage et d'amélioration.

Club équestre de l'Étrier – *Rte de Boubana - ✆ 039 93 48 84.*

Yacht-club de Tanger – *Au port - ✆ 039 93 85 75 ; à la plage - ✆ 039 93 99 33.*

Achats

ARTISANAT

Ensemble artisanal – *Av. de Belgique - ✆ 039 93 31 00 - tlj sf dim. 9h-14h, 15h-18h50.* Dans les 8 ateliers (carrelage, cuivre, zelliges, bois, reliure…), vous verrez travailler les artisans.

Culture

Institut français du Nord – *41 r. Hassan Ibn Wazzane - ✆ 039 94 10 54/25 89 - fax 039 94 09 37 - institut@iftanger.ma - www.ambafrance-ma.org/institut/tanger-tetouan/index.cfm.* Manifestations culturelles, expositions (à la Galerie Delacroix), conférences, rencontres, théâtre, concerts et projection de films.

Institut Cervantès – *9 r. de la Belgique - ✆ 039 93 13 40 - fax 039 94 76 30 - centan@cervantes.es - www.tanger.cervantes.es.* Expositions, conférences, rencontres, concerts et projection de films.

Cinémathèque de Tanger – *Cinéma Rif - pl. du 9 avril 1947 (Grand Socco) - ✆ 039 93 45 83 - info@cinemathequedetanger.com - www.cinemathequedetanger.com.* En 2006, la cinémathèque de Tanger prend ses quartiers au cœur historique de la ville : le Grand Socco et le cinéma Rif, l'un et l'autre rénovés la même année. Avec, au programme, patrimoine cinématographique marocain, grands classiques du cinéma et films récents en version orginale. Le tout sous la direction de la photographe franco-marocaine Yto Barrada…

Fondation Lorin – *44 r. Touahine, dans la médina - ✆ 039 93 03 06 - fax 039 33 46 96 - lorin.p@menara.ma - tlj. sauf sam. 11h30-13h30, 16h-19h30.* Créée en 1994, elle abrite le musée du Tanger international dans l'une des plus anciennes synagogues de la ville. Elle organise des expositions temporaires. Sans oublier Tanjazz, le festival de jazz de Tanger *(voir ci-dessous).*

Association Confluences Musicales – *Borj Bab l-Marsa, angle r. El Kaâ et Dar Dbagh - ✆ 039 94 42 88 - confluencesmusicales@menara.ma - fax 039 94 32 60.* Atelier de lutherie et salle de répétition pour cette association, créée en 2004, qui cherche à préserver et à promouvoir le patrimoine musical arabo-andalou. Elle a notamment pour projet de créer un centre de musique de Tanger.

GALERIES D'ART

Galerie Delacroix – *86 r. de la Liberté - tlj sf lun. 10h-13h, 16h-21h - entrée gratuite.* Galerie gérée par l'Institut français.

Galerie Lawrence-Arnott – *68 r. Amr Ibn Ass - ✆ 039 33 34 82 - fax 039 33 34 86 - gallery@arnott-lawrence.com - lun.-vend. 10h-12h30, 17h-19h et sam. 10h-12h30 - entrée gratuite.* Cette galerie, inaugurée en 1999, met en avant les artistes marocains parmi les plus connus (Aziz Benja, Habib Kibari, Mohammed M'Rabet, Choukri, etc.)

et des peintres étrangers résidant au Maroc. Elle publie régulièrement des catalogues de référence et a édité trois ouvrages : un *Dictionnaire des peintres à Tanger, 1669-2003*, *Hamri, le peintre du Maroc* et *Le Génie de Mohammed M'Rabet*. En 2005, elle a ouvert une annexe à Marrakech.

Galerie Volubilis – *6 r. Sidi Ahmed Boukouja, Pl. de Tabor, kasbah - ✆ 039 33 38 75 - tlj. sf lun. 10h-13h, 16h-19h - entrée gratuite.* Artistes locaux.

LIBRAIRIES

Librairie des Colonnes – *54 bd Pasteur - ✆/fax 039 93 69 55 - lbicolonnes@menara.ma - 9h30-13h, 16h-19h.* Précieux point de ralliement pour les étudiants, les intellectuels de passage et les amoureux inconditionnels de Tanger, cette librairie légendaire propose un choix de livres consacrés à Tanger et ses écrivains.

Page et plume – *3 r. El Hariri (pl. des Nations) - ✆ 039 32 03 15 - fax 039 32 03 16 - info@pagepulme.com - www.pageplume.com - tlj. sf dim. et lun. matin 9h-13h, 15h30-19h30.*

Événements

Les Nuits de la Méditerranée. Festival international de musique de Tanger – *Co-organisées par l'Institut français du Nord et l'Association Tanger région action culturelle - point de vente et renseignements à l'Institut français du Nord - 1re quinz. de juil.* L'événement, qui a connu sa 6e édition en 2006, reste fidèle au concept qui a prévalu à sa naissance, en 2001. Il s'articule autour de nuits thématiques dédiées à différents styles musicaux : reggae-ragga, andalou, chaâbi, indien, africain, etc. Des concerts sont organisés à Tetouan, Chefchaouen, Larache et Ksar el Kébir. À Tanger, ils investissent les jardins de la Mendoubia, la place de la Kasbah et la place des Nations.

Tanjazz – *www.tanjazz.com - forfaits tout compris, plusieurs formules proposées (ferry depuis Sète ou Algésiras ou avion AR depuis Paris, Lyon, Marseille notamment + séjour dans les hôtels partenaires de 2 à 7 j. + concerts + activités) 340/740 €pers./5 j. par ex.- réservations et informations pour les forfaits : ✆ +33 1 34 93 08 78 - niboum@free.fr - billet de concert sur place 100-300 DH - forfait 500 DH.*
Depuis sa création, ce festival n'a cessé de prendre de l'ampleur. L'espace de quelques jours, Tanjazz prend possession de plusieurs lieux de la ville : les hôtels partenaires (Continental, Rif et Mövenpick) et les jardins de la Mendoubia, où se déroulent les principaux concerts.

Salon international du livre de Tanger (SILT) – *Co-organisé par l'Institut français du Nord et l'Association Tanger Région Action Culturelle - renseignements à l'Institut français du Nord - févr.-mars.* Au fil des années, ce salon s'est imposé comme un rendez-vous majeur pour le monde du livre au Maroc et un lieu d'échanges et de débats dans le cadre des Rencontres culturelles internationales qui lui sont étroitement associées. L'édition 2006 a été marquée par la présence de très nombreux auteurs français et marocains et par un hommage tout particulier à l'écrivain et peintre Mohammed M'Rabet.

Festival national du Film – *Organisé par le Centre cinématographique marocain - Av. El Majd (Quartier industriel) Rabat - ✆ 037 79 18 90 - fax : 037 79 81 05/08 - ccm@menara.ma - www.ccm.ma/fnf8/.* Ce festival, initié en 1982, est de fréquence irrégulière. Cette ville, comme d'autres grandes cités marocaines (Rabat, Casablanca, Meknès, Marrakech, Oujda), avait déjà accueilli cette manifestation itinérante en 1995 et 2005. Celle-ci a pour vocation de mettre en valeur la production cinématographique nationale.

Festival du court métrage méditerranéen de Tanger – *Organisé également par le Centre cinématographique marocain - Av. El Majd (Quartier industriel) Rabat - ✆ 037 28 92 00 - fax 037 79 81 05/08 - ccm@menara.ma - www.ccm.ma/inter/festtanger.html - mi-sept.* Ce festival est ouvert aux courts métrages réalisés par des cinéastes méditerranéens. Il offre également un panorama du court métrage marocain et donne lieu à des tables rondes et à de nombreux débats.

B. Pérousse / MICHELIN

La zaouïa de Moulay Idriss.

FÈS ET LE MOYEN ATLAS

CARTE 2E RABAT DE COUV. C3, D2, D3, E2 – CARTE MICHELIN 742, PLIS 10 ET 21-23

Laissez-vous envahir par « l'esprit de Fès », ce subtil mélange de spiritualité, de culture et de tradition que vous percevrez à chaque pas dans la médina. Dans cette médina, sans doute l'une des plus belles du royaume, qui a su conserver son identité avec ses artisans et son intense activité , vous découvrirez un patrimoine architectural unique : mosquées, médersas, palais, fondouks, fontaines… Et puis vous ne manquerez pas ce rendez-vous musical international qu'est devenu le Festival des musiques sacrées du monde, peut-être la plus connue des manifestations organisées dans le pays. Dans les cadres sublimes de Bab Makina et du musée Dar Batha, vous vous laisserez emporter par les mélopées venues des cinq continents.

Mais Fès est aussi une merveilleuse porte d'entrée pour visiter toute la région. Et d'abord Meknès, l'autre cité impériale, située à quelques kilomètres, à la richesse architecturale toute aussi grande et, à proximité, les ruines romaines de Volubilis ,qui composent un site antique remarquable et d'une beauté émouvante, ou la cité sainte de Moulay Idriss. Sans oublier la nature du Moyen Atlas, où règne le cèdre.

- **Se repérer** – Au centre du royaume, entre le Rif au nord, l'Oriental à l'est, les plaines de la côte atlantique à l'ouest et le Haut Atlas au sud. Avec Fès et Meknès comme poumons.
- **A ne pas manquer** – Les cités impériales de Fès et Meknès ; Volubilis ; Moulay-Idriss. Les parcs nationaux du Moyen Atlas et leurs forêts de cèdres.
- **Organiser son temps** – Un week-end au minimum est nécessaire pour découvrir Fès ou Meknès, et au moins une semaine pour visiter la région.
- **Avec les enfants** – La découverte de la médina de Fès avec ses artisans. Les randonnées dans le Moyen Atlas. Un voyage dans le temps à Volubilis.

Azrou★

48 955 HABITANTS
CARTE 2E RABAT DE COUV. D3 - CARTE MICHELIN 742, PLIS 5 ET 22-23 ET SUD DU PLI 36

Non loin du piton volcanique qui lui a valu son nom (Azrou signifie « le rocher » en tamazight), Azrou déploie ses maisons blanches aux hautes toitures de tuiles vertes, qui jettent une note aussi insolite que charmante. Inscrite dans un site dégagé par l'oued Tigrigra entre les hautes pentes du Moyen Atlas et l'extrême avancée de la meseta marocaine, elle se trouve à la croisée des deux grandes voies historiques du Maroc central. Cette situation privilégiée, un climat tempéré par l'altitude (1 250 m), la proximité des forêts de cèdres et des pistes de ski valent à cette petite cité – marché principal de la tribu des Beni Mguild et siège d'une petite industrie exploitant les ressources forestières environnantes – une quotidienne animation.

- **Se repérer** – À 63 km de Fès et 67 km de Meknès, Azrou est située au carrefour des routes conduisant depuis ces deux villes vers le Grand Sud (Errachidia et le Tafilalt par Midelt), et vers Marrakech, via Beni-Mellal.
- **À ne pas manquer** – Le Parc national d'Ifrane.
- **Organiser son temps** – Quelques jours sont nécessaires pour prendre le temps de découvrir la région et ses richesses.
- **Avec les enfants** – Toutes les activités liées à la nature…
- **Pour poursuivre le voyage** – Voir aussi la forêt de Cèdres, Sefrou et Ifrane ; plus au nord, Fès et Meknès ; en direction de Marrakech, Khenifra, Kasba-Tadla et Beni-Mellal ; et vers le Tafilalt, Midelt et la vallée du Ziz.

Comprendre

LES BENI MGUILD

Les Beni Mguild sont les membres d'une confédération de tribus berbères qui occupe une vaste région du Moyen Atlas central, depuis la vallée de la Haute Moulouya jusqu'aux plateaux situés au sud de Meknès. Si beaucoup d'entre eux sont devenus sédentaires – certains habitent de petites villes comme Azrou –, une minorité pratique encore une forme de semi-nomadisme, étape dans l'évolution de la vie montagnarde. Comme leurs voisins Zaïanes, les Beni Mguild se rattachent au groupe des Berbères **Sanhaja**, dont l'habitat originel était aux confins du désert. Depuis la fin du Moyen Âge, une progression constante vers le nord-ouest les amène, à travers le Moyen Atlas, au contact de populations sédentaires peu à peu refoulées ou subjuguées, épisode classique de l'éternelle rivalité entre nomades et sédentaires. À l'aube du 20e s., les Beni Mguild ont achevé de conquérir leur espace actuel.

D'azarhar en azzaba – En hiver, les Beni Mguild descendent en *azarhar*, pâturage de plaine où le troupeau trouve sa nourriture dans des conditions climatiques moins rudes qu'en montagne. En été, ils envahissent l'*azzaba* – alpages et clairières des forêts d'altitude. Ces déplacements constituent un spectacle étonnant car ce sont parfois d'énormes cortèges de moutons et de chèvres que l'on voit circuler sur les drailles. Au campement, on dresse la *khaïma*, la vaste tente berbère noire ou brune.

Ainsi, certains Beni Mguild du pays d'Âïn-Leuh se déplacent en été vers les alpages qui avoisinent le bourg, et descendent passer l'hiver aux abords de l'oued Tigrigra ou même plus loin. Mais ces migrations vont s'amenuisant. La mise en culture des terres d'*azarhar* ne laisse guère de place aux troupeaux : l'élevage devient le fait des sédentaires. Déjà beaucoup de Beni Mguild ont acquis des terres et ne se déplacent plus, même s'ils vivent encore sous la tente.

Aux alentours

Aguelmame de Sidi-Ali★

55 km au sud-est d'Azrou par la route de Midelt.

On atteint *l'aguelmame* de Sidi-Ali par la route d'Azrou à Midelt, qui traverse le pays des Beni Mguild.

> **Un musée à Azrou**
>
> En octobre 2002, la ville d'Azrou a été choisie pour abriter le futur **musée du Moyen Atlas**, qui sera réalisé en partenariat avec l'assemblée provinciale d'Ifrane, le conseil régional de Meknès-Tafilalt et le ministère de la Culture et de la Communication. Il est en construction bd Mohammed V, à proximité de l'ensemble artisanal.

Après Timahdite, une petite route s'embranche à gauche sur la route et mène au bord du lac.

Ce lac d'altitude (plus de 2 000 m), dû à un barrage de roches volcaniques, tire son nom d'un marabout installé sur sa rive est. Truites, carpes, perches et gardons y font le bonheur des pêcheurs. Sur les pentes en partie boisées qui l'entourent, des plaques de neige subsistent jusqu'au printemps, et les pâturages y attirent en été les pasteurs Beni Mguild.

Circuits de découverte

AU PAYS DES BENI MGUILD

Carte Michelin n° 742 plis 36-37 et 49-50.

La route d'Ifrane à Midelt et celle d'Azrou à Khenifra traversent largement le pays des Beni Mguild. Vous aurez maintes occasions de rencontrer des groupes de semi-nomades en parcourant les itinéraires ci-après.

Nomades ou transhumants ?

Les Beni Mguild sont plus que des transhumants car les familles accompagnent les migrations saisonnières des troupeaux ; ce ne sont pas non plus de vrais nomades car leurs parcours, relativement peu étendus, les ramènent périodiquement à un habitat précaire mais fixe, qu'ils occupent une partie de l'année et où ils pratiquent une agriculture hâtive. Ces **semi-nomades** ont pour ports d'attache les hautes vallées ou les petites dépressions humides de la montagne et des hauts plateaux – de 1500 à 1 800 m d'altitude –. En automne et au printemps, ils s'y activent aux travaux des champs : c'est là que se trouvent le *tirhremt* (grenier collectif) qui engrange la récolte d'orge et de blé, et de petites masures abritant les quelques personnes affectées à la garde du terroir.

Forêt de Cèdres★★

Voir p. 285.

Circuit au sud d'Azrou★★

Circuit de 195 km, dont 40 km de piste souvent médiocre et quelquefois mauvaise – compter 5 à 6h. Sortir d'Azrou vers l'ouest par la route de Khenifra, qui offre, à droite, une vue dégagée sur la plaine du Tigrigra et les plateaux qui l'encadrent.

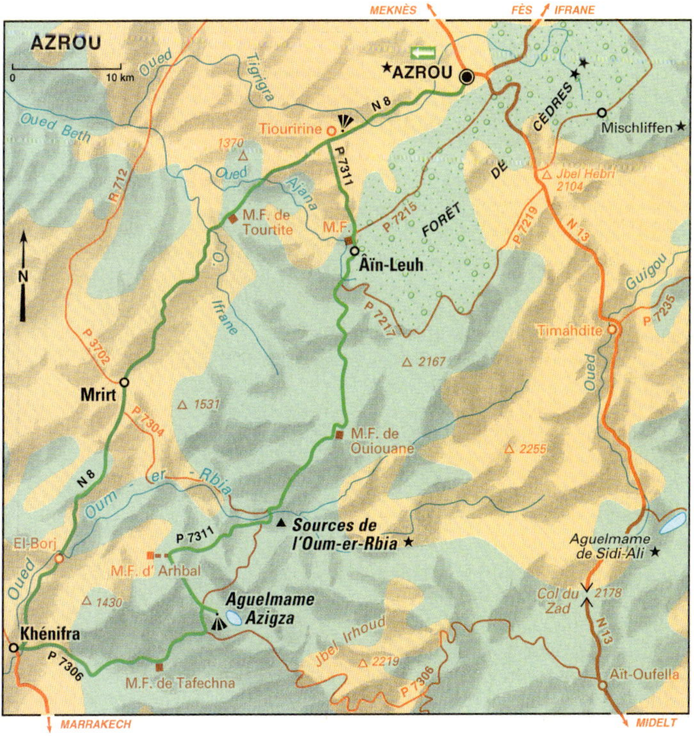

Le Parc national d'Ifrane

Le Parc national d'Ifrane a été créé par décret le 8 octobre 2004. C'est le plus récent du pays. Il s'étend sur une superficie de près de 52 000 ha dans la partie centrale du Moyen Atlas et inclut des villes comme Ifrane et Azrou. Son altitude varie entre 1 100 m (Dir Azrou - Âïn-Leuh) et 2 103 m (sommet du *jbel* Hebri). Le parc compte notamment cinq essences forestières : le cèdre de l'Atlas, le chêne vert, le chêne zeen, le pin maritime de montagne et le genévrier thurifère. Environ 35 espèces de mammifères ont été recensées et presque autant pour les reptiles et les amphibiens. Quant aux oiseaux, pas moins de 145 espèces ont été répertoriées. Ces chiffres soulignent à eux seuls la richesse de la faune. Une faune d'autant plus précieuse à protéger que plusieurs de ces espèces sont en voie de disparition.

Avec la création du parc, devraient également se développer les activités liées à l'écotourisme. Dans cette perspective, de nombreux aménagements devraient voir le jour dans les prochaines années, tel le **Site central du parc**, point d'accueil et d'information et lieu d'exposition, à Azrou (*bd Hassan II*). Le balisage de circuits de randonnées est aussi programmé ainsi que la construction de centres d'information en différents points du parc.

Village berbère

Un peu à l'écart de la ville s'étage à flanc de montagne un village berbère tout à fait caractéristique, avec ses petites maisons de torchis à toit plat. On en a une belle **vue★** d'ensemble à la sortie ouest d'Azrou, juste avant le premier virage à gauche que fait la route de Khenifra.

À hauteur de Tiouririne (à 16 km d'Azrou), emprunter à gauche la route d'Âïn-Leuh (route goudronnée aux bas-côtés non stabilisés).

Âïn-Leuh *(voir Forêt de Cèdres)*

Entre Âïn-Leuh et la vallée de l'Oum er-Rbia, on circule constamment entre 1 500 et 1 800 m d'altitude. La route offre des paysages variés : plateaux calcaires avec de curieuses roches en forme de champignons, cuvettes occupées par de petits lacs, très belles **forêts★** de chênes verts ou de cèdres. On rencontre plusieurs campements de Beni Mguild, de nombreux troupeaux de moutons et parfois même quelques petits singes traversant la route de manière inopinée. Cette partie de l'itinéraire se termine par une descente en corniche au-dessus de la haute vallée de l'Oum er-Rbia.

Dépasser la maison forestière de Ouiouane, puis, au carrefour portant les mentions « Âïn-Leuh 32 km, Khenifra 54 km, Sources de l'Oum er-Rbia 2 km », tourner à gauche et descendre dans la vallée. Passé le gué, continuer la route et s'arrêter, après avoir dépassé le « Domaine des Sources » situé en contrebas et franchi un pont, sur le terre-plein aménagé en parking au pied des sources. Laisser la voiture et continuer à pied.

Sources de l'Oum er-Rbia★

30mn à pied AR. Sources et cascades jaillissent entre les falaises calcaires dans un site impressionnant. D'une plate-forme située un peu en contrebas du sentier, juste avant les cascades, on voit bien les puissantes résurgences qui alimentent le plus grand fleuve du Maroc. Quelques abris installés au bord de l'eau et agrémentés, pour certains, de tapis permettent de se désaltérer d'une tasse de thé ou, aux beaux jours, de camper pour la nuit.

Reprendre la voiture, passer (à gauche) le pont sur l'Oum er-Rbia et continuer tout droit.

La route suit, en corniche, la rive de l'oued, puis abandonne la vallée pour s'enfoncer dans la montagne boisée. Remarquez le type d'habitat mixte : tentes de nomades dressées auprès de petites maisons dont le toit à double pente est fait de planches de cèdre.

Les sources de l'Oum er-Rbia.

Quelques kilomètres plus loin, par une route étroite mais goudronnée, on arrive à un carrefour : prendre à gauche la direction de l'aguelmame Azigza (2 km).

Aguelmame Azigza

C'est un lac permanent logé dans une cuvette calcaire. De l'extrémité de la route goudronnée où a été installé un café-restaurant *(restauration possible en été)*, **vue** sur le joli site de ce petit lac bleu cerné de chênes verts.

De *l'aguelmame* à Khenifra, la route traverse encore de belles forêts de cèdres.

Khenifra *(voir p. 320).*

Quitter Khenifra par la N 8, direction Azrou.

Jusqu'à El Borj, la route remonte la vallée de l'Oum er-Rbia. On quitte alors le pays zaïane pour retrouver le territoire des Beni Mguild.

Mrirt

Ce gros marché berbère (souk le jeudi) est particulièrement riche en chevaux.

Tout ce trajet de retour est dominé, à droite, par la corniche boisée du Moyen Atlas.

Azrou pratique

Informations utiles

Poste – *Bd Prince Héritier Sidi Mohammed - ✆ 035 56 20 65 - www.poste.ma.*

Argent – Distributeurs automatiques de billets (BMCE et Banque populaire) *pl. Mohammed V.*

Pharmacie Sakhra – *Pl. Mohammed V - ✆ 035 56 20 07.*

Iternet

Cyber Abridn – *Pl. Mohammed V.*

Cyber Kawtar – *Gare routière, bd Moulay Abdelkader.*

Transports

Gare routière – *Bd Moulay Abdelkader.* Nombreux cars quotidiens pour Fès et Meknès. Liaisons également pour Marrakech, Khenifra et Rabat, entre autres.

Se loger, se restaurer

À AZROU

Hôtel Le Panorama – *✆ 035 56 20 10 - fax 035 56 18 04 - 330 DH - 36 DH - repas 130 DH.* Avec son jardin, ses chambres avec balcon et surtout ses espaces de vie récemment rénovés (hall, salon et salle à manger), cet hôtel a tout pour constituer une étape confortable. Dommage que les chambres et les salles de bains n'aient pas fait l'objet elles aussi de travaux de mise à niveau, amplement nécessaires, et que le restaurant ne soit pas toujours en mesure de vous servir les plats indiqués au menu du jour…

AUX ALENTOURS

Gîte Ras El Ma – *8 km sur la route d'Ifrane - ✆ 035 56 00 08 et 064 16 236 98/99 - giterasalma@yahoo.fr - www.giterasalma.ifrance.com - ch. avec sdb en demi-pension 300 DH/pers./j. - ch. et dortoir avec sdb commune : 260 DH/pers./j.* Peut-être la seule adresse de charme de la région. Vous y serez accueilli dans une ambiance très conviviale. Le gîte devrait être profondément réorganisé d'ici 2007, avec la création de sept chambres supplémentaires toutes équipées de salle de bains et la disparition du dortoir… Espérons qu'il n'y perdra pas son âme ! Des randonnées sont organisées avec l'**Association provinciale des guides de montagne d'Ifrane** *(voir à Ifrane, p. 315).*

Hôtel Amros – *6 km au sud sur la route de Meknès - ✆ 035 56 36 63 - fax 035 56 36 80 - 66 ch. - 700 DH - 8 suites : 900/1 200 DH - 36 DH - taxe 10 DH/j. - menu 120 DH - - P.* Cet établissement isolé, en bordure de route, a pris un sérieux coup de vieux, à l'extérieur comme à l'intérieur, depuis son ouverture au début des années 1990.

Achats

Ensemble artisanal – *Derrière le futur musée du Moyen Atlas et en face du commissariat de police - ✆ 035 56 24 30 - sam.-jeu. 8h30-12h, 14h30-18h30, vend. 8h30-11h30, 15h-18h30 - .* Outre un atelier de ferronnerie et des objets de bois taillés dans le cèdre ou l'acajou, vous y découvrirez un intéressant **atelier de tapis★** : ceux-ci peuvent être rasés et de couleurs vives, où le rouge et l'orangé dominent, ou bien à fond blanc discrètement rehaussé d'ocre ou de brun et garder une longue toison. Point commun : leur dessin géométrique et l'absence de motifs d'encadrement.

Souk – *Mardi.*

Événements

Rencontre estivale cinématographique du court métrage marocain d'Azrou – *Organisée par le ciné-club Enfance et jeunesse - cineazrou@yahoo.fr - www.cineazrou.8m.com - en juil.* Cette manifestation annuelle existe depuis 1999.

Beni-Mellal★

169 534 HABITANTS
CARTE 2E RABAT DE COUV. C3 – CARTE MICHELIN 742, PLIS 5, 21-22 ET 47-48

Entre le Moyen Atlas et la plaine céréalière du Tadla s'allonge une étroite bande humide et riche appelée « dir » (ce mot, qui signifie « poitrail », illustre la manière brusque dont la chaîne montagneuse se termine sur la plaine). Là, Beni-Mellal est née de la présence de l'eau : les sources abondent autour de la ville, qu'enveloppent des plantations d'orangers et une vaste oliveraie où se glissent des figuiers, des grenadiers, des abricotiers et des pêchers. Les oranges de Beni-Mellal sont réputées pour être parmi les meilleures du Maroc.

Se repérer – Beni-Mellal est située à 229 km au nord-est de Marrakech et à 280 km au sud-ouest de Fès. La création du barrage de Bin-el-Ouidane a modifié l'économie du Tadla et donné à la ville une impulsion dont témoigne l'artère principale, qu'empruntait jadis la route Fès-Marrakech, actuellement avenue Mohammed V, où se succèdent les édifices publics, les coopératives et les banques. Quant à la route, elle contourne désormais la ville par le nord.

À ne pas manquer – Beni-Mellal vaut surtout comme point de départ pour des excursions dans la région, vers le lac de Bin-el-Ouidane et les cascades d'Ouzoud notamment.

Organiser son temps – Une journée pour faire le circuit jusqu'aux cascades d'Ouzoud...

Pour poursuivre le voyage – Voir aussi les cascades d'Ouzoud et Marrakech (au sud) ; Khenifra, la forêt de Cèdres, Azrou, Sefrou et Ifrane (au nord-est).

Comprendre

Le pays des Âït Bouguemez – Dans la région du Haut Atlas central, là où la nature, féroce, façonne l'environnement à sa guise et rend l'accès aux villages très difficile, l'oued **Tassaout** prend sa source dans un escarpement séparant le *jbel* Tarkeddit du *jbel* Anghomar. Ses eaux tumultueuses roulent ensuite au fond d'une superbe vallée enserrée entre des parois vertigineuses ou des flancs abrupts couverts de chênes verts, de thuyas et de pins d'Alep.

Cette vallée isolée de la Haute Tassaout, si joliment chantée autrefois par une humble poétesse berbère répondant au nom de **Mririda N'Aït Attik** *(Les Chants de la Tassaout,* traduits du dialecte tachelhaït par René Euloge), offre au regard de ceux qui la découvrent les plus beaux *irherm* (greniers-forteresses), ou *tirhermt,* du Grand Atlas. C'est dans cet environnement architectural unique, où les villages *chleuhs* – comme ceux de **Magdaz**, d'**Aït Hamza** ou d'Ichebakane – sont constitués d'étonnants édifices en pisé s'harmonisant parfaitement avec le paysage, que vivent les **Aït Bouguemez**.

Dans ce pays auquel on accède difficilement (d'abord en 4x4 par des pistes rocailleuses, puis à pied, allant de village en village, après avoir quitté Azilal et dépassé Aït Mohamed), ces montagnards, souvent isolés dès les premières neiges d'automne, vivent essentiellement d'agriculture et d'élevage. Dans les villages subsistent des greniers-forteresses et de vieilles demeures patriarcales en pisé, aux façades presque aveugles, et sommairement meublées, sur le seuil desquelles des enfants aux yeux rieurs, ou de vénérables vieillards à l'imposant turban accueillent les rares visiteurs d'un cordial sourire ou d'un mot de bienvenue.

Un peu de lecture... – On lira avec plaisir l'évocation du quotidien de ces villageois berbères dans deux ouvrages écrits et illustrés par Karin Huet et Titouan Lamazou, le fameux navigateur (*Un hiver berbère* et *Sous les toits de terre – Haut Atlas*), qui rapportèrent de leur séjour d'un an dans le Haut Atlas marocain de nombreux dessins, notes et croquis.

Circuits de découverte

LE TOUR DE L'OLIVERAIE★

Circuit de 11 km – environ 1h.

La route s'embranche sur l'avenue Mohammed V, à gauche, au grand carrefour que l'on rencontre après la poste lorsqu'on va dans la direction de Marrakech. Prendre ensuite le boulevard Hassan II sur 1 200 m et bifurquer à droite.

De vastes orangeraies précèdent le très joli **bois d'oliviers** qui est la parure de Beni-Mellal. Sillonné de ruisseaux et de séguias alimentés par des sources vauclusiennes, il constitue un lieu de promenade délicieux.

Âïn-Asserdoun

À 3,5 km de Beni-Mellal, cette source limpide et fraîche, d'un débit moyen de 1 500 litres à la seconde, jaillit du rocher pour s'écouler dans un canal coupé de chutes, avant d'aller contribuer à l'irrigation des jardins et des vergers. Autour d'elle, un agréable jardin public, des plus moderne, a été aménagé.

À hauteur de la source, prendre à droite une route en lacet.

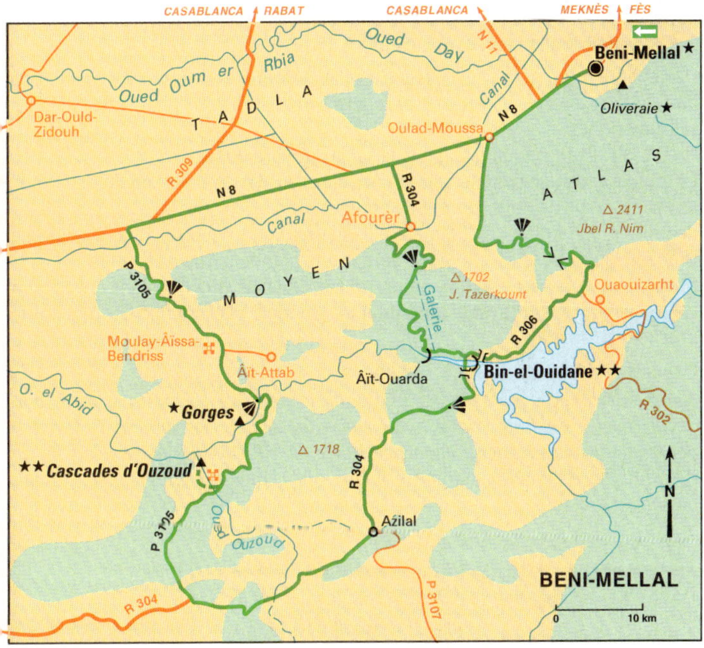

Borj Râs el Âïn

Juché sur un piton boisé, il domine ce site noyé dans la verdure. Les pentes sont par endroits couvertes de **tikiout**, sorte d'euphorbe dont la tige renferme un suc laiteux très caustique. À l'extrémité d'une plate-forme, le *borj* en partie ruiné se détache sur la plaine. De là, on découvre un beau **panorama**★ sur Beni-Mellal, sertie dans son oliveraie, où pointent quelques cyprès ; à perte de vue, la plaine du Tadla étale ses vergers et ses champs irrigués.

De retour à la source, prendre à droite.

On rentre dans Beni-Mellal par la nouvelle médina, avant de déboucher sur la place de la Liberté, spacieuse et bordée d'arcades.

ENTRE LAC ET CASCADES

215 km. Compter une bonne journée (route parfois difficile, surtout en cas d'intempéries) et prévoir éventuellement un pique-nique (seule possibilité de restauration : à Bin-el-Ouidane). Sortir de Beni-Mellal par la N 8 en direction de Marrakech, et à Oulad-Moussa, prendre à gauche la R 306.

Celle-ci s'élève doucement en lacet, offrant dans sa partie en corniche des vues de plus en plus étendues sur la plaine du Tadla. Puis, dominée sur la gauche par le *jbel* R. Nim (2 411 m), elle franchit un petit col avant de s'enfoncer dans le Moyen Atlas.

Peu après le col, on découvre les eaux étrangement bleues du lac artificiel de Bin-el-Ouidane. Çà et là, des fermes fortifiées, à toit plat fait de terre et de branchages, et cantonnées de tourelles carrées, annoncent les *tirhremts* (greniers fortifiés) du Sud.

Barrage et lac de Bin-el-Ouidane★★

L'énorme barrage « voûte » a été construit sur l'oued el Abid, en amont des très belles gorges *(voir ci-dessous)* que ce cours d'eau a creusées dans le Haut Atlas. D'une longueur de 285 m à la crête, épais de 28 m à la base et de 5 m au sommet, il présente une hauteur de 133 m.

L'immense lac de retenue (3 735 ha) s'inscrit dans un magnifique cadre de montagnes. Ses rives extrêmement sinueuses et en pente très douce, ses innombrables petits îlots ou promontoires et un boisement intensif depuis la construction du barrage ont ôté à ce paysage une part de sa sévérité.

À 4 km en aval, le barrage d'**Aït-Ouarda** dérive, grâce à une galerie souterraine longue de 10,6 km percée sous le *jbel* Tazerkount, les eaux de décharge de l'usine hydro-électrique installée au pied du barrage. Celles-ci, après une dénivellation de 235 m, viennent alimenter l'usine d'Afourèr.

De la petite route qui s'embranche sur celle d'Afourèr et descend vers le pied du barrage, on a une très bonne vue sur l'énorme muraille barrant la cluse aux versants calcaires boisés.

Un complexe touristique est aménagé sur la rive nord du lac.

La route franchit en crête le barrage et s'élève au-dessus du lac en de nombreux lacets – dans un paysage tourmenté et rude – offrant, sur plus de 6 km, des **vues**★ de plus en plus larges sur l'immense étendue d'eau turquoise. Au loin se profile la chaîne du Haut Atlas, enneigée durant une grande partie de l'année. Après la traversée du plateau d'**Azilal**, on prend à droite la P 3105 qui, dans une région vallonnée et très verdoyante au printemps, conduit à la *kasbah* d'Ouzoud, toute proche des cascades.

Cascades d'Ouzoud★★ *(voir p. 340)*

Au cas où l'état de la route rendrait impossible la poursuite de l'itinéraire par les gorges de l'oued el Abid, emprunter, après avoir visité les cascades, la variante de retour par Afourèr (voir ci-dessous). Sinon, poursuivre sur la P 3105 qui, au-delà du pont sur l'Ouzoud, est désormais goudronnée, même si les chutes de pierres rendent certains passages difficiles.

Village chleuh de la vallée des Aït Bouguemez.

Gorges de l'oued el Abid★

Après avoir traversé un petit bassin cultivé et peuplé de pittoresques villages aux maisons ocre, on s'élève pour longer bientôt, de loin, l'oued el Abid. Ce torrent actif, principal affluent de l'Oum er-Rbia, a creusé dans la partie occidentale du Moyen Atlas des gorges profondes de 400 à 600 m, dont la muraille se dresse sur la gauche, rouge et abrupte, mais dont on ne peut voir le fond.

Puis l'étroite route goudronnée, tracée en corniche au-dessus des parois verticales, descend brusquement en des lacets impressionnants vers l'oued, qu'elle franchit sur un pont métallique d'où on peut voir l'entrée du canyon.

À Moulay-Âissa-Bendriss, on laisse à droite la route qui conduit à Âït-Attab.

La descente vers la N 8, qu'on prend à droite pour revenir à Beni-Mellal, offre de larges vues sur la plaine du Tadla.

Variante de retour par Afourèr

Allongement de parcours de 32 km.

Après la visite des cascades d'Ouzoud, revenir à Bin-el-Ouidane où, une fois franchi le barrage, on prend à gauche la route d'Afourèr. Celle-ci suit d'abord, dans un cadre très boisé, le cours de l'oued el Abid, qu'elle domine. Après un parcours sinueux en montagne apparaît soudain la plaine du Tadla. La descente vers Afourèr dévoile une succession de **vues★** quasi aériennes sur cette vaste étendue, découpée par les cultures en une infinité de petites bandes où courent des canaux d'irrigation.

La N 8, à droite, ramène à Beni-Mellal.

Kasba-Tadla

Sur la rive droite de l'Oum er-Rbia, cette petite ville est une ancienne citadelle commandant la plaine du Tadla, important passage au pied de l'Atlas entre Marrakech et Fès ou Meknès. Kasba-Tadla fut, en 1913, le point de départ d'opérations menées par des troupes françaises contre les tribus montagnardes, tout aussi rebelles à une présence étrangère qu'à l'autorité du sultan.

D'importants travaux d'irrigation ont fait de la plaine du Tadla, brûlante en été, une riche région céréalière (« *tadla* » signifie « gerbe » en berbère).

La kasbah★ édifiée par Moulay Ismaïl, est la plus importante des nombreuses forteresses que le sultan fit édifier à travers le nord du pays afin de tenir en respect les puissants Berbères **Sanhaja**. Exceptionnellement bien conservée, elle dresse au-dessus du cours sinueux de l'Oum er-Rbia ses murailles crénelées le long desquelles se pressent des bastions.

Non loin de là, sur la grande place du centre ville, le **jardin public**, avec ses parterres chamarrés de fleurs et ses bosquets multicolores, où – au printemps – les bougainvillées, les géraniums, les capucines le disputent au vert tendre des palmiers pour offrir aux visiteurs un moment de fraîcheur, est une halte agréable dans une ville parfois étouffante.

Du côté opposé au fleuve, un joli minaret tapissé d'un réseau d'entrelacs domine l'enceinte de la *kasbah*.

Construit par Moulay Ismaïl, un pont franchit le fleuve de ses dix arches inégales. Jolie **vue★** sur la *kasbah*.

On accède *(par un petit chemin qui s'embranche sur la route de Casablanca ; laisser la voiture à l'entrée du chemin)*, à un point de vue qui se signale par quatre hauts piliers élevés à la mémoire des soldats français tombés entre 1912 et 1933 dans la région.

De là, vue d'ensemble sur la ville, la *kasbah*, et l'Oum er-Rbia élargi par le barrage de Kasba-Zidania ; de l'autre côté sur le Moyen Atlas, dont les sommets restent couverts de neige jusqu'en avril-mai.

La maîtrise de l'eau

L'aménagement de l'oued el Abid a permis de créer dans la plaine du Tadla un vaste réseau d'irrigation couvrant 100 000 ha sur la rive gauche de l'Oum er-Rbia. Cette région est devenue l'une des plus riches du pays grâce à un système d'assolement qui fait alterner, entre autres cultures, le blé et une variété de coton à longue fibre très appréciée.

Beni-Mellal pratique

Informations utiles

Office de tourisme – *Av. Hassan II - ✆ 023 48 39 81.*

Poste – *Av. Mohammed V - ✆ 023 48 25 77 - www.poste.ma.*

Argent – Banques et distributeurs automatiques sur l'avenue principale de Beni-Mellal, l'av. Mohammed V.

Se loger

À BENI-MELLAL

⊜⊜ **Hôtel Dar Assalam** – *Bd Mohammed V, situé à la sortie de Beni-Mellal sur la rte de Marrakech, avant les hôtels Chems et Ouzoud - ✆ 023 48 78 23 - fax 023 42 33 19 - darassalam@darassalam.net.ma - 56 ch. - 300 DH - ☕ 30 DH - menu 90 DH -* P. Ouvert en 2006, cet hôtel est simple, propre et confortable. Essayez d'éviter les chambres qui donnent directement sur la route…

⊜⊜ **Hôtel Al-Bassatine** – *À la sortie de la ville en direction de Casablanca (route portant l'indication de Fquih Ben Salah), juste après avoir franchi la route de Fès à Marrakech - ✆ 023 48 22 47/68 05 - fax 023 48 68 06 - al-bassatine@yahoo.fr - www.bassatine.fr.st - 100 ch. - 420 DH - ☕ 36 DH - menu 130 DH -* 🏊 *-* P. Il propose des chambres simples, mais disposées dans la verdure en face d'une oliveraie. Restaurant convenable (sans alcool) et piscine on ne peut plus appréciable lors des grandes chaleurs.

⊜⊜⊜ **Hôtel Chems** – *Situé sur la rte de Marrakech à 2 km de Beni-Mellal - ✆ 023 48 34 60 - chems@menara.ma - fax 023 48 39 87 - www.chems-hotel.com - 80 ch. - 705 DH - ☕ 55 DH -* 🏊 *-* P. Récemment rénové. L'une des deux adresses réputées de la ville…

⊜⊜⊜ **Hôtel Ouzoud** – *Situé sur la rte de Marrakech, juste à la sortie de Beni-Mellal, à côté de l'hôtel Chems - ✆ 023 48 37 52 - fax 023 48 85 30 - ouzoud@sogatour.ma - www.sogatour.ma - 56 ch. - 950 DH - ☕ 70 DH - menu 165 DH -* 🏊 *-* P. Lui aussi rénové, cet hôtel sur deux niveaux se présente comme un motel ; les chambres sont facilement accessibles depuis votre voiture. L'autre adresse de « luxe » de la ville… Pas toujours à la hauteur des prétentions et des prix affichés, notamment au niveau du service et de la restauration !

À AFOURÈR

⊜⊜⊜ **Hôtel Tazarkount** – *À l'entrée d'Afourèr lorsque vous arrivez de Beni-Mellal - ✆ 023 44 01 01/02 01 - fax 023 44 00 94 - hotel@tazarkount.com - www.tazarkount.com - 110 ch. - 984 DH ☕ - menu touristique 180 DH, menu gastronomique 220 DH -* 🏊 *-* P.
Sans doute l'offre hôtelière actuellement la plus intéressante de la région avec l'atout non négligeable de la proximité du lac et des cascades. Cet établissement vous propose de très nombreux services en dehors de ses deux piscines (dont une chauffée !) : hammam, salle de gymnastique, trois parcours de jogging tracés dans un jardin luxuriant, terrain de tennis… L'hôtel organise également des excursions, des parties de chasse et de pêche ainsi que des randonnées pédestres et en VTT.

À BIN-EL-OUIDANE

En attendant l'ouverture prochaine, prévue au printemps 2007, du complexe touristique construit en bordure du lac par le même groupe que celui qui gère les hôtels Chems et Tazarkount…

⊜ **Camping du Lac** – *À proximité immédiate de l'auberge (même direction) - 10 DH/pers., 10 DH/véhicule et 10 DH/tente.* Installations rudimentaires et entretien défaillant… Pour ceux qui tiennent vraiment à planter leur tente au bord de l'eau !

⊜⊜ **Auberge du Lac** – *À la sortie de Bin-el-Ouidane en direction d'Afourèr par une petite route sur la gauche, au pied du barrage - ✆ 023 44 24 65 - fax 023 44 24 30 - 193 DH - ☕ 20 DH -* P. C'est le rendez-vous des chasseurs et des pêcheurs, qui pourront trouver un gîte (un peu spartiate) dans l'un des pavillons roses de cette très modeste auberge.

Sports et loisirs

Pêche dans le lac de Bin-el-Ouidane ou dans la retenue et chasse (sanglier, lièvre, perdreaux…) organisée par la société **Chapetour**, installée à l'Auberge du Lac.

Parties de chasse et de pêche pour les clients de l'hôtel Tazarkount d'Afourer.

Achats

Souk – *Mardi.*

Forêt de Cèdres★★

CARTE 2E RABAT DE COUV. D3 – CARTE MICHELIN 742, PLIS 22-23, 36 ET 41

Les cèdres de l'Atlas sont justement célèbres. Les peuplements les plus beaux et les plus importants se rencontrent dans le Moyen Atlas central, d'Ifrane au col du Zad, où ils couvrent environ 75 000 ha ; on en comptait bien davantage dans le passé, mais une exploitation désordonnée, aggravée par le surpâturage caprin, a causé des ravages jusqu'à ce qu'on se préoccupe – à partir de 1916 – de protéger la forêt.

- **Se repérer** – Aux environs d'**Azrou** et d'**Ifrane** s'étend une belle forêt de cèdres facilement accessible.
- **À ne pas manquer** – Le cèdre Gouraud !
- **Organiser son temps** – Comptez entre 1h30 et 3h pour effectuer chacun des circuits proposés ci-dessous.
- **Avec les enfants** – Les balades en forêt... et le ski à Mischliffen en hiver.
- **Pour poursuivre le voyage** – Voir aussi Azrou, Sefrou, Ifrane et la région du Kandar et Sebou. Pour découvrir les cités impériales les plus proches, voir Fès et Meknès ; pour rejoindre les dunes du Grand Sud, voir Midelt et la vallée du Ziz.

S Ollivier / MICHELIN

Les cèdres, seigneurs de l'Atlas.

Circuits de découverte

MISCHLIFFEN★ 1

Circuit de 68 km au dép. d'Azrou – env. 1h30. Sortir d'Azrou par la route de Fès. Au bout de 4,5 km, prendre à droite la route signalisée « cèdre Gouraud ».

Cèdre Gouraud

La route s'élève rapidement jusqu'à la forêt, où l'on rencontre de très beaux sujets comme, à droite de la piste, ce « cèdre Gouraud », reconnaissable à son énorme branche en forme de chandelier, et qui atteint presque 10 m de circonférence à la base. De retour sur la route, on circule à travers champs et vergers avant de se hisser jusqu'au rebord d'un plateau. De là, le **panorama★** embrasse le Moyen Atlas, la plaine irriguée d'Azrou prolongée au nord-ouest par un moutonnement de collines volcaniques qui semblent aller battre la corniche du plateau d'El-Hajeb. On débouche ensuite sur un terrain rocailleux qui monte en pente douce, sur la gauche, vers l'éminence volcanique du paysage d'Ito.

Ifrane★ *(voir p. 312)*

À la sortie d'Ifrane, en vue du palais royal, la route que l'on prend à droite au carrefour suit la limite inférieure de la forêt puis traverse un plateau aride. À une bifurcation, on continue tout droit en direction de Mischliffen sur la route qui amorce aussitôt la montée vers le Tizi-n-Tretten, bordé de cèdres sur les hauteurs.

Du col (1 934 m), **vue** à gauche sur les grands sommets du Moyen Atlas (massif de Tichchoukt) par-delà la dépression de l'oued Guigou (pêche à la truite ; *pour plus de détails sur la pêche, voir le chapitre Loisirs p. 57*). On pénètre bientôt dans une belle forêt de cèdres, de chênes et de sapins.

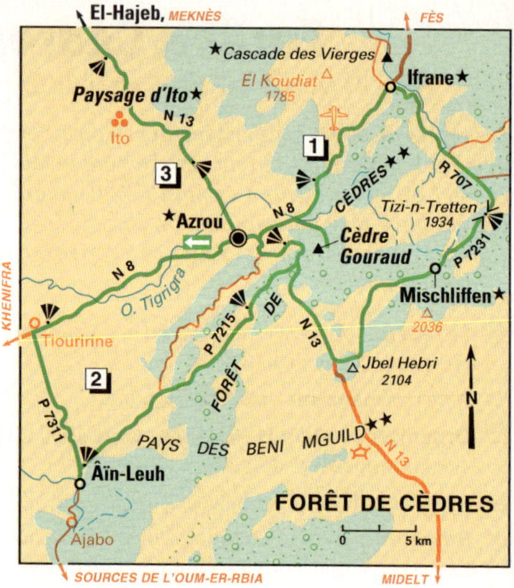

Mischliffen★

Un ancien volcan éteint couronné de cèdres compose le site du petit centre de sports d'hiver du Mischliffen.

Après le chalet du Ski-club d'Ifrane, prendre à gauche la route en sens unique qui ramène à la route d'Azrou.

La route longe un vallon couvert de prairies très fréquentées par les troupeaux puis traverse en ligne droite un plateau tout bosselé de roches volcaniques au bout duquel se dresse le **jbel Hebri** (2 104 m), cône volcanique parsemé de cèdres.

Prendre à droite la route nationale vers Azrou.

La descente est très belle. La route serpente dans la cédraie parée ici de magnifiques sous-bois ; elle offre de remarquables **vues** sur la région d'Azrou.

CIRCUIT D'ÂÏN-LEUH★ 2

Circuit de 63 km au dép. d'Azrou – env. 2h30.

Azrou★ *(voir ce nom)*

Quitter Azrou en direction de Fès puis prendre tout de suite à droite la route de Midelt. Continuer jusqu'à la route d'Âïn-Leuh, que l'on prend à droite.

La route, qui fait traverser de beaux peuplements de cèdres, suit longuement le sommet de la corniche du Moyen Atlas et procure de fréquentes échappées vers la droite : ces **vues★** permettent d'apercevoir en contrebas Azrou, la vallée tourmentée du Tigrigra et, au loin, les hauteurs de la *meseta* marocaine. On traverse les vastes pâturages d'une plaine d'altitude bordée de crêtes calcaires.

Âïn-Leuh

Dans un virage on découvre Âïn-Leuh, blottie dans un vallon étroit, avec ses maisons brunes à toit plat et ses terrasses irriguées débordant de verdure. Ce gros bourg est un marché des Beni Mguild et un centre d'estivage ; on y travaille aussi le bois des forêts voisines.

En prenant *(15mn à pied AR)* un chemin qui se détache à droite de la route, à la sortie sud d'Âïn-Leuh, vous atteindrez, à 400 m, une plate-forme naturelle d'où la **vue★** est curieuse sur les terrasses étagées du vieux bourg.

Retour à Azrou en poursuivant tout droit puis en prenant à droite la route Marrakech-Fès.

À la sortie nord d'Âïn-Leuh, la descente est rapide, avec vue sur la forêt de cèdres à droite et la plaine du Tigrigra en face. À partir de Tiouririne, on roule parallèlement à la corniche du Moyen Atlas dans un paysage de riches cultures, tandis qu'Azrou apparaît dans le lointain.

Dans le dernier virage avant d'atteindre la ville, belle **vue★** sur Azrou.

Les seigneurs de la forêt

S'accommodant de sols très divers mais redoutant la sécheresse (c'est pourquoi ils fréquentent de préférence les versants exposés aux vents d'ouest), les cèdres de l'Atlas ont un fût très droit qui peut atteindre jusqu'à 60 m de hauteur et 2 m de diamètre. Leur silhouette altière étale une ramure horizontale très caractéristique. Jeunes, ils se terminent par une flèche grêle produisant constamment des bourgeons ; les vieilles cimes, au contraire, prennent une forme tubulaire. La longévité du cèdre est grande, et les sujets âgés de plus de deux siècles ne sont pas rares ; il existe même des patriarches qui seraient contemporains des sultans mérinides (en France ils eussent été les témoins de la guerre de Cent Ans !).
Les premiers cèdres apparaissent entre 1 500 et 1 600 m d'altitude et s'associent d'abord aux chênes zéens (chênes rouvres dont le bois est utilisé principalement pour faire des traverses de chemin de fer) et aux chênes verts. Plus haut, autour de 2 000 m, les cédraies sont une splendeur, surtout en avril, quand leurs sous-bois se parent en avril de pivoines sauvages.
Le bois de cèdre – apprécié depuis l'Antiquité parce qu'imputrescible – embaume les souks de menuisiers dans toutes les grandes villes. Ébénistes et charpentiers l'emploient, et on sait le parti que les sculpteurs en ont tiré dans les palais, les *médersas* et les mosquées, pour la décoration des plafonds, des linteaux et des auvents.

PAYSAGE D'ITO★ 3

18 km au nord-ouest d'Azrou.

Azrou★ *(voir p. 276)*

Sortir d'Azrou en direction de Meknès.

Après la traversée de la riche plaine irriguée de l'oued Tigrigra, la route s'élève en offrant de belles **vues** sur Azrou et son site. À 18 km, tandis que l'on suit en corniche le rebord du plateau d'El-Hajeb, un **panorama★** se révèle à gauche sur la vaste dépression, barrée à l'horizon par les hauteurs boisées du Moyen Atlas.
Le paysage présente un chaos de petits reliefs : alignements de crêtes décapées par l'érosion, archipels de volcans éteints depuis le début du quaternaire, fractures, coulées de lave. L'oued **Tigrigra** et ses affluents se fraient un passage à travers ce paysage dénudé qui, le soir, sous l'éclairage rasant du soleil, prend un aspect fantastique qu'on a qualifié de lunaire.

El-Hajeb

À 17 km plus au nord, ce petit centre estival d'altitude est apprécié des habitants de Meknès fuyant la chaleur de la plaine. C'est une ville fraîche et ombragée, bien arrosée par les sources qui jaillissent en cascade à la base des terrains calcaires voisins. Elle conserve les restes d'une *kasbah* élevée par le sultan Moulay Hassan pour tenir en respect les Beni M'Tir, turbulente tribu berbère établie aux abords de la cité. Dans la partie est de la ville, les parois rocheuses laissent encore voir quelques **habitations troglodytiques**.

À la sortie nord-ouest de la ville, la route offre une **vue★** étendue sur l'opulente plaine de Meknès : l'harmonie des couleurs témoigne de la variété des ressources créées par l'homme dans cette région que dominent au loin le *jbel* Kefs et le *jbel* Zerhoun.

Forêt de Cèdres pratique

Se loger, se restaurer

Voir à Ifrane p. 314, Azrou p. 279, Sefrou p. 344 ou Fès p. 306.

Sports et loisirs

Pour tout ce qui concerne le tourisme rural et les randonnées, voir à Ifrane et Azrou principalement.

Fès★★★

983 226 HABITANTS (LES FASSIS)
CARTE 2E RABAT DE COUV. D2 – CARTE MICHELIN 742, PLIS 5, 10 ET 28

Si vous ne deviez voir qu'une ville au Maroc, c'est Fès qu'il faudrait choisir ! Pour ses richesses architecturales, sa fascinante médina, ses magnifiques monuments, comme pour son histoire et son passé, qui en font la capitale culturelle du royaume. Métropole religieuse, intellectuelle et artistique du Maroc, berceau d'une monarchie millénaire, Fès fut aussi pendant longtemps la capitale politique de l'empire chérifien.

Se repérer – Carrefour routier traditionnel, Fès est aujourd'hui reliée par l'autoroute à Rabat (171 km) et, de là, à Casablanca et Tanger. Bien distincte de la médina, la ville moderne, où se trouvent la plupart des hôtels, s'organise autour de l'avenue Hassan II, large, rectiligne et ombragée.

Se garer – Avant votre visite de la médina, vous trouverez des parkings gardés au niveau de la plupart des portes et pas seulement à Bab Bou Jeloud ou place de l'Istiqlal à Batha. Dans la ville nouvelle, stationner n'a rien d'évident mais ce n'est pas pire que dans d'autres villes du royaume.

Fès la nuit est superbe !

Lorsqu'on arrive de nuit sur la ville en venant de Taza, Fès apparaît dans le lointain comme un tapis de lumière au fond de la vallée ; après moult virages, les centaines de lumières des maisons de la médina ont quelque chose de féerique. Ne manquez pas de faire le tour de la ville le soir, en suivant le périphérique qui borde les remparts illuminés ; arrêtez-vous sur les hauteurs (*Borj* Nord, hôtel Les Mérinides, palais Jamaï) pour découvrir la médina et ses nombreux minarets.

À ne pas manquer – Lors de votre découverte de la médina : la médersa Bou Inania, récemment rénovée, et, lui aussi restauré, l'ensemble Neijarine, avec son superbe *fondouk*. Et bien sûr Fès au moment du Festival des musiques sacrées du monde, pour profiter de l'ambiance dans la ville !

Organiser son temps – Restez au moins deux jours à Fès, vous ne le regretterez pas ! Mais Fès est aussi le point de départ idéal pour découvrir la région tout en profitant d'une excellente infrastructure hôtelière…

Avec les enfants – La visite de la médina… et les nombreuses activités sportives proposées à la périphérie de Fès.

Pour poursuivre le voyage – Voir aussi Meknès (60 km) l'autre cité impériale. Pour découvrir le Moyen Atlas et ses forêts de cèdres, voir Azrou (67 km), Ifrane (63 km), la forêt de Cèdres, Sefrou et la région du Kandar et Sebou. Pour explorer le Tazzeka, voir à Taza.

E. Valentin / HOA QUI

À la Karaouiyne.

Comprendre

Le site de Fès, à l'extrémité orientale de la plaine du Saïs, est un carrefour qui commande les routes du Sud comme les passages du Rif, qui communique avec l'est par la trouée de Taza, et qui s'ouvre à l'Atlantique par la vallée du Sebou. Situation privilégiée pour établir une cité, qui s'est développée autour de l'omniprésent oued Fès ; visible ou non, l'eau ruisselle partout grâce à cet oued aux multiples ramifications, alimentant fontaines, maisons et jardins. Le site offre d'autres avantages : ce pays est fertile, c'est une des plus riches régions du Maroc ; le sol fournit généreusement la pierre calcaire et l'argile pour la construction ; enfin, le bois ne manquait pas, dans le passé, aux abords de la cité.

Fès, conservatoire des traditions

Chantée par les poètes, Fès demeure un foyer séculaire de l'art et du savoir, et ce n'est pas un hasard si elle abrite depuis plusieurs années le **Festival des musiques sacrées du monde** et le prix « Al Babtine » de création poétique, manifestation littéraire qui réunit de nombreux écrivains, poètes et penseurs du monde arabe. Conservatoire des traditions populaires, la cité accueille également depuis 1997 un festival consacré à la gastronomie traditionnelle.

Les deux Idriss – On sait aujourd'hui que c'est **Idriss Ier** – et non son fils – qui fut à l'origine de Fès. Dès 789, semble-t-il, une petite ville berbère s'éleva sur la rive droite de l'oued : ce premier berceau de l'actuelle médina s'appelait Madinat Fas. En arabe « *fas* » veut dire « pioche », et certains chroniqueurs racontent qu'une pioche d'or et d'argent fut offerte à Idriss lorsqu'il délimita l'enceinte de la ville future. Bourgade bien modeste encore, mais qui marquait clairement l'implantation politique et religieuse du chérif dans le nord du Maroc ; base militaire aussi pour appuyer ses campagnes vers Taza et Tlemcen.

En 809, **Idriss II** fondait à son tour, de l'autre côté de la rivière, une vraie ville musulmane, avec son palais royal, sa mosquée, sa *kissaria*, ses canaux, ses murailles : ville beaucoup mieux faite pour plaire au jeune souverain et à son entourage arabe que la campagnarde Madinat Fas.

Une chance historique – Vers 817, fuyant Cordoue, 800 familles musulmanes d'Espagne s'installèrent à Madinat Fas, qu'on appela dès lors Adoua el Andalou (le quartier des Andalous). Un peu plus tard, des Arabes de Tunisie vinrent chercher refuge dans ce qui est resté Adoua el Karaouiyne (le quartier des Kairouanais). Des Juifs aussi s'établirent en grand nombre.

Sans l'afflux massif de ces étrangers, le destin de Fès eût été peut-être moins prestigieux, son développement à coup sûr moins rapide. Car ces immigrants apportaient avec eux les connaissances techniques et les traditions artistiques de sociétés hautement urbanisées.

L'âge d'or – À la fin du 11e s., le prince almoravide **Youssef ben Tachfine** réunit les deux villes dans une même enceinte : si les particularismes locaux subsistent, on ne parle plus désormais que d'une seule cité, Fès, dont l'influence ne cesse de s'étendre, malgré la fondation, à la même époque, de Marrakech.

Une capitale lettrée

Nombre d'ouvrages ont été inspirés par Fès, qui jouit depuis longtemps de son prestige de capitale lettrée, et nombreux furent les écrivains qui puisèrent leur inspiration dans leur séjour dans cette cité. Il n'est que de citer **Pierre Loti**, relatant dans son *Journal intime* et dans *Au Maroc* son ambassade à la cour de Fès, l'écrivain américain **Paul Bowles** et *La Maison de l'araignée*, où deux hommes, l'un marocain, l'autre américain, relatent les événements qui secouèrent la ville lors de l'insurrection contre les Français en 1954, **Mohammed Berrada**, dont *Le Jeu de l'oubli* raconte l'histoire d'une famille de la médina, cette même médina que découvrit avec ferveur **Anaïs Nin** en 1936.
Fès est la ville natale de plusieurs écrivains connus : **Ahmed Sefrioui** *(Le Chapelet d'ambre, La Boîte à merveilles)* ; les poètes **Mohammed Serghini**, **Mohammed Bennis** et **Mohammed Diouri** ; **Abdellatif Laâbi** *(Le Juge de l'ombre, Le Soleil se meurt)*, l'un des fondateurs de la revue littéraire « Souffles » qui a publié en 2002 chez Gallimard un roman autobiographique mettant en scène son enfance fassi *(Le Fond de la jarre)* ; **Tahar Ben Jelloun**, poète et romancier qui s'est fait connaître avec, notamment, *L'Écrivain public*, *L'Enfant de sable*, *La Nuit sacrée* (prix Goncourt en 1987), *La Soudure fraternelle* et *L'Homme rompu* (prix Méditerranée 1994).

Avec les **Almohades** (12e-13e s.), la ville devient une grande cité religieuse, intellectuelle et commerçante. Ses industries se développent et se multiplient. Le long de l'oued, les moulins, les tanneries, les teintureries, les ateliers de cuivre et de céramique se comptent par centaines. La mosquée Karaouiyne est une véritable université.

Sous les **Mérinides**, Fès atteint son apogée. Au milieu du 14e s., elle compte près de 200 000 habitants et se trouve à la tête d'un vaste empire. Au sud-ouest de l'ancienne ville un nouveau quartier est né : Fès-Jdid, c'est-à-dire Fès-la-Neuve, puissante citadelle où s'élève un nouveau palais royal et qui abrite administrations et garnisons. Partout dans la capitale fleurissent des mosquées, des *fondouks*, de fastueuses demeures et des élégantes *médersas* qui accueillent les étudiants attirés par le renom de l'université.

B. Pérousse / MICHELIN

Lumière dorée sur la médina.

Une bourgeoisie d'affaires – Jamais plus la ville ne connaîtra situation aussi brillante. Si les **Saâdiens** s'en emparent en 1549, ils préfèrent Marrakech, dont ils font leur capitale. Avec les **Alaouites** (1666), la cité, délaissée quelque temps pour Meknès, retrouve la faveur des sultans, qui la parent de nouveaux édifices et restaurent ses anciens monuments. Mais Fès, volontiers frondeuse, se trouve souvent en conflit avec le pouvoir. L'insécurité entraîne une certaine dépopulation. Le grand élan de la période médiévale semble brisé.

Au 19e s., la ville a pourtant conservé un immense prestige. Vénérée comme la cité mère du Maroc, elle reste la résidence habituelle du sultan. La vieille université Karaouiyne, foyer de pensée islamique, rayonne sur le monde musulman et continue de fournir au gouvernement nombre de ses cadres. Les commerçants fassi sont connus en Algérie, au Caire, au Sénégal, en Europe ; chez eux, ils prêtent à intérêt, investissent leurs bénéfices dans la terre : autour de Fès se constitue la grande propriété bourgeoise.

À la fin du 19e s., le Maroc est accablé de difficultés économiques et politiques, et Fès en subit les conséquences. Les fantaisies ruineuses du sultan Abdelaziz, pas plus que les maladresses de son successeur Moulay Hafid, n'arrangent les choses. Le mécontentement est général, la révolte est partout, le pouvoir est débordé. En 1911, Fès est investie par des tribus berbères et le sultan doit faire appel aux troupes françaises pour sauver son trône. L'année suivante, le **traité de Fès** est signé. Peu après l'arrivée de Lyautey, le nouveau sultan Moulay Youssef quitte la ville millénaire pour Rabat. Fès n'est plus la capitale du Maroc.

Tradition toujours – Rien d'étonnant, en considérant ce long et brillant passé, si Fès a la réputation d'être la ville le plus traditionaliste du Maroc. Issus d'un brassage où « l'Arabe a apporté sa noblesse, l'Andalou son raffinement, le Kairouanais sa dextérité, le Juif son astuce, le Berbère sa ténacité », les Fassi, citadins de vieille souche, ont créé une manière de vivre bien à eux. Il y entre une certaine rigueur qui s'accommode pourtant d'un goût du confort dont témoignent, à l'ombre de leurs murs discrets, les demeures bourgeoises où chantent les fontaines. Il y entre surtout un grand raffinement, qui est le dernier mot du caractère fassi et qui partout se manifeste : dans la culture et le langage, dans le vêtement, dans la maison et l'hospitalité. Cela ne va pas, bien sûr, sans une pointe de sentiment de supériorité. Fiers de leur passé, les Fassi ont toujours marqué quelque condescendance pour les populations rurales qui les entourent et pour les autres villes du royaume.

L'ouverture – Pourtant, l'ancienne capitale est loin de n'être qu'une ville musée. Elle reste un centre artistique, intellectuel et religieux, et la Karaouiyne dispense toujours l'enseignement coranique ; une université moderne (qui enseigne le droit musulman) a été créée tandis que se multiplient écoles secondaires et primaires.

Ville de commerce, important marché agricole, Fès a conservé une tradition artisanale que le tourisme ne pouvait que relancer : près de trente mille familles vivent du travail du cuir, du tissage de la soie, de la broderie, ou de la céramique. De petites industries animent les faubourgs, tandis que de grandes entreprises, textiles notamment, s'implantent sous l'égide d'industriels fassi qui, s'ils ont souvent dû émigrer à Casablanca, éprouvent pour leur cité natale un attachement qui se traduit en investissements permettant à Fès de « tenir son rang ».

Se promener

LE TOUR DE FÈS★★★ Plan III

Circuit de 16 km en voiture – env. 2h. Partir de la poste et descendre l'avenue Hassan II. Cette large artère ombragée de palmiers traverse la ville nouvelle en direction de la vieille cité, tandis qu'à l'horizon se déploient les montagnes du Rif.

Laissant à gauche le boulevard Moulay-Youssef, on emprunte la N6 (route de Tata et Oujda), que l'on quitte provisoirement pour serrer de plus près, par l'avenue du Batha, les remparts de Fès-Jdid. On passe sous les murs du *Mellah* pour zigzaguer ensuite parmi les jardins, d'où l'eau descend de tous côtés ; derrière les murs se cachent les demeures des grandes familles.

Peu après Bab Jdid, on franchit l'oued Zitoun, après quoi on rejoint la N 6. La route s'élève dans une oliveraie (*zitoun* veut dire oliviers) et se rapproche des remparts, offrant plusieurs **points de vue**★ remarquables sur la médina.

Point de vue du borj Sud★★ Plan III G7

Le *borj*, abandonné, domine un bois d'oliviers. Du pied de ses murailles la vue est très belle sur la ville ; l'horizon est fermé par la masse imposante du *jbel* Zalagh tout proche.

Revenir à la N 6.

Après Bab Ftouh, la route s'élève dans les collines couvertes d'eucalyptus et de peupliers, descend dans la verte vallée de l'oued Fès ; elle touche les remparts à l'entrée du palais Jamaï, demeure – aujourd'hui transformée en hotel – d'un opulent vizir au siècle dernier.

Point de vue des tombeaux mérinides★★★ Plan III F5

Les mausolées en ruine des derniers sultans mérinides dominent Fès au nord. Un sentier y mène, escaladant une butte d'où la vue est saisissante.

Au pied de la butte, Fès-el-Bali s'accroche aux versants de l'oued. Au premier plan, les quartiers de la rive gauche s'étagent en amphithéâtre autour des toits verts de la Karaouiyne et de la *zaouïa* de Moulay Idriss ; au-delà, le quartier de la rive droite escalade l'autre versant pour se presser autour de la mosquée des Andalous.

À droite, sur une éminence, Fès-Jdid serre ses maisons autour du palais royal. Au-delà commence la ville moderne, qui s'étale largement, aérée, parsemée de taches de verdure.

À gauche, dans le lointain, la vallée du Sebou s'enfonce au creux des versants du Moyen Atlas.

Borj Nord Plan III E5

☏ 035 64 75 66. Tlj sf mar. et j. fériés 8h30-18h30 (été), 8h30-17h (hiver).
Cette puissante forteresse d'époque saâdienne abrite une intéressante **collection d'armes**, qui montre l'évolution de l'armement marocain des origines à nos jours.

De la terrasse qui couvre le *borj* la **vue plongeante**★★ sur Fès est magnifique.

Revenir à l'avenue Hassan II en suivant l'itinéraire du plan.

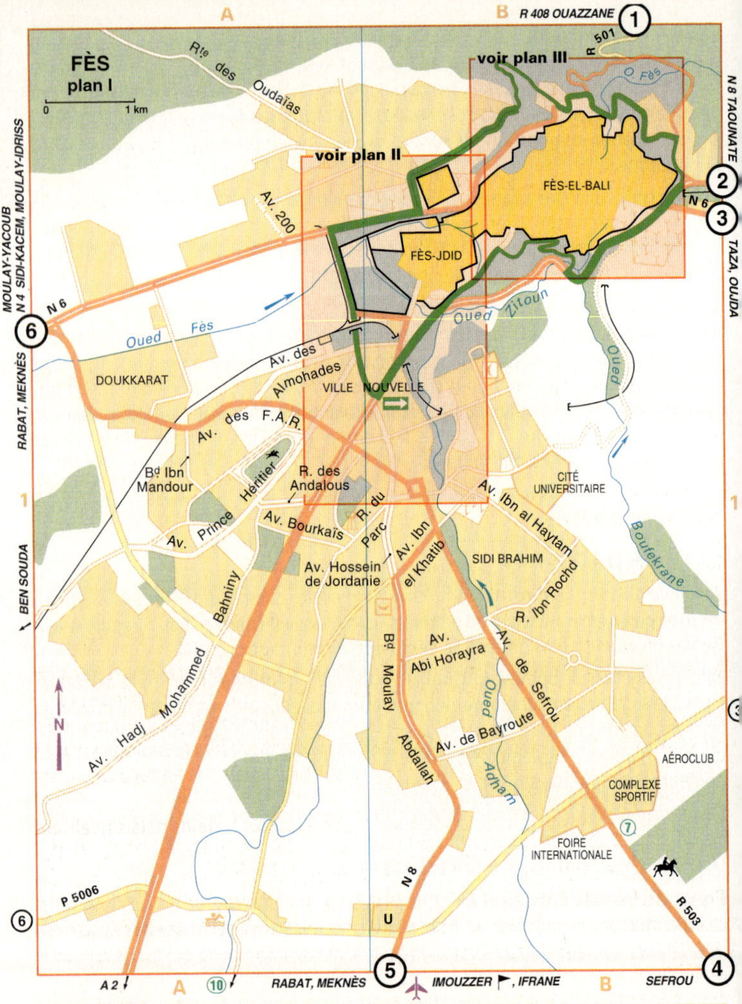

SE LOGER
Camping caravaning international.............⑦
Camping du Diamant Vert.................................⑩

FÈS-EL-BALI★★★ Plan III

1/2 journée minimum.
Si vous hésitez à vous aventurer seul dans les ruelles de la médina, sachez que le bureau de la Délégation du tourisme peut vous mettre en contact avec des guides officiels (120 à 150 DH/j., quelque soit le nombre de pers.). Mais sachez aussi que ce dédale n'est pas aussi inextricable qu'il y paraît au premier abord, même si l'on y fait parfois beaucoup de détours. Se perdre fait partie du plaisir de la découverte ! Et puis vous pouvez aussi suivre les parcours balisés par l'Ader-Fès en vous aidant du guide publié par ce même organisme (voir encadré page suivante)

La médina de Fès, ville du patrimoine mondial

Cité millénaire, la médina de Fès, bien qu'elle ait conservé la quasi-totalité de son patrimoine architectural, a connu depuis le début du siècle une grande dégradation, justifiant l'appel international lancé en 1980 par l'Unesco pour sa sauvegarde.
L'ampleur des travaux de restauration à entreprendre dans la médina, tout en lui conservant son cadre économique et social et sa valeur historique et artistique, se reflète dans les 13 924 bâtiments recensés selon des critères précis. Certes, tous ne sont pas des palais, mais tous contribuent à la richesse de la médina. Ces bâtisses (parmi lesquelles on compte plus de 118 *fondouks* ou ateliers, 176 mosquées, 11 *médersas* et près de 590 demeures de grande valeur architecturale) sont habitées, en grande partie, par une population à faible revenu, grâce à qui cependant l'antique médina reste en vie, et sans qui rien ne pourrait se faire.

Sous la houlette de l'Association Fès-Saïss et de deux organismes créés par l'État, l'Ader-Fès (Agence pour la « dédensification » et la réhabilitation de la médina de Fès) en 1989, et l'Agence urbaine et de sauvegarde de Fès en 1991, et grâce aussi au mécénat privé (qu'il soit marocain ou non), certains des principaux monuments sont d'ores et déjà restaurés. C'est le cas de la *médersa* **Bou Inania**★★, de l'ensemble **Neijarine**★★, composé de la **place**★★ et de sa célèbre **fontaine**★, du **fondouk**★ (qui abrite désormais un musée consacré aux arts et métiers du bois), qui est devenu un des pôles d'attraction de la médina, de la tour de l'observatoire et la maison de l'astrologue de la **Karaouiyne** (qui pourrait devenir musée de l'Astrolabe), de la porte **Bab Mahrouk**, etc. D'autres sont en cours de restauration comme les *médersas* **Cherratine**★, **Attarine**★★ ou **Mesbahiya**, dont la richesse des détails architecturaux font l'objet d'interventions d'une grande minutie.

M. Gurfinkel / MICHELIN

Au palais du Glaoui.

Des *fondouks* et des palais ont également bénéficié d'une réhabilitation. Certains palais ont été transformés en restaurants, comme le palais des Mérinides, le palais Vizir (qui commercialise aussi des tapis) ou le palais Mnebhi. Cette ancienne demeure du ministre des Finances du sultan Moulay Abdelaziz, où fut signé le traité de Fès en 1912, servit de lieu de résidence au maréchal Lyautey pendant le protectorat, puis de collège de langue française. Elle est devenue propriété privée en 1963 puis a été transformée en restaurant de prestige.

Qu'ils aient pour nom Mernissi, Mokri, Tazi ou el-Glaoui, certains palais rivalisent en richesse intérieure, comme en discrétion vis-à-vis de l'extérieur. Celui de Dar Al Mokri, situé dans le quartier résidentiel Wad Essaouafin et qui abrite désormais l'Institut de formation aux métiers traditionnels du bâtiment, a conservé par endroits ces magnifiques décorations faites de stucs, de zelliges et de bois sculpté, qu'il est émouvant de voir de jeunes apprentis artisans restaurer avec soin, mariant ainsi tradition et modernité.

D'ores et déjà, 64 fontaines publiques ont été réhabilitées ainsi qu'une grande partie des réseaux d'eau traditionnels souterrains, datant du 11e s.

Si nombre de demeures anciennes restent cependant en partie inhabitées et dans un triste état d'abandon, avec pour seuls visiteurs les nombreux oiseaux qui viennent y élire domicile, des mesures d'urgence (étayage, consolidation) ont été prises, en attendant que de généreux donateurs leur permettent de retrouver leur faste d'antan. Ajoutons que quelques-unes d'entre elles, restaurées grâce à l'initiative privée, se sont transformées en maisons d'hôte au charme parfois inouï.

Circuits de découverte

L'Ader-Fès a mis en place plusieurs circuits thématiques dans l'enceinte de la médina qui permettent aux visiteurs de la découvrir de façon plus approfondie et de pénétrer dans des lieux jusque-là d'autant plus inaccessibles qu'ils étaient insoupçonnables. Parmi les thèmes retenus : les palais et jardins andalous, les monuments et les souks, l'artisanat et les activités traditionnelles, la « rive andalouse », Fès-Jdid, et les murailles et fortifications. Le tracé de ces itinéraires s'accompagne d'une signalétique très efficace et d'un livret, *Fès, guide des circuits touristiques thématiques*, qu'il est fort utile de se procurer (*100 DH, dans les librairies et les kiosques de la ville nouvelle*).

DE LA VILLE NOUVELLE À FÈS-EL-BALI 1 Plans II et III

Partir en voiture de la poste. Prendre l'avenue Hassan II puis, à gauche, le boulevard Moulay-Youssef. Place des Alaouites, prendre, en face, la rue Bou Ksissat. Par Bab Smarine, tourner à gauche : l'artère centrale de Fès-Jdid conduit au vieux méchouar.

Vieux méchouar Plan II D2

C'est sur cette longue place entourée de hautes murailles attenantes au palais du roi que jadis le sultan donnait audience. Sur le côté ouest de la place, la **Makina**

SE LOGER

- Auberge de Jeunesse.................. 4
- Hôtel Amor.................. 16
- Hôtel Menzeh Fès.................. 25
- Ibis-Moussafir.................. 28
- Hôtel Nouzha.................. 31
- Hôtel Olympic.................. 34
- Hôtel Royal Menzeh Zalag.................. 37
- Hôtel Sofia.................. 40
- Jnan Palace.................. 43
- Splendid Hôtel.................. 76

SE RESTAURER

- Ismail.................. 1
- La Médaille.................. 7
- Restaurant Florence.................. 19
- Snack Lahcen.................. 25
- Vesuvio.................. 28

qui abrite les concerts du Festival des musiques sacrées du monde s'ouvre par une haute porte. Cette ancienne manufacture d'armes abrite aujourd'hui une fabrique de tapis *(ne se visite pas)*.

À l'extrémité sud du vieux *méchouar* se dresse **Bab Dekakène★** (14e s.) qui,, avec ses grosses tours crénelées, est une des plus imposantes portes de Fès.

Une fois la porte franchie, vous débouchez sur une espèce de grand corridor à ciel ouvert : c'est en réalité un pont sous lequel les eaux de l'oued Fès dévalent vers les jardins voisins de Bou Jeloud.

L'avenue des Français longe d'abord, sur la droite, les beaux jardins Bou Jeloud, puis le lycée Moulay Idriss.

Laisser la voiture sur la place et se diriger vers Bab Bou Jeloud.

Bab Bou Jeloud★ Plan III E6

L'arche centrale encadre joliment deux minarets de la médina ; cette porte, reconstruite en 1913 dans le style traditionnel, brille de toutes les arabesques de ses faïences – bleues sur la face extérieure, vertes à l'intérieur.

Franchir Bab Bou Jeloud ; tourner tout de suite à gauche dans une ruelle couverte d'un treillage, puis immédiatement à droite dans la rue Talaa Kebira.

La rue Talaa Kebira ou Grand Talaa (*talaa* : montée) est l'artère principale de Fès-el-Bali : elle est bordée en grande partie de boutiques ou d'échoppes d'artisans et dessert de nombreux souks.

Médersa Bou Inania★★ Plan III E6

Sam.-jeu. 8h30-12h30, 14h30-18h, vend. 8h30-11h, 15h-18h - 10 DH - l'entrée de l'oratoire est interdite aux non-musulmans.

Sur la façade qui fait face à la *médersa*, on apercevait naguère, à hauteur du premier étage, un alignement de sept timbres de bronze supportés par des consoles de cèdre. Cette **horloge hydraulique★**, datant du 14e s., devrait, selon la légende, son ingénieux mécanisme à un magicien.

Construite au milieu du 14e s. et magnifiquement restaurée, c'est la plus vaste et la plus somptueuse *médersa* de Fès. C'est au sultan Abou Inan que l'on doit sa création, l'une des plus heureuses de l'art mérinide. L'entrée a deux portes contiguës. La plus petite, à gauche, introduit à un vestibule traversé par un étroit bassin où les fidèles venus sans babouches se lavent les pieds. Franchissant la porte principale, aux vantaux plaqués de bronze ciselé, on pénètre dans la *médersa* par un **vestibule** à degrés doté d'un beau plafond de bois peint à stalactites ; sur les murs, un décor de plâtre très finement travaillé se déploie au-dessus des faïences polychromes qui couvrent le soubassement.

La plus belle partie du monument est la **cour**. Son sol est dallé de marbre et d'onyx. Sur la base des piliers qui supportent une galerie, les jeux multipliés d'admirables zelliges enserrent de hauts *moucharabiehs*. Aux chapiteaux et aux murs, la blancheur des stucs éclate, et contraste avec le cèdre sculpté des doubles linteaux et des frises. Au sommet, un large auvent coiffé de tuiles vertes repose sur une multitude de consoles ouvragées.

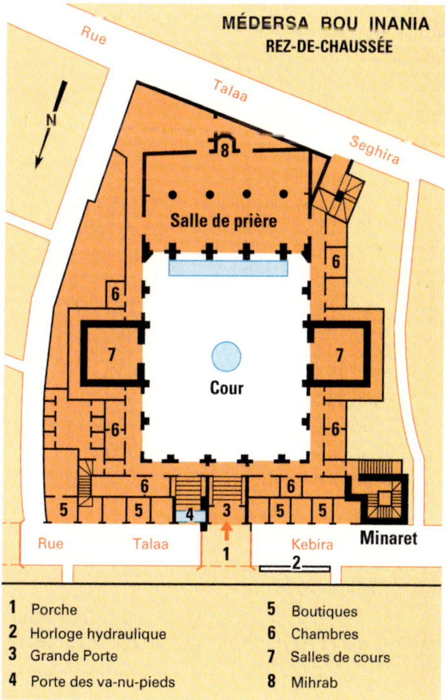

Les fenêtres qui s'ouvrent au premier étage sont celles des chambres d'étudiants. Au rez-de-chaussée, d'autres cellules, masquées par les *moucharabiehs*, donnent sur la galerie ; à droite et à gauche de la cour, une grande baie donne accès directement à une salle de cours.

Archétype

La *médersa* Bou Inania représente l'archétype des *médersas* marocaines. Vous pourrez vous reporter au plan et aux explications ci-dessus lors de la visite de chacune d'entre elles.

Le ruissellement d'une dérivation de l'oued Fès longe, au fond de la cour, la **salle de prière**, à laquelle on accède par deux ponceaux de marbre. Un coup d'œil discret permet de voir l'intérieur de l'oratoire : il se compose de deux nefs transversales séparées par des arcs brisés reposant sur de courtes colonnes d'onyx. On distingue le mihrab, surmonté de trois baies à vitraux, ainsi que la chaire à prêcher, ou minbar (pour le prône du vendredi). En se retournant, on appréciera la beauté du **minaret**, assez haut pour transmettre le signal de la prière à tous les minarets de la ville. L'importance de ce sanctuaire explique l'affluence des fidèles.

En descendant Talaa Kebira Plan III F6

Au sortir de la médersa, reprendre à droite la rue Talaa Kebira.

À mesure qu'on descend, la pente se fait plus raide, la rue plus étroite et parfois plus voûtée, les boutiques plus nombreuses, la foule plus bruyante et plus dense ; ici la bousculade est de règle et les ânes lourdement chargés s'octroient une priorité de fait.

Longeant la mosquée Gazléane, à droite, on remarque, dans un recoin du mur extérieur, une sorte de banquette protégée par une grille de fer forgé, entourée de stucs et surmontée d'un auvent : c'est la **M'Zara**. Ce petit monument, objet d'une pieuse vénération, évoque le souvenir d'Idriss II, qui se serait reposé là avant de fonder Fès.

À 50 m, à gauche, pénétrez sous le porche du **fondouk des peaussiers (fondouk Labatta),** qui dégage une forte odeur : dans la cour entourée de deux étages de galeries de briques, les peaux en provenance des abattoirs sont mises à sécher avant d'être envoyées au tannage.

La Talaa traverse ensuite une série de centres artisanaux souvent séparés les uns des autres par un arc ou un passage sous voûte : bijoutiers, fabricants de nattes et de tamis, cordonniers, fabricants de soufflets s'y succèdent. À un détour de la rue, semblant jaillir d'une treille qui pousse là, apparaît le très élégant **minaret★** de la mosquée des Chérabliyn (fabricants de babouches) – décor losangé sur fond de céramique à dominante vert tendre –, qui a gardé toute la pureté de l'art mérinide à son apogée.

Souk au henné★ Plan III F6

Négligeant provisoirement l'entrée du souk Attarine, tourner à droite dans une ruelle puis immédiatement à gauche.

Un étroit passage conduit à une placette ombragée de grands platanes et dominée par le haut minaret de la *zaouïa* de Moulay Idriss. Là sont les étals des marchands de feuilles de henné qui, séchées et pulvérisées, teindront les mains et les cheveux des femmes ; on y vend aussi de l'antimoine, qui sert à la confection du khôl de maquillage. On y trouve également une poterie très rustique, comportant un simple décor géométrique à la résine de chêne.

Revenir à l'entrée du souk Attarine.

Souk Attarine★ Plan III F6

C'est la rue aux épices, étroite et très vivante ; elle prolonge la Talaa et aboutit à la *médersa* Attarine. Entre les échoppes d'épiciers, quelques boutiques de vêtements campagnards jettent une note de couleurs vives.

Médersa Mesbahiya Plan III G6

Située presque en face de l'une des entrées de la mosquée Karaouiyne, dont elle peut être considérée comme une annexe en raison de sa proximité, cette *médersa* fut construite par le sultan mérinide Abou el Hassan en 1347. Tirant sans doute son nom de Mesbah Ben Abdellah, le premier professeur qui y enseigna, elle comprend une aile principale donnant sur une cour centrale dotée d'un grand bassin en marbre, et une aile secondaire comportant une mosquée et trois niveaux de chambres pour étudiants.

Médersa Attarine★★ Plan III G6

Fermé pour travaux de restauration.

De trente ans plus vieille que la Bou Inania et de dimensions plus modestes, cette *médersa*, fondée par le sultan mérinide Abou Saïd Ohman, est sans doute la plus belle de Fès. Passé la porte monumentale, dont les vantaux plaqués de bronze sont décorés d'entrelacs ciselés, on entre dans la cour, où une vasque de marbre blanc déverse une eau de source sur une rosace de zelliges formant bassin à ablutions. Au fond, la salle de prière s'ouvre par un grand arc à stalactites ; remarquez sur les intrados les admirables rosaces de plâtre ciselé.

M. Gurfinkel / MICHELIN

Détail d'un pilier de la médersa Attarine.

La cour comporte deux galeries latérales ,qui supportent les chambres d'étudiants. Aux quatre coins, de sveltes colonnes d'albâtre sont reliées par de petits arcs à stalactites aux angles des murs : savante combinaison, chef-d'œuvre d'audace et de raffinement, d'harmonie aussi. Tout, ici, est légèreté.

Mais la splendeur et l'inépuisable fantaisie de la décoration dépassent peut-être les qualités architecturales. Du sol au toit, zelliges, stucs et cèdre sculpté conjuguent leurs effets subtils. On admirera l'heureuse répartition des masses ; quant à l'habileté technique des décorateurs, elle éclate dans les plâtres ciselés et dans l'inscription en céramique excisée qui court à mi-hauteur des piliers.

Avec ce monument d'une folle élégance, qui confine à la préciosité sans jamais y tomber, l'art mérinide atteint son apogée.

Prendre à gauche en sortant de la médersa et tourner aussitôt à gauche, à l'angle de la mosquée Karaouiyne, dans la très étroite rue Bou Touil.

Mosquée Karaouiyne★ Plan III G6

Actuellement en travaux.

La mosquée primitive, dont il ne reste rien, fut fondée au milieu du 9e s. par une femme pieuse, dans le quartier des Kairouanais. Agrandi une première fois en 956 – le minaret date de cette époque –, l'édifice reçut sous les Almoravides ses dimensions actuelles, qui en font le plus vaste oratoire d'Afrique du Nord ; elle peut abriter plus de 20 000

À propos de la Karaouiyne...

C'est une femme, Fatima al-Fihria, qui offrit aux musulmans leur première université en faisant construire à Fès, au milieu du 9e s., l'université de la Karaouiyne, considérée comme la plus ancienne au monde.

Bien des siècles plus tard, Zhor Zarqa sera la première Marocaine et Arabe à obtenir, en 1957, la Alimiya, prestigieux diplôme de cette université islamique, et à sortir major de sa promotion.

Auparavant, la Karaouyine avait été fréquentée par quelques étudiants et professeurs de renom :

Maimonide (1135-1204), médecin et philosophe juif né à Cordoue. Contraint de quitter l'Espagne lorsque les Almohades s'emparèrent de la ville, il vécut à Fès quelques années, durant lesquelles il enseigna à la Karaouiyne.

Ibn Khaldoun (1332-1406), philosophe et historien. Né à Tunis où il passa ses premières années, il voyagea ensuite en Espagne, avant d'entrer au service du sultan de Fès dont il gagna la faveur. Il s'établira plus tard au Caire, où il s'installera définitivement.

Hassan el Ouazzan, dit **Léon l'Africain** (né à Grenade dans les années 1490), fit ses études dans les *médersas* de Fès et à l'université de la Karaouiyne, avant d'entrer au service des sultans mérinides, pour le compte desquels il entreprit de longs périples à travers le Maroc puis en Afrique Noire, en Orient et en Italie, où il enseigna l'arabe à Bologne, puis à Rome. On peut lire sa précieuse *Description de l'Afrique*, connue et utilisée dès 1529, traduite de l'italien par différents érudits au fil des siècles, et dont une nouvelle édition (traduite par A. Épaulard et annotée par Th. Monod, H. Lhote et R. Mauny) fut publiée en 1956 et réimprimée en 1981.

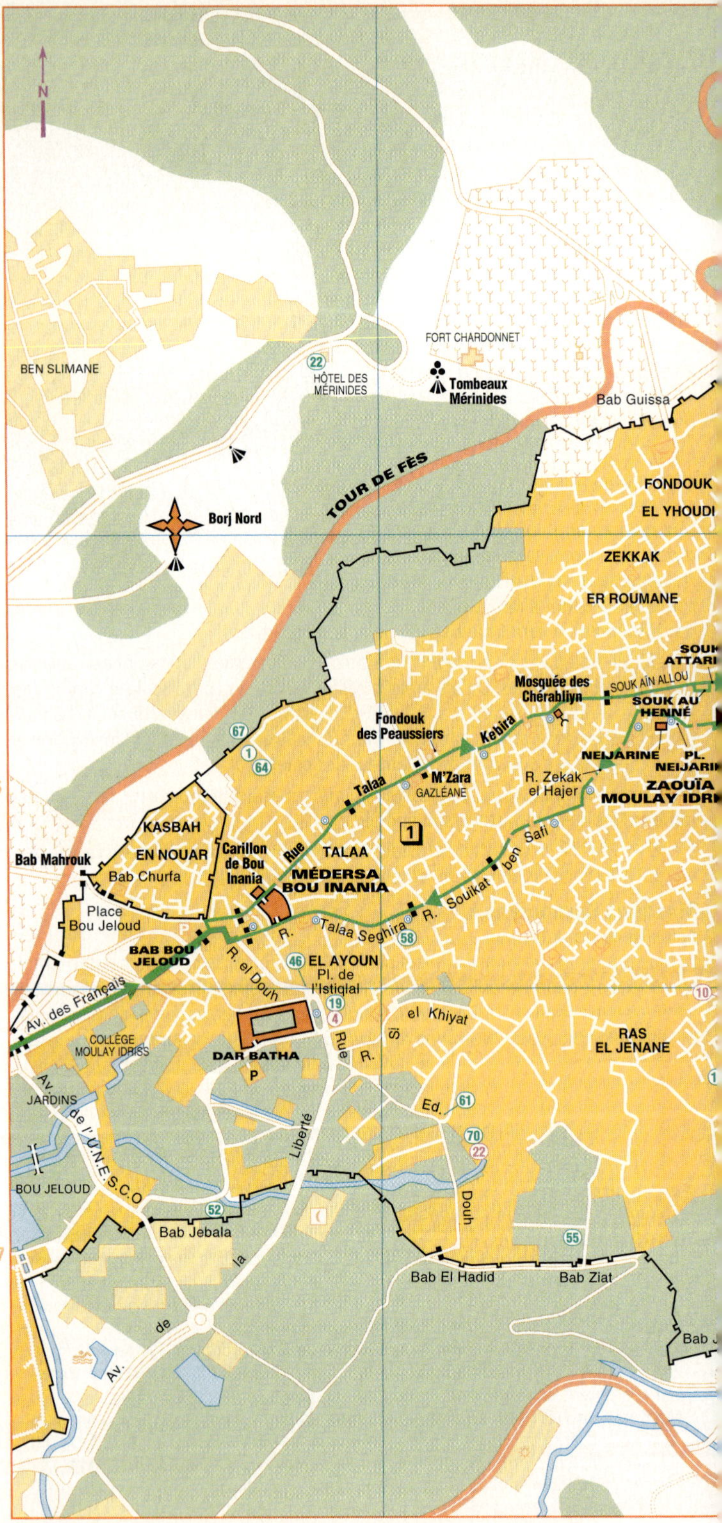

SE LOGER

Arabesque 1	La Maison Bleue 46	Riad Fès ....
Dar El Ghalia 13	Palais de Fès 49	Riad Lune et Soleil ....
Hôtel Batha 19	Pension Campini 52	Riad Mabrouka ....
Hôtel Le Méridien Mérinides 22	Riad al Bartal 55	Riad de la Maison Bleue ....

Shéhérazade........................... 70
Sofitel Palais Jamaï................ 73
SE RESTAURER
la Maison bleue........................ 4

La Ménara.............................. 10
Palais de Fès.......................... 13
Restaurant el-Fassia................ 16
Shéhérazade........................... 22

fidèles. Grande mosquée de Fès, elle est aussi le siège de la fameuse université, qui compta, au 14e s., jusqu'à 8 000 étudiants. Sa bibliothèque, déjà célèbre au Moyen Âge, possède une collection unique de corans enluminés, de livres et de manuscrits.

Fermée aux non-musulmans, la Karaouiyne laisse cependant entrevoir par ses nombreuses portes quelques-unes de ses richesses.

L'entrée principale, rue Bou Touil, donne sur la grande cour, bordée d'un portique à arcs outrepassés.

On remarquera, à droite et à gauche de cette cour, les deux pavillons saâdiens des 16e et 17e s., dont la disposition et l'architecture évoquent ceux de la cour des Lions à l'Alhambra de Grenade.

Autour de la Karaouiyne

Continuer la rue Bou-Touil puis, après un passage sous voûte, tourner à angle droit dans l'étroite rue Sbalouïat, qui se glisse entre le mur oriental de la Karaouiyne et des maisons dont les étages en encorbellement s'avancent jusqu'à toucher la mosquée. À gauche s'ouvre l'entrée du *fondouk* Tsétaounine.

Fondouk Tsétaounine★ Plan III G6

Tlj sf jours de fêtes religieuses.

En même temps que les *médersas*, hôtelleries pour étudiants, les sultans faisaient édifier des **fondouks**, hôtelleries pour commerçants. Ces établissements avaient, eux aussi, un double usage. Au rez-de-chaussée, autour de la cour où étaient parqués les animaux, de petites pièces servaient de boutiques et d'entrepôts pour les marchandises. Au-dessus, plusieurs étages de galeries desservaient les chambres. Aujourd'hui, les *fondouks* de Fès sont presque tous transformés en entrepôts où viennent s'approvisionner les boutiquiers des souks.

Le *fondouk* Tsétaounine, ainsi appelé parce qu'il était originellement réservé aux marchands de Tétouan, s'ouvre sur la rue Sbalouïat par une robuste porte au heurtoir sculpté. Un vestibule, dont on remarquera le beau plafond d'époque mérinide, conduit à la cour, surmontée de deux étages de galeries dont les balustrades sont décorées de fer forgé et de bois tourné.

Remarquez, suspendue sous un auvent, juste en face du vestibule d'entrée, la grande balance à plateaux sur laquelle on pèse les marchandises entreposées dans le *fondouk*.

Continuer la rue Sbalouïat, qui longe toujours la Karaouiyne.

Par la troisième porte de la mosquée, on a un aperçu de la salle de prière aux 270 colonnes, avec son grand lustre du 13e s.

La rue Sbalouïat débouche sur la **place Seffarine**, qui retentit du vacarme des marteleurs de cuivre et de maillechort. C'est le quartier des dinandiers : on y travaille des plateaux et divers ustensiles, parmi lesquels d'énormes chaudrons pour régaler de mouton plus de cent personnes.

Médersa Seffarine Plan III G6

Proche de la Karaouiyne, c'est la plus ancienne des *médersas* de Fès. Elle fut construite par le sultan mérinide Abou Youssef en 1271 et était spécialisée dans l'enseignement de la grammaire et de la théologie.

Après avoir traversé la place, se diriger vers le pont Gzam Ben Skoum, qu'on ne franchira pas.

Juste avant le pont s'ouvre une étroite ruelle au pavé luisant ; c'est le **souk des teinturiers**, rutilant de couleurs.

Prendre, au fond du souk, à droite, la rue Cherratine jusqu'à un passage couvert où se trouve l'entrée d'une médersa.

Médersa Cherratine★ Plan III G6

Fermée pour travaux.

Ce vaste édifice (1670), dû au sultan alaouite Moulay Rachid, pouvait abriter 150 étudiants. Il présente de charmants détails : le heurtoir ciselé de sa lourde porte, le plafond sculpté de son vestibule, les gracieuses petites fenêtres ornées de stucs et de *moucharabiehs* qui

Tanneries

Au nord de la *médersa* Seffarine, les archaïques **tanneries de Chouara★** s'annoncent par leur odeur tenace et, disons-le, quelque peu désagréable. En bordure de l'oued Fès, elles offrent un spectacle assez extraordinaire, avec leurs grandes cuves remplies de liquides de couleur vive où pataugent les tanneurs. En montant sur l'une des terrasses, on a une **vue** d'ensemble sur les tanneries et les rives de l'oued.

Dans la fraîcheur du matin

Si la médina fait l'objet de mille et une découvertes ou sensations lorsqu'on la visite au cours de la journée, il est aussi intéressant de s'y promener le matin de bonne heure, avant que toutes les échoppes ne soient ouvertes et que la foule ne grouille de toutes parts.
C'est vers 8h, lorsque les ruelles viennent d'être nettoyées, que l'on découvre le mieux la richesse architecturale de la médina : ses nombreuses fontaines revêtues de mosaïques, ses portes en bois de cèdre ouvragé ornées de lourdes ferronneries, ses grilles en fer forgé protégeant les rares fenêtres donnant sur la rue, et ses palais cachés.
Puis, peu à peu, la médina s'éveille : les passages obscurs et les cours des *fondouks* aux galeries ornées de balustrades s'animent du va-et-vient des artisans ; les portes des mosquées s'entrouvrent pour laisser admirer, de loin, les cours de marbre et les bassins à ablutions cerclés de fins zelliges multicolores, tandis que dans les patios intérieurs des maisons, des femmes font claquer leurs sandales sur le carrelage mouillé ; les étals de fruits et de légumes colorent progressivement les ruelles parcourues bientôt par des baudets lourdement chargés de caisses de Coca-Cola, de sacs d'ordures, ou de larges paniers remplis de sciure de bois ou d'agrumes ; des gamins portant en équilibre sur la tête une planche de bois chargée de pains ronds marqués du signe distinctif de leur famille s'égaillent à travers le lacis des ruelles et des passages.
Une nouvelle journée commence, et avec elle l'extraordinaire agitation des souks, qui donne au promeneur, dont tous les sens sont sollicités, une sensation d'étourdissement et l'impression parfois d'un retour aux siècles passés.

donnent sur la cour centrale. Sa décoration est modeste, si on la compare à celle de ses aînées ; on peut aimer cependant la simplicité monacale des hauts murs blancs, qui contrastent avec le brun chaud du cèdre sculpté.

Au fond et à droite de la cour centrale, passer dans une cour intérieure où deux étages de galeries masquées de *moucharabiehs* desservent des cellules d'étudiants.

En sortant de la médersa, continuer la rue Cherratine.

Une cinquantaine de mètres plus loin se trouve, à droite, la petite **place Chemaïne** où se tiennent le marché des fruits secs et le commerce de ceintures brodées d'or et d'argent ainsi que des tarbouches.

Rejoindre la rue Cherratine et tourner à droite.

Kissaria Plan III G6

Tlj sf vend. apr.-midi et jours de fêtes religieuses.
Là s'étalent à profusion les broderies de Fès, si réputées, les soieries, les brocarts, la passementerie et les babouches brodées. La *kissaria* est particulièrement animée aux heures de vente à la criée.

Après avoir parcouru la *kissaria*, sortir par la même porte et reprendre l'itinéraire qui contourne la *zaouïa* de Moulay Idriss.

Zaouïa de Moulay Idriss★★ Plan III F6

Entrée réservée aux musulmans.
La *zaouïa* de Moulay Idriss est l'une des plus saintes du Maroc ; elle abrite le tombeau d'Idriss II, considéré longtemps comme le fondateur de Fès. Autour d'elle, les ruelles sont barrées par une poutre de bois qui interdit le passage aux bêtes et oblige les passants à se baisser.
La barre franchie, on se trouve dans le *horm*, périmètre sacré tout imprégné de la « baraka » du bienheureux Idriss.
La ruelle qui longe la *zaouïa* est le refuge des mendiants venus solliciter la générosité des pèlerins. Jadis se mêlaient à eux des gens recherchés par les autorités et venus bénéficier du droit d'asile du *horm*. Remarquez à droite, sous un auvent, une fontaine encadrée de plâtres ciselés rehaussés de couleurs, d'une finesse remarquable. À quelques pas, sous une fenêtre grillagée, un beau *moucharabieh* de cèdre porte en son centre une plaque de cuivre percée d'un trou : c'est le **tronc des offrandes★**, où les fidèles viennent glisser leur obole avant de baiser le mur sacré derrière lequel s'élève la tombe du saint protecteur de Fès.

La ruelle contourne l'angle de la *zaouïa*. Aussitôt après s'ouvre la **porte principale**, très richement décorée de bois peints aux vives couleurs. Par l'une des trois baies, vous pourrez apercevoir la salle de prière, avec ses lustres innombrables et son étonnante collection d'horloges ; au fond de la salle, le tombeau de Moulay Idriss, paré de bannières.

Un peu plus loin, d'autres portes permettent de voir la cour des ablutions, dominée par le très haut minaret (il date du 19e s. ; le reste de l'édifice date du 18e s.).

Prendre, en face de l'entrée principale, la ruelle où s'entassent les boutiques d'objets de piété : elle mène à la place Neijarine.

Ensemble Neijarine★★ Plan III F6

Ce coin, l'un des plus attachants du vieux Fès, a été restauré sous l'égide de la Fondation Mohammed Karim Lamrani pour l'ensemble Neijarine. Au fond de cette petite place harmonieuse, on découvre le **fondouk Neijarine★** (fin du 17e s.), dont la porte monumentale, très décorée, est surmontée d'un magnifique auvent. Plus à droite, la célèbre **fontaine Neijarine★**, véritable « autel dressé à l'eau »,dans un très joli décor de zelliges. Plus à droite encore s'ouvre le **souk Neijarine** (menuisiers), qui fleure bon le cèdre. Il a lui aussi été restauré, de même que les maisons avoisinantes.

Le *fondouk* abrite désormais le **musée Neijarine des Arts et métiers du bois★** – *✆ 035 74 05 80 – tlj 10h-17h - 20 DH.* Disposées autour d'une cour centrale (admirez les boiseries finement travaillées), les salles permettent de découvrir les multiples utilisations du bois dans les arts traditionnels marocains.
Les galeries du rez-de-chaussée présentent les différentes essences de bois travaillées par les artisans marocains : thuya, peuplier, noyer, genévrier, arganier et, bien sûr, cèdre, ainsi que les outils utilisés par les menuisiers et divers outils et objets domestiques en bois (pressoirs à huile, amusants moules à babouches, soufflets, planches pour introduire le pain dans les fours, etc.).

Au 1er étage, on découvrira des portes et fenêtres, des jouets et du mobilier d'enfant, de somptueuses étagères, des coffres, des chaises à mariées, ainsi que des éléments de bois d'architecture (frises finement sculptées, somptueux fragments de plafond ciselés avec une finesse inouïe, *moucharabiehs*, cloisons…).

Au niveau supérieur, des instruments de musique (*guembri*, *hajhouj*, *ghita*, luth, *rebab*…), des armes et des objets d'art liturgique islamique, tels que chapelets, planchettes de droit coutumier ou minbar, ainsi que d'art liturgique juif.

Enfin, sur la terrasse, à côté d'un fort sympathique salon de thé, le « mémorial » présente de façon très intéressante, à l'aide de photos et de documents, l'évolution de l'ensemble Neijarine, dont la réhabilitation a été menée à bien de 1990 à 1998 grâce au mécénat privé.

Prendre contre la fontaine la ruelle qui s'enfonce sous une maison, et tourner à gauche dans la rue Zekak el Hajer.

Cette rue passe entre des habitations bourgeoises. Rien ne permet au passant de deviner leur charme intérieur, à moins qu'une porte, furtivement entrebâillée, ne permette d'apercevoir, ici une cour, là des zelliges, ou quelques parures de stuc délicatement ouvragées.

Revenir à Bab Bou Jeloud.

PROMENADE SUR LA « RIVE ANDALOUSE » 2 Plan III

Entrer dans la médina par Bab el Khoukha et suivre tout droit l'avenue Bab el Khoukha jusqu'à une petite place où l'on prend à gauche, puis à droite dans la rue des Andalous.

Mosquée des Andalous★

Fondée peu après la Karaouiyne (9e s.), agrandie et embellie par les Almohades au début du 13e s., elle est le principal sanctuaire de la rive droite.

Une grande **porte monumentale★**, ornée de zelliges et surmontée d'un auvent de cèdre sculpté, s'ouvre au nord-ouest et domine tout le quartier. Pour mieux apprécier sa silhouette élancée, vous devrez prendre un peu de recul en descendant la rue à degrés qui y mène. Remarquez au passage les boutiques où des musiciens, assis sous leurs instruments suspendus à la cloison, attendent qu'on vienne louer leurs services pour quelque fête.

Poursuivre quelques dizaines de mètres dans la rue des Andalous.

Médersa Sahrij

À l'ouest de la mosquée des Andalous. Construite entre 1321 et 1323 sur l'ordre du sultan mérinide Abou Saïd Ohman, cette *médersa* était composée de trois corps de bâtiments : la *médersa* principale, dite « du bassin », la *médersa* des Sbaiyine (les sept lecteurs du Coran), et une maison d'hôte dite « Dar Chiakh », restaurée en 1916 sous le règne de Moulay Youssef.

Occupant une grande partie du patio, le bassin dans lequel se reflètent, de bonne heure le matin, lorsque les rayons du soleil l'éclairent en biais, les murs en stuc blanc et les zelliges multicolores, n'est pas sans rappeler certains palais de Cordoue.

Vous pourrez ensuite sortir d'El Adoua, soit en empruntant le chemin de l'aller en sens inverse, soit en descendant vers Bab Ftouh par l'Akbet S.A. Boughaleb… à moins que vous ne préfériez continuer à vous promener sans but dans ce vieux quartier à l'atmosphère paisible, avant de tenter de rejoindre l'oued Fès et de le franchir par le pont Gzam Ben Skoum pour retrouver l'itinéraire précédent.

FÈS-JDID ET LE MELLAH

Accès depuis la ville nouvelle par la place Yacoub el Mansour, puis le bd Moulay Youssef.

Fès-Jdid Plan II D2

Pour avoir un aperçu du quartier de Fès-Jdid, abordez-le par la place des Alaouites. Elle est bordée sur deux côtés par l'enceinte du **palais royal**. Au nord de la place, remarquez une **porte monumentale**, auvent de tuiles vertes soutenu par des colonnes sculptées et abritant trois portes de bronze doré qu'entourent des stucs ciselés et peints ; c'est l'entrée principale du palais, réservée aux cérémonies.

Suivez la rue Bou Ksissat qui passe entre le palais et le *mellah*. Tournez à gauche sous les voûtes de Bab Smarine et empruntez la Grande Rue de Fès-Jdid, artère bordée de nombreuses boutiques où vous devrez vous frayer patiemment un chemin à travers une foule dense. À droite, la première mosquée rencontrée (el Hamra : « la Rouge ») a conservé un beau **minaret** d'époque mérinide.

Mellah Plan II D3

Jusqu'au 13e s. les Juifs étaient logés près de Bab Guissa, dans le quartier qu'on appelle encore *Fondouk* el Yhoudi. Lorsque Fès-Jdid fut bâtie, ils durent y transporter leurs pénates. Beaucoup d'entre eux, qui avaient des intérêts dans la médina, préférèrent se convertir à la religion musulmane plutôt que d'abandonner leurs biens. Les autres s'entassèrent dans un quartier spécial près du palais du sultan : celui-ci leur avait promis sa protection moyennant quelques impôts supplémentaires. Ce ghetto prit le nom de « *mellah* », ce qui signifie « sel » en arabe. Selon une interprétation quelque peu morbide, c'est parce qu'il revenait aux Juifs de vider et saler les têtes des rebelles décapités, avant qu'elles fussent exposées aux portes de la ville… à moins que l'endroit ne se soit, plus prosaïquement, trouvé à l'emplacement d'un dépôt de sel. Toujours est-il que le mot *mellah* au Maroc a eu la même fortune que celui de *ghetto* en Europe.

Le *mellah*, déserté aujourd'hui par les Juifs, a perdu beaucoup de son caractère ; cependant, ses rues sont toujours bordées de pittoresques maisons aux loggias de bois sombre.

E. Souty / MICHELIN

Dans le quartier du Mellah.

Pour visiter le *mellah*, suivez à pied la **Grande Rue**, toujours très animée. Près de Bab Smarine, dans de minuscules échoppes, les orfèvres cisèlent de fins bijoux d'or et d'argent. L'une des ruelles tortueuses qui se détachent de la Grande Rue conduit au cimetière juif, fort curieux avec ses tombes serrées les unes contre les autres et blanchies à la chaux.

Visiter

Dar Batha★ Plan III E7

☏ 035 63 41 16 - visite accompagnée (1h) tlj sf mar. et jours de fêtes nationales et religieuses 9h30-17h - 10 DH.

Ce palais construit par les Alaouites à la fin du 19e s. a été aménagé en **musée des Arts et Traditions★** de Fès et de sa région. Une salle est consacrée à la poterie ancienne de Fès, une autre à la broderie. On remarquera, en outre, de beaux tapis Aït Youssi et Beni Sadden, de belles portes de bronze, une intéressante collection d'astrolabes du 11e au 18e s. et une autre de livres d'art.

Entre les deux ailes du palais s'étend un beau jardin andalou.

Le palais de Dar Batha et son patio servent souvent de cadre à des expositions thématiques (céramiques, tapis, peintures) et à des manifestations artistiques, comme certains concerts du **Festival des musiques sacrées du monde**.

Aux alentours

Sidi-Harazem

15 km. Sortir par ③ du plan I. *Voir région du Kandar et Sebou, p. 316.*

Moulay-Yâkoub

20 km. Sortir par ⑥ du plan I ; suivre la direction de Meknès pendant 5 km puis prendre à droite la S 308.

La S 308 procure de beaux **points de vue★** sur la plaine du Saïs et les collines arides qui la bordent. L'arrivée sur Moulay-Yâkoub, tapie au fond d'une cuvette, et toute en fleur au printemps, saisit le visiteur tant le contraste est fort avec les formes âpres de certaines collines entre le *jbel* Zalagh et le *jbel* Zerhoun, qui ne sont pas sans rappeler, par leurs formes étranges, les paysages lunaires du Sud marocain.

Moulay-Yâkoub est un lieu de pèlerinage depuis longtemps fréquenté par les musulmans qui viennent y chercher la guérison des rhumatismes (*pour en savoir plus sur les dimensions historiques et légendaires, rituelles et médicales des sources thermales marocaines, lire l'ouvrage du Dr Edmond Secret* Les Sept Printemps de Fès). C'est aussi une ville d'eaux où l'on soigne, dans des installations modernes, les affections oto-rhino-laryngologiques, en plus de soins esthétiques et de remise en forme. Jumelée avec la station thermale d'Aix-les-Bains, et considérée, comme cette dernière, à la fois comme centre de traitement des rhumatismes et des voies respiratoires, grâce à son eau sulfurée jaillissant à 54°, et comme lieu de séjour pour le tourisme de santé, grâce à son complexe hôtelier agréablement situé, Moulay-Yâkoub est le premier établissement de ce genre au Maroc. *Rens. et réserv. : Sothermy - BP 24-26 - Moulay-Yâcoub - ☏ 035 69 40 64/65/66 - fax 035 69 40 74 - fermé pendant le mois de ramadan.*

Environs de Moulay-Yâcoub.

Circuits de découverte

Massif du Kandar★★

Circuit de 123 km – 1/2 journée – Voir p. 316.

Haute vallée du Sebou★

Circuit de 168 km – une journée – Voir p. 316.

Fès pratique

Informations utiles

Fès bouge et les initiatives se multiplient depuis que les Fassi ont pris conscience des atouts touristiques dont ils disposaient. Tourisme culturel avec les monuments et le festival, tourisme nostalgique (nombre de juifs d'origine marocaine y reviennent à la recherche de leurs racines), tourisme vert avec les projets de développement du Tazzeka *(voir p. 349)*... Le développement du parc hôtelier, les aménagements de palais et de circuits de visite de la médina, tout concourt à en faire une cité accueillante pour les visiteurs, d'autant que les faux guides qui les harcelaient naguère, tant aux portes des hôtels qu'à celles de la médina, ont quasiment disparu, chassés par les « brigades touristiques », et que même les chauffeurs de « petits taxis » ne rechignent plus à mettre en marche leur compteur !

Délégation régionale du tourisme – *Pl. de la Résistance, immeuble Bennani - ✆ 035 62 34 60 - fax 035 65 43 70 - dtfes@menara.ma - lun.-vend. 8h30-16h30 (18h l'été).*

Poste centrale – *Angle av. Hassan II et bd Mohammed V.*

Consulat de France – *Av. Abou Obeida Bnou El Jarrah - ✆ 035 94 94 00.*

INTERNET

Cybers Café Oumnia – *Bd Chefchaouni, à côté du parking du marché central (ville nouvelle)- 6 DH/h.* Une quinzaine d'ordinateurs au 1er étage du café du même nom.

Batha Net – *Derb Douh, médina (rue qui part à droite de la poste de la place Batha et rejoint Bou Jeloud) - 9h-4h - 10 DH/h.*

Transports

Aéroport de Fès-Saïs – *À 11 km de Fès sur la route d'Imouzzèr - ✆ 035 62 47 12.* Majorité de vols intérieurs. De Paris, vols directs tous les jours assurés par Royal Air Maroc ; de Bruxelles et de Genève, il faudra faire escale à Casablanca. La compagnie Corsair assure également 2 vols directs de Paris chaque semaine. Pas d'agence de location de voitures à l'aéroport. Le bus nº 16 assure la liaison jusqu'à la gare ferroviaire de Fès (toutes les 30mn, 4 DH) ; vous pouvez aussi prendre un grand taxi (comptez env. 120 DH pour le centre-ville). Un bureau de change fonctionne aux heures de départ et d'arrivée des avions.

Royal Air Maroc – *54 av. Hassan II - ✆ 0900 00 800 - lun.-vend. 9h-16h, 14h30-19h, sam. 9h-15h.*

Gare ferroviaire – *Rue Imarate Arabia ,dans la ville nouvelle - ✆ 090 20 30 40 - www.oncf.ma.* Neuf liaisons quotidiennes entre Fès et Casablanca (4h15 de trajet) via Meknès (1h15) et Rabat (3h15). Pour Marrakech, il faut changer à Casablanca ou à Rabat. Six départs quotidiens pour Tanger (5h30) et 3 pour Oujda (5h30-6h).

Gare routière CTM – *Bd Dhar Mahres (place de l'Atlas), au SE de la ville nouvelle - ✆ 022 43 82 82 - www.ctm.co.ma.* Liaisons avec Meknès (1h), Rabat (3h30), Casablanca (4h30), Tanger (6h), Marrakech (8h), Agadir (12h). Six directs Fès-Casablanca chaque jour (ttes les 2h, de 7h à 17h). La ligne Fès-Tanger passe soit par Chefchaouèn et Tetouan soit par Asilah. Une autre ligne assure les trajets vers Ifrane, Azrou, Midelt, Rich, Er Rachidia (8 à 9h), Erfoud et Rissani (11h). Mieux vaut acheter son billet à l'avance, sur place. Consigne à bagages uniquement sur présentation de son ticket de bus.

Gare routière de Bab Mahrouk – *À l'ouest de la médina, au delà de la route du Tour de Fès.* Cars pour Meknès, Rabat, Casablanca, Tanger et Marrakech, Al-Hoceima, Rissani, Ouarzazate, Agadir... Renseignez-vous sur place à l'avance. Consigne à bagages.

Grands taxis – Pour Immouzer, Azrou et Ifrane, station située face à la gare routière CTM. Pour Rabat, Casablanca, Meknès et Taza, stations à Bab Bou Jeloud et face à la gare ONCF.

LOCATION DE VOITURE

Avis – *50 bd Chefchaouni - ✆ 035 62 69 69 - fax 035 62 67 46.*

Budget – *Av. Lalla Asmae - ✆ 035 94 00 92 - fax 035 94 00 91.*

Europcar – *41 av. Hassan II (au pied de la tour Al Wataniya) - ✆ 035 62 65 45 - fax 035 62 64 51.*

Hertz – *7 av. Lalla Meriem - ✆/fax 035 62 28 12.*

CIRCULATION

Ici, comme dans d'autres grandes villes marocaines, il vaut mieux éviter de **stationner** n'importe comment : vous pourriez avoir la désagréable surprise de voir votre véhicule partir pour la fourrière, ce qui supposerait quelques tracasseries administratives qui pourraient prendre un certain temps.

Si **conduire** à Fès n'est ni plus ni moins stressant que dans les autres villes marocaines, il peut parfois être difficile de s'y orienter car les noms de rues ont tendance à ne figurer sur les panneaux qu'en arabe, même dans la ville nouvelle. Une nouvelle signalétique est à l'étude. D'ici là, n'hésitez pas à prendre les **« petits taxis »** *(tarif majoré de 50 % la nuit, de 20h ou 21h suivant la saison à 6h).*

Se loger

Fès ne manque pas de solutions d'hébergement de toutes catégories et l'engouement pour la ville s'accompagne de la création de nombreux établissements. Attention : en haute saison (avr.-juin) et en particulier pendant le fameux **Festival des musiques sacrées du monde**, qui draine un large public, il peut être difficile de trouver une chambre en ville : il est donc prudent de réserver à l'avance.

DANS LA MÉDINA

La mode, venue de Marrakech, s'est emparé de Fès : de superbes maisons anciennes de la médina, restaurées avec soin, sont transformées en chambres d'hôte ou en hôtelleries, lieux magiques propices à une étape de charme et contribuant, ce qui ne gâte rien, à la réhabilitation de la vieille cité.

Pension Campini – *15 rue Campini, Batha, à côté du commissariat - 035 63 73 42/073 18 51 69 - 8 ch.* Dans un quartier calme à deux pas de la médina. Ancienne maison familiale transformée en une agréable et accueillante pension. Très bon petit-déjeuner servi au salon ou sur la terrasse avec vue sur le palais royal.

Hôtel Batha – *Pl. el-Batha - 035 63 48 60 ou 035 74 10 77 - fax 035 74 10 78 - 62 ch. - 452 DH* - - P. Superbement situé à deux pas de Bab Bou Jeloud, l'ancienne résidence du consul britannique rénovée est l'une des adresses les plus agréables de la ville. Certaines chambres comportent un balcon. Le bar Churchill (du nom d'un des hôtes de passage) est l'un des rares lieux de la médina où boire un verre.

Riad Lune et Soleil – *3 derb Skallia - 035 63 45 23 - www.luneetsoleil.com - 6 ch. - 700 DH* . Pauline et Jurgen se feront un plaisir de vous recevoir dans leur chaleureux riad à deux pas du musée Batha. Tout est prévu pour un séjour familial : trois couchages sont possibles dans les deux suites. Repas le soir sur commande.

Ryad Mabrouka – *25 derb el Mitter - 035 63 63 45 - fax 055 63 63 10 - www.ryadmabouka.com - 1 ch. - 900 DH - 6 suites : 1 600 DH* . Zelliges, stucs, plafonds en bois de cèdre et beau jardin.

Palais de Fès – *15 Mokhfia R'Cif (à côté du cinéma Amal), en hauteur - 035 76 15 90/061 14 72 68 - fax 035 64 98 56 - www.palaisdefes.com - 6 ch. - 1 000 DH - navette gratuite AR sur simple appel pour la clientèle.* Malgré le luxe des chambres et le prestige de la demeure, l'ambiance n'a rien d'obséquieux. On se sent très vite « à la maison » sur la divine terrasse à pergola. Les chambres du haut sont du reste nos préférées. Mais s'il fallait donner un seul conseil, ce serait de ne pas passer à côté de la cuisine du Palais de Fès… *(voir « Se restaurer»).*

Dar El Gahlia – *Ras Jnane, 3/15 Ross Rhi - 035 63 41 67/74 15 74 - www.maisondhotes.co.ma - 13 ch. - 1 500 DH* - . Luxueux palais du 17e s. situé en plein quartier des Andalous : toutes les suites et les chambres portent les noms des femmes de catactère y ayant vécu. Vous serez conquis par la terrasse à la vue sublime sur la médina. Cuisine excellente.

Arabesque – *20 derb el Mitter, à deux pas du Palais Jamaï, dans le quartier de Janj Four - 035 63 53 21 - fax 035 63 45 90 - www.arabesquehotel.com - 2 suites junior : 1 400 DH - 4 suites ambassadeurs : 2 000 DH - 1 suite royale : 3 500 DH.* Installé dans une superbe maison traditionnelle, il propose à ses hôtes un hammam, un centre Internet, un jardin et deux restaurants, dont l'un aménagé sur la terrasse panoramique permettant de découvrir les toits et les minarets de la médina.

Hôtel Arabesque

Riad Arabesque.

Riad de la Maison Bleue – *33 derb el Mitter, Talâa El Kbira (du parking Ain Azliten, suivre le fléchage) - 035 74 18 73/035 74 18 39/061 41 11 20/061 19 68 51 - www.maisonbleue.com - 13 ch.* À proximité du palais Jamaï, une nouvelle maison d'hôtes, ou plutôt trois, reliées entre elles par leurs patios et leurs terrasses… Un dédale exquis et aéré, où l'on passe de l'ombre à la lumière, du soleil à la fraîcheur des arbres. Pour ne rien gâcher, des chambres irrésistibles au goût sûr.

Sofitel Palais Jamaï – *Bab Guissa - ✆ 035 63 43 31/35 - fax 035 63 50 96 - 2 100 DH, côté remparts ; pour la vue (superbe) sur la médina : suppl. de 200 DH. À Paris : Accor Tour - ✆ 01 44 11 11 50 - propose des voyages au Maroc avec séjour au Sofitel palais Jamaï tandis que les voyageurs individuels peuvent réserver au ✆ 01 60 87 90 90 ou sur www.accorhotel.com -* . Ancienne résidence princière du 18ᵉ s., avec ses magnifiques jardins en terrasses et son décor raffiné.

Hôtel Le Méridien Mérinides – *Borj Nord - ✆ 035 64 62 18/52 26/60 99 - fax 035 64 52 25 - 2 500 DH -* . Outre la vue (demandez les chambres donnant sur la médina), que l'on peut également admirer du restaurant marocain **La Koubba du Ciel**, situé au 3ᵉ étage, l'hôtel sera un fort agréable lieu de séjour, d'autant que ses chambres sont aussi spacieuses que confortables et le service attentionné.

La Maison Bleue – *2 pl. de l'Istiqlal - ✆ 035 63 60 52 - fax 035 74 06 86 - maisonbleue@fesnet.net.ma - 6 suites : 2 800 DH.* Pionnière du genre, elle propose cinq suites royales et une suite junior admirablement décorées : une adresse de charme, d'un raffinement inouï !

Riad Fès – *5 derb Ben Slimane, Zerbtana (accès par la pl. de l'Istiqlal) - ✆ 035 94 76 10 et 035 74 12 06 - riadfes@menara.ma - fax 035 74 11 43 - www.riadfes.com - 17 ch. - 3 000 DH - suite royale : 6 000 DH -* . Le plus somptueux de tous. Il a été restauré selon les techniques ancestrales et avec les matériaux traditionnels par un architecte fassi amoureux de sa ville et de ses traditions artisanales : patio andalou avec bassin, chambres donnant sur une vaste cour intérieure fastueusement décorée, terrasses avec vue sur la médina et les montagnes longtemps enneigées, décrochements, couloirs, piscine, hammam, et plusieurs restaurants proposant des mets fassi : un charme fou…

Riad al Bartal – *21 r. Sournas, Ziat (première rue à gauche lorsqu'on accède à la médina par Bab Ziat) - ✆/035 63 70 53 et GSM 063 84 13 76 - riadalbartal@menara.ma - www.riadalbartal.com - 2 ch. - 1 000 DH - 5 suites : 1 300 DH - repas 190 DH -* . Cette belle maison fassi décorée de toiles de peintres marocains contemporains dispose de deux grandes chambres, plus une plus petite. Les maîtres des lieux se feront en outre un plaisir de vous donner accès à quelques demeures voisines dont la beauté demeure insoupçonnée au commun des visiteurs.

Riad Sheherazade – *23 Arsat Bennis Douh - ✆ 035 74 16 42 et GSM 061 18 98 60 - fax 035 74 16 45 - sheheraz@iam.net.ma - www.sheheraz.com - 3 ch. - 1 200 DH - 11 suites : 1 700 DH-*

G. Daure / Riad Al Bartal

Le Riad al Bartal.

5 000 DH. La référence aux *Mille et Une Nuits* n'a rien d'usurpé. Le cadre, un immense *riad* pourvu d'un vrai jardin avec piscine, est véritablement féérique. Et la table, incontournable *(voir « Se restaurer »).*

LOGEMENT CHEZ L'HABITANT

Solution alternative aux maisons d'hôtes – toujours plus nombreuses mais seulement accessibles à certains budgets – pour ceux qui souhaitent séjourner dans la médina : le logement chez l'habitant. Une opération pilote sous l'égide du **Conseil régional du tourisme** de Fès a été menée durant l'édition 2006 du **Festival des musiques sacrées du monde**. Encadrée et répondant à des critères de sélection stricts, cette solution, qui devrait être pérennisée, concerne dans un premier temps une vingtaine de foyers. Elle présente de nombreux avantages : éviter l'essor anarchique et non contrôlé de ce type d'hébergement dans la médina, permettre à ces familles d'avoir de nouvelles sources de revenus et garantir ainsi leur maintien dans leur actuel lieu de vie, et proposer à des touristes de rencontrer des habitants de la médina et de découvrir leur mode de vie dans un souci d'échange et de partage.

Pour plus d'informations, contactez le **Conseil régional du tourisme de Fès** – *89 av. Allal Ben Abdellah - ✆ 035 94 24 92 - fax 035 65 01 88crtfes@menara.ma.*

À MOULAY YÂCOUB

Hôtel Moulay Yacoub – *À l'entrée du village - ✆ 035 69 40 35/70 - fax 035 69 40 12 - 650 DH - 60 DH - taxes 12 DH/pers./nuit -* . Pour ceux qui auraient besoin d'une cure de plusieurs jours (rhumatismes, dermatologie, ORL), c'est un endroit agréable où séjourner : chambres ou bungalows environnés d'une végétation luxuriante, restaurant avec vue panoramique sur les paysages des montagnes prérifaines, tennis, piscine.

CAMPINGS

Camping caravaning international – *À proximité de la rte Fès-Sefrou et du Royal club équestre, à 5 km au sud de la ville - ✆ 035 61 80 61 -* . Installé dans la verdure, il comporte une piscine et une pataugeoire, deux restaurants et un snack, un parc de jeux pour enfants et un parcours de randonnées pédestres et équestres.

Camping du Diamant Vert – *Rte d'Aïn-Chkef, à proximité de la rocade conduisant à l'autoroute de Rabat - 035 60 83 69/67 -* . Installé dans un agréable site boisé ; durant les mois d'été (de juin à septembre), complexe de loisirs comprenant piscine, aires de jeu, cafétéria, etc.

DANS LA VILLE NOUVELLE

Auberge de Jeunesse – *18 r. Abdeslam Serghini, parallèle au bd Chefchouani (non loin de la place de la Résistance) - 035 62 40 85 - 55 DH /pers. en dortoir, 65 DH / pers. en ch. double - fermeture à 22h.*

Hôtel Amor – *31 r. de l'Arabie Saoudite - 035 62 27 24/33 04 - 35 ch. - 198 DH - 21 DH.* Pour les petits budgets. Les chambres sont propres, même si l'équipement sanitaire est quelque peu basique. Préférez les chambres sur cour, plus calmes.

Hôtel Nouzha – *7 r. Hassan Dkhissi (en retrait de la pl. de l'Atlas) - 035 64 00 02/12 - fax 035 64 00 84 - 434 DH - 40 DH.* Décoré, bien qu'il soit récent, dans le style traditionnel fassi.

Splendid Hôtel – *9 r. Abdelkrim El Khattabi - 035 62 21 48/65 02 83 - fax 035 65 48 92 - 70 ch. - 406 DH - - .* Cet hôtel un peu impersonnel mais disposant d'un confort convenable, d'une piscine et d'un parking surveillé est situé à proximité de la place Ahmed el Mansour.

Ibis-Moussafir – *Situé en face de la gare - 035 65 19 02/06 - 123 ch. - 440 DH - 46 DH.* Dans un joli bâtiment blanc dissimulé sous les bougainvillées, cet hôtel offre les prestations et le confort standard de la chaîne, qui en font une valeur sûre.

Hôtel Olympic – *Rue Haman el-Fetouaki, en retrait du bd Mohammed V - 035 93 26 82/94 46 83 - fax 035 93 26 65 - 31 ch. - 345 DH .* Une adresse sympathique au cœur de la ville nouvelle, à côté du marché central.

Hôtel Sofia – *3 r. du Royaume d'Arabie Saoudite (au fond d'un vaste terre-plein en retrait de l'av. Hassan II) - 035 62 42 65 à 68 - fax 035 62 64 78 - 98 ch. - 760 DH - .* Sa situation on ne peut plus centrale est le principal atout de cet hôtel un peu impersonnel mais de bon confort.

Hôtel Menzeh Zalag – *10 r. Mohamed Diouri - 035 62 55 31 - fax 035 65 19 95 - 150 ch. - 1 200 DH - 100 DH - .* En lisière de la ville moderne, doté d'un agréable jardin andalou. Quitte à y séjourner, demandez une chambre donnant sur la médina.

Hôtel Menzeh Fès – *28 r. Abdessalam Srrghini - 035 94 38 47 - fax 035 94 38 34 - menzeh.zalagh@fesnet.ma - 114 ch. - 1 200 DH - 100 DH.* Annexe du précédent, reliée à la « maison mère » par un tunnel.

Jnan Palace – *Av. Ahmed-Chaouki - 035 65 22 30/39 63 - fax 035 65 19 17 - jnan-palace@iam.net.ma - 2 300 DH - 150 DH - .* Très confortable hôtel entouré d'un vaste parc de 7 ha. Piscine, courts de tennis, putting green et practice de golf, discothèque.

Se restaurer

DANS LA MÉDINA

Plusieurs demeures anciennes ont été transformées en restaurants ; certains ne sont ouverts que pour le déjeuner.

La Ménara – *10 derb Rounda Laayoun (proche de R'Cif, réservez pour qu'on vienne vous chercher, à moins que vous ne suiviez le fléchage mis en place depuis R'Cif) - 035 74 07 59/065 73 47 42 - 140/190 DH.* Dans ce restaurant familial, la mère vous concocte un repas simple et convivial, servi dans le patio ou l'un des salons marocains. Menu classique, composé de salades marocaines suivies d'un tajine ou d'un couscous. Plus sympathique à midi.

Palais de Fès – *15 r. Makhfia-R'cif - 035 76 15 90 - 240/280 DH - .* Voici assurément l'une des meilleures tables de la ville. Sur sa merveilleuse terrasse, on hésite entre un déjeuner aéré, sous la fraîche pergola, ou un dîner romantique : la vue en « contre-plongée » sur la médina s'y prête à merveille… Dans tous les cas, la myriade d'entrées marocaines (ne manquez pas les tomates au miel) qui précède le tajine (goûtez celui aux fèves et aux fonds d'artichauds sauvages) ou la pastilla au pigeon (délicieuse) a véritablement de quoi étourdir.

Sheherazade – *Arsat Bennis Douh 23 - 035 74 16 42 - www.sheheraz.com - - 280/400 DH.* Attablé au bord de la piscine, face aux palmiers éclairés, sur le toit en terrasse, ou encore dans le kiosque andalou, le moment est magique… Tout autant que l'expérience gustative qui vous attend : on ne saurait trop vous recommander le couscous aux fruits, spécialité de la maison ; mais il faudra d'abord venir à bout de la farandole d'entrées, parmi lesquelles les fenouils fondants relèvent tout simplement du miracle.

La Maison Bleue – *2 pl. de l'Istiqlal - 035 63 60 52 - - uniquement le soir - réserver.* Dans un cadre raffiné, au son du *guembri* ou de l'*oud*, un assortiment de salades marocaines, le tajine du jour (à base de viande rouge ou de poulet), une délicieuse pastilla au lait qu'accompagnent des oranges à la cannelle vous sont servis (*pour 500 DH*), avec un apéritif et du vin (à discrétion).

La Maison Bleue : une idée du raffinement fassi.

DANS LA VILLE NOUVELLE

Florence – *39 av. Hassan II - 035 93 21 27.* Petit restaurant discret et authentique tenu par une famille sympathique, qui vous propose des plats marocains simples et variés à des prix imbattables *(autour de 25 DH).*

Ismail – *Av. Imam Ali residence Zeriab nº 4 - 035 62 50 21.* Une cantine populaire propre, gaie et délicieuse. Ici, on sert exclusivement du poisson, et tout est frais à souhait : goûtez absolument la friture de poissons *(35 DH)* et les crevettes pil-pil sautées à l'huile d'olive (*40 DH).* Même les frites sont un régal !

Snack Lahcen – *12-14 rue Mohamed El Jai (juste derrière la poste) - 035 94 37 38.* Un autre petit restaurant de poisson, flambant neuf celui-là. La soupe de poisson y est réputée, mais vous y dégusterez aussi de la friture et du tajine de poissons. Simple, frais et bon marché.

Vesuvio – *R. Abi Hayane Taouhidi (en face de l'hôtel Thgat) - 035 93 07 47.* Une alternative italienne aux tajines et couscous, pour ceux qui ont envie de faire une pause… Excellentes pizzas cuites sous vos yeux au feu de bois *(autour de 65 DH)* ; les Marocains raffolent de la pizza aux fruits de mer, mais vous trouverez aussi une *margarita* classique ; accueil doux et cadre confortable.

La Médaille – *24 r. Mohamed el-Hayani - 035 62 01 83 - 🍷 - 100 DH.* Dans un quartier agréable et détendu de la ville nouvelle, ce restaurant sans prétention mais accueillant propose une carte à la fois marocaine et internationale, et un menu bon et copieux.

SUR LA ROUTE D'IMOUZZÈR

Al Andalous – *34 bd Moulay Abdallah, rte d'Imouzzèr - 035 60 31 62 - 12h-15h30, 19h-1h.* Cuisine marocaine traditionnelle de qualité : tajines, méchoui, *maghdour, bstilla (pastilla),* couscous aux sept légumes, *chorba* (potage aux légumes et poulet assez relevé), le tout servi dans un beau décor de zelliges et de stucs. Petit musée d'objets traditionnels.

El Amnbra – *47 bd Moulay Abdallah, rte d'Imouzzèr - 035 64 16 87 - 12h-15h, 19h-23h.* Installé dans plusieurs pavillons décorés avec goût dans le style andalou, on y sert une cuisine internationale.

Faire une pause

Cela peut être l'occasion de découvrir les trois grands hôtels de Fès, à défaut de pouvoir y séjourner : au **Jnan Palace**, l'on peut prendre un apéritif au **Birdy** (piano-bar décoré de boiseries encadrant des peintures de Nemo), ou déguster une pâtisserie marocaine au **Café Maure**, à moins que l'on ne préfère danser jusqu'au petit matin au **Phœbus**. Dans tous les cas, ne manquez pas de jeter un coup d'œil à l'intéressante collection de peintures marocaines déployée dans les salons (œuvres de Chaïbia, Zine et d'artistes de l'école de Tétouan).

Au **Palais Jamaï**, prendre un verre au bar américain ou dans les jardins en bordure de la piscine tandis que s'élève la rumeur étouffée de la médina peut être un moment inoubliable.

Enfin, sur la terrasse du **Méridien Mérinides**, la **vue panoramique**★★ sur la vieille ville, ses toits et ses minarets est admirable.

Eight café – *8 av. Lalla Aïcha - / fax 035 94 49 48 - eightcafé@menara.ma.* L'un des nombreux cafés de cette avenue où se retrouve la jeunesse de Fès. Vous pourrez y prendre un verre ou y déguster une glace dans un cadre épuré et branché…

Venezia Ice – *96 r. Charif El Idrissi - 035 65 33 06 - fax 035 65 33 05.* Glaces crémeuses et sucrées…

En soirée

Son & Lumière – *Borj Sud, rte Bab Ftouh - 035 76 36 52 - mars-avr. et oct.-nov. : tlj sf dim. 19h15 ; mai-sept. : tlj sf dim. 21h30 - durée 45mn - 100 DH.* Il retrace l'histoire de la ville.

CINÉMAS

Empire – *60 av. Hassan II - 035 62 28 64.*

Rex – *45 av. Mohammed es-Slaoui - 035 62 24 96.*

Astor – *18 av. Mohammed es-Slaoui - 035 62 29 01/04.*

Sports et loisirs

SPORT

Royal Golf de Fès – *Rte d'Imouzzèr, Aïn Chegag - 035 66 52 10 - tlj sf lun. 7h-19h - caddy 40 DH (9 trous), 60 DH (18 trous) - location de matériel 150 DH - practice 10 DH le seau de balles.* Il propose un parcours de 9 trous, qui sera prochainement porté à 18 trous.

Royal Tennis Club de Fès. Henri Leconte Academy – *Complexe sportif « El Merja » Zouagha (depuis l'av. Hassan II, prendre l'av. des F.A.R. au niveau de la pl. Ahmed el*

Mansour, poursuivre en direction de l'ancienne route de Meknès puis, avant le supermarché Marjane, tourner à gauche en face du garage Toyota) - ✆ 035 20 11 90 - direction@hlacademy.net - www. hlacademy.net - 🏊 - 🅿. Ouverture en 2006 d'un club et d'une académie de tennis par l'ancien finaliste de Roland-Garros Henri Leconte. Les installations sportives existantes devraient s'enrichir d'une salle de fitness et de musculation, d'un lieu d'hébergement et de nouveaux courts de tennis. À noter l'ouverture au printemps 2006 du restaurant **Le Majestic**, qui propose une cuisine française et internationale dans un cadre raffiné *(contact@lemajestic.net - www. lemajestic.net - 12h-0h).*

Domaine équeste Aïn Amyer – *Rte d'Imouzzèr, Km 2,5 - ✆ 035 60 51 16 - fax 035 60 64 21 - a_msefer@yahoo.fr - www.cti-fes.com/randocheval.html - cheval 120 DH/h - poney en main 45 DH/45mn - randonnée en pension complète 900/1 200 DH/pers./j - 🏊 (5/7 DH/j) -* 🅿. Ce centre équestre organise des randonnées à travers tout le Maroc. Il propose également des dîners-spectacles (*350 DH/pers.*) et disposera, prochainement, de chambres d'hôtes.

PISCINE

L'été, vous serez sans doute ravi d'apprendre que certains grands hôtels de la ville nouvelle (en général, éloignés du centre ; prenez un taxi) ouvrent leurs piscines aux non-résidents . Parmi les plus agréables, celles du **Fès Inn** et du **Zalagh Park Palace**. *Entre 60 et 120 DH l'entrée.*

THERMALISME

Spa du Riad Maison Bleue *(voir « Se restaurer »)* – Accessible aux non-résidents. C'est un luxe exquis, à s'offrir si l'on a envie de se faire chouchouter. Différents bains *(500 DH)*, massages, gommages *(300/400 DH)* et soins. *Formules 800/1 900 DH. Réserver.*

Les 3 Sources – *À 4 km sur la route d'Immouzer (bus nº 13 ou 16 ; env. 15 DH en petit taxi) - ✆ 035 60 65 32.* Un grand complexe pourvu de plusieurs grandes piscines, d'un parc de jeux, de chevaux, de vélos, etc. Idéal pour passer l'après-midi quand il fait trop chaud, ou avec des enfants. Restaurant marocain et international. Les soirées de fin de semaine sont jeunes et animées.

Sothermy (thermes de Moulay Yâcoub) – *BP 24-26 - Fès (à 22 km au nord-ouest de Fès) - ✆ 035 69 40 64 - fax 035 69 40 74.* Pour une cure complète (rhumatologie, ORL, dermatologie, gynécologie) ou tout simplement pour un moment de détente et de remise en forme, voire pour des soins de beauté, histoire de faire une pause entre visites et randonnées.

H. Belmenouar / MICHELIN

Maître sculpteur sur bois.

Achats

Marché central – *Av. Mohammed V. - 7h-14h, vend. 7h-11h.* On y trouve de tout : viandes, poissons, fruits, légumes, épices, fleurs, alcool…

ANTIQUITÉS ET ARTISANAT

Fès Art Gallery – *2 Boutouil Karaouyine (rue qui longe la mosquée Karaouyine sur son côté E) - ✆ 035 63 46 63.* Antiquaire sérieux pratiquant des prix raisonnables : tables basses berbères, bijoux, portes anciennes…

Le Bois – *8 Boutouil Karaouyine (juste à côté du précédent) - ✆ 062 57 79 31.* D'un côté antiquaire (il récupère, par exemple, de vieilles portes en bois sculpté), de l'autre artisan (il en fait une armoire). Le travail du cuivre est également à souligner : remarquez les lanternes ajourées, d'une extrême délicatesse.

Chez Ahmed – *51 Fakharrine Bab Moulay Idriss (dans la rue qui mène de la place Nejjarine au sanctuaire de Moulay Idriss : à gauche, dans un renfoncement que forme la rue lorsqu'elle tourne à droite) - ✆ 035 63 82 32.* Boutique spécialisée dans les instruments de musique : tambourins, crotales, luths de toutes sortes, etc.

Antiquité Nejjarine – *3 pl. Nejjarine - ✆ 035 63 35 05.* Une véritable caverne d'Ali Baba dans laquelle on pourra faire de belles trouvailles.

Petit bazar de bon accueil – *35 Talaa Seghira (sur la gauche en descendant le Talaa, un peu plus bas que la médersa Bou Inania).* Peu d'objets mais uniquement des pièces de qualité. Prix plutôt élevés et pas de marchandage possible.

Complexe d'artisanat marocain – *Av. Allal Ben Abdellah (à côté de l'hôtel Volubilis) - ✆ 035 62 10 07 - 9h-12h, 14h30-18h30.* Prix fixes, choix limité.

Souk des Potiers – *Aïn Nobki* - Choix varié de fameuses poteries de Fès.

TAPIS

Palais de Fès – Au rez-de-chaussée de la maison d'hôtes. L'atout principal de ce lieu ? Outre l'immense variété de tapis, anciens et modernes, le fait qu'il ne travaille pas avec les rabatteurs…

PEINTURE

Orientalist Arg Gallery – *38 rue Abdelaziz Boutaleb - ✆ 035 94 45 45 - www.fes-orientalistartgallery.com - lun.-sam. 10h-12h30, 15h30-20h.* Artistes marocains de grande qualité, dans la veine orientaliste autant que dans des styles plus conceptuels.

Culture

Complexe culturel municipal de Fès, Al Houria – *Av. Palestine, ville nouvelle - ✆ 035 94 44 67 - complexeculturel@menara.ma - www.fes-culture.ma.* Inauguré en février 2005, ce complexe comprend un théâtre de 350 places, deux salles d'exposition et une médiathèque. Le tout en plein centre de Fès.

Institut français de Fès – *33 r. Loukili, ville nouvelle - ✆ 035 62 39 21/35 40 - fax 035 62 52 03 - www.ambafrance-ma.org/institut/fes-meknes - théâtre, concerts 30 DH (étudiants 20 DH) - cinéma 15 DH (étudiants 10 DH) - conférences, rencontres et expositions : entrée libre.* Nombreuses manifestations culturelles.

Riad Dar Batha – *15 Salaj - ✆ 035 63 67 13 - www.ambafrance-ma.org/institut/fes-meknes.* Annexe de l'Institut français dans la médina. Résidence d'artistes et lieu de rencontres ou de débats qui se voudrait un peu l'équivalent de la villa Médicis pour le Maghreb…

Institut Cervantès – *5 r. Douiat, résidence Walili - ✆ 035 73 20 04 - fax 035 73 19 81 - cervantes@iam.net.ma - www.fes.cervantes.es.* Expositions, films, concerts, spectacles et conférences.

LIBRAIRIES

Kiosque Rami – *Bd Mohammed V, au coin de la rue Abdelkrim el-Khattabi, ville nouvelle - 8h-23h.* Quelques titres de la presse francophone, ainsi que des guides et plans de la ville.

Librairie-papeterie Nouvelle – *44 av. Hassan II - ✆ 035 62 23 73.*

Librairie-papeterie des Écoles – *87 av. Mohammed V - ✆ 035 62 27 83.*

Librairie-papeterie du Centre – *134 av. Mohammed V - ✆ 035 62 25 69.*

Événements

Festival des musiques sacrées du monde – *Juin. Rens. :* **Fondation Esprit de Fès** *- Sidi Al Khayat, Batha - ✆ 035 74 05 35 - fax 035 63 39 89 - festivaldefes@fesfestival.com - www.fesfestival.com - pass concerts 2 500 DH - concert : 100/500 DH - pass concerts + colloque Les rencontres de Fès 3 300 DH - pass Les rencontres de Fès 1 100 DH ou 250 DH/j - réserv. : agence* **Objectif Maroc** *- 9 r. de la Turquie, ville nouvelle - Fès - ✆ 035 65 28 16 - fax 035 62 17 76 - objectif_naima@menara.ma et objectif_najat@menara.ma -) ; agence* **Orients. Sur les routes de la soie** *- Paris - ✆ 01 40 51 10 40 - fax 01 40 51 10 41 - info@orients.com - www.orients.com - en juin.* Créé en 1994, ce festival s'est imposé comme l'un des plus prestigieux du royaume. Il attire chaque année un public toujours plus large autour d'artistes venus d'une vingtaine de pays. Les concerts ont lieu à travers toute la ville : à **Bab Makina** et au **musée Batha** pour les payants, sur la **place Bab Boujloud** et à **Dar Tazi** (Maison du festival) pour les gratuits. En parallèle se déroulent **Les Rencontres de Fès** ou **Forum de Fès** – *✆ 035 74 06 91 - fax 035 74 06 92 - rencontresdefes@fesfestival.com - www.fesfestival.com .* Celles-ci rassemblent artistes, philosophes, universitaires, écrivains, cinéastes, chefs d'entreprise ou personnalités politiques pour des réflexions autour de thématiques liées à la mondialisation.

Festival de Fès d'art culinaire – *Rens. : rest.* **Le Mansouria** *– 11 r. Faidherbe - 75011 Paris - ✆ 06 09 68 38 73 - halfatema@yahoo.fr – ;* **Conseil régional du tourisme** *- Fès - ✆ 035 94 24 92 - réserv. : agence* **Objectif Maroc** *- Fès - ✆ 035 65 28 16 - fax 035 62 17 76 - objectif_naima@menara.ma - www.festivalartculinaire.com - forfait 3 j. (ttes les activités et 3 déj. et 2 dîners) 1 500 DH - forfait jour 400/650 DH - déj. 250/400 DH - dîner 300/500 DH - pour tous ces forfaits, boissons non comprises - avril.* Au programme : conférences, démonstrations et dégustations autour des traditions culinaires marocaines par les plus grands chefs et les meilleurs spécialistes…

Jazz in Riad – *Rens. : contact@jazzinriad.com - www.jazzinriad.com ;* **Conseil régional du tourisme** *- Fès - ✆ 035 94 24 92 - réserv. : agence* **Objectif Maroc** *- Fès - ✆ 035 65 28 16 - fax 035 62 17 76) - objectif_najat@menara.ma - concert 100 DH - dates variables.* Le jazz s'invite dans les plus beaux *riads* de Fès.

Festival de Fès de la musique andalouse – *Rens. : Complexe culturel municipal - ✆ 035 94 44 67 - www.fes-culture.ma - janv.* Concerts par des orchestres venus de différentes villes du pays (Tanger, Tetouan, Rabat). La 11e édition en 2006 a rendu un hommage tout particulier au maître Mohammed Touizi. *Master class* au conservatoire **Dar Adyel** *- r. Sidi Ahmed Chaoui, médina - ✆ 035 62 39 63.* Colloque sur la musique andalouse…

Moussem de Moulay Idriss Al Azhar – *Rens. : ✆ 035 63 36 97 - sept.* Hommage annuel rendu par la population de Fès au fondateur de la ville. Les différentes corporations artisanales défilent à travers la médina. Le point culminant des festivités est la cérémonie de la *keswa*. Le catafalque qui recouvre le tombeau du saint patron est alors renouvelé. À cette occasion également, concerts de chants religieux et spirituels musulmans.

Ifrane★

13 471 HABITANTS
CARTE 2E RABAT DE COUV. D3 – CARTE MICHELIN 742, PLIS 5, 23 ET 41

Plus encore qu'Azrou, Ifrane a quelque chose d'insolite, avec ses pignons aigus, ses hautes cheminées et ses toits de tuiles roses ; les maisons sont des villas entourées de jardins, noyées dans les arbres, desservies par des rues qui serpentent comme les allées d'un parc. Création des années 1930, cette petite ville européenne transplantée au Maroc est une station d'altitude (1 650 m) agréable en toute saison. C'est à Ifrane que se trouve l'université Al Akhawayne, université multilingue et multiculturelle unique au Maroc. Les amateurs de calme et d'air pur s'y plaisent particulièrement, ainsi que les randonneurs, pêcheurs, chasseurs et, bien sûr, les skieurs (le Mischliffen et le Jbel Hebri sont proches et facilement accessibles).

- **Se repérer** – Au pied du Mischliffen, à proximité de la forêt de Cèdres et du massif du Kandar, Ifrane n'est qu'à 55 km au sud-est de Meknès et 52 km au sud de Fès, cités auxquelles la relient des routes en excellent état.
- **À ne pas manquer** – Les cigognes sur les toits des maisons d'Ifrane ; les environs de cette station d'altitude, qui est le point de départ idéal pour découvrir le Moyen Atlas ; le Parc national d'Ifrane *(voir p. 278)*.
- **Organiser son temps** – Un à deux jours, le temps de se promener autour d'Ifrane, que ce soit en voiture, à cheval ou à pied.
- **Avec les enfants** – Des randonnées adaptées à leur capacité…
- **Pour poursuivre le voyage** – Vous pouvez poursuivre la découverte du Moyen Atlas en visitant la forêt de Cèdres, Sefrou, Asni et la région du Kandar et Sebou. Sans oublier les cités impériales de Fès et Meknès.

C. Brett / MICHELIN

Paysage désertique du causse d'Ifrane.

Aux alentours

LE VAL D'IFRANE★

Sortir d'Ifrane par la route de Meknès.10 km, puis 45mn de marche ou de visite.

Au nord-ouest de la ville, l'oued Tizguit s'enfonce progressivement dans le plateau calcaire : ce « val d'Ifrane » rappelle les plus frais paysages de France par ses pâturages, ses sous-bois épais et ses cours d'eau dévalant en cascade. Il constitue une promenade très agréable.

Cascade des Vierges★

À 4 km de la ville, prendre à droite une piste *(panneau signalant « source Vittel 0,5 km»)* qui mène à un pont franchissant l'oued Tizguit. Tournez à droite après le pont et suivre la rive opposée jusqu'à la source « Vittel ».

Laisser la voiture sur la plate-forme, et continuer à pied *(15mn AR)* le long du torrent pour aller voir la belle cascade qui s'écoule parmi les frênes, les érables et les peupliers.

Revenir à la R 707 et tourner à droite. 4 km plus loin, prendre à droite la route qui descend vers Zaouïa-d'Ifrane.

Zaouïa-d'Ifrane

Ce curieux village abrite encore des familles de *chorfa*. Les anciennes habitations troglodytiques, en contrebas de la route, servent de nos jours d'écuries.

Au pied du village, en bordure de l'oued, le grand marabout blanc au toit vert attire beaucoup de monde à l'époque du *moussem*.

> **Lacs intermittents**
>
> Ici comme ailleurs, il arrive que la sécheresse sévisse et que la plupart des lacs soient complètement à sec. L'excursion autour des lacs du causse d'Ifrane ne vaut d'être effectuée que si ces derniers sont alimentés en eau, la balade risquant en cas contraire d'être décevante (notamment pour les pêcheurs et les amateurs de pédalo !) et de laisser l'impression de paysages désertiques et désolés.

Circuits de découverte

LE CAUSSE D'IFRANE★

Circuit de 66 km. Sortir d'Ifrane par la N 8, en direction de Fès. À 17 km, prendre la route à droite et, 400 m plus loin, à gauche, la route qui longe la rive nord du dayèt Âaoua.

Cet itinéraire, au nord et à l'est d'Ifrane, conduit dans un paysage calcaire, caractéristique des plateaux du Moyen Atlas. Recoupant des terrains de parcours pour les troupeaux, il offre maintes occasions de rencontrer des groupes de pasteurs semi-nomades. Aux amateurs de pêche, les lacs proposent leurs eaux poissonneuses.

Dayèt Âaoua

Ce petit lac occupe le fond d'une dépression résultant de la dissolution de la couche calcaire du plateau. Un rideau de peupliers et de pins maritimes répand une ombre agréable sur son rivage.

Après avoir passé un petit barrage, laisser à droite la route qui fait le tour du lac et poursuivre l'itinéraire. Puis, en prenant une route à droite, on arrive en vue du dayèt Ifrah.

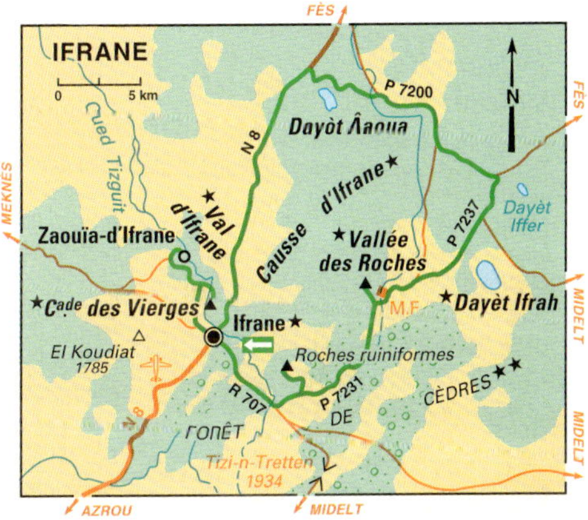

Dayèt Ifrah★

La piste surplombe cette grande cuvette dont les eaux scintillent dans un paysage de collines dénudées. Dans ce « bout du monde », quelques maisons au bord du lac et, surtout, les vastes **tentes** noires des bergers, ancrées par petits groupes dans la rocaille témoignent d'une présence humaine.

Continuer par une piste caillouteuse jusqu'à la maison forestière du dayèt Hachlef (souvent asséché), au-delà de laquelle on tournera à droite vers la vallée des Roches. Ce dernier tronçon est à éviter par temps de pluie.

Vallée des Roches★

La piste qui y mène est mauvaise. Mais quelques kilomètres suffisent pour s'approcher de cette curieuse vallée aux versants encombrés de blocs calcaires aux formes étranges.

Revenir à la route.

Tandis qu'à gauche on longe une forêt de cèdres et de chênes, on aperçoit bientôt sur la droite un vaste cirque de **roches ruiniformes** qui évoque, de façon saisissante, quelque vieille ville *(une mauvaise piste permet de s'en approcher)*. Peu après, on croise la route qui, sur la droite, ramène à Ifrane.

CIRCUIT DU MISCHLIFFEN★

60 km. Voir la forêt de Cèdres (p. 285). Ce circuit peut aussi bien se faire au départ d'Ifrane.

Ifrane pratique

Informations utiles

Délégation du tourisme – *Av. Moulay Abdallah - ✆ 035 56 68 21 - fax 035 56 68 22 - dtifrane@menara.ma - .* **Poste** – *Av. de la Marche Verte- ✆ 035 56 60 74 - www.poste.ma.*

Argent – Distributeurs automatiques de billets dans le centre d'**Ifrane** (BMCE, Banque populaire, Poste, et Crédit du Maroc, à côté du Café de la Paix) et à **Imouzzèr du Kandar** (agence Banque populaire à côté de l'hôtel La Chambotte, derrière la station Total).

Internet – À **Imouzzèr du Kandar**, un cybercafé derrière la station Shell, bd Mohammed V.

Gare routière – *Av. Mohammed V.* Cars très fréquents pour Fès. Plusieurs liaisons quotidiennes avec Rabat, Azrou, Marrakech. Autres lignes : Agadir et Khenifra, Oujda et Nador (voyage de nuit).

Se loger

À IFRANE

⊖ **Camping municipal** – *Bd Mohammed V (à la sortie de la ville en direction de Meknès) - ✆ 035 56 61 56 - 7 DH/pers., voiture 8 DH, tente 5/20 DH, caravane 20 DH, électricité 10 DH.* 6 ha arborés ouverts toute l'année. Eau gratuite mais pas de douche chaude : brrr !

⊖⊖ **Hôtel Chamonix** – *Av. de la Marche Verte - ✆ 035 56 60 28/68 25 - fax 035 56 68 26 - 64 ch. - 336 DH - ☕ 33 DH - menu 120 DH.* Un hôtel dont le principal atout est d'être très central. Les chambres sont confortables.

⊖⊖ **Relais pour tourisme de nature** – *17 lotissement Bellevue - ✆ 035 56 78 92/035 62 42 56 - fax 035 65 17 68 - lerelaisvert@menara.ma - 1 ch. double avec sdb : 450 DH ☕ - 4 ch. doubles sans sdb : 350 DH ☕ - 1 suite avec sdb : 500 DH ☕ - 1 dortoir pour 8 pers. - demi-pension 350 DH/pers. - pension complète 400 DH/pers. - menu pour les non-résidents 150 DH.* Un peu excentré, ce gîte propose toute une gamme d'activités : randonnées, excursions, etc.

⊖⊖⊖ **Hôtel Perce-Neige** – *R. des Asphodelles - ✆ 035 56 63 50/51 - fax 035 56 71 46 - 503 DH ☕ - appart. : 464/628 DH - suite : 544/708 DH - menu 120 DH.* Petit hôtel simple à l'atmosphère familiale qui offre l'apparence d'un chalet de montagne sur deux niveaux. Galerie à la réception. Le restaurant jouit d'une bonne réputation.

AUTOUR DU DAYÈT ÂAOUA

⊖⊖ **Le Chalet du Lac** – *✆/fax 035 66 31 97 - 20 ch. avec sdb communes - demi-pension 640 DH/2 pers. et pension complète 1 060 DH/2 pers. - menu 210 DH - ouvert tlj juil.-août et le reste de l'année les w.-ends et j. fériés.* Calme, silence et sérénité en bordure du lac dans cette grande auberge construite en 1945. Chemins balisés autour du chalet pour randonnées équestres ou pédestres. Sur la rive en face du chalet, possibilité de louer des pédalos, qui paraissent plutôt hors d'usage (*15 DH/20mn*).

⊖⊖ **Le Gîte du Lac Dayèt Âaoua** – *Km 7 sur la route d'Immouzer à Ifrane, rive est du lac - ✆ 035 60 48 80 - fax 035 60 48 52 - aouagite@yahoo.com - www.gite-dayetaoua.com - 1 ch. double avec sdb 300 DH ☕ - 4 suites 400 DH ☕ - demi-pension ch. : 270 DH/pers. - demi-pension suite : 250/320 DH/pers. - ☕ 25 DH - repas 120/250 DH/pers. et menu pour les non-résidents 150 DH (méchoui de mouton pour 10 pers. : 1 700 DH ; couscous berbère pour 4 pers. : 250 DH l'un et l'autre sur commande) - guide de montagne 250 DH/j - cheval 300 DH/j - VTT 100 DH/j.* Un cadre très agréable pour découvrir la région. Trois restaurants : Le Gîte (*ouvert toute l'année*), La Hutte (*en self-service, spécialité grillade, ouvert mai-sept.*) et La Tente (*menu typique, ouvert mai-sept.*). Des travaux d'agrandissement du gîte sont prévus. Espérons qu'il n'y perdra pas son âme.

À IMOUZZÈR DU KANDAR

⊖ **Hôtel La Chambotte** – *Bd Mohammed V - ✆ 035 66 33 73/74 - 6 ch. - 180/200 DH - 5 bungalows : 300 DH - ☕ 20 DH - restauration sur commande.* Établissement très simple pour qui n'est pas trop regardant.

⊖⊖ **Hôtel Les Truites** – *Route de Fès (à la sortie du village depuis Ifrane) - ✆ 035 66 30 02 - 17 ch.- 240 DH - ☕ 20 DH - menu 110/140 DH.* À la carte de son restaurant, du gibier (lapin, sanglier)… et des truites (*65 DH*), bien entendu !

⊖⊖ **Hôtel Chahrazed** – *2 bd Mohammed V (pl. du Marché) - ✆ 035 66 36 70 - fax 035 66 34 45 - 40 ch. - 260 DH - ☕ 31 DH - menu 100 DH.* Un établissement un peu sinistre, modeste et sans prétention. Si vous y passez au moment de l'Âïd ou le jour du souk, évitez les chambres donnant sur la place.

⊖⊖ **Hôtel royal** – *Bd Mohammed V (en face de la station Total) - ✆ 035 66 30 80 - hotelroyal@menara.ma - fax 035 66 36 66 -*

35 ch. - 366 DH - 2 suites - ☕ *33 DH - menu 110 DH.* Les chambres ont été rénovées récemment. Les salles de bains auraient mérité de subir le même sort. Mais peut-être cela viendra-t-il bientôt… Restaurant et salon de thé.

Se restaurer

⊖⊖ **La Rose** – *R. des Érables -* ✆ *035 56 62 15.* Petit restaurant discret où déguster une truite locale.

⊖⊖ **Restaurant La Paix –** *Av. de la Marche Verte -* ✆ *035 56 66 75.* Vous ne pourrez pas le manquer. Il est central et imposant… Mais, il ne faut pas s'attendre à de la grande cuisine et il faut être patient avant de voir arriver son repas… On peut aussi se contenter d'y boire un verre en terrasse !

Faire une pause

À IFRANE

Le Croustillant – *R. des Érables -* ✆ *035 56 60 68 - 6h30-18h (22h l'été).* Boulangerie, pâtisserie et salon de thé. Idéal pour le petit-déjeuner.

Cookie Craque – *Av. des Tilleuls -* ✆ *035 56 71 71 - tlj 7-22h.* Pour un verre ou pour se restaurer rapidement.

À IMOUZZÈR DU KANDAR

Vous trouverez de très nombreux cafés et salons de thé avec terrasse, à l'ombre des platanes, sur le bd Mohammed V.

Sports et loisirs

◉ **Pays d'accueil touristique (PAT) d'Ifrane/Moyen Atlas** – Tout comme ceux de Chefchaouèn et Immouzer des Ida Outanane, le PAT d'Ifrane est de création récente. Il vise également à favoriser le développement et la promotion du tourisme rural, en étroite relation avec le Parc national d'Ifrane ,créé en 2004 *(voir p. 278).*

Pour plus d'informations, vous pouvez contacter la **Délégation du tourisme d'Ifrane** (*voir coordonnées ci-dessus*) ou consulter le **site Internet du PAT** – *www.tourisme.gov.ma/rural/pat/ifrane.htm.*

Première manifestation concrète du PAT, une carte assez sommaire a été éditée à l'été 2005 qui recense à la fois les principaux lieux d'hébergement, les types d'activités possibles (randonnées pédestres, équestres ou VTT) et les sites les plus intéressants dans la région. Deux circuits y sont proposés : celui des lacs et celui de la Cédraie. Ils devraient faire l'objet d'un balisage sur le terrain. À cela s'ajouteront l'aménagement de gîtes et la construction d'un musée à Azrou *(voir p. 276).*

Pour vos randonnées dans le Moyen Atlas, contactez l'**Association provinciale des guides de montagne d'Ifrane**, par l'intermédiaire de la Délégation du tourisme, ou son président directement, M. Abdallah Lahrizi ✆ *062 19 08 89 - apgamifrane@voila.fr - accompagnement : 30 €/1-6 pers./6-7h - randonnée 3-15 j./groupe jusqu'à 12 pers. : 40/50 €/j/pers. nourriture et hébergement compris - VTT 20 €/j - mule 15 €/j).*

Iberdan Bladi – Derrière cette expression, qui associe un nom berbère, « Iberdan » (« itinéraires »), à un nom arabe, « Bladi » (« le pays »), et qui peut se traduire par « chemins de traverse », se dessine un projet de développement rural qui rassemble aujourd'hui une quarantaine de prestataires et associations. Leur ambition est de faire du Moyen Atlas une destination touristique reconnue et recherchée… Il a été lancée en 2004, dans le cadre d'un programme de coopération internationale, par le **Centre d'éducation et de formation interculturel (CEFIR)** – *En France : 66 rue du Fort-Louis, Dunkerque -* ✆ *03 28 63 71 87 ; au Maroc : Maison de l'Euro-Méditerranée - 16 rue Salaj Batha - Fès -* ✆ *035.63.82.54 - cefirmaroc@yahoo.fr - www.cefir.fr/MEM/mem.htm.*

Pour plus d'informations, vous pouvez consulter le site Internet d'**Iberdan Bladi** - *www.cefir.fr/iberdan_bladi.htm.* Vous y trouverez des exemples de séjours proposés dans la région et de très nombreux renseignements. Pour l'organisation pratique de votre séjour, vous pouvez également prendre contact avec les agences de voyages suivantes : en France, **Solair Voyages** (*224, rue des postes - Lille -* ✆ *03 20 12 02 96 - fax 03 20 42 07 98 - solairvoyages@wanadoo.fr* - et, au Maroc, **King's Holidays** (*angle av. des F.A.R. et r. Ahmed Chbihi, immeuble 3, appart. 4 - Fès -* ✆ *035 93 04 99 - fax 035 94 34 55 - kingsholidays@iam.net.ma.*

Événements

Festival des lacs de Dayèt Âaoua – *Organisé par la commune rurale de Dayèt Âaoua - en juil. ou août.* Troupes folkloriques et équipes de cavaliers pour les fantasias se sont réunies, en 2006, pour la 3e édition de ce festival. Elles représentent les tribus de toute la région. Des activités à caractère culturel, artistique et sportif sont au programme des festivités.

Achats

Souk – *Dimanche.*

Région du Kandar et Sebou★★

CARTE 2E RABAT DE COUV. D2 ET E2 – CARTE MICHELIN 742, PLIS 29 ET 41

Se mettre au frais ? Voilà qui peut paraître utopique lorsqu'on séjourne à Fès en période de canicule ! C'est pourtant possible sans déplacement excessif en parcourant ce massif et cette vallée, où vous découvrirez en outre d'agréables paysages verdoyants, des sources, des gorges encaissées et même une station thermale.

- **Se repérer** – Point commun des deux circuits ci-dessous : ils parcourent une région située immédiatement au sud de Fès.
- **À ne pas manquer** – Le massif du Kandar et la haute vallée du Sebou.
- **Organiser son temps** – Prévoir deux jours pour réaliser les deux circuits.
- **Avec les enfants** – Les promenades et randonnées à la rencontre de la faune et de la flore de cette région très riche.
- **Pour poursuivre le voyage** – Vous pouvez poursuivre en visitant : Ifrane, la forêt de Cèdres, Sefrou et Azrou. Voir également Fès et Meknès.

Circuits de découverte

LE MASSIF DU KANDAR★★ 1

Circuit de 118 km au départ de Fès – env. 1/2 journée.

Quitter Fès en direction d'Azrou par ⑤ du plan (p. 252).

La route traverse la riche plaine du Saïss, où l'irrigation a multiplié vergers et cultures maraîchères. Plus au sud on voit apparaître le massif du Kandar, dont les premières pentes abritent des vallons frais et ombragés.

Âïn-Chifa

Cette source jaillit sur le plateau d'Aït-Sebaa, à mi-pente du massif du Kandar, dans un site verdoyant. L'eau, canalisée dans des bassins bordés de fleurs, alimente une piscine.

La P 5 012 ramène à la N 8, qui s'élève en lacets sur un versant boisé de chênes verts et de pins. Au col du Kandar, à 1 350 m d'altitude, la **vue**★ est très étendue sur la plaine du Saïss, Fès et le Jbel Zalagh.

Imouzzèr-du-Kandar

Ce village berbère est bâti sur le rebord d'un plateau qui se détache du Moyen Atlas. La fraîcheur de l'air, la beauté du site et l'abondance des sources en ont fait une petite station estivale qu'agrémentent de larges avenues ombragées, un lac artificiel, des parcs, une piscine entourée de peupliers.

Tourner à droite sur la place et laisser la voiture près de la kasbah.

On peut voir à l'intérieur de celle-ci ce qui reste des curieuses **habitations souterraines** de la tribu des Aït Serhouchene : s'ouvrant sur la place par des rampes bordées de petits murs, elles sont aujourd'hui pour la plupart laissées à l'abandon.

Quitter Imouzzèr à gauche par la route non-goudronnée et plutôt en mauvais état d'Annoceur. Au bout de 7,5 km, à hauteur d'un bloc de maçonnerie, prendre à gauche une piste étroite, très boisée, qui pique droit vers la montagne : ce mauvais chemin, caillouteux et un peu raide sur la fin, mène, au bout de 3 km environ, à une plate-forme près du sommet. Laisser la voiture à cet endroit et grimper à pied jusqu'à la tour de guet du jbel Abad.

Jbel Abad★

15mn à pied AR. En escaladant ce point culminant du Kandar (1 768 m), on découvre brusquement devant soi la plaine du Saïss et Fès ; le **panorama**★★, magnifique, se développe sur Meknès et le *jbel* Zerhoun, le Rif et, du côté du Moyen Atlas, le *jbel* Bou Iblane et les sommets du Tichchoukt.

Rejoindre la route, prendre à gauche et suivre la direction de Sefrou.

La route contourne le massif du Kandar, auquel un épais tapis de chênes verts donne un aspect crépu ; elle atteint bientôt le rebord oriental assez abrupt et marqué de gros bancs calcaires. Puis elle descend par une vallée aux versants rocheux et dénudés contrastant avec le fond étroit où serpente un mince ruban de cultures. Sortant de la vallée, elle traverse une zone sèche, caillouteuse, et débouche sur le vert vallon de Sefrou.

Sefrou★ *(voir p. 342)*

Sortir de Sefrou par ① du plan.

À un grand carrefour, prenez à gauche la direction de Bhalil, gros village accroché au rebord du plateau limitant au sud la plaine du Saïss.

Bhalil★

Diverses légendes entourent le passé de ce village.

L'une d'entre elles veut que ses habitants aient nié toute origine arabe ou berbère pour s'inventer une ascendance chrétienne. Idriss II vint en personne les convertir à l'islam. On raconte qu'il en aurait profité pour faire jaillir une source afin d'y abreuver son cheval fatigué. Et, d'ailleurs, on vous la montrera : c'est Aïn Reta, qui coule près de la grande mosquée.

L'origine du nom du village est liée elle aussi à plusieurs traditions, dont l'une voudrait que le mot Bhalil ait signifié « hommes courageux, guerriers ».

Du carrefour, une route en forte montée conduit au sommet du village, dont elle fait le tour extérieur. S'arrêter à hauteur de l'esplanade aménagée sur la gauche pour avoir une vue générale.

À gauche, belle vue sur la chaîne du Bou Iblane. Du sommet, la **vue★** est plus étendue : au loin la plaine, Fès, le Rif ; au premier plan le village, à moitié taillé dans le roc.

Faire demi-tour et, dans la descente, prendre à gauche le chemin du village.

Après être entré par une porte étroite, dépassez le lavoir d'où partent des ruelles pittoresques, très animées et bordées de maisonnettes blanches aux portes bleues, au seuil desquelles on peut voir des fillettes fabriquer avec minutie des boutons de caftan. Plus loin le chemin traverse des jardins et offre encore une belle vue sur Bhalil, avant de rejoindre la route d'arrivée, dans laquelle vous tournerez à gauche, avant de rentrer à Fès.

C. Brett / MICHELIN

Haute vallée du Sebou, entre El-Menzel et Sefrou.

LA HAUTE VALLÉE DU SEBOU★ 2

Circuit de 168 km au départ de Fès – une journée.

Sortir de Fès en direction de Taza par ③ du plan.

La route descend rapidement vers la vallée de l'oued Sebou. À 14 km à l'est de Fès, la route de Sidi-Harazem se détache de la route de Taza et s'engage dans une vallée aux versants arides.

Sidi-Harazem

Voilà de quoi surprendre aux environs de Fès : une minuscule oasis avec une petite *koubba* blanche qui perpétue le souvenir d'un saint du 13e s., qui a donné son nom au village et dont la fête réunit chaque année en avril de nombreux fidèles.

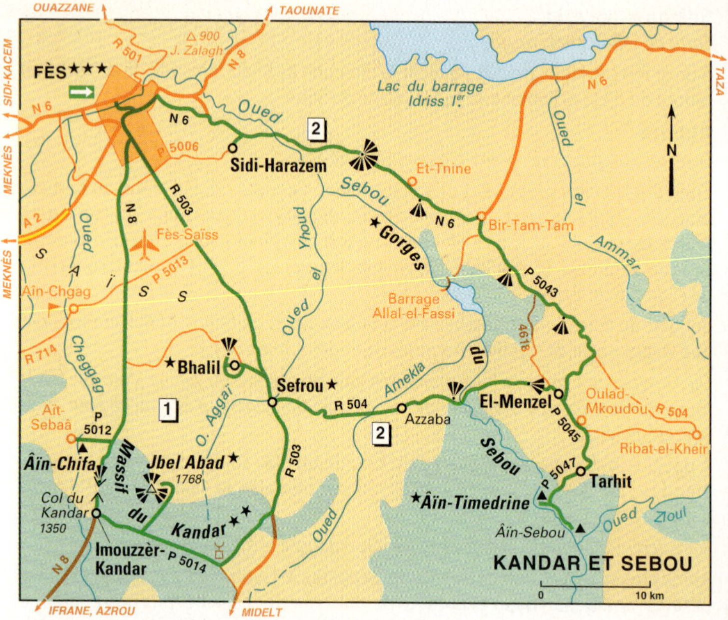

Il y a là une source d'eau tiède connue depuis longtemps puisque l'historien **Léon l'Africain** (16e s.) en vantait déjà les bienfaits. Les eaux de Sidi-Harazem possèdent en effet des vertus curatives qui intéressent particulièrement les affections du foie et des reins. Aujourd'hui captées en profondeur, elles alimentent une usine de mise en bouteilles et un ensemble thermal dont la **piscine** a été réalisée par l'architecte **Zevaco**. Près du marabout, vous pourrez voir l'antique piscine sacrée, nichée dans un riche décor d'eucalyptus, de palmiers et de lauriers-roses.

À sa sortie du Moyen Atlas, le Sebou, l'un des plus grands fleuves du Maroc, creuse des gorges profondes au sud-est de Fès.

Gorges du Sebou★

La route en direction de Taza traverse le Sebou et escalade l'autre versant, dominant Fès et son site, qu'on aperçoit à plusieurs reprises. Du plateau qu'on aborde ensuite, la **vue** est dégagée sur le Rif (à gauche), le massif du Tazzeka (devant soi) et le Moyen Atlas (à droite). Peu après Et-Tnine, la route, en descendant, donne un premier aperçu des gorges du Sebou.

À Bir Tam Tam, prendre à droite la route vers Ribat El Kheir et El-Menzel.

On traverse une riche région agricole où domine la grande propriété : des rideaux de peupliers et d'eucalyptus protègent les plantations d'arbres fruitiers, sur la droite les **vues★** sont belles sur les parois, rouges et nues, des gorges du Sebou.

À 19 km de Bir Tam Tam, prendre à droite vers El-Menzel. À l'entrée de la ville (souk le dimanche, mieux vaut éviter de traverser le bourg en voiture ce jour-là !), juste après la station-service, prendre à gauche la route signalée « Sources du Sebou ».

La route remonte le cours d'un oued étroit, parmi les terres rouges, dans un paysage profondément marqué par la présence humaine. Cultures en terrasses, figuiers et oliviers aux feuilles argentées, villages perchés… ce petit pays rappellera à certains la Provence ; même si les muletiers aux couffins débordant de tomates, de légumes, de volailles sont, eux, bien africains !

À 6 km de El-Menzel, laisser à gauche la route pour Ribat El Kheir et tourner à droite vers Tarhit.

Tarhit

Charmant village dont les maisons roses escaladent les deux versants de l'oued ; à gauche, en contrebas, un lavoir concentre une pittoresque animation.

À la sortie du village, la route en forte descente longe ensuite le cours de l'oued Sebou, avant d'arriver à **Âïn-Sebou**, source vauclusienne qui alimente l'oued et donne à la végétation une insolente couleur verte qui tranche avec l'ocre des collines avoisinantes.

Faire demi-tour. Après avoir dépassé un pont piétonnier enjambant les eaux vertes du Sebou et donnant accès à des chemins muletiers grimpant vers les douars environnants, prendre, à gauche, une piste bordée d'amandiers et d'oliviers menant à Âïn-Timedrine.

Âïn-Timedrine★

La source sourd dans une cuvette calcaire cernée de pentes douces. La nappe d'eau, très claire, presque tiède en plein mois de décembre, a donné naissance à une ravissante petite oasis où des chemins serpentent parmi les bosquets et les fleurs, à l'ombre des trembles où nichent une grande variété d'oiseaux et où les paysannes font sécher leur linge.

Revenir sur la route, traverser le village de Tariht, puis au croisement prendre à gauche la direction d'El-Menzel.

El-Menzel

Le **site** d'El-Menzel se découvre plusieurs kilomètres avant d'arriver à ce gros village double dont la partie basse, noyée dans la verdure, est dominée par une vieille *kasbah* et ses deux minarets ; bien irrigué par de multiples sources, c'est le marché important d'une riche région agricole.

Traverser le village et prendre la direction de Sefrou.

La route s'élève, dégageant de beaux points de vue sur El-Menzel. Elle devient très pittoresque à l'approche du Sebou : longeant le canyon, puis le traversant, elle offre des **vues★** impressionnantes sur ce décor sauvage de murailles calcaires puissantes et violemment colorées. Plus loin, le relief s'apaise et, par la vaste oliveraie d'**Azzaba**, on arrive en vue de Sefrou.

Sefrou★ *(voir p. 342)*

Bhalil★ *(voir plus haut)*

Rentrer à Fès.

Région du Kandar et Sebou pratique

Informations utiles

Comme beaucoup d'autres, ces balades, parfois difficiles, nécessitent un certain esprit d'aventure, mais réservent par contre des vues magnifiques. Face à une **signalisation souvent défaillante**, ne comptez pas trop sur les habitants pour retrouver votre chemin, car, s'ils connaissent leur région, c'est la plupart du temps hors des sentiers battus, à travers champs et montagnes. Dans tous les cas, roulez lentement et vérifiez avant le départ que vous disposez d'une roue de secours.

Se loger

Voir à Ifrane, Azrou, Sefrou ou Fès *(p. 314, 279, 344, 306)*.

Se restaurer

Voir à Ifrane, Azrou, Sefrou ou Fès.

Sports et loisirs

Pour tout ce qui concerne le tourisme rural et les randonnées, voir à Ifrane et Azrou principalement.

Khenifra

75 142 HABITANTS
CARTE 2E RABAT DE COUV. D3 – CARTE MICHELIN 742, PLIS 5, 22 ET 48

Une cité rouge dans une terre rouge : telle apparaît Khenifra quand on l'aborde du sud ou de l'est. Pour qui vient du nord, elle reste longtemps cachée, s'annonçant seulement par un surcroît de vergers ; juste avant l'entrée de l'agglomération, là où la route touche un coude de l'Oum er-Rbia, on ne voit encore rien de la ville, mais la vue est assez belle sur la rivière aux eaux rapides et claires et sa vallée.

Se repérer – Bâtie à 830 m d'altitude sur les bords de l'Oum er-Rbia, dans le couloir encombré de coulées basaltiques qui sépare le Moyen Atlas de la meseta, l'ancienne capitale du pays zaïane, étape naturelle sur la grande rocade de l'Atlas, commande également les communications d'ouest en est. Moulay Ismaïl l'avait bien compris, qui y avait construit un pont et une *kasbah* pour la protéger. Khenifra, sur la route Fès-Marrakech, se trouve à 82 km au sud-ouest d'Azrou et à 129 km au nord-est de Beni-Mellal.

À ne pas manquer – Les tours de la *kasbah*…

Organiser son temps – Guère plus d'1h de halte avant de poursuivre sa route.

Pour poursuivre le voyage – Vous pouvez poursuivre votre voyage en direction de Marrakech en visitant : Beni-Mellal (129 km) ; en direction de Fès et Meknès, la forêt de Cèdres et Azrou (82 km), Ifrane et Sefrou.

J. Sierpinski / Photononstop

Khenifra, aux couleurs de la terre.

Comprendre

UN VRAI CAÏD !

À la fin du 19e s., **Moha ou Hammou**, dont l'autorité s'étendait en pays zaïane, s'allia avec Moulay Hassan, ce qui lui valut, outre le titre de caïd, de disposer d'un armement moderne. Mais ce vassal turbulent ne tarda pas à rompre avec le sultan et se mit à guerroyer pour son propre compte tout en entreprenant de grands travaux dans sa capitale, Khenifra. Lorsque les Français arrivèrent, le vieux caïd, alors au faîte de sa puissance, refusa de se soumettre et rassembla contre l'envahisseur la tribu zaïane. C'est en faisant le coup de feu contre des Zaïanes ralliés à l'ennemi que le caïd irréductible trouva la mort en 1921.

Nomades

Dans la **région de Khenifra**, la moyenne vallée de l'Oum er-Rbia est le cœur du **pays zaïane**, dont les éleveurs se déplacent traditionnellement entre les bas plateaux de la meseta et les hauts pâturages du Moyen Atlas *(voir aussi à Tarmilate)*.

Se promener

Coup d'œil sur la ville

Allées ombragées, parcs et jardins abondent à Khenifra. Ces aménagements ne parviennent cependant que difficilement à tempérer le caractère un peu farouche de la vieille cité zaïane. À l'entrée de la médina, les tours crénelées de la **kasbah** élevée par Moha ou Hammou ont encore quelque allure. Du vieux **pont** en dos d'âne, du 17e s., on découvre une vue intéressante sur la ville en bordure de la rivière, que longe une belle promenade piétonne permettant de suivre la muraille de la médina, du jardin public jusqu'au boulevard Mohammed V.

À la sortie sud de la ville se trouve un hippodrome où se perpétuent les qualités de brillants cavaliers des Zaïanes.

Khenifra pratique

Informations utiles

Poste – *Bd Mohammed V- ✆ 035 58 65 87 - www.poste.ma.*

Argent – Distributeurs automatiques de billets bd Mohammed V.

Internet – Plusieurs cybercafés bd Mohammed V.

Transports

Gare routière – *Bd Zerktouni.* Cars fréquents pour Azrou, Meknès, Fès, Marrakech. Liaisons quotidiennes pour des villes plus éloignées (Casablanca, Agadir, Tanger, Tetouan, etc.).

Se loger

⊖⊖ **Hôtel Najah** – *187 bd Zerktouni - ✆ 035 58 83 31/32 - fax 035 58 78 74 - 21 ch. - 404 DH - ☕ 36 DH - repas 90 DH.* Situé dans l'artère principale, cet hôtel est sans prétention et les chambres sont correctes. Choisissez de préférence celles donnant sur le vaste jardin de l'arrière.

⊖⊖⊖ **Hôtel Atlas Riad Zayane (ex-hôtel Moha ou Hammou Zayani)** – *Cité Al Amal - ✆ 035 58 60 20 - fax 035 58 65 32 - www.hotelsatlas.com - 58 ch. - 610 DH -* 🏊 - 🅿. Installé sur une colline en surplomb de la ville, cet hôtel à l'architecture peu avenante est confortable. Il offre de nombreuses prestations, depuis la piscine jusqu'au centre de remise en forme, sans oublier le tennis.

Faire une pause

Vous trouverez de très nombreux cafés et salons de thé sur le bd Mohammed V.

Achats

Souk – *Dimanche.*

Marché central de tapis – *Bd Mohammed V.* Vous y découvrirez les produits de l'artisanat local : nattes de doum, couvertures blanches rayées de soie noire et tapis zaïanes de haute laine de couleur sombre décorés de losanges.

Meknès★★

555 248 HABITANTS (LES MEKNASSIS)
CARTE 2E RABAT DE COUV. D2 – CARTE MICHELIN 742, PLIS 5, 22 ET 27

Bâtie sur une colline que l'oued Boufekrane sépare de la ville moderne, la ville ancienne de Meknès avec ses innombrables minarets se découvre de très loin. Ville du nord par son ciel, son architecture, ses couleurs, elle rappelle Marrakech par ses vastes espaces libres, ses imposantes proportions, sa population mêlée et la vie turbulente de ses souks.

Si les souverains almohades et mérinides l'ont parée de monuments, c'est à Moulay Ismaïl, qui la promut au rang de capitale, qu'elle doit son prestige, dont attestent aujourd'hui les impressionnants vestiges de ses palais. Après avoir connu, sous le règne de ce souverain, un exceptionnel éclat, Meknès a su demeurer une ville prospère. La culture des céréales, l'exploitation des oliviers et celle de la vigne dans la riche plaine du Saïs alimentent ses minoteries, ses huileries, ses caves vinicoles – parmi les plus importantes du pays.

Se repérer – Remarquablement située sur le grand axe qui traverse le Maroc d'ouest en est, Meknès se trouve également au carrefour de la route de Tanger et des voies de pénétration vers le Moyen Atlas (routes de Marrakech et d'Erfoud par Azrou). Meknès est reliée par l'autoroute à Rabat (115 km) et à sa voisine Fès (51 km).

Se garer – Parking sur la place El-Hédime, à proximité de la médina.

À ne pas manquer – Les monuments de la ville impériale et de la médina.

Organiser son temps – Prenez au moins une journée pour découvrir les richesses de cette cité impériale. Vous pouvez également y séjourner pour visiter les environs…

Avec les enfants – Les activités équestres ,pour les amateurs…

Pour poursuivre le voyage – Vous pouvez poursuivre votre voyage en visitant : Moulay-Idriss (30 km), Volubilis (31 km) et Fès (68 km). Pour partir à la découverte du Moyen Atlas, reportez-vous aux chapitres Azrou, Forêt de Cèdres, Ifrane et Sefrou.

F. Peuriot / ONMT

Bab Mansour.

Comprendre

LA CITÉ DES MEKNASSA

Meknès fut fondée au 10e s., en même temps que Taza, par la tribu zénète des Meknassa, nomades venus des plaines et des plateaux désertiques de l'Est, qui ne pouvaient qu'être séduits par l'abondance des eaux et la fertilité du sol.
Sur les rives de l'oued Boufekrane, ils établirent une série de villages entourés de jardins, qu'ils nommèrent « Meknassa-ez-zitoun » (« Meknès des Oliviers »).

Sous les Almoravides, une ville fortifiée naquit à côté des cités-jardins, sur l'emplacement de l'actuelle médina. Les Almohades, puis les Mérinides embellirent la ville, faisant édifier des mosquées et des *médersas*. Ces derniers avaient choisi Fès pour capitale ; Meknès devint au 14e s. le séjour préféré de leurs vizirs.

La chute des Mérinides amena le déclin de Meknès, qui connut le sort sans gloire des petites villes de province, jusqu'au jour où elle eut rendez-vous avec le destin…

Quelques chiffres

Vrais ou faux, exagérés ou non, les chiffres avancés à propos de Moulay Ismaïl donnent une idée de la démesure du personnage et de la crainte qu'il inspirait. 36 000 personnes, dit-on, auraient péri de sa main. Selon le sieur de Moüette, qui pendant plus de dix ans fut son prisonnier : « ses prisons contenaient 25 000 chrétiens… plus environ 30 000 criminels ». Dans ses écuries 30 000 esclaves entretenaient 12 000 chevaux. Son harem comptait 500 femmes de toutes races. Ses enfants ne se comptaient plus…

MOULAY ISMAÏL, LE GRAND SULTAN (1647-1727)

En 1672, Moulay Ismaïl proclamé sultan vint se fixer à Meknès, remodela la ville et en fit une capitale.

Le souverain alaouite est l'une des figures les plus prestigieuses de l'histoire marocaine. À son avènement, il a 25 ans. Son caractère est un surprenant mélange de qualités remarquables et d'effroyables défauts. Historiens, captifs, Européens venus à la cour de Meknès pour y négocier le rachat de prisonniers, diplomates ont laissé de nombreux témoignages : tous s'accordent pour vanter la prestance, l'extraordinaire force physique, les qualités de cavalier, le courage, la volonté, la vivacité d'esprit, la clairvoyance politique, les qualités d'organisateur et de guerrier et la piété du souverain.

Mais ce prince qui, dans ses palais grandioses, menait une vie austère, s'habillait de laine et se nourrissait sobrement, était pétri d'orgueil et aimait les richesses. Il pressura ses sujets, allant jusqu'à faire dévaster leurs maisons, n'hésitant pas à les faire disparaître pour les déposséder. Cet homme instruit, qui se plaisait en discussions théologiques, pouvait être d'une cruauté inouïe. Il prenait plaisir, dit-on, à inventer des supplices inédits, et il n'hésitait pas à « mettre la main à la pâte » et à percer de sa lance ou à décapiter de son sabre des esclaves ou des prisonniers.

Des « haras » humains – Dès le début de son règne, Moulay Ismaïl forma avec 16 000 esclaves noirs capturés au Maroc ou achetés au Soudan une armée dévouée à sa personne. Pour grossir régulièrement les effectifs, il donna à ses soldats des femmes de leur couleur. C'est ainsi qu'il constitua des sortes de haras humains, établis à l'ouest de Meknès, dont il surveillait lui-même le rendement. Dès leur naissance, les enfants appartenaient à l'État. À 12 ans, ils étaient amenés au palais. Après leur avoir enseigné les rudiments d'un métier, on utilisait les garçons comme maçons ; vers leur quinzième année, ils étaient incorporés. À 10 ans, les filles étaient initiées aux travaux ménagers, puis mariées aux jeunes recrues.

Grâce à ce système, la garde noire de Moulay Ismaïl, une véritable famille, comptait vers la fin de son règne environ 150 000 hommes. Elle lui permit de soumettre les tribus dissidentes de l'Atlas, de chasser les chrétiens de la côte marocaine (à l'exception de Mellila, de Ceuta et de l'actuelle El-Jadida), d'arrêter l'invasion des Turcs, maîtres de la Tunisie et de l'Algérie, d'unifier et de pacifier l'empire chérifien… mais elle posa quelques problèmes à ses successeurs.

Construire – Telle était la véritable passion du monarque : durant tout son règne, il fit bâtir, démolir et rebâtir sans trêve et sans relâche. Esclaves et prisonniers chrétiens édifièrent des kilomètres de murailles, d'immenses palais, des mosquées, des bassins, des magasins, des écuries, une formidable ville fortifiée. Le sultan surveillait les travaux, ne dédaignant pas donner lui-même l'exemple. La moindre négligence, le plus court répit dans le travail assombrissaient son humeur : du fouet il réveillait les indolents, ou de la pique les plongeait dans un sommeil définitif.

Dans un premier temps, Moulay Ismaïl s'attacha à protéger et à embellir la cité. On la ceintura de remparts percés de portes monumentales, on la dota de nouvelles mosquées et de fontaines ; à sa limite, on construisit un vaste palais, Dar Kebira.

Mais il ne pouvait se contenter de ces menus travaux. Il fit édifier, au sud de la ville, une cité impériale aux colossales proportions et dont le cœur était cette

fois la résidence princière. Un nouveau palais fut construit ; on lui adjoignit de gigantesques dépendances : pavillons, entrepôts, écuries, casernes, arsenal s'ordonnaient autour de nombreuses cours, séparés par d'immenses espaces libres, de vastes jardins, des pièces d'eau. Près de 25 km de murailles entouraient cet ensemble cyclopéen.

Outrages du temps et des hommes – Malgré le mot présomptueux du sultan (« Moi, j'ai fait ces constructions ; on les démolira si l'on peut. »), la ville impériale de Meknès est tombée en ruine. Le temps n'a pas été le seul destructeur. Pour embellir ses appartements et ses jardins, Moulay Ismaïl avait pillé les ruines de Volubilis et dévasté le palais El Badii de Marrakech ; pour décorer leurs mosquées, leurs *médersas* et leurs demeures, ses fils et petits-fils dépouillèrent les palais de Meknès de leurs marbres et de leurs mosaïques, en arrachèrent les tuiles et réemployèrent les briques et les matériaux de toutes sortes dans leurs propres constructions.

En dépit de tous ces ravages, la ville de Moulay Ismaïl conserve une indéniable grandeur. Ses amples espaces, ses couloirs démesurés, « ses portes géantes… qui s'ouvrent sur le souvenir d'une majesté défunte », les vestiges solennels de ses édifices évoquent de façon saisissante la puissance d'un sultan qui terrifia le Maroc mais y fit régner l'ordre et la sécurité.

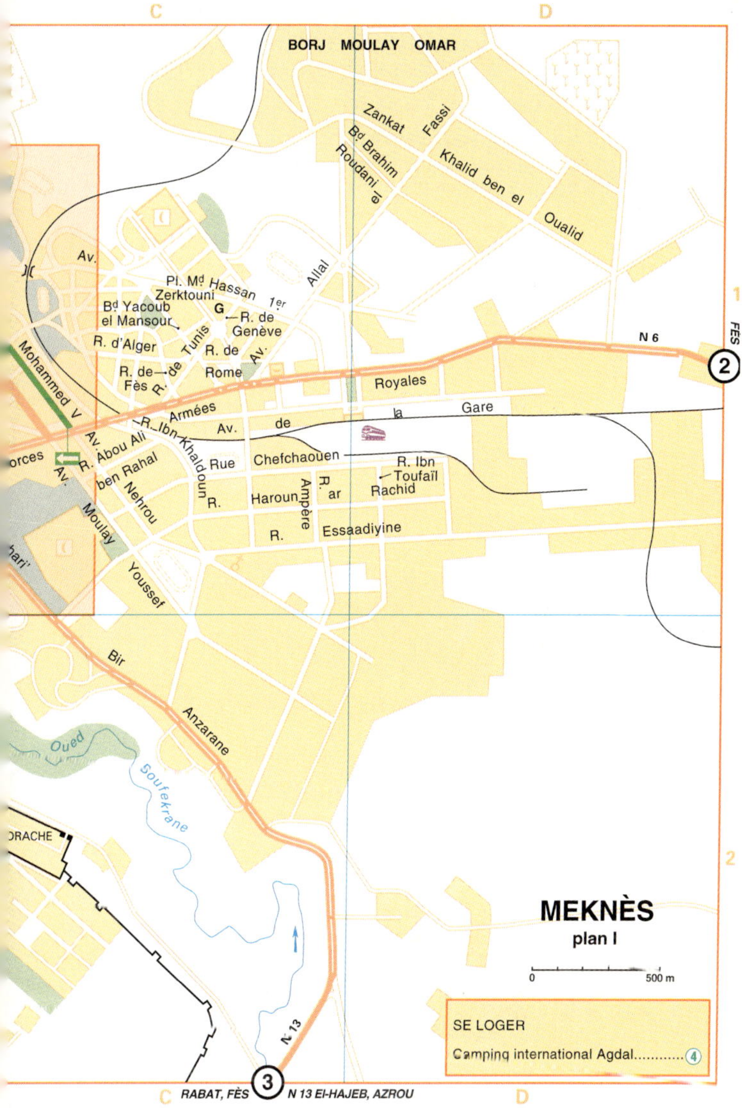

Se promener

LA VILLE IMPÉRIALE★★ Plan I

Promenade en voiture – environ 4h.

Partir de l'avenue Mohammed V, la grande artère commerçante de la ville nouvelle.

La rue Almriniyine (zankat El Meriniyine) offre de très belles **vues★** sur la ville ancienne bâtie à flanc de colline et formant une longue bande de murs ocre et blanc hérissée de minarets. Le soir, cette vision de la médina avec ses innombrables petites lumières, au-delà de la zone d'ombre formée par la dépression de l'oued Boufekrane, prend un caractère d'irréalité.

Bab Berdaïne★ Plan I A1 et Plan II E3

Cette belle porte massive flanquée de deux énormes bastions carrés et décorée de faïences vertes fut construite par Moulay Ismaïl. Son arc encadre le haut minaret de la mosquée du même nom, édifiée elle aussi par ce souverain.
Après Bab Berdaïne, la route contourne le plus ancien cimetière musulman de la ville.

Koubba de Sidi Aïssa Plan I A1

Entrée interdite. Dans ce petit bâtiment carré, très blanc et surmonté d'un toit à quatre pans couvert de tuiles vertes repose le patron de Meknès.

Face à la koubba de Sidi Aïssa, prendre à droite.

La route, en descente, procure des vues à gauche, sur le *mellah*. Arrivé à un carrefour où s'élève la mosquée de Sidi Saïd (18e s.), tournez à gauche, en face du minaret. On entre dans la ville ancienne par Bab el Khemis.

SE LOGER

Auberge de jeunesse 1	Hôtel Transatlantique 13
Hôtel Akouas 7	Ibis-Moussafir 16
Hôtel Majestic 10	Maison d'hôtes le Riad 19

Bab el Khemis★ **Plan I A1**
Par son architecture et sa décoration, cette très belle porte ressemble à Bab Berdaïne. Flanquée comme elle de deux bastions carrés, ici en partie ruinés, elle est ornée de sculptures et de céramiques vertes. Une bande d'inscriptions en caractères cursifs sombres surmonte son encadrement. C'est le seul reste du quartier « des jardins » que Moulay Ismaïl avait fait édifier à l'ouest de Dar Kebira pour ses vizirs et des hauts fonctionnaires. Moulay Abdallah, son fils, fit en effet raser cette partie de la ville pour se venger des acclamations ironiques qui l'avaient accueilli au retour d'une expédition infructueuse contre les Berbères.

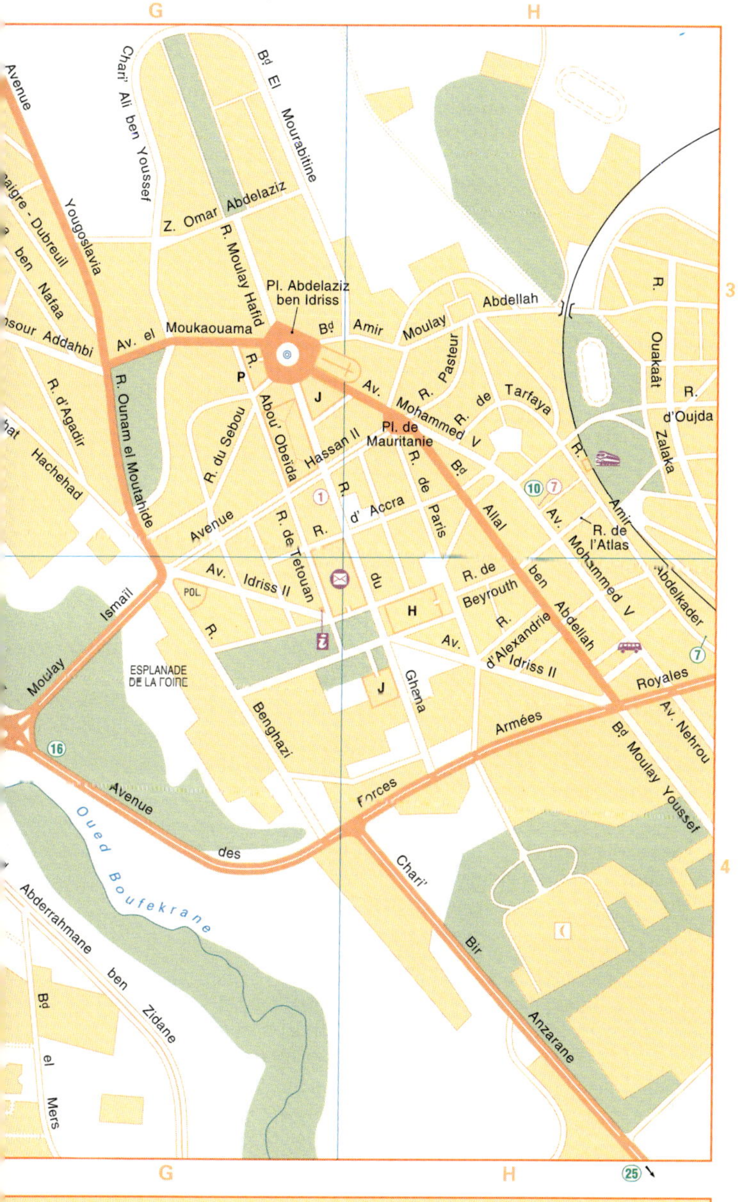

aroc Hotel 22	Le Collier de la Colombe 2
aki 25	Le Riad 4
E RESTAURER	Marhaba 7
hez Mimi 1	

Comment reconnaître ses vrais amis

Sidi Aïssa vécut, dit-on, au temps de Moulay Ismaïl, et parcourut le Maroc en prêchant la pure doctrine islamique. On ne comptait plus ses miracles. Ses admirateurs devinrent si nombreux qu'il résolut de faire un choix parmi eux. Si l'on en croit la légende, il les rassembla un jour devant sa maison et leur tint ce langage : « Le Prophète exige que je sacrifie mes plus fidèles disciples. Que ceux d'entre vous qui prétendent l'être entrent chez moi pour y être immolés. » Un volontaire se présenta ; Sidi Aïssa le fit entrer. On entendit bientôt un grand cri et un flot de sang s'écoula sur le seuil. Un deuxième s'offrit, puis un troisième, et chaque fois un ruisseau de sang se répandait hors de la maison. Ce spectacle fit peu à peu le vide parmi les badauds. Si bien qu'après le quarantième volontaire, il n'y avait plus personne sur la place. Alors, Sidi Aïssa sortit de son logis, suivi des quarante immolés. Parcourant la ville, il déclara aux populations ébahies qu'Allah avait donné à ses disciples le pouvoir de faire couler leur propre sang sans en mourir. Telle serait l'origine de la puissante confrérie des **Aïssaoua** et des rites sanglants qui, autrefois, accompagnaient ses pratiques religieuses, même s'il n'a pas manqué d'incrédules pour prétendre que ce miracle avait coûté la vie à quarante moutons !

Tout de suite après Bab el Khemis, prendre à droite une rue qui traverse le nouveau mellah.

Après avoir croisé une voie importante à double chaussée sur la gauche, on continue jusqu'à une muraille que l'on franchit par un passage à double arcade. Les habitants de Meknès désignent cette muraille par le nom de « muraille des riches » car, au 17e s., habiter à l'intérieur de cette enceinte, qui constituait une protection supplémentaire contre les invasions berbères, était un privilège réservé aux Meknassi les plus aisés.

Bassin de l'Aguedal Plan I B2

Aménagé par Moulay Ismaïl, ce vaste réservoir était destiné à l'irrigation des jardins de l'Aguedal et aux divertissements nautiques des femmes du sultan. Il pouvait en outre constituer une réserve d'eau, pour le cas où des tribus berbères auraient assiégé Meknès.
Le bassin est dominé, à droite, par les ruines des anciens greniers de Moulay Ismaïl. Après le bassin, la route décrit un coude ; à droite, s'ouvre l'entrée de Dar el Ma.

Dar el Ma★ et greniers de Moulay Ismaïl★ Plan I B2

Tlj sf le matin de l'Aïd el Kebir 9h-12h, 15h-18h30 - 10 DH - Billet donnant accès aux greniers de Moulay Ismaïl.
Cet énorme bâtiment carré constituait l'un des magasins de Moulay Ismaïl. Construit à l'échelle du palais, il donne une idée des dimensions que le grand sultan donnait à ses créations.
C'est ici que l'on entreposait les réserves de grains et le foin destiné aux 12 000 chevaux qui composaient l'écurie de Moulay Ismaïl. Mais Dar el Ma signifie « maison de l'eau », et l'on peut y voir aujourd'hui encore les citernes profondes de 40 m d'où, on faisait monter l'eau grâce à un système de norias actionnées probablement par des chevaux.
Ces salles immenses, d'une hauteur impressionnante et aux murs épais de plusieurs mètres sont éclairées par des ouvertures ménagées au centre de la voûte.
Appelés aussi « écuries de Moulay Ismaïl », les **greniers de Moulay Ismaïl**, servaient d'entrepôts, comme Dar el Ma auquel ils sont contigus.
Il s'agit en fait d'une unique salle, comprenant 23 nefs, et dont la hauteur devait être supérieure à 12 m. L'étendue de l'édifice, les longues perspectives de puissants piliers et d'arcs massifs privés de leurs voûtes, la nudité du pisé rongé par le temps donnent à ces ruines un caractère de rudesse et de solennité.

On longe les jardins de l'école d'Horticulture, à droite, puis on traverse le **méchouar** ; sur cette cour, aménagée à l'intérieur des fortifications, donne, à gauche, l'entrée du palais royal, partie du **nouveau palais** de Moulay Ismaïl restaurée au 19e s. *(ne se visite pas).*
Aussitôt après, la rue rectiligne, bordée de hautes murailles, forme une sorte de couloir. Ce passage reliait à l'ancienne Meknès et au palais de Dar Kebira la nouvelle cité impériale conçue par Moulay Ismaïl.

Bab er Reth Plan II F4

Porte monumentale dont les gros piliers de marbre, de 1,25 m de diamètre, annoncent ceux de Bab Mansour.
On débouche sur une petite place : à droite se trouve le tombeau de Moulay Ismaïl.

Tombeau de Moulay Ismaïl★

Plan II F4

Tlj sf vend. matin 9h-12h30, 15h-18h30.

C'est un des rares sanctuaires du Maroc ouvert aux non-musulmans. On pénètre dans le mausolée par une porte très ouvragée, décorée d'entrelacs et surmontée d'un auvent aux tuiles vertes. Une suite de salles, à ciel ouvert, et une cour aux ablutions précèdent le sanctuaire. D'une pièce contiguë à ce dernier, et à l'entrée de laquelle on doit se déchausser, on admire la salle ornée de stucs et de mosaïques où repose le sultan.

Du mausolée de Moulay Ismaïl, se rendre à la prison des Chrétiens : en sortant, passer sous la porte à triple arcade et descendre les quelques marches qui se trouvent de l'autre côté de la rue.

R. Mattès / MICHELIN

Greniers de Moulay Ismaïl.

Près d'un pavillon qui était réservé aux ambassadeurs, au bord d'une allée, s'ouvre un peu en contrebas l'entrée de la prison des Chrétiens.

Prison des Chrétiens **Plan II E4**

Dans cette prison constituée par de vastes souterrains, les sultans détenaient, dit-on, les captifs européens qui travaillaient aux fortifications.
Elle porte aussi le nom de « prison de Cara », du nom d'un prisonnier portugais à qui Moulay Ismaïl aurait promis la liberté s'il parvenait à trouver le plan d'une prison pouvant contenir 40 000 captifs.
Une partie de ces souterrains, qui mesuraient 7 km sur 7 km, a été détruite lors d'un tremblement de terre. Les salles sont éclairées grâce à des trous d'aération pratiqués dans les voûtes.

Reprendre la voiture.

Aussitôt après être repassé sous la porte à triple arcade proche du mausolée de Moulay Ismaïl, tourner deux fois à droite pour rejoindre la vaste place Lalla Aouda que dominent les remparts de Dar Kebira, le premier palais de Moulay Ismaïl, dont il ne reste que des ruines.

La rue fait un coude à gauche et on traverse la place pour franchir une double porte ; en tournant à gauche tout de suite après cette dernière, on débouche sur la place El-Hédime.

Place El-Hédime **Plan II E4**

Cette grande place est située à la limite de la ville ancienne et de la cité impériale de Moulay Ismaïl. Elle doit son nom (place « de la démolition ») aux décombres qui y furent entreposés lorsque le sultan bâtisseur eut fait raser un nombre considérable d'édifices, avant d'entreprendre ses gigantesques travaux.
Une grande animation y règne, particulièrement l'après-midi. Une foule compacte déambule sur le vaste terre-plein qu'envahissent toutes sortes de commerçants, qui disposent sur des étals ou à même le sol leurs marchandises, alimentaires ou non, tandis que des porteurs d'eau y agitent leurs clochettes, en quête d'amateurs photographes et de clients.
Deux portes monumentales dominent la place : Bab Jema en Nouar et la célèbre Bab Mansour.

Bab Mansour★★ **Plan II E4**

Moulay Ismaïl couronna son œuvre de bâtisseur par cette construction aux proportions majestueuses, commencée peu de temps avant sa mort, et achevée vers 1732 par son fils Moulay Abdallah. Cette porte, la plus importante de Meknès et l'une des plus célèbres d'Afrique du Nord (au point que sa réplique fut un temps dressée sur la place de la Concorde, à Paris, lors du lancement en 1999 de l'opération « Le Temps du Maroc »), marquait d'une sorte d'arc triomphal l'accès à la cité impériale.

Bab Mansour, appelée aussi la porte « du renégat », aurait eu pour architecte un chrétien converti à l'islam. Elle reprend, dans sa partie centrale, des thèmes traditionnels de l'architecture musulmane : baie en fer à cheval légèrement brisé, voussure polylobée rehaussée d'entrelacs, écoinçons enrichis d'une décoration extrêmement fouillée, encadrement orné d'un réseau de losanges incrustés de céramiques où dominent les tons de vert, et, couronnant le tout, une frise portant une inscription en caractères cursifs, que surmonte une rangée de créneaux.
Les mêmes motifs de décoration se retrouvent dans les deux bastions en avancée qui flanquent le corps central ; ces derniers, ajourés dans leur partie inférieure d'arcades à piliers trapus, sont traités comme des loggias. De part et d'autre de la porte, deux autres avancées, beaucoup plus étroites, reposent sur de hautes colonnes de marbre à chapiteaux composites provenant vraisemblablement de Pise.
Une **galerie d'exposition**, qui accueille diverses créations artistiques (peinture, photographie, sculpture), a été aménagée à l'intérieur de Bab Mansour.

LA MÉDINA★★ Plan II

Circuit à pied – environ 2h30.

Laisser la voiture sur la place Lalla Aouda (obole au gardien) et prendre sur la place El Hédime la rue Dar Smen, qui commence devant Bab Mansour. Au bout de cette rue, tourner à gauche, puis, à un nouveau croisement, encore à gauche dans la rue Akba Ziadine, assez étroite et en forte montée. Aussitôt après avoir franchi une double porte voûtée, tournez à droite, et un peu plus loin à gauche, pour pénétrer dans les souks.

Souks★ Plan II E4

Ils rayonnent autour de la Grande Mosquée. Si le commerce des produits manufacturés y occupe parfois, une trop large place, les souks de Meknès n'en restent pas moins très pittoresques par leur cadre et par l'atmosphère qui y règne. Souvent couverts de treilles ou de roseaux, très animés, bruyants, ils sont pleins d'imprévu. Vous rencontrerez d'abord le souk des marchands de tapis et d'objets d'art local, puis, avant d'arriver à la Grande Mosquée, dont on aperçoit le minaret au bout de la ruelle, sous un porche à gauche, la **kissaria** (souk des étoffes).

Au sortir de la kissaria, tourner à droite dans la rue Sabab Socha, puis à gauche dans le souk Kebbabine. On contourne ainsi la Grande Mosquée séparée de la rue par une bordure de maisons, pour arriver bientôt à la médersa Bou Inania.

Médersa Bou Inania★★ Plan II E4

Visite le matin et l'après-midi. 10 DH.
Aujourd'hui désaffectée, cette *médersa* a été édifiée par les sultans mérinides au 14e s. Sa construction fut achevée en 1358 par Abou Inan, qui donna son nom à l'édifice.
Une belle porte aux vantaux recouverts de bronze abritée par un auvent que surmonte un dôme donne accès à un vestibule sur lequel s'ouvre la **cour★★**.
Les murs de cette cour, tapissés de zelliges, d'inscriptions, de plâtres ciselés et de magnifiques sculptures sur bois de cèdre, offrent un merveilleux exemple de décoration hispano-mauresque.
Au 1er étage, les fenêtres des chambres d'étudiants (la Bou Inania pouvait en accueillir une centaine) donnent sur des galeries. Le bassin des ablutions est constitué par une jolie vasque en forme de coquille.
À droite s'ouvre la salle de prière, très haute, au beau plafond de cèdre sculpté. Le *mihrab* de stuc fait face à la porte.
On visite quelques chambres d'étudiants, extrêmement exiguës.

En sortant de la médersa, continuer à suivre la grande rue des souks, qui prend à partir de là le nom de rue Sebat.

Ce quartier est plus spécialement réservé aux marchands de lingerie. Quelques boutiques de maroquinerie et de dinanderie bordent la rue.

Continuer dans la rue Sebat, à laquelle fait suite le souk Kiatine el Najarine.

Ici et là s'ouvrent des boutiques de caftans et de djellabas ; des magasins minuscules où sont empilés des fuseaux de soie multicolores, servant à la confection de ces vêtements ; dans de petites cours en impasse, les tailleurs travaillent dans leurs ateliers.
Une odeur de cèdre annonce le souk des menuisiers, que domine le minaret de la mosquée Najarine. Puis c'est le tintamarre des chaudronniers.

Sortir de la médina en tournant à gauche au bout du souk Ksadria, puis à droite dans une ruelle en escalier ; à gauche, la rue Sékakine ramène à la place El Hédime.

Souk aux légumes.

Visiter

Dar Jamaï★★ Plan II E4

Entrée sur la place El Hédime - ✆ 035 53 08 63 - 9h-17h - fermé mar., 3 mars, 1er mai, 14 août, 6 et 18 nov. et certains jours de fêtes religieuses - 10 DH.

Cette jolie demeure fut construite à la fin du 19e s. par le grand vizir Jamaï – dignitaire de la cour de Moulay Hassan – ,qui tomba en disgrâce sous le règne du sultan Abdelaziz, vit ses biens confisqués et mourut en prison. Les appartements aujourd'hui convertis en musée des arts et traditions, s'ordonnent autour d'un merveilleux **riad★★** andalou, propice à un moment de détente ou de rêverie après l'agitation bruyante de la place El Hédime dont la rumeur ne parvient qu'étouffée. Palmiers, orangers, lauriers-roses, bougainvillées ordonnés autour d'un bassin (remarquez l'estrade réservée aux musiciens, contre le mur du fond à droite) jouent de leurs formes et de leurs couleurs dans ce jardin conçu en harmonie avec l'architecture de la demeure, ouvrant à celle-ci de nouvelles perspectives en abolissant la distinction entre intérieur et extérieur.

Musée des Arts et Métiers traditionnels de Meknès★ Plan II E4

Une partie des salles est en travaux jusqu'en 2007.

Ce musée ethnographique est consacré à l'artisanat meknassi. Travail du bois, céramique, orfèvrerie, damasquinage, ferronnerie, broderie y sont présentés ; des notices instruisent le visiteur sur ces différentes formes d'artisanat.

Au rez-de-chaussée, la première salle que l'on visite est réservée au travail du bois : panneaux décoratifs pour plafonds ou fontaines, arcs à stalactites qui encadrent l'entrée des pièces de réception et des alcôves, etc. Partout on rencontre une très belle décoration peinte à motifs géométriques ou floraux.

On remarque aussi un **minbar** (chaire à prêcher) meknassi de la fin du 17e s., ainsi que des corans anciens.

Donnant sur un patio intérieur richement décoré, deux salles sont consacrées à la céramique. On retrouve, dans ce domaine, une décoration tantôt bleu et blanc, tantôt polychrome, dont les motifs sont empruntés à la géométrie ou au monde végétal.

À gauche du patio, une salle est consacrée aux broderies meknassies, caractérisées par un semis en diagonale. La salle du fond présente des bijoux, dont de nombreuses fibules.

Un passage conduit aux anciennes cuisines, où sont exposés des outils souvent encore utilisés aujourd'hui, des poteries, des ustensiles anciens. Elles permettent d'accéder au hammam.

Dans une petite salle sont présentés dans leur fourreau d'argent des sabres de parade portés par les dignitaires de la cour et les militaires de haut rang.

En haut de l'escalier, remarquez une grande chaise en bois sculpté et peint destinée à la présentation de la nouvelle épousée. À l'étage, flanquée d'une chambre à coucher et d'une salle à manger, une grande pièce au **plafond sculpté★** reconstitue la salle de

réception du vizir. Dans les appartements des femmes, ravissants par leur décoration, sont exposés des bijoux berbères et citadins.
En redescendant, remarquez une trompette de cuivre accrochée au mur, travail extrêmement soigné, exécuté par des artisans de Meknès : elle était utilisée pour réveiller les fidèles durant les nuits de ramadan.

Aux alentours

Haras national de Meknès

Route d'Azrou - tlj sf j. fériés 9h-11h, 15h-17h - gratuit.
Considéré comme le fleuron des cinq établissements du genre existant au Maroc, ce haras est le plus grand d'Afrique du Nord, tant par le nombre de ses effectifs que par l'existence en son sein d'une jumenterie nationale qui joue un rôle important dans la sélection du pur-sang arabe en particulier.
Créé en 1912 par l'armée française, il eut entre autres pour mission de fournir des chevaux de remonte pour la cavalerie jusqu'en 1947, date à laquelle il passa sous la tutelle du ministère de l'Agriculture, pour se consacrer à l'amélioration de l'élevage équin. Considéré comme le « PC » des vingt-six stations de monte réparties dans les douze provinces que couvre la circonscription hippique qu'il dirige, le haras de Meknès s'étend sur plus de 60 ha et abrite aujourd'hui quelque 180 chevaux et 70 asins. Les races élevées sont essentiellement le pur-sang arabe, l'arabe-barbe et le barbe, le cheptel étant surtout constitué d'étalons et d'une trentaine de poulinières, qui font la renommée du haras par la qualité de leur progéniture.

Circuit de découverte

UNE VILLE SAINTE ET UNE VILLE ROMAINE

62 km – environ 4h. Quitter Meknès par ① du plan, route N 13.

Dès la sortie de Meknès, on traverse une zone de cultures, très irriguée et assez accidentée. Arrivé à une bifurcation, à 10 km de la ville, prenez à droite la route vers Moulay-Idriss ; on aborde bientôt les premières pentes du Zerhoun.
Le **Zerhoun** forme la pointe occidentale des « collines préfifaines » qui s'étendent, d'ouest en est, de l'oued Beth à Taza. De tous les massifs qui composent ce Prérif, il est le plus vaste et le plus élevé (1 118 m). L'érosion l'a entaillé de gorges et y a découpé une multitude de falaises et de pitons. Les eaux y abondent, aussi ses flancs sont-ils

Ne pas confondre…

Le **pur-sang arabe** : originaire d'Orient et introduit au Maroc au 7e s. avec les conquêtes arabes et l'islamisation de l'Afrique du Nord, ce cheval, qui se caractérise par une petite taille au garrot, une encolure concave et de longs et fins naseaux, est considéré comme la race la plus pure et la plus ancienne de toutes. Son endurance et sa résistance font de ce beau coursier, longuement et amoureusement dressé, une monture idéale pour les longs parcours rapides ou pour les courses d'endurance.
Originaire également d'Asie centrale et introduit en Afrique du Nord pendant les guerres qui opposèrent Romains et Carthaginois, le cheval **barbe**, dont une cellule de reproduction a été créée au haras de Meknès dans le but de sauvegarder la race en voie de disparition, présente une silhouette plus trapue, avec un train arrière tombant, une queue attachée bas, mais est d'une vitalité et d'une agilité telles qu'il peut se déplacer très vite sur de courtes distances, comme lors des fantasias.

R. Corbel / MICHELIN

Cheval barbe.

Les chevaux **arabes-barbes** présentent, dans leur morphologie, un mélange équilibré des deux races. Le haras de Meknès compte une dizaine de juments arabes-barbes ,qui constituent l'une des quinze poulinières de la jumenterie et sont utilisées pour la production d'étalons de remplacement.

très peuplés, et ce depuis longtemps. De nombreux villages, établis à mi-pente sur la ligne des sources, ceinturent le versant sud. Dans les régions basses, on cultive les céréales ; plus haut, orangers, citronniers, figuiers, vignes et oliviers font des pentes du Zerhoun un véritable verger.

Bientôt Moulay-Idriss apparaît, bâtie sur une éminence.

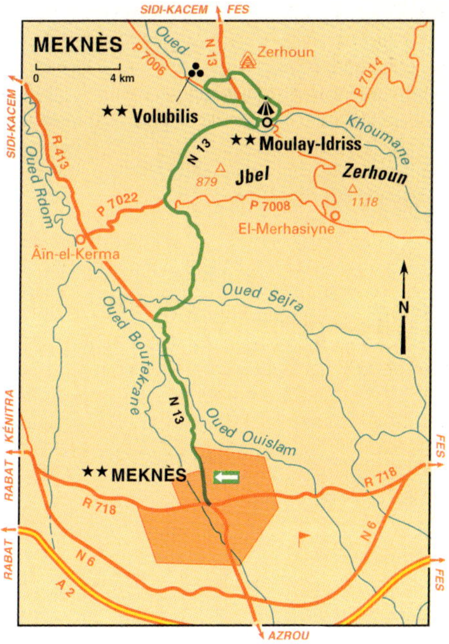

Arrivé au pied de Moulay-Idriss (que l'on visitera au retour), laissant la ville sur la droite, continuer tout droit puis prendre à gauche la route en direction de Volubilis ; enfin, tourner à droite dans la petite route qui conduit aux ruines.

Volubilis★★ *(voir p. 351)*

En sortant de Volubilis, revenir à la route de Meknès, dans laquelle on tourne à gauche ; aussitôt après, prendre à droite la route du refuge du Zerhoun, qui s'élève, sinueuse, parmi les oliviers.

En arrivant à Moulay-Idriss, on découvre à droite de belles **vues** sur la ville.

Moulay-Idriss★★ *(voir p. 330)*

Rentrer à Meknès par le même chemin qu'à l'aller.

Meknès pratique

Informations utiles

Délégation du tourisme – *127 Pl. administrative - ✆ 035 52 44 26 - fax 035 51 60 46.*

Poste principale – *Pl. administrative (pl. Batha l'Istiqlal) - www.poste.ma.*

Banques – La plupart des banques ont des succursales sur l'avenue Mohammed V et aux abords de la Place administrative, à proximité de la poste.

Transports

AVION

Aéroport de Fès – *À 51 km par l'autoroute.*

Royal Air Maroc – *7 av. Mohammed V - ✆ 035 52 09 63/64 ou 035 52 36 06 - fax 035 40 15 32.*

La Boussole – *14 r. de Paris (à l'angle de la r. d'Accra) - ✆ 035 51 00 97/98 - fax 035 52 45 05/06.* Cette agence de voyages est le représentant agréé des compagnies aériennes **Iberia** et **Air France**.

Whastheels – *45 av. Mohammed V - ✆ 035 52 30 62.* Tout en représentant Royal Air Maroc, cette agence est, elle, spécialisée dans les liaisons maritimes entre le Maroc et l'Europe.

TRAIN

Gare Amir Abdelkader – *R. Amir Abdelkader (ville nouvelle) - ✆ 090 40 20 30 (n° Vert).* Attention : si vous arrivez en train, il existe une autre gare à Meknès, la **grande gare** *(av. du Sénégal, accessible par l'av. des Forces Armées Royales)*, bien moins commode car assez éloignée du centre. Les destinations desservies sont les mêmes : Marrakech, Fès, Rabat, Casablanca, Oujda et Tanger.

CAR

Gare routière de Sidi Saïd – *Av. du Mellah, près de Bab El Khemis - ✆ 055 53 26 49.* Bus pour Casablanca, Rabat, Tanger, Agadir et Marrakech.

Gare routière CTM – *Av. des Forces Armées Royales - ✆ 055 52 25 85.* Cars climatisés pour Casablanca via Rabat, Tanger, Agadir via Marrakech, et Fès.

GRAND TAXI

Face à la gare routière de Sidi Saïd : taxis collectifs pour Rabat, Ifrane, Fès ou Azrou.

LOCATION DE VOITURES

La Boussole – *14 r. de Paris (à l'angle de la r. d'Accra) - ✆ 035 51 00 97/98 - fax 035 52 45 05/06.*

CIRCULER À MEKNÈS

Petits taxis : de couleur bleue. Vérifiez que le chauffeur met en route le compteur. Station devant la gare Amir Abdelkader. Majoration sensible (50 %) des tarifs la nuit.

Calèches : elles vous attendent sur la place el-Hédime. *Promenades de 45mn (80 DH) ou 90mn (150 DH).*

Autobus : trois lignes (2, 3 et 7) conduisent à la médina et à Bab Mansour.

Se loger

⊖ **Camping international Agdal** – *Derrière Dar el Ma - ✆ 068 50 79 26 - réception : 8h-12h, 14h-20h - adulte 17 DH (enf. 12 DH) - voiture, caravane 17 DH - moto 7 DH - tente 10 DH - camping-car 20 DH - électricité 15 DH - eau 30 DH (quelle que soit la longueur du séjour) - douche chaude 7 DH.* Restaurant, bar, épicerie.

⊖ **Auberge de jeunesse** – *Bd Oqba Ben Nafaa (près de l'hôtel Transatlantique) - ✆ 035 52 46 98 - 45 DH avec la carte internationale, sinon 50 DH.*

⊖ **Maroc Hôtel** – *7 av. Rouamzine, Derb Ben Brahim - ✆ 035 53 00 75 - 31 ch.* La meilleure des pensions de la médina. Les chambres, modestes mais propres, donnent presque toutes sur une cour arborée. En été, vous pouvez dormir sur un matelas installé sur la grande terrasse. Un lavabo dans chaque chambre, douches (3 dont 1 seule chaude) et toilettes communes. Accueil chaleureux.

⊖⊖ **Hôtel Majestic** – *19 av. Mohammed V - ✆ 035 52 20 35 - fax 055 52 74 27 - ch. avec salle de bains 285 DH - ch. avec sanitaires extérieurs 240 DH.* Il a connut son heure de gloire à l'époque (1930) où il surplombait les Galeries Lafayette. C'est aujourd'hui un établissement modeste mais d'une propreté irréprochable et où l'accueil est des plus sympathiques. Agréable patio à l'étage où les lève-tard prendront leur petit-déjeuner.

⊖⊖ **Hôtel Akouas** – *27 r. Amir Abdelkader - ✆ 035 51 59 68 - fax 035 51 59 94 - 412 DH - ☕ 40 DH - menu 143 DH.* Situé presque en face du précédent. Confortable et propre. Chambres climatisées.

⊖⊖⊖ **Ibis-Moussafir** – *Av. des Forces Armées Royales, près du carrefour avec l'av. Moulay Ismaïl - ✆ 035 40 41 41 - fax 035 40 42 42 - 104 ch. - 544 DH ☕.* Confort standard de la chaîne et superbe situation, en face de la cité ancienne.

⊖⊖⊖ **Maison d'hôtes le Riad** – *79 Ksar Chaacha, Dar Lakbira (laisser la voiture près du tombeau de Moulay Ismaïl et suivre le fléchage après Bab er Reth) - ✆ 035 53 05 42 - fax 035 53 13 20 - 6 ch. - 550 DH.* Les chambres ont été aménagées dans un pavillon, restauré, de Dar Kebira, le premier palais de Moulay Ismaïl.

⊖⊖⊖ **Hôtel Transatlantique** – *Zankat El Meriniyine - ✆ 035 52 50 50/55 - fax 035 52 00 57 - 870 DH - ☕ 55 DH - 🏊.* Il vaut tant pour la vue panoramique sur Meknès et ses onze minarets que pour l'agrément de ses chambres donnant sur des jardins dotés de deux piscines.

⊖⊖⊖ **Zaki** – *Bd Al Massira (rte d'Azrou) - ✆ 035 51 41 46 à 49 - fax 035 52 48 36 - 965 DH - ☕ 90 DH - 🏊.* Il dispose d'un parc avec piscine d'où l'on aperçoit les remparts.

Se restaurer

DANS LA MÉDINA

⊖⊖ **Le Collier de la Colombe** – *67 r. Driba, dans la médina (laisser la voiture place Lalla Aouda, derrière Bab Mansour, et pénétrer dans la médina en prenant à gauche la rue Driba) - ✆ 035 55 50 41 - ouv. midi et soir - 110 DH.* Décor agréable, cuisine simple, service attentif et belles vues sur la médina depuis la salle à l'étage.

⊖⊖ **Le Riad** – *79 Ksar Chaacha, Dar Lakbira (laisser la voiture près du tombeau de Moulay Ismaïl et suivre le fléchage après Bab er Reth) - ✆ 035 53 05 42 - fax 035 53 13 20 - 110 DH.* Joli restaurant aménagé

M. Gurfinkel / MICHELIN

Restaurant Le Riad.

autour d'un jardin dans les remparts.

Notez que ces deux restaurants, comme tous les établissements situés dans la médina, ne servent ni vin ni alcool.

DANS LA VILLE NOUVELLE

⊖ **Restaurant Mimi** – *4 r. Ghana - ✆ 035 52 84 66.* Pour manger des grillades sur le pouce.

⊖ **Marhaba** – *23 av. Mohammed V.* Ce restaurant très modeste, dont l'accueil est des plus sympathiques, ravira les amateurs de couleur locale : idéal pour prendre une salade, une soupe (très relevée !) ou un tajine tout en échangeant en toute convivialité les derniers potins du pays avec ses voisins de table.

Faire une pause

Bars de l'Hôtel Transatlantique et de l'hôtel Zaki – Pour la vue panoramique.

Pâtissier-Glacier Rex – *R. de Paris.* Très fréquenté, mais uniquement par la gent masculine…

La Tulipe – *Pl. Maarakat Lahri.* Établissement tout de vert vêtu situé sur une petite place en retrait du bd Mohammed V : lieu on ne peut plus agréable pour déguster en terrasse une glace, sous la caresse des rayons du soleil.

Culture

Délégation de la culture. Théâtre Mohammed El Mennouni – *À l'angle av. Bir Anzarane et av. des F.A.R. - ✆/fax 035 52 63 80.* Expositions, lectures, rencontres, théâtre, projections…

Centre Interculturel Fondouk El Henna – *Kobat Souk, ancienne médina.*

Institut français de Meknès – *À l'angle r. Ferhat Hachad et av. Hassan II - ✆ 035 51 58 51 et 035 52 40 71 - fax 035 51 01 70 - www.ambafrance-ma.org/institut/fes-meknes - théâtre, concerts 30 DH (étudiants 20 DH) - cinéma 15 DH (étudiants 10 DH) - conférences, rencontres et expositions : entrée libre.* L'Institut français de Meknès organise de très nombreuses manifestations culturelles, dont la plus emblématique est sans doute le **FICAM** (Festival international du cinéma d'animation de Meknès - *voir ci-contre*).

CINÉMAS

Cinéma Caméra – *À l'angle av. Allal Ben Abdellah, av. Hassan II et r. de Paris - ✆ 035 52 20 00.* Voir la fresque de Marcel Couderc datant de 1938 dans la cage d'escalier. Films occidentaux.

Complexe Dawliz – *Av. Moulay Ismail - ✆ 035 51 63 42.* Films occidentaux.

EXPOSITIONS

Galerie d'exposition – *Bab Mansour.* Arts plastiques, photographie.

LIBRAIRIES

Dar Al Kitab Al Watani – *10-12 av. Allal Ben Abdellah - ✆ 035 52 12 80 - fax 035 40 47 23.*

Achats

Ensemble artisanal – *Av. Riad - ✆ 035 53 08 08.*

Loisirs sportifs

ÉQUITATION

Club d'équitation Farah – *Sidi Mellah, Dkhissa, à 17 km sur la route de Fès - ✆ 035 54 88 44 - ax 055 54 88 08 -info@ clubfarah.com - f www.clubfarah.com - adultes 125 DH (enf. 75 DH).* Ce club organise des randonnées équestres dans tout le Maroc et des stages.

Club de l'Étrier – *Haras régional et jumenterie de Meknès, quartier Zitoun - ✆ 035 53 97 53 - fax 035 53 67 20.*

GOLF

Royal Golf de Meknès – *Jnan Al Bahraouia, Bab Al Qari, cité impériale - ✆ 035 53 07 53 - fax 035 55 79 34 - www. royalgolfmeknes.com - 9 trous - ouv. tlj - green fees : 200 DH/j - caddie obligatoire 40 DH (9 trous), 60 DH (18 trous) - location de matériel : 100 DH pour le sac complet.* Situé dans l'enceinte du palais royal.

Événements

Moussem des Aïssaoua – *Date variable.* Commémoration de la naissance du prophète.

Festival international du cheval - *Organisé par l'association Espaces Meknès-Tafilalet - mai.* En 2005, la 2e édition de ce festival a été lancée par une randonnée réunissant une quarantaine de cavaliers marocains et français entre Rissani et Meknès.

Chaque année, le **haras national** organise des concours de qualification et d'élevage, ainsi que des concours internationaux ou nationaux comme le concours officiel de sauts d'obstacles, qui réunit près de 150 cavaliers de tous les clubs du Maroc, permettant ainsi de renouer avec la tradition équestre ancestrale de la cité ismaélienne.

Festival national de théâtre – *Juil.* Depuis 1999, Meknès accueille des troupes marocaines venant de Marrakech, Rabat, Casablanca, Salé, Khémisset, Agadir ou encore Inezgane. Ce festival devrait s'ouvrir à des participations maghrébine et arabe lors des prochaines éditions.

Festival international du cinéma d'animation de Meknès. FICAM – *Organisé par l'Institut français de Meknès (voir coordonnées ci-contre) - renseignements et réservations : ✆ 035 31 58 51 - festanim.meknes@laposte.net - www.ambafrance-ma.org/ficam - 5 DH.* Depuis sa création, ce festival n'a pas cessé de voir son audience s'accroître et de s'ouvrir sur l'international. L'édition 2006 portait ainsi un « regard sur la création japonaise ». Une sélection de films parmi la programmation sillonnent onze villes du Maroc.

Midelt

45 530 HABITANTS
CARTE 1ER RABAT DE COUV. D2 – CARTE MICHELIN 742, PLIS 5, 23 ET 50.

Un quartier d'aspect très européen et, de l'autre côté d'un vallon, un ancien ksar composent Midelt, cité montagnarde installée à 1 488 m d'altitude, et ville d'étape entre le Moyen et le Haut Atlas, sur la route du Sud marocain.

Se repérer – Midelt est placé sur la route qui, depuis Azrou, permet d'atteindre le Tafilalt depuis Fès ou Meknès à travers le Moyen Atlas et le Haut Atlas. La petite cité se trouve à 125 km au sud d'Azrou et à 141 km au nord d'Errachidia, que l'on atteint en traversant les gorges du Ziz.

À ne pas manquer – Le cirque de Jaffar.

Organiser son temps – Pour une courte étape ou un séjour, selon votre inspiration et vos aspirations…

Pour poursuivre le voyage – Voir aussi, en direction du Grand Sud, la Vallée du Ziz et le Tafilalt ; en direction de Fès, la forêt de Cèdres, Azrou, Ifrane et Sefrou.

Ruiz Treal / MICHELIN

Les sommets enneigés du jbel Ayachi dessinent une toile de fond au ksar de Midelt.

Se promener

Midelt offre au voyageur son remarquable **site** au pied du **jbel Ayachi** (3 737 m) et constitue, été comme hiver, une base de départ idéale pour des randonnées plus ou moins longues, à pied, à cheval ou en 4 x 4, pour rayonner dans la région ou effectuer des circuits en montagne.

En été, il est possible, par exemple, de faire le tour du *jbel* Ayachi, au départ de Midelt ou de Tattiouine, à travers une forêt mixte de genévriers et de chênes verts. En hiver, la longue et sévère muraille de l'Ayachi, enneigée une grande partie de l'année, se parcourt également à skis.

Anciennes mines de plomb d'Aouli

Au nord-est de Midelt, d'importants gisements de plomb furent exploités jusqu'à ces dernières années à **Mibladen** et **Aouli** (ce dernier était connu pour la variété de ses échantillons minéralogiques).

Bien qu'ayant cessé toute activité, les **mines**, à environ 25 km de Midelt, demeurent un agréable but d'excursion dans un **paysage de gorges★**, le long de l'oued Moulouya bordé de larges massifs de lauriers-roses *(route étroite et par endroits en mauvais état)*. Si le site est beau, il s'en dégage une certaine mélancolie, qu'accentuent les modestes habitations des mineurs disséminées dans les rochers, la petite mosquée rose tout aussi abandonnée surplombant l'oued et les rails à flanc de colline sur lesquels sont encore accrochés quelques wagonnets. Au-delà de la mine, il est possible de poursuivre jusqu'au village d'Aouli, en longeant l'oued.

Circuit de découverte

Cirque de Jaffar★★

Circuit de 79 km . 54 km de pistes très mauvaises et praticables seulement par temps sec ne permettent de l'entreprendre que de mai à novembre. Se renseigner à Midelt sur l'état des pistes. Compter une journée, et emporter un repas froid.

Quittez Midelt par la route de Meknès, de loin en loin jalonnée de *kasbahs* ; elle traverse le plateau de l'Arid, dont la terre caillouteuse porte quelques touffes d'alfa.

Au bout de 15 km, prendre à gauche une piste en direction d'Aït ben Ali-Mitkane et suivre la signalisation pour Mitkane (piste 3 426).

On passe auprès de *kasbahs* ou de simples villages, dispersés dans un paysage de steppe et composés de quelques maisons basses, carrées, en pisé d'un ocre blond, refermées sur elles-mêmes derrière leurs rares ouvertures.

À mesure qu'on s'élève apparaissent les chênes verts, puis les thuyas. Le *jbel* Ayachi, tout proche, ferme complètement ce paysage, sur lequel règnent quelques beaux cèdres. Cet arbre, que l'on trouve fréquemment au-dessus de 1 500 m dans le Rif et le Moyen Atlas, ne se rencontre guère dans le Haut Atlas que dans les régions situées au sud-ouest de Midelt.

À la maison forestière de Mitkane, prendre la piste à gauche ; rouler au pas.

Le cirque de Jaffar se creuse au pied de la montagne. Des abords du col,qu'emprunte la piste de retour vers Midelt, une **vue★★** superbe s'offre sur l'amphithéâtre boisé et rocheux dominé par les crêtes de l'Ayachi couvertes de neige jusqu'en mai.

On revient à Midelt en continuant à suivre toujours la même piste, sinueuse, partiellement mauvaise et coupée de cassis.

Après le col, la descente sur la ville offre des vues très étendues sur la plaine de la Haute-Moulouya et le Moyen Atlas.

Midelt pratique

Se loger

⊖⊖ **Centre touristique Tinmay Inter-cultures** – *À Zeïda, à 20 km au nord de Midelt par la route d'Azrou - ✆ 035 36 01 88 - 18 DH/pers. électricité 25 DH - bungalows 300 DH - piscine (juin-sept.) - épicerie, café et restaurant - location de VTT.* L'association, domiciliée en France *(2 allée du Glacis - 93160 Noisy-le-Grand - ✆ 01 43 04 52 89)* œuvre à des chantiers humanitaires (création d'une coopérative féminine de tissage, construction de fontaines ou de fours à pain…) visant à améliorer la santé et l'hygiène de la population berbère.

⊖⊖ **Hôtel El Ayachi** – *Route d'Agadir - ✆ 035 58 21 61 - fax 035 58 33 07 – 340 DH - ☕ 42 DH - ouv. toute l'année.* Il propose une trentaine de chambres très convenables.

⊖⊖ **Kasbah Asmaa** – *À la sortie de Midelt, à 3 km sur la route d'Errachidia - ✆ 035 58 04 05/08 - fax 035 58 39 45 - 420 DH - ☕ 33 DH - restaurant à la carte (demi-pension 600 DH) -* 🏊. Aménagé à l'instar d'une *kasbah*, c'est un agréable lieu de séjour, d'autant que certaines des chambres offrent une jolie vue sur la montagne et qu'il dispose d'un jardin.

Sports et loisirs

Le tour du *jbel* Ayachi (3 à 6 jours) s'effectue de préférence en été, entre juin et octobre. Une autre randonnée, toujours en été, permet d'aller en 4x4 jusqu'au cirque de Jaffar, puis de marcher vers les crêtes de l'Ayachi.

La traversée nord-sud du Haut Atlas oriental, de Midelt à Tinerhir, constitue une randonnée de 9 jours (à conseiller uniquement aux marcheurs confirmés).

Centre touristique Tinmay Inter-cultures – *Rte d'Azrou, à 20 km au nord de Midelt - ✆ 035 36 01 88.* Ce centre organise des randonnées en 4x4, en particulier vers les anciennes mines d'Aouli (*120 DH la demi-journée*), et le cirque de Jaffar (*une journée, repas compris 300 DH*).

Vous pouvez également recourir aux services de l'**hôtel El Ayachi** et louer par son intermédiaire les services d'un guide et d'un véhicule 4x4 (*800 DH*).

Enfin, la **Kasbah Asmaa** propose des randonnées à dos de cheval ou de mulet.

Achats

Souk – *Dimanche.*

Atelier de tissage et broderies des Sœurs Franciscaines – *Tlj sf vend. et dim. 8h-12h, 14h-17h30 - fermé août et la semaine qui suit les principales fêtes religieuses (les ouvrières sont absentes ces jours-là) - ✆ 035 58 24 43.* Il est installé dans un petit couvent situé à gauche de la route conduisant à Jaffar et Tattiouine, qui traverse la *kasbah* Myriem. On y fabrique des couvertures, des tapis, des tentures berbères et des pièces de broderie.

Moulay-Idriss★★

18 500 HABITANTS
CARTE 2E RABAT DE COUV. D2 – CARTE MICHELIN 742, PLIS 5, 9 ET 27-28

Son site étonnant et son prestige de ville sainte attirent à Moulay-Idriss de nombreux visiteurs. Coiffant deux éperons rocheux, Khiber et Tasga forment deux quartiers distincts, presque deux villages ; leurs maisons étroitement serrées les unes contre les autres, séparées par un lacis de venelles, dévalent en un enchevêtrement de petits cubes gris et blancs jusqu'à une conque au creux de laquelle se détache, avec son toit de tuiles vertes, le mausolée où repose Idriss Ier, le « père du Maroc ».

- **Se repérer** – Moulay-Idriss se trouve à 27 km au nord de Meknès : pour s'y rendre, quitter Meknès en direction de Sidi Kacem, puis après 15 km, au carrefour prendre sur la droite la route qui conduit également à Volubilis. Cependant, la meilleure façon d'aborder Moulay-Idriss est d'y arriver en venant de Volubilis : vous découvrirez alors de très belles **vues** d'ensemble sur le **site★★** de la ville.
- **À ne pas manquer** – La vue depuis la petite terrasse à proximité de la mosquée Sidi Abdallah.
- **Organiser son temps** – Comptez au moins 1h et quart pour la visite de Moulay-Idriss.
- **Pour poursuivre le voyage** – Voir aussi, au nord, les ruines de Volubilis ; au sud, les cités impériales de Meknès et Fès, puis découvrir le Moyen Atlas en prenant la direction d'Azrou.

Comprendre

LE SANCTUAIRE DU PREMIER SULTAN MUSULMAN

À la fin du 8e s., **Idriss**, un descendant d'Ali – gendre de Mahomet –, arriva dans la région du Zerhoun. Il venait de La Mecque, et avait fui l'Orient afin d'échapper aux persécutions du calife abbasside de Bagdad. Il s'arrêta à Oulili (Volubilis), entreprit de convertir à l'islam les Berbères qui l'avaient accueilli, et y réussit si bien que toutes les populations de la montagne le reconnurent pour chef. Un an plus tard, il fondait Fès.

Cependant, les échos de la popularité d'Idriss étaient parvenus jusqu'aux oreilles du calife de Bagdad ,qui résolut de le faire périr. Un émissaire fut donc envoyé pour mettre à exécution ce projet : gagnant la confiance du chérif et, devenu son commensal, il réussit à l'empoisonner en 791.

Deux mois après la mort d'Idriss, sa femme, une Berbère, mettait au monde un fils. Cet enfant posthume allait succéder à son père, sous le nom d'Idriss II. Ainsi naquit la première dynastie musulmane au Maghreb, celle des Idrissides.

Le plus important moussem du Maroc

La cité a conservé intact son caractère de ville sainte. Chaque année, à partir du dernier jeudi d'août, c'est-à-dire après les moissons, le grand **moussem**, le plus important du Maroc, y attire des milliers de pèlerins et dure plusieurs semaines (les mercredis, jeudis et vendredis). Il faut savoir que, si l'on en croit la tradition, pour un musulman, sept pèlerinages au tombeau du saint peuvent remplacer le grand pèlerinage de La Mecque. Aux abords de la cité, sur le flanc d'une colline, surgit alors toute une ville de tentes, au pied de laquelle, sur l'esplanade du Khaïbar, se déroulent les fantasias. Pendant toute la durée du *moussem*, les réjouissances alternent avec les sacrifices et les prières.

Se promener

Visite : 1h15. Il est conseillé de se faire accompagner par un guide officiel.

Juste avant de pénétrer dans Moulay-Idriss, on traverse une vaste place où se tient le souk. La rue qui longe la maison du pacha conduit à une autre place, plus petite, sur laquelle donne le collège, et où on laisse la voiture.

Quartier de Khiber

Il est perché sur son rocher abrupt. Après avoir longé la mosquée de Sidi Abdallah, on atteint une petite terrasse d'où l'on a une **vue★★** étonnante sur l'agglomération, avec sa cascade de maisons et, en contrebas, les toits verts et le minaret du sanctuaire où repose Idriss. Le mausolée actuel est l'œuvre de Moulay Ismaïl

R. Mattès / MICHELIN

Vue générale sur la ville sainte de Moulay-Idriss.

qui, au début du 18e s., fit détruire la première *koubba* afin d'en reconstruire une plus belle. Un siècle plus tard, le sultan Moulay Abderrahman apporta au mausolée d'autres embellissements. Par un dédale d'escaliers et de ruelles, on descend vers le sanctuaire.

Le horm

Accès au tombeau d'Idriss et à la mosquée interdit aux non-musulmans.
C'est le lieu sacré. Une poutre de bois, qui en barre l'entrée, rappelle aux visiteurs non-musulmans qu'ils ne peuvent aller plus avant.

Minaret

Fort paradoxalement, Moulay-Idriss, ville fidèle à la tradition, possède un minaret moderne (1939) dont la forme cylindrique est unique au Maroc ; la céramique verte qui le recouvre est ornée d'inscriptions stylisées tirées du Coran.

Point de vue de la route d'El-Merhasiyne

Reprendre la voiture et revenir à la grande place qui se trouve à l'entrée de la ville. Là, prendre à droite, et aussitôt encore à droite (signalisation : « 13 – El-Merhasiyne »). La route très sinueuse, dans un site assez sauvage, domine un vallon aux creux duquel on découvre un bassin circulaire, ancienne piscine romaine. À 1,5 km de la ville, **vue** à droite sur Moulay-Idriss.

Moulay-Idriss pratique

Transports

Cars fréquents depuis la gare routière de Meknès.

En grand taxi depuis Meknès, compter 300 DH (pour 1 à 6 pers.) l'aller-retour, incluant la visite de Volubilis.

Se loger

Interdite aux non-musulmans jusqu'en 1912, la ville tolère aujourd'hui leur présence, en dehors toutefois des abords des lieux saints. Il demeure cependant interdit d'y passer la nuit : à moins d'être musulmans, vous logerez donc à **Meknès** ou à Fès *(voir p. 334 et 306)*.

Achats

Souk – *Samedi.*

Événements

Moussem de Moulay-Idriss – *À partir du dernier jeudi d'août, les merc., jeu. et vend. pendant plusieurs semaines.* Le plus important du pays (*voir encadré ci-contre*).

Cascades d'Ouzoud★★

CARTE 2E RABAT DE COUV. C3 – CARTE MICHELIN 742, PLIS 5, 21 ET 47

Cette splendide chute d'eau de plus de 100 m de hauteur constitue l'une des attractions naturelles les plus remarquables de l'Atlas marocain. Elle permet à l'oued Ouzoud, torrent montagnard abondant en toutes saisons, de rejoindre le canyon de l'oued el-Abid, à 1 km de là.

- **Se repérer** – Les cascades d'Ouzoud se trouvent à proximité du barrage de Bin-el-Ouidane, au sud-ouest de Beni-Mellal, à une vingtaine de kilomètres de la route Fès-Marrakech.
- **À ne pas manquer** – Les cascades !
- **Organiser son temps** – Pour quelques heures de fraîcheur ou un séjour plus long en faisant d'Ouzoud le point de départ pour des balades dans les environs. Évitez de venir le week-end !
- **Avec les enfants** – La descente au pied des cascades…
- **Pour poursuivre le voyage** – Voir aussi pour poursuivre votre découverte des curiosités naturelles de la région les chapitres concernant Marrakech (circuit « Aux marches du Haut Atlas ») et Beni-Mellal.

C. Brett / MICHELIN

La chute majestueuse des eaux de l'oued Ouzoud.

Se promener

Après avoir laissé la voiture au parking, vous pourrez, en empruntant un sentier sur la droite du café-restaurant, contempler les cascades depuis le haut de la chute, d'où la vue sur le gouffre est impressionnante. Au bord de celui-ci, plusieurs petits **moulins à blé**, installés dans d'étroites cabanes, fonctionnent encore.
Revenant sur vos pas – après avoir traversé le village, où de multiples étals proposent boissons, repas sommaires et objets d'artisanat, rançon du succès grandissant de l'endroit, auprès des autochtones comme des touristes étrangers *(il serait de ce fait dommage de réaliser cette excursion durant le week-end car le site est alors littéralement envahi)* – vous pourrez prendre sur votre droite et atteindre une série de marches creusées dans la roche. Celles-ci conduisent au pied de la cascade offrant sur les chutes et leur arc-en-ciel presque permanent des points de vue de plus en plus rapprochés. On peut descendre jusqu'au fond de la dépression, où le torrent se précipite dans un bruit assourdissant, et traverser celle-ci sur des « bacs artisanaux », peints de couleurs vives, et maniés à l'aide d'une corde jetée au travers de la rivière *(il est d'usage d'acquitter un péage de 5 DH pour prix de la traversée)*. L'un d'eux s'appelle le *Titanic*, ce qui est propre à donner toute confiance à ses passagers !

De l'autre côté, deux ou trois guinguettes proposent un thé à la menthe en offrant également une belle vue sur la cascade. Il est possible de remonter au parking par cette rive, en empruntant un sentier en lacet à flanc de montagne, parmi les cognassiers, figuiers et grenadiers. Peut-être alors aurez-vous la chance d'apercevoir dans

les épaisses frondaisons des singes en liberté. Parvenus au sommet, il vous faudra traverser une vaste oliveraie (les traits de couleurs peints sur les troncs indiquent à quelle famille appartient chacun des arbres d'une plantation divisée par le jeu des héritages successifs) puis, après un groupe de maisons, le pont sur l'Ouzoud et, à droite, la route qui conduit au parking.
Au sud-est, une piste longue de 5 km environ (et goudronnée dans ses débuts), conduit au petit village berbère de **Tanaghmelte** dont les maisons en pisé s'étagent à flanc de colline. Tache blanche au milieu de ces constructions de terre ocre qui se fondent dans le paysage, le **marabout de Sidi Moussa Yacoub** fait l'objet d'un *moussem*, chaque année vers la fin septembre, auquel participent de nombreux villageois des environs.

Cascades d'Ouzoud pratique

Informations utiles

Parking – Surveillé et payant (*10 DH minimum si vous souhaitez passer la nuit*).

Si vous ne disposez pas de véhicule et si vous séjournez à Marrakech, vous pouvez vous inscrire à une des **excursions** organisées par les agences situées pour la plupart sur l'avenue Mohammed V *(voir carnet pratique de Marrakech, p. 388)*.

Visite – Les **faux guides** abondent aux alentours des cascades. Pour tout dire, ils vous prennent en charge avant même que vous ne soyez descendus de voiture. Comme il est à peu près exclu de pouvoir visiter les cascades sans être accompagné, l'idéal est de prévoir un véritable guide (*compter 100 DH environ*), qui se chargera d'éliminer les importuns. Sinon, mettez-vous bien d'accord au préalable avec votre accompagnateur.

Se loger

⊖⊖⊖ **Riad Cascades d'Ouzoud** – *✆ 023 45 96 58 et 062 14 38 04 - fax 023 42 91 75 - www.riadouzoud.com - 7 ch. - 810 DH ☕ - 1 suite : 810 DH - pour 1 semaine, formule à 4 260/4 860 DH/2 pers. ☕ - repas 130 DH.* Installée dans le village à 30 m en haut des chutes, cette maison d'hôte est des plus agréables. De très nombreuses activités sont proposées, depuis les randonnées pédestres, celles à dos d'âne, aux circuits d'un ou plusieurs jours en 4x4, sans oublier le canyoning et le kayak. Réservation conseillée !

Sports et loisirs

Activités organisées par l'intermédiaire du **riad Cascades d'Ouzoud** (*voir coordonnées ci-dessus*).

Sefrou★

66 293 HABITANTS (LES SEFRIOUI)
CARTE 2E RABAT DE COUV. D2 – CARTE MICHELIN 742 PLIS 5, 23 ET 41

Sefrou, étagée entre 800 et 900 m d'altitude sur les deux rives de l'oued Aggaï, occupe un site★ séduisant aux confins de la plaine de Fès et des plateaux du Moyen Atlas. Cascades et ruisseaux coulent dans un nid de verdure, grâce aux sources abondantes qui jaillissent à la base des plateaux.

Se repérer – Sefrou est située à 33 km au sud de Fès sur la route qui, à travers le Moyen Atlas, permet d'atteindre Midelt et, au-delà, le Tafilalt.

Se garer – Laisser la voiture place Moulay Hassan.

À ne pas manquer – La médina mais surtout la région du Kandar et Sebou.

Organiser son temps – 1 à 2h pour découvrir la ville. Quelques jours pour découvrir la région mais vous choisirez sans doute de vous loger aux alentours.

Avec les enfants – La fête des Cerises en juin… et les randonnées dans les environs.

Pour poursuivre le voyage – Voir aussi la Région du Kandar et Sebou, Ifrane, la forêt de Cèdres et Azrou ; pour découvrir les cités impériales les plus proches, voir Meknès et Fès.

Comprendre

Cette ville très ancienne avait déjà une certaine importance alors que Fès n'était encore qu'un gros village. Idriss Ier passe pour y avoir séjourné et avoir converti à l'islam les Berbères et les juifs qui l'habitaient. La population juive s'est encore accrue par la suite et fut rassemblée au centre de la cité. Plus tard, Sefrou a joué un rôle actif en assurant les échanges indispensables entre Fès et le Tafilalt à travers le Moyen Atlas insoumis.

Aujourd'hui c'est un centre d'artisanat et un marché agricole pour les céréales et les fruits. Les cerises de Sefrou sont renommées. Chaque année en juin, la **fête des Cerises** donne lieu à des réjouissances – chants berbères, danses du pays, fantasia, défilé de chars –, sous la présidence de la « reine des Cerises » et de ses suivantes.

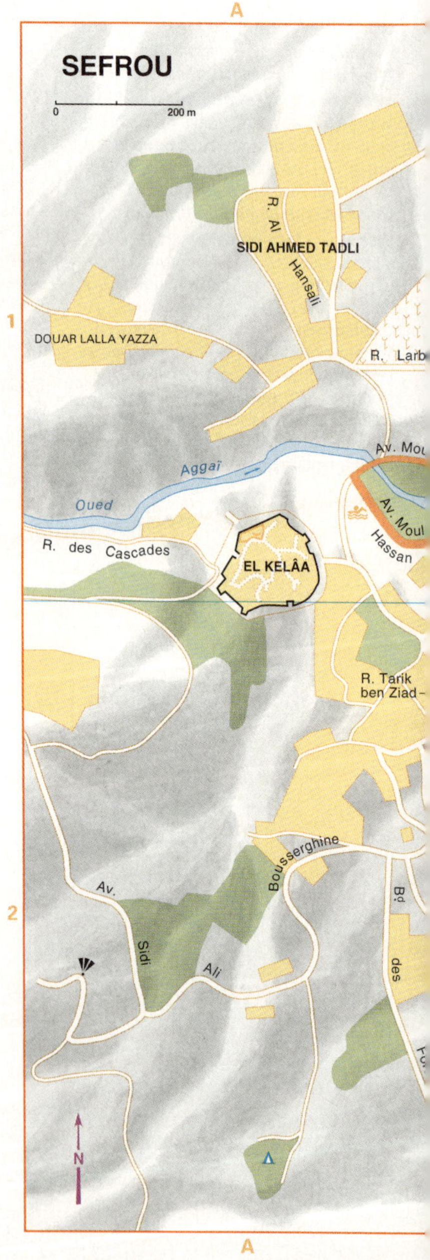

Se promener

Itinéraire de visite indiqué sur le plan. 1h15.

La vieille médina★ B1

Vus de la place Moulay-Hassan, les remparts crénelés édifiés à la fin du 18e s. cachent une vieille ville fort colorée et animée.

Pénétrant dans la médina par Bab m' Kam, on descend rapidement vers la rivière qui coule en torrent entre de hautes murailles envahies par la verdure. Devant une petite mosquée bordée de boutiques, un pont sur l'oued donne accès au **mellah**, enfermé au cœur de la médina : cet ancien quartier juif a gardé en partie son caractère.

Revenir au pont ; continuer de suivre la rivière puis prendre la première ruelle à gauche et tourner immédiatement à droite.

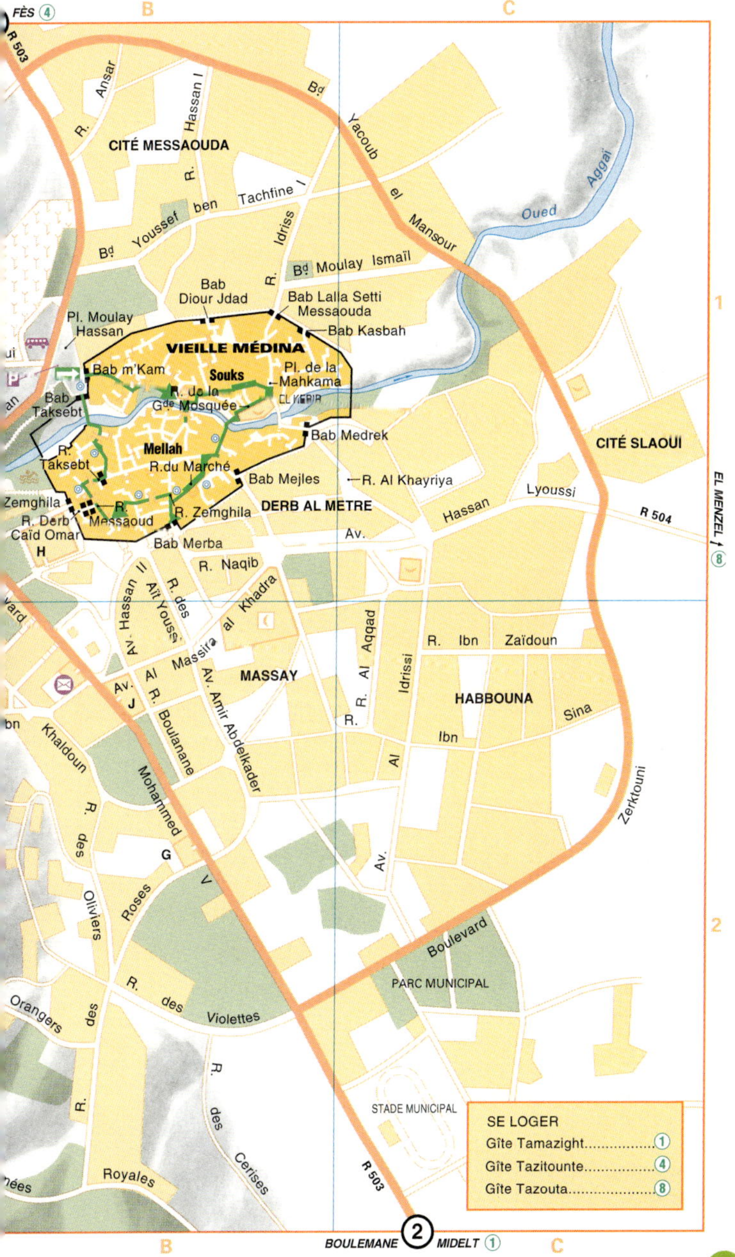

Les **souks**, sous leurs toits de roseaux qui filtrent la lumière, offrent un spectacle varié ; les spécialités sont ici les grilles de fer forgé, les cordages de chanvre, les babouches berbères à pompons et à paillettes multicolores, les bijoux d'argent et les fameux *hanbels* en laine pure.

Longeant la mosquée El Kebir, au minaret simple mais élégant, on parvient à un pont qui enjambe l'Aggaï et d'où l'on aperçoit, au fond d'une gorge étroite, le lit de l'oued avec ses moulins à eau. Après avoir dépassé le marché couvert, continuez jusqu'à Bab Merba, près de laquelle les cordonniers tiennent boutique dans une galerie surélevée.

Revenir sur ses pas, emprunter la ruelle en escaliers qu'on a devant soi et tourner aussitôt à gauche.

On poursuivra par de pittoresques ruelles et, en traversant à nouveau l'oued Aggaï, on atteindra Bab Taksebt, qui débouche sur la place Moulay Hassan.

Promenade à l'ancien fort Prioux A2

En venant de l'avenue Moulay Hassan, tourner à droite après la poste.

On rejoint bientôt une route en corniche qui s'élève en découvrant de belles **vues** sur la cité et passe au pied de la *koubba* du marabout Sidi bou Srhine. Des abords de l'ancien fort Prioux, dont il ne reste que les fondations, on embrasse un vaste **panorama★** allant du Rif au Moyen Atlas et encadrant la ville de Sefrou.

Circuits de découverte

Massif du Kandar★★

Circuit de 123 km – environ 1/2 journée. Voir p. 316.

Haute vallée du Sebou★★

Circuit de 173 km – une journée. Voir p. 316.

Sefrou pratique

Informations pratiques

Poste – *Bd Mohammed V - ✆ 035 66 03 03 - www.poste.ma.*

Argent – Distributeurs automatiques de billets bd Mohammed V.

Internet – À proximité du bd Mohammed V.

Gare routière – *Pl. Moulay Hassan.* Cars très fréquents pour Fès.

Se loger

À SEFROU

Hôtel Sidi Lahcen Lyoussi – *R. Sidi Ali Boussaghine - ✆ 035 68 34 28 - 16 ch. - 200 DH - ☕ 21 DH - 🏊 (15 DH pour les non-résidents).* Confort quelque peu spartiate.

AUX ALENTOURS

Gîte Tazitounte – *Douar Aït Jaber Beni Sadden, rte de Oujda (25 km au nord-est de Fès) - ✆ 037 37 40 09 - fax 037 37 40 09 - tizirando@menara.ma - www.tizirando.co.ma - 2 ch. doubles sans sdb, 3 ch. quadruples sans sdb et un dortoir - 140 DH ☕ - demi-pension 190 DH/pers. - pension complète 230 DH/pers. - repas pour les non-résidents 60 DH.* Gîte financé par plusieurs ONG étrangères. Au programme : randonnées et découverte de la vie villageoise…

Gîte Tazouta – *Douar Aït Haddou ou Moussa - Tazouta (65 km de Fès, 32 km de Sefrou) - ✆ 035 70 37 42 - tazouta@iam.net.ma - 1 ch. double sans sdb : 100 DH ☕ -2 ch. dortoirs avec sdb commune - demi-pension 150 DH/pers. - pension complète 200 DH/pers. - repas pour les non-résidents 80 DH.* Ce gîte, situé à 1 080 m d'altitude, constitue le point de départ idéal pour vos randonnées à travers la région.

Gîte Tamazight – *Ifkeren Serghina, Douar Aït Atmane, Boulemane (à 135 km de Fès) - ✆ 035 59 03 03 - fax 035 58 42 63 - smellouki1@caramail.com - 6 dortoirs, 3 douches, 4 wc - 130 DH/pers. ☕ - demi-pension 200 DH/pers. - pension 250 DH/pers. - repas pour les non-résidents 100 DH.* Randonnées et circuits sont proposés depuis ce gîte.

Se restaurer

Café restaurant Oumnia – *Bd Mohammed V - ✆ 035 66 06 79 - fax 035 66 06 79.* Le seul restaurant de Sefrou !

Faire une pause

Plusieurs cafés, bars et salons de thé sur le bd Mohammed V.

Achats

Souk – *Jeudi.*

Événements

La fête de la Cerise – *En juin.* Pendant trois jours, danses, chants et défilés à travers la ville pour célébrer la cerise… Et, cerise sur le gâteau, l'élection de la reine des cerises ! Les élections de miss sont suffisament rares au Maroc pour signaler celle-là. Cette fête semble connaître un certain renouveau à l'initiative du Conseil régional du tourisme de Fès.

Tarmilate

CARTE 2[E] RABAT DE COUV. C3 – CARTE MICHELIN 742 PLI 22

En bordure du petit plateau granitique d'Oulmès, aux confins des pays zemmour et zaïane, la station thermale de Tarmilate (Oulmès-les-Thermes) se trouve isolée dans une haute région fortement disséquée par un dense réseau de vallées et partiellement encombrée de coulées volcaniques, comme le jbel Mouchchene, que contourne la route. Ce pays sauvage et boisé, que ne dédaigne pas le sanglier, est bien connu des chasseurs.

Se repérer – Deux manières d'aller prendre les eaux à Oulmès : du nord, prendre à Rabat la route de Marrakech, puis, à Rommani, à gauche en direction de Maâziz, et enfin à droite vers Oulmès (181 km) ; du sud, à Khenifra, prendre à gauche la route d'Oulmès qui n'est qu'à 82 km.

À ne pas manquer – La source de l'eau d'Oulmès et le pays Zaër-Zaïane.

Organiser son temps – Une heure, guère plus, à Tarmilate... Plusieurs pour se promener dans la région.

Pour poursuivre le voyage – Voir aussi Khenifra avant de rejoindre Marrakech ou Fès ; si vous préférez regagner la côte, voir Rabat, Salé et Casabblanca.

Comprendre

La **source minérale de Lalla Haya**, qui a fait la réputation de la station, jaillit à une température de 43 °. Mise en bouteilles par l'usine de Tarmilate, cette eau pétillante, commercialisée sous le nom d'Oulmès, est appréciée comme eau de table dans tout le pays. La mise en exploitation d'une deuxième source, à eau plate et froide (18 °), est plus récente.

À 1 100 m d'altitude, Tarmilate constitue une étape reposante sur la route directe mais tourmentée qui joint Rabat et Khenifra. De l'esplanade qui avoisine l'hôtel des Thermes, belle **vue★** en direction du Moyen Atlas sur les ondulations couvertes de chênes-lièges.

Circuit de découverte

Balade en pays Zaër-Zaïane

Circuit au départ de Rommani – 162 km – 4h.

Il serait dommage de venir jusqu'à Tarmilate sans en profiter pour arpenter cette région, demeurée sauvage, car éloignéedes grands axes de circulation.

Depuis Rommani, vous rejoindrez Maâziz puis prendrez à droite en direction de Tiddas et de Khenifra. Tiddas est la capitale du pays zaïane, cette terre habitée par une tribu d'anciens cavaliers nomades aujourd'hui sédentarisés. Au-delà, des forêts de chênes-lièges et de thuyas annoncent la station thermale d'Oulmès.

Après Sidi-Abbou, prenez à gauche dans une route étroite et sinueuse au revêtement parfois hasardeux qui parcourt le pays zaïane jusqu'à Ez-Zhiliga, où vous retrouverez la route de Rabat, que vous prendrez sur votre droite pour retrouver Rommani.

Ce paysage boisé de chênes-lièges, solitaire et sauvage, particulièrement giboyeux, ne manque ni de charme ni de grandeur.

Fière devise

« La montagne est mon être, l'Oum er-Bia ma ceinture, la plaine ma pâture ! » Telle est la devise des Zaïane, qui ne sont jamais si heureux que lorsqu'ils accompagnent leurs troupeaux en transhumance, retrouvant ainsi pour un temps la vue de leurs ancêtres. Signalons en outre que le pays a donné son nom à une race bovine de vaches blondes (« Oulmès-Zaër »), proche de certaines races du sud-ouest de la France et de la péninsule Ibérique. Afin de préserver l'écosystème de la région et sa culture originale, il est question de créer un parc naturel régional de la région d'Oulmès.

Taza★

144 067 HABITANTS (LES TAZI).
CARTE 2E RABAT DE COUV. E2 – CARTE MICHELIN 742 PLIS 5, 11 ET 30

Véritable citadelle bâtie à l'extrémité d'un plateau escarpé, la médina de Taza commande le couloir montagneux qui sépare le Rif du Moyen Atlas et fait communiquer les steppes du Maroc oriental avec les plaines fertiles du Maroc atlantique. Son site remarquable, l'animation de ses souks et la vue étendue que l'on a de ses remparts justifient sa visite.

- **Se repérer** – Taza se trouve à 120 km de Fès, légèrement à l'écart de la route nationale N 6 qui relie Rabat à Oujda. On accède d'abord à la ville basse, moderne, d'où un grand boulevard à chaussées séparées, le boulevard du 3-Mars, conduit à la place du même nom. De là, le boulevard de la Résistance vous amène au pied des remparts que vous contournerez par la gauche avant de laisser la voiture devant Bab er Rih.
- **À ne pas manquer** – Les fortifications de la ville et le Parc national du Tazzeka.
- **Organiser son temps** – 1 à 2h pour visiter la ville. Pour un séjour, compte tenu de la faiblesse de l'offre hôtelière, privilégiez une destination comme Fès ou un hébergement rural, pour découvrir la région.
- **Avec les enfants** – La découverte des richesses du Parc national du Tazzeka.
- **Pour poursuivre le voyage** – Voir aussi Fès et Meknès, la Région du Kandar et Sebou, Sefrou, Ifrane, la Forêt de Cèdres et Azrou.

Comprendre

La trouée de Taza – Seul passage facile d'est en ouest, la « trouée de Taza » fut de tout temps, comme son nom (dérivé du berbère *tizi* signifiant « passage ») l'indique, un couloir d'invasion pour l'Afrique du Nord. Les Romains, les Arabes l'empruntèrent ; maintes fois elle vit le flux et le reflux des conquérants berbères. Dès le 10e s., les Meknassa bâtissent à l'entrée de cet important couloir un couvent fortifié, destiné à barrer la route aux envahisseurs venant de l'Est. Tombée aux mains des sultans dès le siècle suivant, Taza devient une puissante citadelle : elle sera désormais une pièce maîtresse entre les mains des différentes dynasties : « Lorsqu'on a pris Taza, on finit toujours par avoir Fès », disait-on couramment dans le pays.

Au milieu du 17e s., des conquérants arrivent du Tafilalt. On les dit originaires d'Arabie, descendants de Mahomet et grands faiseurs de miracles : ce sont les Alaouites. Ils enlèvent Taza, forcent la « trouée », prennent Fès et fondent la dynastie qui règne encore aujourd'hui sur le Maroc.

Taza la Farouche – Ce long passé tumultueux et sa position stratégique exceptionnelle ont valu à la ville une vocation militaire qu'atteste encore son allure d'acropole. Ceinturée de vieilles murailles, « Taza la farouche » a gardé une certaine âpreté.

À ses pieds, une ville nouvelle est née au 20e s., à proximité de la route et de la voie ferrée qui relient Fès à l'Algérie. Ville de garnison mais aussi chef-lieu de province, Taza a conservé ses activités traditionnelles d'artisanat et de gros marché agricole.

Dévoré par l'ambition… et par les lions

Bou Hamara occupait un poste important à la cour du sultan, à la fin du 19e s., lorsque, accusé d'intrigues, il fut emprisonné puis dut prendre le chemin de l'exil en Algérie. Nul ne le reconnut quelques années plus tard lorsqu'il revint, sous les traits d'un pieux voyageur qui, se faisant passer pour chérif, fut vite renommé dans le Maroc oriental pour sa sainteté. L'impopularité du sultan Abdelaziz servit ses fins : Bou Hamara prêcha la révolte contre lui, l'accusant de pactiser avec les chrétiens, et reçut l'appui des tribus de la montagne, toujours prêtes à se soustraire à l'impôt. Bou Hamara, le *rogui* (prétendant au trône), établit dès lors sa capitale à Taza et, pendant sept ans, à la tête des tribus rebelles, il tint les troupes régulières en échec.
La vengeance de Bou Hamara fut bien près de s'accomplir en 1909 mais Moulay Hafid, qui venait de succéder à son frère, engagea contre lui une lutte acharnée qui s'acheva par la défaite des partisans du *rogui*. Capturé, celui-ci est amené à Fès dans une cage et exposé, sur le *méchouar*, aux quolibets de la population, jusqu'à ce que le sultan le fasse jeter en pâture aux lions.

Se promener

Visite : 15mn en voiture plus 1h à pied. Itinéraire indiqué sur le plan.

Remparts

Longs de près de 3 km, ils sont l'œuvre d'Abd el-Moumen, sultan almohade du 12ᵉ s., mais furent plusieurs fois remaniés. Au rond-point de la Gendarmerie, l'escalier qu'on a devant soi mène à Bab Jemaa, entrée principale de la ville. À l'angle sud-est de celle-ci apparaît le **Bastion (El Bastioune),** solide édifice carré bâti par les Saâdiens au 16ᵉ s. pour renforcer de ce côté la défense de la ville, et qui doit faire l'objet d'importants travaux de restauration. À partir de Bab el Guebour (la porte n'existe plus), on longe de près les remparts qu'on franchit à l'ouest de Bab Titi : ici, la muraille a été doublée, au 14ᵉ s. et se termine en bordure du plateau par la « **tour sarrasine** », semi-circulaire, d'époque almohade.

Toutes ces murailles, dans leur cadre montagneux où les oliviers dessinent leurs broderies, ont une espèce de grandeur sauvage, qu'on retrouve, plus forte encore, à Bab er Rih.

Garer la voiture sur l'esplanade et continuer la visite à pied.

Bab er Rih

C'est la « porte du Vent », le vent d'ouest qui s'engouffre dans la trouée de Taza. Près de cette barbacane, on a une **vue★** très étendue : à l'extrême gauche, les pentes boisées de *jbel* Tazzeka ; devant soi, au-delà de l'oued Taza, des jardins étagés, puis les collines dénudées qui épaulent le Rif, en proie au ravinement ; à droite, la ville neuve de Taza dans son parc de verdure, avec le Rif dans le lointain.

Emprunter l'étroite ruelle qui monte vers la Grande Mosquée.

Médina★

Fondée en 1135 par Abd el-Moumen, la **Grande Mosquée** fut agrandie au 13ᵉ s. sous les Mérinides. En cours de restauration, elle est considérée comme une des plus belles mosquées en terre d'Islam. Contournant le sanctuaire par la droite, on en voit

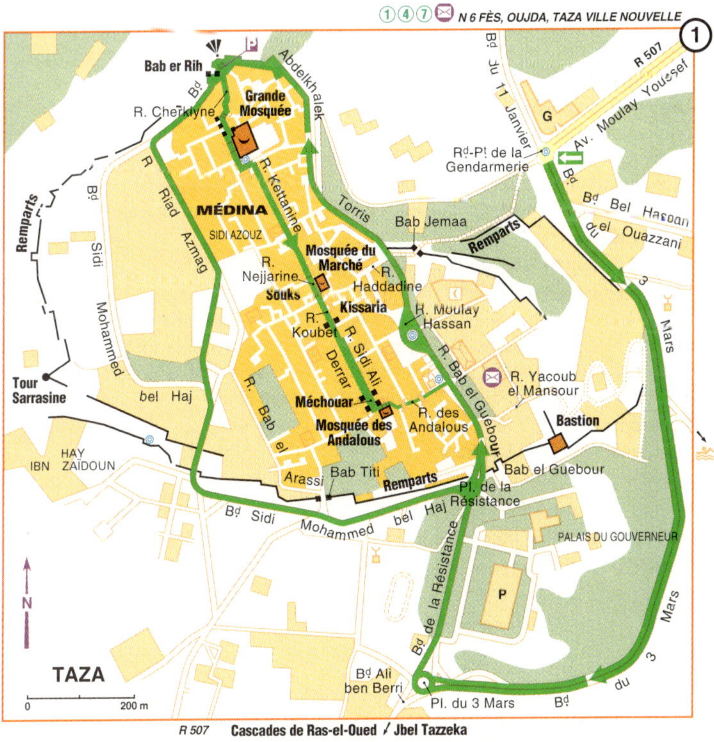

SE LOGER

Auberge Aïn-sahla.......... ①

Hôtel du Dauphiné.......... ④

Hôtel Friouato.......... ⑦

plusieurs portes richement décorées avant d'atteindre une longue rue rectiligne, qui est l'artère principale de la médina. De chaque côté le silence plane sur des maisons bourgeoises dont les rares fenêtres, parfois surmontées d'un auvent ,montrent des grilles ouvragées ; de vieux linteaux de cèdre sculpté ennoblissent les portes cloutées et peintes de couleurs vives. Au-delà de la petite mosquée de Sidi Azouz (12e s.), on entre dans le quartier des souks, dominé par le curieux **minaret de la mosquée du Marché**.

Souks

C'est dans les **souks**, partiellement couverts de maçonnerie, de treilles ou de roseaux, que Taza a le mieux conservé son caractère de cité berbère ; on y voit notamment les nattes et les tapis fabriqués dans la montagne voisine par la tribu des Beni Ouaraïn.
En tournant à gauche après la mosquée du Marché, on entre dans la **kissaria**.
Plus loin, la rue s'élargit et débouche sur un **méchouar**.
Plusieurs passages sous voûtes contournent la **mosquée des Andalous** (minaret du 12e s.) ; par la rue des Andalous on parvient *(à gauche)* à la place Moulay-Hassan.

Continuer tout droit et, par le boulevard Abdelkhalek Torris, revenir à Bab er Rih.

Circuit de découverte

LA RÉGION DU TAZZEKA★★

Circuit de 129 km – 1/2 journée.

La région du Tazzeka, extrémité nord-est du Moyen Atlas, comprend deux paysages différents. Au sud-ouest de Taza s'étend une zone de plateaux qui présentent les particularités des pays calcaires telles que gouffres, grottes, circulation souterraine des eaux, résurgences... Au-delà s'élève le petit massif du Tazzeka, constitué de schistes primaires soulevés à l'ère tertiaire. L'itinéraire proposé ci-après traverse chacun de ces paysages.

Quitter Taza par la R 507 (au sud).

La route s'élève rapidement en dégageant de belles **vues★** sur Taza, oasis de verdure sur un fond de collines dénudées et ravinées, puis remonte la vallée encaissée de l'oued Taza.

Cascades de Ras-el-Oued★

La route en corniche les surplombe – elles sont abondantes de novembre à mai – et parvient à la source qui s'écoule parmi les frênes, les cerisiers et les oliviers. Il s'agit d'une résurgence des eaux absorbées par les terrains calcaires qui la dominent. La montée continue, assez rude, dans un paysage rocheux parsemé d'oliviers et de chênes verts offrant encore quelques belles **vues** sur Taza et son site.

Daïa Chiker

Après avoir franchi le col de Sidi Mejbeur (1 198 m), on débouche sur une vaste dépression à fond à peu près plat : la *daïa* Chiker. On a sous les yeux un poljé, c'est-à-dire une énorme doline (dépression fermée résultant de la désagrégation de la roche calcaire par des eaux chargées de gaz carbonique). Le lac *(daïa)* qui occupe une partie du poljé est en relation avec un réseau souterrain et sa surface varie selon les saisons en fonction du niveau de la nappe d'eau souterraine.

Sur le bord nord de la *daïa*, à gauche en contrebas d'une maison cantonnière, s'ouvre l'entrée des **grottes du Chiker**. Un aven de 70 m de profondeur communique avec les grottes, où coule une rivière souterraine d'environ 5 km. *Accès interdit.*

Poursuivre sur la route qui épouse le bord occidental du poljé. À 3 km des grottes du Chiker, prendre à droite la petite route qui monte vers le Friouato, 900 m plus loin.

Gouffre du Friouato★

Gardien sur place la plus grande partie de l'année (en dehors de la période d'enneigement). 10 DH. 3/4h AR par un escalier. Lampe-torche indispensable.
« Le Gouffre du Friouato, écrivait Norbert Casteret, nous révèle la surprise d'une descente relativement facile dans un abîme qui est à notre avis le plus beau qui se puisse contempler, car il a un diamètre considérable et il règne jusqu'à cette profondeur un demi-jour étrange du plus saisissant effet. L'impression de profondeur est de ce fait écrasante et l'on se sent infiniment petit au pied de ses murailles cyclopéennes. »
L'exploration du Friouato, entreprise par Élisabeth et Norbert Casteret en 1934, a été poursuivie par les spéléologues locaux, qui découvrirent les galeries horizontales prolongeant le gouffre au-delà de la salle Lixi, en contrebas du puits d'accès. La présence

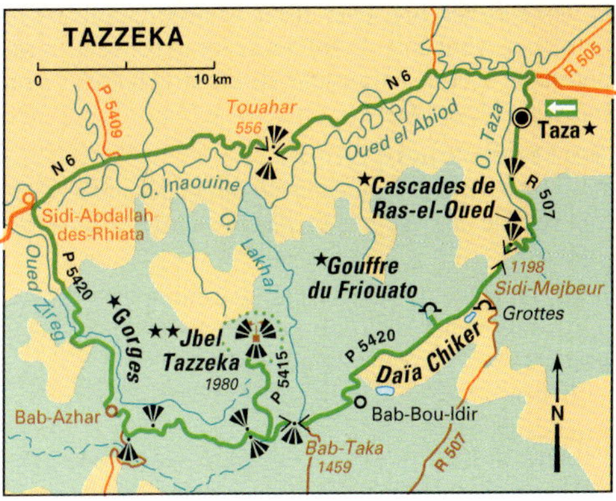

d'une petite galerie latérale reliant le puits, à 45 m de sa base, à l'extérieur permit un aménagement touristique de la cavité vers 1950. Le gouffre d'accès est un énorme puits de 40 m de diamètre et 125 m de profondeur, terminé par un cône d'éboulis qui s'étale jusqu'à l'entrée de grottes composant plusieurs « salles » ,où l'on peut apercevoir d'impressionnantes stalactites et stalagmites et de curieuses concrétions en forme de draperies. À la base du gouffre se trouve une vaste salle de 70 m de longueur dans laquelle pénètre encore la lumière du jour.

Revenir à la R 507.

Celle-ci quitte bientôt la dépression du Chiker et s'élève jusqu'au petit centre estival de **Bab-Bou-Idir**, où l'on prendra la direction de Bab-Azhar. On abandonne alors les plateaux calcaires pour la région schisteuse du Tazzeka, où le chêne vert fait place au chêne-liège. Au col de Bab-Taka, belle **vue** à gauche sur le Moyen Atlas.

Jbel Tazzeka★★

Peu après Bab-Taka, un panneau (Bab Azhar), signale une fourche : la piste de droite monte jusqu'au sommet du Tazzeka.

Cette piste, praticable pendant la saison sèche, présente quelques passages dangereux mais elle offre des vues admirables.

Au bout de 6 km on trouve une fourche : prenez la piste de gauche. Après avoir contourné une butte dénudée, on atteint les premiers cèdres en débouchant face au Tazzeka, dont le sommet se signale par un relais de télévision. Nouvelle fourche : prenez à droite la piste qui s'élève parmi les cèdres et les chênes verts.

Laisser la voiture près du relais de télévision et monter sur la plate-forme au pied du pylône.

L'altitude (1 980 m) permet de jouir d'un vaste **panorama★★**. Au nord, les croupes boisées du Tazzeka dévalent vers la dépression Fès-Taza, tandis qu'au-delà, la haute barrière du Rif ferme l'accès de la Méditerranée. Au sud-est et au sud, c'est toute la partie orientale du Moyen Atlas qui apparaît avec les plus hauts sommets du *jbel* **Bou Iblane,** couverts de neige une bonne partie de l'année.

Revenir à la route, qu'on prend à droite.

Le Parc national du Tazzeka

Situé à 46 km au sud-ouest de Taza, sur les hauteurs et autour du *jbel* Tazzeka (1 980 m), ce parc s'étend sur une superficie de 580 ha. Il a été créé par arrêté viziriel du 11 juillet 1950 dans le but de préserver la belle futaie naturelle de cèdres qui couvre le sommet du *jbel*. Ces arbres de grand diamètre, aux cimes tabulaires hautes de 35 à 40 m, ont parfois près de 600 ans.

Sous la cédraie et jusqu'à 1 400 m d'altitude, les pentes du massif se parent d'un mélange de cèdres et de chênes verts.

Le tourisme de montagne et de randonnées dans le Tazzeka devrait se développer dans les prochaines années. Telle est du moins l'ambition de la **Délégation du tourisme de Fès**, qui envisage d'effectuer un inventaire des itinéraires et des circuits de découverte, de les baliser, d'aménager des sites d'observation de la faune, de former des guides de montagne locaux, de sélectionner des gîtes d'étape dans des habitations respectant le cachet architectural de la région, d'encourager les collectivités locales à créer des auberges rurales et des refuges d'altitude et de rénover les maisons forestières. À terme, les régions du **jbel Bou Iblane** et du **jbel Bou Naceur**, plus au sud, pourraient devenir des centres de sports d'hiver, grâce à leur enneigement régulier.

La descente vers Bab Azhar se fait à travers une épaisse forêt de chênes-lièges agrémentée d'abondantes fougères. La route, souvent en corniche au-dessus de vallons encaissés, offre de belles **vues** tantôt sur le Tazzeka, tantôt sur d'autres alignements boisés du Moyen Atlas.

Gorges de l'ouerg Zireg★

Après Bab Azhar, la route, désormais goudronnée, rejoint la vallée de l'oued Zireg ,qui se fraie un chemin à travers de hautes falaises rouges en direction de l'oued Inaouène.

À Sidi-Abdallah-des-Rhiata, prenez à droite la route nationale qui ramène à Taza par le col de Touahar, d'où l'on a une **vue** étendue sur les croupes pelées des collines prérifaines au nord et le Tazzeka au sud.

Taza pratique

Informations utiles

Poste centrale – *Pl. de l'Indépendance (ville nouvelle) - ✆ 0 55 67 28 83 - www. poste.ma.* Un bureau de poste également pl. Moulay El Hassan à Taza Haut.

Argent – Vous trouverez des agences bancaires (BMCE et BMCI) équipées de distributeurs automatiques de billets sur l'av. Mohammed V, à proximité de la pl. de l'Indépendance, dans la ville nouvelle. À Taza Haut, deux distributeurs : l'un de la Banque populaire à côté du cinéma **Atlas**, av. Moulay El Hassan, et l'autre de la Barid al-Maghrib au niveau de la **poste**.

Pharmacies – Plusieurs dans la ville nouvelle. À Taza Haut, pharmacie **Aharrach** (*pl. Moulay El Hassan - ✆ 035 27 00 08*).

Internet – Deux cybercafés dans Taza Haut : **Cyber Azmak** (*r. Riad Azmag)* **et Cyber Tazanet** (*pl. Moulay El Hassan*). Dans la ville nouvelle, il en existe plusieurs. Signalons le **Guillaume Tell** (*pl. de l'Indépendance - 4 DH/h*).

Transports

Gare ferroviaire – Sur la route Fès-Oujda, dans la ville nouvelle. Trains quotidiens pour Fès et Oujda.

Arrêt de cars – Sur la route Fès-Oujda, près de la gare ferroviaire. Cars pour Fès, Oujda et Al Hoceima. Ceux de la CTM arrivent pl. de l'Indépendance.

Se loger

⊖ **Hôtel du Dauphiné** – *pl. de l'Indépendance (ville nouvelle) - ✆ 035 67 35 67 - 165 DH - ☕ 21 DH - restaurant à la carte.* Installé dans un bâtiment des années 1930, il pourra constituer, avec son mobilier Art déco, une halte de dépannage bon marché pour ceux qui sont plus sensibles au charme vieillot des lieux qu'à leur entretien. Accueil agréable…

⊖⊖ **Hôtel Friouato** – *Bd Bel Hassan el-Ouazzani (quartier El Messaoudia, ville nouvelle) - ✆ 035 67 25 93 - fax 035 67 22 44 - 370 DH - ☕ 34 DH - menu 112 DH -* 🅿. Hôtel situé dans un parc, à l'écart du centre-ville. L'ensemble fait très défraîchi et mériterait de sérieux travaux de remise à niveau. Le restaurant est sans grand intérêt, mais aurez-vous le courage d'aller dans le centre où vous ne trouverez guère mieux ?

AUX ALENTOURS

⊖⊖⊖ **Auberge Aïn-sahla** – *Oued Amlil, à 37 km de Taza et à 84 km de Fès, au niveau de Sidi-Abdallah, prendre la route vers Bab-Bou-Idir, à 14 km de Sidi-Abdallah (sur demande, organisation de navette depuis Fès et Taza) - ✆ 061 89 35 87 et 070 19 60 94 - reservations@ainsahla.com - www. ainsahla.com - 17 ch. - 850 DH ☕ - 950 DH☕ (avec terrasse) - 1 450 DH (ch. troglodyte) -* 🏊 *-* 🅿. Cette auberge confortable et imposante est le point de départ idéal pour découvrir les richesses du Parc national de Tazzeka, tout proche. Des randonnées équestres, pédestres et en VTT peuvent y être organisées…

Faire une pause

Pour prendre un verre, vous trouverez plusieurs cafés avec terrasses sur la place Moulay El Hassan à Taza Haut : **Najah**, **Abbas**, l'**Andalousia** avec sa terrasse panoramique, le **Zanzibar**, etc.

Événements

Festival international de théâtre jeune public – *Organisé par le ministère de la Culture - en avril.* Ce festival, dont la 7e édition a eu lieu en 2006, réunit des troupes venues du Maroc et de l'étranger (Russie, Suisse, France, Turquie, Portugal, Tunisie, Algérie, etc.).

Volubilis★★

CARTE 2E RABAT DE COUV. D2 – CARTE MICHELIN 742 PLIS 5, 9 ET 27

À 31 km au nord de Meknès se trouve l'ensemble de ruines romaines le plus important du Maroc. La ville occupait, à 390 m d'altitude, un plateau triangulaire adossé aux premiers contreforts du massif du Zerhoun, découpé en éperon par les vallons de l'oued Khoumane et de l'oued Fertassa.

- **Se repérer** – La ville romaine de Volubilis se trouve en contrebas de la route, sur la gauche, 3 km après Moulay-Idriss. Vaste parking.
- **À ne pas manquer** – Les mosaïques !
- **Organiser son temps** – Au minimum 1h.
- **Avec les enfants** – La visite des ruines romaines… pour faire naître, qui sait, une vocation d'archéologue !
- **Pour poursuivre le voyage** – Voir aussi Moulay-Idriss, Meknès et Fès.

P. Ploquin / ONMT

Les vestiges du capitole.

Comprendre

La ville romaine – En l'an 40 de l'ère chrétienne, lorsque Caligula annexa la Maurétanie, Volubilis, important village berbère qui avait probablement été l'une des résidences royales de Juba II *(voir à Larache)*, devint romaine. Il est probable que le procurateur de l'empereur y résida épisodiquement.

Hier comme aujourd'hui, les pentes du Zerhoun étaient couvertes d'oliviers et le commerce de l'huile, principale ressource de la cité antique (les fouilles ont livré les vestiges d'une cinquantaine d'huileries), a conservé de nos jours toute son importance. Avec une population estimée, au début du 3e s., à 20 000 habitants, Volubilis semble avoir connu une éclatante prospérité. C'est le temps où s'aménagent le forum et ses abords, où s'embellissent les riches demeures du quartier nord-est. Pourtant, déjà , pèsent les menaces, et la ville doit s'entourer d'une muraille.

La décadence s'amorce dès la fin du 3e s., lorsque l'occupation romaine se replie vers le nord et que la cité est évacuée par l'administration civile et militaire. Cependant, la ville continue d'être habitée : les textes épigraphiques et les vestiges archéologiques témoignent de l'existence d'une communauté chrétienne sur les lieux aux 6e et 7e s. Au moment de l'occupation musulmane, à l'arrivée de Moulay Idriss Ier, vers la fin du 8e s., Volubilis était encore une des agglomérations les plus importantes du Maroc.

Les **fouilles** ont commencé à la fin du 19e s. Beaucoup des objets trouvés dans le site sont exposés au Musée archéologique de Rabat.

Visiter

✆ 035 54 41 03 - été : 8h-19h ; le reste de l'année : 8h-18h30 - 20 DH - durée : 1h. Itinéraire indiqué sur le plan.

Près de la porte sud-est, les remparts (fin du 2e s.) ont été restaurés sur une partie de leur hauteur. En traversant un musée lapidaire en plein air (pierres tombales, statues, chapiteaux, inscriptions), on atteint un petit pont qui franchit l'oued Fertassa. Prenez à gauche après le pont.

Événements

Festival international de Volubilis – *Organisé par le ministère de la Culture - en août.* Danse, ballet, chanson au programme de ce festival ouvert sur les cultures étrangères et nationales. L'édition 2006 a ainsi réservé une soirée à des artistes berbères.

Quartier Sud

C'est la partie la plus ancienne de la ville.

Huilerie – Remarquez la grande dalle creusée d'une rigole circulaire qui recueillait l'huile et la dirigeait vers les bassins de décantation ; deux de ces bassins bien conservés sont visibles en contrebas.

Maison d'Orphée (1) – Au fond de *l'atrium*, entièrement pavé de mosaïques, s'étendait le *tablinum* (lieu de travail et de réception du maître de maison) : au centre, une vaste composition met en scène Orphée charmant des animaux de sa lyre. À droite de *l'atrium*, restes d'une huilerie. À gauche de *l'atrium*, remarquez la mosaïque des Neuf Dauphins bondissants qui décore le sol du *triclinium* (salle à manger).

Thermes de Gallien – Ils s'étendent sur près de 1 000 m². La rue longe d'abord la chaufferie, dont on aperçoit les foyers voûtés ; à l'arrière-plan, les vastes salles du *caldarium* (salles chaudes). Plus loin, on peut voir la piscine froide, bien conservée.

Autour du Forum

On débouche sur une place publique qui devait être le marché.

Boulangerie – Dans l'angle nord-ouest de cette place, une venelle longe le logement, la boutique et le fournil d'un boulanger : on peut encore voir (au fond de l'impasse) deux pétrins, deux moulins à blé et la base du four. Revenant sur vos pas, vous avez devant vous les ruines des **thermes du forum**. Contournez-les par la droite pour atteindre le capitole.

Capitole – De ce petit temple de type classique on a pu reconstituer la terrasse et quelques colonnes aux chapiteaux corinthiens. Remarquez l'autel, au pied des marches.

Basilique civile – Ce genre d'édifice, annexe indispensable du forum, servait à la fois de lieu de promenade et de réunion en cas de mauvais temps, de bourse de commerce, ou encore de tribunal. Il est probable que la curie (conseil municipal) de Volubilis y tenait ses séances.

Son plan apparaît nettement : la basilique était divisée en trois nefs par deux files de colonnes corinthiennes ; la large nef centrale se terminait à chaque bout par une abside en arc de cercle voûtée en cul-de-four.

Forum – Les marches qui bordent le côté ouest de la basilique introduisent au forum, de proportions modestes, centre de la vie sociale de la cité. Bordé de portiques, il était décoré de statues d'empereurs et de notables locaux.

Vers l'arc de triomphe

Sur le côté gauche de la rue qui va du forum à l'arc de triomphe, on peut voir deux mosaïques bien conservées dans la **maison au Desultor (2)**. La première représente un acrobate *(desultor)* chevauchant à rebours sa monture et tenant à la main un vase, prix de sa victoire ; l'autre figure une scène de pêche.

Un peu plus loin, à droite, la principale **fontaine publique** de la ville.

L'**arc de triomphe** (3e s.), dont la voûte s'était effondrée, a pu être en partie reconstitué. Contemporain du capitole, il fut érigé, comme l'indique la dédicace qui le surmonte, à la gloire de Caracalla et de sa mère Julia Domna.

Dans son ensemble, cette œuvre apparaît quelque peu écrasée ; mais il faut lui restituer par la pensée, au-dessus de l'inscription, la frise et le bandeau qui lui manquent, ainsi que le char tiré par six chevaux qui couronnait le tout. Dominant la plaine occidentale, l'arc manifestait la présence de Rome aux yeux des tribus berbères.

Passant sous l'arc, on trouve, à gauche, la **maison au Chien (3)**. Le bassin de *l'atrium* est assez bien conservé. C'est dans l'une des pièces d'habitation, à gauche de *l'atrium*, que fut découvert en 1916 le chien de bronze qui se trouve au Musée archéologique de Rabat.

En suivant le decumanus

On peut voir, dans les maisons qui bordent cette rue centrale, des mosaïques en assez bon état.

Maison à l'Éphèbe★ (4) – Au fond du péristyle, une mosaïque représente une néréide assise sur un cheval marin et encadrée de centaures. Dans la partie orientale, deux pièces entourant un petit bassin circulaire sont également pavées de mosaïques : Bacchus sur son char et un pêcheur parmi les poissons et des oiseaux aquatiques.

Maison aux Colonnes (5) – Deux colonnes torses à chapiteaux corinthiens marquent l'entrée d'un vaste péristyle orné d'un bassin circulaire fleuri de géraniums.

Maison au Cavalier (6) – Dans la maison suivante, la pièce du fond est décorée d'une mosaïque représentant Bacchus guidé par l'Amour et découvrant Ariane endormie.

Maison aux Travaux d'Hercule (7) – Au-delà du péristyle pourvu d'un bassin aux bords lobés, une grande composition de mosaïque constitue le pavement du *triclinium* : douze médaillons illustrent les travaux d'Hercule ; ils encadrent d'autres motifs : l'enlèvement de Ganymède par l'aigle de Jupiter, les Quatre Saisons.

Autres mosaïques★ – Les demeures voisines offrent encore d'intéressantes mosaïques : à droite du *decumanus* ,de gracieuses **néréides (8)** chevauchant des monstres marins et entourant le buste du dieu Océan ; à gauche, **Dionysos et les quatre saisons (9)**. On pourra voir aussi le **Bain des nymphes (10)** dans une petite cour au fond de la maison voisine.

Palais de Gordien et maison de Vénus

Siège des gouverneurs de la province, le **palais de Gordien** porte le nom de l'empereur sous le règne duquel il fut reconstruit.

La **maison de Vénus (11)** s'ouvre sur un *decumanus* secondaire. Dans cette riche demeure, toutes les pièces sont pavées de mosaïques aux dessins géométriques rappelant les motifs des tapis berbères. On pourra voir : dans l'angle sud-est, cinq médaillons représentant Bacchus et les Quatre Saisons ; dans l'angle sud-ouest, Diane au bain avec ses deux compagnes, surprise par Actéon, et, dans une chambre voisine, à l'ouest, l'enlèvement d'Hylas par les nymphes.

Le **decumanus** secondaire longe l'aqueduc qui apportait à la ville les eaux du Fertassa.

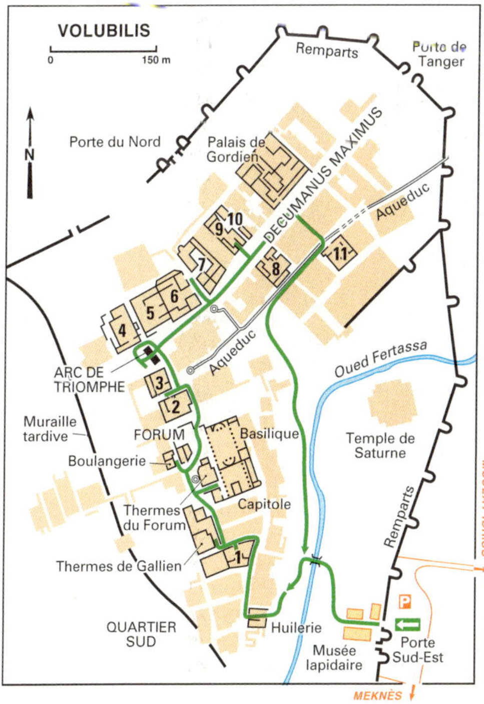

Ruiz Treal / HOA QUI

L'Atlas enneigé domine les remparts de Marrakech.

MARRAKECH ET LE HAUT ATLAS

CARTE 2E RABAT DE COUV. B3, B4, C4 – CARTE MICHELIN 742, PLIS 4, 20, 33-34 ET 50-52

Marrakech, la « perle du Sud ». Dès les premiers pas, le voyageur est étourdi par l'effervescence qui règne dans cette cité vertigineuse. Les parfums, les couleurs, la foule : cette première impression demeure tout au long du séjour. Derrière les remparts s'emmêlent les inombrables ruelles de la médina, où commerçants, porteurs, mendiants, cyclistes, ânes et badauds se croisent dans un incessant va-et-vient. L'immense place Jemaa el Fna s'anime de toute part. Les marchands ambulants redoublent d'ingéniosité pour attirer le passant, les charmeurs de serpents côtoient les danseurs traditionnels et les acrobates s'échauffent le long des terrasses de cafés. Une foule s'attroupe et écoute, captivée, les récits d'un conteur. Marrakech, ce sont aussi les palais richement décorés, les restaurants gastronomiques, les jardins paisibles et les nuits trépidantes.

Au sud s'étend la vaste chaîne du Haut Atlas. Un nouveau monde s'offre au regard. Les bourgades accrochées aux flancs des monts semblent vivre à une autre époque. La route serpente à travers un paysage semé de steppes à arganiers. Juchées sur les arbustes, des chèvres gourmandes tiennent en équilibre sur des branches qui ne demandent qu'à céder. L'air se rafraîchit, et l'on aperçoit déjà au loin les sommets enneigés du jbel Toubkal. Sur les versants abrupts courent des chemins de randonnées vers des sommets lointains. Quelques enfants vous saluent avec un immense sourire. Le vert vif des jeunes pousses de blé rehausse le rouge éclatant des vieilles demeures en pisé, le bleu profond du ciel se reflète dans les eaux limpides des tumultueuses rivières. On ne sait où poser les yeux tant la beauté du décor semble irréelle. Puis la route redescend, la végétation se raréfie, les rivières s'assèchent. La chaleur se fait étouffante et l'on peut rouler plusieurs heures durant sans croiser la moindre habitation. Au loin se profilent les premières palmeraies.

Se repérer – Trois routes partent de Marrakech en direction du sud et franchissent le Haut Atlas. Celle du Tizi-n-Test, qui rejoint Taroudant en passant par Asni ; la route de l'Ourika, qui mène à la station de l'Oukaïmeden, et enfin la route du Tizi-n-Tichka, qui mène à Ourzazate en passant par Aït-Benhaddou.

À ne pas manquer – À Marrakech : la médina, la place Jemaa el Fna et les tombeaux saâdiens ; dans le Haut Atlas : les vues splendides depuis les sommets du Tizi-n-Test et du Tizi-n-Tichka, la station de l'Oukaïmeden.

Organiser son temps – Une semaine suffira à peine pour s'imprégner de l'ambiance de Marrakech et sillonner les routes qui serpentent le long des montagnes du Haut Atlas.

Avec les enfants – Les innombrables attractions de Marrakech et les loisirs sportifs ; la station de ski de l'Oukaïmeden ; les randonnées dans le Haut Atlas.

Asni

11 200 HABITANTS
CARTE 2E RABAT DE COUV. B4 – CARTE MICHELIN 742, PLIS 14, 33 ET 51

Cette bourgade du Haut Atlas occupe un joli site★ à proximité du jbel Toubkal, qui ferme l'horizon au sud. Deux rivières se réunissent non loin de là pour former l'asif Reraïa, dont la large vallée est cultivée et plantée d'oliviers. Au-dessus de la rivière, un pittoresque village berbère s'étage au pied d'une kasbah rouge, qui commandait le val d'Asni.

Se repérer – Asni est situé à 47 km au sud de Marrakech, sur la route qui rejoint Taroudant en franchissant le Tizi-n-Test.

À ne pas manquer – Les plus courageux accèderont au sommet du Toubkal pour admirer le panorama vertigineux qui s'étend jusqu'à Marrakech.

Organiser son temps – Quelques heures suffiront pour sillonner Asni et ses environs en voiture. Compter deux jours de plus si vous tentez l'ascension du Toubkal.

Avec les enfants – Une excursion à dos d'âne dans les environs d'Imlil.

Pour poursuivre le voyage – Voir aussi le Haut Atlas en prenant la route du Tizi-n-Test et celle de l'Oukaïmeden, et visiter Marrakech (47 km au nord) et Taroudant.

J. Malburet / MICHELIN

Battage du blé à Asni.

Comprendre

Au pays des Aïd Ousertak – Une année durant, Isabelle Idali-Demeyere a partagé la vie d'un village berbère des environs d'Asni, Tidli. Vie rude ponctuée par les travaux des champs et rythmée par le passage des saisons. Récoltes réalisées en commun *(tiwizi)*, travail pénible et incessant des femmes, transhumance à l'Oukaïmeden *(takkattin)*, expéditions aux souks, pèlerinages et fêtes *(ahouach)*, joies et peines, mariages et enterrements, croyances et superstitions : Marrakech n'est qu'à un peu plus d'une heure de route, mais des siècles semblent séparer la grande ville de ces villages berbères qui vivent en autarcie, perpétuant un mode de vie et des traditions séculaires.

Rédigé avec respect et amour pour ce peuple laborieux et attachant, ce témoignage « sur ces gens qui n'ont rien et qui donnent tout » est à lire absolument pour qui souhaite apprendre à mieux connaître les habitants de ces superbes vallées. *(Ahouach, Quatre saisons chez les Berbères,* Éditions de l'Aube, 2002.*)*

Se promener

AUTOUR DU JBEL TOUBKAL★★

À 4 167 m d'altitude, le point culminant de l'Afrique du Nord est le plus haut sommet d'un massif qui ne s'abaisse jamais au-dessous de 3 000 m. Il est constitué par des roches granitiques sombres, sans végétation ni glacier : seuls quelques névés subsistent dans les replis. La rudesse de ses grandes murailles est impressionnante.

Imlil

17 km au sud d'Asni (route goudronnée avec quelques nids de poule isolés).

Dominant *l'asif* Reraïa puis *l'asif* n'Aït-Mizane, les cultures maraîchères, les oliviers et de grands noyers soulignent l'occupation humaine. Puis la vallée se rétrécit et devient plus sauvage tandis qu'on approche du hameau d'**Imlil**, terminus de la piste, à 1 740 m d'altitude, au pied du Toubkal.

Ascension du Toubkal

Les amateurs de randonnées trouveront sur place, durant toute la saison, guides et muletiers, et tout le ravitaillement nécessaire à Imlil. L'excursion complète exige environ 16h de marche. D'Imlil au cirque d'Aremd : montée 1h, descente 3/4h (prendre la clé du refuge Neltner au hameau d'Aremd, où habite le gardien) ; d'Aremd au refuge Neltner (alt. 3 207 m), où commence l'ascension proprement dite : montée 5h, descente 2h30 ; du refuge Neltner au sommet : montée 5h, descente 3h.

Jusqu'au refuge Neltner, le chemin muletier remonte la haute vallée de *l'asif* n'Aït-Mizane et passe près du **sanctuaire de Sidi-Chamharouch** : ce « roi des *jnoun* (génies) » est conjuré par des offrandes et des bains dans une source sacrée, et honoré chaque été, le 15 août, par un *moussem*.

Du sommet, **panorama**★★ immense sur les plus hautes cimes des pays Goundafa (à l'ouest) et Glaoua (au nord-est), sur Marrakech et la plaine du Haouz au nord, et sur tout le pays brûlé du sud dominé par la pyramide du *jbel* Siroua.

> **Pour les marcheurs**
>
> Vous pourrez faire d'autres courses en montagne à partir d'Imlil :
> - vers le lac d'Ifni (flanc sud du Toubkal) par Tizi-n' Ouanouns : montée 6h, descente 4h ;
> - vers le névé du Tazaghârt (à l'ouest) par le refuge Lepiney : 5h ;
> - vers l'Angour et l'Oukaïmeden (au nord-est) par le refuge de Tacheddirt.

Gorges de Moulay-Brahim

Quitter Asni en direction de Marrakech. 5 km par une route de montagne étroite mais goudronnée, bordée de pins d'Alep.

La route pénètre dans les gorges creusées par *l'asif* Reraïa dans les schistes noirs qui lui barrent l'entrée de la plaine du Haouz. Abrupt et sauvage, ce défilé, que la route franchit par une corniche sinueuse, doit son nom à un gros village groupé autour de la *zaouïa* de Moulay-Brahim.

Tahanaoute – À la sortie du défilé, ce typique village berbère s'étage au flanc de la vallée du Reraïa, en bordure de la zone fortunée du *dir*.

Revenir vers Asni et, 1 km avant le village, prendre à droite la route de Moulay-Brahim.

Zaouïa de Moulay-Brahim – Le tombeau du saint est le but de nombreux pèlerinages, en particulier de femmes aspirant à la maternité. En poursuivant 200 m environ au-delà du village, sur la piste d'Aguergour, jusqu'à l'éperon rocheux qui domine la vallée, belle **vue**★ sur *l'asif* Reraïa, l'entrée des gorges de Moulay-Brahim et, au loin, sur le *jbel* Toubkal.

L'Oukaïmeden★★

Circuit de 192 km – 1/2 journée – Voir p. 391.

Ouirgane

15 km au sud-ouest – Voir p. 398.

Asni pratique

Informations utiles

Station essence – Grande station à la sortie de la ville en direction de Marrakech (elle dispose de sans-plomb).

Indications routières – De la région d'Asni, il est dorénavant possible de rejoindre la vallée de l'Ourika et de prolonger jusqu'à la route du Tizi-n-Tichka sans passer par Marrakech. Au niveau de Tahanaoute, empruntez la nouvelle route entièrement goudronnée, et non-indiquée sur les cartes, en direction de Dr.-Caïd-Ouriki (ne pas suivre le panneau en direction de « Oukaïmeden » qui vous obligerait à emprunter une piste impraticable en cas de pluie). De là, vous pourrez rejoindre l'Oukaïmeden vers le sud, en suivant la direction de Aghbalou, ou bien rejoindre le Tizi-n-Tichka en suivant la direction d'Âït-Ourir.

Se loger

À ASNI

Villa de l'Atlas – *À la sortie de la ville, empruntez la route d'Imlil, tout de suite à gauche - ✆ 024 48 48 55 - 3 ch. - 300 DH* . La propriétaire de cette charmante maison a aménagé quelques chambres pour accueillir les voyageurs. Les salles de bains sont communes, les chambres simples, mais l'ensemble est bien tenu et joliment décoré d'objets traditionnels. L'atmosphère y est conviviale et l'on y sert une cuisine familiale, que vous pourrez apprécier confortablement assis dans l'un des nombreux canapés. Le petit balcon offre une vue dégagée sur les montagnes.

Kasbah Tamadot – *Sur la route d'Imlil, à 4 km d'Asni - ✆ 024 36 82 00 - fax 024 36 82 11 - www.virgin.com/kasbah - 18 ch. et suites - Les prix, qui peuvent varier, sont annoncés sur le site.* Inutile de vous arrêter devant cette imposante kasbah qui longe la route d'Imlil en espérant trouver une chambre à la dernière minute. Il est indispensable de réserver longtemps à l'avance pour séjourner dans ce somptueux palais qui appartient au richissime propriétaire du Virgin Mégastore. Peu d'établissements au Maroc peuvent se vanter d'un tel raffinement. Les chambres, spacieuses et décorées avec soin, donnent sur un magnifique jardin étagé doté d'une piscine aux eaux turquoise. Un centre de thalassothérapie, plusieurs salons, un vidéo-club sont à disposition des résidents. Le tout est décoré d'objets traditionnels dignes de figurer dans un musée. Cette déferlante de luxe met tout de même un peu mal à l'aise face à la simplicité des villageois alentour.

À IMLIL

La Kasbah du Toubkal – *BP 31 Asni - ✆ 024 48 56 11 - fax 024 48 56 36 - www. kasbahdutoubkal.com - 1 540 DH - suite : 1 980/4 400 DH* . Au pied du Toubkal, l'ancienne résidence d'été d'un caïd, à 1 800 m d'altitude, propose aux visiteurs de passage 8 suites aménagées dans une *kasbah* restaurée avec la participation des habitants. Notez que en outre, la *kasbah* peut être visitée depuis Marrakech : excursion d'une journée comprenant la visite d'un souk rural, un déjeuner à la *kasbah* et une promenade à dos de mule dans les villages berbères, agrémentée d'un thé chez l'habitant.

AUX ALENTOURS

Club alpin français – *Réserv. : CAF - BP 6178 - Casablanca - ✆ 022 27 00 90 - www.cafmaroc.co.ma.* Le CAF gère cinq refuges : L'Oukaïmeden, Imlil, Tazarhart (Lépiney), Toubkal et Tacheddirt, qui disposent de couchettes avec matelas et couvertures. L'équipement cuisine est sommaire, mieux vaut prévoir le sien !

Il existe également des gîtes d'étape, classés ou non, dans certains des douars traversés ; camping à **Aremd**.

Voir p. 394 et 398 pour trouver d'autres adresses de logements à **Ouirgane**, dans la région de l'**Oukaïmeden** et dans la **vallée de l'Ourika**:

Se restaurer

Plusieurs échoppes bordent la route qui traverse le centre d'Asni. On y sert quelques bons tajines et brochettes à des prix imbattables. Pour plus de choix, vous devrez prolonger votre route de quelques kilomètres en direction d'Ouirgane *(voir carnet pratique du Tizi-n-Test p. 398).*

L'Oliveraie de Marigha – *Entre Asni et Ouirgane, empruntez la route d'Amizmiz - ✆ 024 48 42 81 - www. oliveraie-de-marigha.com - 100/250 DH* - - P - . Aménagé au milieu d'un champ d'oliviers, ce restaurant élégant fait face aux montagnes du Tizi-n-Test. Un cadre exceptionnel pour savourer une cuisine berbère et européenne de qualité. Les tables sont disposées au coin de la cheminée en hiver, le long de la piscine ou à l'ombre d'un arbre en été. Accès à la piscine seule : 100 DH.

Sports et loisirs

Pour tout renseignement concernant les randonnées dans le *jbel* Toubkal :

Office de tourisme – *Place Abdel Moumen Ben Ali - Marrakech - ✆ 024 43 61 31.*

Délégation de la jeunesse et des sports – *Stade du Harti - Marrakech - ✆ 024 44 74 48.*

Achats

Souks – *Le samedi à Asni, le mardi à Tahanaoute.* Très animés.

Marrakech★★★

855 592 HABITANTS (LES MARRAKCHIS)
CARTE 2E RABAT DE COUV. B3 – CARTE MICHELIN 742, PLIS 4, 20 ET 51

Ville impériale et capitale du Sud, Marrakech exerce sur les populations de la partie méridionale du pays, de l'Atlas au Sahara, comme sur les voyageurs, un extraordinaire attrait. Dès l'arrivée, on est pris par les parfums, les couleurs, les fleurs, les verts palmiers, les murs roses tapissés de bougainvillées, le feuillage mauve des jacarandas et, pour qui arrive du nord, l'apparition de la palmeraie au milieu de la plaine ardente du Haouz constitue un étonnant spectacle. En hiver et au printemps, lorsqu'étincellent au loin les neiges du Haut Atlas, la surprise est plus forte encore.

Se repérer – Une ville moderne, le Guéliz (du nom de la colline située au nord-ouest de la ville), s'étend à l'Ouest de la médina. Avec ses banques, ses boutiques, ses cafés, le boulevard Mohammed V en est l'axe majeur. Il vous conduit au pied de la Koutoubia, monument emblématique de la ville, et à la fameuse place Jemaa el Fna, à l'entrée de la médina, où bat le cœur de Marrakech.

Se garer – N'essayez pas de garer votre voiture à proximité de la place Jemaa el Fna ou dans le quartier de la Médina. Les quelques parkings et places disponibles sont situés dans le Guéliz.

À ne pas manquer – Une promenade dans les quartiers populaires de la médina, en passant par la place Jemaa el Fna et le long de la Koutoubia ; une visite des tombeaux saâdiens ; le palais de la Bahia ; le jardin Majorelle.

Organiser son temps – Prévoyez au minimum un week-end pour vous imprégner de l'ambiance si particulière qui règne dans la « capitale du Sud ». L'idéal est de prévoir une semaine, le temps de visiter les alentours (Essaouira, la vallée de l'Ourika et la route du Tizi-n-Test).

Avec les enfants – Charmeurs de serpents, dresseurs de singes, acrobates et conteurs de la place Jemaa el Fna distrairont sans aucun doute les enfants. La ville dispose également d'une piste de karting et de plusieurs centres d'équitation. Pour les plus courageux : un survol de la ville en montgolfière. Enfin, un parc de loisirs est situé dans le quartier de la Ménara.

Pour poursuivre le voyage – Voir aussi la vallée de l'Ourika, la région de l'Oukaïmeden, Asni et la Route du Tizi-n-Test. En direction de Ouarzazate et du Grand Sud, emprunter la Route du Tizi-n-Tichka et visiter Telouèt, Âït-Benhaddou et Ouarzazate. À la découverte du Moyen-Atlas, en direction de Fès et Meknès, s'arrêter aux cascades d'Ouzoud et à Beni-Mellal ; enfin, pour une journée à la mer, rejoindre Essaouira.

M. Gurfinkel / MICHELIN

La place Jemaa el Fna à la tombée de la nuit.

Comprendre

Un conquérant floué – Vers le milieu du 11e s., des Berbères sahariens franchirent l'Atlas et descendirent dans le Haouz. À peine avaient-ils atteint la plaine que leur chef, Abou Bekr, se vit obligé de retourner en Maurétanie pour y réprimer une révolte, laissant son armée et sa femme aux bons soins de son lieutenant, **Youssef ben Tachfine**. À son retour, deux ans plus tard, il ne tarda guère à mesurer son imprudence : certes comblé de présents, il dut se résoudre à regagner son désert en méditant amèrement sur l'ingratitude humaine en général et celle de son subordonné en particulier.
Youssef avait établi son camp en un lieu si redouté des voyageurs que les Berbères l'avaient appelé « Marroukech » (« Marche vite » !). Protégé par les rochers du Guéliz, le site était bien choisi mais l'eau manquait. Youssef fit creuser des puits et les relia par un réseau de conduits souterrains qui amena l'eau au camp : ce système de *rhettara* apporte aujourd'hui encore la vie aux jardins de Marrakech. En vrai Saharien, il fit planter des palmiers : ainsi s'explique la présence d'une grande palmeraie au nord de l'Atlas. Très vite, le camp devint un marché puis une ville d'où Youssef partit à la conquête du Maghreb : quarante ans après sa fondation, la nouvelle ville était la capitale d'un empire qui s'étendait d'Alger à l'Atlantique, de l'Èbre au Drâa, et dont l'influence rayonnait jusqu'au Sénégal.

La « capitale du Sud »

Marrakech (« Merrakch » en arabe), 3e ville du Maroc après Casablanca et Rabat, n'en demeure pas moins une énorme agglomération essentiellement rurale où la vie semble conserver parfois un caractère presque médiéval, ce qui n'empêche pas modernité et tradition de cohabiter, et où la terre et les habitations se confondent en une même couleur ocre rouge.
Nœud d'échanges, grand centre artisanal, « Marrakech-la-Saharienne » ne ressemble à aucune des autres cités impériales. Dans ses remparts de terre règne une foire perpétuelle. Sur ses places, dans les galeries couvertes de ses souks, c'est tout au long des jours une cohue bigarrée, dans laquelle se mêle aux citadins une population fluctuante descendue de l'Atlas, ou venue du Sous, de l'Anti-Atlas, du Sahara.
Elle offre aux visiteurs, surtout de novembre à mai, l'attrait de ses monuments et le charme de ses immenses jardins, son climat doux et sec et son atmosphère limpide. La proximité du Haut Atlas, dont Marrakech commande les deux grands cols (Tizi-n-Test et Tizi-n-Tichka), en fait une excellente base d'excursions en montagne ; les champs de ski de l'Oukaïmeden ne sont pas très loin. Marrakech est aussi une étape incontournable de la vie nocturne marocaine. Ici plus qu'ailleurs flotte un air de liberté.

Une dynastie de bâtisseurs – En 1147, **Abd el-Moumen** s'empare de Marrakech et fonde la dynastie almohade. Le premier soin du nouveau sultan est d'élever sur l'emplacement du palais des Almoravides une mosquée, la Koutoubia, dont l'admirable minaret domine aujourd'hui encore la ville. Son fils **Youssef** continue son œuvre et entreprend la construction d'une immense *kasbah*. Amoureux de l'Andalousie, il fait édifier à Séville une grande mosquée, la Giralda, réplique de la Koutoubia. Le troisième souverain almohade, **Yacoub el-Mansour** (« le Victorieux »), complète l'œuvre de ses prédécesseurs : à Marrakech, il termine la Koutoubia et dote la ville de palais et de mosquées ; à Séville, il achève la Giralda. Mais c'est surtout à Rabat qu'il accomplit une œuvre grandiose.

Ahmed « le Doré » – Le déclin s'amorce lorsque les Mérinides adoptent Fès pour résidence : Marrakech entre dans une période de luttes entre tribus et de révoltes contre les sultans. Au 16e s., les Saâdiens venant du Sous prêchent la guerre sainte contre les chrétiens, installés sur la côte. Victorieux à Agadir, à Safi, à Azemmour, ils s'emparent de Fès et règnent bientôt sur tout le Maroc. Le plus célèbre, **Ahmed el-Mansour**, surnommé aussi El Dehbi (« le Doré ») à cause de ses fabuleuses richesses, consacre une partie de celles-ci à embellir Marrakech. Afin de perpétuer son souvenir, il fait élever le palais d'El Badii ; il prépare également une luxueuse résidence posthume à sa dynastie, les Tombeaux saâdiens, et dote la ville de mosquées, de fontaines et de *médersas*.

Vers le renouveau – À la mort du « Doré », Marrakech retombe dans le désordre et l'anarchie. La dynastie des Saâdiens s'écroule et les Alaouites prennent le pouvoir ; Moulay Ismaïl s'installe à Meknès et fait abattre le palais d'El Badii.

Ses successeurs montrent plus de modération. Fès est leur résidence préférée mais ils ne délaissent pas tout à fait Marrakech. À la fin du 19e s., l'un d'eux, le grand sultan **Moulay Hassan**, vient même s'y fixer et redonne à la ville un brillant éclat. Sous son règne et sous celui de son fils, Moulay Abdelaziz, de beaux palais sont édifiés : Dar el Beïda, Dar Si Saïd, et surtout la magnifique demeure de la Bahia.

Les revirements du Glaoui – En 1912, le chef de la résistance du sud à la pénétration française, **El Hiba** *(voir à Tiznit p. 500)*, se rend maître de la ville avant d'entreprendre sa marche vers le nord. Mais il se heurte aux troupes du colonel Mangin à Sidi-Bou-Othmane, à 35 km au nord de Marrakech. Les Français, bénéficiant de la complicité discrète du pacha de Marrakech, **El Glaoui** *(voir Route du Tizi-n-Tichka, p. 401)*, pénètrent dans la ville, et « le sultan bleu » doit se replier vers l'extrême sud, tandis que le Glaoui commence à rassembler pouvoir et fortune, à l'ombre du protectorat.
En 1953, il fomente à Marrakech un complot qui aboutit au bannissement du sultan Mohammed ben Youssef, le futur Mohammed V. Mais c'est ce même Glaoui qui, par un retournement spectaculaire, devait fortement contribuer, en 1955, au retour du souverain.

Se promener

LES QUARTIERS SUD DE LA MÉDINA★★★ 1 Plan II

Environ 3h.

La Koutoubia★★★ Plan II E4

Entrée interdite aux non-musulmans. Ce nom, qui est celui d'une mosquée, désigne aussi son célèbre minaret. La mosquée de la Koutoubia, ou « des Libraires », ainsi appelée parce que les marchands de livres tenaient autrefois boutique autour d'elle, fut édifiée au 12e s. par Abd el-Moumen.
Un premier sanctuaire fut bâti, mais son orientation par rapport à La Mecque n'ayant pas été jugée satisfaisante, le sultan entreprit d'en construire un deuxième, de plan identique. Les deux édifices, contigus, coexistèrent pendant plusieurs années, avant que ne soit démoli le premier, dont on distingue encore les fondations dans le square aménagé à droite de l'actuelle mosquée, et les traces du *mihrab* sur le mur extérieur nord de celle-ci.

B. Paternault / MICHELIN

La Koutoubia.

C'est sous le règne de Yacoub el-Mansour (1184-1199) que fut achevé l'admirable **minaret**, chef-d'œuvre de l'art hispano-mauresque. Haut de 70 m, il révèle de loin sa silhouette à la fois élancée et robuste. Les murs sont en moellons d'une chaude couleur allant du rose au roux. La délicate décoration sculptée de sa partie supérieure, variant avec chaque face, contraste avec la sobriété qui règne à sa base, et atténue la rudesse du matériau. La tour, restaurée sous l'égide de l'Unesco, a retrouvé la frise de faïence vert et blanc qui en revêtait le sommet, que couronnent de fins merlons. Les arcs entrecroisés au-dessus des baies du lanternon constituent l'un des premiers exemples de ce décor à losanges caractéristique des minarets d'Occident. Les boules dorées qui surmontent la tour auraient été fondues, selon la légende, avec les bijoux en or d'une femme de Yacoub el-Mansour.

De la Koutoubia à la mosquée d'El-Mansour Plan II E4-F5

Au pied du minaret, traverser les **jardins de la Koutoubia**. Réaménagés et ouverts au public, ils ont été dotés d'une superbe roseraie et constituent une promenade très agréable.

On débouche sur l'av. Hoummam el Fetouaki que l'on prend sur la gauche jusqu'à la place Youssef ben Tachfine.

Si vous choisissez de faire cette promenade en voiture, pour rejoindre cette place, il faut prendre à droite, après avoir dépassé la Koutoubia, la rue Ibn Khaldoun, sur laquelle donne le portail monumental de Dar Moulay Ali, résidence du consul de France.

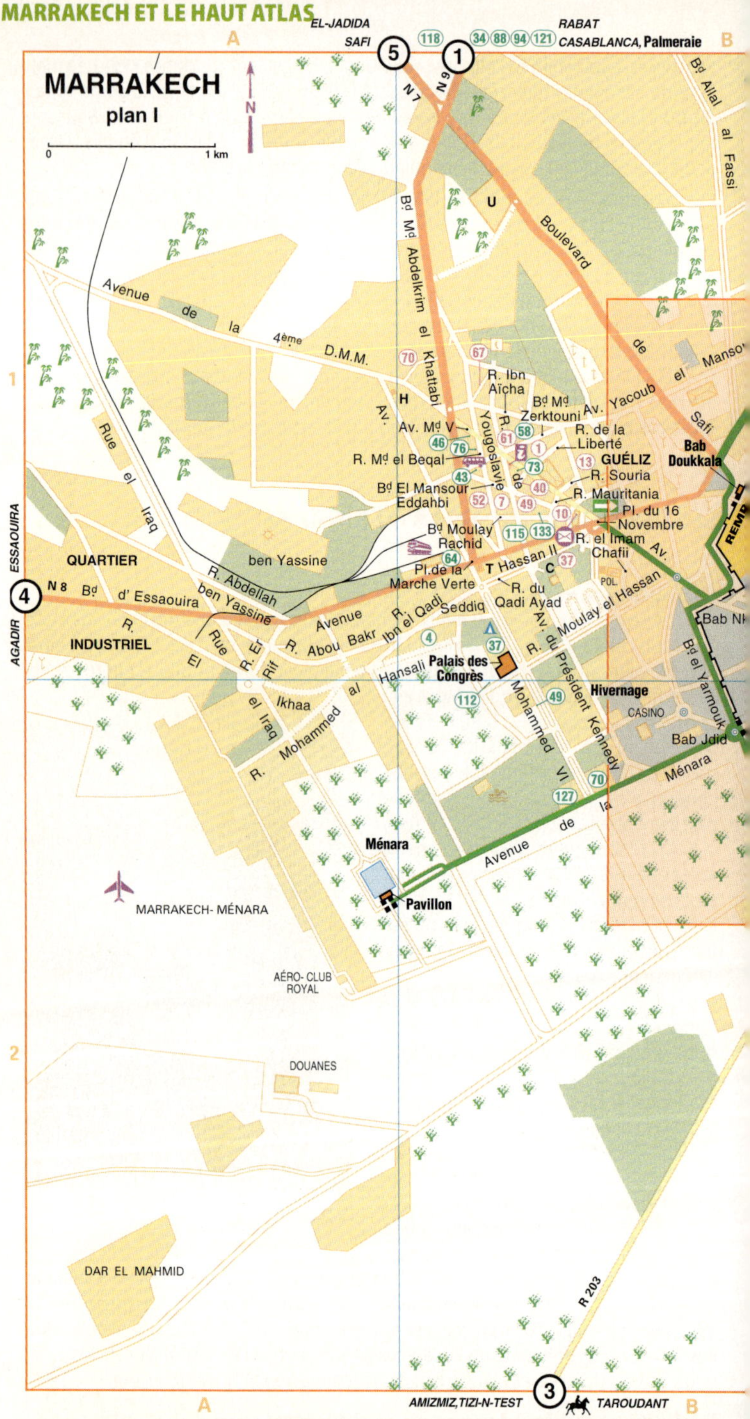

SE LOGER

- An Nûr (plan II) 1
- Auberge de jeunesse (plan I) 4
- Chouia Chouia (plan II) 7
- Dar El Farah (plan II) 10
- Dar Kalifa (plan II) 13
- Dar Lalla (plan II) 16
- Dar les Zomorodes (plan I) 19
- Dar Naïma (plan II) 22
- Dar Tawanza (plan II) 25
- El-Arsat (plan II) 28
- Eldorador Tikida Garden (plan I) 31
- Ferdaous (plan I) 34
- Framissima les Idrissides (plan I) 37
- Hasna (plan II) 40
- Hôtel Agdal (plan I) 43

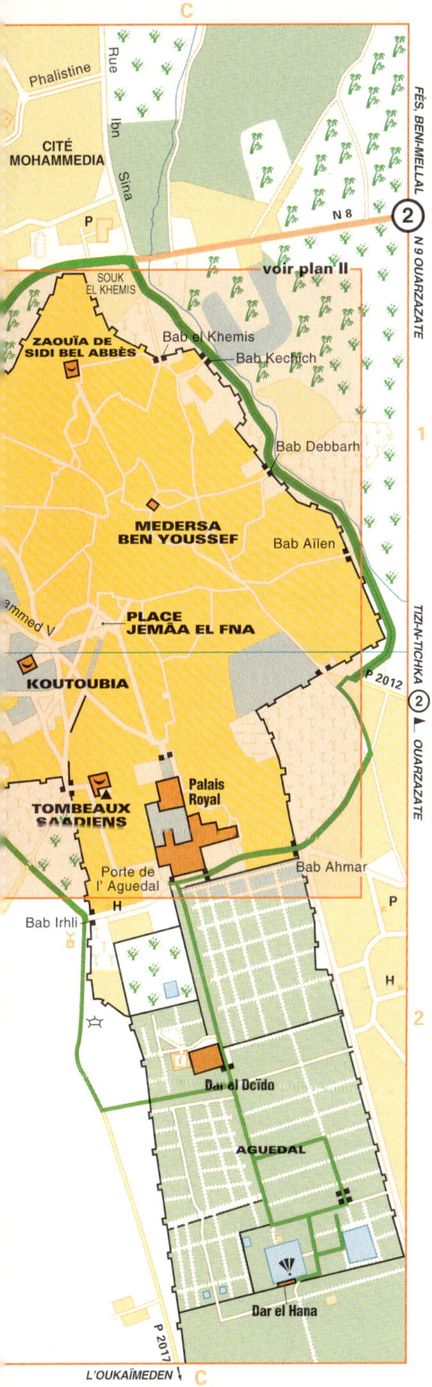

Hôtel Amalay (plan I) ... 46
Hôtel Asni (plan I) ... 49
Hôtel de Foucauld (plan II) ... 52
Hôtel de la Ménara (plan II) ... 55
Hôtel des Voyageurs (plan I) ... 58
Hôtel Gallia (plan II) ... 61
Hôtel Ibis-Moussafir (plan I) ... 64
Hôtel Islane (plan II) ... 67

Hôtel Meridien N'fis (plan I) ... 70
Hôtel Nassim (plan I) ... 73
Hôtel Oudaya (plan I) ... 76
Hôtel Sherazade (plan II) ... 79
Hôtel Souria (plan II) ... 82
Hôtel Tazi (plan II) ... 85
Hôtel Tichka (plan I) ... 88
Jnane Mogdor Hotel (plan II) ... 91
Kenzi Semiramis (plan I) ... 94
La Maison Arabe (plan II) ... 97
La Mamounia (plan II) ... 100
Le Grand Imilchil (plan II) ... 103
Les jardins de la Koutoubia (plan II) ... 106
Malika (plan II) ... 109
Mansour Eddahbi (plan I) ... 112
Meriem's Hotel (plan I) ... 115
Paladien Tropicana (plan I) ... 118
Palmeraie Golf Palace (plan I) ... 121
Riad Lyla (plan II) ... 124
Sheraton (plan I) ... 127
Tchina (plan II) ... 130
Villa Hélène (plan I) ... 133

SE RESTAURER

Al Fassia (plan I) ... 1
Alizia (plan II) ... 4
Bagatelle (plan I) ... 7
Café de la poste (plan I) ... 10
Catanzaro (plan I) ... 13
Dar Diaffa (plan II) ... 16
Dar Fez (plan II) ... 19
Dar Gharnata (plan II) ... 22
Dar Marjana (plan II) ... 25
Dar Mima (plan II) ... 28
Dar Moha (plan II) ... 31
Dar Mounia (plan II) ... 34
Jardin de Guelij (plan I) ... 37
Kechmara (plan I) ... 40
Ksar Es Saoussan (plan II) ... 43
La Maison Arabe (plan II) ... 46
La Rôtisserie de la paix (plan I) ... 49
La Trattoria de Giancarlo (plan I) ... 52
Le Comptoir "Darna" Paris-Marrakech (plan II) ... 55
Le Foundouk (plan II) ... 58
Le Jacaranda (plan I) ... 61
Le Pavillon (plan II) ... 64
Les Cépages (plan I) ... 67
Niagara (plan I) ... 70
Puerto banus (plan II) ... 73
Stylia (plan II) ... 76
Yacout (plan II) ... 79

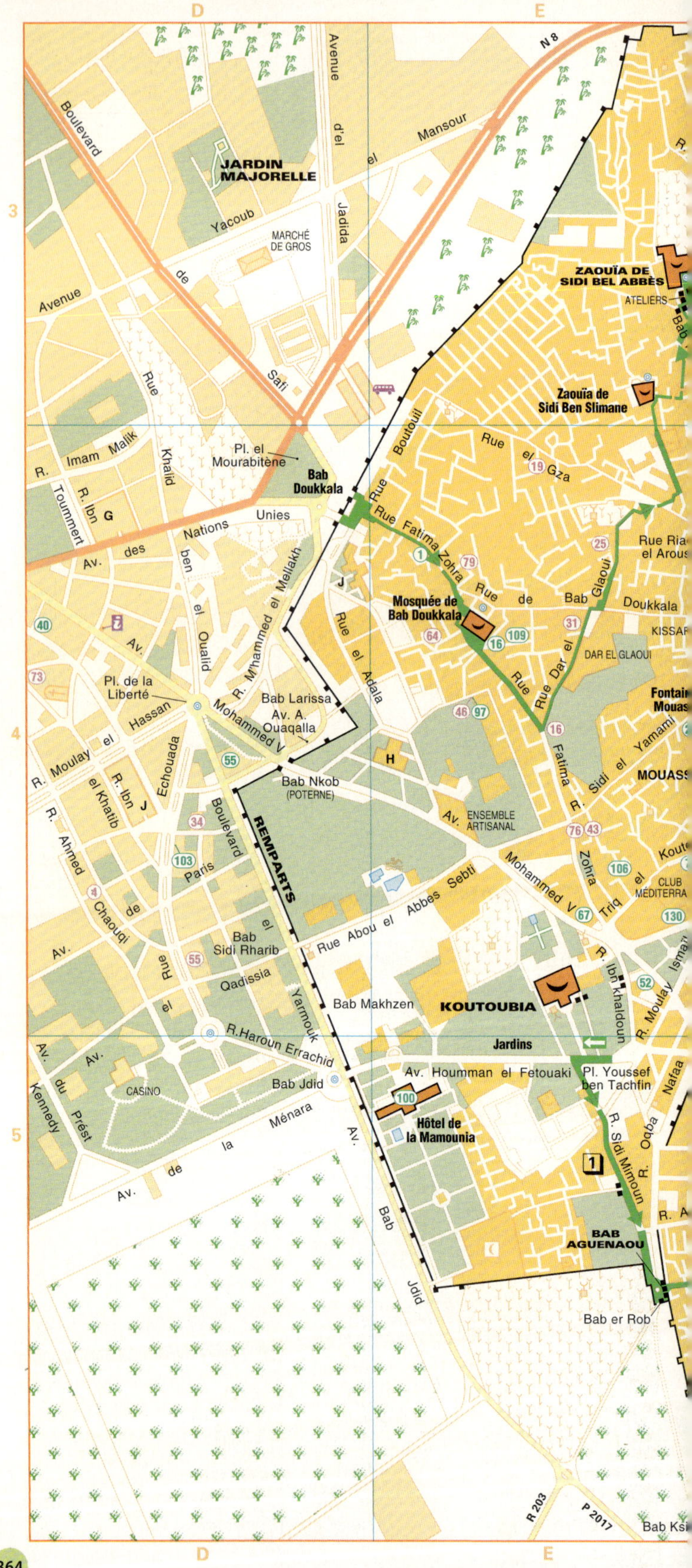
D
E
3
4
5
N 8
Boulevard de Safi
Avenue d'el Jadida
Avenue Yacoub el Mansour
JARDIN MAJORELLE
MARCHÉ DE GROS
ZAOUÏA DE SIDI BEL ABBÈS
ATELIERS
Zaouïa de Sidi Ben Slimane
Rue Khalid ben el Oualid
R. Imam Malik
R. Toummert
R. Ibn
G
Pl. el Mourabitène
Bab Doukkala
Av. des Nations Unies
Rue Boutouil
Rue el Gza
Rue Fatima Zohra
Rue de Bab Doukkala
Rue Riad el Arous
Rue Glaoui
Doukkala
KISSAR
DAR EL GLAOUI
Mosquée de Bab Doukkala
Rue Dar el
Rue el Adala
R. M'hammed el Mellakh
J
Pl. de la Liberté
Av. Hassan
Mohammed V
Bab Larissa
Av. A. Ouaqalla
Bab Nkob (POTERNE)
H
ENSEMBLE ARTISANAL
Fontaine Mouassine
MOUASSINE
R. Sidi el Yamami
R. Moulay el Hassan
R. Ibn el Khatib
Echouada
R. Ahmed Chaouqi
Boulevard de Paris
REMPARTS
Av. Mohammed V
Rue Abou el Abbes Sebti
Zohra
Triq el Koutoubia
CLUB MÉDITERRANÉE
Bab Sidi Rharib
Rue el Qadissia
Av. el Yarmouk
Bab Makhzen
KOUTOUBIA
Jardins
R. Ibn Khaldoun
R. Moulay Ismaïl
R. Haroun Errachid
Av. Kennedy
Av. du Prést
CASINO
Bab Jdid
Av. Houmman el Fetouaki
Pl. Youssef ben Tachfin
Nafaa
Hôtel de la Mamounia
Av. de la Ménara
Av. Bab Jdid
R. Sidi Mimoun
R. Oqba
BAB AGUENAOU
Bab er Rob
R 203
P 2017
Bab Ksiba
19
25
79
1
64
16
109
31
46
97
40
73
55
34
103
4
76
43
106
67
130
52
100

MARRAKECH
plan II
0
300 m
Route des Remparts
Bab Kechich
Bab el Khemis
Rue de Bab el Khémis
Oued Issil
Bab Debbarh
QUARTIER DES TANNEURS
Rue de Bab Debbarh
Bab Rachidia
MÉDERSA BEN YOUSSEF
Pl. du Moukef
Souk des Fassis
PALAIS M'NEBBHI
Koubba almoravide
R. Tala
Marchands de sacoches et babouches
SOUKS
Souk des Forgerons
Bijoutiers
Marchands de tapis
Pl. Rahba Kedima
R. Rahba Kedima
MÉDERSA
Zaouïa de Sidi ben Salah
Pl. Sidi Youb
R. Sidi Youb
R. Sidi Boulabada
Rue Dabachi
R. Hart es Soura
Rue Riad ez Zitoun el Kédim
Rue Riad ez Zitoun el Jdid
R. kennaria
CAFÉ DE FRANCE
DAR SI SAÏD
R. de la Bahia
PALAIS DE LA BAHIA
MAISON TISKIWIN
Rue Bab Ahmad
Rue de Bab Aïlen
Bab Aïlen
Rue Farrane
Rue el Qadi Ayad
Rue Douar Graoua
R. du Djenan ben Chegra
Bab Rhemat
Rhezali
P 2012
Rue Imam el
Pl. des Ferblantiers
Bab Berrima
MELLAH
El Badia
Mosquée el-Mansour
TOMBEAUX SAÂDIENS
Rue Berrima
R. du Djenan el Afia
Rue Belaïd
Bab Ahmar
Rue de Bab Ahmar
Palais Royal
Méchouar
R.du Méchouar
Porte de l'Aguedal
AGUEDAL
Rue de la Kasbah
F
G
3
4
5
N

Après avoir traversé la place Youssef ben Tachfine, au fond de laquelle s'élève le modeste tombeau du fondateur de Marrakech, la rue Sidi Mimoun conduit à deux portes voisines, Bab er Rob et **Bab Aguenaou★**. Cette dernière, contemporaine de la Koutoubia, est un bel exemple de porte monumentale almohade, avec ses voussures polylobées ou à claveaux saillants, ses écoinçons à décor floral et sa bande d'encadrement ornée de caractères coufiques.

Franchir la muraille par un passage aménagé à côté de Bab Aguenaou.

Mosquée d'El-Mansour Plan II F5

On l'appelle aussi « mosquée de la *Kasbah* ». C'est Yacoub el-Mansour qui, à la fin du 12e s., fit construire ce sanctuaire pour donner une mosquée à sa *kasbah*. L'édifice fut en partie détruit en 1574 par une explosion. Des restaurations ont modifié son aspect primitif. Le **minaret**, d'allure assez massive, porte un joli décor losangé d'entrelacs et une frise de faïences vertes.

À droite de la mosquée, un couloir étroit conduit à l'entrée des tombeaux saâdiens.

Tombeaux saâdiens★★★ Plan II F5

10 DH (3 DH enf.).

Les splendides mausolées où reposent les membres de la dynastie saâdienne furent construits à la fin du 16e s. par Ahmed « le Doré ». Un siècle plus tard, Moulay Ismaïl, n'osant les raser, se contenta de les enfermer dans une haute enceinte où seuls quelques initiés pouvaient pénétrer en passant par la mosquée. En 1917, l'existence des tombeaux fut accidentellement retrouvée ; un couloir d'accès fut alors percé dans l'épaisseur de l'enceinte pour permettre aux non-musulmans de les admirer.

Cette nécropole, le « St-Denis des *chorfa* saâdiens », compte plusieurs *koubbas* disposées autour d'un charmant cimetière fleuri où se balancent des palmiers.

Le mausolée principal, à la jolie porte en cèdre gravé, comprend trois salles. La **salle du Mihrab**, aux quatre colonnes de marbre, abrite surtout des tombes d'enfants. La dentelle de stuc très légèrement ocré qui décore le plafond, le *mihrab* et la porte qui lui fait face contraste avec la nudité des colonnes et des murs.

La **salle des Douze Colonnes**, souvent considérée comme le chef-d'œuvre de l'art hispano-mauresque, illustre le goût de la magnificence qu'imprima à cette période la dynastie saâdienne. Dans une lumière diffuse, sous une coupole à stalactites en bois de cèdre sculpté et rehaussé d'or, soutenue par 12 colonnes de marbre d'Italie, s'alignent trois tombeaux renfermant les dépouilles d'Ahmed « le Doré », de son fils et de son petit-fils. Autour de la salle, au pied des murs tapissés de zelliges aux délicates couleurs et d'une dentelle de plâtre sculpté, reposent des membres de la famille du sultan.

La troisième salle, dite **« salle des Trois Niches »**, abrite des tombeaux d'enfants. Le mausolée situé au centre du jardin renferme le tombeau très vénéré de Lalla Messaouda, mère du « Doré ».

Plafond de cèdre peint au palais de la Bahia.

Des tombeaux saâdiens au palais d'El Badii Plan II F5

Reprendre la voiture. Suivre la rue de la Kasbah. À son extrémité, tourner à gauche dans la rue du Méchouar. Au bout de celle-ci, passer sous une porte percée dans la muraille, à droite. Débouchant sur une grande place, on prend à gauche, pour se trouver aussitôt à l'intérieur d'un vaste enclos rectangulaire (à droite s'ouvre l'entrée de l'Aguedal, voir plus bas).

Au fond, une porte donne accès au **méchouar**, où le sultan donnait, aux 18e et 19e s., audience à ses sujets et aux ambassadeurs des pays européens.

Quittant le *méchouar* par la petite porte qui s'ouvre à l'angle gauche de la place, on franchit bientôt la muraille pour emprunter la rue Berrima, qui longe à droite le *mellah*, à gauche (à son extrémité) le **palais royal** *(ne se visite pas).*

Palais d'El Badii (El Badia) Plan II F5

Appelé aussi sur certains panneaux de signalisation « El Badia » (mais on prononce « El Badiye » !). Entrée près de Bab Berrima, dans une sorte de couloir entre deux murailles. 8h30-11h45, 14h30-17h45 - 10 DH (10 DH suppl. pour la visite, indispensable, du minbar, billet à prendre soit à l'entrée du palais, soit à celle de la salle d'exposition).

Ce palais édifié à la fin du 16e s. par Ahmed « le Doré » était, au dire des chroniqueurs de l'époque, la merveille du monde musulman, et, du reste, son nom signifie le singulier, l'unique ou le sublime. Pour sa construction et sa décoration, des ouvriers étaient venus de tout le Maghreb et même d'Europe. Marbres d'Italie, onyx de toutes les couleurs, mosaïques, stucs, revêtements de feuilles d'or paraient les murs et les plafonds. Quand le palais fut terminé, Ahmed fit venir son bouffon et lui demanda ce qu'il en pensait. Le bouffon répondit : « Quand il sera démoli, il fera un gros tas de terre. »

Fâcheuse prédiction qui se réalisa un siècle plus tard, quand Moulay Ismaïl fit détruire le palais, dont il reste de hauts murs formant une vaste enceinte, appréciée des cigognes. Au centre ont été aménagés des bassins d'eau dormante entre des plantations d'orangers. C'est ici que se déroule le Festival national des arts populaires.

De l'autre côté de la cour, dans une salle voûtée, sont exposés des fragments de zelliges et de stucs trouvés dans les ruines, ainsi que le fameux minbar de la Koutoubia.

Minbar de la Koutoubia★★★ Plan II F4

Déjà décrit en 1381 comme une « œuvre de perfection », le **minbar** (chaire à prêcher) de la mosquée de la Koutoubia a été fabriqué à Cordoue à partir de 1137 par des artisans locaux et transporté pièce par pièce à Marrakech. Cette œuvre superbe se compose d'un millier de pièces de cèdre, incrustées d'argent et ornées de marqueteries de santal et d'ébène, et de calligraphies sculptées. Sorti tous les vendredis pour la prière jusqu'en 1962, il a fait l'objet d'une minutieuse restauration qui lui a permis de retrouver son éclat d'origine.

Du palais d'El Badii à la Bahia Plan II F5

Après être passé sous Bab Berrima, et avoir traversé la place des Ferblantiers, prendre à droite l'avenue Houmman el Fetouaki qui longe d'un côté un cimetière, de l'autre le mellah. À l'angle de la rue Riad ez Zitoun el Jdid s'ouvre l'entrée du palais de la Bahia.

Palais de la Bahia★★ Plan II F5

8h30-11h45, 14h30-17h45 - 10 DH (3 DH enf.)

Le palais de la Bahia (« la Belle »), aux décorations superbes, fut construit, à la fin du 19e s. par Ba Ahmed, vizir des souverains Moulay Hassan et Abdelaziz.

Comme la plupart des palais arabes, agrandis peu à peu sans plan d'ensemble, la distribution des cours et des appartements est assez désordonnée. Un dédale de couloirs et d'escaliers relie entre elles d'innombrables pièces de dimensions très inégales.

On visite la cour des communs ; le grand *riad*, jardin planté d'orangers, de cyprès, de daturas et de jasmins ; la salle des réceptions ; la grande cour, ou cour d'honneur, autrefois réservée aux femmes du vizir ; la salle du conseil, couverte d'un magnifique plafond aux

Un moment de grâce

En 1988, lors du Festival de Marrakech, **Jessye Norman** donna un récital dans la cour d'honneur du palais de la Bahia. Accompagnée au piano par Philippe Moll, elle interpréta des œuvres de Haendel, Poulenc, Saint-Saëns et Ravel, ainsi que quelques *negro spirituals*, sa voix chaude et puissante s'envolant hors des murs du palais, comme pour se mêler aux rumeurs de la médina. Moments intemporels où le public conquis retient son souffle, avant l'ovation, debout, en fin de concert ; magie de la nuit, qui transforme tout et permet le mélange des genres, faisant de la musique un langage universel.

La cité des saints

Rappelons que l'accès aux zaouïas est interdit aux non musulmans qui, à leurs abords, seront priés, gentiment mais fermement, de rebrousser chemin.

Nos lecteurs musulmans pourront accéder, quant à eux, depuis la mosquée de Bab Doukkala à la **zaouïa de Sidi Ben Slimane** en empruntant la rue Dar-el-Glaoui, puis à gauche, la rue Fatima-Zohra. Non loin, ils découvriront la **zaouïa de Sidi Bel Abbès★** dont les abords constituent une sorte de cour des Miracles. Un pittoresque passage bordé de petits ateliers, s'ouvrant à ses deux extrémités par une très jolie porte, précède la cour carrée sur laquelle donne l'entrée du sanctuaire ; face à celle-ci, on remarque une fontaine coiffée d'un auvent de cèdre sculpté et peint. Enfin, par Bab Rhemat et la rue Ba Ahmad, laissant la voiture place Sidi-Youb et continuant à pied par la rue du même nom, ils pourront découvrir la **zaouïa de Sidi ben Salah** dont le minaret date de l'époque mérinide (14e s).

poutres sculptées et peintes ; l'appartement de la favorite, avec sa riche décoration de peintures et de zelliges ; un patio entouré de chambres et un petit *riad* empli de bananiers et d'orangers sur lequel donnent plusieurs antichambres superbement décorées.

De la Bahia à Dar Si Saïd Plan II F4-F5

En sortant de la Bahia, suivre la rue Riad ez Zitoun el Jdid jusqu'à une place (possibilité de parking, moyennant obole) sur laquelle s'ouvre un jardin public. Prendre à droite par un passage sous voûte l'étroite rue de la Bahia.

Dar Tiskiwin★ Plan II F5

8 r. de la Bahia - ✆/fax 024 38 91 92 - 10h-12h30, 15h-18h - 15 DH (dont 5 DH pour le dépliant explicatif).

Ancienne demeure d'un haut fonctionnaire, cette superbe maison de style hispano-mauresque porte le nom d'une danse du Haut Atlas. Elle abrite une exposition permanente intitulée « L'art de la parure au Sahara : Maghreb et Sahel ». La visite de cette collection rassemblée par **Bert Flint**, un professeur néerlandais d'histoire de l'art installé au Maroc depuis une quarantaine d'années, qui, par ses publications, conférences et expositions, cherche à faire connaître l'extrême variété des formes, des techniques et des matériaux utilisés dans les arts populaires du Maroc, vient compléter judicieusement celle du musée Dar Si Saïd (*voir ci-après*). Chaque région traversée au cours d'un « voyage imaginaire » sur les anciennes pistes caravanières reliant les deux rives du Sahara, de Marrakech à Tombouctou, est présentée au travers des moments importants de la vie sociale : souks hebdomadaires, fêtes, intenses moments d'échange au cours desquels les individus soignent particulièrement leur apparence, celle-ci témoignant à la fois de leur appartenance tribale ou ethnique et de leur statut social. Outre la qualité des parures exposées, la visite permet de tomber sous le charme d'une superbe demeure de style hispano-mauresque.

En sortant de Dar Tiskiwin, prendre la 1re ruelle à gauche.

Dar Si Saïd et musée des Arts marocains★★ Plan II F4

Tlj sf mar. 9h-11h45, 14h30-17h45, vend. 9h-11h30, 15h-17h45 - 10 DH.

Construite à la fin du 19e s. pour servir de résidence au frère du grand vizir Ba Ahmed, Dar Si Saïd est contemporaine de la Bahia. Un *riad* où croît une gigantesque bougainvillée agrémente cette belle demeure convertie en musée. Des portes et un coffre en bois de cèdre provenant de maisons du Haut Atlas et de l'Anti-Atlas jalonnent le long couloir d'entrée ; un tableau donne des indications sur l'artisanat dans la région de Marrakech et le sud du pays. Avant d'accéder au grand *riad*, remarquer quatre éléments d'une balançoire traditionnelle.

H. Belmenouar / MICHELIN

La porte du Sous (musée Dar Si Saïd).

Dans les pièces, souvent très décorées, sont exposés des bijoux en argent ciselé, niellé ou filigrané, dont se parent les femmes du Haut Atlas, de l'Anti-Atlas et de l'extrême sud ; des lampes à huile, en pierre de Taroudant ; des cuirs brodés ou excisés de Marrakech ; des poteries de facture rustique provenant d'Amizmiz ; des marbres, des jarres, des coffres. Dans un patio, très beaux *moucharabiehs* de l'époque saâdienne. La pièce consacrée aux armes est particulièrement riche : fusils berbères, pistolets, épées damasquinées, poignards, boîtes et poires à poudre, selles d'apparat rehaussées de fils d'or.

Au 1er étage, dans un salon remarquable par son plafond à motifs géométriques, est exposée une chaise de mariée en cèdre peint. On accède ensuite au 2e étage, où sont présentés des tapis du Tensift et de Boujad, à dominante rouge, due à la garance récoltée sur les rives de l'oued Tensift ; puis, après avoir descendu un escalier, des tapis et tissages du Haut Atlas (Ouaouzguit, Glaoua), à la fois tissés, brodés et noués.

Jemaa el Fna, patrimoine oral de l'humanité

En mai 2001, l'Unesco a décerné à la place Jemaa el Fna le titre de « chef-d'œuvre du patrimoine oral et immatériel de l'humanité ». Cette distinction, demandée par nombre d'intellectuels et d'artistes, parmi lesquels l'écrivain espagnol Juan Goytisolo et le dramaturge marocain Tayeb Saddiki, vient reconnaître l'extraordinaire talent des « artistes de la halka », ces poètes et conteurs qui transmettent et réinventent sans cesse, dans une surenchère permanente et pour le plus grand plaisir des badauds assemblés en cercle (la « halka ») autour d'eux, les traditions orales et gestuelles : épopées chevaleresques, chansons de geste et contes des *Mille et Une Nuits* mêlant le merveilleux au fantastique ou au burlesque. Tous les genres cohabitent allègrement, et le talent de certains conteurs, comme aujourd'hui Mohammed Bariz, est tel que le public suit avec passion les épisodes de leurs récits pendant plusieurs mois.

De Dar Si Saïd à la place Jemaa el Fna Plan II F4

Reprendre la voiture et revenir à la place des Ferblantiers. L'avenue Houmman el Fetouaki, puis à droite la rue de Bab-Aguenaou conduisent à la place Jemaa el Fna.

Place Jemaa el Fna★★ Plan II F4

À l'entrée des souks, cette vaste place, dont le nom signifierait « réunion des trépassés », était autrefois la « place de Grève » de Marrakech : c'est là que les sultans suppliciaient les criminels et les rebelles et exposaient leur tête.

Lieu d'échange entre l'extérieur et la médina dont elle est le cœur, Jemaa el Fna a acquis à travers le temps une renommée universelle, même si, dans la journée, cet immense espace sans grâce, dégagé en partie de ses baraques, a perdu de son côté « cour des miracles ». Le visiteur qui la découvrirait alors pourrait être déçu par sa banalité.

C'est à partir de la fin de l'après-midi qu'elle donne sa mesure. Abrités sous de grands paillassons soutenus par des perches ou à l'intérieur de petites échoppes dressées autour de la place s'installent des marchands de toutes sortes (marchands d'oranges, porteurs d'eau, vendeurs d'épices, de fruits, d'herbes rares, de babioles, d'amulettes

B. Pérousse / MICHELIN

L'animation de la place Jemâa el Fna.

et même de dentiers), tandis qu'afflue la foule des badauds. Acrobates, charmeurs de serpents soufflant dans leur *ghaïta* ou excitant les reptiles avec leur baguette (allant parfois jusqu'à placer l'un d'entre eux autour du cou d'un passant non-averti), danseurs et musiciens gnaouas, conteurs et écrivains publics, autour desquels des cercles se font et se défont, gargotiers occupés à préparer des beignets ou à faire griller des saucisses et des brochettes s'emparent, dans un mouvement incessant où se mêlent le misérable et le sublime, de la place, qui s'éclaire alors de nombreuses lampes à gaz scintillant d'une lumière très blanche. Des groupes se forment, la foule accourt, attirée par le bruit puis grisée par les senteurs, de la fumée des brochettes qui se juxtapose à l'odeur des beignets ou du poisson frit, et par la musique déversée par les bateleurs ; le tintamarre s'enfle, l'agitation, rythmée par les percussions, ne fait que croître, et Jemaa el Fna devient alors la **« place folle★★★ »**, décrite par Jean et Jérôme Tharaud (*Marrakech ou les Seigneurs de l'Atlas*, 1920).

S. Ollivier / MICHELIN

Porteur d'eau.

C'est à cette heure qu'il convient de s'y attarder. De la **terrasse** du **Café de France**, du **Café Glacier** ou, mieux encore, du **café Argana** qui la bordent, on embrasse du regard la place avec l'extraordinaire fourmillement de sa foule hétéroclite et bigarrée.

DES SOUKS AU CENTRE DE LA MÉDINA★★★ 2 Plan II

Circuit à pied – environ 3h.

Tout le charme de la médina se dévoile si l'on s'y perd, même s'il est vrai que l'on hésite parfois à s'engager seul dans le labyrinthe de ses ruelles sombres et de ses impasses étroites.

Si vous souhaitez vous faire accompagner par un guide officiel, adressez-vous à l'office de tourisme… et imposez à votre cicérone l'itinéraire qui suit. Partir de la place Jemaa el Fna. Au fond de la place, à gauche, prendre la rue du Souk Smarine.

Souks★★ Plan II F4

Ils constituent l'une des grandes attractions de Marrakech. Dans la lumière zébrée des ruelles couvertes de roseaux au travers desquels le soleil joue à vous aveugler de contrastes, s'étalent les richesses d'un artisanat infiniment varié, tandis que déambulent, se mêlant à la population citadine, des montagnards descendus de l'Atlas, des hommes venus du Sud et de nombreux touristes.

Passant sous une porte dont l'arc outrepassé s'orne de stuc sculpté, on pénètre dans le domaine de la passementerie, des coupons d'étoffes, de la confection des sacs et des babouches.

Des mécènes privés au secours de la médina

Chef d'entreprise et collectionneur, **Omar Benjelloun** a créé en 1998 une fondation portant son nom, visant à restaurer les monuments de la place Ben Youssef : c'est ainsi qu'après la rénovation de Dar Mnebbhi et l'ouverture du Musée de Marrakech ont été menées à bien les restaurations de la *médersa* Ben Youssef et de la Koubba almoravide. Tout à côté, Dar Bellarj est une belle maison ancienne à qui la Fondation pour la culture au Maroc a redonné vie. La fondation ARCH, présidée par l'archiduchesse Francesca de Habsbourg, a défini dix micro projets de restauration menés à bien dans la médina en partenariat avec les autorités et en impliquant la population : parmi ceux-ci, la rénovation de la fontaine Echrob et du souk El Ghzel (de la laine), le projet de restauration du hammam de la place Zaouiat Lahdar et du bassin d'ablutions de la fontaine Mouassine, ou encore la plantation d'arbres. On n'aura garde, enfin, d'oublier l'action de la municipalité, à qui l'on doit la restauration des jardins de la Koutoubia et des jardins de Moulay Abdeslam, ainsi que, dans la ville moderne, du jardin Harti.

À l'endroit où la rue se divise en deux branches, prendre à gauche le souk des Chaudronniers, où des artisans martèlent encore des chaudrons aux flancs rebondis.

Sous une porte en arc brisé, à gauche, s'ouvre une ruelle conduisant au **souk des Teinturiers**, tendu d'écheveaux teints séchant au-dessus de la rue en guirlandes multicolores.

On débouche sur une petite place où s'élève, à gauche, la **fontaine du Mouassine**, construite au 16e s. comme dépendance de la mosquée du même nom.

Revenir sur ses pas dans la rue des Teinturiers et, vers le milieu de celle-ci, à l'endroit où elle forme une fourche, prendre la branche de gauche.

Le **souk des Forgerons**, ou **souk Haddadine**, dont les antres enfumés retentissent du battement des marteaux, représente, avec celui des Teinturiers, un des « sommets » de la visite des souks ; dans le fond obscur ou « à la devanture » de réduits, tous semblables et alignés en rang serré, est accroché aux murs ou étalé à même le sol tout ce que l'artisanat marocain semble pouvoir produire de variétés de clous, de peignes à laine, de lanternes, de grilles et autres objets en fer forgé, comme ces crotales dont s'accompagnent les danseurs gnaouas.

On débouche bientôt sur une place dont le centre est occupé par une *koubba* à demi enfouie dans une sorte de fosse et cernée par une terrasse bordée de rambardes en fer forgé.

Koubba almoravide (dite aussi Koubba Ba'Adiyn) Plan II F4

✆ 024 44 18 93 - 9h-19h - fermé 1er Mai et fêtes religieuses - 10 DH (3 DH enf.)

Sa construction remonte au début du 12e s. Ce petit édifice est le seul témoin de l'architecture almoravide à Marrakech. La diversité des arcs, le couronnement de merlons, les étonnants reliefs d'arcs brisés et de chevrons qui recouvrent l'extérieur de la coupole dénotent ce goût du décor et cette faculté d'invention qui commencent alors à marquer l'art musulman.

L'ensemble, exhumé dans les années 1950, comporte plusieurs éléments, dont le bassin almoravide, sous la coupole, qui a pu être retrouvé après les dégagements successifs de cinq installations de bassins. La différence de niveau entre les sols les plus anciens et les plus récents à la base de la *koubba* a ainsi permis d'évaluer la hauteur de Marrakech au 12e s. Autour de la *koubba*, des restes de canalisations, qui allaient autrefois jusqu'aux différentes fontaines de la ville, ont été mises au jour.

Sur la place, prendre à gauche une rue qui s'amorce par un passage sous voûte ; on passe devant une porte en brique ocre décorée d'entrelacs. Toute proche, la jolie **fontaine Echrob ou Chouf**, dont le nom signifie « Bois et regarde », est surmontée d'un bel auvent de cèdre sculpté. Tourner bientôt à droite dans la rue Hart es Soura, silencieuse, bordée d'habitations aux murs roses, dont seules les belles portes cloutées laissent deviner la richesse.

Au bout de celle-ci, à droite, une ruelle en partie couverte conduit à la médersa ben Youssef.

Médersa ben Youssef★★

Plan II F4

Pl. Ben Youssef - ✆ 024 44 18 93 - 9h-19h - 40 DH.

Cette école coranique, désaffectée en 1960, tient son nom de la mosquée toute proche. C'est la plus vaste du Maghreb. Vers 1570, le souverain saâdien Moulay Abdallah fit édifier ces bâtiments d'inspiration mérinide.

Après avoir passé la porte aux lourds battants de bronze, on pénètre dans un couloir décoré de mosaïques et de poutres sculptées.

La **cour** forme un vaste rectangle, dallé de marbre blanc, dont le centre est occupé par un bassin, qui dans le passé, servait aux ablutions. Une frise de zelliges multicolores orne le soubassement

H. Belmenouar / MICHELIN

Cour de la médersa Ben Youssef.

des murs, que recouvrent des stucs délicatement ciselés. Le toit se termine par un auvent de cèdre sculpté. Sur les côtés de la cour, au-dessus des galeries soutenues par des piliers massifs, s'alignent les fenêtres de cellules d'étudiants.

Au fond, face à l'entrée, un très beau portail ouvragé s'ouvre sur la **salle de prière**. Divisée en trois parties par des colonnes très fines, cette salle est surmontée d'une coupole pyramidale en cèdre, sous laquelle court une rangée de 24 petites fenêtres en plein cintre grillagées de stuc ajouré. Le mihrab est décoré d'une dentelle de plâtre sculpté.

Les parties réservées au logement des étudiants occupent ici une place plus importante que dans les *médersas* antérieures. Elle en abrita jusqu'à 900 ! On peut voir, à l'étage, les 150 chambres où ils dormaient et préparaient leurs repas. Les plus favorisés avaient vue sur la cour centrale. Les autres cellules donnent sur 7 minuscules courettes intérieures bordées de balustrades en bois tourné. Le tout, magnifiquement restauré, est d'un blanc éclatant.

Dar Bellarj – Fondation pour la culture au Maroc

9 Toulat Zaourat Lahdar - ✆ 024 44 45 54 - fax 024 44 21 23 - 9h-18h - 15 DH (thé à la menthe compris).

Ce palais tout blanc fut construit à la place d'un fondouk qui abritait jadis un hôpital pour cigognes. Restauré par la Fondation pour la Culture au Maroc, il abrite des expositions thématiques, des spectacles (concerts, danse, séances de conte), ainsi que des ateliers permettant aux habitants de la médina (les femmes en particulier) de retrouver le savoir-faire ancestral (tissage, broderie…).

Hommage au savoir

Nombreux sont les proverbes marocains qui exaltent la valeur de l'intelligence et du savoir :
« L'effort forme l'intelligence » ;
« Un homme sans instruction ressemble à un chien sans dressage » ;
« Lorsque l'intelligence voyage, il n'est coureur qui lui soit comparable ».

Palais M'Nebhi et musée de Marrakech★ Plan II F4

✆ 024 39 09 11/12 - 9h-18h - fermé 1er Mai et fêtes religieuses - 30 DH (tarif réduit 10 DH).

Il faut visiter ce palais arabo-andalou, édifié au 19e s. pour un ministre du sultan, et superbement restauré sous l'égide de la fondation privée Omar Benjelloun. Il abrite depuis 1997 le **musée de Marrakech★**.

Celui-ci se compose de deux sections : l'une consacrée à l'**art contemporain** (le petit patio, la cour d'entrée, le hammam), où sont organisées des expositions temporaires, individuelles ou collectives de peinture, sculpture ou photographie, privilégiant les artistes marocains travaillant au Maroc ou ayant fait du Maroc leur thème de prédilection.

La seconde section, installée dans le grand patio central, superbement décoré et coiffé d'un velum, et dans les salons attenants, est consacrée au **patrimoine traditionnel** : calligraphie et manuscrits, monnaie, bijoux, céramique, peintures et affiches orientalistes provenant de collections privées ou publiques ou du très riche fonds appartenant au musée y sont présentés par roulement sous forme de remarquables expositions thématiques.

En outre, dans ce lieu qui s'affirme comme le pôle culturel de la médina, vous pourrez assister à des concerts, des pièces de théâtre, des chorégraphies ou à la projection de films. Ajoutons une excellente librairie consacrée à l'art marocain, traditionnel ou moderne, et à Marrakech, et un sympathique petit café, des plus précieux lorsque la chaleur commence à s'abattre sur la ville.

De la place Ben Youssef à la place Jemaa el Fna Plan II F4

En sortant du musée, tourner à gauche et suivre la rue Tala qui longe la place de la mosquée ben Youssef. Parvenu à une petite place triangulaire, prendre à droite, pour tourner ensuite dans la rue du Souk, qui s'amorce sous une porte ancienne.

Vous passerez devant les échoppes des **marchands de sacoches et de babouches** ; puis, après une impasse dans laquelle les **bijoutiers** cisèlent des bracelets et des bagues, en tournant à gauche, vous gagnerez le souk des **marchands de tapis**, de couvertures, d'armes et de cornes à poudre. Par un étroit passage, on débouche sur la place Rahba Kedima, où se tient le marché aux épices.

Tourner à gauche, puis prendre à droite la rue Rahba Kedima, aux nombreuses échoppes et couverte de claies. Au premier croisement, tourner à droite pour regagner la place.

LES REMPARTS ET LES JARDINS★★ Plans I et II

Circuit en voiture – environ 4h.

Partir de la place du 16-Novembre (place de la Poste) et prendre, en direction de la Koutoubia, l'avenue Mohammed V. Arrivé face à la Poterne (Bab Nkob), simple coupure dans les remparts, tourner à gauche pour longer ceux-ci.

Remparts★★ Plan II F3, G3-G4

C'est l'Almoravide Ali ben Youssef qui, en 1132, dota Marrakech de sa célèbre enceinte. Celle-ci, élargie sous le règne des Almohades puis sous celui des Saâdiens, développe autour de la ville ses 19 km de murailles flanquées de 202 tours carrées et percées de 9 portes. Construite en pisé, elle présente une chaude coloration qui varie du rose au rouge selon l'éclairage. Les parties les mieux conservées sont : à l'est, le tronçon qui borde le quartier compris entre Bab Aïlen et Bab Rhemat ; à l'ouest, du côté de l'« Hivernage », l'admirable alignement de bastions qui, sans une brèche, se déploie sur près de 1 300 m, puis se coude à plusieurs reprises pour continuer au-delà de Bab Doukkala.

Bab Doukkala est une porte défendue par deux massives tours carrées.

Jardin Majorelle★★ Plan II D3

Venant du boulevard de Safi (derrière la gare routière), prendre à droite l'avenue Yacoub el Mansour, puis la première rue à gauche (voir haut du plan p. 364).

☎ 024 31 16 24 - Été : 8h-12h, 15h-19h ; hiver : 8h-12h, 14h-17h - 20 DH - musée : 15 DH.

De Nancy à l'Atlas : Jacques Majorelle

Fils de Louis Majorelle, un des maîtres de l'école de Nancy, Jacques Majorelle (1888-1962), après des études à l'école des Beaux-Arts de Nancy et à l'académie Julian à Paris, voyagea en Italie, en Espagne et, en 1910, en Égypte, où il découvrit l'Afrique, ses foules, sa lumière. Adoptant l'existence du peuple, il prit pour thème principal la vie des fellahs.

Invité par Lyautey, Nancéien comme lui et ami de sa famille, Majorelle gagna le Maroc et s'établit à Marrakech en 1917, en plein cœur de la médina, parcourant la ville en tous sens, la peignant sous tous les angles. En 1921, il entreprit l'ascension de l'Atlas à dos de mulet, peignant les forteresses de terre, puis voyagea aux confins du Sahara avant de s'établir définitivement à Marrakech en 1923, où, autour de sa villa de Bou-Saf-Saf, se constitua une colonie d'artistes.

D. Hée / MICHELIN

Au jardin Majorelle.

Marquée par un amour profond du Maroc, son œuvre fit preuve d'une grande variété de styles. Hésitant entre les représentations réalistes de la vie marocaine – adoptant tantôt des formes géométriques *(Le souk aux tapis à Marrakech)*, tantôt des scènes traitées en flou – et des peintures plus subtiles, dans lesquelles il s'attachait à rendre la lumière du pays et les contrastes de couleurs, il influença bien des peintres vivant alors au Maroc.

Il réalisa toute une série de superbes gravures, publiées en 1930 dans un ouvrage intitulé *Les kasbahs de l'Atlas*, préfacé par Lyautey.

Un peu oublié jusqu'à ces dernières années, Majorelle a été redécouvert à Paris lors de l'exposition organisée en 2000 à l'Institut du monde arabe. Et si la plupart de ses tableaux sont désormais dispersés dans des collections privées, on pourra voir au Maroc certaines de ses œuvres dans des édifices publics comme la Wilaya de Casablanca, La Mamounia, le consulat de France ou le musée du jardin Majorelle à Marrakech. En France, le musée de l'école de Nancy possède plusieurs de ses tableaux, dont un portrait de son père et des paysages marocains. *(Lire : Jacques Majorelle, par Félix Marcilhac, éditions ACR.)*

Ce jardin fut dessiné et planté par le peintre français **Jacques Majorelle** qui y vécut de 1922 à 1962. Il apparaît tel un tableau qui pourrait illustrer quelque roman de Pierre Loti : bambous géants, yuccas, daturas, bougainvillées, philodendrons, nénuphars, papyrus, cocotiers, palmiers associés à des touffes de cactées ou de succulentes et dont les feuilles se découpent dans le bleu du ciel, autant d'essences, autant de couleurs naturelles qui se mêlent à celles, plus acides mais voulues ainsi par le peintre, de sa maison, des allées et pergolas, du kiosque, alliant le bleu dur des fontaines, des bordures et des façades au vert Véronèse des zelliges et des bassins et au rouge foncé qui recouvre allées et poteries.
Racheté par Yves Saint Laurent et Pierre Bergé, qui ont su réhabiliter ce jardin polychrome, il abrite un **musée** d'art islamique exposant tapis, céramiques, poteries, bijoux, portes berbères provenant de différents villages du Sud… et des souvenirs de Majorelle.

Revenir à Bab Doukkala par l'avenue Allal el Fassi.

Mosquée de Doukkala Plan II E4

En franchissant les remparts à Bab Doukkala et en suivant la rue Fatima Zohra, on peut aller en voiture jusqu'à la mosquée.
Élevée au milieu du 16e s. par la pieuse Lalla Messaouda, cette mosquée est dominée par un élégant **minaret** portant un décor d'entrelacs sur fond vert.

Prendre à droite le long des remparts en direction de Beni-Mellal, Fès, Ouarzazate.

On atteint le souk El Khemis (« marché du jeudi »), très animé, le matin surtout.

Laisser la route P 24 et tourner à droite ; puis, là où s'embranche la route rectiligne qui conduit à Bab El Khemis, prendre à gauche vers Bab Debbarh. Laisser la voiture.

Quartier des Tanneurs★ Plan II G4

Proche de l'oued Issil, il s'étend à l'intérieur des remparts. Si vous ne craignez ni la boue ni les odeurs (les plus délicats veilleront à se munir, par exemple, de quelques feuilles de menthe fraîche !), n'hésitez pas à descendre pour voir de près les diverses opérations du tannage et les peaux étendues au soleil sur de la paille, près des cuves. Sachez au passage que les tanneurs travaillent pour la plupart dans des conditions déplorables, sans protection, et pour une faible rémunération.

Reprendre la voiture.

On franchit l'enceinte à Bab Ahmar (porte par où entrait le sultan quand il venait à Marrakech), pour déboucher face au **palais royal**, dont les bâtiments datent en grande partie du 18e et du 19e s. On traverse deux *méchouars* communiquant par une porte crénelée.

Au fond du 2e méchouar, tourner à gauche puis continuer tout droit vers El Beïda.

Aguedal★ Plan I C2

Créé au 12e s. par Abd el-Moumen, agrandi par les Saâdiens, ce verger, véritable havre de paix où dominent les oliviers, était réservé aux sultans et à leur cour. Sous ses ombrages et sur l'eau calme de ses bassins, se donnaient des fêtes magnifiques.
De la terrasse du premier petit **pavillon (Dar el Hana)**, beau **panorama★** : au nord sur le bassin, l'olivette, Marrakech, les Jbilet ; au sud sur le Haut Atlas.

Sortir de l'Aguedal par la route à droite vers Bab Irhli, sur la route S 513.

On laisse sur la droite **Dar El Beïda**, la « maison blanche », palais construit au 19e s., aujourd'hui résidence royale *(ne se visite pas)*.
Quelque 500 m après le croisement avec la route de Taroudant, l'itinéraire aborde la partie la plus belle des remparts, derrière lesquels s'abrite – jusqu'à Bab Jdid – le fameux palace **La Mamounia**, construit en 1923 par les architectes Prost et Marchisio. Le luxe et l'élégance des lieux continuent d'y attirer des hôtes prestigieux.
La décoration intérieure, inspirée, entre autres, des créations de Jacques-Émile Ruhlmann et de Leleu, allie l'art marocain et l'Art déco. L'Orient et l'Occident se rejoignent également dans le grand salon décoré de peintures de **Jean Besancenot**, illustrant des danses marocaines, et dans le restaurant « l'Impériale », dont le plafond aux motifs jaune et vert créé par **Jacques Majorelle** utilise les formes géométriques propres à l'art musulman.

Ménara Plan I A2

L'olivette de la Ménara était elle aussi réservée aux sultans. Dotée d'un bon système d'irrigation, c'est aujourd'hui un verger d'essai. Le grand bassin, bordé à fleur d'eau par un promenoir, reflète un élégant **pavillon** encadré de cyprès, avec en toile de

La Ménara, dominée par les cîmes enneigées de l'Atlas.

fond, les sommets de l'Atlas. Élevé en 1866, c'était le rendez-vous galant des sultans, et on les comprend ! L'un d'eux, dit-on, avait pour habitude de faire jeter au matin dans le bassin l'élue de la veille, amusante marotte qu'on ne saurait, en revanche, approuver.

La façade donnant sur les jardins, du côté opposé à la pièce d'eau a, avec son arcade surmontée de trois petites fenêtres encadrées de dessins naïfs, quelque chose de la grâce toscane.

Revenir à Bab Jdid.

Le boulevard El Yarmouk, dans lequel on tourne à gauche, suit toujours les remparts et longe le quartier résidentiel de l'**Hivernage**, le plus verdoyant de Marrakech.

Par l'avenue Mohammed V, à gauche, on regagne la place du 16-Novembre.

QUELQUES PAS DANS LE GUÉLIZ Plan I B1

Avec ses larges avenues plantées de jacarandas aux fleurs mauves et bordées d'immeubles, qui, pour être en partie modernes, n'en ont pas moins adopté uniformément la couleur rouge de la ville, ce quartier est surtout fréquenté pour ses nombreux hôtels, ses restaurants et ses boutiques. Européen dans sa conception, le quartier est cependant indubitablement marocain : il n'est que de voir comme certaines galeries commerciales, ouvertes plus ou moins récemment, se transforment insensiblement en souks, à mesure que le temps passe.

Si l'avenue Mohammed V est le lieu où se concentrent nombre d'adresses de prestige, les rues transversales ont conservé de l'époque coloniale quelques émouvantes villas Art déco, souvent très dégradées.

D'une façon générale, l'architecture des immeubles ne retient guère l'attention, si l'on excepte quelques bâtiments publics. Parmi ceux-ci, on peut retenir le **Théâtre opéra royal**, édifié sur l'avenue Hassan II par l'architecte Charles Boccara, et surtout le **palais des Congrès** (avenue Mohammed VI). Construit sur cinq niveaux dans un style à la fois moderne et classique et décoré de toiles de peintres marocains, ce dernier accueille depuis 1989 salons, conférences internationales, séminaires et manifestations culturelles : concerts de musique classique ou de jazz, soirées folkloriques, pièces de théâtre ou expositions de peinture.

Aux alentours

ROUTE DE LA PALMERAIE

Circuit de 20 km, au nord-est. Prendre la P 7 (route de Casablanca). Juste avant le pont sur l'oued Tensift, tourner à droite dans la petite route sinueuse qui s'enfonce dans la palmeraie.

De toutes les palmeraies du Maroc, celle de Marrakech est la plus septentrionale. Elle compte aujourd'hui près de 100 000 arbres. Un ambitieux projet développé par le *super-wali* de Marrakech, Mohammed Hassad, vise à lui faire retrouver sa splendeur passée, grâce à l'introduction de 300 000 plants, cultivés dans une pépinière à partir des rejets des palmiers actuels.

Au bout d'environ 7 km, on rejoint la P 24, qu'on prend à droite.

Circuits de découverte

SUR LA ROUTE D'AMIZMIZ

54 km au sud-ouest. Sortir par la route S 501 (③ sur le plan), puis prendre à droite la S 507.

En traversant la plaine du Haouz, dominée par la haute muraille de l'Atlas, on aperçoit à l'écart de la route d'importantes *kasbahs,* comme celle de Tamesloht ou du blond village d'Oumnast, puis on atteint la vallée de l'oued Nfiss.

Barrage Lalla Takerkoust – L'ancien « barrage Cavagnac » a pris le nom d'un marabout voisin, Lalla Takerkoust. Le Nfiss prend sa source au cœur du Haut Atlas, dont les neiges l'alimentent jusqu'en mai. Dans la montagne, sa vallée est longée par la route de Tizi-n-Test. Puis elle s'échappe par des gorges pittoresques pour déboucher dans la plaine du Haouz : c'est à cet endroit qu'a été édifié un barrage long de 357 m, haut de 62 m, épais de 47 m à la base, destiné à l'irrigation du plat pays. La piste *(à gauche, 300 m après le pont sur le Nfiss)* qui conduit à la partie supérieure du barrage aboutit au sommet d'une colline d'où le regard embrasse tout le lac de retenue, long de 7 km et d'une capacité de 78 millions de m^3.

Quittant la vallée, la route se dirige, à travers le dir, vers l'oliveraie d'Amizmiz.

Amizmiz – La douceur du nom d'Amizmiz correspond bien à celle de son **site★**, tel qu'on le découvre entre les oliviers à l'entrée de la bourgade, bâtie sur les premières pentes du *jbel* Erdouz et traversée par un affluent du Nfiss, qui s'enfonce profondément dans un vallon verdoyant dominé par la vieille *kasbah*.

Près des bureaux du centre administratif (à droite, immédiatement après le bois d'oliviers), belle **vue** sur le bourg et le Haut Atlas. De l'autre côté de l'oued, au pied de la *kasbah*, le souk du mardi propose notamment la **poterie** d'Amizmiz, de facture très simple mais qui comporte de belles formes décorées d'un strict feston noir.

RÉGION DE L'OUKAÏMEDEN★★

Circuit de 192 km au sud-est de Marrakech. *Voir p. 391.*

CASCADES ET LACS AUX MARCHES DU MOYEN ATLAS

Circuit de 367 km à l'est - environ une journée. Prévoir un pique-nique. Quitter Marrakech à l'est par la route de Fès.

La route traverse la palmeraie, puis s'engage dans la plaine du Haouz, irriguée et couverte d'oliviers, de champs de blé et, vers Tamelelt, de vergers. L'horizon, au sud, est limité par la barrière du Haut Atlas, ourlée de neige une partie de l'année. Au nord s'alignent les Jbilet, montagnettes hérissées de pointements rocheux.

Peu après Tamelelt, on laisse la grande route pour prendre à droite la route vers Demnate. Au bout de 44 km, à la bifurcation de Demnate, prendre à gauche en direction de Tanannt.

La route s'élève dans la zone de contact entre le Haut et le Moyen Atlas, empruntant des vallées plantées de céréales et d'arbres fruitiers. 22 km après **Tanannt**, petit bourg juché sur une colline au milieu des vergers, tourner à gauche dans la route 1811 qui, à travers des paysages très vallonnés, conduit aux cascades d'Ouzoud.

Cascades d'Ouzoud★★ *(voir p. 340).*

Revenir par le même chemin jusqu'à la bifurcation de Demnate ; là, prendre à gauche.

Les corneilles de Demnate

On dit qu'autrefois un djinn habitait dans les grottes. Ce génie à sept têtes se plaisait à enlever les jeunes filles du voisinage et les gens de Demnate, prenant acte de cette manie, se résignèrent à lui livrer tous les ans la plus belle fille du pays. Or, il arriva qu'une année, ce fut la fille du caïd qui fut désignée. Son père, ne pouvant se résoudre à un tel sacrifice, fit appel à un homme énergique, qui alla combattre le monstre dans son antre et le terrassa. Du corps du djinn sortirent alors des milliers de vers, qui donnèrent naissance à autant de corneilles. Légende ? Qui sait ? À l'entrée de l'arche tournoient toujours des centaines de ces oiseaux, que les enfants du pays chassent la nuit.

Demnate

Au pied des premiers contreforts du Haut Atlas, dans la zone privilégiée qu'on appelle le *dir*, Demnate émerge de la houle argentée des oliviers. Cette grosse bourgade constituée de plusieurs villages aux maisons de pisé (ou de béton pour les plus récentes) était close par une enceinte aujourd'hui délabrée. Autrefois importante cité de passage (elle est restée une des portes principales des randonnées dans le Haut Atlas central) et de commerce entre le nord et le sud, Demnate est aujourd'hui connue pour ses poteries vernissées et ses olives. C'est l'une des villes où l'on rencontre le plus grand nombre de moulins à huile et, si vous y passez fin novembre ou au moment de la récolte, vous serez saisis par cette odeur très particulière. Au pied des remparts, près de la porte de Marrakech, que couronnent des merlons en épis, se tient le dimanche un souk animé.

L'amer symbole des douleurs

On dit du **laurier-rose** qu'il est beau à voir mais recèle de l'amertume, ce qui en a fait le symbole de toutes les douleurs et de toutes les peines.
La légende prétend que Fatima, fille unique du Prophète, cracha par terre le jour où son époux fit entrer dans la maison une seconde épouse, et que de cette marque de mécontentement naquit un laurier-rose. D'où le proverbe « la rivale est amère comme le laurier-rose ».

À la sortie de Demnate, prendre à gauche.

La route s'élève, offrant des **vues★** sur la ville, la *kasbah* et l'olivette. Puis elle s'accroche en corniche sur les versants fraîchement boisés dominés par une falaise calcaire. On remonte la vallée de l'oued Masseur, tapissée d'oliviers. À la sortie d'un virage, on découvre l'arche naturelle d'Imi-n-Ifri, aux parois de calcaire ocre tapissées de verdure.

Pont naturel d'Imi-n-Ifri★

Imi-n-Ifri signifie en berbère « porte du gouffre ». Du chemin qui franchit celui-ci, on a une vue à droite sur la profonde cavité creusée par l'oued Masseur qui tombe en cascades parmi d'énormes rocs. Un sentier, très glissant par endroits, s'amorce avant le pont à gauche. Il permet de descendre au fond du gouffre, à l'entrée de la voûte garnie de stalactites *(durée : 30 mn)*.

Redescendre à Demnate pour rejoindre la route en direction de Marrakech.

À 38 km, tourner à gauche dans la route qui longe l'oued Tessaout, bordé de superbes massifs de lauriers-roses ,et conduit au barrage.

Lac des Aït-Aadel★

Ce lac est formé par le barrage Moulay-Youssef. L'ouvrage, inauguré en 1970, s'inscrit dans un paysage de collines rouges dominées par un arrière fond de montagnes.
Le lac, dont la profondeur peut atteindre 150 m, est riche en poissons de toutes sortes, et plus particulièrement en black-bass, qui peuvent atteindre plusieurs kilos. La pêche peut s'y pratiquer toute l'année (pêche au lancer léger, pêche au leurre, pêche en bateau là où les berges sont trop escarpées pour la pêche à la mouche ou au popper).

Si vous ne vous déplacez jamais sans votre canne et vos asticots, reportez-vous aux informations relatives à la pêche p. 57.

Revenir à la route de Marrakech.

Tazzerte

Se dressant légèrement à l'écart du village de Tazzerte, à gauche et un peu en retrait de la route *(accès par un chemin de terre)*, les anciennes **kasbahs★** du Glaoui et de son cousin forment un ensemble de très belle allure. Les enfants qui se trouvent là indiquent comment pénétrer dans la cour de l'une des deux demeures, élégante avec ses deux étages de galeries, mais combien délabrée !

Marrakech pratique

Informations utiles

Office de tourisme – *Place Abdel Moumen Ben Ali (Guéliz) - ✆ 024 43 61 31 - lun.-vend. 8h30-12h, 14h30-18h30.* L'accueil est sympathique et le personnel compétent, mais vous n'y trouverez aucune documentation à part *Le Guide de Marrakech* et, certains jours le plan de la ville.

Téléphone – La ville dispose de cabines téléphoniques à cartes (ces dernières sont situées devant la poste). Les choses se compliquent un peu cependant du fait que des compagnies privées (Afric Phone, AVE, etc.) ont installé des cabines dans des kiosques fonctionnant avec des cartes différentes de celles que l'on peut se procurer chez les revendeurs de cartes Maroc-Télécom *(carte de 40 ou de 80 unités ; nombreux kiosques répartis dans la ville ouverts 24h/24).* Si vous séjournez longtemps au Maroc, procurez-vous une carte Sim locale pour téléphoner depuis votre portable. Vous disposerez alors d'un numéro marocain, et vous trouverez dans toutes les téléboutiques des cartes « Jawel » pour recharger votre compte *(20, 50, 100 ou 200 DH).*

Argent et Change – Les banques comme la **BMCE** *(144 av. Mohammed V, en face de l'office de tourisme, ou près de la pl. Jemaa el Fna)* ont un bureau de change ouvert le samedi et le dimanche *(9h-12h30, 16h-20h).* Les agences bancaires de l'av. Mohammed V, comme le **Crédit du Maroc** *(au n° 215)* ou **Wafabank** *(au coin de la rue de la Liberté),* possèdent en général des **distributeurs automatiques** de billets.

D'une façon générale, les banques sont ouvertes du lundi au vendredi, avec une pause au déjeuner (rallongée d'une heure le vendredi, jour de la prière). En été, elles sont ouvertes de 8h15 à 14h15, et pendant le mois du ramadan, de 9h30 à 14h.

EN CAS D'URGENCE

Gendarmerie royale – *✆ 177.* En cas de problèmes hors du périmètre urbain.

Consulat de France – *R. Ibn-Khaldoun (non loin de la pl. Jemaa el Fna, près du Club Méditerranée) - ✆ 024 38 82 00 - fax 024 38 82 33.*

Consulat de Belgique – *7 r. de la Liberté, 2e étage - ✆ 024 44 73 12.*

Pharmacie centrale – *166 av. Mohammed V.* La liste des pharmacies de garde ainsi que celle des dentistes et médecins de garde est affichée sur la porte de la pharmacie. À noter que deux pharmacies sont ouvertes 24h/24 : la pharmacie des Pompiers et celle de la place Jemaa el Fna.

Polyclinique Les Narcisses – *El Ghoul, 112 rte de Targa (derrière le petit marché) - ✆ 024 44 75 75.*

La calèche, pour découvrir la ville au trot.

Polyclinique du Sud – *2 r. de Yougoslavie, à l'angle de la rue Ibn Aïcha - ✆ 024 44 79 99.* Conventionnée avec la Caisse des Français de l'étranger.

Clinique Ibn Tofail – *R. Ibn Adelmalik - ✆ 024 44 80 11.*

Dr Reitzer - *✆ 061 17 38 03, cabinet ✆ 024 43 95 62.* Dispose d'un cabinet ou se déplace en cas d'urgence.

Transports

AÉRIENS

Aéroport de Marrakech-Ménara – *✆ 024 44 78 62/65.* Pour se rendre en ville, deux solutions : un bus (le n° 1), aux heures de passage irrégulières,et les grands taxis. Négociez avant d'embarquer *(autour de 100 DH).*

Royal Air Maroc – *197 av. Mohammed V - ✆ 024 44 64 44 ou 024 43 62 05.*

Royal Air Maroc est le représentant officiel d'**Air France** à Marrakech.

FERROVIAIRES

Gare ONCF – *Av. Hassan II - ✆ 024 44 65 69.* Plusieurs liaisons par jour avec la gare de Casa-Voyageurs et Rabat. De là, on rejoint Sidi Kacem, nœud ferroviaire d'où partent des trains pour Meknès et Fès d'une part, Tanger via Asilah de l'autre.

ROUTIERS

Gare routière – *Face à Bab Doukkala - ✆ 024 43 39 33.* Consigne et cafétéria. Chaque ligne et compagnie possède son guichet.

La compagnie **C.T.M.** *(12 bd Zerktouni ; gare routière - ✆ 024 44 74 20),* aux cars confortables équipés de l'air conditionné, dessert quotidiennement Casablanca (4 départs par jour), Fès, Ouarzazate (2 départs), Agadir (2 départs), Beni-Mellal, Laâyoune.

Par d'autres compagnies, notamment Supratours (*av. Hassan II - ✆ 024 43 55 25),* vous pouvez rejoindre Zagora, Taroudant, Sidi Ifni via Agadir, Oualidia, Tafraoute, la vallée de l'Ourika, Rabat, Asni, Safi, El-Jadida ou Essaouira.

En revanche, les **autocars de l'ONCF** partent de la gare ferroviaire. Dessertes d'Essaouira (3 par jour), Agadir (3 également), Laâyoune et Ouarzazarte.

Grands taxis – *En face de Bab er-Rob.*

LOCATION DE VOITURE

Ne louez pas votre voiture à la dernière minute. Durant la haute saison, il peut se passer plusieurs jours sans qu'aucun véhicule ne soit disponible. Selon les compagnies, prévoyez entre 2 000 et 3 000 DH la semaine.

Avis – *137 av. Mohammed V - ✆ 024 43 25 25 - www.avis.ma.*

Europcar – *63 bd Zerktouni - ✆ 024 43 12 28 ; aéroport de Marrakech-Ménara - ✆ 024 43 77 18 ; Marrakech Sofitel - ✆ 024 43 12 28 - www.europcar.ma.*

Hertz – *154 av. Mohammed V - ✆ 024 44 99 84 - fax 024 43 99 83 - aéroport ✆ 024 44 72 30 - www.hertz.fr.*

Key Atlas Transport (K.A.T.) – *68 et 92 bd Zerktouni (Guéliz) - ✆ 024 43 01 75/43 35 81.*

CONDUIRE À MARRAKECH

Cela peut être une épreuve redoutable, surtout à la tombée de la nuit. Carrioles tirées par des ânes, vélomoteurs et autres cyclos, vélos, tous feux éteints, submergent l'automobiliste dans tous les sens, sans parler des petits taxis qui n'hésitent pas à doubler sur la gauche comme sur la droite, des bus et camions qui, à grand renfort de klaxon, se fraient un passage coûte que coûte, y compris s'il le faut en enjambant la ligne continue, n'hésitant pas à doubler en troisième position sur la voie en principe réservée aux véhicules venant en sens inverse, ni des piétons qui traversent imperturbablement sans se préoccuper de la circulation. Le tout dans une pénombre que les quelques réverbères allumés peinent à dissiper, et dans une décontraction absolue. Les automobilistes aux nerfs fragiles hésiteront sans doute à s'aventurer au volant de leur véhicule dans ce monde, qui ne semble être soumis qu'à la loi du plus fort, et privilégieront la marche à pied. Mais ce n'est là qu'une question d'habitude, et ceux qui n'hésiteront pas à faire un usage immodéré du klaxon et laisseront momentanément de côté certains usages en vigueur ailleurs s'adapteront très vite à ces règles de conduite particulières, qui ne font que rappeler que pour aller d'un point à un autre, le meilleur chemin reste toujours la ligne droite.

SE GARER

C'est relativement facile dans le Guéliz, dans les emplacements surveillés. Obole à verser au responsable (revêtu d'une blouse bleue – et souvent porteur d'un badge), en principe en reprenant la voiture. Pour quelques dirhams de plus, il vous nettoiera le pare-brise.

Dans la médina, l'affaire est beaucoup plus complexe, voire impossible. Quelques rares emplacements surveillés, dans les mêmes conditions, sur des petites places.

Ne comptez pas laisser votre voiture à proximité de la Koutoubia et de la place Jemaa el Fna (derrière l'ensemble artisanal toutefois, à l'entrée du parking de l'hôtel Les Almoravides, il y a quelques places : le loueur de vélos qui s'est installé à cet emplacement se proclamera responsable de la surveillance du lieu : pourquoi pas ?).

PETITS TAXIS

Peu onéreuse (bien que parfois terrifiante !), c'est la manière la plus commode de se déplacer dans la ville : compter 6 à 12 DH pour une course, suivant la distance parcourue, et jusqu'à 20 DH la nuit. Il faut vérifier que le chauffeur mette en marche le compteur en démarrant (ils le font assez systématiquement).

Munissez-vous de monnaie, de façon à faire l'appoint (faute de quoi le chauffeur pourrait faire semblant de croire à un pourboire royal !) et laissez quelques dirhams supplémentaires.

Vous n'aurez en principe aucun mal à trouver des petits taxis : ce sont eux qui vous cherchent !

Sachez enfin que la coutume veut que, si vous êtes seul, vous preniez place à l'avant, à côté du chauffeur.

P. Plantier / MICHELIN

Petit taxi.

AUTOBUS

Les autobus urbains sont gérés par la société **Alsabus** (*✆ 024 33 52 70*). Toutes les lignes partent de la rue Moulay Ismaïl (entre la place Jemaa el Fna et les remparts). La ligne 1 conduit à la palmeraie, la 2 à la gare routière de Bab Doukkala, la 3 à la gare ferroviaire, et la 11 à l'aéroport et à la Ménara.

PORTEURS DE BAGAGES

Des porteurs en chariot à roulettes sillonnent en permanence les ruelles de la médina. Ils connaissent parfaitement la vieille ville et vous conduiront sans aucun problème à votre hôtel. Laisser entre 10 et 20 DH en fonction du trajet.

VISITES

Une façon agréable de découvrir Marrakech consiste à louer une des **calèches** qui stationnent près des grands hôtels du Guéliz ou de la médina et en face de la Koutoubia. La fin de l'après-midi est le meilleur moment pour cette balade de 2h, pour laquelle il faut compter entre 100 DH et 150 DH, selon le résultat des négociations (ici comme ailleurs, convenir impérativement du prix avant le départ).

Hôtels et clubs de vacances

L'implantation du **Club Méditerranée** sur la place Jemaa el Fna en 1971 a lancé la mode des clubs à Marrakech : la plupart sont situés en dehors de la ville **(Kappa-Club, Club-Hôtel Sangho)**, et notamment dans la palmeraie.

Les hôtels sont légion : il y en a pour tous les goûts et tous les budgets. Ceux situés en dehors de la ville disposent d'un service de navettes avec le centre-ville. Ceci permet d'apprécier le calme de la palmeraie et de profiter des nombreuses activités sportives proposées (forte fréquentation des groupes cependant).

DANS LA MÉDINA

Hôtel Souria – *17 r. de la Recette (accès par la r. piétonne Bab Agnaou, puis une petite rue à gauche ; il se trouve presque au bout, sur la droite) - ✆ 024 42 75 45 ou 075 18 76 97 - 10 ch. - 120 DH - douche chaude 10 DH - 20 DH - taxe 10 DH/j. -* . Petit hôtel extrêmement simple mais bien situé et dans l'ensemble bien tenu. Les chambres donnent sur un sympathique petit patio fleuri aux murs couverts de zelliges. Accueil chaleureux.

Hôtel Sherazade – *3 derb Jemâa, r. Riad Zitoun el Kédim - ✆ 024 42 93 05 - www.hotelsherazade.com - 200 DH/pers. - 60 DH.* Pensez impérativement à réserver si vous souhaitez séjourner dans ce charmant hôtel, où les pensionnaires se côtoient sur la terrasse ombragée. L'accueil est soigné, les chambres impeccables et la localisation idéale, à deux pas de la place Jemaa el Fna. À signaler toutefois, l'établissement est bruyant la nuit, et beaucoup de guêpes assiègent la terrasse à l'heure du petit-déjeuner.

Hôtel Tazi – *Angle de la r. Bab Agnaou et de l'av. El Mouahidine - ✆ 024 44 27 87 - fax 024 44 21 52 - 360 DH -* . Le bar et la piscine de cet hôtel bon marché sont accessibles aux non-résidents. Ensemble correct mais l'accueil est un peu froid.

Hôtel Gallia – *30 rue de la Recette (accès fléché dans la r. piétonne Bab Agnaou) - ✆ 024 44 59 13 ou 024 39 08 57 - fax 024 44 48 53 - 19 ch. - 450 DH* . C'est l'ancêtre des *riads* ! Tenu par la même famille (française) depuis 1929, cet hôtel répartit ses chambres dans des galeries donnant sur deux jardins luxuriants, peuplés d'oiseaux… et d'une sympathique tortue. Récemment refait à neuf, il est d'un excellent rapport qualité-prix.

Hôtel Sherazade

Hôtel Sherazade.

Jnane Mogador Hôtel – *116 Riad Zitoun Kedim, derb Sidi Bouloukat, à deux pas de Jemaa el Fnaa - ✆ 024 42 63 23 - www.jnanemogador.com - 380 DH -* 30 DH. Une charmante demeure très bien située à l'entrée de la médina, où sont aménagées des chambres colorées et impeccables autour d'un petit patio. Belle terrasse pour le petit-déjeuner.

Hôtel de Foucauld – *Av. El Mouahidine, en face du square de Foucauld - ✆ 024 44 08 06 - fax 024 44 13 44 - 300 DH/pers (demi-pension).* À deux pas de la Koutoubia et de la place Jemaa el Fna, un hôtel très simple et relativement bien tenu, très fréquenté par les randonneurs.

Les Jardins de la Koutoubia *– 26 r. de la Koutoubia - ✆ 024 38 88 00 - 85 ch. - 2 700 DH - 190 DH -* . Construit à l'emplacement du *riad* El Ouarzazi, cet hôtel de luxe, classé parmi les « Relais et Palais Marocains » et situé à deux pas de la place Jemaa el Fna, propose piscine, piano-bar, hammam et deux restaurants.

La Maison Arabe – *1 derb Assehbe, en face de la mosquée de Doukkala - ✆ 024 38 70 10 - fax 024 38 72 21 - www.lamaisonarabe.com - 2 500 DH - suites : 3 000/6 000 DH.* Il s'agit bien sûr d'une petite (voire d'une grande) folie mais quand on aime, on ne compte pas ! La maison est somptueuse avec ses patios fleuris, sa bibliothèque, ses salons avec cheminée, son hammam, ses chambres et appartements aux murs enduits de *tadelakt*, ses plafonds de cèdre… sans oublier son service de navette conduisant à la piscine privée. Sachez qu'en outre le cordon bleu qui sommeille en vous pourra y suivre des cours de cuisine marocaine traditionnelle, de façon à prolonger votre séjour marocain une fois rentré chez vous.

La Mamounia – *Av. Bab Jdid, contre les remparts - ✆ 024 44 44 09 - fax 024 44 49 40 - www.mamounia.com - 5 800 DH - - * . Autre étape de rêve, cet établissement légendaire reste le « must » de Marrakech. Il reçut maints hôtes de marque : Roosevelt, Churchill, de Gaulle, Edith Piaf, Colette…

DANS LE GUÉLIZ ET L'HIVERNAGE

Hôtel des Voyageurs – *Bd Zerktouni, à côté du restaurant le Jacaranda - 024 44 72 18 - 160 DH -* . Derrière sa façade Art déco, il propose des chambres sommaires mais avec douches ! Quand au petit-déjeuner, il faut le prendre à une terrasse du carrefour voisin, celle des *Négociants* par exemple.

Hôtel Islane – *279 av Mohammed V, face à la Koutoubia - 024 44 00 81 - fax 024 44 00 83 - 90 ch. - 380 DH* . Il a le mérite de n'être qu'à deux pas de l'animation de la place Jemaa el Fna.

Hôtel Amalay – *7 bd Mohammed V, au carrefour du bd Zerktouni - 024 44 86 85 - fax 024 43 15 34 - www.amalay-tachfine.ma - 40 ch. - 415 DH - 39 DH.* Sans charme particulier mais central.

Hôtel Ibis-Moussafir – *Sur la place de la gare - 472 DH.* Joli petit hôtel à la façade blanche couverte de bougainvillées. Comme tous ses frères, il est installé aux abords immédiats de la gare, un peu loin sans doute de la médina. Confort standard et sans mauvaises surprises. Bon rapport qualité/prix.

Hôtel de la Ménara – *Pl. de la Liberté, av. des Remparts - 024 43 64 78 - fax 024 44 73 86 - 480 DH -* - P. Sous les palmiers de l'Hivernage, à deux pas des remparts, un hôtel aux chambres immenses, un peu vieillot sans doute mais bien situé, offrant une belle vue sur les remparts et disposant d'un parking gardé. Beaucoup de groupes en saison.

Le Grand Imilchil – *Av. Echouhada - 024 44 76 53 - fax 024 44 61 65 - 96 ch.- 490 DH - 45 DH -* - P. Jumeau du précédent, il offre des prestations comparables.

Hôtel Oudaya – *147 r. Mohammed el Beqal - 024 44 85 12 - fax 024 43 54 00 - 160 ch. - 498 DH - 53 DH -* - P. Décoré par Charles Boccara, un hôtel situé en plein Guéliz. Belle vue sur la ville et l'Atlas depuis le restaurant marocain installé au 5e étage... mais celui-ci n'ouvre hélas que si 25 personnes en font la demande.

Hasna – *247 av. Mohammed V - 024 44 99 72/73/74 - fax 024 44 99 94 - 50 ch. - 494 DH - 53 DH - taxe 6 DH/nuit -* - P. Bien situé en plein Guéliz, cet hôtel à taille humaine doté de tout le confort nécessaire offre des prestations supérieures à celles de bien des hôtels de catégorie supérieure. Parking en sous-sol. Excellent rapport qualité/prix.

Hôtel Agdal – *1 bd Mohammed Zerktouni - 024 43 71 18/36 70/70 99 - fax 024 43 12 39 - 145 ch. - 594 DH -* www.hotelagdal.com - *55 DH -* - P. Moderne et fonctionnel, pas très éloigné du centre-ville, cet hôtel, s'il ne respire pas la franche gaieté, peut néanmoins constituer une solution des plus valable.

Meriem's Hôtel – *154 r. Mohammed el Beqal (pratiquement au coin de l'av. Hassan II) - 024 43 70 62/63/64 - fax 024 43 70 66 - 144 ch. - 840 DH - 60 DH - taxe 9 DH/j. - menu 160 DH -* - P. À deux pas de l'opéra, une adresse offrant de bonnes prestations... et disposant en outre de deux piscines disposées dans une grande cour séparant les deux bâtiments.

Hôtel Nassim – *115 bd Mohammed V - 024 44 64 01 - fax 024 43 67 10 - 47 ch. et 5 suites : 700/920 DH - 70 DH - menu touristique 170 DH -* . Un peu compassé, très confortable, bien qu'assez sombre, il est fort bien situé, à deux pas de l'office de tourisme, à l'entrée d'une galerie commerciale.

Framissima les Idrissides – *6 av. Mohammed VI - 024 33 90 00- fax 024 43 06 38 - 286 ch. - 950 DH - 80 DH -* - P. Dans l'Hivernage, cet hôtel géré par le tour-opérateur Fram est plutôt fréquenté par les groupes.

Hôtel Asni – *Av. Mohammed VI - 024 33 99 00 - fax 024 43 33 08 - www.hotelsatlas.com - 325 ch. - 1 200 DH (single avec supplément) - 130 DH - taxe 10 DH par pers./j. -* - P. Animations le soir en été. Cabaret. Choisir les chambres situées dans les étages supérieurs pour avoir une vue plus étendue sur la plaine du Haouz et découvrir, en hiver, les cimes enneigées du Haut Atlas perçant les nuages dans la brume matinale. Malheureusement l'accueil est un peu froid.

Mansour Eddahbi – *Jouxtant le palais des Congrès - 024 33 91 00 - fax 024 33 91 20 - 430 ch.- 3 200 DH - 155 DH -* - P. *Réservation à Paris : Groupe Accor - 0 803 88 00 00 ou 01 69 36 80 80.* Un hôtel luxueux, aux dimensions impressionnantes, dont les prix exorbitants sont plus accessibles dans le cadre d'un voyage organisé depuis la France.

Hôtel Méridien N'fis – *Av. Mohammed VI, perpendiculaire avec av. de la Ménara - 024 33 94 00 – fax 024 33 94 05 - www.le-meridien-marrakech.com -*

Hotel Gallia

Cour intérieure de l'hôtel Gallia.

ch. « Luxe » (vue sur la piscine ou jardin andalou) 3 200 DH - ch. « Supérieure » (vue sur le parking, tennis ou jardin) 2 900 DH - 180 DH - taxe 28 DH par pers./j. - 🏊 - 🅿. Situé dans un superbe parc de 5 ha. Piscine à débordement, centre de fitness avec hammam et sauna.

Hôtel Sheraton – *Av. de la Ménara - ✆ 024 44 89 98 - fax 024 43 78 40 - 1 350 DH - 120 DH - taxe 15 DH/nuit - repas 250 DH* - 🏊. Quatre restaurants et grill-piscine, dans un confort irréprochable.

DANS LE QUARTIER SEMLALIA

Un certain nombre d'hôtels sont regroupés dans ce quartier, situé le long de la route de Casablanca, à 800 m à peu près du carrefour avec l'avenue Mohammed V.

Hôtel-Club Paladien Tropicana – *✆ 024 44 74 50 - 141 ch. - 820 DH - taxe 10 DH/j.* - 🏊 - 🅿. Plutôt fréquenté par des groupes. La piscine est au centre d'un agréable jardin.

Hôtel Tichka – *✆ 024 44 87 10 - fax 024 44 86 91 - 130 ch. - 1 400 DH - 120 DH - taxe 10 DH/j.* - 🏊 - 🅿. Décoré dans la plus pure tradition de l'art mauresque par Bill Willis, il est des plus agréables. La végétation luxuriante qui l'entoure offre des réveils enchanteurs alors que les oiseaux cachés dans les bougainvillées pépient et que des frémissements de bien-être parcourent l'extrémité des palmiers. Cette adresse, idéale pour une halte romantique, n'a rien perdu de son charme ni de sa séduction.

C. Brett / MICHELIN

Jardin de l'hôtel Tichka.

Kenzi Semiramis – *✆ 024 43 13 77 - fax 024 44 71 27 - 181 ch. - 1 850 DH - 100 - taxe 10 DH/jour* - 🏊 - 🅿. Karaoké, discothèques, quatre restaurants, équipements sportifs : un hôtel haut de gamme…

DANS LA PALMERAIE

Eldorador Tikida Garden – *Circuit de la Palmeraie - BP 1585 - ✆ 024 32 95 95 - fax 024 32 95 99 - www.marrakech-tikida.com - 156 ch. - 1 200 DH - 85 DH - taxe 10 DH par pers./j. - repas 220 DH (buffet chaque jour différent)* - 🏊. Cet hôtel-club situé dans un jardin luxuriant possède un centre de balnéothérapie. Buffets présentés au bord de la piscine. Animations diverses. Navettes régulières pour le centre-ville.

Palmeraie Golf Palace – *Circuit de la Palmeraie - BP 1488 - ✆ 024 30 10 10 - fax 024 30 50 50 - 2 500 DH - taxe 40 DH/j.* - 🏊 - 🅿. Classé dans la catégorie « Luxe », c'est à lui tout seul une véritable petite ville, proposant restaurants (chinois, italien, français, diététique et… marocain), diverses activités sportives, cinq piscines dont deux chauffées, des bureaux de change, des centres de remise en forme, une boîte de nuit et, bien entendu, un golf de 18 trous.

EN DEHORS DE LA VILLE

Si, au plus fort de l'été, vous êtes à la recherche d'un peu de fraîcheur, vous pourrez vous réfugier dans la vallée de l'Ourika **(Auberge Le Maquis)** ou encore en altitude, dans la petite station de sports d'hiver de l'Oukaïmeden, à l'hôtel **Kenzi Louka**. *Voir détails à l'Oukaïmeden, p. 394.*

Maisons d'hôte et riads

Tant dans la médina, où de superbes *riads* sont aménagés pour recevoir des visiteurs, que dans le Guéliz, le système des chambres d'hôte connaît à Marrakech un développement considérable, au risque de devenir une véritable industrie : on en dénombre entre 200 et 500 !

👁 Les *riads*, à l'origine des jardins andalous, désignent aujourd'hui par extension les palais, insoupçonnables pour le passant, qui les abritent. Souvent somptueux, parfois plus simples, nombre d'entre eux ont été achetés par des étrangers et convertis en résidences, qui peuvent se louer pour quelques nuits ou à la semaine : idéal pour une halte de charme au cœur de Marrakech, d'autant que chacun possède sa personnalité propre.

Pour l'ensemble de ces *riads*, les tarifs (à régler en dirham ou en euros) sont variables suivant la saison et le « standing » de l'établissement. Les prix à la semaine sont fortement dégressifs en fonction du nombre de personnes : un *riad* investi par un groupe de 5 à 8 personnes reviendra bien meilleur marché qu'un hôtel.

Ce sera pour vous l'occasion de goûter aux charmes de ces petits palais et de recevoir un accueil plus personnalisé.

Attention toutefois : il ne sera généralement possible de loger dans un *riad* pour une ou deux nuits qu'en basse saison.

Notez que le transfert depuis l'aéroport fait partie des prestations : chose que ne manqueront pas d'apprécier ceux qui découvrent la médina pour la première fois.

DANS LE GUÉLIZ

⊖⊖⊖⊖ **Villa Hélène** – *89 bd Moulay-Rachid (en venant de l'av. Mohammed V, prendre à droite avant la poste, puis la 2e rue à droite) - ✆/fax 024 43 16 81 - à Paris ✆ 01 43 20 41 60 - fax 01 43 20 41 80 - bruno.richez@noos.fr - 2 pers. 115 €, 3 pers. 157 €, 5 pers. 241 €/nuit* ☕ *- 10 pers. 3 000 €/sem.* ☕ *-* 🏊. Cette grande maison 1930 comprend trois suites chacune dotée d'une terrasse privée donnant sur un jardin luxuriant, entretenu avec amour par son propriétaire. Possibilité de prendre ses repas sur place sur commande préalable *(menu à 25 €, vins en supplément, et formule « sur le pouce » à 17 €).*

LES RIADS DE LA MÉDINA

⊖⊖⊖ **Riad Chouia Chouia** – *40 r. Fahel Zefriti (El Ksour) - ✆ 024 42 66 34 ou 062 09 36 39 - www.riad-chouiachouia.com - 7 ch. - 1 000 DH - dîner (sur commande) 150 DH.* À deux pas de la place Jemaa el Fna Olivier Gendrot (Olive pour les intimes : vous en ferez vite partie !), après avoir parcouru les routes de France et de Navarre en vendant des jouets, et arpenté le désert en VTT et l'Atlas en compagnie d'un âne, a posé son havresac et ouvert ce sympathique *riad*, doté de terrasses où vous pourrez dîner sans perdre de vue la Koutoubia. Si la piscine n'est sans doute pas aux normes olympiques, elle aura le mérite énorme de vous permettre de vous rafraîchir. Une adresse sympathique et à prix doux.

⊖⊖⊖ **Dar Naïma** – *1-2 derb El Ouartani Mouassine (après Bab Ksour, prendre à droite Dab Ouatan) - ✆ 024 44 28 50 - fax 024 44 58 51 - www.darnaima.com - 550 DH.* C'est un palais disposé autour de deux cours et proposant des chambres avec mezzanine.

⊖⊖⊖ **Dar Lalla** – *42 derb Sidi Messaoud, Riad Laarouss - ✆ 061 17 18 01, contacter Serge - 650 DH -* 🏊. Un petit riad simple et confortable au cœur de la médina. Accueil charmant pour un séjour intime.

⊖⊖⊖ **Dar Tawanza** – *23 derb El Ferrane, près de la place Bensala - ✆ 068 17 07 12 - 650 DH -* 🏊. Vous serez chaleureusement accueilli, dans ce petit riad fleuri aménagé de quelques chambres colorées. Goûtez impérativement à l'excellente cuisine de Saïd et laissez-vous charmer par le sourire d'Isette.

⊖⊖⊖ **Dar les Zomorodes** – *36 derb El Bahia (laisser la voiture sur la petite place de la Préfecture et prendre la rue sous l'arcade) - ✆/fax 024 37 77 49 - www.marrakech-imperial.com - 950 DH -* 🏊. Un établissement superbement décoré dans le style marocain.

⊖⊖⊖ **Riad Lyla** – *5 derb Ouartani Mouassine - ✆ 066 45 24 57 - 950 DH -* 🏊. Un élégant riad somptueusement décoré, qui ne manque pas de petits détails attrayants : piscine chauffée, salon marocain, terrasse en bois sculpté panoramique. Un coup de cœur.

⊖⊖⊖ **Dar El Farah** – *Entrée située dans le jardin public d'El Jedid - ✆ 066 45 24 57 - 981 DH* ☕ *- 1 600 à 3 600 € la semaine (vac. scol.) en fonction du nombre de per. -* 🏊 *-* 🅿. Il propose cinq chambres, dont une suite, et des salons disposés autour du *riad*, magnifiquement décorés et équipés. Il présente en outre l'avantage d'être accessible en voiture : entrer dans la médina par Bab Agnaou, prendre à droite l'avenue Houmman el Frouaki puis la place des Ferblantiers en direction du palais de la Bahia et continuer tout droit jusqu'à la petite place de la Préfecture, où il est possible de stationner.

⊖⊖⊖ **Riad An Nûr** – *207 derb Ben Naceur, Arset Ben Brahim (près de Bab Doukkala) - ✆ 024 38 67 75 - en France ✆ 02 33 22 19 92 - www.riadannur.ma - blandinepareу@hotmail.com - 3 ch. - 1 000 DH (plus 150 DH/pers. supplémentaire) - repas sur commande.* C'est un véritable palais andalou, vaste et restauré avec beaucoup de goût. Un beau patio arboré dans lequel sont aménagés des espaces où vous pouvez vous isoler avec un livre, des chambres décorées et meublées de façon sobre et chaleureuse, une terrasse ornée d'une pergola, un petit hammam, l'accueil extrêmement courtois de Fayssal, grand connaisseur de la culture marrakchi : c'est tout l'art de vivre des palais marocains qu'il vous est ici proposé de découvrir.

⊖⊖⊖ **Dar Kalifa** – *Entrée située dans le jardin public d'El Jedid - ✆ 024 43 15 60 - fax 024 43 15 59 - 4 ch. - 90 €* ☕. Patio planté de bananiers et bougainvillées, piscine, terrasse, salle à manger sous colonnes.

Riad An Nur

Le patio du Riad An Nûr.

⊖⊖⊖⊖ **Riad Tchina** – *✆/fax 024 43 16 81 - à Paris ✆ 01 43 20 41 60 - fax 01 43 20 41 80 - bruno.richez@noos.fr - 76 €/95 € - suites : 110/173 € - 10 pers. 2 500€/sem.* Situé dans un quartier populaire, ce qui vous permet de découvrir la véritable vie de la médina : au bout d'une semaine, vous ferez partie du quartier ! Dans ce *riad*

Art déco, tout joue sur l'opposition des blancs et des noirs sous un ciel d'un bleu éclatant, contrastes que vient tamiser une discrète décoration. Les propriétaires disposent également de la Villa Hélène.

Riad Malika – *29 derb Arset Aouzal - ✆/fax 024 38 54 51 - www. riadmalika.com - 1 375 DH /2 pers. (demi pens.) -* . Cet étonnant *riad* marie harmonieusement l'architecture arabo-andalouse avec une décoration années trente et propose en outre un hammam. Un merveilleux salon, des chambres en duplex disposant d'une terrasse privée et un jardin central luxuriant font de ce *riad* une halte inoubliable.

Riad El-Arsat – *10 bis derb Chemaa, Arset Loughzail - ✆ 024 38 75 67 - fax 024 38 76 05 - www.riad-elarsat-marrakech.com - 6 ch. et 2 suites : 1 500/2 700 DH - repas sur commande -* . Extraordinaire ! Les mots manquent pour décrire l'immense jardin peuplé d'orangers et de palmiers de ce palais, absolument inattendu au cœur de la médina. De part et d'autres, deux corps de bâtiments se font face : la « maison d'été » avec ses superbes plafonds de cèdre, son bureau-bibliothèque, son mobilier très années trente ; et la « maison d'hiver », avec sa cheminée monumentale. Rajoutons une chambre qui, installée dans un petit pavillon en bordure de la piscine, ne manque pas de charme.

AGENCES DE LOCATION DE RIADS

Marrakech Imperial – *✆/fax 024 37 77 49 - www.marrakech-imperial.com -* Cette agence particulièrement efficace gère pas moins de 8 *riads* charmants et plus ou moins luxueux dans la médina. En plus de vous héberger, l'agence se propose d'accompagner votre séjour selon vos besoins et envies à des prix plus que raisonnables (taxi à l'aéroport, service de massages, soirées…)

Marrakech-Medina - *2 derb Tizougarine, Dar El Bacha - ✆ 024 44 24 48 ou 024 42 91 33 - fax 024 39 10 71 - Paris ✆/fax 01 43 25 98 77 - www.marrakech-medina.com.* Cette société propose pas moins de 10 *riads* à la location, classés selon leur confort et leur décoration de 1 à 4 palmiers. Les périodes de location minimum sont de 1 nuit en basse et moyenne saison, de 5 nuits en haute saison (correspondant en gros aux vacances scolaires françaises, hors vacances d'été). Tarifs s'échelonnant de 663 DH pour 2 pers./nuit en basse saison pour un riad classé « 1 palmier », à 6 360 DH pour un *riad* « 4 palmiers » en haute saison… mais certains de ces *riads* peuvent être investis par des groupes allant jusqu'à 14 pers. et, dans ce cas, la formule est nettement moins onéreuse.

Marrakech Riads – *8 derb Cherfa Lakbir, Mouassine - ✆ 024 52 64 63 - fax 024 42 65 11 - www.marrakech-riads.net.* Cette société propose des *riads* classés, eux, de 2 à 4 « lanternes » et pouvant accueillir de 2 à 12 personnes. De 500 à 1 500 DH la chambre et de 1 500 à 5 400 DH pour le *riad* tout entier.

Autres hébergements

Auberge de jeunesse – *R. El Jahed (quartier industriel) - ✆ 024 44 77 13.*

Camping Ferdaous – *Rte de Casablanca, à 8 km du centre-ville, sur la gauche, au-delà de la palmeraie et de la route signalisée « Chez Ali » - ✆ 024 30 40 90 - fax 024 30 23 11 - 15 DH - camping-car 16 DH - électricité 18 DH. Possibilité de louer une caravane pour 5 personnes (80 DH la nuit).* Convenable, ce camping ombragé dispose d'une téléboutique. L'aménagement d'une piscine est prévu depuis plusieurs années. Inch'Allah…

Se restaurer

Une des façons les plus économiques de dîner à Marrakech est de prendre place à l'un des nombreux étals qui, à la nuit tombée, envahissent la **place Jemaa el Fna** : salades, *harira* (soupe), escargots, têtes de mouton, brochettes de viande (souvent très épicées), *tajines* divers, il y en a pour tous les goûts… Les prix sont affichés, c'est souvent savoureux et l'ambiance est inoubliable.

Elle l'est également chez **Chegrouni**, aux abords de Jemaa el Fna *(✆ 061 87 38 04)* : à un prix défiant toute concurrence, on vous servira *tajines*, brochettes, côtelettes d'agneau, que vous dégusterez de préférence en salle, car sur la terrasse, les émanations des chevaux attelés aux calèches se mêlent parfois fâcheusement aux effluves de la cuisine…

Les bonnes tables marocaines sont souvent situées à l'intérieur de la médina. Dans ce cas, il vaut mieux réserver et s'y rendre en petit taxi car certains restaurants ne sont pas faciles à trouver. Le repas est le plus souvent plantureux (certains – rares – offrent la possibilité de dîner à la carte), animé par des musiciens plus ou moins talentueux (avec le gnaoua de rigueur) et une danse du ventre qui met certains messieurs au bord de l'apoplexie !

Dar Mima – *9 derb Zaouïa El Kadiria, Riad Zitoune Jdid - ✆ 024 38 52 52 - 120/200 DH - à partir de 20h - fermé mer. -* . Situé à quelques dizaines de mètres de Dar Si Saïd, ce *riad*, annexe de l'hôtel Gallia, propose une carte à des prix raisonnables. Les petits salons sont agréables et décorés avec une sobriété reposante ; service souriant et attentif ; délicieuses *pastillas* au pigeon ou au lait d'amandes.

Al Fassia – *55 bd Zerktouni (Guéliz, dans une petite galerie commerciale) - ✆ 024 43 40 60 - 110/250 DH - 12h-14h30, 19h30-23h -* . Ce restaurant féminin propose une cuisine de qualité (ah, la soupe aux dattes et le *tajine makfoul* aux

H. Belmenouar / MICHELIN

Quelques escargots sur le pouce, place Jemaa el Fna.

tomates confites et au oignons caramélisés, le tout aromatisé à la cannelle !) servie dans un cadre très agréable, en particulier celui de la terrasse ombragée. Bon rapport qualité/prix. Certains plats doivent être commandés 24h en avance, comme l'agneau à la broche ou la *pastilla* aux fruits de mer.

Le Foundouk – *55 Souk Hal Fassi (pl. du Mokef, proche de la médersa Ben Youssef et du Musée de Marrakech) - ✆ 024 37 81 90 - carte 300 DH - ouv. mar.-dim.12h-0h.* Le dernier-né des restaurants de la médina. Salle à manger richement décorée autour d'un patio surplombé par un lustre impressionnant en fer forgé. Beaucoup de charme.

La Maison Arabe -*1 derb Assehbe, en face de la mosquée de Doukkala - ✆ 024 38 70 10 - fax 024 38 72 21 - www.lamaisonarabe.com - menu 400 DH sans le vin - à partir de 19h30 -* 🍷. Il ne faut pas manquer les délicieuses *pastillas* servies dans ce lieu raffiné ! *(voir ci-dessus la rubrique « Se loger »).*

Ksar Es Saoussan – *3 derb el Messaoudyenne, voûte donnant sur la rue des Ksour - ✆ 024 44 06 32 - 3 menus : 350/450/550 DH - à partir de 20h - fermé dim. et août -* 🍷. Vous pourrez y dîner dans le patio ou dans l'un des salons ; l'éventail des menus permet de dîner plus légèrement que chez nombre de ses confrères.

Dar Diaffa – *1 r. Jbel Lakhdar (sur la gauche de l'av. Mohammed V, juste après le centre artisanal) - ✆ 024 38 68 98 - www.restaurant-diaffa.ma - 2 menus : 400/600 DH - à partir de 19h30 -* 🍷. Dans une immense salle bordée de galeries, où sont disposés des salons, et que surplombe un toit ouvrant, vous aurez à faire votre choix, cornélien, entre deux menus dégustation. Assortiment de salades, *pastillas*, couscous, *tanjia*, *tajines*, pâtisseries… tout est excellent. Quant au service, il est aussi attentif que discret.

Stylia – *34 r. Ksour - ✆ 024 44 58 37 - Menu fixe 450 DH sans le vin - tlj à partir de 20h -* 🍷. Beau décor et délicieuse *pastilla* au lait.

Dar Moha – *81 r. Dar el Bacha, face au palais du Glaoui - ✆ 024 38 64 00 - menu 460 DH - tlj 12h-15h, 19h30-22h30 -* 🍷. Installé dans un palais, ancienne résidence du secrétaire du pacha de Marrakech, puis du couturier Pierre Balmain. La piscine (évoquant les fastes de l'Empire romain) et les meubles anciens en laque de Chine sont dus au propriétaire suivant, un antiquaire, qui a cédé le restaurant à un Marrakchi, Moha, un ancien de l'école hôtelière de Genève. Le résultat ? Un cadre somptueux où l'on déguste la « nouvelle cuisine marocaine » inventée par le maître des lieux.

Dar Fez – *Riad Laarouss - 8 r. Boussouni Elgza - ✆ 024 38 23 40/27 25/22 13 - www.darfez.com - menu 480 DH -* 🍷. Restaurant constitué de deux *riads* contigus et modulables, permettant d'isoler les gourmets individuels des groupes. Attractions musicales.

Dar Gharnata – *56 derb Al Arsa - Riad Zitoun Jdid (à proximité du musée Dar Si Saïd) - ✆ 024 38 96 15/95 10 - menu 500 DH - à partir de 20h, fermé 15 juil.-20 août -* 🍷. Un véritable palais marrakchi du 16e s. transformé en restaurant en 1958 : autant dire qu'il s'agit d'une institution !

Dar Marjana – *15 derb Sidi Ali Tair, près de Bab Doukkala - ✆ 024 38 51 10/38 57 73 - menu à 660 DH avec le vin - à partir de 18h - fermé mar. -* 🍷. Agencé autour d'un beau *riad* ; cuisine marocaine traditionnelle et copieuse : sept plats vous seront servis dans une ambiance musicale.

Yacout – *79 r. Sidi Ahmed Soussi (à proximité de Bab Moussoufa) - ✆ 024 38 29 29 - menu 700 DH avec le vin -* 🍷 *- ouv. le soir et sur réservation - fermé lun.* Dispose d'une terrasse surplombant la vieille ville. Le décor intérieur, dû, comme celui de l'hôtel Tichka, à Bill Willis, est digne d'un palais des « Mille et Une Nuits ». Le luxe !

Dar Mounia – *R. Khlifa - Ottmane, reliant le bd El Yarmouk, qui longe les remparts, et l'av. Ecchouada - ✆ 024 43 12 41 - fax 024 44 87 44 - menu : 700 DH (vin à volonté) - 12h-14h, 19h-minuit -* 🍷. Installé dans une des rares maisons marocaines anciennes situées hors de l'enceinte de la médina, qui fut la demeure d'un fils du Glaoui. Le restaurant propose, dans un cadre raffiné, un menu touristique très copieux, mais guère original. Sur commande préalable, vous pourrez découvrir une de ses spécialités (telles que *tajine* aux poires, poisson farci ou *pastilla* au pigeon).

RESTAURANTS EUROPÉENS

Catanzaro – *11 r. Tarik Ibn Ziyad (Guéliz) - ✆ 024 43 37 31 - fermé dim. et août - 50/150 DH - 12h-14h30, 19h30-23h -* 🍷. Dans une rue parallèle à l'av. Mohammed V, derrière le marché public, une sympathique trattoria familiale. Grillades, pâtes et pizzas au feu de bois.

La Rôtisserie de la Paix – *68 r. de Yougoslavie, en face du précédent (Guéliz) - 024 43 31 18 - 60/150 DH -* . L'entrée, qui ne paie pas de mine, ne prépare guère à l'agréable jardin, autour d'une fontaine, dans lequel les tables sont installées. Repas simples et sans prétention (grillades et brochettes).

Kechmara – *3 rue de la Liberté (Guéliz) - 024 42 25 32 - 80/150 DH - 7h-0h - fermé dim. -* . Un nouveau restaurant à la mode où l'on sert une cuisine européenne à base de salades et de grillades. Très fréquenté par les expatriés.

Alizia – *Angle r. Chouhada et Chawki (Guéliz) - 024 43 83 60 - 70/200 DH - Tlj 12h-15h, 19h30-23h -* . Un restaurant sympathique où l'on sert une cuisine simple copieuse et bon marché. Idéal pour un dîner en terrasse à l'abri du tumulte de la ville.

Jardin de Guelij – *Jardin du Harti, Guéliz - 065 97 48 62 - 100/200 DH - 12h-14h30, 19h30-23h -* . À peine bâti, cet établissement charmant, doté d'un beau jardin, propose une cuisine franco-marocaine de qualité. Cadre traditionnel inspiré des anciennes *kasbahs*.

Puerto Banus – *R. Ibn Houbal (Guéliz - accès depuis la pl. du 16-Novembre par la rue du Cadi El Makhazine, le long de Jnane Harti) - 024 44 65 34 ou 024 43 62 01 - 100/250 DH - 12h-15h, 19h30-23h30 -* . Votre adresse, au cas où vous chercheriez à déguster une paella dans une ambiance espagnole.

Bagatelle – *101 r. de Yougoslavie (Guéliz) - 024 43 02 74 - 80/300 DH - fermé mer.* Pour déjeuner ou dîner agréablement sous une des tonnelles fleuries (extérieure ou intérieure), protégé de la poussière de la ville. Carte française et marocaine.

Le Jacaranda – *32 bd Zerktouni (presque à l'angle de l'av. Mohammed V) - 024 44 72 15 - 130/300 DH - midi et soir -* . Cadre très agréable tant en hiver (salle de restaurant avec cheminée) qu'en été (terrasse fleurie) : la salle est décorée de tableaux de jeunes artistes marocains (le restaurant est devenu aussi un lieu d'exposition). Petits menus au déjeuner, « menu du marché » et « menu découverte » le soir.

Niagara – *31-32 centre commercial Ennakhil, rte de Targa - 024 44 97 75 - 200/300 DH - 12h15-14h15, 19h30-23h - fermé lun. -* . C'est une pizzeria à la mode, fort fréquentée. Il est prudent de réserver.

Café de la Poste – *Angle bd El Mansour Eddahbi et av. Imam Malik, à côté de la poste centrale (Guéliz) - 024 42 30 38 - 120/500 DH - 8h-1h -* . Une grande brasserie plutôt élégante où l'on sert une cuisine aux saveurs d'Orient et d'Occident. Service soigné, restauration rapide le midi et plus raffinée le soir. Belle carte de desserts, dont le tiramisu ou la « tartine fine » aux pommes.

Le Comptoir « Darna » Paris-Marrakech – *Av. Echouada (Hivernage) - 024 43 77 02/10 - www.comptoirdarna.com -lun.-sam. 16h-0h - 150/400 DH -* . Cette adresse « culte » de Marrakech se distingue par son beau décor aubergine. Cuisine « métissée », que vous pourrez savourer sur la terrasse ombragée ou dans l'un des salons cosy. Club à l'étage et boutique de mode.

Les Cépages – *9 r. Ibn Zidoun (Guéliz - après la pl. Abd El Moumen, côté Ouest, prendre à droite la r. Mohammed El Beqal, puis encore à droite) - 024 43 94 26 - 200/400 DH - fermé lun.-* . Cuisine française réputée dans une villa Art déco dont les murs roses sont ornés de bas-reliefs représentant des grappes de raisin. Beau jardin et salles superbes.

La Trattoria de Giancarlo – *127 r. Mohammed El Beqal, Guéliz - 024 43 26 41 - 250/400 DH -* Tous les soirs à partir de 19h - - . Probablement le meilleur restaurant italien de la ville. Dans une ambiance feutrée, composée d'un salon élégant et d'une cour fleurie qui borde une piscine, cet établissement ne désemplit pas. Cuisine excellente, donc réservation quasi indispensable. Nous vous suggérons d'essayer les exceptionnels calamars à *la plancha*.

Le Pavillon – *Situé au fond d'une impasse, derb Zaouïa, juste en face de la mosquée de Bab Doukkala - 024 38 70 40.* Une des meilleures tables française de la capitale ! Il possède un beau patio planté d'orangers. Adresse réputée bien que quelque peu onéreuse.

Faire une pause

PÂTISSERIES

Pâtisserie des Princes – *32 Bab Agnaou - 024 44 23 19 - de 5h du matin à tard dans la soirée.* Halte gourmande et reposante dans une voie piétonne à deux pas de Jemaa el Fna, où il fait bon s'arrêter pour prendre une collation et goûter aux différents petits gâteaux proposés, tous aussi délicieux, avant de se décider sur ceux que l'on achètera par la suite.

Pâtisserie Hilton – *R. de Yougoslavie et av. Mohammed V - 024 43 27 55 ou 024 44 60 44.*

Pâtisserie Al Jawda – *R. de la Liberté (Guéliz) - 024 44 96 20 ou 024 43 38 97.*

Pâtisserie Agig – *R. Mauritania (derrière la poste centrale).*

Pâtisserie marocaine Zahir – *Bd Mohammed V (à côté du restaurant Al Fassia).*

GLACIERS-SALONS DE THÉ

Olivieri – *Bd Mansour-Eddahbi.*

Le Caruso – *Av. Mohammed VI.*

Boule de Neige – *30 r. de Yougoslavie* - ✆ *024 43 52 19.* Pour déguster une glace sous les parasols installés sur le toit de la maison.

Salon de thé-glacier Amandine – *R. Mohammed el Beqal, à côté de la Trattoria Giancarlo.* Une des adresses marrakchi les plus réputées.

CAFÉS

Les Négociants – *Av. Mohammed V et bd Zerktouni.* Le grand café de province, avec ses stores rouges, sa terrasse et ses miroirs quelque peu défraîchis.

Café du musée de Marrakech – *Place Ben Youssef.* Dans la cour du musée, une halte précieuse pour se rafraîchir et se poser au cours d'une balade dans la médina.

Dar Cherifa – *8 derb Cherfa Lakbir, Mouassine.* Le siège de la société Marrakech Riads est lui même installé dans un très beau *riad* transformé en café littéraire et espace d'art et de culture.

Café Renaissance – *À l'angle de l'av. Mohammed V et du bd Zerktouni.* Après avoir marché toute la journée dans le bruit, la chaleur et la circulation intense et désordonnée, il est agréable de s'arrêter pour prendre un verre sur la terrasse panoramique (accès par ascenseur - payant) de ce café. Au coucher du soleil, les bâtiments prennent une douce couleur rose orangé ; au loin se détachent le robuste et fier minaret de la Koutoubia, irréel dans la poussière d'or du couchant, et, lorsque le temps est dégagé, le Haut Atlas et la chaîne des Jbilet.

La Marjolaine – *234 av. Mohammed V.* Une agréable terrasse en retrait de l'avenue, endroit pour se poser au calme le temps d'écrire quelques cartes postales devant un café ou un jus de fruit. Le soir, salades et grillades.

Café de France, Café Glacier et **Café Argana** – *Pl. Jemaa el Fna.* De leurs terrasses, on embrasse du regard toute la place et l'extraordinaire fourmillement de sa foule hétéroclite et bigarrée. On peut en outre déjeuner ou dîner au Café Argana.

PRENDRE UN VERRE

La Mamounia – *Av. Bab-Jdid.* Il vous faudra choisir entre la lumineuse verrière du **Bar du Soleil** donnant sur les célèbres jardins et l'ambiance raffinée du **Churchill Piano-Bar,** décoré de vitraux encadrés d'acajou et représentant les plus grandes figures du jazz.

Le Comptoir Paris-Marrakech – *Av. Echouada (l'Hivernage) - dès 16h (dim. 12h).* L'adresse culte de Marrakech, où vous pourrez déguster dans un décor aussi superbe que sobre glaces, cocktails et jus de fruits au son des platines du dernier DJ à la mode… ou d'un orchestre gnaoua. Une excellente adresse également en soirée.

En soirée

Marrakech compte de nombreux bars musicaux, fréquentés autant par les jeunes Marocains que par les expatriés ou les touristes. Pour prolonger votre soirée, vous trouverez également plusieurs discothèques. Parfois guindées, souvent « branchées », éventuellement « malfamées », elles vous feront découvrir une autre facette de la vie locale. Elles se trouvent la plupart du temps dans les hôtels des grandes villes. L'entrée coûte en moyenne 150 DH. On y sert bien sûr de l'alcool.

De nombreux restaurants marocains agrémentent leurs repas d'un orchestre de musique traditionnelle et de spectacles, dont l'envoûtante danse du ventre. La qualité des prestations est variable. Méfiez-vous des établissements trop touristiques, où le folklore manque d'authenticité. Pour assister à des spectacles de qualité, préférez les fêtes locales où les festivals.

Plusieurs grands hôtels disposent d'une discothèque : le **Byblos** (Hôtel N'Fiss), le **Club** (hôtel La Mamounia), le **Cotton Club** (hôtel Tropicana), le **New Feeling** (Palmeraie Golf Palace) ou le **Paradise** (hôtel Mansour Eddahbi). Si ces deux dernières offrent une capacité et un équipement impressionnants, c'est cependant le **Diamant Noir** (hôtel Marrakech) qui demeure la discothèque à la mode. À signaler également le **Grand Casino** de La Mamounia (18 tables de jeux : roulette, black-jack, baccara, chemin de fer… et plus d'une centaine de machines à sous). Évitez par contre certaines boîtes de nuit isolées (n'appartenant pas à un grand hôtel), car elles peuvent être diversement fréquentées.

Jad Mahal – *Fontaine de la Mamounia, Bab Jdid Marrakech* - ✆ *024 43 69 84.* Un grand établissement élégant à l'ambiance *lounge*, où vous pourrez aussi bien dîner que prendre un verre, confortablement installé dans des fauteuils en velours. Une adresse à la mode ; concerts et danseuses orientales.

Cosy Bar – *Place des Ferblantiers* - ✆ *024 38 03 24.* Un autre club élégant où vous pourrez aussi bien dîner et savourer une excellente cuisine européenne et marocaine que boire un verre et profiter de la musique à la mode.

Teatro – *À côté du grand casino - 150 DH.* Une discothèque incontournable, très fréquentée par les Marrakchis, n'importe quel soir de la semaine. Musique techno et ambiance garantie.

SPECTACLES FOLKLORIQUES

Dîners-spectacles (ambiance groupe) organisés dans des restaurants en plein air situés au cœur de la palmeraie : ils permettent de découvrir des troupes musicales et des danseurs de diverses régions du Maroc, tout en goûtant des mets typiquement marocains, et d'assister à une fantasia. Force est de reconnaître que ce genre de spectacles ne donnera qu'une très lointaine idée de la richesse du folklore marocain.

Chez Ali – *✆ 024 30 77 30 - dîner-spectacle 450 DH, boissons non-comprises - spectacle seul 100 DH.*

Borj Bladi – ✆/fax 024 43 26 98.

Inscription également dans les hôtels et les agences de voyage.

CULTURE

Institut français de Marrakech – *Jbel Guéliz - BP 566 - ✆ 024 44 69 30 - fax 024 44 74 97 - info@afm.ma.* Outre une médiathèque, l'institut possède une salle de cinéma ; il organise des expositions, des conférences et des rencontres-signatures avec des auteurs français ou marocains, et accueille des compagnies théâtrales francophones dans sa salle de spectacles.

Sports et loisirs

Balnéothérapie – *À l'Eldorador Tikida Gardens (Palmeraie).* Cures d'un week-end ou d'une semaine… à moins que vous ne vous contentiez d'une journée de relaxation.

Bowling – *Au Palmeraie Golf Palace.*

Équitation – *Au Royal Club Équestre, à 6 km du centre-ville. Club équestre et poney club de la Palmeraie (✆ 024 36 87 93) - promenades 1h (débutants) 150 DH ; 2h (tous niveaux) 290 DH ; cours (dressage, sauts d'obstacles, etc.) 170 DH ; stages 450 DH/1j, 1 300 DH/3 j, 2 500 DH/6 j. Poney pour les enfants : 70 DH/30mn , 90 DH/1h .* Possibilité pour les plus anciens d'effectuer la balade en calèche dans la palmeraie.

Golf – Trois parcours de 18 trous raviront le golfeur qui sommeille en vous : Royal Golf Club, parcours de 6 120 m, à 6 km sur l'ancienne route de Ouarzazate ; Golf de la Palmeraie, à l'entrée nord de la ville, appartenant à l'ensemble résidentiel des Jardins de la Palmeraie (6 214 m, prix variable selon que l'on est résident ou non du Palmeraie Golf Palace) ; Amelkis Golf Club (6 657 m). *Pour plus de détails, voir p. 56.*

Karting – *À 12 km de Marrakech, en bordure de la palmeraie.* Pistes de karting homologuées, location karts de loisirs, cours de pilotage sur kart Yamaha 100 cm^3.

Polo – *Au Royal Polo Club de la Palmeraie, à 3 km du centre de Marrakech.* Plusieurs trophées y sont organisés par Hermès.

Quad – *✆ 024 32 91 67 et renseignements à la réception des hôtels.* Ce sport de glisse se pratique sur un engin Yamaha tout terrain à quatre roues, qui passe partout et peut rouler jusqu'à 100 km/h. Initiation avec moniteur et location à l'heure à côté de l'hôtel Palmariva, à 8 km de Marrakech sur la route de Fès. 2 sorties par jour : trajets de 50 km environ – *pilote 500 DH, passager 340 DH - sur réservation.*

Ski – *À 74 km de Marrakech et à 2 600 m d'altitude.* *Voir à l'Oukaïmeden, p. 396.*

EXCURSIONS AUX ALENTOURS

Nombre d'agences de voyages – situées pour la plupart sur l'avenue Mohammed V – organisent des **excursions** d'une journée dans les environs de la ville. Vous pouvez ainsi découvrir, en minibus climatisé, Essaouira, la vallée de l'Ourika, les cascades d'Ouzoud, le plateau de Kik, au-dessus du barrage de Lalla Takkerkoust, en Land Rover, voire effectuer un aller-retour à Ouarzazate et aux *kasbahs* (!). Suivant les agences, le car viendra vous chercher à votre hôtel ou bien l'on vous fixera un point de rendez-vous au centre de la ville.

Pampa Voyage Maroc – *213 av. Mohammed V, galerie Jassim - ✆ 024 43 10 52 - www.pampa.ma.*

Afric Asfar – *189 av. Mohammed V - ✆ 024 43 65 09.*

Agence Atlas – *131 av. Mohammed V - ✆ 024 43 28 67.*

Top Voyage – *172 av. Mohammed V (à côté du CRT) - ✆ 024 43 43 92.*

Une journée en pays berbère – Excursion d'une journée comprenant la visite d'un souk rural (Tahanaoute ou Asni), un déjeuner à la *kasbah* du Toubkal, une promenade à dos de mule dans les villages berbères agrémentée d'un thé chez l'habitant. *800 DH - réservation : ✆ 061 34 33 37.*

RANDONNÉES

Transports Amzrou – *88-90 Bd Zerktouni, 4e étage, n° 38 - ✆/fax 024 43 46 35 -* Initialement implantée à Ouarzazate, cette agence fait appel à des spécialistes qui sauront vous faire aimer le désert et la vallée du Drâa.

Légendes Évasions – *212 av. Mohammed V (Guéliz) - ✆ 024 33 24 83 ou 061 40 20 32.* Plusieurs parcours bien organisés au départ de Marrakech. Comptez 90 € pour un circuit d'une journée comprenant le transport et le déjeuner.

Marocquad – *À Marrakech : Sidi Youssef Ben Ali - ✆/fax 024 30 79 59 - www.marocquad.com - à Artigues, près de Bordeaux : 27 r. du Grand-Veneur - ✆ 05 56 74 25 39.* Ceux pour qui l'aventure ne doit pas se vivre au détriment du confort et de la sécurité, se tourneront vers cette société qui organise des randonnées de sept jours à bord de quads, à Zagora, Mhamid et Chigaga. Nuits en hôtels de luxe, en *riads* ou en « bivouac haut de gamme », liaison radio permanente, assistance d'un infirmier, d'un mécanicien et d'un caméraman chargé d'immortaliser l'événement. Tarif selon les formules : 1 450 € ou 2 241 €, billet d'avion, boissons, transferts éventuels en hélicoptère et autres menus frais en sus.

Atlas Sahara Trek – *6 bis r. Houdhoud (quartier Majorelle) - ✆ 024 31 39 01/03 - fax 024 31 39 05 - www.atlas-sahara-trek.com.* Randonnées pédestres, à ski, à dos de chameau, en VTT... L'agence dispose, entre autres, d'un hébergement charmant au cœur de l'Atlas, l'auberge **Dar Itrane**.

Destination évasion – *✆/fax 024 37 74 69 ou 061 08 44 39 - www.maroc-excursions.com.* Excursions d'une journée au départ de Marrakech pour Ouirgane, les cascades d'Ouzoud, la vallée de l'Ourika ou Essaouira : randonnée, circuits en 4x4 ou en quad.

Hôtel Ali – *R. Moulay Ismaïl (Médina) - ✆ 024 44 49 79 - fax 024 44 05 22 - www.hotel-ali.com.* Organisation de randonnées chamelières dans le Grand Sud (dunes de Merzouga, Zagora) et de randonnées pédestres dans les montagnes (gorges du Dadès et du Todra, massif du Toubkal...)

SURVOL

En montgolfière – *Ciel d'Afrique - 405 Assif B - 40 000 Marrakech - ✆ 024 43 28 43 ou 061 13 70 51 - fax 044 30 31 96 - contact@cieldafrique.net - www.cieldafrique.net.* Le vol s'effectue au nord de l'oued Tensift, en bordure de la palmeraie. Les passagers, acheminés en 4x4 le matin vers 6h30 sur le lieu de vol, participent aux opérations de mise en place et au gonflage du ballon. Après le vol, une collation avec thé et gâteaux est servie, suivie d'un circuit 4x4, avant le retour à l'hôtel en fin de matinée. Des circuits 4x4 plus montgolfière, avec hôtels et bivouacs, peuvent être organisés au départ de Marrakech, de Ouarzazate, ou d'autres lieux.

A. Abou-Ghazala / MICHELIN

La rencontre de deux mondes.

En avion – *Maintaéro - Résidence N'Fiss - imm. 15 - 4 bd. Allal al Fassi, Marrakech - ✆ 024 43 72 92 ou 061 44 16 43 - fax 024 43 73 68 - maintaero@wanadoo.net.ma.* Vols à bord d'un Cessna 207 vers Ouarzazate *(45mn de vol, 6 900 DH)*, Taroudant *(1h, 9 450 DH)*, Zagora *(1h25, 12 950 DH)* et Tata *(1h30 de vol, 23 300 DH)*suivis d'une randonnée en 4x4 permettant la découverte d'une horloge à eau gérant l'irrigation de la palmeraie, d'un agadir (grenier collectif fortifié), de cascades et de gravures rupestres.

Achats

ARTISANAT TRADITIONNEL

Ensemble artisanal – *Av. Mohammed V (après l'hôtel de ville à gauche en allant vers la pl. Jemaa el Fna) - ✆ 024 42 38 36.* Dinandier, passementier, maroquinier, fabricant de babouches, potier, ébéniste : à peu près tous les corps de métiers sont représentés dans cet ensemble, utile pour se faire une idée des prix avant d'aller marchander dans les souks... ou pour faire vos achats sans palabres inutiles. Si vous souhaitez vous y rendre en taxi, demandez à vous faire déposer devant l'hôtel de ville, faute de quoi vous risquez d'être conduit directement dans les souks...

Marché central – *Av. Mohammed V (Guéliz, non loin de l'office de tourisme) - 7h-13h, 16h-19h.* Ce marché couvert dispose de nombreux étals entièrement consacrés à l'artisanat.

ÉPICES

Bazar aux épices du Mellah *(non loin du musée Dar Si Saïd).* Safran, henné, huiles essentielles, cannelle, cumin..., le royaume des senteurs destinées tant à la cuisine qu'à votre pharmacie personnelle.

LIBRAIRIES

Librairie Chatr et librairie Gilot – *Av. Mohammed V.* Bon choix de livres sur le Maroc et de romans d'auteurs marocains... et internationaux.

Librairie Galerie Liberté – *17 r. de la Liberté.*

Librairie El Ghazzali – *51 Bab Agnaou - médina, près de la place Jemaa el Fna.* Depuis 1956, cette librairie propose des ouvrages relatifs au monde arabe en général, au Maroc en particulier. Lectures et séances de dédicaces sont organisées par la direction de la librairie à Dar Bellarj.

Librairie d'art ACR – *55 bd Zerktouni, dans l'impasse.* Nombreux beaux livres sur le Maroc et l'art marocain, qu'ils proviennent ou non du fonds des éditions ACR.

Librairie du Musée de Marrakech – *Dans la cour du musée, place Ben Youssef.* Grand choix d'ouvrages consacré à l'art et à l'artisanat marocain et catalogues des différentes expositions.

GALERIES D'ART

Matisse Art Gallery – *6 r. de Yougoslavie, dans le passage Ghandouri - ✆ 024 44 83 26 - www.matisse-art-gallery.com.* En alternance, tableaux d'artistes contemporains et œuvres orientalistes, exposés dans l'une des galeries les plus anciennes de Marrakech.

Galerie d'art La Qoubba – *98 Souk Talaa (à proximité du Musée de Marrakech) - ✆/fax 024 38 05 15 - www.art-gallery-marrakech.com.* Artistes marocains d'aujourd'hui.

Galerie Bleue – *Av. Mohamed V (Guéliz) - ✆ 024 42 00 80 - g.bleu@menara.ma*. Une belle galerie, qui expose, entre autres, les artistes en vogue.

BOUTIQUES

La boutique Darna (Comptoir Paris-Marrakech) – *Av. Echouada*. Châles et tuniques, faïence et maroquinerie, poufs et lampes : entre « tendance » (mais attention : « tendance multiple » !) et « ethnique », une ligne d'artisanat revisité, furieusement mode.

Dar Si Saïd – *Riad Zitoune Jdid (dans la médina, à côté du musée Dar Si Saïd)*. Cet herboristerie richement fournie en épices naturelles et huiles essentielles est aménagée dans une somptueuse demeure à la décoration hispano-mauresque.

La boutique naturelle – *5 r. Souria (derrière le marché central ; Guéliz)- ✆ (en France) 02 98 62 89 75 - www.naturelledargan.com*. Cette boutique récente, spécialisée dans l'huile d'argane, travaille en collaboration avec les femmes berbères du Sud marocain.

Côté Sud – *4 r. de la Liberté (Guéliz)*. Créations artisanales.

L'Orientaliste – *15 r. de la Liberté (Guéliz)*. Antiquités, créations artisanales, parfums.

Intensité Nomade (Frédérique Birkemeyer) – *139 av Mohammed V - ✆ 024 43 13 33*. Caftans, articles de maroquinerie, babouches.

Galerie Birkemeyer – *169 r. Mohammed el Bequal - ✆ 024 44 69 63/92 97 - www. galerie-birkemeyer.com*. Maroquinerie, vêtements en cuir, bagages et chaussures.

Chic Caftan – *46 passage Gandhouri (donnant 65 r. de Yougoslavie) - ✆ 062 94 90 71*.Haute couture marocaine.

Boutique du Kaftan – *38 av. Mohammed V*. Le lieu où la jet-set marrakchi s'habille.

Scènes de Lin – *70 r. de la Liberté - ✆ 024 43 61 08 - www.ilove-marrakesh. com/scenesdelin*. Étoffes et tentures, tissus d'intérieurs, le tout présenté dans un beau showroom.

Événements

Festival national des arts populaires – Chaque année en juillet, les ruines du palais d'El Badii prêtent leur cadre grandiose à ce festival, qui s'achève par une grande parade allant de Jnane Harti à la place Jemaa el Fna. Son ampleur, sa qualité, son authenticité attirent un public exigeant et nombreux. Les danses et les chants présentés, les instruments qui les accompagnent, les costumes, les parures, les bijoux des participants sont ceux-là mêmes qui, dans les tribus, rehaussent la célébration des fêtes religieuses ou familiales.

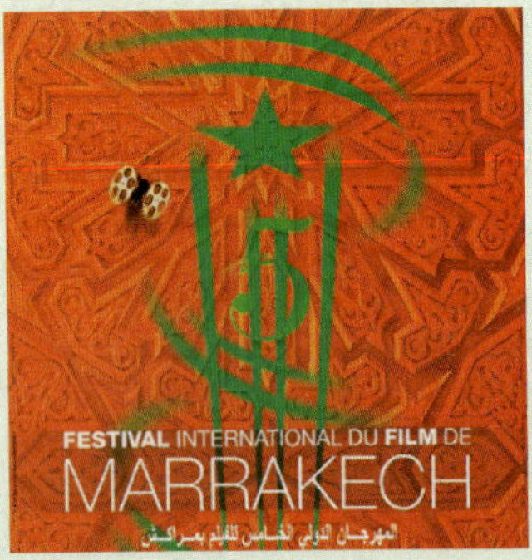

/ Festival de Marrakech

Marathon international – Cette course, dont le départ a lieu chaque année en janvier place Jemaa el Fna, réunit coureurs anonymes et champions. Le coureur français Jacky Boxberger en remporta la première édition en 1987.

Festival international du film de Marrakech – *www.festival-marrakech. com. En septembre,* projections et manifestations au palais El Badii, sur la place Jemaa el Fna, à l'Institut français, au Théâtre royal ainsi que dans les cinémas de la ville (le Colisée, le Rif et le Saada).

Région de l'Oukaïmeden★★

CARTE 2[E] RABAT DE COUV. B4 – CARTE MICHELIN 742, PLIS 4, 33 ET 51

À deux pas des palmiers de Marrakech, la capitale du Sud, il est possible de skier dans la petite station d'altitude de l'Oukaïmeden, souvent battue par les vents, et habitée depuis fort longtemps puisqu'elle abrite de nombreuses gravures rupestres. Toute l'année, ces paysages de montagne sereins, parcourus par des troupeaux en transhumance, servent de cadre somptueux à de multiples randonnées, que ce soit dans la vallée encaissée et verdoyante de l'Ourika, ou sur les pentes du massif du Toubkal.

- **Se repérer** – Bien signalisée depuis Marrakech, la route conduit au bout de 43 km à l'entrée de la vallée de l'Ourika. Peu avant Aghbalou, une route sur la droite s'élève en lacets serrés dans un paysage de terres rouges vers la station de l'Oukaïmeden, l'Ouka pour les intimes.
- **À ne pas manquer** – Le point de vue du Tizerag, à 3 km de la station.
- **Organiser son temps** – Compter un à deux jours de visite selon votre goût pour les randonnées en montagne.
- **Avec les enfants** – Une descente à ski sur l'une des trois pistes dotées d'un remonte-pente, ou une « chasse » des gravures rupestres dissimulées en divers points du village.
- **Pour poursuivre le voyage** – Voir aussi la Route du Tizi-n-Test en passant par Asni, puis visiter Marrakech et Taroudant.

C. Brett / MICHELIN

Village au bord de l'Ourika.

Circuit de découverte

Circuit au départ de Marrakech – 192 km – 1/2 journée.

Quitter Marrakech en longeant les murailles de l'Aguedal. La route, rectiligne, se dirige vers le Haut Atlas, dont les cimes – étincelantes la plus grande partie de l'année – barrent l'horizon. Traversant la plaine du Haouz, irriguée par d'importants réseaux de *seguias* et de *rhettaras*, elle atteint les premiers contreforts de la montagne près de l'olivette de Dar-Caïd-Ouriki, où des *ksour* confondent les stratifications brunes de leurs toits avec les versants argileux où ils s'enracinent. Sinueuse et pittoresque, la route s'enfonce dans la montagne en remontant l'oued Ourika.

Emportée lors de la catastrophique crue de l'Ourika de 1996, la route, à peine remise en état, a été à nouveau coupée en plusieurs points par cet oued particulièrement capricieux. Redoubler donc de vigilance car certains passages sont très délicats !

Vallée de l'Ourika★

Cette riante vallée est un but de promenade et un lieu de repos depuis longtemps apprécié des habitants de Marrakech. D'abord ample et faisant une large place aux vergers et aux cultures maraîchères, la vallée s'encaisse après Arhbalou : le pointement des hauts sommets s'inscrit entre des versants rougeâtres, où s'accrochent hardiment les villages et leurs terrasses de cultures. Le long de la route, bars et restaurants ne sont pas rares, et des villas profitent de l'ombrage des eucalyptus, des peupliers et des grands saules pleureurs. Plus bas, c'est l'enchantement d'une eau limpide et abondante courant sur les rochers ; rivière à truites, l'Ourika se faufile entre de petites prairies dont l'herbe reste verte en plein été et invite au pique-nique. La route s'arrête à l'entrée de Setti-Fatma.

Le jardin du Safran

Tnine Ourika, à 34 km de Marrakech en direction de l'Oukaïmeden - ✆ 061 15 34 15 - visite guidée 10 DH/pers.

Vous pourrez sillonner à votre gré ce magnifique jardin de 7 ha où l'on cultive cette fleur tant convoitée pour son arôme si délicat. Un petit musée retrace l'histoire et les différentes étapes de la culture du safran, et la visite se termine par une dégustation de thé parfumé à cette même fleur : l'occasion déguster un thé autre que celui à la menthe. Si vous êtes sur place jusqu'au début du mois de mai, au moment des récoltes, vous pourrez acquérir quelques sachets à des prix intéressants. Comptez entre 50 et 100 DH le gramme selon les saisons.

Setti-Fatma

Situé à 1 500 m d'altitude, ce village *(souk le jeudi ; moussem des Mules en août)* occupe un site pittoresque dans son cadre de noyers centenaires et de châtaigniers au pied de la montagne vertigineusement dressée. L'escalade de ses rochers, accompagné d'un (vrai !) guide, permet d'accéder aux cascades *(compter 2h AR, 30mn jusqu'à la première halte, où une buvette permet une pause).*

Au retour, la descente de la montagne au milieu des noyers puis des cerisiers réserve des vues dégagées sur les villages berbères bâtis au bord de l'Ourika.

Redescendre la vallée de l'Ourika jusqu'à Aghbalou. Aussitôt après, prendre à gauche la route de l'Oukaïmeden (P 2 030).

Suivant les conditions atmosphériques, il peut arriver que d'importantes nappes de brouillard recouvrent rapidement les sommets et descendent sur la vallée, rendant la conduite difficile, voire dangereuse. En outre, il convient de signaler que ces routes de montagne deviennent souvent, à certains moments de la journée, les lieux privilégiés de matchs de foot improvisés !

La plaie de Setti-Fatma

Le bureau des guides officiels de Setti-Fatma *(voir carnet pratique)*, situé à l'entrée de la ville, est fréquemment entouré d'une foule de **faux guides**, qui vont jusqu'à arraisonner les voitures afin d'imposer leur présence et leurs tarifs exorbitants. Aujourd'hui, cette pratique a nettement diminuée mais est toujours de rigueur. Si à l'entrée du village vous vous trouvez nez à nez avec un de ces « barrages », refusez avec fermeté leurs propositions... et ne croyez pas en leur affirmation selon laquelle il est impossible d'aller plus loin. Sans devenir trop méfiant, soyez également vigilant avec les taxis qui vous recommandent ces guides, ils peuvent être dans la combine.

La route s'élève immédiatement au-dessus de l'Ourika et s'engage dans une petite vallée affluente, plus rocailleuse et plus sauvage. Après avoir longé les pentes abruptes du *jbel* Ikis, la route se hisse sur le plateau de l'Oukaïmeden, découvrant au nord des **échappées** sur la plaine du Haouz. Après un passage entre deux parois de roches rouges zébrées de coulées noires, on parvient à l'entrée de la station de l'Oukaïmeden.

L'Oukaïmeden★

Le nom berbère de l'Oukaïmeden signifie « rassemblement de gens » ou « carrefour des vents ». Au pied du *jbel* Oukaïmeden (3 273 m), un des sommets du Haut Atlas central, l'Oukaïmeden est la mieux équipée des stations marocaines de **sports d'hiver**. Son altitude élevée (2 650 m) en fait un centre à la fois estival et hivernal. En été, quand il fait 45° à Marrakech, la température à l'Oukaïmeden ne dépasse pas les 25° ; en cette saison, le massif montagneux environnant se prête aux excursions. En hiver, l'enneigement, qui peut durer de mi-décembre à mi-avril, permet toute une gamme de **parcours à skis**.

Gravures rupestres – Le site de l'Oukaïmeden fut habité à l'époque préhistorique : on y a découvert en 1948 plusieurs **gravures rupestres**, figurant des personnages, des animaux, des armes, des roues solaires, rares témoignages de l'âge du bronze. Vous pourrez en voir en particulier près de l'hôtel de l'Angour et des refuges du Club alpin français, de la Jeunesse et des Sports, des Travaux publics, et à côté de l'ancien court de tennis.

Point de vue du Tizerag★★ – *2 km de la station plus 30mn de marche AR.*

Pour atteindre la falaise du Tizerag, qui domine la station au nord, on emprunte une route signalisée ; à partir du col, où un relais de télévision a été construit, un petit sentier mène au sommet (2 740 m) du Tizerag. De là, le panorama s'étend au nord sur la plaine du Haouz ; du nord-est à l'ouest en passant par le sud (*jbel* Toubkal) se dessine le vaste amphithéâtre du Haut Atlas.

Vers la mise en valeur des gravures rupestres

Un Parc national des gravures rupestres, s'étendant sur les provinces de Tahanaoute (Oukaïmeden, Tasrag, Yageur, Tirghiyst) et d'Azilal, a été créé en 1994 dans le but de sauvegarder ce patrimoine préhistorique et de mieux le faire connaître.

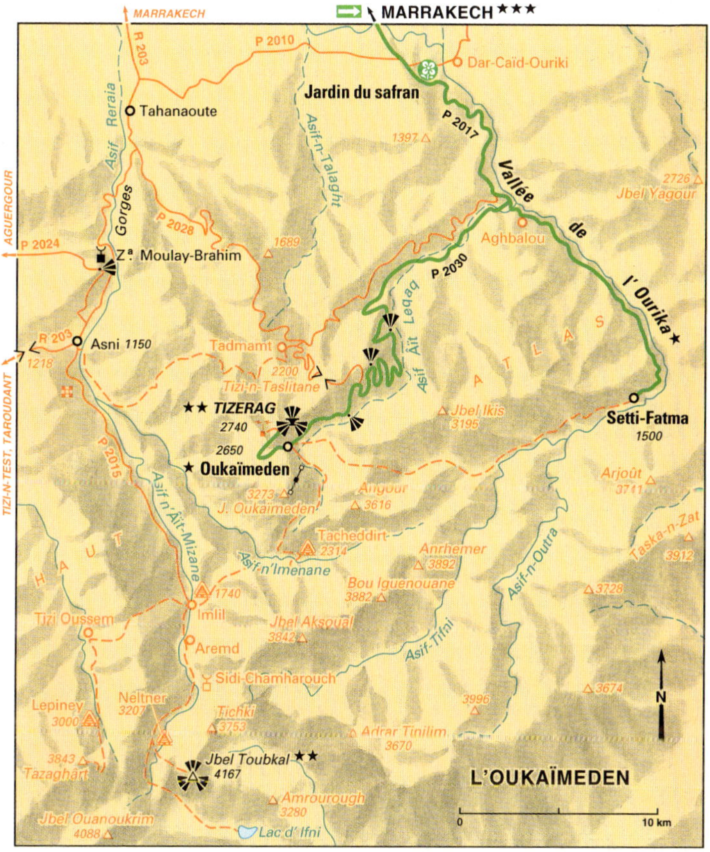

Région de l'Oukaïmeden pratique

Informations utiles

Les émiratis ayant obtenu un droit d'exploitation de la station de l'Oukaïmeden, une quinzaine d'hôtels de grand standing devraient voir le jour dans la région.

Excursions – Nombre d'agences de voyages de Marrakech (situées surtout sur l'avenue Mohammed V) proposent des excursions d'une journée à l'Oukaïmeden et dans la vallée de l'Ourika. *Voir le carnet pratique de Marrakech p. 388.* Prévoyez environ 1h30 de voiture depuis la capitale pour rejoindre les sommets enneigés.

État de la route – Quelques passages plus que difficiles entre Aghbalou et Setti-Fatma, suite aux crues dévastatrices de l'Ourika. La route conduisant à l'Oukaïmeden, en revanche, est bonne (bien que vertigineuse). Attention toutefois aux éventuelles chutes de pierres et à l'enneigement des routes en hiver.

Péage – Pour accéder à la station de l'Oukaïmeden en hiver, vous franchirez une barrière à péage *(droit d'accès 10 DH la journée, 5 DH pour gardiennage et 10 DH la nuit).*

Se loger

VALLÉE DE L'OURIKA

Ourika Hôtel – *Le 1er hôtel juste avant la route qui mène à l'Oukaïmeden - 024 48 45 62 - fax 024 48 46 49 - 306 DH en demi pension.* Un peu vieillot, perdu dans la verdure face à la vallée, il évoque les hôtels de montagne d'antan. Possibilité d'excursions.

Ramuntcho – *À Aghbalou - 024 48 45 21 - fax 024 48 45 22 - 300 DH/ pers. en demi-pension) :* Une halte convenable pour les randonneurs. Demander une des cinq chambres donnant directement sur le torrent.

Le Maquis – *Sur la droite de la route, 900 m après la route d'Oukaïmeden - 024 48 45 31 - fax 024 48 45 61 - www.le-maquis.com - 600 DH en demi pension (en hiver) et 760 DH (en été) - - P.* Outre un accueil chaleureux, vous trouverez ici cinq chambres agréables et un dortoir de six places. Conseils judicieux pour les excursions à pied ou en VTT dans la région, prêt de matériel pour bivouac et pique-nique et visites d'authentiques ateliers de potiers. Bac à sable, bassin pour barboter et jeux pour les enfants. L'auberge pourra de plus vous mettre en rapport avec un guide officiel pour la visite des chutes de Setti-Fatma.

À L'OUKAÏMEDEN

Pour ceux qui souhaiteraient dormir au bas des pistes afin d'être à pied d'œuvre tôt le lendemain matin.

Chalet du Club alpin français – *024 31 90 36 - fax 024 31 90 20. Nuitées pour les adhérents du CAF : 60 DH (enf. de 5 à 15 ans 28 DH), invités 112 DH (enf. de 5 à 15 ans 56 DH) - 14 DH (Cafistes), 19 DH (invités) - complet 24 DH (Cafistes), 30 DH (invités) – Repas 64 DH (Cafistes adultes), 91 DH (invités adultes), tarifs réduits pour les enfants, variables selon l'âge et la qualité « d'enfant CAF » ou non. Plat du jour : 50 DH (Cafistes), 70 DH (invités).* Le CAF dispose en outre de quatre petits refuges destinés aux randonneurs du massif, ceux d'**Imlil**, **Toubkal**, **Tacheddirt** et **Lepiney**.

Hôtel-Restaurant de l'Angour (Chez Juju) – *024 31 90 05 - fax 024 31 90 06 - information et réservation possible à Marrakech : 024 44 83 78 - 18 ch. - demi-pension 240 DH l'été, 340 DH pendant la saison de ski.* Cette pension est une halte des plus conviviales, où se restaurer aussi bien pour le déjeuner que pour le dîner.

Hôtel Kenzi Louka – *024 31 90 80/81 - fax 024 31 90 88 - 750/900 DH - 90 DH - taxes 10 DH/nuit -* . Un grand hôtel disposant de tout le confort (y compris une piscine et un centre de remise en forme) et de chambres vastes avec balcons. Celles donnant sur le lac permettent d'admirer le lever du soleil… Belle piscine sous serre, chauffée en hiver. L'hôtel organise en outre des randonnées pédestres, en VTT ou à dos de mulet et des randonnées à la découverte des gravures rupestres *(150 DH pour la demi-journée, 295 DH pour la journée complète).* Au programme également : escalade *(280 DH la demi-journée, 460 DH la journée)*, excursions pour la journée en 4x4 *(460 DH)*, initiation au parapente *(350 DH).*

Se restaurer

Les établissements précédement cités disposent de bons restaurants, spécialement le **Maquis**.

Sports et loisirs

RANDONNÉES

Bureau des guides de la vallée de l'Ourika – *Avant le village de Sitti-Fatma, à la sortie de la vallée - /fax 024 42 61 13 - GSM 068 56 23 40 - abdoumandili@yahoo.fr.* Visites des mines de sel, des villages berbères, des gravures rupestres de la région et randonnées de plusieurs jours dans les vallées et sur les plateaux de la région. *Compter environ 250 DH/j pour deux personnes.*

SPORTS D'HIVER

Enneigement – Régulier entre décembre et février, il peut (les bonnes années) se prolonger jusqu'au mois d'avril !

Remontées mécaniques – *Télésiège : carte forfait (10 AR) 80 DH/j ; visite touristique20 DH billet AR. Téléskis 45 DH carte 10 remontées (forfait journalier).*

Location de matériel – À l'hôtel **Kenzi Louka**.

Route du Tizi-n-Test★★★

CARTE 2E RABAT DE COUV. B4 – CARTE MICHELIN 742 PLIS 4, 33 ET 50

Qu'on vienne d'Agadir ou de Marrakech, monter au Tizi-n-Test c'est quitter les plaines sèches et surchauffées pour aborder la haute montagne, avec son air vif, ses eaux limpides, une végétation plus dense et plus variée.

La route du col du Test est, avec celles du Tizi-n-Tichka et de la vallée du Ziz, l'une des trois grandes voies traditionnelles de pénétration vers le Sud marocain ; elle escalade le Haut Atlas et fait communiquer le Sous (au sud) et le Haouz (au nord) en utilisant notamment la haute vallée de l'oued Nfiss. Passage difficile que les populations montagnardes pouvaient aisément verrouiller, la route du Tizi-n-Test a joué un rôle important dans l'histoire du Maroc.

- **Se repérer** – De Taroudant à Marrakech, cette route – qui comporte des passages particulièrement étroits et difficiles, notamment dans l'ascension et la descente du col – culmine à une altitude de 2 092 m et traverse des paysages fabuleux.
- **À ne pas manquer** – Les panoramas depuis la route qui franchit le col du Tizi-n-Test ; la mosquée de Tinmel.
- **Organiser son temps** – Nous vous suggérons de passer au moins une nuit sur la route du Tizi-n-Test, aussi bien pour la beauté du site que pour la qualité des hébergements proposés aux voyageurs.
- **Avec les enfants** – Une randonnée à dos de mulet.
- **Pour poursuivre le voyage** – Voir aussi Isni, la région de l'Oukaïmeden, Marrakech et Taroudant.

Ruiz Treal / MICHELIN

Vue sur les monts au soleil couchant.

Comprendre

LE BERCEAU DES ALMOHADES

Retour à la pureté des origines – Au début du 12e s., un étudiant berbère, Mohammed **Ibn Toumert**, qui était allé en Orient s'instruire des hautes sciences et des préceptes de l'islam, s'en revenait vers son village natal de l'Anti-Atlas. Il avait acquis la conviction que la religion de Mahomet était en décadence au Maghreb et qu'il avait vocation de la rétablir dans toute sa pureté.

Sur la route, il rencontra **Abd el-Moumen** et en fit son disciple. Tous deux parcoururent le Maroc, répandant la loi du Prophète et accusant les sultans almoravides, alors devenus impopulaires, de favoriser le relâchement de la religion et des mœurs. À Marrakech, le prestige d'Ibn Toumert, le succès de son éloquence séditieuse finirent par inquiéter le sultan, qui lui fit donner la chasse.

Ibn Toumert se réfugia dans la montagne avec une poignée de fidèles. Il rallia à sa cause plusieurs tribus du Haut Atlas qui supportaient mal la tutelle des Almoravides. Installé à **Tinmel**, au bord de l'oued Nfiss, celui qui se déclarait désormais le *Mahdi* (l'envoyé de

Dieu) créa une communauté politico-religieuse et entreprit la lutte armée contre le sultan. Sa doctrine insistant sur l'unité de Dieu, ses disciples furent appelés les Almohades, c'est-à-dire les « unitaires ».

La chute des Almoravides

À la mort du *Mahdi*, **Abd el-Moumen** continua la lutte. Par une lente infiltration, il s'imposa aux tribus du Moyen Atlas puis dans le Maroc du Nord. En 1147, la capitale des Almoravides tombait en son pouvoir, Tinmel fut alors abandonnée pour Marrakech, où le chef des Almohades fonda une dynastie, qui devait régner plus d'un siècle sur un vaste empire.

Un fief goundafa – Dans les siècles qui suivirent, les sultans eurent toujours beaucoup de peine à affirmer leur autorité sur la route du Tizi-n-Test. Ici comme en d'autres régions du Sud marocain l'anarchie des tribus berbères se retourna finalement contre elles en favorisant, au 19ᵉ s., l'ascension des **Goundafa**. Vers 1912, cette puissante famille, par ailleurs implantée dans le Sous, contrôlait la route du Tizi-n-Test, comme en témoignent les nombreuses *kasbahs* qu'elle y a édifiées.

Circuit de découverte

DE TAROUDANT À ASNI

176 km – environ 5h – voir schéma ci-dessous.

Quittant Taroudant *(voir p. 481)* en direction de Marrakech, on parcourt la plaine, à faible distance de l'oued Sous. Jusqu'au village d'**Olad Berhil** s'épanouissent de riches plantations d'orangers et de citronniers bordées d'eucalyptus. La route est encadrée par le Haut Atlas à gauche, l'Anti-Atlas à droite, tandis qu'en avant se dessine le massif volcanique du *jbel* Siroua.

Après avoir laissé sur la droite la route qui continue vers Ouarzazate par Taliouine, on pique vers la montagne, à travers une steppe à arganiers. La route s'élève rapidement et, de ses nombreux lacets, on aperçoit en contrebas de pittoresques villages dominant des terrasses de cultures.

On atteint les premiers chênes verts près d'une fontaine dont les eaux limpides et fraîches invitent à la pause.

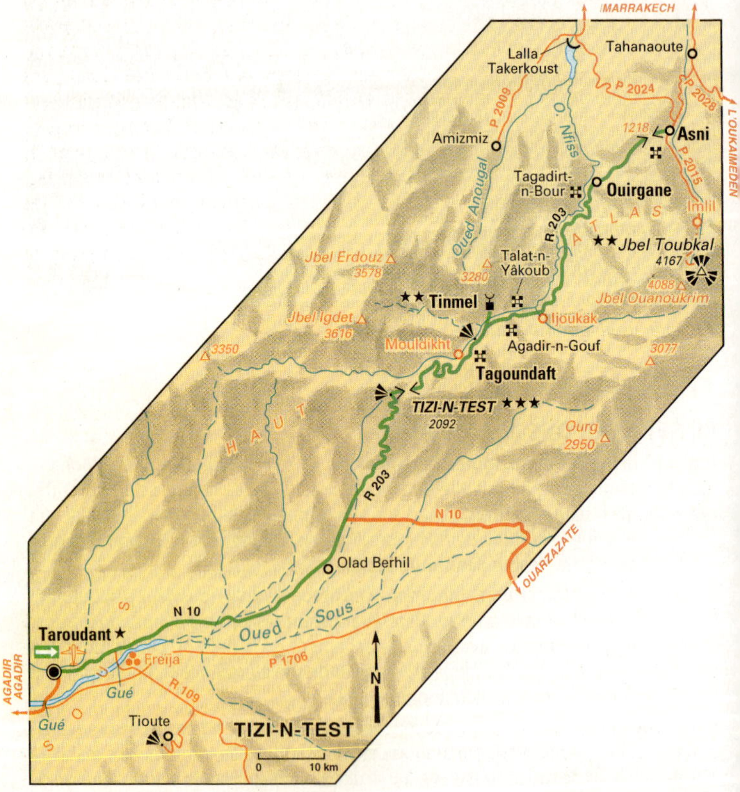

Tizi-n-Test★★

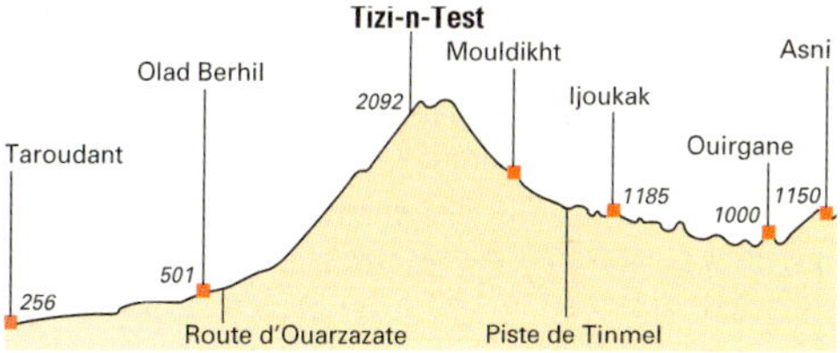

Ce col constitue un **belvédère**★★ impressionnant, d'où le regard découvre au sud la grande plaine du Sous, comme effondrée près de 2000 m plus bas, et limitée à l'horizon par l'Anti-Atlas.

Peu après le col, la descente est assez brutale sur la haute vallée de l'oued Nfiss, très verte et bordée de nombreux villages ; on découvre au loin les plus hauts sommets de l'Atlas.

Les flancs des montagnes les plus proches présentent un contraste remarquable de couleurs – tantôt rouges ou mauves, tantôt vert amande, suivant la nature de la roche.

Tagoundaft

À un détour de la route, en aval de Mouldikht, apparaît la **kasbah** de Tagoundaft, véritable nid d'aigle perché sur un promontoire dominant la route, sur la droite, de plus de 100 m. Construite vers 1865, cette redoutable forteresse aujourd'hui abandonnée a gardé très noble allure dans son cadre sauvage. Encore quelques kilomètres d'une route dominée, à gauche, par les hauts massifs de l'Igdet et de l'Erdouz (belle **vue**), et l'on aperçoit, sur la rive gauche du Nfiss, la silhouette de la mosquée de Tinmel.

Prendre à gauche la piste gravillonnée qui, au niveau du panneau indicateur, descend vers la rivière. Un pont radier permet de franchir l'oued et de poursuivre jusqu'à une vaste plate-forme, sous les murs de la mosquée, où vous laisserez la voiture.

Mosquée de Tinmel★★

Visite accompagnée par le gardien. Rémunération attendue (de l'ordre de 10 DH).
Pour honorer Ibn Toumert enterré à Tinmel, Abd el-Moumen fit élever ce sanctuaire en 1153. Contrairement à la Koutoubia de Marrakech, qui lui est contemporaine, la mosquée de Tinmel, délaissée après la chute des Almohades, était tombée en ruine. De la prestigieuse mosquée de jadis, il ne restait que le grand mur d'enceinte, le minaret, la nef de la *qibla* et quelques pans de murs intérieurs. Sous l'impulsion du ministère des Affaires culturelles et de la Fondation ONA, d'importants travaux de restauration ont été entrepris pour redonner à la mosquée toute sa noblesse. Les murailles d'enceinte et les arcades de la nef axiale ont été reconstruites, deux travées ont été couvertes. Le pavage de l'ensemble de la mosquée a été reconstitué, le **mihrab**★ et ses coupoles, situés – ce qui est rare – à la base du minaret, décapité, ont été restaurés, soulignant ainsi sa pureté toute classique, la fermeté de ses lignes et l'élégante sobriété de son décor de stuc.

Le mécénat de l'ONA

Émanant de l'ONA (Omnium Nord-Africain), important groupe privé, fleuron industriel du Maroc dont les activités concernent aussi bien les mines, l'immobilier, la banque, l'assurance, les produits laitiers, les produits de la mer, la communication que la distribution, la **Fondation ONA** (comme d'autres fondations, émanant de groupes privés ou d'initiatives individuelles) joue un rôle important en matière de mécénat et ce tant dans le domaine culturel que dans celui de l'action économique et sociale.
Parmi ses réalisations dans le second domaine, relevons son partenariat avec des hôpitaux de l'ensemble du Maroc, ce qui a permis l'ouverture de centres de soins aux enfants nécessiteux dans les services pédiatriques, et la création en 1990 du Centre marocain de conjoncture (observatoire privé de l'économie).
Dans le domaine culturel, outre la prise en charge de la restauration de la mosquée de Tinmel, la fondation a encouragé la création artistique, et particulièrement l'art contemporain, avec l'ouverture à Casablanca, en juin 1999, de la **villa des Arts**, musée et centre d'art contemporain destiné à promouvoir l'activité artistique. Dans le domaine éditorial, ses actions s'accompagnent de la publication de plusieurs ouvrages d'art et d'architecture, dont celui intitulé *Tinmel, l'épopée almohade*.

Un petit musée à proximité de la mosquée présente les fragments d'arcs et de chapiteaux récupérés lors des travaux.

Après Tinmel, à l'entrée de la cuvette d'Ijoukak, des *kasbahs* attirent l'attention : à droite, sur un piton, **Agadir-n-Gouf**, à gauche, au bord de l'oued Nfiss, **Talat-n-Yâkoub**.

I. Klipper / MICHELIN

La mosquée de Tinmel.

Ouirgane

Après un nouveau passage encaissé, dominé à gauche par **Tagadirt-n-Bour** – encore une position fortifiée des Goundafa –, on atteint le bassin d'Ouirgane, où sont exploitées des salines, dans un **paysage★** quasi alpestre, à 1 000 m d'altitude. Cette localité noyée dans la verdure est un lieu de délassement agréable et frais. Situé à 60 km seulement de Marrakech, cette halte privilégiée est aussi le point de départ de nombreuses excursions à pied, à dos de mulet ou à cheval au cœur des montagnes berbères et de leurs pittoresques villages.

À la sortie d'Ouirgane la route abandonne la vallée du Nfiss pour franchir un petit col qui permet d'atteindre Asni *(voir p. 356)* puis, au-delà, Marrakech.

Route du Tizi-n-Test pratique

Informations utiles

Veillez à vérifier votre **niveau d'essence** avant de vous engager sur la route, car entre Olad Berhil (Ouled Berhil sur les panneaux) et Asni vous ne trouverez pas de station-service. Par ailleurs, la route est étroite, la chaussée parfois en mauvais état (trous et cailloux), sans accotements stabilisés, et plutôt vertigineuse (dans l'ascension et la descente du Tizi-n-Test) : conduisez donc prudemment, n'hésitez pas à klaxonner à l'abord des virages et gardez votre sang-froid si d'aventure un grand taxi débouche devant vous, roulant au centre de la route à tombeau ouvert et sans avoir jugé bon de signaler son arrivée ! Si le ciel est couvert, repoussez d'un jour votre déplacement, vous risqueriez d'être totalement bloqué dans une brume épaisse.

Se loger

À OLAD BERHIL

⊖⊖⊖ **Hôtel palais Riad Hida** – *Prendre à droite au centre du village et suivre le fléchage dans des rues non revêtues - ☏/fax 028 53 10 44/12 26 - www.riadhida.com - 8 ch. - 700 DH en demi-pension - suite du pacha 900 DH.* La vie de pacha ? C'est possible en s'accordant une pause dans ce palais édifié au 19e s. pour un pacha, et qui appartint ensuite à un richissime Danois. Autour d'un jardin luxuriant où des paons en liberté font admirer leur plumage chatoyant, diverses chambres et suites ont été aménagées : signalons entre autres celle du pacha, au décor particulièrement raffiné, contrastant avec l'ancienne bibliothèque et la salle à manger, au mobilier européen, où l'on dînera sous le regard austère d'une galerie de portraits, ceux de la famille du milliardaire qui fut jadis maître des lieux.

À OUIRGANE

Un immense projet de barrage, initié par le roi, devrait voir le jour dans les prochaines années, dans la vallée qui borde le village d'Ouirgane. Le groupe Accor aurait signé un contrat d'exclusivité pour construire un centre hôtelier au bord de l'eau, et disposer de sa propre plage. Il devrait s'en suivre la création d'une grande base nautique. Espérons que les charmants hôtels de la région ne souffriront pas trop de ce tourisme de masse…

⊖⊖⊖ **Chez Momo** – *Au centre de Ouirgane, suivre le panneau et emprunter une piste sur 200 m - ☏ 024 48 57 04/12, GSM 061 58 22 95 - fax 024 48 57 27 - www.aubergemomo.com - 7 ch. - 650 DH - suites : 884 DH (demi-pension)* ☕ - 🅿 - 🏊. Momo, un enfant du pays, a bâti pierre par pierre cette auberge de charme au pied des montagnes du Haut Atlas. Les chambres, élégamment décorées entre style marocain et occidental, s'ouvrent sur un jardin fleuri, où plusieurs transats sont disposés pour admirer la vue exceptionnelle sur les montagnes. On pourrait s'y prélasser plusieurs jours, d'autant plus que le restaurant propose une cuisine raffinée et préparée à partir des produits de la région. Mieux vaut réserver plusieurs jours à l'avance, surtout à partir du mois d'avril.

Auberge La Bergerie – *À gauche sur la route de Marrakech, 10 km après Asni et 3 km avant Ouirgane - 024 48 57 16/17 - fax 024 48 57 18 - www.labergerie-maroc.com - demi-pension 980 DH - suites : 1 370 DH -* P - . Une piste caillouteuse conduit à cette sympathique auberge, qui propose une douzaine de chambres réparties autour d'un patio et disposant chacune d'un jardinet privatif, ainsi qu'une cuisine française et berbère. Piscine, bibliothèque, location de VTT et possibilité de demander un guide afin de visiter la région. Une halte agréable et silencieuse dans un superbe cadre de montagnes, on ne peut plus indiquée pour vous remettre de vos émotions après l'ascension du col ! Un hammam traditionnel devrait y être créé très prochainement.

I. Klipper / MICHELIN

Dans les jardins de La Roseraie.

Hôtel-Résidence La Roseraie – *024 48 56 94/95 - www.cyber.net.ma/roseraie - centrale de réservation à Marrakech - 024 43 91 28, fax 024 43 91 30 - demi-pension 1 100 DH - pension complète 1 400 DH - supplément single 500 DH -* P - . Cet hôtel de luxe a été aménagé dans une magnifique plantation de rosiers par un ancien gérant du célèbre hôtel La Mamounia de Marrakech. Les chambres sont installées dans des pavillons disposant chacun d'une petite terrasse privée et les hôtes peuvent, à leur guise, flâner ou lire dans le jardin, autour de la piscine, participer à des randonnées à cheval ou à pied ou se rendre au centre d'hydrothérapie dépendant de l'hôtel.

Se restaurer

À OUIRGANE

Au Sanglier qui fume – *024 48 57 07 - www.ausanglierquifume.com - carte et menu 110 DH - midi et soir -* P - - . Adresse très connue, même si elle a perdu de son lustre. En tout cas, toujours très fréquentée et appréciable pour reprendre des forces lors de l'expédition de Taroudant à Marrakech. Dispose en outre de 25 chambres charmantes et confortables, aménagées autour d'une piscine ensoleillée, bordée d'un beau jardin coloré (visitez avant de choisir votre chambre, certaines ont été rénovées plus récemment que d'autres. Les suites sont particulièrement confortables).

Sports et loisirs

HYDROTHÉRAPIE

Centre d'hydrothérapie de La Roseraie – À Ouirgane (*voir ci-contre*). Divers types de soins vous seront proposés, allant du hammam à l'aromathérapie en jacuzzi en passant par les massages aux huiles essentielles, concoctées à partir des plantes cultivées sur le domaine. Le centre est ouvert aux résidents comme aux touristes de passage et un service de navette avec l'aéroport est assuré pour les clients de l'hôtel. Adresse idéale pour retrouver la forme après des randonnées parfois ardues sur les routes et les pistes marocaines.

RANDONNÉES

Différentes excursions sont organisées au départ de La Roseraie, que l'on soit ou non client de cet hôtel :

Randonnées pédestres ou à dos de mulet, avec guide, à travers le domaine de 22 ha de La Roseraie, par des chemins longeant cascades et séguias et menant aux villages berbères de Tikhfist et d'Anraz et aux salines.

Randonnées équestres dans le Haut Atlas – Plusieurs formules sont proposées, alliant séjour à l'hôtel, randonnée d'un ou plusieurs jours avec hébergement chez l'habitant dans les villages berbères (confort minimum mais accueil chaleureux), ou randonnées d'1 à 4h dans les sites du Haut Atlas.

Route du Tizi-n-Tichka★★★

CARTE 2E RABAT DE COUV. B4-C4 – CARTE MICHELIN 742 PLIS 5, 34 ET 52

Réplique du Tizi-n-Test mais en direction du sud-est, le col du Tichka perce le Haut Atlas au début de sa partie centrale, faisant communiquer Marrakech avec la grande dépression sud-atlasique et les percées sahariennes, par l'intermédiaire du carrefour d'Ouarzazate. Le contraste est flagrant entre la pente raide, relativement arrosée, du versant nord de l'Atlas et la face sud, qui s'enfouit sous des plateaux arides descendant en douceur vers le Dadès et le Drâa.

- **Se repérer** – C'est la route nationale N 9 qui relie Ouarzazate à Marrakech en 209 km par le col du Tizi-n-Tichka. Récemment rénovée, elle est en excellent état. Heureusement, car cette route, ouverte en 1936, ne compte, affirme-t-on, pas moins de 803 virages en épingle à cheveux…
- **À ne pas manquer** – Le col du Tizi-n-Tichka, d'où l'on peut admirer le mont Toubkal ; le village d'Aït-Benhaddou, qui abrite l'un des plus beaux *ksour* du pays.
- **Organiser son temps** – Compter une demi-journée avec plusieurs haltes sur la route pour admirer les paysages.
- **Avec les enfants** – Une visite du ksar d'Aït-Benhaddou à dos d'âne.
- **Pour poursuivre le voyage** – Voir aussi Telouèt et Âït-Benhaddou ; au-delà, pour découvrir le désert ou la route des *kasbahs*, voir Ouarzazate, la vallée du Drâa, la Vallée du Dadès et Tinerhir.

Comprendre

Une double transhumance anime le pays : celle des troupeaux fuyant vers le Haouz la rigueur des hivers montagnards, celle du bétail de plaine montant l'été profiter des prairies d'altitude. Un peuplement assez dense de cultivateurs utilise la moindre parcelle de bonne terre au niveau des sources ou dans le fond des vallées : beaucoup sont des **Glaoua**.

L'ascension d'une famille – Depuis longtemps, la tribu des Glaoua occupait, sur le versant nord de l'Atlas, la région qui, du *jbel* Bou Ourioul au plateau de Telouèt, descend vers la plaine de Marrakech par les hautes vallées du Zate et du Rdat. Au milieu du 19e s., ces montagnards berbères tombent sous la coupe du cheikh El-Mezouari. Le sultan confirme son pouvoir en lui accordant le titre de caïd de tous les Glaoua : c'est le point de départ d'une formidable puissance féodale. Une cinquantaine d'années suffisent au caïd puis à ses fils pour étendre leur autorité sur une bonne partie du Sud marocain, se faire craindre du sultan et obliger les Français à passer par leur collaboration. On ne compte plus les *kasbahs* qu'ils ont conquises ou édifiées de Demnate à Tinerhir, d'Ouarzazate à Zagora.

Si Thami el-Glaoui – Le plus connu de cette redoutable famille est Si Thami el-Glaoui, pacha de Marrakech – hors une brève interruption – de 1908 à 1956. Homme de poudre hardi au combat, ami de la France mais aussi et surtout de ses propres intérêts, il ne se contente pas de régner sur 600 000 âmes ; par ses propriétés et ses participations dans les mines et les transports, il édifie une fortune colossale ; il prend une part active à la politique du pays et joue un rôle capital dans les dernières années du protectorat. Déchu au retour d'exil du roi Mohammed V, qu'il avait trahi, il meurt quelques mois plus tard.

Circuit de découverte

DE OUARZAZATE À MARRAKECH

253 km – prévoir une journée.

En quittant Ouarzazate, on aborde aussitôt la *khéla*, épaisse frange de plateaux arides souvent présente sur le flanc méridional de l'Atlas. À 7 km, on laisse, à gauche, la route de **Tiffoultoute★** *(voir p. 429)*. Au franchissement d'un petit col, point de vue à gauche sur l'oasis et les *ksour* de Tikirt, au confluent des *asifs* Mellah et Imini ; au fond, la masse volcanique du Siroua.

Après le gué sur *l'asif* Mellah, prenez à droite dans un hameau la route signalée pour Aït-Benhaddou.

Âït-Benhaddou★★ *(voir ce nom)*

Revenir à la route et prendre sur la droite en direction de Marrakech.

On aperçoit aussitôt le pittoresque *ksar* de **Tadoula** au bord de sa palmeraie.

El-Mdint

Ce village se détache sur la chaîne du Haut Atlas. Arrêtez-vous près de la **kasbah★** rose, dont les tours très finement ouvragées bordent la route.

Entre le *ksar* d'Iflilt et la belle *kasbah* de **Tiseldei**, une route, à gauche, assure la desserte des mines de l'Imini, important gisement de manganèse. À la sortie d'Agouim, large **vue**, à gauche, sur les plus hauts sommets de l'Atlas.

Irherm-n-Ougdal

À 1 970 m d'altitude, Irherm-n-Ougdal est un village typique du Haut Atlas, avec ses maisons basses, comme écrasées sur les pentes rouges de la montagne.
Un **grenier-forteresse★**, aujourd'hui restauré, le domine.

Arrêter la voiture à l'entrée du village et prendre un sentier à droite en montée (accès signalisé – le grenier-forteresse est en principe ouvert, bien qu'en réalité ce soit beaucoup plus aléatoire. Rémunération au gardien).

Les greniers-forteresses, appelés **irherm**, **tirhremt** ou **agadir** suivant la région, sont de puissantes bâtisses de pierre ou de pisé défendues par des murs épais et des tours d'angle. Autour d'une étroite cour centrale, plusieurs étages de cellules permettent à chaque famille du village d'entreposer son grain et de bénéficier de la surveillance collective.

S. Ollivier / MICHELIN

Étal à Taddert.

Celui-ci est un grenier fort simple et de dimensions modestes ; le soubassement est de pierre, le reste du bâtiment est en pisé rouge. Il est encore en usage et l'on peut voir dans la pénombre intérieure les cases familiales dont les portes peintes de motifs berbères sont fermées par de curieuses serrures de bois, elles-mêmes agrémentées d'un décor incisé. De l'étage supérieur, un tronc d'arbre à encoches sert d'escalier pour accéder à la terrasse de terre battue où l'on retrouve l'éblouissement du soleil, la cascade des humbles maisons du village et l'amphithéâtre montagneux.

C. Brett / MICHELIN

Telouèt.

Peu avant le col du Tichka, tourner à droite vers Telouèt.

Telouèt★★

Une route goudronnée mène à travers un pays sauvage, piqueté seulement de chênes verts et de genévriers, au village et à la **kasbah★** de Telouèt, étalés sur un plateau au flanc sud du col du même nom. Avant la construction de la route du Tizi-n-Tichka, c'est par le Tizi-n-Telouèt que passaient nécessairement les caravanes allant de Marrakech à Ouarzazate : d'où l'importance de cette position tenue un siècle durant par la famille du Glaoui. La petite *kasbah* primitive s'était agrandie au cours des ans pour devenir l'ensemble impressionnant qu'on peut voir aujourd'hui, tout à la fois forteresse, château et caravansérail où les éléments urbains le disputent à la tradition berbère.

La route contourne la kasbah. Par une porte voûtée on pénètre dans une cour où on laisse la voiture. Un gardien accompagne le visiteur.

C'est la partie de style citadin qu'on visite, celle qui abritait les fastueux **appartements★** familiaux.

La salle de réception donne sur la campagne par de belles fenêtres grillagées. Un décor somptueux de stucs et de zelliges tapisse entièrement les murs et le sol ; remarquez la magnifique coupole de cèdre peint qui occupe la partie centrale du palais, les grandes portes peintes aux serrures en argent ciselé.

On peut monter à la terrasse, d'où l'on a une **vue** agréable sur la campagne étonnamment verte qui avoisine le village et sur les hautes cimes qui cernent le plateau.

Revenir à la route.

Tizi-n-Tichka

On atteint rapidement le col du Tichka (*tichka* veut dire « prairie d'altitude »), qui, à 2 260 m d'altitude, est le plus haut col routier du Maroc, toujours balayé par un vent violent. Paysage dénudé de pierre sombre ; **vues★** sur les hauts sommets du *jbel* Bou Ourioul (à gauche) et du *jbel* Tistouit (à droite).

Peu après le col on aperçoit le télébenne du Zate, qui servait au transport du manganèse de l'Imini entre Aguelmous et Arba-Talatast. Une descente rapide qui ménage de beaux **points de vue★** rejoint la vallée de l'oued Rdat.

Taddert

Ce village alpestre entouré de gros noyers est envahi par les marchands de pierres de la montagne. De grands étals proposent améthystes, lapis-lazuli, agates, manganèse, pyrite de cuivre, etc.

On remarque un grand nombre de villages montagnards caractéristiques du versant nord de l'Atlas : petites maisons de pierre empilées au flanc de la montagne comme des alvéoles,

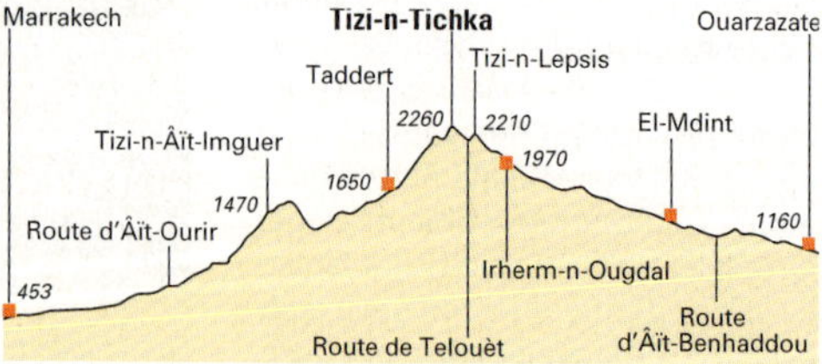

toits plats de terre battue reposant sur rondins et branchages ; au-dessus, les champs d'orge, de blé dur, de maïs, cultivés en terrasses. Au début de l'été, les taches d'or des gerbes de blé mises à sécher sur les toits ou sur des aires de battage contrastent avec la couleur ocre des murs. Des flancs de la montagne dévalent des massifs de lauriers-roses nichés dans les anfractuosités de la roche, révélant la présence, le plus souvent virtuelle, de cascades. Parfois se dresse une sévère *kasbah*, comme à **Had Zerektèn** ou à **Arhbalou** (en contrebas à droite).

Passé le site enchanteur de **Touflint** et le col d'Âït-Imguer, on quitte le Rdat pour l'oued Zate. À la limite du *dir* et de la plaine du Haouz, les hautes murailles crénelées de la *kasbah* d'**Âït-Ourir** (à droite) pointent au-dessus des oliviers.

Route du Tizi-n-Ticka pratique

Informations utiles

Essence – Dernier poste d'essence après Ouarzazate : au carrefour de la route conduisant à Tazenakht, après le carrefour d'Âït-Benhaddou.

Autobus – Plusieurs bus quotidiens relient Ouarzazate à Marrakech *(voir p. 429 et 378)*.

Se loger

⊖⊖ **Kasbah Imini** – *Sur la route de Ouarzazate, à Amerzgane - ✆ 066 23 03 21 - 500 DH (demi-pension.)*. Cette maison en grosses pierres blanches qui longe la route abrite quelques jolies chambres décorées dans le style ancien. Le confort est plutôt sommaire, les salles de bains étant communes, mais l'ensemble est propre et une belle terrasse sur le toit offre une vue imprenable sur le paysage lunaire qui caractérise cette région.

Se restaurer

Sur la route Marrakech-Ouarzazate, vous trouverez dans le village de **Taddert**, juste avant d'atteindre le sommet du Tizi-n-Tichka, de nombreuses petites échopes très simples, où l'on sert d'excellentes brochettes grillées au barbecue ou des tajines copieux. Excellent rapport qualité prix pour un repas que vous partagerez probablement avec les habitants.

⊖ **Dar Oubar** – *Touama, à 55 km de Marrakech - ✆ 024 48 47 72 - 70 DH.* Établissement sans prétention où l'on vous accueille gentiment et où la cuisine est copieuse et bon marché. Excellente soupe de légumes maison et brochettes grillées.

⊖ **La maison Berbère** – *Tout près du col du Tizi-n-Tichka, à 2 000 m d'altitude - 80 DH.* Un nouveau restaurant parmi les quelques établissements qui longe la route Marrakech-Ouarzazate, où vous pourrez apprécier un tajine sans surprises. Juste en face, des marchands ont installé un stand de poteries.

⊖ **Palais de Tichka** – *À 117 km de Marrakech et 83 km de Ouarzazate, sur la route reliant ces deux villes - ✆ 024 89 06 20 - 80 DH.* Ce grand bâtiment, qui paraît inhospitalier au premier coup d'œil, abrite un restaurant bon marché où l'on sert une cuisine de qualité. Terrasse panoramique avec vue sur les montagnes.

Faire une pause

À **Irherm-n-Ougdal**, vous pourrez vous rafraîchir,soit en prenant un jus d'orange dans le jardin ombragé du petit café **Chez Mimi** (au centre du village), soit à la terrasse du café **La Kasbah**, en bord de route.

Sports et loisirs

EXCURSION DANS LA VALLÉE DE L'OUNILA

Avec véhicule tout-terrain (et chauffeur), il est possible de rejoindre directement Âït-Benhaddou *(voir p. 406)* depuis Telouèt à travers les superbes paysages de la vallée de l'Ounila, rivière encaissée, perdue dans les massifs de lauriers-roses. La piste étant très difficile, ne pas se lancer seul dans cette excursion, proposée par nombre d'agences de Marrakech et d'ailleurs.

RANDONNÉES À DOS DE MULET

À la sortie d'Irherm, en face de la poste, la très modeste mais sympathique **auberge Chez Abdou** *(✆ 067 59 59 52)* propose des randonnées à dos de mulet dans le Haut Atlas avec bivouac sous la tente et tajine. La formule la plus simple permet de découvrir lors d'une excursion des gravures rupestres et de se baigner dans des cascades. *Compter 300 DH/pers.*

Achats

Nombreux stands et vendeurs à la sauvette, installés en bordure de la route, surtout à proximité de Taddert : améthystes agressivement colorées d'un ravissant rose violacé, poteries et autres objets issus de l'artisanat local.

S. Ollivier / MICHELIN

Amandiers en fleur dans la vallée du Dadès.

OUARZAZATE ET LES VALLÉES DU SUD

CARTE 2E RABAT DE COUV. C4, D3, D4 – CARTE MICHELIN 742, PLIS 5, 34-36 ET 52

Vous voici dans les grandes vallées du Sud, l'une des régions les plus belles du Maroc ! Au cœur d'un paysage semi-désertique règne Ouarzazate, « la porte du désert », avec sa splendide kasbah de Taourirt et les studios de cinéma dont la réputation n'est plus à faire. À l'est s'étend la vallée du Dadès, baptisée la vallée des « mille kasbahs » en raison de ses surprenants enchevêtrements de maisons en pisé, qui prennent la couleur de l'or lorsque le soleil se couche. La vie s'anime autour des oasis, comme à Tinerhir, où d'innombrables palmiers côtoient des arbres fruitiers et des fleurs aux couleurs éclatantes. Mais la vallée du Dadès vous révèlera aussi des champs de roses parfumées à perte de vue et d'étroites gorges aux parois vertigineuses. À l'est s'ouvre la région du Tafilalt, réputée pour les dunes de sables de l'erg Chebbi et les flamants roses que l'on croise à Merzouga.

Au sud de Ouarzazate se dessine la vallée du Drâa, émaillée de *ksour*, ces surprenants villages fortifiés parcourus de ruelles couvertes. À mesure que l'on s'enfonce vers le sud, la végétation s'amenuise, l'eau se fait rare. À Mhamid, dernière cité avant le désert, il vous faudra louer une Jeep si vous voulez accéder aux dunes de sable de Chigaga et passer une nuit à la belle étoile.

- **Se repérer** – Ouarzazate constitue le carrefour de cette région. À l'est s'étend la vallée du Dadès et la région du Tafilalt, délimitée au sud par les dunes de sable de Merzouga. Au sud de Ouarzazate, la vallée du Drâa court jusqu'aux dunes de Chigaga, en passant par Zagora.
- **À ne pas manquer** – Le *ksar* d'Aït-Benhaddou ; les gorges du Dadès ; la palmeraie de Skoura ; la *kasbah* de Taourirt à Ouarzazate ; la palmeraie de Tinerhir ; les gorges du Todra et du Ziz, et, pourquoi pas, une nuit dans le désert.
- **Organiser son temps** – Une semaine au moins sera nécessaire pour découvrir cet immense territoire, riche en paysages et sites grandioses.
- **Avec les enfants** – Une nuit dans le désert, une promenade à dos de dromadaire et une visite des studios de cinéma à Ouarzazate.

Aït-Benhaddou★★

CARTE 2E RABAT DE COUV. C4 – CARTE MICHELIN 742, PLIS 5, 34 ET 52

Le ksar d'Aït-Benhaddou s'étage sur la rive gauche de l'asif Mellah, au flanc d'une colline dominée par des fortifications en ruine. C'est un extraordinaire entassement de constructions en pisé brun-rouge ; les neiges de l'Atlas qui étincellent au loin une grande partie de l'année accusent l'étrangeté du site, tempéré seulement par la verdure de l'oued.

- **Se repérer** – Aït-Benhaddou se situe à 10 km de Ouarzazate sur la droite de la route qui mène à Marrakech.
- **Se garer** – Laisser la voiture sur le vaste terre-plein faisant face à l'auberge de La Kasbah.
- **À ne pas manquer** – Le *ksar*, un des plus beaux du pays.
- **Organiser son temps** – Prévoir une demi-journée.
- **Avec les enfants** – Une visite du *ksar* à dos d'âne.
- **Pour poursuivre le voyage** – Voir aussi la route du Tizi-n-Tichka et Telouèt, Marrakech, Ouarzazate, la vallée du Dadès et Tinerhir (à l'est) et, pour une approche du désert, les dunes de Mhamid, dans la vallée du Drâa (au sud).

S. Ollivier / MICHELIN

Jeux d'ombre sur le ksar.

Visiter

Par une ruelle bordée de boutiques de souvenirs dont les gérants ne manqueront pas de vous héler au passage, vous gagnerez la rive de l'oued ; lorsqu'il y a de l'eau, on le traverse à gué sur des sacs de sable placés par les enfants du village, qui, moyennant quelques dirhams, insisteront pour vous proposer leur aide et vous guider à la découverte du ksar.

LE KSAR

10 DH pour la conservation et la restauration du ksar (on ne sait si c'est officiel mais la personne réclamant le droit d'entrée est placée à l'entrée du site et il est impossible de lui échapper).

Ce grand classique du tourisme marocain (et du cinéma depuis que David Lean y tourna quelques scènes de *Lawrence d'Arabie*) séduit par son **site** et l'harmonie de l'étagement des *kasbahs* empilées sur une colline, dont les murailles de couleur ocre semblent émerger naturellement de la terre dont elles sont bâties.

Le **ksar** est un dédale de ruelles entre de hauts murs, des terrasses étagées, de belles tours décorées de motifs géométriques aux infinies variations. On peut monter jusqu'à l'ancienne *kasbah* au donjon ruiné, qui domine l'empilement des terrasses hérissées de tours crénelées.

Inscrit depuis 1987 sur la liste du patrimoine mondial de l'Unesco, et faisant partie du programme de mise en valeur et de conservation du patrimoine culturel national élaboré par le centre de réhabilitation des *kasbahs* à Ouarzazate, le ksar d'Âït-Benhaddou fait l'objet d'importants travaux (renforcement des murailles menacées d'effondrement, réfection des ruelles, restauration de l'ancienne mosquée et protection des terres agricoles alentour).

Âït-Benhaddou pratique

Informations utiles

Visites – De nombreux guides plus ou moins officiels sont postés à l'entrée du *ksar*. Négociez autour de 20 DH la visite.

Se loger

À ÂÏT-BENHADDOU

Les prix des hébergements sélectionnés ci-dessous sont compris par personne et en demi-pension.

Trid – *À l'entrée du village, sur la route principale - 024 88 48 72 - 200 DH.* Un jeune homme sympathique et serviable tient cette auberge sans prétention, où sont aménagées des chambres rudimentaires mais bien tenues. Certaines, particulièrement bon marché, disposent d'une salle de bains commune.

Kasbah du Jardin – *À la sortie du village - 024 88 80 19 - fax 024 88 44 94 - 150 DH -* . Cette grande pension dispose de chambres simples mais confortables, ainsi que de quelques bungalows agencés autour d'une piscine. Les campeurs peuvent installer leur tente ou camping-car sur le terrain qui longe l'auberge.

La Rose du sable – *À la sortie du village - 024 89 00 22 - fax 024 88 61 13 - www.larosedusable.com - 12 ch. - 150 DH.* Une famille accueillante tient ce nouvel établissement de qualité, situé à quelques minutes du *ksar*. Selon votre budget, différentes formules sont proposées, allant de la chambre confortable avec vue sur le désert au matelas simple disposé dans un salon *(20 DH)*, en passant par le camping-car *(30 DH)*. Le tout dans une ambiance conviviale.

Étoile filante d'or – *À la sortie du village, le long de la route principale - 024 89 03 22 - fax 024 88 61 13 - 20 ch. - 200 DH.* Vous serez chaleureusement accueilli dans cette charmante pension familiale, qui dispose de chambres lumineuses et confortables. Choisissez de préférence celles qui offrent une vue dégagée sur le désert. On y prépare également une excellente cuisine typiquement marocaine.

Hôtel La Kasbah – *À l'entrée du village, sur la route principale - 024 89 03 02 - fax 024 88 37 87 - 300 DH -* . Décorée avec beaucoup de goût en style arabo-andalou, cette auberge (en perpétuelle extension) propose des chambres simples mais confortables, disposées autour de patios (on regrettera seulement que les fenêtres de certaines d'entre elles soient fort réduites) et peut constituer un agréable point de chute. Les repas seront pris à l'auberge voisine appartenant à la même famille, très agréable le soir tombé, lorsque les groupes de touristes sont repartis vers Ouarzazate ou Marrakech. Vous y trouverez plusieurs distractions, dont le hammam, la location de VTT, les randonnées à dos de dromadaire ou encore différents types d'excursions.

Se restaurer

Auberge La Kasbah – *024 89 03 02 -* . Elle reçoit les nombreux groupes venus visiter Âït-Benhaddou. Professionnalisme sans faille. La belle terrasse avec piscine et vue imprenable sur le *ksar* aura votre préférence : y assister, devant un agréable petit-déjeuner, au lever du soleil peut être un grand moment.

Sports et loisirs

Devenue « complexe touristique », **l'auberge La Kasbah** vous permet de découvrir la région de diverses manières : à VTT, à dos de mulet *(compter 100 DH/j)*, d'âne ou de dromadaire... Vous pouvez aussi y louer une voiture. En attendant l'aménagement de courts de tennis (en projet depuis plusieurs années), vous pourrez faire connaissance avec le folklore local sous la tente berbère installée au bord de la piscine, voire requérir la présence d'un charmeur de serpents !

Achats

La **téléboutique** située entre l'auberge et l'hôtel (on ne jurera pas qu'elle n'en dépende pas elle aussi !) peut se révéler des plus précieuses : outre son activité première, qui demeure le téléphone, vous y trouverez en effet de l'eau fraîche, des pellicules photo, voire quelques confiseries occidentales.

Vallée du **Dadès**★★

CARTE 2E RABAT DE COUV. C4 – CARTE MICHELIN 742, PLIS 34 ET 35

De Tinerhir à Ouarzazate, d'oasis en oasis, la route s'inscrit dans des paysages magnifiques, sauvages et solitaires, âpres ici, doux plus loin, souvent tourmentés, parfois apaisés, entourés de montagnes composant une symphonie de couleurs, et que ponctuent de nombreuses kasbahs, à la beauté si particulière, qui se confondent avec la terre d'où elles sont nées. Du reste, n'a-t-on pas surnommé cette région la « vallée des mille kasbahs » ?

Se repérer – Cette vallée est parcourue sur une longueur de 169 km par une route, héritière des pistes séculaires, tronçon de la grande rocade qui, de Ksar-es-Souk à Agadir, profite d'une enfilade discontinue de plateaux et de plaines pour s'insérer entre la redoutable barrière de l'Atlas au nord et, au sud, de l'Anti-Atlas et ses prolongements orientaux, le *jbel* Sarhro et l'Ougnat.

À ne pas manquer – La route entre Tinerhir et Boumalne-du-Dadès, les gorges du Dadès, Skoura et sa splendide palmeraie.

Organiser son temps – Deux jours, en passant une nuit dans les gorges.

Avec les enfants – Une promenade dans la palmeraie de Skoura et un tour en jet-ski sur le lac du Golf royal, à une vingtaine de kilomètres de Ouarzazate.

Pour poursuivre le voyage – Voir aussi Tinnerhir, Ouarzazate et Âït-Benhaddou. Plus au sud, pour découvrir le désert et ses oasis, consultez les chapitres relatifs au Tafilalt, à Nekob et à la vallée du Drâa.

Comprendre

Une architecture de terre crue – Les **kasbahs** du Dadès sont des citadelles élevées jadis par des chefs locaux et qui perpétuent le souvenir des luttes d'influence dans une zone qui est un carrefour de communications. Châteaux désormais sans seigneurs, elles sont occupées, quand elles ne tombent pas en ruine, par des notables, ou partagées par des paysans.

À la différence des grandes forteresses inspirées de l'art citadin et construites par les sultans (Mehdiya, Kasba-Tadla, Boulâouane…), elles ne doivent rien à l'art hispano-mauresque, et encore moins à l'art d'Occident ; elles relèvent d'un art autochtone, berbère, à caractère rural. Les *kasbahs* sont construites suivant un modèle simple, que la juxtaposition d'éléments vient parfois rendre plus complexe. Ce sont des quadrilatères d'épaisses murailles de pisé dont la partie haute est souvent faite de briques crues, couronnées de merlons en épis. À chaque angle, une tour qui va s'amincissant vers le sommet confère un peu de légèreté à ces ensembles massifs aux rares ouvertures : des meurtrières, quelques fenêtres étroites et grillagées. Une seule porte monumentale donne accès, par un dédale de couloirs voûtés et de cours, à la demeure du chef de famille et de ses serviteurs.

La pauvreté de la matière première est compensée par la décoration. Damiers, triangles, chevrons, losanges, croix, roues solaires quelquefois : on retrouve là des éléments de ce décor berbère connu pour les tapis, les poteries, les bijoux – et qui bannit toute forme de vie, même végétale. Cette abstraction géométrique envahit les murs, monte à l'assaut des tours avec une profusion qui exclut la monotonie. Il s'agit presque toujours d'un décor en creux, obtenu par incision ou par l'agencement des briques crues, auquel les éclairages obliques donnent une espèce de vie. Le sommet des tours, souvent badigeonnées de blanc, porte des merlons dont les formes digitées ou cornues sont destinées à conjurer le mauvais sort.

Découvrir

DE TINERHIR À OUARZAZATE★★

226 km – une journée – schéma p. 410.

Tinerhir★★ *(voir p. 438)*

Sur les 53 km qui séparent Tinerhir de la vallée du Dadès, la route serre de près puis traverse la *khéla*, plateau désertique découpé en lanières par les oueds. Sur la gauche, tel un énorme bastion en ruine, le *jbel* Sarhro profile ses sommets noirâtres et déchiquetés sur la pureté du ciel. Après la *kasbah* de **Timadriouine**, le plateau se

P. de Franqueville / MICHELIN

Les gorges du Dadès.

relève quelque peu aux abords du seuil d'Imiter, où passe la ligne de partage des eaux entre le Drâa, vers le sud-ouest, le Rheris et le Ziz, vers le sud-est. Là se dressent les belles *kasbahs* d'**Imiter** entourées de jardins.

Au-delà, on retrouve la morne *khéla* où, des troupeaux de dromadaires errent à la recherche d'une maigre nourriture.

Boumalne-du-Dadès

Cette ville apparaît en contrebas, peu après le virage qui contourne le quartier militaire et administratif installé sur le plateau ; la **vue★** est remarquable sur la *kasbah* hérissée de tours, l'oued verdoyant, tandis qu'au nord s'annoncent les gorges du Dadès.

Quitter la N 10 et prendre à droite la R 704 en direction de Msemrir.

Les gorges du Dadès, de Boumalne à Msemrir★★

115 km AR – 4h environ. Dans Boumalne, prendre sur la droite la route signalisée « Msemrir ».

Le Dadès, qui naît sur le versant sud du Haut Atlas, tranche en « coup de sabre » la montagne à travers d'épaisses assises calcaires. Ces gorges magnifiques sont accessibles aux voitures de tourisme *(route entièrement goudronnée en 2005)*. On peut les admirer en s'enfonçant, au nord de Boumalne-du-Dadès, dans la vallée du Haut Dadès.

La vallée est très peuplée et, dominant les villages, de nombreux châteaux forts se dressent au-dessus des jardins qu'ombragent bouleaux aux feuillages argentés, noyers et peupliers ; les palmiers sont absents de ces oasis en raison du climat montagnard. Après une dizaine de kilomètres, le versant opposé est recouvert de rochers rouges aux formes voluptueuses, évoquant une coulée solidifiée : ce sont les **doigts de singes**.

Remarquez ensuite les belles *kasbahs* d'**Aït-Arbi**.

À la sortie d'**Aït-Oudinar**, un pont franchit le Dadès et permet d'atteindre les gorges.

La vallée se resserre rapidement entre les parois vertigineuses de calcaire massif qui constituent l'entrée des gorges proprement dites, particulièrement étroites et sombres. Puis, peu après l'hôtel-restaurant Kasbah de la Vallée, la route s'élève brusquement en lacets spectaculaires, pour atteindre un plateau, profondément entaillé par le Dadès, qui coule au bas des parois verticales, bordé par un filet de végétation qui en dessine le cours. Plusieurs espaces aménagés en bordure de la route permettent de garer la voiture pour contempler ce **paysage★★** grandiose.

Puis la route redescend au bord de la rivière et longe le Dadès parmi les lauriers-roses, traversant un étroit et spectaculaire défilé aux parois de couleur rouge ou orangée, avant de brusquement s'évaser à hauteur de l'hôtel-restaurant Berbère de la Montagne.

On atteint alors le village d'**Imdiazen**, avec ses toits plats, posé au cœur d'une région fertile. Les bouleaux font à nouveau leur apparition parmi les champs de blé, généreusement irrigués par l'oued. À la saison des récoltes, au début de l'été, les gerbes de blé illuminent d'or les aires où elles sont entreposées pour le séchage, tandis que les troncs de bouleaux attestent une activité forestière. Paysage bucolique et agreste qu'anime l'incessant va-et-vient des femmes ployant sous des gerbes énormes, qu'elles sont chargées de rapporter au village. Par endroits, de modestes passerelles de bois enjambent le Dadès dans ce qui semble un immense jardin.

Après 44 km, on franchit à nouveau de petites gorges, puis la route grimpe en lacets serrés sur le flanc de la montagne, dans un paysage désormais désolé (hors le ruban de verdure de l'oued qui coule au fond, entaillant la montagne pelée en de spectaculaires méandres), mais toujours aussi grandiose (km 50).

Au bout de 57 km, on arrive à Msemrir, village isolé, où la route s'achève pour laisser la place à une piste.

Au-delà…

Au-delà de Msemrir, un véhicule tout-terrain sera nécessaire. Après avoir franchi le Tizi-n-Ouano, la piste conduit à Agoudal, d'où l'on peut rejoindre la vallée du Todra (*voir à Tinerhir*) par le Tizi-Tinerhouzine (alt. 2 700 m).

Revenir sur ses pas jusqu'à Boumalne, et reprendre la route vers Ouarzazate.

En aval de Boumalne, le Dadès parcourt une large **vallée** dont les versants désertiques contrastent avec le ruban de verdure qui serpente au voisinage de la rivière et de ses nombreux affluents. La route offre de belles vues sur les *kasbahs*.

El-Kelaâ M'Gouna★

Située dans la vallée du M'Goun, patrie des Mgouna, El-Kelaâ est le pays des roses. Dans ses deux usines, on fabrique cette eau de rose dont les Marocains font une grande consommation : car si la rose est appréciée pour son parfum et ses vertus en cosmétologie, elle fait également partie, sous forme de bouillon, de la pharmacopée traditionnelle.

Il y a là en outre un ensemble ruiné de *kasbahs* remarquables par l'ampleur et la richesse de leur décoration ; l'une d'elles se dresse fièrement sur un éperon. Important carrefour commercial, El-Kelaâ est aussi le point de départ de randonnées pédestres vers Azilal, au nord.

Excursion dans la vallée des Roses

Cette piste, qu'il vaut mieux parcourir au printemps, en 4x4 et en étant accompagné d'un guide expérimenté, longe l'oued M'Goun et conduit aux villages de **Tourbist** et de **Bou Thrarar** à travers les rosiers.

Skoura★★

Après avoir remarqué au passage la *kasbah* des **Aït-Ridi** et celle d'**Imassine**, on atteint la belle **palmeraie de Skoura**.

Cette oasis séduit par sa végétation luxuriante (les palmiers réapparaissent dans le paysage), ses merveilleuses et nobles *kasbahs*, enfouies dans la verdure ou se détachant sur un fond étincelant de haute montagne. Ne manquez pas de vous faire indiquer la *kasbah* magnifiquement ouvragée d'**Amerhidil**★.

Au-delà de Skoura, la route s'approche du lac de retenue (4 500 ha) du barrage El Mansour Eddahbi, construit sur l'oued Drâa. Mis en eau le 26 avril 1972, cet ouvrage

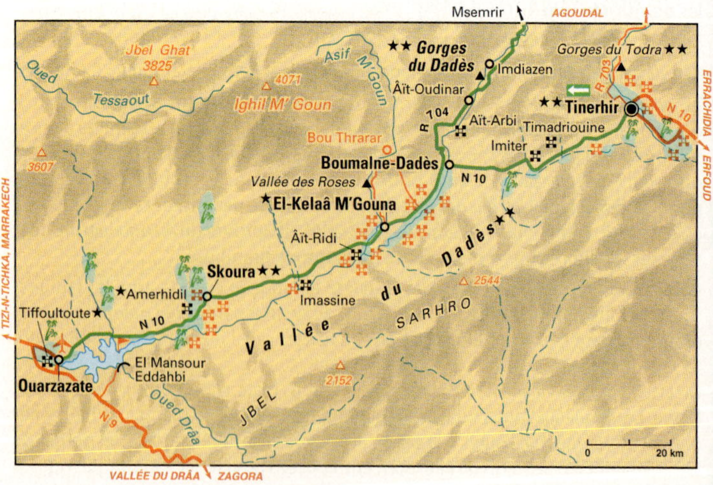

Kasbah dans la vallée du Dadès.

à voûte mince, large de 285 m et haut de 63 m, offre une capacité de retenue de 560 millions de m^3, permettant l'irrigation de 14 000 ha de culture et de quelque 800 0000 palmiers le long de la vallée du Drâa, créant ainsi une oasis presque ininterrompue jusqu'à Mhamid.
À une vingtaine de kilomètres avant Ouarzazate, on aperçoit à gauche au bord du lac un ensemble d'élégantes *kasbahs* de villégiature construites près du Golf royal.

Ouarzazate *(voir p. 429)*

Vallée du Dadès pratique

Informations utiles

Routes – La route de Tinerhir à Ouarzazate, bien revêtue et suffisamment large, ne pose pas de problèmes particuliers, tout comme celle des gorges du Dadès, qui vient d'être entièrement rénovée entre Boumalne et Msemrir.

Se loger

Depuis l'année 2005, les gorges du Dadès sont reliées au réseau d'électricité. Certains regretteront peut-être le charme des soirées d'antan éclairées à la bougie.

À BOUMALNE-DU-DADÈS

⊖ **Kasbah de Dadès** – *Bd Mohamed V, centre de Boumalne - ✆ 024 83 00 41 - fax 024 83 13 08 - 180 DH - ☕ 28 DH - menu 76 DH.* Ce grand bâtiment sans charme particulier abrite un hôtel bon marché, propre, au confort assez limité mais qui peut constituer une étape avant d'accéder aux gorges. Il est situé dans le virage qui relie la partie haute et la partie basse de la ville.

⊖⊖ **Kasbah Tizzaraouine** – *BP 53 - Ouarzazate (à gauche en venant de Tinerhir, av. le virage et la descente sur le village, suivre une piste sur env. 300 m) - ✆ 024 83 06 90/91 - fax 024 83 02 56 - 60 ch. (classiques ou troglodytiques) ou suites : 350/450 DH/pers. ☕ - sous la tente : 200 DH/nuit -* 🏊. Installé dans une *kasbah* à l'écart de la route, cet hôtel-restaurant propose divers types d'hébergement : sous tente nomade, dans des chambres traditionnelles ou des suites pourvues de beaux plafonds de style *tataoui* réalisés en roseau tressé sur poutres de bouleau, ou dans des chambres troglodytiques. Celles-ci, très simples, ne manquent pas de charme, d'autant qu'elles ouvrent directement sur un chemin de ronde d'où vous dominerez la vallée et le village. Chaque chambre dispose de sa propre salle de bains. Un restaurant doté d'une terrasse et pourvu d'une cheminée, indispensable en hiver, et une grande piscine sont venus compléter l'ensemble, aménagé avec un goût parfait. Les responsables de la *kasbah* organisent des excursions en 4x4 et des randonnées pédestres de 1 à 5 jours.

DANS LES GORGES DU DADÈS

La construction de la route jusqu'à Msemrir a entraîné l'ouverture de nombreuses auberges, au confort plus ou moins rudimentaire, qui, toutes, proposent un certain nombre d'excursions dans les gorges et dans les vallées environnantes.

⊖⊖ **Auberge-Camping Berbère de la Montagne** – *Au débouché des gorges, avant Imdiazen en direction de Memsrir - ✆/fax 024 83 02 28 - www.berbere-montagne.ift.fr - ouv. tte l'année -*

10 ch. avec sdb ou douches et 4 ch. avec douches et toilettes collectives : 150/280 DH/ pers. ☕ - camping 25 DH (tente et matelas fournis) - cheminée - demi-pension 260 DH - terrasse 20 DH. Dans un site superbe, au débouché des gorges, précédé d'un jardin où poussent roses trémières et lauriers-roses, jasmin et chèvrefeuille, c'est une petite auberge au confort douillet, où vous recevrez un accueil charmant du maître des lieux, Mohammed Asmoun.

Hôtel-restaurant Kasbah de la Vallée – *Rte de Boumalne à Msemrir km27- ☎/fax 024 83 17 17 - 42 ch. - 250 DH/ pers. (demi-pension) - 30 DH sous tente caïdale.* Les habitués des gorges se souviennent avec nostalgie de l'époque, pas si lointaine, où cette auberge minuscule, halte appréciée des randonneurs, était l'unique établissement que l'on rencontrait, à l'endroit où s'achevait la route, cédant la place à une piste. Le changement est aujourd'hui spectaculaire : cet hôtel simple et accueillant s'est agrandi, en longueur comme en hauteur. Choisissez de préférence le second étage aux couloirs ornés de lustres impressionnants et aux chambres nettement plus confortables qu'au niveau inférieur.

La Fibule – *Le long de la route des gorges, à 27 km de Boumalne - ☎ 024 83 17 31 - 3 ch. - 170 DH/pers (demi-pension).* Une charmante auberge tenue par des habitants de la vallée, où vous trouverez quelques jolies chambres, très bien tenues, à des prix raisonnables.

Kasbah Idis – *Presque à la sortie de Boumalne en direction des gorges - ☎ 024 83 00 03 - fax 024 83 00 06 - www. geocities.com/kasbahidis - 390 DH - ☕ 30 DH.* L'intérêt de cette grande *kasbah* moderne ne tient pas à son aspect extérieur un peu kitch, mais à sa situation au sommet d'une colline. Toutes les chambres, modernes et impeccables, disposent d'un balcon privé d'où l'on peut jouir d'une vue exceptionnelle sur toute la région. Une chambre plus spacieuse au rez-de-chaussé est spécialement aménagée pour les personnes à mobilité réduite.

Chez Pierre – *Douar Aït Oufi, juste avant la Kasbah de la Vallée, le long de la route - ☎ 024 83 02 67 - 8 ch. et un appart. - 550 DH/pers. (demi-pension) -* 🏊. Bâtie sur plusieurs étages le long de la roche, cette demeure élégante abrite des chambres charmantes décorées dans le style traditionnel. L'ensemble est à la fois joli et confortable, et d'autant plus agréable qu'on y prépare une excellente cuisine. Assurément une très bonne adresse, mais les prix sont quand même très élevés pour la région.

À EL KELAA M'GOUNA

Hotel Rosa Damaskina – *En bordure de la route, à la sortie de la ville (vers Ouarzazate) - ☎ 024 83 69 13 - fax 024 83 69 69 - 10 ch. avec sdb : 169/228DH (4 lits) ; sans sdb : 129/228 DH - ☕ 28 DH.* Posé dans un beau jardin en bordure de l'oued M'Goun (sur lequel donne une terrasse et le restaurant installé sous une tente), l'hôtel propose des chambres confortables. Un plus, elles sont équipées de cafetières, bien agréables pour ceux qui apprécient de prendre un café noir au lit.

Hôtel Rose M'Gouna – *☎ 024 83 63 36 - fax 024 83 63 07 - 400 DH - ☕ 40 DH - taxes 10 DH/j - menu gastronomique (pas de vin) 230 DH -* 🏊. Le seul hôtel à l'intérieur de la ville. Il dispose de 100 chambres et 2 suites confortables réparties sur trois niveaux (pas d'ascenseur) autour de petits jardins intérieurs à la végétation luxuriante. Depuis les chambres et leurs terrasses, belles vues sur les montagnes. L'ensemble est correct mais une petite rénovation serait bienvenue !

À SKOURA

Deux établissements distincts se partagent le même nom à la sortie de la ville en direction de Ouarzazate.

Chez Famille Ben Moro – *Le premier en venant de Skoura - ☎ 024 85 22 12 - fax 024 85 20 26 - 200 DH (demi-pension).* La famille Ben Moro tient cette auberge sans prétention mais charmante, où l'on sert une excellente cuisine locale. Accueil chaleureux.

Kasbah Ait Ben Moro – *Juste après le précédent - ☎ 024 85 21 16 - 13 ch. et 3 tours (toilettes communes) - 550 DH ☕ - menu (avec vin) 150 DH.* Driss Ben Moro vous accueillera dans cette belle *kasbah* familiale datant du 18ᵉ s. et entièrement rénovée par un architecte espagnol.

Sawadi – *Suivre le panneau au centre de Skoura et prendre la piste sur 7 km pour atteindre la palmeraie - ☎ 024 85 23 41 - www.sawadi.ma - 1 150 DH, kasbah pour 7 pers. : 3 850 DH -* 🏊. Ce grand domaine récent aménagé dans un lieu paisible dispose de trois *kasbahs* bâties dans le style traditionnel. L'ensemble comprend également un terrain arboré de trois ha et une piscine. Possibilité d'organiser des randonnées.

Se restaurer

À BOUMALNE

Kasbah Tizzaraouine – *Prendre une piste sur la gauche de la rte à l'entrée de Boumalne, av. la descente sur le village - menu 100 DH le midi, carte le soir avec 4 plats au choix.* Le pain fait à la maison et la belle vue sur la vallée du Dadès sont les points forts de ce restaurant qui constituera une agréable halte pour le déjeuner. Pas de vin (on peut toutefois arriver avec sa bouteille).

DANS LES GORGES DU DADÈS

⊖ **Hôtel-restaurant Kasbah de la Vallée** – *Rte de Boumalne à Msemrir km27.* Pour un repas sans prétention au coin du feu (l'hiver). Le restaurant ne sert pas de vin, mais rien n'interdit d'apporter ses provisions.

⊖ **Berbère de la Montagne** – *Au débouché des gorges, avant Imdiazen.* Accueil charmant. Salades et *kalia* (viande en petits morceaux, légumes, épices de la vallée et œufs), la spécialité locale.

À EL KELAA M'GOUNA

⊖⊖ **Le Képi Blanc** – Il s'agit du restaurant de l'hôtel Rosa Damaskina. Dominant la rivière ; il propose des menus (sans vin) de 100 à 150 DH (avec tajine au miel, aux pruneaux et aux coings), le plus copieux comprenant pas moins de trois entrées précédant la pastilla, un tajine et deux desserts.

Sports et loisirs

L'hôtel-restaurant **Kasbah de la Vallée** est le point de départ d'**excursions** en montagne, à effectuer à pied ou en voiture accompagné par un guide :

– excursion à pied dans le canyon jusqu'au village d'Imdiazen ;

– excursion à pied ou en voiture dans la vallée des Roses ;

– excursion à pied (5 j.) ou en 4x4 (1 j.) pour effectuer la boucle vallée du Dadès-gorges du Todra.

BUREAUX DES GUIDES DE MONTAGNE ET DU DÉSERT :

À Souk el Khémis – *Entre Boumalne (à 9 km) et El Kelaa (à 13 km) - Mohammed El Khattabi - BP 1 - 45300 Ouarzazate -*

La Kasbah Tizzaraouine, à Boumalne.

P. Plantier / MICHELIN

✆ 024 85 04 11 - GSM 062 13 21 76 - www.mohamed-berbere.com - Excursions pédestres ou en VTT, randonnées chamelières ou à dos de mulet, escalade pour les plus hardis et ski en saison.

Achats

SOUKS

À **Boumalne**, le mercredi.

À **Msemrir**, le vendredi et le samedi.

À **El Kelaa M'Gouna**, le mercredi.

EAU DE ROSE

Vous en trouverez, à l'état pur ou déclinée sous forme de produits dérivés, à **El Kelaa M'Gouna** dans les innombrables boutiques, installées tant au bord de la route que le long de la rue principale.

Événements

Chaque année, en mai, la **fête des Roses** se déroule à El Kelaa (expositions, manifestations folkloriques).

Vallée du Drâa★★★

CARTE 2E RABAT DE COUV. C4 – CARTE MICHELIN 742, PLIS 5, 34-35

Le Drâa naît, près d'Ouarzazate, de la réunion des oueds Dadès et Ouarzazate. Dans l'Antiquité, c'était encore un fleuve permanent et le plus long du Maroc. Mais aujourd'hui ses eaux se perdent dans les sables, après le coude qu'il fait à Mhamid, même s'il lui arrive, lors de crues exceptionnelles, d'atteindre son embouchure, entre Guelmim et Tan-Tan.

Se repérer – De Ouarzazate à Agdz, la route traverse un paysage essentiellement minéral et franchit un col, le Tizi-n-Tiniffift, à plus de 1 600 m d'altitude. Au-delà, c'est le paysage somptueux de l'immense oasis né du fleuve Drâa. De part et d'autre, le désert et son appel fascinant et mystérieux.

À ne pas manquer – Le panorama du *jbel* Zagora, les paysages exceptionnels qui longent la route de Zagora à Mhamid, une nuit dans les dunes de sable de Chigaga.

Organiser son temps – Deux jours avec une nuit dans le désert.

Avec les enfants – Une promenade à dos de dromadaire et un feu de camp dans le désert en compagnie des bédouins.

Pour poursuivre le voyage – Voir aussi les dunes de Merzouga en visitant Nekob et le Tafillat, pour compléter votre découverte du désert. Pour découvrir *kasbahs* et *ksour*, visitez Ouarzazate, Âït-Benhaddou, la vallée du Dadès et Tinerhir.

R. Mattès / MICHELIN

Sur les rives du Drâa.

Comprendre

200 km d'oasis – De la région d'Agdz jusqu'à Mhamid, le Drâa nourrit une étroite oasis presque ininterrompue. «(...) sur ses rives, le fond de la vallée est un jardin enchanteur : figuiers, grenadiers s'y pressent ; ils confondent leur feuillage et répandent sur le sol une ombre épaisse ; au-dessus se balancent les hauts panaches des dattiers. Sous ce dôme, c'est un seul tapis de verdure : pas une place nue, la terre n'est que culture, que semis ; elle est divisée avec un ordre minutieux en une infinité de parcelles, chacune close de murs de pisé ; une foule de canaux la sillonnent, apportant l'eau et la fraîcheur », écrivait Charles de Foucauld voici plus d'un siècle.

Des villages fortifiés – Pour tenter d'échapper aux razzias des nomades du désert, les sédentaires de la vallée se sont groupés dans des **ksour** (singulier : *ksar*) protégés par de hautes murailles flanquées de tours de guet. Le **ksar** était une petite unité politique à forme démocratique administrée par l'assemblée des chefs de famille, la *jamaa*. Une partie du *ksar* était propriété collective et comprenait, autour d'une place publique, le grenier, la bergerie, le puits, la salle de réunion, la mosquée, l'école coranique. Desservies par un réseau d'étroites ruelles souvent couvertes, les maisons familiales occupaient le reste de l'espace.

Charles de Foucauld

Cet officier de cavalerie, né à Strasbourg en 1858, entreprit en 1883 une aventureuse « Reconnaissance au Maroc », alors mal connu, qui dura 11 mois. Déguisé en juif, muni d'un « cahier de 5 centimètres carrés » et d'un « crayon long de 2 centimètres », il parcourut le Rif, franchit le Haut Atlas et atteignit l'extrême sud marocain. Les notes et croquis qu'il rapporta enrichirent considérablement les connaissances géographiques et ethnographiques sur le Maroc et lui valurent de se voir décerner en 1885 une médaille d'or par la Société de géographie de Paris : « *(...) en onze mois, du 20 juin 1883 au 23 mai 1884, un seul homme, le vicomte de Foucauld, a doublé, pour le moins, la longueur des itinéraires soigneusement levés au Maroc. Il a repris, en les perfectionnant, 689 kilomètres des travaux de ses devanciers, et il y a ajouté 2 250 kilomètres nouveaux... C'est vraiment, vous le comprenez, une ère nouvelle qui s'ouvre, grâce à M. de Foucauld* », déclara le rapporteur général, M. Duveyrier.
Devenu prêtre, le père de Foucauld, largement connu comme auteur spirituel, devait mourir assassiné en 1916 à Tamanrasset, dans le Hoggar.
L'élan missionnaire qui le poussa à vivre avec les Touaregs, partageant leur habitat, leur nourriture et leur langue, fera des émules, et son exemple sera suivi quelques années plus tard notamment, par le père **Albert Peyriguère** (1883-1959), qui passera trente et un ans au Maroc, à El Kebab, non loin de Khenifra, partageant la vie des Berbères, soignant les malades dans son petit dispensaire et œuvrant au rapprochement entre chrétiens et musulmans.

Simples gourbis ou maisons à patio central décorées de motifs géométriques, elles étaient de boue séchée et de briques crues ; le *ksar* abritait même quelquefois la famille et les gens d'un notable, et sa demeure prenait alors une allure de *kasbah*.

De nos jours, avec la fin de l'insécurité, la *jamaa* a perdu la plupart de ses prérogatives. Certains *ksour* sont désertés, d'autres ont « éclaté », débordant des remparts devenus inutiles et à demi ruinés : cependant, les traditions restent si fortes qu'on voit peu d'habitations isolées et que les *ksouriens* relient entre elles par un mur les maisons nouvelles implantées hors de la vieille enceinte.

Des dattes et du henné – De Agdz à Mhamid, la palmeraie compte 1,5 million de palmiers. Fécondés en avril grâce au vent, les palmiers donnent 18 variétés de dattes, récoltées à l'automne : certaines doivent être consommées fraîches, d'autres peuvent être conditionnées (usine à Zagora), et exportées dans le reste du Maroc ou en Europe. La variété de la vallée du Drâa la plus réputée est le boufegouz, qui peut atteindre 30 DH/kg. Outre les dattes, on cultive le **henné**, dans des champs qui évoquent à s'y méprendre les champs de luzerne : le henné fait l'objet de trois récoltes par an. Il est mis à sécher puis broyé. Les connaisseurs ne jurent que par la première récolte, qu'ils savent bien sûr reconnaître du premier coup d'œil.

Circuits de découverte

DE OUARZAZATE À ZAGORA 1

164 km – environ 3h.

Ouarzazate *(voir p. 427)*

Quitter Ouarzazate au sud par la route de Zagora, à hauteur de la Délégation du tourisme.

La route s'insinue dans le *jbel* Tifernine, extrémité orientale de l'Anti-Atlas.

Le **paysage★★** presque exclusivement minéral montre d'abord des éboulis de roches noires aux reflets brillants, auxquels succèdent des falaises, aux versants burinés.

Après le col de **Tizi-n-Tinififft** (1 660 m), on retrouve encore des éboulis en longs talus, puis des vallées sans eau, très belles. La route – élargie et parfaitement revêtue – livre de belles **vues★** à l'arrière sur le Haut Atlas. Par une impressionnante descente, elle rejoint la vallée du Drâa.

12 km avant Agdz, à gauche de la N 9, une piste de 10 km (à n'emprunter qu'en 4x4) mène aux cascades du Drâa.

Agdz

Dans un site remarquable, ce bourg est dominé par sa citadelle, son fortin rouge et l'arête du *jbel* Kissane. On y vend des objets sculptés dans la pierre.

La route suit désormais la vallée, ménageant de nombreux points de vue sur l'oued envahi de lauriers-roses, les palmeraies et les quelque cinquante *ksour* qui se succèdent jusqu'à Zagora. Certains sont très ouvragés. D'autres, très simples, atteignent une perfection d'épure : leurs lignes s'inscrivent admirablement dans le paysage tabulaire, leurs volumes constituent d'heureux équilibres et jouent subtilement avec l'ombre et la lumière.

Près de chaque village, remarquez les curieux cimetières berbères avec leurs pierres dressées.

Souvent, des aires de battage couvertes d'orge blonde s'étendent sous les murs des nombreuses bourgades qui s'élèvent encore au bord de la route ou au fond de la vallée.

Peu après, la route s'élève, offrant des **vues★** vers l'arrière sur l'enfilade des palmeraies dominées par le crêt étagé du *jbel* Kissane, et sur le massif désolé du Sarhro.

Oulad-Âtmane

La masse assez ruinée de son architecture occupe une position dominante à droite de la route.

Igdâoun★

Ce remarquable *ksar* (à gauche) attire l'attention par son étendue et la hauteur de ses tours en forme de pyramide tronquée.

Tin-Zoulin★

(Souk le lundi.) L'oasis groupe un grand nombre de villages : Rbat Tin-Zoulin est le plus étendu et comporte même à son extrémité sud une belle *kasbah*, qui fut la résidence d'un cheikh important.

Passé le **défilé de l'Azlag**, aux parois déchiquetées, la vallée s'épanouit à nouveau.

Ksar de Tissergate

Accès sur la gauche de la route en suivant la signalisation de l'auberge Dar el-Hiba. Laissez la voiture devant la porte latérale du ksar.

Il est agréable de flâner quelques instants dans ce village cerné d'une belle muraille, et constitué de vieilles *kasbahs* aux murs de pisé, entre lesquelles se glissent des ruelles, toujours étroites, parfois voûtées ou couvertes de claies, de façon à préserver les passants des assauts du soleil. De furtives silhouettes voilées évoluent dans ce lieu, plongé aux heures chaudes de la journée dans un profond silence et dans une lumière filtrée, parfois douce, parfois aveuglante, et contribuent à donner l'impression d'un véritable ailleurs, chargé de mystères.

Musée des Arts et Traditions de la vallée du Drâa

Au ksar de Tissergate, suivre le panneau. Au terme de longs couloirs sous-terrains, vous accéderez à ce musée des arts et traditions populaires berbères. Exposés dans un *ksar* ancien, les objets – poteries, serrures, portes anciennes, bijoux et instruments de musique – sont éclairés par un puit de lumière central. Parmi les nombreuses salles à visiter, signalons une « chambre des invités » et une curiosité : la « chambre du dernier voyage ». Au dernier étage, une terrasse offre une vue panoramique sur la vallée.

Zagora

Centre administratif bien placé sur le cours moyen du Drâa, cette bourgade en pleine expansion est un lieu d'étape commode pour le voyageur désireux de poursuivre son périple plus loin vers le sud et le point de départ de **randonnées pédestres** ou **chamelières** – d'une heure à 20 jours.

C'est autour de Zagora que les Saâdiens, *chorfa* (pluriel de *chérif*, mot désignant un prince musulman descendant de Mahomet) originaires d'Arabie, se trouvaient installés au Moyen Âge. C'est de là qu'au 16e s. ils partirent à la conquête du Sous, puis du Maroc tout entier, avant de se lancer dans la grande aventure qui devait les mener jusqu'à Tombouctou... à 52 jours de chameau, comme le proclame le fameux panneau, que les touristes photographient avec un tel enthousiasme... qu'il s'est démultiplié un peu partout en ville.

Celle-ci, constituée d'immeubles modernes, n'a pas grand caractère, du moins jusqu'à l'approche du pont sur le Drâa. On retrouve alors la palmeraie, des dromadaires qui attendent sagement leur cargaison de promeneurs et, à la sortie de la ville, un lavoir où se concentre une bonne partie de l'animation quotidienne, très colorée, de la cité.

Panorama du jbel Zagora★★

Franchir le Drâa par le pont, au sud-est de la ville. Prendre à gauche la route de Tamegroute. 3 km plus loin, nouvelle bifurcation : prendre à droite. Au bout de 1 km, on trouve à droite la piste qui escalade le jbel Zagora ; étroite, constamment en corniche et à forte pente, elle exige du chauffeur une attention de tous les instants.

Le *jbel* Zagora offre un **panorama★★** très intéressant. Du nord-ouest au sud-est, on devine les méandres du Drâa, presque toujours enfoui dans la verdure des palmes et des jardins, jalonné de *ksour.*

Le beau *ksar* entouré de dunes qu'on domine au sud est Amazraou *(voir ci-après)* ; au-delà, un vaste reg vient buter sur le *jbel* Bani, qui borne l'horizon. Au nord, derrière le Bou Zeroual, se dresse la masse puissante et nue du *jbel* Sarhro.

LA RIVE GAUCHE DU DRÂA, DE ZAGORA À MHAMID★★★ 2

Circuit de 94 km – environ une demi-journée. Quitter Zagora au sud en direction de Mhamid, comme pour aller au jbel Zagora, mais laisser à droite le chemin d'accès à ce sommet et continuer tout droit. La route court en bordure d'un reg tandis qu'à droite, ksour et palmeraies se succèdent le long du fleuve.

Amazraou★

Avant d'atteindre le village, situé à 3 km de Zagora, la route longe l'ancienne **kasbah des Juifs**, qui a gardé une très jolie tour.

Laissant la voiture à l'entrée du **ksar**, on acceptera les services d'un enfant pour aller dans le village déguster le thé à la menthe à l'ombre d'un jardin ; puis, à travers seguias et vergers, on gagne un magnifique **champ de dunes** piqué de palmiers qui borde l'oued Drâa *(à voir de préférence tard dans l'après-midi).*

Tamegroute★

Ce bourg de terre rouge, à la population mi-berbère mi-arabe, situé au milieu d'une palmeraie et cerné de remparts crénelés, est le siège de la *zaouïa* Nassiriya. Centre religieux séculaire, la *zaouïa* de Tamegroute fut fondée au 17e s. par un théologien, Mohamed ben Nassir, mort en 1674. Au cours d'un long périple qui le mena en Algérie, en Tunisie, en Libye puis en Égypte et en Arabie Saoudite et lui fit rencontrer nombre de théologiens mais aussi de pèlerins venus d'Iran et de Syrie, il avait acquis de nombreux manuscrits écrits à travers le monde islamique.

Bibliothèque de l'école coranique – *Dans la rue qui s'engage sur la gauche de la route. Laissez la voiture sur la grande place et poursuivre à pied sur 100 m environ. Rémunération au gardien.*

Environ 4 000 de ces ouvrages sont aujourd'hui conservés dans cette **bibliothèque**. Vous y découvrirez de précieux **manuscrits★** enluminés du Coran (le plus ancien, en peau de gazelle, écrit d'une encre indélébile faite d'extrait d'écorce de noyer

L'eau, source de vie

Persistante depuis plusieurs années, la sécheresse entraîne la désertification de la palmeraie naguère prospère au sud de Zagora, et provoque un exode rural vers les grandes villes comme Casablanca. Écoutons Hassan, habitant d'Amazraou, aux portes de Zagora : « Nous luttons contre l'avancée du désert d'une dizaine de mètres par an, en tentant de fixer les dunes par des plantations de tamaris. Mais ce qu'il faudrait, c'est de l'eau. Il y a quatre ans qu'il ne pleut pas, ou alors ce sont des déluges dévastateurs. Lorsque je vois ces jardins abandonnés où il y a quelques années encore les fruits et légumes poussaient à profusion, ça me fend le cœur ». Et, de fait, on distingue très bien sous les palmiers les canaux d'irrigation aujourd'hui abandonnés et les limites des champs d'autrefois, gagnés aujourd'hui par le sable, derniers vestiges de l'époque où cette partie de la vallée du Drâa était l'immense jardin potager décrit par Charles de Foucauld.

broyée, date du 11e s.) et d'anciens ouvrages d'histoire, de mathématiques et de médecine. De nos jours, la *zaouïa* de Tamegroute, dont la renommée est encore bien établie, dispense des cours de médecine, d'astrologie et de droit coranique aux étudiants.

Rues souterraines★ – Il faut parcourir ces étranges ruelles qui vous conduisent de la place au quartier des potiers. Tracées sous les maisons, parfois plongées dans une obscurité totale, débouchant soudain sur un puits de lumière qui vous contraindra à fermer les yeux, elles préservent une étonnante fraîcheur, que l'odeur de terre humide ne fait que renforcer.

Quartier des potiers – *Sur la gauche de la route de Mhamid.* Des artisans modèlent, gravent et décorent une poterie renommée. Dans la pénombre de minuscules ateliers, vous pourrez voir les potiers travaillant au tour, qu'ils actionnent avec leur pied. Une fois confectionnées, les pièces sont mises à sécher au soleil, avant d'être portées au four traditionnel où, au nombre de 800, elles sont enfournées en piles soigneusement calées. À la coopérative de poterie, vous pourrez admirer (et acheter) les poteries vernissées, vertes (constituées de manganèse et de cuivre) ou marron (antimoine et cuivre).

Reprendre la route en direction de Mhamid.

À environ 6 km au sud, vers Tagounite, sur la gauche de la route, s'étendent deux **dunes** de sable, hautes comme un immeuble de huit étages : ce sont les dunes de Tinfou, qu'un établissement hôtelier dissimule malheureusement en partie à la vue. Difficile de résister au plaisir de cette escalade peu commune !

On franchit la fine arête, tranchante comme une lame, du **jbel Bani**. Surveillant le col, les restes d'une forteresse, aujourd'hui ruinée, témoignent de l'importance stratégique (et économique) du lieu, passage obligé des caravanes (de sel, notamment) pour l'Afrique subsaharienne.

Après **Tagounite** et ses belles arcades en ogive, on pique vers une nouvelle ligne de crête, que l'on escalade (**vue★** générale en arrière sur l'immense oasis de Tagounite : le Ktaoua). Le Tizi-Beni-Selmane, col de pierre noire, offre un **paysage★** étrange et désolé.

Ouled Driss★

Le reg laisse ici la place au sable et aux dunes. Arrêtez-vous un instant pour admirer le *ksar* d'Ouled Driss, que la route traverse, au cœur d'une palmeraie ; des femmes voilées et vêtues de noir passent, parmi les murailles et les tours de pisé, une amphore d'argile sur l'épaule.

Maison traditionnelle★ – *Suivre la signalisation. Laissez la voiture dans la rue qui s'engage sur la droite de la route, au niveau de la ruelle voûtée dans laquelle se trouve le musée - ouv. tlj jusqu'au coucher du soleil - visite guidée (agrémentée d'un thé à la menthe) 15 DH.*

Les dunes de Nesrate

Si vous disposez d'un véhicule tout-terrain (et d'un chauffeur), vous pouvez effectuer une visite plus poussée de la palmeraie de Tagounite – qui ne compte pas moins de 30 000 palmiers-dattiers. Parmi les villages traversés, Bni Sbikh, autrefois habité par des Juifs, Adguavil, bourg agricole de 600 habitants, et Nesrate, où vous découvrirez de belles dunes de sable blond aux formes voluptueusement arrondies. Ces dunes peuvent être atteintes avec une voiture de tourisme en prenant, environ 5 km avant le village de Tagounite, une piste à peu près carrossable sur la gauche, signalisée par un panneau indiquant « Camping-bivouac Äït-Isfoul/Circuit touristique » ; le suivre jusqu'à un pont, avant lequel on laisse la voiture, et poursuivre au-delà du pont sur 300 m environ.

Vieille de cinq siècles, cette *kasbah* serait la plus ancienne d'Ouled Driss. On pénètre dans une belle cour intérieure entourée d'arcades sur deux niveaux, qui communique avec une seconde cour identique. Le maître des lieux, ethnologue, y a installé ce qu'il appelle un « musée vivant » de la vallée du Drâa, dans lequel il ne s'agit pas simplement de présenter des objets (four à pain, plat à couscous en cèdre, soupières, métier à tisser, costumes berbères...), mais de les « faire parler » : de leur fabrication, de leur histoire comme de leur utilisation. Le tout, exposé avec passion, fait revivre une civilisation qui conserva jusqu'à peu ses particularismes, la vallée du Drâa ayant longtemps été coupée du reste du Maroc.

P. Plantier / MICHELIN

Ouled Idriss : un musée pour la vallée.

Mhamid

À Mhamid, la population est composée à la fois d'Arabes appartenant à des tribus sahariennes comme celle des **Nouaji**, qui autrefois faisaient le commerce du sel entre Mhamid et Taoudenni, de Berbères de la tribu nomade des **Aït Atta** et de gens à peau noire comme les **Draoua** et les **Sidna Bilal**, originaires du Soudan et qui, comme les Nouaji, parlent le *hassanya*, dialecte arabe utilisé par les Sahraouis.

Le lundi, jour de **souk★**, Mhamid offre l'un des marchés les plus colorés du Maroc. Comme à Guelmim *(voir ce nom)* c'est le rendez-vous des sédentaires et des « hommes bleus » du désert. Visiter Mhamid (dont le nom viendrait de ce qu'il y avait beaucoup de gazelles à cet endroit autrefois), c'est se donner la chance de rencontrer la civilisation nomade qui tend à disparaître et lui permettre de vous connaître, car la curiosité est réciproque ! C'est la possibilité de découvrir le « vrai désert » en 4x4 ou à dos de dromadaire : randonnée à Erg Yehudi ou excursion de cinq jours en traversant la petite *hamada*, l'oasis sacrée et la dune de la Bidlia.

De l'autre côté du Drâa, au cours hésitant entre l'incertain et l'improbable, la grande palmeraie de Mhamid. Plus loin encore, l'immense *hamada*.

Retour vers Zagora en remontant le cours du Drâa.

Une nuit dans le désert★★★

C'est une expérience inoubliable que l'on se doit absolument de vivre au moins une fois dans sa vie. Affublé d'un chèche qui change complètement votre apparence, vous voilà parti en fin d'après-midi, à bord d'un 4x4. Bientôt, vous quittez la route et le véhicule avance sur une piste improbable, choisissant tel ou tel chemin selon des critères qui vous paraissent obéir au seul caprice du chauffeur, d'autant plus mystérieux que l'obscurité commence à tout envahir. Parfois (parfum d'aventure !), ses roues semblent patiner à l'assaut d'une dune et vous vous demandez s'il ne faudra pas descendre pour aider à dégager le véhicule tandis que le chauffeur semble peiner à enclencher les roues motrices. Et puis, soudain, alors que rien ne le laisse prévoir, vous voilà arrivé. Devant vous, un « homme bleu » à la haute stature et aux doigts couverts de bijoux, à l'allure d'une infinie noblesse, vous accueille en vous souhaitant la bienvenue et vous conduit vers une tente : ce sera celle où vous passerez la nuit, allongé sur une natte posée à même le sable. Une autre est dressée à côté : assis autour de la petite table, les pieds reposant sur des tapis, vous y dégusterez un thé à la menthe, tandis que votre guide allume un feu dont vous ne pouvez vous empêcher de penser en frissonnant délicieusement qu'il a pour but principal d'éloigner les bêtes fauves. Vous dînez d'une salade et d'un tajine, écoutant les récits de votre accompagnateur. Il vous parle de caravanes, d'hommes du désert, de trésors mystérieux, récits merveilleux où la légende et l'histoire séculaire se

À consommer sur place !

On peut déguster des dattes à l'oasis. En revanche, la légende dit qu'on ne doit les emporter sous aucun prétexte, sous peine de se voir transformé en scorpion : mésaventure que l'on ne souhaite à aucun de nos lecteurs !

mêlent. Tout autour, le grand silence étoilé. Une petite souris blanche peut alors apparaître, pas gênée du tout par votre intrusion, et fureter d'un air affairé parmi les provisions à la recherche d'un bonheur de souris : vous n'en avez cure et la regardez faire avec indulgence. Vous vous retirez alors sous votre tente, éteignez soigneusement la lampe à huile comme on vous l'a conseillé et, bientôt, à votre grande surprise, vous plongez dans un sommeil profond, sans crainte des scorpions ou autres serpents...

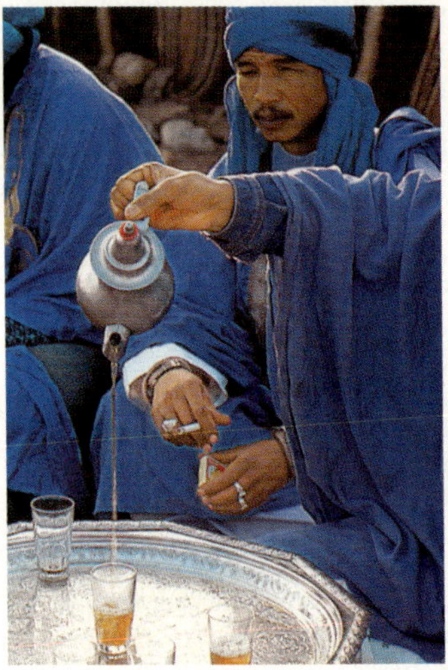

R. Bacon

Autour d'un thé à la menthe.

Quelques heures plus tard, c'est la lumière qui vous éveille. Une lumière blanche, un peu pâlotte, celle du petit matin. Vous vous levez, étonné de n'être pas plus courbatu que cela. Vous sortez sur le seuil de votre tente. Tout autour de vous, des dunes à perte de vue, que vous vous empressez d'escalader. Le guide dort encore : directement sur le sable ou bien juché sur le toit du 4x4 à la recherche de la fraîcheur matinale. Vous faites quelque pas, caressant du regard les crêtes et les dômes d'un sable qu'aucune empreinte, hors celles que vous laissez derrière vous, n'est encore venu violer. Et puis soudain, le soleil apparaît. Pas forcément où vous l'attendiez : on perd vite tout repère dans le désert. Les dunes alors s'illuminent, se parent de couleurs chatoyantes, mille tonalités où le beige et l'orange se mêlent, contrastant avec le gris des versants demeurés dans l'ombre. Peut-être apercevrez-vous deux ou trois dromadaires, philosophant à l'écart. Vous vous sentez alors étrangement bien.

Vallée du Drâa pratique

ESSENCE

Entre Ouarzazate et Zagora, vous trouverez au minimum une station tous les 50 km. En revanche, si vous prolongez votre route jusqu'à Mahmid, pensez à faire le plein avant votre départ.

ÉTAT DE LA ROUTE

Excellent jusqu'à Zagora, notamment sur le tronçon entre Ouarzazate et Agdz, où l'ascension comme la descente du Tizi-n-Tinilifft a été récemment aménagée. Très convenable ensuite. Camions relativement nombreux. Méfiez-vous des taxis et autobus en sens inverse qui roulent au milieu de la route.

ALLER ET RETOUR

Il est possible (bien que ce soit un peu dommage !) d'effectuer en une journée l'aller et retour de Ouarzazate à Mhamid (300 km environ !). Cependant, il est préférable, si vous en avez le temps, de faire étape et, même pour une première approche, de consacrer au moins deux journées entières à cette région. D'une part parce qu'elle le mérite bien, d'autre part parce qu'il vaut mieux éviter de parcourir le tronçon Agdz-Ouarzazate à la tombée du jour : cette route sinueuse, qui côtoie des précipices, peut être dangereuse sous les rayons bas du soleil qui éblouit... L'arrivée la nuit sur Ouarzazate, étalée au fond de la vallée tel un tapis de lumière, est pourtant si belle !

AUTOBUS

Arrêts des bus venant de Ouarzazate, place de la Marche Verte au centre de Agdz ; à Zagora, avenue Mohammed V. Compter 5h de trajet entre Ouarzazate et Zagora.

Se loger

Si vous souhaitez faire une halte dans la vallée du Drâa, vous trouverez ci-après quelques adresses, que ce soit à Agdz, Zagora, Tamegroute ou Mhamid, souvent pleines de charme et de dépaysement, bases de départ idéales pour des randonnées de découverte du désert. Sachez cependant que, si l'accueil y est des plus chaleureux, et le cadre parfois enchanteur, le confort de certaines auberges et campings peut être assez rudimentaire, en particulier au niveau des sanitaires, pour lesquels il ne sera sans doute pas superflu de se munir des accessoires de base ! Faire abstraction de ses habitudes en terme de confort, c'est parfois le prix à payer pour vivre la région et ses habitants de façon plus authentique.

À AGDZ

Hôtel Kissane – *À droite sur la rte à l'entrée du village (av. Mohammed V) - 024 84 30 44 - fax 024 84 32 58 - 42 ch. - 250 DH - 29 DH - taxes 4 DH/j -* . Les chambres sont simples mais agréables et l'hôtel dispose en outre d'une piscine. Cette halte sympathique et sans prétention peut être une solution de dépannage en cas de grande affluence à Ouarzazate ou, surtout, après une journée d'excursion dans la vallée, pour ceux qui ne souhaitent pas affronter à la tombée du jour la difficile route de montagne ramenant à Ouarzazate. Le restaurant ne sert pas d'alcool.

À TANMOUGALT

Café restaurant auberge Jardin Tamnougalt – *Prendre sur la gauche et après avoir traversé le Drâa, suivre un chemin empierré sur 700 m environ - / fax 024 84 36 14 - 8 ch. - 200/350 DH (4 pers.)* - repas *150 DH*. Des constructions en pisé dans un agréable jardin, situé dans la palmeraie non loin d'une superbe *kasbah*. Possibilité de dormir sur la terrasse ou de camper dans le jardin (matelas fourni). Le lieu est des plus agréables… mais les travaux d'amélioration se font avec une certaine nonchalance ! Plusieurs chambres sont en cours d'aménagement.

AU KSAR DE TISSERGATE (TISSARGAT)

Hôtel-restaurant kasbah Dar El Hiba – *8 km av. Zagora - prendre sur la gauche en direction du ksar (signalisation par drapeaux) et laisser la voiture devant la porte latérale - accès dans la ruelle immédiatement à droite, signalé par 2 lampadaires - 024 84 78 05 - www.multimania.com/hoteldarelhiba - 17 ch. - 200/250 DH/pers. (demi-pension) -* . C'est une maison ancienne, restaurée avec soin, avec ses galeries disposées autour d'un patio central muni d'un puits. Les chambres, très simples, au sol couvert de nattes, sont réparties aux différents étages. Terrasse avec belle vue sur la palmeraie et le *ksar*. Seul inconvénient, les sanitaires, assez rudimentaires, se trouvent à l'extérieur de la *kasbah*, et il faut traverser une ruelle pour y accéder, ce qui ne saurait déranger les visiteurs épris d'authenticité. Toutefois, quatre chambres viennent d'être aménagées avec une salle de bains. Restaurant sous tente dans une mini palmeraie. On y sert du vin.

À ZAGORA

Sachez que les hôtels dans Zagora sont globalement moins charmants et plus chers que les établissements qui se trouvent à la sortie de la ville.

Camping Les Jardins de Zagora – *À côté du Ksar Tinsouline - 024 84 69 71/068 96 17 01 - 40 pl. sous les palmiers du jardin - tente berbère pour repas 80 DH - prix de la caravane à discuter sur place - électricité 20 DH*. Sympathique camping posé contre la palmeraie. Accueil charmant. Deux petites chambres sont en outre aménagées dans les tours.

Hôtel de la Palmeraie – *Av. Mohamed V - 024 84 70 08 - fax 024 84 78 78 - 210 DH* - . Un hôtel simple, sans charme particulier, mais situé dans la ville et intéressant pour ses prix bon marché.

Hôtel Riad Salam – *Av. Mohammed V, rte de Ouarzazate, juste av. la porte de la ville - 024 84 74 00 - fax 024 84 75 51 - 565 DH - 50 DH - repas 150 DH -* . Pour une pause sans surprises et confortable. Suivant la saison, les prix peuvent être baissés jusqu'à 25 %.

Ksar Tinsouline – *Av. Hassan II, sur la gauche de la grande av. Mohammed V lorsqu'on arrive de Ouarzazate - 024 84 72 52 - fax 024 84 70 42 - 96 ch. et 3 suites - 600 DH - menus (avec vin) 100/150 DH -* - . Autour d'un beau jardin, l'aile ancienne reçoit confortablement les voyageurs individuels dans des chambres aux décors variés, parfois un peu chargés, possédant chacune une climatisation, un réfrigérateur et une baignoire, bien agréable pour se délasser après une randonnée dans le désert. L'aile moderne, plutôt réservée aux groupes, comprend des chambres plus simples et toutes identiques donnant sur la palmeraie. Piscine et hammam.

À LA SORTIE DE ZAGORA (AMEZROU)

Camping La palmeraie d'Amezrou – *À 2 km de Zagora, route de Mhamid, suivre la piste sur 300 m - 067 59 62 89 - 65 DH (avec voiture, tente, électricité et douche)*. Un des rares campings dotés de pelouses. Situé dans la palmeraie, il est à la fois ombragé et calme. Les sanitaires, un peu limite actuellement, devraient être rénovés prochainement. Possibilité de randonnée à dos de dromadaire.

La Perle du Drâa – *Rte de Tamegroute (Mhamid), à 4 km de Zagora - 024 84 62 10/12 - fax 024 84 62 09 - www.perledudraa.ma - 50 ch. et 4 suites - 380 DH - 35 DH - taxe 6 DH/j - repas 110 DH -* - . Voilà un hôtel tout neuf, construit dans le style régional, propre et confortable, dont les chambres sont dotées de la climatisation et de balcons. Grande piscine avec tente nomade « en dur », vaste salle de restaurant, accueil et service sympathiques. Un excellent rapport qualité/prix. Possibilité d'excursions jusqu'aux dunes de Chigaga.

La Fibule du Drâa – *Rte de Mhamid - 024 84 73 18/23 - fax 024 84 72 71 - www.zagora-maroc.com - env. 430 DH selon sais.* - . Construit selon l'architecture traditionnelle de la région, il offre une trentaine de chambres agréables et confortables donnant sur la palmeraie et les jardins luxuriants où les bougainvillées

Moment de détente à La Fibule du Drâa.

ajoutent une touche de couleur. Un très beau patio entouré de deux salons a été restauré, ce qui ajoute au charme. La cuisine servie est exclusivement marocaine.

Kasbah Asmaa – *Face à La Fibule, à gauche sur la route de Mhamid - 024 84 75 99 - fax 024 84 75 27 - 700 DH (demi-pension) - menu 155 DH* - - . Cet hôtel plein de charme appartenant à une petite chaîne familiale marocaine vous réservera un accueil des plus sympathiques et coloré. Le décorateur doit être un grand amateur de tapis ! Beau jardin fleuri avec pavillons et piscine. Parking en face.

Hôtel Reda – *Route de Tamegroute -Mhamid, avant le pont sur le Drâa - 024 84 70 79 - fax 024 84 70 12 - 770 DH - 60 DH - taxes : 10 DH* - - . Entièrement refait par le groupe Fram, cet hôtel est de bon confort et d'excellent standing, mais très souvent envahi par des groupes. Piscine, courts de tennis.

Riad Lamane – *Derrière la Fibule du Drâa, suivre la piste sur 200 m et rentrer dans la palmeraie - 024 84 83 88 - fax 024 84 83 89 - 500 DH/pers. (demi-pension) - bungalow 600 DH/pers.* - - . Au milieu de la palmeraie, ce *riad* de charme dispose de plusieurs bungalows exceptionnels disposés autour d'un somptueux jardin coloré. Un établissement plein de sérénité et de bon goût, épargné par le tourisme de masse. Un coup de cœur !

À TAMEGROUTE

Restaurant-auberge Jnane Dar Diafa – *En face de la bibliothèque - 024 84 06 22/061 34 81 49 - www.jnanedar.ch - 8 ch. dont 3 avec sdb - 400 DH - tente équipée 75 DH.* Voilà un endroit qui saura séduire les voyageurs à l'âme aventureuse sensibles à l'esprit des lieux. Dans une enceinte de pisé, quelques chambres très simples ont été aménagées avec beaucoup de goût et dotées de superbes moustiquaires. À moins que vous ne préfériez la tente installée dans le jardin, où sont cultivés les légumes et les herbes nécessaires aux repas. Ceux-ci seront pris sous la tente nomade ou dans le pavillon et agrémentés de musique, jouée par le personnel, dont l'accueil est particulièrement chaleureux. Excursions possibles aux dunes de Chigaga *(600 DH).*

À TINFOU

Porte au Sahara – *Sur la route de Mhamid, à 29 km de la précédente - petite route d'accès de 500 m - 024 84 85 62 - fax 024 84 70 02 - www.hotel-sahara.com - 420 DH* . Un petit hôtel moderne et confortable créé sur le type des *kasbahs* et installé tout contre la dune de Tinfou, qui, du coup, a reçu localement le sobriquet de « dune FRAM » ! L'hôtel a installé le 1er observatoire des étoiles touristique du Maroc, à Menara.

À OULED DRISS

Camping Carrefour des Caravanes – *Chez Chemsddine – /fax 024 84 86 65 - tente (ou camping-car) 10 DH + 10 DH/pers. - tente nomade 20/50 DH - bungalows 100/120 DH (2-3 pers.).* L'équipement est quelque peu sommaire et la piscine saumâtre, mais l'aventure, c'est l'aventure !

Signalons que l'engouement actuel pour les randonnées dans le désert joint sans doute à l'abandon des cultures, en raison de la sécheresse, entraîne un développement spectaculaire du camping entre Ouled Driss et Mhamid. Plusieurs chambres en dur et une piscine sont en cours d'aménagement.

Chez le Pacha – *Entre Ouled Driss et Mhamid, sur la route principale - 024 84 86 96 - fax 024 84 86 95 - www.jnane-lepacha.com - tentes 300 DH (demi-pension)* - - . Un complexe récent où vous pourrez séjourner dans des bungalows confortables et impeccables, qui disposent de terrasses où dormir en été. Une adresse agréable à quelques kilomètres du désert. Quatre suites luxueuses sont également en location.

Tabarkat – *Douar Ksar Bounou, entre Ouled Driss et Mhamid, sur la route principale - 024 84 86 88 - fax 024 84 86 87 - 670 DH - 50 DH* - - . La propriétaire espagnole de ce grand complexe a aménagé avec goût des chambres spacieuses et lumineuses dans le style arabo-andalou. Vous pourrez également y louer des bungalows confortables ; ceux-ci bordent un beau jardin et une immense salle à manger, où l'on sert une cuisine marocaine de qualité.

À MHAMID

Hôtel Sahara – *Sur la place à l'entrée du village - 061 87 16 44 (Naamani Lahbib) - 17 ch. - 80 DH - 20 DH.* L'endroit rêvé pour méditer la phrase de Théodore Monod : « Dans le désert, il y a de vrais sages pour qui il n'y a rien d'essentiel ni de superflu, mais seulement de nécessaire. » Ceux d'entre vous qui souhaitent atteindre la véritable sagesse feront donc abstraction d'un confort des plus minimalistes (du moins pour ce qui est des anciennes chambres) de ce petit

P. Plantier / MICHELIN

établissement! En revanche, ils s'y prépareront de façon idéale à une randonnée d'un à plusieurs jours, organisée et conduite par les membres de la famille Naamani, qui sauront faire partager leur passion du désert. Sept nouvelles chambres sont équipées d'une salle de bains.

Se restaurer

À AGDZ

Hôtel-restaurant Kissane – *À droite sur la route (av. Mohammed V) en venant de Ouarzazate, à l'entrée du village - 024 84 32 58 - 160/250 DH - 29 DH - menu 100 DH.* Agdz est l'étape idéale pour s'arrêter, le temps d'une collation avant la découverte de la vallée du Drâa, lorsque l'on vient de Ouarzazate. Et l'hôtel-restaurant doit son succès à cette situation privilégiée, comme à son professionnalisme. Repas marocains sans prétention mais très convenables et servis rapidement (sauf si l'établissement est envahi par les groupes ; ce pourquoi le patron a installé un autre restaurant aux portes de la cité).

À TAMEZMOUTE (TAMAZMOUT)

Auberge Malki – *Dans un virage sur la gauche de la route - 062 49 68 22 - menu 50 DH.* Cette auberge moderne mérite un arrêt pour sa position exceptionnelle sur une éminence dominant la vallée du Drâa et la palmeraie.

À ZAGORA

La Perle du Drâa – *Rte de Tamegroute (Mhamid), à 4 km de Zagora - 024 84 62 10/12 - 100 DH -* . Une adresse sympathique, un service attentif. Bonne étape avant d'affronter le désert.

La Rose des sables – *Av. Allal Ben Abdellah, proche de l'hôtel Tinsouline - 024 84 72 74 - 70 DH.* Un restaurant familial où l'on prépare une cuisine locale copieuse et bon marché. En dessert, un plateau de fruits et dattes de Zagora, succulent!

À TAMEGROUTE

Restaurant-auberge Jnane Dar Diafa – *En face de la bibliothèque - 024 84 06 22/061 34 81 49 - menu 90 DH.* Repas servi sous tente ou sous pavillon dans un agréable jardin potager à l'intérieur de remparts en pisé *(voir aussi « Se loger »).*

Faire une pause

À AGDZ

Kasbah Draa – *Bd Mohamed V, à l'entrée de la ville en venant de Ouarzazate - 024 84 33 46.* Au milieu de nulle part, un grand café à l'européenne où vous trouverez toutes les sucreries qui vous auraient manqué jusque-là, ainsi que la presse internationale.

Sports et loisirs

Une nuit dans le désert sera une expérience inoubliable si vous savez choisir votre accompagnateur. Il arrive en effet qu'on puisse avoir la désagréable surprise au petit matin de trouver le désert très peuplé, avec des bivouacs évoquant plus un camping de bord de mer en plein été que la solitude infinie du désert. Sans doute est-ce la rançon du succès. Délaissez donc, si vous souhaitez vivre une expérience plus authentique, les agences habituées à traiter le tourisme de masse.

Sans préjudice d'autres adresses, sans doute tout aussi recommandables, citons trois adresses, animées par des gens désireux de faire connaître et aimer leur pays :

Tombouctour – *79 av. Mohamed V - Zagora - 024 84 82 07.* Compter 1 500/2 000 DH/pers. pour une nuit dans le désert d'Erg Sahel, peu fréquenté par les touristes.

Transports Amzrou – Agences à Marrakech et Ouarzazate *(voir ces noms)* et contact à Zagora à l'hôtel La Perle du Drâa.

Naamani – Contact à Mhamid à l'Auberge du Sahara, tenue par la famille Naamani depuis 1928.

RANDONNÉES PÉDESTRES

Terres d'Aventure propose au départ de Paris un voyage de 8 jours vers Zagora et le désert, comprenant des nuits dans le désert. Comptez entre 545 et 865 € selon la saison.

RANDONNÉES CHAMELIÈRES

La réservation pour ce type de randonnée, avec bivouac et repas sous la tente, peut s'effectuer dans la plupart des hôtels de Zagora.

UN JOUR AVEC BIVOUAC

Comptez au minimum 550 DH/j pour une méharée, incluant nuit sous la tente, repas et chamelier, si vous partez l'après-midi, 700 DH si vous partez le matin (randonnée de 24h). Pour une randonnée pédestre avec accompagnement d'un seul chameau de bât, comptez 300 DH.

RANDONNÉES DE PLUSIEURS JOURS

Quelques exemples de randonnées possibles :

– de Zagora aux dunes de Chigaga (et retour à M'hamid) : 9 jours (dont 1 j de repos à Chigaga).

– Zagora - Mhamid - Chigaga - Lac Iriki-Foum Zguid : 11 jours.

À titre indicatif, à l'hôtel Sahara de Mhamid, il faut compter 300 DH par jour pour une randonnée, 380 DH pour une méharée.

Au départ de France, plusieurs agences de voyages organisent également des randonnées à dos de dromadaire, parmi lesquelles **Escapad'Evasion** *(voir p. 22)*.

RANDONNÉES ÉQUESTRES

REHA – *Randonnées équestres du Haut Atlas - ✆ 028 84 75 49 - fax 028 84 43 07.* Propose aux cavaliers confirmés une randonnée de 6 à 8 jours entre erg et reg à partir de Zagora, intitulée « Magie du Sahara ». Prévoyez 6h de selle par jour, des nuits en bivouac ou chez l'habitant. Comptez 830 € par personne pour une semaine.

RANDONNÉES EN 4X4

Là aussi, adressez-vous aux hôtels de Zagora, nombreux étant ceux qui offrent ce service. Sachez par exemple qu'à La Perle du Drâa une promenade sur les pistes du désert, agrémentée d'un bivouac dans les dunes, vous reviendra à 550 DH/pers. si vous êtes cinq, 650 DH si vous êtes trois, 1 000 DH si vous êtes deux. Ce tarif comprend la location du véhicule, le chauffeur et le cuisinier, le repas et bien sûr la nuit sous la tente.

Pour la location de 4x4 sans chauffeur, s'adresser dans les hôtels et toujours se renseigner sur l'état des différentes pistes que l'on se propose de suivre… et sur la météo !

BAINS DE SABLE

Ils sont, dit-on, souverains pour lutter contre les douleurs rhumatismales. Après vous être enduit le corps d'huiles essentielles, il suffit de vous plonger dans le sable. Inutile de dire qu'une bonne douche n'est pas superflue à l'issue de la séance, avant un revigorant massage au hammam. Tout cela n'est pas de tout repos pour le cœur et un accord médical préalable est évidemment requis. Vous pourrez faire cette expérience à Tinfou, mais aussi dans une dune proche de la palmeraie de Zagora. Renseignements dans les hôtels.

Achats

N'ÉCOUTER QUE SON BON CŒUR…

… peut conduire à des dépenses imprévues : l'abondance de magasins de souvenirs, de colifichets, de tapis et de bijoux berbères de la région posait à leurs gérants l'angoissant problème que voici : comment se distinguer de la concurrence et attirer le chaland chez soi ? Dernière astuce mise au point par les spécialistes locaux du marketing : simuler une panne de voiture sur la route d'Agdz dans l'ascension du Tizi-n-Tinififft. L'automobiliste compatissant se retrouvera bientôt, au nom de « l'hospitalité berbère », chez son « naufragé », assis devant un thé à la menthe et lancé dans des tractations interminables...

SOUKS

À Agdz, le jeudi.

À Tin-Zoulin, le lundi.

À Zagora, le dimanche et le mercredi.

À Tagounite, le jeudi et le dimanche.

À Tamegroute, le samedi.

À Mhamid, le lundi.

POTERIES

La coopérative de poteries de Tamegroute doit absolument être visitée ; vous y trouverez de belles pièces vernissées, vertes ou marron.

DATTES

Vous en trouverez dans les souks… et un peu partout au bord de la route, vendues par les gamins dans de petits paniers tressés.

Événements

Festival du Grand Désert – *Fin déc.* Musiques du Sud marocain et DJ, après une soirée d'ouverture sur la place Jemaa el Fna de Marrakech, animent les nuits de Zagora et des dunes de Mhamid.

Nekob

CARTE 2E RABAT DE COUV. C4 – CARTE MICHELIN 742, PLI 35

Posée au pied du jbel Sarho, au cœur du pays de la tribu berbère des Âït-Baha, la palmeraie de Nekob, à l'écart des circuits touristiques fréquentés, et en retrait de la vallée du Drâa, séduit les visiteurs par son authenticité.

Se repérer – La bourgade de Nekob est placée sur la route qui relie la vallée du Drâa (à hauteur de Tansikht, distant de 38 km) au Tafilalt. Cette belle route (en dépit de nids-de-poule assez nombreux) se glisse entre les versants plissés de couleur violine du *jbel* Sarho, au nord, et du *jbel* Amou, dans un paysage désertique parsemé de *kasbahs*, souvent en ruine, et d'oasis, dont les palmiers semblent lutter avec l'énergie du désespoir contre la sécheresse.

À ne pas manquer – La palmeraie.

Organiser son temps – Compter une demi-journée.

Pour poursuivre le voyage – Voir aussi le Tafilalt et la vallée du Drâa.

S. Ollivier / MICHELIN

Les belles demeures en pisé de l'oasis de Nekob.

Se promener

Le village de Nekob s'est niché au cœur d'une belle oasis alimentée par une rivière souterraine d'où rayonnent nombre de *rhettaras*. Fief de la tribu des **Âït-Baha**, branche cadette des Aït-Atta, Nekob, départ de randonnées dans le *jbel* Sarho, s'enorgueillit de posséder quarante-cinq *kasbahs*.

Musée ethnographique

Dans la kasbah Baha-Baha. Visite du musée (comprenant une exposition artistique et l'accès à la terrasse de la kasbah) 10 DH.

Aménagé dans une dépendance de la *kasbah* Baha-Baha, ce petit musée permet de se familiariser avec les différentes tribus des **Aït-Atta**, leurs coutumes et leurs traditions. On vous y montrera un métier à tisser les tapis (manié par une tisseuse), des outils, armes et instruments de la vie quotidienne (dont une clepsydre, sorte de « sablier à eau », utilisée pour décompter le temps d'irrigation auquel chacun avait droit pour sa parcelle), différents costumes, masculins ou féminins. La pharmacopée traditionnelle de la région est illustrée par des feuilles de henné sec ainsi que différentes plantes médicinales recueillies dans le *jbel* Sarho.

Depuis la terrasse de la kasbah, la **vue** sur la palmeraie et les *kasbahs* de Nekob est très belle.

Nekob pratique

Informations utiles

Visites – La Kasbah Baha Baha organise diverses visites culturelles, à Nekob et aux environs :

– Visite nocturne du village et de ses *kasbahs*, comprenant la découverte des *rhettaras* (galeries souterraines d'irrigation) : 150 DH.

– Découverte des gravures rupestres préhistoriques situées à 20mn de piste : 50 DH sur la base d'un groupe de six personnes.

Se loger

Auberge Restaurant Ennakhil Saghro – *Sur la route à la sortie de la ville en direction d'Erfoud, à gauche - ✆/024 83 97 19 - 10 ch. (douches et toilettes à l'extérieur) - 130 DH - ☕ 25 DH - menu 65 DH.* Une belle vue sur la palmeraie depuis la terrasse, des chambres convenables, la moitié offrant une jolie vue. Dommage que les sanitaires ne soient pas à la hauteur. Peut néanmoins constituer, à défaut de mieux, une halte bienvenue – ne serait-ce que pour une légère collation, sur la longue route entre la vallée du Drâa et Erfoud. Le patron organise des excursions à dos de mulet *(300 DH/j/pers.)*.

P. Plantier / MICHELIN

La Kasbah Baha Baha.

Kasbah Baha Baha – *✆ 024 83 97 63 - fax 024 83 97 64 - www.bahabaha.com - 11 ch. - 400 DH - ☕ 30 DH -* 🏊 *-* P. Au centre de la cité, cette magnifique *kasbah* construite en 1945 a été restaurée et aménagée en hôtel « écologique » : afin de ne pas dénaturer l'ordonnancement traditionnel, les sanitaires ont été installés à l'extérieur. Détail plein de délicatesse : une paire de tongs est disposée dans chaque chambre pour les rejoindre. Garni d'un beau puits, et d'une piscine en forme de cruche, le jardin est très agréable et, du haut de la terrasse, la vue sur la palmeraie et les tours des *kasbahs* de la ville est superbe. En outre, une pièce a été aménagée en petit musée ethnographique de la tribu berbère des Âït-Baha, branche des Âït-Atta. La vieille cuisine avec son four à pain et sa bonne odeur de feu de bois est magnifique. Vingt chambres supplémentaires devraient voir le jour prochainement.

Kasbah Imdoukal – *À l'entrée de la ville, suivre le panneau au niveau de la pharmacie - ✆ 024 83 97 98 - fax 024 83 97 99 - 300 DH/pers. ☕ - menu 90/180 DH -* 🏊 *-* P. Cette imposante *kasbah*, entièrement bâtie en terre cuite, bois de palmier et roseaux, abrite un hôtel charmant bâti dans le style rustique. Vous apprécierez les lits confortables, le service soigné et discret, ou encore l'excellent petit-déjeuner. Depuis la terrasse où sont aménagés des transats, on aperçoit la palmeraie et les vieilles *kasbahs* qui composent la ville. Une petite précaution s'impose tout de même : fermez la fenêtre de votre chambre la nuit, si vous ne souhaitez pas être réveillé par l'appel à la prière à 4h30.

Ksar Jenna – *Aït Ouzzine, à 2 km de Nekob, le long de la route principale - ✆ 024 83 97 90 - fax 024 83 97 91 - www.ksarjenna.com - 800 DH - menu 150 DH -* 🏊 *-* P. Un hôtel de luxe, certes un peu excentré, mais aménagé et décoré avec beaucoup de goût, dans le style berbère traditionnel. Tout est pensé pour le confort du client. Le restaurant sert une cuisine savoureuse, que vous pourrez apprécier en hiver au coin de la cheminée. Magnifique jardin sillonné d'allées éclairées la nuit. Une très bonne adresse.

Se restaurer

À NEKOB

Voir la rubrique Se loger.

AUX ALENTOURS

Météorite – *Ksar Tigurnd, sur la route entre Nekob et Risani - ✆ 035 78 38 09 - menu 80 DH.* Ce grand complexe très fréquenté par les touristes constituent la seule étape où vous pourrez déjeuner tout au long des 200 km qui séparent Nekob de Rissani. Cuisine marocaine correcte et piscine pour se rafraîchir avant de reprendre la route.

Sports et loisirs

L'hôtel **Kasbah Baha Baha** organise des randonnées pouvant aller jusqu'à 4 jours dans le *jbel* Sarho *(250 DH/pers./j à dos de mulet, 200 DH pour ceux qui préfèrent chevaucher un âne)*, et à dos de dromadaire dans l'erg *(300 DH/pers./j)*. Deux jours au minimum. Prix auquel il faut rajouter la présence d'un guide *(100 DH)* et celle d'un cuisinier *(100 DH)*.

Achats

Souk – *Dimanche.*

Ouarzazate

57 867 HABITANTS
CARTE 2E RABAT DE COUV. C4 – CARTE MICHELIN 742 PLIS 5, 34 ET 52

Au pied des reliefs grandioses du Haut Atlas, avec ses kasbahs et sa fraîcheur, le plateau désertique au sein duquel s'élève cette ville de garnison créée en 1928 offre un saisissant contraste. Avec ses maisons au crépi ocre et sa rue centrale démesurément large, la ville peut décevoir. Ce serait pourtant ignorer son atmosphère particulière, annonce déjà le Sahara et ses images de bivouacs, de nuits passées en plein désert à observer le ciel et les étoiles ou à écouter le silence, de randonnées en 4x4 ou à dos de chameau à travers dunes de sable et oasis verdoyantes. C'est qu'ici, on est au seuil du Grand Sud, là où la vie se concentre en un ruban d'oasis et de kasbahs, le long des vallées du Dadès et du Drâa. Ouarzazate, c'est avant tout cela : une porte ouvrant sur le rêve de l'aventure inouïe du désert !

Se repérer – Difficile de se perdre dans Ouarzazate : la ville est parcourue par une longue et sinueuse rue, d'une largeur impressionnante, l'avenue Mohammed V, qui est aussi la route de Marrakech à Tinerhir. À hauteur de la *kasbah* de Taourirt, les avenues Moulay Rachid et Erraha montent vers la « zone hôtelière », où sont regroupés la plupart des grands hôtels et des clubs de vacances. Difficile d'y délimiter un centre-ville : en gros, il s'agit du tronçon de l'avenue compris entre le palais des congrès et la *kasbah* de Taourirt.

Se garer – Tous les grands hôtels disposent de leur propre parking. Vous trouverez par ailleurs de nombreuses places dans les ruelles qui bordent les avenues principales.

À ne pas manquer – La *kasbah* de Taourirt et les décors des studios de cinéma « Atlas Corporation ».

Organiser son temps – Une journée suffit, à moins que vous ne décidiez de visiter Aït-Benhaddou.

Avec les enfants – Les studios de cinéma.

Pour poursuivre le voyage – Voir aussi la vallée du Drâa, le *ksar* d'Aït-Benhaddou, la vallée du Dadès et Tinerhir. Pour rejoindre Marrakech, suivre la route du Tizi-n-Tichka.

Visiter

Kasbah de Taourirt★★

En bordure de l'av. Mohammed V, sur la droite en allant vers Skoura - visite accompagnée (30mn) 8h-18h - 10 DH.

La *kasbah* de Taourirt est, pour son importance, son architecture et sa décoration, l'une des plus belles du Maroc. Elle fut, parmi tant d'autres, résidence du Glaoui.

F. Peuriot / ONMT

La kasbah de Taourit, ancienne résidence du Glaoui.

Dans une large courbe de la route, on la découvre soudain. Véritable ville fortifiée, elle dresse au-dessus de la vallée son extraordinaire entassement de constructions de pisé flanquées de tours carrées, percées de petites ouvertures et dentelées de créneaux.

Des maisons plus basses, imbriquées les unes dans les autres, s'étagent en une masse compacte vers l'oued Ouarzazate, né dans le Haut Atlas, qui s'unit un peu en aval au Dadès et prend alors le nom de Drâa.

Ancienne demeure du Glaoui – Les deux pièces ayant conservé quelque décor sont la chambre de la favorite, dont le haut des murs est orné de stucs peints et dont le plafond est en bois de cèdre, et la salle à manger, où dans des médaillons sont inscrits des versets du Coran.

Un conservatoire pour l'architecture de terre

Ce centre a pour rôle d'inventorier les sites et édifices présentant un intérêt particulier du point de vue historique, architectural et environnemental (*kasbahs*, greniers collectifs, édifices religieux, *ksour*, etc.), et d'établir des programmes de sauvegarde et de réhabilitation, en tenant compte à la fois des normes internationales (charte de Venise) et des nécessités inhérentes aux conditions et traditions locales. La *kasbah* de Taourirt est d'ailleurs le premier exemple d'ensemble architectural restauré selon ces normes. Le site d'**Aït-Benhaddou★★** *(voir p. 406)*, inscrit sur la liste du Patrimoine mondial, fait lui aussi l'objet de travaux de restauration.

De la terrasse, **vue★** remarquable sur le village fortifié, la vallée et ses oasis, et les montagnes cernant l'horizon.

Le village – Il compte encore plusieurs centaines d'habitants. On peut flâner dans les étonnantes ruelles enserrées entre de hauts murs de pisé brun, tout en recoins.

La kasbah de Taourirt abrite le **Centre de conservation et de réhabilitation du patrimoine architectural des zones atlasiques et subatlasiques** *(voir encadré)*.

Atlas Corporation Studio

À la sortie de la ville sur la route de Marrakech, 3 km après le rond-point, sur la droite. Se renseigner à la réception de l'hôtel Oscar Salam, installé dans les studios - ✆ 024 88 21 66 - www.atlastudio.com - visite guidée (ttes les 30mn) 8h30-12h30, 14h15-18h, sf pdt les tournages - 50 DH.

Impossible de rater les studios Atlas lorsqu'on arrive de Marrakech : les pharaons monumentaux plaqués contre la muraille annoncent que l'on est arrivé dans le royaume du péplum. Après avoir contourné le temple tibétain de Kundun, on découvre un superbe sphinx en polystyrène, le temple de Louxor, celui d'Abou Simbel et une grande place bordée de palais dignes de Thèbes, toutes choses réalisées en « marbre de Ouarzazate » (plâtre sur armature de bois). Un souk rappelle le tournage de *Salomon et la Reine de Saba*, une maison égyptienne, celui de *Moïse* (avec Ben Kingsley), et même notre Astérix national est présent avec les décors de *Mission Cléopâtre*, le film d'Alain Chabat. Des échappées sur l'immensité désertique ne font qu'accentuer le caractère artificiel de cette usine à rêves construite en trompe-l'œil. La visite se termine par la découverte de quelques accessoires (chars romains) et d'une réserve à costumes.

Ouarzazate, Hollywood du désert

Les **studios Atlas** sont très actifs depuis que les somptueux paysages et les *kasbahs* ont attiré les cinéastes du monde entier dans la région.

Si Jacques Becker, avec *Ali Baba et les quarante voleurs,* fut en 1954 le pionnier, parmi les plus connus, on citera Pier-Paolo Pasolini, qui y tourna les extérieurs de son *Œdipe Roi* (1967), Arthur Joffé (*Harem*, 1987), Martin Scorcese (*La Dernière Tentation du Christ*, 1988), Raoul Ruiz (*L'Île au Trésor*, 1986) et, bien entendu, Bernardo Bertolucci, pour son fameux *Thé au Sahara* (1989), tourné en partie dans la *kasbah* de Taourirt.

Pour l'essentiel, les activités des studios sont consacrées à des coproductions italo-américaines sur des thèmes bibliques généralement réalisées par Robert Young (un épisode, *Marie de Nazareth*, fut tourné en 1995 par le cinéaste français vétéran Jean Delannoy), ainsi qu'à des superproductions internationales : James Bond *Tuer n'est pas jouer* (1986-1987), *Le Diamant du Nil* (1984-1985). C'est toutefois Martin Scorcese qui a le plus marqué les esprits : en 1997, il y réalisa plusieurs séquences de son film *Kundun*, consacré à la vie du dalaï-lama, pour lequel d'authentiques Tibétains, venus spécialement, conférèrent pendant quelques semaines à la ville une surprenante atmosphère orientale.

Sourire du Sud.

Aux alentours

Tiffoultoute★

8 km à l'ouest d'Ouarzazate, par la route de Marrakech, puis au bout de 2,5 km à gauche, la route vers Zagora.

Kasbah – *Visite accompagnée incluant le thé (15mn) - 10 DH.*

Juchée sur une hauteur aride, elle domine la vallée cultivée de l'oued Ouarzazate, où pointent des palmiers. On aperçoit de loin, se détachant sur le ciel, cette forteresse de pisé, bâtie il y a 250 ans pour sa partie la plus ancienne, couleur de la terre qui la porte. À ses pieds, d'humbles maisons s'accrochent à la pente.

Elle fut habitée par un cheikh qui jalousait le caïd d'Ouarzazate et entretenait dans la vallée une guerre constante ; plus tard, elle devint la résidence d'un khalifat du Glaoui. Cette riche demeure a depuis lors subi des transformations ; un restaurant sous tente y sert des repas typiquement marocains.

On peut aller en voiture jusque dans la cour à galerie. D'une terrasse panoramique, la **vue★** est fort belle sur la vallée ; au nord, le Haut Atlas ferme l'horizon.

Un passage très étroit s'ouvrant entre les deux portes voûtées qui donnent accès à la cour conduit à l'intérieur du village. Une ruelle en partie couverte se faufile entre les minuscules maisons et de pauvres enclos. Arrivé à un élargissement en forte pente, descendez vers le lit de l'oued et prenez à droite le sentier escarpé qui longe à l'extérieur le petit mur d'enceinte, jalonné de maisons carrées formant bastions. La pente au pied de laquelle on débouche bientôt, rocailleuse, d'une nudité totale, et dominée par des ruines, offre un spectacle d'une désolation saisissante.

Ouarzazate pratique

Informations utiles

Délégation du tourisme – *Av. Mohammed V - BP 297 - ✆ 024 88 24 85 - fax 024 88 52 90.*

Poste centrale – *Av. Mohammed V, face à la Délégation du tourisme.*

Banques et distributeurs automatiques – Vous les trouverez naturellement sur l'av. Mohammed V : près du palais des congrès et à proximité du restaurant Dimitri. Un bureau de la banque BNP Paribas se situe sur la même avenue, en plein centre-ville.

Internet – *51 av. Mohammed V, dans le centre.* Au 1er étage, une dizaine de postes connectés 24h/24 en haut débit. Tous sont équipés du logiciel « Skype », qui vous permettra de téléphoner à l'étranger pour presque rien. Comptez 5 DH/h.

Transports

Aéroport international – *À cinq minutes de voiture, depuis le rond-point marquant la sortie de Ouarzazate, côté Marrakech - ✆ 024 88 23 83/23 48.* Nombreux vols, directs ou avec escale à Casablanca, en provenance ou à destination des principales villes européennes.
À l'arrivée, la plupart des hôtels de la ville envoient une voiture. Sinon, prendre un petit taxi.

Royal Air Maroc – *1 av. Mohammed V - BP 297 - ✆ 024 88 50 80/51 02 - fax 024 88 68 93.*

Gare routière – *Av. Mohammed V, à l'entrée de la ville côté Marrakech - ✆ 024 88 25 13.* Sauf pour les bus CTM, qui s'arrêtent au centre-ville, tous les départs et arrivées se font sur l'av. Mohammed V, non loin de la Délégation du tourisme. Liaisons pour Marrakech, Agadir, Errachidia via Boumalne et Tinerhir, Zagora.

LOCATION DE VOITURE

Avis – *Av. Mohammed V (au niveau de la pl. du 3-Mars) - ✆ 024 88 80 00.*

Budget – *À l'aéroport - ✆ 024 88 42 02.*

Europcar – *Pl. du 3-Mars - ✆ 024 88 20 35 - fax 022 31 03 60.* Agence également à l'aéroport.

First Car International – *✆ 061 33 33 06.*

Hertz – *Av. Mohammed V - ✆ 024 88 20 84.*

Thrifty Car Rental – *9 pl. du 3-Mars - ✆ 024 88 59 56 - fax 024 88 59 58.*

CIRCULER ET STATIONNER

C'est une des rares villes marocaines où l'affaire ne pose guère de problèmes tant les avenues sont larges ! Le stationnement n'est guère difficile non plus, même au centre – sauf peut-être lorsque la saison bat son plein. Éviter toutefois les bordures de trottoir peinturlurées de rouge et blanc.

Se loger

CAMPING

⊖ **Camping municipal** – *À l'est de la ville, dans une rue sur la droite, près du zoo - ✆ 024 88 83 22/46 36 - 12 DH - voiture 10 DH - tente 10 DH - caravane 10 DH.* Certes ombragé, il offre un confort des plus sommaires. Réduction pour la piscine voisine *(20 DH).*

HÔTELS

⊖⊖ **Hotel Amlal** – *Dans le centre - ✆ 024 88 40 30 - fax 024 88 46 00 - 300 DH.* Un nouvel établissement dans le centre. Les chambres sont simples mais confortables et le « petit-déjeuner complet » excellent. Pour les voyageurs au sommeil léger, sachez que l'appel du muezzin de la mosquée voisine vous indiquera qu'il est 4h30 du matin.

⊖⊖ **Hôtel La Vallée** – *Route de Zagora, km1, sur la gauche après le pont - ✆ 024 85 40 34 - fax 024 85 40 43 - 49 ch. (avec ou sans clim.) - 250 DH - ☕ 20 DH - 3 rest. (dont 2 grandes tentes) -* 🏊. Une belle piscine, soigneusement entretenue, des chambres propres et un accueil agréable : une bonne adresse.

⊖⊖ **Oscar Salam** – *À 5 km sur la route de Marrakech - ✆ 024 88 21 66/92 - fax 024 88 22 12/21 80 - 450 DH - ☕ 70 DH -* 🏊. L'hôtel est installé dans les studios Atlas. Décor un tantinet kitsch (ah, plonger dans la piscine sous le regard du dieu Anubis !), chambres disséminées dans des pavillons. On rencontre parfois sur le parking une cohorte de légionnaires romains ou un pharaon dans l'exercice de ses fonctions. Dommage toutefois que cet hôtel, qui pourrait être très agréable, néglige un peu les détails, comme la robinetterie, qui, pour rester dans le domaine du péplum, n'est pas sans évoquer la décadence de l'Empire romain. L'hôtel organise les visites des studios Atlas.

⊖⊖⊖ **Hôtel La Palmeraie** – *Av. Maghreb al Arabi, zone hôtelière Erraha - ✆ 024 88 57 70 - fax 024 88 57 49 - 135 ch. - 500 DH - ☕ 60 DH - 2 rest. (buffet et rest. à menu fixe de 150 DH) -* 🏊. Toutes climatisées, les chambres sont réparties dans six *kasbahs*. La belle piscine est installée dans un vaste espace central fleuri où, aux beaux jours, on dresse le buffet.

P. Plantier / MICHELIN

Hôtel Oscar Salam.

⊖⊖⊖ **La Perle du Sud** – *39/40 bd Mohamed V, dans le centre - ✆ 024 88 86 40 - fax 024 88 86 46 - www.hotelperledusud.com - 562 DH - ☕ 40 DH -* 🏊. Un grand hôtel bâti à l'abri de l'agitation urbaine, qui propose des chambres spacieuses et bien équipées. Bon rapport qualité/prix.

⊖⊖⊖ **Hôtel Farah El Janoub** – *Av. Erraha - ✆ 024 88 48 88/51 69 - fax 024 88 52 24 - 580 DH - ☕ 70 DH - rest. (pas d'alcool) - menu 165 DH -* 🏊. Malgré le cadre un peu austère, dû au fait qu'il est doté de vastes halls sombres et peu meublés, il offre cependant un bon confort et des chambres tout à fait agréables, notamment celles qui donnent sur la piscine.

⊖⊖⊖ **Bélère Hôtel** – *Av. Moulay-Rachid - ✆ 024 88 28 03 - fax 024 88 31 45 - 758 DH - suites : 1 000/1 500 DH ☕ -* 🏊. Il offre un cadre agréable et clair ainsi qu'un piano-bar agrémenté d'une fontaine intérieure, lieu idéal pour se détendre après les fatigues de la journée. Les 260 chambres sont disposées en amphithéâtre autour d'une piscine de forme originale, bordée de palmiers.

⊖⊖⊖ **Kenzi Azghor** – *Av. Prince Moulay Rachid - ✆ 024 88 65 01 à 05 - fax 024 88 63 53 - www.kenzi-hotels.com - 850 DH - ☕ 100 DH - menu 200 DH -* 🏊. Tout en haut de la « zone hôtelière », un « hôtel paladien » habitué à recevoir des groupes. Boutique, jardin et confort standard.

⊖⊖⊖ **Karam Palace** – *Av. Moulay Rachid - ✆ 024 88 22 25 - fax 024 88 26 42 - 150 ch. et « suites-jardin » - 850 DH - ☕ 77 DH -* 🏊. Un immense hôtel-résidence, un décor digne des « Mille et une nuits », deux piscines, un hammam et une belle vue sur la palmeraie, car l'hôtel est posé tout en haut de la colline que constitue la « zone hôtelière ».

L'ancien site du **Club Méditerranée** de Ouarzazate est aujourd'hui occupé par deux hôtels un peu impersonnel du groupe Accor :

⊖⊖⊖ **Ibis Moussafir** – *✆ 024 89 91 10 - fax 024 89 91 11 - 500 DH.* Il est plutôt froid et accueille beaucoup de groupe.

Mercure. *Juste derrière – ✆ 024 89 91 00 - fax 024 89 91 01 - 850 DH - ☕ 65 DH.* Celui-ci est est, contrairement au premier, décoré avec goût. Il propose des chambres spacieuses et accueillantes, une piscine et un hammam. Massages *(30mn 50 DH).*

Le Méridien Berbère Palace – *Quartier Mansour Eddahbi - ✆ 024 88 31 05 - fax 024 88 30 71 - 2 000 DH - ☕ 130 DH - repas 300 DH -* . Il propose 225 chambres réparties en pavillons dans un vaste jardin particulièrement verdoyant. Cet agréable établissement est muni par ailleurs de tout le confort souhaitable et de multiples agréments, tels que hammam, jacuzzi, boutiques, tennis et une bonne table à la carte.

AUX ALENTOURS

Les Tourmalines – *Royal Golf, à 10 km de Ouarzazate en direction de la vallée du Dadès - ✆ 024 88 71 07 - fax 024 88 71 08 - www.lestourmalines.net - 12 ch. - 650 DH/pers.* (demi-pension) - - **P**. Dans un quartier riche bâti le long du barrage, vous trouverez cet hôtel élégant, où sont aménagées quelques chambres très confortables et toutes dotées d'un petit jardin individuel. De la piscine, vue exceptionnelle sur le lac artificiel. Un havre de paix.

Se restaurer

Fint – *Bd Mohammed V - ✆ 024 88 48 86.* Une belle terrasse juste en face de la *kasbah* de Taourirt : la vue sur la *kasbah* et au-delà sur les montagnes est superbe. Très grande salle. Menu touristique *(80 DH)* et carte proposant pas moins de cinq tajines différents. L'établissement comprend également une piscine et plusieurs chambres bien tenues et à des prix tout à fait abordables.

La Kasbah Etoile – *Face au précédent, en vis-à-vis sur le même terre-plein ✆ 024 88 20 33 - menu 90 DH.* Architecture et cuisine traditionnelles pour ce restaurant typique où l'on croise aussi bien des touristes que des Marocains. Le sommet est composé de plusieurs terrasses romantiques, où l'on peut dîner tout en contemplant le jeu de lumières sur la *kasbah* de Taourirt.

Dimitri – *22 av. Mohammed V - ✆ 024 88 73 46 - 100/200 DH -* 🍷. Contemporain de la fondation de la ville, ce fut le premier relais de poste de la cité naissante. Son cadre, agrémenté de photos de vedettes de cinéma, en a conservé un aspect quelque peu « colonial », qui tient sans doute pour une part aux vénérables ventilateurs. Cuisine européenne à des prix raisonnables. Une institution.

Le Relais Saint-Exupéry – *13 av. Moulay-Abdallah, quartier El Qods, à la sortie de Ouarzazate en direction de Boumalne - ✆ 024 88 77 79 - GSM 066 62 91 11 - sur réserv., possibilité de transport gratuit en taxi depuis votre hôtel - menus 98/275 DH.* Formule se composant d'une plaisante mise en bouche, d'entrées surprises (la soupe au concombre servie glacée est un délice) puis, après le « trou berbère », de plats marocains ou français préparés avec créativité. Le poulet souiri à la cannelle est une merveille, mais, selon arrivage, vous pourrez aussi déguster du dromadaire à la sauce Sahara ou, si vous préférez, du requin grillé à la *charmoula*. Vin (servi en théière). Le service comme l'accueil sont absolument charmants !

Faire une pause

Des Habous – *Place Al Mouahidine, en plein centre-ville - ✆ 024 88 26 99 - 7h-23h.* Située dans le quartier du souk, cette pâtisserie traditionnelle fréquentée essentiellement par des Marocains propose des crêpes au miel, des gâteaux orientaux et des viennoiseries occidentales. Quelques canapés sont disposés à l'intérieur et une charmante terrasse est dressée sur une place piétonne.

Crèmerie jus de fruit Amsterdam – *R. Mouahidine, face à la pharmacie.* Dans une rue commerçante, une petite boutique où l'on prépare d'excellents jus de fruits frais (ananas, mangues, oranges, pommes, bananes...) et yaourts maison.

Sports et loisirs

Golf royal – *✆ 024 88 47 90.*

Randonnées au départ de Ouarzazate – De multiples randonnées peuvent être effectuées à partir de Ouarzazate : à pied, en VTT, à dos de dromadaire ou de mulet, en 4x4, en quad... D'une durée allant de un à quinze jours, elles permettent de découvrir les vallées du Dadès et du Drâa et d'aborder le désert.

La plupart des hôtels de Ouarzazate organisent des excursions en 4x4 ou à dos de dromadaire, agrémentées ou non de bivouacs, directement ou en liaison avec des organismes locaux.

Il faut toutefois savoir qu'une randonnée de plusieurs journées doit être organisée à l'avance, ne serait-ce que pour les questions de matériel et de nourriture, qui ne peuvent s'improviser.

Si plusieurs organismes privés organisent depuis les principales villes européennes des randonnées « clés en main », il est beaucoup moins onéreux de s'adresser directement à la **Délégation régionale du tourisme** de Ouarzazate, en précisant le type de randonnée choisi ainsi que l'itinéraire souhaité. La délégation mettra alors les candidats randonneurs en rapport avec un guide officiel, qui se chargera de l'organisation de la randonnée dans ses moindres détails. Par prudence, comptez largement un mois entre la réception du courrier et votre date de départ.

Parmi les randonnées organisées par des organismes, citons :

Atlas Découverte – *Bd El Maghreb Arabi - ☏ 024 88 75 07/062 40 39 28 - www.atlasdecouverte.com.* Bivouacs, méharées, randonnées pédestres, à dos de mulet et de dromadaire, pour une ou plusieurs journées, dans la vallée du Drâa.

Transports Amzrou – *41 av. Mohammed V (près de la RAM) - ☏ 024 88 23 23 - fax 024 88 22 30.* De véritables spécialistes de la vallée du Drâa, désireux de promouvoir leur région dans le respect de son authenticité. Organisation de randonnées et de bivouacs à Zagora et Mhamid.

Desert Dream – *4 bd Mansour Dahbi, en face de l'hôtel Berbère palace - ☏ 024 88 53 43 - www.sahara-desert-dream.com.* Circuits dans la vallée du Drâa, à Merzouga, Chigaga ou encore dans tout le Grand Sud (5 j.).

KART

Les amateurs de quad et buggy s'adresseront à **Kart Aventure** – *Av. Moulay Rachid, face à l'hôtel Kenzi Aghzor - ☏ 024 88 63 74 - fax 024 48 62 16 - www.kartaventure.com.* Excursions et circuits de 2 à 6 jours à bord de ces engins pétaradants, sous la conduite d'un guide. Seule condition : être titulaire d'un permis de conduire valide.

Achats

Souk – *Dimanche.*

MARCHÉ PUBLIC

Nombreuses échoppes. Il mérite d'être parcouru pour son atmosphère, mais n'escomptez pas y trouver l'affaire du siècle.

ARTISANAT

Ensemble artisanal de la kasbah – *Av. Mohammed V, en face de la kasbah de Taourirt - 8h30-12h, 14h30-18h30.* Vous y trouverez des objets en pierre taillée, des poteries berbères, des sculptures en albâtre et en bois et des bijoux. La coopérative de tapis « La kasbah », qui se visite également, propose des tapis du Moyen et du Haut Atlas.

Coopérative des tapis Ouaouzghit – *Av. Mohammed V, à côté de la Délégation du tourisme - 8h30-13h, 15h-22h.* Exposition de couvertures et de tapis des Aït-Ouaouzghit, confédération de tribus berbères vivant autour du *jbel* Siroua, au sud-ouest d'Ouarzazate.

SUPERMARCHÉ

Supermarché Ouarzazate – *Bd Mohammed V, face à Dimitri, dont il dépend.* Boissons (alcoolisées ou non), produits de parapharmacie, pellicules photos, tabac : pour compléter sa besace avant d'affronter le désert.

Le Tafilalt ★★

10 124 HABITANTS
CARTE 2[E] RABAT DE COUV. D4 – CARTE MICHELIN 742 PLIS 5 ET 36

Berceau de la dynastie régnante actuelle, le Tafilalt (ou Tafilalet) est une immense palmeraie arrosée par le Rheris et le Ziz. Si la région a perdu, en raison de la sécheresse, la prospérité qui fit sa gloire passée, elle retrouve vie aujourd'hui grâce au désert : en effet, l'attrait des dunes de sable de Merzouga est tel que nombre de visiteurs s'y pressent au risque de rendre le désert bien peu désertique !

Se repérer – En lisière du désert, le Tafilalt se trouve à une centaine de kilomètres au sud d'Errachidia et à 350 km à l'est de Ouarzazate. Depuis cette cité, on peut l'atteindre par la vallée du Dadès et Tinerhir (Tinghir), ou bien, en passant au sud du *jbel* Sarhro, par Agdz et la vallée du Drâa, puis sur la gauche, la route de Nekob.

À ne pas manquer – Le panorama depuis le *jbel* Erfoud, les dunes de sable de Merzouga et de l'erg Chebbi.

Organiser son temps – Prévoyez une nuit dans l'erg Chebbi pour admirer le coucher du soleil sur les dunes de sable.

Avec les enfants – Un tour à dos de dromadaire le long des dunes de sable, une randonnée en quad pour les plus grands.

Pour poursuivre le voyage – Voir aussi Nekob et la Vallée du Drâa. Pour gagner le Moyen Atlas, voir la vallée du Ziz et Midelt ; pour rejoindre Ouarzazate par la route des *kasbahs*, voir Tinerhir et la vallée du Dadès.

Comprendre

Une petite Mésopotamie – Tout comme le Tigre et l'Euphrate, le Rheris et le Ziz se rapprochent ici et coulent parallèlement. Attendues, leurs crues sont toutefois souvent dévastatrices. La sécheresse menace toujours : il peut se passer plusieurs années sans qu'il tombe une goutte de pluie sur le Tafilalt. Aussi l'irrigation est-elle la grande affaire du paysan : seguias, *rhettaras* et puits alimentent en eau une vaste palmeraie de 857 000 palmiers-dattiers, qui produisent des fruits dont la plus grande partie est consommée sur place : la datte est la base de l'alimentation du Filali (habitant sédentaire du Tafilalt) comme du nomade ; les champs d'orge et les jardins donnent le complément indispensable. Mais le Tafilalt actuel est peu de chose à côté de ce qu'il fut quand de meilleures conditions climatiques en faisaient une province convoitée : prestigieux passé qui explique sans doute la mélancolie que dégagent aujourd'hui ces arbres trop clairsemés et ces *ksour* à l'abandon.

Le berceau des Alaouites – La dynastie qui règne sur le Maroc a pris naissance au Tafilalt. Originaires d'Arabie, les *chorfa* alaouites s'installent ici au 13e s. La considération qui entoure les descendants du Prophète leur vaut de jouer un rôle important dans les temps troublés du 17e s. **Moulay Ali Chérif** – dont on vénère le tombeau près de Rissani – se taille un fief dans sa province. Son premier fils se fait proclamer sultan du Tafilalt ; le deuxième, Moulay Rachid, est vainqueur des Saâdiens ; le troisième, le grand Moulay Ismaïl, assoit définitivement la puissance alaouite.

R. Mattès / MICHELIN

Mer de sable de l'erg Chebbi.

Se promener

Erfoud

Cerné de tamaris et de palmiers, au bord du Ziz, ce petit centre commercial et administratif sans grand caractère, animé par le marché qui se tient tous les jours à côté de la grande place centrale, est le point de départ d'**excursions** dans le Tafilalt et, au-delà, vers le désert de sable.

Borj-Est

3 km du centre d'Erfoud.

Depuis la grande place d'Erfoud, dirigez-vous vers le Ziz. Sortant par Bab el Oued, vous franchirez la rivière par le gué aménagé ; 500 m plus loin, prenez à gauche la piste qui escalade le flanc du *jbel* Erfoud (altitude 935 m).

Le **panorama★★** embrasse à l'est et au sud le paysage désolé de la *hamada*, coupé de molles collines noirâtres, de roches rouges ou de dunes. Du sud-ouest au nord s'étendent les palmeraies du Tafilalt ; en deçà, baignant Erfoud, circule le Ziz ; au-delà, l'œil peut suivre les méandres du Rheris, tandis qu'au loin on distingue la vaste palmeraie de Jorf.

Circuits de découverte

Les pistes du Tafilalt ne présentent pas de difficultés particulières, sauf en période d'intempérie, où l'interruption de la circulation peut durer de 2 à 3 jours. Pour réaliser ces deux excursions, un véhicule tout terrain et un guide sont nécessaires. Renseignez-vous à votre hôtel.

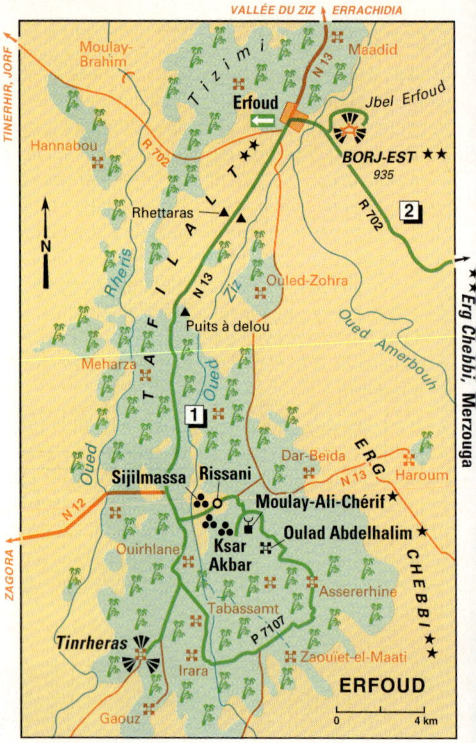

LA PALMERAIE★

1

Circuit de 72 km – env. 4h. Sortir d'Erfoud vers le sud (direction Tazzarine, Nekob).

Entre Ziz et Rheris

La route traverse d'abord une zone à peu près dépourvue de végétation, où les dunes font bientôt place au reg. On peut encore voir de petits tertres percés à leur sommet d'un orifice protégé par une murette : il s'agit d'un antique système d'irrigation, la **rhettara**.

On pénètre alors dans la palmeraie du Tafilalt, où grinçaient naguère encore les **puits à delou** traditionnels. Le *delou* est une outre en peau de chèvre pouvant contenir plusieurs dizaines de litres d'eau. Suspendu à deux montants de bois ou de maçonnerie, manœuvré par un jeu de cordes et de poulies, il va chercher l'eau au fond du puits, la remonte et la déverse dans un canal d'irrigation. La traction est assurée par un âne, un dromadaire, voire un homme, le long d'un chemin aménagé pour le va-et-vient de l'attelage. La mise en valeur du Tafilalt tend à faire disparaître ces anciennes techniques.

20 km après Erfoud, abandonner la route et continuer tout droit par la piste vers Ouirhlane ; à la sortie de cette localité, prendre à droite la piste de Tinrheras.

Tinrheras

Le *ksar* de Tinrheras est bâti sur un piton d'où on a une **vue**★ d'ensemble sur toute la palmeraie, le Haut Atlas au loin (nord-ouest), la ligne horizontale de la *hamada* du Guir à l'est et les crêtes de l'erg Chebbi au sud-est.

Revenir à la fourche de Ouirhlane et prendre à droite la piste en direction d'Irara.

Après avoir passé le Ziz à gué, continuez à travers la palmeraie, ses champs d'orge, ses *ksour*, ses jardins fertilisés par les *seguias*.

Oulad Abdelhalim★

Ce *ksar* est l'un des plus beaux du Tafilalt. L'**entrée monumentale**★ surtout retiendra l'attention, avec son décor de brique crue fait d'arcatures aveugles et de motifs en creux. À l'intérieur, autour d'un *riad*, quelques bâtiments délabrés ont conservé de beaux fragments de plafonds peints.

2 km plus loin, on trouve à gauche une piste qui mène, en face de Ksar Akbar, au tombeau de Moulay Ali Chérif.

Ksar Akbar

Malheureusement très ruinée, cette forteresse construite au début du 19e s. était une résidence de la famille alaouite et abritait une partie du trésor royal.

Moulay-Ali-Chérif★

Seuls les musulmans peuvent visiter.

Cette enceinte sacrée protège le tombeau de l'ancêtre des Alaouites et une mosquée récemment reconstruite, d'une éclatante blancheur. La cour de la mosquée donne sur un frais patio ; au fond de celui-ci s'ouvre la chambre funéraire décorée de faïences émaillées.

Revenir jusqu'à la piste principale, que l'on prend à gauche.

Rissani

Cette grosse bourgade fut longtemps la capitale du Tafilalt et le centre d'un trafic caravanier important. On parcourt, sous la conduite d'un guide, les curieuses rues couvertes du *ksar* construit par Moulay Ismaïl. Un peu plus loin, la vaste place du **souk★** retiendra, sous ses arcades rouges, les amateurs de bijoux du Sud ou d'objets rustiques.

Rissani est devenue le rendez-vous des chercheurs de fossiles qui font le commerce de **pierres fossilisées** ramassées dans le désert. À environ 20 km d'Erfoud, sur la piste qui mène à Merzouga, on peut d'ailleurs voir un gisement de ces pierres dans lesquelles sont incrustés divers animaux marins : goniatites enroulées, orthocères en forme de cônes allongés, trilobites du genre phacops *(verser de l'eau sur les pierres pour mieux les faire apparaître)*. Découpées en dalles plus ou moins larges, ces pierres, qui se polissent comme du marbre, sont utilisées comme panneaux muraux, dessus de table et autres objets décoratifs.

Ruines de Sijilmassa – Quelques centaines de mètres après la sortie de Rissani, de part et d'autre de la route s'élèvent quelques pans de murs à moitié enfouis dans le sable. On a peine à croire qu'il s'agit là des restes de la cité fastueuse de Sijilmassa.

La route traverse ensuite le Ziz par un gué bien aménagé et ramène à Erfoud.

MERZOUGA ET L'ERG CHEBBI★★ 2

51 km au sud-est d'Erfoud – compter 1/2 journée. Sortir d'Erfoud par la route du Borj-Est mais continuer tout droit par la route qui se transforme bientôt en piste.

Cette excursion, qu'il faut effectuer, si on le peut, au lever ou au coucher du soleil (nombre d'hôtels proposent du reste à leurs hôtes leurs services pour la réaliser), permet de découvrir le vrai désert de sable. Après des kilomètres de désert de cailloux conférant au paysage une certaine âpreté, on est saisi par une impression de volupté lorsque apparaissent, roses et blondes, les dunes de sable de l'**erg Chebbi★★**. Il s'agit du seul *erg* (champ de dunes) du Sahara marocain. Il s'étend du nord au sud sur environ 40 km, à l'ouest des palmeraies de l'oued Ziz, sa masse de sable atteignant par endroits 170 m de hauteur.

Aux premières caresses du soleil, ces dunes, dont certaines atteignent plus de 100 m de haut, offrent en effet un dégradé de tons d'une infinie douceur allant du beige à l'abricot. Non loin du village de **Merzouga**, aux maisons plates en pisé, halte possible dans les nombreuses « auberges des sables » ou sous une tente nomade, pour un bivouac à la belle étoile au pied des dunes *(voir carnet pratique)*, avant de reprendre la piste vers Erfoud ou Rissani.

À l'approche des dunes, vous ne manquerez pas d'être saisi par l'apparition saugrenue d'un lac. Un mirage ? Non, il s'agit du **dayet Srji**, où, parmi les roseaux, se retrouvent flamants roses et oiseaux migrateurs

Les roses pourpres de Sijilmassa

De ce paradis perdu témoignaient hier encore les mélopées des femmes de Fès : « Ô la joue de la rose, rose rouge de Sijilmassa ! » **Sijilmassa** fut en effet la première grande cité du Maroc. Fondée sans doute aux premiers temps de l'islam, tout près de l'actuelle Rissani, elle rayonna bien avant Fès et Marrakech sur l'Afrique occidentale. Réputée pour ses dattes, ses fleurs et les fruits de ses jardins, elle l'était aussi pour son or. Car c'est dans cette ville fastueuse que se croisaient les pistes du sud vers Tombouctou et le Soudan, de l'est vers l'Égypte, du nord vers Tlemcen et Fès ; on y trouvait la poudre d'or, l'ébène, l'ivoire et les esclaves. Son déclin fut brutal au 14e s. Supplantée par Rissani, elle fut entièrement détruite au 19e s.

Des fouilles archéologiques ont été effectuées ces dernières années sur le site de **Sijilmassa** afin de tenter de mieux connaître son mode de vie et son environnement à l'époque de sa splendeur.

Ces recherches, menées conjointement par des organismes marocains et américains regroupant des archéologues, des historiens et des géographes des deux pays, ont permis de découvrir que la ville avait conçu autour de l'oasis un système savant de murs pour protéger ses précieuses ressources en eau contre les pilleurs.

Le Tafilalt pratique

Informations pratiques

Orientation – Pour rejoindre les dunes de Merzouga, empruntez la route de gauche à la fourche située à la sortie de Rissani (direction opposée de Moulay Ali Cherif).

Se loger

À ERFOUD

Hôtel Tafilalet – *Av. Moulay-Ismaïl - BP 44 - 035 57 65 35 - fax 035 57 60 36 - 64 ch - 520 DH - 30 DH - menu 100 DH* - P. De style quelque peu colonial et vieillot, ce qui n'ôte rien à son charme, c'est à Erfoud une véritable institution. Organisation de bivouacs et d'excursions en 4x4. Il dispose désormais d'une annexe à l'erg Chebbi, l'auberge Merzouga.

Hôtel Salam Erfoud – *Av. Moulay Ismaïl, en direction de Rissani - 035 57 66 65 - fax 035 57 64 26 - 100 ch. - 560 DH - 50 DH - taxes 11 DH/j* - P. Beau jardin, piscine et confort classique. Le plus proche de la ville.

Hôtel Kasbah Tizini – *BP 94 - route de Jorf - 035 57 61 79/73 74 - fax 035 57 73 75 - 45 ch. - 600 DH - 44 DH - menu 132 DH* - P. Situé à l'extérieur de la ville ; décor typiquement marocain, ambiance feutrée, chambres réparties autour de patios et piscine. Les dernières chambres, aménagées autour d'un *riad* fleuri, sont particulièrement réussies.

Hôtel Elati – *BP 188 - à l'entrée d'Erfoud, route de Rissani - 035 57 73 73 - fax 035 57 70 86 - 182 ch. - 650 DH - 50 DH - menu 180 DH* - P. Aménagé dans le style de la région. Monumental et sans surprise : idéal pour les groupes.

Kasbah Hôtel Xaluca Maadid – *À 5 km, sur la route d'Errachidia - BP 205 - 035 57 84 50/51/52 - fax 035 57 84 49 - www.xaluca.com - 104 ch. dont 16 suites - 710 DH - 80 DH - taxes 7 DH/j - repas 180 DH* - P. C'est un décorateur qui a fait construire et qui a aménagé cet hôtel avec un goût exquis. Le résultat : un véritable petit palais, décoré dans les tons du Sud et où se multiplient les éclairages indirects, qui ne font qu'ajouter à la magie des lieux. Un vaste espace central s'organise autour de la piscine, conçue pour que vous y passiez des journées entières (vous pouvez même consommer au bar sans sortir de l'eau). Les chambres, installées dans 4 *kasbahs*, sont vastes, le personnel aimable et compétent. Annexe à l'erg Chebbi : l'auberge-kasbah Tombouctou.

Bélère – *Route de Rissani, juste après le précédent - 035 57 81 90 - fax 035 57 81 92 - www.belerehotels.me - 900 DH - 70 DH - menu 180 DH* - P. Les chambres confortables de cet établissement récent sont disposées autour d'une belle piscine dans un jardin très fleuri. Une des meilleures adresses parmi ces grands hôtels sur la route d'Erfoud.

À RISSANI

Kasbah Asmaa – *BP 49 - situé aux portes de Rissani, près du carrefour avec la route de Nekob - 035 77 40 83 - fax 035 57 54 94 - 320 DH - 33 DH* - P. Un beau jardin, une agréable piscine, appréciable pour se délasser après la poussière de la route. Le personnel est en outre extrêmement aimable. Hélas, le bâtiment se délabre au fil des années sans que nul ne songe à y remédier. Quant au restaurant, il lui arrive de ne pas être inspiré…

Kasbah Ennasra – *Ksar Labtarni, juste avant d'arriver à Rissani, depuis Erfoud - 035 77 44 03 - fax 035 77 44 01 - www.kasbahennasra.com - 15 ch. dont 2 suites - 750 DH - 40 DH - menu 120 DH* - P. Deux amis italien et marocain viennent de faire bâtir cette élégante *kasbah*. L'intérieur accueillant et confortable est entièrement aménagé dans le style traditionnel. Les chambres sobres et charmantes disposent chacune d'un petit patio, d'où vous pourrez contempler le ciel étoilé la nuit. Une très bonne adresse !

UNE NUIT DANS LES DUNES À MERZOUGA ET AUTOUR DE L'ERG CHEBBI

Rarement on aura vu désert si peuplé : dès la sortie d'Erfoud, auberges et bivouacs se succèdent en effet en rangs serrés au pied des dunes de l'erg Chebbi : *kasbahs* de charme, gîtes délabrés, villages de tentes, il y en a pour tous les goûts ! Une route goudronnée relie Rissani à Merzouga. Toutefois, pour rejoindre les hôtels qui bordent les dunes de sable de l'erg Chebbi, vous devrez emprunter une piste, qui peut s'étaler sur 15 km. La plupart sont praticables en voiture. Sinon, vous pourrez louer facilement un 4x4 à Rissani.

P. Plantier / MICHELIN

La Kasbah Xaluca Maadid.

⊖⊖ **Auberge La Belle Étoile** – *Au panneau, suivre la piste qui part de la route goudronnée, sur 12 km - 13 ch. - 350 DH (demi-pension) -* 🅿. Cette annexe de l'hôtel Xaluca d'Erfoud propose des chambres décorées et meublées (en bois et rotin) très simplement. Sanitaires toutefois un peu justes dans certaines chambres. Restaurant sous tente – ou en salle en cas de tempête de sable – servant du vin.

⊖⊖ **Auberge Les Dunes d'Or** – *BP 3 - Merzouga - 10 km de pistes depuis la route goudronnée - ☏ 061 35 06 65 - fax 035 57 71 46 - www.aubergedunesdor.com - 140 DH/pers. sans sdb, 180 DH avec sdb, 320 DH avec clim. (demi-pension) -* 🅿. Très simple, cet établissement, qui s'affirme comme la doyenne des auberges de l'erg Chebbi, attire l'attention par son décor, où le rose bonbon ne le cède qu'au vert pistache. Privilégiez les quelques chambres qui disposent de leur propre terrasse.

⊖⊖ **Auberge Yasmina** – *Au panneau, suivre sur 10 km la piste qui part de la route goudronnée - ☏ 035 57 67 83 - fax 035 77 40 71 - 300 DH/pers. (demi-pension) -* 🅿. Près d'un lac absolument inattendu dans ces parages, cette auberge dispose de 12 chambres avec salle de bains réparties dans deux bâtiments. Elle propose en outre un restaurant et deux bivouacs l'un, fort bien équipé, à proximité de l'auberge, l'autre, plus rustique, dans le désert, où l'on se rend à dos de dromadaire.

⊖⊖ **Kasbah Hôtel Saïd** – *Première auberge lorsqu'on vient d'Erfoud (balisage par poteaux bleus jusqu'au pied des dunes de l'erg Chebbi) - ☏ 061 70 30 82 - fax 035 57 71 54 - www.kasbah-hotel-said.biz - 17 ch. dont 3 suites - 340 DH (demi-pension)* - 🏊 - 🅿. Cette auberge dispose de chambres agencées autour d'un jardin (des tentes y sont disposées pour ceux qui souhaitent dormir à la belle étoile). Tons chauds, plafonds en style *tataoui*. Les lavabos sont constitués de pierres fossilisées. Une piscine entourée d'une soixantaine de palmiers vient d'être aménagée. Organisation de randonnées chamelières autour de l'erg Chebbi.

⊖⊖⊖ **Auberge-kasbah Tombouctou** – *Au panneau, suivre sur 8 km la piste qui part de la route goudronnée - ☏ 035 57 70 91/78 29 - fax 035 57 84 49 - 60 ch. (douches et clim.) - 610 DH - ☕ 30 DH -* 🅿. Impossible de manquer cette annexe de l'auberge Xaluca, si l'on sait qu'elle est située à 31°07'635" de latitude nord et 4°00'773" de longitude ouest ! Les chambres sont installées dans deux *kasbahs* de terre réparties autour d'étroits jardins ombragés. C'est une excellente adresse qui vient en plus d'être rénovée, simplement mais avec goût, dans un style qui n'est pas sans rappeler celui de la maison mère.

Sports et loisirs

CIRCUITS EN VÉHICULES TOUT-TERRAIN

👁 Renseignez-vous dans les hôtels plutôt que de prendre le risque de suivre des guides qui ne sont agréés que par eux-mêmes et vous proposeront leurs services avec une insistance lassante : refusez fermement et calmement cet accompagnement aussi intempestif qu'onéreux, et adressez-vous aux véritables guides. Ceux-ci peuvent vous organiser des randonnées, d'une demi-journée ou d'une journée, dans les dunes de Merzouga, agrémentées si vous le souhaitez d'une nuit dans une « auberge des sables » ou en bivouac. Mais ce désert est décidément très fréquenté et certains bivouacs évoquent plus un camping de bord de mer à l'approche du 15 août que la solitude des espaces infinis…

L'**hôtel Tafilalet** dispose de ses propres Land Rover avec chauffeur-guide. Compter 700 DH pour effectuer une randonnée Erfoud-Merzouga et retour ; 1 500 DH pour un circuit d'une journée Erfoud-Merzouga-Taouz-Rissani-Erfoud.

Il en va de même de l'**hôtel Xaluca**, qui organise des randonnées en 4x4, à dromadaire ou à VTT ainsi que des bivouacs.

Achats

Chez Adil – *Av. Moulay Esmail.* Un supermarché à l'occidentale.

Souk – *Samedi à Erfoud ; dimanche, mardi et jeudi à Rissani.*

La grande spécialité de la région, ce sont les **pierres fossilisées** (ou « fossiles de marbre »). Certains hôtels les utilisent pour en faire leur lavabo. Les étals qui en proposent (authentiques ou non) aux visiteurs de passage sur le bord des routes et des pistes sont innombrables.

Événements

Chaque année en octobre, la grande **fête des Dattes d'Erfoud** attire de nombreux visiteurs venus assister à diverses manifestations hautes en couleur : rassemblement de tribus berbères lors du grand souk, course de dromadaires, spectacles de groupes folkloriques de la région d'Errachidia, élection de la « reine des dattes » et du meilleur agriculteur, etc.

Tinerhir★★

Tinghir

10 527 HABITANTS
CARTE 2E RABAT DE COUV. D4 – CARTE MICHELIN 742 PLIS 3 ET 35

À l'endroit où l'oued Todra, descendu du Haut Atlas, oblique brusquement vers l'est s'étend l'oasis de Tinerhir, célèbre pour sa palmeraie et sa myriade de ksour et de kasbahs. C'est l'une des plus belles et des plus vastes du Maroc ; l'une des plus denses aussi en végétation. Bourgade animée et prospère, Tinerhir est connu pour ses bijoux berbères en argent ou autres métaux moins nobles.

- **Se repérer** – La ville, ancien poste militaire sur la route d'Ouarzazate à Errachidia, est bâtie en terrasses au débouché des gorges du Todra, autour d'une butte, que dominent l'hôtel Sarhro et un ancien château du Glaoui tombé en ruine.
- **À ne pas manquer** – La palmeraie et les gorges du Todra.
- **Organiser son temps** – Une journée pour visiter tranquillement les gorges du Todra.
- **Pour poursuivre le voyage** – Voir aussi les *kasbahs* de la vallée du Dadès, Ouarzazate (169 km) et le Tafilalt ; pour rejoindre le Moyen Atlas, voir la vallée du Ziz et Midelt.

R. Mattès / MICHELIN

La palmeraie de Tinerhir.

Comprendre

Les poissons sacrés de Tinerhir – La légende nous conte qu'en des temps très reculés, un saint homme se serait aventuré sur la route conduisant vers les gorges du Todra. Frappant un rocher de son bâton, il en aurait fait jaillir une source, celle que nous connaissons aujourd'hui. Le frappant à nouveau, il aurait peuplé celle-ci de poissons. Depuis lors, nul ne se risquerait à pêcher ces derniers, qui, à l'abri de tout asticot tentateur, évoluent dans les eaux du bassin et atteignent des tailles impressionnantes.

Découvrir

L'OASIS DE TINERHIR

Point de vue sur l'oasis★

Vue de la terrasse de l'hôtel Sarhro, l'oasis déploie sa vaste étendue cultivée, morcelée en petits jardins, en vergers, en minuscules champs ; au-delà, c'est la ligne plus grise des palmiers ; enfin, ceinturant la palmeraie et dressée en arc de cercle à la limite des plateaux désertiques, la longue suite des *ksour* ferme l'horizon.

Promenade dans la palmeraie★★

Durée : environ 1h30, en voiture (guide conseillé). Ce petit circuit – pour lequel il ne peut être recommandé d'itinéraire précis – se déroule au sud-est de Tinerhir dans la direction de Tagoumast et emprunte des pistes assez mauvaises, praticables seulement lorsque le sol est sec ; on regagnera la ville par la route P 32 venant d'Errachidia.

C'est en fin d'après-midi qu'il faut circuler dans la palmeraie. C'est l'heure où les murs blonds ou ocre des *kasbahs*, les fragiles murettes de pisé séparant les jardins, les palmiers, les arbres fruitiers et les fleurs prennent le plus de relief et d'éclat. C'est aussi l'heure où l'oasis s'anime : dans les *ksour*, les hommes assis par terre en longues rangées contre les maisons conversent en regardant tomber le soir ; les femmes, qui se sont attardées dans les champs, rentrent vers le village, très droites dans leurs drapés noirs ou leurs robes aux lumineuses couleurs, une large corbeille ronde posée sur la tête, et parées comme pour une fête ; d'autres se coulent, silhouettes effarouchées et fugitives, dans les vergers.

On peut visiter au passage un petit village de potiers.

Aux alentours

Gorges du Todra★★

Au nord-ouest de Tinerhir – 15 km, puis environ 15mn de marche AR. Avant de partir, se renseigner à Tinerhir sur le niveau de l'eau dans les gorges.

En sortant de l'agglomération (direction d'Errachidia), prendre une petite route qui s'amorce à gauche, juste avant de franchir le radier sur l'oued Todra.

Balade ombragée

L'hôtel Amazir est le point de départ d'une agréable balade, qui, en empruntant un sentier longeant l'oued Todra, vous permettra de découvrir un village abandonné de la palmeraie, **Âït Snane,** avant de redescendre vers la **source des poissons sacrés**.

Le Todra a dû, pour s'échapper de la montagne et arriver jusqu'aux plateaux, se frayer un passage à travers des massifs calcaires, dessinant des gorges d'une exceptionnelle beauté.

La route longe la rive droite de l'oued, dont le lit est occupé par une immense palmeraie ; elle s'élève ensuite et procure de beaux points de vue. Sur l'autre rive, des *kasbahs* montent la garde au pied de falaises arides. Après la source « des poissons sacrés » *(à une dizaine de km de Tinerhir)*, la route pénètre dans les gorges, et la vallée se resserre jusqu'à n'être plus qu'un défilé extrêmement étroit, d'une impressionnante hauteur. En saison humide, le Todra doit être traversé à gué au niveau des auberges Al Mansour et Étoile des Gorges.

Peu avant l'hôtel-restaurant Yasmina, la route carrossable se termine. On peut, en période sèche, continuer à pied *(environ 15 mn AR)* jusqu'à l'élargissement du canyon, en remontant le lit caillouteux de l'oued, qu'animent les populations locales et qu'empruntent une partie de l'année les montagnards pour se rendre à Tinerhir.

Tinerhir pratique

Informations pratiques

Tinerhir (souvent orthographié Tinghir sur les panneaux de signalisation) est avant tout une base de départ pour randonnées pédestres ou en 4x4, principalement dans les gorges du Todra.

Se loger

Vous trouverez plusieurs formules d'hébergement à Tinerhir, allant des hôtels plutôt simples du centre-ville aux établissements plus luxueux de la périphérie.

EN VILLE

⊖ **Camping Ourti** – *Rte de Ouarzazate, sur la gauche - ✆/fax 024 83 32 05 - 12 DH (enf. 10 DH) - tente 10 DH, caravane 12 DH, voiture et moto 8 DH - électricité 10 DH - bungalows 35 DH/pers. - toilettes (à la turque) et douches gratuites - 10 ch. dont certaines équipées de commodités (200 DH) - menu 60 DH* - . La piscine (accès gratuit pour les hôtes) compense difficilement le manque d'ombre : mais les arbres pousseront sûrement un jour. Accès Internet.

⊖⊖⊖ **Kasbah Lamrani** – *Rte de Ouarzazate - ✆ 024 83 50 17 - fax 024 83 50 27 - www.kasbahlamrani.com - 22 ch. - 474 DH - ☕ 40 DH - taxe 5 DH/j - cartes de crédit acceptées* - - P. Chambres spacieuses (certaines sont triples, voire quadruples), donnant sur une grande terrasse communicante. Six d'entre elles sont dotées d'une baignoire. L'hôtel, confortable et plutôt bien décoré, dispose de deux restaurants, d'une tente berbère, réservée aux animations, et d'un coin cheminée. Location de VTT *(200 DH/jour)*.

⊖⊖⊖ **Hôtel Saghro** – *✆ 024 83 41 81 - fax 024 83 32 83 - 65 ch. dont 3 suites - 570 DH - ☕ 50 DH - taxes 10 DH/j* - - P. Une situation exceptionnelle, en surplomb de la palmeraie. Repris par l'hôtel Kenzi Bougafer, il a retrouvé son lustre d'antan, même s'il manque cruellement de charme. Chambres climatisées dotées de balcons. Belle terrasse avec piscine et bar dominant la ville et la palmeraie.

Kenzi Bougafer – *Bd Mohammed V (à la sortie de la ville, vers Ouarzazate, sur la gauche) - 024 83 32 00/60 - fax 024 83 32 82 - 120 ch. - 670 DH - 50 DH - taxes 10 DH/j - menus 120/160 DH -* . Moderne, confortable et sans personnalité. Une adresse sûre.

Hôtel Tomboctou – *126 av. Bir Anzarane (sur la rue principale vers Ouarzazate, prendre la 1re rue à gauche après la grande place en suivant le fléchage) - 024 83 46 04 - fax 024 83 35 05 - 620 DH* (demi-pension) - . Il est installé dans une *kasbah* datant de 1944, restaurée avec goût par Roger Mimó, un fin connaisseur de la région, à laquelle il a consacré plusieurs ouvrages, qui intéresseront les randonneurs (en vente à l'accueil). L'hôtel dispose d'un restaurant (avec vin) et d'une petite piscine. L'accueil est chaleureux et l'hôtel ne manque pas de charme, du moins si l'on évite les chambres situées près de la réception. Les grandes chambres disposent de vénérables ventilateurs. Plomberie parfois capricieuse.

SUR LA ROUTE DES GORGES

À 9 km de la ville, trois agréables terrains dans la palmeraie, en bordure de l'oued.

Camping-auberge Atlas – */fax 024 89 50 46 - 10 DH/pers. (enf. 7 DH) - tente 15 DH - caravane et camping-car 20 DH - voiture 15 DH - moto 7 DH - électricité 15 DH - tente berbère 20 DH - terrasse 15 DH - quelques chambres (double 10 DH, triple 140 DH, 20 DH).* Tout près des gorges, un camping ombragé et très bien tenu qui dispose, entre autres, d'un restaurant et d'une terrasse panoramique.

Camping Le soleil – *Le premier des trois campings en venant de Tinghir - 024 89 51 11 - fax 024 89 52 42 - 60 DH (caravane, électricité) - ch. 300 DH -* . Le plus récent des campings de cette route qui mène aux gorges. Impeccable et tout équipé (piscine, laverie, restaurant), il est en revanche moins ombragé et charmant que les deux autres.

Camping-auberge Le Lac – *024 89 50 05 - www.lelactinghir.fr.tc - 10 DH/pers. (-10 ans gratuit) - voiture 10 DH - tente 10 DH - camping-car et caravane 20 DH - électricité 20 DH. 6 chambres doubles avec douches 360 DH - hébergement collectif en salon 25 DH, terrasse 10 DH - tente nomade 15 DH - menu 65 DH.* Organisation d'excursions en Land Rover et VTT.

Hôtel-restaurant Amazir – *Route des gorges km10 - 024 89 51 09 - fax 024 89 50 50 - www.lamazir.com - 20 ch. - 370 DH - 40 DH - demi-pension 490 DH -* . Un petit hôtel-restaurant dont la terrasse donne directement sur l'oued Todra. Demandez les chambres disposant de balcons : vous y serez à la hauteur des feuillages de la palmeraie et pourrez entamer un dialogue direct avec les oiseaux. Accueil sympathique dans cet établissement bien tenu. Le restaurant est ouvert aux visiteurs de passage.

AU PIED DES FALAISES

Les voyageurs qui souhaitent dormir sur le site même trouveront deux hôtels plutôt rudimentaires, mais bon marché, au pied des falaises :

Les Roches – *024 89 51 34 - 200 DH (demi-pension).*

Yasmina – *024 89 52 31 - www.todragorge.com - 170 DH/pers. (demi-pension).*

Se restaurer

EN VILLE

Hôtel Tomboctou – *126 av. Bir Anzarane (accès fléché à partir de la rue principale) - 024 83 46 04 - menu 95 DH.* Gazpacho andalou (quelque peu revisité) ou tajine « kalia » (avec viande coupée en petits morceaux et œuf) dans la cour de la *kasbah*, à proximité de la piscine. Sert du vin.

Restaurant de l'hôtel Sagrho – *024 83 41 81 - menu 120 DH.* Pour la vue panoramique sur la palmeraie.

Kasbah Lamrani – *Route de Ouarzazate - 024 83 50 17 - menu 120 DH.* Cuisine marocaine ou internationale servie dans l'un ou l'autre des deux restaurants répartis autour du patio central. Sert du vin.

DANS LES GORGES DU TODRA

Hôtel-restaurant Amazir – *Route des gorges km10 - 024 89 51 09 - tagine 90 DH, salade 35 DH.* Pour déjeuner aux abords des gorges dans une grande salle donnant sur la palmeraie ou, mieux encore, sur la terrasse dominant la rivière.

Plus loin sur la route des gorges, les modestes auberges **Al Mansour**, **la Vallée** et **Étoile des Gorges** sont des haltes bienvenues pour un rafraîchissement ou une collation avant l'exploration des gorges.

Sports et loisirs

L'hôtel **Kasbah Lamrani** organise des excursions en véhicules tout-terrain avec chauffeur en direction des gorges du Dadès et du Todra et de Rissani. Organisation de bivouac. Importante documentation (cartes, topo-guides) en vente à la réception de l'**hôtel Tomboctou**.

Achats

Supermarché Chez Michèle – *Sur la route de Ouarzazate, à gauche - /fax 024 83 46 68.* Alimentation, produits ménagers et d'hygiène, cigarettes, boissons alcoolisées ou non, pellicules : bref, l'essentiel pour ne pas s'embarquer sans biscuits…

Souk – *Lundi.*

Vallée du Ziz★

CARTE 2E RABAT DE COUV. D4 – CARTE MICHELIN 742 PLIS 5, 23 ET 36

La vallée du Ziz est une voie historique de pénétration vers le Tafilalt. En tout temps les sultans se sont efforcés de contrôler l'accès à cette province, dont la richesse et le prestige étaient considérables *(voir à Erfoud)*. **De Meknès par le col du Zad ou de Fès par Enjil, le « trik es soltan » – le chemin du sultan – passait à l'est de Midelt pour rejoindre le Ziz près de Rich. De là, il longeait le cours de l'oued jusqu'aux « ports sahariens » de Sijilmassa ou Rissani.**

- **Se repérer** – Comme le sultan jadis, on parcourt la vallée du Ziz en empruntant la route historique qui, depuis Fès et Meknès, puis Azrou, joint Midelt et Errachidia.
- **À ne pas manquer** – Les gorges du Ziz, l'oasis de Figuig et sa palmeraie.
- **Organiser son temps** – Prévoir une journée.
- **Pour poursuivre le voyage** – Voir aussi, en direction de Fès, Midelt, la forêt de Cèdres et Azrou ; vers Erfoud et les dunes de Merzouga, le Tafilalt ; vers Ouarzazate, Tinerhir et la vallée du Dadès.

Ruiz Treal / MICHELIN

L'oued Ziz abreuve sur son chemin les âpres monts de l'Atlas.

Comprendre

UNE RIVIÈRE SAHARIENNE

Descendu du Haut Atlas, le Ziz fait un coude aux environs de Rich, pique soudain vers le Sud et arrose le Tafilalt, avant de se perdre dans les sables du côté de Taouz. La large vallée dans laquelle il coule et les gorges impressionnantes qu'il a creusées démontrent que, dans le passé, le sud de l'Atlas connaissait un climat beaucoup moins sec que celui qui règne aujourd'hui.

Circuits de découverte

DE MIDELT À ERFOUD

235 km – environ 4h – Voir schéma ci-après.

En quittant Midelt *(voir ce nom)*, on s'élève par une route en lacet qui offre de belles **vues** sur le *jbel* Ayachi, le bassin de la haute Moulouya et, au loin, sur le Moyen Atlas. Dès qu'on a franchi le **Tizi-n-Talrhemt** (« col de la chamelle », 1 907 m), le paysage présaharien apparaît et la végétation se réfugie dans de petits bassins.

Peu après le défilé de N'zala, on aperçoit au loin la vallée du Ziz, dont on se rapproche en laissant **Rich** sur la droite. Plusieurs **kasbahs** se dressent, après Rich, dominant les méandres encaissés de l'oued.

Gorges du Ziz★★

Peu avant le « tunnel du Légionnaire », taillé dans le calcaire, la vallée se resserre davantage et la route pénètre en corniche dans un long corridor, dont les parois nues

encadrent un cordon d'étroites palmeraies dominées par des *ksour* et la *kasbah* d'**Ifri**. La sauvage âpreté de ce paysage frappe l'imagination.
Dans un virage, on débouche brusquement sur le barrage de Hassan Addakhil, mis en service pour régulariser le débit du Ziz et irriguer la région. La route contourne les rives sinueuses du **lac de retenue**, dont les parois très rouges plongent dans une eau vert émeraude ; on parvient ensuite en vue d'**Errachidia** (l'ancien Ksar-es-Souk).

Errachidia

La ville moderne, centre administratif de la province, peut constituer une étape commode, bien que sans grand charme, sur les longues routes du Sud, car de là, on peut filer soit sur Tinerhir et le Dadès via Goulmima, soit sur Erfoud et le Tafilalt.
Du pont qui franchit le Ziz à l'est de la ville, jolie **vue★**, à gauche, sur l'oued, la série de *ksour* qui en domine les rives et l'abondante palmeraie qui le borde de part et d'autre.
Peu après ce pont, une petite piste à gauche circule à travers la **palmeraie**, donnant de pittoresques aperçus des **ksour** voisins.

Revenir à la route d'Erfoud.

À 20 km d'Errachidia, on quittera la route pour aller voir la source bleue de Meski, qui constitue une agréable pause sur cette route un peu austère de *hamada*.

Prendre à droite la route signalisée « Source bleue ».

Source bleue de Meski

5 DH.
La source naît dans une cavité rocheuse et alimente une piscine dans un cadre luxuriant de palmeraie, où un terrain de camping a été aménagé. De la falaise qui surplombe la source, beau **point de vue** sur l'oasis, le Ziz et, au-delà, sur le vieux *ksar* abandonné de Meski.

Reprendre la N 13 en direction d'Erfoud.

Lorsqu'on retrouve la vallée du Ziz, une quinzaine de kilomètres plus loin, elle apparaît comme un ruban de verdure. Le contraste est total entre l'aspect désertique du relief tabulaire, encadrant la vallée de ses roches roses, et le vert sombre des palmeraies, soudain révélées par une échancrure du terrain, et des jardins qui tapissent les abords immédiats de l'oued. La meilleure **vue★** de ce paysage présaharien se trouve à un coude de la route, entre les villages de Zouala et d'Oulad-Âïssa situés en contrebas. Dès lors, *ksour* et *kasbahs* se succèdent sur une trentaine de kilomètres, débordant parfois sur la route, comme la *kasbah* d'**Aoufouss**. Au-delà de Borj-Yerdi, de belles **dunes** de sable d'un roux doré recouvrent la *hamada*, donnant un avant-goût du désert ; on atteint bientôt la vaste palmeraie de **Tizimi**, toute bruissante du pépiement d'une multitude d'oiseaux, qui annonce Erfoud.

Erfoud *(voir p. 433)*

VERS OUJDA PAR FIGUIG

Figuig★★

On peut accéder à Figuig à partir d'Oujda (368 km) ou, en venant de l'ouest, par la P 32 qui s'embranche sur la route du Ziz entre Erfoud et Errachidia : il faut savoir que cet itinéraire passant par Boudenib, Bouânane et Mengoub est aussi long que difficile ; mais Figuig se mérite !

À l'extrémité orientale du Maroc, voici, à l'écart des circuits traditionnels, Figuig, l'une des plus célèbres oasis d'Afrique du Nord. Si les longues distances ne vous effraient pas, sachez que vous ne serez pas déçus

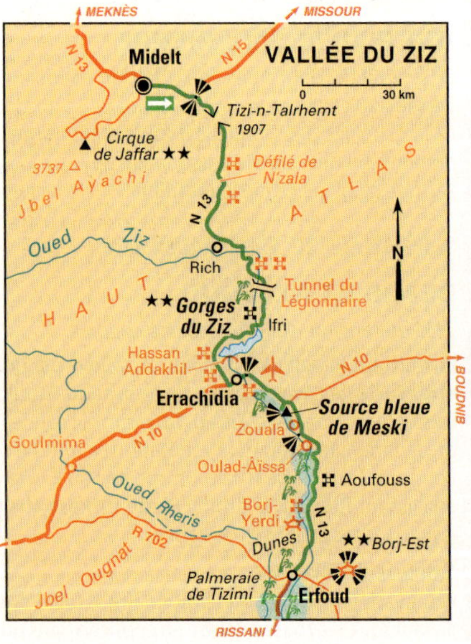

lorsque vous découvrirez cette oasis, qui a conservé, grâce à son isolement, son charme et son authenticité.
À 900 m d'altitude, occupant le bord d'une dépression, au pied de l'Atlas saharien, elle se compose de *ksour*, parfois fortifiés, disposés autour d'une magnifique **palmeraie★★** de 90 000 palmiers née de la présence de sources artésiennes, qu'une falaise, appelée « *sorf* », sépare en deux parties.

Oujda *(voir p. 165).*

Vallée du Ziz pratique

Informations utiles

Office de tourisme – *Bd Moulay Ali Cheri - Errachidia - ✆ 035 57 09 44.*

Se loger

À ERRACHIDIA

⊖ **Camping de la source bleue de Meski** – *À 17 km sur la route d'Erfoud - 50 DH avec la caravane et l'électricité -* 🏊 *-* 🅿. Géré par la commune d'Errachidia *(rens. concernant les tarifs au ✆ 035 57 43 95)*, il est aussi bien situé qu'entretenu, à côté de la « source bleue ».

⊖⊖ **Hôtel M'Daghra** – *✆ 035 57 40 47 - fax 035 57 40 49 - 25 ch. - 300 DH - ☕ 24 DH.* Hôtel très simple au confort quelque peu rudimentaire, situé en plein centre-ville dans une rue animée. Évitez toutefois certaines chambres, qui ne disposent pas de douches intérieures - et ne sont du reste louées qu'en cas de forte affluence.

⊖⊖ **Auberge Tinit** – *À la sortie de la ville en direction de Ouarzazate - ✆ 035 79 17 59 - fax 035 79 18 11 - 15 ch. - 400 DH - ☕ 25 DH -* 🏊 *-* 🅿. Cette grande *kasbah*, récemment bâtie autour d'un jardin parfumé, dispose de chambres sobres mais charmantes, équipées de l'air conditionné. Une bonne adresse, d'autant plus que l'accueil est soigné.

⊖⊖⊖ **Le Riad** – *À la sortie de la ville en direction de Ouarzazate - ✆ 035 79 10 06/07 - fax 035 79 10 08 - 716 DH - ☕ 60 DH - menu 150 DH -* 🏊 *-* 🅿 *-* 🎾. Hôtel de luxe, aménagé avec beaucoup de goût dans un style à la fois marocain et occidental. Un effort considérable est fait sur la décoration : le jardin coloré, l'accueil et son plafond peint dans un style hispano-mauresque, les salons marocains ou encore les chambres blanches. Vous pouvez y aller en toute confiance !

⊖⊖⊖ **Hôtel Kenzi Rissani** – *✆ 035 57 25 84/21 86 - fax 035 57 25 85 - 62 ch. - 750 DH - ☕ 70 DH - menus et carte 190/220 DH -* 🏊. Un grand hôtel sans charme particulier et cher, mais situé dans le centre.

À FIGUIG

C'est désormais envisageable grâce à l'aménagement, sous l'égide de la municipalité, d'un petit hôtel propre, confortable et sympathique situé au *ksar* de Zenaga. Il n'a que peu de chambres, aussi les plus inquiets d'entre vous prendront soin de réserver avant de se lancer sur la route !

⊖ **Figuig Hôtel** – *✆/036 89 93 09 - 10 ch. - 190 DH - dortoir avec sanitaires collectifs 50 DH/pers.*

Se restaurer

⊖ **Étoile Errachidia** – *Rond-point de la route de Ouarzazate - ✆ 035 79 02 85 - Tlj jusqu'à 0h - menus 30-60 DH -* 🏊. Un grand complexe touristique où vous croiserez le week-end de nombreux Marocains. Sur place, vous trouverez une piscine, un restaurant de grillades (il vous faudra avoir choisi vous-même votre viande par avance chez le boucher) un café Internet et une curiosité : un garage pour laver la voiture.

AUX ALENTOURS

⊖ **Meskini Moha** – *Entre Errachidia et Tinghrit, le long de la route - ✆ 035 78 65 83 - menu 60 DH.* Le long de cette route très peu habitée, vous serez content de trouver cet humble restaurant, où l'on sert la traditionnelle salade marocaine accompagnée de brochettes ou d'un tagine.

Faire une pause

Le « rond-point de Ouarzazate », comme l'appellent les habitants d'Errachidia, est bordé de plusieurs cafés-terrasses où se rencontrent les habitants de la ville pendant des heures entières. Un lieu convivial et populaire où vous pourrez faire de nombreuses rencontres.

Achats

Souk – *À Errachidia, dimanche, mardi et jeudi.*

Camaïeu de rouge à Tafraoute.

AGADIR ET L'ANTI-ATLAS

CARTE 2[E] RABAT DE COUV. A4, B4, A5, B5 – CARTE MICHELIN 742, PLIS 4, 32 ET 33

Dans cette région entre mer et montagnes, vous découvrirez des paysages parmi les plus beaux du pays ! Cité maritime où pêcheurs et goélands cohabitent, Essaouira – l'ancienne Mogador – est le fleuron de la côte. Derrière le port et son animation permanente s'étend la médina avec ses ruelles où s'entassent marchands d'épices, petits restaurants et riads fastueux. Dans cette ville aux allures médiévales, le temps semble suspendu… Au sud c'est Agadir et sa baie de sable fin où le soleil brille plus de trois cents jours par an ; ses innombrables bars et discothèques en font l'une des villes les plus fréquentées du bord de mer. À l'est s'étend l'Anti-Atlas, avec le site grandiose de Tafraoute et sa palmeraie dense et colorée, tapie au creux d'un imposant cirque montagneux. De là une route file vers les gorges d'Âït-Mansour, où des rochers aux formes étranges se détachent sur un surprenant paysage rougeoyant, une autre rejoint la vallée des Ameln, aux villages perchés à flanc de montagne. L'Anti-Atlas c'est aussi Taroudant, dont les souks recèlent de très beaux bijoux, et Taliouine, où l'on cultive le safran. En ces lieux préservés, là où les montagnes se fondent dans le désert, des coopératives perpétuent la fabrication traditionnelle de la fameuse huile d'argan.

Se repérer – Au sud-ouest du col du Tizi-n-Test s'étend la région de l'Anti-Atlas, où se trouvent les villes de Taroudant, Tafraoute et Taliouine. À moins d'une heure de voiture, on accède à la côte, Agadir étant à 150 km au sud d'Essaouira.

À ne pas manquer – Une promenade sur le port et dans la vieille ville d'Essaouira, les paysages grandioses qui bordent le site de Tafraoute, la vallée des Ameln, les gorges d'Âït-Mansour et une visite de la coopérative de safran de Taliouine.

Organiser son temps – Une semaine, le temps de flâner un peu à la plage, de sillonner tranquillement les ruelles d'Essaouira et de profiter pleinement des paysages de l'Anti-Atlas.

Avec les enfants – Une escapade en bateau au départ d'Essaouira, la vallée des Oiseaux à Agadir ou encore la visite de la coopérative féminine de Tioute.

Agadir★

718 498 HABITANTS
CARTE 2E RABAT DE COUV. A4 – CARTE MICHELIN 742, PLI 4 ET 32

Une baie – superbe – de sept kilomètres de sable fin, trois cents jours d'ensoleillement par an, une considérable infrastructure hôtelière… Plus de quarante ans après le terrible séisme qui semblait l'avoir frappée à mort, la capitale du Sous, devenue l'une des principales cités touristiques du royaume, s'apprête à mettre de nouveaux atouts dans son jeu, grâce à son rôle d'ouverture sur les provinces sahariennes.

Se repérer – Agadir s'ordonne autour de trois artères parallèles que relient quelques rues transversales. La plus proche de la mer est le boulevard du 20-Août (avec ses ramifications : la rue de la Plage au nord, la rue de l'Oued Sous au sud), bordé essentiellement d'hôtels, de clubs et de restaurants. Au centre, le boulevard Mohammed V, une très large avenue sans âme, est l'axe principal de la cité. Vient ensuite le boulevard Hassan II, qui sépare la ville proprement dite du « secteur balnéaire ».

Se garer – La plupart des grands hôtels disposent de leur propre parking, en général gratuit pour les résidents. Par ailleurs, on trouve faciement des parkings sur les places qui bordent l'av. du Prince Moulay et le bd Hassan II.

À ne pas manquer – La vue sur la ville depuis l'ancienne Kasbah, les 6 km de plage.

Organiser son temps – Deux jours, le temps de profiter de la mer.

Avec les enfants – La vallée des Oiseaux et toutes les activités nautiques de bord de mer (planche à voile, surf, pédalo, etc.).

Pour poursuivre le voyage – Voir aussi Tiznit et Tafraoute (145 km au sud par Aït-Baha), Taroudant (81 km à l'est), Essaouira (175 km au nord).

B. Pérousse / MICHELIN

Station balnéaire, Agadir est aussi un grand port de pêche.

Comprendre

Une métropole touristique née d'une catastrophe – Jusqu'à la tombée de la nuit du 29 février 1960, Agadir était une petite ville blanche, composée d'une kasbah ceinte de remparts et d'un quartier « européen » qui, établi au fond de la baie, commençait à affirmer sa vocation balnéaire. Las, quinze secondes à peine suffirent, vers 23h45, pour faire disparaître la ville sous les décombres. Le séisme n'était pas d'une très forte intensité, mais l'épicentre se trouvait à proximité immédiate de la cité et à une profondeur particulièrement défavorable. 15 000 morts, 20 000 sans-abri, 3 650 immeubles détruits, tel était le bilan de la catastrophe. Dans la **kasbah**, l'un des quartiers les plus touchés, rien ne put être sauvé. Seuls quelques pans de la muraille avaient résisté. On décida de reconstruire les remparts, mais à l'intérieur, les bulldozers travaillèrent des mois à aplanir les décombres, ensevelissant sur place des milliers de cadavres. Dès 1961, le roi Hassan II décida de reconstruire la ville martyre un peu plus loin : la métropole touristique que nous connaissons aujourd'hui était née.

Des débuts prometteurs – Si l'origine de la ville est assez obscure, son nom ne l'est guère : mot berbère, probablement d'origine phénicienne, *agadir* désigne un grenier fortifié, terme que l'on rencontre fréquemment dans la toponymie du Sud-Ouest marocain. Au début du 16e s., les Portugais avaient établi entre la colline de la *kasbah* et la mer un comptoir et une forteresse, qu'ils appelèrent Santa Cruz do Cabo de Gué ; ils en furent chassés en 1541 par Mohammed ech Cheikh, le fondateur de la dynastie saâdienne. Trente ans plus tard, son successeur édifiait la *kasbah* pour s'opposer à un retour éventuel des chrétiens. Tout semblait désigner alors Agadir pour un destin brillant : rade naturelle bien protégée, heureuse situation au débouché de la plaine du Sous, relations faciles avec le Sud-Ouest marocain. De fait, la ville et le port occupaient une position de premier plan sous les Saâdiens. Mais, au 18e s., le sultan Mohammed ben Abdallah provoqua leur déclin en favorisant Essaouira *(voir ce nom)*.

Le « coup d'Agadir »

C'est une bien modeste bourgade que choisit Guillaume II pour y faire sa fameuse manœuvre d'intimidation. En 1911, l'empereur d'Allemagne envoya un navire de guerre, le *Panther*, mouiller dans la baie d'Agadir « pour prêter, en cas de besoin, aide et secours à ses sujets ainsi qu'aux considérables intérêts allemands engagés dans lesdites contrées » : c'était un épisode de la rivalité franco-allemande au Maroc. En France, l'émotion fut grande ; la guerre semblait sur le point d'éclater. En fait, le Kaiser cherchait essentiellement à imposer à la France un marchandage, qui aboutit à la « convention du 4 novembre » par laquelle, en échange d'une partie du Congo, elle gardait les mains libres au Maroc.

L'essor – Le développement de l'agriculture et de la pêche, l'exploitation minière de l'arrière-pays entraînent l'essor d'Agadir entre les deux guerres mondiales. Le port, qui comprend aujourd'hui le port de pêche le plus actif du pays et un port de commerce, est aménagé. Une cimenterie et de nombreuses industries de conserves s'implantent autour de la ville qui, par ailleurs, s'ouvre au tourisme, aidée en cela par la création de l'aéroport d'Agadir-Al Massira, un des plus importants du pays en termes de trafic. Clubs de vacances et hôtels surgissent de terre dans le secteur balnéaire, qui continue aujourd'hui à s'étendre, tandis que l'afflux de touristes a entraîné un essor important de l'artisanat local.

Se promener

ANCIENNE KASBAH 1 Plan I

Visite : 45mn. Partir de l'office de tourisme, boulevard Mohammed V.

La route s'élève en corniche au flanc de la colline, dont les terrains portent encore les traces d'un grand bouleversement. Elle se termine par une esplanade, où l'on gare la voiture (altitude 200 m).

« Crains Dieu et honore ton roi », tel est le conseil (prémonitoire) que nous donne une sentence gravée en néerlandais en 1746 (les Pays-Bas possédaient en effet ici un comptoir sous l'autorité du sultan), au-dessus de la porte de la **kasbah**. Difficile aujourd'hui, dans cette immense nécropole insérée dans des remparts reconstruits après le sinistre, d'échapper à l'émotion.

Sous la porte, un escalier permet d'accéder aux remparts. De là, **vue★★** sur le port et la ville blanche trouée de grands espaces verts et ourlée par le ruban blond de la plage ; au-delà s'étend la plaine du Sous, bornée au loin par la masse grise de l'Anti-Atlas ; au nord, le Haut Atlas s'annonce par ses contreforts piquetés d'arganiers.

LE NOUVEL AGADIR 2 Plan II

Visite : 1h.

Fallait-il abandonner le site d'Agadir ? Étude faite, on décida d'éloigner la nouvelle ville de la zone dangereuse en l'installant plus au sud. L'ampleur même de la catastrophe permettait de repenser l'agglomération sur des bases nouvelles. Ici, désormais, le béton fut roi.

Les urbanistes, auxquels s'associèrent la plupart des architectes travaillant au Maroc à cette époque, tracèrent des quartiers cohérents, séparés par de grands espaces verts, desservis par un double réseau, routier et piétonnier ; tirant parti des dénivellations, ils disposèrent les immeubles de façon à ménager partout des points de vue sur la ville et la mer.

Une figure de l'architecture « brutaliste »

Parmi les architectes français ayant participé activement à la reconstruction d'Agadir figure **Jean-François Zevaco**, architecte né au Maroc (qui reçut le prix Aga Khan d'architecture en 1980 *(1)* et la Grande Médaille de l'Académie d'architecture de Paris en 1985), adepte de Le Corbusier et de Wright. On lui doit plusieurs édifices administratifs de la capitale du Sous : la caserne de pompiers, la poste centrale, une école primaire et un ensemble de « villas-jardins » aux multiples combinaisons, près de l'avenue des F.A.R. On trouve également la marque de celui qui fut le porte-parole de l'architecture moderne au Maroc – architecture qualifiée de « brutaliste » en raison de l'utilisation, parfois excessive, du béton brut de décoffrage – à Rabat, avec le complexe sportif, à Casablanca, où il conçut le dôme surmontant le passage souterrain de la place Mohammed V et l'hôtel Sheraton (en collaboration avec d'autres architectes), et à Sidi Harazem, près de Fès, où il réalisa la piscine de l'ensemble thermal.

(1) Créé en 1977, le prix Aga Khan d'architecture fut le premier programme du Réseau Aga Khan de développement à se concentrer sur l'architecture et sur les formes de construction susceptibles de répondre le mieux aux besoins et aux aspirations des communautés musulmanes dans le monde. Remis régulièrement, ce prix a été complété par d' autres initiatives : le Programme Aga Khan pour l'architecture islamique, à l'université d'Harvard et à l'Institut de technologie du Massachusetts (MIT), ainsi que le Programme de protection et de revitalisation des quartiers historiques (réhabilitation d'Asilah, 1989) et amélioration de l'habitat en milieu urbain (maisons à patios d'Agadir, quartier de Dar Lamane à Casablanca).

Centre urbain

Partir de l'office de tourisme boulevard Mohammed V et suivre en voiture l'itinéraire indiqué sur le plan ci-contre.

Contournant d'abord le quartier des délégations ministérielles groupées autour du bâtiment de la Province, vous atteindrez le **tribunal**, en grande partie dissimulé par les arbres. L'avenue des Forces Armées Royales mène à la **mosquée Loubnane**, dont les lignes pures soulignent la blancheur ; elle s'emboîte en coin sur une place réservée aux piétons, autour de laquelle s'ordonnent boutiques et cafés.

Jardin du Portugal et mémorial d'Agadir Plan II 2

Prendre à droite l'avenue du Président-Kennedy, et s'arrêter quelques instants au **jardin du Portugal** appelé aussi **jardin d'Olhão** *(14h30-18h30)*, agréablement aménagé, qui commémore la signature de l'accord de coopération et de fraternité signé entre la ville d'Agadir et la cité portugaise d'Olhão. Deux pavillons, situés au coin de l'avenue des F.A.R., abritent une émouvante exposition de documents retraçant la catastrophe de 1960 : outre des photos de la cité disparue, et d'autres – impressionnantes – prises au lendemain de la catastrophe, on y reconnaît certains immeubles ayant survécu, en partie ou en totalité, au sinistre (*9h-12h30, 15h-18h - rémunération au gardien (env. 10 DH), qui pourra, le matin, donner accès au parc, vide de tous promeneurs)*.

Après avoir traversé le quartier dense et vivant du **nouveau Talborj**, qui, avec ses petites maisons blanches et cubiques et son animation, est le seul quartier d'Agadir dont l'ambiance soit véritablement marocaine, on aperçoit, à l'angle de la rue du 29-Février et de l'avenue du Président-Kennedy, la silhouette ocre et blanche de la **mosquée Mohammed V**.

Poursuivre l'avenue jusqu'à la rue du 18-Novembre (que l'on prend sur la droite). Elle longe le jardin Ibn Zidoun, vaste espace vert des plus agréable.

De l'autre côté de la rue, la **caserne de pompiers** – œuvre de Jean-François Zevaco – se signale par sa couronne de béton, qui abrite engins et bureaux, et son allègre campanile.

SE LOGER

Al Madina 1
Amadil Beach 4
Atlantic Hôtel 7
Camping 10
Dorint Atlantic Palace 13
Eldorado Tikida Beach 16
Hôtel Anezi 19
Hôtel Argana 22
Hôtel Kamal 25
Hôtel Sindibad 28
Hôtel Sud Bahia 31
Hôtel Tafoukt Beach 34
Hôtel Tagadirt 37
Hôtel Transatlantique 40
Ibis Moussafir 43
Kenzi Europa 46
Petite Suède 49
Ramada Almohades 52
Royal Mirage 55

SE RESTAURER

Best Romain 1
El Paraiso 4
La Sicilina 7
La Sirène 10
La Truite 13
Le Scampi 16
Johara 19

ESSAOUIRA
MARRAKECH
N 1
ANCIENNE KASBAH
Rue du Port
PORT
Bd Mohammed V
Avenue Al Moun
AL MOGGAR CLUB
OCÉAN ATLANTIQUE
HASSAN II
Bd Mohammed
R. M. Soussi
Av. Moulay Youssef
Cheikh Saâdi
Av. Moulay Ismaïl
R. Zallaga
R. Ibn Battouta
R. du 18 Novembre
R. du 2 Mars
R. de Marrakech
STE. ANNE
Bd Hassan II
Bd du 20 Août
Bd Mohammed V
R. de Fès
Av. Al Mouqaouama
R. de l'Oued Ziz
O. Lahouar
voir plan II
N 10
PALAIS ROYAL
LES OMAYADES
AGADIR
plan I
0
1km
AÏT-MELLOUL
TIZNIT
INEZGANE
Nouvelle Médina
TAROUDANT

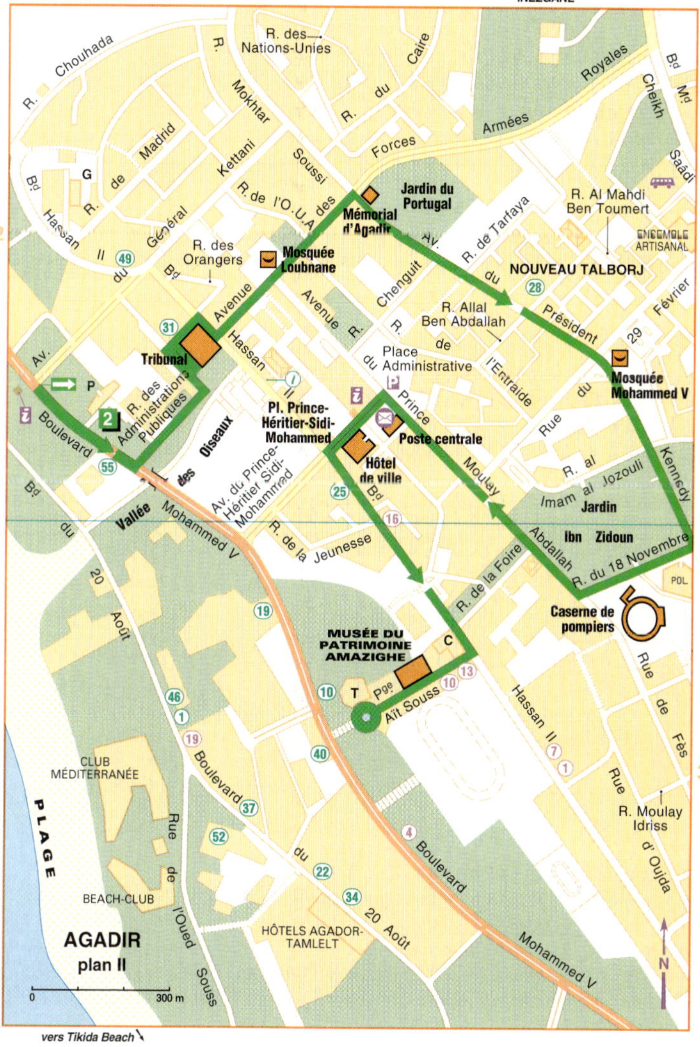
R. des Nations-Unies
R. Chouhada
R. Mokhtar Soussi
R. du Caire
Av. des Forces Armées Royales
Bd Cheikh Saâdi
R. de Madrid
Kettani
Bd Hassan II
Bd du Général
R. de l'O.U.A.
Jardin du Portugal
Mémorial d'Agadir
R. de Tarfaya
R. Al Mahdi Ben Toumert
ENSEMBLE ARTISANAL
R. des Orangers
Mosquée Loubnane
NOUVEAU TALBORJ
Av. du Président Kennedy
Avenue Hassan II
Avenue R. Chenguit
R. Allal Ben Abdallah
R. du 29 Février
Tribunal
Place Administrative
R. de l'Entraide
Mosquée Mohammed V
R. des Administrations Publiques
Pl. Prince-Héritier-Sidi-Mohammed
Av. du Prince Moulay Abdallah
Poste centrale
Hôtel de ville
Boulevard Mohammed V
Vallée des Oiseaux
Av. du Prince-Héritier Sidi-Mohammed
R. al Imam al Jozouli
Jardin Ibn Zidoun
R. du 18 Novembre
R. de la Jeunesse
R. de la Foire
POL.
Caserne de pompiers
MUSÉE DU PATRIMOINE AMAZIGHE
Pge Aït Souss
Rue de Fès
Rue Hassan II
R. Moulay Idriss
Rue d'Oujda
CLUB MÉDITERRANÉE
PLAGE
Boulevard du 20 Août
Rue de l'Oued Souss
BEACH-CLUB
HÔTELS AGADOR-TAMLELT
Boulevard Mohammed V
AGADIR
plan II
0
300 m
vers Tikida Beach

Poursuivre par l'avenue du Prince Moulay Abdallah et laisser la voiture près de la place Administrative.

La **poste centrale** est également due à Zevaco. On a qualifié sa façade de béton de « boîte aux lettres traitée comme une sculpture monumentale ». L'aménagement intérieur fait une large place au cèdre pour les cloisons ajourées, les cabines, les écritoires, les sièges. L'**hôtel de ville** est de facture plus classique ; sa masse cubique enferme un vaste patio ombragé sur lequel s'ouvrent couloirs et bureaux.

Au nord-ouest de ce bâtiment, légèrement en contrebas, s'étend la **place Prince Héritier Sidi Mohammed**, vaste espace réservé aux piétons, qui s'anime quelque peu à la tombée du jour lorsque la jeunesse locale s'y retrouve.

Emprunter sur la gauche le boulevard Hassan II jusqu'à la chambre de commerce. À droite s'ouvre le large passage piétonnier Aït-Souss, bordé de commerces, de cafés et de restaurants et conduisant au boulevard Mohammed V, à hauteur du théâtre municipal.

Musée municipal d'Agadir (musée du Patrimoine amazighe)★ Plan II 3

Tlj sf dim. 9h30-17h30 - 20 DH - possibilité de visite commentée (recommandée).

Installé dans un petit bâtiment ocre et blanc, ce musée, agréable et aéré, présente, outre des expositions thématiques temporaires, une introduction à la vie des Amazighes du Sud marocain. Parmi les collections exposées, remarquez de superbes bijoux (colliers, bracelets et, surtout, un frontal « tawnza », constitué de plaques de métal émaillées assemblées par des anneaux et des boucles), des vêtements brodés, des tapis dans les tons orange, de magnifiques portes et des objets et outils en bois. N'hésitez pas à demander l'assistance d'un des jeunes guides du musée, dont les explications, passionnantes et passionnées, remédieront avec bonheur au laconisme des panneaux explicatifs. Une belle bibliothèque, à l'étage, abrite une centaine de livres en français sur l'art marocain.

Rejoindre la voiture, soit en empruntant sur la droite le boulevard Mohammed V, puis encore à droite l'avenue du Prince Héritier Sidi Mohammed, soit en revenant sur ses pas.

LE BORD DE MER

Le **quartier touristique et balnéaire**, situé entre le boulevard Mohammed V et la mer, a fait l'objet d'un aménagement plutôt heureux, même si par endroits pizzerias, magasins de cuir et autres bazars s'alignent en rangs un peu trop serrés. Le résultat, une ville où la culture marocaine est quasiment inexistante mais où l'on pourra apercevoir quelques morceaux d'architecture réussis (hôtel Al-Madina, hôtel des Almohades).

Vallée des Oiseaux Plan II 2

Entrée sur le bd du 20-Août, face au chemin d'accès à la plage - 9h30-12h30, 14h30-18h - 5 DH (enf. 3 DH).

Remontant jusqu'au boulevard Hassan II en passant sous le bd Mohammed V, ce havre de verdure, étroit et soigné, est peuplé de bananiers, lauriers-roses et bougainvillées, et parsemé de bancs, lampadaires et tonnelles peints de couleurs vives. Il abrite un agréable petit zoo où évoluent dans des enclos chèvres, lamas, bouquetins, autruches. Un « tunnel » grillagé permet de pénétrer au cœur de la grande volière, qui abrite, entre autres, quelques flamants roses et un rare exemplaire d'ibis chauve. Les enfants trouveront une aire de jeu à l'intérieur du jardin.

La plage★ Plan II 3

300 jours de soleil par an et une température particulièrement clémente ont fait la réputation de la plage d'Agadir, bordée d'un épais rideau d'eucalyptus, de pins et de tamaris fixant les dunes. Entre le port et l'estuaire de l'oued Souss, une baie aux eaux calmes et 6 km de sable fin permettent aux pensionnaires des clubs de vacances, comme aux visiteurs de passage, de se livrer toute l'année aux joies de la baignade, de la voile, du surf, de la pêche, du cheval et de bien d'autres distractions.

Aux alentours

Nouvelle médina à Aghroud Ben Sergao

4,5 km au sud. Quitter Agadir par l'avenue Mohammed V en direction d'Inezgane et Tiznit. Laisser à droite le supermarché Marjane et l'accès au palais royal. 1,4 km après celui-ci, prendre à droite une petite route (signalisation) que l'on suit sur 900 m environ. ✆ 028 28 02 53 - accès par navettes au départ du kiosque « La médina d'Agadir-info » ou des principaux hôtels - 8h30-18h30 - entrée + AR navette 60 DH, 40 DH entrée seule.

C'est un architecte italien, Coco Polizzi, qui a conçu à l'intérieur d'une muraille cette « médina » miniature, petit dédale de ruelles qui couvre une superficie de 12 000 m². Constructions de pisé, plafonds de style *tataoui*, enduits y sont réalisés selon les méthodes de construction traditionnelle. Au hasard des ruelles, vous découvrirez quelques ateliers d'artisans, pourrez déguster un thé à la menthe dans un café maure, ou vous poser dans l'un des restaurants marocains. Si l'endroit, pour qui a arpenté les médinas de Fès ou de Marrakech, a quelque chose de factice, il n'en reste pas moins qu'il s'agit d'un lieu agréable, propre à donner un premier aperçu de la culture marocaine aux estivants d'Agadir.

P. Plantier / MICHELIN

La nouvelle médina.

Circuits de découverte

LE PAYS DES IDA OUTANANE★

64 km au nord-est, puis 15mn à pied AR.

Les Ida Outanane sont une confédération de tribus berbères occupant, à l'extrême ouest du Haut Atlas, une zone tourmentée de hauts plateaux calcaires, qui plongent dans l'Atlantique aux environs du cap Rhir. Nichés sur les pentes et dans les profondes vallées, ils vécurent longtemps en marge du pouvoir central et échappèrent à l'emprise des grands féodaux voisins. Il ne rallièrent le *makhzen* (gouvernement central) qu'en 1927.

Sortir d'Agadir par ① du plan. Abandonner 12 km plus loin la route d'Essaouira pour prendre, à droite, peu avant Tamrhakht, la route signalisée « Imouzzèr ».

On s'enfonce rapidement dans la montagne, striée de bancs calcaires impressionnants, piquetée d'arganiers et de doums (palmiers nains). Au-delà d'Oulma, on franchit un petit col qui débouche sur une vaste palmeraie entourée de pittoresques villages.

Gorges de l'asif n'Tarhat★

Après avoir traversé l'*asif* Tamrhakht, la route s'encaisse brusquement entre les hautes murailles d'une vallée affluente, où règnent l'ombre et la fraîcheur. On longe la rivière, dont les eaux vertes et limpides courent parmi les roches et les bouquets de palmiers.

Quittant le fond des gorges, la route les domine un moment avant d'atteindre un plateau bien arrosé, où les palmeraies se succèdent. Accrochés aux pentes, un grand nombre de villages présentent leurs coulées de maisons à toit plat ; ce sont des maisons de pierre, dont le niveau inférieur est occupé par l'étable, la famille vivant à l'étage. Souvent, une galerie peinte en rouge, supportée par des pieux de bois blanchi vient égayer la sévérité des formes.

Imouzzèr-des-Ida-Outanane

Les maisons blanches de ce village, centre de la confédération des Ida Outanane, dominent une large dépression occupée par une palmeraie.

Devant la caserne, tourner à gauche pour emprunter la petite route goudronnée qui descend en lacet vers la palmeraie. Après 4 km, on arrive à un gué, près duquel on laisse la voiture. Continuer à pied (15mn AR) vers les cascades en suivant la rive droite de la rivière.

Cascades★

Après avoir parcouru un chemin ombragé qui serpente à travers les champs d'orge irrigués, les oliviers et les amandiers, où nichent des tourterelles, vous pourrez vous avancer jusqu'au pied des cascades qui jaillissent à plusieurs niveaux et s'écoulent le long des parois abruptes et lisses blanchies par les dépôts de tuf, qui lui valent son surnom de « voile de la mariée ».

TIFNITE ET LE SOUS MASSA

32 km au sud par la route d'Inezgane (N 10) puis de Tiznit (N 1). Sortir d'Agadir par ③ du plan en direction d'Aït Melloul.

On traverse **Inezgane**, localité sans charme, mais nœud routier important (vaste gare où sont regroupés les grands taxis).
Poursuivre jusqu'à Aït-Melloul, où l'on prend sur la droite la route de Tiznit. À Inchadèn, prendre, à droite, la petite route étroite et en mauvais état, qui parcourt un paysage particulièrement pelé, en direction de Tifnite.

Tifnite★

Ce petit village de pêcheurs situé le long d'une belle plage abritée dans une anse est une des excursions favorites des touristes séjournant à Agadir. Mieux vaut arriver tôt en ces lieux paisibles, où les pêcheurs tantôt, sur leurs barques tantôt installés sur les rochers, munis de leur longue canne à pêche, attrapent ombrines, sars, calamars, tandis que les femmes ramassent des moules avant de les trier sur les rochers.

J. Malburet / MICHELIN

Retour de pêche à Tifnite.

Revenir sur la route d'Agadir et prendre à droite la direction de Tiznit. À hauteur de Had Belfa, prendre à droite la direction de Sidi Rbat. À Massa, tourner à droite au carrefour (direction « Centre balnéaire, plage de Sidi Rbat, Parc national Sous »). Au bout de 1,8 km la route (barrée par des rochers) se transforme en piste de sable – quelque peu défoncée – et longe l'oued Massa.

Parc national de Sous Massa★

Halte migratoire privilégiée de nombreuses espèces d'oiseaux (grands échassiers comme les flamants roses et les hérons, sarcelles et balbuzards pêcheurs, l'une des dernières colonies d'ibis chauves, etc.), cette réserve naturelle plantée de roseaux et, vers l'intérieur, d'euphorbes, longe l'oued Massa jusqu'à son embouchure, où une belle plage bordée d'un large cordon de dunes permet une balade sans fin, à moins que vous ne choisissiez de prendre un café face à la mer, au complexe touristique de **Sidi Rbat**, animé pendant la saison estivale.

D'AGADIR À LA PLAGE DE TAFALDA

Quitter Agadir au nord par la N 1 en direction d'Essaouira.

D'Agadir à **Tamri**, la route, tracée entre montagne et mer, longe la côte, traversant les villages de **Tamrhakt**, de **Taghazoute** et d'**Aghrod**, où de belles plages s'offrent aux baigneurs et aux surfeurs.

À hauteur du **cap Rhir★** et jusqu'à Tamri, la route bordée d'euphorbes cactoïdes longe des rochers contre lesquels les vagues d'une mer souvent forte à cet endroit viennent se fracasser.

Imsouane★

6 km après **Tamri** (célèbre pour ses bananeraies), une petite route sur la gauche, étroite mais fort bien revêtue, conduit au petit port de pêche d'Imsouane à travers un paysage vallonné. Au bout de quelques kilomètres, la route, tracée en corniche, domine la mer à environ 300 m d'altitude, offrant au regard l'Océan et la côte entre la

pointe Imsouane et le **cap Rhir★**. De là, on a une très jolie **vue★** sur la baie et les flots tumultueux de l'Atlantique. Au débouché de l'étroite vallée d'Imoucha se profilent les marabouts de Tildi ; sur l'autre versant, on aperçoit le gouffre d'Agadir Imoucha.

À l'arrière se pressent les premiers contreforts de l'Atlas, couverts d'une forêt claire d'arganiers.

Au bout de la route, le petit village de pêcheurs d'**Imsouane★** offre le spectacle de ses barques bleues échouées sur la plage, serrées au pied des humbles maisons, attendant qu'à l'aube les pêcheurs viennent les prendre sur leurs épaules pour les porter au bord de l'eau, guettant la vague qui leur permettra d'embarquer à destination de leur lieu de pêche. Mais ce village, devenu une destination appréciée des surfeurs, pourrait perdre à terme une partie de son caractère : il a en effet été choisi pour recevoir deux unités de pêche ultramodernes, financées par le Japon dans le cadre de sa coopération avec le Maroc, et, surtout, les travaux de voirie en cours laissent supposer l'implantation à plus ou moins court terme d'une station balnéaire.

Revenir à la route nationale par le même chemin et la reprendre en direction d'Essaouira.

Tamanar

Ce gros bourg, posé parmi les arganiers que les chèvres aiment à prendre d'assaut, abrite une intéressante coopérative d'huile d'argan.

Coopérative féminine Amal★ – *Sur la gauche de la route à l'entrée du village - ✆ 024 78 81 41 - 8h-18h - fermé certains dim. - gratuit.*

Cette coopérative féminine, pionnière en la matière, est ouverte depuis 1996 sous l'égide de l'université Mohammed-V de Rabat et du Centre de recherche et de développement international du Canada. Ses buts : préserver un savoir-faire ancestral tout en assurant un salaire et une couverture sociale aux femmes adhérentes. Vous pourrez y suivre les différentes étapes de l'extraction de l'huile d'argan (concassage du fruit pour extraction de l'amandon, pressage) et vous procurer quelques-unes des spécialités qu'elle produit : l'huile d'argan (Arganati), les produits de beauté de la ligne Targanine et le délicieux *amou beldi*, pâte à tartiner à base d'huile d'argan, de miel et d'amandes : un régal pour les gourmands, doué qui plus est de vertus aphrodisiaques… si l'on en croit l'étiquette !

Plage de Tafalda★

À 4 km au nord de Tamanar, prendre sur la gauche une route étroite, qui parcourt un paysage vallonné avant de déboucher face à l'Océan (quelques passages difficiles, le revêtement n'y étant plus qu'un lointain souvenir) et de descendre en lacets serrés sur l'immense **plage de Tafalda★** : là, devant quelques bâtiments blancs, des barques bleues tirées sur le sable attestent du dur labeur des pêcheurs travaillant dans cet endroit isolé, qui a tout d'un « bout du monde ».

Revenant à la route nationale, vous pourrez soit revenir sur vos pas vers Agadir, soit poursuivre sur Essaouira, à une cinquantaine de kilomètres.

Agadir pratique

Informations utiles

Office de tourisme – *Bd Mohamed V, bâtiment bleu en face du panneau La Marina - ☎ 028 84 63 77 (standard) ou 028 84 63 79 (direct) - fax 028 84 63 78 - 8h30-16h.* Brochures et informations pratiques.

Banques et change – Vous trouverez la plupart des grandes banques (et les distributeurs de billets) sur l'avenue du Général Kettani. Quelques distributeurs automatiques également avenue du 20-Août, à proximité du Club Med… et dans certains hôtels comme le Dorint.

Poste centrale – *8h30-18h45, téléphone 8h-21h.* Prenez garde à l'éventuel marché noir de cartes téléphoniques.

Téléphone – Nombreuses cabines à cartes de Maroc-Télécom disséminées dans le centre-ville et dans le secteur balnéaire. Les cartes vendues dans certains kiosques téléphoniques (comme celui de l'avenue Hassan II) ne sont utilisables que sur place… Sachez que la plupart des centres téléphoniques fonctionnent à pièces. Munissez-vous de beaucoup de monnaie si vous devez appeler en France.

Hôpital Hassan II – *Rte de Marrakech - ✆ 028 84 19 77/14 77.*

Pharmacie de nuit – *✆ 028 82 03 49 ou 028 84 33 39.* Une permanence est assurée à tour de rôle par toutes les pharmacies.

Internet – *R. des Administrations publiques, à côté de l'hôtel Sud Bahia.* 5 ordinateurs et 5 cabines téléphoniques. Compter 10 DH pour une heure de connexion Internet.

Visite – Pour avoir un premier aperçu de la ville, montez dans le **petit train**

touristique. *En circulation 9h15-13h, 14h30-19h et 23h30 en été - départ devant l'entrée de la vallée des Oiseaux sur le boulevard du 20-Août (face à l'accès à la plage) - durée du trajet 30mn - 18 DH (enf. 12 DH).*

Excursions – Il serait dommage de venir jusqu'ici et de ne rien voir du Maroc authentique. Aussi, si vous pouvez vous arracher un jour aux délices de la plage et à la piscine (ne comptez pas sur un jour de pluie !), sachez que vous pouvez vous inscrire dans nombre d'hôtels pour des excursions d'un jour à Marrakech ou Essaouira. N'hésitez pas à vous déplacer par vos propres moyens, en grand taxi ou en bus, pour éviter les visites en groupe organisées par les tours. Essaouira, Tiznit et Taroudant sont à moins de 2h en transports en commun.

CONSULATS

Belgique – *Bd Hassan II - Immeuble Borj Dlalate, entrée F, 4e étage - ✆ 028 84 74 30 - fax 028 84 74 13.*

France – *Bd Mohammed Cheikh Saâdi - ✆ 028 84 08 23 - fax 028 84 23 30.*

Espagne – *49 r. Ibn Battouta - ✆ 028 84 57 10 - fax 028 84 58 43.*

Transports

Aéroport Al Massira – *✆ 028 83 91 22/06/15.* Situé à une vingtaine de kilomètres de la ville. Accès par grands taxis *(100 DH environ)*. Les principales sociétés de location de voiture possèdent une antenne sur place... Mais attention : ici comme ailleurs au Maroc, les véhicules sont parfois loués vides, et vous ne trouverez de l'essence qu'après avoir parcouru une bonne dizaine de kilomètres ! Si vous n'avez pas réservé votre véhicule avant le départ, vous aurez beaucoup de difficultés à louer une voiture à la dernière minute pendant la haute saison (avril-mai).

Royal Air Maroc – *Av. Général Kettani, BP 19 - ✆ 028 82 91 20 - fax 028 84 06 54.*

Gare routière – *Bd Mohammed Cheikh Saâdi, dans le nouveau Talborj, près de l'ensemble artisanal.* D'ici partent des cars **CTM** *(✆ 028 82 20 77)* pour Essaouira et Casablanca au nord *(55 DH)*, Tiznit au sud.

Supratour – *10 r. des Orangers - ✆ 028 84 12 07.* Assure 4 liaisons quotidiennes en bus pour Marrakech-gare ferroviaire (avec correspondances ferroviaires pour les principales villes du nord). Le trajet dure 2h30, prévoyez de prendre vos billets à l'avance *(55 DH)*.

Compagnie maritime Comanav – *Bd Mohammed V - ✆ 028 84 04 46 - fax 028 84 00 21.*

DÉPLACEMENTS EN VILLE

Les **petits taxis** (de couleur orange très mûre ici) sont une solution idéale – et économique – pour vous déplacer d'un bout à l'autre d'Agadir. Vérifiez toutefois que le chauffeur met en marche le compteur. Sinon, négociez le prix avant le départ.

LOCATION DE VOITURE

Hertz – *Bd Mohammed V - ✆ 028 83 90 71.*

Avis – *Bd Mohammed V - ✆ 028 83 92 44.*

Europcar – *Bd Mohammed V - ✆ 028 84 03 37/02 03 ; aéroport - ✆ 028 83 90 66.*

First-Car International – *Bd Hassan II - Immeuble Oumlil - ✆ 028 83 92 97 ou 028 82 67 94.*

Budget – *À l'aéroport - ✆ 028 83 91 01.*

Thrifty Car Rental – *À l'aéroport - ✆ 061 79 54 36 - fax 028 83 90 31.*

STATIONNEMENT

La plupart des grands hôtels et clubs disposent d'un parking privé. Ne laissez toutefois rien dans votre voiture, certains parkings d'hôtels n'étant pas gardés la nuit. Le stationnement ne pose par ailleurs pas de difficultés majeures au centre de la ville dans la journée (il peut être plus ardu en début de soirée). Veillez toutefois à éviter les parties de trottoir au rebord peint en rouge et blanc !

Se loger

« Pourquoi aller à l'extérieur lorsque tout vous est proposé à l'intérieur ? » Cette devise affichée dans le hall d'un hôtel d'Agadir pourrait être adoptée par la plupart de ses confrères, puisque les établissements disposent généralement d'une ou plusieurs piscines, de deux restaurants ou plus, d'un centre de remise en forme, d'activités sportives multiples, d'un hammam, d'un night-club, d'un bureau de change et de boutiques vendant journaux, souvenirs et objets d'artisanat. En somme, le paradis pour ceux qui souhaitent vivre en autarcie.

La plupart des hôtels et clubs de vacances sont situés en bordure de plage (bd du 20-Août, rue Oued Souss et chemin des Dunes) ou bien légèrement en retrait, sur le boulevard Mohammed V, d'où leurs terrasses dominent la mer.

Notez que les tarifs sont souvent variables selon qu'on est en haute ou en basse saison. Les mois d'avril et d'août, les vacances de Noël et celles du printemps

P. Plantier / MICHELIN

L'hôtel Transatlantique.

constituent la haute saison. Très ensoleillé, juin est considéré ici, comme dans la plupart des régions du Maroc, comme un mois creux. Pourtant considérable, l'offre hôtelière d'Agadir se révèle parfois un peu juste en haute saison, tant la station balnéaire est alors prise d'assaut par des touristes désireux de profiter au bord de la mer de quelques-uns des 300 jours annuels de soleil qui ont fait le succès de la plage. Aussi, de nouveaux programmes de construction, visant à accroître de façon importante la capacité hôtelière de la cité, sont-ils en projet.

CAMPING

Camping international – *Bd Mohammed V (en plein centre ville) - 028 84 09 21/03 74 –* . Ce camping de 3 ha est doté de douches, d'une piscine, d'un bar et d'un restaurant.

HÔTELS

Petite Suède – *Bd Hassan II - 028 84 07 79 - fax 028 84 00 57 - 244 DH* - - . Sur la partie du boulevard qui, au-delà du bd Kettani, présente la particularité de ne pas être dans l'alignement, c'est un hôtel modeste et sympathique, proche de la plage. Location de voitures type Fiat UNO. En présentant votre guide Michelin, vous obtiendrez une réduction de 10 % sur les chambres et de 15 % sur la location de voitures.

Hôtel Sindibad – *Pl. Lahsen Tamri - 028 82 34 77 - fax 028 84 24 74 - 308 DH - 30 DH* - - . Sur une petite place au cœur du Nouveau Talborj, où de modestes restaurants ont installé leurs terrasses, un hôtel sans prétention mais dont les chambres sont dotées du confort de base. Il peut être difficile toutefois de se garer à proximité.

Ibis Moussafir – *Av. Abderrahim Bouabid (rte de Marrakech), r. Oued Ziz - 028 23 28 42 à 47 - fax 028 23 28 49 - 485 DH* - - . Si pour vous Agadir n'est qu'une simple étape ou si vous ne supportez pas la mer, cet hôtel agréablement décoré offre les prestations que l'on est habitué à retrouver dans les établissements de cette chaîne.

Hôtel Sud Bahia – *R. des Administrations publiques (à partir du bd Kettani, entre les bd Hassan II et Mohammed V) - 028 84 07 82 - fax 028 84 63 86 - 450 DH - 36 DH* - - . Le hall est un peu sombre et nombre de groupes y font escale. Mais l'hôtel, confortable, est bien situé et dispose d'une piscine installée dans un jardin. Préférez les 1er et 4e étages, qui viennent d'être rénovés.

Atlantic Hôtel – *Bd Hassan II (dans une impasse sur la gauche après le carrefour avec l'av. du Prince-Héritier) - 028 84 26 61/62 - fax 028 84 36 60 - 620 DH* - - . Hôtel récemment rénové qui offre tout le confort des grands hôtels à un prix plus abordable. Bien situé, il dispose d'un très beau jardin entourant une piscine décorée de mosaïques.

Hôtel Kamal – *Bd Hassan II - 028 84 28 17 - fax 028 84 39 40 - 458 DH - 36 DH* - - . Cet établissement bien équipé possède une agréable piscine, dont les groupes – qui composent une part importante de la clientèle – ne s'éloignent qu'à contrecœur. Des étages les plus élevés, on aperçoit la mer…

Hôtel Transatlantique – *Bd Mohammed V - 028 84 21 10 - fax 028 84 20 76 – 210 ch. - 520 DH - 55 DH* - - . Pour un peu, la porte monumentale de cet hôtel décoré en style marocain avec une relative sobriété rivaliserait avec Bab Mansour de Meknès !

Hôtel Anezi – *Bd Mohammed V - 028 84 09 40 - fax 028 84 07 13 - 650 DH* - - . À côté du précédent et remarquable pour son hall décoré d'une fresque commémorant « la glorieuse Marche Verte ». Il ne lésine pas sur les distractions offertes à la clientèle : outre un night-club, des boutiques, des courts de tennis et un cabaret oriental, il propose des séances d'aérobic et des parties de beach-volley. Méfiez-vous des soirées organisées par l'équipe d'animation, qui frôlent parfois le mauvais goût !

Hôtel Tagadirt – *Bd du 20-Août - 028 84 16 18 - fax 028 84 71 22. Centrale de réservation du groupe gérant également l'hôtel-club Agador et l'appart-hôtel Igoudar - Chemin des Dunes - 028 84 16 18- fax 028 84 03 28 - 880 DH* - - . Charmant petit hôtel où vous pourrez louer des bungalows, disposés autour d'une piscine. Des soirées avec des animations folkloriques et des karaokés sont proposées.

Hôtel Argana – *Bd Mohammed V - 028 84 83 04/09 - fax 028 84 05 56 – www.hotel-argana.com - 218 ch. - 750 DH* - - . Jardin, piscine, terrasse, climatisation, restaurants et vue sur la mer, le tout à deux pas du théâtre.

Amadil Beach – *Route de l'Oued Souss - 028 82 93 00 ou 028 84 04 09 - fax 028 84 22 48 - 326 ch. - 850 DH* - - . Il évoque irrésistiblement certaines piscines couvertes, avec son hall immense entouré de plusieurs étages de galeries sur lesquelles ouvrent les chambres, mais la piscine est à l'extérieur !

Hôtel Tafoukt Beach – *Bd du 20-Août - 028 84 07 23 - fax 028 84 09 71 - 845/945 DH* - - . Posé en bordure de la plage, ce complexe hôtelier composé de bâtiments de deux étages répartis autour de la piscine, propose toutes sortes d'activités, sportives ou récréatives, et de boutiques. L'intérieur récemment rénové dispose d'un hall élégant en plâtre noir sculpté. Notez que la formule « studios » (avec kitchenette) peut se révéler économique.

Ramada Almohades – *Bd du 20-Août - ✆ 028 84 02 33 - fax 028 84 01 30 - www.ramadahotels.com - 321 ch. - 1 050 DH -* . Dans un beau jardin, au centre de la zone balnéaire, des bungalows à deux pas de la plage.

Eldorador Tikida Beach – *Chemin des Dunes - ✆ 028 84 54 00 - fax 028 84 58 62 - 233 ch. - 1 822 DH -* . Posé sur la plage, cet « Eldorador » de Jet Tours met à votre disposition, outre son centre de thalassothérapie, toute une gamme d'activités sportives, liées ou non à l'eau : beach volley, gymnastique, aérobic, golf *(voir Golf du Soleil)*, trekking, excursions en VTT ou en mountain-bike, randonnées à pied, ainsi que des excursions organisées sous l'égide de l'**UCPA** *(voir plus bas)*. Si ces activités ne suffisent pas à vous combler, sachez que vous pouvez également vous initier au trapèze volant.

LTI-Al Madina Palace Hôtel – *Bd du 20-Août, mais accès en voiture par le bd Mohammed V - ✆ 028 84 53 53 - fax 028 84 53 08 - www.lti.de - 1 579 DH - 365 DH -* . D'une blancheur éclatante, l'architecture de cet hôtel a été conçue comme une petite médina : labyrinthe de couloirs et de bâtiments rythmés par des portiques et des boiseries ouvragées de cèdre, et disposées autour d'un jardin exubérant, où palmiers et bananiers ombragent la piscine tandis que des grappes de bougainvillées illuminent les murs chaulés.

Royal Mirage Agadir – *Bd Mohammed V - ✆ 028 84 32 32 - fax 028 84 43 79 - www.royalmiragehotels.com - 1 900 DH -* . Chambres spacieuses avec vue sur la mer et sur la baie d'Agadir. Grande piscine et nombreuses distractions.

Dorint Atlantic Palace – *R. Oued Souss - ✆ 028 82 41 46 - fax 028 82 93 54 - www.atlanticpalace-agadir.com - 280 ch. - 3 800 DH - suites : 6 000 à 12 000 DH -* . Surplombant la baie d'Agadir, il dispose d'un centre de thalassothérapie, intégré dans l'hôtel : au choix, cures de remise en forme de 6 jours ou cures médicales. Ajoutons une grande piscine, plusieurs restaurants, dont un diététique, un bar spécialisé dans les jus de fruits et de légumes et les infusions (**La Tisanerie**), une plage privée, et bientôt, un casino ! Les prix des chambres varient selon qu'elles donnent sur le jardin, la piscine ou la terrasse.

Kenzi Europa – *Bd du 20-Août - ✆ 028 82 12 12 - fax 028 82 34 35 - www.kenzi_hotels.com - 3 200 DH - 90 DH -* . En plus d'un centre de thalassothérapie hyper moderne, vous trouverez dans cet établissement tout récent trois restaurants, des cours de tennis, des terrains de basket etc...

Se restaurer

Agadir est la ville toute indiquée pour manger du poisson. Près du port de pêche, un minuscule **marché aux poissons** vous permettra d'apprécier la pêche du jour et la richesse de la faune aquatique locale. La présence dans cette enceinte d'un billard, autour duquel pêcheurs et poissonniers se délassent de leur activité principale, sera un élément de surprise. Pour accéder au marché, il vous faudra traverser un quadrilatère autour duquel sont disposées des guinguettes proposant des poissons grillés et des fruits de mer à des prix défiant toute concurrence et, du reste, identiques d'un établissement à l'autre car fixés par la municipalité. Difficile, donc, de choisir entre ces estaminets : sans doute est-ce pour cela qu'ils ont chargé des employés de solliciter les passants... d'une façon qui confine au harcèlement.

Vous trouverez également de nombreux petits restaurants sans prétention le long de la plage, entre le port et le club Al Moghar ; il en va de même dans l'ensemble de la « zone balnéaire ». Pour déguster du poisson dans une ambiance plus sereine, empruntez au nord la route d'Essaouira ; vous pourrez vous poser dans le village de **Tamrhakh**, où un chapelet de restaurants attire de nombreux amateurs.

Notez que goûter à la cuisine marocaine à Agadir relève de l'impossible et que, si vous n'aimez pas le poisson et que vous décidez de bouder pour un soir les médiocres buffets proposés par les hôtels, vous aurez le choix entre les pizzerias, qui connaissent à Agadir une vogue certaine, et différents restaurants, le long du boulevard du 20-Août, proposant des cuisines mexicaine, libanaise... et même allemande !

La Truite – *Passage Aït Souss - ✆ 028 84 66 53 130*. Une pizzeria dont le principal intérêt réside dans sa situation, pratique pour attendre l'ouverture du musée situé juste en face. Si vous ne supportez pas les dîners-spectacles, ne la fréquentez qu'à midi.

La Sirène – *Passage Aït Souss*. Plus simple que le précédent.

Bistro « Best » Romain – *Bd. Hassan II*. Sympathique au demeurant, ce restaurant ne sera pas d'un grand dépaysement...

La Siciliana – *Bd Hassan II*. Ses pizzas au feu de bois, à consommer sur place ou à emporter, font la réputation de cet établissement.

Le Scampi – *Bd Hassan II, à côté de l'hôtel Kamal - ✆ 028 84 40 54*. Cuisine internationale et poissons grillés. Restaurant très convenable.

El Paraiso – *Bd Mohammed V, contre l'hôtel Argana, dont le restaurant dépend*. Spécialités italiennes et méditerranéennes. Cadre agréable et terrasse ombragée.

😋😋 **Johara** – *Bd du 20-Août, dans le centre commercial Al Madina - ✆ 028 84 53 53 - 100/200 DH.* Un restaurant moderne bâti dans le style traditionnel où l'on sert une cuisine marocaine très correcte. Contrairement aux autres restaurants alentour, il a l'avantage d'être plutôt calme.

À TAGHAZOUTE

😋😋 **Sables d'Or** – *Emprunter au nord la route d'Essaouira - ✆ 028 20 03 31.* Situé sur la gauche de la route peu avant l'entrée de Taghazoute ; vous y apprécierez des poissons grillés ou cuisinés servis sur une terrasse dominant l'Océan, près d'une belle plage de sable fin.

Faire une pause

Navarro – *77 av. Hassan II, en face de la sortie de la Vallée des Oiseaux.* Glaces artisanales (délicieuses) et jus de fruits.

Yacout – *R. du 29-Février.* Les fanatiques de cornes de gazelles et autres friandises marocaines se doivent d'aller faire leurs emplettes gourmandes dans cette pâtisserie traditionnelle située à proximité du Nouveau Talborj.

En soirée

SORTIES CULTURELLES

Théâtre municipal – *Bd Mohammed V (en face de l'hôtel Salam) - ✆ 028 84 07 84.* Concerts de variétés et spectacles divers dans une salle semi-circulaire.

DISCOTHÈQUES

Saisi par la fièvre du samedi soir ? Vous ne saurez où donner de la tête puisque la plupart des hôtels disposent d'un dancing ou d'un night-club accessible aux non-résidents.

Jimmy's – *Bd du 20-Août.* Dépendant de l'hôtel Melia, c'est un classique, qui a l'avantage d'être situé en plein centre.

CASINOS

Les amateurs de roulette et autres jeux de hasard n'auront que l'embarras du choix pour « flamber » autour des tables ou devant les « bandits manchots » d'Agadir. Pour ne citer que deux établissements :

Shem's Casino – *Bd Mohammed V, à côté du Sheraton.*

Casino Le Mirage – *Village Valtur, Chemin des Dunes.* Le premier casino de la ville !

Sports et loisirs

CLUBS DE VACANCES

Club Méditerranée – *R. Oued Souss - ✆ 028 82 95 00 - fax 028 84 24 44 -* 🏊. Atelier artistique, activités sportives (tennis, équitation, golf) et « Club Med Spa » avec semaines thématiques « relooking et valorisation personnelle ».

Agadir Beach Club – *R. Oued Souss - ✆ 028 84 43 43 - fax 028 84 08 63 - www. agadir-beach-club.com. 450 ch. -* 🏊. Les chambres sont disposées en amphithéâtre autour de la piscine. Plage privée.

Coralia Club La Kasbah – *Bd du 20-Août - ✆ 028 84 01 36 - fax 028 84 03 75 - www.la-kasbah-agadir.com -* 🏊. Les 212 bungalows sont répartis dans un parc luxuriant.

Agador/Tamlelt – *Bd du 20-Août - ✆ 028 84 16 18 - fax 028 84 03 28 -* 🏊.

Club Al Moggar – *Bd Mohammed V - ✆ 028 84 22 70 - fax 028 84 01 19 - www.hotelclubalmoggar.com -* 🏊. Entre le boulevard et la rue de la Plage, des petits immeubles de trois étages éparpillés dans un jardin luxuriant, avec une piscine, une crêperie, un salon de coiffure, une discothèque, le tout à deux pas de la plage.

P. Plantier / MICHELIN

Club Al Mogar.

Les Omayades – *Secteur balnéaire - ✆ 028 84 00 05 - fax 028 84 22 01 - www.hotelomayades.com -* 🏊.

Hôtel Framissima Les Dunes d'Or – *Géré par Fram - ✆ 028 82 99 00 - fax 028 82 41 07 - à Paris - ✆ 0 826 463 727 - www.fram.fr - 435 ch. -* 🏊. Piscine, base nautique, piano-bar, restaurant et même un « cyberspace ».

UCPA – *Bd Mohammed V, dans le Royal Hôtel - à Paris : ✆ 0 803 820 830.* Cet organisme vous propose de nombreuses activités sportives, nautiques ou non, sous la conduite de moniteurs diplômés : au programme, surf et voile, golf, tennis et squash, trekking dans l'Atlas, promenades à cheval ou à dos de dromadaire. Les plus intrépides pourront s'initier au scooter des mers ou au parachute ascensionnel, avant de se remettre de leurs émotions dans un centre de thalassothérapie !

ÉQUITATION

Royal Club Équestre – *Bensargao, rte d'Inezgane km7 - ✆ 028 33 30 93.*

Ranch REHA – *Rte d'Essaouira km17 - ✆ 028 84 75 49 - GSM 61 28 35 36 - fax 028 84 43 07.* Accès par une piste sur la droite de la route, juste avant l'entrée dans Taghazoute. Organisation de randonnées et de raids équestres, tant dans les environs d'Agadir qu'à Zagora ou Ouarzazate.

GOLF

Golf les Dunes (Club Med) – *☎ 028 83 46 90 - fax 028 81 46 49.*

Royal Golf Club – *Rte d'Aït Melloul (12 km) - ☎ 028 24 85 51.*

Golf du Soleil (hôtel Tikida) – *☎ 028 33 73 29/30 - golfdusoleil.com.* 3 parcours de 9 trous, tracés parmi les eucalyptus, club house avec restaurant.

TENNIS

RTCA (Royal tennis Club d'Agadir) – *Bd Hassan II - ☎ 028 84 77 54 - de 8h au coucher du soleil - 30 DH/h, abonnement d'une semaine 200 DH, deux semaines 300 DH, un mois 400 DH.*

Tennis-club Transatlantique – *Bd Mohammed V - réservations au ☎ 028 84 21 10 - tlj sf mar. 8h-18h - 50 DH 2 pers., 50 DH pour une leçon - matériel fourni.* Dépendant de l'hôtel du même nom mais ouvert à tous.

QUAD

Quad Evasion – *r. Abouda - ☎ 071 92 04 95 - compter 300 DH/h.*

PÊCHE ET PLONGÉE

Sports Evasions – *R. des Administrations Publiques - ☎ 028 84 01 22 - 390 DH/pers. pour une journée de pêche en mer (repas compris).*

THALASSOTHÉRAPIE

Centre de thalassothérapie d'Agadir – *Dans le Tikida Beach - ☎ 028 84 21 20. Compter environ 500 € pour une cure de remise en forme de 6 jours (hors hébergement).* Pionnier de la thalassothérapie au Maroc, ce centre propose aquastretching, hydromassages, algothérapie, douches, massages, et toute une gamme de thérapies aptes à remédier aux troubles de la vie moderne (stress, surmenage, insomnies…), selon un certain nombre de formules et de forfaits incluant en principe quatre soins par jour.

Signalons également le centre de thalassothérapie installé dans le cadre (somptueux) du **Vital Center**, au **Dorint Atlantic Palace** *(centrale de réservation Thalasso Soleil, à Paris - ☎ 01 55 25 45 15).* Outre les soins classiques, les hédonistes seront sans aucun doute assidus à la « salle de stimulation cinq sens ». *Comptez 7 000 DH pour une cure de 6 jours comportant 5 soins quotidiens, 1 100 DH pour une 1/2 journée découverte comprenant 4 soins.*

Par ailleurs, notez l'ouverture du **Palais des Roses**, hôtel de luxe disposant d'un centre de « thalassothérapie sous-marine » - *☎ 028 84 94 00.*

Achats

Supermarché Marjane – *Rte d'Inezgane (accès par le bd Mohammed V, sur la droite au rond-point).*

Galerie commerciale Tafoukt – *Contre l'hôtel du même nom.*

ARTISANAT

Tawarguit show room – *1 r. 206 - ☎ 028 84 82 25 - www.tawarguit.com.* Meubles, luminaires et linge de maison fabriqués dans le style traditionnel.

Ensemble artisanal – *R. du 29-Février - ☎ 028 82 38 72.* Visite intéressante, car vous y verrez non seulement des boutiques où les artisans fabriquent bijoux, ferronnerie, poteries, vêtements de cuir, mais également les salles de cours du Centre de formation professionnelle.

Nouvelle médina – *À Ben-Sergao, sur la route d'Inezgane, km4,5.* Des ateliers d'artisanat relevant de différentes disciplines y sont regroupés (potiers, ébénistes, tapissiers, herboristes…).

Targanine – *Angle des rues de Marrakech et du Dispensaire - Immeuble Ouchen n° 12, 1er étage - ☎ 028 22 57 66 - fax 028 23 57 33 - www.targanine.com.* Tous les produits cosmétiques et alimentaires dérivés de l'huile d'argan, importés des coopératives féminines du Sud marocain.

LIBRAIRIE

Si vous êtes plutôt un adepte du farniente, mais que pour autant vous ne souhaitez pas « bronzer idiot », profitez de vos moments de détente pour découvrir des auteurs maghrébins ou pour vous procurer quelques beaux livres sur l'art et l'histoire du Maroc.

Le Moungar – *Av. Prince Moulay Abdallah - Immeuble P - ☎ 028 84 27 12.* Librairie située dans un immeuble du centre-ville que vous ne manquerez pas car c'est le seul, dans cette partie de la ville, qui compte dix étages !

Événements

Timitar (festival de chants, musiques berbère et internationale) – *En juillet.*

Festival du rire – *En avril.*

Essaouira★★

71 773 HABITANTS (LES SOUIRIS)
CARTE 2E RABAT DE COUV. A3 – CARTE MICHELIN 742, PLIS 4 ET 19

Bâtie sur une presqu'île rocheuse, entourée de mimosas et de genêts plantés pour fixer les dunes, Essaouira, l'ancienne Mogador, surprend par son isolement. Au voyageur qui vient de Marrakech ou de Safi, elle apparaît soudain en contrebas, tantôt blanche et brillante, avec ses façades passées à la chaux tandis que portes et fenêtres copient le bleu du ciel et qu'un peu partout des araucarias dressent leurs étranges et sombres silhouettes de chandeliers aux multiples branches, ou bien toute de rose vêtue lorsqu'au coucher du soleil le cerne rigoureux de ses murailles se découpe sur l'horizon.

Se repérer – Cernée de remparts, la cité d'Essaouira est posée en bordure de l'Atlantique, à 175 km à l'ouest de Marrakech (la route, par Chichaoua, est assez bonne), 125 km au sud de Safi par la route côtière, et 174 km au nord d'Agadir. Toutes ces routes convergent immédiatement au sud de la ville que l'on atteint en longeant la plage jusqu'aux abords des murailles.

Se garer - Grand parking gardé le long de Bab Marrakech.

À ne pas manquer – Une promenade dans la médina, le marché aux poissons sur le port et une baignade en mer.

Organiser son temps – Deux jours sont nécessaires pour flâner dans les rues animées de la médina et profiter de la plage.

Avec les enfants – Activités nautiques sur la plage, pêche et promenade en mer.

Pour poursuivre le voyage – Voir aussi, sur le littoral atlantique, Agadir (173 km au sud), Safi (125 km au nord), Oualidia et El-Jadida (267 km).

R. Mattès / MICHELIN

Des remparts contre l'Océan.

Comprendre

La ville a le cachet des très anciens comptoirs ; elle survit à un passé qui eut quelque prestige, et révèle un petit monde provincial et charmant (si l'on occulte les nouveaux quartiers, sans âme, de la ville nouvelle située à la périphérie). La beauté du site, la qualité de la lumière, la singulière douceur du climat, le pittoresque de la ville et du port – qu'accentue l'ambiance insaisissable qui y règne – font d'Essaouira un lieu « fort », présent sans être oppressant, où tout contribue à ouvrir les sens à la perception poétique et à la rêverie.

De la pourpre au sucre de canne – Dans l'Antiquité, un peu à l'arrière de l'enceinte actuelle, une ville au nom de Thamusida fut, ainsi que les îlots voisins, fréquentée de bonne heure par les Phéniciens puis les Carthaginois. À l'époque d'Auguste, Juba II, roi de Maurétanie Tingitane, y encouragea l'industrie des salaisons et surtout celle de la pourpre, qui allait faire la renommée des « îles Purpuraires » jusqu'à la fin de l'Empire romain.

Au Moyen Âge, les avantages naturels de la baie n'échappent pas aux navigateurs portugais, qui appellent la ville « Mogador » (déformation probable du nom local *Mogdoul*), et y prennent pied quelque temps au début du 16e s. La canne à sucre est alors une importante production du Maroc ; Mogador en distille une bonne partie et exporte le sucre. La piraterie, de règle ici comme dans d'autres ports marocains, fournit un appoint appréciable.

Un fragile équilibre

Le charme intemporel d'Essaouira saura-t-il résister à l'engouement que suscite actuellement la cité ? Telle est la question que les amoureux d'Essaouira se posent avec inquiétude : la construction d'hôtels – dont un en particulier à l'intérieur des remparts contre Bab Marrakech – et d'un centre de thalassothérapie, l'envahissement de la plage par les surfeurs et les véliplanchistes, les projets de transformation du port de pêche en port de plaisance permettent en effet de craindre, si ces développements touristiques ne sont pas maîtrisés, qu'à terme le charme si particulier de la ville ne se dilue dans une station balnéaire sans grand caractère…

Une ville marocaine sur un plan français – En 1764, le sultan **Mohammed ben Abdallah** décide d'installer à Mogador une nouvelle ville pour développer le commerce international. Il signe de nombreux traités de paix et multiplie les échanges avec les nations européennes et avec l'Amérique naissante. Il fait construire un port accessible en toute saison et confie à l'ingénieur français **Théodore Cornut** le soin d'établir le plan de la cité nouvelle. D'où l'originalité de cette cité, baptisée Essaouira (« la bien dessinée ») : des remparts à la Vauban, des rues rectilignes et d'une largeur inaccoutumée, voilà qui n'était pas chose courante dans une ville musulmane, seule cité de l'ancien Maroc à bénéficier d'un plan d'urbanisme.

Rythmes et couleurs d'Essaouira – Cette ville où la mer et le rêve sont infinis, et où le ciel prend des aspects singuliers lorsque les vents parfois violents qui s'affrontent laissent place à de larges bannières de nuages, est un lieu où règne une créativité intense. Nombreux sont en effet les artistes autodidactes (peintres, sculpteurs, musiciens, dramaturges) qui y sont nés ou sont venus s'y installer, sensibles à son atmosphère particulière.

Parmi les peintres, dont certains ont été exposés plusieurs fois à l'étranger (au musée international d'Art naïf à Nice, au musée de Wuppertal en Allemagne, au musée royal des Beaux-Arts d'Anvers ou encore, en 1999, à Paris lors des manifestations du « Temps du Maroc »), on peut citer : **Abdelkader Bentajar**, dont la palette illustre les ciels d'Essaouira envahis de nuages impressionnants peuplés de personnages fantasmatiques ; **Mohammed Sanoussi**, professeur d'arts plastiques, dont les œuvres peintes sur toile de jute ou cuir utilisent des couleurs végétales et des coquillages broyés et s'inspirent de motifs berbères ; dans ses dernières toiles faisant appel à la technique du collage, le dessin presque abstrait débouche sur la calligraphie, parfois insérée sous verre comme une fenêtre s'ouvrant vers l'écrit ; **Mohammed Tabal**, le peintre gnaoui, déjà célèbre pour sa peinture d'inspiration africaine aux couleurs fortes ; le minutieux **Brahim Mountir**, qui dessine, avec des milliers de petits points

Galerie d'art Frédéric Damgaard, Essaouira

« Oiseau de paradis », par Mohammed Tabal.

tracés à l'aide d'une encre qu'il fabrique à base de plantes macérées et de minéraux, des compositions inspirées de la silhouette des arganiers ; **Ali Maimoune** ; **Abdelmalek Berhiss**, qui, avec un dessin très simple, s'attache à créer un bestiaire fantastique caractérisé par ses tons pastel ; **Abdellah Elatrach**, avec ses couleurs violentes, chargées de symboles, et ses formes imbriquées les unes dans les autres qui débordent de la surface de la toile pour investir le cadre, qui la prolonge et la cerne de formes chimériques apparaissant en relief ; **Rachid Amarhouch**, à la fois pêcheur et peintre, avec des toiles d'une composition extrêmement complexe où abondent des personnages dont la silhouette stylisée se charge d'une multitude de symboles et qui a conservé de ses débuts de calligraphe l'habitude de parsemer ses œuvres très colorées de lettres arabes ou européennes, messages cachés d'amour pour sa ville. On peut citer également **Fatima Ettalbi**, très inspirée par l'art du tatouage, **Said Ouarzaz** et les frères **Youssef** et **Hamou Âït Tazarin**, représentants d'une nouvelle vague d'artistes, qui peignent des animaux étranges dans une technique pointilliste évoquant assez des mosaïques. Parmi les derniers venus, **Mustapha Asmah** (né en 1962), ferrailleur de son état, qui, « guidé par l'intuition » et sans aucun contact avec ses confrères, peint dans un état second, et **Azzeddine Sanana**, pêcheur né en 1965 qui représente des formes animales assez énigmatiques d'où émerge une multitude de petits yeux. Ces artistes souiri, tout à fait originaux, d'un dynamisme et d'une spontanéité étonnants, ont découvert dans la peinture de leurs aînés un monde familier, proche des traditions de l'artisanat local, qui a stimulé leur créativité.

Galerie d'art Frédéric Damgaard, Essaouira

Œuvre de Rachid Amarhouch.

En dehors de cette « nouvelle vague », d'autres peintres talentueux font partie de l'univers artistique souiri : **Tayeb Saddiki**, connu surtout comme dramaturge et metteur en scène de théâtre, mais qui est aussi peintre et calligraphe ; **Abderahim Harrabida**, calligraphe et auteur de tableaux-sculptures incorporant de minuscules mosaïques (zelliges) traditionnelles.

Parmi les sculpteurs qui travaillent aussi bien la pierre que la **racine de thuya** (mais pour cette dernière, il faudrait parler de tous les tailleurs de bois qui travaillent le long des remparts et dont on peut admirer toutes sortes d'objets sculptés), on peut citer **Mohammed Bouada**, dont les sculptures de grès aux formes ovales et aux courbes douces comme celles d'un corps sont une invitation à la caresse du regard ; ou bien **Abdessamad Sedram**, aux œuvres aux formes indécises donnant libre cours à l'imagination. Tous les deux ont fait l'objet d'expositions outre-Atlantique.

Essaouira est aussi une ville qui a eu le privilège de conserver des traditions musicales issues de l'Afrique noire, qui lui confèrent une sorte de spiritualité, et que restituent aujourd'hui les groupes de musiciens et danseurs gnaoua.

Se promener

LE PORT ET LA VILLE

Partir du parking, voisin des bâtiments de la douane, où on laissera la voiture.

Port★

Son trafic est peu important et il n'est d'ailleurs accessible qu'aux navires de faible tonnage. C'est surtout la pêche qui lui donne couleur et vie. Dans la lumière blanche du matin, alors que le vent mugit sur la plage déserte et que les goélands et les cormorans, omniprésents sur les quais, percent le silence de leurs ricanements obsédants, il faut voir le port s'animer peu à peu : le nettoyage à grande eau des tables blanches, qui serviront plus tard à la dégustation du poisson, grillé à peine débarqué ; la réparation des filets rouges ; l'agitation qui se crée à l'arrivée des bateaux

et lors de leur déchargement, lorsque les pêcheurs jonglent avec les paniers remplis de poissons et que sardines, saurelles, maquereaux, anchois se retrouvent à la criée, alors que quelques femmes voilées attendent sur les quais, munies d'un seau, que les marins-pêcheurs leur donnent quelques poissons.
C'est le moment où il faut pénétrer dans la **halle aux poissons**, où les pêcheurs apportent les prises du jour : raies, murènes, pageots, roussettes, calmars y côtoient des requins, certains de taille impressionnante. Les cageots arrivent et repartent dans un grand brouhaha affairé, suivant un rituel passablement mystérieux…
Plus loin, au petit **chantier naval**, reposent les élégantes carcasses de bois des bateaux en construction à différents stades de leur évolution.

Porte de la Marine★

Elle fait communiquer la ville et le port. Une inscription la date de 1769 et indique le nom du renégat anglais qui la construisit. Du côté de la mer elle est surmontée d'un fronton reposant sur deux colonnes cannelées et encadrées de deux échauguettes.

Elle est reliée à la *skala* (plate-forme d'artillerie) du port par un pont, aux piles trapues et au parapet crénelé, qui enjambe les petits bassins où sont ancrées de nombreuses barques de toutes les couleurs.

Skala du port

Franchir la porte de la Marine et gravir, à gauche et contre celle-ci, l'escalier qui permet d'atteindre la partie supérieure de la skala. 10 DH (-12 ans 3 DH).

Munie de créneaux et d'échauguettes, elle défendait le port : on y voit encore les vieux canons armoriés.

La tour d'angle qui la domine offre un séduisant **panorama★** sur la ville, le port, la baie et les îles.

Orson Welles tourna ici certaines scènes de son film *Othello*, qui reçut la Palme d'or au Festival de Cannes en 1952. Quarante ans plus tard, la ville d'Essaouira – qui compte depuis une place Orson-Welles – célébra avec faste l'anniversaire de cette consécration en organisant diverses manifestations, parmi lesquelles une soirée musicale émouvante et grandiose à la *skala*.

En quittant la skala du port, gagner la place **Moulay el Hassan**, *vaste rectangle réservé aux piétons qu'animent de nombreuses terrasses de cafés et de petits restaurants, et tourner à gauche dans la rue de la Skala.*

La lila des Gnaoua

La cérémonie gnaoua est un rite de possession à fonction essentiellement thérapeutique, les Gnaoua étant réputés aussi bien pour leur talent de musiciens que pour celui de guérisseurs. On y invoque les grands saints de l'islam populaire, comme Abdelkader Jilali et Moulay Brahim, et des êtres surnaturels, les djinns, susceptibles de posséder les êtres humains. Le rituel gnaoua, qui peut durer quelques heures ou toute une nuit – on le désigne alors par le terme **lila** (la nuit en arabe dialectal) –, comporte trois grandes phases successives : l'**aâda**, les **kouyou** et les **mlouk**.
L'**aâda** est une procession à travers la ville, qui va du lieu de la confrérie (à Essaouira la *zaouïa* Sidna Bilal, du nom du premier muezzin de l'islam) jusqu'au lieu du rituel, généralement la maison invitante (ces rites et coutumes authentiques qui se transmettent de père en fils ont toujours lieu dans une maison).
Les **kouyou** constituent une phase récréative et musicale assez longue, assurée par le *guembri* et les crotales, et dont la fonction est de préparer, par un spectacle de chants, de jeux et de danses, la partie principale des transes.
À la fin des *kouyou*, après une longue pause, on apporte sur un plateau, appelé **tbiga**, des encens, dont le halo de fumée qu'ils créent en brûlant constitue le décor ambiant, et des foulards de sept couleurs différentes. Les **mlouk**, ces êtres surnaturels ou esprits possesseurs qui sont invoqués et que l'on invite à se manifester lors de la transe, ont en effet chacun leur devise musicale, leur encens et leur couleur. Pour guérir, il faut se laisser totalement porter par la musique. Commencent alors les transes et les danses de possession dont le rythme ira s'accentuant jusqu'au paroxysme.
Certains peintres se sont inspirés dans leurs œuvres de la transe en tentant d'en donner une expression plastique, tel **Mohammed Tabal**, peintre gnaoui qu'on a surnommé le « peintre de la transe », car ses toiles ont souvent pour thème les *lila* et comme couleurs celles des Gnaoua.
Il existe d'autres formes de rituels comme la *hadra*, réservée aux femmes, et la *ksara*, soirée moins longue et plus intime que la *lila*, et que l'habitant d'une maison peut organiser chez lui.

L'étroite **rue de la Skala** longe les remparts à l'intérieur de la ville. Après un passage sous voûte, la rue s'élargit : des ébénistes y tiennent boutique et certains y exécutent encore leurs patients travaux de marqueterie (tables, coffrets, bracelets, bibelots de bois) qui font la renommée des artisans d'Essaouira. Le bois employé est généralement l'arar, ou thuya de Barbarie, dont il existe de grands peuplements dans la région. Les racines de cet arbre sont particulièrement appréciées en ébénisterie : ce sont les « loupes d'arar » qui donnent, une fois polies, des surfaces chatoyantes d'un très bel effet. La décoration des meubles est obtenue au moyen de sculptures et d'incrustations de citronnier, d'ébène, de nacre et d'argent.

Skala de la ville★

Au bout de la rue, un passage sous voûte donne accès à une rampe conduisant à la *skala* de la ville. Les fortifications protégeaient ici la cité contre les attaques par mer. Elles constituent une longue terrasse bordée de créneaux dans lesquels sont encore braqués des canons de bronze : même s'ils sont aujourd'hui inoffensifs, la perspective de cette *skala* demeure impressionnante.

C'est de la terrasse du bastion nord que l'on a la meilleure **vue★** sur l'ouvrage fortifié, relayé au loin par la *skala* du port, l'enfilade des îlots rocheux empanachés d'écume, et la côte du cap Sim dans le fond.

Rue Laâlouj

Redescendre la rampe d'accès à la skala et, après le passage sous voûte, tourner à gauche dans la rue Laâlouj.

Relativement large et rectiligne, comme tous les axes principaux de la cité, cette rue, bordée aujourd'hui de restaurants, témoigne de l'urbanisme si particulier d'Essaouira.

Musée Sidi Mohammed ben Abdallah

Fermé depuis plusieurs années pour travaux de rénovation. À droite dans la rue, le musée occupe l'ancienne mairie. Consacré aux coutumes et traditions artisanales ou artistiques de la région d'Essaouira, il rassemble des collections recueillies avec passion par son créateur, l'artiste **Boujemaâ Lakhdar**, qui a tenu à les présenter de façon didactique. Au rez-de-chaussée, divers instruments de musique utilisés lors des fêtes des confréries religieuses (Gnaoua, Hamadcha, Aissaoua, etc.) ou des mariages et circoncisions. À l'étage sont présentés des poteries, des tapis tissés par les femmes des tribus arabophones Chiadma, des meubles marquetés, des bijoux-amulettes aux décors d'oiseaux, de serpents ou de crapauds, tous chargés de fonctions magiques.

Souks★

Prendre ensuite sur la gauche la rue Mohammed ben Abdallah.

Beaucoup d'animation dans cette rue, où les petits commerces ont envahi les nobles maisons blanches aux volets bleus et ne sont que monticules multicolores de fruits, de légumes, d'épices, derrière lesquels les marchands disparaissent à moitié, prenant des allures d'hommes-troncs. Les ruelles transversales, de loin en loin voûtées, montrent de beaux portails en pierre de taille finement sculptée, aux arcs en plein cintre ornés de zelliges, et connaissent elles aussi une grande animation en fin d'après-midi. Partout, l'on croise les silhouettes drapées des femmes souiri, qui portent toutes le *haïk*. On aboutit à l'ancien **mellah**.

À hauteur de **Bab Doukkala** et avant de tourner à droite dans l'avenue Zerktouni, on s'arrêtera volontiers sur la place pour écouter, si l'occasion se présente, les musiciens. Ici comme ailleurs, il fait bon regarder les guérisseurs et les conteurs d'histoires, partager l'attente des spectateurs, et ressentir leur passion de la musique.

Prolongée au-delà du marché par l'avenue de l'Istiqlal, l'avenue Mohammed Zerktouni, principale voie commerçante d'Essaouira, coupe en deux la vieille ville.

G. Targat / MICHELIN

Dans les souks.

Le plaisir de se perdre

Au-delà des avenues rectilignes, il faut savoir se perdre à Essaouira dans ces lacis de ruelles au parcours capricieux, souvent voûtées, et y découvrir, à la faveur d'une porte entrouverte, un *riad* fleuri entouré d'arcades, l'atelier d'un ébéniste ou une boutique inattendue. Petit labyrinthe en vérité, car tôt ou tard, on retombe sur l'un des axes autour desquels Théodore Cornut a conçu la cité.

Elle traverse le **souk Jdid**, où se trouvent, derrière les arcades, le très pittoresque marché des épices et celui des poissons. Dans la petite rue Syaghine, qui borde le marché à gauche après la mosquée, sont groupés les **bijoutiers**.

LA BAIE D'ESSAOUIRA

Plage

Une vaste grève borde la côte au nord de la ville mais, battue par les vents, elle n'est agréable que par très beau temps. La vraie plage d'Essaouira s'étend au fond de la baie, au contact immédiat de la ville. Sa pente douce et unie la rend très sûre, en dépit du vent. Les vents alizés apportent ici pendant tout l'été une fraîcheur surprenante.

SE LOGER		SE LOGER (suite)		SE RESTAURER (suite)	
Dar Adul	1	Maison du Sud	37	Chalet de la Plage	4
Dar El Qdima	4	Palazzo Desdemona	40	Chez Sam	7
Dar Loulema	7	Riad Gyvo	43	Côté Plage	10
Dar Loussia	10	Riad Marosko	46	Dar Loubane	13
Étoile de Mogador	13	Ryad Mogador	49	El Menzah	16
Ezahia	16	Sahara Hôtel	52	Essalam	19
Heure Bleue	19	Sofitel Mogador	55	Il Gabbiano	22
Hôtel Gnaoua	22	Villa Baghdad	58	L'Arganier	25
Hôtel des Îles	25	Villa Maroc	61	La Licorne	28
Hôtel du Mechouar	28	**SE RESTAURER**		Le Coquillage	31
Hôtel Riad Al Madina	31	Aïlen	1	Les Chandeliers	34
Hôtel Souiri	34			Océan Vagabond	37
				Riad bleu Mogador	40

Île de Mogador

Les visites sont actuellement interdites sauf dérogation à caractère scientifique, d'où la délivrance d'un laissez-passer. Prix à débattre avec l'un des barcassiers du port. Durée de la traversée : 15mn environ.

C'est désormais une réserve ornithologique, célèbre pour la présence de faucons Éléonore.

Connus des Romains sous le nom d'îles Purpuraires, l'île de Mogador et l'îlot voisin ont été visités durant toute l'Antiquité par les marchands méditerranéens : Grecs, Chypriotes, Phéniciens, Carthaginois et surtout Romains y ont laissé des traces, révélées par les fouilles archéologiques.

Occupée et fortifiée au temps de Mohammed ben Abdallah, l'île de Mogador, qui est aujourd'hui déserte et ne laisse voir que quelques ruines, offre une **vue** étendue sur la côte, la ville et la baie d'Essaouira.

Aux alentours

Marabout de Moulay-Bouzertkoun

À 20 km au nord d'Essaouira par la route de Safi, prendre à gauche la direction de Moulay-Bouzerktoun.

Au bout d'une piste caillouteuse, le marabout et la mosquée attenante, éclatants de blancheur, sont posés sur une grève escarpée, à côté d'un humble village de pêcheurs. Ce lieu de haute spiritualité est une des étapes traditionnelles du fameux **moussem des Regraga**. Dans ce lieu où l'on pratique volontiers le camping sauvage, la plage, battue par le vent, fort appréciée des véliplanchistes, est à déconseiller formellement aux adeptes des bains de mer en famille.

Circuits de découverte

LA CÔTE SUD D'ESSAOUIRA JUSQU'AU JBEL AMSITTENE

Dunes du cap Sim★

14 km au sud – environ 30mn.

Sortir d'Essaouira par le sud. À 6 km, 1 km environ après le pont qui franchit l'oued Ksob, tourner à droite laissant à droite l'éolienne de Tangaro ; poursuivre jusqu'au petit village de **Diabet**.

Ces dunes sont la providence des cinéastes qui ont à tourner des scènes de désert.

À hauteur des premières maisons, belle **vue** d'ensemble sur Essaouira et sa baie. Au milieu des dunes, près de l'embouchure de l'oued Ksob, on aperçoit les **ruines** étranges de Dar Soltane, palais ensablé édifié au 18e s. par Mohammed ben Abdallah dans lequel quelques hippies élurent domicile dans les années 1960 et 1970.

La fièvre des sixties

Les babas cool, anciens hippies et autres nostalgiques d'une époque où toutes les utopies semblaient relever du domaine du possible n'aborderont pas ces lieux sans un pincement au cœur : c'est ici, à Diabet, que, parmi tant d'autres dont le nom n'est pas passé à la postérité, Jimmy Hendrix, Brian Jones, Mick Jagger, Julian Beck et Judith Malina, les fondateurs du Living Theater, qui eurent tant d'influence sur la formation du groupe Nass el Ghiwane, se retrouvaient avec des musiciens gnaoui… Époque révolue d'une insouciance aujourd'hui dissipée dans un nuage de fumée…

Si les ruines n'ont aujourd'hui qu'un intérêt relatif, la plage est magnifique au-delà du cordon de dunes qui la borde *(pour y accéder plus facilement, vous pouvez prendre la piste située à la sortie d'Essaouira, juste en face du phare).*

Revenir sur ses pas jusqu'à Tangaro, où l'on prendra la piste forestière praticable uniquement en 4x4 qui s'ouvre à droite.

Sept km de piste à travers des dunes fixées par toutes sortes de buissons – genévriers et mimosas notamment – se terminent au petit village de **Sidi-Harraz**. De là, un beau **point de vue** circulaire : du côté de la mer s'étend un immense **champ de dunes★** de sable rose ; au nord, Essaouira, sa baie, ses îles et son arrière-pays.

Revenir à Tangaro par le même chemin et rejoindre la route d'Agadir.

Au croisement avec la route de Marrakech, dans un paysage sauvage d'arganiers, de petits immeubles blancs ont surgi de terre : c'est la première tranche d'une

« ville nouvelle », baptisée Al-Jadida-Essaouira et qui, à terme, devrait comprendre 11 000 logements et s'accompagner de la réalisation d'une route vers les dunes du cap Sim et Sidi Kaouki...

Dar El Baz – musée Lakhdar

À 12 km au sud d'Essaouira (panneaux) prendre sur la gauche un chemin caillouteux parmi les arganiers et les murs de pierre sèche, et le suivre sur 800 m environ. Tlj sf lun. - rémunération au gardien.

Peintre, sculpteur, calligraphe, poète, menuisier, ethnologue, **Boujemaâ Lakhdar** (1945-1989), qui se fit connaître en France lors de l'exposition « Les Magiciens de la terre » au Centre Georges-Pompidou, fut le conservateur, de 1980 à sa mort, du musée des arts et traditions populaires Sidi Mohammed Ben Abdallah d'Essaouira, qu'il avait lui même conçu et installé. Celui que l'on nommait le *maâlem* (« celui qui sait ») aimait à se définir comme un « artisan-artiste ». La maison qu'il a construite, meublée et décorée de ses propres mains, une œuvre d'art en elle-même, permet de faire connaissance avec l'œuvre chargée de symboles et de signes (comme la présence de l'œil dans nombre de ses créations) d'un homme qui œuvra sa vie durant tant pour préserver et étudier le patrimoine souiri que pour soutenir les jeunes artistes. Décorée de bas-reliefs et de sculptures, ornée de « meubles » aux fonctions plus symboliques qu'utilitaires, la petite « maison-sculpture » présente dans son salon semi-circulaire le meilleur de l'œuvre de Lakhdar, en particulier des tableaux remarquables de fraîcheur et d'inventivité, témoignant de la culture et de la créativité d'un artiste attachant, trop tôt disparu.

Sidi Kaouki★

À 15 km au sud d'Essaouira, par la route d'Agadir, prendre à droite la direction de Sidi Kaouki.

Au bout de 11 km de route goudronnée, on arrive à un espace sur lequel de nombreuses paillotes dissimulent une plage immense battue par les vagues. Sur la droite, à l'aplomb des flots écumants qui semblent sans cesse sur le point de l'engloutir, se dresse le marabout, avec sa coupole sous laquelle est enterré le saint Sidi Kaouki ; une curieuse bâtisse de plusieurs étages édifiée face à la mer et comportant des escaliers biscornus et de petites chambres est adossée au sanctuaire *(par respect pour cet endroit au caractère mystique et pour les personnes qui y vivent, il vaut mieux ne pas monter au sommet de l'édifice).* Selon la légende, les personnes qui séjournent ici sont venues dans l'espoir de trouver la solution à un problème. Si celui-ci est résolu, c'est alors la fête.

Une autre coutume du pays des berbères Haha veut que l'on emmène les petits garçons à qui l'on doit faire leur première coupe de cheveux à l'ombre du marabout : c'est une façon d'assurer sur leur tête la « baraka » (bénédiction du saint).

Malheureusement, le marabout et le bâtiment attenant, très endommagés par une tempête, ont perdu de leur superbe.

Il faut dire qu'en juillet et août, ici comme à Essaouira, le vent est particulièrement violent. S'il fait le bonheur des véliplanchistes et autres surfeurs, qui envahissent les quelques petits hôtels du minuscule village – alimenté en électricité seulement par deux éoliennes –, il rend les baignades parfois dangereuses. À défaut de défier les vagues, vous pourrez faire, avant de repartir, une longue et belle balade sur la plage bordée d'arganiers et de thuyas, dans ce lieu miraculeusement préservé. Mais pour peu de temps hélas, songerez-vous en apercevant les camions qui transportent les déblais de la future route côtière en construction...

Revenir sur la route d'Agadir.

Tidzi

Coopérative féminine Ajddigue★ – *Sur la gauche de la route - ✆/fax 024 47 23 58 - tlj sf dim 8h-18h - possibilité de photographier en demandant l'autorisation.*

Cette coopérative de production d'huile d'argane regroupe une vingtaine d'adhérentes. Si ici, contrairement à Mesti, l'amandon est pressé par une machine, vous pourrez assister au concassage manuel des noix, réalisé à l'aide d'une pierre polie, après l'enlèvement de la pulpe. Difficile travail qui, outre une certaine force, nécessite un coup de main que seul peut faire naître une longue pratique. L'accueil est absolument charmant et vous pourrez, comme dans les autres coopératives de ce type, acheter de l'huile alimentaire, des produits cosmétiques et la délicieuse pâte qu'est l'*amlou beldi*.

Jbel Amsittene★

58 km au sud d'Essaouira – environ 2h.

Dans une région mamelonnée où domine l'arganier, une oliveraie signale le gros village de **Smimou** *(souk le dimanche)*, que l'on traverse avant de trouver, 7 km plus loin à gauche, la piste de l'Amsittene (plaque indiquant : Tnine Imi n'Tlit ; piste 6633).

Bien que d'altitude modeste (905 m), le *jbel* Amsittene occupe une position largement dominante. La piste sinueuse qui l'escalade, longeant parfois des abrupts impressionnants, offre des **aperçus** très variés sur les montagnes voisines et, au loin, sur l'océan. La terre ocre rouge à perte de vue est couverte de thuyas et de grands arganiers. S'il est douteux (et peu souhaitable !) que vous vous trouviez soudain nez à nez avec un sanglier ou un mouflon (abondants ici), vous rencontrerez peut-être de charmants écureuils, dits « des arganiers ».

La piste mène jusqu'au pied de la tour de guet.

De là, magnifique **vue★** circulaire, d'une part sur la côte atlantique jusqu'au cap Sim et Essaouira, dont les maisons blanches sont visibles par temps favorable, d'autre part sur le pays tourmenté des Haha et le Haut Atlas.

Essaouira pratique

Informations utiles

Bon à savoir – La médina d'Essaouira est inscrite sur la liste du patrimoine mondial de l'Unesco et la cité est jumelée avec le port français de La Rochelle.

Syndicat d'initiative – *R. du Caire (après la porte Bab Sabaa) - ✆ 024 78 35 32 - fax 024 78 35 30 - www.mogador-essaouira.com.*

Banques et change – Sur et autour de la place Moulay Ismaïl. Distributeur automatique avenue Oqba Ibn Nafia.

Poste centrale – Au coin de l'avenue el Moukouana, parallèle à l'avenue Mohammed V (front de mer).

Transports

AÉROPORT

Royal Air Maroc *(✆ 024 47 67 09)* assure deux rotations hebdomadaires de Casablanca à l'aéroport de Mogador, situé à une quinzaine de km d'Essaouira en direction d'Agadir.

GARE ROUTIÈRE

Au nord de la ville (hors les murs par Bab Doukkala). Autobus fréquents pour Marrakech, Safi, Agadir et Casablanca.

Sur la grande place ouverte devant Bab Marrakech, bus **Supratour** pour Marrakech.

PARKINGS

Signalons que l'accès est désormais interdit aux voitures dans l'enceinte de la vieille cité et que trois parkings surveillés *(et payants : ticket à rendre au gardien à la sortie)* ont été aménagés : sur la droite de Bab Sabaa, le long de Bab Marrakech et devant le port, en face de la place Moulay Ismaïl *(compter 20 DH/24h)*. Des porteurs munis de diables et de carrioles proposent aux visiteurs de les aider à transporter leurs bagages jusqu'à leur lieu de résidence *(environ 10 DH pour la course)*.

LOCATION DE VOITURE

Avis – *Aéroport Mogador - ✆ 024 47 49 26 - 7h-23h.*

Hôtels

À L'INTÉRIEUR DES REMPARTS ET DANS LA MÉDINA

Sahara Hôtel – *Av. Oqba Ibn Nafiaa - ✆ 024 47 52 92 - fax 024 47 61 98 - www.net-tensift.com/damonte - 300 DH - ☕ 20 DH.* Cet établissement modeste mais très convenable offre l'avantage de sa position centrale et l'inconvénient de ne pas disposer d'ascenseur. Préférer les chambres rénovées.

Hôtel Souiri – *37 r. Attarine - ✆/fax 024 47 53 39 - 39 ch. - 450 DH - appart. 600 DH - ☕.* S'il a incontestablement moins de charme que son voisin l'hôtel Riad al Madina, il propose néanmoins des chambres très convenables.

Hôtel Gnaoua – *89 av. Zerktouni - ✆ 024 47 52 34 - fax 024 47 52 34 - 250 DH - mini-suite : 500 DH - ☕ 25 DH.* Ne vous laissez pas décourager par le hall quelque peu sinistre de ce petit hôtel : il a été récemment ouvert et les chambres sont meublées et décorées sobrement. Certaines d'entre elles ne disposant d'autres fenêtres que celles donnant sur le patio intérieur seront à éviter par les claustrophobes, mais celles qui donnent sur la rue principale de la médina – emplacement stratégique s'il en est – sont charmantes, et la mini-suite dispose qui plus est d'un balcon.

Hôtel du Méchouar – *Av. Oqba Ibn Nafiaa - ✆ 024 47 58 28 - fax 024 78 48 27 - www.mbdynamique.net/*

lemechouar - 26 ch. - 250/550 DH. Cet hôtel très central possède une belle salle de restaurant voûtée et un bar. Possibilité d'excursions (quad, sports nautiques) et ouverture prochaine d'un hammam.

Hôtel-Résidence La Maison du Sud – *29 av. Sidi Mohamed Ben Abdellah (face au musée) - ✆ 024 47 41 41 - fax 024 47 68 83 - www.maison-dusud.com - 14 ch. dont 11 en duplex et 2 sur la terrasse - 620 DH - mini-suite : 950 DH.* Installé dans un riad souiri du 18ᵉ s., il propose des chambres avec mezzanine et des suites, réparties sur plusieurs niveaux autour d'un charmant patio central. Belle vue de la terrasse sur les toits de la médina.

Villa Bagdad – *12 r de Bagdad - ✆ 024 47 20 23 - www.villa-bagdad.com - 8 ch. - 650 DH - suite : 1 000 DH ; villa entière : 6 000 DH.* Cette somptueuse demeure est élégamment aménagée autour d'un patio fleuri. Le petit-déjeuner est servi sur une agréable terrasse et les chambres sont décorées avec goût dans le style arabo-andalou.

Hôtel Riad al Madina – *9 r. Attarine - ✆ 024 47 59 07/57 27 - fax 024 47 57 27 - www.riasalmadina.com - 49 ch. - 664 DH ☕ - menu 150 DH.* Installé dans un ancien *riad*, où, selon une légende complaisamment entretenue, Jimmy Hendrix aurait jadis séjourné, cet hôtel propose des chambres et des salons disposés autour d'un patio central et une agréable décoration. D'autres sont situées dans une extension récente qui a investi un *riad* voisin. L'exiguïté de certaines des chambres et leur intimité toute relative (surtout au rez-de-chaussée) pourront rebuter certains.

Palazzo Desdemona – *12-14 r. Youssef El Fassi (entrée à côté de la galerie Damgaard) - ✆ 024 47 22 27 - fax 024 78 57 35 - 14 ch. - 700 DH ☕ - suites : 1 300 DH.* Les chambres et suites – équipées de cheminées – sont réparties autour d'un puits de lumière central. Tout ici est somptueux, des lits à baldaquin à la vue sur les jardins, de la décoration, soignée jusque dans le moindre détail, au mobilier réalisé en thuya pour l'hôtel.

Villa Maroc – *10 r. Abdellah Ben Yassine (tout de suite à gauche après avoir franchi la porte s'ouvrant sur l'av. Oqba Ibn Nafiaâ) - ✆ 024 47 61 47 - fax 024 47 58 06 - www.villa-maroc.com. 25 ch. - 1 500 DH - demi pension obligatoire en avril, août, oct., déc. et déb. janv.* Elle est installée dans quatre maisons superbement rénovées du 18ᵉ s. Un charme fou que ce dédale d'escaliers, de couloirs, de galeries aux harmonies bleues et vertes tranchant sur la blancheur éclatante des murs où chambres, suites, salons et terrasses ouvrent sur des cours intérieures fleuries. Sur commande, les résidents comme les visiteurs peuvent

C. Brett / MICHELIN

Harmonie de bleu et de blanc au Riad Al Madina.

obtenir des repas composés à base de spécialités souiri telles que le congre aux raisins secs et aux oignons et différentes variétés de tajines, servis dans le salon de leur choix. Il est prudent de réserver très longtemps à l'avance… ou de tenter sa chance au dernier moment !

HORS LES MURS

Hôtel des Îles – *Av. Mohammed V - ✆ 024 78 36 36 - fax 024 78 55 90 - www.hotel-des-iles.com - 140 ch. - 750 DH - 16 suites : 2 500 DH - ☕ 65 DH - taxes 11 DH/jour - menu 150 DH -* 🏊 *-* **P**. À l'entrée de la ville, face à la mer, il propose des chambres récemment rénovées donnant soit sur le front de mer, soit (en saison) sur la piscine, autour de laquelle sont répartis des bungalows disposant chacun d'une petite terrasse et d'un parking. Les cinéphiles les plus fortunés pourront demander la « suite Orson Welles » ! Ameublement style années 1950, agréable salon « européen » donnant sur le front de mer et restaurant marocain aménagé comme une tente caïdale.

Ryad Mogador – *Situé au sud de la ville, au carrefour des routes d'Agadir et de Marrakech - ✆ 024 78 35 55 - fax 024 78 35 56 - www.ryadmogador.com - 140 ch. - 800 DH - ☕ 75 DH -* 🏊 *-* **P**. Bel hôtel moderne édifié dans un style néo-marocain. Mais si l'endroit ne manque pas de charme, vous serez en droit de le juger un peu trop éloigné de la ville, et d'aucuns ne manqueront pas de regretter qu'aucun alcool n'y soit servi. Possibilité d'excursions en quad *(compter 350 DH pour 1h30).*

Sofitel Mogador – *Av. Mohammed V - ✆ 024 47 90 00. www.sofitel.com - 117 ch. dont 8 suites - 2 480 DH - ☕ - 170 DH -* 🏊 *-* **P**. Aménagé face à la plage, avec un centre de thalassothérapie intégré, cet hôtel très confortable offre tous les services auxquels vous pouvez vous attendre. Mais pourquoi dans cette ville où tout est blanc et bleu l'avoir affligé de cette façade rougeâtre. Préférer les chambres à triple exposition (mer, piscine et médina).

Maisons d'hôte

Dar El Qdima – *4 r. Malek Ben Rahal « El Hadada » (dans la partie de la médina située dans l'angle des rues Mohammed El Qory et de l'Istiqlal, signalisation à hauteur des souks) - 024 47 38 58 - www.darqdima.com. 14 ch. - 450/600 DH - repas sur commande.* Très sobre, la décoration de cette ancienne maison de maître, construite en 1898 par des esclaves africains, avec ses murs de *tadelakt*, ses arcades, ses fenêtres intérieures, est très réussie, et l'accueil est charmant. Espérons que cet établissement, des plus agréable, continuera de lutter efficacement contre l'humidité ambiante !

Riad Marosko – *66 impasse d'Agadir (à deux pas de Bab Marrakech) - 024 47 54 09 - www.riad-marosko.com - 400 DH (1 pers.), 500 DH (2 pers.), 650 DH (3 pers.) etc.* Coïncidence : ce *riad* appartient à des Rochelais qui se sont établis à Essaouira un peu avant que La Rochelle ne soit jumelée avec leur cité d'accueil. Il propose sept minisuites disposées sur quatre niveaux, chaque étage se signalant par sa couleur. Terrasse et solarium.

Ezahia – *4 rue Mohammed Diouri - 024 47 35 81 - www.essaouiranet.com/zahia - 8 ch. - 700 DH.* Les chambres sont réparties sur trois étages dans un cadre fleuri. Accueil convivial et situation idéale à proximité des commerces.

Étoile de Mogador – *R. Aillal el Ouaquaoui - 073 25 63 89 - www.etoiledemogador.com - 700 DH -* - Entre la place Bab Marrakech et le port, un riad récent tenu par deux jeunes Rochelais. Intérieur charmant sur trois étages, et une belle terrasse avec vue sur la mer.

Dar Adul – *68 r. Touahen (proche de la skala du Port, sur la droite de la rue Laâlouj) - /fax 024 47 39 10 - www.dar-adul.com. 4 ch. - 770 DH.* À deux pas des remparts, un *riad* sympathique et tout blanc et bleu. Patio arboré, salon avec cheminée et terrasses.

Dar Loussia – *4 r. Mohammed Ben Messaoud - 024 78 37 56 - www.dar-loussia.com - 24 ch. - 1 200 DH.* Fort bien situé, ce *riad* somptueux a été récemment rénové dans un style à la fois design et traditionnel. L'ensemble très élégant est composé de plusieurs salons et d'une vaste terrasse.

Riad Gyvo – *3 r. Mohamed Ben Messaoud - /fax 024 47 51 02 - www.riadgyvo.com - 1 200 DH - 60 DH.* Un beau bâtiment rénové dans le style ancien et aménagé sur trois étages. Au sommet, une terrasse offre une vue exceptionnelle à 360° sur la ville et la mer. La chambre au dernier étage dispose de sa propre terrasse.

Dar Loulema – *2 r. Souss (après le café Taros, emprunter la rue de la Skala puis la première rue sous voûte à droite) - /fax 024 47 53 46 ou 061 24 76 61 - www.darloulema.com - 7 ch. - 1 300 DH -* . Raffinement, tel est le maître mot de ce *riad* avec ses chambres à thème (« Marrakech », décorée en tonalités rouges, « Majorelle » en jaune et vert, « Mogador » en bleu et blanc…). Comme les salons, elles donnent sur un patio d'une blancheur éclatante. Depuis la terrasse, la vue sur la mer est fabuleuse.

Heure Bleue – *2 r. Ibn Baloula, tout près de Bab Marrakech - 024 78 34 34 - fax 024 47 42 22 - www.heure-bleue.com - 3 900 DH - -* . Un nouveau *riad* de grand standing où se mêlent charme et service irréprochable. Il dispose en outre d'un des meilleurs restaurants de la ville.

Location d'appartements

Ils sont situés le plus souvent en bordure des remparts, et en hauteur, de façon à ménager la vue sur l'Océan, et disposent d'une petite cuisine.

Café-restaurant Essalam – *Pl. Moulay el Hassan - 024 47 55 48 - fax 024 47 62 42.* On y loue des appartements pour 4 personnes situés aux 1e et 2e étages *(500 DH par nuit)* et un appartement pour deux adultes et un enfant situé au 3e étage *(400 DH).*

Jack's appartments – *1 pl. Moulay el Hassan - 024 47 55 38 - fax 024 47 69 01 - www.essaouira.com/appartments - 8 appartements donnant tous sur la mer : 300/1 000 DH par nuit suivant la saison et le type d'appartement.* Ces merveilleux petits appartements sont aménagés avec goût et ouvrent directement sur l'Océan. Ménage fait chaque jour et service de livraison à domicile de repas pour les plus paresseux.

Se loger aux alentours

SUR LA ROUTE DE MARRAKECH

La Maison du Chameau – *À Douar Laarab, à 7 km sur la route de Marrakech, suivre la signalisation (panneaux jaunes) et emprunter à gauche une piste sur 2 km - /fax 024 78 59 62 - www.passionmaroc.com - 210/320 DH - P - salles d'eau à part - demi-pension 130 DH.* Un très confortable salon ouvert sur un jardin donne accès à deux maisons de quatre chambres plutôt rudimentaires, chacune réparties autour de cours d'une blancheur aveuglante. Plafonds en genévrier, éclairage à la bougie concourent au charme du lieu, où sont organisées des balades à dos de dromadaire *(100 DH).*

SUR LA ROUTE D'AGADIR

Camping Sidi Mogdoul – *À 1 km au sud de la ville, après l'embranchement de la route de Marrakech - 024 47 21 96 - 44 DH/2 pers. et camping-car - 15 DH* *électricité - 6 bungalows rudimentaires 120 DH.* Ce camping très bien entretenu et ouvert toute l'année est remarquablement situé, à proximité de la plage et des dunes. Comptez 6 DH en taxi pour rejoindre Essaouira.

Villa Damonte – *Km8 - ✆ 024 47 47 32 - fax 024 47 61 98 - www.net-tensift.com/damonte - 436/656 DH - 35 DH - menu (avec vin) 150 DH -* . Cette grande « hacienda » au style arabo-andalou datant de 1928 répartit ses chambres et ses minisuites en duplex sur deux galeries entourant un grand patio central couvert d'un vélum. Piscine et restaurant (au centre du patio).

Le Jardin des douars – *Sidi Yassine, prendre la route d'Agadir sur 15 km puis la route de Marrakech - ✆ 024 47 64 92 - www.jardindesdouars.com - 900/1 300/2 400 DH -* . Cette grande demeure récente dans le style des *kasbahs* traditionnelles trône au sommet d'une colline. Elle est bordée d'un des plus beaux jardins du Maroc. Le patron, Aurelio Bonachéra, s'occupe de vous accueillir chaleureusement et ne manquera de rendre votre séjour particulièrement agréable. Difficile d'en sortir une fois installé !

À SIDI KAOUKI

Hôtel Kaouki – *✆ 024 78 32 06 - fax 024 47 54 47 - 10 ch. (sanitaires commun) - 250/300 DH - menu à la carte à midi, 100 DH le soir.* Tenu par un Français, c'est un petit hôtel très propre et agréable, tout en blanc et bleu. De la terrasse, superbe vue sur la plage et le marabout. Les conditions de vie du village ne font que rajouter au charme du lieu (l'électricité est dispensée par deux éoliennes, on s'éclaire systématiquement à la bougie, l'eau est puisée au puits et la cuisine du restaurant se fait à l'aide d'une chaudière à bois). Possibilité de massage « sérieux » à la demande *(200 DH)*.

La Pergola – *Juste à côté du précédent - ✆ 024 78 58 31 - www.pergola-maroc.com - 230/260 DH - suite : 600 DH* . Cette charmante maison blanche et bleue comprend plusieurs chambres colorées (avec salle de bains), simples mais confortables et très bien tenues. Préférer celles qui donnent sur la terrasse.

ROUTE DE SAFI

Villa Clementina – *12 km d'Essaouira sur la route côtière en direction de Safi - ✆ 024 47 30 30 - www.villa-clementina.com - 550 DH - maisonnette : 750 DH.* Cette petite villa bâtie en pleine campagne abrite quelques chambres décorées avec goût dans le style oriental. L'accueil est sympathique et la cuisine du restaurant savoureuse.

Se restaurer

Après l'afflux de foules drainées par le Festival des cultures gnaoua, à la mi-juin, pour un temps, tout s'arrête à Essaouira, d'autant qu'on arrive en saison creuse : ne vous étonnez pas, donc, si nombre de restaurants en profitent pour se remettre de leurs émotions pendant une quinzaine de jours.

Ici plus qu'ailleurs, le poisson est roi et se déguste tout juste débarqué des bateaux, que ce soit simplement grillé sur le port, installé sous l'une des tentes bleues et blanches numérotées (« rabatteurs » quelque peu pénibles) : vous y dégusterez à un prix relativement modique (et affiché – au kilo – sur des ardoises) sardines, pajots, merlans, soles, crevettes et calamars. Dommage qu'un petit blanc frais ne vienne pas les accompagner !

DU CÔTÉ DU PORT

Chez Sam – *Sur le port, au-delà du chantier naval - ✆ 024 47 62 38 - 9h-15h, 19h-dernier client - menus 85/220 DH -* . Un grand classique d'Essaouira, décoré comme un navire d'autrefois : cuivres, nœuds marins et boiseries accompagnent des spécialités de poissons sans surprise. Une nouvelle terrasse a été aménagée spécialement pour les voyageurs individuels qui cherchent à éviter les groupes.

A. Abou-Ghazala / MICHELIN

Bon repas en perspective…

Chalet de la Plage – *Sur la plage, à côté du port - ✆ 024 47 59 72 - www.lechaletdelaplage.com - 9h-15h, 18h-23h - 120/180 DH -* . Ici, poissons et fruits de mer se savourent en terrasse sous un soleil chaleureux, même en décembre, avec une vue imprenable sur le port et les îles et, parfois, sous le regard dédaigneux d'un dromadaire revenant de son bain de pieds !

Le Coquillage – *À l'entrée du port - ✆ 024 47 66 55 - 12h-16h, 19h-23h - 90/300 DH -* . Il possède une agréable terrasse donnant directement sur l'eau et une façade à la décoration kitsch, incrustée de coquillages. Dommage toutefois que ce restaurant de poisson soit souvent envahi par les groupes : la qualité comme le service s'en ressentent. À fréquenter de préférence hors saison.

LE LONG DE LA PLAGE

L'Océan Vagabond – *Av. Mohammed V - ✆ 024 78 39 34 - 8h-18h - 35/100 DH* - 🍷. En bordure de la plage, c'est le rendez-vous des surfeurs et des véliplanchistes. Salades, sandwichs, pizzas maisons et grillades pour des prix raisonnables. Location de transats sur la plage *(30 DH la journée)*.

Côté Plage – *Av. Mohammed V - ✆ 024 47 90 00 - 12h-15h, 19h-22h30 - 150/350 DH* - 🍷. Dépendant du Sofitel et situé sur la plage, ce restaurant-bar à tapas spécialisé dans les produits de la mer prolongera agréablement votre détente après une séance de thalassothérapie.

Aïlen – *Av. Mohammed V, dans le Sofitel - ✆ 024 47 90 00 - 200/400 DH* - 🍷. Situé à l'entrée de l'hôtel Sofitel, ce nouvel établissement aménagé dans un cadre traditionnel propose une cuisine marocaine de qualité.

L'Arganier – *Av. Mohammed V - restaurant du Sofitel Thalassa - ✆ 024 47 90 17 - 6h30-10h30, 19h-22h30 - 200/550 DH* - 🍷. Cuisine européenne gastronomique que vous pourrez savourer grâce au menu-découverte *(210 DH)*, composé « selon les humeurs du chef… et de l'Océan ». Cadre élégant et spectacle le vendredi soir.

DANS LE CENTRE-VILLE ET LA MÉDINA

Essalam – *Pl. Moulay Hassan - 8h-15h, 18h-22h - menus 40 DH*. Modeste mais d'un bon rapport qualité-prix.

Il Gabbiano – *67 r. Twahen (près de la rue Laâlouj)- ✆ 065 04 40 35 - 40/120 DH* - 🍷. Le *gabbiano*, c'est le goéland, cet oiseau dont les ricanements sont indissociables de l'ambiance d'Essaouira. Ce petit restaurant satisfera les envies subites de pâtes et de pizza, qui peuvent saisir ici comme ailleurs.

Dar Loubane – *24 r. du Rif - ✆ 024 47 62 96 - 12h-14h, 19h-22h - 100/250 DH*. Agréable restaurant situé à l'intérieur des remparts, dans un *riad* du 18e s. Des soirées de musique gnaoua y sont organisées le samedi soir.

Les Chandeliers – *R. Laâlouj (face au musée) - ✆ 024 47 58 27 - www.leschandeliers.net - 18h30-23h - 100/250 DH*- 🍷. Cuisine française, italienne et marocaine. Vous serez accueillis dans une agréable salle voûtée pour un dîner… aux chandelles bien sûr !

Café-resto « Taros » – *2 r. Skala (à l'angle de la pl. Moulay Hassan) - ✆ 024 47 64 07 - www.taroscafe.com - 11h-16h, 18h-22h - fermé dim. - 120/250 DH* - 🍷. C'est au sommet d'un immeuble de deux étages qu'est situé ce restaurant de cuisine européenne et marocaine. Une belle vue depuis la terrasse qui domine la place Moulay Hassan et le port.

El Menzah – *Av. Oqba Ibn Nafiaa - ✆ 024 47 53 08 - 9h-15h, 18h-22h - menus 95/290 DH* - 🍷. À côté de la galerie Damgaard, dans un ancien entrepôt repris et décoré par le propriétaire de l'espace Othello, un restaurant spécialisé dans les produits de la mer.

La Licorne – *26 r. de la Skala - ✆ 024 47 36 26 - à partir de 19h - fermé lun. - 90/350 DH* - 🍷.Installé dans un ancien entrepôt voûté face aux remparts, non loin de la *skala* de la ville, c'est un petit restaurant spécialisé dans la cuisine de la mer : *pastilla* aux crevettes, choucroute de la mer, tajines de poissons, etc.

Riad Bleu Mogador – *23 r. Bouchentouf, accès le plus simple par Bab Marrakech et la rue Mohammed el Qory (fléchage) - 12h30-15h, 19h30-dernier client - ✆ 024 78 41 28 ou 024 47 40 10 - fax 024 78 45 83 - www.riadbleu.com - 130/350 DH - réservation recommandée*. Ce charmant restaurant installé dans un *riad*, tout de bleu et blanc décoré, dispose en outre de quatre chambres d'hôte (*700/1 000 DH en demi-pension*). Cuisine européenne et marocaine. Essayez l'excellente « gourmandise jardinière à l'huile d'argan ».

AUX ENVIRONS

Le Km 8 – *Douar El Ghazouah, à 8 km sur la route d'Agadir - fermé lun. - ✆ 024 79 23 65 ou 066 25 21 23 - 150 DH* - 🍷. Accueil charmant dans ce petit restaurant où les couleurs des bougainvillées et des hibiscus rivalisent sur la blancheur des murs chaulés. Il est tenu par un couple de Français qui prépare une des meilleures cuisines de la région.

Faire une pause

Taros – *Pl. Moulay Hassan*. Un des lieux phares d'Essaouira. Après avoir visité la galerie et rêvé devant les somptueux tissus de la boutique, la terrasse toute de blanc et bleu s'offre à vous : vous y prendrez un apéritif en regardant la mer et le port, les silhouettes noires des araucarias, tandis que la ville s'enrobe dans une légère brume et que peu à peu les sons s'étouffent.

Rencontre – *Restaurant-galerie-salon de thé - près du bastion nord, à l'angle des rues Twahen et Laâlouj*. Vous pourrez y déguster des jus de fruits (lait-amande ou lait-avocat) sur une terrasse donnant sur la mer, par-delà les remparts. Exposition de sculptures en bois de thuya au rez-de-chaussée, et restaurant à l'étage.

Bar Orson Welles – *À l'Hôtel des Îles*. Seulement ouvert en période de festival. Dommage car l'ombre du génial cinéaste ne s'est pas dissipée.

Sports et loisirs

THALASSOTHÉRAPIE

Sofitel Mogador – *Av. Mohammed V*. Accès au centre sur la droite de la façade de l'hôtel. Remise en forme, esthétique, algothérapie, massages à l'huile d'argane et à l'essence de bois de rose, ou enveloppement du corps à la rassouline, bains hydromassants ou pédicure aux sels marins, que vous soyez résident ou non de l'hôtel, vous disposez de diverses formules, à la journée ou à la semaine. *« Journée découverte » 1 000 DH, « semaine cocooning » 10 000 DH.*

Achats

GALERIES D'ART

Galerie d'art Frédéric Damgaard – *Av. Oqba Ibn Nafiaâ - ✆ 024 78 44 46 - 10h-13h, 15h-19h.* Phare de l'activité artistique de la ville et expression de la volonté d'un amateur d'art éclairé, soucieux de la faire connaître et de promouvoir les peintres d'Essaouira.

Atelier Frédéric Damgaard – *Succursale de la galerie Damgaard située sous un passage voûté, au-delà de la porte ouvrant sur l'av. Oqba Ibn Nafiâa.* Vous trouverez gravures, aquarelles et sculptures des artistes défendus par Frédéric Damgaard à prix doux.

Espace Othello International – *9 r. Mohammed Layachi, ruelle s'ouvrant r. du Caire, face au syndicat d'initiative.* Ces mêmes artistes et quelques autres sont représentés ici, dans un espace architectural intéressant.

Galerie Marea Arte – *7 bis rue Youssef El Fassi.* Elle expose fréquemment des œuvres du peintre et céramiste italien Ruggero Giangiacomi.

Galerie Taros – *Pl. Moulay Hassan.* Peintres contemporains, marocains ou non, représentants de styles divers : du pop art à l'hyperréalisme.

Artisanat

Ensemble artisanal – *R. Mohammed el Qory.* Consacré pour l'essentiel aux objets réalisés en loupe de thuya et au tressage du raphia.

LOUPE DE THUYA

C'est la grande spécialité d'Essaouira. Malheureusement, les nombreux petits ateliers d'ébénistes qui se nichaient sous les remparts de la **skala de la Ville** ont tendance à céder la place à des boutiques de souvenirs et la production semble s'être plus ou moins industrialisée.

SOIE VÉGÉTALE

Boutique de la galerie Taros – *À l'étage du café-restaurant-galerie.* Vous y trouverez de somptueux châles aux couleurs moirées en *saha*, soie végétale composée de fibres d'aloès.

RAPHIA

Rafiah Craft – *82 r. d'Agadir (près du Centre artisanal) - ✆ 024 78 36 32 - 10h-20h, dim. 10h-13h30, 15h30-20h.* Élégantes chaussures en raphia.

Atelier de tressage du raphia au Centre artisanal.

BABOUCHES

Thamarah Fatima – *15 bd Alal Ben Abdellah.* Dans cette minuscule boutique de mode traditionnelle marocaine, située en face de la Pharmacie de la Kasbah, vous trouverez de superbes babouches tressées.

TISSAGE

Lahri Mohammed Ben Lhoussane – *181 Souk El Ghazel.* Il faut absolument jeter un œil sur cet invraisemblable atelier, tellement minuscule que le vieil homme qui y travaille à dû installer ses métiers sur une sorte de mezzanine. Les coloris sont somptueux… et vous pourrez admirer les tissus en toute tranquillité.

Galerie d'art Frédéric Damgaard, Essaouira

« L'envol du Perroquet », de Mohammed Tabal.

Autres achats

LIBRAIRIE-BROCANTE

Galerie Aïda (Joseph Sebag) – *2 r. de la Skala, juste après l'entrée de Taros - ✆ 024 47 62 90.* L'essentiel de la littérature marocaine et un étonnant bric-à-brac où se mêlent d'innombrables objets et bibelots et où le magnifique le dispute à l'insolite.

HERBORISTERIE

Évitez – si vous le pouvez, chose peu évidente car ils montent la garde ! – les herboristes et vendeurs d'épices de **Souk Jdid**, qui auront tôt fait de vous attirer dans leur officine, d'où vous ne sortirez qu'à grand-peine, muni d'un sachet contenant une poudre improbable vendue à un prix exorbitant.

Azurrette – *12 r. Malek Ben Mourhal, près de la maison d'hôte Dar El Qdima - ✆ 024 47 41 53.* Cette charmante boutique, toute de bleue décorée, est le royaume de la pharmacopée traditionnelle marocaine. Onguents, herbes séchées pour tisanes et décoctions : on y passerait des heures !

HUILE D'ARGAN… ET POTERIE

Aicha Hemmou – *118 pl. aux Grains, en face des souks.* Outre la vente de produits à base d'huile d'argan provenant des coopératives féminines de la région, Aicha Hemmou vend – et réalise – de jolies poteries berbères.

SOUKS

On y trouve de tout, comme ailleurs. Mode oblige, vous y verrez, annoncé avec humour, du « viagra berbère » et des « babouches climatisées » ! Ne manquez pas le souk aux poissons.

MUSIQUE GNAOUA

Quelques disques de musique gnaoua : *Gnaoua Lila, les maîtres du Guembri* (série de 5 CD, Al Sur/Musisoft), *Les Gnawa du Maroc* (Ethnic/Audivis-Naïve), *Chants Gnawa,* du groupe **Nass El Ghiwane** (Buda Musique/Musidisc) ou encore *Rhabaouine,* par **Gnawa Halwa** (Mélodie)...

PRESSE

Librairie Jack's – *1 pl. Moulay Hassan.* Presse internationale et livres.

Sports et loisirs

PROMENADES EN MER

Navette des îles Mogador – *Sur le port de pêche, à côté du restaurant « Chez Sam » - ✆ 024 47 46 18 - dép. à 12h et 15h30 - 80 DH/pers. (enf. 20 DH).* Balade en mer le long de la baie, vues sur la médina, visite des îles... Possibilité également de partie de pêche en barque *(200 DH/pers.)*

PLANCHE À VOILE

La côte souirie est devenue un paradis pour surfeurs et autres véliplanchistes, en particulier avec le site de **Moulay-Bouzerktoun**, à 20 km au nord, spot dont les connaisseurs vantent sans relâche « le reef et l'orientation parfaitement side-shore tribord ! ».

Location de matériel à l'heure et à la journée à l'**Océan vagabond** – *Av. Mohammed V - 9h-19h - 1h : 80 DH ; demi-journée : 140 DH ; 1 journée : 200 DH ; 1 semaine : 1 050 DH - combinaison : 20 DH - cours (3h avec monteur et matériel) : 250 DH.*

Autres possibilités : au **Club Nautique** de la plage et à l'antenne **UCPA**, sur la plage, près du port.

RANDONNÉES CHAMELIÈRES

Maison du Chameau – *Rte de Marrakech, km7 - ✆ 024 78 50 77.* Randonnées et promenades sur le dos de dromadaires blancs. Pour s'initier : formule comprenant 1h de promenade suivie d'un repas pour se remettre de ses émotions *(130 DH).*

QUAD

ODSA (Océan Désert Sport Aventure) – Circuits au départ d'Essaouira d'une demi-journée ou d'une journée. Renseignements au **Poisson Volant** *(r. Labbana - ✆/fax 024 47 21 25),* charmante maison ancienne, qui mériterait d'être mieux entretenue, et où vous trouverez quelques chambres doubles *(250 DH).*

Diabat Location – Circuits dans les dunes d'une demi-journée ou plus *(pilote 550 DH, passager 340 DH).* Renseignements au **Sofitel Mogador**.

Événements

Chaque année au printemps, se déroule depuis des temps fort anciens le **moussem des Regraga**. De nombreuses manifestations émaillent ce pèlerinage qu'effectuent les Regraga, membres d'une confédération de tribus Chiadma, entre l'oued Tensift au nord et la ville d'Essaouira au sud, commémorant, dit-on, la visite que firent les sept saints au Prophète, qui leur donna pour mission d'islamiser le Sud marocain. *Pour plus de détails sur ce moussem, lire le récit du voyage initiatique qu'effectua le sociologue et journaliste Abdelkader Mana en compagnie des Regraga (Eddif, Maroc).*

Dans un tout autre registre, le **Printemps musical des Alizés** propose, en avril, des concerts de musique classique. Tout en accueillant des musiciens de renommée mondiale, il offre aux jeunes talents marocains l'occasion de se présenter en public.

Depuis 1998, le **Festival de la culture gnaoua** est organisé chaque année au mois de juin. Outre une procession rituelle dans la ville, il comprend une série de concerts animés chacun par un maître musicien accompagné par son groupe et par un musicien de jazz ou de rock, ainsi qu'une série de colloques réunissant ethnologues, musicologues et écrivains autour de la culture des Gnaoua ; il s'accompagne d'expositions artistiques et artisanales *(www.festival-gnaoua.co.ma).*

Enfin, le festival **Les Andalousies** a vu sa première édition se dérouler au début du mois d'octobre 2002. Créé sous l'égide de Mme Oumama Aouad, enseignante de littérature médiévale espagnole, ce festival pluridisciplinaire (musique, peinture, sculpture, gastronomie, photo, littérature) a reçu le soutien de deux fondations espagnoles, la Fondation des trois cultures de la Méditerranée, émanant du gouvernement autonome andalou, et le Legado Andalusí, de Grenade. Les concerts sont organisés sur la place Moulay Hassan, sur le port, ainsi que dans certains *riads*.

Région de Tafraoute★★★

5 128 HABITANTS
CARTE 2E RABAT DE COUV. A5-B5 – CARTE MICHELIN 742, PLIS 4 ET 32

Il faut passer au moins une nuit à Tafraoute. Très tôt le matin, et mieux encore au coucher du soleil, ce site – l'un des plus extraordinaires du Maroc – prend toute sa valeur. Au cœur de l'Anti-Atlas, à 1 000 m d'altitude, le petit bassin de Tafraoute est creusé dans les granits roses qui forment l'ossature de la chaîne. Il est peuplé, de même que la vallée voisine, par la tribu des Ameln, dont le mode de vie et l'habitat sont particuliers.

Se repérer – Nichée dans un superbe cirque de montagnes, Tafraoute (généralement orthographié Tafraout sur les panneaux) est à 130 km au sud-est d'Agadir (par la route d'Âït-Baha) et à 107 km à l'est de Tiznit, par le col du Kerdous. Une fois celui-ci franchi, à Jemaa Ida Oussemila, deux options s'offrent à vous : la route traditionnelle, par Tizourhane et **Adaï**★★ ; ou bien une route en meilleur état, par Izerbi. Le bourg lui-même se compose d'une rue principale franchissant un oued et conduisant à un rond-point où s'embranchent les routes d'Agadir (à gauche) et de Tiznit, par Agard-Oudad (à droite).

À ne pas manquer – Les paysages splendides qui entourent Tafraoute, le village d'Adaï, la vallée des Ameln et les gorges d'Âït-Mansour.

Organiser son temps – Deux jours, le temps de rallier les différents sites naturels.

Avec les enfants – Une promenade à vélo à la découverte des paysage somptueux qui bordent le village de Tafraoute.

Pour poursuivre le voyage – Voir aussi Tata ; pour gagner la côte atlantique par le col du Kerdous, voir Tiznit (107 km), puis Agadir.

Comprendre

Le génie du commerce – Les **Ameln** sont des Chleuhs qui pratiquent une culture irriguée où dominent l'orge et l'amandier. Agriculture moins pauvre que dans la plupart des régions de l'Anti-Atlas, mais qui ne saurait justifier à elle seule l'aisance manifeste de la population. Le complément des ressources vient des profits de l'émigration : dans les grandes cités du Maroc – et aussi d'Europe – les Ameln tiennent commerce, comme épiciers surtout. Ils laissent au village leur famille, s'enrichissent à la ville et reviennent de temps en temps, au volant d'une grosse voiture, signe de leur réussite. Ils se font construire une belle demeure et s'y retirent, fortune faite.

C. Brett / MICHELIN

Aux pays des Ameln.

Se promener

Le site de Tafraoute★★★

Le bourg de Tafraoute ne présente pas en lui-même un très grand intérêt : ses larges rues tracées au cordeau, l'alignement de ses boutiques n'offrent guère de surprises. Mais la petite ville s'inscrit dans un **cirque montagneux** étrange et grandiose. Une palmeraie clairsemée en occupe le fond, où les dattiers voisinent avec de petits champs d'orge, des arganiers, des amandiers et des caroubiers. Au-dessus de cette verdure, à part quelques villages, ce ne sont que montagnes de granit rose : leurs pains de sucre ou leurs arêtes aiguisées par l'érosion disparaissent en partie sous d'énormes éboulis aux formes bizarres. (Dominant les petits villages d'Asgaour et de Tandelt, la roche qu'un soleil matinal réchauffe n'évoque-t-elle pas pour le spectateur attentif une tête de lion veillant sur la vallée ?)

Aux alentours

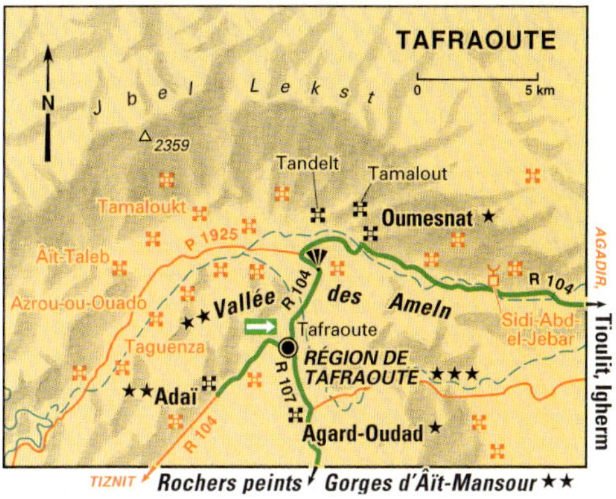

Adaï★★

3 km à l'ouest de Tafraoute. Sur la route de Tiznit, là où la palmeraie devient plus dense, le village d'Adaï, serré autour de son minaret d'un rose agressif, grimpe à l'assaut d'un invraisemblable chaos rocheux.

On se plaît à escalader ses ruelles étroites à l'ombre de pittoresques maisons plantées dans le roc. Et peut-être aura-t-on la chance de rencontrer encore le costume du pays : jeunes filles vêtues de bleu, femmes mariées, de noir, un large galon de couleur vive et de lourds bijoux égayant leurs sobres drapés.

La vallée des Ameln★★

4 km au nord de Tafraoute par la route d'Agadir.

Le rideau rocheux qui ferme le site de Tafraoute cache la vallée des Ameln, qui s'incurve sur une vingtaine de kilomètres au pied du *jbel* Lekst.

Au km 3,5, la route amorce un grand coude à gauche pour contourner un piton rocheux, découvrant bientôt une **vue générale**★★ de la verte vallée des Ameln dominée par les croupes abruptes du *jbel* Lekst (2 374 m). Incroyablement peuplée, cette vaste oasis de montagne ne compte pas moins de 27 villages accrochés aux pentes de granit et de grès, au bord de torrents qui permettent l'irrigation des champs et des vergers. Le spectacle est inoubliable en février lorsque les amandiers sont en fleur.

Laisser à gauche la route de Taguenza et prendre la direction signalisée « Agadir » ; 2 km plus loin, emprunter la piste située à gauche (signalisation : « Maison traditionnelle »). La suivre sur 1 km environ jusqu'à une petite place, où on laisse la voiture.

Oumesnat★

Après avoir emprunté une petite rue devant vous, puis longé le cimetière, traversez des jardins ombragés, où, parmi les figuiers, les amandiers et les palmiers, s'affairent des paysannes vêtues du costume traditionnel. Au-delà, les maisons traditionnelles s'élèvent d'un joli mouvement vers la falaise rose.

Maison traditionnelle des Ameln★ – *Visite guidée de 8h au coucher du soleil - 10 DH*
Cette demeure, vieille de quatre siècles, est construite sur plusieurs niveaux en pierres, argile et cailloux ; son plafond est constitué de roseaux et les poutres qui soutiennent l'édifice sont en bois d'arganier et de palmier. Au rez-de-chaussée se trouvait l'étable. À

Une maison originale

La maison traditionnelle diffère ici notablement de celles que l'on rencontre dans le reste du Maroc.
C'est un bâtiment carré de deux à trois étages avec une cour centrale très étroite et une tour d'angle crénelée de faible hauteur. Sur la terrasse légèrement débordante on remarque des pierres dressées à intervalles réguliers, protection contre les influences maléfiques. Les murs sont faits de grosses pierres du pays recouvertes d'un enduit épais coloré d'ocre ou plus souvent de rose. Rares et étroites – de véritables meurtrières parfois –, les fenêtres sont cernées de blanc.
La façade comporte deux saillants, qui s'élèvent sur toute la hauteur de la maison et encadrent la porte d'entrée et les fenêtres de la salle de réception au deuxième étage, et une arcature couronnant le tout. Là se concentre toute la décoration extérieure de l'édifice ; sur un fond blanchi à la chaux se détachent des motifs géométriques composés de petites pierres plates de schiste verdâtre placées de chant.
Les demeures bâties aujourd'hui par les Ameln perpétuent la tradition ; dans la décoration, mosaïques et carreaux de faïence prennent toutefois le relais des schistes verts.

Dans la vallée des Ameln.

l'étage, la partie de la maison où vivait la famille, dans des couloirs et de petites pièces réparties autour de la cuisine centrale. Le niveau supérieur, avec son entrée indépendante, plus confortable et richement décoré, était quant à lui réservé aux invités. À l'intérieur, le maître des lieux (ou son fils) – leurs explications sont passionnantes - vous montrera divers objets, représentatifs de la vie quotidienne de la région : moulins de pierre (les *raha*) dont on se sert pour extraire l'huile d'argane, pour moudre le café, le henné ou encore l'orge, dont la farine sert pour le pain et le couscous ; ustensiles de cuisine (tajines, couscoussier) et jarres en argile dans lesquelles sont conservés le beurre, le miel ou le raisin ; sacs en peau de bœuf et aux anses en poil de chèvre, outres, etc. Si l'occasion se présente, les visiteuses ne devront pas manquer de se draper (jusqu'aux yeux) du costume traditionnel des paysannes berbères, dont la robe noire ne compte pas moins de 5 m de tissu brodé de motifs dorés !

Chaque coin de rue offre des **vues★** sur le village voisin de Tamalout, qui se signale par une grande mosquée blanche, sur la montagne et sur la vallée.

Tioulit

À 44 km par la route d'Agadir.
Si vous décidez de faire le trajet entre Tafraoute et Agadir, ne manquez pas de vous arrêtez au passage à Tioulit. Construit sur une butte-témoin, ce village chleuh, véritable forteresse à laquelle on accède en grimpant sur les rochers, abrite quelques familles de la tribu des Ida-ou-Gnidif. En se promenant dans les ruelles on peut voir de belles portes en bois sculptées de motifs géométriques.

Circuits de découverte

DE TAFRAOUTE À IGHERM PAR LE TIZI N' TARAKATINE★

82 km - comptez 2h. Quitter Tafraoute comme précédemment en direction d'Agadir. Attention : pas d'essence avant Igherm.

À 21 km environ, sur la droite, une nouvelle route – étroite mais en parfait état – s'ouvre en direction d'Igherm. Franchissant le **col du Tizi-n-Tarakatine** (alt. 1 500 m), elle traverse des paysages désolés mais superbes, presque entièrement minéraux, si l'on excepte des touffes de verdure ponctuant le lit de l'oued profondément encaissé. Çà et là, les ruines d'un village abandonné ou d'un fort témoignent d'une présence humaine. Quelques faméliques troupeaux de caprins errent à la recherche d'une touffe d'herbe. Puis le paysage change : parmi les arganiers apparaissent de petits lopins cultivés en terrasses. À proximité des quelques villages, on aperçoit des enclos de pierres sèches et des aires de battage pour le blé. Posé parmi les roches, le village fortifié de Tagardite Nait Ali précède de peu la petite cité commerçante d'Igherm, d'où l'on peut rejoindre Taroudant (au nord) ou Tata (au sud).

DE TAFRAOUTE AUX GORGES D'ÂÏT-MANSOUR

62 km AR - comptez 3h. Quitter Tafraoute en empruntant la route de Tiznit par Izerbi (à droite au rond-point).

Agard-Oudad★

3 km au sud de Tafraoute sur la R 107. Le gros village d'Agard-Oudad est blotti contre une énorme pyramide rocheuse à la pointe arrondie que les gens du pays appellent « le doigt ».

Site des rochers peints

À 4 km d'Agard, une piste, à droite *(accès signalisé, laisser la voiture à proximité du panneau et poursuivre à pied)*, mène aux rochers – aux formes voluptueusement arrondies – colorés dans les années 1980 par le Belge **Jean Vérame**. Incongru dans ce site superbe, quelque peu délavé aujourd'hui par l'action du temps et des intempéries, cet ensemble se rattache aux recherches du Land Art, qui, en intervenant sur des sites naturels, en propose une vision nouvelle.

Face aux rochers peints, prendre la petite route signalisée « Afella ».

Étroite, sinueuse et défoncée par endroits, la route s'élève rapidement dans un paysage minéral d'une austère grandeur, avant de parvenir sur un plateau et de traverser le village montagnard de Tasrite, ou Tasrit.

Six kilomètres plus loin apparaissent devant vous d'impressionnantes parois rocheuses tabulaires, déclinant une somptueuse palette de rouges, ocre et orange. En contrebas, on aperçoit le lit de l'oued Sidi Mansour qui, bordé de magnifiques lauriers-roses, s'engage dans un étroit canyon.

Gorges d'Âït-Mansour★★

La route descend abruptement en de spectaculaires lacets jusqu'au fond du canyon et s'engage dans celui-ci en suivant le cours de l'oued. Chaos de rochers aux formes improbables, éboulis, sommets abrupts, murs verticaux de plusieurs dizaines de mètres de hauteur composent un étrange paysage, grandiose et rougeoyant. La sensation de solitude qu'il procure est impressionnante.

Soudain, à un détour de la route, une **palmeraie** totalement inattendue, encastrée dans l'étroit corridor creusé par la rivière entre les vertigineuses parois des gorges, apparaît. Spectacle étonnant d'une nature devenue soudain généreuse. Végétation exubérante, miracle né de l'eau, dont le chant cristallin continu vous accompagne dans ce qui apparaît alors comme un véritable paradis terrestre.

Si vous disposez d'un véhicule tout terrain, vous pourrez continuer, en franchissant plusieurs gués, jusqu'à la sortie des gorges et au village de Souk-el-Had-d'Afella-Irhir, du moins si quelque palmier n'est pas venu entraver la piste. Dans le cas contraire, faire demi-tour et rentrer à Tafraoute par le même chemin.

De Tazenakht, vous pouvez rejoindre Ouarzazate en une heure environ, en franchissant le jbel Siroua par le Tizi-n-Bachkoum (alt. 1 700 m).

Région de Tafraoute pratique

Se loger

La plupart des établissements de Tafraoute sont implantés dans un cadre exceptionnel face aux montagnes.

⊖ **Camping Tazka** – *à 1 km de la ville sur la route en provenance du col du Kerdou - 12 DH/pers. - caravane 14 DH - voiture 10 DH - électricité 15 DH - douche 10 DH.* Ce petit camping situé à l'écart de la ville a l'avantage d'être aménagé au cœur d'un site naturel exceptionnel. L'intérieur est bien tenu et les sanitaires sont propres. Malheureusement les zones d'ombre sont rares.

⊖ **Camping Les trois palmiers** – *À l'entrée de la ville en venant du col du Kerdous - ✆ 066 09 84 03 - 10 DH/pers. - caravane 15 DH - électricité - 17,5 DH.* Ce camping rénové dispose de parties communes en bon état et d'une situation idéale. De votre caravane vous pourrez contempler les montagnes. Le gérant se fera un plaisir de vous guider dans la ville. Quatre bungalows rudimentaires sont également en location.

⊖⊖ **Salama** – *En plein centre-ville - ✆ 028 80 00 26 - fax 028 80 04 48 - 36 ch. - 220 DH - suite : 300 DH* ☕. Ce beau bâtiment entièrement rénové dans le style d'un *riad* ancien abrite un hôtel très confortable. Vous y trouverez une grande terrasse, des salons pour vous détendre, un restaurant marocain. Une des meilleures adresses !

⊖⊖ **L'Arganien** – *Route d'Agadir par Aït Baha, à 4 km de Tafraoute - ✆/fax 028 80 00 20 - 9 ch. - 350 DH.* Cet établissement charmant et un peu isolé est bâti dans un cadre exceptionnel au pied des montagnes. Intérieur impeccable et service soigné.

⊖⊖ **Hôtel les Amandiers** – *✆ 028 80 00 08/80 - fax 028 80 03 43 - 307/478 DH (en haute saison) - ☕ 40 DH - taxes 7 DH/j -*

menu 120 DH - ♨. Juché sur une colline dominant Tafraoute, cet hôtel confortable aux chambres immenses manque certes un peu de charme. Mais il ménage de belles vues sur le site (demandez les chambres côté piscine), et prendre le petit-déjeuner près de la piscine avec le cirque montagneux en toile de fond est particulièrement agréable.

Se restaurer

Marrakech – *128 r. Ennahda, dans le centre* - *028 80 10 23 - 50 DH*. Un restaurant local, fréquenté essentiellement par des Marocains, où l'on sert une cuisine copieuse et bon marché.

Étoile d'Agadir – *Place de la Marche verte, à côté de la mosquée - 028 80 02 68 - 60/100 DH*. Vous pourrez apprécier une cuisine locale savoureuse dans ce restaurant sans prétention où se croisent touristes et habitants du village. La terrasse ombragée est particulièrement agréable à l'heure du déjeuner.

L'Étoile du Sud – *Face à la poste - 028 80 00 38 - menu 90 DH*. Une belle terrasse ombragée et une tente nomade : décors d'une pause agréable pour un repas sans prétention. On y croise un certain nombre de groupes.

Les Amandiers – Le vaste restaurant de l'hôtel du même nom sert une cuisine (internationale et marocaine) sans génie, mais il a toutefois au moins deux mérites : on y sert du vin et la vue panoramique est absolument superbe.

Sports et loisirs

Tafraout Aventure – *En plein centre-ville - 028 80 13 68 - www.tafraout-aventure.com*. Le spécialiste des randonnées dans la région *(800 DH/2 j/2 pers.)*.

Location de vélos – Il ne vous en coûtera que 20 DH par jour à La Maison Berbère, route d'Agard…

Achats

Souk – *Le mercredi.*

Que vous soyez en voiture ou à pied, vous n'échapperez pas aux rabatteurs qui cherchent à vous entraîner dans les boutiques d'artisanat de Tafraoute. Les « hommes bleus » d'opérette qui montent la garde à l'entrée de la ville devant **La Maison Touareg** (route d'Adaï) sont particulièrement redoutables. Mais les autres, qu'ils travaillent pour le **Troc Berbère** ou la **Maison Berbère** (route d'Agard-Ougad) sont eux aussi toujours en éveil.

Plutôt que de vous faire dérouler d'innombrables tapis, dont on vous jurera devant le thé à la menthe servi en gage « d'hospitalité berbère » qu'ils arrivent directement (par caravane) de chez le producteur, vous pourrez vous procurer des **babouches berbères** : celles-ci, de couleurs vives, sont munies de talons, contrairement aux babouches arabes. Pour vous en procurer, privilégiez le souk du mercredi et n'y mettez pas plus de 100 DH. Vous trouverez aussi à Tafraoute les produits (huile alimentaire, cosmétique…) à base d'huile d'**argan**.

Artisanat du coin – *482 place des P.T.T., en face du restaurant l'Étoile d'Agadir - 028 80 10 45*. Une petite boutique où vous trouverez quelques objets de fabrication artisanale.

Taliouine★

6 023 HABITANTS
CARTE 2E RABAT DE COUV. B4 – CARTE MICHELIN 742, PLIS 4 ET 33

Traversée par l'oued Zagmouzen, qui sépare la kasbah des nouvelles constructions, cette petite ville située dans un cadre désertique grandiose de montagnes plissées où l'ocre de la terre se confond avec celle des bâtisses, et où la silhouette de l'ancienne demeure du Glaoui se dresse fièrement dans le bleu intense du ciel, est connue pour son safran, de la meilleure variété.

Se repérer – Taliouine est située sur un plateau fertile peuplé d'arganiers, prolongeant vers le désert la plaine du Haouz, à 120 km à l'est de Taroudant. De là, on peut rejoindre Ouarzazate par Tazenakht, en franchissant le Tizi-n-Taghatine (alt. 1 886 m).

À ne pas manquer – La coopérative Souktana de safran.

Organiser son temps – Compter une demi-journée pour découvrir Taliouine.

Pour poursuivre le voyage – Voir aussi, au-delà du *jbel* Siroua, Âït-Benhaddou et Ouarzazate ; si vous préférez vous rapprocher de la côte atlantique, voir Taroudant (119 km).

Comprendre

LE SAFRAN

Plante bulbeuse appartenant à la famille des iridacées, le *crocus sativus* est constitué d'un bulbe, ou oignon, au sommet duquel partent des feuilles et deux ou trois pédoncules floraux. La fleur, hermaphrodite, de couleur violette, comporte dans la partie allongée du pistil trois stigmates rouges et odorants, le safran. La récolte consiste en la cueillette des fleurs une par une, tôt le matin, avant que le soleil ne soit trop haut et ne risque de les flétrir. Les stigmates sont ensuite détachés de chaque fleur et mis à sécher. Pour obtenir 1 kg de safran sec, il faut environ 140 000 fleurs, car si le séchage des stigmates permet de développer l'arôme de cette épice à la saveur un peu piquante, il entraîne la perte des quatre cinquièmes du poids frais cueilli. On calcule que la production moyenne à l'hectare représente environ 4 kg de safran.
Outre son utilisation bien connue comme condiment et colorant dans diverses préparations culinaires, le safran entre dans la composition de nombreux remèdes utilisés dans la pharmacopée traditionnelle marocaine (il est prescrit pour ses vertus antispasmodiques, analgésiques, voire aphrodisiaques). Il sert également comme colorant pour les tissus et les fleurs artificielles. Dans le commerce, vous le trouverez le plus souvent en poudre (dans les souks en particulier, et dans ce cas, il lui arrive bien souvent d'être coupé), parfois en filaments coupés en morceaux, et parfois (à la coopérative de Taliouine en particulier) en filaments entiers.

P. Plantier / MICHELIN

La kasbah de Taliouine.

Découvrir

LE SAFRAN DANS TOUS SES ÉTATS

Excursion de 85 km - 2h environ.

Coopérative Souktana de safran de Taliouine

Sur la gauche de la route, en allant vers Tazenakht. 8h30-13h30, 14h-20h - en cas d'absence, téléphoner au numéro inscrit sur la porte. Conditionné en sachets ou en boîtes, le safran est vendu en filaments entiers, environ 13 à 17 DH le gramme (les prix de commercialisation varient de 10 000 à 15 000 DH par kilo selon la production de l'année et la conjoncture du marché).
La région de Taliouine (entre Tagouyamt et Aïr es Sine notamment) est la seule région d'Afrique où l'on trouve du safran. Cultivé sur une superficie de 510 hectares, dispersés en plus de 3 000 parcelles, il se récolte entre octobre et novembre et fait vivre 1 500 familles. Séché et conservé soigneusement à l'abri de la lumière, il est ensuite commercialisé à la coopérative. Outre les conditions (particulièrement pénibles et minutieuses) de sa récolte, on vous apprendra comment reconnaître le véritable safran des ersatz, qui sont légion, qu'ils soient confectionnés à base de maïs ou de filaments de viande de bœuf bouillie !

Quitter Taliouine par la route de Ouarzazate.

Dès la sortie de Taliouine, la route s'élève et part à l'assaut du **Tizi-n-Taghatine**, col situé à 1 886 m d'altitude. De-ci de-là, quelques étals ont été ouverts, modestes buvettes proposant au voyageur de passage du « safran naturel ». On atteint alors un plateau particulièrement pelé où errent quelques troupeaux.
Après 56 km, au Tizi-n-Ikhsane, s'amorce une descente dans une plaine désertique.
Seul signe de vie, des stands proposant fossiles et minéraux. L'un d'entre eux, dans un élan de sincérité ingénue, n'hésite pas à s'affirmer comme « atelier de fabrication de fossiles » !

Tazenakht

Ce bourg sans caractère, écrasé de chaleur et de poussière, est posé au carrefour de la route de Ouarzazate à Agadir et de la nouvelle route de Ouarzazate à Tata par Foum Zguid. Il est surtout connu pour ses **tapis**, dont la couleur dominante, orange, provient du safran, utilisé comme teinture. Une dizaine de boutiques se consacrent à leur commercialisation.

Taliouine pratique

Se loger

Auberge Souktana – *℘/fax 028 53 40 75 - 140 DH (chambres intérieures), 65/110 DH (chambres dans le jardin, toilettes et douches communes avec le camping), 50/80 DH (mini tentes caïdales) - camping 10 DH/pers., tente 7 DH, voiture 4 DH, caravane 8 DH, camping-car 12 DH, douche 6 DH.* Cette sympathique auberge abrite en outre, dans son jardin, le **bureau des guides** de Taliouine. Accueil charmant et ambiance conviviale.

Auberge du Toubkal – *À gauche de la route, en sortant de Taliouine en direction de Ouarzazate - ℘ 028 53 43 43 - 100/150 DH - fax 028 53 46 06 - repas 45 DH -* . Auberge-camping dotée d'une belle piscine et disposant de huit chambres présentant un confort convenable. La plupart offrent une vue imprenable sur les montagnes.

Hôtel Ibn Toumert – *À la sortie de la ville vers Ouarzazate, prendre une route sur la droite vers une belle kasbah décorée de motifs géométriques - ℘ 028 53 43 33 - fax 028 53 41 26 - 724 DH (demi-pension) - taxes 12 DH/nuit -* . Ambiance un peu compassée dans cet hôtel de bon confort mais d'allure massive, disposant d'un bar, d'une piscine et d'un restaurant servant du vin. Nombreux groupes en saison, mais on peut s'y sentir seul durant les périodes creuses.

Se restaurer

Auberge Souktana – *Menu 75 DH.* Ce petit établissement précédemment cité sert une cuisine marocaine raffinée, aussi bien aux résidents qu'aux voyageurs de passage. Les cuisines ferment à 22h.

Sports et loisirs

Ahmed et Michelle Jadid et leur fils Assan, les propriétaires de l'auberge Souktana, sont des guides de montagne chevronnés... Ils organisent des randonnées pédestres ou à dos de mule dans le massif du Siroua, qui, au printemps, réserve des découvertes fort intéressantes sur le plan ornithologique. Ce voyage à pied dans l'Anti-Atlas marocain dure 7 jours (deux nuits à l'hôtel et cinq nuits en bivouac sous tente avec matelas fourni, avec des étapes quotidiennes de 5 à 6h de marche). Des mulets assurent le transport des bagages. En outre, deux randonnées de deux jours peuvent être effectuées à partir de Taliouine en 4x4 et à dos de mulet, l'une vers Anammer et Tizgui, l'autre vers Ihoukarn et Tizslit (au-delà d'Ifrane), avec une nuit en bivouac. Pique-nique à midi, repas chaud le soir. Prévoir des chaussures de marche et un duvet. *Compter 600/700 DH/pers. par personne, 700/800 DH/pers. avec mule de selle.*

Achats

Souk – *Le mercredi.*

Safran - Se méfier des étals qui vous proposent du « safran biologique » ou « naturel » sur la route du Tizi-n-Taghatine (vers Tazenakht). Sachez que le vrai safran se présente sous forme de petites tubercules et colore la bouche lorsqu'on le goûte.

Tapis teints au safran – *À Tazenakht.*

Taroudant★

72 797 HABITANTS (LES ROUDANIS)
CARTE 2E RABAT DE COUV. B4 – CARTE MICHELIN 742, PLIS 4 ET 32

Mystérieuse et farouche, secrète et austère, cette ville colorée semble sommeiller derrière un double écran de hautes frondaisons et de lourdes murailles de pisé. Au pied des monts (le Haut Atlas au nord, les sommets brûlés du Sud) dont elle commanda jadis l'accès, indifférente, dirait-on, à l'essor des cultures de primeurs et d'agrumes de la plaine du Souss, cette cité chargée d'histoire semble entretenir la nostalgie d'un passé glorieux. Mais peut-être ne s'agit-il là que d'une coquetterie ? Quoi qu'il en soit, ici, il ne vous faudra guère de temps pour tomber sous le charme des sortilèges du Sud marocain !

Se repérer – Taroudant est posée dans une plaine fertile (en saison les camions transportent d'impressionnantes charges, constituées d'énormes pastèques), à 81 km seulement à l'est d'Agadir et à 223 km à l'ouest de Marrakech dont la sépare le terrible Tizi-n-Test.

À ne pas manquer – Flâner dans la ville en passant par le souk des bijoutiers.

Organiser son temps – Avec une promenade dans la palmeraie de Tioute, comptez une journée.

Avec les enfants – Visite de la coopérative Taïtmatine d'huile d'argan, à Tioute.

Pour poursuivre le voyage – Voir aussi Agadir, Marrakech, en empruntant la route du Tizi-n-Test (223 km), Taliouine (119 km à l'est) ; Tata (208 km), si vous voulez découvrir des paysages superbes et des oasis encore peu fréquentées.

R. Mattès / MICHELIN

Taroudant, une ville fortifiée.

Comprendre

Belle et rebelle – C'est son éloignement qui a permis à Taroudant de devenir le refuge des princes rebelles désireux de défier le pouvoir, tout en étant une proie convoitée par les tribus du Sud. Son âge d'or survint au 16e s. avec l'avènement des **Saâdiens**, qui en firent pour un temps leur capitale ; grande productrice de canne à sucre, de coton, de riz, d'indigo, elle attire alors les caravaniers. Toujours frondeuse, elle prend parti en 1687 pour un rival du terrible Moulay Ismaïl : grave erreur que ses habitants paieront d'un massacre. À la fin du siècle suivant, elle voit le règne éphémère d'un fils de Moulay Abdallah, qui y fut proclamé sultan. Au 19e s., incorrigible, elle reste un foyer d'agitation contre le pouvoir central ; c'est de Taroudant qu'**El Hiba**, le « sultan bleu », mène la lutte après son échec à Marrakech.

Se promener

LE TOUR DES REMPARTS★

Environ 30mn en voiture. Partir de Bab al Kasbah et suivre la route qui serre d'assez près l'enceinte.

Les remparts de Taroudant sont d'épais murs de pisé crénelés et abondamment bastionnés. La partie la plus ancienne, due aux Saâdiens, entoure la *kasbah* ; tout le reste date du 18e s. Ils bénéficient en plusieurs secteurs d'un environnement de verdure remarquable qui contribue à les mettre en valeur : oliviers géants, magnifiques eucalyptus, bouquets de palmiers, grenadiers.

Il faut faire cette promenade de préférence le soir, lorsque la muraille rougeâtre s'anime au soleil couchant, ou même au clair de lune, à moins que l'on ne préfère une promenade en calèche tôt le matin. Le long du mur nord, près de Bab el Khemis, une esplanade est réservée aux souks.

FLÂNERIE DANS LA VILLE★

2h environ. Après avoir garé la voiture, entrer dans la cité par Bab al Kasbah, en empruntant une avenue à double voie qui longe le mur sud de la kasbah. (On voit parfois des murs peints, expositions d'artistes roudanis ou non : en effet, les murs de Taroudant servent de cimaises improvisées pour des expositions dont la durée est soumise aux caprices du temps.)

On traverse une place où se dresse, au fond à gauche, **Dar el Baroud**, palais des pachas de Taroudant construit en 1909 *(ne se visite pas)*. Continuez tout droit pendant 300 m, puis tournez à gauche en direction de la place An-Nasr.

Partout des rues étroites au tracé capricieux, courant entre de modestes bâtisses dont les étages ou les terrasses débordent parfois en encorbellement. Par-dessus les murs de pisé, des palmiers balancent leur feuillage, car la ville est aérée et les jardins y tiennent plus de place que les maisons. Si le costume des hommes est ici varié, celui des femmes est le plus souvent uniforme : vêtues de noir, elles mettent leur élégance discrète dans de savants drapés.

En suivant les panneaux indiquant l'hôtel Saâdiens, vous arriverez au cœur de la médina ; le marché aux poissons ne manque pas de cachet. Non loin, observez les livreurs : regroupés, ils attendent, assis par terre à côté de leur diable ou de leur carriole, que quelque commerçant fasse appel à leurs services.

Revenez sur vos pas et prenez à droite, la ruelle très animée qui se prolonge par la rue Bir Anzarane, en longeant le souk arabe.

Souk arabe

Il est peu étendu, en partie ombragé par des claies, et étrangement calme. Passé une petite place carrée, sur la droite, qui regorge de marchandises (cuivres, peaux de moutons, tapis, sacoches berbères, babouches, sculptures sur pierre), on atteint le **souk des bijoutiers★**.

Ici, comme à Tiznit, c'est le domaine des bijoux d'argent. Mais à côté de la production actuelle, de facture un peu fruste, on pourra voir de très belles pièces anciennes (bracelets en particulier) beaucoup plus élaborées. Toutes sortes d'objets anciens sont vendus dans ce quartier : certains sont d'un prix élevé, comme ces fusils dont les crosses sont de véritables œuvres d'art, mais il en est de plus abordables et fort curieux, comme les lampes à huile juives en bronze ou les candélabres en cuivre.

On remarquera une production spéciale du pays : de petits objets en « **pierre de Taroudant** ». Il s'agit d'un calcaire assez tendre, gris et rose, provenant des montagnes voisines, et qui se prête à la décoration au poinçon.

Revenant sur la rue Bir Anzarane, on arrive bientôt à la **place An-Nasr** (anciennement place Talmoklate), où se concentre toute la journée une intense activité. En face s'ouvre le **souk berbère**, plus large que le précédent, recouvert de tôle ondulée, et ou règne une grande animation, en particulier dans la grande allée centrale où se regroupent bazars et drogueries. Au-delà, échoppes vendant des poteries, des babouches et autres bijoux berbères, vers lesquelles des rabatteurs tenteront de vous entraîner en vous promettant monts et merveilles.

Revenir à la place An-Nasr et prendre sur la gauche.

Place El Alaouyine (ex-Assarag)

Cette vaste place est le lieu de rendez-vous des habitants au crépuscule. Musiciens, conteurs, bateleurs lui donnent alors des allures de petite place Jemaa el Fna. Les terrasses des cafés qui la bordent sur sa partie nord, souvent bondées, constituent d'excellents points d'observation.

En revenant sur vos pas, puis en continuant au-delà de la place An-Nasr, vous découvrirez au passage la Grande Mosquée, dont le **minaret** ocre est sculpté en nid d'abeilles et décoré de panneaux de céramiques.

Aux alentours

Tioute

37 km au sud-est par la route de Marrakech. À 8 km, dans le village d'Âït-Yazza, prendre à droite, juste avant la station service, l'étroite route en direction d'Igherm et de Tata (aucune indication sur place ; il s'agit de la seule route goudronnée).

Après 3 km, traverser à gué l'immense lit de l'oued Sous (presque à sec une grande partie de l'année).

Coopérative Taïtmatine

À l'entrée du village, la première maison sur la gauche - ✆/fax 028 85 25 51 - www.targanine.com - tlj 9h-12h, 14h-19h.

Cette récente coopérative féminine fait partie d'une association du sud du Maroc qui œuvre pour le développement durable. Vous pourrez assister à toutes les étapes de la fabrication de l'huile d'argan, depuis le concassage, qui se fait à la main, jusqu'au pressage, en passant par l'extraction et la torréfaction. Dans la petite boutique, vous trouverez tous les produits alimentaires et cosmétiques fabriqués à partir de l'huile d'argan, ainsi que du *amou beldi*, la pâte à tartiner locale à base de miel, d'amandes et d'huile d'argan.

Sur la rive opposée se dressent les ruines de la **kasbah de Freïja** qui commandait ce passage.

Après avoir croisé la route de Ouarzazate à Agadir, on traverse une forêt maigre d'arganiers où paissent chèvres et chameaux, avant d'atteindre, 4 km plus loin, la route goudronnée de Tioute *(plaque indicatrice)*.

Elle se dirige vers les premières pentes de l'Anti-Atlas, au pied desquelles la grande **palmeraie de Tioute** groupe plusieurs villages dominés par une *kasbah*, dont les ruines ont encore fière allure.

Au bout de 5 km, deux bornes en ciment marquent un carrefour. Tourner à droite, 500 m plus loin laisser à droite la piste qui mène à un village et monter vers la *kasbah* qu'on aperçoit juchée sur un contrefort de la montagne. Cette piste se termine sur une terrasse qui longe une ancienne *kasbah* aujourd'hui transformée en un restaurant (la **Kasbah Tioute**) dont l'essentiel du charme réside dans sa situation.

De là, on appréciera la **vue★** : au premier plan sur les villages de terre rouge noyés dans la verdure et sur le marabout de Sidi Abdelkader, puis sur la palmeraie à l'intérieur de laquelle il est agréable de se promener à pied ou à dos de mulet ; au-delà s'étend la plaine du Sous (sur la gauche, entre deux buttes, on distingue Taroudant), et par temps clair on aperçoit le Haut Atlas.

Dans les arganiers.

J. Malburet / MICHELIN

Revenir sur ses pas. À 500 m, une piste à gauche descend vers les villages.

En empruntant cette piste on traversera deux villages *(souk le mercredi)* avant de rejoindre Taroudant par l'itinéraire de l'aller.

Excursion à Taliouine★

Suivant le temps dont on dispose, il est possible, en reprenant la route en direction de Taroudant, d'effectuer une excursion à **Taliouine★** *(voir p. 478).*

Dans ce cas, prenez à droite la route en direction de Ouarzazate *(comptez 91 km entre ce carrefour et Taliouine).*

Cette route étroite qu'encadrent les montagnes de l'Anti-Atlas traverse tantôt de larges zones de cultures (pastèques, en particulier) parsemées de villages en pisé surplombant l'oued Assaki, tantôt de vastes étendues désertiques balayées par le vent.

Taroudant pratique

Informations utiles

Banques – Les principales banques sont regroupées autour de la place Al Alouyine – ou à proximité immédiate – et disposent de distributeurs automatiques de billets.

Téléphone – Plusieurs cabines à cartes de Maroc-Télécom sur la place An-Nasr. Pensez à vous munir d'une carte de plus de 12 unités si vous appelez à l'étranger.

Poste – Hors les murs, en face de Bab al Kasbah. Intra muros, sur la rue du 20-Août non loin de l'hôtel Saâdiens.

Presse internationale – Vous trouverez les grands titres de la presse marocaine et internationale dans une papeterie située après la Grande Mosquée, au coin de la rue du Prince Héritier Sidi Mohammed.

Transports

AÉROPORT

Taroudant n'est qu'à 60 km de l'**aéroport d'Agadir-Al Massira**, auquel elle est reliée par une route en très bon état. Renseignements sur les vols :

- à l'aéroport : *✆ 028 83 91 22 ;*
- à l'agence **Royal Air Maroc d'Agadir** : *✆ 028 84 07 93.*

CIRCULATION

Première chose à faire : laisser sa voiture quelque part et circuler à pied ! La plupart des rues ne sont pas accessibles en voiture… et dans celles qui le sont vos nerfs peuvent être mis à rude épreuve.

Pour gagner les hôtels Taroudant et Tioute, entrez dans la ville par Bab Targhount et suivez la foule… ainsi que les panneaux. Pour l'hôtel Saâdiens, même méthode – en plus compliqué – à partir de Bab al Kasbah.

CALÈCHES

Intra muros, les calèches sont utilisées par les Roudanis en guise de petits taxis, sans compteur naturellement *(le tarif pour une course est de 7 DH).*

Mais si vous voulez profiter de cette étape de charme pour faire une balade en amoureux autour des remparts, il faut compter 40, 60, 80 DH ou plus suivant la durée. Se mettre d'accord au préalable avec le cocher.

VÉLOS

Nombre de Roudanis se déplacent à vélo ou à cyclomoteur : le profil plat peut vous inciter à suivre leur exemple. Prudence toutefois : toutes proportions gardées, la circulation à Taroudant vaut bien celle de Marrakech.

Location Taroudant Mahmoud Mahmoudi – *Ferk Alhabab n° 12 (plus ou moins dans le prolongement de la r. du 20-Août) - ✆ 061 61 53 03.*

Location Dendori – *✆ 067 29 74 20, à deux pas du précédent, contre le souk aux poissons. Comptez 100 DH par jour pour un vélo, 400 DH si vous tenez absolument à pétarader au guidon d'un cyclomoteur.*

PARKING

Sous les remparts près de l'hôtel Palais Salam. Obole à prévoir, en principe en repartant.

Se loger

À TAROUDANT

⊖ **Taroudant hôtel** – *Pl. Al Alaouyine - ✆ 028 85 24 16 - fax 028 85 15 53 - 160 DH (salle de bains/toilettes) ; 140 DH (avec douche) ; 75 DH (sans douche) - ☕ 22 DH.* Un minuscule patio, des chambres qui fleurent bon l'hôtel de province tel qu'on le concevait il y a quelques décennies : ce fut jadis le grand hôtel de la ville. Il en reste une sorte de solennité un peu empesée et un air d'indéfinissable nostalgie dans le regard d'un personnel – stylé – de haute époque lui aussi. Bar fort animé.

⊖⊖ **Hôtel Saâdiens** – *Borj Oumansour, dans le prolongement de la r. du 20-Août - ✆ 028 85 24 73 - fax 028 85 21 18 - hotsaadi@iam./net.ma - 240 DH ☕ - repas 80 DH - 🏊.* Ne vous laissez pas impressionner par l'aspect vieillot du hall au décor semble-t-il inchangé depuis les grandes années du Formica : il cache des chambres très convenables disposées sur deux niveaux de galeries autour d'une belle piscine, inattendue au cœur de la médina. Celle-ci, nous annonce un panneau placé au-dessus de la réception, est « interdite à tous ceux qui ne savent pas nager ». Sage précaution ! Vous pourrez déjeuner sur la terrasse, sur le toit de l'établissement.

⊖ **Hotel Atlas** – *Bd. El Mansour Eddahbi - ✆ 028 55 18 80 - fax 028 85 17 39 - 160 DH* ☕. Un hôtel récent qui ne présente pas de charme particulier mais offre l'intérêt d'être central et propre. Une alternative si les autres sont complets !

⊖⊖ **Hôtel Tiout** – *Av. Prince Héritier Sidi Mohammed (en fait, la réception donne sur une cour servant de parking, en face de la Grande Mosquée) - ✆ 028 85 03 41/44 78 et 79 - fax 028 85 44 80 - 334 DH ☕ - repas 75 DH - taxes 7 DH/j.* Un peu impersonnel, mais propre et bien équipé et très commode pour sa situation centrale. Les chambres, vastes, disposent d'un balcon, presque aussi vaste : dommage qu'il donne sur le parking. Un peu bruyant toutefois : les Roudanis sont des noctambules avérés. L'hôtel s'est doté d'un hammam traditionnel et d'une salle Internet.

⊖⊖⊖ **Palais Salam** – *Dans la kasbah à l'entrée de la ville lorsqu'on arrive de Marrakech - accès par l'av. Hassan II - ✆ 028 85 23 12/21 30/25 01 - fax 028 85 26 54 - palsalam@agadir.net.ma - 142 ch - 630/810 DH (remparts) ; 680/910 DH (duplex sur patios) ; 1 080/1 360 DH (ryad I) ; 1 480/1 760 DH (ryad II) - ☕ 80 DH -* 🏊. Situé dans l'enceinte même des remparts, cet hôtel, ancien palais du pacha, mérite que l'on s'y arrête. Que ce soit pour y séjourner ou simplement prendre un verre au bord de la piscine en forme de trou de serrure, l'hôtel constitue une étape très agréable, tant pour sa décoration intérieure que pour les jardins luxuriants, agrémentés de fontaines, qui l'enserrent. Au charme un peu suranné des chambres disposées de plain-pied autour de patios plantés de somptueux bananiers (mais quel décor !), est venu s'ajouter celui d'une aile moderne conçue comme un petit labyrinthe où, entre décrochements et escaliers, s'enchevêtrent des petites maisons dotées d'une cour centrale sur laquelle donnent les chambres.

C. Brett / MICHELIN

Jardins du Palais Salam.

À TIOUTE

⊖⊖ **Auberge Tighmi** – *Douar Amaner, au bas du village (signalisation) - ✆ 028 85 05 55 - 7 ch. - 300 DH - ☕ 25 DH - repas 80 DH - fermé 15 août-15 sept.* - 💳. À priori, rien ne destinait le patron, français, à prendre en charge cette auberge toute blanche, meublée et décorée avec beaucoup de goût et une sobriété reposante à l'œil. Mais le destin réserve des surprises et on lui doit une agréable adresse, dont la terrasse ménage des vues superbes (en particulier sur la chaîne de l'Atlas enneigée). Cuisine excellente, mais sachez que certains plats nécessitent d'être commandés plusieurs heures à l'avance.

Se restaurer

⊖ **Le Taroudant** – *Pl. Al Alaouyine - menus 70-90 DH.* Médecins ou avocats, de vieux habitués y ont leur rond de serviette… et leur bouteille, dont le serveur amical marque soigneusement le niveau. Menu à la carte (de qualité) et service empressé.

⊖ **Chez Nada** – *Dans le centre, à côté de l'hôpital - ✆ 028 85 17 26 - menu 70 DH.* Cet établissement fréquenté par les touristes n'en propose pas moins une cuisine marocaine très correcte. Son intérêt principal tient à sa terrasse fleurie et ombragée, qui offre une vue sur toute la ville.

⊖⊖ **Jnane Soussia** – *Hors les murs, av. Mohammed V, près de Bab Zorgane - ✆ 028 85 49 80 - tous les soirs - 120 DH.* Spécialités régionales. Piscine et grand jardin constituent l'agréable cadre de ce qui est sans doute le meilleur restaurant de la ville.

⊖⊖ **Le Roudani** – *Restaurant marocain du Palais Salam - repas 150 DH.* Plus que pour la cuisine, ne pas manquer d'y venir pour visiter au passage les somptueux jardins de l'hôtel !

Faire une pause

On ne manquera pas de s'installer en terrasse des cafés de la **place Al Alaouyine** pour déguster de délicieux jus de fruits frais, ou encore à la terrasse du **café El Mouga**, rue Bir Anzarane, face à la boutique du Tigre. Dans les deux cas, le spectacle de la foule saura vous distraire.

Place An-Nasr, à l'entrée du souk berbère, vous trouverez des petites charrettes chargées d'oranges que l'on vous pressera en quelques secondes. Il en est de même sur la grande place située derrière Bab al Kasbah. Sur la première, vous trouverez aussi le café **Warda,** où les habitants se retrouvent pour une partie de billard. Ambiance typique, et belle terrasse à l'étage.

Le **bar de l'hôtel Taroudant** accueille les amateurs de boissons alcoolisées dans une ambiance de plus en plus bruyante à mesure que les verres se vident, et que la présence d'une femme pourrait porter au paroxysme.

Sports et loisirs

AU PAS D'UN ÂNE DÉBONNAIRE…

Les amoureux des ânes pourront laisser leur voiture au centre de **Tioute** et accéder à la *kasbah* sur le dos d'un sympathique bourricot *(20 DH)*. Et, si l'expérience s'avère concluante, pourquoi ne pas faire plus ample connaissance avec sa monture en effectuant en sa compagnie une randonnée de plusieurs jours avec hébergement dans les villages berbères ? *Renseignements au restaurant Kasbah-Tioute - ✆ 028 55 05 75*. Quant au prix, il dépend du propriétaire de l'âne, du guide, de la durée du séjour et d'autres paramètres mystérieux : comme partout, « ça se discute et on arrive toujours à s'entendre ! » (Faites-le vous toutefois préciser avant le départ.)

Achats

Souk – *Jeudi et dimanche.*

Le Tigre – *R. Bir Anzarane, en face de la BMCI - ✆ 028 85 22 44*. Un impressionnant tigre empaillé a donné son nom à cette boutique incroyable qui recèle un nombre incalculable d'objets hétéroclites allant de vieux appareils photo à soufflets aux tablettes à Coran en passant par des poignards, des bijoux berbères et autres animaux empaillés. Brahim Dahan, le patron, capable de vous parler pendant des heures d'un bibelot, n'est pas la moindre attraction du lieu !

Galerie du Sud – *Souk El Kharazza, à deux pas de la r. Bir Anzarane*. Mohamed Amahou, qui a passé une partie de sa vie dans les Vosges, où il travaillait dans la restauration, s'est découvert une passion pour la peinture. Dans sa petite boutique, vous trouverez des peintures sur bois, sur toile et sur verre et cartes postales. Certaines figures féminines, aux silhouettes stylisées, ne manquent pas d'allure.

Maison de l'Herboriste, Secret des Plantes – *Accès par la r. Bir-Anzarane et à gauche sur une petite place, dans un renfoncement*. Nul doute que le patron, un peu sorcier, un peu rebouteux, saura vous dénicher la tisane ou la potion apte à vous soulager de vos maux !

À TIOUTE

Coopérative Taïtmatine – *À l'entrée du village de Tioute, première maison sur la gauche - ✆ 028 85 25 51 - www.targanine.com*. Tous les produits cosmétiques et alimentaires fabriqués à partir de l'huile d'argan.

Tata

15 767 HABITANTS
CARTE 2E RABAT DE COUV. B5 – CARTE MICHELIN 742, PLIS 4 ET 33

Tata est réputée comme étant la ville la plus chaude du Maroc… et cette réputation n'est pas usurpée : ici, même l'eau froide est chaude ! Posée dans une belle palmeraie, qui apparaît soudain dans un paysage jusque-là minéral, à l'écart des circuits touristiques, Tata est une petite cité moderne et commerçante en pleine expansion, connue pour ses poteries, comme pour les gravures préhistoriques qui décorent les grottes des environs.

Se repérer – Adossée au *jbel* Tabarount, arrosée épisodiquement par l'oued qui porte son nom, la petite cité de Tata est située dans une belle palmeraie, au sud-est de Taroudant (par Igherm) et au sud-ouest de Ouarzazate (par Tazenakht et Foum-Zguid).

À ne pas manquer – La palmeraie lorsque le soleil se couche.

Organiser son temps – Une demi-journée suffira pour visiter la ville et sa palmeraie.

Pour poursuivre le voyage – Voir aussi, pour découvrir de superbes paysages de montagnes, Tafraoute ; pour poursuivre au-delà de Foum Zguid en direction de Ouarzazate, voir Taliouine et Âït-Benhaddou ; enfin, pour regagner le littoral atlantique, voir Taroundant.

Se promener

Tata et sa palmeraie

Petite cité de garnison posée dans une palmeraie au milieu de paysages désertiques, Tata fait penser à un Ouarzazate miniature : en tout et pour tout, la ville se compose d'une rue centrale démesurément large et entourée de petites maisons rouges à arcades, sous lesquelles s'abritent d'innombrables boutiques. Aux heures fraîches

du jour (le terme étant ici tout relatif), il y règne une certaine animation, des plus sympathique, lorsque les habitants de la palmeraie (les femmes portent ici des jupes d'un bleu superbe) viennent faire leurs courses ou, tout simplement, se promener.
Pour effectuer une agréable promenade à pied dans la palmeraie, traversez l'oued Tata et longez-le vers le nord jusqu'au hameau d'**Agadir-Lehne**. Vous pouvez également la parcourir en voiture en traversant la ville par sa rue principale et en poursuivant sur 3 km en direction de Souk-Tleta-de-Tagmoute.

Ruiz Treal / MICHELIN

Femme en bleu dans la palmeraie.

Circuits de découverte

DE TATA À IGHERM

119 km – 1h30 environ. Quitter Tata par la route d'Agadir.

On traverse la palmeraie de Tata et les maisons en pisé du village de Tigezmirt.

À la sortie de Tigezmirt, prendre à droite la route d'Igherm et Taroudant.

À la sortie de la palmeraie, on franchit l'oued Tata. Dès lors, la route parcourt des plateaux désolés, ponctués çà et là de rares palmeraies. Austère, ce paysage n'en est pas moins d'une beauté saisissante : les montagnes qui l'encadrent, parfois couvertes de stries qui dessinent des formes inattendues, révèlent une éblouissante palette de couleurs, sans cesse variables, à l'unisson de la lumière du jour : parfois noires voire violettes, parfois d'un vert un peu terne (à gauche de la route), c'est une infinie variation d'orange et de roses qui domine de l'autre côté. Spectacle lumineux, majestueux et sans cesse renouvelé qui coupe d'autant plus le souffle que vous le découvrirez dans une solitude absolue, à peine troublée par la présence épisodique d'un troupeau de chèvres en quête désabusée de quelque brin d'herbe à se mettre sous la dent, ou d'un passant, le plus souvent à califourchon sur son âne, semblant surgir de nulle part et empruntant un sentier invisible conduisant vers son *douar*.
On traverse **Imiteq**, *ksar* dominé par son minaret sur le flanc de la montagne, dans une maigre palmeraie (km 38). Plus loin, une longue palmeraie abrite des jardins et des champs ; tout au long s'égrènent des villages fortifiés aux maisons de pisé : **Tizgui Ida Ouballou** (km 71), posé au bord de l'oued, **Tiouayou** (km 82), qui se signale par un marabout, **Issafèn** (km 85), aux vieilles demeures de pisé s'étageant au-dessus de l'oued dans une palmeraie donnant naissance à de beaux jardins, **Timkite** (km 93), que domine une imposante *kasbah*, et **Iguiouz** (km 96), avec sa grande mosquée couleur sable et son fort ruiné qui domine le village.
Igherm est une bourgade sans charme mais animée le jour du souk (le mercredi), et qui a surtout l'incontestable mérite d'être pourvue d'une station d'essence (sur la place) et de quelques gargotes, où vous pourrez prendre un rafraîchissement bienvenu.

La croisée des chemins

Arrivé à Igherm, trois possibilités s'offrent au voyageur : poursuivre sur la route vers Tioute et **Taroudant** dans un paysage qui peu à peu se couvre d'arganiers (88 km) ; prendre à droite une nouvelle route, étroite et montagneuse, qui vous conduira sur la route Agadir-Ouarzazate entre Aoulouz et **Taliouine★** en traversant des zones de cultures en terrasses, et des villages constitués de maisons au toits plats, dotés d'aires de battage des céréales (100 km jusqu'à Taliouine) ; ou bien prendre à gauche la route du Tizi-n-Tarakatine vers Agadir et **Tafraoute** (*voir ce nom*).

AU PIED DE L'ANTI-ATLAS, DE TATA À FOUM-ZGUID

136 km – 2h environ. Quitter Tata par la route de Ouarzazate (N 12).

Après le village d'**Akka-Igurn** (ou Iguirèn, km 28), qui répartit ses maisons de pisé dans une petite palmeraie au pied d'un fort en partie ruiné, la route (excellente) court sur un étroit plateau désertique encadré de montagnes, l'Anti-Atlas à gauche, le *jbel* Bani à droite. On laisse sur la gauche **Kasbat** (km 53), étagé au-dessus d'une minuscule palmeraie, avant d'atteindre le *ksar* de **Tghit**, où le minaret blanc de la mosquée semble jaillir des murs ocre d'une *kasbah*.

Au-delà de la palmeraie, sur la gauche de la route, la terre blanchâtre, curieusement plissée, constitue un étonnant paysage lunaire dans lequel l'oued Tissint s'est frayé un chemin encaissé.

La route court, parallèle aux gorges de l'oued, le plus souvent à sec, que l'on aperçoit par endroits.

Tissint

Dans cette bourgade posée dans une belle oasis, **Charles de Foucauld** séjourna quelque temps lors de sa « Reconnaissance au Maroc », en 1883.

À l'entrée du village, sur la gauche de la route, s'élève un fort aux murailles de pisé (domaine militaire). Au rond-point, une pancarte signale sur la gauche les **cascades d'Attiq**.

P. Plantier / MICHELIN

La palmeraie de Tissint.

Suivre la rue sur 200 m environ jusqu'au petit café, devant lequel on laisse la voiture pour se rendre sur le terre-plein situé en face.

L'oued aux eaux jaunâtres dévale de cette cascade, tombant au passage dans des cuvettes composant des piscines naturelles, qui font la joie des gamins du village.

À la sortie de Tissint, on traverse la jolie **palmeraie** qui dresse ses palmiers élancés sur le fond montagneux sombre, et abrite des jardinets verdoyants, séparés les uns des autres par des murets de terre et sillonnés par des canaux d'irrigation. Cette soudaine fertilité est complètement inattendue dans une région aussi désertique.

Après avoir franchi à gué l'oued El Maleh (km 88), le plateau, parsemé de maigres arbustes, s'évase. Bien que désertique, le paysage, barré de montagnes, est étonnamment serein. Quelques dromadaires y déambulent pensivement, mâchonnant sans conviction une improbable brindille.

Foum Zguid

Il y a quelques années encore, cette bourgade n'était accessible qu'en camion (ou à dos de dromadaire) par des pistes aléatoires. Si la route risque d'éveiller le village de sa torpeur,

Des dattes aux herbes

Tissint était autrefois réputée pour ses dattes et fut un important comptoir sur la route caravanière conduisant au Soudan. Si ces deux activités relèvent désormais d'un passé révolu, les Tissintis ont relancé leur économie locale grâce au négoce de plantes médicinales, très appréciées dans la pharmacopée traditionnelle marocaine, et qu'ils exportent dans tout le pays. On peut lire à ce sujet *Tissint, une oasis du Maroc saharien*, Éditions Al Birunaya, 1992, coll. Études Sahariennes *(à commander à la Société française d'ethnopharmacopée - sfe-see@wanadoo.fr).*

pour l'heure rien ne semble avoir changé depuis des siècles dans ces rues de terre battue. La place centrale, circulaire, est entouré de quelques gargotes aux terrasses abritées du soleil par des claies de canisses. D'invraisemblables camionnettes y sont garées dans un joyeux désordre, tandis qu'une foule de femmes aux vêtements de couleurs vives vaque à ses affaires avec une apparente indolence.

À partir de Foum Zguid, vous pourrez rallier Ouarzazate ou Taliouine par la route via Tazenakht, en traversant parmi les palmiers le *jbel* Bani, puis en franchissant le Tizi-n-Taguergoust (alt. 1 640 m). Avec un 4x4, vous pourrez atteindre, par des pistes, Mhamid (par le lac Iriki), ou Zagora (par Bou-Rbia).

Tata pratique

Informations utiles

Délégation du tourisme – *Av. Mohammed V - ✆ 028 81 20 75 ou 028 80 21 31.*

ACCÈS EN VOITURE

Toutes neuves, les routes conduisant à Tata sont excellentes (hors quelques passages d'oueds à gué) – et d'autant plus roulantes que vous n'avez guère à y craindre des embouteillages. Pour tout dire, vous pourrez y parcourir de longues distances sans croiser le moindre véhicule.

Conséquence logique : les **stations d'essence** sont rares : outres celles de Tata, vous n'en rencontrerez pas avant Igherm, à la distance respectable de 120 km. Dans l'autre sens, c'est pire encore : il vous faudra parcourir 142 km avant d'arriver à Foum Zguid (et la station n'est pas toujours ouverte). Vérifiez donc les niveaux avant de vous lancer sur la route et, au cas où vous tomberiez en panne, n'escomptez pas attendre les secours à l'ombre : munissez-vous d'un chapeau et d'une provision d'eau !

Attendez-vous à de fréquents contrôles de gendarmerie. Celui de Tissint est légendaire.

EXCURSIONS

Si vous souhaitez découvrir les **peintures préhistoriques** des grottes des alentours, adressez-vous à la Délégation du tourisme, particulièrement dynamique et soucieuse de mettre en valeur une région jusque-là quelque peu négligée par le tourisme : on vous donnera les coordonnées d'un guide officiel.

Se loger, se restaurer

⊖ **Hôtel Renaissance** – *Sur la droite de l'avenue lorsqu'on entre dans la ville - 9 av. des F.A.R. - ✆ 028 80 22 25 - fax 028 80 20 42 - 140 DH - ☕ 20 DH - piscine.* L'accueil est sympathique. L'hôtel, modeste mais convenable, constitue l'unique solution de repli à des lieues à la ronde lorsque le suivant est complet… si l'on excepte toutefois le **camping municipal** *(av. Mohammed V - ✆ 028 80 26 26)*, qui gagnerait à être un peu plus ombragé !

⊖⊖ **Le Relais des Sables** – *Av. des F. A.R., à l'entrée de la ville lorsqu'on arrive de Taroudant ou d'Agadir, sur la gauche de la route, face à la station-service - ✆ 028 80 23 01/02 - fax 028 80 23 00 - 45 ch. - 264 DH -10 mini-suites : 300/385 DH - ☕ 25 DH - repas 90 DH - piscine - P.* Dans un endroit où il fait si chaud, la présence d'une piscine peut réconcilier avec la vie les caractères les plus pessimistes ! C'est aussi pour cette raison qu'on privilégiera les mini-suites climatisées de cet hôtel accueillant et moderne, disposant d'un grand parking. Menu touristique des plus convenables. On sert du vin. Lorsqu'il fait encore plus chaud que d'habitude (ça arrive !), le repas vous sera servi dans le jardin.

Il n'y a aucune possibilité d'hébergement digne de ce nom, ni à Igherm, ni à Tissint, ni à Foum Zguid, dont les auberges feraient reculer les âmes les mieux trempées.

Faire une pause

À **Tissint**, devant la cascade, un estaminet propose des boissons délicieusement fraîches.

Achats

Souk – *Le jeudi et le dimanche à Tata ; le mercredi à Igherm ; le lundi à Foum Zguid.*

Le désert à fleur d'eau.

LE GRAND SUD

CARTE 1ER RABAT DE COUV. B3-C3 – CARTE MICHELIN 742, PLIS 15-17 ET 41-44

C'est ici que commence le pays du grand désert. Sous un ciel immense s'étendent à perte de vue de véritables mers de sable ou de cailloux, parfois âpres, parfois plus douces, lorsque le soleil couchant vient les illuminer. Dans cet infini que nulle végétation ne vient égayer, la solitude n'est pas un vain mot : vous parcourrez parfois des kilomètres sans rencontrer âme qui vive, si ce n'est de temps en temps un dromadaire esseulé plongé dans une méditation dédaigneuse ou un âne oublié mâchonnant quelque chardon.

Mais le Grand Sud, c'est aussi plusieurs centaines de kilomètres de littoral jusqu'ici préservé des assauts du tourisme. C'est la petite ville de Tiznit, avec ses remparts de sable, c'est Sidi Ifni, qui cultive du haut de sa falaise on ne sait quelle nostalgie ibérique, c'est Tan-Tan, qui émerge du sable avec une frénésie de construction. C'est aussi le rappel de fabuleuses aventures d'un passé pas si ancien, celle de Michel Vieuchange à la recherche de Smara, la bibliothèque des Sables, celle du chef d'escale Antoine de Saint-Exupéry, veillant sur la ligne de l'Aéropostale à Tarfaya, ou encore celle de Le Clézio allant à la rencontre des hommes du désert.

En somme, en parcourant les routes et les pistes du Sud, les voyageurs quittent une fois pour toutes les chemins trop balisés. L'expérience peut être rude mais elle sera toujours passionnante.

- **Se repérer** – La région du « Grand Sud » s'étend sur les 1 500 kilomètres qui séparent Agadir de la frontière mauritanienne. À proximité de la côte se trouvent les villes de Tiznit, Guelmim, Tan-Tan et Laâyoune. L'intérieur des terres est occupé par un vaste désert, entre Tata et la vallée du Drâa.
- **À ne pas manquer** – Le souk aux chameaux de Guelmim, la coopérative féminine Tafyoucht d'huile d'argan, l'oasis d'Aït-Bekkou et la Kasbah Caravanserail à Tighmert, le bord de mer préservé entre Tiznit et Sidi Ifni, ou encore entre Tan-Tan et Tarfaya.
- **Organiser son temps** – Les distances pour traverser le désert sont importantes et le voyage peut s'avérer éprouvant. Si vous décidez de ne pas aller au-delà de Guelmim, cinq jours suffiront.

Guelmim

72 563 HABITANTS
CARTE 2E RABAT DE COUV. A5 – CARTE MICHELIN 742, PLIS 4 ET 44

En bordure des dernières pentes arides de l'Anti-Atlas, à 62 km de l'Océan, Guelmim, grosse bourgade construite en désordre au pied d'une vieille kasbah en ruine, est l'une des « portes du désert » qui jalonnent le Sud marocain, ouvrant sur un infini de pierre et de sable : c'est, pour le voyageur un spectacle, auquel s'ajoute, à quelques kilomètres, celui des premières oasis sahariennes.

- **Se repérer** – Ancienne halte caravanière, Guelmim est situé à 108 km au sud de Tiznit, à 286 km à l'ouest de Tata et à 166 km au nord-ouest de Tan-Tan, sur la voie de passage obligée pour qui souhaite découvrir les provinces sahariennes.
- **À ne pas manquer** – Une randonnée dans le désert, le souk aux chameaux et une visite de la Kasbah Caravanserail à Tighmert.
- **Organiser son temps** – Deux journées suffisent si vous descendez jusqu'aux plages blanches ou à la palmeraie de Tighmert.
- **Pour poursuivre le voyage** – Voir aussi au nord, Tiznit (108 km) et Agadir (200 km) ; si vous êtes attiré par les paysages montagneux, remontez vers Tafraoute.

X. Richer / HOA QUI

Le dromadaire, le plus précieux des dons d'Allah pour le voyageur du désert.

Comprendre

La cité des chameaux

Guelmim fut naguère un centre caravanier très important, fréquenté par les « **hommes bleus** ». Ces nomades des confins mauritaniens que l'on ne rencontre plus guère aujourd'hui, sauf sous les traits de chameliers, sont vêtus de cotonnade indigo, la tête couverte d'un long tissu noir ou bleu cachant en partie leur visage et bleuissant leur peau sombre. Leurs femmes sont également habillées de bleu et de noir et parées de nombreux bijoux, notamment des bracelets : ce sont elles qui dansent la **guedra**. Le **marché aux chameaux**, s'il n'est plus aussi important qu'autrefois, demeure très animé et attire chaque samedi de nombreux visiteurs.

Le dromadaire – Le malheureux n'est pas très beau : haut de presque 2 m, long de 3, avec sa bosse, son ventre en tonneau, sa lèvre épaisse, l'écume qui lui coule parfois de la bouche, ses longues pattes aux genoux cagneux qui s'entrechoquent quand il marche, ses yeux bordés d'une lourde frange de cils épais, il a dans ses déplacements quelque chose de disgracieux, de ridiculement solennel, qu'accentue son air dédaigneux… et, malgré tout, il a une bonne tête, même s'il est vrai qu'il a un fichu caractère !

C'est au 4e s., venant d'Arabie et d'Égypte, que le dromadaire a pénétré au Maghreb. Plus sûrement que le nez de Cléopâtre, son implantation a changé le cours de l'histoire : il a rendu possibles les échanges commerciaux à travers l'immense désert du

Sahara, qui isolait l'Afrique noire de la Méditerranée, de l'Europe et de l'Orient. Sans lui le désert n'aurait sans doute pu être exploré, encore moins habité.
Il est surtout connu pour sa sobriété et son endurance. Au plus fort de l'été, on doit en principe l'abreuver tous les trois ou quatre jours… Mais s'il ne travaille pas trop durement et dispose de bons pâturages, il peut rester plusieurs semaines sans boire, car il puise dans sa nourriture l'eau nécessaire pour s'abreuver grâce aux cellules aquifères qui garnissent la panse de son estomac. Celui-ci, d'une grande capacité, doit également être très résistant car l'animal dévore tout sur son passage : graminées poussant dans le désert, feuilles d'acacia séchées par le soleil… et, lorsqu'il a très faim, tout lui convient, aussi bien la toiture d'une paillote que du fil de cuivre !
Et pourtant c'est, selon le Prophète, l'animal le mieux réussi de la création ; pour le Bédouin, le bien de prestige et le gage de richesse par excellence et, pour le voyageur du désert, le plus précieux des dons d'Allah : si les camions s'enlisent dans le sable, lui, jamais, grâce à ses pieds garnis de coussinets larges et ronds ; son lait, beaucoup plus riche que le lait de vache, est souvent la nourriture essentielle des nomades, et sa chair fait le délice des amateurs ; au moment de sa mue annuelle, son poil fournit de quoi fabriquer vêtements, tapis et couvertures, et jusqu'à son crottin est recherché pour ses qualités de combustible, sans parler de son urine, shampoing apprécié et remède souverain contre les morsures d'insectes.
Alors, on peut bien lui pardonner sa laideur, sa susceptibilité maladive et jusqu'à cette démarche particulière qui est, pour le cavalier non-averti, un véritable supplice, car il va l'amble, ce qui lui donne un balancement inusité. Les cas de « mal de mer » sont assez répandus parmi les passagers néophytes du « vaisseau du désert », sans parler de la désagréable surprise de se voir projeté brutalement en avant, puis en arrière, lorsque l'animal, initialement accroupi, se redresse soudain !
Mais pour l'homme des villes qui a goûté à l'aventure d'une randonnée à dos de chameau à travers le désert, il reste le souvenir fabuleux de cette marche lente, quasi inexorable, progression magique dans le silence des pas qui foulent le sable, et l'impression d'absolu qui étreint le voyageur.

Courses de dromadaires

Au Sahara marocain, des courses de dromadaires sont organisées lors des fêtes et des *moussems*, par les tribus sahraouies. Dans ces épreuves de vitesse et d'endurance où les femelles (méhara) se montrent les plus performantes, les méharistes sont pour la plupart de jeunes garçons âgés de 8 à 12 ans.

Découvrir

Souk aux chameaux★

Il se tient dans un très vaste enclos au sud-ouest de la ville sur la route de Tan-Tan tous les samedis du lever du soleil jusqu'à 14h ; il est recommandé d'arriver à Guelmim tôt le matin ou, mieux, la veille au soir.
Ce marché hebdomadaire est la grande attraction de Guelmim. Le jour se lève sur un grouillement d'hommes et de bêtes arrivés là au cours de la nuit (il en vient de très loin, à plusieurs jours de marche). Une partie de l'enclos est réservée aux chèvres, aux ânes et aux moutons. Dans l'autre, plusieurs centaines de dromadaires foulent le sable de leur pas mou, tandis qu'à l'écart se tiennent d'interminables palabres où se joue leur sort. Les chamelons achetés ici seront revendus, une fois parvenus à l'âge adulte, aux Chleuhs ou aux sédentaires du nord, pour un destin oscillant entre la boucherie et la charrue. Vous êtes intéressés ? Pensez à examiner les dents de votre future acquisition, vérification indispensable pour déterminer l'âge de la bête ! Sachez en tout cas que les marchés se concluent sur parole et les versements se font en espèces ; après quoi l'acquéreur coupe à la bête une touffe de poils, qui symbolise sa prise de possession, puis l'entrave en lui liant une patte repliée.
Les hommes bleus vendent aussi des bijoux ; ici aussi la circonspection s'impose et, avant toute transaction, vous devrez apprendre à distinguer la pièce authentique du bijou de pacotille.

Aux alentours

Aït-Bekkou★

17 km au sud-est de Guelmim par Asrir – environ 1h30. Route goudronnée jusqu'à Asrir. Des guides peuvent proposer leurs services.
Sortir de Guelmim par l'est et prendre la direction d'Assa. Au bout de 4 km, prendre à droite la direction d'Asrir. Après avoir franchi à gué l'oued Sayad, en vue du *ksar*

d'**Asrir**, faire une petite halte : c'est là, à l'emplacement actuel du village, que se trouvait au 10e s., d'après les historiens arabes, la ville de Noul Lamta, fief des grands nomades Lamta et point de rencontre des caravanes chamelières qui traversaient le désert.

Filer ensuite au nord-est, en passant par Tighmert, en direction de la palmeraie que l'on aperçoit au loin : c'est **Aït-Bekkou**.

Laisser la voiture en bordure de l'**oasis★** et descendre à pied vers les sources qui arrosent champs de maïs et jardins, au pied des palmiers, des oliviers et des grenadiers. De l'autre côté s'étend le village saharien, agréable à parcourir.

Excursion à Plage Blanche

Quitter Guelmim en direction d'Ifni. À la sortie de la ville, au rond-point, prendre à gauche l'étroite route signalisée « Laksabi, Plage Blanche ». Assez étroite, la route est toutefois globalement goudronnée et permet d'atteindre les vastes étendues sauvages (pour l'instant) de **Plage Blanche**, à 65 km de Guelmim. Une route goudronnée, entre Laksabi et le site de Plage Blanche, devrait être tracée, dans le cadre de la réalisation, à l'horizon 2010, d'une station balnéaire.

Tighmert

Kasbah Caravanserail★

Palmeraie de Tighmert. Pour visiter, joindre Jamil Laabd - ✆ 062 19 37 73 - 20 DH/pers. (méfiez-vous des faux guides).

Depuis plus de 20 ans, Jamil Laabd et son cousin collectionnent les objets traditionnels de la vie des Sahraouis et nomades du désert. Ils exposent aujourd'hui cette collection exceptionnelle dans une *kasbah* de plus de 300 ans, rénovée à l'ancienne avec des planches en fibres de palmiers. Jamil effectue lui-même des visites passionnantes qui vous feront découvrir des objets parfois insolites employés par les nomades : gourdes, sandales pour les bergers, peignes, pinces à linge en bois, soutien-gorge pour chamelles, boîtes à bijoux décorées d'os de dromadaire, collection de pierres du désert…

Cascades de Fask

20mn de voiture depuis Guelmim en empruntant la N 12. Dépasser Aït-Bekkou.

Ce charmant village berbère est bâti dans un paysage désertique le long d'un canyon. La partie inférieure de ces grandes parois rocheuses est bordée de cascades étagées où s'écoule une eau limpide. Des petits bassins naturels permettent aux voyageurs abattus par la chaleur de se rafraîchir dans un cadre somptueux, où la végétation se compose essentiellement de splendides lauriers-roses.

Circuit de découverte des provinces sahariennes

Au sud de Guelmim, c'est le pays du grand désert. Le ciel y est immense, l'horizon n'a pas de fin car il n'y a rien qui arrête la vue, à part quelques broussailles, quelques arbustes secs, quelques chameaux, des lacs de sel et des lagunes, les crêtes mouvantes des dunes qui avancent au fur et à mesure que l'on marche vers elles, et de l'autre côté, passé le bord des hautes falaises, l'immensité de l'océan.

La civilisation du désert – Les caravanes aux cargaisons d'or, de sel et de cotonnades ne naviguent plus sur cet océan asséché qu'est le désert, et la population du Sahara marocain est passée peu à peu du nomadisme à la sédentarité, bien que l'on assiste, généralement en octobre et en mai, à des migrations de populations vers l'est et le sud-est, certains Sahraouis (ceux qui sont liés à une activité d'élevage) regagnant le désert dès les premiers jours de pluie. Reste cependant la « civilisation du désert », où les traditions, notamment les chants et les poésies, se transmettent par voie orale de génération en génération. Cette culture originale se retrouve par exemple pendant la pause du **thé**, qui peut durer plusieurs heures et au cours de laquelle les hommes récitent en **hassainya** des poésies apprises dès l'enfance, échangent des informations sur les zones où il y a de l'eau ou de l'herbe, sur les familles qui se déplacent, sur les dromadaires égarés. Dans le désert en effet, les nomades connaissent le point de passage dans les dunes où le sable reste ferme ; ils savent toutes les traces des animaux et reconnaissent celles de leur propre dromadaire, le moment de son passage, s'il s'agit d'un mâle ou d'une femelle, rien qu'aux empreintes laissées dans le sable.

La musique sahraouie, un peu triste, utilise la flûte et d'anciens instruments comme le **tbal** (sorte de grand tam-tam), qui accompagne une danse locale du même nom exécutée par les femmes, ou parfois l'**imzad**, petit violon monocorde joué surtout par les Touareg.

DE GUELMIM À TAN-TAN

125 km par une route en bon état et suffisamment large pour que deux véhicules puissent se croiser sans mordre sur les bas-côtés.

Sur cette route qui traverse des paysages désertiques, puis montagneux après Rass Oumlil, on croise essentiellement des camions lourdement chargés. Premier contrôle de police avant de traverser l'oued Drâa, 18 km avant d'arriver à Tan-Tan.
À l'entrée de la ville, deux chameaux de pierre encadrent la route en une sorte d'arc de triomphe.

Tan-Tan

Construite non loin de l'océan Atlantique, aux confins d'un vaste désert de pierres, Tan-Tan dispose d'un aéroport, d'un port – l'un des plus importants de la côte saharienne, aménagé pour la pêche et le trafic de marchandises, et auquel sont rattachés plusieurs usines de traitement du poisson (dont les fumées obscurcissent parfois l'horizon) et le tout récent Institut de technologie des pêches maritimes – et d'un camping. À Tan-Tan, il est possible de se restaurer et de faire le plein d'essence (station-service à la bifurcation entre Tan-Tan et Tan-Tan-Plage).

Quitter la ville et poursuivre en direction de El Ouatia (Tan-Tan-Plage). Au bout de 7 km, une route à gauche mène à Smara.

DE TAN-TAN À TARFAYA

236 km. Quelques commerces et cafés dans le village d'Akhfennir.

La route est bonne et longe la mer, dont la vision fait du bien au milieu de cet univers désertique. La **côte★** déchiquetée, superbe dans la brume, offre par endroits des petites criques de sable fin auxquelles cependant il est pratiquement impossible d'accéder. Au bord des falaises, des pêcheurs jettent leurs échelles de corde et leurs paniers, que d'autres hommes, en bas, remplissent de courbines, de sars, de loups et surtout de pousse-pieds, ramassés sur les rochers à marée basse.

Disséminées le long de la côte, on aperçoit les tentes rudimentaires des pêcheurs ; à l'intérieur des terres, quelques dromadaires paissent tranquillement chardons et feuilles d'euphorbes. La route traverse ensuite plusieurs oueds : l'oued Chbika, dont l'embouchure cernée de dunes forme une lagune, paradis des flamants roses, et l'oued Oumafatma, qu'enjambe un pont de pierre. Après le village d'**Akhfennir**, les dunes de sable surgissent de part et d'autre de la route (qui peut être dangereuse lors des tempêtes de sable, fréquentes de janvier à mars), alors qu'on s'éloigne de la côte et qu'apparaissent des salines faisant irrésistiblement penser à des mirages…
En se rapprochant de Tarfaya, la côte s'adoucit, les falaises disparaissent, mais la mer reste forte (on aperçoit plusieurs navires échoués sur la grève).

Tarfaya

Situé à plus de 500 km d'Agadir, Tarfaya, près du **cap Juby**, fut le point de rassemblement et de campement de la **Marche verte** en 1975.

C. Brett / MICHELIN

La côte entre Tan-Tan et Tarfaya.

Ce petit port de pêche (sardines) est aussi, pour les passionnés d'aviation, l'étape du souvenir de l'**Aéropostale**. Au bord de la plage, un monument de taille réduite la commémore : un avion Breguet (quelque peu stylisé) décolle en direction de l'Atlantique, surmonté de quatre flèches représentant les points cardinaux, la flèche orientée vers l'est symbolisant la direction de La Mecque, elle-même symbolisée par les trois boules que l'on retrouve sur le *jamour* des mosquées.

Sur la plage, on aperçoit, entourée d'eau et battue par les vagues à marée haute, la « maison de la mer », **Casamar**, petit fortin construit en 1882 par un Anglais du nom de Mackenzie, avec des pierres provenant de Smara et transportées à dos de dromadaires.

DE TARFAYA À LAÂYOUNE

115 km. Aucun poste d'essence ou de ravitaillement entre les deux villes. Ne jamais rouler trop vite, bien que la route soit bonne, car il peut y avoir des risques d'ensablement par endroits. Paysages désertiques avec, pour seule compagnie, des dromadaires et quelques camions lourdement chargés. À 65 km de Laâyoune, le monument commémoratif de **Tah**, au bord de la route, évoque la visite en ces lieux (considérés autrefois comme la frontière entre le Sahara espagnol et le Maroc), du sultan Hassan Ier le 12 mai 1886 et celle de Hassan II le 3 mars 1985.

Tarfaya, une escale mythique

En 1918, **Pierre-Georges Latécoère**, un industriel toulousain passionné d'aviation, présente au gouvernement français son projet de ligne aérienne Toulouse-Dakar. En 1919 naissent les Lignes aériennes Latécoère, avec pour « cheval de bataille » un avion conçu par **Breguet** et construit par **Michelin** entre 1914 et 1918 dans les ateliers de Clermont-Ferrand, afin d'équiper l'armée française d'appareils de bombardement. Plusieurs modèles Breguet-Michelin successifs contribuèrent à la victoire finale, en particulier le biplan Breguet XIVB2, dont quelques exemplaires furent rachetés par Latécoère pour « transporter le courrier en reliant hommes et continents ». Une épopée commence…

Naviguant à vue et sans radio, menacés par les pannes comme par les pillards du désert ou la disparition en mer, des dizaines d'héroïques pilotes, tels Daurat, Mermoz, Saint-Exupéry et Henri Guillaumet, font avancer la « Ligne », d'abord de Toulouse à Rabat (1919), puis à St-Louis-du-Sénégal (1926), enfin, après avoir sauté l'Atlantique, au-delà de la cordillère des Andes. En 1927, Latécoère céda ses lignes à une nouvelle compagnie, l'**Aéropostale**, absorbée en 1933 par Air France.

En 1983, les équipages du **rallye Toulouse-St-Louis-du-Sénégal** volant sur les traces des pionniers de l'Aéropostale commémorèrent le cinquantenaire de la mort de Latécoère. En 1994, la 12e édition de ce rallye a été l'occasion de rendre hommage au pilote-écrivain **Antoine de Saint-Exupéry**, 50 ans après sa disparition. Chargé des vols postaux depuis Toulouse vers l'Espagne et le Maroc, puis chef d'escale au Cap Juby à partir de 1927, Saint-Exupéry approfondira jusqu'à l'extrême sa recherche de la fraternité humaine, de la lumière enfouie au cœur de chaque homme, et de l'infini – infini du ciel, du désert, des limites à dépasser au-delà de soi-même –, quête d'absolu que l'on retrouvera dans *Courrier Sud* (rédigé lors des longues heures d'attente à Cap Juby), puis dans *Vol de nuit*, *Terre des Hommes* et *Pilote de guerre*, sans oublier *Le Petit Prince*, traduit en de nombreuses langues, et dont la version en berbère du Hoggar a valeur de symbole.

Laâyoune

Fondée par les Espagnols en 1932, Laâyoune fut à l'origine une grande oasis sur l'oued Sakia el Hamra, qui traverse le Sahara marocain d'est en ouest. C'est aujourd'hui l'une des capitales provinciales du Sahara occidental et un important centre administratif et minier. C'est aussi la ville-étape à partir de laquelle on peut se lancer à la découverte du désert, dont les dunes de sable s'étendent sur une distance de 300 km au sud de la ville, et où font halte plusieurs rallyes. Dans la ville même, les rues sont larges et bordées d'habitations de style saharien, de couleur ocre ou jaune et surmontées de coupoles. À quelques constructions de prestige comme la **mosquée Moulay Abdelaziz**, le **palais des congrès**, place de l'Allégeance (qu'il faut voir dans la lumière du soir), et l'**ensemble artisanal**, s'ajoutent la **Colline aux oiseaux**, parc ornithologique planté d'hibiscus, et le **Conservatoire des arts sahraouis,** arts représentatifs de la culture « hassainya ».

Perdu dans une mer de sable.

Les longues plages de sable de **Foum el-Oued** (point de départ de parties de pêche sportive) et **Laâyoune-Plage**, à 25 km au sud, sont bordées de villas (et de nombreuses tentes en été), et propices à la baignade, car la mer y est propre et en pente douce.

À la sortie de Laâyoune, sur la route de Boujdour, une piste à droite permet d'atteindre en 4x4 à travers les dunes le **canyon de la Saquia al Hamra**. Lorsqu'on descend au fond de cette immensité vide et palpitante de chaleur, il règne un silence tel qu'on a l'impression d'entendre les battements de son propre cœur…

Les passionnés de déserts côtiers pourront continuer vers **Boujdour**, ville côtière créée autour d'un phare construit par les Portugais, escale de Magellan sur la route du safran, et **Dakhla**, l'ancienne « Villa Cisneros », située à 544 km de Laâyoune sur une presqu'île s'étirant sur une quarantaine de kilomètres et formant une vaste baie, immense vivier où les bancs de poissons se succèdent et où les pêcheurs trouveront de nombreuses espèces tropicales de la côte africaine.

DE LAÂYOUNE À SMARA

240 km. Route goudronnée mais pas toujours en bon état ; nombreux nids-de-poule. Avant de partir, faire le plein d'essence (et de provisions), et prévoir de rallier Tan-Tan, car la ville de Smara n'est pour l'heure guère équipée en hébergement adéquat.

13 km après avoir quitté la ville de Laâyoune, on aperçoit sur la gauche l'**oasis de Lemsid**, miracle de fraîcheur et de verdure dans le lit desséché de l'oued Saquia al-Hamra.

Smara

Ville historique, culturelle et religieuse du Sahara, Smara fut construite sur ordre du sultan Moulay Hassan Ier par le cheikh **Ma el-Aïnine**. Entourée à l'origine d'un rempart de boue autour duquel chaque jour de nouveaux campements s'installaient, la ville fut le point de rassemblement de différentes tribus nomades (comme les Reguibat, au visage voilé de noir) venues du sud et du nord.
Capitale de province, Smara est aujourd'hui une étape sur l'axe routier transsaharien. Son développement autour de la *zaouïa*, dans la partie basse de la ville, tend à en faire la principale cité du désert, sans qu'elle ait retrouvé pour autant son importance et sa notoriété légendaires. Cependant, ici comme à Laâyoune, des efforts importants sont entrepris en vue de réaliser divers projets d'équipement.

L'Eau des yeux – Né en 1838, Moulay Ahmed ben Mohammed el Fadel – celui qu'on appelait Ma el-Aïnine, « l'Eau des yeux » –, fils d'un marabout de la tribu des Sanhaja, mena d'abord une vie de nomade puis s'installa à Smara où il écrivit des ouvrages de théologie et de musique. Il fit construire, grâce aux matériaux envoyés d'Essaouira et de Safi et débarqués à Tarfaya, une vaste *kasbah* qui comprenait une mosquée (jamais achevée), une *zaouïa,* dont la célèbre bibliothèque conservait les écrits du cheikh et de ses disciples, des logements et des lieux de stockage pour les céréales. Il créa ainsi vers 1896 un

Un fou du désert

« (...) je me suis lancé jusqu'à Smara à travers 300 kilomètres de désert...
J'ai vu tes deux kasbahs et ta mosquée en ruine. Je t'ai vue tout entière posée sur ton socle, face au désert, déserte, dans le silence, sous l'ardent soleil.
Tu es bien l'œuvre d'un homme, de Ma el-Aïnine au sommet de sa puissance...
Comme s'il eût voulu étonner les nomades par une chose miraculeuse, il s'établit sur un piédestal face au couchant, comptant sur cela pour leur donner une idée de sa grandeur : lui seul dans les pierres, fort entre les murs de solide appareil de ses kasbahs, ses sujets tout autour sous la toile des guitounes.
Il donna une mosquée à ces hommes qui errant dans le Sahara n'avaient jusqu'à ce jour prié que dans le vent du matin et du soir, se prosternant au hasard de leur route sur le roc ou le sable.
Et ces hommes n'ayant jamais vu de ville durent voir s'élever avec ébahissement ces murs, ces kasbahs, ces coupoles. »
M. Vieuchange, *Smara, Carnets de route d'un fou du désert* (1932) ; Éd. Phébus, 1990.

centre caravanier depuis lequel, avec ses hommes bleus, il fit régner l'ordre sur les routes du Sahara, du Sous à la Saquia al-Hamra, jouant un rôle décisif pendant près d'un demi-siècle dans la lutte entre les tribus du Sahara et les étrangers de l'époque coloniale. Il mourut en octobre 1910 à Tiznit, toujours vénéré mais vaincu, n'ayant pu atteindre Marrakech, où se trouvaient le sultan Moulay Hafid et l'un de ses fils, Moulay Hiba.

L'odyssée de Michel Vieuchange – En 1930, un jeune Français, **Michel Vieuchange**, partit à la découverte de la ville sainte de Smara, parcourant à pied et à dos de chameau des centaines de kilomètres à travers le désert du Sahara avant d'atteindre cette ville jusque-là inexploré par les Européens. Mais la mystérieuse Smara n'était déjà plus, lorsque Vieuchange la découvrit le 1er novembre 1930, qu'un champ de ruines, abandonné après la mort de Ma el-Aïnine, et mis à sac par des troupes françaises lancées en 1913 à la poursuite de rebelles. Michel Vieuchange mourut un mois plus tard terrassé par la dysenterie, ayant réalisé son rêve et laissant derrière lui ses carnets de route, publiés à sa mort par son frère et réédités. Il est aujourd'hui inhumé au cimetière européen d'Agadir.

Regagner Guelmim en empruntant la route qui, sur des kilomètres et des kilomètres, n'est qu'un large ruban goudronné coupant l'immensité, pour rejoindre Tan-Tan, avec pour seule animation des tourbillons jaunâtres de sable et de poussière dansant sur la pierraille du sol.

Guelmim et les provinces sahariennes pratique

Se loger

GUELMIM

⊖ **Hôtel Salam** – *Rte de Tan-Tan - ✆ 028 87 20 57 - fax 028 87 19 90 - 151 DH - ☕ 25 DH.* S'il peut être abusif de parler d'étape de charme, cette halte sera la bienvenue sur la route du Grand Sud et vous permettra en outre d'être à pied d'œuvre pour assister au souk aux chameaux.

TIGHMERT

⊖⊖ **La maison sahraouie** – *Palmeraie de Tighmert, à 17 km de Guelmim par la route d'Assa - ✆ 028 87 07 06 - GSM 071 32 37 17 - http://lamaisonsaharaouie.site.voila.fr - 5 ch. : 230 DH pension complète.* Maison traditionnelle réaménagée en maison d'hôte. Le confort est assez rudimentaire, mais on y vient essentiellement pour se ressourcer. Dans une palmeraie, aux portes du désert, la maison comprend quelques chambres aux murs de terre et de paille, une salle à manger où l'on s'installe à même le sol sur des tapis brodés, un hammam traditionnel, et quelques espaces sous la tente pour lire et se prélasser en toute quiétude. Vous n'y trouverez pas de salle de bains, la toilette se fait au sceau. Une adresse pleine de charme et de convivialité.

AMTOUDI (ID AÏSSA)

⊖ **Camping Amtoudi** – *À l'entrée du village - ✆ 028 78 93 94 - GSM 066 92 25 41 (Ahmed Mouhit) - 40 DH/pers. (avec caravane) - électricité 20 DH -* 🏊. La première bonne adresse du village ! Ce camping sympathique et très bien tenu abrite non seulement des espaces de campement mais également 13 chambres charmantes équipées de leur salle de bains (102 DH). Quand elle est remplie, la piscine offre un attrait de plus non négligeable…

On dirait le Sud – *à 15 km de Bouizarkane sur la route de Tata - ✆ 028 78 94 14* - Situé dans un village berbère, au cœur d'une oasis, cette auberge tenue par un Français bon vivant et plein d'humour propose des chambres simples et confortables dans une atmosphère sympathique. De nombreuses randonnées sont organisées pour aller à la découverte de gravures rupestres, canyons et villages typiques de la région. Une excellente adresse !

Sports et loisirs

Sources thermales – À 10 km de Guelmim, sur la route de Sidi Ifni, se trouvent les sources thermales d'**Abaynou**. Le site est composé de deux bassins d'eau chaude naturelle, un pour les femmes et l'autre pour les hommes. Une étape très appréciée par les campeurs qui s'y retrouvent nombreux tous les ans durant l'hiver. Les autres voyageurs trouveront également quelques établissements hôteliers rudimentaires le long des bassins.

Événements

Laabid – Chaque année est célèbrée à la mi août la « **fête des Esclaves** ». Pendant plusieurs semaines ont lieu des chants et dansent traditionnelles dans toute la région, particulièrement dans l'oasis de Tighmert.

Provinces sahariennes

Bon à savoir

La clarification espérée du statut politique de la région devrait lui permettre à terme de faire valoir des atouts, susceptibles d'attirer des visiteurs : attrait du désert, plages superbes et pratiquement inviolées, proximité des Canaries et d'Agadir, où de nombreux touristes séjournent, achèvement de la route transsaharienne, développement de l'hôtellerie, autant de promesses pour l'avenir. Il faut donc espérer que les handicaps actuels (présence de nombreux militaires malgré la fin des combats ; réquisition d'hôtels à Laâyoune pour loger les observateurs militaires internationaux mandatés par l'ONU ; hébergement des plus rudimentaires dans les autres villes), qui n'encouragent guère les touristes à partir à la découverte des beautés de la région, ne seront plus à l'avenir qu'un mauvais souvenir, et que ces provinces pourront connaître le développement touristique auquel elles semblent promises.

Informations pratiques

Délégation dutourisme de Laâyoune – *Av. de l'Islam - BP 471 - ✆ 028 89 16 95 - fax 028 89 16 94.*

Office du tourisme de Dakhla – *BP 67 - ✆ 048 89 82 28.*

En route vers le Grand Sud

Si l'on excepte l'avion, il n'y a qu'une seule façon de se rendre dans les provinces sahariennes : aller à Guelmim (à 199 km au sud d'Agadir et 286 km au sud-ouest de Tata) et prendre la route de Tan-Tan (à 243 km). De là, la route côtière vous permettra de descendre jusqu'à Laâyoune (304 km) puis Dakhla (503 km plus loin), tandis qu'une autre route, à l'intérieur des terres, conduit à Smara, qui n'est qu'à 245 km de Tan-Tan : la porte à côté en somme, à l'échelle de cette région !

Climat

Généralement très chaud et sec dans la **province de Tan-Tan,** où de fréquentes tempêtes de sable obligent à désensabler régulièrement les rues. Sur la façade maritime, la température, modérée, varie entre 20° et 30°. Dans la **région de Dakhla**, le climat est sahélien ; un peu frais parfois du fait des alizés ; nuits toujours froides.

Transports

RÉSEAU ROUTIER

Le Maroc a prodigué d'énormes efforts pour développer le réseau routier saharien. Des centaines de kilomètres de routes ont été construites ou refaites, sillonnant la région et reliant les localités entre elles.

Cependant, en raison de la traversée, la plupart du temps, de grands espaces désertiques sans habitations ou postes d'essence, il est prudent de prendre quelques précautions : prévoir des bouteilles d'eau, **remplir le réservoir d'essence**, toujours garder ses papiers à portée de main car les contrôles d'identité sont fréquents, ne pas rouler trop vite de manière à pouvoir s'arrêter de manière inopinée ; et en aucun cas ne s'aventurer hors de la route (présence de mines).

Tiznit★

56 520 HABITANTS
CARTE 2E RABAT DE COUV. A5 – CARTE MICHELIN N° 742, PLIS 4 ET 31

Insérée dans le coin aride que la plaine du Sous enfonce à l'extrémité de l'Anti-Atlas, Tiznit est déjà présaharienne, avec ses maisons de pisé dispersées parmi les palmiers. Elle est enfermée dans 6 km de murailles roses, dont il faut faire le tour le soir, à la lumière des réverbères, quand tout est calme. Lorsque venant d'Agadir on l'aperçoit de loin, l'enceinte semble si neuve qu'on la prendrait pour le décor de quelque gigantesque théâtre. C'est que Tiznit n'est pas si ancienne : on doit sa construction, en 1881, au sultan Moulay Hassan, soucieux d'affirmer son autorité dans une région difficile à contrôler.

Se repérer – « Tiznit Junction » : c'est ainsi que l'on nomme aujourd'hui ce grand carrefour où convergent les routes d'Agadir, Guelmim, Tafraoute et Aglou-Plage, et autour duquel se regroupent les principaux hôtels de la ville. Pour la visite de la cité, vous laisserez la voiture sur le boulevard Hassan II ou dans les rues avoisinantes avant de pénétrer dans les remparts par les « Trois Portes », qui donnent accès à la place du *méchouar*.

À ne pas manquer – La plage de Sidi Ifni, l'ancien souk des bijoutiers à Tiznit, la vue de la falaise qui surplombe la plage de El Ghezia, la coopérative féminine Tafyoucht.

Organiser son temps – Un à deux jours selon vos envies de plage.

Pour poursuivre le voyage – Voir aussi Agadir (91 km au nord), Tafraoute, (107 km à l'est), Guelmim (108 km au sud).

Ruiz Treal / MICHELIN

Dans les ruelles roses de Tiznit.

Comprendre

La ville du « sultan bleu » – C'est à Tiznit qu'a commencé l'aventure d'**El Hiba**, fils de **Ma el-Aïnine**, chérif idrisside (descendant du Prophète par Idriss Ier) fondateur de la ville de Smara dans le Sahara occidental en 1896, et qui vécut à Tiznit ses derniers mois avant de mourir en 1910. En 1912, El Hiba a 35 ans. C'est un chef intelligent, à l'aspect imposant ; à la manière des nomades, il porte une longue chevelure tressée en nattes sur un vêtement de coton bleu, son visage est voilé ; de son père il a hérité la « baraka », on lui prête le pouvoir de faire des miracles et de disperser les infidèles.

Dès la signature du traité de Fès, il lance des appels enflammés à la résistance et, le 10 avril 1912, il se fait proclamer sultan à la mosquée de Tiznit. En juillet de la même année, tout le Sous lui est acquis ; des partisans fanatiques ne cessent de le rejoindre : beaucoup sont des « hommes bleus », venus de son pays d'origine. Quelque temps maître de Marrakech, El Hiba doit promptement renoncer à sa conquête et se replier sur Taroudant, puis dans l'Anti-Atlas. Il poursuivra une lutte de plus en plus difficile jusqu'à sa mort, survenue à Kerdous en 1919.

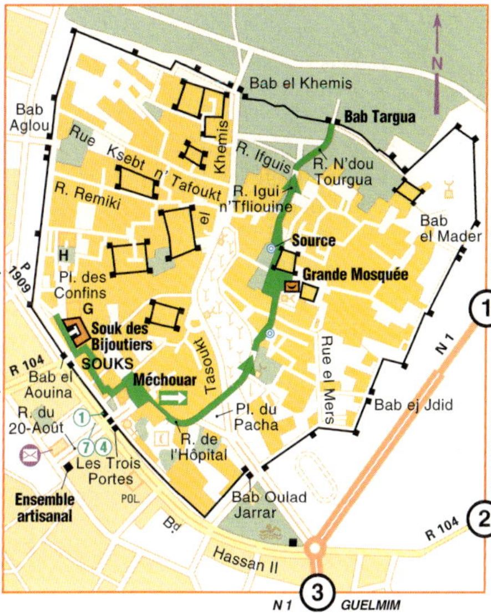

TIZNIT

0 — 200 m

SE LOGER

Hôtel Idou-Tiznit .... ①
Hôtel de Paris .... ④
Tiznit Hôtel .... ⑦

Se promener

Entrer dans la ville par Bab Oulad Jarrar ou par Les Trois Portes, après avoir laissé la voiture hors les murs (à moins que vous ne préfériez tenter votre chance sur la place du méchouar).

Méchouar (place Almachouar)

Sur cette place aux contours irréguliers s'opère un grand va-et-vient de camionnettes, de mules, de voitures, d'autocars – surtout le jeudi, jour de marché – circulant et se garant dans une joyeuse confusion. Une note de gaieté est donnée par les stores rayés qui s'efforcent d'abriter du soleil des ateliers et des boutiques minuscules disposés sous des arcades autour de la place.

Souks

Traversant les rues à échoppes qui s'étendent entre la place du *méchouar* et l'enceinte de la ville on accède, par une porte à arc surbaissé *(sur la droite, une dizaine de mètres après la pharmacie)*, à l'**ancien souk des bijoutiers**. Les bijoutiers de Tiznit sont réputés : il en reste quelques-uns ici – même si les boutiques de souvenirs ont tendance à envahir les lieux –, groupés autour d'une cour rectangulaire à arcades, qui travaillent l'argent, reproduisant les gestes millénaires. Dans leurs vitrines, une grande profusion de colliers, de larges bracelets, de parures frontales, de ceintures, le tout traité dans les formes simples de la tradition berbère. La fabrication des sabres et des poignards est aussi une spécialité de Tiznit mais l'on ne trouve plus beaucoup de leurs somptueux fourreaux décorés au filigrane d'argent.

Du méchouar à Bab Targua

De la place du méchouar, gagner la place du Pacha et emprunter la rue qui traverse le cimetière.

Arrêtez-vous un instant devant la Grande Mosquée où El Hiba fut proclamé sultan. Le **minaret** a quelque chose de barbare, mais les perches qui le hérissent sont là pour que puissent s'y reposer les âmes des trépassés.

Cent mètres plus loin à gauche se trouve une **source** aménagée en bassin. D'après la légende, Lalla Tiznit, pécheresse repentie, vivait, dans un lointain passé, près de cette source et aurait donné son nom à la première agglomération fondée sur ces lieux. Poursuivez jusqu'à **Bab Targua,** qui s'ouvre dans la partie nord de l'enceinte.

À l'extérieur de l'enceinte subsistent de hauts murs de pisé à moitié ruinés et envahis de figuiers de Barbarie. Des masures de terre dans leur petit champ d'orge et des bouquets de palmiers se détachent sur le fond ocre de la ville. De l'autre côté s'étendait autrefois une vaste olivette, aujourd'hui disparue suite à une grave sécheresse.

Circuits de découverte

DE TIZNIT À GUELMIM PAR LA CÔTE

138 km – 3h environ. Quitter Tiznit par l'avenue Hassan II, qui longe les remparts.

Aglou-Plage

La route traverse des paysages désertiques avant d'arriver à Aglou. Face à la mer, on aperçoit, à droite des habitations troglodytiques de pêcheurs – que l'on peut rejoindre par la plage –, à gauche des récifs à fleur d'eau, qui ne permettent pas de se baigner sans danger. Peu avant le camping, une piste permet d'accéder en voiture au « village » de pêcheurs. Ces derniers habitent des grottes creusées dans la roche sur une profondeur de 5 à 6 m, de manière à pouvoir y loger leur longue canne à pêche. Il n'y a pas encore si longtemps, ces grottes pouvaient se louer en saison à qui avait envie de jouer les Robinson Crusoé (il était cependant difficile de s'approvisionner !).

Quant au village d'Aglou, il connaît un développement certain, notamment depuis qu'une route goudronnée permet de rejoindre Sidi Ifni en suivant la côte : un front de mer est en cours d'aménagement, tandis que s'édifient des petites maisons blanches aux portes bleues et vertes.

P. Plantier / MICHELIN

Aglou-Plage, une station balnéaire en devenir.

Prendre la route côtière en direction de Sidi Ifni.

Jusqu'au carrefour avec la route de Tiznit à Ifni, la route court entre Océan et collines dans un paysage rocailleux ponctué de hameaux aux maisons blanches et cubiques.

Mirleft

Posé sur une falaise dominant l'Océan, c'est un village blanc en plein essor. Il possède une plage accessible par une piste, sur la droite de la route, qui longe l'oued jusqu'à son embouchure, à l'entrée du village. De nouveaux hébergements pleins de charme ont vu le jour ces dernières années un peu partout dans le village.

Sidi-Mohamed-ou-Abdallah

2 km après Mirleft, la route descend dans cette crique occupée par une plage, très fréquentée, devant laquelle s'élève une mosquée. Mais c'est l'énorme rocher troué, posé dans les flots à quelques encablures du rivage et sur lequel viennent se briser les rouleaux de l'Océan, qui retient avant tout l'attention.

Plage de El Ghezia

À l'approche d'Ifni, emprunter sur la droite une piste caillouteuse sur une distance de 800 m. Deux embranchements : l'un conduit à un espace plus ou moins aménagé en parking d'où l'on domine la mer, ponctuée d'îlots rocheux (du haut de la falaise, la **vue★** est superbe) ; le second, sur la gauche, conduit à la plage. Attention aux courants !

Sidi Ifni★

De son passé espagnol (la ville et sa région ont été restituées au Maroc en 1969), Ifni a conservé quelques bâtiments coloniaux et un centre-ville d'aspect très hispanique. C'est aujourd'hui une station balnéaire possédant une grande plage de sable fin, plus propice à la pratique de la planche à voile et du char à voile qu'à la baignade, car les rouleaux de l'Atlantique la rendent dangereuse mais qui, plus sauvage qu'Agadir, devrait attirer de nombreux plaisanciers désireux de s'écarter des sentiers par trop battus.

Il faut prendre le temps de flâner dans cette ville, toute blanche et bleue, subtilement délabrée, dont émane un charme prenant et vaguement nostalgique. Autour de la **place Hassan II** (autrefois Plaza de España), ombragée de palmiers et bordée d'immeubles jadis prestigieux, s'élève le quartier colonial dont les bâtiments semblent menacer ruine. Posée en bordure de falaise, la promenade du front de mer, autrefois monumentale, paraît s'effriter sous l'action conjuguée des vagues, du vent et du sel, et menacer à tout instant de s'effondrer dans l'Océan. Plus loin, le **marché central**, enfermé dans une muraille crénelée d'une blancheur immaculée, est à parcourir. Tout autour sont installés d'innombrables petits cafés aux parois tapissées de carreaux. En fin d'après-midi, la ville s'anime et les terrasses sont envahies : c'est l'heure du *paseo*, la promenade traditionnelle du soir. Le brouhaha des conversations, où reviennent parfois des mots espagnols, semble étouffé par la brume qui descend alors souvent, portée par les vents venus des Canaries, et vient créer une atmosphère étrange, vaguement irréelle, qui contribue au bien être inexplicable qui s'empare du promeneur.

Quitter Sidi Ifni par la route de Guelmim.

En quittant Sidi Ifni, jetez un coup d'œil vers l'arrière : surgissant d'une échancrure de la montagne, quelques maisons blanches et cubiques posées près d'un bouquet de palmiers évoquent irrésistiblement les affiches de voyage d'autrefois !

La route monte de façon assez abrupte vers un plateau aux terres rouges plantées d'arganiers.

Mesti

Ce village tire l'essentiel de ses ressources de la production d'huile d'argan.

Coopérative féminine Tafyoucht★ – *Prendre dans Mesti sur la gauche la route de Tiznit (signalisation). La coopérative se trouve à 200 m, sur votre droite. Tlj sf dim. 8h-18h.*

Il faut absolument visiter cette coopérative, créée en 1997 avec l'aide de l'IRDC du Canada, à la fois dans un but social et afin de sauvegarder un savoir-faire traditionnel. Les fruits de l'arganier sont d'abord concassés afin d'en enlever la pulpe, puis la noix l'est à son tour afin de dégager l'« amandon ». De celui-ci, on extrait une pâte épaisse à l'aide du *raha*, sorte de grand moulin de pierre que les femmes actionnent manuellement. L'extraction de l'huile se fait ensuite par pression manuelle et ajout d'eau.

Quant au résidu, une fois séché, il forme une sorte de grosse galette, très appréciée des bovins, pour qui il constitue un complément alimentaire de choix. Si une partie de la chaîne de production est aujourd'hui mécanisée, le concassage de la noix (à l'aide d'une pierre) reste obligatoirement manuel : il faut une journée à une femme bien entraînée pour concasser les noix de façon à obtenir 1 kg d'amandons… et il faut 2 kg d'amandons pour faire un litre d'huile. Vous pourrez assister à ce travail de concassage, ainsi qu'à l'extraction de la pâte réalisée ici avec le *raha*, et vous procurer les produits de la coopérative : l'*arganinou*, huile alimentaire, l'*arganour* utilisée pour les soins corporels et l'*amlouze*, pâte à tartiner composée d'huile d'argan, d'amandes et de miel.

Reprendre la route de Guelmim.

P. Plantier / MICHELIN

Coopérative Tafyoucht à Mesti : le maniement du raha.

Pendant plusieurs kilomètres, la route parcourt un plateau où les paysans s'adonnent à des activités pastorales et agricoles. De-ci de-là apparaissent de minuscules palmeraies, tandis que les versants des montagnes sont couverts de magnifiques figuiers de Barbarie.
Puis, après avoir franchi un col, on descend dans la plaine de Guelmim, dans un paysage désertique.

Guelmim *(voir p. 492)*

DE TIZNIT À TAFRAOUTE PAR LE COL DU KERDOUS

104 km. Quitter Tiznit par la route R 104.

Étroite et constellée de dos d'âne dans ses débuts, cette route traverse de superbes paysages de montagne, où la couleur ocre de la terre prédomine, avant d'atteindre **Assaka** et ses palmiers dressés au bord de l'oued. Vient ensuite une succession de défilés et de petits villages accrochés au flanc de la montagne, au-dessus de champs de céréales en terrasses. Juste avant **Tighmi** et ses boutiques de *tajines*, une route à droite mène à la **zaouïa de Sidi Ahmed ou Moussa** *(11 km)*, où a lieu chaque année fin août un pèlerinage. Ce *moussem*, qui revêt un caractère à la fois mystique et économique, connaît l'afflux de nombreux visiteurs venant de toutes les régions du Maroc. De là il est possible d'atteindre par une piste *(4 km)* le village abandonné d'Iligh, ancienne capitale du Tazeroualt.

Après Tighmi, la route grimpe dans la montagne jusqu'au **col du Kerdous** (1 100 m d'altitude), contournant le piton rocheux sur lequel a été construit un hôtel dans le style des *kasbahs*. L'endroit mérite une halte car la **vue★★** que l'on a sur toute la chaîne de montagnes de l'Anti-Atlas et ses villages nichés dans les vallées (nombreux sentiers muletiers) est vraiment superbe.

À hauteur de Jemaa Ida Oussemlal, il existe deux itinéraires possibles pour rejoindre Tafraoute : poursuivre sur la belle route qui serpente à travers les vallées, traversant **Tizourhane,** où poussent de nombreux amandiers, Souk-El-Had de Tahala et **Adaï★★**, ou bien prendre la route qui passe par Izerbi et **Agard-Oudad**. Plus longue, cette nouvelle route qui traverse des paysages désertiques est en meilleur état que la précédente.

Tiznit pratique

Informations utiles

TIZNIT

Poste et banques – La poste centrale se trouve rue du 20-Août, dans le prolongement des « Trois Portes ».

C'est également dans cette rue très commerçante (ainsi que sur l'avenue Hassan II) que vous trouverez la plupart des banques (certaines avec distributeurs automatiques).

Téléphone – Cabines le long de l'avenue Hassan II, au pied des remparts.

Café Internet – *R. Tafoukt, dans la médina. 5 DH/h.*

SIDI IFNI

Poste – Av. Mohammed V, en face du marché. Quelques cabines téléphoniques en façade.

Presse internationale – Av. Mohammed V, à côté de la poste.

Se loger

TIZNIT

À la croisée des chemins entre Agadir, Guelmim et Tafraoute, Tiznit la Rose est une halte agréable avant de partir vers le Grand Sud. Les hébergements bon marché sont assez nombreux intra-muros (autour de la place Almachouar et rue des Bains Maures), mais pour la plupart très rudimentaires. Pour un peu plus de confort mieux vaut choisir les hôtels qui se répartissent autour du grand carrefour de Tiznit.

⊖ **Hôtel de Paris** – *Carrefour de Tiznit, av. Hassan II (rte d'Aglou-Plage, sur la gauche) - ✆ 028 86 28 65 - fax 028 60 13 95 - 138/164 DH - ☕ 23 DH -* ✗. Simple, mais propre et doté du confort de base. Restaurant (sans alcool).

⊖⊖ **Tiznit Hôtel** – *Carrefour de Tiznit, r. Bir-Inzaran (rte de Tafraoute, sur la gauche) - ✆ 028 86 24 11 - fax 028 86 21 19 - 245/306 DH - ☕ 36 DH -* 🏊. Cet hôtel moderne dispose de 40 chambres, d'un restaurant tout à fait correct et d'une piscine centrale autour de laquelle les chambres sont disposées sur deux niveaux et où il est agréable de prendre un verre en profitant de la fraîcheur de la nuit tombante. Musique parfois un peu bruyante. Le restaurant, très convenable, sert du vin.

⊖⊖⊖ **Hôtel Idou-Tiznit** – *Carrefour de Tiznit, av. Hassan II (rte d'Aglou-Plage, sur la droite) - ✆ 028 60 03 33/04 44 - fax 028 60 06 66 - reservation@idoutiznit.com - 136 ch. 387/574 DH ☕ -* 🏊. Un hôtel confortable et dont toutes les chambres sont équipées d'air conditionné. Restaurant, coffee-shop et snack. La piscine est en outre là pour aider à combattre la chaleur du Sud. Service de change, boutique, kiosque et organisation d'excursions vers la mer (Aglou-Plage, Mirleft, Sidi Ifni), la montagne (Tafraoute) et le désert (Tata).

AGLOU-PLAGE

Aglou Beach Hôtel – *Posé sur la plage, à droite de la route venant de Tiznit - 028 86 61 96/56/57 - fax 028 86 61 50 - www.agloubeach.com - 25 ch. 230/310 DH - taxe 7 DH/nuit - 20 DH.* Face à la mer un agréable et sympathique hôtel moderne disposant d'une terrasse donnant sur la plage. Les plus anciens s'y souviendront avec nostalgie des hôtels de bord de mer des années 1960. Restaurants marocain et international (spécialités de poissons) où vous pourrez savourer une excellente cuisine, installé sur la terrasse ouverte sur la mer. Une bonne adresse !

MIRLEFT

Sachez que plusieurs établissements de qualité ont vu le jour ces dernières années dans la ville de Mirleft.

Résidence camping des nomades – *13 r. Aftas Daid Mirleft (au coeur de la ville, emprunter la piste qui part en direction de la mer et de l'hôtel Ksar) - 078 27 38 14, depuis la France 06 20 87 59 74 - 10 DH/pers. - caravane 20 DH, électricité et douche 18 DH.* Vous serez chaleureusement accueillis dans ce petit camping réservé aux caravanes et situé à proximité de la mer. Les parties communes sont propres et la résidence dispose également de deux suites spacieuses *(300 DH par nuit). (Possibilité de repas à 60 DH).*

Résidence Alayoud – *À l'entrée de la ville sur la route de Sidi ifni - 028 71 90 17, GSM 062 06 98 71 - 200/350 DH.* Une grande maison blanche et bleue à l'entrée de la ville bordée d'une terrasse où vous pourrez louer des appartements bien équipés pour 2 à 5 personnes. Ensemble bien entretenu. La plage est à environ 500 m.

Hôtel restaurant Les Trois Chameaux – *Au cœur du village, prendre sur la gauche une rue non revêtue et la suivre sur 1,2 km (l'établissement se situe sur les hauteurs) - 028 71 91 87 ou 066 54 85 79 - www.3chameaux.com - 18 ch. et suites -* . La vie de garnison ? Dominant le village et la côte (vue superbe), cet ancien fort construit en 1935 a été transformé en maison d'hôte. Chambres et suites sont aménagées avec goût autour de différentes terrasses. Pour les budgets plus modestes, les anciennes chambres de la garnison, réparties autour d'une petite cour, sont aménagées en « bivouac ». Enfin, plusieurs petites maisons sont également en location. Piscine, hammam, espace de remise en forme et restaurant de cuisine régionale (vous pourrez y boire du vin). Organisation de randonnées équestres, chamelières et en quad.

Le Ksar – *Domaine Fedan Id Louiz (suivre les panneaux affichés depuis la route de Sidi Ifni) - 028 71 91 43 - fax 028 71 92 29 - GSM 067 19 90 62 - www.ksar-molina.com - ch. 350/450 DH - riad 800/900 DH - 40 DH - repas 100/150 DH -* . Un vrai coup de cœur ! Cet imposant riad, aménagé somptueusement est un petit paradis en bordure de mer, au milieu de nulle part. Il comprend plusieurs appartements décorés avec goût et très bien équipés. Vous y trouverez également quelques chambres autour de la piscine, qui se donne des airs de Versailles lorsque les fontaines se mettent en route. Tout est charme et harmonie. L'ensemble est agrémenté d'un jardin hors normes aux couleurs éclatantes entretenu quotidiennement. Depuis les terrasses, une vue imprenable s'ouvre sur la mer. Mais attention, ici, il n'est pas question de tourisme de masse. Les propriétaires souhaitent préserver une ambiance familiale. La cuisine d'inspiration berbère est excellente.

SIDI IFNI

Camping El Barco – *Sur la plage - 028 78 07 07 - 12 DH/pers. - caravane 12 DH, électricité 16 DH.* Ce camping idéalement situé fait face à la mer. Les parties communes sont bien tenues et de petits bungalows viennent d'être construits. Ne pas confondre avec son voisin, le camping Sidi Ifni, que les voyageurs appellent avec ironie « Guantanamo » !

Hôtel Suerte Loca – *Au bout de l'av. Moulay Youssef, à côté de la gendarmerie (que l'on prend depuis la place Hassan II) - 028 87 53 50 - fax 028 78 00 03 - suerteloca@hotmail.com - 130/170 DH (avec salle de bains), 70/105 DH (douches communes) - 20 DH.* L'illusion est parfaite : on dirait une posada mexicaine : ne manquent que les chevaux sellés attachés devant la terrasse ! Si l'on n'y logera qu'en dernière extrémité (le confort des chambres est rudimentaire – même si celles donnant sur la mer ne manquent pas de charme), il faut absolument aller y prendre au moins un verre, y jouer au billard, ou y dîner d'un tajine de poissons ou de fruits de mer. Atmosphère conviviale et détendue.

Hôtel-restaurant Bellevue – *Pl. Hassan II - 028 87 50 72/52 52 - fax 028 78 04 99 - 148/184 DH - 22 DH -* P. Sur la belle place Hassan II, posé en bordure de la falaise, cet hôtel très simple propose de nombreuses terrasses (l'une est aménagée en bar) et offre une vue vertigineuse sur la plage de Sidi Ifni. Décrochements, coursives et terrasses en font un véritable navire porté sur la falaise par une vague gigantesque. Sa situation et l'amabilité de l'accueil compensent des équipements un peu vieillots.

Hôtel Aït Bâamrane – *028 78 02 17 - 194/200 DH - 20 DH - menu 70 DH (spécialités de poissons).* Posé sur la plage, au pied de la falaise, l'hôtel – convenable – a sûrement connu des jours meilleurs du temps de l'occupation espagnole. Néanmoins, des efforts ont été entrepris récemment pour lui redonner un peu de son lustre d'antan.

AU COL DU KERDOUS (EN DIRECTION DE TAFRAOUTE)

Hôtel Kenzi Kerdous - *028 86 20 63 - fax 028 60 03 15 - 300/650 DH (tarifs haute saison) - 45 DH - taxes 12 DH -* . Conçu par l'architecte C. Verdugo, cet hôtel juché sur un piton au col du Kerdous, à mi-chemin entre Tiznit et Tafraoute, justifie pleinement que l'on y fasse étape, tant pour sa situation exceptionnelle que pour le raffinement de sa décoration intérieure. Piscine, boutiques, restaurants (international et marocain) viennent compenser l'isolement. Possibilités d'excursions pédestres ou en quad dans les villages des alentours.

C. Brett / MICHELIN

Hôtel Kenzi Kerdous.

Se restaurer

TIZNIT

Nombreux petits restaurants sur la place Almachouar. On préférera s'installer pour déjeuner rapidement d'une salade ou d'une grillade au **Café-Restaurant du Carrefour**, sur l'avenue Hassan II, côté remparts, à proximité (bien entendu !) du carrefour. Pas de vin mais les jus de fruits sont faits maison. Pour un repas plus consistant, vous disposez des restaurants du Tiznit Hôtel et de l'hôtel Idou *(voir ci-dessus)*.

AGLOU-PLAGE

Vous pourrez déguster du poisson en regardant la mer dans le restaurant du sympathique **Aglou Beach Hôtel** *(voir coordonnées ci-dessus)*.

SIDI IFNI

Hôtel-restaurant Bellevue – *Pl. Hassan II.* Restaurants panoramiques : les grillades de poissons sont excellentes (en basse saison, commander son menu à l'avance) et l'on y sert du vin.

Faire une pause

Vous trouverez à Sidi Ifni d'innombrables **petits bars** aux murs couverts d'azulejos bleu et blanc, tout autour du marché : le thé à la menthe et le café y ont remplacé le *fino* et les *tapas* de jadis, mais à l'heure du *paseo*, l'ambiance, elle, n'a guère changé.

Achats

Souk – *Jeudi.*

Tiznit est la ville des bijoutiers… et nombre de jeunes gens à cyclomoteur, rodant autour du carrefour central à la recherche de touristes, ne manqueront pas de vous le rappeler, en tentant de vous attirer dans telle ou telle boutique. Certains sont particulièrement opiniâtres et capables de vous attendre des heures à la porte de votre hôtel !

Outre le souk des bijoutiers, vous pourrez découvrir en toute quiétude la production locale à **l'ensemble artisanal**, situé en face de la poste, dans la rue du 20-Août, qui, hors les murs, fait face aux « Trois Portes ».

La perle du Sud – *R. Kasbah Ablouh, dans la médina - 028 60 01 01.* Parmi les nombreux bijoutiers de la médina, celui-ci s'ouvre sur un atelier de fabrication où quatre artisans travaillent devant les clients. l'intérieur s'apparente à un véritable petit musée de bijoux artisanaux. Les spécialités sont le travail en filigrane et les bijoux émaillés. Vous y trouverez les incontournables bagues, bracelets et coliers, ainsi que quelques curiosités locales, comme la fibule émaillée en forme de triangle, symbole de fécondité chez les Berbères. N'hésitez pas à discuter jusqu'à 15 % les tarifs affichés.

Sports et loisirs

MIRLEFT

Aftas trip – *À l'entrée de la ville sur la route qui vient d'Aglou-Plage - 066 02 65 37 - www.aftastrip.com.* Cours de surf *(150 DH)* et location matériel de surf *(150 DH)*, pêche à la ligne ou en plongée *(120/200 DH)*.

Anzid Evasion – *Juste à côté du précédent - 077 756 549.* Location de quad que vous pourrez pratiquer sur les grands espaces ensablés qui bordent la ville.

Speed moto – *Sur la même route que les deux précédents, à l'entrée de la ville après le virage - 028 71 93 64.* Randonnées en quad ou en VTT et location de motos.

NOTES

NOTES

NOTES

Fès : villes, curiosités et régions touristiques.
El-Mansour, Ahmed : noms historiques et termes faisant l'objet d'une explication.
Les sites isolés (cascades, grottes, gorges...) sont répertoriés à leur propre nom.

A

B

C

G

H

I

J

N

O

P

R

S

T

U

V

W

Y

Z

LEXIQUE

Ce lexique n'est pas un manuel de conversation. Il donne la signification des termes qui sont employés dans ce guide, dans la toponymie du pays, ou que vous serez amenés à entendre souvent. Les mots suivis de la lettre (B) sont berbères, les autres sont arabes. Le pluriel de certains mots est indiqué en italique. Le groupe de lettres KH correspond à un son guttural comparable à la « jota » espagnole.

Jours de la semaine

(nom des souks hebdomadaires)

El had 1er jour, dimanche
Et tnine 2e jour, lundi
Et tleta 3e jour, mardi
El arba 4e jour, mercredi
El khemis 5e jour, jeudi
Ej jemaa jour de l'assemblée, vendredi
Es sebt 7e jour, samedi

Vie quotidienne

El salem alaïkoum salut à vous
Sabah el khir bonjour
Massa el khir bonsoir.
Ya marhaba sois le bienvenu
Chocran merci
Bismillah au nom d'Allah (*expression que l'on emploie avant de commencer quelque chose*)
Ahlan wa sahlan bonjour, bienvenue à toi
Kef el hal ? comment vas-tu ?
Labas bien !
Maa el Salama au revoir
Men fadlak s'il vous plaît
Kam bi yamel el kilo ? combien coûte le kilo ?
Ghali ! c'est cher !
Kan il y a
Ma kanch il n'y a pas
Ma kan mouchkel il n'y a pas de problème
Machghoul occupé
Seghir petit
Amer (il y a) plein de
Ma zaal pas encore (il n'existe pas)
Bil zaaf beaucoup (trop)
Ouakha (B) d'accord !
Ala al iamin à droite
Ala al yasar à gauche
Fabor pourboire
Flous argent monnayé

Le paysage

Adrar, *idraren* (B) montagne
Aguelmame (B) lac permanent
Aïn, *aïoun* source
Asif (B) cours d'eau
Azarhar (B) plaine
Azib ferme
Azrou (B) rocher
Bab, *bibane* porte
Bir, *biar* puits
Bled campagne
Borj fortin
Charia avenue, boulevard
Chergui, *cheraga* vent chaud des steppes orientales
Daia, *dayèt* lac temporaire
Dar maison
Derb ruelle
Djama, *jouama* mosquée
Erg champ de dunes dans le désert
Feija couloir entre deux alignements de crêtes
Foum débouché d'une vallée dans la plaine
Gourbi hutte, masure
Hamada plateau dénudé et rocailleux des régions sahariennes
Hamri terres rouges
Ifri, ifrane (B) grotte, gouffre
Imi, *imiouene* (B) porte, bouche, défilé
Jbel montagne
Jorf falaise, berge escarpée
Kalaa, *kelaa* forteresse berbère
Kantara pont
Ma eau
Mechta maison de pisé
Melk propriété privée
Mellah ancien quartier juif
Merja marais temporaire
Oued cours d'eau
Ras promontoire, cap, tête
Reg steppe de sable et de cailloux
Rhar grotte, caverne
Sahat place publique
Séguia canal d'irrigation
Talaa montée
Targa (B) canal d'irrigation
Tit (B) source
Tizi (B) col
Trik chemin, route
Zenka rue
Zitoun olivier, olive

Hommes, histoire, croyances et coutumes

Abbes, abou, bou père ; *entre dans la composition des noms propres avec un sens de possession*
Abd, abid serviteur, esclave ; *entre dans la composition de noms propres*
Aïd, *ayad* fête
Aït (B) enfant de
Arbi, *arab* arabe

Baroud poudre, combat
Ben, *beni* enfant de
Cadi juge
Caïd fonctionnaire d'autorité pour une tribu ou une circonscription territoriale
Calife souverain musulman réunissant les pouvoirs spirituel et temporel
Cheikh chef de tribu ou de confrérie ou simplement personnage âgé ou vénérable
Chleuh Berbère du Sud
Dahir décret royal
Djemaa assemblée, palabre
Émir chef de guerre, chef d'un groupe
Fellah cultivateur
Habous biens concédés à des mosquées ou à des institutions religieuses
Hartani, *harratine* cultivateur des oasis de race noire
Ibn fils de
Istiqlal indépendance, nom du Parti nationaliste marocain
Jdid nouveau
Jinn, *jnoun* génie
Kebila tribu
Kebir, *kebar* grand
Khalifa lieutenant d'un chef
Lalla madame, sainte
Mahdi littéralement : celui qui est guidé ; envoyé de Dieu. *Nom donné à certains saints de l'islam*
Mansour victorieux
Moulay seigneur. *Titre de noblesse qui se place devant le nom d'un sultan ou d'un chérif*
Oulad, *ouled* enfant de
Roumi chrétien, européen
Si monsieur. *S'emploie devant le nom d'un lettré*
Sidi chef religieux. *Titre qui s'emploie devant le nom d'un chérif ou d'un marabout*
Taleb, *tolba* étudiant

Pour randonner sans accompagnateur dans le Haut Atlas

Pour en faciliter l'usage, ces quelques mots ont été écrits phonétiquement !

À droite **afassi**
À gauche **azelmat**
Aller **dou**
Après-demain **nifouska**
Au revoir **bislama**
Bifurcation **iberdane**
Bonjour **bekhèr**
Bonne nuit **lemsk Alakher**
Camping **moukhayyem**
Chaud **tému**
Chemin **azlil**
Ciel **ignna**
Comment t'appelles-tu ? **ma Ismnek ?**
Je m'appelle **ismniou**
Couteau **mouss**
Dans 3 jours **nifen**
Demain **askkâ**
Eau **aman**
Épicerie **tahanout**
Il est fatigué **ermi**
Lune **aïourt**
Maison **tigueme**
Manger **atchi**
Merci **choukrane**
Montagne **adrar**
Montre **magna**
Mouton **ahouli**
Mulet **asserdoun** (muletier **bousserdoun**)
Non **lalal** (berbère) **ouholi** (Sud)
Nuage **amglou**
Nuit **dyied**
Oui **wakha** (Ouara)
Pain **aghroum**
Raisin **adil**
S'il vous plaît **arbi**
Soleil **tafoukt**
Tente **guitoun**
Tout droit **l'gouddam**
Vache **amougay**
Village **douar**

CARTES ET PLANS

CARTES THÉMATIQUES

PLANS DE VILLES

PLANS DE MONUMENTS ET SITES ARCHÉOLOGIQUES

CARTES DES CIRCUITS

Manufacture française des pneumatiques Michelin
Société en commandite par actions au capital de 304 000 000 EUR
Place des Carmes-Déchaux - 63000 Clermont-Ferrand (France)
R.C.S. Clermont-Fd B 855 200 507

Compogravure : Nord Compo, Villeneuve-d'Ascq
Impression : Aubin, Ligugé
Imprimé en France : janvier 2007
Dépot légal : février 2007
ISSN 0293-9436

QUESTIONNAIRE
LE GUIDE VERT

VOTRE AVIS NOUS INTÉRESSE...
TOUTES VOS REMARQUES NOUS AIDERONT À ENRICHIR NOS GUIDES.

Merci de renvoyer ce questionnaire à l'adresse suivante :
MICHELIN
Questionnaire Le Guide Vert
46, avenue de Breteuil
75324 PARIS CEDEX 07

En remerciement,
les 100 premières réponses recevront en cadeau
la carte Local Michelin de leur choix !

VOTRE GUIDE VERT

Titre acheté : ....

Date d'achat : ....

Lieu d'achat (librairie et ville) : ....

VOS HABITUDES D'ACHAT DE GUIDES

1) Aviez-vous déjà acheté un Guide Vert Michelin ?

O oui O non

2) Achetez-vous régulièrement des Guides Verts Michelin ?

O tous les ans O tous les 2 ans
O tous les 3 ans O plus

3) Sur quelles destinations ?

– régions françaises : lesquelles ? ....

....

– pays étrangers : lesquels ? ....

....

– Guides Verts Thématiques : lesquels ? ....

....

4) Quelles autres collections de guides achetez-vous ?

....

5) Quelles autres sources d'information touristique utilisez-vous ?

O Internet : quels sites ? ....

....

O Presse : quels titres ? ....

....

O Brochures des offices de tourisme

Les informations recueillies font l'objet d'un traitement informatique destiné à actualiser notre base de données clients et permettre l'élaboration de statistiques.
Ces données personnelles sont réservées à un usage strictement interne au groupe Michelin et ne feront l'objet d'aucune exploitation commerciale ni de transmission ou cession à quiconque pour des fins commerciales ou de prospection. Elles ne seront pas conservées au-delà du temps nécessaire pour traiter ce questionnaire et au maximum 6 mois, mais seulement utilisées pour y répondre.
Conformément à la loi « Informatique et libertés » du 6 janvier 1978, applicable sur le territoire français, vous bénéficiez d'un droit d'accès, de modification, de rectification ou suppression des données vous concernant. Si vous souhaitez exercer ce droit, veuillez vous adresser à MICHELIN, Guide Vert, 46 avenue de Breteuil, 75324 Paris Cedex 07

VOTRE APPRÉCIATION DU GUIDE

1) Notez votre guide sur 20 : ....

2) Quelles parties avez-vous utilisées ? ....

....

3) Qu'avez-vous aimé dans ce guide ? ....

....

4) Qu'est-ce que vous n'avez pas aimé ? ....

....

5) Avez-vous apprécié ?

	Pas du tout	Peu	Beaucoup	Énormément	Sans réponse
a. La présentation du guide (maquette intérieure, couleurs, photos...)	O	O	O	O	O
b. Les conseils du guide (sites et itinéraires)	O	O	O	O	O
c. L'intérêt des explications sur les sites	O	O	O	O	O
d. Les adresses d'hôtels, de restaurants	O	O	O	O	O
e. Les plans, les cartes	O	O	O	O	O
f. Le détail des informations pratiques (transport, horaires, prix…)	O	O	O	O	O
g. La couverture	O	O	O	O	O

Vos commentaires ....

....

6) Vos conseils, vos avis, vos suggestions d'amélioration : ....

....

7) Rachèterez-vous un Guide Vert lors de votre prochain voyage ?

O oui O non

VOUS ÊTES

O Homme O Femme Âge : .... Profession : ....

Nom ....

Prénom ....

Adresse ....

....

....

....

....

Acceptez-vous d'être contacté dans le cadre d'études sur nos ouvrages ?

O oui O non

Quelle carte Local Michelin souhaitez-vous recevoir ?

Indiquez le département : ....

Offre proposée aux 100 premières personnes ayant renvoyé un questionnaire complet. Une seule carte offerte par foyer, dans la limite des stocks disponibles.